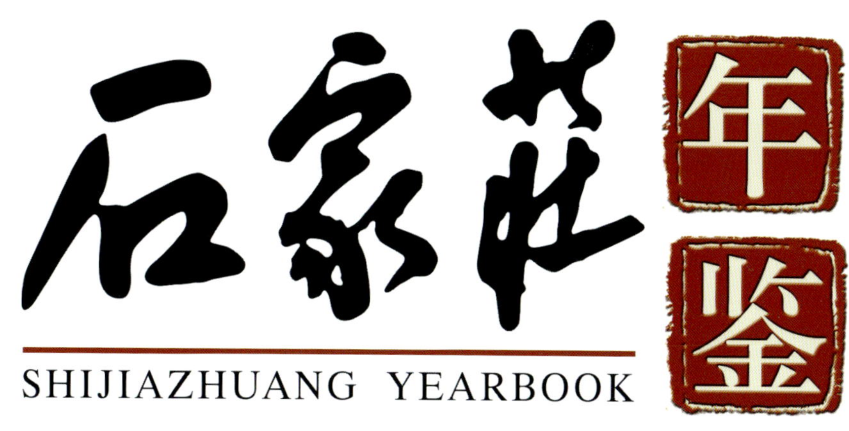

2014 石家庄市人民政府 编

河北人民出版社

图书在版编目（CIP）数据

石家庄年鉴. 2014/石家庄市人民政府编. —石家庄：河北人民出版社，2015.5
ISBN 978-7-202-10174-2

Ⅰ. ①石… Ⅱ. ①石… Ⅲ. ①石家庄市—2014—年鉴
Ⅳ. ①Z522.21

中国版本图书馆CIP数据核字（2015）第104325号

书　　名　石家庄年鉴2014
编　　者　石家庄市人民政府

责任编辑　赵　蕊　王　颖
美术编辑　于艳红
责任校对　付敬华
策划总监　薛鹏飞
版式设计　速诺传媒
封面设计　王　鹏
彩页设计　李　康
翻　　译　程素菊

出版发行　河北人民出版社（石家庄市友谊北大街330号）
印　　刷　济南黄氏印务有限公司
开　　本　889毫米×1194毫米　1/16
印　　张　51
字　　数　1 368 900
版　　次　2015年5月第1版　2015年5月第1次印刷
印　　数　1-3 000
书　　号　ISBN 978-7-202-10174-2/Z·195
定　　价　330.00元

石家庄市地方志编纂委员会

名誉主任：	孙瑞彬	省委常委、市委书记
主　　任：	王　亮	市委副书记、市长
常务副主任：	刘晓军	市委常委、常务副市长
	郝建国	市政协副主席
	李　清	原市委副书记
副 主 任：	胡儒钗	市委常委、市委秘书长
	王中联	市人大常委会副主任
	赵拴文	市政协副主席
	丁建民	石家庄警备区参谋长
	郭广生	市政府原副市长
	孟胜林	市政府秘书长
委　　员：	刘月照	市委常务副秘书长
	蒲国良	市政府常务副秘书长
	王云辉	市委组织部副部长
	赵志敏	市政府办公厅副主任
	张　炬	市委农工委常务副书记
	赵文锋	市发展和改革委员会主任
	闫纯锴	市教育局局长
	王雁南	市科学技术局局长

吴　飞　市工业和信息化局局长
张建慧　市民政局副局长
周立新　市财政局局长
宋学恭　市人力资源和社会保障局局长
王华平　市环境保护局局长
张军卫　市建设局局长
田嘉一　市商务局局长
李　波　市文化广电新闻出版局局长
唐　青　市体育局局长
李志宏　市卫生局局长
马千里　市统计局局长
张新峰　市金融办主任
孙玉山　市国家税务局局长
马提福　市地方税务局局长
曹新华　市工商行政管理局局长
曹立波　市地方志办公室主任

《石家庄年鉴》特邀编委

齐海群（鹿泉市）　米志科（藁城市）　安锁然（晋州市）
韩永生（正定县）　张振山（栾城县）　马军山（井陉县）
李蕙萍（行唐县）　王法军（赞皇县）　屈海平（赵　县）
齐星利（元氏县）　翟红卫（桥西区）　米秉玺（市第一中学）

石家莊年鉴 SHI JIA ZHUANG YEAR BOOK

《石家庄年鉴》终审

郝建国　李　清　郭广生　孟胜林　蒲国良　赵志敏

《石家庄年鉴》

主　　　编：曹立波

副　主　编：刘建洲　武光宇　薛鹏飞

编辑部主任：薛鹏飞

责任编辑：（按承编顺序为序）

徐陈卫：特载、文献法规

邱振国：大事记

肖海军：市情概览、特色园区、工业、
城乡建设与环境保护、信息产业、
国内外贸易•旅游、县（市）区概况

王建峰：公共管理和社会组织

石玉杰：社会团体、政法、军事

彭连忠：农业、交通运输、金融、综合经济管理

赵振献：科学技术、教育、文化、卫生•体育、
社会生活

苟志俊：人物、图照

韩　芳：统计资料

编辑说明

一、《石家庄年鉴》是石家庄市人民政府主办的一部全面记述石家庄市市情的权威性大型综合性地方年鉴。本年鉴自1993年始，逐年编纂出版，向国内外发行。

二、本年鉴以邓小平理论、“三个代表”重要思想和科学发展观为指导，如实记录上一年度石家庄市政治、经济、军事、文化、科技、教育等方面的情况，充分反映各行各业取得的成就，客观记述改革和建设中的经验与教训，是各级领导和机构实施决策的重要依据，是国内外了解石家庄最准确、最权威的资料性文献。

三、本卷为2014年卷，总第19卷，着重记述2013年度经济社会发展情况。本年鉴采用分类编纂法，由类目、分目、条目三部分组成。共设特载、大事记、市情概览、特色园区、公共管理和社会组织、政法、军事、农业、工业、城乡建设与环境保护、交通运输、信息产业、国内外贸易•旅游、金融、综合经济管理、科学技术、教育、文化、卫生•体育、社会生活、县（市）区概况、人物、文献法规、统计资料等24个类目。条目统一用黑体字加【】表示。记述时间“月”“日”未标注年份均为2013年。货币单位“元”无专门标注均指人民币。为反映工作实际，记述用地、占地、耕地面积有的使用“亩”，其余均采用国家规定的法定计量单位。

四、年鉴组稿采取部门供稿与责任编辑采编相结合的方式。市直各部门，各县（市）区政府及有关单位均指定专人撰写，并经主管领导审核。

五、本年鉴数据一般截至2013年底，个别事情记述上限适当追溯，下限稍有延长，以供读者了解发展脉络。全局性数据以石家庄市统计局提供的数据为准。统计资料由市统计局提供。2013年6月原石家庄辛集市划归河北省直接管辖，如无标注说明，本年鉴数据一般不包括辛集市。因统计口径等原因，有关部门提供的个别数据与统计数据不尽一致，采用时请予注意。

◆ 2013年7月11日，中共中央总书记、国家主席、中央军委主席习近平（前排中）到西柏坡学习考察。

◆ 2013年7月11日，中共中央总书记、国家主席、中央军委主席习近平到石家庄市正定供销社塔元庄超市和社区综合服务中心视察。

◆ 2013年1月13日，中共中央政治局委员、中央书记处书记、中组部部长赵乐际（右三）到西柏坡学习考察。

◆ 2013年10月18日，中共中央政治局委员、中央军委副主席范长龙（前排中）在驻冀部队和院校调研党的群众路线教育实践活动期间，专程到西柏坡学习考察。

◆　2013年8月1日，中国海关总署署长于广洲（前排中）到石家庄海关驻机场办事处视察指导。

◆ 2013年4月22日，全国供销合作总社党组成员、理事会副主任骆琳（前排右）到石家庄市供销合作总社视察指导。

◆ 2013年7月26日，河北省委书记周本顺（前排右一）、省长张庆伟（前排左一）带领省委常委会集体到西柏坡参观学习。

◆ 2013年6月3日，省委常委、市委书记孙瑞彬（中）到石家庄市建华东路泵站调研指导。

◆ 2013年9月18日，省委常委、市委书记孙瑞彬（前排右二）到石家庄市食品药品监督管理局视察指导。

◆ 2013年5月21日，市长王亮（中）视察指导石家庄市新城大道工程。

◆ 2013年11月4日，市长王亮(左排左三)调度指导石家庄市公路路网建设。

石家庄市轨道交通项目建设办公室
石家庄市轨道交通有限责任公司

◆ 2013年12月31日，省长张庆伟（前排右二）到解放广场站和人民广场站视察轨道交通建设并慰问一线施工建设者

◆ 2013年8月24日，省委常委、市委书记孙瑞彬（右二）到市轨道办（公司）调研指导

◆ 2013年5月21日，市长王亮（左二）到石家庄新客站轨道交通预留工程施工现场视察

2001年6月，轨道交通建设专题调研小组成立，确定由市计委主任张发旺牵头，组织专人研究和筹划相关工作；2001年10月，经市委常委会研究决定，市政府正式成立石家庄市轨道交通项目建设办公室（简称轨道办），负责轨道交通项目考察、谋划、报批工作。2010年2月，经市政府办公厅批准，石家庄市轨道交通有限责任公司成立，按照市委要求，轨道办与市轨道公司合署办公，轨道办负责协调各方关系、研究制定政策、筹措建设资金、推动项目建设；市轨道公司作为项目法人，负责项目谋划、筹资、建设并最终组织运营，以城市总体规划为依据，谋划、建设、扩大轨道交通网络。2010年4月14日，市轨道公司注册成立，注册资本10亿元。2012年5月11日，《石家庄城市轨道交通建设规划（2012-2020）》（简称《轨道建设规划》）通过国家住建部专家审查。6月28日，《轨道建设规划》获得国务院批准，7月12日正式得到国家发改委行文批复，从此石家庄跻身全国35个轨道交通建设城市行列。2012年9月28日，市地铁3号线二中站（现小灰楼站）举行轨道交通预留工程开工典礼，省市主要领导全部出席开工仪式。2013年4月和6月，1号线一期和3号线一期可行性研究报告正式获得国家发改委批准。至此，石家庄市轨道交通建设正式步入大规模建设阶段。

石家庄市轨道交通自2012年底开工后，2013年完成投资24.5亿元，1号线一期和3号线首开段（小灰楼至新火车站6.38千米）管线迁改全部完成，主体结构全面开工。

市轨道办将2014年确定为：工程建设提速年、运营筹备加快年、企业管理提升年、工作作风提效年，全年计划投资67.5亿元（其中工程建设计划完成40亿元，设计出图、管线迁改、绿化移植、交通导改、土地房屋征迁计划完成17.5亿元，其他投资约10亿元）。总体目标是：实现“四完成、四加快”。“四完成”即：完成1号线一期工程和3号线一期首开段附属工程设计并启动建设；完成3号线两边段房屋征收并启动管线迁改；完成2号线总体设计和总体概算评审并筹备建设资金；完成5号线建设规划要件材料上报。“四加快”即：加快1号线一期及3号线一期首开段主体工程（含区间）建设，累计完成总工程量50%以上；加快正定新区会展中心至行政中心“两站一区间”预留工程建设，并谋划1号线跨滹沱河工程；加快省会大交通规划及环主城区四县（市）之间快速交通规划落地工作；加快运营公司筹备，8月底前成立运营公司。具体目标是：标准车站全封顶，铺轨基地全建成，“站点区间‘双过半’，围挡缩减保畅通”。

◆ 2013年12月5日，市长王亮到市轨道办（公司）专题调度轨道交通建设

◆ 2013年7月24日，副市长李晋宇（前排左一）视察3号线小灰楼站和东里站工程建设

◆ 2013年9月13日，党委书记张发旺（主席台中）在中铁商务广场举行“中国梦”主题讲座

◆ 2013年10月18日，董事长付庆文到东里站调研指导轨道交通建设

◆ 2013年6月19日，市轨道公司合作院校订单培养协议签约仪式在亚太大酒店举行

◆ 2013年7月20日，轨道交通1号线一期工程土建及相关工程投资建设项目合同签约仪式在亚太大酒店举行

2013年5月20日，石家庄市轨道交通建设推进大会在市政府三会议厅举行

◆ 2013年6月21日，石家庄市轨道交通建设百日攻坚誓师大会在市轨道办召开

◆ 2013年10月15日，百日攻坚工作总结暨第四季度工作部署大会在市轨道办召开

石家庄市人民政府国有资产监督管理委员会

◆ 主任、党委书记　毕拉祥

石家庄市人民政府国有资产监督管理委员会（以下简称国资委）于2004年1月挂牌成立，主要整合了原市经贸委、企业工委、体改办、各行业协会筹备组、财政局、劳动局等部门相关职能，属市政府直属正县级特设机构。2009年，根据《石家庄市人民政府关于市政府机构设置的通知》（石政发〔2009〕40号）文件精神，国资委列为市政府工作部门。截至2013年底，全市共有国有企业252户，其中，市国资委监管企业22户，市直有关部门管理企业14户，县（市）区属国有企业216户。22户国资委监管企业按性质分：国有独资企业15户，国有控股企业2户，参股企业5户。按行业类型分：工业企业11户，商贸流通企业4户，餐饮服务2户，金融投资类企业4户，公用事业单位1户。22户监管企业资产总额313.33亿元，所有者权益总额118.99亿元，拥有在册职工60473人，离退休职工47334人，土地6085亩。列入市国资委管理的事业单位8户，其中财政全额拨款学校2户，经营性事业单位6户。市国资委党委管理的全市国有企业一级党组织119个，党员42992名。2013年市国资委党委荣获河北省国有企业“四创”活动优秀组织奖。

石家庄市国有资本经营有限公司

石家庄市国有资本经营有限公司于2011年12月28日成立，是国有独资公司，注册资本6.43亿元。下设全资子公司2家：石家庄市国经设备租赁有限责任公司，注册资本1亿元，经营范围：机械设备、通信设备、实验室设备、工程机械、汽车租赁；石家庄国经商业管理有限公司，注册资本50万元，经营范围：房屋租赁、房屋修缮、清洁服务、小区车辆管理、园林绿化工程施工，花卉出租。相对控股企业1家：石家庄旭新光电科技有限公司，注册资金13.96亿元，持股金额5.86亿元，持股比例为41.98%；参股企业1家：石家庄白龙化工股份有限公司，注册资金4835.5万元，持股金额2110万元，持股比例为43.64%。截至2013年底，对外股权投资总量由年初6.38亿增加到7.38亿，增长15.67%；通过银行委托贷款实现业务总额3.06亿元，其中融入资金1.17亿元，融出资金1.89亿元。

◆ 2013年6月19日，衡水市国资委携衡水国泰资产经营有限公司一行4人到公司对标学习

◆ 2013年11月29日，公司全体员工在燕春会议室学习贯彻“十八届三中全会”会议精神

石家庄北国人百集团有限责任公司

石家庄北国人百集团有限责任公司（简称北人集团）成立于2000年7月4日，是经石家庄市人民政府批准由石家庄北国商城和石家庄人百集团有限责任公司合并注册成立的国有独资商贸企业。2008年3月，北人集团完成国有企业改制，是一家跨区域、多业态的大型连锁商业企业集团。2013年，北人集团旗下有北国商城股份有限公司、石家庄饮食有限责任公司等8家企业，员工4万余人，经营网点遍布河北、山东、山西、河南、北京、天津和内蒙等7省（市）25座城市。先后被国家有关部门授予“全国商业服务业年度十佳企业”、“全国和谐商业企业”、“全国商业服务业顾客满意企业”、“全国五一劳动奖状”等荣誉称号，连续三年荣登中国企业500强。注册资本8亿元，石家庄市人民政府国资委持股比例51%，河北旭源投资有限公司持股比例21.86%，北京汇通润信贸易有限公司持股比例27.14%。截至2013年底，北人集团实现销售额301.68亿元，实现利税12.22亿元，拥有各类门店239家，其中百货店15家，超市复合店7家、单体店14家、外阜店7家；果蔬惠民店38家、电器卖场35家，珠宝101家，租赁会展门店5家，餐饮及其他服务业门店16家，经营面积超过120万平方米，较成立之初增加12倍。

◆ 2013年6月17日，石家庄市食品安全宣传周在北国超市启动，市委常委、常务副市长刘晓军（左一）参加活动并视察北国超市

◆ 2013年11月18日，邢台北国商城盛大开业

◆ 2013年10月1日，正定北国超市开业

石家庄饮食有限责任公司

石家庄饮食集团公司（简称饮食集团）前身为石家庄饮食服务公司，石家庄饮食服务公司始建于1956年。1994年，石家庄饮食服务公司组建为石家庄饮食集团公司。1998年，从公司中分立出的天府大酒店等企业，组建了新燕春集团，同年，市政府将市服务公司和地区食品公司并入饮食集团。主要经营大型餐馆、住宿、餐饮管理、照相、器材销售。2011年9月，经市政府批准，以石家庄市北国人百集团有限公司控股形式对饮食集团进行改制。2012年12月21日，注册成立石家庄饮食有限责任公司，注册资本1565.2万元，石家庄市人民政府国资委持股比例23%；石家庄市北国人百集团有限公司持股比例51%；石家庄盛隆餐饮管理有限公司持股比例26%。法人代表许振科。公司地址为石家庄市建设北大街73号。至2013年底，公司实现经营收入1.06亿元，利润150.3万元，利税680万元。

◀ 燕风楼烤鸭店

中和轩饭庄 ▶

石家庄经济学校

◆ 精细化管理，规范化办学

石家庄经济学校始建于1980年，是一所国办重点中等职业学校。学校秉承“以服务为宗旨，以就业为导向，以质量求生存”的办学理念，采用“校企合作、联合办学、定向培养”的办学模式，开设有制药类（化学制药专业为市级骨干专业）、现代服务类、铁路与高铁服务三大专业群共计二十余个专业。学校拥有一支结构合理、专业技能强、综合素质高的教师队伍，建有标准化的专业实验室和校内外实训基地，通过与多家知名企业开展深层次校企合作，逐步实现“教学与市场零距离，毕业与上岗零过渡”目标，2013年学生就业率达98%以上。学校扎实推行多元化办学，形成普通教育与成人教育、脱产教育与在职教育、学历教育与在岗培训相结合的办学新格局，被国家教委、省教育厅、石家庄市政府分别授予全国中等教育先进学校、省教学改革先进单位、市职业教育先进集体、市级文明单位、市级安全文明校园、石家庄市科学素质教育基地等荣誉称号。

石家庄常山纺织集团有限责任公司

石家庄常山纺织集团有限责任公司（简称常山集团）是1991年在石家庄市属纺织工业企业的基础上联合组建，位于石家庄市和平东路260号。1996年经省政府批准改组为国有独资公司石家庄常山纺织集团有限责任公司，授权经营市属纺织企业国有资产12.54亿元。集团公司现有11家独资（控股）公司，其中上市公司1家。现有员工1.4万人，是一个拥有国家认定企业技术中心，以棉纺织为主，兼有内外贸易的大型综合性企业集团。注册资金12.54亿元，主要生产能力纱锭80万枚，织机1.1万台，其中国际先进、国内领先的宽幅无梭织机2000余台。2013年集团公司资产总额76.82亿元，销售收入69.80亿元。被评为2012-2013年度纺织服装企业竞争力500强（68位）、棉纺行业竞争力20强（17位）、中国纺织服装行业主营业务收入100强（38位）企业和河北省百强企业、著名商标企业，综合排名居全省纺织行业首位。截至2013年底，集团实现营业收入70.73亿元，同比增长18.26%。生产经营企业实现利润2076万元，同比增长33.94%；出口创汇7967万美元，同比增长8.57%；产销率102.89%。

◆ 2013年2月17日，石家庄市委副书记、市长王亮（右一）到石家庄常山纺织股份有限公司考察指导

授予：石家庄常山纺织股份有限公司

河北省政府质量奖

河北省人民政府

二〇一三年十二月

◆ 2013年12月，石家庄常山纺织股份有限公司荣获“河北省政府质量奖”

◆ 2013年4月2日，石家庄常山纺织股份有限公司女工杨普荣获“2012全纺年度创新人物奖”。常山股份杨普作为获奖人员中唯一的女性、一线员工与19名国内知名企业家、业内精英同台领奖。颁奖现场，中央电视台《新闻联播》主持人欧阳夏丹以嘉宾主持人的身份与杨普等获奖人员对话“纺织强国梦”

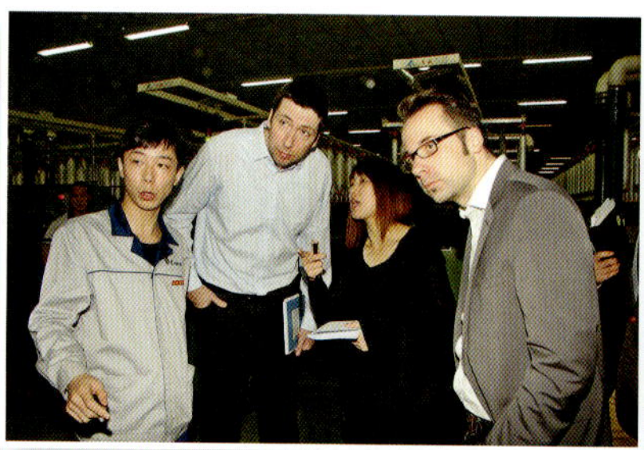

◆ 2013年3月8日，国家电网公司与德国技术能效合作审计组到石家庄常山恒新纺织有限公司现场调研，开启了河北省首个中德能效管理合作项目帷幕。恒新公司是中德合作能源审计四年来唯一一家被选中的中国纺织行业高新技术企业

石家庄市公共交通总公司

石家庄市公共交通总公司是市属国有大型企业，始建于1956年。公司以经营城市公共交通和市辖县汽车客运为主，兼营车辆维修、物资供销等服务项目，实行三级管理，总公司是唯一法人机构。总公司内设9个机关处室，下辖10个运营公司、5个直属单位；运营公司共辖44个运营路队、5个保养厂；共有15个停车场，8个加油（气）站，其中7座为加气站。截至2013年底，在职员工13039人；运营车辆4057部；拥有运营线路225条，线路长度达到3719.15千米；日均运客量达175余万人次；年总行驶里程21264.83万千米；运客人次达到6.4亿人次；总收入6.35亿元；公交分担率达到29.5%；万人拥有公交车标台数18.1标台。2013年公司荣获全国“交通运输行业节能减排先进企业”、“交通运输行业企业文化建设卓越单位”、“交通运输行业节能减排先进企业”、河北省首批“女职工组织规范化建设示范单位”、“河北省劳动争议调解示范单位”、石家庄市“优化发展环境建设工作先进单位”、石家庄市“劳动竞赛先进单位”、石家庄市“志愿服务先进单位”荣誉称号。

◆ 2013年12月31日，省长张庆伟参观188车组展室

◆ 2013年1月29日，市长王亮慰问公交一线职工

◆ 2013年新车上线启动仪式

◆ 新车整装待发

◆ 2013年1月24日，河北省交通运输厅厅长高金浩到企业视察

石家庄国大集团有限责任公司

◆ 2013年9月，副市长孟祥红（前排右五）接见前来参加国大酒店经营公司主办的第三届经济型酒店高峰论坛嘉宾

石家庄国大集团有限责任公司（简称国大集团）成立于1997年，曾先后荣获全国五一劳动奖状、全国酒店业五十强、中国500家最大服务企业等荣誉称号。经营范围包括酒店餐饮、便利店连锁经营、食品加工销售等，现有参控股子公司5家。集团旗下国大酒店经营公司发展迅猛，其自主创立的省内首家经济型酒店品牌“驿家365”，至2013年底达到120家，入选中国酒店集团规模30强排行榜，被省政府列入重点支持加快发展企业行列；旗下石家庄洛杉奇食品公司，开拓大型金凤食品工业园投入运营，拥有中华老字号、河北省非物质文化遗产、河北省著名商标“金凤扒鸡”、“洛杉奇”等食品品牌，产销量持续提升，“金凤扒鸡”、“洛杉奇”肉食及面食专卖店达到200余家，获得河北省农业产业化龙头企业称号。旗下河北国大连锁商业公司创立的“36524”便利店达到300余家，跻身全国连锁百强企业之列；旗下国大健康城开发建设公司，筹划建设“国大国际健康城”项目进展顺利。

石家庄市机械技工学校

石家庄市机械技工学校始建于1965年，是石家庄市建校最早的国办技工学校，隶属于石家庄市人民政府国有资产监督管理委员会，是人力资源和社会保障部批准的国家重点技工学校。现开设有机电一体化、数控技术应用、机械加工技术、焊接技术应用、“电气技术应用”、机电设备安装与维修等20个专业。其中“机械加工技术”、“机电设备安装与维修”、“电气技术应用”三个专业为“全国机械行业技能人才培养特色专业”。学校设有国家人力资源和社会保障部指定的国家职业技能鉴定所，可承担车、钳、电、焊、模具等20余个工种初、中、高级工，技师、高级技师的职业资格鉴定。学校是河北省“燕赵金蓝领”高技能人才培养实施单位，省人力资源和社会保障厅、市人力资源和社会保障局企业职工技术等级社会化考评重点实施单位，省机关事业单位工人技术等级培训、考核、鉴定定点单位，省、市职业技能定点培训机构。2003年，学校被省劳动和社会保障厅确定为“机电高级技工培训项目省、市重点实施学校”。

◆ 河北省人力资源和社会保障厅副厅长杨德炳（中）到校视察指导

石家庄市建设投资集团有限责任公司

石家庄市建设投资集团有限责任公司（简称建投集团）隶属于石家庄市国资委，其前身是1998年经市政府批准成立的石家庄市建设投资有限公司。2006年组建集团公司，2009年被市政府确定为市属经营性国有资产运营和投融资平台，2010年5月根据市政府深化投融资平台改革和建设意见，向市场化运作和企业化经营方向发展。公司经营范围：统一经营和管理授权范围内的国有资产、为企业提供破产清算服务、破产企业资产变现与相关业务咨询、从事产权经纪业务、企业改制、重组及业务咨询、诉讼保全担保与履约担保业务、机械设备买卖和租赁、房地产开发与经营、物业管理、自营和代理各类商品及技术的进出口业务、经济信息咨询。建投集团拥有6家子公司和13家参控股企业。近年来，集团公司先后被评为“中国AAA级信用企业”、“河北省诚信企业”、“石家庄市百强企业”和石家庄市“精神文明先进单位”，获得“石家庄市五一建功立业奖”、“先进基层党组织”“普法工作先进集体”和“五一劳动奖状”等多项荣誉称号。截至2013年底，公司注册资金27亿元，资产总额49.13亿元；年实现收入12825万元，实现利润4397万元。

◆ 集团办公楼

石家庄市保安服务公司

石家庄市保安服务公司（简称市保安公司）于1988年经石家庄市政府批准成立，是全省成立最早、规模最大的保安服务企业。根据国家公安部关于公安机关与保安企业官办分离的要求，市保安公司于2013年5月10日移交石家庄市人民政府国资委监管。成立25年来，市保安公司逐步走上集保安人防、武装押运、技术防范、金融服务等为一体的经营发展轨道。下设长安、桥东、桥西、新华、裕华、特种行业、守护、押运、安保、经保、特卫、安防、保全物业13家分公司。服务省会1500余家客户单位（其中包括关系国计民生、国家安全和公共安全的治安保卫重点单位近500个），担负着全市（含16个县市）20家金融单位货币、有价证券的武装押运业务。市保安公司党、团、工会组织健全，是中国保安协会、河北省保安协会常务理事单位和石家庄市保安协会副会长单位，连续三届被公安部、全国总工会、团中央评为“全国先进保安服务公司”，连续多年获得省级“青年文明号”、市级“文明单位”等荣誉称号。2013年底，市保安公司保安队伍规模达到9145人，其中865名干部员工通过国家高级保安员等级考试；押运运营线路达到280条，新增合同收入约1100万元，年实现营业收入2.65亿元，实现利税1460万元。

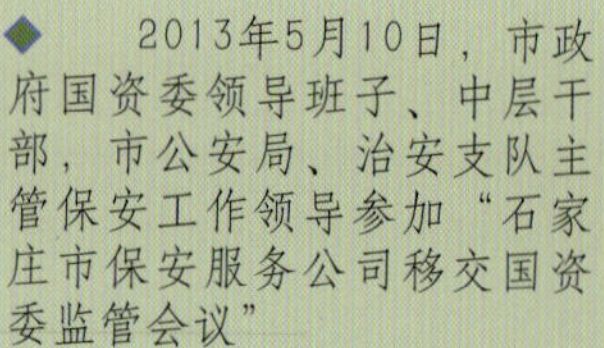

◆ 2013年5月10日，市政府国资委领导班子、中层干部，市公安局、治安支队主管保安工作领导参加“石家庄市保安服务公司移交国资委监管会议”

◆ 2013年8月30日，市保安公司为石家庄市人民政府承办的第十八届中国北方旅游交易会保驾护航

◆ 2013年11月22日，市国资委主任、党委书记毕拉祥到市保安公司检查指导

石家庄白龙化工股份有限公司

石家庄白龙化工股份有限公司是1997年12月由石家庄市化工二厂改制设立的股份制企业。主要产品：苯酐、顺酐、增塑剂。2013年公司以发展和提高经济效益为中心，依靠技术进步、技术创新和升级改造，实现了产品结构调整，产品产量达到较大经济规模，生产技术达到国内先进水平，取得了较好的经济效益。2013年公司实现利润2633万元，实现利税5177万元。

石家庄白龙化工股份有限公司是市政府确定的首批49家重点监控搬迁企业之一，在石家庄循环化工园区实施搬迁改造项目总投资4.68亿元，占地200亩。

2013年公司荣获中国化工企业常青树企业及石家庄市百强企业、安全生产先进单位、最具社会责任企业等荣誉称号。董事长刘文国荣获省市最具社会责任企业家和石家庄市安全生产先进工作者等荣誉称号。

◆ 2013年6月27日，省委常委、市委书记孙瑞彬到企业视察指导

◆ 2013年9月25日，副市长郝竹山到企业视察

石家庄宝德中小企业担保服务有限公司

石家庄宝德中小企业担保服务有限公司（简称宝德公司）以“科学宝德、责任宝德、人文宝德”为企业发展理念，致力建设管理科学、基业长青的具有河北一流竞争力的投融资企业。2013年完成担保业务356笔，同比增长10.22%；融资担保总额61.84亿元，同比增长12.52%；支持企业数量255家，同比增长14%；实现利润总额9357.83万元，同比增长15.67%；设备租赁收入9681.78万元，同比增长60.34%；实现税金4934.55万元，同比增长61.04%。截至2013年底，宝德公司未到期责任准备金、担保赔偿准备金和委托贷款减值准备金三项准备金总额超过3亿元，总资产达到15.64亿元，净资产达到7.45亿元。

◆ 2013年3月，石家庄宝德中小企业担保有限公司兼并重组石家庄市制酒厂，并开发出新一代白酒品牌——冀窖。图为公司董事长马靖视察“冀窖”产品首次上线灌装

◆ 公司董事长马靖冒雪到帮扶村调研考察，制定帮扶方案

石家庄市制酒厂

石家庄市制酒厂始建于1948年，由石家庄市第一届人民政府收购历史悠久的五家老烧坊组建而成，隶属华北人民政府，是公营酿酒开国第一家酒厂。建厂66年来，石家庄市制酒厂生产产品超过百余种，曾荣获河北省优质产品、石家庄名特食品、河北轻工畅销品牌等称号，连续六届获评“省消费者信得过产品”。1990年代出品的“天庄”名震一时，一酒难求，白酒和黄酒产品出口日本及东南亚各国。开国大典所使用的献礼酒即为石家庄市制酒厂支援给北京的品牌和技术。2013年3月，石家庄市制酒厂成为石家庄宝德中小企业担保服务有限公司旗下公司。酒厂以陈年原浆为基酒，由国家级调酒师反复实验，成功调制新一代本地白酒产品——“冀窖”。2013年底，“冀窖”系列之“52度华礼珍藏”和39度产品在河北省白酒行业评比中荣获“河北省优秀产品”称号。

◆ 2013年，石家庄市制酒厂白酒新产品“冀窖”调制成功

石家庄物产集团有限公司

石家庄物产集团有限公司是2005年经市委、市政府批准成立的国有独资企业，注册资本19494万元，法定代表人马保全，办公地址在鹿泉市石柏南大街168号圣华鑫鹿泉快捷酒店院内。下设全资国有公司3家：燃料总公司、宝晟房地产开发公司和河北德服物业服务公司。班子成员8人，机关员工42人，设综合办公室、党办室、人力资源部、财务部和档案室。在石家庄市新华西路172号设有“4050”管理中心，负责国资系统430名离休老干部及集团内退人员的管理服务；还负责6家改制企业党组织和1家挂靠事业单位党组织管理。2013年公司实现利润总额107.02万元，净资产收益率1.52%，应收款项回收率37.58%，投资收益率19.2%。

◆ 物产集团驻村帮扶累计投资56万余元用于改善村风村貌

石家庄市工业和信息化局

◆ 省委常委、市委书记孙瑞彬到市工信局调研指导

◆ 2013年“5·18”廊坊洽谈会上，市长王亮参观东旭集团展台

2013年，市工业和信息化局在市委、市政府的正确领导下，坚持以科学发展观为指导，以加快推进工业转型升级为主线，紧紧围绕转型升级、跨越赶超两大任务，坚持稳中求进、好中求快的工作总基调，不断在“有中生新”和“无中生有”上积极谋求新突破、新路径。

制定并以市委、市政府文件出台《关于推进工业转型升级加快建设工业强市的实施意见》、《关于进一步支持企业技术改造工作措施的通知》、《关于鼓励工业企业深化对标行动的意见》和《关于加快培育规模以上工业企业的意见》等多项政策措施，为推进全市工业转型升级、跨越赶超和绿色崛起提供了强有力的政策支撑。

强化工业生产运行监测与协调服务，着力帮助企业提高运行质量和效益，实现全市工业整体质量效益走在全省前列。2013年，全市规模以上工业完成增加值1747.8亿元，同比增长11%；实现工业利润588.3亿元，同比增长23.8%，规模以上工业利润总额保持全省首位。

坚持对标引领，在全市工业企业中广泛深入开展对标行动，组织节能减排、环境管理、创新对标、两化深度融合等一系列对标现场观摩会和县域企业对标培训会、交流会，选树市级对标示范企业86家,2013年全市规模以上工业企业对标行动开展率达到100%，创

◆ 团结奋进、求真务实的工信局党组

出国（省）内行业标杆指标243项，取得全省工业企业对标考核“三连冠”的好成绩。

狠抓工业企业技术改造，实施重点技改项目215项，总投资581亿元，建成后预计新增销售收入1478亿元、利税247亿元，其中154个技改项目入选河北省千项技改项目计划。2013年完成技改投资1271.5亿元，位居全省第一，6个项目争得国家技改支持资金1.48亿元，57个项目争得省技改资金1.33亿元。

提高企业创新能力，神威药业获国家技术创新示范企业，际华三五零二职业装研究院获国家工业设计中心，先河环保等9家企业获省技术创新示范企业，新宇宙电动车流动警务室、数英仪器频谱分析仪获河北省工业设计金奖，以岭药业等10家获国家知识产权运用能力试点企业，石药集团等4家获国家品牌培育试点企业，冀凯实业等3家获河北省质量标杆企业。

促进工业绿色发展，搬迁改造威远生化、润泰纺织2家高排放企业，完成市区剩余73台生产燃煤锅炉拆改任务；淘汰水泥、造纸等11个行业25家企业落后产能，举行化解水泥过剩产能集中拆除行动，拆除18家水泥熟料企业19台磨机，削减水泥产能940万吨，中央电视台等众多媒体给予报道。

推进两化深度融合，制定《两化融合专项投资指导目录（2013-2014年）》，主办了省两化深度融合促进工业转型升级巡回培训启动仪式暨石家庄会议，培育省级两化融合重点（示范）企业54家，其中5个信息化项目列为工信部试点项目。

支持民营经济发展壮大，培育省级中小企业技术服务平台6个、“河北省产业集群龙头企业”19个，获2013年度“河北省中小企业示范产业集群”4个。融资性担保体系增强，173家担保机构注册资本金达到219.8亿元，新增担保6889笔，新增担保金额288亿元。

2013年，市工信局为全市争得国家信息消费试点城市、河北省2013年度民营经济发展先进市、2013年度河北省对标行动工作优秀单位等荣誉；市工信局机关获得全市“六五”普法中期先进集体、2013年度河北省禁化武履约工作先进单位等称号；市工信局长吴飞被评为省级劳动模范。

◆ 2013年4月2日，石家庄市召开工业转型升级电视电话会议，强调“全面深化拓展对标行动，推动工业转型升级，加快转变发展方式”

◆ 2013年在上海工业博览会上，石家庄市选送的河北新宇宙电动汽车有限公司现场展出电动移动警务室，高效节能、零排放、充电便利，成为河北省展区一大亮点

◆ 2013年9月13日，在石家庄装备制造行业两化深度融合对标现场会上，副市长郝竹山就推进石家庄市两化深度融合对标工作进行安排部署

◆ 2013年12月17日，石家庄市举行压减水泥过剩产能、治理大气污染集中拆除启动仪式，同步拆除鹿泉市、平山县境内的18家水泥熟料企业水泥熟料生产线

◆ 石家庄市工业和信息化局领导深入企业一线，开展“稳增长、促转型、保目标”专项督导活动

① 为深入推动“解放思想、改革开放、创新驱动、科学发展”大讨论活动，我局召开提升工业运行质量和效益研讨会

② 市工信局局长吴飞、总工程师刘俊德召集各县（市）区工业主管部门召开工业运行分片协调调度会

③ 新宇宙、数英仪器获首届河北省工业设计奖金奖，市工信局副局长徐东与获奖企业在颁奖典礼上合影

◆ 君乐宝自动化车间

石家庄市畜牧水产局

◆ 2013年2月16日，局领导班子和全体干部职工参加升旗仪式

◆ 2013年5月21日，省委书记周本顺（二排右一）、市委书记孙瑞彬（二排右二）、市长王亮（三排右一）陪同中共中央政治局委员、天津市委书记孙春兰(前右二)到君乐宝乳业调研

● 市畜牧水产局和局属单位市动物卫生监督所被农业部授予全国农业系统先进集体荣誉称号，市畜牧水产局是河北省唯一受表彰的地市级农业（畜牧）部门，也是全国唯一受表彰的省会城市农业（畜牧）部门，并被写入市政府工作报告。

● 在全省畜牧兽医工作竞赛活动中，我市荣获五项优胜。

● 荣获全省兽医实验室检测技能、畜产品检测大比武团体一等奖和个人一等奖。

2013年，全市畜牧水产系统以推进传统牧渔业向现代牧渔业转型、畜牧大市向畜牧强市升级为主题，围绕“一种五化”（良种普及、区域化布局、规模化养殖、标准化生产、科学化防控、产业化经营）和“四大体系”（畜禽良种繁育、质量安全监测、动物疫病防控、饲料兽药保障），着力打造效益畜牧、生态畜牧、健康畜牧、安全畜牧“四个畜牧”，强力推进“十大重点项目”建设，全年重点工作任务实行项目化管理、工程式推进，带动了整体工作提升，开创了畜牧水产工作新局面。

抓住龙头　加快牧渔业转型升级

坚持把重点龙头项目建设作为推进畜牧业转型升级第一抓手。2013年，全市在建扩建500万元以上畜牧项目31个，总投资37.62亿元，同比增长42％，其中亿元以上项目7个，总投资32亿元，同比增长67％。率先在全省实行标准化规模养殖示范场部、省、市、县四级联创，创建畜禽标准化规模养殖示范场576个，占全市规模养殖场总数的四分之一。着力培育种养结合养殖示范园，全市建成500亩以上种养结合养殖示范园22个，其中超过1000亩12个，走出一条发展农业生态循环经济的新路子。新上畜禽粪污治理工程100个，加上结构减排和管理减排，年削

◆ 2013年8月15日，局长吕军英（前右一）陪同副省长沈小平(前左二)视察我市奶业发展

◆ 河北省农业厅副厅长、河北省畜牧兽医局局长张钰（前排右二）视察指导动监执法规范化建设

拧紧十大重点项目　倾力打造“四个畜牧”

减化学需氧量7502吨，氨氮排放量194吨，超额完成计划任务。强力推进畜牧专业合作社发展，着力培育示范社，全年培育市级示范社10个。

夯实基础　提升重大动物疫病防控水平

实行以免疫抗体随机检测为主要内容的考核通报制度，高致病性禽流感、牲畜口蹄疫、高致病性猪蓝耳病、猪瘟4种强制免疫病种免疫率常年保持100%、免疫抗体水平保持在70%以上。开展突发动物H7N9禽流感疫情及突发重大动物疫情应急演练和全市性观摩活动，有效增强应急处置实战能力。实施以“三所（站）合一”和“四统六化”为核心内容的基层所（站）规范化建设，全市139个农村基层动监所全部达到规范化要求。2013年石家庄市连续10年保持重大动物疫情清净状态。

完善体制机制　强化牧渔产品质量安全监管

在全面加强县级畜产品质量检测站标准化建设基础上，建成行唐、鹿泉、藁城、栾城4个区域中心站。率先在全省建立牧渔产品质量安全风险评估机制，七个专项每月进行一次风险评估，综合评估每季度开展一次。市政府出台《关于加快全市乳粉业发展的实施意见》（石政发〔2013〕42号），提出到2017年，全市乳粉产能达到8万吨，建设生产乳粉用标准化规模奶牛场230个，打造一流奶源基地。强化生鲜乳质量安全，推进奶牛养殖方式转变，52家养殖小区实现向牧场转型，280家养殖小区实现“四统二分”。持续开展牧渔产品质量安全大检查、大排查，2013年全市共检测12万批次，畜产品、水产品合格率100%，饲料合格率97.5%。

推进规范执法　加强牧渔业发展法治保障

强化执法体系、执法制度、执法能力、执法形象四项建设，强力推进“六大规范、二十八项统一”，创新实施八项执法制度、三项执法机制、三种执法模式，充分发挥市畜牧水产治安办公室的保障、指导、处置、协调作用。2013年全市畜牧水产系统共办理案件1005起，有力地打击和震慑了不法分子，得到农业部的充分肯定和省农业厅的表彰，被市政府评为依法行政工作先进单位。

实行项目化管理　以重点项目带动整体推进

探索推行重点工作课题式设计、项目化管理、工程式推进新方式，每年将影响和事关全局的重点工作整合成“十大重点项目”，统一调配全局力量，打破处室人员分工界限，按照“一个项目一个方案、一套人马、一套任务目标、一套保障措施、一套考评办法”的“五个一”方式，突出坚持月有进度、季有形象、半年点评、年终总评、全程问效，实现了重点有突破，整体有提升。

◆ 2013年3月13日，市畜牧水产局举行假劣兽药、饲料、饲料添加剂集中销毁活动

◆ 2013年5月27日，全市畜禽粪污治理综合现场会上，与会人员参观粪水沉淀池

◆ 2013年5月28日，全市病死动物无害化处理现场会上，与会人员参观示范村病死畜禽处理设施

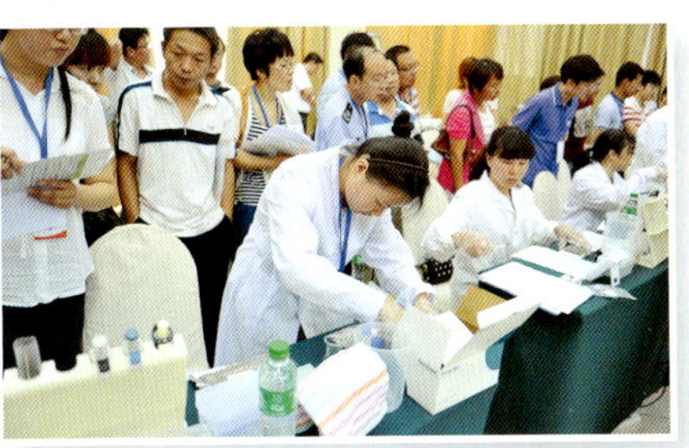

◆ 2013年6月25日，全市基层畜产品质量检测人员技术大比武

◆ 2013年9月17日，石家庄市突发重大动物疫情应急演练现场

石家庄市交通运输局

◆ 市交通运输局局长　罗二虎

2013年，市交通运输局以党的十八大精神为指导，贯彻落实科学发展观和市委九届四次全会及全省交通运输工作会议的决策部署，带领全系统广大干部职工开拓进取、务实拼搏，圆满完成各项目标任务，为省会转型升级、跨越赶超，建设幸福石家庄作出了积极贡献。

交通基础设施建设扎实推进。截至2013年底，全市公路通车总里程达到17482千米，路网密度达到110.6千米/百平方千米。其中，高速公路477千米，国道418千米，省道1492千米，县道1579千米，乡道4973千米，村道8337千米，专用公路284千米。桥梁3856座221050.43延米。通车里程17482千米，比2012年增加1200千米。全年交通基础设施建设完成投资106.27亿元。其中，高速公路完成投资60.7亿元，建设里程208千米。开工建设京昆石太高速、南绕城高速，基本完成京港澳高速征地拆迁。干线公路完成投资24.07亿元，建设里程199千米。开工建设新城大道、京港澳高速杜村连接线、西三环辅道贯通、红旗大街南延（石邢公路）、定魏线正港公路至贾村桥段、京赞公路石阎线至鹿泉县城段、晋州连接线石黄高速口至安新线段等一批重大项目。农村公路完成投资3.74亿元，建设里程1046千米。完成帮扶村主街道硬化415.7千米，农村面貌提升主干道硬化132.6千米。公路养护完成投资8.09亿元。完成干线大中修14项248千米，桥梁维修加固7座394.7延米。场站建设完成投资9.67亿元。石家庄公路主枢纽信息指挥中心主体封顶，建成晋州、鹿泉客运站主体工程，扎实推进聚和港物流园区二期、高营汽车配件中心、藁城综合场站等物流园区项目。

行业管理水平不断加强。路域环境明显改善。投资9998万元，以高速公路、国省干线、出市口道路为重点，积极推进绿色廊道建设，共栽植各类树木315万株。深入开展公路扬尘治理，出动洒水车等作业车辆9500余台班，清理垃圾10.9万立方米，查处扬尘污染车辆3300余辆次。养护质量稳步提升。开展养护示范路创建活动，建立养护管理诚信体系，修订《农村公路养护管理规定》，加大养护考核力度，干线公路技术状况指数有了新提升，农村公路“田路分家”完成5332千米。三是运输市场逐步规范。深入开展道路运输市场和“出重拳、打黑车”专项整治行动，查处违章经营车辆4000余辆次、“黑车”16辆。完成出租汽车运价调整，加强新火车站运营秩序管理，设置出租汽车专用通道，增设13条公交线路，合理调配运力，满足了人民群众基本出行需求。

◆ 8月5日，省委常委、市委书记孙瑞彬调研指导新城大道跨滹沱河连拱桥工程建设

◆ 5月21日，市长王亮视察新城大道工程

◆ 11月4日，市长王亮视察指导全市交通运输工作

◆ 2月6日，常务副市长刘晓军视察公交服务热线

◆ 5月20日，副市长李晋宇视察新城大道建设

◆ 5月21日，省交通运输厅副厅长宋书强到市运输管理处调研指导

质量管理强化。认真落实三级质量保障体系，坚持旁站监理，狠抓工序衔接，规范现场管理，工程优良率达100%。始终强化科技创新，2013年获省交通运输厅优秀科技成果一等奖3项，省部级优秀质量管理小组17个、厅级4个，获国家级质量信得过班组1个。路政管理加强。2013年查处路政案件212起，清理摊点9214处，拆除违章建筑353处，巡查货运源头单位4679次，出动执法人员6.3万人次，查处车辆7500辆，卸载货物17万吨，全市超限超载率控制在2%以下，维护了路产路权。依法行政规范有序。出台了出租汽车《租赁管理规定》、《广告设置管理规定》等6个规范性文件，落实执法“四统一”，组织执法人员进行标准化培训，细化行政处罚自由裁量权执行标准，规范了执法行为。2013年市交通运输局被评为全市“五五”普法先进单位。

服务保障能力持续提升。客运市场有序推进。2013年全市共有营运车辆250419辆，其中载货汽车234585 辆，载客汽车5363辆，出租汽车10471辆。年内完成货运量34489.8万吨千米，货运周转量967480.4万吨千米，完成客运量12205.6万人千米，客运周转量577973.7万人千米，有力的促进了全市经济发展。城乡客运发展稳步推进。加快“公交都市”建设，购置环保公交车450部，淘汰黄标车539部，开辟市区线路3条、组团线路16条，新建港湾式站台34座，侧式站台26座，候车亭116座，全市公交车辆拥有量达到4057辆，四组团县开通线路96条，公司运营线路225条，年营运行驶里程21264.83万千米，运送乘客6.4亿余人次，较好地保障了市民出行。信息化建设全面推进。建成出租汽车服务管理信息（一期）、驾驶员培训学时监管、包车管理、治超管理和“掌上公交”信息查询等系统，搭建了道路运输营运车辆动态监管平台，提升了行业智能化服务水平。文明服务持续推进。截至2013年底，全市共有2个国家级、9个省级、65个市级文明单位，2个国家级“文明示范窗口”，建成5个国家级、17个省级、84个市级青年文明号，市民出行满意度大幅提高。

◆ 运政人员执行日常巡逻任务

◆ 西柏坡高速公路收费人员进行上下岗交接仪式

◆ 推进西柏坡高速公路绿色廊道建设

◆ 12月11日，在“迎双节、治违规、打黑车”活动中，市运政稽查人员现场销毁黑车顶灯、计价器、假车牌等物品

◆ 运政人员整装待发开展治超行动

◆ 7月8日，市运输管理处出租汽车电召服务系统试运行

石家庄市疾病预防控制中心

◆ 7月11日，美国疾控中心专家参观我市社区老年跌倒干预项目

◆ 开展慢病基线调查，并对调查对象进行登记

◆ 市疾控中心专业人员深入农村开展国家免疫规划疫苗接种率评估工作

◆ 防艾宣传进工地

2013年，石家庄市疾控中心在市卫生计生委的正确领导下，在全体职工共同努力下，科研工作斩获新业绩，业务工作取得新进步，社会服务创出新声誉。

慢性病综合防控在全国取得新影响。老年人跌倒干预工作分别在第八届世界危险因素联盟监测大会和第六届全国伤害预防与控制大会作经验介绍。“中国脑血管病流行病学专项调查”等三项国家“十二五”科技支撑计划课题相继在我市实施。《健康报》两次对我市以健康管理小组防控慢性病工作模式给予报道。首次开展石家庄市超重、肥胖流行病学调查。

艾滋病防控工作实现新突破。全市实施“艾滋病抗病毒治疗医防合作双向管理新模式”在全省创出新经验。组建成立百支“农村防艾宣传队”。创作文艺节目37个，在农村演出近百场。艾滋病检测网络全面加强，年末全市艾滋病检测实验室达到130个。

结核病防控取得新进展。稳妥推行新型结核病防治服务体系，赞皇县、元氏县、高邑县、灵寿县、平山县5县建成新型结核病防治服务体系，并顺利开展结核病防治工作。全市15个县级疾控中心结核病检测生物安全二级实验室通过省级验收，其中14个单位已开展痰结核菌培养，标志石家庄市成为全省唯一提前两年完成80%县级疾控中心开展痰培养规划指标的地市。建成石家庄市结核病患者信息化管理平台。

免疫规划管理水平迈上新台阶。顺利通过河北省国家免疫规划督导综合评估，疫苗接种率均达到国家目标要求。预防接种门诊提档升级工作，实行“统一设计、统一标准、统一设施、统一标识、统一流程、统一格调”“六统一”建设标准并召开推广现场会。年末全市建成7家示范性预防接种门诊和20家规范化预防接种门诊，吸引全国多个省、市单位到我市参观学习。

卫生应急工作推出新举措。在全市广泛开展卫生应急等级评定工作，正定县、高邑县和桥东区通过省级卫生应急示范县创建验收。全年6次组织实施卫生应急演练，特别是全市疾控系统防震减灾卫生应急演练，规模大、历时长、模块多、贴近实战，演练模式获得省卫生厅，省疾控中心领导和专家的肯定，并在全省疾控中心主任例会上作经验介绍。

健康教育及社会宣传工作取得新业绩。全年组织健康教育师资培训10期，受训人员达1200余人次；举办健康教育讲座9500场，受益群众达41.2万人；在全市50个乡村建成“健康科普一条街”。首次开展石家庄市居民健康素养监测。加大与媒体合作力度，在媒体刊播稿件1001篇次，其中《健康报》刊发12篇。

卫生检验能力实现新提升。开展突发公共卫生事件检验能力提升工程，完成5种植物毒素及5种杀鼠药能力储备，在全国率先建立了水中肠道病毒指示噬菌体的检测方法和水污染事件病毒分类及多种细菌性食物中毒的快速诊断方法。2013年参加全省疾控系统大比武活动，荣获市、县两级实验室技能操作代表队团体一等奖。

◆ 结核病防治宣传走进大学校园，引起大学生热情反响

◆ 开展预防接种门诊示范化建设，建成整齐美观的接种室

◆ 结核病宣传进社区

◆ 活跃在全市城乡的"农村防艾宣传队"

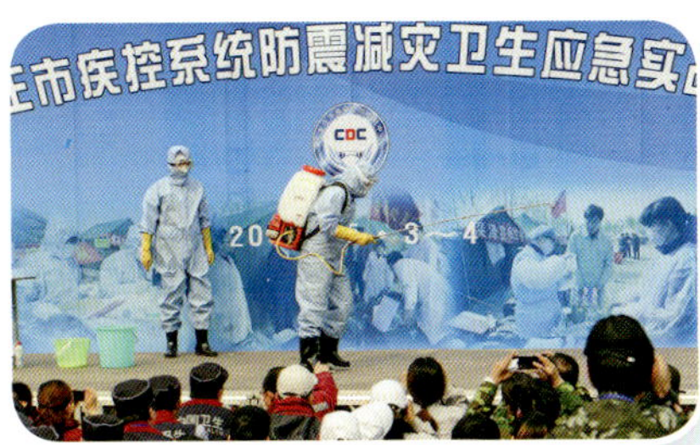

◆ 2013年5月3~4日，举行石家庄市疾控系统防震减灾卫生应急实战演练

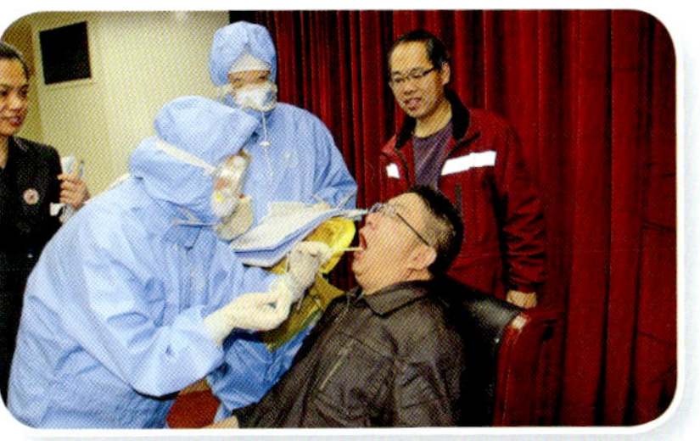

◆ 4月8日，举办人感染H7N9禽流感疫情应急处置演练

◆ 荣获全省疾控系统大比武团体一等奖队员合影

◆ 现代化的卫生检验实验室

◆ 4月23日，市疾控中心承办的石家庄市第二届抗癌明星颁奖典礼成功举行

◆ 市疾控中心卫生应急队员参加卫生局防汛救灾演练

太行明珠之夜

庄里街
Zhuangli Village
商场6号门
Mall Entrance No.6
万豪酒店
Marriott Hotel

乐汇城
ENJOY CITY
乐汇城
H&M

目　录

特　载

大事记

市情概览

特色园区

公共管理和社会组织

农 业

工　业

城乡建设与环境保护

交通运输

信息产业

国内外贸易·旅游

金　融

综合经济管理

科学技术

教 育

文　化

卫生·体育

社会生活

县（市）区概况

人 物

文献法规

统计资料

CONTENTS

Featured Articles

Events

City Survey

Featured Park

Public Administration and Social Organizations

Politics and Laws

Military Affairs

Agriculture

Industry

Urban–Rural Construction and Environmental Protection

Traffic Transportation

Information Industry

Domestic and Foreign Trade & Tourism

Finance

General Economic Management

Science & Technology

Education

Culture

Public Health & Sport

Social Life

An Introduction of Cities and Counties

Figures

Literatures & Regulations

Statistical Data

特　载

特　载

市委全会讲话

——2013年1月7日在中共石家庄市委第九届第四次全会上的讲话

中共河北省委常委、市委书记　孙瑞彬

这次市委全会的主要任务是，认真贯彻落实党的十八大、中央经济工作会、省委八届三次全会和全省经济工作会议精神，深入分析面临的形势，安排部署今年的工作，动员全市各级党组织和广大干部群众进一步解放思想、开拓进取，凝聚力量、攻坚克难，加快转型升级、跨越赶超、建设幸福石家庄步伐，努力在建设经济强省、和谐河北征程中当好“领头羊”，为确保率先在全省全面建成小康社会而奋斗。下面，我代表市委讲几点意见。

一、充分认识省会面临的形势和任务，切实增强全面建成小康社会的紧迫感

党的十八大纵观国内外大势，描绘了在新的历史条件下全面建成小康社会、加快推进社会主义现代化、夺取中国特色社会主义新胜利的宏伟蓝图，明确提出了要确保到2020年实现全面建成小康社会的宏伟目标。省委八届三次全会明确了全省今后五年的奋斗目标、战略重点和全面建成小康社会的总体进程，明确提出今后五年全面建成小康社会目标在全省大多数地区总体实现，并要求较为发达的地区要加快发展步伐、率先实现全面小康，为全省大局多做贡献。全面建成小康社会，事关省会1000万人民的福祉，也事关全省的发展大局。以怎样的决心和状态、怎样的举措和路径、怎样的步伐和业绩，来响应中央和省委的号召，是我市各级党组织和广大党员干部必须回答的时代课题。我市作为省会城市，必须坚决贯彻党的十八大和省委八届三次全会精神，从省会实际出发，攻坚克难、奋力拼搏，确保率先在全省全面建成小康社会。这是九届市委和全市各级党组织的光荣使命和重大责任。

目前，全面建成小康社会已进入“倒计时”。根据现行的小康监测指标体系测算，我市全面建设小康社会的实现程度为85.5%。在六大类23项指标中，我市有13项指标尚未达标，其中6项指标与目标值差距较大。而今后几年，恰恰又是国际经济形势错综复杂、充满变数，国内经济下行压力增大、在艰难中前行的几年。因此，我市要在全省率先全面建成小康社会，时间很紧迫，形势很严峻，任务很艰巨。全市各级党组织一定要把思想统一到中央和省委的决策部署上来，一定要统一到市委的坚强决心上来，切实增强全面建成小康社会的紧迫感、危机感和压力感，按照率先在全省全面建成小康社会的奋斗目标，坚决攻克前进道路上的一个又一个难关，以优异的成绩向省委、省政府和全市人民交一份合格的答卷。

今年是全面贯彻落实党的十八大精神的开局之年，是实施“十二五”规划承前启后的关键一年，是为全面建成小康社会奠定坚实基础的重要一年。做好今年各项工作，意义十分重大，既有很多有利条件，又面临很多挑战和压力。从有利的方面讲：一是政治环境好。党的十八大和省委八届三次全会为今后五年的发展指明了方向，中央和全省经济工作会对今年的经济工作进行了

安排部署，中央和省将陆续出台并实施一系列推动经济社会发展的政策措施。这是我们做好今年工作的强大动力和重要保证。二是发展基础好。我国经济社会发展的基本面长期趋好，有令西方国家羡慕的巨大内需市场。我市的国民经济体系比较完整，轻重比例较为合理，一批重大项目竣工达效，一批重点产业园区开始发力，经济规模已达到4500亿元。再加上高铁、机场改扩建等重大基础设施的开通运营，我市与京津及周边省会的“同城效应”更加显现，具备了快速发展的物质条件。三是工作思路好。实践证明，市九次党代会以来，市委确定的中东西三大区域协调发展、工业强市、改善发展环境等一系列重大战略举措，符合我市实际，也符合中央和省委精神，取得了明显效果，得到了高度认同。只要我们坚定不移、一以贯之地贯彻好、落实好，我市的经济社会发展就一定会大踏步前进。四是干部队伍好。去年，面对复杂的宏观经济形势和繁重的改革发展稳定任务，省会的各项事业取得了显著成绩。这充分表明我们省会的干部队伍是一支过得硬、靠得住的队伍，是一支能干事、干成事的队伍。这是我们谋篇布局的可靠保证。从不利的方面讲：一是国际经济环境仍不宽松。世界经济低速增长态势仍将延续，主要经济体总需求仍然疲弱，各种形式的保护主义明显抬头，西方大国对外转嫁内部经济困难意图十分明显，我市的外贸出口和外向型企业将更加艰难。二是国内经济面临众多矛盾。经济增长下行压力和产能相对过剩的矛盾有所加剧，我市企业将受到国内市场的进一步挤压。另外，经济发展和资源环境的矛盾仍然突出，对我市的水泥、钢铁、造纸等传统产业将造成很大压力。三是周边区域竞争空前激烈。天津滨海新区被列入了国家发展战略和国家综合改革试验区，《河北沿海地区发展规划》、《中原经济区规划》上升为了国家发展战略，我省还启动了环首都扶贫攻坚示范区建设。天津滨海新区、秦唐沧、邯郸邢台以及环首都区域有国家和省的政策支持，加上天津滨海新区、秦唐沧又有港口和土地储备优势。这些地区已经步入快速发展轨道，态势咄咄逼人，在资金、项目、人才、市场等方面对我市形成强大挤压效应，短期内竞争大于合作，省会面临着被“边缘化”的危险。四是实现全面小康任务艰巨。在13个尚未达标的指标中，城镇化、第三产业占比等一些硬指标差距很大。特别是县域经济实力薄弱，工业化、城镇化进程滞后，城乡差距明显，成为我市全面建成小康社会的“短板”。五是“瓶颈”制约十分突出。主要是发展环境、生态环境还不够好，尽管做了大量工作，企业家和老百姓仍有意见，区域竞争力、吸引力还比较弱;交通、电力等重大基础设施建设相对滞后，转型升级、跨越赶超受到土地、资金、环境容量三大“瓶颈”的严重制约。对此，我们一定要保持清醒头脑，正确把握当前面临的形势，既要看到有利的一面，坚定发展的信心，也要认识到各种不利因素，做到深入研判、早做谋划、从容应对，切实增强工作的预见性和针对性，努力争取最好的结果，牢牢把握工作主动权。

2013年全市工作总体要求是：坚持以邓小平理论、“三个代表”重要思想、科学发展观为指导，全面贯彻落实党的十八大、中央经济工作会议、省委八届三次全会、全省经济工作会议和市九次党代会精神，深入实施中东西区域协调发展战略，突出主题主线，优化两个环境，保障改善民生，维护社会稳定，实施重点突破，推动省会工作上水平、创一流，加快转型升级、跨越赶超、建设幸福石家庄步伐，确保全面建成小康社会取得突破性进展，努力在建设经济强省、和谐河北征程中当好“领头羊”。

二、聚焦发展第一要务，强力推进转型升级、跨越赶超迈上新台阶

全面建成小康社会必须以强大的经济实力做后盾，没有经济的又好又快发展，就没有全面小康。全市各级党组织必须牢固树立强烈的发展意识，按照中东西区域协调发展的总体布局，因地制宜，分类施策，不断加快转型升级、跨越赶超步伐，推动全市经济好中求快，实现更好更快更大的发展。

（一）强力实施工业突破，增强工业对经济的支撑力。市委提出工业强市战略已经有两年多时间了。两年多来，全市抓工业的意识不断强化、效果逐步显现。但是与发达城市相比，差距仍然很大，工业对全市经济的支撑带动能力还不够强。我们要充分认识到，没有工业，就没有现代服务业；没有工业，就

不能大量转移农村劳动力；没有工业，就难以扩大内需、拉动消费；没有工业化，城镇化就失去依托。因此，发展工业关系到城镇化和现代化的进程，关系到全面建成小康社会大局，大上工业是全面建成小康不可逾越的历史阶段。我们务必要把工业摆在更加突出的位置，坚决破解制约工业发展的各种障碍，确保工业在新的一年里实现突破性进展。今年要重点抓好5个方面的工作：一要做实对标。实践证明，对标行动是推动产业转型升级、提质增效的最有效抓手。今年我们要在做实做细、务求实效上下功夫。要制定完善鼓励政策，提供配套服务，充分调动企业对标的积极性。要以开展对标行动为龙头，带动企业技术升级、产品上档、管理创新，全面提升企业的市场占有率。要扎实做好全国创新型试点城市工作，进一步加强以企业为主体的技术创新体系建设，围绕我市重点产业，抓好重大科技专项实施，鼓励支持企业增加科技投入，建立工程技术研发中心，努力增强工业企业的技术创新和产品研发能力，提高企业核心竞争力。二要做大园区。要把园区建设作为大上工业的重要载体，突出抓好高新区、循环化工园区、良村开发区、先进装备制造基地、信息产业基地、南部工业区、空港工业园等一批重点园区建设，力争综合保税区早日申办成功，加大对各县（市）省级产业园区扶持力度，进一步创新管理体制，完善基础设施，为工业招大商、引大资提供优质平台。三要做强龙头。要将各种生产要素向优势产业和企业集中，支持重点骨干企业做大做强，充分发挥大企业、大集团的辐射带动作用，努力打造我市的支柱产业和企业品牌，提升我市工业综合竞争力。要进一步深化国有企业改革，盘活国有资产，增强国企活力。四要做活民营。要完善和落实好鼓励全民创业的各项优惠政策，关心民营企业特别是小微企业的成长，为他们解决好用地、经营场所以及资金、担保等方面的困难和问题，促其迅速发展壮大，增强全民创业活力。五要做优服务。要把工业提质增效摆在突出位置，做好企业“围墙”外的各项服务工作，全力保障企业煤、电、油、运、气等生产要素的供应，确保企业正常生产经营，千方百计帮助企业降低运营成本。要切实抓好已竣工项目的投产达效，使之尽快形成新的经济增长点。要坚持和完善市、县领导联系重点企业制度，真诚地关心企业和企业家，及时解决企业遇到的困难和问题，切实为工业企业发展创造良好的外部环境。

（二）加快发展现代服务业，加速中部隆起步伐。服务业反映了一个地方经济发展的质量和人民生活的水平，既是地方财力的重要来源，又是全面小康的重要指标。2011年，我市服务业的占比仅为40.1%，低于全国平均水平3个百分点，距全面小康占比50%的目标值有很大差距。按现在的发展速度，是很难如期达标的。目前，省会的产业、人口和生产要素大量聚集，交通条件不断改善，已具备了现代服务业快速发展的各种条件。要高度重视、认真研究、强力推动服务业发展，充分发挥省会优势，制定完善支持政策，做大做强以现代服务业为特征的城市经济，打造全市经济的龙头带动区。一要做大做强生产性服务业。要加快发展现代物流业，规范物流市场秩序，抓好物流产业聚集区和重点物流项目建设，打造全国重要物流节点城市。要提升传统商贸服务业，引入先进的市场发展理念，实施主城区大型批发市场升级改造，谋划建设一批现代化城市综合体，打造在全省全国知名的特色品牌商业街区。要制定完善配套政策和协调服务机制，大力培育楼宇经济，积极发展总部经济，打造区域性总部经济发展高地，推动城市经济向集约化、高端化发展。要培育壮大服务外包业，尽快启动石家庄国际服务外包开发区建设，把服务外包业打造成为全市新的经济增长点。要发展以云计算为标志的现代经济重要基础设施，积极发展电子商务。要大力优化金融生态，为金融企业加快发展创造良好条件，吸引更多的金融机构落户我市，突出抓好省会金融核心区和金融后台服务中心建设。二要活跃提升生活性服务业。围绕老百姓日常生活需求，不断拓展领域，提升档次，创新业态，健全网络，大力发展休闲、购物、餐饮、娱乐、健身、家政等便民利民服务业，积极推进生活服务业进社区、进农村。三要倾力打造服务业品牌。一是打造会展业品牌。进一步提升石洽会、药博会、正博会、动博会等办会水平，加快会展中心建设，积极申办创办一批国内外大型展会，努力打造国内外知名的会展品牌。二是打造旅游业品牌。抓住高铁开通的有利机遇，加大旅游资源的规划、整合、开发和宣传力度，增强文化内涵，提升软硬件水平，推出一批精品景区、景点和线路，努力把我市打造成旅游目的地城市。要大力培育发展适合普通市民消费水平的“农家乐”，打造西部山区城郊休闲胜地。三是打造“夜经济”品牌。加强夜经济特色街区建设，大力提升夜经济的档次、品位和规模，使之成为省会靓丽的风景线，进一步提升省会的繁华度。

（三）扎实推进城乡发展一体化，加快农业农村发展步伐。“三农”工作是全党工作的重中之重，全面建成小康社会难点在农村。要跳出农村看“三农”，强化城乡发展一体化意识，着力在发展现代农业中加强农业基础，在统筹城乡发展中加快农村发展，在促进农民增收中增进农民福祉，努力实现农业增产、农民增收、农村稳定。一要强化农业基础地位。要全面落实强农惠农富农政策，严格保护耕地，加强“粮食生产核心区”建设，抓好农田水利建设和农业科技推广工作，提高农业综合生产能力，确保粮食安全和基本农产品供应。要在坚持和完善农村基本经营制度的基础上，创新农村经营体制，坚持以工业化的理念发展农业，引导社会资本注入农业，加快培育农村新型经营主体，积极稳妥推进土地适度规模经营，调整农业产业结构和区域布局，提升农业科技含量和装备水平，促进农业向特色化、专业化、规模化、集约化、社会化大生产转变，大力发展现代农业，加快建设农业强市。二要加快农村公共事业发展。要把推进城乡发展一体化作为解决“三农”问题的根本途径，着力在城乡规划、基础设施、公共服务等方面推进一体化，加快水电路讯房基础设施建设，搞好山水林田村综合整治，实施科教文卫保合理配套，促进城乡要素平等交换和公共资源均衡配置。三要多渠道增加农民收入。“三农”问题的核心在于增加农民收入。要继续实施农民增收帮扶工程，切实提高各项帮扶措施的有效性，努力在政策、技术、培训、信息、劳务输出等方面提供有力支持和服务，组织农村劳动力有序转移，切实增加农民的工资性收入，确保农民收入增长高于城镇居民收入增长。

（四）推动中东西区域协调发展，做大做强县域经济。县域面积大、农村人口多、发展水平低、城乡差距明显，是我市的基本市情，也是全面建成小康社会的最大“短板”。与先进城市相比，我市县域经济实力比较薄弱，特别是还有4个国家扶贫开发重点县。如果不能快速提升县域经济实力，必然会拉全市的后腿。我们必须把发展县域经济摆上重要日程，从中东西三大区域发展的战略定位出发，理清工作思路，拿出过硬措施，推动县域经济快速发展。要紧紧抓住省委、省政府推进县域经济“腾飞计划”的重大机遇，积极争取省的支持。同时，要立足我市实际，研究制定实在管用、有含金量的政策措施，切实在领导力量摆布、财力支出结构、要素资源配置、基础设施建设、重大项目布局等方面向县域倾斜，多做“雪中送炭”的工作。在市级层面要建立县域发展统筹协调机构，健全经常性的工作机制，实行市级领导包县制度，及时研究和协调解决带有普遍性的问题和重大疑难问题。市直各部门都要急县域之所急，为县域发展提供优质服务。要根据三大区域发展定位，面向县域摆放一批项目，择优支持一批园区，扶持一批产业。特别是要加大对贫困县的扶持力度，积极实施开发式扶贫，增强贫困县的“造血”功能。要完善对各县（市）区的考核评价机制，区别对待、分类考核，重点看区位、看基础、看变化，推动县域经济按照中东西三大区域发展定位快速推进、协调发展。各县（市）区党委、政府要肩负起发展壮大县域经济的主体责任，切实克服依赖思想和畏难情绪，增强县域内生发展动力和活力，坚决打好县域经济翻身仗。

（五）大力推进项目建设，坚决破除瓶颈制约。经济发展要靠项目，离开项目谈发展就是一句空话，必须始终把项目建设摆在经济工作的首位。要抓住国家实施积极的财政政策、稳健的货币政策以及推进新型城镇化的机遇，抓紧谋划和储备一批符合国家政策的重大产业项目、基础设施项目和民生工程项目。要进一步扩大对内对外开放，加大招商引资力度。各级领导干部要带头招商引资，特别是对重大关键性项目，主要领导要亲自出面。各县（市）和井陉矿区的书记、县（市）区长每年必须各引进一个5亿元以上的项目，市内区、组团县以及各大产业基地标准要更高，特别是高新区、循环化工园区、良村开发区、先进装备制造基地、南部工业区等五大工业集聚区，每年必须各引进1个10亿元以上的项目，力争今年在项目建设上实现重大突破。对项目的摆布，要坚持全市“一盘棋”，建立协调补偿机制，根据三大区域定位，统筹项目布局，避免恶性竞争。要建立市级领导分包重大产业、重点园区、重大项目制度，有什么问题解决什么问题，一抓到底，务求实效。对大项目、好项目要坚持特事特办，开辟绿色通道，确保快落地、快开工、快见效，尽快形成新的经济增长点。要把破解土地供应、环境容量以及融资难等“瓶颈”制约，作为今年经济工作的一个重点，强力攻关、务求突破。各有关部门要在积极争取国家和省的支持同时，以改革创新的精神寻求出路，切实为经济发展提供必要的要素保障。要建立要素供应调度排查机制，将有限的资源向重点园区、优势企业和优质项目集中和倾斜。同时，要精打细算、集约利用，确保要素利用效益最大化。

三、努力打造一流省会，强力推进城镇建设上水平

城镇化是工业化的载体，是扩大内需最大的潜力所在，也是全面建成小康社会的必由之路和重要标志。目前，我市城镇化的步伐不快、质量不高，严重制约了产业的聚集、民生的改善，影响了我市全面建成小康社会的进程。我们要抓住中央积极稳妥推进城镇化的重大机遇，坚持做城市与做产业、做民生相统一，以打造一流省会为龙头，探索具有石家庄特色的新型城镇化道路，加快推进城镇化步伐，努力提高城镇化质量，积极稳妥地推进农业转移人口市民化，全面完成城镇建设三年上水平的任务目标。

（一）省会建设要上水平、创一流。石家庄作为省会城市，是全省对外开放的窗口，代表着河北的形象。省委、省政府要求省会建设要上水平、创一流。这既是省会自身发展的需要，也是全省发展大局的需要。我们要按照庆黎书记关于“完善配套设施、提升城市功能、聚集优势产业、强化精细管理”的指示精神，进一步对标先进城市，以更高的标准、更大的力度，强力推进省会建设，努力打造一流省会。要高度重视和强化规划的引领作用，按照“一河两岸三组团”的城市发展新格局，加强和完善省会都市圈的规划，进一步提升规划的科学化水平。要进一步改造提升主城区，突出抓好新旧火车站、省文化中心等重点片区建设，努力打造省会标志性区域；加快改造提升主城区路网，尽快打通裕华路，实施新胜利大街改扩建工程，打造主城区中央景观大道；要继续实施二环路内城中村改造，推进市容市貌综合整治向次干道和小街小巷拓展延伸，抓好老旧小区整治和民生设施的完善配套；实施主城区管网改造工程，突出抓好雨污分流，切实解决东南区域内涝问题，全面提升城市的载体功能、形象品位和环境质量。要大力推进正定新区建设，加快新区路网、公建配套、景观整治等重点工程以及生活配套设施的建设，尽早打通正定新区与主城区的快速通道，太行大街、新城大道年底前要实现竣工通车，增强正定新区的承载力和吸引力，为总部经济、商务会展、金融服务、文化创意、科技服务、服务外包等高端服务业项目进驻创造条件，力争今年30平方千米核心起步区初具规模。要继续推进正定古城保护专项行动，进一步提升省会建设的文化内涵。

（二）县城建设要提档次、大变样。县城是县域经济的重要载体，也是推进全市城镇化的重要节点。加快县城建设，对于发展壮大县域经济，提升农村发展水平，实现全面小康目标具有举足轻重的作用。我市虽然是省会城市，但与先进发达地区相比，在县城建设上差距很大，多数县城缺乏科学规划和有效管理，普遍规模偏小、档次偏低，脏乱差严重，在一定程度上影响了招商引资，制约了经济发展。要把县城建设摆上重要日程，以提升县城的规划设计水平为龙头，开展县城容貌综合治理行动，强力推进县城建设大变样，努力实现县城建设提档升级，彻底改变县城环境脏、乱、差的局面，坚决打好县城建设翻身仗，以更好地吸引项目、资金，聚集人气、财气。今年，每个县城要打造一条标志性街道、一个综合商务中心、一个3万平米以上的公园和2块5千平米以上的绿地。基础好、区位优、实力强的县城，要加快向中等城市迈进。

（三）城镇建设要抓重点、求突破。加快新型城镇化步伐，是党的十八大着眼于全面建成小康社会作出的重大战略部署，也是我们率先全面建成小康社会必须解决好的重大问题。我们要立足省会实际，按照城乡发展一体化的理念，坚持以

科学规划为龙头，以产业发展为动力，以配套政策为支撑，认真谋划全域城镇布局，努力构建大中小城市、县城和特色小城镇协调发展的城镇体系，切实加快我市城镇化步伐。今年，我们要在抓好省会和县城建设的同时，充分发挥省会主城区的辐射带动作用，以主城区和各组团县之间区域为重点，统筹产业发展、人口转移、城镇建设、公共服务、社会管理和社会保障，因势利导、顺势而为，因地制宜、分类指导，探索加速城镇化步伐的办法和路子，率先在这一区域实现农村城镇化、农民市民化以及城乡规划、基础设施、公共服务的一体化。在摸索实践中，要注意发现解决问题，不断积累经验，争取有所突破。要把推进城镇化与园区建设、农村产权制度改革、土地有序流转、经营方式转化和农民稳定就业有机结合起来，依托重点产业园区建设中心镇和农村新型社区，引导鼓励农民到企业就业、到城镇置业，将农民逐步转化成产业工人，有序推进农业转移人口市民化。要在取得经验的基础上，在主城区和组团县（市）之间全面铺开，并逐步向外推进，努力走出一条具有石家庄特色的新型城镇化之路。

（四）城市管理要规范化、精细化。城市三分建、七分管。城市管理水平涉及民生改善、关系城市形象。要进一步强化城市意识，牢固树立大城管理念，不断完善城市管理体制，努力形成城市管理的强大合力。要充分发挥城市管理综合执法队伍的作用，不断完善工作机制，坚持严格执法、热情服务，从严管理城市。要不断提升城市管理的装备水平和技术手段，积极推进智慧城市建设，构建统一的信息管理平台，打造高效快捷的城市管理指挥系统。要在城市管理规范化、精细化、经常化、快捷化上下功夫，将精之又精、细之又细的管理理念延伸到城市的每一个角落，努力打造更加整洁有序、宜看宜居的生活环境。

（五）基础设施要大手笔、快建设。基础设施是经济社会发展的基础和支撑。要紧紧抓住国家加强和改善宏观调控的政策机遇，坚持适度超前的原则，突出抓好以交通、电力、信息网络为重点的基础设施建设。要着眼于省会的长远发展，加强石家庄出海铁路谋划跑办工作，着力打造我市方便快捷的出海大通道。要举全市之力实施省会轨道交通工程，积极创造条件，加快推进速度，力争让省会早日进入地铁时代。要大力推动基础设施向县域延伸，尽快打通主城区到各县城、产业基地和重点园区的快速通道，突出抓好南二环东延、西延工程，消除“卡脖”路段，着力打造主城区至县城“半小时交通圈”，拉近主城区和各县的距离，努力实现高速公路与资源富集区、产业集聚区、农业主产区、旅游景区全覆盖，为县域发展创造更好条件。

四、着力改善“两个环境”，为实现全面小康目标提供有力支撑

环境就是吸引力，就是创造力，就是竞争力，就是生产力。抓环境就是抓转型升级、跨越赶超，就是抓全面小康、民生幸福。着力改善“两个环境”，对于我们石家庄来讲实在是太重要了，事关能否当好全省的“领头羊”，事关能否率先全面建成小康社会。我们一定要深刻认识改善“两个环境”的极端重要性，切实增强改善“两个环境”的责任感、紧迫感和危机感，围绕“风清气正、开放文明、和谐稳定，生产转型、天蓝水净、地绿山青”的总目标，大力解决“两个环境”方面存在的突出问题，加快推动发展环境大转变、生态环境大改观。

要以钢铁般的意志着力改善发展环境。发展环境是我们的“命门之穴”。真抓发展，必须真抓环境。这两年，我们围绕优化省会的发展环境，做了大量艰苦细致的工作，取得了一定成效。但对成绩不能估计过高，影响发展的突出问题仍大量存在，全社会重商、亲商、安商、助商的浓厚氛围尚未形成，企业和老百姓满意度还不高，改善发展环境还任重道远。因此，我们必须把优化发展环境作为一项永不竣工的工程，采取实在管用的硬措施，以钢铁般的意志强力推进，特别是要实施好“八个专项行动”，真正把改善发展环境落实到具体行动上、体现在实际效果上，努力把我市打造成为最具吸引力的投资热土和创业乐园。一要认识再提高。思想是行动的先导。要经常性地开展对干部队伍的思想教育，深入组织学习全省着力改善“两个环境”动员大会精神特别是庆黎书记重要讲话精神，努力从思想深处解决问题，切实把各级干部的思想和行动统一到省委、省政府决策部署上来，借势造势，营造氛围，再掀改善发展环境新高潮。二要行动再坚决。优化发展环

境必须动真的、来实的。要切实转变政府职能，坚决突破部门和小团体利益的羁绊，继续深化行政审批制度改革，能精简的要再精简，能下放的要再下放，必须管的要优化流程、提高效能。要加强市、县两级行政服务中心规范化建设，加快市、县两级行政服务中心联网，做到“应进必进、应办必办”，切实解决“只挂号、不看病”问题，让市场主体和老百姓真切感受到方便和快捷。要着力规范市场经济秩序，切实加强市场监管，大力整顿和规范基层执法行为，严控精简没有实际意义的行业协会，坚决惩治危害企业发展的不法行为。要深化和完善民主评议，强化评议结果的运用，对连续两次评议倒数第一的单位，必须要有“说法”。三要创新再大胆。优化发展环境，从本质上来讲，是一场新的革命，是对既得利益格局的深刻调整，既受传统思维方式的影响，又有现行政策法律的障碍。目前，我市发展环境建设已进入攻坚阶段。为此，我们必须要有改革创新的精神、敢于担当的勇气，下大力推进重点领域、关键环节的改革，切实破除制约发展的体制机制障碍。只要符合十八大精神，只要有利于全面建成小康，只要符合老百姓的根本利益，就要大胆地试、大胆地创，务求在一些瓶颈问题上取得突破。各级各部门一定要为发展着想，为企业和老百姓着想，遇问题不能先说不能办，而是先想怎么办、怎么能办成，最大限度地保护企业家和老百姓的创业激情，真正让企业家高兴、让老百姓满意。四要问责再严厉。要在抓好思想教育的同时，进一步严格纪律约束，抓好正反两个方面的典型，树立正确导向。对不作为、乱作为、破坏发展环境的干部，要动真碰硬、严肃问责，让纪律的“高压线”保持强大震慑力。对那些大局意识、服务意识强，实绩突出、群众公认的干部，要褒奖重用。通过抓正反两方面典型，进一步强化干部队伍的发展意识、大局意识、责任意识和服务意识，努力使优化发展环境成为大家的自觉行动。

要以壮士断腕的决心着力改善生态环境。党的十八大把加强生态文明建设提到了前所未有的高度，作出了重大战略部署。当前，环境问题已成为制约我市可持续发展的“瓶颈”，也是群众意见最集中的“焦点”，已到了迫在眉睫、非抓不可的时候了。这既是发展的需要，也是改善民生和全面建成小康社会的必然要求。但是，改善生态环境会暂时影响到一些地方的财政收入、企业效益和群众生活，面临着很大困难和阻力。对此，我们必须以壮士断腕的决心，重点攻坚，综合施治，以创建国家环保模范城市为契机，强力推进我市生态环境的改善。一要打好产业转型攻坚战。改善生态环境最根本的要靠转变发展方式。要强化节能减排倒逼机制，加大环保执法力度，严格落实企业节能减排主体责任，促使企业加强技术改造，实施清洁生产，加快转型升级，减少污染排放。要启动实施“腾笼换鸟”计划，对高消耗、高污染、高排放、低效益的产业要坚决砍掉、有序退出，为优质产业发展腾出环境容量和发展空间。要严格产业准入门槛，提高项目谋划和招商引资质量，大力发展循环经济、绿色经济、低碳经济，努力从源头上减少污染。二要打好污染治理攻坚战。要深入实施“蓝天碧水”工程，突出抓好省会大气污染治理，进一步优化省会能源结构，继续加强燃煤污染、扬尘污染、机动车尾气以及水泥建材、钢铁热电和露天矿山等行业的污染治理，确保省会大气质量持续好转；要加强水污染治理，严格岗黄水库及地下水源地保护，启动备用水源地建设，加强对重点流域和输水沿线污染的监管和防治力度，组织开展重点河流综合治理，强力推进洨河综合整治工程，确保今年6月还洨河碧水清流。三要打好生态恢复攻坚战。要积极创建国家生态园林城市、国家森林城市，在全市开展大规模的植树造林、绿化美化活动，大力推动生态建设从被动治理向主动营造转变。要大力抓好省会周边绿化，重点实施西山森林公园，三环路、滹沱河和环城水系沿线绿化，高速公路、国省干道绿色通道建设以及太行山绿化和村庄绿化等工程。要继续抓好主城区植树绿化，谋划建设一批公园绿地，提升公共绿化档次品位，广泛开展园林绿化进机关、进企业、进学校、进社区、进庭院活动，做到见隙植树、增加绿量，努力打造森林城市，为子孙后代留下一片绿荫，让我们的城市因为绿色而更加生机勃勃。四要打好农村环境综合整治攻坚战。要按照省委、省政府统一部署，在农村全面开展“四清四化”和“六改两建”工作，加强农村环保基础设施建设，大力解决农村垃圾遍地、污水横流、脏乱差等突出问题，并探索建立实在管用的长效机制。要积极推进农村面源污染治理，确保农村饮水安全，促进农村生态环境与经济社会协调发展，使农村人居环境和生活品质得到改善提升，努力建设幸福乡村。

五、突出民生第一追求，让老百姓的日子更顺心更幸福

我们全面建成小康社会，就是要老百姓过的更幸福。全市人民对美好生活的向往，就是我们的奋斗目标。我们要把保障改善民生作为第一追求，以保障改善民生为重点加强社会建设，把更多的财力向民生和社会事业领域倾斜，千方百计解民忧、惠民生、保民安，全面提高物质文化生活水平，让全市老百姓生活得更顺心、更快乐、更幸福。

一要尽心竭力改善民生。民生连着民心。我们要时刻心里装着老百姓，把老百姓的事挂在心上，把老百姓的诉求当作第一信号，切实解决好老百姓在上学、就业、出行、看病、住房、物业、社会保障等方面的困难和问题。各级各部门都要广泛听取老百姓的意见，筛选群众要求强烈、热切期盼的事情，集中力量，明确责任，保障投入，务求办好，真正把实事好事办到老百姓心坎上。一是办好人民满意的教育。要在全面提高教育教学水平的同时，大力优化教育资源布局和结构，突出抓好教育均衡化发展，让每个孩子都能接受优质教育，让家长不再为孩子上好学而四处奔波；要深化山区教育扶贫工程，大力发展职业教育，让山里的孩子真正能够走出大山、脱贫致富、改变命运。二是让更多的人找到满意工作。要实施更加积极的就业政策，鼓励多渠道多形式就业，大力推动全民创业，促进创业带动就业，突出做好以高校毕业生为重点的青年就业，让做父母的不再为孩子就业没着落而操心。同时，要做好农村转移劳动力、城镇困难人员、退役军人就业工作，最大限度地满足劳动群众的就业需求，努力提高就业质量。三是千方百计增加居民收入。要深化企业工资制度改革，落实最低工资制度，坚决保护劳动者特别是农民工的合法权益，下大力解决农民工工资拖欠问题，推动居民收入与经济发展同步增长，劳动报酬和劳动生产率同步提高，让每一个劳动者都能挣到更多的钱，享受经济发展带来的实惠。四是全面提高社会保障水平。要建立全覆盖、保基本、多层次、可持续的社会保障体系，做到应保尽保，实现人人享有基本社会保障。要随着财力的增加，逐步提高保障标准。要加大保障性住房建设力度，创新融资渠道，进一步完善公平分配和运行管理机制，让困难家庭能够安居。五是解决好老百姓看病的烦恼。要加快实施市级优质卫生资源倍增工程，健全城乡基层医疗卫生服务网络，把更多的医疗资源向农村和社区倾斜，努力为群众提供安全有效方便廉价的公共卫生和基本医疗服务。同时，要大力加强医德医风建设，切实改善医患关系，让患病群众能够看得好、花钱少、心气顺。六是确保老百姓吃得安全放心。要把食品安全作为第一位的民生大事，不断完善监管机制，落实监管责任，实施重典治乱，严厉打击食品违法行为，坚决查处食品安全问题，努力创建食品安全最放心城市。七是下决心把供暖问题解决好。要针对我市供热方面出现的问题，统筹谋划，及早动手，超前抓好城市热源热网建设。老旧小区要加快供热二次管网改造，新建小区要积极探索新型供热方式，供热企业要确保安全运行，并大力提高应对突发事故的能力，决不能让老百姓再受冻。八是着力改善省会交通状况。要加强城市道路硬件建设，全方位提升交通管理水平，增强城市道路通行能力。要大力发展城市公共交通，优化市区公共交通运输网络，提高公交覆盖率和服务能力，努力解决市区交通拥堵问题。九是倾力打造平安省会。要健全社会治安防控体系，深化110综合警务站建设，加大治安巡防力度，适时开展“严打”专项斗争，始终保持对犯罪分子的高压态势，严厉打击各种路霸、市霸、村霸，切实解决好群众反映强烈的治安突出问题，进一步增强人民群众的安全感。

二要推动文化发展繁荣。文化发展是民生之魂，是引领前进方向、凝聚奋斗力量的重要因素。如果没有文化的发展和繁荣，就没有全面的小康。特别是随着老百姓物质生活水平的大幅提高，人们对精神文化生活的追求也越来越高，文化消费进入快速增长期。为此，我们要坚持社会主义先进文化前进方向，推动文化大发展大繁荣，提高文化整体实力和竞争力，努力打造文化强市，发挥文化引领风尚、教育群众、服务社会、推动发展的作用，为在

全省率先全面建成小康社会提供强大思想保证和精神动力。要深入开展社会主义核心价值体系学习教育，用以引领社会思潮、凝聚社会共识，引导全市人民树立正确理想信念，努力为实现“转型升级、跨越赶超、建设幸福石家庄”的宏伟目标而奋斗。要深化群众性精神文明创建活动，广泛开展“善行河北”主题道德实践活动，推进市民道德建设工程，提升全社会文明程度，努力争创全国文明城市。要坚持正确的舆论导向，加强主流媒体建设，提高舆论引导的及时性、权威性和公信力、影响力，特别是要唱响网上主旋律，弘扬社会正气，疏导公众情绪，增进社会共识，努力为省会的建设发展提供良好的舆论氛围。要深入实施文化惠民工程，加强重大公共文化工程和文化项目建设，进一步完善面向基层、服务群众的公共文化服务体系，深入开展“文化下乡”、“彩色周末”等活动，进一步办好“燕赵讲坛”，让群众在参与中受到思想教育、得到精神享受。要加强文艺精品的创作生产，努力为群众提供更多更好的精神食粮。要解放和发展文化生产力，加快发展文化产业，着力培育一批文化强企，引进一批战略投资者，建设一批重大文化项目，推动文化产业做大做强，努力把文化产业打造成我市的支柱产业。

三要加强创新社会管理。和谐稳定的社会环境，是发展之基、百姓之福。当前，我们既处在重要战略机遇期，又处于矛盾凸显期。随着工业化、城镇化进程的加快，利益格局发生了深刻调整，各种社会矛盾大量积聚，必须通过加强和创新社会管理，及时化解社会矛盾，消除不稳定因素。否则，我们就难以集中精力抓发展、建小康。要按照最大限度激发社会活力、增加和谐因素、减少不和谐因素的要求，加强和创新社会管理，从人民群众最关注、最不满意、最需要解决的问题着手，分析问题产生的原因，有针对性地制定改进措施，使我们的社会管理与全面建成小康社会相适应。要扎实推进社会管理创新综合试点市建设，加大社会管理创新重点项目推进力度，不断把试点成果转化为全市成果，由试点变示范，促进全市社会管理水平整体提升。要以做好新时期群众工作统揽信访工作，把解决群众合理诉求作为维护稳定的硬任务，严格落实领导干部包案责任制、首接首办责任制，畅通和规范群众诉求表达、利益协调、权益保障渠道，切实维护群众合法权益。要注重源头治理和动态管理，进一步完善决策风险评估机制，尽量减少矛盾，及时妥善处置社会热点敏感问题。要推进社会管理重心下移，加强城乡社区自治和服务组织建设，搞好流动人口、特殊人群和互联网管理，充分发挥群众参与社会管理服务的基础作用。要高度重视做好安全生产工作，坚决遏制重特大安全事故的发生。要进一步加强应急力量建设，提高公共安全事故、重大安全生产事故、重大自然灾害的预防和应急处置能力。

六、加强改进党的建设，为全面建成小康社会提供坚强保证

我市各级党组织肩负着团结带领全市人民加快转型升级、跨越赶超步伐，全面建成小康社会的历史重任。形势的发展、事业的开拓、群众的期待，都要求我们必须把各级党组织建设的更加坚强有力。我们要牢牢把握加强党的执政能力建设、先进性和纯洁性建设这条主线，坚持党要管党、从严治党，全面加强党的建设，努力把各级党组织打造成省会事业发展的坚强领导核心。

一要加强思想政治建设。思想上的清醒与政治上的坚定，是党的各项事业健康发展的重要保证。作为京畿大省的省会城市，我们要始终把思想政治建设摆在党的建设首位，一刻也不能放松。讲政治，首先要用党的理论武装头脑。当前和今后一个时期，要把学习宣传贯彻党的十八大精神作为首要政治任务，精心研读十八大报告，深刻领会其精神实质。要通过深入学习十八大精神，明确努力方向，打开工作思路，抓住发展机遇，找到破解难题的钥匙，开创事业发展新局面。讲政治，必须坚定理想信念，站稳政治立场，增强坚持中国特色社会主义道路、理论体系和制度的自觉性、坚定性，确保在思想上、政治上、行动上同以习近平同志为总书记的党中央保持高度一致。讲政治，必须切实增强政治敏感性和鉴别力，善于从政治的高度观察分析问题，在重大原则问题上不动摇，在大是大非面前不含糊。讲政治，必须时刻保持强烈的执政意识、忧患意识和担当意识，满腔热情地为党优劳、为民谋福。讲政治，必须严格遵守党的纪律，认真贯彻落实省委“约法八章”，不折不扣贯彻执行中央和省、市委

的决策部署，确保政令畅通。作为省会城市，我们贯彻落实中央和省委的决策部署要最坚决，做到在全省快半拍、做表率、带好头。党的十八大提出，要在全党深入开展以为民务实清廉为主要内容的党的群众路线教育实践活动。这是加强党的思想政治建设的一项重要内容。目前，中央和省委正围绕开展好这项活动进行调查研究。我们要按照中央和省委的统一部署，从我市实际出发，做好相关准备工作，适时启动、扎实开展好这项活动，确保取得实效。

二要切实转变工作作风。工作作风问题，是一个老话题了。我们之所以反复讲，这既说明它很重要，同时也表明我们在转变作风方面还有很大差距。一个时期以来，我们的工作每取得一点成绩、每突破一个难关，都是以强烈的事业心、责任感，求真务实抓工作、抓落实的结果；每出现一个重大失误、发生一起重大事故，也都能从责任不落实、作风不扎实上找到原因。目前，我市大多数干部的精神状态和工作作风是好的，但也确有一些干部缺乏起码的事业心、责任感，在岗不在状态、精神不振、作风漂浮，对工作不落实、不较真，有部署、没检查，得过且过、应付了事，对一些重大事项不到一线、不去现场，形式主义、官僚主义严重。所有这些，必须痛下决心，认真加以解决。首先，转变作风要坚持领导带头。新一届中央政治局作出了改进工作作风、密切联系群众的“八项规定”，为全党做出了表率，体现了中央坚决整治沉疴顽疾的坚强决心。这是一个强烈的政治信号，大家一定要警醒起来。近期，省委也将出台相关规定。市委根据中央和省委要求，正在研究制定我市的实施细则。对此，各级各部门要严格贯彻执行，并结合各自实际作出相应规定，努力在改进作风、联系群众方面有一个新气象。各级领导干部特别是市级党政班子成员，要带头担当，带头较真，带头实干，带头问责，带头践行庆黎书记“三个一”的要求，集中精力、振奋精神、充满激情地抓工作，一级带着一级干、一级做给一级看。领导干部不但要率先垂范，还要对分管战线干部队伍从严要求、敢抓敢管，推动作风转变。其次，转变作风要坚持正确用人导向。对想干的、能干的、干得好的、干出成绩的，要真正用起来；对不想干的、不会干的、干不成、干不好的，要痛下决心、坚决调整。要让干事的人看到希望，让混事的人感到危机。第三，转变作风要坚持真抓实干。要强调一切工作都要抓落实，坚持重结果不重过程，完成任务是硬道理，以“抓铁有痕、踏石留印”的劲头抓好各项工作。要保持雷厉风行、只争朝夕的精神状态，每项工作都要在保证质量、效果和安全的前提下，能快则快尽量快。要大力弘扬创先争优精神，进一步强化省会意识，让人人争先、事事一流在省会蔚然成风。第四，转变作风要坚持严格追责问效。要做到有事就有责任人、人人肩上有担子，对工作不落实、甚至捅娄子的，要严肃问责，都要有个“说法”，决不能干与不干一个样，干好干坏一个样。今年，要围绕加快转型升级、跨越赶超步伐，率先全面建成小康社会的总目标、总要求，突出工作重点，改进考核办法，科学设置权重，激励底子薄、条件差的地方快发展、迈大步，推动实力强、基础好的地方搞创新、求突破，从而促进省会工作整体跨上新台阶。

三要夯实基层基础工作。党的基层组织是党的全部工作和战斗力的基础，党的路线方针政策和各项决策部署都要通过基层来贯彻落实。近年来，我们在加强基层组织建设、夯实基础工作方面进行了积极探索，创造了不少经验，形成了自己的特色。但是，基层基础工作弱化、与形势任务不适应的状况仍很突出。各级党组织一定要关注基层、研究基层，将工作重心和精力向基层倾斜，切实解决基层基础工作中的薄弱环节和突出问题。要高度重视农村基层组织建设，进一步巩固和拓展去年的工作成果，根据省委的统一部署，继续抽调精兵强将下基层，按照省委“十个一定要”、“五个必须”和我市“五个一”的要求，不断把加强基层建设年活动引向深入，切实解决好农村基层组织建设中的突出问题，为农村发展稳定和全面小康奠定坚实的基础。要切实加强城市社区基层组织建设，针对工业化、城镇化加速发展，社会结构深刻变动的新形势，不断创新工作思路和载体，以推行党建网格化为基础，全面加强城市社区党建，发挥党组织在社区工作中的领导核心作用。要大力加强非公经济组织和新社会组织党的建设，不断延伸党的触角，进一步扩大基层党组织覆盖面和影响力，充分发挥基层党组织推动发展、服务群众、凝聚人心、促进和谐的作用。

四要加强党风廉政建设。反对腐败、建设廉洁政治，关系到党和政府的威信、形象，关系到党和政府的凝聚力、感召力。我们的党员干部出了问题，不仅仅是个人和家庭的事情，也影响到老百姓对党和政府的信任。人的一生为党工作的时间很短，千万不要在廉洁上出问题，不要干既毁了自己、毁了家庭，又毁了事业的事情。十八大后，媒体陆续曝光了一些违纪干部。因此，我们要把反腐倡廉建设摆在更加突出的位置，坚持标本兼治、综合治理、惩防并举、注重预防，进一步完善符合石家庄实际的预防和惩治腐败体系，严格执行党风廉政建设责任制，扎实推进“廉洁省会”建设。要坚持警钟长鸣，加强反腐倡廉教育和廉政文化建设，教育引导党员干部从身边的腐败案件中汲取教训，筑牢思想防线，切实做到自身正、自身净、自身硬。要坚持注重预防，严格规范权力行使，加强对领导干部特别是主要领导干部行使权力的监督，突出抓好管钱管物管工程、有审批权力部门的监督，确保权力在阳光下运行，坚决预防和减少各类职务犯罪的发生。要坚持惩防并举，始终保持惩治和预防腐败的高压态势，坚决查处大案要案，着力解决发生在群众身边的腐败问题。不管什么人，不论权力大小、职务高低，只要触犯党纪国法，都要严惩不贷，以党风廉政建设和反腐败斗争的实际成效取信于民。各级领导干部要带头廉洁从政，一定要有“定力”，以淡泊之心对待个人名利和权位，稳得住心神、管得住行为、守得住清白，既要严于律己，又要加强对亲属和身边工作人员的教育和约束，决不能既想当“官”、又想发财，始终保持共产党人的政治本色。

加快转型升级、跨越赶超步伐，率先在全省全面建成小康社会，是全市人民的共同目标和共同事业。我们要团结一切积极力量，调动一切积极因素，结成最广泛的统一战线，努力形成推动省会更好更快更大发展的强大合力。

全面建成小康社会进军号角已经吹响。让我们紧密团结在以习近平同志为总书记的党中央周围，在省委的坚强领导下，以更加昂扬的斗志、更加务实的作风，加快转型升级、跨越赶超、建设幸福石家庄步伐，努力在建设经济强省、和谐河北的征程中当好“领头羊”，奋力开创全面建成小康社会新局面！

——2013年12月26日在中共石家庄市委第九届第五次全会上的讲话

中共河北省委常委、市委书记　孙瑞彬

这次市委全会的主要任务是，认真贯彻落实党的十八大、十八届三中全会、中央经济工作会、中央城镇化工作会、中央农村工作会和省委八届六次全会精神，总结今年工作，分析当前形势，部署明年工作，动员全市各级党组织和广大干部群众进一步解放思想、改革创新，凝聚力量、攻坚克难，加快转型升级、跨越赶超、建设幸福石家庄步伐，强力推动省会绿色崛起，为率先在全省全面建成小康社会奠定坚实基础。下面，我代表市委讲几点意见。

一、正确认识和把握形势，切实把思想和行动统一到中央和省委的决策部署上来

2013年是不平凡的一年，是我们在经济形势复杂、下行压力加大、各项任务十分艰巨的情况下，经受考验、奋力拼搏并取得显著成绩的一年。一年来，在省委的坚强领导下，我们认真贯彻落实党的十八大精神，以及党中央、国务院和省委、省政府的一系列重大决策部署，特别是周本顺书记对省会工作的重要指示精神，团结和带领全市广大干部群众，紧紧围绕转型升级、跨越赶超，率先在全省全面建成小康社会的奋斗目标，扎实推动省会工作上水平、创一流，全市呈现出经济平稳健康发展、城镇建设加速推进、民生持续改善、社会和谐稳定和党的建设全面加强的良好局面。全市经济稳中向好，主要经济指标在全省的位次前移，全部财政收入在落后9年后重返全省第一；省会城市容貌显著改观，跨河发展迈出新步伐，古城保护、新区建设、县城改造、新市镇建设全面推进；两个环境建设取得积极成效，老百姓看到了我们的决心和行动，给予了理解和支持；城乡居民收入预计分别增长9.5%和12%，民生事业取得新的进展，社会稳定局面进一步巩固。特别是通过开展解放思想大讨论和重点难点工作的锤炼，各级领导班子的凝聚力、战斗力进一步增强，广大群众对党委、政府工作的认可度进一步提高。在北京市社科院发布的《中国城市管理报告》中，我市城市综合管理水平位列全国44个重点城市第5名。据央视调查结果显示，今年我市再次入选“中国十大幸福省会城市”。取得这样的成绩，是省委、省政府正确领导、大力支持的结果，是各级党委、政府团结带领全市人民艰苦奋斗、共同努力的结果。在此，我谨代表市委，向辛勤工作在各条战线上的同志们，向所有关心支持省会改革发展的朋友们，表示衷心的感谢，并致以崇高的敬意！

2014年，是深入贯彻落实党的十八届三中全会精神、全面深化改革的第一年，是实现我市“十二五”转型升级、跨越赶超奋斗目标的关键一年，也是为率先在全省全面建成小康社会奠定坚实基础的重要一年。做好明年的工作，具有特殊而重要的意义，既有很多有利条件，又面临很多严峻挑战。从有利的方面讲，一是世界经济将延续缓慢复苏的态势，美、欧、日等发达经济体在逐步好转，将有利于外贸出口的回暖，减轻国内市场的压力。二是我国经济长期向好的基本面没有改变，国内经济最困难的时期已经过去。特别是十八届三中全会和中央城镇化会议的召开，将带来若干政策利好，激发新的发展活力。三是中央提出要打造京津冀城市群，并将创新区域政策，缩小政策单元，提高区域政策精准性，这对我市争取国家政策支持、打造京津冀第三极创造了有利条件。四是我市综合经济实力日益增强，有一批大项目、好项目已建成或在建，具备了转型升级、跨越赶超的良好基础。五是南资、台资、外资北移以及京津冀协同发展的大势，为我们承接产业转移提供了重要机遇。六是有了一套比较成熟的工作思路和发展战略，特别是有一支能干事、干成事的干部队伍。所有这些都是我们做好明年工作的重大利好和重要保证。从不利方面看，一是世界经济不稳定不确定因素依然很多，国际金融危机影响深远，各种形式的保护主义明显抬头，前不久美国开始退出量

化宽松政策，这些都有可能给我们带来负面影响。二是我国正处于增长速度的换挡期、结构调整的阵痛期、深化改革的攻坚期，经济回升基础不牢、内生动力不强的问题突出，经济下行压力依然不小。三是发展环境还不够好，产业档次低、发展方式粗放的问题依然突出，转型升级、跨越赶超受到土地、资金等要素瓶颈制约。四是我们在爬坡过坎的过程中遇到了“PM2.5”前所未有的压力，生态环境约束十分严重，逼着我们在综合实力并不雄厚的情况下不得不淘汰一些产业。五是率先在全省全面建成小康社会任务重、时间紧，城镇化等一些硬指标差距较大，县域经济实力薄弱，“短板”制约明显。总之，我们一定要清醒认识和准确把握我市所面临的大形势、大环境，既要看到成绩和有利因素，坚定做好明年工作的信心和决心；又要看到差距和面临的挑战，切实增强又好又快发展的危机感和紧迫感，提高工作的预见性和针对性，积极应对、主动作为，牢牢把握明年工作的主动权。

前不久，党的十八届三中全会、中央经济工作会议和城镇化工作会议先后召开，对明年和今后一个时期的改革发展作出重大部署，提出了一系列新思想、新观点、新要求。省委八届六次全会认真贯彻中央一系列会议精神，结合河北实际，就管全局、管根本、管长远的大事提出了要求、作出了部署，特别是旗帜鲜明地提出了要坚定不移地走绿色崛起之路。这些都为我们做好明年工作提供了基本遵循。全市各级各部门一定要认真学习、深刻领会中央和省委一系列会议精神，特别是习总书记和周本顺书记的重要讲话精神，脑子要转过弯，步子要跟上趟，坚决跟上中央和省委的步伐，切实把思想和行动统一到中央和省委对明年工作的总体要求和决策部署上来，统一到加速转型升级、跨越赶超、绿色崛起上来，统一到推动省会各项工作上水平、创一流上来，真刀真枪干一场，奋力开创省会工作新局面。

根据中央和省委精神，结合我市实际，明年全市工作的总体要求是：全面贯彻落实党的十八大、十八届二中三中全会和中央经济工作会议、城镇化工作会议、农村工作会议，以及省委八届六次全会、市九次党代会精神，坚持稳中求进、好中求快，把改革创新贯穿于经济社会发展各个领域各个环节，把新型城镇化作为发展的重大潜力，深入实施中东西区域协调发展战略，加速绿色崛起，改善两个环境，保障改善民生，维护社会稳定，改进工作作风，以开展党的群众路线教育实践活动为动力，推动省会工作上水平、创一流，加快转型升级、跨越赶超、建设幸福石家庄步伐，为全面完成“十二五”奋斗目标、率先在全省全面建成小康社会奠定坚实基础。

按照上述要求，2014 年我市经济发展的主要预期指标是：全市生产总值增长 10%，公共财政预算收入增长 13% 左右，城乡居民收入增长 10%。

二、加快转型升级、跨越赶超步伐，强力推动省会绿色崛起

当前，我市面临的最大问题仍是发展问题。但我们所追求的发展应当是科学发展，是有效益、有质量、可持续的发展。中央经济工作会议明确提出，要不以 GDP 论英雄，并要求各地都要转变观念。在省委全会上，本顺书记强调要端正发展指导思想，实现“四大转变”，坚定不移地走绿色崛起之路。我们要坚决落实中央和省委的有关精神，正确处理经济发展“好”与“快”的关系，坚持转型升级、跨越赶超不动摇，努力实现好中求快，推动省会绿色崛起。明年要重点打好“四大硬仗”：

（一）打好工业强市硬仗。市委提出实施工业强市战略三年多来，全市抓工业的氛围不断浓厚、效果初步显现。但与发达城市相比，我市工业虽然亮点不少，但亮点还不亮，在规模、档次、效益、创新、消耗、排放等方面差距仍然很大，工业的综合实力和市场竞争力还不强。因此，我们要坚持实施工业强市不动摇，坚定不移地走新型工业化道路，按照无中生有和有中生新并举、招商引资和内生发展并重的思路，坚决打好工业强市硬仗。一是发展战略性新兴产业要有新突破。客观地讲，这些年我市战略性新兴产业发展并不快，行动也不够自觉。尽管我们知道不抓战略性新兴产业，我市的工业将会被边缘化，但由于一些干部满足于日子过得去，对此并没有危机感。但是，现在“狼来了”，生态环境约束这个严酷的现实摆在了我们面前，逼迫我们必须淘汰落后产能、必须实施产业转型。我市部分传统产业相继退出后，如果没有优质产业补上去，日子是不好过

的。为此，我们一定要充分认识发展战略性新兴产业对振兴我市工业的重要意义，把它作为一项硬任务，摆上重要议事日程。要立足我市实际，坚持有所为、有所不为，明确发展重点，拿出具体规划，完善政策措施，并落实到企业和项目上，强力予以推进，加快实现战略性新兴产业倍增，促使我市产业结构和发展方式发生实质性转变，再造一个竞争力强大的石家庄工业。二是传统产业转型升级要有新作为。只有落后的技术，没有落后的产业。传统产业是我市几十年积攒起来的家底，是看家吃饭的本钱，是今后发展的基础。在环境约束日益苛刻的情况下，对传统产业既不能简单地一砍了之，也不能无所作为，否则只能是死路一条。我们要把开展“对标行动”作为传统产业优化升级、提质增效的最有效抓手，以企业为主体，以产品为核心，大力实施技术改造和技术创新，推动企业向高端发展，实现有中生新。要对我市钢铁、建材、化工、纺织等传统产业，逐行业逐企业地进行研究，怎么转型、怎么升级，要拿出可操作性强的方案和配套政策来，强力组织实施，推动我市传统产业焕发新的生机。三是扶持高成长性企业要有新进展。实施工业强市，关键要有一批骨干企业作支撑。省里确定要实施“三个一百”领军企业工程，重点扶植100家战略性新兴产业的企业、100家传统骨干企业、100家现代服务业企业。市、县两级要在大力抓好已确定的10家重点工业企业的同时，再筛选一批高成长性的重点企业，予以重点扶持，尽快打造一批营业收入过百亿、500亿、1000亿的大企业，使之在工业强市中发挥引领作用。四是压减过剩产能要有新动作。压减过剩产能虽然会对我市经济发展带来严重冲击，但只有下决心砍掉过剩产能，才能为优质产业腾出空间，实现浴火重生，我们做出暂时的牺牲也是值得的。不过我们牺牲的只是眼前利益、局部利益，换来的将是长远利益，是石家庄1000万人民的根本利益。要按照消化一批、转移一批、整合一批、淘汰一批的思路，不折不扣地完成省委、省政府交给的钢铁、水泥和煤的压减任务。要认真探索建立过剩产能退出机制，对那些消耗大、污染重、效益低、占地多的企业要痛下决心，坚定有序退出，加速“腾笼换鸟”。

（二）**打好项目建设硬仗**。加快转型升级、跨越赶超、绿色崛起，关键靠项目，关键靠一批好项目、大项目，没有项目一切都是空谈。明年省里要实施“双百双千”工程，这对我们提出了非常明确而具体的要求。要进一步强化“抓项目就是抓发展，抓大项目就是抓大发展，抓一批好项目大项目就是抓跨越式发展”的意识，大力实施“项目攻坚年”活动，努力在项目建设上实现新突破。一要大力提高抓项目的实效。近几年，我们抓项目听起来不少，投资额也不小，但与经济规模和财政收入的增长不成比例。刚才，我们通报了今年各县（市、区）和工业聚集区负责同志引进项目情况。总的看，大家是重视的，成效是明显的，但是有数字、没落实，有项目、没质量的状况也比较突出。这说明一些地方在抓项目上还有水分。我们抓项目必须下真功夫，来不得半点虚假，决不能“满场跑不进球”、“年年种树不见树”。各级领导干部要带头抓项目，县委书记、县长和工业聚集区“一把手”要继续把每年引进一个大项目作为一项硬任务。二要大力提高上项目的质量。引进优质项目是财富，引进不好的项目则是包袱。抓项目决不能“捡到篮子都是菜”，必须按照绿色发展的要求，提高招商引资的门槛。要制定项目“负面清单”，坚决把那些不好的项目排除在外。三要切实为项目建设搞好服务。要继续实行市、县两级领导干部分包重点项目制度，对大项目好项目特别是已签约的项目，要提供保姆式服务，力促项目早落地、早开工、早投产、早达效，尽快形成新的经济增长点。四要加强和改进对项目建设的考核。不但要考核项目的投资规模、资金到位、项目落地情况，还要注重考核评估项目的投资强度、投入产出比、提供税收和就业的情况，以及对生态环境的影响，形成抓项目的正确导向，激励大家上大项目、上好项目。市委、市政府督查室要对项目建设加强经常性地督导检查，定期予以通报。

（三）**打好县域经济硬仗**。县域经济不发达，是我市最大的“短板”，是全面建成小康社会必须解决的难题。加快县域经济发展，也是省委提出的“四大攻坚战”之一。我们要切实增强加快县域经济发展的紧迫感和危机感，大力实施中东西区域协调发展战略，坚决打好县域经济翻身仗。一要培育特色主导产业。

每个县都要立足自身实际，确定并重点培育一到两个主导产业，加快形成产业集群。中部要大力发展商贸物流、电子商务等现代服务业，以及高新技术产业、现代装备制造业，努力实现率先隆起，当好全市经济发展的“领头羊”。东部要大力实施工业强县，大上工业项目，加快实现工业突破。西部要围绕绿色做文章，大力发展绿色工业、生态农业、农副产品加工业和休闲旅游业，在打造生态屏障的同时，实现绿色崛起、富民强县。二要做大做强园区。要针对县域园区档次不高、规模不大、布局不合理、特色不鲜明、带动能力不强等问题，从提高规划水平入手，加大园区整合力度，加强基础设施建设，改革园区管理体制和运行机制，真正把园区做大做强。市属几大园区也要提档次、上水平，力争通过几年的努力，打造一批超千亿元、超两千亿元的重点园区。要加快空港工业园以及保税区建设，着力打造省会对外开放新窗口。三要加强对发展县域经济的指导和扶持。在市级层面，要进一步完善和落实支持县域经济发展的政策措施，切实在领导力量、财力支出、要素配置、基础建设上向县域倾斜，支持县域加快发展。要建立重大项目区域布局协调机制，促进县域产业聚集发展，避免恶性竞争。要完善对各县（市、区）的考核评价机制，对财政收入增长快的县要实行奖励。各县（市、区）党委、政府要肩负起振兴县域经济的主体责任，不断增强内生发展动力和活力。各县委书记、县长要抓住春节后省里到浙江、江苏办培训班的机会，对标先进、开阔思路，以此为契机，打开我市县域经济发展新局面，力争经过几年的努力，打造一批财政收入过30亿、50亿、100亿的县市。四要毫不放松地抓好“三农”工作。小康不小康，关键看老乡。要认真贯彻中央农村工作会议精神，坚持把解决好“三农”问题作为全党工作的重中之重，切实抓好强农惠农富农政策的落实。要以保障粮食安全和促进农民增收为核心，加快发展现代农业，大力提高农业综合生产能力，抓好粮食生产核心区建设，确保主要农产品稳产高产，进一步强化农业的基础地位。要以工业化的理念发展农业，引进一批农业项目，建设一批农业园区，发展一批家庭农场，积极推动农业产业化、农业现代化，大力发展高效农业、优质农业、生态农业，着力提高农业的附加值和竞争力，努力在发展现代农业上走在全省前列。

（四）打好深化改革硬仗。改革由问题倒逼而来。解决我市发展中的深层次矛盾和问题，根本出路在于全面深化改革。我们一方面要按照中央和省委的统一部署和要求，正确、准确、有序、协调地推进改革；另一方面，要坚持从老百姓最期盼的领域改起，从制约我市发展最突出的问题改起，以经济体制改革为重点，深化关键环节和领域的改革，破解发展难题、释放发展活力，为省会又好又快发展增添动力。一要围绕激活市场主体深化改革。激活市场主体，首先是激活民营经济、鼓励全民创业。凡是不利全民创业的条条框框要全部打破，进一步放开市场准入，释放民间投资潜力，支持民营经济发展。要深化商事登记制度改革，由先证后照改为先照后证，实行投资主体零限制，注册登记零收费，进一步营造全民创业的浓厚氛围。要深化国有企业改革，对没有改制和改制不到位的，要尽快改革到位，建立和完善现代企业制度；要以存量国有资本为依托，实施增量改革，以项目为载体，推动国资、民资、外资等交叉持股、相互融合，积极发展混合所有制经济；要创新国有资产管理体制，由管资产、管企业向管资本转变，使国有资产活起来、强起来。二要围绕增强县乡活力深化改革。增强县乡活力关键在放权，做实县乡两级政府，特别是要做实县级政府。我们要按照省委的要求放权到县，市里享有的权力，县（市、区）都应享有。县里也要放权到乡，除了把规划、环境、耕地等管住之外，其它的权力都要放开，增加乡镇干事的权力。明年要选择一个县为试点，探索增强乡镇活力的改革。要抓住深化农村改革这个突破口，统筹抓好农村土地制度改革、产权制度改革、农业经营体制创新、农村创业就业机制改革等，最大限度地调动农民的积极性，增强农村发展的内生动力。三要围绕破解要素瓶颈深化改革。当前，影响省会发展的要素制约，突出表现在资金和土地上。要大力改善金融生态环境，深化银企对接合作，吸引各银行增加对我市的信贷投放。要积极探索建立以园区为单位的信用保障机制，破解园区企业贷款难题。要抓住国家加快金融改革的机遇，利用省会优势，下大力引进和培育金融市场主体，使各类金融机构多起来、活起来。要搞好股权融资和债券融资，提高直接融资比重。省委提出每个县至少都应争取有一个上市公司，今后三年全省每年上市企业达到100家，我市作为省会要走在全省前列，这要作为一件大事来抓。在土地问题上，中央提出建立城乡统一的建设用地市场，允许农村集体经营性建设用地出让、租赁、入股，实行与国有土地同等入市、同权同价。我们要认真研究、积极推进，有效破解土地瓶颈制约。四要围绕提高创新能力深化改革。创新能力低不是大问题，没有促进创新的政策才是大问题。我们必须在促进创新的政策上实现重大突破，重点要在发挥企业创新的主体作用、促进科研成果资本化产业化、扶持科技型企业、打造科技园区、吸引高端人才等方面有大的突破和作为。五要围绕扩大对外开放深化改革。开放也是改革，高水平开放将倒逼深层次改革。石家庄在新一轮开放中，再也不能落下了。全市各级干部要进一步强化开放意识，发挥省会优势，创新招商方式，实行精准招商，努力在招大商、引大资，引技引智、打造开放平台上实现新突破。省委提出了招商引资的“三个一齐上”，省会在这方面要带好头，形成浓厚氛围。

深化改革是一场革命，关键在于解放思想。各级各部门一定要把思想从传统的思维模式中解放出来，从固化的利益格局中解放出来，从保守的观念束缚中解放出来，以市场思维、开放思维、创新思维和法治思维，啃下改革的“硬骨头”，扫除发展的“拦路虎”。广东、上海、江浙以及山东是解放思想、改革开放的领跑者，我们要以这些地区为参照系，加快改革步伐，努力做到有力度、有突破。

三、坚持走新型城镇化道路，推动城镇建设上水平、出品位

城镇化是现代化的必由之路，是扩大内需的最大潜力所在，也是全面建成小康社会的重要内容。中央城镇化工作会议对推进新型城镇化进行了全面部署，省委八届六次全会提出了城镇建设的“十要十不要”。这为我们推进城镇化健康发展、打造大省省会，指明了方向，提供了遵循。推进新型城镇化，不是简单地搞城市建设、把城市规模做大，而是一场涉及经济社会方方面面的深刻变革。我们要以中央和省委精神为指导，立足省会实际，坚持“四化同步”，深入研究解决产业怎么发展、人往哪里去、钱从哪里来、城市怎么建、城市怎么管等重大问题，谋划和完善全域城镇体系布局，加快推进人的城镇化，大力提高城镇化的质量，努力打造京津冀第三极。对此，我们将适时召开专门会议，对我市的城镇化工作进行全面研究部署。明年，我们要以打造大省省会为引领，推动城镇建设上水平、出品位，努力在六个方面实现新突破。

一是省会主城出品位。经过三年大变样和三年上水平，省会的载体功能有了明显提升，城市面貌发生巨大变化。明年，要以“出品位”为主攻方向，持续推进主城区改造提升。要按照“一河两岸三组团”的城市发展格局，进一步完善省会都市圈规划，划定城市开发边界，使城市规划由扩张性向优化空间结构转变。要研究城市发展的负面清单，明确什么能干、什么不能干，使城市的发展定位更加清晰、品位更有保障。要进一步深化对标天津活动，持续开展城市容貌综合整治，对影响观瞻的道路、建筑进行规范清理，并逐步由主街主路向次干道和小街小巷延伸。要有序组织城中村改造，正在拆迁改造的要抓紧推进，没有开始的要从严把控，把工作着力点放在老旧小区改造提升上。要高标准推进新客站以及旧火车站、省文化中心等重点片区建设，打造省会的新地标。要强化城市理念，积极推进城市管理体制机制创新，下放管理权限，探索向社会购买服务等市场化改革，对城市施工要实行严格的审批和管控，大力提高城市精细化、标准化管理水平，让城市时时有人管理、处处干净有序。

二是古城保护见成效。正定古城是石家庄的文脉所在。做好正定古城保护工作，对于增加城市文化内涵、提升城市品位、建设大省省会意义重大。要认真贯彻落实习总书记关于正定古城保护的重要批示和省委、省政府主要领导同志的有关指示精神，秉持正确的古城保护理念，切实保护好正定古城的历史文化价值，使之成为省会城市的一张靓丽“名片”。要将正定古城保护纳入省会城市总体格局中统筹考虑，高起点、高标准、大手笔做好古城保护的总体规划和控制性详规。要正确处理古城文物保护和风貌恢复的关系，既要做好文物保护工作，

做到修旧如旧、“延年益寿”；又要加快古城风貌恢复步伐，着力破解资金难题，加快重点项目建设，使古城保护工作在保证品位、质量的前提下，能快则快尽量快，力争早日恢复千年古郡、北方雄镇的历史风貌，使正定成为华北平原的文化明珠、旅游名城、经济强县。

三是新区建设出形象。目前，我市是人口密度最大的省会城市之一，发展空间狭小，严重制约了城市的可持续发展和人居环境的改善。我们要坚定不移地推进省会向北跨河发展，实施城市建设重心的转移，把正定新区建设作为省会又好又快发展的重要增长极，与古城保护统筹谋划、同步推进。要加快新城大道、天山大街北延、太行大街等骨干路网建设，加大重大功能性项目和公建配套项目建设力度，为明年首批机关单位入驻创造条件。要以我们的决心和行动，增强开发商对新区建设的信心，吸引有实力、高水平的开发商参与新区建设。要引进一批战略投资者，实施大规模投入，确保明年底主次干道路网成型，市政公用设施基本配套，生态景观初步展现，项目开发呈现新的高潮，使新区建设尽快出形象。

四是县城建设上水平。县城建设是发展县域经济的重要载体，是省委确定的“四大攻坚战”之一。今年，我市启动了大规模的县城拆迁改造，取得了明显成效，但总体水平在全省仍比较落后。我们要一鼓作气、再接再厉、乘势而上，强力推进县城建设上水平。作为省会城市的县委书记、县长一定要有志气，不把县城搞出个样子不罢休。要以提升县城规划设计水平为龙头，实行拆建并举，继续推进县城扩容升级、基础设施提档、载体功能完善、管理水平提升，坚决打好县城建设翻身仗，推动县城建设迈上一个新台阶。在县城建设中，要注意文化的传承，珍惜古城、古街、古宅、古树，保护城镇独特的历史记忆，延续历史文脉，突出地域特色。在抓好县城建设的同时，还要扎扎实实抓好农村面貌改造提升行动，由点到面逐步铺开，做到抓一个成一个巩固一个，切实改善农村的生产生活条件，真正把实事办实、好事办好。

五是9个市镇求突破。推进省会周边9个新市镇建设，是市委、市政府立足省会实际、加速推进新型城镇化的重大举措。要把新市镇建设作为一项系统工程，以“四化同步”综合配套改革试验区为载体和抓手，着力破解资金、土地制约，加快基础设施建设。要统筹产业发展、劳动就业、社会保障、社会管理和公共服务，真正把农民从土地上解放出来，使这个区域的老百姓有稳定的工作、安定的居所、健全的公共服务和社会保障，切实解除他们的后顾之忧，努力实现平稳、有序、高质量的城镇化。明年，9个新市镇的控制性详规要全部完成，道路交通等基础设施建设要全面启动，其他工作也要同步推进，争取利用三年的时间该区域全部实现城镇化。

六是基础设施上台阶。基础设施是加快新型城镇化步伐的重要支撑。要加快推进以交通、电力为重点的基础设施建设，大力提高城市承载能力。要着力优化市区道路交通，启动南二环东西延、新胜利大街等重点工程。要高标准、高质量、高效率推进省会轨道交通建设，争取让省会人民早日坐上地铁。要把城市供热当作一件大事来抓，扎实推进省会供热提质升级三年计划的实施，满足城市建设对供热的需求。要推动基础设施向县域延伸，科学谋划和加快高速公路建设，确保2015年以前实现县县通高速，拉近主城区与各县城的距离。要按照适度超前的原则，加快电网建设，确保满足经济社会发展用电需求。

四、深入实施“两个环境”建设攻坚，为加快省会发展提供有力支撑

围绕河北的又好又快发展，省委强调了两个关键词：一是项目，二是干部。就石家庄而言，还应加上环境。当前，生态环境和发展环境是制约省会又好又快发展的两大突出问题，既关系到发展，又涉及到民生，既是个社会问题，也是个政治问题。改善两个环境，对于石家庄来讲太重要了，怎么强调都不过分！在这方面，我们下了很大功夫，但形势仍不乐观，任务依然艰巨，容不得我们有半点松懈和喘息。我们要切实增强工作的紧迫感和危机感，坚决克服厌战思想和畏难情绪，以更大的决心和勇气实施新一轮的攻坚。

一方面，要打好生态环境治理攻坚战。让老百姓呼吸上新鲜的空气、喝上干净的水，是最基本的民生。当前，生态环境问题已成为制约我市绿色发展的“瓶颈”。特别是

大气污染问题，中央和省委极为关注，全市老百姓非常关心。对此，省委、省政府要求我市必须如期摘帽。我们已经没有任何退路了，只有坚决甩掉重污染城市“黑帽子”这“华山一条路”！今年9月30日，我市召开了大气污染防治攻坚行动动员大会，治理省会大气污染的任务、举措、责任、要求都已经非常明确。要改变省会大气质量在全国垫底的被动局面，没什么捷径和窍门，只有老老实实、一以贯之、坚持不懈地按照市委、市政府的既定部署，特别是“四个超常”的要求抓落实。各级各部门各企业要将每一项措施从严、从细、从实抓到位，像拧螺丝一样一扣一扣地拧，像钉钉子一样一锤一锤地敲，力争早日在全国排位中退出倒五，坚决实现省委、省政府提出的三年有所好转、五年明显改善的目标。要扎实做好压煤、降尘、控车、迁企、减排、增绿等项重点工作，拉出细方案，排出时间表，坚决抓落实。对偷排偷放、违规排放、污染环境的，要依法追责；对责任不落实、工作不到位、任务没完成的，要依纪问责。习总书记关于“山水林田湖”的重要论述，蕴含着非常深刻的哲理。明年我们要在突出抓大气污染治理的同时，按照省委统一部署，着手开展对全市生态环境的整体修复，切实抓好水土保持、植树造林、矿山治理以及水生态保护和水环境改善，努力打造一个天蓝、地绿、水清，人与自然和谐相处的秀美石家庄。

另一方面，打好优化发展环境攻坚战。优化发展环境我们已经连续抓了三年，取得了很大成效，但也有很大差距。三年来，我们已经做到的事情，大都是相对容易的，剩下的那些都是“硬骨头”。优化发展环境，也到了攻坚的时候了。当前，影响发展环境的因素有很多，既有公务人员服务意识差、作风不够好的原因，更有体制机制束缚、行政效能不高的问题，根子是政府管得多、市场作用小。优化发展环境，最关键的是加快推进政府职能转变，着力解决政府权力过大、审批过繁、干预过多和监管不力的问题，真正为企业减负、松绑。一要放权到位。要进一步深化行政审批制度改革，建立行政审批事项目录清单制度，并向社会公开，清单之外的一律取消。对此，仅靠职能部门是改不彻底的，要按照市场在资源配置中起决定性作用的要求，切实加强市级统筹，勇于自我革命，坚决把不必要的审批砍掉。对保留的审批事项要规范管理、提高效率，真正在全省、全国叫响“审批项目最少、程序最简、办理最快、费用最低、服务最优”的城市品牌。二要监管到位。该放的放了，该管的还必须管好。要切实加强市场监管，规范市场秩序，严厉打击制假售假、强买强卖、欺行霸市等各种不正当竞争行为，努力营造公平竞争的市场环境。三要执法到位。法治环境是最好的发展环境。所有职能部门都要依法办事、依法行政，不能让企业和老百姓一有事情就托门子、找关系。要深入开展基层执法标准化建设，进一步整顿规范基层执法行为，健全和完善行政处罚自由裁量基准制度，从制度上减少执法的随意性，对违法行政、司法不公、粗暴执法以及吃拿卡要等行为要严肃查处，努力营造法治化的发展环境。四要服务到位。优化发展环境关键在人、在干部。各级领导干部和广大公务人员必须切实转变作风，强化公仆意识，主动为纳税人——我们的衣食父母服好务。要创新政府服务方式，大力推广政府购买服务，凡属事务性管理服务，尽可能引入竞争机制。要加强市、县两级政务服务中心规范化建设，创新运行模式，消除“前店后厂”现象，提高办事效率。同时，要继续抓好民主评议工作，对损害发展环境的要严肃问责，促进我市的发展环境持续好转。

五、着力保障和改善民生，努力让老百姓生活更幸福

建设幸福石家庄，是市九次党代会提出的奋斗目标。这个美好的愿望，正在我们手中一点点变为现实。但是，全市人民对美好生活的新期待，又不断给我们提出了新要求。我们要始终把民生幸福作为第一追求，按照“守住底线、突出重点、完善制度、引导舆论”的要求，既尽力而为、持续改善民生，又量力而行、使改善了的民生可持续，切实解决好老百姓最关心、最直接、最现实的利益问题，真正把实事好事办到老百姓心坎上，使发展成果更多更公平惠及全市人民。明年，我们要在做好各项民生工作的基础上，重点抓好六个方面大事。

一是努力让孩子们都能上一个好学校。办学兴教历来是德政工程、民心工程。每个家长都希望自己的孩子能上个好学校、遇上好老师、奔个好前程。现在一个独生子

女，往往牵动着六个长辈的心，办好教育责任重大！要下力气解决好优质学前教育严重短缺、义务教育发展不够均衡、进城务工人员子女入学难、新建住宅小区教育设施不配套等突出问题。每个县（市、区）都要打造自己的好初中、好小学和好幼儿园，让家长和孩子们不再为择校而苦恼、不再为名校而奔波，让教育真正成为普惠的、公平的公共服务。要深入实施山区教育扶贫工程，不但要把学校建设好，还要管理好、运行好，特别是要解决好经费保障问题，让贫困家庭的孩子没有后顾之忧。同时，要抓好义务教育与职业教育的配套衔接，让每一个山里的孩子都能掌握一技之长，使他们真正能够走出大山、改变自己和家庭的命运。

二是努力让老百姓都能找到一个好工作。就业是民生之本。老百姓关心发展、关心改革，最终是关心自己的工作和收入。有了好工作，才能有好收入、好生活、好心态，生活才能幸福，社会才能安定。我们必须始终把就业当作民生大事来抓，既要多上项目、多办企业，创造更多的就业岗位，以创业促就业；又要抓好就业服务工作，大力开展就业指导、供需对接和职业技能培训等工作，帮助劳动者提高就业能力。特别是要重点抓好高校毕业生、农村转移劳动力、城镇就业困难人员就业工作，高度重视并做好化解过剩产能中出现的下岗人员再就业工作，让每一个有就业愿望的人都能找到合适工作。要切实保护好劳动者的合法权益，特别是要解决好拖欠农民工工资问题，让劳动者的辛苦付出都能得到应有的回报。要扎实推进扶贫攻坚工作，逐县、逐乡、逐村、逐户地分析、算账，着力提高扶贫工作的精准性、有效性、持续性，让老百姓的“钱袋子”快一点鼓起来。

三是努力让老百姓的生活更有保障。社会保障制度是经济社会发展的“稳定器”、“调节器”和“安全网”。我们现在搞得是社会主义，一定要贯彻中央关于社会政策要托底的要求，从省会实际出发，建立完善全覆盖、保基本、多层次、可持续的社会保障体系，并不断提高保障水平。要进一步完善城乡养老、医疗等基本社会保障制度，认真研究解决农民工的社会保障、城中村养老保险政策不统一等突出问题，做好城乡居民最低生活保障、特殊困难群体的救助等工作，关怀帮助计生特殊家庭，真正做好“托底”的工作，在全面小康进程中不让一户困难家庭“掉队”，让他们感受到党和政府的温暖。现在我国已经进入老龄化社会，我们要把养老服务体系建设作为一件大事来办，早规划、早动手，让每一个老人都能安享晚年。要加强保障性住房建设、供给和管理，做到融资有渠道、运行能保本、发展可持续。要加大保障房项目水、电、暖、路、讯以及教育医疗等公共服务配套设施的建设力度，尽快解决好“盖得起来住不进去”的问题。

四是努力让老百姓看病更方便、更省钱。要加快实施优质卫生资源倍增工程，解决好省市级医院人满为患的问题；同时，要优化调整医疗资源区域布局，大力提高城乡医疗卫生站所的诊疗和装备水平，解决好医疗资源“两极分化”的问题，让小医院小诊所也能看得好病。要加快医疗卫生体制改革步伐，破除以药补医等机制，有序扩大基本药物制度实施范围，解决好基本药、廉价药、地方药见不到、买不着，新特药、高价药、外地药充斥市场的问题，给老百姓带来更多实惠。要进一步健全医疗保障体系建设，逐步提高保障标准，建立重特大疾病保障和救助机制，决不能让老百姓因病致困。

五是努力让老百姓精神文化生活更丰富。全面建成小康社会，不仅要让老百姓物质上富足，还要精神上充实。我们要紧紧抓住老百姓对精神文化需求日益增长的契机，利用丰富多彩的载体和喜闻乐见的形式，不断深化中国梦的宣传教育，大力弘扬社会主义核心价值体系，组织开展群众性的精神文明创建活动，全面提高市民思想道德素质，弘扬主旋律，提振精气神，凝聚正能量，努力争创全国文明城市，让文明道德之风树起来。要深入实施文化惠民工程，加大文化设施建设力度，开展丰富多彩的公益性、群众性文化体育活动，承办一批高水平赛事，让老百姓的业余生活热闹起来。要加强文化精品创作，继续打造一批特色文化品牌，不断提升省会文化品位，增加城市的文化内涵，让石家庄的文化味浓起来。要大力拓展文化消费、发展文化产业，上一批文化产业项目，抓一批龙头文化企业，让省会的文化产业强起来。

六是努力让老百姓更有安全

感。平安是最大的民生。没有平安，就没有幸福。要学习推广“枫桥经验”，扎实推动社会治理方式转变，适应信访工作制度改革的新形势，创新信访工作机制和手段，加强基层基础工作，激发社会组织活力，最大限度地增加和谐因素，使群众问题能反映、矛盾能化解、权益有保障，确保省会安定有序。要深化平安省会建设，发挥110综合警务服务站功能作用，完善社会治安防控体系，严厉打击各类违法犯罪活动，适时开展严打整治专项行动，始终保持对犯罪分子的高压态势，不断增强老百姓的安全感。要全面推进依法行政，坚持公正司法、司法为民，切实解决好老百姓打官司难问题，努力让老百姓在每一个司法案件中都感受到公平正义。要严格落实安全生产责任制，深入开展安全隐患大排查，坚决防止重大安全生产事故的发生。要高度重视食品安全工作，坚持健全监管机制和重典治乱“两手抓”，确保老百姓“舌尖上的安全”。要完善城市应急机制，加强防灾减灾体系建设，提高突发紧急事件快速反应与处置能力。

六、扎实开展党的群众路线教育实践活动，为省会各项事业发展提供坚强保证

在全党深入开展以“为民、务实、清廉”为主要内容的党的群众路线教育实践活动，是党的十八大作出的重大部署。按照中央和省委的统一安排，我市的教育实践活动将于明年初全面启动。开展好这次教育实践活动，对于解决群众反映强烈的突出问题，保持党的先进性和纯洁性，增强党员干部队伍的凝聚力、战斗力，加快转型升级、跨越赶超、绿色崛起步伐，率先在全省全面建成小康社会，具有十分重要的意义。我市作为“两个务必”的诞生地、“进京赶考”的出发地，又是省会城市，一定要坚决贯彻中央和省委的决策部署，特别是习近平总书记视察指导河北教育实践活动时的一系列重要讲话精神，紧紧围绕聚焦作风建设、坚决克服“四风”这个总目标，按照“照镜子、正衣冠、洗洗澡、治治病”这个总要求，扎实开展好教育实践活动，务求取得实实在在的效果，努力创出省会特色，走在全省前列，发挥表率作用。关于明年全市的教育实践活动，市委还要专门进行动员部署。市活动领导小组和办公室要超前行动，把这次活动设计好、筹备好、组织好、开展好。要以这次教育实践活动为契机，切实解决党员干部队伍在“四风”方面的突出问题，努力把各级领导班子打造得更加坚强有力，为完成好我们所肩负的历史使命提供坚强的保证。

第一，要围绕“为民”加强思想建设，切实增强事业心、责任感，做到一心为民“想干事”。为民，是党的性质和宗旨所决定的，是切实转变作风、坚决克服“四风”的重要思想基础。习总书记指出，不求“官”有多大，但求无愧于民。现在，我们的一些干部在其位不谋其政，心思不在干事上，缺乏责任和担当，考虑个人的事太多，把事业扔在了一边。这是党性不强的表现，从根本上讲，是世界观、人生观、价值观这个“总开关”出了问题，忘记了为民这个“本”。这个问题不解决，状态不可能好，作风不可能实，事业不可能发展，廉政上也要出问题。习总书记在山东菏泽召开座谈会时，给市、县委书记们念了一副旧时县衙的对联：“得一官不荣，失一官不辱，勿道一官无用，地方全靠一官；穿百姓之衣，吃百姓之饭，莫以百姓可欺，自己也是百姓。”封建时代官吏尚有这样的认识，今天我们共产党人应该比这个境界高得多。在这次教育实践活动中，我们要把党员干部的思想建设放在首位，努力改造主观世界，从灵魂深处真正解决好“为了谁、我是谁、依靠谁”的问题。在全面建成小康社会这个伟大进程中，我们的各级领导干部能够带领全市1000万人民进入小康社会，这是人生当中多大的政治荣耀呀！只要我们牢记党的宗旨，认真落实中央和省委的要求，一心一意谋发展、聚精会神搞建设，石家庄就大有希望，转型升级、跨越赶超、绿色崛起就指日可待。为此，我们要牢固树立三个意识。一是责任意识。责任重于泰山。要真正把“为官一任、造福一方”作为自己的责任和追求，以不干事就愧对组织、愧对百姓的心态，履行好自己的职责。二是担当意识。这是习总书记提出“好干部”的一条重要标准。“为官避事平生耻”。有多大担当就能干多大事。作为领导干部，一定要敢想、敢做、敢当，决不能畏首畏尾、瞻前顾后，耽误了事业、影响了发展。三是“功成不必在我”意识。要正确处理大我与小我、长远利益与眼前利益、根本利益与个人利益的关系，丢掉各种私心杂念，坚持一张蓝图绘到底，多干打基础、利长远的实事、好事，真正留下经得起实践、人民和历史检验的业绩。

第二，要围绕“务实”加强作风建设，始终保持干事创业的激情，做到求真务实“真干事”。事业是人干出来的，事在人为。当前，我们面临的改革发展任务十分繁重。要实现我市“十二五”奋斗目标、率先在全省全面建成小康社会，空喊是解决不了问题的，没有好的精神状态也是干不成的，必须狠下一条心来，真刀真枪干一场。要大力弘扬真抓实干作风。要坚决克服形式主义、官僚主义，各项工作都要抓具体、具体抓，不能只停留在一般号召上。要大力解决凡事不较真、工作推着走、当甩手掌柜等突出问题，把抓落实作为转作风最重要的导向，把见成效作为转作风最重要的标志，做到踏石留印、抓铁有痕，让真抓实干成为全市各条战线的主旋律。干任何工作都要一抓到底，干不成就决不收兵，干不好就决不罢休，做到善做善成、善始善终，千万不能给后人留下“遗憾”。要大力弘扬开拓创新作风。干事业就会有困难，这对干部是一种历练、也是一种考验。我们不论遇到什么矛盾和困难，都不能退缩、不能回避、不能绕过。要有一种“逢山开路、遇水架桥”的勇气，直面问题、敢于开拓。要大力弘扬雷厉风行作风。事业发展如逆水行舟，不进则退，慢进也是落后。我们干工作必须只争朝夕，奋发进取。不论什么工作，都要突出一个“快”字。要在保证质量、安全和效果的前提下，能快则快尽量快。要大力弘扬创先争优作风。不论什么事情，不干则已，干就干成一流、做成精品。作为石家庄的干部一定要强化省会意识、率先意识，全力推动各项工作上水平、创一流、扛红旗，大力营造人人争先、事事一流的浓厚氛围。加强作风建设，必须坚持正确的用人导向。对此，市委的态度很明确，对在改革发展一线有突出贡献的干部，要优先提拔使用；对在重要岗位按部就班、工作没起色的，该挪位子的挪位子；对占着位子不干事、贻误事业的，该摘帽子的摘帽子。要让干事的人看到希望，让混事的人没有市场。

第三，要围绕“清廉”加强廉政建设，始终牢记“两个务必”，做到清正廉洁“不出事”。干部不廉洁，不但会毁了自己、毁了家庭、使事业受损，还损害一个地方的发展环境、败坏社会风气，损害党的凝聚力、号召力、战斗力。本顺书记在省委全会上讲，干部有三种：干了事，不干净；干净了，不干事；既干事，又干净。希望大家一定要做第三种干部，既要干好事，又要不出事。要结合开展教育实践活动，继续深化“廉洁石家庄”建设，探索建立对各级“一把手”和管钱管物管工程管审批等关键岗位人员的长效监督机制，把权力关进制度的笼子，努力创出一条具有石家庄特色的反腐倡廉路子来。作为领导干部，要时刻牢记“两个务必”，切实增强自身的定力，增强对党纪党规的敬畏，自觉反对享乐主义、奢靡之风，严格以党的“规矩”约束自己，坚持从小事、小节、小处做起，坚守做人、处事、用权、交友的底线，努力做到自身清、家属清、亲属清、身边清，千万不要在廉政方面犯糊涂。要带头遵守党内政治生活各项制度，过好一年一度的“3·23”赶考日活动，真正拿起批评和自我批评这个防身治病的有力武器，经常性地红红脸、出出汗、排排毒，不时地“检修”一下自己，防止“小节”演变成“大错”，以为民务实清廉的良好形象取信于民，不断增强党的凝聚力和感召力。

加快转型升级、跨越赶超、绿色崛起，率先在全省全面建成小康社会，是全市人民的共同目标和共同事业。全市各条战线都要自觉地围绕中心、服务大局，立足本职、埋头苦干，努力为省会又好又快发展作出新贡献。

做好明年的工作，任务艰巨、使命光荣、责任重大。让我们紧密团结在以习近平同志为总书记的党中央周围，在省委的坚强领导下，认真落实中央和省委的各项决策部署，坚定信心、迎难而上，奋发进取、扎实工作，加快转型升级、跨越赶超、绿色崛起步伐，奋力开创全面建成小康社会新局面，以实际行动向省委和全市人民交上一份合格的答卷！

政府工作报告

——2014年1月16日在石家庄市第十三届人民代表大会第二次会议上

石家庄市人民政府市长　王亮

各位代表：

现在，我代表市人民政府向大会作工作报告，请予审议，并请各位政协委员和列席会议的同志提出意见。

一、2013年主要工作回顾

刚刚过去的一年，我们在省委、省政府和市委的正确领导下，紧紧围绕转型升级、跨越赶超、建设幸福石家庄的总目标，着力稳增长、调结构、抓改革、惠民生，较好地完成了市十三届人大一次会议确定的目标任务。

综合经济实力稳步提升。全市经济稳中向好，主要经济指标在全省位次前移。预计全市地区生产总值完成4863.6亿元，增长9.5%，占全省的比重由16.9%提高到17.3%。全部财政收入完成648.4亿元，增长13.1%，其中公共财政预算收入完成315.2亿元，增长15.8%，全部财政收入在9年后重返全省第一。规模以上工业增加值完成1955.4亿元，增长10.8%；实现利润640亿元，增长18%，总量居全省首位。固定资产投资完成4369.2亿元，增长20%。社会消费品零售总额完成2154亿元，增长13.7%。民营经济完成增加值3300亿元，增长11%；上缴税金407亿元，增长12%。县域经济总量占全市比重达到67.2%，新增晋州、元氏2个全部财政收入超10亿元的县(市)，总数达到9个县（市)。节能减排目标超额完成，单位生产总值能耗下降4.5%。

结构调整步伐明显加快。125个省市重点项目完成投资1318亿元，超额完成年度投资计划。重点培育的装备制造、生物医药等七大主导产业投资增速达到24.2%，高于全市平均增速4.2个百分点。工业技改完成投资1271.5亿元，增长27%。战略性新兴产业增加值完成415亿元，增长22%；规上企业全部开展对标行动，对标示范企业达到86家；主营业务收入超50亿元的工业企业达到10家，其中超百亿元的企业达到5家；新增规模以上工业企业252家。服务业增加值增长10.4%，新增限上商贸企业110家，成为首批国家电子商务示范基地。省级以上研发机构达到223家，高新技术企业达到308家，实施国家和省科技项目205项，取得国内领先水平以上科技成果274项，被评为“全国科技进步先进市”。

城镇建设扎实推进。省会2011—2020年总体规划获国务院批复，中心城区扩展到287平方千米。全市在建高速公路里程157千米，新建国省干线公路142千米，太行大街、红旗大街南延具备通车条件，新客站东广场主体工程完工，轨道交通步入大规模建设阶段，建设进度在同期获批的7个城市中位居前列。新开辟公交线路19条，打通主城区断头路8条。新铺设供热主管网62千米，改造二次管网351千米，改善主城区供热面积3871万平方米，新增天然气供热面积1038万平方米。对二环路、友谊大街等主路主街进行了容貌综合整治，改造提升小街巷50条、整饰楼宇427栋，新建和提升绿地672万平方米。在北京市社科院发布的《中国城市管理报告》中，我市位列全国44个重点城市第5名。集中开展城乡建设和房地产市场整治活动，取得明显阶段性成效。正定新区迎旭大道等7条主干道竣工通车，奥体中心、职教中心等10个重大公共设施项目有序推进。正定古城启动实施保护项目38项，全国古城保护现场会在正定召开，通过了《古城保护正定宣言》。县城容貌整治集中拆违360万平方米，建设示范街道51条，新增绿地145万平方米。栾城荣获“国家卫生县城”，平山、元氏、矿区被评为“省级园林县城”，鹿泉、晋州荣获全省人居环境奖。启动岗上、铜冶等9个新市镇建设，21个重点基础设施项目建成投用。全市城镇化率达到54.4%。

“三农”工作稳定发展。粮食生产实现“十连丰”，总产达到526.8万吨，被农业部授予“全国粮食生产先进市”，藁城、赵县被评为“全国粮食生产先进县（市）”；畜牧、蔬菜、林果三大特色产业不断壮大，肉、蛋、奶产量稳定增长，市畜牧水产局被评为全国农业先进集体。实施农业产业化项目182个，完成投资47亿元，同比增长20%；市级以上重点龙头企业达到232家，农产品加工转化率达到76%。农民合作社发展到4700家，位列全省第一；新发展家庭农场和农业公司76家，都市农业园区达到48个，农村土地流转率达到18.3%，同比提高2.6个百分点。完成434个省重点村面貌改造提升任务，新建和提升农村公路506千米，硬化农村街道519千米，发展节水灌溉53万亩，解决了60万农村人口饮水安全问题。南水北调石家庄段总干渠主体工程提前竣工，配套水厂及配水管网建设顺利推进。

生态环境治理取得初步成效。大气污染防治攻坚行动全面展开，关停热电一厂和西柏坡钢铁等3家钢铁企业的6座高炉，拆除市区分散燃煤锅炉274台，对陶瓷、钙镁、水泥、化肥、焦化等行业实行限产停产，全市削减燃煤310万吨；城郊3.4万农户改烧型煤，取缔关停洗煤厂、储煤场1244家；水泥企业脱硝工程全部完成，7台火电机组完成脱硝，市区及周边14台燃煤火电机组、17台燃煤锅炉完成烟尘治理。对592个在建工地实施扬尘治理，主城区渣土车实行密闭运输；集中爆破拆除西北区域18家水泥企业，削减水泥产能940万吨；购置天然气公交车450辆，淘汰黄标车9.8万辆；油气回收任务提前一年完成；气象分析和预报预警工作进一步加强，构建起覆盖全市域的空气自动监测网络体系，主城区细颗粒物（PM2.5）平均浓度较上半年下降8.7%，成功列入“国家节能减排财政政策示范城市”。洨河综合整治取得决定性成果，水质稳定达标。大力开展植树绿化和环省会经济林建设，共造林60万亩，全市森林覆盖率达到34%。

改革开放不断深化。“四化同步”综合配套改革试验总体方案获省政府批准并启动实施。东方热电、化工化纤公司等15家国有企业改制破产基本完成。食品药品监管体制改革、卫生与计生部门整合顺利完成。积极推进事业单位分类改革。20所县级医院综合改革顺利实施，基层政府办医疗卫生机构全部实行基本药物零差率销售，“国家中医药发展综合试点市”建设成效显著。“营改增”试点正式启动，60%的乡镇纳入集中支付改革试点。扎实推进公共资源交易中心建设。小额贷款公司发展到60家，7家企业在场外市场挂牌，石家庄股权交易所成立运营。新增各类市场主体6.7万个，民营企业达到5万家。成功举办石洽会、药博会、北方旅游交易会、台湾名品博览会等一系列招商引资活动。全年实际利用外资9.8亿美元，引进市外资金836亿元，分别增长11.4%、27%。

民生保障水平持续提高。各级财政用于民生的支出达到398.6亿元，占公共预算支出的比重达到77.5%。城乡居民收入分别达到25000元和10000元，分别增长9.5%、12%。城镇新增就业10.7万人，农村劳动力转移就业6万人，城镇登记失业率3.75%。新扩建标准化公办幼儿园52所；5个县（市）区通过国家、8个县（市）区通过省义务教育基本均衡评估验收；山区教育扶贫工程56所项目学校建成投用，转移安置深山区学生3.6万名，荣获“全国教育改革创新优秀奖”。霞光大剧院建设顺利推进，丝弦剧场主体封顶；“彩色周末”、公益电影放映、送戏下乡等文化惠民活动丰富多彩；长城梦世界动漫城等一批重点文化产业项目开工建设。完成213条健身路径的安装与更新。重症肌无力诊疗中心、市八院精神卫生中心等优质卫生资源倍增工程竣工投用。新农合筹资标准由290元提高到340元，参合率达到97.6%；在全省率先实施城乡居民大病保险，城镇和农村居民最高补偿额分别达到30万元和25万元。计生家庭帮扶和流动人口计生基本公共服务均等化被确定为全国试点。连续九年提高企业退休人员基本养老金，人均每月达到1723元；提高了城乡低保、农村五保供养和孤儿养育标准，在全省率先实施贫困重度残疾人生活补贴制度。两次发放临时价格补贴，惠及低收入群体 26 万人。清理追回拖欠农民工工资 3.9 亿元。开工建设保障性住房 3.8 万套，竣工 2.6 万套，分配入住 2.2 万套。110 综合警务服务站防控作用充分发挥，刑事发案率下降 17.9%。高度重视安全生产工作，各类事故同比下降 18.3%。持续开展食品药品安全专项整治行动。国防动员和双拥共建深入开展，妇女儿童、民族宗教、外事侨务、防震救灾、残疾人、档案、人防、老龄等各项事业都取得了新成绩。

政府自身建设不断加强。严格落实中央“八项规定”和党政机关厉行节约反对浪费条例。分三批削减下放行政审批事项 103 项，市本级精简到 87 项。行政服务中心绿色通道、并联审批机制不断完善，限时办结率达到 100%。深入开展民主评议活动，查处损害发展环境的案件 673 件，给予效能责任追究 592 人。清理“吃空饷”人员 3229 名。坚持依法行政，自觉接受市人大及其常委会的法律监督、工作监督和市政协的民主监督。对重大建议和提案进行专题研究，全年办理人大代表建议 395 件、政协委员提案 703 件，按时办复率和走访率均为 100%。

总结分析我市 2013 年工作，绝大多数经济社会发展指标好于全省平均水平，但仍有地区生产总值、规模以上工业增加值、服务业增加值、社会消费品零售总额四项经济指标没有完成预期目标，经济社会发展还存在不少困难和问题，主要是：产业结构不合理，资源利用粗放，传统产业比重较大的问题依然突出；创新能力不强，战略性新兴产业、现代服务业支撑作用还不够强，经济发展的质量和效益不高，部分企业经营困难；县域经济实力较弱，产业特色不突出；大气污染严重，生态环境改善任务十分艰巨；政府职能转变还不到位，一些部门和工作人员服务意识差，群众不满意的问题依然存在。对此，我们将采取有力措施，认真加以解决。

回顾过去一年的工作，我们在市委的正确领导下，认真贯彻落实省委、省政府的决策部署，紧紧依靠全市人民，积极应对复杂多变的经济形势，勇于承担大气污染带来的巨大压力，经受住了严峻考验，经济社会发展取得了可喜成绩。在此，我代表市人民政府，向全市人民，向人大代表、政协委员，向各民主党派、工商联、无党派人士、人民团体和社会各界人士，向驻石解放军、武警官兵和政法干警，向中直、省直机关、企事业驻石单位，向所有为石家庄发展作出贡献的投资者、创业者、劳动者，向关心支持石家庄发展的国内外朋友，致以崇高的敬意和衷心的感谢！

二、2014 年主要工作任务

今年是贯彻落实党的十八届三中全会精神、全面深化改革的第一年，是加快建设大省省会、实现跨越赶超、绿色崛起的重要一年，是完成“十二五”规划目标、率先全面建成小康社会的关键一年。做好今年工作意义重大，挑战与机遇并存。从面临挑战看，国际经济仍将延续缓慢复苏态势，不确定因素依然很多；我国经济发展进入由速度规模型向质量效益型转变时期，经济增长内生动力不足，下行压力依然较大；我市正处于转型发展的攻坚时期，面临着调整结构和治理大气污染的双重压力，需要付出巨大的成本和艰苦的努力。在新一轮发展中，区域竞争日趋激烈，我们必须以更加强烈的紧迫感和使命感，敢于迎难而上，勇于担当重任，实现新的突破。从有利条件看，我国经济经过去年的稳步调整、精准应对，开始进入稳中有进、稳中向好的新阶段。习近平总书记十分关心河北和石家庄的发展，做出了一系列重要指示，为我们指明了前进方向；党的十八届三中全会拉开了全面深化改革的序幕，新型城镇化全面启动，必将极大地激发经济社会发展的内生动力和活力；京津冀协同发展上升为国家战略，环渤海地区成为我国最具增长潜力的区域，为我市发挥比较优势，加快打造京津冀第三极提供了难得的历史机遇；省委、省政府高度重视支持省会建设，市委确定的中东西三大区域协调发展战略和“一河两岸三组团”城市发展战略全面实施，一批支撑性重大项目相继建成，我市已经具备加快发展的基础和条件。我们必须进一步解放思想，强化机遇意识、进取意识、责任意识，坚持改革统领、实施创新驱动、加速绿色崛起，努力在新一轮发展中抢占先机、奋发有为、乘势而上，奋力开创全市经济社会又好又快发展新局面。

今年政府工作的总体要求是：全面贯彻落实党的十八大、十八届三中全会和中央经济工作会议、中央城镇化工作会议、中央农村工作会议，以及省委八届六次全会、市委九届五次全会精神，把改革创新贯穿于经济社会发展各个领域各个环节，坚持稳中求进、好中求快的总基调，推动新型工业化、信息化、新型城镇化和农业现代化同步发展，深入实施中东西区域协调发展战略，着力推进经济结构调整，着力提高发展质量和效益，着力加强两个环境建设，着力保障改善民生，着力维护社会稳定，坚定不移走绿色崛起之路，加快转型升级、跨越赶超、建设幸福石家庄步伐，为全面完成“十二五”奋斗目标、率先在全省全面建成小康社会奠定坚实基础。

今年全市经济社会发展的主要预期目标是：地区生产总值增长10%左右，公共财政预算收入增长13%；固定资产投资增长17%，社会消费品零售总额增长13%；城乡居民收入增长10%；居民消费价格涨幅控制在4%以内，城镇登记失业率控制在4.5%以内，人口出生率控制在14.92%以内；单位生产总值能耗下降5.6%，化学需氧量、二氧化硫、氨氮、氮氧化物排放量分别下降3.24%、2.63%、5.32%、11.67%。

实现今年发展目标，必须全力抓好以下八个方面的工作：

（一）全面深化改革，努力增强经济社会发展活力。改革是经济发展和社会进步的永恒动力。必须坚持以改革统领经济社会发展全局，正确、准确、有序、协调推进各项改革，最大程度地激活市场主体，增强发展活力，释放改革红利。

进一步深化国有企业改革。大力发展混合所有制经济，鼓励支持国有资本、集体资本、非公有资本、域外资本等交叉持股、融合发展。以市场化和股权多元化为方向，鼓励民营企业参与国有企业改革，确保完成市动力机械厂等8家企业的改制破产任务；推动常山集团、宝德担保等7家国有独资企业实施混合所有制改革。加快完善国有资产监督管理体制，以管资本为主加强国有资产监管，促进国有资本更多地投向重要行业和关键领域。推动国有企业改制上市，提高国有资本证券化水平。进一步完善现代企业制度，合理增加国企管理人员市场化选聘比例，合理确定、严格规范国有企业管理人员薪酬待遇。加强企业家队伍建设，引领企业家不断解放思想、创新发展。推进企业财务预算等重大信息公开，强化国有企业经营投资责任追究制度，确保国有资产保值增值。

深入推进农村综合改革。在保持农村土地承包关系长久不变的前提下，开展农村土地承包经营权确权登记试点工作和建制镇、乡政府所在地集体建设用地确权发证工作。坚持和完善最严格的耕地保护制度，严守耕地红线。赋予农民对承包地占有、使用、收益、流转及承包经营权抵押、担保权能。出台我市加快农村土地承包经营权流转、促进农业规模化经营的发展意见，鼓励引导农民采取转包、出租、互换、转让等方式，流转土地承包经营权，对流转面积在200亩以上的规模化经营主体给予重点扶持，力争全市土地承包经营权流转率达到20%以上。加快构建新型农业经营体系，支持发展专业大户、家庭农场、农民合作社、农业公司等新型农业经营主体。建立市县两级农村产权交易市场，促进农村产权公开规范交易流转。加快推进户籍制度改革，实行居住证制度，出台差别化落户政策，有序放开市区户口，全面放开县级市、县城和建制镇的落户限制，有序推进农业转移人口市民化。

深化财政金融体制改革。坚持事权与财权相统一，合理划分市、县支出责任，改进财政预算管理制度，建立跨年度预算平衡机制，逐步取消竞争性领域专项。大力压缩一般性支出，整合财政资金，集中财力办大事、保民生。优化财政债务结构，实施举债核准和风险等级控制，防范和化解政府债务风险。搭建政银企合作平台，促进金融机构加大对“三农”、重点项目、小微企业和公共基础设施的信贷投放。支持符合条件的民间资本依法设立民营银行、金融租赁公司和消费金融公司。加快农村信用社股份制改造，组建一批农村商业银行。支持设立小额贷款公司和村镇银行。探索建立以园区为单位的信用保障机制，增强园区企业融资能力。鼓励支持中小企业到新三板市场融资。每个县（市）、区选择3家以上重点企业进行扶持培育，力争早日挂牌上市，年内争取全市新增上市企业10家以上。

深化激发市场主体活力改革。把发挥市场配置资源的决定性作用和更好地发挥政府的作用有机结合起来，市场能发挥作用的事项，一律放给市场；市场能有效调节的经济活动，一律取消审批。坚持权利平等、机会平等、规则平等，全面落实支持民营经济发展的“新36条”，在税费、融资、服务等方面，废除对民营经济的一切不合理规定。建立负面清单制度，各类市场主体依法平等进入清单之外领域。支持非国有资本大力发展高新技术产业和新兴服务业，进入基础设施、公共事业等领域。深化商事登记制度改革，改“先证后照”为“先照后证”，实行投资主体零限制、注册登记零收费和注册资本认缴登记制，放宽注册资本限制和住所登记条件，将企业年检制度改为年报公示制度。鼓励全民创业，筹建民营企业服务中心，制定扶持小微企业发展的专项政策，激发全民创业热情。推进政务诚信、商务诚信、社会诚信和司法公信建设，加快建立覆盖全市企业和个人的信用信息体系，依法维护市场经济秩序。认真组织好第三次全国经济普查工作。

全面构建开放型经济新体制。适应经济全球化新形势，推动对内对外开放相互促进、引进来和走出去更好结合。拓宽开放领域，推进金融、教育、文化、医疗等服务业有序开放，放开育幼养老、建筑设计、会计审计、商贸物流、电子商务等服务业领域外资准入限制。加快空港综合保税区建设进度，加大基础设施、海关和入区项目建设力度，争取近期获得国家批复。实施“走出去”战略，优化对外投资审批流程，搞好对外投资信息服务，引导钢铁、建材等过剩产能有序向境外转移，年内新增境外投资企业15家以上。强化外贸企业分类扶持，对进出口额超5000万美元的大型企业实行“一对一”帮扶，对中小微企业加强政策和实务培训，鼓励生产、商贸、物流企业联手拓展国际营销网络和建立品牌。增加能源原材料、先进技术设备和关键零部件进口，全年外贸进出口总值增长5%以上。

（二）深入实施工业强市战略，加快推进工业转型升级。工业是立市之基、强市之本。必须坚定不移地走新型工业化道路，进一步加大对产业升级、技术升级和产品升级的支持力度，加快构建现代工业体系，全面提高工业经济运行质量和效益。

大力发展战略性新兴产业。坚持“无中生有”，以大项目为牵引、大企业为龙头、科技创新为支撑，整合设立战略性新兴产业发展资金，重点支持生物制药、电子信息、高端装备制造、新能源汽车等战略性新兴产业，努力扩大规模、打造亮点。加快建设高新技术开发区、经济技术开发区、正定新能源汽车产业园等六大战略性新兴产业园区，鼓励到园区投资重大新兴产业项目。集中培育在全省乃至全国有重大影响的企业，重点支持石药集团、欣意电缆、中电科导航等11家工业企业尽快成为全市重大支撑企业，引领产业整体升级，举旗当帅。对进入省“百家企业”范围的企业给予重点扶持，促其尽快做大做强。加快推进格力电器、旭新光电、中航通用飞机等43个大项目建设。全市战略性新兴产业增加值增长22%以上，占规模以上工业增加值的比重达到20%以上。

推进传统工业转型升级。强化“有中生新”，综合运用市场、金融、财税、环保等调控手段，围绕钢铁行业提高品质、纺织服装行业提档升级、建材行业清洁生产、化工行业改进工艺，大力改造提升传统工业，全面提升企业竞争力。深化拓展对标行动，在企业研发、生产、销售等各环节全方位对标先进，全年争创省级以上标杆指标200项。加大技术改造力度，引导金融资本和社会资本积极参与企业技改，确保完成技改投资1200亿元以上，重点实施200项千万元以上技改项目。认真落实“个转企、小升规”扶持政策，年内新培育规上工业企业160家以上。严格执行能耗限额，坚决淘汰和化解钢铁、建材等行业的落后产能和过剩产能，全年净削减钢铁产能112万吨，力促鹿泉、平山、井陉等县（市）的水泥、钙镁企业实现转型发展。

大力提升科技创新能力。主动顺应新一轮国际科技革命潮流，进一步强化企业技术创新主体地位，用好省会科技教育资源，支持企业与驻石高校和科研院所联合组建技术开发平台，形成产业技术创新战略联盟，推进各类创新要素向企业聚集，确保新增高新技术企业30家以上，市级以上企业研发机构25家。设立科技型中小企业创新基金2000万元，支持中小企业尤其是科技型中小企业加快发展，选派一批科技特派员到企业开展科技服务。制定完善促进重大科研成果转化奖励政策，重点推进丁苯酞微囊、高性能光纤连接器等66项关键技术成果转化。加强关键技术研发，集中力量攻克一批具有自主知识产权的共性关键技术。依托市科技中心二期项目，下真功夫建设好科技大市场，确保6500平方米交易大厅年内建成投用，网上技术交易平台正式运行，形成“交易、共享、服务、交流”四位一体的强大功能，打造国内一流的产学研合作促进平台，建成科技资源统筹转化中心和科技创新综合服务基地，促进科技信息共享化、科技服务集成化、科技交易市场化、科技资源商品化和科技成果产业化。谋划建设科技成果孵化园区、国际科技合作基地、国际技术创业园，建设2个省级重大创新基地。实施“巨人计划”，积极对接国家“千人计划”和省“百人计划”，加快引进和培养一批科技领军人才和创新创业团队，努力形成一支结构合理、富有活力的创新人才队伍。

（三）打好项目和园区建设硬仗，构筑加快发展的重要支撑。投资拉动是我市经济发展的强大引擎。必须进一步强化抓项目就是抓发展，抓大项目就是抓大发展，抓一批大项目就是抓跨越发展的意识，大力实施“项目攻坚年”活动，努力在项目建设上实现新突破。

强力推进重大项目建设。优化政府投资结构，优先支持转型升级重大项目、重点基础设施和基础产业项目。以省支持的“三个一百”、市支持的“双11”龙头企业和149个攻坚项目为重点，强力推进总投资808亿元的河北光纤产业集群、石炼化百万吨轻烃综合利用等13个重大项目建设；确保总投资1090亿元的浙友机电生产基地、深国际现代综合物流港等51个项目如期开工，确保总投资789亿元的神威医药物流园、四药总部搬迁升级改造等48个项目竣工达效，力促石炼化800万吨炼油升级改造项目上半年正式投产。抓好总投资1138亿元的石药抗肿瘤新药产业化、北国奥特莱斯等50个项目前期手续准备工作，力争早日启动。

加强项目建设要素保障。围绕促进重点项目及时落地、按期开工、尽快竣工，全力保障土地、资金及路水电气等要素需求。用足用好省支持重大项目建设用地政策，建立用地指标安排与用地进度、供地率、补充耕地挂钩的激励机制，确保全部组卷、全部批复，对当年不能按时开工的项目收回建设用地指标。加快平山、灵寿、行唐、井陉、赞皇等山区县岗坡次地开发，加大土地整理力度，确保完成补充耕地6万亩以上。盘活闲置建设用地，开展土地利用动态巡查工作，对停产企业“腾笼换鸟”，对低效企业兼并重组。加快县级和各类园区融资平台建设，大力推广联保联贷、股权质押等金融和信贷产品，努力拓宽项目建设融资渠道。

加快重大项目谋划和招商。围绕我市产业结构调整方向和战略性新兴产业、现代服务业的发展，抓紧谋划一批符合绿色发展要求的战略性、支撑性产业项目，力争市级重点项目储备达到2000项以上。加快引进一批立市立县大项目，年内，正定、栾城、藁城、鹿泉、高新区党政主要领导至少每人引进1个10亿元以上的项目，其他县（市）、区党政主要领导至少每人引进1个5亿元以上的项目。抓住京津冀协同发展机遇，积极承接京津高新技术产业、先进制造业、物流园区、专业市场和科教机构转移。创新招商引资方式，实施委托招商、产业链招商、以商招商，面向重点区域，面向世界500强、中国500强，广泛开展上门招商，努力在寻求战略合作伙伴、重大科技成果转化上实现新突破。深化与百家央企、百家民企、百所院校的合作，精心组织好石洽会、药博会等重大经贸活动，力争使更多大项目、好项目落户我市。全年实际利用外资增长5%，引进市外资金增长15%。

提升产业园区发展水平。围绕创建“千亿级园区”，实施园区基础设施提升工程，全年投入23.7亿元，加快装备制造基地新建110千伏变电站工程、经济技术开发区世纪大道等37个园区重大基础设施项目建设，省级以上园区基本实现“七通一平”。完善园区管理体制和运行机制，提升项目审核、财税扶持、金融政策等软件服务水平，为企业发展创造良好环境。积极创建“国别型”、“区域型”、“产业型”特色园区，着力培育园区主导产业，推动产业集聚、集群发展。实施开发区产业倍增三年推进计划，力促高新技术开发区主营业务收入向3000亿元，经济技术开发区、循环化工园区、鹿泉经济开发区、装备制造基地向1000亿元，绿岛火炬开发区等5个园区向500亿元目标迈进。

（四）大力优化服务业结构，力促现代服务业超常发展。现代服务业是省会经济发展水平的重要标志。必须坚持做大总量与优化结构并重，加快推进服务业发展提速、比重提高、层次提升，力争到2015年服务业比重达到50%。

发展壮大生产性服务业。以现代物流业、金融服务业、信息服务业、交通运输业、商务服务业为重点，促进服务业与制造业融合发展。加快推进城市共同配送体系、内陆港国际保税物流园区等12个重点物流项目建设，突出抓好石家庄南部综合物流产业聚集区、正定商贸和西北（鹿泉）物流3大省级物流聚集区建设，打造全国重要物流节点城市。大力发展服务外包经济，力争世纪互联河北数据中心、IT服务外包基地扩建等项目尽快开工。以建设区域性金融中心城市为目标，争取中国进出口银行在我市设立分支机构，力促国内外金融机构总部后台服务中心入驻省会，努力打造中国北方金融后台服务产业基地。

加快发展生活性服务业。围绕丰富城乡居民生活，扩大服务供给，推进商贸服务业、健康服务业、家政服务业、法律服务业加快发展。以主城区中央商圈、国际贸易城商圈和石家庄新客站商圈为中心，做优做强核心商业圈，引领全市商贸发展，打造省会高端消费品牌。扶持北人集团等11家重点商贸企业扩规提质，推动金指数国际广场、新合作城市广场、塔坛国际商贸城等一批高标准城市综合体加快建设。推进“三级便民服务网络”建设，提升“双进”工程质量，增加社区服务网点，形成“居家一公里生活服务圈”。积极培育医疗护理、健身养生、康复保健等健康服务业。推进“万村千乡”工程，扩大农村连锁经营范围，形成覆盖城乡的商贸配送体系。建立中小商贸企业公共服务体系，重点支持1000家中小商贸流通企业发展。

积极发展新兴消费业态。以建设国家电子商务示范城市和国家信息消费试点城市为契机，实施全市电子商务三年推进计划。加快市商务云数据中心、天山电子商务总部经济中心、跨境贸易电子商务产业园等支撑性项目建设，引进阿里巴巴等3～5家知名电商企业，搭建优势行业电子商务服务平台。着力发展信息消费、网络交易、研发设计、文化创意、动漫游戏等新兴业态，加快4G网络建设，推进城市百兆光纤工程、县（市）宽带乡村工程和物联网应用示范工程。加快发展旅游产业，完善旅游服务体系，提升景区品位、加强形象宣传、建设精品线路，重点打造西柏坡红色旅游、正定古城和赵州桥历史文化旅游，嶂石岩、五岳寨、苍岩山等生态旅游品牌，力争全年旅游业总收入突破400亿元，增长20%以上，建设国内一流旅游目的地城市。

（五）实施新型城镇化战略，推进城镇建设上水平出品位。城镇化是现代化的必由之路。必须按照省委提出的“十要十不要”要求，研究优化城市空间布局的战略框架和重大举措，全力推进省会建设出品位、县城建设上水平、新市镇建设出形象，努力走出一条具有石家庄特色的新型城镇化之路。

全力推进主城区建设出品位。围绕增强省会辐射带动作用，深化“一河两岸三组团”发展战略，提升规划层次和水准，实现由扩张性发展向限定发展边界、完善服务功能、提高形象品位转变。围绕强化省会综合交通枢纽地位，积极推进铁路东南环线和石津、石衡、平赞高速前期工作，加快推进南绕城高速、京昆石太高速、京港澳高速改扩建工程，打造环省会120千米高速公路环线。力争开工建设石济客运专线工程。完成308国道、307国道、三环辅道、新赵公路栾城赵县段等293千米的干线公路改造提升。围绕拉开城市框架，启动南二环东延西拓和天山大街南延北展工程，加快形成南至衡井线、北至正定新区、东至藁城、西至井陉、矿区的城市快速通道；加快轨道交通建设，年内已开工项目完成总工程量的50%以上，启动3号线管线改迁，2号线一期工程完成可研批复，加快谋划1号线跨河工程；全面推进新城大道建设，确保7月1日前建成通车，加速建设全长27千米的体育大街至正定新区的快速公交系统。围绕提升城市承载能力，启动和平路高架桥西延工程，完成槐安路与西二环立交桥前期准备工作，加快推进新胜利大街、新客站配套路网工程；建成友谊大街和建华大街2条公交专用道，开辟主城区通往县（市）的公交线路5条以上。完成新客站东广场建设任务，实施西广场补建工程；启动建设西柏坡、上安电厂废热利用集中供热工程，确保新增和替代供热面积3000万平方米，到2020年，形成3.4亿平方米供热能力；建设城市生活垃圾、建筑垃圾和粪便无害化处理厂；对主城区33个路段和有条件的社区进行雨污分流改造，加快实施石津灌渠城区段雨污导排工程，提高基础设施配套能力和防灾减灾能力。围绕提高城市管理水平，加强精细化管理，强化规划执法，推动城市管理重心下移，拓展数字城管功能，建设智慧城市。继续高标准抓好城区容貌综合整治，完成民心河北线、环城水系西线和太行大街绿化提升；控制主城区开发强度，稳步推进城中村、旧城改造，探索新的改造模式，努力改善人民群众居住条件。巩固房地产市场专项整治成果，严格规范房地产市场秩序。

强力推进新区建设和古城保护。大力实施城市北跨发展战略，按照“低碳、生态、智慧”的理念，加快推进正定新区重大功能性项目和公建配套项目建设，为首批单位入驻创造条件，年内奥体中心主体竣工，综合商务中心、特教学校、新区中学投入使用，国际展览中心、石家庄经济学院、省二院新区分院等24个项目全面开工。新建续建隆兴大道等18条市政道路；启动地铁1号线新区预留工程建设，确保年底车站主体封顶；加快污水处理厂、地下水厂和地表水厂建设。秉承正确的古城保护理念，切实保护好其历史文化价值，加强古城规划管控，上半年全部完成古城保护项目规划设计。全面启动南城墙修缮、角楼修复、周汉河整治、南关村改造等十大工程，尽快恢复“千年古郡，北方雄镇”的历史风貌，打造华北平原上的文化明珠、旅游名城、经济强县。

加快县城和新市镇建设。注重城镇建设质量、生态环境和文化内涵，强化规划对县城建设的引领作用，实行经济社会发展规划、城乡总体规划和土地利用规划“三规合一”，一张蓝图干到底。实施基础设施、园林绿化、景观风貌等重点工程，提高教育、医疗、文化等公共服务水平，全面提升县城吸纳人口、集聚产业的功能。深入开展县城容貌综合整治行动，年内每个县（市）建成一条示范街道、一个特色街区、两个高标准出入口。支持平山、晋州、新乐3个区域次中心城市向中等城市迈进，赵县、无极、元氏、井陉等基础条件较好的县城向小城市发展。积极推进省会周边9个新市镇建设，全面启动道路交通等基础设施建设，力争用三年时间9个新市镇区域全部实现城镇化。

大力支持县域经济发展。按照中东西三大区域发展定位，分类指导各县（市）区明确主攻方向，找准发展突破口，大力提升县域经济整体实力。统筹财税政策、项目用地、环境容量、生产要素等资源，支持中部大力发展现代服务业、高新技术产业和现代装备制造业，东部加快实现工业突破，西部大力发展生态绿色产业。实施产业集群示范提升工程，培树品牌，增强实力，力争年收入超50亿元的产业集群达到19个，超百亿元的达到10个。支持经济技术开发区青岛啤酒、可口可乐、新乐新型节能环保机械制造等100个县域重点项目建设，确保按期开工、早日竣工。支持藁城、鹿泉等经济强县努力提升整体经济实力和综合竞争力，冲击全国百强；支持正定、栾城、井陉、晋州、元氏等财政收入超10亿元县（市），加快跨越赶超步伐，尽快跻身全省10强；支持行唐、灵寿、深泽、高邑、赞皇加快发展，壮大财源，年内财政收入跨上5亿元台阶。制定扶持资源枯竭城市发展政策，支持矿区尽快实现转型发展。加大扶贫开发攻坚力度，确保4万名扶贫对象稳定脱贫，支持平山、赞皇、行唐、灵寿尽快脱帽出列。

（六）加快发展现代农业，努力改善农村面貌。坚持把“三农”工作作为重中之重，以农业发展、农民增收、农村和谐为目标，全面落实支农惠农政策，让广大农民平等参与现代化进程、共享现代化成果。

提高农业综合生产能力。以保障粮食安全为核心，严格执行粮食生产核心保护区规划，稳定面积、依靠科技、主攻单产、提高总产，确保粮食播种面积稳定在1000万亩以上，粮食总产稳定在450万吨以上。增加粮食储备，保障粮食安全。优化生产区域布局，加强东部优质小麦、专用玉米核心区建设，创建100个万亩高产示范片；大力发展西部生态农业和特色农业，突出抓好大枣、核桃、板栗等特色产业，推广平山葫芦峪综合开发、赞皇片区开发、行唐团山红生态农业园区、灵寿慈峪万亩核桃基地建设等模式，每个山区县新建1～2个以上特色产业千亩方。支持赞皇县争创国家级生态县。发展壮大畜牧、蔬菜、林果三大优势产业，持续抓好“菜篮子工程”建设，年内新创建200个高标准集约化养殖示范场、20个市级蔬菜标准园，林果无公害生产技术推广面积达到230万亩。大力实施农业高效节水灌溉工程，新发展节水灌溉53万亩。推广农田保护性耕作、测土配方施肥等清洁生产技术，全年测土配方施肥面积达到800万亩以上。

提升农业产业化经营水平。以加快奶业振兴、打造奶业强市为目标，推进畜牧业规模化、标准化生产，重点围绕提高乳粉特别是婴幼儿配方乳粉生产水平，在行唐等养殖大县建设一批标准化奶源基地，支持君乐宝、三元等骨干乳品加工企业创建乳粉品牌。大力发展食品加工业，做大做强以双鸽、雨润等为重点的农业产业化龙头，新培育市级以上龙头企业20家以上，推进农业大市向食品大市转变。加大农业科技推广力度，建设新品种展示园8个，发展种子基地20万亩，农业机械化水平达到83%，农产品加工转化率达到77%。大力发展设施农业、都市农业、观光农业，重点抓好高新区佐美庄园、鹿泉紫藤葡萄庄园等5个农业示范园区建设。大力培育新型职业农民，鼓励发展农村合作经济，依法规范和提高合作社经营管理水平。加强质量和安全监管体系建设，切实保障农副产品质量安全。

改善农村生产生活条件。深入开展农村面貌改造提升行动，以厕所改造、饮水安全、道路硬化、垃圾处理、村庄绿化、危房改造6项工作为重点，新完成368个省重点村的改造提升。加强农田水利基本建设，完成4条中小河流治理和25座小型水库除险加固。抓好以“田路分家”为重点的农村路网建设，改造乡村公路400千米。实施农村电网改造升级工程，新建、改造10千伏线路1033千米。全面加快南水北调配套工程建设进度，确保6月底前具备通水调试条件。

（七）推进生态文明建设，努力实现环境质量持续好转。生态环境事关人民群众生命健康和省会形象。必须以超常的魄力、超常的措施、超常的责任、超常的氛围，坚决打好生态环境治理攻坚战，力争早日实现空气质量明显好转，确保PM2.5浓度下降6%，重污染天气大幅减少。

强力推进大气污染防治。以建设国家节能减排示范城市为目标，以“压煤、抑尘、控车、迁企、减排、增绿”为主线，大力压减煤炭消耗，继续禁止新上涉煤项目，加大减量替代工作力度，确保全年削减煤炭400万吨。拆除和搬迁污染企业，启动三环以内所有污染排放企业有序搬迁工作，重点推进石钢整体搬迁，完成新大东纺织印染等5家企业的搬迁改造。统筹规划、逐步推进市区内大型仓储、批发市场的外迁工作。一季度完成第二批17家水泥企业的拆除工作，削减水泥生产能力910万吨。切实抓好制药企业污染治理工作。严控机动车尾气污染，大力度淘汰剩余的5.3万辆黄标车。实施减排攻坚行动，全部拆除钢铁行业14台90平方米以上烧结机烟气旁路；全部完成大型水泥企业生产线脱硝工程；按期完成电力行业9家电厂24台燃煤发电机组脱硝和烟气旁路拆除任务；力争关停淘汰热电二厂南厂区和热电三厂小火电机组；玻璃行业完成玉晶公司4条生产线煤改气、脱硝工程。坚决抑制扬尘污染，所有在建工地实行绿色施工，所有露天矿山、采砂场实行绿色生产，关闭22家露天矿山，渣土车辆全部实现运输无尘化。综合治理农村面源污染，四组团县（市）各建设1～2个优质低硫型煤厂和覆盖所有乡村的型煤配送网络，10月底前，完成农户取暖燃煤锅炉改烧型煤、生活燃煤炉灶改用液化气灶任务，洁净煤使用率达到90%以上。加强土壤环境保护和综合治理，开展污染治理与修复试点示范。大力推行秸秆综合利用，全面禁止焚烧秸秆。完善重污染天气应急预案，切实减轻重污染天气对群众生产生活和身体健康的影响。

深化水环境综合整治。突出饮用水水源地保护，建设岗黄水库上游入境水预警监测系统和拦截导污工程，加强水库水质自动监测。建设滹沱河、沙河、磁河饮用水水源地一级保护区水质监测井，确保水质安全。有序推进重点河流在线监控系统建设，实现洨河沿线39个主要路口视频监控。按照洨河综合整治模式，年内完成汪洋沟综合整治工程。加强河流水质断面考核，严格执行水质目标责任制。加强对地下水污染防治的监管，持续开展专项检查行动，严厉打击通过渗坑渗井偷排偷放行为。坚决控制地下水超采。

实施生态修复工程。生态修复刻不容缓。以创建国家森林城市为目标，加快制定实施山水林田湖修复整体规划，着力构筑绿色生态屏障。重点实施环省会生态绿化、环省会经济林建设、太行山绿化、滹沱河等5条河流绿化工程；加快全市高速公路、国省干线绿化建设，构建市区通向各县（市）的绿色廊道；推进农田林网和村庄绿化工程，每个组团县（市）建设2～3个万亩以上的经济林示范区。全年新增造林50万亩，森林覆盖率达到35%以上。严格落实生态功能区规划，探索划定生态红线。完善生态补偿机制，实行最严格的源头保护、损害赔偿、责任追究制度，切实做到用制度保护生态环境。

切实加大环境监管力度。加强工业污染治理，实行排污总量IC卡控制制度。完善排污权交易，提高企业主动治污的积极性。31家重点排放企业全部实行驻厂监管和在线监控，7月1日起市区周边火电企业严格执行烟尘特别排放限值。建立市县乡村四级网格化监管系统，形成群防群治工作格局。落实部门监管责任和企业主体责任，依法严厉打击非法超标排放，坚决杜绝以破坏环境为代价获取企业利益的行为，让非法排污付出更大代价，让保护环境成为自觉行动。

各位代表！频发的严重雾霾天气，既是生态环境问题，更是重大民生问题，已经影响了省会形象和人民群众生活质量。我们一定以决战决胜的信心、壮士断腕的勇气、只争朝夕的精神，真刀真枪干一场，早日甩掉重污染城市“黑帽子”，全力打造天蓝地绿、山清水秀的生态环境，努力让全市人民呼吸上新鲜空气、喝上干净放心的水！

（八）加快发展各项社会事业，努力提高民生保障水平。民生幸福是我们的根本追求。必须大力优化公共资源配置，优先保障民生投入，优先安排民生项目，优先解决民生问题，让发展成果更多更公平地惠及全市人民。

推动实现更高质量就业。实施就业优先战略，重点抓好高校毕业生就业和下岗再就业工作，统筹抓好农村转移劳动力、城镇困难人员、退役军人就业。大力拓宽就业渠道，充分发挥服务业、劳动密集型和中小微企业吸纳就业的优势，努力扩大就业规模。完善扶持创业优惠政策，健全城乡均等公共就业创业服务体系。加强职业技能培训，对困难家庭、失业人员开展就业援助帮扶，确保城镇零就业家庭动态为零。年内城镇新增就业9.6万人，新增农村劳动力转移就业5.2万人。

努力提高城乡居民收入。增加城乡居民工资性收入，完善工资决定和正常增长机制，健全最低工资、工资支付保障制度和企业工资集体协商制度。改革机关事业单位津贴补贴制度。加大财政对“三农”的转移性支出，落实农业各项补贴政策；完善粮食主产区利益补偿机制，实行粮食最低价收购制度；大力发展非农产业，支持返乡农民工和种养能手创办实业。规范收入分配秩序，努力增加低收入者收入，扩大中等收入者比重。

优先发展教育事业。统筹各类教育协调发展，启动实施第二期学前教育三年行动计划，实施中小学教育质量提升工程，支持名校实行集团化办学，全面提升县域高中教育教学质量；推进中、高职教育衔接和社区教育试点工作，构建现代职业教育和终身教育体系；加强高等院校重点学科建设，提升服务地方经济发展的能力。加大职教园区、十五中整体迁建、二中三期征迁、二十四中整体改造等重点项目建设力度，力争早日投入使用。全力做好国家和省对长安、无极、正定等13个县（市）、区义务教育基本均衡评估工作，努力创建全国特殊教育改革试点市。

切实加强文化建设。以创建全国文明城市为目标，大力弘扬社会主义核心价值观，深入开展群众精神文明创建活动，提高市民文化素质。推进公共文化设施建设，谋划建设裴艳玲大戏院，确保霞光大剧院“五一”前完成主体工程，丝弦剧场下半年投入使用。进一步完善市、县、乡、村四级文化基础设施，丰富社区文化生活，继续办好“送戏下乡”、规范汉字书写艺术节、读书日等群众性文化活动。繁荣文化精品创作，力争使更多作品荣获国家级大奖。发展壮大演艺娱乐、出版印装、广电传媒、动漫游戏、文化创意等文化产业，加快长城梦世界动漫城、正定新区文化创新示范园、新乐伏羲文化园、赵县世界名桥博览中心等重点项目建设，大力支持县域特色文化产业发展，提高文化产业规模化、集约化、专业化水平。切实做好古城古镇、古村落、古民居和文物保护工作。积极发展体育事业，升级改造正定乒乓球训练基地，打造自行车环城赛、健步行等全民健身品牌。

加快发展医药卫生事业。深化医药卫生体制改革，全面推开县级公立医院改革，扩大基本药物制度实施范围。巩固基层医改成果，力争优质服务示范卫生院达到50所，示范村卫生室达到200所。推进优质卫生资源倍增工程，确保市一院中心院区病房楼、市四院谈固院区、市五院门诊医技楼完成主体工程，加快市一院赵卜口院区建设。深化“国家中医药发展综合改革试验市”建设，提升基层中医药服务能力。开展社区家庭医生契约服务，组建

480支“片医”团队，发放200万张居民健康卡。加强医务人员职业道德教育，构建和谐医患关系。稳定低生育水平，健全计划生育特殊家庭医疗养老扶助保障体系，启动实施一方是独生子女的夫妇可生育两个孩子的政策。切实抓好“全国预防和控制出生缺陷试点城市”建设，新生儿疾病筛查率达到90%以上。

健全社会保障体系。坚持保基本、兜底线、促公平、可持续，进一步完善社会保障制度。积极做好社会保险扩面工作，全年城镇职工基本养老保险参保人数达到184万人，城镇基本医疗保险参保人数达到273万人。切实做好基本医疗保险市级统筹、工伤保险省级统筹工作，年内全部县（市）基本医疗保险实现市级统筹。新农合筹资标准由340元提高到390元，参合率保持在95%以上。开工建设保障性住房和棚户区改造住房2.7万套，竣工2.3万套，分配入住2万套。加强以城乡低保为重点的社会救助体系建设。积极发展养老服务业，支持社会资金兴办养老、康复和托养机构，新增养老床位4000张。积极发展慈善事业，创建50个社区康复示范站，建成投用残疾人康复培训中心。

全面提升社会治理水平。改进社会治理方式，坚持系统治理、依法治理、综合治理和源头治理相结合，全面推进“平安石家庄”建设。建立价格调节基金，稳步推进城镇居民阶梯水价、气价制度，实现明码标价和收费公示双覆盖，保持市场物价基本稳定。建立食品药品安全风险监测网络，实施食品药品安全县创建工作，着力提高农产品质量和食品安全水平。大力推进社区标准化建设，提高社区治理和服务水平。加强安全生产管理，坚持全覆盖、零容忍、严执法、重实效，健全隐患排查治理体系和安全预防控制体系，严防各类事故发生。实行重大事项社会稳定风险评估制度，有效预防和化解社会矛盾。加强社会管理综合治理，依法规范上访行为，严厉打击网络诈骗和各种刑事犯罪活动，确保社会充满活力、和谐有序。关心支持妇女儿童工作，保障妇女儿童权益。进一步做好国防动员、双拥共建、防震减灾、民族宗教、外事侨务、档案、气象、人防、社科等各项工作，促进社会全面进步。

继续办好惠民实事。今年，我们将继续集中财力，全力办好利民惠民十件实事。提升供热质量。对全市100个老旧小区的二次管网和换热站进行改造。缓解交通拥堵。完善交通诱导系统，通过控制左转、设置单行道等交通组织形式，建立区域微循环。改革停车管理体制，优化静态交通秩序，清理规范“三车”运营。对槐安路、二环路10处路口进行渠化改造，缓解槐安路、二环路交通拥堵问题；升级改造主城区100条次干道和小街小巷，打通民生路等4条断头路。整治老旧小区环境。对100个老旧小区道路、路灯、给排水等基础设施进行改造提升。缓解“入园难”问题。新扩建50所公办标准化幼儿园，规划建设面积10万平方米，新增入园幼儿8000人。改造提升公园广场。在城区主道两侧和重要节点新建10处街旁游园，对15座公园广场进行全面升级改造。丰富市民文化生活。对全市现有的51个街道办事处社区文化活动中心进行提档升级，配备必要的文化活动器材，满足群众日益增长的精神文化需求。建设全民健身中心。启动建设规划总用地面积1.8万平方米、总建筑面积3.1万平方米的全民健身中心，年内完成主体工程。保证饮水安全。新建联村集中供水工程18处，单村集中供水工程210处，解决310个村、50万人的饮水安全问题。开展助残行动。为1000名贫困听力障碍人员免费配发助听器，为1000名贫困白内障患者免费实施复明手术，为3000名贫困精神病患者免费提供药物，为200户残疾家庭实施无障碍改造。保持残疾人专用通道畅通，方便残疾人通行。山区贫困学生免费就读。为山区6县56所学校转移安置的12356名深山区贫困家庭学生发放生活、交通补助，保障家庭经济困难学生吃、行全免费。

三、切实加强政府自身建设

改革发展的繁重任务，对政府工作提出了新的更高要求。必须加快转变政府职能，努力创新管理方式，以更加饱满的热情、更加务实的举措，提振精气神，汇聚正能量，加快建设人民满意的服务型政府。

扎实开展党的群众路线教育实践活动。深入开展以“为民、务实、清廉”为主要内容的群众路线教育实践活动，针对群众反映最强烈、最迫切、最需要解决的问题，立行立改，善做善成。坚持从市政府领导班子做起，带头深入基层调查研究，带头落实直接联系和服务群众制度，带头改进会风文风，多到困难突出、矛盾尖锐、情况复杂的地方去，真诚倾听群众呼声，真心解决群众困难。多做打基础、利长远的事情，大力弘扬以“两个务必”为核心的西柏坡精神，艰苦创业，埋头苦干，真正把心思用在办实事、抓落实、见实效上，努力增进全市人民福祉。

努力建设服务型政府。进一步转变政府职能，切实把发展经济的着力点转到为各类市场主体创造统一开放、竞争有序的市场环境上来。加大简政放权力度，落实和承接好国务院、省政府取消下放的行政审批事项，继续做好市本级精简下放工作，修订并公开行政审批事项目录，选择1个县作为增强乡镇活力的试点，把县、乡管理更直接、更有效的事项，直接下放到县、乡。加强对县（市）、区审批事项的监督指导，做到简政放权与科学监管有机结合。优化政府组织结构，启动市、县两级政府机构改革，积极稳妥推进事业单位分类改革。推行政府向社会购买服务。大力提高服务质量，真正实现全程保姆式服务，对窗口单位服务质量实行即时测评制度。

努力建设法治型政府。把遵守宪法和法律作为施政的根本原则，注重运用法治思维和法治方式，推进行政权力规范运行，切实把政府工作纳入法制轨道。自觉接受市人大的法律监督、工作监督，市政协的民主监督和社会公众的舆论监督，坚持定期向市人大常委会报告工作，向政协通报情况，认真听取各民主党派、工商联、无党派人士和人民团体的意见。深化行政执法体制改革，梳理各级政府部门行政职权，规范行政裁量权，严格依照法定权限履行职责，加强食品药品、安全生产、环境保护、劳动保障等重点领域基层执法力量。建立法律顾问制度，对涉及群众利益和公共政策的重大事项，广泛听取社会各界意见，健全公众参与、专家论证和政府决定相结合的行政决策机制，切实做到依法决策、科学决策、民主决策。

努力建设廉洁型政府。认真落实《党政机关厉行节约反对浪费条例》、《党政机关国内公务接待管理规定》、《建立和健全惩治预防腐败体系2013－2017年工作规划》，严格履行党风廉政建设责任制，坚持“一岗双责”，坚决反对和克服“四风”，严格执行“八项规定”。从严控制机构编制和财政供养人员，严控“三公”经费支出，大幅降低行政成本。高标准推进公共资源交易中心建设，实现公共资源交易公开、公平、公正。深入推进政府机关标准化建设，优化工作流程，大力提升政府工作标准化、规范化水平。加强反腐倡廉建设，认真执行领导干部报告个人事项等制度，带头做廉洁自律、勤政为民的表率。加大行政问责和惩治腐败力度，坚决纠正损害群众利益的不正之风，加强监察、审计，对腐败问题“零容忍”，严肃查处各类违纪违法案件。推行政府工作部门权力清单制度，实施管理公开、服务公开和结果公开，让权力在阳光下运行。

各位代表！我们已经踏上全面深化改革、加速绿色崛起的新征程。展望美好前景，我们豪情满怀；完成目标任务，我们信心百倍。让我们在省委、省政府和市委的坚强领导下，与全市人民一道，同心同德，攻坚克难，锐意进取，真抓实干，加快转型升级、跨越超越、建设幸福石家庄步伐，为在全省率先全面建成小康社会而努力奋斗！

关于石家庄市 2013 年国民经济和社会发展计划执行情况与 2014 年国民经济和社会发展计划（草案）的报告

——2014 年 1 月 16 日在石家庄市第十三届人民代表大会第二次会议上

石家庄市发展和改革委员会主任　赵文锋

各位代表：

我受市政府委托，向大会作石家庄市 2013 年国民经济和社会发展计划执行情况与 2014 年国民经济和社会发展计划（草案）的报告，请予审议，并请市政协委员和其他列席人员提出意见。

一、2013 年经济社会发展计划执行情况

2013 年，全市上下紧紧围绕“转型升级、跨越赶超，建设幸福石家庄”的奋斗目标，认真贯彻落实习近平总书记对河北发展的一系列指示精神和市委、市政府的决策部署，着力稳增长、调结构、抓改革、攻重点、惠民生、优环境，全市经济社会保持了平稳健康发展，计划执行情况总体较好，大部分指标好于全国、全省平均水平。初步预测：

——地区生产总值增长 9.5%，高于全省平均水平 1.3 个百分点，低于计划 0.5 个百分点。主要是服务业增长低于预期，受房地产调控、居民消费潜力未能充分释放等影响，装饰材料、家具家电等大类商品及餐饮企业营业额出现较大回落，服务业增加值增长 10.4%，虽高于全省平均水平 3.2 个百分点，但低于计划 3.6 个百分点。同时，受国际市场低迷影响，传统产品出口受阻，销售多转向国内市场，国内竞争加剧，我市工业增速也有所放缓，医药、服装等部分行业企业产品产量增速下降，规模以上工业增加值增长 10.8%，高于全省平均水平 0.8 个百分点，低于计划 2.2 个百分点。

——全部财政收入完成 648.4 亿元，总量居全省第一，增长 13.1%，其中公共财政预算收入完成 315.2 亿元，增长 15.8%，分别高于全省平均水平 7.1、5.8 个百分点，完成计划目标。

——规模以上工业利润增长 18%，高于全省平均水平 4.7 个百分点，完成计划目标。

——固定资产投资增长 20%，高于全省平均水平 1.5 个百分点，完成计划目标。

——社会消费品零售总额增长 13.7%，高于全省平均水平 0.1 个百分点，低于计划 1.3 个百分点。主要是受部分大宗商品需求不旺、住宿餐饮消费下降、网络消费大幅提高分流了一部分传统消费等因素的影响。

——进出口总值增长 8.1%，完成计划目标。

——实际利用外资 9.8 亿美元，完成计划目标。

——城市居民人均可支配收入增长 9.5%，高于全省平均水平 0.5 个百分点，低于计划 1.5 个百分点。主要原因是我市城市居民家庭收入 60% 以上为工资性收入，个体经营收入和财产性收入仅占 12%，在收入基数较高和没有增资政策出台的情况下，难以继续支撑较快增长。农村居民人均纯收入增长 12%，高于全省平均水平 2 个百分点，完成计划目标。

——城镇新增就业 10.7 万人，完成计划目标；登记失业率为 3.75%，控制在 4.5% 的计划目标以内。

——城镇化率达到 54.4%，高于全省平均水平 6.4 个百分点，低于计划 1 个百分点。主要原因是国

家对城镇化评估标准进行了调整，2013年我市29个城镇属性村级单位，由于从事农业生产人口和农业户籍比重较高、所辖范围大部分为耕地、公共设施保持乡村特点等原因被核减，涉及4.2万人口，影响城镇化率0.4个百分点。

——单位生产总值能耗下降4.5%，完成计划目标。化学需氧量、二氧化硫、氨氮和氮氧化物排放量分别下降2.8%、2.9%、3.2%和5.3%，达到省控目标。

综上所述，除进出口指标外，其余35项经济和社会发展指标均好于全国和全省发展水平，在贡献率、质量和效益、生态建设、民生保障等方面实现了突破。与此同时，经济运行还存在一些突出问题，一是企业经营比较困难，受产成品价格下降和生产成本上升双向挤压，企业盈利能力减弱，经济下行压力依然很大。二是战略性新兴产业和现代服务业支撑作用不够强，传统产业改造提升仍需加快。三是县域经济实力偏弱，特色不够突出，基础设施建设相对滞后，发展质量和效益还不够高。四是大气污染防治压力较大，防治形势依然严峻，改善生态环境尚需付出艰辛努力。对上述问题，我们一定认真研究分析，采取有效措施努力加以解决。

二、2014年主要发展目标

2014年是全面深化改革的开局之年，也是加快结构调整、推进转型升级的关键一年。按照市委九届五次全会确定的“稳中求进、好中求快”的总基调，坚持改革统领、创新驱动、转型升级、跨越赶超，继续推进我市经济社会又好又快发展。全市经济社会发展计划指标共设置11大类38项，其中预期性指标25项，约束性指标13项。主要目标是：

——经济保持较快发展。全市生产总值增长10%左右，公共财政预算收入可比增长13%，规模以上工业增加值增长12%，规模以上工业利润增长14%，固定资产投资增长17%，社会消费品零售总额增长13%，进出口总值增长5%以上，实际利用外资增长5%，引进市外资金增长15%。

——结构调整稳步推进。服务业增加值增长11%，高新技术产业增加值增长22%。每万元生产总值能耗下降5.6%，化学需氧量、二氧化硫、氨氮、氮氧化物排放量和细颗粒物浓度分别下降3.24%、2.63%、5.32%、11.67%、6%。

——人民生活不断提高。城市居民人均可支配收入、农村居民人均纯收入均增长10%，城镇新增就业9.6万人，城镇登记失业率控制在4.5%以内，城镇保障性安居工程住房开工量2.7万套，新增农村饮水安全人口50万人，人口出生率控制在14.92‰以内，居民消费价格指数控制在104以内，城镇化率达到56%。

三、2014年重点工作和主要措施

2014年，为全面实现国民经济和社会发展计划目标，全市经济社会发展工作将认真贯彻落实党的十八届三中全会、省委八届六次全会精神和市委九届五次全会的安排部署，坚决打好工业强市、项目建设、县域经济、深化改革“四大硬仗”，加快推动城镇建设上水平出品位，深入实施“两个环境”建设攻坚，着力保障改善民生，努力推进经济社会更好更快发展，为全面完成“十二五”奋斗目标，率先在全省全面建成小康社会奠定坚实基础。

（一）积极推进重点改革，充分激发发展活力。认真贯彻落实党的十八届三中全会《决定》、省委八届六次全会《决议》和市委九届五次全会精神，把改革贯穿于经济社会发展的各领域各环节，努力推进重点领域改革取得新突破。稳妥推进国有企业改革，大力发展混合所有制经济，鼓励民营企业参与国有企业改革，重点推进市动力机械厂等8家国企改制，常山集团等7家国有独资企业实行混合所有制改革。稳步推进农村综合改革，开展农村土地分类确权登记和土地承包经营权流转试点，建立市县两级农村产权交易市场，促进农村产权公开规范交易流转。深化财政金融体制改革，改进财政预算管理制度，建立跨年度预算平衡机制，压缩一般性支出，优化财政债务结构，防范化解政府债务风险。优化改善金融生态环境，建立政银企长效合作机制，促进金融资本和优势资源的双赢发展。大力推进激活市场主体改革，推进工商登记制度改革，实行先照后证登记制、注册资本认缴制和企业年报公示制，激活民营经济、鼓励全民创业，营造公平竞争的市场环境。全面构建开放型经济新体制，拓宽开放领域，放宽外商投资市场准入，放开育幼养老、会计审计等服务业领域外资准入限制；改革对外投资管理体制，放宽对外投资的各种限制，引导钢铁、建材等行业有序向境外转移。同时，进一步扩大对外开放，办好石洽会、首届国际采购对接会，借力廊洽会、厦洽会，加强与北上广、国内外500强对接合作，重点到港台、韩国等地开展定向登门招商，搭建网络招商服务新平台，提高引资实效；培育晋州、赵县水果和石家庄金刚石等一批新的出口基地，新增外贸企业300家，不断拓展欧美、非洲、东南亚等出口市场。

（二）推进产业结构调整，加快转型升级步伐。一是大力发展战略性新兴产业。落实好已出台的战略性新兴产业规划和十条政策，按照“培育亮点、打造龙头、加速集聚、产业联动”的原则，抓好大项目支撑，重点推进以岭现代特色中药产业化、同辉电子半导体照明产业化等总投资810亿元的43项重大支撑项目建设。实施大企业带动，重点支持石药、华药、四方通信等列入省百家战略性新兴产业企业和市11家骨干企业尽快做大做强。培育战略性新兴产业聚集区，加快高新区、石家庄经济技术开发区、高端装备制造基地等六大战略性新兴产业园区建设。每个县（市）建设一个“园中园”，重点承载战略性新兴产业项目和成长型民营科技中小企业落地。二是积极改造提升传统产业。重点支持石煤机、君乐宝等25家传统产业企业转型升级，争取更多企业列入“省百家”范围；深化对标行动，争创省级以上标杆指标200项；重点抓好石炼化800万吨油品升级、新型环保建材等一批传统产业优化升级项目，实施工业技改200项、两化融合20项、产业链条延伸60项。三是努力提升农业现代化水平。深入实施粮食产能提升、畜禽标准化养殖等八大工程，创建100个万亩粮食高产示范片、200个高标准集约化养殖示范场、20个市级蔬菜标准园、5个农业示范园区、新增市级以上农业产业化龙头企业20家，粮食总产量稳定在450万吨以上。

（三）大力发展现代服务业，培育经济发展新优势。一是培育壮大新型服务业态。积极争创国家电子商务示范市，重点引进一批知名电子商务企业，助推我市企业拓展市场、转型升级。壮大金融服务规模，建设区域金融机构集聚中心，吸引国内外金融机构总部后台服务中心到我市落户；组建金融租赁公司、消费金融公司等地方金融机构，培育民营银行、村镇银行、小额贷款和担保公司，加快完善金融服务体系。二是改造提升传统服务业。支持商业老字号和名牌企业运用现代服务技术和经营方式，提升档次、提高效益，重点扶持北人集团、乐仁堂等11家重点商贸物流企业加快发展。鼓励实体市场、商店建设集批发零售、支付和信用等为一体的网络交易平台，丰富营销方式，扩大销售规模。三是加快推进服务业重大项目建设。大力推进南部综合、西北综合和正定商贸物流聚集区建设，突出抓好国际贸易城、深国际物流等一批高端服务业项目建设，加快推进正定古城保护、赵州桥综合开发等一批文化旅游产业项目，打造服务业新的增长点。

（四）全力推进项目建设，支撑经济强劲发展。重点开展“项目攻坚年”活动，以省支持的“三个一百”和市支持的“双11”及“千亿级园区”为着力点，实行重大项目领导分包责任制。市级领导重点分包推进总投资808亿元的河北光纤产业集群、石炼化百万吨轻烃综合利用等13个重大项目建设。县（市、区）四大班子主要领导重点分包推进2个新开工、2个竣工和2个园区基础设施项目建设，明确责任部门、责任人，切实搞好协调服务。强力实施新开工项目攻坚，突出抓好浙友机电生产基地、华药物流中心等总投资1090亿元的51个新开工项目建设。大力推进竣工项目攻坚，确保神威医药物流园、四药总部搬迁升级改造等总投资789亿元的48个项目竣工达效。着力开展园区基础设施攻坚，全年投入23.7亿元，建设装备制造基地110千伏变电站工程、石家庄经济技术开发区世纪大道等37个园区重大基础设施项目，提升园区承载能力。全力做好前期项目攻坚，重点抓好石药抗肿瘤新药产业化、北国奥特莱斯等总投资1138亿元的50个项目前期手续准备工作，谋划引进一批立市、立县大项目、好项目，充实项目储备库。同时，加快推进石济客专、京昆石太北线等重大基础设施建设。积极争取国家、省专项资金，用于产业发展、民生工程、基础设施建设；鼓励民间资本参与战略性新兴产业和公共服务设施建设，形成“项目引领、规范准入、有效对接”的投资新机制，确保投资合理增长。

（五）稳步推进新型城镇化，提升宜居宜业承载水平。深入贯彻中东西区域协调发展战略和“一河两岸三组团”的城市发展格局。一是推进主城区基础设施建设。重点抓好南二环东延西拓、天山大街南延北展等工程建设，加快推进新胜利大街、新客站配套路网工程；强力推进轨道交通建设，年内已开工项目完成总工程量的50%以上。启动上安和西柏坡电厂废热利用集中供热工程，实施100个老旧小区供热二次管网和换热站改造，加快推进石津灌渠城区段雨污导排工程，提升主城区承载功能。二是统筹推进正定古城保护和新区建设。把正定古城保护、新区和空港工业园建设统一规划，加快基础设施建设；把古城保护、承接京津产业转移和扩大开放有机结合，实现产城融合发展，打造省会经济发展新高地。三是加快县城和新市镇建设。继续提升县城规划设计水平，产业向园区集中，园区向县城靠拢，推进县城扩容升级、基础设施提档、载体功能完善、管理水平提升。同时，重点推进9个新市镇建设，全部完成控制性详规编制工作，启动道路交通等基础设施建设，以新市镇为重点，开展新型城镇化试点。

（六）提高创新驱动能力，增强城市核心竞争力。一是强化企业创新主体地位。充分发挥抗生素、维生素、卫星导航等产学研联盟的作用，积极引进高端人才和学科带头人，增强企业核心技术研发能力，突出抓好新型生物酶制造、物联网感知技术等58项关键技术攻关研发，力争在重点领域、关键环节实现突破。二是加快创新研发平台建设。完善企业科技研发平台体系，积极打造新药创制、环境污染综合防控和通用航空增材制造三个协同创新中心，重点培育石飞企业技术中心、华药新药筛选工程实验室等一批研发平台，新增市级以上研发机构25家；加快“科技大市场”建设，集聚国内外、京津、全省优质科技和人力资源，引进科技成果，推进技术研发，为科技创新提供支撑。三是着力推动创新成果转化。进一步完善创新成果转化激励政策，促进高科技成果在我市企业产业化、规模化生产，重点推进丁苯酞微囊技术、高性能光纤连接器制造技术等66个核心技术转化项目，加快提升我市战略性新兴产业培育速度。四是大力推进产学研合作。深化与清华大学、天津大学等重点院校的合作，鼓励高校、科研院所与大型企业合办技术中心、实验室，与民营中小企业共建新产品开发平台，支持校企共同承担国家、省科研项目，适时组织校企对接活动，抓好企业技术顾问聘请、高层次人才培养、骨干人员培训等工作。

（七）狠抓大气污染防治，全力优化生态环境。一是着力优化能源结构。积极推进低碳试点城市建设，严控煤炭增量，采取压减钢铁、建材产能等11项措施，全年削减煤炭400万吨；抓好天然气利用“县县通”、工业窑炉气化等工程建设；加强新能源和可再生能源项目建设，推进光伏发电应用。二是统筹推进节能降耗。严把项目准入，严控能耗增长，实施余热余压利用等六大类100项节能技改项目，实现节能60万吨标煤。抓好省级循环经济示范工程建设，化解和淘汰建材、钢铁等行业过剩、落后产能。三是强力推进污染防治。实施电力、钢铁等重点行业企业脱硝改造、旁路拆除，完成电力行业9家电厂24台燃煤发电机组脱硝改造和旁路拆除任务，关停淘汰90平方米以下钢铁烧结机，大力度淘汰剩余5.3万辆黄标车，争取完成新大东、三环阀门等5家企业搬迁。建设岗黄水库上游入境水预警监测系统和拦截导污工程，年内完成汪洋沟综合整治工程，省级畜禽养殖示范场全部实现粪污无害化处理。力争高标准完成节能减排财政政策示范市各项目标任务，使全市空气环境质量得到明显改善。

（八）办好利民惠民实事，大力保障改善民生。一是鼓励支持全民创业。举办“零起点创业”进校园、创业服务进社区乡村等活动，抓好创业实训基地和孵化园建设，全市新增就业9.6万人，保持高校毕业生“零失业率”，城镇登记失业率控制在4.5%以内。二是不断完善城乡社保体系。抓好基本医疗保险市级统筹，推进工伤保险省级统筹和社会保险扩面，落实城乡养老保险政策，全市城镇职工参加基本养老保险人数达到184.1万人，城镇职工、居民基本医疗保险参保人数分别达到134.8万人、139万人，新农合参合率稳定在95%以上。三是加快民生工程建设。积极推进霞光大剧院、全民健身中心、24中改造、市四院新院区等社会事业类项目建设，抓好城镇保障性安居工程和农村集中供水工程建设，加强生产安全、消防安全、食品药品安全管理，全力办好提升供热质量、开展助残行动等10件利民惠民实事，促进经济社会和谐发展。

关于2013年市本级预算及市总预算执行情况和2014年市本级预算及市总预算（草案）的报告

——2014年1月16日在石家庄市第十三届人民代表大会第二次会议上

石家庄市财政局局长 周立新

各位代表：

受市政府委托，现将2013年市本级预算及市总预算执行情况和2014年市本级预算及市总预算草案提请大会审议，并请市政协各位委员和其他列席人员提出意见。

一、2013年预算执行情况

2013年，在市委的正确领导下，全市上下认真贯彻落实党的十八大精神，以及中央、省和市一系列重大决策部署，紧紧围绕转型升级、跨越赶超和建设幸福石家庄奋斗目标，着力稳增长、调结构、促改革、惠民生、优环境，狠抓增收节支，全力保障重点，较好地完成了市十三届人大一次会议确定的预算任务。

（一）市总预算执行情况

1. 公共预算执行情况

全市全部财政收入完成648.4亿元，占预算的100.1%，可比增长15.1%。其中，公共财政预算收入315.2亿元，占预算的102.5%，可比增长18.8%。

市十三届人大一次会议审议批准的2013年全市支出预算为321亿元，执行过程中，加上级补助、上年结余结转和地方政府债券等资金，减上解上级支出、偿还到期地方政府债券和转列预算稳定调节基金等，全年支出预算调整为535.2亿元。全市公共财政预算实际支出514.2亿元，占调整预算的96.1%，增长10.8%。

2. 基金预算执行情况

全市政府性基金收入完成252.4亿元，占预算的134%，增长44.9%。其中，国有土地使用权出让收入完成242亿元，增长47.2%。

当年基金收入加上年结转、上级补助，全市政府性基金实际支出257.9亿元，增长41.4%。其中，国有土地使用权出让收入安排支出228.4亿元，增长38.3%。

（二）市本级预算执行情况

1. 市本级公共预算执行情况

2013年，市本级公共财政预算收入（含城区市级分享收入，下同）完成155.5亿元，占预算的122.7%，增长20.1%。市十三届人大一次会议批准的市本级支出预算115.3亿元，加上级专款补助、上年结余结转和地方政府债券等资金，减上解支出、补助县（市）区支出、偿还到期地方债券等，全年支出预算调整为185亿元。当年实际支出181.6亿元，占调整预算的98.2%，增长13%。

需要说明的是，比年初预算新增可用财力12亿元，不再安排具体支出，全部转列预算稳定调节基金；其他有专项用途的超收收入，按专款专用原则相应安排支出。此外，省转贷地方政府债券7.9亿元，按规定全部用于城市基础设施建设。

市级公共财政预算主要项目支出情况是，一般公共服务支出11.2亿元，占调整预算（下同）的100%，下降4.1%；教育支出24.9亿元，占预算的100%，增长15.8%；社会保障和就业支出10.8亿元，占预算的98.2%，增长12.8%；农林水事务支出8.4亿元，占预算的99.8%，增长26.8%；医疗卫生支出13.7亿元，占预算的99.9%，增长12.5%；文化体育与传媒支出5.6亿元，占预算的100%，增长40.9%；科学技术支出3.5亿元，占预算的99%，增长19.6%；节能环保支出16.4亿元，占预算的89.3%，增长268.9%；住房保障支出8.3亿元，占预算的100%，增长52.2%。

2.市本级基金预算执行情况

市级政府性基金收入完成159.5亿元，占预算的144.5%，增长42.4%。其中，国有土地使用权出让收入完成153.7亿元，增长46.4%。当年市级政府性基金收入加上年结转、上级补助，实际支出152.3亿元，增长35.7%。其中，国有土地使用权出让收入安排支出140.3亿元，增长33.2%。

上述预算执行情况为快报数，待省批复结算事项后还会有些变化，届时再向市人大常委会报告。

（三）预算执行的主要成效

——多措并举，财政收入迈上新台阶。受经济增速放缓、部分重点行业效益下滑、国家实施包括“营改增”在内的结构性减税政策，以及推进大气污染治理削减过剩产能等多种减收因素叠加影响，财政增收遇到前所未有的困难。各级财税部门多措并举抓征管，千方百计保增长，努力做到依法征收、应收尽收。全市全部财政收入和公共财政预算收入分别比上年增收75.2亿元和42.9亿元，增量在省内各设区市中均居首位。新增晋州、元氏2个全部财政收入超10亿元的县（市），总数达到9个县（市）。全部财政收入9年后重返全省第一，全部收入和公共预算收入占全省的比重分别比上年提高1.3和0.7个百分点，在“为全省经济发展添分量”的征程上迈出坚实步伐。

——以人为本，保障和改善民生成效显著。全市公共预算民生支出398.6亿元，占公共预算支出的比重达到77.5%。投资8.8亿元的山区教育扶贫工程全部完工，转移安置学生3.6万人，扩大中职免学费范围，对高中家庭困难学生给予资助，覆盖教育各阶段的资助政策进一步健全。社会保障全面加强，新农合和城镇居民医保财政补助标准提高到每人每年280元，基本公共卫生服务经费标准提高到每人每年30元，城镇低保标准提高到每人每月500元，农村低保标准提高到每人每年2700元。市级财政投入3763万元支持养老服务体系建设，新增养老服务床位2475张。发放小额担保财政贴息贷款6.4亿元，推进就业服务工程。在全省率先建立贫困重度残疾人生活补贴和护理补贴制度，惠及1.6万名残疾人。各项支农惠农政策得到全面落实，下达粮食直补等奖补资金14.1亿元，拨付农业保险补贴资金1.5亿元，市级统筹资金1.6亿元用于农村面貌改造提升。落实农村公路和国省干道建设资金7.2亿元，下达一事一议奖补资金2.8亿元。落实资金8.7亿元，保证居民正常采暖。多渠道筹集保障性住房资金53亿元，着力解决城镇困难家庭住房问题。

——加大投入，城市建设和生态改善取得新进展。多渠道筹措城建资金71.3亿元，保障了洨河综合整治、轨道交通、新客站广场、新城大道、太行大街等重点项目急需，支持正定新区加快建设和正定古城保护。加快公交都市建设，拨付公交企业运营补贴6.8亿元，投入资金3.4亿元新购环保公交车450辆。安排资金2亿元，支持城区市容市貌提升工程，对四横八纵、二环路等主街主路沿线环境卫生、建筑立面进行整治。落实大气污染防治专项资金19.9亿元，用于污染企业搬迁、分散燃煤锅炉拆改、淘汰黄标车、油气回收、扬尘治理和提升环境监测监管能力。投入资金3.8亿元，支持二环路绿化提升、城区公园绿地、西山森林公园和滹沱河绿色长廊建设等。成功竞选国家节能减排财政政策综合示范城市，未来三年我市将获得15亿元的中央资金支持。

——加强调控，经济结构调整步伐加快。出台了完善县级投融资平台推进园区建设、扶持县域经济加快发展、支持重点工业企业发展等具体措施，促进经济发展的财政政策体系逐步完善。市级财政统筹整合产业发展资金10亿元，支持传统产业升级改造、重点项目引进、战略性新兴产业、现代服务业和重点产业聚集区基础设施建设。争取中央和省各类产业发展资金37.6亿元，比上年增加9.2亿元。创新财政投入机制，安排资金1.4亿元，支持科技孵化平台建设、科技成果转化风险补偿和重大项目研发。拨付奖励资金2090万元，专项用于落实商标、名牌奖励政策，鼓励企业创名牌，增效益。优化发展环境，进一步减轻企业负担，取消或停征行政事业单位收费11项，兑现各项结构性减税政策20多亿元，安排专项补助资金为3万多户企业和工商户免费进行了开业或变更登记。

——规范管理，有效防控政府债务风险。坚持防风险与促发展并重，进一步完善债务管理机制体制，规范市级平台融资管理，对平台公司举债规模、融资成本、融资担保等严格审核，从源头上控制债务风险。加强市直行政事业单位债务管理，健全市级偿债准备金机制，努力构建借、用、管、还的良性发展机制。主动作为，千方百计拓宽渠道，优化债务结构，统筹调度资金，按时偿还了到期债务，在有效防范债务风险的基础上，较好保障了重点项目建设急需，有力促进了全市经济社会发展。

——完善机制，源头节支工作扎实推进。认真落实中央八项规定，从严控制一般性支出，初步统计，市级“三公”经费和会议费等支出比上年减少18%。严格公务用车编制和购置管理，市直公车保有量做到了只减不增。深入开展清理“吃空饷”专项治理活动，全市清理出各类“吃空饷”人员3229人。出台国有资产配置管理办法，审核374户市直单位资产配置申报计划3344万元，核减资金1716万元。加强预算绩效管理，所有专项项目都设定了绩效目标，对保障性住房、校舍安全等9类专项资金开展重点绩效评价。巩固县级集中支付规范化改革成果，启动了乡级集中支付改革，年内60%的乡镇纳入改革试点。全市2458个预算单位完成公务卡改革，占全部预算单位的95%。坚持采购项目、信息、程序、竞价“四公开”，市级政府采购完成40.2亿元，资金节约率达到8%。完善评审工作机制，评审政府投资项目2735个，审核资金371.5亿元，审减资金68亿元，审减率18.4%。

总的看，全市和市本级2013年预算执行情况较好，但财政运行也面临一些突出矛盾和问题。主要是：受经济下行压力、国家税收政策变化影响，财政增收难度进一步加大；刚性增支因素不断增多，落实民生政策、大气污染防治、城市基础设施建设都需要大量资金，收支矛盾进一步加剧；财政管理机制创新力度不够，资金使用效益有待进一步提高等。对此，我们高度重视，今后将通过深化财政改革、创新工作机制、严格预算管理等措施，努力加以解决。同时，恳请各位代表、委员一如既往地对财政工作加强监督并提出宝贵意见和建议。

二、2014年财政预算草案

2014年，是全面贯彻落实党的十八届三中全会精神的第一年，是实现我市“十二五”转型升级、跨越赶超奋斗目标的关键一年，也是为率先在全省全面建成小康社会奠定坚实基础的重要一年。做好各项工作，保持财政平稳运行意义重大。

根据市委关于全市经济社会发展的总体部署，2014年，全市预算安排的指导思想是：全面贯彻落实党的十八大、十八届三中全会和中央经济工作会议，以及省委八届六次全会、市委九届五次全会精神，坚持稳中求进、好中求快，把改革创新贯穿于财政运行的各个环节和财政管理的全过程，着力发挥财政职能，进一步做大做强收入蛋糕，切实优化财政支出结构，集中财力保障和改善民生，全力支持大气污染防治，推进农村面貌改造提升和城乡一体化发展，大力促进经济结构调整和发展方式转变，为加速绿色崛起，在全省率先全面建成小康社会提供坚实的财力保障。

（一）全市预算总体安排情况

按照财政收入与经济增长相适应原则，综合考虑经济运行和政策调整等因素，2014年全市公共财政预算收入安排323.3亿元，可比增长13%（不含辛集市，下同）。汇总的全市公共财政支出预算为349亿元，比上年预算增长12.2%。

全市政府性基金收入安排240.5亿元，比上年实际下降3.1%。其中，国有土地有偿使用权出让收入安排227亿元，下降4.6%。按照收支平衡和专款专用原则，相应安排基金支出240.5亿元。

（二）市本级预算草案

市本级公共财政预算收入安排139.7亿元（含城区市级分享收入），可比增长8%。按照现行体制测算，市本级公共财政预算收入加上级补助收入10.2亿元、县（市）区上解收入2.1亿元，减上解上级支出8亿元及补助县(市)区支出11亿元后，可用财力为133亿元，比上年预算增长11.5%。

按照收支平衡、有保有压的原则，相应安排市本级公共财政预算支出133亿元，比上年预算增长11.5%。其中，机关事业单位人员经费、公用经费等基本支出安排50亿元，下降3.7%，占总支出的37.5%；经济建设和事业发展等专项支出安排80亿元，增长23.3%，占总支出的60.2%;预备费安排3亿元，增长20%，占总支出的2.3%。

具体项目的安排情况是：一般公共服务支出8.6亿元，比上年预算增长（下同）2%；公共安全支出15.1亿元，增长4.7%；教育支出24.9亿元，增长13.5%；科技支出4亿元，增长15.2%；文化体育与传媒支出3.8亿元，增长22.5%；社会保障和就业支出4.7亿元，增长3%；医疗卫生支出10.7亿元，增长4.4%；节能环保支出5.9亿元，增长128.3%；城乡社区事务支出19.1亿元，增长9.9%；农林水事务支出6.1亿元，增长16%；资源勘探电力信息事务支出4.2亿元，下降8.4%；商业服务业等事务支出1.4亿元，增长3.2%。教育、农业、科技三项支出均达到法定增长要求。

市级政府性基金收入安排149.7亿元，下降6.2%。其中，国有土地有偿使用权出让收入安排140亿元，下降8.9%；城市基础设施配套费安排4.4亿元，增长97.2%；政府住房基金安排2.5亿元，增长83.5%。按照收支平衡和专款专用的原则，相应安排市级政府性基金支出149.7亿元。

2014年预算安排充分体现了民生优先、集中统筹、勤俭节约、改革创新和公开透明的原则。一是优先保证民生支出，市级公共预算安排用于民生的支出95.6亿元，比上年增长13.3%。二是加大了资金集中统筹力度，对政策相近、使用方向相同的资金进行整合，统筹用于重点项目建设，实行“渠道不变、用途不变、统筹安排、集中投入”。三是公用经费在上年大力压缩的基础上，进一步进行了压减，占总支出的比重由上年的12.1%降到10.3%，下降了1.8个百分点。四是深化零基预算改革，全面清理原有项目，2014年预算取消到期项目近400个，涉及资金6亿元以上。五是除涉密部门外，2014年政府预决算、部门预决算和“三公”经费预决算全部公开。

三、确保完成2014年预算任务的主要措施

（一）做大收入蛋糕，着力增强财政实力。把组织收入工作的重心向增加公共财政预算收入转移，积极研究公共财政预算收入增收支撑体系。进一步健全综合治税工作机制，强化重点行业、重点企业的税源监控，加强涉税信息比对，对标治税。开展建筑安装和房地产行业、低税负行业，以及小税种三个层面的税收专项治理，堵漏挖潜。完善督导机制，动态分析监控，及时研究应对措施，努力做到应收尽收。

（二）厉行勤俭节约，着力完善支出管理机制。认真落实党政机关厉行节约反对浪费条例，严格执行公务接待、会议费、差旅费等管理规定，健全反对“四风”机制。严格落实公务用车管理规定，建立健全治理“吃空饷”长效机制。对办公用房租赁、各类规划编制和信息化建设等专项资金，逐项清理分析，规范程序和支出标准，建立统筹机制。除救灾等应急支出、国家和省市新出台增支政策外，严控预算追加。大力推进廉洁评审、高效评审、科学评审、阳光评审，提高评审效率和质量。积极推进政府购买服务，探索建立养事不养人机制，严控财政供养人员增长，开辟财政节支新途径。

（三）加大财政投入，着力保障和改善民生。研究制定财政政策，支持改革攻坚，让发展成果更多更公平惠及全市人民。重点保障教育、卫生、社保、就业、文化、保障性住房等民生投入，守住底线，雪中送炭。推进城乡一体化发展，支持农村面貌改造提升和新市镇建设，改善农村生产生活条件。落实节能减排综合示范城市和生态环境治理各项财政政策，支持能源结构调整优化、扬尘治理、生态绿化和环境监测能力建设，促进大气污染防治取得阶段性成效。

（四）坚持市场化取向，着力促进绿色崛起科学发展。按照促进市场在资源配置中起决定性作用的要求，合理界定财政供给范围，激发市场主体活力，筑牢经济稳中向好的基础。创新投入方式，更多地运用市场思维、市场方法，综合使用资本金注入、贴息、奖补、风险担保等手段，发挥好财政资金的引导和撬动作用。进一步完善财税措施，着力支持战略性新兴产业、现代服务业和园区基础设施建设，推动产业结构调整和发展方式转变。加大科技研发投入，推动企业自主创新发展。落实积极财政政策，清理规范涉企收费，进一步减轻企业负担。

（五）全面深化改革，着力构建现代财政制度。加快预算管理改革，试编国有资本经营预算和社保基金预算，实现预算的完整统一。清理重点支出同收支增幅挂钩事项，盘活存量资金，增强政府调控能

力。逐步厘清上下级财权和事权关系，建立事权和支出责任相适应的制度。努力规范专项转移支付，减少基层资金配套。进一步完善制度，加强政府性债务管理，积极构建市场化投融资体制，鼓励社会资本参与城市基础设施投资运营。加强专项资金监督，确保按规定使用。进一步推进预决算公开，主动接受社会各界监督。

各位代表，今年财政改革发展任务艰巨而繁重。我们将在市委的正确领导下，认真落实本次大会的决议，以开展党的群众路线教育实践活动为动力，坚定信心、迎难而上，奋发进取、扎实工作，为加快转型升级、跨越赶超、建设幸福石家庄步伐，在全省率先全面建成小康社会作出新的更大贡献！

大事记

大事记

2013年

1月

4～6日，市委副书记、市长姜德果，市委副书记刘云峰，市人大常委会主任王增明，市政协主席王华清带领部分市委常委、副市长以及23个县（市）区委书记、县（市）区长，高新区、正定新区、循环化工基地管委会主任和市直有关部门主要负责人，集中检查全市项目建设情况，共联查项目48个。

5～6日，全国人大常委会委员、财经委主任委员石秀诗和全国人大财经委副主任委员尹中卿带领全国人大财经委调研组到河北省调研经济运行情况。调研组在石家庄市考察了石药集团、格力空调石家庄产业园、欣意电缆集团等企业，详细了解企业生产经营情况，并召开经济运行情况座谈会。

6日，起于2011年3月26日举办的新疆自治区巴州库尔勒市少数民族普通高校毕业生两批337人到石家庄市培训圆满结束。

7日，中共石家庄市委第九届第四次全会召开。

13日，中共中央政治局委员、中央组织部部长赵乐际到河北省平山县西柏坡镇调研，就开展好党的群众路线教育实践活动听取基层党员干部群众意见。

18日，市委召开常委会议，贯彻落实中央政治局关于改进工作作风、密切联系群众八项规定和河北省贯彻落实中央规定的办法，研究制定市级党政领导干部改进工作作风、密切联系群众若干规定。

☆18日，全市首届慈善大会召开。

19日，市政府印发《关于促进石家庄空港工业园产业发展的暂行办法》，决定采取26条措施，通过补贴、贴息、税收返还和奖励等方式吸引投资强度达到250万元／亩以上企业项目入驻空港工业园。

27日晚，中央电视台《焦点访谈》曝光无极县私屠滥宰注水牛肉后，市长姜德果立即主持召开紧急会议，要求全市连夜行动，开展私屠滥宰专项整治行动。

29日，国家智慧城市试点工作会议召开，宣布石家庄等90个城市为首批国家智慧城市试点。

☆29日，石家庄客运总站网上售票系统开通运行。

31日，市商务综合执法局向首批40家酒类经营企业授予“2012年度酒类商品诚信经营企业”称号并挂牌。

2月

1日，省会文明办举行表彰大会，集中表彰2012年全市入选“中国好人榜”9位“中国好人”。

2日，全市开始试行食品安全工作挂牌督办、风险预警、暗访督导、信息通报、工作日报告五项工作制度。

3日，省委书记、省人大常委会主任张庆黎到革命老区平山县走访慰问，看望基层老党员、劳动模范、特困职工和优抚对象。

4日，省委常委、市委书记孙瑞彬，副省长、市长姜德果，省政协副主席曹素华等到裕华区走访慰问低保户、老党员和困难职工。

7日，市第十二届人民代表大会常务委员会第四十二次会议决定：接受姜德果辞去石家庄市人民政府市长职务的请求，任命王亮为石家庄市人民政府副市长、代理市长。

8日，省长张庆伟到石家庄市新华区西苑垃圾压缩转运站、桥西区公安分局科苑派出所、公安消防新华路中队看望和慰问坚守一线工作岗位的环卫工人、公安干警和消防官兵，检查指导节日安保和消防工作。

10日，即农历大年初一，省委书记张庆黎到石家庄市看望慰问河北华电石家庄热电有限公司供热供电系统一线职工和桥东区交警大队河北剧场岗、石家庄电视塔警务站的值勤民警，并向全省春节期间坚守岗位的干部职工致以新春问候和美好祝愿。

14日，省委书记、省人大常委会主任张庆黎到石家庄白佛客运站调研了解春运情况，并看望慰问市社会福利院孤寡老人和孤残儿童。

16日，市委、市政府连续第三年在春节后上班第一天召开全市广播电视大会，就改善发展环境和生态环境进行再动员、再部署。

17日，《人民日报》一版以《石家庄两年削减审批事项近半 办结时限平均由十四天减至七天》为题，报道了石家庄市自2011年以来，全力优化发展环境，精简下放审批事项，着力打造全省、全国“审批项目最少、程序最简、办理最快、费用最低、服务最优”的城市品牌。

17日至3月6日，市委副书记、代市长王亮到23个县（市）区和高新区调研，走访26个工业园区、54个项目建设工地，以及城镇社区、农村、学校等，详细了解企业生产、研发、销售情况，询问企业经营、项目建设遇到的困难，帮助协调解决问题。

25日，市轨道交通公司与北京通号国铁城市轨道技术公司签署合作建设市轨道交通项目协议。

26日，石家庄市被水利部和全国节约用水办公室授予第二批“全国节水型社会建设示范区”称号，成为河北省首家全国节水型社会建设示范市。

☆26日，全市召开深化加强基层建设年活动动员大会，贯彻落实河北省深化加强基层建设年活动动员大会精神，安排部署2013年深化加强基层建设年活动。省委常委、市委书记孙瑞彬，市委副书记、代市长王亮出席会议，市委副书记刘云峰宣读市委《关于深化加强基层建设年活动的意见》。会议公布2013年全市基层建设年活动新确定重点帮扶村397个，省、市、县三级选派优秀干部1191名，组成397个驻村工作组集中开展帮扶工作。

26～28日，省环保目标考核组到石家庄市就2012年度环保工作目标完成情况检查、考核。考核组在石家庄期间，查阅相关文件资料，实地检查桥西污水处理厂二期工程、河北威远化工股份有限公司、十里铺村委会煤改气工程等14个检查点。考核组一致认为，市委、市政府高度重视环保工作，把环保工作摆在重要位置，采取推进重点项目污染治理、改善城乡面貌和人民生活环境、创新环境政策机制，较好地完成了各项环保目标任务。考核组建议石家庄市进一步加强水环境治理；加快重点减排项目和污染企业停产搬迁进度；加强环保能力建设，提高对污染企业监管能力。

28日，中共石家庄市第九届纪律检查委员会第三次全体会议在石家庄召开。出席会议市纪委委员41人，列席337人。全会回顾总结2012年全市党风廉政建设和反腐败工作，分析现阶段反腐败斗争形势，研究部署2013年全市党风廉政建设和反腐败工作任务。全会审议通过市纪委常委会所作的《努力夺取党风廉政建设和反腐败工作新成效，为建设幸福石家庄提供坚强保证》的工作报告。

3月

6～7日，市委副书记、代市长王亮调研城市规划和城市建设重点项目。6日，王亮到市规划展馆观看城市历史图片、规划沙盘和宣传片，详细了解了城市总体规划、城市发展战略、空间结构体系、远景规划和正定新区规划等。7日，王亮察看城市轨道3号线预留工程十一中站施工现场，市区排水管网整治项目污水截留工程，西北部水利防洪生态工程（二期）污水处理项目，东北二环至正定新区的新城大道工程，太行大街施工现场，红旗大街南延工程和新客站东、西广场等城市建设重点工程。

7日，省市妇联举行“庆三八、走基层、惠妇女”活动。副省长许宁、市委副书记刘云峰等到全国妇联基层组织示范村藁城市岗上镇杜村参观该村巾帼现代农业科技示范基地。

8日，副省长沈小平到正定县调研春耕生产、动物疫病防控和农民专业合作社建设。

11日，市委副书记、代市长王亮调研保障性安居工程，实地察看了建华家园和正在建设的红河小区、秀河小区等保障性安居工程。

12日，副省长张杰辉到石家庄君乐宝乳业有限公司、神威药业集团、格力电器石家庄家电产业园和石家庄以岭药业股份有限公司调研企业发展环境和科技创新。

☆12日，省委常委、市委书记孙瑞彬主持会议，研究调度全市大气和水环境治理。

☆12日，省委常委、市委书记孙瑞彬，市委副书记、代市长王亮等四大班子领导，市直机关干部职工，驻石部队、武警官兵等2000人到西山省会义务植树基地参加植树活动。

14日，市食品药品监督管理局集中举行"3·15"销毁假劣药品行动，共计销毁假劣药品、保健食品、化妆品、医疗器械2.86万盒（瓶、支、袋），总货值62.3万元。

15日，北京大学人口研究所"生殖健康与出生缺陷干预基地"在市妇幼保健院挂牌成立。

16日，市张石高速公路筹建处更名为市京昆高速公路京石管理处并正式挂牌。

☆16日，2013年中国足球协会甲级联赛开幕式和揭幕比赛在石家庄裕彤国际体育中心举行。

18日，全市"地球一小时"暨第四届"低碳宣传周"进农村活动暨"生态文明农村宣传平台"启动仪式在行唐县只里乡白庙庄村举行，主题为"美丽省会，有你有我"。

19日，市委召开常委（扩大）会议，专题传达学习党的十八届二中全会和十二届全国人大一次会议、全国政协十二届一次会议精神，研究全市贯彻落实措施。

☆19日，省委常委、纪委书记臧胜业到石家庄市深泽县、无极县部分项目建设现场、企业及机关、乡镇、农村考察经济社会发展和党风廉政建设。调研期间，臧胜业强调，以探索推进"体制机制制度加人科技融入文化"工作模式为重点，全面推进惩治和预防腐败体系建设。

21日，石家庄市召开重温"进京赶考"——西柏坡精神研讨座谈会（3月23日是党中央离开西柏坡"进京赶考"64周年纪念日），来自中央文献研究室、石家庄陆军指挥学院、省社科院等单位的专家学者以及全市基层工作者代表共聚一起，就在新的历史起点上，如何以"赶考"精神续写持续奋斗新篇章开展研讨。

22日，市委常委集体到西柏坡开展"学习践行《党章》，重温进京赶考，切实改进作风"主题活动，并召开专题民主生活会。

☆22日，由市供销社牵头、市农业生产资料总公司组织实施，分两期建设的省重点项目、华北首座全业态一站式农资交易基地——北方农资化工交易市场暨北方农资物流配送中心在石家庄循环化工园区开工奠基。

23日，地铁轨道交通3号线"小灰楼站"开始主体施工，标志沿中华大街贯通的3号线预留工程开工。

24日，石家庄市"12320"公共卫生公益电话正式更名为卫生热线。

27日，全市召开森林防火和造林绿化工作电视电话会议，市委副书记、代市长王亮要求做好"六个加强"，即加强责任约束、火源管控、依法治火、隐患排查、应急准备和督导检查，确保人民群众的生命财产安全。

28日，市委召开民主协商会，邀请市人大常委会、市政府、市政协领导班子中的非中共党员干部，各民主党派市委、市工商联负责人，无党派代表人士，市部分人民团体负责人，民主协商市人大、市政府、市政协换届人事安排方案并征求意见。

☆28日，全市召开省会文明委全委（扩大）会暨迎接全国城市文明程度指数测评动员会。省委常委、市委书记孙瑞彬，市委副书记、代市长王亮参加会议。孙瑞彬在会上强调，全市上下要以事争一流、唯旗必夺的信心和勇气，齐心协力，狠抓落实，确保实现创建全国文明城市目标。

28～31日，中央电视台《新闻直播间》和《新闻联播》节目分别报道深泽县铁杆镇南冶庄头村女孩赵苗志愿捐献眼角膜和遗体的善举。

29日，省长张庆伟到石家庄市调研生态环境治理，考察了洨河河道整治、湿地建设、桥东污水处理厂10万吨扩建及60万吨脱色工程、石家庄电视塔大气梯度站、华北制药总厂废水深度处理项目，并召开专题会议，研究部署加强生态环境治理。

☆29日，石家庄京华电子实业有限公司最新创新成果"高集成LED显示器件产业化项目"通过省科技厅专家论证。该项目填补了国内空白，达到国际领先水平，并获得行业最高奖项"中国LED创新产品和技术奖"。

4月

2日，全市召开工业转型升级工作电视电话会议，动员和部署工业对标行动、推进转型升级、加快转变发展方式。

☆2日，"2012中国纺织行业

年度创新人物颁奖暨论坛”在北京举行，石家庄市常山纺织股份有限公司职工杨普作为获奖人员中唯一女性、一线员工与19名国内知名企业家、业内精英同台领奖。

3日，全市社会各界代表2000余人在华北军区烈士陵园举行清明公祭革命烈士大会。

8日，市轨道交通有限责任公司与石家庄铁路职业技术学院签署2013年培养329名学生协议。

8～12日，市政协第十二届委员会第一次会议召开。

9日、16日，省委书记周本顺到正定县、石家庄市区、藁城市、栾城县，深入乡村、企业、工业园区、项目建设现场，与基层干部群众面对面交流，详细了解工业转型、城市建设、改善民生、环境治理等情况。9日，周本顺考察了正定县塔元庄村、河北常山生化药业股份有限公司、正定国际小商品城，并对正定县开展“农村好青年”评选活动给予肯定。16日，周本顺考察了市规划馆、石药集团恩必普药业有限公司、青岛啤酒（石家庄）有限公司、河北四方通信设备有限公司、格力电器（石家庄）有限公司、洨河河道整治和湿地建设工程、桥东污水处理厂60万吨脱色项目、万达广场城市综合体。

9～13日，市人大第十三届人民代表大会第一次会议召开。在此次会议上，杨志辉当选为市第十三届人民代表大会常务委员会主任，王亮当选为市人民政府市长。

10日，中国报协第四届四次理事大会暨成立25周年纪念大会在北京举行，石家庄日报社（传媒集团）在此次会议上获得中国报业最高奖项——中国报业经营管理奖。

11日，中国农业发展银行总行行长郑晖到正定新区考察。

22日，河北省首家中医联合体在市中医院成立。联合体由市中医院、7家县级中医院、4家民营中医院和20所社区卫生服务中心共同组建。

22～23日，中华全国供销合作总社党组成员、理事会副主任骆琳在河北省调研基层供销合作社组织建设期间，到石家庄正定县、无极县、鹿泉市考察基层网点和项目建设。

23日，省委常委、市委书记孙瑞彬到鹿泉市调研，考察了河北中友机电设备有限公司农业现代化装备制造项目、福建中小企业科技园、石家庄顶津食品有限公司康师傅饮品项目及太平河整治提升工程。

24日，市长王亮到藁城市调研，考察了河冶科技股份有限公司、益海（石家庄）粮油工业有限公司、杜村农业科技示范园区、藁城市农业高科技园区、西刘村、藁城市人民医院、中粮可口可乐项目和凯普特动力传输机械搬迁改造项目。

24～25日，全国妇联书记处书记张静到石家庄市调研妇女维权工作，并为鹿泉市家庭暴力危机干预中心中澳合作项目试点揭牌。

25日，市长王亮到循环化工园区、南车石家庄车辆有限公司调研园区和项目建设，考察了中石化石家庄炼化分公司800万吨炼油项目、河北石焦化工有限公司10万吨环已酮装置、河北八维化工有限公司30万吨离子膜烧碱、石家庄东华金龙化工有限公司氨基乙酸生产线及尼龙6项目建设、晋煤金石化工投资集团有限公司60万吨合成氨多联产项目和南车石家庄产业园建设现场、南车石家庄车辆有限公司转向架车间。

26日，市价格协会成立。

27日，在北京召开的中国煤炭工业协会第四次会员代表大会上，冀中能源石煤机公司“掘进机远程控制技术及监测系统”获得2012年度中国煤炭工业协会科学技术一等奖。这是该公司在掘进机产品开发上取得的行业最高荣誉奖。

29日，国家卫生和计划生育委员会副主任、国家中医药管理局局长王国强到石家庄市专题调研中医重点专科建设和社区中医药服务工作。

5月

7日，北京鹏丰新能源投资控股有限责任公司董事长宋春明到石家庄空港工业园、循环化工园区考察和洽谈投资。

8～22日，围绕“发挥政协优势，助推县城建设上水平、出品位”主题，市政协主席王华清，副主席赵拴文、王长华、武义青、范振增、贾连海、张维德、葛瑞芳、石汉文、郭斌带领4个调研组，分别到17个县（市）和井陉矿区专题调研县城建设。

9日，全国政协港澳台侨委员会副主任赵阳、中国新闻社社长刘北宪到石家庄市考察世界华文传媒国际交流中心项目建设。

☆9日，省长张庆伟到河北三元食品有限公司乳品六厂、二厂调研，考察了鲜奶和奶粉生产车间、包装车间、中控室、实验室、检测室、产品展厅，并在乳品二厂召开座谈会。

☆9日，国家开发银行河北省分行行长常思勇就加强战略合作到石家庄市考察、调研。

10日，中央组织部组织二局副局长许鹏率调研组到石家庄市调研加强基层服务型党组织建设。

☆10日，全市召开领导干部会议，学习贯彻省委八届五次全体（扩大）会议精神，动员部署在全市集中开展解放思想、改革开放、创新驱动、科学发展大讨论活动。

13～14日，市长王亮带领考察团到天津市学习考察城市管理和建设，参观了天津市规划馆、新意街、马可·波罗广场、文化中心、梅江会展中心、海河滨水景观、新天津生态城、中心商务区、空客A320总装车间。

16～22日，“2013年石家庄市科技活动周”举行，主题为“科技创新·美好生活”。

17日，省委常委、市委书记孙瑞彬调研督导汶河综合整治工程，实地察看了西北水利防洪潜流湿地、汶河人工湿地和桥东污水处理厂。

18日，第九届中国（北京）国际园博会在北京开幕。石家庄市参展展园为“石家庄杏林文化苑”，占地2000平方米，主题为“宣传中医中药文化，共赏冀韵杏林春色”。

☆18日，市工商联张家口商会成立。

21日，市长王亮到新客站东广场项目、新城大道工程和太行大街工程施工现场督导进度、解决难题。

21～22日，全国人大常委会委员、全国人大内务司法委员会主任委员马馼带领全国人大公安机关执法规范化建设调研组到石家庄市调研，察看了市公安局网上督察中心、指挥中心、刑事科学技术研究所和情报中心以及长安区公安分局、正定县公安局城区分局执法办案场所。

22日，中共中央政治局委员、北京市委书记郭金龙和北京市委副书记、市长王安顺带领北京市党政代表团到河北省考察。北京市党政代表团在石家庄考察了桥东污水处理厂、安瑞科气体机械有限公司、正定新区综合管廊、滹沱河综合整治工程、华北制药河北华民药业有限责任公司。

23日，市长王亮到晋州市调研指导解放思想大讨论活动，并察看河北博纳德能源科技有限公司、河北博伦特药业有限公司和晋州市城市规划展示馆。

24日，全市召开2013年环境保护工作会议，市长王亮与各县（市）区政府及市政府有关部门负责人签订2013年环境目标责任状。

25日，省委书记周本顺，省长张庆伟到正定县调研正定古城保护。周本顺提出，力争用3年时间基本恢复千年古郡、北方雄镇的历史风貌，把古城正定打造成华北平原的文化明珠、旅游名城、经济强县。

☆25日，省长张庆伟到石家庄中航通用飞机华北有限责任公司调研，考察了小鹰500等系列产品装配车间，听取了石家庄通用航空产业基地建设和中航塞斯纳飞机有限公司合资合作情况汇报。张庆伟强调，要创新体制机制，提供全方位支持服务，加快通用航空基地建设，使之成为中国北方高端通用航空产业基地，国际航空制造业合作的示范，制造业与服务业融合发展的范例。

27～29日，省委常委、市委书记孙瑞彬带领市党政代表团到河南省郑州市、湖南省长沙市考察，学习两市在新区建设、县域经济和商贸服务方面的先进经验和成功做法。市考察团在郑州市、长沙市考察了郑东新区、郑州经济技术开发区、新郑综合保税区、郑州华南城在建项目、长沙市友阿奥特莱斯购物公园、三一起重机产业园、长沙楚天科技公司、宁乡县文体中心、中联重科公司、梅溪湖国际新城等。

29日，市长王亮调度汶河综合整治工作，并到东二环南延排水管道建设工程、环城水系退水泵站建设工程、良村南污水处理厂建设工程和桥西污水处理厂一期提升工程现场察看建设进度和运行效果。

☆29日，市长王亮到市教育系统调研，考察了市第一中学和石家庄外国语教育集团。

30日，市特殊教育资源中心在石家庄学院挂牌成立。

31日，省委书记周本顺，省委副书记、省长张庆伟，省委副书记赵勇，省委常委、市委书记孙瑞彬等省市领导到市草场街小学，与孩子们共庆“六一”国际儿童节。

☆31日，市人大常委会召开颁发任命书大会，向38名新一届市政府组成人员颁发任命书。

☆31日，中国残疾人乒乓球训练基地在正定乒乓球训练基地挂牌。

5月，大洋百货退出石家庄商圈。

6月

3日，省委常委、市委书记孙瑞彬调研防汛工作，察看了洨河衡井桥人工湿地、建华东路泵站和八一水库。

5日，市政府与建设银行河北省分行签署支持城镇化建设战略合作协议。

6日，省委常委、市委书记孙瑞彬到深化加强基层建设年活动联系点——栾城县北屯村调研，察看了村容村貌和深化基层建设年活动开展情况，并入户看望了老党员冲小毛和村民代表聂铁仁。

☆6日，省委常委、市委书记孙瑞彬，市长王亮参加省会大气污染防治工作调度会，会议要求以钢铁般的意志，采取最严格的措施，坚决打好省会大气污染治理攻坚战。

7日，省委常委、省纪委书记臧胜业带领省直有关部门负责人到石家庄市调研大气和水污染防治，考察了洨河综合整治工程、裕华热电厂、桥东污水处理厂60万吨污水脱色项目、市大气梯度监测站、世纪公园空气质量监测站、河北师范大学旧校区建筑工地、石药集团中润药业和西北部水利防洪生态工程污水处理厂潜流湿地。

☆7日，省委常委、市委书记孙瑞彬到赵县调研指导小麦生产，察看了赵县何家庄小麦万亩示范片和赵县农科所小麦新品种繁育基地小麦长势情况。

7～8日，中共中央政治局常委、国务院总理李克强就经济社会发展的热点难点问题到河北省邯郸市、邢台市、石家庄市调研考察，察看了农村、企业、大学和环境监测点，提出增强忧患意识，提高预见性，做好稳增长、控通胀、防风险和深化改革、改善民生的工作要求。

☆7～8日，郑州市委常委、常务副市长孙金献带领郑州市政府考察团到石家庄市考察投融资体系建设和行政审批制度改革。

8日，天津市委副书记、市长黄兴国到正定县考察指导正定古城保护，参观了南城门门楼和广惠寺华塔、临济寺澄灵塔、开元寺须弥塔、天宁寺凌霄塔及荣国府、隆兴寺，并提出立足精细精致做好古城保护规划的建议。

☆8日，市长王亮调研防汛工作，察看了岗南水库、黄壁庄水库的大坝和溢洪道工程，市区体育大街泵站、民心河东线裕华路闸门、总退水渠，以及正在建设中的建华东路雨水泵站等防汛重点部位和项目施工现场。

12日，市长王亮到正定县调研正定古城保护，察看了南城门、历史文化街、临济寺、阳和楼遗址、县文庙、隆兴寺等文物建筑以及周边环境，详细了解古城环境整治、规划建设和文物保护等情况。

15日，中国动物园保护非洲冠鹤活动启动仪式在石家庄市动物园举行。

17日，全市在人民广场集中开展节能宣传周和全国首个低碳日宣传活动。全国首个低碳日主题为“践行节能低碳，建设美丽家园”。

18～21日，省人大常委会常务副主任宋恩华带领省人大执法检查团到石家庄市，就贯彻实施《中华人民共和国大气污染防治法》和《河北省大气污染防治条例》开展执法检查，检查团考察了河北华电石家庄裕华热电有限公司、河北西柏坡发电有限公司、河北西柏坡第二发电有限公司、河北华电石家庄鹿华热电有限公司、市环境监测中心、市大气梯度监测站、石家庄福旺机动车检测有限公司、洨河潜流湿地、石药集团河北中润制药有限公司、华北制药股份有限公司和河北华电石家庄热电有限公司。

19日，全市召开洨河综合整治工作总结表彰大会，会上宣读了市委、市政府《关于表彰洨河综合整治工作先进单位和先进个人的决定》。

19～20日，省委书记周本顺到平山县北部山区东王坡乡下峪村调研和了解平山县葫芦峪现代农业产业园发展模式及典型做法，考察了农业产业园塘坝水利工程、苗木繁殖基地和核桃种植管理基地，详细了解葫芦峪总体规划和农林牧综合配套工程建设。

20日，省长张庆伟到石家庄检查安全生产，察看了石家庄钢铁有限责任公司2号转炉生产车间、主控室生产设施运行和安全制度落实及石家庄太和电子城营业大厅、消防监控室的消防宣传显示屏、消防标识标志、消防监控设备等，要求落实安全措施，严格责任，注重细节，努力消除安全事故隐患。

23日，市长王亮到高新区和石家庄经济开发区调研高新技术产业发展，考察了石家庄旭新光电科技有限公司、河北四方通信设备有限公司和河北冀凯实业集团，认真听取企业发展规划和发展中遇到的问题，主动帮助企业出主意想办法，并要求企业瞄准高端产业，千方百计提高自主创新能力。

25日，市长王亮到平山县调研，考察了河北敬业集团、河北盈德气体有限公司和平山县冶河东岸的秀水公园及平山县城镇建设，要求在工业转型升级和城镇建设方面实现新突破。

26日，省委常委、市委书记孙瑞彬到平山县葫芦峪现代农业产业园，就加快推进园区建设进行专题研究调度，要求解放思想、改革创新、因地制宜，打造现代农业产业品牌园区。

☆26日，市长王亮带领市直有关部门，组团县（市）、工业园区、重点镇负责人就推进全市重点区域城镇化建设到藁城市只照村“五村联建”现场观摩，并在藁城市九门乡召开调度会。王亮要求各级各有关部门要把推进城镇化建设工作摆上重要日程，明确目标任务、突出工作重点、完善支持政策、强化组织领导、充分发动群众，强力推进重点区域城镇化建设进程。

27日，省委常委、市委书记孙瑞彬到中航工业石家庄飞机工业有限责任公司、石药集团欧意药业有限公司、博深工具集团有限公司、河北钢铁石家庄钢铁有限责任公司和白龙化工股份有限公司调研装备制造、医药、钢铁、化工等工业企业发展，要求深入开展对标行动，优化发展环境，加快推动转型升级，努力做大做强。

28日，省委常委、市委书记孙瑞彬到高新区考察轨道交通装备，并登上A型不锈钢地铁车辆察看和体验，询问车辆载客能力、技术标准和安全性能。

30日，中共中央政治局委员、中央书记处书记、中央组织部部长赵乐际到河北省调研开展党的群众路线教育实践活动，考察了河北省人民医院、石家庄市裕华区石门社区居民文化活动中心和栾城县乏马村村民活动中心，并与基层党员干部群众交谈，征求开展教育实践活动的意见和建议。

7月

2日，市政府与中国南车股份有限公司签署城市轨道交通装备产业发展合作协议，共同打造国内领先的城市轨道交通装备产业基地。

5日，国家教育部“十二五”规划课题《传统文化与中小学生人格培养研究》总课题组“晋州市国学实验基地”授牌仪式在晋州市朝阳小学举行。

6日，市委召开常委扩大会议，传达学习习近平总书记在党的群众路线教育实践活动工作会议上的重要讲话精神和河北省深入开展党的群众路线教育实践活动动员大会精神，研究全市贯彻落实意见；总结交流全市解放思想大讨论活动成果，研究推动又好又快发展的新政策、新举措，并就解放思想、推动学科发展提出要求，做出部署。

10日，省委常委、市委书记孙瑞彬主持召开省会大气污染防治工作调度会，就改善大气环境质量进行专题调度。会议提出，要强化措施，奋力攻坚，坚决打好大气污染防治这场硬仗。

11日，市长王亮到桥东区彭后街道平北社区、桥西区东里街道缔景城社区和友谊街道五十四所社区调研社区工作，提出建立长效机制，完善各项措施，千方百计为群众解决实际困难。

11～12日，中共中央总书记、国家主席、中央军委主席习近平在河北省调研指导党的群众路线教育实践活动。习近平在石家庄考察了正定县正定镇塔元庄村，参观了平山县西柏坡纪念馆、毛泽东旧居、中央军委作战室、七届二中全会旧址，召开了河北省和石家庄市部分离退休老同志、正定县领导班子主要成员和退休干部座谈会。调研期间，习近平深入农村、机关，与各级干部和党员、群众座谈，听取大家对教育实践活动的意见和建议。习近平强调，要充分调动领导干部和广大群众两个积极性，通过深入学习教育、广泛听取意见，推动深入查摆和解决作风上存在的突出问题，保证活动善始善终、善做善成。

12日，国家发改委体改司司长孔泾源带领调研组一行7人到石家庄市调研“四化同步”（信息化和工业化深度融合、工业化和城镇化良性互动、城镇化和农业现代化协调推进）综合试验区建设，市委副书记、市长王亮，市委常委、常务副市长刘晓军陪同调研组考察了正定古城、石家庄高新技术产业开发区和循环化工园区。

17～18日，市长王亮，副市长王韶华到上海交通大学参观考察，双方围绕产业发展、项目建设、科研创新、科研成果转化等座谈交流，探讨了政、产、学、研合作。考察期间，王亮参观了上海交通大学农业与生物学院、区域光纤通信网与新型光通信系统国家重点实验室、图像通信与信息处理研究所以及上海交通大学成果展等；藁城市政府与上海交通大学农业与生物学院签订现代农业合作协议；河北四方通信设备有限公司与上海交通大学科学技术发展研究院签订全面合作框架协议及建设全光网络技术国家工程研究中心合作协议，还与该校电子信息与电气工程学院签订共建河北光纤产业集群联合实验室合作协议。

18～19日，第二届生物医药类国家科技兴贸创新基地联席会在石家庄市召开，来自海内外著名生物医药专家，以及国内知名企业负责人聚集一起，就推动中国医药产业国际化进程探讨交流。

22～23日，省委常委、市委书记孙瑞彬到群众路线教育实践活动联系点——栾城县柳林屯乡北屯村、安瑞科气体机械有限公司蹲点调研。调研期间，孙瑞彬提出：全市各级干部要接地气、摸实情、听民声、转作风，以实际行动密切党同人民群众的血肉联系。

23日，中国科学院“大气PM2.5（细颗粒物）污染现状及控制对策”项目组到石家庄市，就PM2.5污染现状及控制对策咨询调研和座谈，市长王亮参加座谈会。

24日，市政府正式启动石家庄市“四化同步”（工业化、信息化、城镇化、农业现代化同步发展）发展战略规划研究。

25日，省委常委、市委书记孙瑞彬到河北欣意电缆有限公司调研企业生产经营和建设情况，征求企业对开展党的群众路线教育实践活动的意见建议。

☆25日，市长王亮参加市政府组织召开的省会政银企恳谈会，贯彻落实《国务院办公厅关于金融支持经济结构调整和转型升级的指导意见》，推动政银企对接交流，促进合作和发展。

27日，省委副书记赵勇、副省长沈小平、省委省政府农村工作领导小组副组长吴显国一行到省级农村面貌改造提升试点正定县合家庄村，现场观摩农村面貌改造提升开展情况。

28日，省委书记周本顺到石家庄鹿泉市就深入开展党的群众路线教育实践活动、扎实推进省会城市建设与产业发展进行调研。调研期间，周本顺提出：拉开格局，立足在京津冀一体化中的城市定位，加快实现主城区与组团区、一河两岸的有机融合，建设大石家庄；做强园区，建设新型产业基地，特别是培育壮大战略性新兴产业集群；大搞绿化，建设森林式城市，实现城在林中、人在绿中。

☆28日，全市召开城乡建设和房地产市场专项整治工作调度会，传达省委书记周本顺，省委常委、市委书记孙瑞彬关于石家庄市开展专项整治的批示精神，并就做好下一步工作进行再安排。市长王亮在调度会上提出，各级各部门要按照统一部署，依法依规整治，扎扎实实推进，努力把全市房地产市场推向市场公平竞争、依法规范有序的发展轨道。

29～30日，中国残疾人联合会主席张海迪到石家庄视察，走访慰问了藁城市系井村残疾人家庭，视察了藁城市残疾人联合会盲人按摩中心、残疾人证办理处、残疾人康复中心。

31日，市政府与民生银行石家庄分行签署战略合作协议。

8月

1～2日，湖北省十堰市市委书记周霁带领党政代表团一行46人到石家庄市考察和举行项目推介，签约项目18个、总投资124亿元。省委常委、市委书记孙瑞彬会见周霁一行。

5日，省委常委、市委书记孙瑞彬调度太行大街和新城大道建设（太行大街南起栾城衡井公路途经栾城县、高新区、长安区和正定新区，北与正无公路相接，全长27.4千米，道路等级为城市主干道；新城大道南起东北二环北至正定新区，全长7.17千米，建设标准为城市快速路），察看了太行大街已完工路段、跨石德铁路大桥施工现场以及新城大道互通桥、跨滹沱河大桥等一线工地工程建设情况。孙瑞彬要求：科学组织、保证质量、确保按期完工，为实现“一河两岸三组团”蓝图奠定基础。

7日，“华北人民政府成立大会纪念馆”在石家庄民间工艺博物馆（前身为人民影院，又名人民礼堂，1948年8月7～19日华北临时人民代表大会在人民影院举行）揭牌。

8～12日，市长王亮到元氏县和赞皇县调研经济社会发展、县城建设、农村面貌提升改造、项目建设等工作。在元氏县，王亮视察了红旗大街南延工程、南吴会村农村面貌改造提升工作、天山国际制造产业园、元氏公园和县城容貌。在赞皇县，王亮到河北艾科中意复合材料有限公司、河北润玉陶瓷制品有限公司分别察看了万吨玻璃钢管道容器、高端陶瓷新材料系列产品项目建设，还察看了15万亩优质核桃园区和10万亩大枣园区。

13日，中国纪检监察报社石家庄记者站成立。

☆13日，在莫斯科田径世界锦标赛女子铅球决赛中，石家庄运动员巩立姣以19.95米的成绩为中国队夺得1枚铜牌。

14日，健康乡村中国行——全国基层卫生人员业务素质培训项目在石家庄市启动。该项目持续3年，覆盖全国1000个县，免费培训乡镇卫生院和村卫生室医生18万名。

16日，省委常委、市委书记孙瑞彬到正定县调研督导农村面貌改造提升工作，实地察看了于家庄村、西权城新村、秦家庄村农村面貌改造提升进展情况。

☆16日，市长王亮、副市长张业带领市直有关部门负责人到甘肃省兰州市考察大气污染治理，学习先进经验和成功做法。

24日，河北福建商会石材分会成立。

26日，省委常委、市委书记孙瑞彬在石家庄市会见泸州老窖集团总裁张良。

☆26日，市长王亮到西郊供热公司、师范街某宿舍、新石北路与中华大街交叉口、东王村城中村改造项目现场、方兴供热站调研市区供热工作，考察了西郊供热改造大修工程、锅炉拆改置换工程、热电一厂裕华路南区替代工程、供热站大修、污水源供热建设等项工程进展情况。

28日，省委常委、市委书记孙瑞彬在石家庄市会见深圳华强集团有限公司董事长、总裁梁光伟。

☆28日，市残疾人服务业协会成立。

29日，省委常委、市委书记孙瑞彬主持召开市委常委扩大会议，专题学习《河北日报》刊发的长篇通讯《同呼吸才能心相印——习近平在正定工作期间坚持群众路线纪实》。

31日，市政府与中国电子信息产业集团有限公司签约投资合作框架协议。省委常委、市委书记孙瑞彬在签约仪式前会见中国电子信息产业集团有限公司总经理刘烈宏。

9月

3日，省委常委、市委书记孙瑞彬到灵寿县调研县城建设，考察了灵寿县古城阙项目、小东关城中村改造、西关城中村改造项目现场及中山公园。

6日，省委常委、市委书记孙瑞彬到正定县调研督导古城保护，考察了周汉河拆违、府前街改造和县博物馆拆除现场，要求秉持正确保护理念，彰显历史文化价值，加快推进正定古城保护步伐。

☆6日，市长王亮就工业经济运行到石家庄四药股份有限公司、石家庄华能电力金具有限公司、河北先河环保科技股份有限公司3家企业调研，倾听企业发展和谋划，了解遇到的问题和困难，诚心实意上门为企业服务。

☆6日，福建省泉州市人大常委会主任陈海基带领泉州市人大常委会考察团到石家庄市考察城市建设。市人大常委会主任杨志辉会见泉州市人大常委会考察团。

8日，中国残疾人联合会副主席、中国残疾人福利基金会理事长汤小泉带领5人到石家庄市调研残疾人工作，考察了正定新区石家庄特殊职业中专学校建设项目和正定县中国残疾人乒乓球训练基地。市人大常委会主任杨志辉会见汤小泉。

☆8日，在第十二届全运会田径女子铅球比赛中，石家庄籍田径运动员巩立姣以19.75米的成绩获得冠军。

9日，国家环保部2013年全国污染防治综合检查组到石家庄市检查污染防治工作。检查组通过听取汇报、审核资料、实地查看等形式，重点检查了《全国城市饮用水水源地环境保护规划》实施情况、《全国地下水污染防治规划》实施情况、《持久性有机污染物污染防治“十二五”规划》实施情况等。

☆9日，副省长许宁在市长王亮陪同下，到石家庄外国语学校、市第十五中学看望慰问教学一线教师。

☆9日，省委常委、市委书记孙瑞彬到石家庄学院和市第一中学看望慰问教师和教育工作者，并向全市广大教师和教育工作者致以节日问候。

☆9日，市长王亮到市第二中学、元氏县东杜中心小学、元氏县第七中学察看教育教学设施设备、学生食堂、学生住宿条件，了解办学规模、基础设施、师资队伍建设、教学质量、素质教育、安全管理等情况，并与一线教师座谈。

10日，省委书记周本顺到省会看望慰问教师代表——石家庄市教书育人标兵、裕华路小学教师吴静。

☆10日，市长王亮到西柏坡电厂、鹿华热电有限公司调研环保减排工作，要求企业注重节能减排，力争使污染排放量达到最低。

☆10日，《人民日报》刊发石家庄市作风建设长篇报道《18项严规刹“四风”》。

11日，省委常委、市委书记孙瑞彬在石家庄市会见中国建筑材料集团有限公司、中国医药集团董事长宋志平。

☆11日，市长王亮调研督导城区容貌整治，察看了裕华路、建设大街、体育大街等主路主街部分路段两侧容貌环境，提出按照“无处不精细、无处不精美、无处不精心、无处不精彩”要求，不折不扣完成各项目标任务。

12日，省委常委、市委书记孙瑞彬，市长王亮带领市直有关部门及高速铁路、高速公路、主城区至组团县市之间主干道沿线和环省会重点村庄的15个县（市）区主要负责人到新乐市小流村，正定县合家庄村，藁城市镇南村，栾城县乏马村、南浪头村、柳林屯村、北屯村、东牛村观摩调度农村面貌改造提升行动。孙瑞彬要求建立长效机制，把农村良好环境维护好保持好。

☆12日，由河北省委宣传部组织的“中国梦·学子行”主题实践活动经验座谈会在市第一中学举行。

14～16日，第九届河北省肿瘤学术大会在石家庄市举行，包括4位中国科学院院士在内2000多名中外医学专家围绕肿瘤防治诊疗的最新进展进行了多层次、全方位研讨交流。

15日，省委书记周本顺、省长张庆伟到石家庄市督查环境污染治理。周本顺、张庆伟在石家庄市大气梯度监测站，登上200米监测点，查看大气自动监测设备，询问空气监测和空气质量情况；在河北华电石家庄热电有限公司，走进企业中控室、西厂区脱硝工程现场，了解企业节能减排、推进煤改气等情况；在石家庄钢铁有限责任公司，深入转炉炼钢车间转炉主控室，察看转炉炉前生产情况，了解企业各项生产指标和环保节能措施，并召开座谈会，听取石家庄市大气污染治理情况汇报。周本顺、张庆伟要求石家庄市争取五年内摘掉污染城市帽子。

24日，市网络文化协会成立。

26日，市长王亮到高新区西区金石工业园的河北省干细胞应用工程技术研究中心、河北汉佳电子科技有限公司和鹿泉市经济技术开发区的科林电气股份有限公司、河北普兴电子科技有限公司调研战略性新兴产业，并与中国电子科技集团公司第十三研究所、第五十四研究所等企业就培育和发展战略性新兴产业进行了面对面座谈和交流。调研中，王亮对战略性新兴产业提出“以创新驱动 增创发展优势”的要求。

☆26日，市污染物排放权交易中心成立。

29日，省委常委、市委书记孙瑞彬主持召开全市领导干部会议，学习贯彻习近平总书记在省委常委班子专题民主生活会上的重要讲话精神，以及河北省委书记周本顺在全省领导干部会议上的讲话精神，动员全市各级各部门迅速行动起来，加快转型升级、跨越赶超、建设幸福石家庄步伐，强力推动各项工作上水平、创一流，努力在全省当先锋、作表率。

30日，全市召开大气污染防治攻坚行动动员电视电话会议，贯彻落实京津冀及周边地区大气污染防治工作会议和全省大气污染防治行动动员大会精神，安排部署全市大气污染防治攻坚行动。省委常委、市委书记孙瑞彬，市委副书记、市长王亮，市委副书记司存喜，市人大常委会主任杨志辉，市政协主席王华清参加会议。会上，孙瑞彬要求：以超常的认识、超常的举措、超常的责任、超常的氛围，奋力攻坚、背水一战，坚决打好省会大气污染防治攻坚战，努力在全省争先锋、作表率。王亮代表市政府与县（市）区政府，市直部门及企业代表签订大气污染防治攻坚行动目标责任书。

10月

8日，河北省重症肌无力诊疗中心在市第一医院中心医院院区挂牌。

9日，省委常委、市委书记孙瑞彬主持召开全市城建工作会议，专题听取城建工作汇报。孙瑞彬提出，要强力推进城镇建设上水平出品位，尽快展现大省省会新形象。

☆9日，市长王亮到装备制造基地调研，考察了中煤集团石家庄煤矿机械有限责任公司、石家庄安瑞科气体机械有限公司、中国南车集团石家庄车辆有限公司、河北灵达环保能源有限责任公司和中航通飞华北飞机工业有限公司。王亮要求，全力加快项目建设进度，做大做强装备制造业，努力把装备制造基地打造成为新型生态工业聚集区。

10日，市公安局环境安全保卫支队成立。

11日，市政协主席王华清，副主席王长华、武义青、贾连海、张维德、石汉文带领部分市政协常委、委员围绕“发挥政协优势，助推教育科学发展”主题集体视察教育工作，察看了市一幼瑞特幼儿园、市第十七中学（南校区）、市振头小学和市第二中学，并就“教育投入、校园管理、教师培养、教育均衡发展”提出意见和建议。

15～16日，市人大常委会主任杨志辉，副主任朱增海、王中联、王增飞、杜振琪、楚行宇，秘书长张院生及部分市人大常委会委员、专门委员会委员、市人大代表分3组视察31个企业、工地和单位的大气污染防治工作，并与市政府相关部门和相关企业负责人进行座谈。

17日，市长王亮主持召开中东部部分县（市）区长座谈会，分析、研究经济工作中存在的突出矛盾和问题。座谈会前，王亮观摩了鹿泉市战略性新兴产业发展及园区建设，考察了中电科卫星导航运营服务有限公司、中电集团公司第十三研究所星用固放及微波组建项目、石家庄市君乐宝乳业有限责任公司，听取了鹿泉市绿岛火炬开发区建设情况汇报。

18日，全国预防和控制出生缺陷试点工作交流会在石家庄市召开。国务院妇女儿童工作委员会、国家卫生计生委、中国残疾人联合会、广东省、山西省、河南省、湖北省等地以及石家庄市各县（市）区相关工作负责人到会共同探讨交流控制和预防新生儿出生缺陷工作机制。

☆18日，石家庄一中东校区揭牌成立。

21日，省人大常委会执法检查组到石家庄市检查《中华人民共和国公务员法》贯彻实施情况。

23日，国家出生人口性别比综合治理督查组一行5人到石家庄市听取工作汇报，并到基层县（市）现场督导，主要内容包括治理出生人口性别比的组织领导、宣传倡导、利益导向、全程管理、“两非”整治、统计监测等。

☆23日，省委常委、市委书记孙瑞彬到赞皇县考察石家庄市“十大魅力村庄”和国家级生态村——赞皇县东高村，土门乡和嶂石岩乡，嶂石岩景区旅游综合服务基地建设项目和嶂石岩景区，看望乡村基层干部，调研指导旅游业发展。

23～24日，国家环保部华北督查中心检查组到石家庄市督导检查大气污染防治工作。

24日，78岁迟瑞琴（女）在市区东华路派出所成功办理二代指纹身份证，成为石家庄第一个办理、领取二代指纹身份证公民。

29日，省委常委、市委书记孙瑞彬到平山县古月镇、北冶乡杜家庄村、下槐镇看望基层干部群众，指导乡镇干部队伍建设。

30日，省委常委、市委书记孙瑞彬到鹿泉金隅鼎鑫水泥有限公司和河北曲寨水泥集团公司调研督导企业污染治理。

10月初，石家庄市区部分医保定点药店开始出售奶粉，新销售渠道“奶粉药店卖”出现。

11月

1日，省委常委、市委书记孙瑞彬带领市委常委、市人大主任、市政协主席、市政府副市长，以及组团县（市）、市直有关部门负责人集体到河北常山生化、河北四方通信、东旭集团、石家庄四药、格力电器等10个成长性强的重点工业企业调研考察，专题研究支持重点企业发展策略。

☆1日，全市O牌车号全部更换为普通民用车牌号。

5日，省委常委、市委书记孙瑞彬到井陉县吴家窑乡、秀林镇、苍岩山镇看望乡镇基层干部，调研和了解基层组织建设、经济发展、农民收入情况。

8日，省委常委、市委书记孙瑞彬带领市领导集体调研省会商贸物流业，实地考察了石家庄乐城国际贸易城、石家庄雨润农产品全球采购中心、裕华万达广场、勒泰中心等11个重点商贸物流企业及项目，专题研究支持重点商贸物流企业发展。

12日，市第十三届人大常委会咨询委员会成立，54人被聘任为咨询委员会成员。

14日，石家庄市召开第二届督学聘任大会，新聘任市级督学110名。

15日，省委常委、市委书记孙瑞彬主持召开市委常委扩大会，传达学习党的十八届三中全会精神以及省委常委扩大会议精神，并就在全市迅速兴起学习宣传贯彻十八届三中全会精神热潮，以三中全会精神为指导，全面深化改革、做好各项工作进行安排部署。

☆15日，市政府召开全面改善大气环境质量专项整治行动动员会议，决定利用一个月时间，以整治非法排污、超标排污、恶意排污为重点，严厉打击各类环境违法行为，彻底清除污染隐患。

18日，省委常委、市委书记孙瑞彬到裕华区裕东街道、槐底街道、裕华路街道办事处，看望基层干部，调研和了解城区经济、城市管理、社区建设等情况。

20～21日，中国残疾人联合会党组书记、理事长鲁勇到石家庄调研残疾人工作，考察了市残疾人综合服务中心、仁华家园社区阳光家园、长安区残疾人联合会日间照料中心，并到平山县西柏坡镇讲理村看望2户残疾人家庭。

22日，省委常委、市委书记孙瑞彬带领市领导集体到鹿泉绿岛火炬开发区、石家庄装备制造业基地、石家庄循环化工园区考察调研，专题研究支持省级以上工业园区建设发展问题。

25日，省委常委、市委书记孙瑞彬到灵寿县第二初级中学和岔头镇中心小学调研山区教育扶贫工作。调研期间，孙瑞彬主持召开汇报座谈会，听取全市教育扶贫工程总体进展情况以及灵寿县、行唐县、平山县教育扶贫工作情况汇报。

25～29日，市妇联、市社会管理综合治理办公室等部门联合启动纪念国际反家暴日暨创建“平安家庭”宣传服务周活动，并命名全市“平安家庭”创建示范村、示范户。

27日，市传统文化教育协会成立。

29日，省委常委、市委书记孙瑞彬到正定督导古城保护工作，察看了正定西城门环境整治、南关村改造、周汉河综合整治、违法建筑拆除及摩尼殿壁画修复等项目进展情况，听取了正定县关于古城保护工作汇报。

30日，中央宣讲团在石家庄市河北会堂举行党的十八届三中全会精神报告会。省委书记周本顺主持并讲话，中央宣讲团成员、国家发改委副主任朱之鑫作宣讲报告。

12月

1日，市长王亮调研粮食流通工作，考察了市区振二街南苑院内“放心馒头”供应点、鹿泉市绿岛开发区“放心馒头”基地——市家家惠大众厨房食品有限责任公司和石家庄军民融合饮食保障基地——市军粮供应有限责任公司，察看、了解放心馒头的生产、供应、销售情况及军民融合式应急保障。

2日，市长王亮到装备制造基地调研重点项目建设，考察了石家庄通用航空产业基地和中国南车集团石家庄车辆有限公司。石家庄通用航空产业基地是石飞公司整体搬迁项目，计划到“十二五”末建成中国通用航空产业化发展重要基地，年产通用飞机500架以上；中国南车集团石家庄车辆有限公司前身是石家庄车辆厂，整体搬迁项目总投资78亿元，总占地面积2000亩，计划将最先进的城市轨道交通装备技术移到石家庄市。

4日，西柏坡发电公司一号炉脱硝设备正式移交生产运行。这是该公司首个完成脱硝项目改造机组，可减少氮氧化物7000吨／年。

4～5日，省委常委、市委书记孙瑞彬利用一天半时间，分中东西3个片区，分别听取各县（市）区2013年工作完成情况和2014年经济社会发展谋划情况汇报。

9日，教育部公布国家首批中小学教育质量综合评价改革实验区名单，石家庄市入选，成为30个实验区之一。

10日，市长王亮就大气污染治理到平山县和鹿泉市调研，实地考察了西柏坡高速公路沿线的石家庄嘉华特种工程材料有限公司、石家庄光大建材有限公司、鹿泉金隅水泥有限公司等水泥建材企业，提出坚决淘汰落后产能，压缩过剩产能要求。

☆10日，市快递行业协会成立。

18日，石家庄市唯一一个省级农村产权制度改革试点——井陉矿区贾庄镇涧底社区股份经济合作社挂牌成立，这是石家庄继鹿泉市北铜冶村集体经济股份制改造第二个成功范例。

☆18日，首架国内组装赛斯纳凯旋208B单发涡桨飞机在栾城县境内石家庄装备制造基地（中航通飞华北公司）下线。飞机长12.67米，宽4.52米，翼展15.87米；设有10个座位，其中客舱8个，驾驶舱2个。

20～22日，以西藏阿里地委副书记、河北省第七批援藏干部崔大平为领队的西藏阿里地区青少年民族团结交流团一行30人到石家庄市考察交流，代表团参观了西柏坡纪念馆、中共中央旧址、中央青委旧址及石药集团中央药物研究院、市规划馆等，并以“中国梦·青春行”为主题与河北师范大学西藏班同学一起举办成长分享会，增进了两地青少年的了解和友谊。

21日，冀商联合会省内商会在石家庄成立。

26日，中共石家庄市委第九届第五次全会召开。

31日，省长张庆伟到石家庄轨道交通解放广场站、人民广场站建设现场和石家庄公交谈固枢纽站调研，察看轨道交通设计、施工、建设等情况，看望慰问奋战在建设、运营一线工作人员。

☆31日，石家庄市随同北京市、天津市、河北省、山西省、山东省5省市电子不停车收费（ETC）系统联网运行。

☆31日，市液化气应急储配中心挂牌成立。

石家庄年鉴 City Survey

市情概览

市情概览

行政区划

【地理位置】 石家庄市是河北省省会，全省政治、经济、科技、金融、文化和信息中心，是国务院批准实行沿海开放政策和金融对外开放城市。地处河北省中南部，环渤海湾经济区。位于北纬37° 27′～38° 47′(误差 ±1′)，东经113° 30′～115° 20′(误差 ±1′）之间，东与衡水市接壤，南与邢台市毗连，西与山西省为邻，北与保定市交界。南北最长处148.018千米，东西最宽处175.383千米。辖区总面积14888平方千米(不包括河北省直管辛集市面积960平方千米)，其中市区面积456平方千米。石家庄市在首都北京西南方向，距离北京市区283千米。

【区划设置】 石家庄市辖6区16县(市)，即长安区、桥东区、桥西区、新华区、裕华区、井陉矿区、井陉县、正定县、栾城县、行唐县、灵寿县、高邑县、深泽县、赞皇县、无极县、平山县、元氏县、赵县、藁城市、晋州市、新乐市、鹿泉市。拥有2个国家级开发区，即石家庄国家高新技术产业开发区（1991年3月国务院批准设立)、石家庄经济技术开发区（1992年7月河北省批准设立，2012年10月国务院批准升级为国家级开发区，由藁城市管辖，曾称藁城经济开发区)。2013年6月1日,原石家庄辛集市调整管理体制，划归河北省直接管辖。另有5个派出机构（国家级高新技术产业开发区、西柏坡管理局、循环化工园区、正定新区、空港工业园）行使所在地域行政管辖权。年末全市共有镇116个，乡89个，街道办事处56个，居委会583个，行政村4035个。

（周连颖）

建制沿革

石家庄市域有着悠久的历史。据《禹贡》记载，夏禹时期为冀州地。春秋时期域内先后建有鲜虞国（都城在今正定新城铺一带)、鼓国（都城在今晋州城西)、肥国（都城在今藁城市城西南城子村一带)。战国时期鲜虞人又建立中山国（都城在今平山县城北下三汲一带)。秦始皇统一中国后，全面推行郡县制，属巨鹿郡（郡治今巨鹿县)。西汉高祖三年（公元前204年)，始置恒山郡。汉文帝初，因文帝名恒，讳改恒山郡为常山郡。汉高祖十一年（公元前196年)，改秦时的东垣县（县治今石家庄市东古城）为真定县，并于汉武帝元鼎四年（公元前113年）置真定国（都城在今东古城)。三国时期，为魏地，分别属常山郡、安平郡、赵国、巨鹿郡、中山国。西晋统一后，分别属冀州常山郡、中山国、巨鹿郡、赵国、博陵国。隋代，分别属恒山郡（后改恒州，郡治真定，今正定镇)、赵郡（郡治平棘，今赵州镇)、信都郡（郡治今冀州市)、高阳郡（郡治今定州市)。五代时期，属河北成德军节度使，域内有镇州(州治今正定镇)、赵州（州治今赵州镇)、定州（州治今定州市)、祁州（州治今无极镇)。宋代，属河北西路（路治今正定镇)。元代，属中书省真定路（路治今正定镇)、保定路（路治今保定市)、广平路（路治今永年县）等。明代，属京师正定府（府治今正定镇)、保定府（府治今清苑县)。清代，属直隶省真定府(府治今正定镇，清雍正元年改正定府）、保定府（府治今清苑县）、赵州（州治今赵州镇）、定州（州治初属祁州，雍正十二年改今定州市）。民国元年（1912 年），中华民国成立，仍沿清制。民国 3 年（1914 年），裁府设道。民国 14 年（1925 年）6 月 24 日，中华民国临时执政命令直隶省建立“石家市”，实行市自治制；8 月 29 日中华民国临时执政又以 1273 号指令批准将石（家）庄、休门合并，取首尾各一字，更名为石门市，组建石门市政公所，筹建市制。民国 17 年（1928 年），南京国民政府通令全国，取消所有市政公所，废除原来的“市自制”。至此，建市工作遂告搁浅。民国 27 年(1938 年）1 月 15 日，组建伪石门市政公署筹备处。民国 28 年（1939 年）10 月 7 日，伪中华民国临时政府行政委员会以秘字第 1027 号指令，正式批准设立石门市。民国 36 年（1947 年）11 月 12 日石门市解放，12 月 26 日石门市更名为石家庄市。民国 37 年（1948 年）9 月 26 日，石家庄市改属华北人民政府领导。民国 38 年（1949 年）1 月 24 日阳泉市划归石家庄市（当年 8 月又划归山西省）；8 月 1 日石家庄市归河北省人民政府领导，为省辖市。1949 年石家庄专区初设，辖 14 县 1 镇。1958 年 4 月 28 日，石家庄市由省辖市改为专辖市。1960 年 5 月 3 日，国务院批准撤销石家庄专区，改为石家庄市。1961 年 5 月，国务院批准恢复石家庄专区建制。石家庄专区辖石家庄市和 25 个县。1962 年 6 月，国务院批准设立衡水专区，石家庄专区所辖衡水等 8 县划归衡水专区，此后石家庄专区辖石家庄市和 17 个县。1967 年 11 月 21 日，石家庄地区革命委员会成立，专区改称地区。1967 年 12 月 20 日，石家庄市革命委员会成立。1968 年 1 月 29 日，河北省会迁至石家庄市。1978 年 3 月 11 日，石家庄市划为河北省直辖市。1978 年 7 月，石家庄地区革命委员会撤销，成立河北省石家庄地区行政公署。1982 年 8 月 12 日，撤销石家庄市革命委员会，恢复石家庄市人民政府。1993 年 6 月 30 日，石家庄地区行政公署与石家庄市人民政府合并，成立新的石家庄市人民政府。

市　标

【概况】 1997 年 7 月根据市人大代表提出的议案以及市政府领导的批示，由市园林局开始着手准备市花市树评选工作，1997 年 8 月正式启动。通过民意测验和专家评审，1997 年 9 月 16 日初步确定月季和槐树为市花市树。1997 年 11 月，市政府研究同意。1997 年 12 月，提请市第九届人大常委会第 30 次会议审议批准，正式确定月季为石家庄市市花，槐树为石家庄市市树。

【市花】 月季　属蔷薇科、蔷薇属，系木本落叶灌木，原产中国，已有 2000 多年的栽培历史，被誉为“花中皇后”，花色艳丽，千姿百态，香味馥郁，品种繁多，露地栽培从春到秋处处可见其绰约丰姿，是美好、友谊、和平的象征。月季适应性强，抗寒抗旱，对土壤要求不高，栽培繁殖容易，管理技术易掌握，易于推广普及。石家庄市的月季栽培有着悠久历史，通过引种、繁殖、培育，已经广泛用于街道、公园、庭院、广场的绿化、美化。同时也是插花、切花、盆景制作的理想植物材料，深受广大市民的喜爱。月季不仅具有极高的观赏价值，且具有极高的经济价值。月季的花、花蕾、叶、根皆可入药，并能制作高级香精、香料。月季还能代表石家庄人顽强不屈、坚韧不拔的品格，展示出石家庄人奋发图强、不断进取的精神风貌。

【市树】 国槐　属豆科槐属，系落叶乔木。国槐原产于中国，栽培历史悠久，抗逆性强，寿命长。石家庄市有百年以上的古槐多达 71 株，其中 500 年以上的古槐就达 58 株，且仍然枝繁叶茂，生机勃勃。国槐树干端直，树冠宽广，展叶早落叶晚，是优良的庭荫树和街道树，其花芳香，又是优良的蜜源植物。国槐性强健，具有很强的萌芽力，耐强修剪，更新能力强，耐寒、耐旱、耐瘠薄，并对二氧化硫、氯气、氯化氢等有毒气体抗性较强，是良好的抗污、滞尘、耐烟毒树种。石家庄市以国槐用作行道树的街道达 120 多条，占全市街道的 41.87%，是街道的主要骨干树种之一。国槐的经济价值高，木材坚硬，耐水湿，材质优良，可供建筑、家具、造船、雕刻等用，全株可入药，花蕾可作黄色染料，种子可榨油、制皂。国槐在民间是吉祥、幸福、美好的象征，中国人民自古以来把它作为吉祥树、幸福树，它能代表石家庄人顽强不屈、坚韧不拔的品格，展示出石家庄人奋发图强、不断进取的精神风貌。

自然资源

【矿产资源】 石家庄市东部为华北平原。西部太行山区。西部山区地质构造复杂，成矿条件良好，拥有比较丰富的矿产资源。截至2013年底，全市发现矿种有59种（包含亚种61种），矿产地423处，其中大型矿产地28处，中型矿产地62处，小型189处。已经开发利用矿产资源28种，主要有煤、铁、金、云母、建筑石料用灰岩、建筑用砂等。金属矿产可分为黑色金属、有色金属、贵金属、放射性、稀有稀土金属等几大类。黑色金属矿产：铁矿分为磁铁矿、赤铁矿、褐铁矿，以磁铁矿为主。磁铁矿保有储量为2870万吨，主要分布在平山县、赞皇县，钒钛磁铁矿储量35651吨，主要分布在赞皇县和元氏县；锰矿储量2.2万吨，主要分布在灵寿县。有色金属矿产：铜矿已发现矿点10余处，储量1109.9万吨，主要分布在平山县、灵寿县。铝土矿探明储量3190.2万吨，保有储量3000万吨，主要分布于赞皇县、井陉县。铅矿探明储量1369.3万吨，铅锌矿储量50吨，分布在平山县。贵重金属矿产：金矿主要分布于灵寿县、平山县、行唐县亦有发现，矿体为石英脉型，探明储量13.24吨，品位一般在2～8克，矿石可选性好。非金属矿产除少数非金属矿产是用来提取某种非金属元素，大多数非金属矿产是利用其矿物或矿物集合体（包括岩石）的某些物理、化学性质和工艺特性等。冶金辅助原料非金属矿产：主要有矽线石、萤石、熔剂灰岩、冶金白云岩、冶金石英岩、冶金脉石英、耐火黏土。耐火黏土主要分布在井陉县境内，为中石炭统沉积矿床，共生铝土矿，伴生硫铁矿，保有储量6881.0万吨。建材及其他非金属矿产：主要有石墨、压电水晶、熔炼水晶、滑石、石棉、白云母、长石、石榴子石、刚玉、蛭石、方解石、石膏、水泥灰岩、玻璃石英岩、玻璃砂岩、陶土、高岭土、白垩、芙蓉石、水泥配料页岩、水泥配料黄土、水泥配料黏土、砖瓦黏土、饰面板岩、大理石、珍珠岩、片麻岩、透辉石、辉闪长岩、辉岩等。其中装饰石材、云母、蛭石预测储量巨大，大理石、花岗岩储量近1万亿立方米。石灰岩矿为寒武子及奥陶子沉积矿床，规模大，质量好，开采条件简单，总储量339.7亿吨。井陉县石灰岩分布较广，储量大，其品位为全国之首。刚玉储量180.2万吨，分布于灵寿县、平山县。金红石储量约6.7万吨，分布于平山县。页岩石料（俗称坩子土）储量50.04亿立方米，主要分布在鹿泉市。此外，平原河沙丰富，新乐市、元氏县、鹿泉市、正定县等县市古河道、滹沱河等河滩广为分布，预测储量317.6亿吨。石家庄市的矿产资源在全省占用重要的地位，居全国首位的有碎云母；居全省首位的有8种：矽线石、电石灰岩、长石、砖瓦用页岩、饰面用角闪岩、铝土矿、玻璃用砂岩、水泥用灰岩。石家庄市的优势矿种有20余种：金、铁、煤、水泥灰岩、电石灰岩、制碱灰岩、冶金用白云岩、玻璃用石英砂岩、耐火黏土、白云母、石英、长石、蛭石、滑石、矽线石、石棉、石油、天然气、建材及饰面石材等。

（张凤兰）

【能源资源】 石家庄市煤炭、石油、天然气等矿藏储量较为丰富，煤种有肥煤、焦煤、无烟煤、气煤等。全市煤炭保有储量为9107.8万吨，主要分布在元氏县和井陉矿区，其次是赞皇县、元氏县。石油和天然气资源主要分布在晋州市，油气田地质储量5.1亿吨，含油面积3.04万平方米；天然气储量19.2亿立方米。至2013年底，全市共有户用沼气户39.14万户，养殖场大、中、小型沼气池工程175处，大型秸秆沼气联户供气工程6处，年可产沼气11978万余立方米，折合标煤8.6万吨左右，年减排二氧化碳22.36

万吨左右。石家庄市太阳能资源处于较为丰富地带，年辐射量为 1259 ~ 1350 千卡／平方厘米，年日照时数为 2563 ~ 2852 小时，占可照时数的 58% ~ 65%，太阳能利用方面主要有太阳能热水器、太阳能灶等。年末全市太阳能热水器累计达 76.26 万平方米。2013 年全市建成沼气物业管理服务中心 17 个、村级物业服务网点 1386 个，形成比较完整的建、管、用、服务一条龙工作体系。

（张凤兰　刘栋）

【生物资源】 石家庄市生物资源比较丰富。动物现知陆栖（包括两栖）脊椎动物 223 种。其中，以鸟类最多，其次是兽类，两栖类及爬行类较少。野生动物种类有金钱豹、野猪、狍子、狐狸、狼、松鼠、獾、黑眉锦蛇、豺、黄羊、刺猬、雀鹰、天鹅、灰鹤、啄木鸟、麻雀、猫头鹰、石鸡、家燕、草兔、黑斑蛙、环颈雉、灰喜雀、斑鸠。其中国家珍贵稀有动物有金钱豹、斑羚、褐马鸡、天鹅等。褐马鸡为中国特有珍稀动物，仅见于山西、河北。现有畜禽几十个品种，地方畜禽品种有深县猪、大马身猪、大尾寒羊、小尾寒羊、河北奶山羊、太行山羊、冀南黄牛、太行牛、太行驴、柴鸡、河北鹅、虎皮黄兔。引进的畜禽品种有牛类：河北西门塔尔牛、南阳牛、荷兰黑白花奶牛、蒙古牛、短角牛、西门塔尔牛、夏洛来牛、海福特牛、利木赞牛、安格斯牛、爱沙尼亚牛、蒙贝利亚牛。马类：蒙古马、伊犁马、苏高血马。驴类：关中驴、渤海驴、泌阳驴。猪类：迪卡猪、冀合白猪、大约克夏猪、长白猪、杜洛克猪、汉普夏猪、北京黑猪、施格猪、PIC 猪、皮特兰猪。羊类：美利奴羊、波尔华斯羊、考力代羊、茨盖羊、新疆细毛羊、萨能奶山羊、边区莱斯特羊、罗莫尼玛须羊、波尔山羊。鸡类：尼克鸡、白洛克鸡、宝万斯鸡、京红鸡、海赛克斯鸡、伊莎鸡、艾维茵鸡、罗曼鸡、爱拨益加鸡、雅康鸡、雅发鸡、海兰系列、京白系列。兔类：青紫兰兔、比利时兔、加利福尼亚兔、黑优兔、安哥拉兔、法国巨型兔、獭兔、丹麦兔、新西兰兔、日本大耳白兔、塞北兔。鸭类：康贝尔鸭、麻鸭、北京鸭。鹅类：石头鹅、郎德鹅。特养品种：梅花鹿、马鹿、兰狐、银狐、苏乌里貉、白玉蜗牛、散大蜗牛、落地王鸽、白羽鸽、美国牛蛙、七彩山鸡、乌骨鸡、鹌鹑、貂、小香猪、海狸鼠、蝎子、鹧鸪、麝鼠。鱼类资源主要有 50 多个品种。主要经济鱼类有：鲤、鲢、鳙、草、鲫、鲂、鳊、鲶、泥鳅、黄颡、乌鳢、黄鳝、鲴等，小杂鱼类主要有：白条、棒花、马口、麦穗、鳑鲏、鰕虎鱼、翘嘴鲌等，另外还有中华鳖、青虾、蚌、螺、莲藕等，引进发展的品种主要有：罗非、牛蛙、中华绒螯蟹、淡水白鲳、池沼公鱼、大银鱼、太湖新银鱼、日本白鲫、高背鲫、彭泽鲫、鳜鱼、革胡子鲶、大口鲶、罗氏沼虾、彩虹鲷、虹鳟鱼、金鳟鱼、香鱼、欧洲丁鱼岁、大口胭脂鱼、中国胭脂鱼、加州鲈、鲟鱼、白斑狗鱼、银大麻哈鱼、斑点叉尾鮰、雅鱼等。

石家庄植被属暖温带针阔混交林，植被类型由自然植被和人工植被组成。植被结构复杂，种类繁多，植物资源合计 2500 余种。其中草本植物占 80% 以上。木本植物有 44 科 74 属 144 种，乔木有 26 科 35 属 75 种，灌木有 23 科 34 属 43 种。主要树木分类，阔叶树：杨树、柳树、国槐、刺槐、臭椿、香椿、红椿、合欢、苦楝（井陉）、漆树、黄连木、白榆、青檀（井陉）、梧桐、泡桐、杜仲、银杏、椋子木（井陉）、五角枫、栾树、黄金树、楸树、枫杨、悬铃木。灌木：柽柳、胡枝子、葛藤、紫穗槐、黄栌、锦鸡儿、枸杞、珍珠梅、绣线梅、鼠李、酸枣、沙枣、沙棘、女贞、六道木、丁香、夹竹桃、照山白、荆条、野杜鹃。针叶树：油松、华山松、雪松、云杉、桧柏、园柏、测柏、柞树、落叶松、水杉。经济木：苹果、梨、桃、杏、山楂、板栗、李、葡萄、石榴、柿子、核桃、大枣、花椒、桑、猕猴桃。草场分四类：山地草甸类草场，地处深山，处于原始状态，资源很少被利用；山地灌木类草场，草高 40 ~ 70 厘米，盖度 60% ~ 80%；丘陵草丛类草场和低温草甸草场。药用植物资源丰富，有 1039 种，野生药材上百种，人工种植药材 230 多种。另外还有水生芦苇、莲藕等。人工种植牧草：紫花苜蓿、粒粒苋、串叶松香草、冬牧－70 黑麦草、聚合草、沙打旺、苦荬菜、草木栖、鲁梅克斯、克孜连科。天然野生牧草共有 121 个科 1116 种，其中菊科牧草占 135 种，禾本科占 109 种，豆科占 98 种，蔷薇科占 58 种，百合科占 46 种。有代表性的野生牧草主要有：野豌豆、直立黄芪、达乌里黄芪、野苜蓿、无芒雀麦、隐子草、冰草、披碱草、老芒麦、鹅冠草、早熟禾、胡枝子、山葱、白羊草、青木栖状黄芪、野古草、大油芒、白茅、铁杆蒿、野青茅、狗哇花、棘豆等。

【水资源】 2013年全市水资源总量21.54亿立方米，比2012年增加0.03亿立方米，比常年均值21.16亿立方米增加0.38亿立方米。

供水量 全市供水量31.20亿立方米。其中，地表水供水量7.03亿立方米，占22.5%；地下水供水量24.17亿立方米，占77.5%。

用水量 全市用水量31.20亿立方米。其中，农田灌溉用水量20.26亿立方米，占64.9%；工业用水量3.02亿立方米，占9.7%；居民生活用水量3.08亿立方米，占9.9%；林牧渔畜用水量2.22亿立方米，占7.1%；城镇公共用水量0.95亿立方米，占3.1%；生态与环境用水量1.67亿立方米，占5.3%。

地下水动态 2013年底，全市平原区地下水平均埋深为37.26米，较2012年同期地下水位下降0.12米。监测点最大埋深高邑县城关60.55米，最小埋深鹿泉市山尹村1.46米。

（徐长江）

【土地资源】 石家庄市土地资源类型多样，适宜性广，土地资源比较丰富，光、热、水土条件适宜，土地利用率和生产率高，但地域差异明显，土地后备资源不足。全市土地资源类型按土地利用现状划分，根据全国统一规定，结合全市实际情况，采用二级分类系统。共分8个一级地类，36个二级地类。石家庄市东、西部自然和社会经济条件明显差异，按地貌类型和土地利用主导方向，分为西部山区林木地，中部山麓、平原建设用地区和东部平原农业地区三个地区分区。石家庄市土壤类型主要有山地草甸土、棕壤、褐土、潮土、盐土、风沙土 新积土、粗骨土、石质土、沼泽土、水稻土等11个土类，22个亚类，81个土属，270个土种。至2013年底，石家庄市行政区总面积140.5万公顷（2107.58万亩）。其中，农用地89.46万公顷（1341.9万亩），占土地总面积的63.67%；建设用地19.03万公顷（285.5万亩），占土地总面积的13.53%；未利用地32.04万公顷(480.59万亩)，占土地总面积的22.80%。年末全市拥有耕地58.14万公顷（872.1万亩），占农用地的64.99%，占全市土地总面积的41.37%，人均耕地面积0.88亩（全省人均耕地1.40亩，低于全省人均耕地面积37.14%）。2013年全市严格落实耕地保有量和基本农田保护面积，确保了基本农田保护面积稳定在52万公顷。加大耕地保护和基本农田保护管理力度，市、县、(乡）镇、村层层签订耕地保护责任书；基本农田保护图、表、卡、册及标识大幅完善；耕地占补平衡制度落实，实现占补平衡。2013年全市完成土地收储6256.64亩，其中，企事业单位收储1141亩，城中村收储1941.35亩，国有农用地151亩，新客站76.55亩，协助收储新征地1875亩，各责任平台收储1071.74亩；向地产交易市场移交土地36宗、面积3568.23亩，其中，企事业单位25宗、面积1010亩，旧城城中村11宗、面积2558.23亩；已出让36宗、面积3161.06亩，其中，企事业单位18宗、面积812亩，旧城城中村18宗、面积2349.06亩(土地资源数据为市国土资源部门提供)。

（张凤兰）

人　口

【概况】 截至2013年底，全市共有人口2691529户,9518190人。其中，城镇人口3947619人，占41.47%；农村人口5570571人，占58.53%。市属6区人口678300户,2480942人，全部为城镇人口。市辖16个县（市）人口2013229户,7037248人。其中，城镇人口1466677人，占20.84%；农村人口5570571人，占79.16%。2013年全市共报出生156605人，出生率为16.45‰;死亡人口51511人，死亡率为5.41‰。

【性别】 全市总人口中，男性4797672人，占50.41%；女性4720518人，占49.59%。市属6区人口中，男性1224293人，占49.35%；女性1256649人，占50.65%。16个县（市）人口中，男性3573379人，占50.78%；女性3463869人，占49.22%。

【人口分布】 全市人口平原地区人口稠密，城镇及市区人口密度较大，西部山区相对稀少。按县（市）区统计，长安区128419户，441684人，全部为城镇人口；桥东区97575户，370910人，全部为城镇人口；桥西区132169户，514081人，全部为城镇人口；新华区141781户，492349人，全部为城镇人口；裕华区149904户，566333人，全部为城镇人口；井陉矿区28452户，95585人，全部为城镇人口；井陉县109936户，332610人，其中城镇人口73242人；栾城县89593户，336599人，其中城镇人口91826人；正定县127041户，488754人，其中城镇人口115385人；行唐县145746户，458783人，其中城镇人口64206人；灵寿县103099户，342445人，其中城镇人口75476人；高邑县53961户，196618人，其中城镇人口56034人；深泽县88023户，260809人，其中城镇人口37764人；赞皇县90161户，271287人，其中城镇人口35628人；无极县144555户，527924人，其中城镇人口78173人；平山县163593户，497251人，其中城镇人口71097人；元氏县99223户，435840人，其中城镇人口82708人；赵县171005户，604394人，其中城镇人口104026人；藁城市219178户，816728人，其中城镇人口247290人；晋州市155563户，553271人，其中城镇人口94346人；新乐市135508户，509993人，其中城镇人口138742人；鹿泉市117044户，403942人，其中城镇人口100734人。

【民族构成】 在全国56个民族中，2013年末石家庄市拥有51个民族。总人口中汉族9412173人，占98.89%；回族56563人，占0.59%；满族33030人，占0.35%；剩余48个少数民族共计16353人，约占总人口的0.17%。另有其他未识别民族69人（包括穿青人），外国人加入中国籍2人。

【年龄构成】 2013年全市总人口中，6周岁以下798565人，占8.27%；18岁以下1915638人，占20.13%；18岁至35岁2804906人，占29.47%；35岁至60岁3289386人，占34.55%；60岁以上1508260人，占15.85%。（人口数据为市公安局户政部门提供）

（赵光）

民族·宗教

【民族】 石家庄市是一个少数民族散居城市。2013年，全市有民族51个，除汉族外，少数民族有50个。少数民族人口106017人，占全市总人口的1.1%。其中，回族人口居多，共计56563人，占总人口的0.59%。其次为满族33030人，占总人口的0.35%。此外，人口在千人以上的少数民族有蒙古族、土家族、壮族、苗族。人口分布呈现“大分散、小集中”特征，全市22个县（市）区都有少数民族居住，其中市内五区有少数民族54747人，占全市少数民族人口总数的53.83%。全市有3个民族乡，即无极县高头回族乡、藁城市九门回族乡、新乐市彭家庄回族乡；17个民族村，分布在无极县、藁城市、新乐市、正定县4个县(市)。

【宗教】 石家庄市有佛教、道教、伊斯兰教、天主教、基督教五种宗教。至2013年底，全市共有宗教活动场所510处，信仰宗教教职人员及群众近36.1万人，占全市总人口的3.5%。

佛教 全市信仰佛教公民9.9万人，主要分布在赵县、正定县、藁城市、井陉县、赞皇县、鹿泉市等。有宗教活动场所77处，教职人员297人，较著名的寺院有赵县柏林禅寺、正定县临济寺、鹿泉市龙泉寺、藁城市天台寺和市内谛音寺。市级宗教团体1个(石家庄市佛教协会)。

道教 全市信仰道教公民1.3万余人，主要分布在鹿泉市、平山县、藁城市、元氏县、新乐市、栾城县、赵县、赞皇县等。有宗教活动场所19处，教职人员76人，较著名的道观有位于石家庄桥西区的关帝庙、鹿泉市的十方院和抱犊寨金阙宫、平山县天桂山的青龙观等。市级宗教团体1个（石家庄市道教协会）。

伊斯兰教 全市信仰伊斯兰教公民5.6万人。主要分布在市内五区和无极县、藁城市、新乐市、正定县等。有清真寺13座，教职人员36名。市级宗教团体1个（石家庄市伊斯兰教协会）。

天主教 全市信仰天主教公民10.6万人，分布在全市的211个乡（镇）、街道办事处的937个村、居委会。有宗教活动场所195处，有神修人员72人。市级宗教团体1个（石家庄市天主教爱国会）。

基督教 全市信仰基督教公民8.7万人，分布在全市239个乡（镇）、街道办事处的1289个村、居委会。有宗教活动场所206处，牧师、长老44名。市级宗教团体2个（石家庄市基督教三自爱国运动委员会、石家庄市基督教协会）。

（张建营 徐焕力）

风景名胜

【概况】 石家庄旅游资源丰富，名胜古迹众多。有文化名城、故国遗址、古寺名桥、革命圣地等大量珍贵历史遗存；有丰富多彩的社会旅游资源，包括商贸会展、民俗民艺、都市风情等旅游景观。拥有全国重点文物保护单位25处，省文物保护单位141处，市、县文物保护单位240处；国家级历史文化名城1座，国家级森林公园3处（仙台山、五岳寨、驼梁山），省级森林公园9处（南寺掌、西柏坡、棋盘山、藏龙山、沕沕水、海山岭、封龙山、洞阳坡、高山寨），野生动植物自然保护区4处（平山县驼梁自然保护区、灵寿县漫山自然保护区、赞皇县嶂石岩自然保护区、井陉县南寺掌自然保护区）。至2013年末，石家庄市共有A级景区30处，其中5A级景区1处，4A级景区25处，3A级景区2处，2A级景区2处。

【纪念馆、陵园】 **革命圣地西柏坡** 位于平山县境内，是国家爱国主义教育基地、国家5A级景区，距离省会石家庄市区80千米。1948年5月至1949年3月中共中央在西柏坡居住10个月，召开了全国土地会议、党的七届二中全会，指挥三大战役，赢得解放战争决定性胜利。西柏坡依托红色旅游资源优势，开发和培育红色旅游市场，形成中共中央旧址，包括陈列馆、纪念碑、石刻园、五大书记铜像等10多个旅游景点，成为资源丰厚，感染力和震撼力强的独特景区。

华北军区烈士陵园 位于石家庄市区，是中国兴建较早、规模较大、造型艺术水平较高的烈士陵园之一。陵园内长眠着抗日战争时期、解放战争时期无数革命先烈，伟大的国际主义战士白求恩、柯棣华也在其中。陵园自建成以来，受到老一辈无产阶级革命家的关怀和重视，毛泽东、刘少奇、朱德等中央领导曾亲临陵园，凭吊先烈。

【风景区】 **驼梁山** 位于平山县境内西北部，国家4A级景区，距离石家庄市区150千米，距离山西省五台山45千米，景区面积22平方千米，主峰海拔2281米，是河北省五大高峰之一。驼梁山集森林风光、草原风光、山岳风光为一体，自然生态呈现原始状态，以凉、静、野而闻名，是太行山中段生物多样性最丰富、最具代表性的典型区域。森林生态系统发育良好，从山谷到峰顶分布着白桦、松柏、枫树等树种及灌木草本植物，涉及102科、686个高等树种，植被覆盖率达98%。驼梁山是国家大型水库——岗南水库、黄壁庄水库和滹沱河的主要水源涵养地，也是阻挡来自西部高原风沙、寒流侵袭石家庄的重要生态屏障。2009年11月驼梁自然保护区晋升为国家级自然保护区。

天桂山 位于平山县境内，国家4A级景区。天桂山既有雄秀交融的天然风光，又具有皇家园林的高贵气质和道家仙山的神秘色彩，是一个寻古探幽的绝佳去处。天桂山是北方珍贵的岩溶地貌区，形成了众多的天然溶洞等奇特景观，不仅风光绝佳，景色迷人，而且还是一处远近闻名的道教圣地，有“北武当”之称，至今还保存有许多道观。1997年为迎接香港回归祖国，在天桂山百丈危崖上镌刻的“归”字，高97米，宽49米，已载入吉尼斯世界纪录。名山巨字，珠联璧合，堪称天下奇观。

苍岩山 位于井陉县境内，国家级重点风景名胜区，国家4A级景区。以“一奇、三绝、十六景、七十二景观”名扬海内外，素有“五岳奇秀一揽山，太行群峰唯苍岩”的盛名。1988年被评为国家级重点风景名胜区，1994年被国务院审定为中国历史文化名山。大自然的鬼斧神工使苍岩山中心地带形成奇异的断崖绝壁及优越的生态环境，曾获得第73届奥斯卡最佳外语片奖影片《卧虎藏龙》部分外景就在苍岩山拍摄。

仙台山 位于井陉县辛庄乡，距石家庄市区50千米。仙台山主峰海拔1195米。山峰奇秀，俨然一尊大佛巍然屹立。树木繁多，自然景色优美，每至汛期，百泉汇合飞流直下，山光水影，宛如银河倒悬，仙朗凌空，故名仙台山。仙台山景观分上、中、下层，最下一层的仙台山牌坊，用太行山南麓独有的大红袍石料建成，风格别致，步石台阶经通天门，攀栏直上通天峡，过一崭，一步一景点，一石一奇观。有卧鹰岩、雀吸岩，如来讲经，蘑菇石，蝴蝶展翅石，青蛙望日等。东西北三面悬空。

清凉山 位于井陉矿区西部，距离石家庄市区48.5千米。清凉山主要由下古生界灰岩构成，在大地构造上地处井陉县凹陷的西缘，在内外应力长期共同作用下形成温带喀斯特景观，经亿万年风雨侵蚀，使清凉山既有北方山峰雄伟壮观之势，亦有南方山川秀丽险峻之韵。因山势峻峭，古木苍翠，景色秀丽，山腰间多有天然溶洞，清泉常流，夏日置身于此，清风习习，心旷神情，实为避暑胜地，故名“清凉山”。

嶂石岩 国家级重点风景名胜区，国家4A级景区。以奇特、秀丽、多姿、壮观的自然风光著称。以嶂石岩山势造型命名的“嶂石岩地貌”，是和丹霞地貌、张家界地貌并称的国内三大砂岩旅游地貌之一。嶂石岩景区作为嶂石岩地貌的命名地，地貌类型最齐全，特征最突出，素有“百里赤壁，万丈红绫”之称，2003年被评为国家地质公园。景区内有国内最大的天然回音壁，弧形陡壁，高耸云天，其体量之大，回音效果之好，堪称一绝，已载入吉尼斯世界纪录。景区内许多山峰海拔高度都在千米以上，是观日出、赏云海的最佳地点。嶂石岩“佛光”也是不难见到的自然奇观。

五岳寨 位于灵寿县西北部深山区，因五座山峰并列耸立，且有五岳之特点而得名。属河北省漫山自然保护区的一部分，总面积88平方千米。五岳寨于2004年被国家旅游局评定为4A级旅游区，2006年评定为河北省地质公园。景区内山高林密、繁花似锦、群山拱翠、云海波澜且气温湿润凉爽、空气清新，动植物及水资源极为丰富，大小瀑布数百个。海拔2000余米的亚高山草甸可让游人感受到“风吹草低见牛羊”的坝上草原境界。幽险的峰谷景观，浓厚的边塞区域特色，使景区成为集旅游观光、健身疗养、避暑度假、寻奇涉幽、登山探险、科学考察为一体的高品位、多功能自然风景区。

抱犊寨 位于鹿泉市境内，距离石家庄市区17千米，国家级4A景区。旧名抱犊山，古名萆山。古代农民抱牛犊上山，养大后让其耕田，因此得名。抱犊寨不是一个村庄，而是一座集历史人文和自然风光为一体的名山古寨。海拔580米，四周悬崖绝壁，顶部平旷坦夷，有肥沃良田660亩，土层深达66米，异境别开，草木繁茂，恍如世外桃源。曾是汉淮阴侯韩信“背水一战”的古战场，亦是著名道人张三丰成道涉足之福地，风光奇异独特，景色宜人，被誉为“天堂之幻觉，人间之福地，兵家之战场，世外之桃花源”的天下奇寨。抱犊寨山体轮廓奇特，远观如一尊巨型卧佛，枕南朝北，眉目毕肖，形象逼真，南北坡各有一条羊肠小道可通。登至山颠，豁然开朗，修建有中国最大山顶门坊——南天门、全国第一座山顶地下石雕五百罗汉堂、全国最大的金漆壁画装饰韩信祠等。景区内“千龙壁”长36米、高13米，体量宏大，雕绘有999条张牙舞爪的金龙，形似喷云吐雾，形态各异。殿堂坐南朝北，分为地上、地下两层。地上是“弥勒殿”，地下是“五百罗汉堂”。地下殿堂，宽敞恢弘，500罗汉井然有序地列于殿中，或坐、或卧、或喜、或怒、或立、或仰、或慈、或厉，体态有别，神情各异；500罗汉为青石所雕，加以彩绘，做工精细，真切动人。

封龙山 又名飞龙山，位于石家庄市区西南15千米，鹿泉市城南20千米。西倚太行山，东临平原，主峰海拔812米。封龙山自然风光秀丽，以沟深林茂，清泉碧溪，奇峰怪石为胜。封龙山历史文化璀璨，曾有五通汉碑、三大书院、四大禅林、三大石窟、两大道观。早在唐代《十道志》中就被列为河北名山，以封龙山历史文化而论，汉代李躬、唐代郭震、姚敬曾讲学于此山。五代以后，书院文化崛起，真定名士、文学家、史学家、政治家李昉与学者张著在此创办学院。到北宋，见诸记载的河北书院仅有3处，全在封龙山中。元代著名学者、数学家李冶在此著书讲学，时有著名文学家元好问、教育家张德辉在此讲学授业，人称“龙山三老”。古代名家在此培养出大批杰出人才，使封龙山成为河北古代教育胜地之一。

石家庄植物园 位于市区西部，占地5000多亩，园内种植各类植物达1100多种，建有科普教育与儿童游乐区，植物系统分类区，观赏植物品种展示区，植物进化展示带，水上游憩区，盆景园区，温室、宿根花卉展示区，拥有草木葱翠、鲜花烂漫的美景让人陶醉不已，还有丰富的文化内涵和科普知识。

沕沕水 国家4A级景区，位于平山县西南边缘，距离平山县城45千米，距离省会石家庄市区95千米，景区面积11.5平方千米，海拔800～1100米。沕沕水曾获得国家级风景名胜区、中国最佳生态旅游景区和省级农业旅游示范点称号，景区集自然风光、人文景观和红色旅游于一体，品味高雅、特色鲜明、风情浓郁。早在明清时代，沕沕水即为平山“八大胜景”之一，享有“沕水瀑布天上降”的美誉，拥有典型的喀斯特岩溶泉，半山沕沕涌出，常年湍流，四季不竭，水质洁净甘冽，湖潭星罗棋布，沿绝壁飞落，形成落差93米、45米等多级瀑布，“如白练之经于天，白虹之饮于源”，堪称“燕赵第一瀑”。景区环山叠嶂，怪石嶙峋，灵鹫峰、梦笔峰、神龟望瀑、观音坐莲，鬼斧神工，栩栩如生。装点山谷的数百种野生植物，色彩斑斓，葱郁玲珑；原始森林，夏绿秋红，禽兽争鸣。革命战争年代，沕沕水发电厂出色地完成向革命圣地西柏坡和兵工厂供电使命，为党中央指挥三大战役、解放全中国立下卓越功勋，被誉为“边区创举”、“红色发电厂”。沕沕水盛夏凉爽舒适，严冬人无寒感，季节分明，气候规律变化，形成四时景色。春赏山花，夏看飞瀑，秋观红叶，冬览冰挂，各具魅力，胜似仙境。

天山海世界 国家4A级景区，位于市内裕华区，整个戏水大厅绿草如茵，椰林葱葱，众多的游乐设施，可提供多种娱乐方式，构成一座都市水上“迪斯尼”乐园。

另外，风景区还有水泉溪、蟠龙湖、温塘度假区、东方巨龟苑等景点。

【古迹】 **古城正定** 距离石家庄市区13千米，是国家级历史文化名城，历史上与保定、北京并称“北方三雄镇”，是河北中部的政治、经济和文化中心。城内汇集着唐、宋、元、明、清几代不同风格的古代建筑，被誉为“中国古代建筑博物馆”。境内现存国家级重点文物保护单位7处，省级重点文物保护单位5处，县级重点文物保护单位26处。驰名中外的隆兴寺是正定最著名的景点，位列全国十大名寺，是国家4A级景区。寺院中荟集了隋唐以来大量的建筑、壁画、雕塑等艺术珍品，其中有6处文物堪称“全国之最”。其中最著名的是铜铸千手观音，它举高21.3米，是世界古代铜铸佛像中最高大的一尊。除此之外，寺内有堪称宋代建筑孤例的摩尼殿，被鲁迅先生誉为东方美神的倒坐观音，有中国时代最早、体量最大的木制转轮藏，还有被推崇为隋碑第一的龙藏寺碑、设计巧妙的铜铸毗卢佛等珍贵遗存。古城内的临济寺是临济宗的发源地，在佛教界享有盛誉，临济宗在国内广为流传，还名扬海外，至今在日本、东南亚、美国都有大量临济宗信徒，每年春、夏之际，来自海内外的广大信徒都前来朝拜祖庭，盛况空前。正定不仅文物众多，而且也是名人的故乡和冠军的摇篮，家喻户晓的三国名将赵云赵子龙就是正定人，国家乒乓球训练基地建在正定，被称为“中国乒乓运动的福地”、“冠军的摇篮”。

安济桥 位于赵县境内，又称大石桥、赵州桥，是中国现存最早的敞肩式大型石拱桥，所谓敞肩就是大拱两端各有两个小拱，这种形式的采用使桥身看起来更加轻盈，造型更加精巧，同时也节省石料，减轻桥身重量，更为重要的是可以辅助渲泄洪水，减少水流阻力。在欧洲，这种桥梁直到19世纪才开始流行，晚于中国1200多年。安济桥开启了“敞肩拱桥”的先河，对中国乃至世界桥梁建筑产生了巨大而深远的影响，被公认为世界拱桥的鼻祖，在桥梁建筑史上占有极其重要的地位，被称为“天下第一桥”。

柏林寺 位于赵县县城南端。创建于东汉末年，唐代高僧玄奘法师赴西天取经前，曾在这里学习经文达一年多。20世纪80年代末，著名法师净慧任寺院主持，他含辛茹苦，广结善缘，恢复寺院，广传佛法，使柏林寺恢复了当年的勃勃生机，声名日益显赫。如今的柏林寺不仅是礼佛弘法的圣地，更成为与赵州桥联拱双璧的旅游佳境。

毗卢寺 位于石家庄市区。是全国重点文物保护单位，它以保存珍贵的明代宗教壁画而享誉中外，壁画的内容包涵佛、道、儒三教人物故事经画122组共500多身，线条流畅、色彩艳丽、服饰精美，是中国古代壁画艺术的瑰宝。

伏羲台 位于新乐市。是中华民族人文始祖——伏羲氏寓居的地方，距今已有六、七千年的历史，现已形成伏羲台、人祖庙等多处景观为主体的伏羲文化旅游区。

古中山国遗址 位于灵寿县境内。河北先秦四大古都之一，出土文物19000余件，数量之庞大，器具之精美令人叹为观止，这其中还创下了多项世界文化之最和中国文化之最，展示了2000多年前神秘的战国文化，是石家庄历史文化的重要组成部分，越来越受到世人的关注。

另外古迹还有井陉县境内的秦皇古驿道，是古代通往山西入长安的"国道"，历史上秦始皇东巡病故于沙丘，其遗体曾经从这条驿道送往咸阳。于家石头村是明朝大将于谦的故乡，已建成中国民族文化村，村内建筑全部采用太行山的石头为原材料，颇有地方特色。

（刘伟东）

气　候

【概况】 2013年，全市年平均气温13.5℃，接近常年，冬季平均气温比常年偏低1.8℃，为显著偏低，春季平均气温与常年接近，夏季、秋季平均气温比常年偏高。全市年平均降水量586.5毫米，较常年偏多，降水量空间分布不均匀，东部、南部多，西部、北部少。全市年平均日照时数2040.5小时，为异常偏少，与常年相比，除春季日照时数接近常年外，冬夏秋三季日照时数均偏少，其中冬季为异常偏少。2013年全市异常天气主要有雾霾、低温雨雪、干旱、夏季高温、强对流和暴雨等，共出现大雾283站次，霾1554站次，其中市区大雾日数15天，霾日数162天。

【气温】 全市年平均气温介于12.5～14.1℃之间，平均值为13.5℃，接近常年。冬季平均气温比常年偏低1.8℃，为显著偏低；春季平均气温与常年接近，夏季、秋季平均气温比常年偏高，分别偏高0.6℃、1.0℃。

【降水】 全市年平均降水量为586.5毫米，与常年485.7毫米相比偏多。年降水量空间分布不均匀，东部、南部多，西部、北部少，其中深泽县年降水量最多，为713.6毫米，灵寿县最少为447.4毫米，市区为508.3毫米。与常年相比，东部、南部县（市）较常年偏多20%～50%，其中深泽县最多，市区及西部、北部县（市）接近常年。2013年石家庄冬季降水量较常年偏多近一倍，为异常偏多；春季降水量较常年偏少4成多，为显著偏少；夏季降水量较常年偏多近4成；秋季降水量与常年接近，属正常范围。在月际分布上，除4月、8月接近常年外，1月、2月、6月、7月和9月降水量较常年偏多，其中6月、7月为显著偏多，1月为异常偏多；3月、5月、10月、11月、12月降水量较常年显著偏少，其中3月、12月为异常偏少。

【日照】 全市年平均日照时数为2040.5小时，比常年偏少314.7小时，为异常偏少。与常年相比，除灵寿县和正定县接近常年、元氏县较常年偏多外，其他县（市）日照普遍偏少，其中市区、行唐县、无极县、新乐市、井陉县、赵县、藁城市偏少300小时以上，为异常偏少，无极县偏少最多，偏少809小时。与常年相比，除春季日照时数接近常年外，冬季、夏季和秋季三季的日照时数均偏少，冬季偏少最多，偏少193.5小时，为异常偏少。冬季全市日照时数在220.9～362.4小时，东部平原县（市）最多，西部井陉县最少；与常年相比，除正定县显著偏少外，全市冬季日照时数均偏少150小时以上，为异常偏少，其中井陉县偏少最多，偏少296.2小时。春季全市日照时数在499.3～815.4小时，正定县最多，无极县最少；与常年相比，晋州市、正定县、元氏县和栾城县春季日照时数较常年偏多，正定县偏多最多，为显著偏多，市区、行唐县、无极县、新乐市和井陉县较常年偏少，无极县偏少最多，为异常偏少，其他县

（市）接近常年。夏季全市日照时数在367.8～638.7小时，正定县最多，无极县最少；与常年相比，灵寿县、正定县、平山县、赞皇县、高邑县接近常年，元氏县较常年偏多，其他县（市）夏季日照时数普遍偏少，其中行唐县、无极县、井陉县偏少150小时以上，为异常偏少，无极县偏少最多。秋季全市日照时数在375.6～575.9小时，平山县最多，井陉县最少；与常年相比，市区、无极县、新乐市、井陉县、正定县、赵县、藁城市秋季日照时数较常年偏少，其中无极县、井陉县偏少150小时以上，为异常偏少，井陉县偏少最多，其他县（市）接近常年。

【异常天气】 *雾霾* 2013年石家庄全区出现大雾283站次，霾1554站次。石家庄市区大雾日数15天，霾日数162天。1月份，石家庄连续出现大雾和霾天气，出现大雾152站次，霾61站次，是建站以来历史同期次数最多的一次，强度大，范围广，给人们出行和生活带来很大不便；中旬出现连续阴雪雾天气，局部地区10天内几乎没有日照，形成明显的设施蔬菜低温寡照灾害。10月份后，石家庄市进入雾霾高发时期，12月20日市气象局和市环保局联合会商，12月21日市政府启动重污染天气二级预警响应。

低温雨雪 4月19日石家庄市出现雨雪天气，全市过程降水量10.8～28.0毫米，栾城县最大，市区为23.5毫米。各县（市）最低气温-1.7℃～-0.1℃，最低气温出现时段在早晨5～7时，低于0℃持续时间大都在2～3小时，各县（市）地表温度在0℃左右。降雪出现日期为石家庄市有气象记录（1955年）以来最晚一次，历史上4月中旬出现降雪年份还有2006年4月12日和1957年4月10日；最低气温为历史同期最低值。4月19日雨雪天气过程属于极端天气事件，低温导致果树和农作物不同程度受损。

干旱 2013年11月中旬至年末，石家庄市连续52天未出现有效降水，气象干旱明显，且气温偏高，土壤水分蒸发增大，麦田失墒加快。充分冬灌且底墒充足的麦区土壤墒情尚适宜冬小麦越冬，冬灌不充足的麦田构成不利气象因素。

夏季高温 全市夏季37℃以上高温日数共出现82站次，接近常年。5月11日全市17站最高气温均超过35℃，其中9站超过37℃，栾城县、高邑县最高气温突破同期历史最高值。6月16日、25日赵县，6月26日井陉县、平山县、灵寿县、正定县、高邑县、赵县和藁城市，6月28日正定县、高邑县、赵县、藁城市和栾城县最高气温均达37℃及以上。7月3日全市出现37℃以上高温天气，行唐县、无极县、新乐市、灵寿县、晋州市、正定县、赞皇县、元氏县、赵县、栾城县、高邑县、藁城市超过39℃，其中无极县、正定县、元氏县、赵县、栾城县、高邑县、藁城市超过40℃。5到6日、25日全市出现35℃以上高温天气，部分县（市）超过37℃。8月16日全市出现36℃以上高温天气，石家庄市区、正定县、井陉县、灵寿县、晋州市、平山县、赞皇县、元氏县、栾城县、高邑县超过37℃。8月17日全市出现36℃以上高温天气，石家庄市区、正定县、井陉县、灵寿县、晋州市、栾城县、高邑县超过37℃。

强对流 5月21日灵寿县出现冰雹；6月25日井陉县、赞皇县、赵县、灵寿县出现冰雹。3月23日，全市出现大风；6月25日，井陉县、平山县、赞皇县、栾城县、赵县、高邑县出现大风，栾城县最大风速达27.7m/s；7月30～31日，灵寿县、行唐县、新乐市出现大风；8月5日，石家庄市区、晋州市、平山县出现大风；8月11日，赵县、藁城市出现大风；9月4日，井陉县出现大风。全年出现雷暴日352站次，比常年略偏少。

暴雨 6月7～10日，大部分县（市）出现雷雨天气，强降水主要出现在7日和9日，7日雨量分布不均，新乐市（56.1毫米）、正定县（76.5毫米）出现暴雨，日降雨量突破历史同期极值，9日出现全年最强降雨天气，赵县（72.2毫米）日降雨量突破历时同期极值。6月21～22日，全市出现连续降雨天气，过程雨量大部分县（市）超过30毫米，赞皇县最大达到63.1毫米。7月1～2日，受冷空气和暖湿气流共同影响，全市出现雷雨天气，雨量分布不均，藁城市（61.6毫米）、晋州市（68.6毫米）出现暴雨。7月8～11日，全市出现连续降雨天气，过程雨量大部分县（市）超过50毫米，井陉县、平山县、赞皇县、高邑县、新乐市、无极县超过100毫米。8月6～7日石家庄市出现强降雨，新乐市、无极县、深泽县、栾城县、元氏县5个观测站和24个乡镇雨量超过50毫米，赵县的前大章和正定县的新城铺雨量超过90毫米，分别为91.5

和 97 毫米。8 月 11 ～ 12 日，全市出现分布不均雷雨天气，东部大西部小，深泽县（147.2 毫米）、藁城市（66.6 毫米）、晋州市（94.0 毫米）出现暴雨。8 月 13 日，无极县（95.9 毫米）、晋州市（57.6 毫米）再次出现暴雨。

（李国翠　卞韬）

【石家庄国家基本气象站搬迁】 2012 年 12 月 31 日晚 21 时，新的石家庄国家基本气象站在鹿泉市境内启用。原石家庄国家基本气象站建立于 1954 年 12 月 1 日，为石家庄市观测各种气象要素 58 年。因石家庄国家基本气象站对探测环境有一定要求，原气象站观测的代表性、连续性、准确性受到制约，经国家气象局批准，石家庄国家基本气象站搬迁至鹿泉市。国家气象站分为国家基准气象站、国家基本气象站和国家一般气象站 3 类，类型由中国气象局根据地理分布、区域气候代表性等确定。国家基本气象站根据全国气候分析和天气预报需要设置气象观测站，大多担负区域或国家气象信息交换任务，是天气气候站网的主体。

（李云萍）

【京津冀环境气象预报预警中心成立】 10 月 16 日，中国首个区域性环境气象中心——中国气象局京津冀环境气象预报预警中心在北京成立，直属北京市气象局。环该环境气象中心主要负责京津冀及华北区域环境气象预报预警技术研究，制作发布空气污染气象条件等级、光化学烟雾等预报产品，制作发布重污染天气、雾、霾、光化学烟雾等预警信息；制作发布空气污染输送路径、轨迹分析、空气滞留区等预报产品；制作发布生活指数和健康气象预报及服务产品等，以及制定京津冀及华北区域环境气象业务发展规划，指导京津冀及华北区域各省（市、区）环境气象业务，制定环境气象业务标准、业务规范，研发预报数值模式、建立工作平台等。

（倪元锦）

表 1　　2013 年石家庄市主要气象要素表

要素	月份	1	2	3	4	5	6	7	8	9	10	11	12	年
降水量（毫米）	累积值	8.4	4.7	2.4	27.7	18.3	97.9	168.7	59.9	108.9	7.9	3.5	0.0	508.3
	距平	4.3	-1.9	-9.9	7.6	-23.0	39.1	40.0	-86.7	55.6	-17.5	-11.2	-4.5	-8.1
气温（℃）	平均值	-4.1	-0.3	8.8	13.8	22.2	24.8	27.4	27.9	21.4	14.9	8.3	1.8	13.9
	距平	-2.4	-2.0	0.8	-1.9	0.8	-1.2	0.1	2.2	0.2	0.3	2.2	1.5	0.1
雨（雪）日	累积值	5	3	1	7	7	13	19	11	10	3	3	0	82
相对湿度	平均值	71	69	44	45	53	68	74	68	73	66	45	47	60
日照（小时）	累积值	83.6	67.9	149.2	224.1	178.9	119.0	138.8	219.5	113.2	106.2	173.4	143.0	1716.8
气压（百帕）	平均值	1015.0	1013.5	1005.2	1001.6	996.5	993.1	989.6	992.9	1002.5	1009.3	1010.6	1013.3	1003.6
极大风速（米/秒）	风向	WNW	N	N	NW	NNW	W	NW	WNW	WSW	WNW	WNW	WSW	WNW
	风速	14.0	12.8	19.3	21.4	16.7	16.7	11.6	22.4	15.4	14.6	14.8	15.4	22.4

石家庄市气象局

局　长：张秉祥

副局长：连志鸾　智利辉

（李国翠　卞韬）

国民经济与社会发展

【概况】 2013年，全市围绕“转型升级、跨越赶超，建设幸福石家庄”奋斗目标，坚持解放思想、改革开放、创新驱动、科学发展，坚持稳中求进的工作总基调，着力稳增长、调结构、抓改革、惠民生，实现经济发展稳中有进，社会事业全面进步。全年全市生产总值完成4863.6亿元，同比增长9.5%。其中，第一产业增加值增长3.0%，第二产业增加值增长9.8%，第三产业增加值增长10.4%。三次产业结构比例调整为9.8：47.2：43.0。全年市区居民消费价格指数比2012年上涨2.9%，其中食品价格上涨5.3%；工业生产者出厂价格指数比2012年下降0.4%，购进价格指数比2012年下降1.3%。年末城镇登记失业率为3.65%，比2012年回落0.11个百分点。

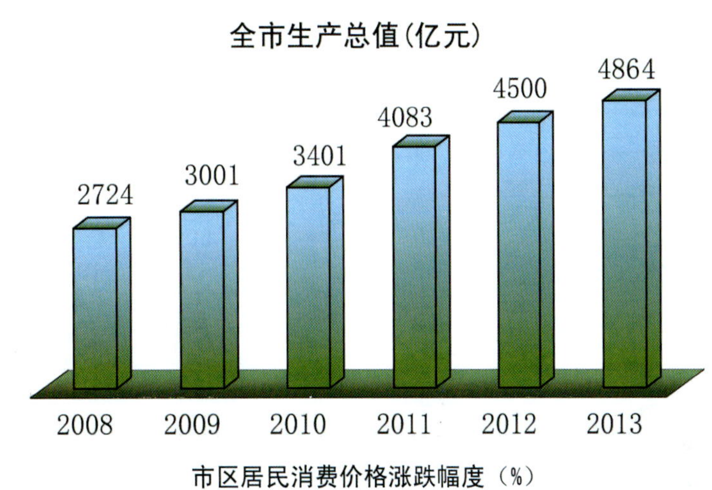

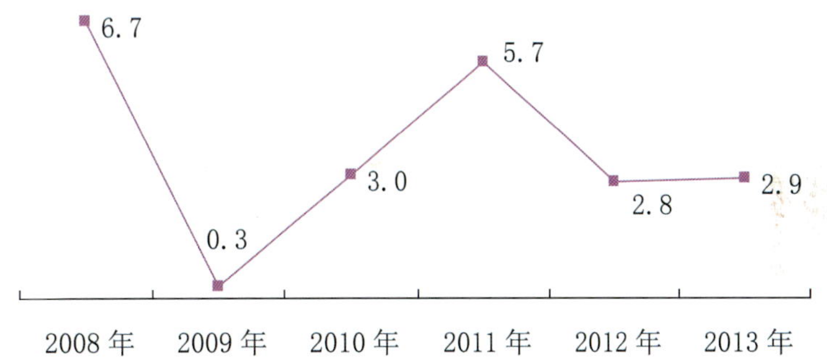

表2　2013年石家庄市区居民消费价格指数（以上年同期为100）表

指　标	指　数
市区居民消费价格总指数	102.9
食品	105.3
烟酒	100.9
衣着	101.3
家庭设备用品及维修服务	100.1
医疗保健和个人用品	103.5
交通和通信	100.3
娱乐教育文化用品及服务	102.6
居住	102.0

【农业】 粮食生产实现“十连丰”。全年粮食播种面积68.2万公顷，总产量470.2万吨。蔬菜（不含瓜类）播种面积15万公顷，总产量1189.5万吨，同比减少5.2%。其中，设施蔬菜播种面积7.3万公顷，增长25.7%；总产量582万吨，增长28.8%。肉、蛋、奶、水产品产量分别达到69.02万吨、91.05万吨、112.91万吨、3.5万吨，同比分别减少10.7%、14.4%、6.5%、0%。牧渔业总产值302.88亿元，占大农业比重35.56%，其中牧业298.75亿元，渔业4.13亿元。畜牧业、蔬菜、果品三大优势产业总产值达到646.5亿元，占农林牧渔业总产值比重为75.9%，同比提高0.9个百分点。农业产业化经营率达到64.1%。农业机械总动力1996.64万千瓦，同比增长0.65%。实际机耕面积53.57万公顷，当年机械播种面积69.05万公顷，机械收获面积58.74万公顷。农村用电量79.63亿千瓦小时，同比增长1.47%。

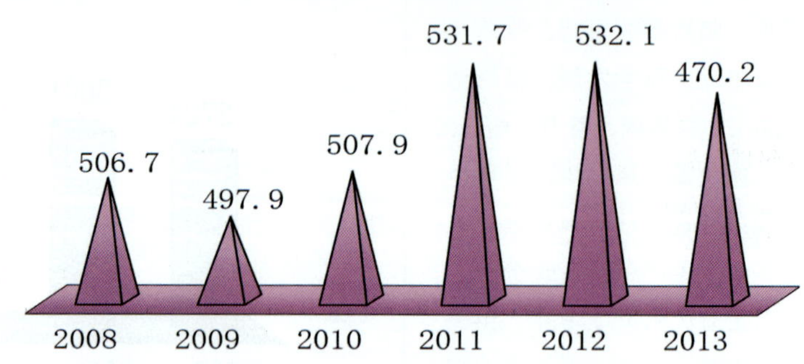

表3 2013年石家庄市主要农产品产量及其增长速度表

产品名称	产量（万吨）	比上年±%
粮食	470.2	-11.6
油料	18.0	-16.5
棉花	0.38	-66.5
蔬菜（不含瓜类）	1189.5	-5.2
园林水果	190.7	-19.1
肉类总产量	69.0	-10.7
蛋类	91.1	-14.4
奶类	112.9	-6.5
水产品	3.5	0

【工业和建筑业】 全年规模以上工业企业完成增加值1955.4亿元，同比增长11.0%。其中，轻工业增加值增长11.4%，重工业增加值增长10.6%。国有及国有控股企业下降2.1%，集体企业增长5.8%，股份制企业增长13.4%，外商及港澳台企业增长2.6%。分行业看，装备制造业增加值同比增长12.7%，医药工业增长6.2%，食品工业增长8.8%，纺织服装业增长13.4%，石

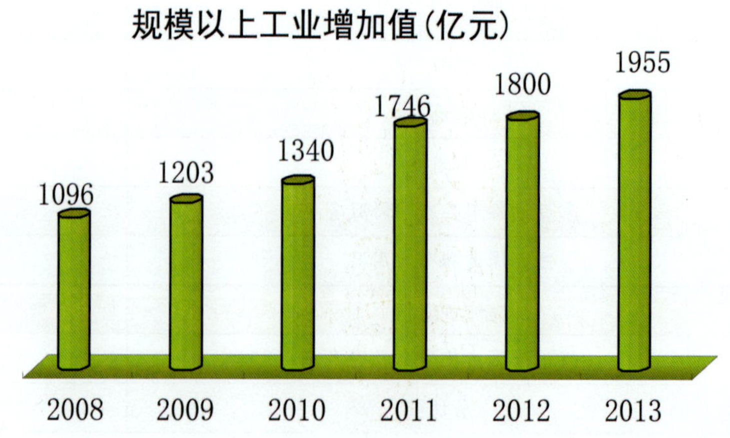

化工业增长7.7%，钢铁工业增长13.4%，建材工业增长10.7%。六大高耗能行业增加值增长10.7%，低于全市规模以上工业增速0.3个百分点。高新技术产业增加值同比增长19.5%，高于全市规模以上工业增速8.5个百分点。全年规模以上工业实现利润668.8亿元，同比增长23.8%。至2013年末，全市拥有资质等级以上建筑企业267个，完成建筑业总产值1007.7亿元，同比增长9.0%。其中，建筑工程产值802.6亿元，同比增长9.0%。

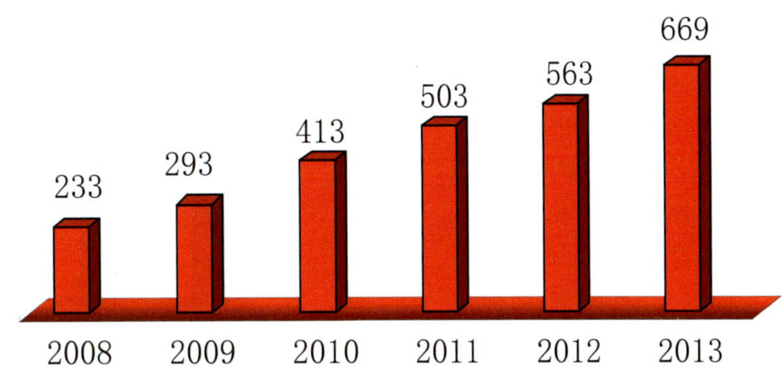

表4　2013年石家庄市主要工业产品产量及其增长速度表

产品名称	2013年	比上年增长 ±%
原油加工量	291.4万吨	-30.2
焦炭	380.0万吨	4.2
发电量	463.8亿千瓦时	0
合成氨	127.2万吨	5.9
水泥	3873.1万吨	-0.6
生铁	1215.7万吨	22.4
钢材	1139.1万吨	28.6
纸制品	71.6万吨	16.4
化学药品原药	17.4万吨	-43.5
服装	14467万件	-52.7
纱	52.2万吨	3.6
布	33.7亿米	-11.1
乳制品	71.5万吨	8.2
啤酒	2.8亿升	12.8
卷烟	252.5亿支	2.6
交流电动机	334.4万千瓦	4.5
塑料制品	45.1万吨	22.8
人造板	113.7万立方米	5.5

【固定资产投资】 全年全社会固定资产投资完成4216.3亿元，同比增长13.1%。其中，固定资产投资（不含农户）4186.2亿元，同比增长14.0%。在固定资产投资（不含农户）中，第一产业投资比2012年增长1.3%，第二产业投资增长25.5%，第三产业投资增长16.5%。全年建设项目投资比2012年增长21.8%。其中，亿元以上项目投资增长44.8%。房地产开发投资比2012年增长11.7%。

【国内贸易】 全年社会消费品零售总额完成1972.4亿元，同比增长3.0%。分区域看，城镇比2012年增长13.9%，乡村增长13.6%。在限额以上批发和零售企业（单位）商品零售额中，粮油食品饮料烟酒类比2012年增长18.4%，服装鞋帽针纺织品类增长16.7%，日用品类增长13.0%，家用电器及音像器材类增长8.7%，中西药品类增长34.4%，石油及制品类增长10.6%，汽车类增长13.1%。

【对外开放和旅游】 全年进出口总值完成140.0亿美元，同比增长8.1%。其中，进口总值完成68.8亿美元，增长22.6%；出口总值完成71.2亿美元，下降3.0%。在出口中，私营企业出口44.4亿美元，同比下降5.4%，占出口总值的比重为62.4%；外商投资企业出口13.3亿美元，同比增长4.5%。国有企业出口10.9亿美元，下降6.4%。全年实际利用外资完成9.8亿美元，同比增长11.8%。其中，外商直接投资比2012年增长14.0%。年内新

全社会固定资产投资(亿元)

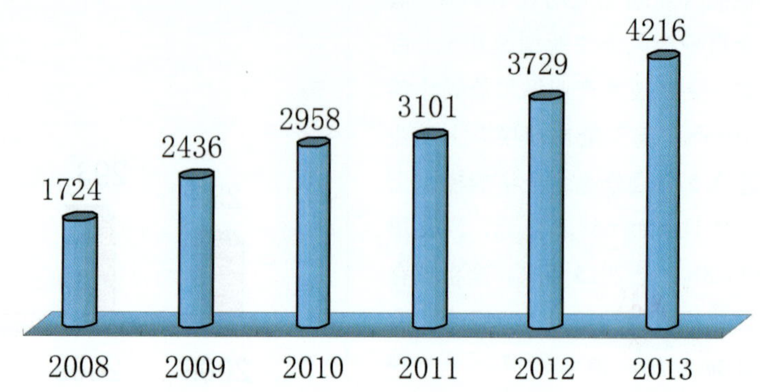

社会消费品零售总额(亿元)

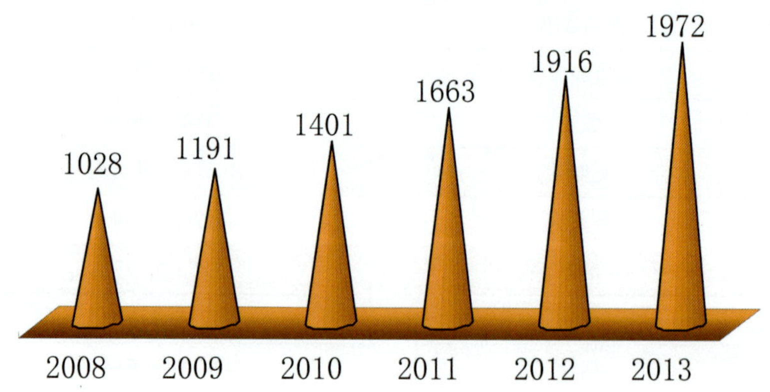

进出口总值与出口总值(亿美元)

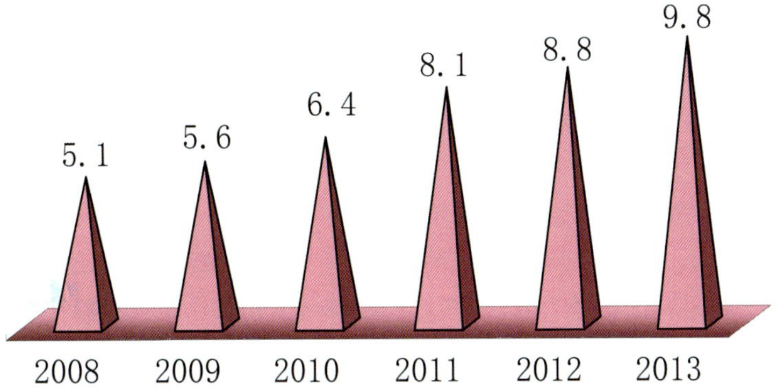

批准设立外商投资企业42个，新增合同总金额11.9亿美元，下降5.8%；合同外资额7.8亿美元，增长55.7%。全年接待国际游客16.7万人次，旅游创汇收入7489.9万美元。接待国内游客4874.3万人次，旅游收入328.3亿元。全年旅游总收入332.9亿元。

【财政和金融】 2013年石家庄市全部财政收入9年后重返河北省第一名。全年全部财政收入完成629.48亿元，同比增长9.78%。其中，公共财政预算收入305.3亿元，同比增长12.13%。公共财政预算支出522.9亿元，同比增长12.7%。其中，一般公共服务支出57.5亿元，增长19.4%；公共安全支出30.0亿元，增长6.6%；教育支出116.2亿元，增长6.3%；科学技术支出8.0亿元，增长6.7%；社会保障和就业支出42.9亿元，增长14.9%；医疗卫生支出48.3亿元，增长15.4%；节能环保支出27.3亿元，增长88.3%；城乡社区事务支出52.3亿元，增长12.0%；农林水事务支出50.3亿元，增长26.0%。年末全市金融机构人民币各项存款余额8607.8亿元，比年初增加965.1亿元。其中，储蓄存款余额4157.6亿元，比年初增加423.2亿元。金融机构人民币各项贷款余额4512.0亿元，比年初增加501.3亿元。

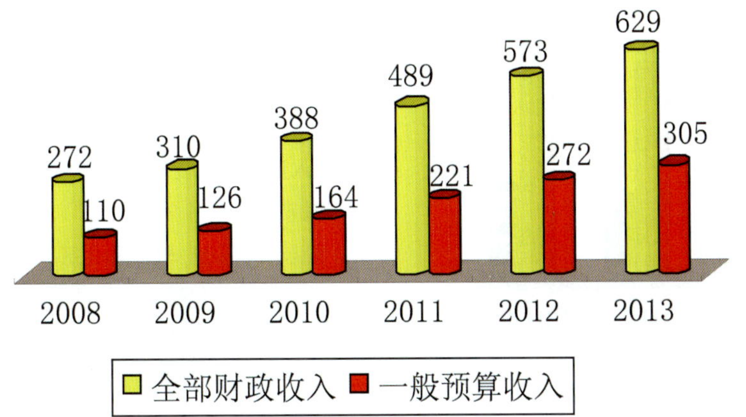

【科学技术和教育】 全年取得科技成果320项。其中，达到国际领先水平1项,达到国际先进水平47项。全年申请专利5996项，授权3799项，分别比2012年增长20.8%和10.2%。全市拥有普通中学421所，招生16.2万人，在校生46.0万人，毕业生16.0万人；中等职业学校134所，招生4.5万人，在校生15.9万人，毕业生6.9万人；小学1418所，招生11.8万人，在校生68.5万人，毕业生11.1万人。全市幼儿园1227所,在园人数28.1万人。

【文化、卫生和体育】 年末全市有线电视广播用户达到130.17万户，其中数字电视用户120.6万户，广播综合覆盖率99.43%，电视综合覆盖率99.42%。年末全市共有医疗卫生机构（含诊所）6475个。其中，医院174个，疾病预防控制中心（防疫站）25个，妇幼保健院（所、站）41个，社区卫生服务中心（站）199个，村卫生室3989个。卫生机构实有床位47819张，其中医院拥有床位37088张。全市拥有卫生技术人员57875人,其中执业医师21861人，注册护士20427人。全年全市选手在省级以上比赛中获得金牌244枚，银牌185枚，铜牌140枚。

【城市交通和环境保护】 年末城市公共汽车营运线路达到225条，比

2012年增加16条；营运线路长度3719千米,比2012年增加358千米；营运车辆4057辆，比2012年增加180辆；年客运量63836万人次。全年完成造林面积3.52万公顷，其中人工造林完成2.45万公顷。全市森林覆盖率达到34.00%。全年空气质量优良天数43天，三级轻度污染84天，四级以上污染238天，优良率为11.8%。

【人口、人民生活和社会保障】 年末全市常住人口1049.98万人，比2012年增加11.38万人。出生率为12.91‰，死亡率为6.73‰，自然增长率为6.18‰。全年城镇居民人均可支配收入25274元，同比增长9.7%；农民人均纯收入10066元，同比增长12.6%。年末全市城镇职工参加基本养老保险人数为186.6万人，同比增加12.1万人。其中参保在职职工人数141.7万人，同比增加9.3万人；参保离退休人数44.9万人，同比增加2.8万人。全年城乡居民养老保险参保人数380.4万人。年末全市城镇参加医疗保险人数276.5万人，同比增加7.3万人。其中，城镇职工参保人数135.9万人，增加1.3万人；城镇居民参保人数140.6万人，增加6.0万人。年末全市参加失业保险人数90.2万人，同比增加0.3万人；工伤保险人数124.1万人,同比增加9.2万人；生育保险人数130.7万人，同比增加0.5万人。年末全市享受居民最低生活保障共有18.15万人。其中，城镇3.74万人，农村14.41万人。

（市统计局）

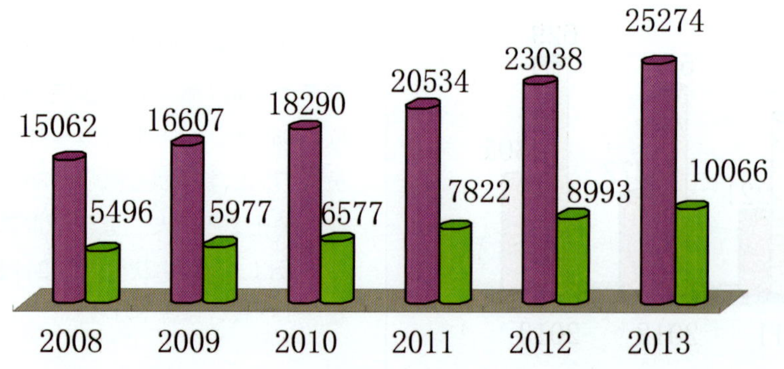

【5家企业再次入选中国企业500强】 8月31日，中国企业联合会、中国企业家协会在2013中国企业500强发布暨中国大企业高峰会上发布“中国企业500强”名单。市企业联合会、企业家协会推荐的河北敬业企业集团有限责任公司、河北省物流产业集团有限公司、石家庄北国人百集团有限责任公司、河北建工集团有限责任公司、河北建设集团有限公司5家企业再次入选。此次评选按照国际通行方式，以2012年企业营业收入为入围标准，经专家委员会审定，排出2012中国企业500强。石家庄市的河北敬业企业集团有限责任公司以4519086万元的营业收入，名列中国企业500强第229位，比2012年提升1位次；河北省物流产业集团有限公司以3763379万元的营业收入，名列中国企业500强第274位，比2012年提升79位次；石家庄北国人百集团有限责任公司以2541553万元的营业收入，名列中国企业500强第395位，比2012年提升15位次；河北建工集团有限责任公司以2464311万元的营业收入名列中国企业500强第413位，比2012年提升8位次；河北建设集团有限公司以2281791万元的营业收入名列中国企业500强第433位，比2012年下降14位次。

（范玉蕾）

【鹿泉市和井陉矿区入列国家资源型城市】 11月12日，国务院印发《全国资源型城市可持续发展规划（2013-2020年）》，首次确定全国262个资源型城市和2020年发展目标。其中，石家庄鹿泉市、井陉矿区入列国家资源型城市，鹿泉市入选成熟型城市，井陉矿区列为衰退型市辖区。

（侯天仪）

【入选全国首批新能源汽车推广应用城市】 11月26日，国家财政部、科技部、工业和信息化部、发改委4部委公布包括石家庄市在内28个城市或区域为第一批新能源汽车推广应用城市。示范城市或区域满足条件包括：2013～2015年，特大型城市或重点区域新能源汽车累计推广量不低于1万辆，其他城市或区域累计推广量不低于5000辆；新增或更新的公交、公务、物流、环卫车辆中，新能源汽车比例不低于30%等。根据国家出台的《2013年新能源汽车推广应用补助标准》，消费者购买新能源汽车享受政策补贴，2013年纯电动乘用车每辆最高补助6万元，燃料电池乘用车每辆补助20万元，2014年和2015年补助标准在2013年标准基础上分别下降10%和20%。此次河北省包括石家庄共有10个城市入选。

（吴温）

【入选最佳商业城市百强】 11月27日，《福布斯》中文版发布2013年中国大陆最佳商业城市排行榜，其中石家庄市位列第39位，比2012年下降2位。河北省唐山、保定、邯郸、沧州4个城市也进入全国前100位，分别位列第56位、81位、91位、95位，唐山、保定、邯郸排位均比2012年下降，沧州为首次入选。“最佳商业城市”评判标准主要有8个指标体系，分别是以人才指数、城市规模指数、消费力指数、客运指数及货运指数、经营成本指数、私营经济活力指数、创新指数综合观察中国大陆城市的发展潜力及商业环境。此次8项考核指标，石家庄市以丰富的人力资源、较大的城市规模以及相对完善的交通运输能力入选全国40强，3项指标在全国排名分别为第26位、26位、27位。

（焦莉莉）

【城市管理水平全国排位第5名】 11月29～30日，在北京市举行的第三届中国城市管理论坛暨深化城市领域改革研讨会发布城市管理蓝皮书《中国城市管理报告（2012）》，宣布在全国直辖市、省会城市等44个重点城市中，经综合测评多项城市管理水平指标，石家庄市位列第5名，仅次于深圳市、北京市、上海市、广州市4个一线城市。此次论坛由北京市社会科学院主办，来自国务院发展研究中心、北京大学、清华大学、中国人民大学、国家行政学院、北京师范大学、首都经济贸易大学、北京市社科院、北京工业大学、北京城市学院、北京国际城市发展研究院、中央财经大学等院校及机构的国内城市科学领域研究学者和相关政府职能部门近100人参加会议，目的是研讨城市领域各项改革和推进“健康城镇化”。此次测评排名涉及44个重点城市包括4个直辖市、26个省会城市，大连市、厦门市、青岛市、深圳市、宁波市5个计划单列市，以及秦皇岛市、连云港市、烟台市、威海市、汕头市、湛江市、珠海市、北海市、南通市9个沿海开放城市和港口城市。综合测评由北京市社科院城市问题研究所研究人员以统计年鉴等资料为数据依据，加权测算出44个城市的城市管理水平7大指标，包括行政管理指标、经济管理指标、社会管理指标、环境管理指标、空间管理指标、基础设施管理指标和文化管理指标。44个重点城市中，深圳市7项指标综合得分最高，为57.2分；第2名是北京市，为52.8分；第3名是上海市，为47.4分；第4名是广州市，为44.6分；第5名是石家庄市，为44分。

（靳晓磊）

【石家庄百强企业】 12月12日，市企业联合会、企业家协会召开第十届三次理事会暨百强企业发布会，公布2013年石家庄百强企业名单。其中，河北敬业集团位居第一位，年营业收入452亿元（均以2012年数据排位），同比增长6%。年营业收入超过50亿元以上企业还有河北诚信（74亿元）、河北曲寨（65亿元）、常山纺织（62亿元）。入围百强企业最后一位是石家庄晓进机械制造科技有限公司，年营业收入2亿元，入围门槛与2012年持平。2013年石家庄百强企业营业收入总额2547亿元，比2012年增加215亿元，增幅9%，增幅基本代表整个石家庄企业的经营水平。2013年石家庄百强企业前十名年营业收入总计1816亿元，比2012年百强企业前十名总收入增长11%。2013年石家庄百强企业前十名营业总收入占全部百强企业总收入的71%；百强企业前十名净利润总计58亿元，比2012年增长11%；百强企业前十名资产总额1217亿元，比2012年增长13%；百强企业前十名纳税总额120亿元，比2012年增长19%。2013年百强企业年营业收入100亿元以上8家；10亿至100亿元16家，5亿至9.9亿元37家，2亿至4.9亿元39家。2013年百强企业位次前进较快的企业分别是河北常山生化药业、河北苹乐面粉机械、河北农哈哈机械、石家庄东华金龙化工，分别前进23位、22位、19位、15位。百强企业县（市区）分布：2013年石家庄百强企业在高新区有12家、藁城市9家、长安区8家；有6～7家企业分别是鹿泉市、正定县、栾城县、晋州市；有5家的是元氏县、赵县、井陉县（井陉矿区）；有4家的是裕华区、无极县、深泽县、新乐市。

百强企业行业分布：2013年石家庄百强企业按行业的个数和营业收入排序，建材、钢铁企业共7家，年营业总收入671亿元，占百强企业年营业收入的26.3%；医药6家，营业总收入387亿元，占15.2%；化工19家，收入占10.8%；纺织服装16家，收入占5.4%。总体看，石家庄的钢铁、建材占比大，转型升级任务较重，优化产业结构仍是工作的重点之一。2013年石家庄百强企业中，非公有企业（也称多元化企业）78家，年营业收入1404亿元，占全部百强企业年营业收入的55%，成为全市经济发展的主力军。非公有企业前十名企业分别是敬业集团、石药集团、天山集团、辛集澳森、河北诚信、河北曲寨、神威药业、石家庄四药、威远生化、东明皮革，总计年营业收入1085亿元，占全部非公有企业年营业收入的77%。2013年石家庄百强企业中，公有企业22家，年营业收入1143亿元，占全部百强的45%。公有企业前十名企业年营业收入总计1067亿元，占全部公有企业年营业收入的93%。2013年石家庄百强企业规模与周边山西省太原市，中国沿海浙江省宁波市，中国中部湖北省武汉市，中国西南四川省成都市相比，均有一定差距。2013年，太原百强企业第一名年营业收入1807亿元，是石家庄第一名敬业集团的4倍；宁波百强企业第一名年营业收入1355亿元，是石家庄第一名敬业集团的3倍；武汉百强企业入围门槛15亿元，相当石家庄第20名；成都百强企业第一名925亿元，入围门槛6亿元。

表5　2013年石家庄百强企业前十名一览表

序号	企业名称	年营业收入（亿元）
1	敬业集团	452
2	中石化石家庄炼化分公司	275
3	北人集团	254
4	石药集团	160
5	华北制药	160
6	天山集团	129
7	辛集澳森	114
8	金石化工	101
9	白沙烟草	83
10	乐仁堂药业	81

表6　2013年石家庄百强企业地域分布一览表

地域	2012年百强企业数（个）	2013年百强企业数量（个）
开发区（高新、经济技术）	15	12
长安区	8	8
桥东区	2	2
桥西区	2	2

（续表）

地域	2012年百强企业数（个）	2013年百强企业数量（个）
新华区	5	2
裕华区	2	4
井陉县（井陉矿区）	4	5
正定县	4	6
栾城县	5	6
行唐县	2	0
灵寿县	0	1
高邑县	2	0
深泽县	6	4
赞皇县	4	0
无极县	5	4
平山县	2	2
元氏县	5	5
赵县	2	5
辛集市（河北省直管）	6	6
藁城市	9	9
晋州市	3	6
新乐市	2	4
鹿泉市	5	7

表7　2013年石家庄百强企业行业分布一览表

行业	2013年百强企业个数	总营业收入（亿元）	占总收入（%）
建材、钢铁	7	671	26.3%
医药	6	387	15.2%
商业	5	357	14.1%
化工	19	276	10.8%
纺织、服装	16	138	5.4%
机械制造	15	83	3.3%
食品	7	34	1.3%
电子信息	3	10	0.4%
其他	22	591	23.2%

表 8　　2013 年石家庄公有企业前十名名单

序号	公有企业前十名企业名称
1	中国石油化工股份有限公司石家庄炼化分公司
2	石家庄北国人百集团有限责任公司
3	华北制药集团有限责任公司
4	晋煤金石化工投资集团有限公司
5	河北白沙烟草有限责任公司
6	国药乐仁堂医药有限公司
7	石家庄常山纺织集团有限责任公司
8	南车石家庄车辆有限公司
9	鹿泉金隅鼎鑫水泥有限公司
10	际华三五零二职业装有限公司

表 9　　2013 年石家庄非公有企业前十名名单

序号	非公有企业前十名企业名称
1	河北敬业集团
2	石药集团有限责任公司
3	河北天山实业集团有限公司
4	辛集市澳森钢铁有限公司
5	河北诚信有限责任公司
6	河北曲寨集团有限公司
7	神威药业集团有限公司
8	石家庄四药有限公司
9	河北威远生物化工股份有限公司
10	河北东明皮革有限公司

（郭省　薛鹏飞　范玉蕾）

【国内经济技术合作主要指标超额完成】 根据省发改委公布的《河北省2013年经济技术合作主要指标完成情况通报》，2013年石家庄市国内经济技术合作主要指标完成情况较好，共引进省外资金1211.25亿元，位居河北省第一名，完成全年任务的144.66%，同比增长74.87%；引进市外资金1243.09亿元，完成全年任务的147.59%，同比增长78.8%；引进省外技术820项，完成全年任务的105.81%，同比增长16.15%；引进省外人才11877人，完成全年任务的111.14%，同比增长22.25%。

（吴温）

【命名首批省会生态文明教育基地】 2013年市林业局、市教育局、共青团石家庄市委联合命名省会西山森林公园、河北科技大学、灵寿县五岳寨自然保护区、赞皇县嶂石岩自然保护区、石家庄植物园、石家庄市小壁林区、晋州市周家庄生态采摘观光园、省会儿童少年活动中心8家单位为首批“省会生态文明教育基地”。

（郑亚丛）

精神文明建设

【概况】 2013年，全市以建设社会主义核心价值体系、提升市民文明素质为目标，大力开展文明城市创建和主题实践教育活动，重视加强农村精神文明建设，全面提高市民思想道德素质和城乡文明程度，为转型升级、跨越赶超、绿色崛起、建设幸福石家庄提供了的智力支持、精神动力和道德支撑。开展文明城市创建活动，编制《石家庄市〈全国城市文明程度指数测评体系〉责任分解》，根据任务要求和部门职能，逐一分解，确定市内五区和市城管委等55个部门为责任单位，严格按照流程落实经常性活动。广泛举办各种主题实践教育活动，辖区各社区内广泛开展形式多样、贴近群众的道德规范、文明礼仪、科普环保、卫生健康、法律法规、文化体育进社区活动。加强农村精神文明建设，全市确立各类示范点50个，并以十星级文明户创建为主要内容，在农村广泛开展“十大孝星”、“十佳好婆婆”、“十佳好媳妇”、“十佳好邻居”等评选活动，弘扬爱老敬老、邻里互助传统美德。推行文明公益宣传活动，2013年石家庄市讲文明树新风公益广告被《人民日报》、《光明日报》、新华社、中央电视台等中央媒体宣传报道；藁城市岗上村《功德录》建设被河北省精神文明委员会办公室（简称文明办）作为“善行河北”活动的重要载体，在全省推广。2013年，靳国芳获评全国道德模范提名奖，受到习近平总书记接见；7人获评“中国好人”称号；9人获评河北省道德模范称号；10人获评石家庄市第三届道德模范称号，11人获评石家庄市第三届道德模范提名奖；姬建辉获评全国优秀志愿者称号。

【公民思想道德建设】 利用媒体开设公民思想道德建设专题和专栏，宣传公民道德建设先进典型。引导鼓励群众、文艺爱好者创作以公民道德规范为主要内容的文艺作品，择优在媒体刊播，并编排成文艺节目，开展传唱说教活动。举办道德模范评选活动，宣传“见义勇为、诚实守信、敬业奉献、孝老爱亲”道德典型。开展“善行河北·首善省会”主题道德实践活动，引导人们加强社会公德、职业道德、家庭美德、个人品德建设。在党员干部中，开展“讲党性、重品行、做表率”从政道德教育，帮助各级领导干部树立正确的世界观、人生观、价值观、权力观。在社区和农村，开展“创文明家庭、树文明家风”家庭美德教育，展现现代家庭文明，弘扬家庭美德。选树典型，以先进典型带动市民道德水平提升。开展第三届道德模范评选表彰活动，按照“助人为乐、见义勇为、诚实守信、敬业奉献、孝老爱亲”5个方面标准，层层推选，评选10名道德模范。其中，靳国芳获得全国道德模范提名奖，受到习近平总书记接见；9人获评“河北省道德模范”称号。2013年全市评选“石家庄市文明公民标兵”6批次、253人；推荐30余人参加中央文明办举办的“中国好人”评选活动，7人获得“中国好人”称号。

【未成年人思想道德建设】 依据《全国未成年人思想道德建设工作测评体系》，围绕社会主义核心价值观和“中国梦”宣传教育，开展“洒扫应对”、“认星争优”、“日行一善”等系列主题活动。采取道德实践、签名寄语、经典诵读、歌咏传唱等形式和载体，加强思想品德教育、文明礼仪教育、心理健康教育和习惯养成教育，引导未成年人在家庭做好孩子，在学校做好学生，在社会做优秀小公民。开展“童心向党”歌咏、“家乡情·中国梦”童谣征集、未成年人主题公益广告宣传、创编“节日小报”等活动，评选、展示一批优秀节目和作品，其中《我是一只小蜜蜂》入选全国优秀童谣。选树一批“美德少年”，其中石家庄市第二届“十佳美德少年”裴聪悦、裴悦然姐妹在中央电视台“寻找最美孝心少年”活动中获评“特别关注孝心少年”，两姐妹孝老爱亲、自立自强事迹在中央电视台《朝闻天下》播出。市精神文明办公室联合市教育局等部门确定未成年人思想道德建设工作联系点175个，建成乡村学校少年宫44所，试点建设城市学校少年宫20所、校园道德讲堂60个，有效发挥了心理健康教育、宣传、咨询、辅导服务作用。

【文明城市创建】 调整创建全国文明城市组织和人员，成立综合、督导、宣传等7个工作组，督导检查创建文明城市测评体系中“重点工作、公共环境、公共秩序、公共关系、志愿服务工作”等。宣传普及创建文明城市知识，提高市民群众知晓度。编发《创建动态》28期，及时准确上传下达全国文明城市创建好的做法。编制《石家庄市〈全国城市文明程度指数测评体系〉责任分解》，细化为4个测评类别、23项测评项目、86条测评标准，根据任务要求和部门职能，实施逐一分解，确定市内五区和市城管委等55个部门为责任单位。3次召开协调会，多次认定测评任务；55个责任单位收集文件资料10000余份，遵照《测评体系》要求，整理审核材料5000余份，严格流程和经常性活动。开展各种主题实践教育活动，市内区以创建全国文明城市为主题，每周每个社区举办活动不少于1次；辖区各社区积极开展形式多样、贴近群众的道德规范、文明礼仪、科普环保、卫生健康、法律法规、文化体育进社区活动，提升了市民文明素质。

【文明公益宣传】 利用宣传媒体、媒介开展全覆盖、立体式文明公益广告宣传活动。全年《石家庄日报》、《燕赵晚报》整版刊发公益广告130余个；石家庄电台、电视台刊播公益广告17641分钟；地铁建设工地设置公益广告1400余块，近9000平方米；城市建筑工地设置公益广告1.5万平方米；公交站点设置公益广告500余块，公交车辆喷绘和安装公益广告500余部；19个公园、广场安装公益广告牌311块、遵德守礼提示牌1446块；11块繁华商业地带大型高清彩色LED大屏幕，2800部市区公交车载移动电视、6710辆出租车及2000辆公交车尾显示屏，全天候滚动播放公益广告90.8万次，时长2940分钟；运用石家庄移动公司、联通公司、电信公司短信平台，面向市内所有手机用户，适时发送公益广告标语300万条；平安大街中山路至槐安路段设置公益广告一条街。新华社、《人民日报》、《光明日报》、中央电视台、中央人民广播电台等中央新闻媒体集中采访和报道了石家庄市“讲文明树新风”公益广告宣传工作。制定出台《石家庄市“讲文明树新风”公益广告宣传管理办法（试行）》，将公益广告宣传管理纳入制度化、规范化管理，形成长效机制。

【农村精神文明建设】 以加强红白理事会、道德评议会、公民道德新风录为主要内容，在农村确立各类示范点50个。以十星级文明户创建为主要内容，开展“十大孝星”、“十佳好婆婆”、“十佳好媳妇”、“十佳好邻居”评选活动，弘扬爱老敬老、邻里互助传统美德。藁城市制定《村规民约》，晋州市制定《晋州市红白事操办标准规定》，无极县制定《公共文明公约》、《公民行为规范》，高邑县印发《关于治理婚丧嫁娶大操大办工作的实施意见》。开展文明单位帮扶共建活动，河北省直机关工委组织省直77个文明单位与石家庄市77个村对接，助力农村开展美化活动。2013年石家庄市820个村绘制建起文化墙，绘制面积81000平方米；新建、整合完成700余个村村民中心建设；800余个村完成临街建筑立面和标语广告整治；350余个村新建、220个村整修完善了文化广场。落实村级公益事业建设一事一议财政奖补政策，确立一事一议示范点264个。2013年鹿泉市建成功能完善村民中心107个；栾城县整修完善村民中心21个，其中新建村民中心8个；赵县整修完善村民中心23个。

【志愿服务】 规范文明单位学雷锋志愿服务队管理，严格落实“五有”（有成立文件，有志愿者名册，有规章制度，有年度工作计划，有活动记录）要求，做到管理科学化、常态化。市内五区新增标准服务站21个，累计建成社区学雷锋志愿服务站225个。主要商场超市、公园广场、公交枢纽、体育场馆、机场车站、长途客运站、旅游景点等公共场所设立便民利民志愿服务站点近300个，形成网站、管理系统、热线电话等三位一体石家庄市志愿服务信息平台，实现志愿服务信息在志愿服务管理层面和操作层面无缝链接。组织志愿者到空巢老人家庭，与老人组成“临时家庭”，帮助老人打扫卫生、贴对联、包饺子和共度节日。开展洨河生态环保志愿服务行动，市精神文明办公室、市环保局、市水务局、市志愿服务基金会联合在洨河湿地启动洨河生态环保志愿服务行动，动员和组织志愿者在洨河沿线开展环保宣传、植绿养护、污染巡查等志愿服务活动。

（吴蕾）

【王晓军驾驶公交车急送患病男婴到医院】 10月23日14时，1岁多男婴发高烧和姑姑、爷爷、奶奶去医院，车行至石家庄市胜利北街运河桥车站附近出现拥堵，因该路段是单行道，除公交车以外，其他车辆不能自南向北通行。看着孩子越来越难受，一家人慌了神。姑姑看公交车道比较顺畅，抱着试试看的心态，决定向公交车求助。此时，王晓军驾驶18路公交车正好行驶到7420站点和运河桥客运站站点之间，当公交车慢速通过拥堵路段时，姑姑抱着男婴从道路对面翻越护栏冲到公交车车门处，哭泣着喊到：“师傅，救救孩子！”王晓军看到婴儿脸色发紫，口吐白沫，身体有些抽搐，判断是突发急病。没有迟疑，王晓军立刻招呼男婴一家人上车。按照规定，公交司机不能私自中途停车拉乘客，不能更改线路。王晓军来不及向公司请示，果断拉上发病男婴以及家人向最近的260医院急速驶去。王晓军在请求车上乘客谅解时，乘客们无一人反对，纷纷表示：“救孩子要紧，赶紧走吧！”乘客们还为患病男婴拨打了120急救电话。1分半钟后，王晓军驾驶公交车进入260医院。接到乘客电话的医护人员早已等在急诊楼前。经过诊断，男婴得的是婴幼儿惊厥。主治医生说：“这种病发病快，晚来四五分钟可能引发窒息，有生命危险。”孩子送到医院后，王晓军立刻向公司汇报了情况，并拉着一车乘客又回到既定的行驶线路上。一位乘客说：“公交司机为救生病小孩临时改线，顶着可能会被批评的风险，毫不犹豫地为求救妇女停车，这种以救人为先的精神很值得敬佩。”10月25日，中央人民广播电台报道了王晓军驾驶公交车急送患病男婴到医院这件事情，将王晓军评为“今日最美新闻人”；10月25日晚，中央电视台新闻频道报道此事，引起全国关注；11月1日，中央电视台《新闻联播》栏目也报道了王晓军及20多名乘客的爱心善举。11月5日，市公交总公司授予王晓军“扶危扬善”好车长称号。

（胡雁冰）

【河北省第二届志愿服务先进单位、组织和个人名单】 2013年初，河北省精神文明办公室公开表彰全省第二届优秀志愿者、优秀志愿服务组织、优秀志愿服务品牌、志愿服务工作先进单位、志愿服务先进工作者。石家庄市34个优秀志愿者、9个优秀志愿服务品牌、13个优秀志愿服务组织、7个志愿服务工作先进单位、21个志愿服务先进工作者受到表彰。

表10 河北省第二届优秀志愿者

序号	姓　名	所属单位
1	靳国芳	裕华区建南社区
2	姬建辉	晋州市姬建辉爱心团队
3	卢英鸿	无极县“爱心无限”站长
4	韩国友	石家庄舒雅服装部经理
5	马金平	长安区河纺街社区
6	安亚	市供水集团

（续表）

序号	姓　名	所属单位
7	李莲英	藁城市彩虹艺术俱乐部
8	陈海峰	赞皇县交警大队文明交通志愿服务队
9	王凤琴	裕华区电业一社区
10	米鑫	桥东区刑警大队
11	丁紫薇	长安区高营镇政府
12	赵青博	石家庄信息工程职业学院
13	刘志江	市第 27 中学
14	侯秋辉	裕华区东苑街道尖岭社区
15	王晓辉	河北顺昊商贸股份有限公司
16	许桂斌	裕华区青园街道广电社区居委会
17	吕荣科	桥西区苑东街道华柴社区
18	杜爱友	新华区钟家庄社区文化艺术团
19	张珊珊	市移动通信公司
20	段俊红	市中医院
21	韩金贵	井陉县殡葬管理所
22	王然	市第 36 中学
23	刘淑兰	市东风塑料总厂
24	吴蕴聪	市第一中学
25	马永健	市中医院
26	苏璟瑶	市第 23 中学
27	李朝阳	市第 43 中学
28	于佳睿	河北省实验中学
29	傅权晨晓	石家庄外国语学校
30	辛延英	石家庄科技工程职业学院
31	莫丽	市公共交通总公司
32	边疆	灵寿县陈庄镇政府
33	王桐	河北正中实验中学
34	吕赫炎	市第二中学南校区

表 11

河北省第二届优秀志愿服务品牌

序号	优秀志愿服务品牌名称
1	姬建辉爱心志愿行动——晋州市姬建辉爱心志愿者协会
2	爱心联盟 QQ 群——石家庄新华区爱心联盟
3	“靳国芳”热线——石家庄市裕华区建南社区
4	“烛光海洋”志愿团——石家庄市裕华区金马二社区
5	“12349”社区服务热线平台——石家庄市桥西区养老服务中心
6	团购蔬菜志愿服务——石家庄市新华区西苑街道广源路社区
7	石家庄铁道大学雷锋岗——石家庄铁道大学
8	“情暖夕阳”志愿敬老服务——石家庄科技工程职业学院
9	“知心大姐”——正定县牛家庄村巾帼志愿服务队

表 12

河北省第二届优秀志愿服务组织

序号	优秀志愿服务组织名称
1	桥西区卓达玫瑰园社区志愿服务站
2	裕华区建南社区学雷锋志愿服务站
3	石家庄雷锋中学志愿服务队
4	安利河北志愿服务队
5	市公共交通总公司 2 路志愿者服务队
6	高邑县华锋出租车爱心车队
7	市第一医院刘琼芳志愿服务队
8	石家庄志愿服务基金会
9	市少年儿童保护教育中心
10	石家庄铁道大学青年志愿者协会
11	石家庄职业技术学院机电工程系志愿服务队
12	新华区妇联巾帼志愿服务队
13	市滴水公益志愿者组织

表 13

河北省第二届优秀志愿服务工作先进单位

序号	优秀志愿服务工作先进单位名单
1	市司法局
2	石家庄信息工程职业学院
3	市第 27 中学
4	灵寿县文明办
5	深泽县委宣传部
6	石家庄学院团委
7	市公共交通总公司

表 14

河北省第二届优秀志愿服务先进工作者

序号	姓　名	所属单位
1	马林	桥东区文明办
2	王媛媛	长安区宣传部
3	叶继仁	青园小区社区
4	乔建玲	市第四十一中学
5	李云桥	新华区新华路街道大厂街社区
6	马然	共青团鹿泉市委
7	李冉	市环境保护宣传教育中心
8	乔恒利	市体育局
9	孙杰	市住房保障和房产管理局
10	周丽琼	市红十字会志工委办公室
11	张雪梅	河北蓝天联合律师事务所
12	关永杰	共青团新乐市委
13	于会平	桥西区新石街道党工委
14	刘宇岚	石家庄中小学校健康教育指导中心
15	郭庆伟	石家庄人民医学高等专科学校团委
16	王树军	市关工委
17	宋建卫	石家庄学院
18	郭冬冬	市妇联

（续表）

序号	姓　名	所属单位
19	崔学军	市科协
20	王亮	市新华书店有限责任公司
21	袁本其	石家庄煤矿机械有限责任公司

河北省省会精神文明建设
委员会办公室

主　任：薛建廷（1月免）　闫国文（1月任）
副主任：沈学启（4月免）　林春山（4月任）

（吴蕾）

六大产业基地

【概况】 2013年，六大工业聚集区完成固定资产投资236.29亿元，同比增长19.06%。其中，产业项目完成投资222.52亿元，增长23.32%；基础设施项目完成投资13.77亿元，减少23.54%。新开工项目64项，其中产业项目48项，基础设施项目16项；竣工项目34项，其中产业项目17项，基础设施项目17项。完成主营业务收入1236.09亿元，同比增长8.98%。

【循环化工园区】 2013年完成固定资产投资64.79亿元，同比增长6.02%。主营业务收入244.05亿元。产业项目完成投资64.71亿元，同比增长7.69%。东华金龙化工年产3万吨工业氨基乙酸扩建及深加工、己内酰胺装置完善改造等6个项目开工建设，石炼化油品质量升级及原油劣质化改造、盈德公用气体岛一期等5个项目续建。基础设施项目完成投资0.08亿元。石炼路拓宽改造、化工中路东延等3个项目竣工。

【国家生物产业基地】 2013年完成固定资产投资74.85亿元，同比增长24.75%。主营业务收入780亿元，同比增长20%。产业项目完成投资70亿元，同比增长36.21%。河北智同医药国内首仿注射用复方维生素、石药盐酸头孢唑兰新药产业化等17个项目开工建设，以岭药业院士工作站、河北华民药业等27个项目续建，石家庄华新药业银杏叶软胶囊、华旭生物酶法制备结晶果糖等6个项目竣工。基础设施项目完成投资4.85亿元。杨子变电站项目、高端医药产业园仓宁路工程等8个项目开工建设，工业大街道路工程、赵县生物产业园污水处理厂等3个项目续建，北邑110千伏电站增容、深泽城南污水处理厂等7个项目竣工。

【装备制造基地】 2013年完成投资42.86亿元，同比增长27.18%。主营业务收入107亿元，同比增长31.29%。产业项目完成投资41.45亿元，同比增长36.39%。之春印务动物射频识别标志制造、河北怀特栾城建材生产基地2个项目开工建设，石煤机矿山机械研发中心、南车轨道交通装备检修基地等19个项目续建，中清铸物大中口径阀门系列产品、求实密封材料厂整体搬迁等4个项目竣工。总投资10.02亿元、占地627.1亩的河北顺邦百营物流中心项目一期工程投入运行。基础设施项目完成投资1.41亿元。铜许和万太等9条高压线改造、天然气管网工程等3个项目开工建设，装备基地雨污水管网工程、富城路改造等4个项目续建，化工西街、朝宇路工程2个项目竣工。

【信息产业基地】 2013年完成投资29.58亿元，同比增长21.48%。主营业务收入41.83亿元，同比增长

26.22%。产业项目完成投资23.25亿元，同比增长14.48%。十三所管壳封装厂房、石家庄金硕电子科技军品电源项目等12个项目开工建设，十三所同辉电子半导体照明产业化、科一重工高精减速机等8个项目续建，石家庄丰源仪表智能化仪器仪表技改项目，河北鑫兴仓储格力空调装配物流基地等3个项目竣工。基础设施项目完成投资6.33亿元，同比增长56.68%。新泰大街道路工程、光谷科技园水网建设工程等3个项目开工建设，新泰大街雨水管道、鹿华热电管网等4个项目续建，中电集团五十四所信息产业基地生活区公租房1个项目竣工。

【纺织服装基地】 2013年完成投资5.16亿元，同比增长7.5%。主营业务收入15.55亿元，同比增长89.65%。产业项目完成投资5.16亿元，同比增长7.5%。石家庄润泰整体搬迁改造及产业升级建设、石家庄常山纺织高档绿色环保服装面料等2个项目续建，常山药业肝素透明质酸钠黏多糖产业化1个项目竣工。

【南部工业区】 2013年完成投资19.05亿元，同比增长31.39%。主营业务收47.66亿元，同比增长15.01%。产业项目完成投资17.95亿元，同比增长33.37%。河北易东泵业、天山现代制造业基地等11个项目开工建设，河北润玉陶瓷微晶复合砖和黑瓷复合陶瓷太阳板、河北宏升管业等15个项目续建，力龙陶瓷高档内墙砖生产线（二线）、河北盛祥节能塑钢生产线等3个项目竣工。基础设施项目完成投资1.1亿元，同比增长5.77%。高邑第二污水处理厂、广源水厂等2个项目开工，辛庄110KV电站、高铁站房等4个项目竣工。

（李克清）

特色园区

特色园区

石家庄国家高新技术产业开发区

【概况】 石家庄国家高新技术产业开发区（简称高新区）是1991年3月经国务院批准设立的首批国家级高新区。1995年经国务院批准，将位于市区东部原石家庄经济技术开发区并入石家庄高新区。2005年6月，国家发展和改革委员会（简称发改委或发展改革委）审核确定石家庄高新区政策区面积15.53平方千米，其中东区7.33平方千米，西区8.2平方千米。2009年10月15日，石家庄市委、市政府决定石家庄高新区对原裕华区宋营镇、原栾城县郄马镇实行托管。至2013年末，石家庄高新区辖2个街道办事处2个镇（长江街道办事处、太行街道办事处、宋营镇、郄马镇），行政辖区面积75平方千米。总人口70万人。2013年，石家庄高新区完成生产总值149.9亿元，同比增长12.2%。全部财政收入33.11亿元，同比增长16.33%，其中公共财政预算收入15.63亿元，增长32.02%。工业总产值1030亿元，同比增长24.8%；主营业务收入1622亿元，增长23.5%；规模以上工业增加值90.1亿元，增长13.6%；实现利润32.96亿元，增长23.3%。固定资产投资178亿元，同比增长23%。技改投资55.4亿元，同比增长74.1%，增速位列全市第一。

【项目建设】 树立"抓项目就是抓发展，抓大项目就是抓大发展，抓一批大项目就是抓跨越发展"理念，全力推进"项目攻坚年"活动。明确东旭集团、以岭药业、石家庄四药、格力电器、欣意电缆5个项目在高新区龙头地位，在落实石家庄市扶持政策基础上，针对5家企业不同情况，实施一企一策，分类扶持。开展竣工项目抓达产行动，督促统一饮料、以岭中药产业化等竣工或即将竣工项目抓紧安装调试设备，尽快达产达效，形成新的税收增长点。加大协调力度，明确进度要求和具体责任人，推进项目早竣工、早见效。前期项目抓好开工，特别是石药集团抗肿瘤新药等38个前期项目，抓紧做好占地协调、手续办理等前期工作，督促及早开工建设。2013年高新区共有规模以上工业企业100家，其中59家为高新技术产业企业；实施重点建设项目156项，总投资1061.54亿元。欣意电缆二期、以岭中药产业化等46个项目竣工投产，中煤装备、通合电子等58个项目开工建设。四药总部搬迁等5个项目列入省市重点。河北（石家庄）高端环保产业园获得省政府批准。企业对标取得成效，全年争创国内标杆企业14个、国内（省内）领军企业18个。

【招商引资】 按照"稳增长、调结构、重创新、促转型"总体要求，以高端医药产业园、格力电器及配套产业园、战略新兴产业和总部经济项目建设为重点，创新招商模式，实施高端招商、产业链招商、海外招商、主要领导带头招商、政企联合招商模式，实现一批大项目、龙头企业投资落地。全年引进建设性项目32个，总投资450亿元。富力城、格力三期、深圳华强3个投资超50亿元大项目落户。实际利用外资9273万美元，总量位居石家庄市首位。完成服务外包额4.5亿元，获评河北省服务外包先进单位。

（樊永革）

【与建设银行河北省分行签署战略合作协议】 12月18日，高新区与建设银行河北省分行签署战略合作协议。按照协议，未来三年，建设行银河北省分行将为高新区所属投融资企业、园区内大中型客户及小微企业提供不低于100亿元融资支持。建设银行作为国家专业银行，多年来与高新区开展了良好合作。协议签署后，建设银行河北省分行将向高新区提供包括城镇化建设贷款、投资银行股权融资、债券承销、出口订单融资及“助商贷款”、“助业贷款”等多种金融产品。

（王丽强）

【电子信息产业】 至2013年底，高新区拥有电子信息类企业140余家，形成以通信设备、显示设备、电子元器件等信息制造产业为主，特色软件与系统集成、信息服务业快速兴起的电子信息产业发展格局，其中液晶显示材料、液晶平板、LED照明、电源、通讯设备在国内优势突出。重点产品及企业：平板显示材料，石家庄诚志永华显示材料有限公司在液晶材料领域启动一系列新研发项目，包括STN液晶新品种、新型多稳态液晶、TFT视频液晶材料等。液晶玻璃基板，石家庄旭新光电科技有限公司TFT-LCD玻璃基板项目，总投资27亿元建设3条液晶玻璃基板生产线，建成达产后，年生产玻璃基板245万平方米。半导体照明产品，河北立翔慧科电子设备有限公司突出LED显示产品定制服务优势，开发出条幕、彩砖、S屏、冷屏、亮幕等多种产品，LED条幕及彩砖属全球首创，亮幕和S屏的国内市场占有率分别达到43%和100%。专用电子设备，河北先河环保科技股份有限公司抓住国家新空气能力建设契机，推出PM2.5监测仪，该产品在国家同类设备性能测试中表现优异，被环境监测总站列入推荐产品名录；石家庄世纪森诺通讯有限公司是从事GPS和北斗卫星天线及相关产品的设计、生产和销售的高新技术企业。产品广泛应用于移动通讯、交通、电力和军事通讯系统等领域。软件产品，河北人天通信技术有限公司拥有7项发明专利、12项实用新型专利、18项软件著作权，是河北省唯一拥有电信设备进网许可证，同时又在电信运营商集团层面中标的信号覆盖设备生产厂家。

（高新区）

【10个项目入选国家高新区20年成就展】 7月26日至8月9日，国家科技部和河北省政府共同主办的国家高新技术产业开发区建设二十年成就展北戴河巡回展举行，石家庄高新区10个项目入选参展。10个项目包括：中国电子科技集团54所的北斗卫星导航定位终端；博深工具股份有限公司的博深金刚石工具；河北先河环保科技股份有限公司的空气质量连续自动检测系统；石家庄以岭药业股份有限公司的以岭药业创新中药；石家庄中煤装备制造股份有限公司的高强度高耐磨高韧性刮板输送机中部槽；石药集团有限公司的国家一类新药恩必普；华北制药金坦生物技术股份有限公司的生物技术；河北质康医疗器械科技有限公司的医疗器械；天地通通讯股份有限公司的北斗位置云数据中心；石家庄国祥运输设备有限公司的高端装备制造业在轨道车辆领域的发展。

（李云萍）

【科技创新】 以大企业为龙头，以产业集聚为重点，以科技创新为支撑，加快高端医药产业园、河北（石家庄）高端环保产业园建设，重点承接战略新兴产业项目和科技型中小企业落地。改造提升传统产业，重点抓好生物医药等产业提档升级。争取国家和省市技改贴息资金，加大技改投入，重点抓好石家庄四药、东旭集团等企业技改项目。引导重点企业与行业高端企业开展全方位对标。2013年高新区新增国家级孵化器1家、省级孵化器3家，国家级孵化器累计达到4家；新增国家高新技术企业27家，累计达到139家。申报各类科技项目185项，争取国家、省、市科技立项资金2.6亿元，创下历年最多。申报“石家庄药用辅料与制剂产业集群”被国家科技部列入全国29个试点（培育）单位之一。采取搭建政企银对接平台、知识产权质押贷款等形式，解决科技型中小企业融资17亿余元。

（樊永革）

【3企业获评省级科技企业孵化器】 2013年10月，石家庄高新区方亿科技企业孵化器有限公司、金石孵化器有限公司、石家庄国家动漫产业发展基地创业孵化园3家科技企业孵化器通过省科技厅认定，被授予省级科技企业孵化器称号。2013年河北省新认定省级科技企业孵化器5家，其中石家庄高新区3家。按照《石家庄市支持企业科技创新十条措施》规定，石家庄市财政给予新认定省级科技企业孵化器一次性奖励100万元。至2013年底，高新区投入运营的科技企业孵化器达到14家，其中国家级3家、省级4家，孵化场地面积近70万平方米，在孵企业600余家。

【药用辅料与制剂产业集群列入国家创新型产业集群试点（培育）】 2013年11月，石家庄高新区申报的

“石家庄药用辅料与制剂产业集群”被正式列入2013年度国家创新型产业集群试点（培育），成为全国29家试点（培育）单位之一，也是河北省唯一一家。2013年高新区生物医药产业规模继续壮大，“大项目支撑、集群化推动、园区化承载”发展格局显现。位于高新区河北省（石家庄）高端医药产业园，引进建设石药集团总部及研发中心等总部及研发项目20余个，建成或在建产业化项目17个。拥有新型药物制剂与辅料国家重点实验室等国家级研发机构6个，主要承担国家创新药物孵化基地项目，形成较强的产业集群效应，2013年高新区生物医药产业比重达到35%。

（李云萍）

【城区建设】 实施路网建设、管网配套、道路绿化等基础设施工程建设。新建、续建城市道路4条，其中，漓江道（泰山街—燕山大街）、闽江道（珠峰大街—天山大街）、秦岭大街（湘江道—闽江道）3条道路实现通车，燕山大街（湘江道—珠江大道）完成地下管网施工。仓盛东路（秦岭大街—太行大街）、太行西街（仓盛东路—方郄路）等3条道路招标，南二环东延、天山大街南延等11条道路建设方案完成。格力110KV变电站等一批电力设施建成投用。11月10日长江大道拆迁安置32号地回迁房9栋楼全部交工，综合楼交付使用，拆迁村民回迁入住。至2013年底，高新区开工建设保障房2670套，竣工分配入住1322套。其中，廉租房项目5个、799套；公租房项目6个、1090套；棚户区改造项目2个、781套。开展城区容貌环境综合整治行动，实施珠江大道、长江大道、天山大街、湘江道门店牌匾规范改造4000余延米、240余块；粉刷水榭花都、天山花园、苹果城、石家庄学院家属楼临街楼体2.8万平方米。实施长江大道中央分车带绿化提升工程、珠江大道绿化提升工程等生态绿化工程和街道绿化补植，新增绿地24万平方米。

（樊永革）

【供排水公司管乐团获中国第七届非职业优秀（行进）管乐团队展演金奖】 2013年石家庄高新区供水排水公司管乐团在上海举行的“中华杯”中国第七届非职业优秀（行进）管乐团队展演中，以优异的表演获得大赛成人组金奖。该赛事由中国音乐家协会、中国管乐学会、上海之春国际音乐节组委会等联合主办。石家庄高新区供水排水公司管乐团作为河北省唯一一支企业管乐团参赛队伍，经组委会专家初审、复审，在全国1000余支行进管乐团队胜出，获得大赛参赛资格。决赛中，石家庄高新区供水排水公司管乐团与来自欧、美、亚洲等50余支团队，逾3500名乐手按照小学、中学、成人及特色演奏团队4个组别角逐，最终获得成人组金奖。

（岳金宏）

【社会事业】 投入1.5亿元改善办学条件，完成54中学二期工程，启动东佐、周通等8所小学建设；实施校园环境提升工程，启动郄马镇中学操场升级改造，美化绿化韩通、八方等12所小学校园环境；引进优质教育资源，实现54中学东校区与市一中合作办学，组建并成立石家庄一中东校区；投资108万元为薄弱学校购置图书、课桌椅和设备仪器，基本实现域内教育资源均衡配置。长江社区卫生服务中心通过河北省卫生厅和国家卫生计生委验收，获授“全国示范社区卫生服务中心”称号；宋营镇卫生院、郄马镇卫生院国医堂建设完成，形成集医疗、保健、健康宣传为一体的综合服务区域。区文化馆建设竣工收尾，图书馆主体工程建设完成；乡镇综合文化站参加河北省评估定级；北郄马村、东羊市村、石门福地及韩通村村民活动中心安装健身路径设备14万元。开展彩色周末、书画艺术展等文化活动，宋北战鼓队参加省会第六届北方鼓王争霸赛获得“铜鼓王”称号；推进农村电影放映工程，落实每村每月放映电影1场。新建1个老年公寓、11个居家养老服务中心，发放各类救助资金330万元。

石家庄国家高新技术产业开发区

中共高新区党工委书记：

张业　（7月免）

蒋文红（7月任）

党工委副书记、管委会主任：

赵拴文（4月免）

吴时茂（4月任）

党工委副书记、管委会副主任：

关保松（满族）

党工委副书记、纪工委书记：

潘宗营

党工委委员、管委会副主任：

姚玉和　高金光

高华树　戴宝进

（樊永革）

西柏坡管理局

【概况】 西柏坡管理局于 2010 年 10 月批准组建。中共西柏坡管理局工作委员会和西柏坡管理局分别为石家庄市委、市政府派出机构，规格为副厅级。根据石家庄市委、市政府授权，西柏坡管理局对西柏坡红色景区及平山县的旅游业行使规划、建设、管理、监督、协调和服务职能，并将西柏坡纪念馆划归西柏坡管理局管辖。2011 年 8 月，河北省委和石家庄市委任命西柏坡管理局班子成员和部分中层干部，设立党政综合办公室、规划建设管理处、旅游管理处、产业开发处、接待处、人事教育处、综合执法办公室 7 个处(室)，规格为副处级；核定行政编制 35 人，工勤人员 5 人。2013 年，西柏坡管理局以建设“红色圣地，一流景区”为目标，破解体制不畅、职能不全等难题，探索管理融合新思路、产业发展新举措、综合执法新途径、宣传营销新方式，推进西柏坡旅游产业迈入发展新热潮。西柏坡纪念馆创新宣传方式，在讲解过程穿插唱歌、跳舞、民谣、打快板、表演情景剧等多种艺术表现手法，生动形象地再现了西柏坡红色革命历史，让参观者轻松自然融入展览。2013 年西柏坡纪念馆被河北省质量技术监督局确立为服务标准化试点单位，规范了食、住、行、游、购、娱六方面服务行为，提升了服务档次和顾客满意度。2013 年西柏坡和平山县分别获得“中国十大最具投资潜力旅游目的地”、“中国最美文化生态旅游名县”和“美丽中国”十佳旅游县称号，接待游客 950 万人次，实现旅游收入 65 亿元，创下历史新高。

【西柏坡景区管理】 西柏坡是河北省和石家庄市旅游窗口，但长期存在旅游秩序混乱、环境较差、产业发展滞后等问题，主要原因是多头管理、政出多门，缺乏强有力的统筹管理。2013 年 8 月，西柏坡管理局牵头整合西柏坡管理局、西柏坡纪念馆和平山县行政资源，成立西柏坡景区管理委员会，专门负责西柏坡镇所辖行政区域内涉及旅游方面的规划、建设、发展等事务。西柏坡景区管委会主任由西柏坡管理局常务副局长担任，领导班子成员包括西柏坡管理局、西柏坡纪念馆、平山县相关领导，并从西柏坡管理局和平山县 10 个职能部门抽调人员，组建成立综合协调部、执法部和规划部，实行集中办公，统一考核，一体化管理。西柏坡管理局与平山县联合出台《西柏坡景区管委会成员单位和派驻机构干部综合执法专项考核办法（试行）》，实现景区管理常态化、规范化。印发《旅游业政策法规汇编》、《平山旅游概况》。吸收先进经验，提升管理能力，选派人员赴乌镇、南湖等知名景区学习取经。邀请3名河北省专家举办《旅游法》专题讲座。借鉴外地先进经验，结合西柏坡和平山县实际情况，起草《西柏坡旅游景区管理办法》，完成《关于整合创新管理体制促进西柏坡旅游大发展的思路和建议》。科学疏导交通，大型客车全部拦截在核心景区外，统一停放卓达广场，减少了景区内停车压力，促进核心区域交通秩序好转。规范电瓶车运营，协调成立景区观光车理事会，将原来非法运营、无序经管 64 辆电瓶车全部纳入管理范围，明确运行线路，统一票价，规范了电瓶车运营。整治截客拉客现象，在加大宣传教育基础上，综合执法部派出执法人员严查上路截客拉客等旅游违法行为。清理流动摊位，引导流动摊位在大客车停车场固定经营，设置专用摊点，杜绝流动兜售。加强导游管理和培训，严厉查处不规范导游行为，推进成立导游协会。自西柏坡景区管理委员会成立至 2013 年底，出动执法人员 1000 余人次，宣传教育 220 人次，组织执法活动 60 余次，实现西柏坡旅游秩序明显改善，取得旅游旺季零事故、低投诉的好成绩。

【西柏坡污水处理厂项目开建】 11 月 1 日，西柏坡污水处理厂及配套管网工程项目开工建设。该项目根据《大西柏坡总体规划（2011—2020 年）》要求筹建，旨在从根本上消除西柏坡景区及周边新建项目对岗南水库潜在污染威胁，改变西柏坡景区原来污水自由排放方式。西柏坡污水处理厂及配套管网工程项目由西柏坡管理局承建，总投资12943.54万元，占地37.33亩，建设规模1200平方米，位于西柏坡镇盖家峪村，设计日处理污水能力7000吨，污水收集管网81千米，配套污水提升泵站22座；采用速分生化污水处理工艺；污水收集范围西起西柏坡干部学院，东至希望小镇，以及岗南水库北岸西柏坡核心景区约10平方千米范围。

【文化产业发展】 发挥西柏坡品牌影响力，加快文化旅游产业发展，打造平山县经济转型升级新引擎，实现圣地品牌政治效益和经济效益交融双赢。2013年9月，西柏坡管理局和平山县委、县政府研究决定，以打造国家级文化产业示范园为目标，成立西柏坡国际文化产业园区，计划利用3年时间，招引8类企业，培育3家文化产业上市公司，打造1个具有自主知识产权和全国影响力的文化产业集团。至2013年底，初步建起"管委会＋集团公司"运行体制，出台了招商引资和优惠政策，与美国国际全媒体协会、中国国际教育电视台、国家财政部财经影视中心、中国供销合作对外贸易公司等30余家文化企业开展合作商谈，并就国际影视版权交易中心、淘艺术商城、晋商大厦等26个项目达成合作意向。

【旅游资源整合】 以旅游产业转型突破为目标，按照"整合资源、完善功能、提升档次、建设精品"思路，加快推进旅游产业发展。完善规划。聘请知名专家参谋论证，编制出台《关于加快旅游产业转型升级跨越发展的意见》，重新完善西柏坡和平山县旅游产业发展战略、总体布局、要素体系建设等，明确建设"一个平台五大聚集区"，即西柏坡温泉城会展综合服务平台和西柏坡、天桂山、驼梁、温塘、战国中山国五大旅游聚集区，打造"红色旅游、绿色山水、温泉养生、避暑度假、探古访幽"五大旅游品牌。拉长链条。2013年新增开放景区2家，景区采摘园、种植园10余家，农家乐旅馆、饭店80余家，旅游商店加工厂1家，国际旅行社1家，旅游项目村庄22个。旅游产业链呈现向农村、乡镇，多元化、精细化发展新特点。游客在平山县滞留时间由原来1.5～2天，增加到2～4天，消费水平由2012年人均不足500元增加到人均600余元。优选项目。坚持优中选优和招引龙头项目、精品项目原则，谋划了天桂山综合提升改造、天桂山怀特旅游度假中心、西柏坡影视环保基地、西柏坡金农生态服务基地、万营国际旅游艺术节村等20个旅游重点项目。全年新建、续建旅游项目53个，计划总投资160亿元，完成投资30亿元。强化宣传。坚持"政府主导、企业参与，项目拉动，作亮品牌"原则，调整宣传策略，开拓新市场，叫响"古都中山国、圣地西柏坡""新中国从这里走来"品牌，投入宣传经费1300多万元，有效提升了西柏坡红色圣地、旅游形象和知名度。

西柏坡管理局

中共西柏坡管理局党工委书记、平山县委书记：
王俊英（4月免）
李旭阳（4月任）
党工委副书记、管理局局长、平山县委副书记、县长：
李旭阳（4月免）
董晓航（4月任）
党工委副书记、常务副局长：
于俊岗
党工委委员、副局长：
王荣丽（7月免）
丰春雷　曹新杰　尹贵权
陈宗良（11月任）
党工委委员、纪工委书记：
薛海青

（成丽斌）

石家庄循环化工园区

【概况】 石家庄循环化工园区（简称化工园区）位于石家庄市区东南方向20千米处，是河北省政府确认的首批省级工业聚集区和循环经济示范园区。2005年12月启动建设，起步区规划面积5.44平方千米，2011年规划面积扩大至10.26平方千米。为促进石家庄市产业结构调整，打造新的工业经济增长极，

2012年7月成立中共石家庄循环化工园区工作委员会（简称工委）和石家庄循环化工园区管理委员会（简称管委会），级别为副厅级，托管藁城市丘头镇，管辖面积56.62平方千米，其中核心产业区面积10.26平方千米；辖区总人口6.34万，其中丘头镇农业人口4.9万人，核心产业区企业职工1.44万人。2013年化工园区被确定为河北省实施工业强省战略十大新型工业化基地之一，被评为省级中小企业产业示范集群。推动总投资80亿元的石炼化800万吨炼油扩能、总投资105亿元的盈德公用气体岛等重点工业项目建设，协调产业链上500万吨炼油、16万吨己内酰胺、10万吨环己酮等投产项目生产运营。编制完成辖区《总体规划》，并以800万吨炼油项目卫生防护距离范围内村庄搬迁为契机启动辖区城镇化建设。全年完成固定资产投资72.7亿元，主营业务收入243亿元，实现财政收入26.07亿元。

【《石家庄循环化工园区总体规划》通过专家评审】 2013年6月，化工园区委托上海同济城市规划设计院启动《石家庄循环化工园区总体规划》编制，规划总面积56.52平方千米，规划期限为2013～2030年。7月23日，组织第一次规划成果汇报，征求部门和入区企业意见建议。9月4日，召开中期成果汇报会，市发改委、规划局、国土局、水务局、安监局、环保局等部门提出修改意见。12月14日，《石家庄循环化工园区总体规划》通过专家评审。新的化工园区总体规划调整为“一核、两城、三轴、多点、组团隔离”布局。其中，“一核”即以化工产业为主的核心产业区；“两城”即西北生活片区和丘头镇生活片区；“三轴”即产业发展轴、城镇发展轴和产城融合轴；“多点”即多个配套产业聚集点及村庄居民点；“组团隔离”即石化产业核心区、生活服务片区呈组团分布，中间通过农田、绿化、无污染工业等用地形成有效隔离。

【核心产业区】 化工园区核心产业区以石炼化千万吨炼油和40万吨己内酰胺项目为龙头，按照“五个一体化”理念（产品项目、物流传输、公用辅助、环境保护和管理服务）建设，全力打造以石油化工为主、石油化工与煤化工有机结合、氯碱化工为有益补充的，具有“三化合一”产业特色的循环化工园区。至2013年底，核心产业区入驻中石化石家庄炼化分公司、晋煤集团金石化工投资集团、盈德气体集团、河北威远生物化工股份有限公司、河北石焦化工股份有限公司、石家庄白龙化工有限公司、石家庄东华金龙化工有限公司等规模以上工业企业21家，引入大型工业项目38个，总投资572亿元，累计完成投资281亿元。2013年核心产业区安排工业项目23个，完成固定资产投资72.7亿元。其中，30万吨离子膜烧碱一期和德赛化工水处理剂项目投产；威远生化搬迁改造、2.5万吨尼龙6切片、C4综合利用、60万吨合成氨多联产一期和陕鼓气体空分一期工程等5个项目竣工试车；800万吨炼油、20万吨己内酰胺扩建、盈德公用气体岛天然气制氢等项目基本建成；TFT液晶单体及中间体生产基地、3万吨氨基乙酸扩建及深加工、3万吨还原靛蓝等6个项目开工建设。2013年化工园区完成原油加工291万吨、汽煤柴油产量合计193万吨，生产己内酰胺11.1万吨、环己酮9万吨、环己烷2.35万吨、氨基乙酸6万吨、硫酸42万吨、液碱9.64万吨、氯气8.24万吨、尼龙6切片1.5万吨、聚丙烯3.2万吨。

【招商引资】 以发展和壮大主导产业为方向，积极谋划一批与产业链联系紧密、投资规模大、科技含量高、生产效益好、带动能力强、具有支柱和引领作用的产业项目。2013年引进7个项目落户园区，总投资133亿元，其中投资10亿元以上项目6个。年产3万吨工业氨基乙酸项目、年产1000吨陶瓷靶材和尼龙产业园项目实现“当年引进、当年开工”；光伏农业科技大棚、医药中间体生产基地等项目备案完成；轻烃综合利用项目成立项目建设筹备组，委托中石化工程建设公司完成“轻烃综合利用项目方案研究”编制，与沧州市政府、华北石化就项目原料互换等事宜形成一致意见，并与中石化等企业集团就成立项目合资公司达成初步意向。

（范长锋　郝英敏）

【与河北融投控股集团有限公司签约】 7月9日，石家庄循环化工园区管委会与河北融投控股集团有限公司签署战略合作框架协议，主要就管辖范围内园区建设、产业发展事项开展多方面合作。首期计划进行土地一级开发，合作区域5～10

平方千米。河北融投控股集团有限公司是河北省最大的综合融资企业。

（党培）

【基础设施建设】 加强基础设施配套及交通路网建设，建成四横六纵交通路网体系，省道新赵线、城市快速路东石环公路和县道马山线纵贯全境，规划中的京港澳高速公路改线、南二环东沿线、东南铁路环线穿区而过。核心产业区内化工中路、石炼中街、化工北路、工业大街5条规划道路全线通车，实现通车里程14千米。辖区内开通574、580、572、518、501、502等公交车线路，与藁城市、高新区和石家庄市区沟通联系增强。丘头镇建成丽阳联营水厂，年供水能力达到1.65万立方米。13个行政村全部完成农村饮水安全改造工程，铺设供水管网16.8千米，自来水普及率100%，年人均生活用水达到10吨。核心产业区建成1座日产3万吨水厂、供水管网和中水管网组成的供水系统及雨水、污水2个排水泵站，总长22千米的雨水和污水排水管网组成的排水系统。新建22万伏电站1个，11万伏电站4个，架设输电供电管网623米。建成邮政局1处，电信企业3家，燃气公司3家，实现园区邮政通讯、燃气管道基本覆盖。建成4×260t集中供热锅炉、年运力700万吨的铁路编组站1个。

（范长锋　郝英敏）

【公共管廊二期工程开建】 2013年12月，化工园区公共管廊二期工程建设正式启动，总投资4500万元。至2013年底，该项目完成投资1100万元，完成管廊基础部分工程量50%。公共管廊二期工程主要为园区企业间物料互供管道提供支撑，配套工程建设氮气、氢气、液氨、中压蒸气、氧气等物料传输管道，全部建成可实现园区上下游生产装置间封闭性连接，在工业项目间形成物料运输安全便捷通道。该项目西起石炼中街西侧园区一期公共管廊北端，沿化工北路向东，东跨工业大街向南延伸至盈鼎气体企业界区外，全长1200米，宽4～6米，距地面高度5～13米，设计建成二层钢结构管架（预留三层架面）。

（党培）

【新型城镇化建设】 2013年化工园区被石家庄市确定为新型城镇化建设试点。根据全市新型城镇化建设实施要求，化工园区以石炼化800万吨炼油项目卫生防护距离内村民搬迁为契机，按照“村庄搬迁、新城建设、社会保障”三位一体原则，全面启动园区城镇化建设。成立城镇化建设工作领导小组和房屋征迁工作办公室，研究出台《土地征收补偿安置实施方案》、《农村宅基地使用权确权与补偿安置暂行意见》等政策，明确村民补偿安置和各项工作标准；遵循“统筹规划、分步实施”原则，实质性启动村庄整体搬迁。以新城建设为突破口，确定搬迁安置“水岸新城”项目选址，明确建设方案，完成项目招投标。争取省、市部门将化工园区失地农民纳入城镇居民社会保障体系。引入专业就业服务机构，在辖区内免费开展职业技能和创业培训服务，全力解决失地农民转移就业。

（范长锋　郝英敏）

【召开化工行业发展与环境治理座谈会】 12月20日，市政府、石家庄循环化工园区管委会、市化工行业协会共同组织召开“石家庄市化工行业发展与环境治理座谈会”。此次座谈会上，双联化工、正元化工、东华化工、白龙化工、金源化工、诚信化工、晋煤金石、石炼化8家企业代表分别介绍了各自企业在节能减排、污染防治方面所实施的项目、取得的成效，并表示继续加大污染防治投入力度，加强管理，提高环保工作水平，为省会大气污染防治工作贡献力量。同时，与会企业代表和专家就全市化工行业发展与环境治理问题向市政府和相关部门提出加强对非法企业的监管、坚决淘汰落后产品、加强园区环保治理设施建设、设立环保专项奖励基金、增加化工园区附近公交站点和车次等建议和意见。

（范玉蕾）

【社会事业】 2013年化工园区共有教育机构17所。其中，公立小学10所、附属幼儿园10所，中学2所。适龄儿童入学率达到100%，适龄少年入学率达到99.8%。组建化工园区社保中心，承接辖区居民医疗、养老等社会统筹保险工作，年末核心产业区企业职工参加职工基本医疗保险达到100%，辖区农民参加新型农村合作医疗达到98%。完善卫生医疗设施，拥有医疗卫生机构15所，建成高标准村卫生室13个。建设民营敬老院1家，入驻108人。

石家庄循环化工园区

中共石家庄循环化工园区党工委书记、管委会主任：

高新城

党工委委员、管委会副主任：

范振鹏　宋同原

范书青（1月任）

党工委委员、管委会纪委书记：

王光　（8月任）

党工委委员：王保华　张文会

（范长锋　郝英敏）

正定新区

【概况】 正定新区于2010年10月批准组建，位于石家庄滹沱河北岸，规划包括正定历史文化名城及东侧建设区域，建设用地135平方千米，人口140万；主要建设低碳、生态、智慧新城，建成承载未来新兴产业和省会高端服务业的载体。正定新区功能定位：是石家庄中心城区“一城三区”的核心组成部分，是市级行政和文化中心、现代服务业基地、科教创新集聚区。正定新区建设按照三期圈层推进：一期率先启动30平方千米起步区建设，起步区范围北至正无路、西至京珠高速、南至滹沱河畔、东至太行大街以东地带，并以综合商务中心为引领带动新区建设，实现城市建设重心向北转移，居住人口达到30万人；二期35平方千米，居住人口55万人，逐步开始新区中央商业带建设，着手打造市级商业中心；三期39平方千米，增加居住人口30万人，主要推进职教综合服务带建设，推动创新型产业发展。2013年，正定新区以起步区建设为骨架，以综合商务中心、文化中心、会展中心、体育中心、金融后台服务中心、总部经济等大型公共设施项目为带动，全力打造省会新地标形象。推进市政工程建设，全区规划道路总长度114.9千米，综合管廊总长度24千米。年末建成道路24.92千米，形成“五横四纵两快速路”路网结构。加强城区绿化美化，完成天津大街、北京大街、河北大道绿化优化调整；实施迎旭大道、上海大街绿化植树，新增绿化面积137万平方米，栽植乔灌木14万株；起步区1750亩没有建设项目土地绿化新增苗木5万株。至2013年底，正定新区全部财政收入2.08亿元，同比增长106%；公共财政预算收入1.9亿元，同比增长126%。谋划实施建设项目56个，总投资274.6亿元；完成投资52.6亿元，其中，正定新区投资42.75亿元，社会投资9.86亿元；在建项目21个，其中2013年开工15个，完成投资42.3亿元；完工项目12个，完成投资10.3亿元。

【招商引资】 全年接洽战略投资者、知名企业100余家，签订基础设施和功能性项目合作协议投资额259亿元。其中，湖南友阿奥特莱斯、四川诚杰商业综合体、北人集团等24个项目签约；北京碧水源公司、河北省体彩中心等项目正在完善合作协议。加大融资力度，国家农业开发银行批准给予正定新区贷款75亿元，其中到位资金60.6亿元。还与市国控集团合作，向信达金融租赁有限公司融资6亿元。

【基础设施建设】 正定新区规划道路总长度114.9千米，综合管廊长度24千米。2013年建成道路24.92千米，其中，竣工道路9条，总长度20.8千米。在建道路5条，规划长度16.6千米；谋划开工道路4条，总长度15.9千米。2013年正定新区形成“五横四纵两快速路”路网结构，五横即西藏大道、迎旭大道、隆兴大道、湖南大道、河北大道；四纵即天津大街、北京大街、上海大街、香港大街；两快速路即北京大街、上海大街。城市载体功能提升，全年完成电力线路迁改20条，总长度36千米；办理临时用电项目6个，正式用电项目10个；还完成天津大街、迎旭大道、天宁街等7条道路照明用电。2013年商务中心主体、河北奥体中心体育场主体完工。新区中学建设完成工程量80%，三里屯学校1、2号楼基础工程完成，3号楼正在施工；特教学校综合教学楼、学生宿舍楼封顶。石家庄传媒大厦土方开挖完工；河北出版传媒创意中心项目设计方案通过市规划委员会审查。北京亚宇欣联五星级酒店、河北建投住宅开发项目设计方案完成。

【滨水景观绿化带工程完工】 2013年5月底，滨水景观绿化带工程全部完工。该工程位于滹沱河北岸，南依滹沱河，北邻河北西大道，全长3.76千米，分为河北西大道道路绿化工程和滨水公园绿化工程，是在原有滹沱河旧大堤和历次河道整治堆起的沙土山基础上改造而成。规划用地1.1平方千米，实际绿化用地79.57万平方米，最宽处267米，最窄处130米，总长5.6千米。该工程动用挖掘机12台、渣土清运车80余辆，清运沙土40万立方米。其中河北西大道道路绿化工程种植国槐1252株、金叶榆1962株，碧桃等花灌木1893株，绿篱、地被花卉2.2万平方米。滨水公园绿化工程栽植栾树、千头椿、银杏、白蜡、法桐、国槐、毛白杨等乔木1900余株，绿化面积12万平方米。滨水景观绿化带工程保留滹沱河旧大堤1.1千米，并对部分大堤加以改造利用，融入绿化景观。滨水景观绿化带整体体现了“低碳、生态、智慧”建设理念，在滹沱河北岸形成一条亮丽的绿色景观长廊。

【15千米综合管廊建成】 新建成15千米北京南大街地下综合管廊是国内规模最大、技术最复杂的综合管廊系统，也是正定新区基础设施建设一大亮点，可容纳2辆小汽车并行。北京南大街地下综合管廊，建在道路东半幅快车道与慢车道间隔离带正下方，采用开槽施工方式建设。综合管廊分为2个舱体，较小舱体内布设强弱电线路，包括高低压电缆、各种通信电缆、有线电视线路等；较大舱体内布设供水、中水、热力等管线。管廊内能通行小型工程车辆，地面每隔50米建有检查井出入口，极大地方便了管线布设和日常检修。

（辛维铎）

【职教园区开工建设】 5月3日，市职教园区暨市特殊教育职业中专学校在正定新区正式开工。该项目规划总投资25.6亿元，占地1830亩，建筑面积80.5万平方米，建成容纳在校生2.8万人。职教园区主要整合市服装动漫学校、市信息技术学校、市现代职业技术学校、市商贸物流学校、市城乡建设学校、市艺术学校、市机电化工学校和市特殊教育学校8所学校进入园区。市特殊教育职业中专学校位于职教园区西南部，是园区第一期重点建设项目，规划在校生1000人，教职工300人，计划招收盲、聋、自闭症等有特殊教育需要的残疾儿童和青少年，是集涵盖学前康复教育、九年义务教育、中等职业技术教育为一体的特殊教育学校。市特殊教育职业中专学校在设计和建筑上，充分考虑聋盲哑、智障和肢体残疾孩子特点，楼宇之间连廊衔接，运动区域独立设置，让残疾孩子共享美好配置环境，又提高生存生活能力和职业发展能力。该项目已列入国家特殊教育学校建设二期项目。

（孙会芳）

【河北出版传媒创意中心奠基】 2013年8月，河北出版传媒创意中心在正定新区奠基开工。该项目是正定新区第一个奠基开工的总部经济项目，也是《河北省文化产业振兴规划（2010—2015年）》规划建设的30个重大项目之一，位于正定新区起步区内天津大街以东、湖北大街以南、规划新区大剧院以西、文庙街以北，建筑面积24.64万平方米，规划建设地下2层，地上25层。项目计划2014年底主体封顶，2015年竣工投用。河北出版传媒创意中心主要打造包括图书出版区、数字动漫区、报刊传媒区、文化创意区、文化会展区、新区中心书城、综合服务区七大功能，为出版产业发展搭建编辑策划平台、创意研发平台、展示交易平台、文化商业平台和综合商务平台。

（靳晓磊　赵林浩）

【社会事业】 全年缴纳（补缴）养老保险2.6亿元，为1008名符合条件居民办理养老保险新参保手续，为9700余名参保人员续缴年度养老保险费。新增退休人员614名，累计退休人员达到9900余人。居民医疗保障水平提高，2013年6649名群众报销医药费1866万元，有效减轻群众负担。搭建新型就业平台，成立就业培训中心和人力资源服务中心，举办培训班3期，免费培训居民563人，联系驻正定新区单位吸纳辖区居民就业800人。提高公交通行能力，协调市公交总公司开通177、143、132和130、133东延5条线路，方便群众出行。加快安置房建设，三里屯、常山、诸福屯所辖社区安置房共计总建筑面积500万平方米。2013年开工建设安置房84栋、204万平方米。其中，33栋、77万平方米主体封顶；11栋、30.3万平方米主体施工；40栋、96.7万平方米正在基础施工。推进社区股份制改革，三里屯街道办事处所辖东临济、大临济、西上泽、东关、西临济5个社区完成改制，成立股份制有限公司；三里屯、吴家庄、东上泽3个社区正在进行集体资产评估审计。诸福屯街道办事处所辖蟠桃、诸福屯社区改制启动。

石家庄正定新区

中共正定新区党工委书记：

毛全球（7月免）

王韶华（7月任）

党工委常务副书记、管委会主任：

凌青利（4月免）

吕军　（4月任）

党工委副书记、管委会常务副主任：

王威　（1月任）

党工委委员、管委会副主任：

孙凤毅　李春华

党工委委员、纪工委书记：

陶国田

（辛维铎）

空港工业园

【概况】 空港工业园于2010年10月批准组建，位于河北省省会石家庄北部，规划面积124平方千米，规划人口60万，是河北省按照“科学发展的实验区、对外开放的先行区、经济增长的带动区”发展目标重点打造的省级开发区。空港工业园与石家庄正定国际机场毗邻，距离石家庄市区30千米，首都北京200千米，天津新港350千米，黄骅港300千米。107国道和京港澳、京昆高速公路纵横南北，石太、张石、青银高速公路纵贯东西；京石高速铁路在园区设有专门停靠站，到首都北京仅需45分钟。机场快速路、太行大街、东三环从园区直达石家庄市区。2013年，石家庄空港工业园以构建“两个枢纽、三个基地”（华北地区的复合式交通枢纽、旅游枢纽；华北地区的航空加工业基地、服务外包基地、综合性物流基地）为核心，围绕“产业带动，项目拉动，措施推动”工作思路，抢抓机遇，攻坚克难，各项工作取得阶段性成效。编制完成《石家庄空港工业园起步区城市设计》、《石家庄综合保税区规划设计》及《石家庄空港工业园供热专项规划（2011–2020）》等6个专项规划，并经市规划委员会审批通过。全长16.4千米、占地667.35亩9条主干道路正在施工。通号产业园一期工业园、蕙兰粮食深加工工业园2个项目审批手续办理完毕，总投资15.1亿元。争列省重点建设项目1个，总投资133亿元；争列市重点项目1个（含6个子项目），总投资20.7亿元。2013年空港工业园规划控制区域完成地区生产总值126.32亿元，其中工业总产值79.91亿元，占省下达园区任务目标101%；实现主营业务收入131.44亿元，占任务目标124%，同比增加49.82亿元，增长率达到61.4%；全部财政收入2.87亿元，占任务目标118%。

【6个专项规划通过审批】 3月7日，市规划委员会审批通过《石家庄空港工业园供热专项规划（2011–2020）》等6个专项规划。《供热专项规划》主要内容：供热方式分集中和分散2种，确定集中供热比例为80%，分散供热比例为20%。集中供热方式为传统热电联产机组和区域锅炉房，分散采暖方式为地源热泵、污水源热泵、燃气壁挂炉、燃气三联供等。《供电专项规划》主要内容：将空港工业园电网规划纳入石家庄市电网发展整体规划，准确预测负荷需求，保证供电能力适度超前，提前预留线路走廊和站址，为后续发展留有余地。《道路交通规划》主要内容：在区域层面，形成货运流、客运流、资金流畅达的枢纽地位，强化国际节点和国内枢纽功能，成为华北地区流通、交流、生产服务的中心，打造高效、生态的道路交通系统，联系工业园内各个功能分区，有效支撑工业园招商引资工作和社会经济快速发展。《给水专项规划》主要内容：对地表水、地下水和雨水、污水统筹考虑，合理开发利用新的水资源，充分利用地表水资源和污水资源，逐步关停自备井，提高节约用水水平和工业水重复利用率。《排水专项规划》主要内容：建设完善的雨、污水排放系统，统一布置排水管道、污水处理厂等排水设施，做到园区排水设施与周围村镇、工业区雨水、污水排放统筹考虑。《燃气专项规划》主要内容：

积极采用新工艺、新技术、新材料，根据规划范围和近、远期合理预测区域内各类用户的燃气使用量，确定燃气场站的布点、规模、用地面积，提出辅助配套设施方案和消防、环保、安全要求。

【招商引资】 利用4·26第六届中国·石家庄（正定）国际小商品博览会、5·18中国·廊坊国际经济贸易洽谈会、河北省快递物流园区推介会、河北机场集团专场推介会等活动现场举办园区招商专场推介会，沟通接触省内外服务性机构13家。2013年空港工业园洽谈各类项目97个，签约项目6个，总投资133.1亿元；正在洽谈重大项目8个，其中包括北京洲际物流、中俄国际货运代理公司、香港裘皮拍卖有限公司等企业洽谈投资空港国际皮草加工出口基地项目。2013年审批办结项目2个，总投资15.1亿元；争列省重点建设项目1个，总投资133亿元；争列市重点项目1个，总投资15.26亿元。谋划跨境电子商务平台，推进国际贸易发展，并列入石家庄市电子商务发展规划。

（蔡晓敏）

【26条措施吸引企业项目入驻】 2013年1月，市政府印发《关于促进石家庄空港工业园产业发展的暂行办法》，推出26条措施，采取补贴、贴息、税收返还、奖励等方式吸引投资企业项目入驻空港工业园。主要内容包括：固定资产实际投资5亿～10亿元（不含10亿元）的工业、商贸、物流项目给予补贴，最高不超过5000万元。企业在“空港”建立国家级技术中心、重点实验室、中试基地的，给予一次性500万元设备设施购置补贴。取得国内首台（套）装备生产企业认定证书的，按单台（套）产品销售价格50%给予一次性技术研发补贴，最高不超过200万元。入驻空港工业园企业，实际上缴增值税、企业所得税、营业税的市级及以下分享部分，前2年全额返还企业，后3年返还75%。除中央规定收费项目外，入驻企业免收各种行政事业性收费。入驻企业引进的国家级高层次高技能人才，参照《河北省关于加强企业引进京津人才智力工作的若干意见》，按照省级直接资助资金3倍给予资助等。

（戴丽丽）

【与中国铁路通信公司签订战略合作协议】 1月17日，空港工业园与中国铁路通信信号股份有限公司签订《战略合作协议》，双方同意在城市轨道交通通信信号等工程建设及运营维护、市政工程建设、产业基地建设、保税区物流贸易等领域开展合作，建立全面、稳定的战略合作关系。7月16日，石家庄空港建设投资有限公司与通号创新投资有限公司就石家庄空港工业园起步区西南片区及石家庄综合保税区基础设施项目签订投资建设和还款合同，约定采取“带资建设、政府回购”方式，由通号创新投资有限公司投资3亿元对园区主要道路和管网设施实施建设。2013年底，投资3亿元的空港工业园西南片区和综合保税区主要道路、管网设施开工建设。

【综合保税区申办】 推进和完善石家庄综合保税区整体设计、沙盘制作、综合服务中心等规划设计。至2013年末，石家庄综合保税区内累计签约入驻项目7个，总投资48.7亿元；占地1602亩，其中占地面积达到规划用地面积68%。对接国家海关总署等涉及综合保税区审批部委，12月3日石家庄海关初审完成空港工业园综合保税区规划设计、入驻项目、基础设施建设等，并正式报告国家海关总署，审批设立综合保税区。

【社会保障】 5月21日经市机构编制委员会办公室研究批准，设立石家庄空港工业园社会保险服务中心。主要职责：负责园区范围内养老保险、失业保险、工伤保险的征缴、稽核、管理和发放工作；承办园区离退休人员社会化管理和服务等工作；代办医疗保险和生育保险有关工作。2013年根据河北省人力资源和社会保障厅《关于石家庄空港工业园区规划范围内被征地农民参加基本养老保险问题的答复意见》（冀人社字〔2013〕46号）和市政府专题会议研究决定，明确空港工业园管委会为园区社会保险工作政策实施主体。参照石家庄机场连接线被征地农民参保细则，开展综合保税区、园区基础设施占地涉及被征地农民养老保险基本测算。

石家庄空港工业园

中共石家庄空港工业园党工委

书记、管委会主任：杨志乾

党工委副书记、管委会副主任：

赵同法（1月免）

夏生华（1月任）

党工委委员、管委会副主任：
李卫山　申春良
梁建坤（9月免）
张风彦（3月任）
穆增科
刘军志（9月任）
党工委委员、纪工委书记：刘军
党工委委员、综合办公室主任：
董卫良
党工委委员、经济发展局局长：
李荟萍

（蔡晓敏）

公共管理和社会组织

公共管理和社会组织

中国共产党石家庄市委员会

【概况】 2013年，中共石家庄市委面对复杂多变的形势和艰巨繁重的任务，坚持以科学发展观为指导，贯彻落实中央和河北省委一系列重大决策部署，特别是省委八届五次全会精神和周本顺书记对石家庄市工作新要求，团结带领全市广大干部群众，围绕转型升级、跨越赶超、建设幸福石家庄，在全省率先全面建成小康社会奋斗目标，解放思想、开拓创新，攻坚克难、奋力拼搏，扎实推动省会工作上水平、创一流，实现了经济平稳健康发展、城镇建设加速推进、民生持续改善、社会和谐稳定和党的建设全面加强的良好局面。

学习宣传贯彻党的十八大和省委八届五次全会精神，提高贯彻落实中央和省委决策部署的自觉性、坚定性和创造性。 市委常委会坚持将学习宣传贯彻党的十八大精神作为首要政治任务，精心组织，强力推动，努力用十八大精神统一全市广大党员干部群众的思想和行动。坚持以领导干部为重点，狠抓各级理论中心组的集中学习，举办专题培训班，对全市县处级干部全部轮训一遍。狠抓基层党员干部群众的学习，组织基层宣讲，加强舆论宣传，在全市掀起深入学习宣传贯彻十八大精神热潮。将习近平总书记十八大以来系列重要讲话作为推动省会事业发展的强大思想武器，把学习贯彻习近平总书记讲话与学习贯彻党的十八大精神有机结合起来，进行动员部署，辑印讲话选编，组织集中学习，开展交流研讨，在全市形成浓厚的学习氛围，广大党员干部的政治意识、“看齐”意识、保持一致意识不断增强，思想认同、政治认同和感情认同进一步加深，确保了省会工作沿着正确方向前进。坚持把学习贯彻省委八届五次全会精神作为推动省会又好又快发展的新起点。按照省委统一部署，在全市组织开展解放思想、改革开放、创新驱动、科学发展大讨论活动，引导广大干部群众切实把思想统一到以市场思维和市场机制、开放思维和开放方法、科技思维和科技手段、法治思维和法治方式促进科学发展上来，把力量凝聚到打好“四大攻坚战”上来。把对标学习先进、聚焦解决问题、创新政策举措、突破体制机制障碍作为开展大讨论活动的重点环节，先后由市委、市政府主要领导带队，分别到郑州市、长沙市、天津市等地对标学习，开阔了眼界、学到了经验、看到了差距；由市级党政领导班子成员牵头，开展重点课题调研，形成若干政策专件。通过开展解放思想大讨论，全市广大干部群众增强了加快发展的紧迫感和危机感，明确了努力方向和思路举措，并在破解工作难题、破除体制机制障碍上取得新的进展，为省会又好又快发展奠定了坚实的思想基础和工作基础。坚持把学习贯彻省委八届五次全会精神同学习贯彻周本顺书记在省会调研时的重要讲话精神紧密结合起来，引导广大干部群众强化省会意识、表率意识，努力做到贯彻省委决策部署最坚决、最迅速、最彻底，切实在加快转型升级、增强经济实力、建设大省省会、改善生态环境和解放思想方面走在全省前列，发挥表率作用。

聚焦发展第一要务，加快推进转型升级、跨越赶超。 市委常委会始终将发展作为第一要务，着眼率先全面建成小康社会，为全省经济发展添分量，推进全市经济转型升级、跨越赶超，在宏观经济环境不利情况下，实现了经济规模扩大、效益提升，全部财政收入9年之后重返全省第一。坚持以扩大工业总量、加快转型升级为重点，实施工业强市战略，加快有中生新、无中生有步伐，强力推进工业突破。研究出台鼓励企业深化对标行动配套政策，引导企业广泛参与和做实对标，推动传统产业改造提升。促进各种生产要素向优势产业、企业和园区集中，对10家高成长性重点工业企业和省级以上重点工业园区予以扶持，建立了市领导联系帮扶企业园区制度，出台了配套扶持政策，打造出一批主营业务收入超百亿元企业和超千亿元、两千亿元工业园区，形成一批新的经济增长点。关心企业和企业家，及时解决企业遇到的困难和问题，做好企业围墙外服务工作，为工业企业发展创造良好的外部环境，2013年全市规模以上工业增加值增长11%，工业运行质量和效益名列全省前茅。发挥省会优势，推进现代服务业加快发展。筛选一批高成长性商贸物流企业和项目予以扶持，推进综合保税区建设，提高中国·石家庄（正定）国际小商品博览会（简称正博会）、中国·石家庄国际医药博览会（简称药博会）、石家庄投资合作洽谈会（简称石洽会）办会水平，吸引有影响力的企业总部落户石家庄，实现电子商务快速增长。2013年石家庄市成为全国首批“国家电子商务示范基地”，省会“夜经济”、山区“农家乐”成为全市重要服务业品牌，服务业增加值较2012年取得新的提升。按照中东西三大区域协调发展总体布局，加大对县域经济发展指导力度，制定出台了加快县域经济发展的意见，鼓励各县按照所处区位和发展定位，培育主导产业，推动中部快速隆起、东部工业突破、西部绿色发展，增强了县域经济质量和实力。把发展民营经济作为壮大县域经济的重要支撑，鼓励和扶持全民创业。高度重视“三农”工作，狠抓强农富农惠农政策落实，扎实推进农业基础设施建设，农业综合生产能力提高，农业基础地位得到强化。推进粮食生产核心区建设，完善农业科技推广和服务体系，粮食生产实现“十连丰”，肉、蛋、奶、果、菜等基本农产品保持高产稳产。坚持以工业化理念经营农业，加大农业招商引资和项目建设力度，取得一批重点产业化项目建成投产，提高了农业产业化、现代化水平。探索农村土地承包经营权有序流转，稳妥推进适度规模经营，平山县葫芦峪等一批现代农业园区发展势头良好。实施农民增收帮扶工程，多渠道增加农民收入，2013年农民收入增幅继续高于城镇居民收入增长。坚持把项目建设摆在经济工作首位，叫响抓项目就是抓发展理念，组织开展全市重点项目联查活动，强化对县（市）区党政主要负责人招商引资抓项目的督导，加大项目建设考核力度，调动各方面招商引资的积极性。市级党政负责人坚持以身作则，亲自谋划引进战略投资者，泸州老窖产业园等一批重大项目落户石家庄市。落实重大项目市级领导分包责任制，及时协调解决项目建设中遇到的困难和问题，推动了项目落地、建设和达产。

推进城镇建设上水平、出品位，努力打造大省省会。按照“一河两岸三组团”城市发展格局，加快推进省会建设，大力实施主城区改造提升。深入开展对标天津活动，组织实施城市容貌综合整治，省会面貌有新的改观。集中开展房地产市场专项整治行动，房地产市场秩序得到规范。强力推进轨道交通、新客站东广场等重大基础设施建设，实施市区路网完善、地下雨污管网改造等重点工程，城市承载能力提升。推动实施城市惠民工程，推进老旧小区整修、便民利民设施建设，市民居住环境明显改善，生活质量提升。下放城市管理权限，理顺城市管理体制，探索市场化改革，推进精细化管理，城市更加整洁有序。在北京市社科院发布的《中国城市管理报告》中，石家庄市城市管理水平位列全国44个城市第5名。推进省会城市向北跨河发展，拉开城市框架，提升省会品位，打造城市发展新亮点。贯彻落实习近平总书记关于正定古城保护的重要批示和省委、省政府主要领导一系列指示精神，秉持正确的古城保护理念，坚持大手笔规划、高强度投入，推动古城保护工作。谋划实施60个保护项目，力争用3年时间恢复千年古郡、北方雄镇历史风貌，打造华北平原文化明珠、旅游名城、经济强县。贯彻城乡发展一体化理念，突出规划引领作用，加快推进全域城镇化。将县城建设作为新型城镇化的重要载体，实施“小县大县城”战略，开展县城整治和改造提升行动，拆迁量位居全省第一，提高了县城载体功能和净化、绿化、美化、亮化水平，年末全市省级园林县城达到10个。在主城区和组团县之间区域，以5大产业基地和4个建制镇为依托，谋划了9个各具特色的新市镇，启动实施一批重点基础设施建设项目。“四化同步”综合配套改革方案获得河北省政府批准。将农村面貌改造提升行动作为改善农村生产生活条件、加快农村全面小康步伐的重大举措，启动实施775个省重点村改造建设，突出抓民居改造、道路硬化、饮水、改厕、环境卫生、村庄绿化等重点工作，并建立长效机制，乡村容貌取得显著改观，人民生活质量得到提升，受到农民群众普遍欢迎。

改善“两个环境”，为全面建成小康社会提供保障。市委常委会坚持将改善生态环境作为最基本的民生来抓，以天蓝、水清、地绿为目标，推进省会生态环境综合治理。围绕治理大气污染,谋划实施“天蓝”工程。以压煤、降尘、控车、迁企、减排、控制农村面源污染为重点，实施大气污染防治攻坚战，制定并5次启动重污染天气应急响应，集中拆除水泥过剩产能，查处环境违法行为，对工作后进单位进行问责，促进了省会大气质量改善，PM2.5等主要污染物浓度呈下降趋势。围绕用水安全和水生态改善，谋划实施“碧水”工程。加大滹沱河等主要河流整治力度，狠抓重点流域和输水沿线污染监管和防控。投资50多亿元对洨河综合整治，污染近半个世纪的洨河重现碧水清流。围绕生态修复和改善，谋划实施“地绿”工程。以建设森林城市为目标，强力推进主城区绿化、环省会绿化以及绿色通道建设，启动实施环省会经济林建设，在全市掀起造林绿化热潮，西山森林公园建成开放。全年植树57万亩，森林覆盖率达到34%，同比提高1.79个百分点。高度重视依靠法治手段推进生态环境改善，组建市县环保警察队伍，为环保法律法规贯彻实施提供保证。坚持将改善发展环境作为永不竣工的工程，以钢铁般的意志强力推进。连续三年在春节假期后第一个工作日，召开全市广播电视大会，就优化发展环境进行再动员、再部署。深化行政审批制度改革，市级审批事项削减至87项。加强行政服务中心规范化建设，推行项目联合审批工作机制，为重点项目开辟审批“绿色通道”，审批效率和服务水平提升。开展“为民服务、提质提效”专项行动，推进基层执法标准化建设，严肃整顿和规范基层执法行为，“三乱”等问题有效遏制。统一规范公共资源交易行为，市公共资源交易中心挂牌运行。创新完善民主评议监督机制，促进职能部门和窗口单位作风转变。加大问责力度，严肃查处损害发展环境行为，在广大干部中起到教育警示作用，市场主体和老百姓满意度取得新的提高。

保障改善民生，营造和谐稳定的社会环境。市委常委会坚持将保障改善民生作为第一追求，紧紧围绕老百姓最关心、最直接、最现实的利益问题，坚持量力而行、尽力而为的原则，谋划实施一批利民惠民工程。全年民生支出430亿元，占财政预算支出76%以上。将就业作为民生之本，实施积极的就业政策，大力促进高校毕业生等重点人群就业创业。办好人民满意教育，推进教育均衡化发展，实施山区教育扶贫工程，56所新建和改扩建寄宿制学校全部投入使用，6所山区职业教育中心改造提升基本完成，惠及4万余名贫困山区孩子，受到山区群众和师生的欢迎。推进城乡社会保障体系建设，率先在全省启动城镇居民大病保险试点，扩大了社会保险覆盖面，贫困重残补贴制度在全省领先。推进保障性住房建设，年度任务全面完成，低收入群体住房保障水平提升。加大医疗惠民力度，提高新农合保障水平，率先在全省实施新农合大病保险，市级优质卫生资源倍增工程稳步推进，全省县级公立医院改革试点效果显现，国家基本药物制度在县级以下公立卫生服务机构全面实施，看病难、看病贵问题逐步缓解。组建新的食品药品监督管理机构，开展专项整治活动，严厉打击食品违法行为，“放心馒头”供不应求，食品安全水平有所提升。针对供热出现问题，启动三年提质升级计划，加大热源热网建设改造力度，基本实现冬季供热安全稳定运行。解决省会交通拥堵问题，保证在地铁等重大市政工程占道施工状况下，城市交通运行基本正常。根据中央电视台调查,2013年石家庄市再次入选“中国十大幸福省会城市”。重视宣传思想和意识形态工作，学习贯彻全国、全省宣传思想工作会议精神，加强党员干部理想信念教育和全社会“中国梦”宣传教育，弘扬社会主义核心价值体系。坚持正确舆论导向，开展一系列有影响、有深度的主题宣传报道活动，为加快转型升级、跨越赶超步伐，率先全面建成小康社会营造良好的舆论氛围。推进文明城市创建工作，开展思想道德主题实践活动，市民道德素质和城市文明程度提升。实施文化惠民工程，公共文化服务体系得到完善，叫响了“燕赵讲坛”等文化品牌，丰富了群众精神文化生活。推进文化产业发展，长城影视动漫创意园等一批重大文化产业项目落地开工。坚持将维护社会稳定作为重大政治任务，以高度的政治责任感毫不放松地抓好维稳工作。坚持从人民群众最关注、最不满意、最需要解决的问题入手，扎实推进社会管理创新，完善110综合警务服务站功能，深化社区矫正和特殊人群管理。注重源头治理，做好社会稳定风险评估，减少了矛盾纠纷的产生。发挥“大排查、大调处、大帮扶”一体化社会矛盾化解机制作用，夯实基层基础工作，将矛盾化解在萌芽状态。以新时期群众工作统揽信访工作，将解决问题作为硬任务，严格落实领导包案责任制，稳步推进涉法涉诉信访制度改革，密切党群干群关系。推进平安省会建设，完善社会治安防控体系，增强基层治安防范能力。开展严打整治专项行动，保持社会治安稳定。重视安全生产工作，严格落实政府监管责任和企业主体责任，实施“打非治违”专项行动，保持了全市安全生产形势平安稳定。

加强党的建设，为推动省会科学发展提供坚强保证。市委常委会贯彻为民务实清廉要求，开展党的群众路线教育实践活动预热升温工作，坚持不等不靠、边学边改、立行立改，狠抓各级领导班子和党员干部队伍作风建设，深入查找、坚决克服在“四风”方面的突出问题。按照省委统一部署，开展“四个专项行动”，狠抓“双十条”落实，与省教育实践活动保持同频共振。制定出台《关于市级党政领导干部改进工作作风密切联系群众的若干规定》、《关于进一步加强作风建设的若干规定》，以刚性制度促进作风转变，各级领导班子和党员干部队伍的精神状态和作风发生明显变化。坚持将加强领导班子建设摆在党建核心位置，重视抓好思想政治建设，始终与以习近平为总书记的党中央保持高度一致，做到贯彻省委决策部署最坚决、最迅速、最彻底。推进学习型党组织建设，开展大规模干部培训，提高广大干部的理论水平。严肃换届纪律，圆满完成市人大、政府、政协换届工作，市级领导班子结构全面优化。坚持正确用人导向，围绕中东西区域协调发展战略的实施和重大工作的落实，科学调配干部资源，把有激情、有能力、有担当、有作为的干部调整到领导岗位和关键位置。注重年轻干部培养和选拔使用，将他们放到基层一线、复杂环境、关键岗位锻炼，推进干部竞争上岗和轮岗交流，激发了干部队伍活力。重视乡镇、街道等基层党组织在全面建成小康社会进程中的重要作用，围绕加强基层党组织建设开展调查研究，营造出重视基层工作、关心基层干部的浓厚氛围。开展深化加强基层建设年活动，集中力量办实事，增强农村党组织的凝聚力和战斗力。深化街道“1+3”大工委制和党建网格化工作模式，在全市所有社区推行网格化管理，开展基层党建示范区创建工作，打造服务型基层党组织，增强了党在城市基层的领导核心作用。坚持不懈地推进党风廉政建设，旗帜鲜明地反对腐败。加强对中央和省、市委重大决策部署贯彻落实情况的监督检查，确保政令畅通。加强党风廉政教育，开展廉政文化建设，提高了党员干部廉洁从政意识。贯彻“把权力关进制度的笼子里”要求，推进“廉洁石家庄”建设，探索对“一把手”和管钱管物管工程、有审批权力等关键岗位干部的监督，研究制定具体、可操作的措施办法。坚持惩防并举，加大案件查办力度。坚决纠正损害群众利益的不正之风，严肃查处发生在群众身边的腐败问题。严格执行党风廉政建设责任制，督促各级领导干部履行“一岗双责”，推动党风廉政建设和反腐败工作深入开展。在推进全市各项事业发展中，市委常委会注重发挥总揽全局、协调各方的领导核心作用，坚持、完善市委重要事项沟通协调制度，加强市级领导班子统筹协调，支持人大、政府、政协各班子依照法律和章程积极主动、独立负责地开展工作。注重发挥四大班子整体作用，对涉及经济发展、城镇建设、生态环境、维护稳定以及项目建设等重大工作，实行市领导分工负责制，形成抓工作的强大合力。重视做好新形势下统一战线工作，加强同民主党派、工商联和无党派人士协商合作，充分调动各方面积极性，形成同心同德前行、凝心聚力发展的良好局面。落实民族宗教政策，民族团结、宗教和谐稳定的局面得到巩固。注重发挥工会、共青团、妇联等人民团体联系群众的桥梁纽带作用，组织动员各界群众在推动省会转型升级、跨越赶超中建功立业。加强党管武装工作，国防后备力量建设全面强化，军政军民关系更加密切，驻石家庄部队、武警官兵和民兵预备役支持省会建设取得新成效。市委常委会高度重视自身建设和发挥领导核心作用，贯彻落实民主集中制，调动班子每个成员的积极性，形成团结和谐、干事创业的良好氛围。召开“3·23赶考日”等专题民主生活会，各位常委联系思想和工作实际谈体会、谈感想，增强了党性。各位常委贯彻落实中央和省、市委关于改进工作作风、密切联系群众一系列规定，践行为民务实清廉要求，带头严格遵守各项规章制度，班子的凝聚力、战斗力全面增强。在急难险重任务面前，常委一班人坚持以身作则、率先垂范，带头深入一线，狠抓落实，为各级干部做出了表率。

【中共石家庄市委及有关工作部门组成人员】

书　　记：孙瑞彬
副 书 记：姜德果（2月免）
王亮　（2月任）
刘云峰（6月免）
司存喜（7月任）
市委常委：孙瑞彬
姜德果（2月免）
王亮　（2月任）
刘云峰（6月免）
司存喜
李国伦（1月免）
鲍际国（1月任）
张小国
孙万勇（6月免）
王大虎（2月免）
刘晓军
刘明轩（3月任）
刘志鹏　张树志
王俊钟　胡儒钗
高天　　程凯
毛全球（7月任）
李震国
崔大平（6月任）
市委秘书长：胡儒钗
常务副秘书长：宋学恭（3月免）
刘月照（3月任）
副秘书长：梁立柱（5月任）
高尘
唐克　（5月免）
李兵英
周树仁（5月任）
董志明（5月任）
尹勃　（3月任）
王勇军
市委副秘书长兼市委研究室主任：李海峰（3月任）
市机关事务管理局局长、党组书记兼市委副秘书长：
裴晓青（5月任）
市委副秘书长兼驻京联络处主任：谷维真（3月任）
市信访局局长、党组书记兼市委副秘书长：任建忠（3月免）
暴胜贤（3月任）

市纪律检查委员会

书　　记：司存喜（7月免）
刘明轩（7月任）
常务副书记：王增飞（4月免）
贾巧秀（4月任）
副 书 记：刘吉广　刘书平
梁建林
纪委常委：韩秀华　左素娥
李惠英
刘军志（8月免）
张忠祥（8月任）
郝建哲

市委办公厅

纪检监察员：李惠英

市委组织部

部　　长：王俊钟
常务副部长：韩保来
副 部 长：高新城（3月免）
宋学恭（3月任）
解晓东　张忠良
王云辉　刘力

市委宣传部

部　　长：孙万勇（7月免）
高天　（7月任）
常务副部长：王惠周
副 部 长：兰国良　郭纯阳
王中月
薛建廷（1月免）

市委统战部

部　　长：高天　（7月免）
毛全球（7月任）
常务副部长：李风江（11月免）
徐拥政（11月任）
副 部 长：李爱民　张志敏
刘兰敏

市委政法委

书　　记：刘志鹏
常务副书记：黄朝庆
副 书 记：梁建斌（2月免）
祁改　（2月免）
刘志魁
孟建中（1月任）
程文才（2月任）
李骁　（2月任）

市直机关工委

书　　记：王玉国
副 书 记：范志斌　胡国龙
赵占辉（兼纪工委书记，1月任）
聂忠海（10月免）
杨宗波（9月免）

市委农工委

书　　记：张树志

常务副书记：王武德

副　书　记：王荣军　高地动

陈彦良（3 月任）

邸占欣（3 月免）

机构编制委员会

主　　　任：左建平

副　主　任：邓京生

郝延平（1 月任）

董胜国（1 月免）

霍永平（8 月免）

台湾工作办公室

主　　　任：王溪波

副　主　任：彭彩欣（3 月免）

王春立　杨文江

信访局

局　　　长：任建忠（3 月免）

暴胜贤（3 月任）

副　局　长：苏清才

张建平（8 月免）

李增辰　郭树君

赫建青

研究室

主　　　任：李海峰

副　主　任：郭宗海　谭运江

任维维（3 月任）

老干部局

局　　　长：解晓东

副　局　长：宋成武　李爱虎

许磊

机关事务管理局

局　　　长：古临江（3 月免）

裴晓青（3 月任）

副　局　长：李长亭　卢首往

郭金岭（1 月任）

张宏社（3 月任）

【中共石家庄市委常委会议】 1 月 18 日，孙瑞彬主持召开九届市委常委会第 36 次会议。研究《关于市级党政领导干部改进工作作风密切联系群众若干规定（讨论稿）》；传达学习中央政治局委员、中央组织部部长赵乐际在西柏坡调研时的重要讲话精神，研究贯彻落实意见；听取市编办有关工作汇报；研究干部人事问题（市委常委会议纪要九届第 36 号）。

1 月 22 日，孙瑞彬主持召开九届市委常委会第 37 次会议。传达学习中共中央总书记习近平在十八届中央纪委二次全会上的讲话和关于厉行勤俭节约、反对铺张浪费重要批示精神，研究贯彻落实意见；讨论并原则同意市纪委《关于王修明申诉案的处理意见》；研究干部人事问题（市委常委会议纪要九届第 37 号）。

1 月 28 日，孙瑞彬主持召开九届市委常委会第 38 次会议。研究无极县注水牛肉问题处置工作（市委常委会议纪要九届第 38 号）。

2 月 1 日，孙瑞彬主持召开九届市委常委会第 39 次会议。学习中共中央总书记习近平、中央纪委书记王歧山在十八届中央纪委二次全会上的讲话；听取市委政法委关于全国全省政法工作会议、综治办主任会议精神及石家庄市贯彻落实意见的汇报；讨论并原则同意《关于全市党政机关厉行勤俭节约反对铺张浪费的规定（讨论稿）》；听取市委办公厅和市优化办关于召开全市着力改善“两个环境”广播电视大会有关事项的汇报；讨论并原则同意《关于深化加强基层建设年活动的意见（讨论稿）》和《关于深化加强基层建设年活动非重点村实施方案（讨论稿）》（市委常委会议纪要九届第 39 号）。

2 月 7 日，孙瑞彬主持召开九届市委常委会第 40 次会议。研究干部人事问题（市委常委会议纪要九届第 40 号）。

2 月 23 日，孙瑞彬主持召开九届市委常委会第 41 次会议。听取市委组织部关于全省组织部长会议精神及石家庄市贯彻落实意见的汇报；听取市委统战部关于全省统战部长会议精神及石家庄市贯彻落实意见的汇报；研究市纪委关于召开市纪委九届三次全会的有关事项及《关于建设“廉洁石家庄”的意见（讨论稿）》；听取市委宣传部关于召开石家庄市文联第九次代表大会和市社科联第六次代表大会有关事项的汇报；研究市委组织部关于《石家庄市第十三届人大常委会中共党员委员提名原则（讨论稿）》和《政协石家庄市第十二届委员会中共党员常务委员推荐原则（讨论稿）》；研究干部人事问题（市委常委会议纪要九届第 41 号）。

2 月 26 日，孙瑞彬主持召开九届市委常委会第 42 次会议。听取关于中共中央办公厅督查组检查石家庄市地下水污染问题有关情况的汇报(市委常委会议纪要九届第42号)。

3 月 8 日，孙瑞彬主持召开九届市委常委会第 43 次会议。听取关于全省农村工作会议精神及石家庄市贯彻落实意见的汇报；研究《石家庄市推进城镇化建设的指导意见》；讨论并原则同意《关于进一步加强社区工作的意见（讨论稿）》；研究干部人事问题（市委常委会议纪要九届第 43 号）。

3 月 19 日，孙瑞彬主持召开九

届市委常委会第44次会议。传达学习党的十八届二中全会和全国两会精神，研究石家庄市贯彻落实意见（市委常委会议纪要九届第44号）。

3月22日，孙瑞彬主持召开九届市委常委会第45次会议。听取市人大常委会党组关于召开石家庄市第十三届人民代表大会第一次会议和市政协党组关于召开政协石家庄市第十二届委员会第一次会议有关事项的汇报；讨论并同意《市第十三届人大代表及常委人选建议名单》；讨论并同意《市第十二届政协委员及常委人选建议名单》；讨论并同意市编办关于组建矿区工业园区管理机构，调整市综治办、社科院、石家庄循环化工园区管委会领导职数等机构编制事宜的意见；研究干部人事问题（市委常委会议纪要九届第45号）。

3月23日，孙瑞彬主持召开九届市委常委会第46次会议。研究干部人事问题（市委常委会议纪要九届第46号）。

3月25日，孙瑞彬主持召开九届市委常委会第47次会议。传达学习省委主要领导在省委常委会上重要讲话精神，研究石家庄市贯彻落实意见；研究干部人事问题（市委常委会议纪要九届第47号）。

4月3日，孙瑞彬主持召开九届市委常委会第48次会议。讨论并同意关于市十三届人大一次会议临时党委成员建议名单、主席团和秘书长建议名单、主席团常务主席名单等有关事项；讨论并同意市人大副主任、副市长、市人大常委差额人选建议名单；讨论并同意市政协十二届一次会议主席团、大会秘书长建议名单和市十三届人大各专门委员会人选建议名单；讨论并原则同意《政府工作报告（讨论稿）》；听取市财政局关于2013年预算安排情况的汇报；书面印发市委组织部《关于全省第二十一次高校党建工作会议精神及我市贯彻落实意见的汇报》（市委常委会议纪要九届第48号）。

4月17日，孙瑞彬主持召开九届市委常委会第49次会议。传达学习省委书记周本顺到石家庄市调研时的重要讲话精神，研究贯彻落实意见；讨论并原则同意《石家庄市2010－2012年度劳动模范推选人员名单》；讨论并原则同意市委组织部《关于进一步推进市直机关科级领导干部轮岗交流工作的意见（试行）》（市委常委会议纪要九届第49号）。

4月22日，孙瑞彬主持召开九届市委常委会第50次会议。研究干部人事问题（市委常委会议纪要九届第50号）。

5月9日，孙瑞彬主持召开九届市委常委会第51次会议。传达学习省委八届五次全会精神，研究贯彻落实意见；听取关于全省人口计生工作电视电话会议精神及石家庄市贯彻落实意见的汇报；研究《石家庄打造西柏坡廉政文化品牌规划（讨论稿）》；书面听取河北省纪念中共中央发布“五一口号”65周年座谈会情况的汇报（市委常委会议纪要九届第51号）。

5月18日，孙瑞彬主持召开九届市委常委会第52次会议。传达学习《中共中央关于在全党深入开展党的群众路线教育实践活动的意见》（中发〔2013〕4号）；传达学习中共中央办公厅《关于当前意识形态领域情况的通报》及省委书记周本顺的批示精神；讨论并原则同意《石家庄市人大常委会第五个五年（2013－2017）立法规划（草案）》；研究干部人事问题（市委常委会议纪要九届第52号）。

5月26日，孙瑞彬主持召开九届市委常委会第53次会议。传达学习《中共中央关于在全党深入开展党的群众路线教育实践活动的意见》（中发〔2013〕4号）；传达学习中共中央办公厅《关于当前意识形态领域情况的通报》及省委书记周本顺的批示精神；讨论并原则同意《石家庄市人大常委会第五个五年（2013－2017）立法规划（草案）》；研究了干部人事问题（市委常委会议纪要九届第53号）。

5月30日，孙瑞彬主持召开九届市委常委会第54次会议。通报石家庄市代表团赴郑州市、长沙市和天津市学习考察情况，研究部署下步工作（市委常委会议纪要九届第54号）。

6月7日，孙瑞彬主持召开九届市委常委会第55次会议。传达学习省委解放思想大讨论活动推进会议主要精神，研究贯彻落实意见（市委常委会议纪要九届第55号）。

6月23日，孙瑞彬主持召开九届市委常委会第56次会议。研究干部人事问题（市委常委会议纪要九届第56号）。

7月6日，孙瑞彬主持召开九届市委常委会第57次会议。传达学习中共中央总书记习近平在党的群众路线教育实践活动工作会议上的重要讲话精神和省深入开展党的群众路线教育实践活动动员大会精神，研究贯彻落实意见；总结全市解放思想大讨论活动情况，安排部署下步工作；听取关于省实施农村面貌改造提升行动推进大会主要精神及石家庄市贯彻落实意见的汇报；讨论并原则同意《关于加快推进“五大产业园区”和“四个新市镇”城镇化建设的意见（试行）》；讨论并原则同意《石家庄市进一步深化行政审批制度改革的八项措施（讨论稿）》；讨论并原则同意《关于扶持县域经济加快发展的若干措施（讨论稿）》；讨论并原则同意《关于鼓励工业企业深化对标行动的意见（讨论稿）》；讨论并原则同意《石家庄市城乡建设和房地产市场专项整治活动实施方案（讨论稿）》；讨论并原则同意《石家庄市全面推进县城建设的意见（讨论稿）》；讨论并原则同意《关于加快开发区（园区）发展的意见（讨论稿）》；传达学习中共中央总书记习近平在全国组织工作会议上的重要讲话精神；讨论并原则同意《关于成立市人大常委会机关党组和市政协机关党组的意见》；研究干部人事问题（市委常委会议纪要九届第57号）。

7月15日，孙瑞彬主持召开九届市委常委会第58次会议。传达学习中共中央总书记习近平在河北省调研指导党的群众路线教育实践活动时的重要讲话精神及省委常委扩大会精神，研究石家庄市贯彻落实意见；听取关于全国、全省平安建设工作会议主要精神及石家庄市贯彻落实意见的汇报；书面印发《关于开展涉党政机关执行积案专项清理活动的汇报》（市委常委会议纪要九届第58号）。

7月18日，孙瑞彬主持召开九届市委常委会第59次会议。研究干部人事问题（市委常委会议纪要九届第59号）。

7月22日，孙瑞彬主持召开九届市委常委会第60次会议。研究干部人事问题（市委常委会议纪要九届第60号）。

7月30日，孙瑞彬主持召开九届市委常委会第61次会议。传达学习省委书记周本顺到石家庄市调研时重要讲话精神，研究石家庄市贯彻落实意见（市委常委会议纪要九届第61号）。

8月6日，孙瑞彬主持召开九届市委常委会第62次会议。听取市政府关于2013年民生工作进展情况的汇报；讨论并原则同意《关于进一步加强作风建设的若干规定（讨论稿）》；讨论并同意市编办《关于组建市食品药品监督管理机构及开发区（工业聚集区）管理机构调整部分县级单位机构编制的意见》（市委常委会议纪要九届第62号）。

8月13日，孙瑞彬主持召开九届市委常委会第63次会议。讨论并原则同意《关于市领导分包重大项目建设工作的意见（讨论稿）》；收看反邪教党内参考片《较量——正在进行》；研究干部人事问题（市委常委会议纪要九届第63号）。

8月29日，孙瑞彬主持召开九届市委常委会第64次会议。学习《河北日报》长篇通讯《同呼吸才能心相印——习近平在正定工作期间坚持群众路线纪实》；讨论并原则同意《关于落实省委直接联系群众八项制度的实施意见（讨论稿）》；讨论并原则同意《2012年度省管干部考核等次建议》和《2012年度县（市、区）、市直部门领导班子和领导干部考核结果》；书面印发市委宣传部《关于全省文化产业发展工作现场会主要精神及我市贯彻落实意见的汇报》；书面印发市纪委《关于成立市委巡视工作联络组情况的通报》（市委常委会议纪要九届第64号）。

9月11日，孙瑞彬主持召开九届市委常委会第65次会议。传达学习中共中央总书记习近平《在全国宣传思想工作会议上的讲话》和《在中央政治局常委会议上关于当前经济形势和经济工作的讲话》精神，研究石家庄市贯彻落实意见；讨论并原则同意《石家庄市大气污染治理攻坚行动实施方案（2013－2017年）（讨论稿）》、《关于成立市大气污染防治领导机构和工作机构的通知（讨论稿）》和《石家庄市今冬明春大气污染防治工作方案（讨论稿）》；讨论并原则同意《石家庄市为民服务提质提效专项行动工作方案（讨论稿）》（市委常委会议纪要九届第65号）。

9月16日，孙瑞彬主持召开九届市委常委会第66次会议。传达学习省委省政府主要领导特别是省委书记周本顺到石家庄市督导调研大气污染防治工作时的重要讲话精神，研究贯彻落实意见（市委常委会议纪要九届第66号）。

9月17日，孙瑞彬主持召开九届市委常委会第67次会议。研究干部人事问题（市委常委会议纪要九届第67号）。

9月22日，孙瑞彬主持召开九届市委常委会第68次会议。研究部署当前全市重点工作（市委常委会议纪要九届第68号）。

9月26日，孙瑞彬主持召开九届市委常委会第69次会议。传达学习中共中央总书记习近平在省委常委专题民主生活会上的重要讲话和省委常委会议精神，研究贯彻落实意见（市委常委会议纪要九届第69号）。

10月29日，孙瑞彬主持召开九届市委常委会第70次会议。讨论并原则同意《石家庄市重污染天气应急预案（讨论稿）》；讨论并原则同意《关于对污染防治工作违规违纪行为实行问责的暂行规定（讨论稿）》；听取市委组织部《关于赴太原市和郑州市学习考察社区党建工作有关情况的报告》；讨论并同意《领导班子和领导干部综合考核评价办法》（市委常委会议纪要九届第70号）。

10月31日，孙瑞彬主持召开九届市委常委会第71次会议。研究干部人事问题（市委常委会议纪要九届第71号）。

11月15日，孙瑞彬主持召开九届市委常委会第72次会议。传达学习党的十八届三中全会精神，研究石家庄市贯彻落实意见；听取市委组织部关于全省组织工作会议精神及石家庄市贯彻落实意见的汇报；听取市委宣传部关于全省宣传思想工作会议精神及石家庄市贯彻落实意见的汇报；讨论并原则同意市编办关于组建市卫生计生委和设立、调整部分事业单位机构编制事宜的意见；讨论并同意市纪委关于给予元氏县人大原主任孙辰彦开除党籍、开除公职处分的意见；研究干部人事问题（市委常委会议纪要九届第72号）。

12月19日，孙瑞彬主持召开九届市委常委会第73次会议。听取关于市委九届五次全会安排意见及有关文件起草情况的汇报；听取市人大常委会党组关于召开石家庄市第十三届人民代表大会第二次会议和市政协党组关于召开政协石家庄市第十二届委员会第二次会议有关事项的汇报；传达学习中共中央总书记习近平关于安全生产的重要批示和讲话精神并听取全市安全生产主要工作情况汇报；听取全市老干部工作汇报；讨论并同意市纪委关于给予国土局耕地保护处原处长史秀善兰留党察看处分的意见；研究干部人事问题（市委常委会议纪要九届第73号）。

12月20日，孙瑞彬主持召开九届市委常委会第74次会议。研究干部人事问题（市委常委会议纪要九届第74号）。

（李毅）

【市委九届五次全体扩大会议】 12月26日，中共石家庄市第九届委员会举行第五次全体（扩大）会议。会议由市委常委会主持。市委委员、候补委员出席会议，不是市委委员、候补委员的市人大常委会、市政府、市政协领导，市法院院长，市检察院检察长，市人大、市政协秘书长，市委、市政府副秘书长，市纪委委员，县（市）区党政主要负责人，市直各部门、各单位主要负责人，市五大工业聚集区主要负责人，市属大型企业、大专院校党委书记，驻石家庄金融单位负责人列席会议。全会主要任务：贯彻落实党的十八大、十八届三中全会、中央经济工作会、中央城镇化工作会、中央农村工作会和省委八届六次全会精神，总结2013年工作，分析形势，部署2014年工作，动员全市各级党组织和广大干部群众进一步解放思想、改革创新，凝聚力量、攻坚克难，加快转型升级、跨越赶超、建设幸福石家庄步伐，强力推动省会绿色崛起，为率先在全省全面建成小康社会奠定坚实基础。市委常委会以书面形式向全会报告工作。会议传达了中央经济工作会议、城镇化工作会议和省委八届六次全会精神。省委常委、市委书记孙瑞彬就贯彻落实中央和省一系列会议精神、全面做好2014年工作作重要讲话。市委副书记、市长王亮总结2013年、部署2014年经济工作。会议通报了各县（市）区党政主要领导和工业聚集区主要负责人2013年引进5亿元以上项目情况。

（张明星）

【出台《关于进一步加强作风建设的若干规定》】 2013年下半年，市委出台《关于进一步加强作风建设的若干规定》，主要内容包括五个方面18项要求，即严肃政治纪律：1. 坚决维护以习近平同志为总书记的党中央的权威。对待大是大非问题必须立场坚定、旗帜鲜明，不信谣、不传谣，自觉同违背中央精神的错误言论和行动作坚决斗争。2. 严格落实中央《关于改进工作作风密切联系群众的八项规定》。凡违反规定的，严肃追究责任。3. 坚决维护省委的权威。认真贯彻执行省委、市委的决策部署，做到不变调、不走样。4. 严禁信巫拜神，搞封建迷信。严禁脱离群众：5. 市、县两级领导班子成员，要严格落实省委密切联系群众的“五个一”规定［每人联系一个乡（镇）、一个村（社区）、一个家庭、一个企业、一个项目］。其他科级以上领导干部每人每年至少联系帮扶一户困难群众。领导干部每年深入基层调研解决问题不少于 100 天。6. 严禁对市场主体和办事群众冷横硬推、故意刁难、吃拿卡要。一经发现一律先停职检查，再视情节追究责任。7. 对群众反映的问题不得敷衍塞责、推诿扯皮，必须做到件件有着落、事事有回音。凡由此而造成重大影响的，严肃追究相关责任。8. 严禁违背民意、违背客观规律的“拍脑门”决策。由此使群众利益受到损害、国家和集体财产受到损失以及造成群体性事件的，均对决策者实行责任追究。严禁文山会海：9. 严格控制简报。市直各部门、各单位和各临时性机构只保留一种简报，每月不超过2期，每期不超过 800 字。10. 严格控制会议。严格会议审批，凡需各县(市、区)党政主要领导和市直部门主要负责人参加的全市性会议，由市委书记审批；凡需各县（市、区）政府主要领导和市直部门主要负责人参加的全市性会议，由市长审批。严控会议时间，除市委全会、市“两会”外，全市性会议时长不得超过2小时，其他工作会议时长不得超过1小时。严控会议规模，不得安排无关人员参会、陪会，无主持和讲话任务的领导不上主席台。11. 严禁开会讲空话、套话。除程序性、综合性会议外，主讲人一律脱稿讲话。严格工作纪律：12. 严禁县（市、区）、乡（镇）党政领导班子成员“走读”，工作日要吃住在当地。严禁机关工作人员迟到早退，上班时间上网炒股、玩游戏、打牌、聊天等。13. 严禁公务人员工作日中午饮酒。14. 遇有群体性和突发性事件，本辖区、本单位主要领导和分管领导必须在第一时间到现场处置。凡因处置不及时、不得当，造成严重影响的，严肃追究责任。严禁铺张浪费：15. 严禁超标准接待，公务接待一律安排工作餐。严禁公款旅游。严禁公款走访、送礼、宴请。不准参与高消费娱乐活动。16. 严格执行公务用车编制管理规定和配备使用标准。领导干部调动工作时，原用车辆一律在 3 个月内交还原单位。17. 严格按照有关规定分配、使用办公用房。各级领导干部只安排一处办公用房。严禁超标装修办公室、会议室、活动室、食堂等。18. 严格落实领导干部个人重大事项报告制度，严禁婚丧嫁娶大操大办。市委办公厅、市政府办公厅负责定期督导检查，每半年通报执行情况，并向市委常委会议进行汇报。各级纪检监察机关负责对本规定的监督检查和贯彻落实。违反本规定的，一经查实，视情节轻重给予责任人效能问责、组织处理、党政纪处分；涉嫌犯罪的，移送司法机关处理。对情节严重的，同时责令其主要领导和主管领导做出深刻检查、责令辞职直至撤职。

（市委办公厅）

组织工作

【概况】 2013 年，全市组织工作以加强党的执政能力建设、先进性和纯洁性建设为主线，以深化加强基层建设年活动、实施领导干部思想政治素质提升工程、深化干部人事制度改革、推进十项重点人才工程为重点，开拓创新、狠抓落实，实现组织工作水平全面提升。全年全市选派省、市、县三级优秀干部 1191 名，进驻 397 个重点农村开展帮扶活动，完成帮扶项目 7402 项，累计投入资金 5.7 亿元。提交市委常委会研究干部任免 400 人。新建基层党总支 35 个、支部 186 个、党小组 1578 个，新发展党员 4621 名。新选聘大学生村官 353 名，续聘村官 106 名。2013 年石家庄市深化加强基层建设年活动、基层服务型党组织建设、领导干部思想政治建设、培养选拔年轻干部、干部档案规范化管理工作受到中央组织部和省委组织部的肯定。

【基层建设年活动】 2 月 26 日，全市召开深化加强基层建设年活动动员大会，贯彻落实河北省深化加强基层建设年活动动员大会精神，安排部署 2013 年深化加强基层建设年活动。省委常委、市委书记孙瑞彬，市委副书记、代市长王亮出席会议，市委副书记刘云峰宣读市委《关于深化加强基层建设年活动的意见》。会议公布 2013 年全市基层建设年活动新确定重点帮扶村 397 个，省、市、县三级选派优秀干部 1191 名，组成 397 个驻村工作组集中开展帮扶活动。2013年全市将基层建设年活动作为各级党委“一号工程”，建立党委常委活动联系点制度，明确县（市）区委书记责任，实行派出单位捆绑责任制和“一把手”负责制，形成“一把手抓、抓一把手，齐心协力、一抓到底”工作格局。实行驻村工作组组长负责制、考勤和请销假、定期督导检查通报、跟踪考察、召回问责等制度。开展专项督导检查15次、随机抽查7次，昼访（暗查）4次、夜访2次，369个重点村驻村工作组平均督导检查5.9次，编发《督导专报》25期，提出整改要求300余条。检查中发现无故不在岗、在岗不办事、办事不主动等问题，立即向全市进行通报并责令限期整改。印发《深化加强基层建设年活动项目帮扶工作实施意见》，市级财政为397个重点村列支项目配套资金2000万元；县级财政为每个非重点村工作组分别提供2万元办公经费和5万～10万元办实事经费，累计列支3.3亿元；各级派出单位厉行节俭，节省资金1700多万元；争取省市扶贫、教育、产业发展、设施建设等资金6000多万元，全部用于帮扶项目建设。开展“比质量保精品、比速度保进度、比投入保承诺、比管理保长效”项目建设竞赛活动，实行“一个项目、一名领导、一套班子、一套措施”管理机制。5次召开领导小组会、推进会、交流观摩会，掀起项目建设热潮。2013年全市397个重点帮扶村完成帮扶项目7402项，累计投入资金5.7亿元，平均每村143万元，项目数量和投入资金数额均大幅增加。通过帮扶项目建设，全市硬化村街道路136万平方米，打饮水井113眼，铺设管道4万余千米，村内安装变压器601台，整修危房1890户，安装路灯1.5万盏，送文化下乡4428场次，安装健身器材1782件（套）。以建设幸福乡村为目标，制定出台《关于集中开展村容村貌综合整治活动的通知》，加大农村环境整治力度。2013年全市开展农村环境整治共为重点帮扶村投入专项整治资金1260万元，清理积存垃圾79万立方米，粉刷墙面211万平方米，设立垃圾池（箱）2467个。市委组织部、市林业局联合制发《关于开展春季造林绿化活动着力改善农村生态环境的安排意见》，在397个重点帮扶村植树262万棵，平均每村6千多棵，年末全市农村累计植树4200万余棵。开展入户走访座谈、党的群众路线教育实践活动宣讲、送温暖送关怀等活动，走访群众15.6万户、党员2.3万名，召开“两委”班子座谈会、党员座谈会、村民代表座谈会1210次，征求意见6000余条；走访慰问老党员、老干部、贫困户、五保户、特困家庭3.5万人次，赠送米、面、油等生活必用品和捐款捐物价值860万元。2013年石家庄市还在帮扶村开展以建强一个村级班子、完善一套工作机制、解决一批突出问题为主要内容的“五个一”帮扶工作，夯实了农村建设基础。

【群众路线教育实践活动】 成立以省委常委、市委书记瑞彬书记为组长的教育实践活动领导小组和办公室，加强活动统筹谋划和组织指导。制定出台《关于在全市做好党的群众路线教育实践活动启动前有关工作的指导意见》，召开全市党的群众路线教育实践活动预热工作会议，组织广大党员干部开展集中学习，实施县处级以上领导机关、领导班子、领导干部每月集中学习时间不少于7天，其他干部不少于5天学习制度。组织干部撰写学习体会、收看吕振华先进事迹报告会、执法监管部门和窗口单位提质提效视频会。举办组织工作干部党的群众路线教育实践活动专题培训班，专门培训各县（市）区委组织部主管副部长、市直各大系统组织干部（人事）处长及市委群众路线教育实践活动办公室人员。建立健全领导干部直接联系群众制度，制定印发《关于落实省委直接联系群众八项制度的实施意见》，市县两级领导班子成员全部建立“五个一”联系点。落实领导机关公开承诺制度，各级各部门就解决“四风”问题向群众作出公开承诺，共承诺事项8000多项。开展创建窗口单位示范点活动，出台《关于创建全市窗口单位示范点的通知》、《关于加强全市窗口单位示范点创建工作的指导意见》，提出示范点建设“五好五有”具体标准，召开市直窗口单位示范点工作会议和市直窗口单位示范点建设推进会，15个市级、90余个县级窗口单位积极开展示范点创建活动。开展正风肃纪、执法监管部门和窗口单位提质提效、大气污染综合防治、农村面貌改造提升行动，解决一大批群众关注的热点难点问题，让广大群众深切感受到了教育实践活动成果。

【领导班子和干部队伍建设】 完成市人大、政府、政协及市属高校党委、文联、社科联换届，积极做好市政协委员推荐，市人大常委、市政协常委提名和各职候选人酝酿讨论协商，印发《关于严肃换届纪律确保风清气正的通知》等文件。推进领导干部思想政治建设。2013年初，全市举办8期县处级领导干部学习贯彻习近平总书记系列讲话和党十八大精神培训班，轮训市管干部1600多名。抓好科级干部培训，举办乡科级领导干部轮训示范班。组织各级领导班子召开“重温进京赶考、交出满意答卷”专题民主生活会、开展“重走赶考路”党性教育实践活动。2013年中央组织部和河北省委组织部对石家庄市“重走赶考路”活动给予肯定，《全国干部教育通讯》、《人民日报内参》刊发报道，并在全省推广。修订完善干部教育培训机制，制定《2013年石家庄市干部教育培训工作要点》、《关于深入学习贯彻省委八届五次全会和全市领导干部会议精神、进一步加强干部教育培训工作的通知》、《关于在干部教育培训中进一步改进学风、加强学员管理工作的通知》。围绕“转型升级、跨越赶超”大局，举办县级领导干部任职培训班、中青年干部培训班、示范性党校建设暨党校师资培训班；借助省内高校培训基地和全国高端培训平台，举办新型工业化与新型城镇化、招商引资和县域经济发展、轨道交通建设与城市文化等创新性特色性干部选学培训班。2013年全市举办各级各类干部培训班552期，培训干部7.6万人次，其中市委组织部直接办班10期，培训县、科级领导干部785人次。改进完善干部考核。制定出台新的《县（市、区）领导班子和领导干部综合考核评价办法》和《市直部门领导班子和领导干部综合考核评价办法》，在考核指标设置、考核方式方法、考核结果运用等方面作出较大改革，《中国组织人事报》、《河北日报》、中国政府网、中央人民广播电台等十多家媒体刊发播出石家庄市做法。加强平时考核，落实“工作报告、建立台账、跟踪督导、定期通报”四项制度，监控和督导考核指标运行情况。印发《关于对省综合考核评价我市党政领导班子定量指标分解落实的通知》，召开专题调度督导会议，促进省考核目标任务落实。配合省委组织部做好石家庄市省管干部2012年度考核工作。加强干部队伍管理。严格按照《干部任用条例》、五个规范性文件规定，做好干部任免工作，2013年全市提交市委常委会研究干部任免400人。按照中央纪委、中央组织部《关于做好2013年领导干部报告个人有关事项工作的意见》要求，组织市管干部报告2013年度个人有关事项，26名市管党政正职实行了经济责任审计，对12名领导干部落实审计建议进行回访，促进了问题整改和落实。制定出台《关于进一步加强国家工作人员登记备案和因私出国（境）证照管理工作的通知》，规范领导干部出国政治审查和因私证照收集工作，全年备案因公出国（境）团组49个，审批因公到台湾团组17个、因私出国（境）66人次，未发生1起出国（境）人员滞留不归等违反外事纪律的情况。采用“积分选岗”办法妥善安置20名正团职军转干部；招录选调生64名；推荐派遣9名援坝干部人才、5名援藏干部人才、1名援疆骨干人员、5名援疆前指人员、36名援疆干部人才。完成2013年度公务员录用省市县乡四级联考和全市事业单位工作人员招聘，录用党群系统公务员326名，招聘党群系统事业单位工作人员42名，做到“零纰漏、零差错、零失误”要求。开展县（市）区、市直党群部门、参照公务员法管理单位、事业单位27326名科级以下人员2012年度考核和奖惩工作，产生优秀等次人员4039名，表彰二等功人选12名。做好公务员调任审批和日常登记，全年调任审批公务员80名，公务员登记539名。完成事业单位申报参照公务员单位管理和“人民满意的公务员”、“人民满意的公务员集体”评选推荐工作。建立公务员管理信息系统，采集录入县（市）区和90个市直单位34293人、400万余条信息。加强干部档案规范化管理，改版和整理市管干部档案2243卷。稳妥推行干部档案“集中存放、统一管理”模式。2013年石家庄市在全省组织系统信息管理工作会议上，以《创新管理模式 完善管理机制 提高干部档案规范化管理水平》为题作了经验介绍。执行干部档案任前审核制度，全年任前审核干部档案292名，有效防止干部“带病提拔”。

（尹路）

【改进领导干部考核评价办法】 2013年下半年，市委、市政府出台新的《县（市、区）领导班子和领导干部综合考核评价办法（试行）》、《市直部门领导班子和领导干部综合考核评价办法（试行）》，创新评价体系、考核指标、考核方式方法，设置县（市、区）、市直部门、派出机构（园区）3套领导班子综合考核评价体系，实行“千分制”，考核指标800分，民主评价200分，根据奖惩加减分，形成考核指标、民主评价、奖惩加减分“三位一体”综合量化评价机制。主要内容：1.派出机构（园区）单独考核，包括“经济发展、生态环境、社会管理、党的建设”4个方面。2.考核指标设置各有侧重。与河北省考核主要指标对接，将省考核市、县主要指标纳入石家庄市对县（市、区）、市直部门、派出机构的考核体系，在“财政收入、居民收入、环境质量”等方面重点考核增量、增速。结合全市实际，继续保留“优化发展环境”等特色指标，并在市直部门新增设“服务发展的创新性工作”。指标设置不搞大而全，做到少而精，县（市、区）考核指标由原来49项调整为18项，主要包括“经济发展、生态环境、改善民生、社会管理、党的建设”5个方面；市直部门由原来19项调整为12项，主要包括“共性工作、业务工作、重点工作”3个方面。3.“年度考核”变为“综合考核”。原“年度考核办法”改变为“综合考核评价办法”，通过对考核目标跟踪督导、季度报告、半年总结点评、情况通报等，实行平时考核、半年考核和年度考核相结合。领导班子评价，结合平时考核、专项考核、审计等情况，提出综合评价等次建议。探索建立“石家庄干部考核网”，逐步将县（市、区）和市直部门重点工作、主要考核指标进展情况等在网上发布。试行“第三方”社会民意调查，委托权威中介机构，采取入户调查、电话访谈、网络问卷等方式，对领导班子和领导干部的实绩、作风等开展社会民意调查。4.强化德和作风考核。采取述德、测德、问德、德和作风反向调查等方式，在述职述廉、民主测评、个别谈话等环节，注重了解掌握领导干部的“政治品德、职业道德、社会公德、家庭美德”和“四风”方面情况，作为评价重要依据。5.考核结果与干部选任奖惩紧密结合。确定为优秀等次的领导班子给予表彰奖励，工作业绩特别突出的，授予“突出贡献领导班子”称号。确定为优秀等次的领导干部给予嘉奖，同等条件下晋升职务时优先考虑，连续三年的，记三等功；领导班子换届考察、个别选拔任用时，将考核结果作为综合量化提名的重要内容。确定为一般、较差等次的领导班子及基本称职、不称职等次的领导干部，给予诫勉谈话、组织调整、免职或责令辞职、降职等。

（戴丽丽）

【干部人事制度改革】 完善竞争选拔干部机制，落实“两推一议”提名办法、任用重要干部票决制和对拟提拔干部增加“三项公示”内容制度。推进干部轮岗交流，制定出台《关于进一步推进市直机关科级领导干部轮岗交流工作的意见（试行）》。加强干部选拔任用工作监督检查，印发《关于对干部选拔任用工作进行自查的通知》和《关于对干部选拔任用工作进行检查的通知》。组织各单位对近3年来党政领导干部选拔任用过程中“带病提拔”情况和2011年以来破格提拔干部情况进行倒查和自查。推行干部选拔任用全程记实制度，开展干部选拔任用工作“一报告两评议”，健全信访、12380电话、互联网、手机短信等举报平台，加大对违规用人问题查核力度。全年受理干部人事举报84起，查结81起，其中涉及选人用人问题25起，取消任免决定2名，诫勉谈话2名，提醒谈话7名。加大年轻干部培养选拔力度，落实《关于加强科级年轻干部培养选拔使用工作的指导意见》，督导检查了各县（市）区、市直各单位培养选拔年轻干部情况，中央组织部《组工通讯》、《人民日报》、《河北日报》刊发了石家庄市做法。跟踪考察2011年公选30名副县级年轻干部，形成专题考察报告。

【基层组织建设和党员管理】 以创建党建示范区为抓手，推进基层服务型党组织建设。制定下发《关于加强“四好一强”服务型农村基层党组织建设的实施意见》和《关于创建基层党建示范区的通知》，采取“交通便利、集中成片”原则，指导各县（市）区按照农村、社区、非公企业3种类型开展基层党建示范区创建活动。落实工作责任制，明确县（市）区委书记是第一责任人、组织部门负责牵头要求。各单位创建进度和成果实行定期督导、定期例会、随机抽查、全面验收，印发督导通报10期。加大资金投入，市级财政拨付240万元、市管党费列支120万元，专门用于24个社区党建示范区创建，涌现出长安区“梦启长安”、桥东区“金钥匙服务社”、裕华区“爱心联盟”、桥西区“社区好帮手”、新华区“爱‘新’驿家”等一大批特色服务品牌。2013年中央电视台《新闻联播》以“石家庄：创新服务，打造特色社区”为题，报道了桥东区加强社区党建工作的做法。至2013年底，全市12个重点县（市）区建成39个基层党建示范区，涉及52个农村、24个城市社区、5个非公企业；围绕市县交通主干道或高速铁路、高速公路路口建成39条绿化观光带，总长234.2千米，初步形成以市内6区为一环，以围绕主城区4个组团县（市）为二环，以平山红色教育、赵县文化旅游辐射带动其他县（市）为三环，以绿化观光带连接相邻示范区的环型网状创建格局。省委组织部《基层组织建设通报》刊发石家庄市经验做法。2013年5月，中央组织部组织二局领导到石家庄市就基层服务型党组织建设开展专项调研，对石家庄市做法给予肯定。加强农村基层组织建设，推进农村基层组织“四个覆盖”。全年新建基层党总支35个、支部186个、党小组1578个，新发展党员4621名。开展农村干部培训和村级组织活动场所建设，分3期培训397个重点帮扶村党组织书记；采取上级支持、市县补贴、乡村出地出力方式对34个没有活动场所农村面貌改造提升重点村实施重点建设。完成2013年大学生村官选聘和2010年省选村官续聘考核，新选聘大学生村官353名，续聘村官106名。制定出台《关于深化“四有一保”管理机制 做好关心关爱大学生村官工作的意见》、《石家庄市大学生村官成长档案管理办法》、《关于严禁大学生村官长期在外帮助工作的通知》等文件，落实待遇保障，大力帮扶创业，鼓励有序流动，提升大学生村官管理工作科学化水平，中央电视台《新闻联播》、《大学生村官报》等媒体刊播了石家庄市大学生村官事迹。落实市委《关于建立基层党建专项述职承诺制的意见》，组织各县（市）区委书记对2013年度履行基层党建责任情况，以书面形式作述职承诺，并实施专项考核。深化街道“1+3”大工委制和党建网格化工作模式，制发《关于进一步加强社区建设的意见》，全市49个街道推行“1+3”大工委制，375个社区全部推行网格化，设立楼院网格党支部1560个。深化驻区单位党组织联系街道社区制度，建立党建联席会，开展驻区单位共驻共建活动。2013年全市300余家驻区单位主动将活动中心、培训基地、文化图书馆等设施免费向社区居民开放。推行在职党员向居住地社区报到制度，建立和完善在职党员“三卡”管理制度，组织开展“在职党员进社区、为民务实促和谐”活动，市区两级机关、企事业单位9万余名在职党员亮明党员身份，4万余名在职党员参与社区义务奉献活动，累计服务居民群众10万余人次，帮助解决各类问题1000余件。完善街道社区党建网格化信息平台，科学整合公安、人口计生、卫生、民政、老龄、社保、残联等数据资源，提高社会服务管理科学化、人性化、智能化、精细化水平。全市53个街道办事处建成综合信息平台34个，覆盖率达到66%。建立社区工作者基本信息档案库，实施“一社区一大学生”工程，优先安排符合条件的未就业大学毕业生到社区任职。举办2期街道社区干部培训班、1期社区干部礼仪知识培训班，提升了社区干部能力素质。加强党员管理，印发《石家庄市2013年度发展党员工作计划》，控制发展党员数量，优化发展党员结构。起草《石家庄市农村发展党员公推票决公示制办法（试行）》，落实发展党员工作责任追究和公示制度。2013年中央组织部在裕华区建立发展党员联系点。规范农村党员档案管理，出台《石家庄市农村党员档案管理办法（试行）》。推进“双育工程”，加强培训基地建设，实施菜单式培训，累计培训党员33万余人次。落实党员“七权七责”，增强主体意识，发挥先锋模范作用。推进关爱帮扶老党员工作长效化、常态化，做好老党员生活补贴发放工作。2013年全市为建国前入党5011名老党员发放生活补贴1836.86万元。创新流动党员管理模式，筛选确定桥东区、裕华区、灵寿县等为处置不合格党员试点单位，按照“事实清楚，理由充分，认定合理”原则，探索党员退出机制。做好党代表联络服务工作，制定《关于印发石家庄市党代表大会代表联络办公室工作职责的通知》，指导各县（市）区成立党代表联络办公室，街道（乡镇）建立党代表工作室。结合开展解放思想大讨论活动，组织各级党代表建言献策，提出合理化建议3200多条，并在《石家庄日报》开办《党代表建言献策专版》，刊发了党代表意见建议。开展党代表集中培训，提高了参政议事和履行职责能力。重视抓好党员教育和党建研究。围绕深化加强基层建设、解放思想大讨论等工作，制作开发专题片、新闻报道以及教学课件152部、时长1300分钟。其中，改版摄制的《中组部在南庄村》、《寸草春晖》2部专题片作为全国党员教育电视片观摩交流活动参赛片报送中央组织部；纪录片《二鬼摔跤》、《高照》作为“第五届新农村电视艺术节”参赛片报中国电视艺术家协会农村电视委员会；《夯实根基促跨越》、《绿龙工程》分别获得“第18届河北省影视艺术奔马奖”党建专题工作类一等奖和二等奖。抓好非公企业等领域党的建设和党建研究工作。印发《关于进一步加强和改进非公有制企业党的建设的实施意见》。做好非公企业党组织组建和党建指导员选派工作，2013年全市具备组建条件674家规模以上非公企业全部建立党组织；规模以下非公企业建立党组织455家；各县（市）区建立党务人才交流中心和党务人才资源库，累计向非公企业选派党建指导员5265名，联系企业10564家，基本消除党建工作空白点。加强党建研究。2013年全市立项党建调研课题50项，形成一批高质量调研成果。其中中央组织部和省委组织部下达的《落实党委党组党建工作责任制问题研究》调研任务完成；撰写的《新媒体快速发展和广泛应用对党的建设的机遇和挑战》分别获得全国党建研究会优秀调研课题成果奖二等奖、河北省党建研究课题一等奖。

【人才工程】 制定印发《中共石家庄市委人才工作领导小组2013年工作要点》，明确任务要求、工作重点和责任单位。市委组织部、市委农工委、市人社局联合制定印发《关于加强农村青年人才开发工作的实施意见》，就农村青年人才开发工作提出目标任务、政策措施和要求。开展到高新技术企业调研人才活动，召开由市委组织部、市科技局、市人力资源和社会保障局等部门及企业主管领导、人力资源部长、市管拔尖人才、博士等人员参加的人才工作座谈会。实施人才特色项目工程，谋划开展人才项目45个。加强重点人才管理和服务，石家庄市推荐李玮博士成功入选国家“千人计划”创业人才，实现零的突破。2013年全市入选省“百人计划”人选4人，省级农村青年拔尖人才人选16人、省级青年拔尖人才人选4人、省科技型中小企业创新创业人才人选24人，均在全省位居榜首。2013年全市争取国家、省、市级人才支持资金1000多万元。开展2012—2013年度市管拔尖人才选拔，评选产生市管拔尖人才120名。开展2012年度石家庄市青年拔尖人才选拔，选拔2012年度石家庄市青年拔尖人才100名。发挥专家人才作用，组织各类专家人才结合自身专业特长，开展建言献策、技术指导、科技攻关、咨询服务等活动，共举办活动3000多场次。其中，在“解放思想大讨论、拔尖人才献良策”活动中，各类专家人才提出涉及产业转型升级、城镇化建设、食品安全、人才工作等合理化建议65条，编发专家建言专报9期。

（尹路）

宣传工作

【概况】 2013年，全市宣传思想文化工作以贯彻学习习近平总书记系列讲话、党的十八大、全国全省宣传部长会议和市委九届四次全会精神为核心，统筹谋划、创新务实，全力为转型升级、跨越赶超，建设幸福石家庄提供思想保证、舆论氛

2013年9月29日，市委常委、宣传部长高天（女，左二）参观2013中国·石家庄第八届国际动漫博览交易会

围和文化支持。1月15日，全市召开宣传部长会议，安排部署2013年宣传思想文化工作，确定2013年全市宣传思想文化工作主要任务是：学习宣传贯彻党的十八大和市委九届四次全会精神(简称“一条主线”)，突出为转型升级、跨越赶超，建设幸福石家庄提供强大精神文化力量，加快文化强市建设步伐，推动文化大发展大繁荣（简称“两大任务”），推进社会主义核心价值体系建设，壮大积极健康向上的主流思想舆论、文化整体实力和竞争力，丰富人民群众精神文化生活。11月20日，全市召开宣传思想工作会议，传达贯彻全国全省宣传思想工作会议精神，特别是习近平总书记在全国宣传思想工作会上的重要讲话，研究部署全市宣传思想工作。省委常委、市委书记孙瑞彬参加会议并提出打好主动仗、弘扬主旋律、传播正能量、奋力开创省会宣传思想工作新局面的要求。

（王莹　王静　张明星）

【新闻宣传】 坚持正确的舆论导向，唱响正气歌，为建设幸福石家庄营造良好氛围。严抓主题宣传，紧扣中心工作，聚焦优化两个环境建设、加快推进县域经济发展和县城建设、大气污染防治等重点领域，开展大型主题采访宣传活动，圆满完成“两会”，市委九届四次、五次全会等重要会议报道任务。利用网站、微博、手机等载体加大网上宣传力度，全力为转型升级、跨越赶超，建设幸福石家庄营造了舆论氛围。组织新闻媒体在重要版面、重点时段开设“认真学习贯彻十八届三中全会精神”、“坚决打好大气污染治理攻坚战”等专题专栏，集中报道全市各级各部门实现科学发展、率先发展的新思路、新举措、新进展，积极服务改革发展大局。提高报道成效，强化各县（市）区和市直部门，特别是市属新闻媒体的目标考核，采取分解任务、细化责任、完善机制、超前谋划、沟通协调等方法措施，提高了文稿质量和水平。全年在省以上媒体发稿3900多篇(条)，在中央主要媒体刊播1400余篇（条），发稿与头条数量位列全省首位。2013年《河北石家庄：公益广告扮靓城市》、《石家庄：三项举措促进环境转变》、《石家庄：药都谋变》等一批重要稿件在中央电视台等中央媒体重要版面和时段刊播，其中中央电视台《新闻联播》连续播出石家庄市“假日里的感动，豆饼哥：来一个豆饼情暖冬日”、“志愿捐献角膜，女孩生命不留遗憾”等凡人善举，集中反映了全市精神文明建设取得的新成就，极大地提升了石家庄市的知名度与美誉度。宣传城市新形象，拍摄制作新版市情宣传片、《古城正定》形象宣传片、《燕赵古邑·幸福新城》招商宣传片，在各级电视台、户外屏幕、公交电视、网络电视等展播。组织部署中国正定小商品博览会、北方旅游交易会、吴桥国际杂技节等具有全国乃至世界影响的大型活动宣传报道，全面展示石家庄良好的城市形象。设计制作中英文双语《石家庄·新中国的摇篮》宣传折页和光盘等外宣品，广泛用于各类经贸文化交流活动，并在正定机场、石家庄火车站陈列发放。

【理论武装】 开展理论学习教育。全年将习近平总书记系列讲话和党的十八大精神等内容作为党委中心组学习重点，辑印了《习近平总书记系列重要讲话》等学习材料。加强中心组学习指导，督导党员干部端正学习理论态度，增强理论水平。邀请专家学者召开报告会、座谈会、理论研讨会，做实做细理论辅导。组织社会科学工作者开展“走基层”宣讲活动，在农村、社区、企业广泛讲解党的十八大等会议精神。率先在全省组建党的十八届三中全会精神宣讲团，宣讲26场，举办各种形式互动交流活动30多场，参与受众2万多人次。突出理论宣传亮点。2013年“燕赵讲坛”开办10年，邀请到六小龄童、苏叔阳等名人前来讲座，有力发挥了理论宣传阵地作用，扩大了平台影响。2013年省委常委、宣传部长艾文礼作出批示，要求全省媒体加强“燕赵讲坛”宣传，河北电视台、河北广播电台、《河北日报》均给予报道。在石家庄电视台理论宣传栏目《理论之窗》推出学习习近平总书记系列讲话、党的十八届三中全会、中国梦等专题，播出节目25期。编撰《石家庄通史》当代卷出版发行，构成石家庄市第一部从古至今完整地方通史。纪录片《太行古陉》在中央电视台纪录频道播出。提高理论研究针对性。面向社会公布社会科学规划课题指南，征集课题申请159项，确定立项课题54项，产生一批理论创新成果和应用对策。

（王莹）

【《石家庄通史》当代卷出版】 2013

年10月，由市委宣传部主编的《石家庄通史》当代卷在河北人民出版社出版。全书91万字，内附图片308幅，与已出版的《石家庄通史》古代卷、近现代卷相衔接，主要记载了1947年11月12日石家庄解放至1993年6月地市合并46年间石家庄的历史。

（讷言）

【思想道德建设】 深化社会主义核心价值体系建设，弘扬爱国奉献精神，为建设幸福石家庄提供强大正能量。开展“中国梦”宣传教育。制定印发《关于深入开展中国梦宣传教育的实施意见》，开展中国梦·赶考行、学子行、绿色行系列践行活动，引导干部群众自觉弘扬赶考精神，同筑中国梦，共建幸福城，涌现出市一中、神威药业等一批具有石家庄特色的“中国梦”宣传教育先进典型。开展“我出一份力·呼吸好空气”主题活动，引导广大市民积极参与植树造林、绿色出行、捡拾垃圾等活动，全力推进打赢大气污染防治攻坚战。举办3·23重温“进京赶考”——西柏坡精神理论研讨会、5·26纪念中共中央移驻西柏坡65周年座谈会，组织西柏坡纪念馆精心编排“赶考路·中国梦”西柏坡精神情景报告会，并在全省8个设区市巡回演出。开展爱国主义教育。国庆期间以“庆祝新中国成立64周年，同心共筑中国梦”为主题，号召市民积极参与“五星红旗飘起来”活动，在市区打造了“四横三纵”国旗示范街。2013年石家庄解放碑等4家单位成功申报省级教育基地，市规划馆等5家单位命名为市级爱国主义教育基地。成功举办石家庄市清明公祭革命烈士大会。开展思想政治工作。出台《关于加强和改进社区思想政治工作的实施意见》，推进社会主义核心价值体系在基层落地生根。谋划《善·美石家庄》系列微电影，拍摄制作《我的老师》、《生命》两部作品，受到广大网友的欢迎。制作视频短片，在市区重要路口大屏幕播放希望将军赵渭忠、见义勇为谷岳潘等公益宣传片，产生良好的社会反响。文化、科技、卫生“三下乡”集中服务活动在深泽县成功举办，捐赠现金物资合计6170万元。活跃基层文化生活，新建宣传文化示范村39个，累计达到391个。2013年全市完成省级政治研究课题立项12项。

（王莹）

【命名5家市级爱国主义教育基地】

8月1日，石家庄市新命名市规划馆、石家庄警备区军史馆、栾城县苏东坡祖籍纪念馆、无极县郭庄民兵斗争史展览馆、鹿泉市革命历史展馆5家单位为市级爱国主义教育基地并授牌。至2013年底，全市共有国家级爱国主义教育基地2处，分别是西柏坡纪念馆、华北军区烈士陵园；省级爱国主义教育基地6处，分别是赵州桥、藁城市梅花惨案纪念馆、井陉矿区万人坑纪念馆、灵寿县陈庄歼灭战旧址、平山县沕沕水发电厂旧址、正定国家乒乓球训练基地；市级爱国主义教育基地26处，另21处分别是西柏坡革命旧址（平山县）、石家庄解放纪念碑（石家庄市公里街29号）、吴禄贞等辛亥三烈士墓（石家庄市长安公园）、井陉县挂云山烈士纪念碑（井陉县东北边缘，距市区20千米）、正定县高平地道战遗址（正定县高平村）、石家庄劳工集中营蒙难同胞纪念碑（石家庄市平安公园）、平山县中共中央北方分局历史陈列馆（平山县拦道石村）、平山县曹火星纪念（平山县西岗南村）、百团大战美穗子获救井陉·都城友好纪念馆（井陉县洪河漕村）、井陉县华北育才学校（井陉县孙庄村）、元氏县抗日根据地旧址群（主要分布在元氏县黑水河乡）、栾城县双百人物园（栾城县城）、中国人民银行成立旧址纪念馆暨河北钱币博物馆（石家庄市中华北大街55号）、石家庄市档案馆（石家庄市兴凯路219号）、石家庄人民警察博物馆（石家庄市元南路66号）、新乐市伏羲文化城（新乐市何家庄村）、石家庄经济学院地球科学博物馆（石家庄市槐安东路136号）、石家庄市规划馆（石家庄市体育南大街269号）、郭庄镇红旗民兵营（无极县郭庄镇郭庄村）、鹿泉市革命史展馆（鹿泉市宜安镇东焦村）、栾城苏东坡祖籍纪念馆（栾城县惠源路东头）。

（市委宣传部）

【网络管理】 推进“互联网宣传管理基础建设年”活动，规范县（市）区和市直部门机构队伍、工作制度、导控平台和网络文化建设。组建互联网宣传管理工作领导小组和舆情信息工作联席会议，基本形成全市“一张网”管理格局。出台《关于深入开展净化网络环境“清朗行动”的安排意见》，推进网络环境净化工程。巩固壮大属地门户网站，密切与重点网络媒体的联系，率先在全省成立地市级网络文化协会。开展“幸福城市随手拍”、“网络动漫嘉年华”等网络文化活动。按照“十百千”工程要求，梯次建设覆盖全市的网评员队伍。开设管理市政府新闻办公室官方微博“石家庄发布”，听众达到100万人次，获得“华北区政务机构微博影响力飞跃奖”。筹建“石家庄微博发布厅”，整合110余个政务微博，形成微博互动宣传矩阵效应。

【文化事业】 完善公共文化服务体系，稳步推进传媒大厦、霞光大戏院、丝线剧院等市级文化设施项目建设，提升城乡公共文化设施服务水平。开展“欢乐大舞台、唱响中国梦”、“彩色周末”等系列群众文艺活动，2013年全市举办群众性文化活动300场次，参加活动业余文化队伍近2400支，参加演出人员近5万人次，直接观看演出群众超过160万人次。“千场电影进社区，万场电影进农村”公益文化活动免费在城市社区和农村放映电影54760场。开展“扫黄打非”行动、打击政治性非法出版物“清源”行动、报刊治理“秋风”行动，有效净化文化市场。整合文艺创作资源，建立年度精品生产项目库，形成科学有序的文艺创作规划，遴选和重点扶持较为优秀的重点文艺作品选题141个。开展全市“五个一工程”评选活动，推动文学、戏剧、美术、广播影视剧、动画片、歌曲等领域创作生产取得丰硕成果。2013年电影《阳光留守》、《夏日的拉花》在全国院线上映，电视剧《缉毒精英》在中央电视台播出。

（王莹）

【表彰基层文化活动】 2月19日，省委宣传部、省文化厅联合下发河北省“一县一品”双十佳县域品牌文化活动、特色文化广场、基层文化之星命名通报。全市共有23项基层文化活动、单位和个人获得以上3种称号。此次共命名20项活动为河北省“一县一品”双十佳县域品牌文化活动，50个文化广场为河北省特色文化广场，100个单位（个人）为河北省基层文化之星。其中，石家庄市推出的正定县鼓王争霸赛，晋州市“中国·晋州梨花节”获得河北省“一县一品”双十佳县域品牌文化活动；省会文化广场（省博物馆广场）、正定县子龙广场、晋州市魏征公园文化广场、灵寿县灵寿镇牌楼公园文化广场、长安区西兆通镇文化站广场、无极县东侯坊乡东丰庄村文化广场、行唐县东市庄村秀玲文化广场、长安区文体中心广场获得河北省特色文化广场称号；平山县西苑“享水湾艺术团”、深泽县西北马村“金声文化大院”、桥东区“利亚文化艺术学校”、高邑县全民健身队队长王占华、无极县摄影家协会、赵县“金秋艺术团”、长安区“霓君豫剧团”、无极县东中铺“德馨艺宝斋书画艺术展室”负责人侯计锁、赵县“永安河北梆子剧团”、平山县平山镇胜佛村文艺队以及长安区“安娥艺术团”获得河北省基层文化之星称号。

（王欣）

【精神文明建设“五个一工程”获奖作品】 11月12日，市委宣传部公告2011～2013年度石家庄市精神文明建设“五个一工程”获奖作品。戏剧类入选作品2部：河北梆子现代戏《白毛女》、评剧《哑女传奇》；广播剧类作品1部：广播剧《责任》；动画片类作品2部：动画片《心灵日记》、《欢乐作坊》；电视剧类作品1部：电视剧《女子特案组》；电影类作品2部：故事影片《阳光留守》、《妈妈片警》；歌曲类作品5首：歌曲《敬礼·国旗》、《太行谣》、《幸福石家庄》、《从这里走来》、《我爱这芬芳的田园》；图书类作品5部：长篇小说《天天都有大太阳》、《牵牛花》、《正当梨花开遍了天涯》、《铁血太行》，报告文学《兰包袱》。

（市委宣传部）

【文化产业】 文化产业总量稳步提升，年末产值达到200亿元，占全市生产总值近4%，总量位居全省第一。狠抓项目招商，2013年5月组织正定新区文化产业园等参加中国（深圳）国际文化产业博览会（简称文博会），签约项目资金额179亿元，位居全省首位。2013年总投资110亿元的正定新区文化产业园、50亿元的长城影视动漫产业园、1.17亿元的河北文化创意大厦等项目正在建设，为全市文化产业发展奠定了坚实基础。动漫产业规模扩大，年末实现产值超过17亿元，年制作能力1.8万分钟。成功举办中国石家庄第八届国际动漫博览交易会，签约资金总额2.2亿元。争取河北省文化产业发展引导资金、专项资金4036万元，支持全市文化产业项目36个。

（王莹）

统战工作

【概况】 2013年，全市统战工作以强化“同心”引领、服务发展大局、促进宗教和谐、加强党外代表人士队伍建设为重点，提升统战工作科学化水平，强化自身建设，实现统一战线领域和谐稳定。2月27日，全市召开统战部长会议，部署安排2013年全市统一战线重点工作，会议表彰和通报了统战调研、宣传、信息工作先进单位和个人，6个县（市）区统战部在会上作了发言。开展解放思想大讨论活动，按照省委、市委开展“解放思想、改革开放、创新驱动、科学发展”大讨论活动（简称解放思想大讨论活动）意见和要求，做到“两个坚持”（坚持把解放思想贯穿始终，坚持把解决问题贯穿始终），实现“三个提升”（提升思想境界，提升创新能力，提升工作水平），达到“四破四立”（破除与己无关的思想，牢固树立大局意识；破除因循守旧的思想，牢固树立开放意识；破除得过且过的思想，牢固树立争先意识；破除惰性思维习惯，摒弃拈轻怕重、畏葸不前的思想意识，树立跨越赶超的雄心壮志）目标。对标先进，开阔视野，组织2个考察组分赴济南市、太原市学习先进工作理念、工作机制、工作方法，制定对标目标，推出对标举措，创新统战部形象。围绕党外代表人士队伍建设、民主党派监督作用等8个专题，组建8个调研小组，深入县（市）区、企业、高校等一线场所开展调研活动。2013年市委统战部获得全国统战系统宣传工作先进单位、统战信息工作三等奖；获得全省统战信息特别贡献奖、全省统战宣传工作一等奖、全省统战理论研究工作优秀组织奖；并被石家庄市评为“六五”普法中期先进集体、2011−2012年度先进职工之家、平安建设先进单位、节能减排先进单位。2013年市委常委、统战部长毛全球在全省统战部长会议上作了《充分发挥常委统战部长优势 进一步做好新形势下统战工作》发言。

2013年11月21日，市长王亮（左三）与非公有制经济人士座谈交流，帮助企业排忧解难

【参政议政】 规范民主协商。10月22日，市委统战部在市社会主义学院以推进协商民主政治建设为主题，举办多党合作理论专题培训班。制定印发《中共石家庄市委统战部关于进一步发挥党外人士民主监督作用的意见》，用制度和机制发挥统一战线参政议政、民主监督作用。优化参政环境。出台《关于市直有关部门向我市各民主党派提供经济和社会发展等方面相关资料的意见》，为民主党派知情出力创造条件。争取市委、市政府为每个党派增加调研活动经费15万元，并列入年度预算，为各民主党派开展调研活动提供了经费保障。畅通建言渠道。坚持将《党外人士建言专刊》作为参政议政绿色通道，确保党外人士参政建言及时便捷地进入决策层。2013年民主党派2篇建言成果获得省、市领导批示。5月21日，全市统一战线召开“我为石家庄科学发展献良策”座谈会，提出有效意见建议46条。开展同心服务进老区、进社区、进园区“三进”活动，市民革、民盟、民建、民进、农工党、九三学社6个民主党派分别到16个县（市）区、市少保中心、特教学校等单位开展帮扶和义诊、义教活动，筹集帮扶资金89万余元，受益群众7000余人。2013年各民主党派向四川省雅安地震灾区捐款捐物36万元。

【民族宗教】 探索创新民族宗教工作方式方法，制定印发《关于进一步加强城区宗教工作的意见》。完善大统战宗教协调机制、“四位一体”责任机制、跨区域宗教工作联防机制、与宗教界上层人士交朋友机制等宗教工作机制，在解决问题、维护社会稳定、夯实基层基础、提升整体水平等方面发挥了突出作用。多措并举，抵御宗教渗透。2013 年 9 月，市委统战部与市民宗局、公安局、安全局等部门在全市范围联合开展专题调研，形成专题调研报告，受到省市领导肯定。夯实基础，全力做好民族宗教工作。9 月 26 ~ 27 日，举办全市统战宗教干部培训班，提高了统战宗教干部做基层宗教工作的能力和水平。召开市道教协会、伊斯兰教协会代表会议，顺利完成换届工作。

【非公经济人士联系】 以“感知温暖、感恩回馈”为主题，开展非公经济人士理想信念教育活动。11 月 21 日，召开全市非公有制经济人士座谈会，市长王亮到会倾听企业呼声，为企业排忧解难。国庆节前夕，市委统战部、宣传部、市工商联共同开展“五星红旗飘起来”活动,全市3万余家民营企业积极响应,广泛参与。打造“同心服务实践基地”，并确定赞皇县为统战系统开展智力支持、项目引进和民生服务实践基地，组织民营企业家捐款 42 万元，支持赞皇县第二中学改善教学设施。市委统战部与市工商联、人力资源和社会保障局、教育局等部门联合举办 2013 年石家庄市民营企业春季专场招聘会，200 多家民营企业进场招贤纳才，提供岗位 7000 多个，达成就业意向 2000 余个。

2013 年 6 月 14 日，召开全市非公有制经济人士理想信念教育实践活动动员部署会议

【对外联络引资】 利用对外联络优势，开展招商引资活动。2013 年市委统战部、市侨联、灵寿县委统战部共同引进睿哲投资咨询有限公司投资近 100 亿元云母产业园区签约，成为全市统一战线年度引资最多、跟进最快、落地最早的招商项目。开展“海联同心”活动，关注服务民生。与美国“手牵手教育基金”合作，全年资助灵寿县、平山县、赞皇县 3 县贫困学生 237 人次，发放助学金 10 万余元。争取中华海联会资金 30 万元，在灵寿县新建 6 所农村海联卫生室。2013 年中华海联会向石家庄市捐赠 130 万元，分别在平山县、赞皇县、灵寿县 3 县建成农村海联卫生室 26 所，占地面积共计 1568 平方米；专职医务人员 35 人，服务人口 5 万人，日就诊人次达到 568 人次，缓解了当地群众看病难问题。

【党外代表人士队伍建设】 成立 4 个调研督导组，检查督导各县（市）

2013 年 9 月 9 日，石家庄市新任县级党外干部培训班开班

区党外代表人士队伍建设情况。2013年全市新提拔科级党外干部186人。加强党外代表人士培训，全年举办统战干部培训班16期，培训542人次，其中举办党外人士培训班4期,培训149人次。开展挂职锻炼，市委统战部、组织部联合出台《关于加强党外干部实践锻炼工作的意见》，推荐6名党外代表人士干部参加挂职锻炼，为党外人士干部成长搭建了平台。2013年全市提拔县级党外代表人士干部11名，其中，正县级党外人士领导干部2名，副县级党外人士领导干部9名。至2013年底，全市共有市县级党外代表人士领导干部103名。

【党外知识分子联谊会】 推动县（市）区党外知识分子联谊会（简称知联会）建设。市知联会于2012年8月成立，截至2013年5月，石家庄各县（市）区全部成立知联会组织，年末市县两级知联会理事达到1936人，实现河北省首家县级知联会全覆盖。以“同心·凝聚共识”、“同心·建言献策”、“同心·爱岗敬业”、“同心·奉献社会”为主要内容，在全市党外知识分子中开展“同心桥”主题实践活动，市县两级知联会共举办活动80余次，捐助款物折合资金20余万元；免费提供法律咨询2000余人次，办理案件105件，为弱势群体挽回损失520万元。

【“五一口号”纪念活动】 结合统战工作实际，开展“五一口号”纪念活动。4月24日，市委统战部组织各民主党派、工商联、无党派人士代表召开纪念“五一口号”65周年座谈会。省委常委、市委书记孙瑞彬以《发扬传统 凝聚力量、为开创石家庄美好明天作出新贡献》为题，致信全市各民主党派、工商联、无党派人士；《石家庄日报》开辟专版刊登了党外人士发言。5月9日，市委统战部向市委常委会议书面提交《关于河北省纪念中共中央发布“五一口号”65周年座谈会情况汇报》。4月24～30日，由市委统战部主办、民建石家庄市委承办、各民主党派市委协办的全市统一战线各界人士纪念“五一口号”发布65周年篆刻书画展在市博物馆举办，参观人数超过3000人。编撰出版《西柏坡时期统一战线研究初探》，为研究“五一口号”历史价值和历史贡献提供参考依据。

（田建章）

2013年4月24日，召开全市统一战线纪念中共中央发布“五一口号”65周年座谈会

政法工作

【概况】 2013年，全市政法工作以推进平安省会建设、法治石家庄建设、过硬队伍建设为总抓手，圆满完成政法、综合治理、维护稳定各项任务。将平安建设上升为党委、政府工程，召开全市深化平安省会建设工作会议，制定出台《关于进一步深化平安省会建设的实施意见》。强化法治保障，制定出台《法治石家庄建设纲要》、《进一步加强政府法律顾问制度建设的实施意见》，完善法治石家庄建设制度体系。加强政法队伍建设，以从严治警、从优待警为目标，将群众满意度作为衡量政法队伍建设水平的根本标准。2013年全市评选“十佳政法基层单位”10个，评选“十佳政法干警”10人；查办政法干警违纪违法案件17起、23人。

【平安建设】 拓展平安建设格局，夯实维稳工作基础，构建党委“一把手”负总责，统筹兼顾，全面部署，整体推进政治安全、经济安全、社会安全、文化安全、生态安全等领域“大平安”新格局。开展社会稳定指数评价，科学设置评价标准，逐月通报评价结果，增强各级部门维稳工作责任感和紧迫感。有序推动社会稳定风险评估，制定出台指导性工作意见，对74个重点建设项目提出针对性建议122条，对省挂账督办的12个重点项目逐项落实了责任领导、项目建设单位和负责人。加强应急处突能力建设，完善应急处置预案，开展实战项目演练，投入2000余万元更新装备设施，县(市)区专业化应急处突力量增强。做优做强“护城河”工程，落实省市交界信息化安检措施，实行危爆物品实名登记制度，有效防范危险人员和危险物品流入北京，顺利完成全国“两会”、国庆节、十八届三中全会等敏感期安保任务。健全排查调处工作体系，开展“大排查、大调处、大帮扶”活动，组织评选优秀调解员、调解室，鼓励成立以个人姓名或工作特色命名的调解工作室；创新调解方式方法，创立“立体化调解”、“四长连调”、“四站式”调解工作法，提升了调解成功率；依托各级工会，推进企业调解组织建设，实现建会企业调解组织全覆盖。2013年全市新建排查组织2521个、调解组织3693个，成立行业性专业性人民调解组织147个，落实帮扶资金380余万元，帮扶重点人员7000余名，排查各类矛盾5018起，有效化解4770起，化解率达到95.1%。制定出台《“六无”基层平安创建活动实施方案》，召开基层创建平安工作调度会，提升基层单位治安防控能力。构建社会治安立体防控体系，完善110警务综合服务站职能，县级视频监控网系统平台全部建成，实现市、县、乡三级联网，构建起全时段、科技化、无缝隙社会治安防控网络。整治社会治安突出问题，制定下发《石家庄市社会治安重点地区排查整治工作实施办法》，集中开展打击“两抢一盗”犯罪等专项行动。2013年全市刑事案件同比下降18.2%，“两抢一盗”犯罪案件同比下降38%。加强基层综合服务平台建设，按照试点先行、梯次推进思路，依托基层综治维稳中心和综治工作站，在乡镇社区建立一批多功能综合服务平台，为群众提供综治、信访、司法、民政、安全生产、劳动保障等一站式便捷服务。研究制定《关于进一步加强和创新非公有制经济组织和社会组织服务管理工作的实施意见》，规范非公有制经济组织和社会组织管理。加强特殊人群管理服务，实施关心老年人、关爱青少年“双关”工程，开展社区矫正执法和特殊人群安全隐患专项排查活动。2013年全市刑满释放解教人员安置帮教率达到98%；社区矫正对象监控率达到80%；所有重度精神病患者和艾滋病人得到有效管理；各类养老机构入住老人达到13000余名；“12355”青少年服务热线24小时提供专业法律和心理咨询服务。加强互联网管理，建成市级联网舆情导控平台，启动网上网下联动处置机制，推行网络实名登记制度，严厉打击利用互联网制造、传播谣言违法犯罪活动。2013年全市网络案件主侦数、配侦数和网上追逃数均位列全省第一。

【法治建设】 贯彻落实“科学立法、严格执法、公正司法、全民守法”要求，推进法治石家庄建设。开展“六五”普法工作，确定每年12月为全市“法治月”；开通石家庄市普法园地网站；举办公务员法律知识考试和中小学校法制课教师演讲比赛；在石家庄电视台开设《看法》社会热点法律解读栏目；探索开发微博、微信、QQ法律服务超市等新兴媒体普法阵地，提升了城乡居民学法、守法、用法意识。推动“两法衔接”工作，建成覆盖县(市)区约700个单位两级信息平台，有效提高了行政执法向刑事司法移交效率，减少了以罚代刑。加强执法监督。按照中央八部委《关于党委政法委员会对政法部门执法活动进行监督的规定》要求，明确审判、检察、公安、司法行政机关执法监督重点内容和关键环节，严格管理执法司法活动。强化案件监督，开展执法检查，抽查基层政法部门办理案件187起，9起问题严重案件移交纪检监察部门实行责任倒查。2013年市公安局推行网上办案单轨制、网上监督考评制，市法院加强审务督查、廉政监督等机制建设，市检察院成立案件管理机构专司诉讼监督，形成以监督纠问题、提质量、促公正的良好态势。推进司法信息、司法活动、司法文书等重点内容公开，并延伸至警务公开、检务公开、审务公开。建立完善政法机关“开放日”制度，邀请新闻媒体、人民群众、人大代表、政协委员参加进警营、进法庭活动60余次。召开司法公开新乐市现场会，印发《关于进一步推进司法公开工作的意见》，向全市政法机关推广新乐市法院阳光司法经验。创新公开方式，检察机关制定检务公开“十项承诺”，制作“零障碍”协办公示牌和“连心卡”；公安机关依托门户网站“燕赵警民通”开设网上办事大厅，研发推广执法公开服务平台；司法行政机关开通司法局和普法办公室官方微博，提升公开效能，增进了群众的理解和信任。推进劳教制度、涉法涉诉信访制度、司法权力运行机制、户籍制度“四项”改革。劳教制度改革，消化完成全部在劳教人员，推动“轻刑快判”机制运行。涉法涉诉信访制度改革，转变市接访中心职能，开展涉法涉诉信访“三清”集中攻坚和“两降两升”活动，加大“三跨三分离”等复杂信访案件协调办理力度。司法权力运行机制改革，清理确认司法权力、编制《司法权力目录》和《司法权力运行工作手册》。户籍制度改革，出台《关于进一步深化我市户籍管理制定改革的意见》和《关于统筹城乡发展试点县（市）区和重点区域三集中拆迁户户口迁移的意见》等政策性文件，降低农村居民入市门槛。

【队伍建设】 坚持以群众评警为导向，以政治建警为前提，以素质强警为中心，以从严治警、从优待警为抓手，将群众满意度作为衡量政法队伍建设水平的根本标准。政治建警，保证绝对忠诚。按照“创新基层党建工作，夯实党执政的组织基础”要求，开展全市基层政法党建工作调研活动，剖析基层政法机关党建工作中存在问题，探讨研究解决办法，撰写《党建工作调研报告》；制定下发《加强和改进政法机关基层党建工作的指导意见》和《政法机关基层党建工作考核办法》，加强党对政法机关领导。群众评警，夯实群众基础。将政法队伍建设评价权交给人民群众，并投入资金200余万元，率先在全省建立群众安全感和满意度测评机制。2013年1月和8月，采取电话访问、问卷调查等方式，2次开展群众安全感和满意度测评，测评结果落后单位领导实行诫勉谈话，增强了各级政法机关联系群众、服务群众自觉性。素质强警，提升综合能力。以职业化建设为依托，开展群众工作“四个能力”和“三懂四会”全警轮训，印制下发便民利民服务卡，完善警民联系点制度，积极参与基层建设年等活动，提升了政法队伍新形势下服务群众的能力。加强法治理念教育，建立定期维护公平正义能力培训制度，邀请法学专家举办培训班6期，举办学术交流活动12次，培训3000余人次。完善政法机关与媒体沟通机制、舆情危机研判处置机制和新闻发言人制度，市直政法各部门均设立1～2名新闻发言人，并与媒体举办交流互动活动20余次。2013年全市网评员队伍增加至1500余人，增强了新媒体舆论引导能力。建成市县两级政法机关网络化办公平台，网上办案程序流转单位比例提升。2013年全市公安机关信息化破案率同比上升30%。从严治警，塑造良好形象。制定出台《关于改进作风厉行节约的规定》和全市政法委机关“五必须、十不准”要求，率先在全省启动和完成“冀O”牌照更换。严格落实党风廉政建设责任制，筹建反腐警示教育基地，督查检查基层单位102个，提出作风整改意见19个。查办政法干警违纪违法案件17起、23人，通报重点违法违纪案件16起。从优待警，激发队伍活力。开展“十佳政法单位”、“十佳政法干警”评选活动；完成2批次、100余名县级干部调整；制定出台《市政法系统因公牺牲伤残特困干警自主资金管理办法》，落实特困干警帮扶措施；开通因公负伤警察快速救治“绿色通道”。

【十佳政法基层单位】 2014年1月，全市2013年度政法系统“十佳政法基层单位”名单公布。公安系统4个，分别是长安区公安分局青园街派出所、晋州市公安局刑侦大队市区中队、无极县公安局经侦大队、元氏县公安局看守所；检察系统2个，分别是桥西区人民检察院反贪局、桥区区人民检察院反贪局；法院系统2个，分别是新华区人民法院赵陵铺法庭、深泽县人民法院白庄法庭；司法行政系统2个，分别是井陉矿区司法局贾庄司法所、栾城县司法局楼底司法所。

【十佳政法干警】 2014年1月，全市2013年度政法系统“十佳政法干警”名单公布。公安系统4人，分别是赵雪娟，市公安局出入境管理支队出国（境）科民警；李志辉，新华区公安分局合作路派出所民警；范军，藁城市公安局交警大队大队长；李军平，行唐县公安局刑警大队副大队长。检察系统2人，分别是高劲松，市人民检查院反贪局侦查处副处长；鲁聪敏，高新区人民检察院公诉处处长。法院系统2人，分别是张素珍，市中级人民法院民事审判第一庭审判员；张剑，正定县人民法院北贾村法庭副庭长。司法行政系统2人，分别是杨程，市司法局少保中心常务副主任；甄剑飞，新乐市司法局党组成员、副局长。

（魏春光　刘志强）

机关工委工作

【概况】 2013年，市直机关工委贯彻落实党的十八大、十八届三中全会和省委八届五次全会、市委九届四次全会精神，抓好“服务中心、建设队伍”两大任务，聚焦大局，找准抓手，在“协助”和“服务”上下功夫，取得机关党建工作新成效。参加基层建设年活动，市直机关工委帮扶井陉县西元村完成道路硬化、饮水工程、标准化卫生室改造、文化活动中心等15个项目建设，投资资金90余万元；帮助调解矛盾纠纷2起，解决遗留问题1个，化解信访积案2起。参加农村面貌改造提升行动，市直机关工委帮扶鹿泉市城关镇五街村完成水泥抹墙6060平方米，粉刷墙壁15936平方米，飞檐1596米，地面铺砖硬化4406平方米。至2013年底，市直机关工委管理基层党组织87个，党员42564名。

【思想政治建设】 将思想政治放在首位，推动学习型机关党组织建设。深化十八大精神学习，利用《石家庄机关党建》宣传十八大新理论、新思想、新举措；以十八大精神为主要内容，开展学习征文、“党委书记讲党课”、优秀党课评选活动。2013年《紫光阁》杂志第2期以《石家庄市直工委：早谋划、抓重点、强督导》为题刊发市直机关工委学习宣传十八大精神经验。部署学习十八届三中全会精神，采取中心组学习、集中宣讲、专题辅导等形式，并举办十八届三中全会精神宣讲报告会，加深对全面深化改革重大意义和目标任务的认识。开展和组织“道德讲堂”活动、文明餐桌行动、清明公祭革命烈士大会、“做西柏坡精神传人”活动、成立学雷锋志愿服务队、网络文明传播志愿者队伍等，拓展了精神文明创建活动内涵和载体。开展“法律进机关”、“依法行政示范机关”活动和市直机关“六五”普法先进集体、先进个人评选推荐活动，提高了机关干部队伍法律素质和依法行政能力。

【组织建设】 抓基层，打基础，选优配强机关党务干部队伍。2013年全市19个市直机关单位党组织换届调整，其中调整书记10名、副书记8名，专职副书记10名，委员35名。严格发展党员和党员教育管理，制定下发市直机关2013年发展党员计划，落实党员发展材料预审、谈话制度，严把发展质量。依据党员发展规定，集中举办2013年度入党积极分子培训班，培训入党积极分子263名。2013年全市新发展党员950人，转正780人。加强党建干部队伍培训，建立健全机关党建信息员数据库，新聘机关党建信息员114人。召开全市机关党建工作交流暨业务培训会，针对党建工作思路不宽、点子不多等问题，邀请河北省委党校专家进行业务辅导，提升了机关党建干部业务能力。

【制度建设】 落实和规范党建制度，提升机关党建科学化水平。贯彻落实党组织和党员活动日制度、党组织换届选举制度、发展党员工作制度、党费收缴使用制度，建立基层党组织换届台账，组织指导市直机关基层党组织做好“1+3”大工委制工作。推广党费管理软件应用，举办市直机关党组织党费管理软件使用培训班，检查指导基层党组织党费缴纳、管理使用和党费管理软件运行情况。探索创新党建理论，运用党建研究会平台，精心策划选题，围绕“克服‘四风’，加强为民务实清廉机关建设”、“改进机关作风，自觉践行群众路线”等课题，组织市直机关工委、县（市）区机关工委开展调研活动，获得优秀成果奖6项，获评国家、省直工委群众工作优秀案例2篇，在国家级、省级刊物各发表文章1篇。

【党风廉政建设】 落实惩防并举、标本兼治措施，推动党风廉政工作。开展廉政文化建设，在市直机关廉政文化精品示范单位建设基础上，扩大试点，树立市第五医院、市交通局公路处2个廉政文化示范点，得到省纪委的认可。抓好案件查办，按照“认识要高、行动要快、要求要严、组织要细”要求，开展“会员卡清退”、“公务用车治理”、“吃空饷”、“办公用房清理”等专项治理。2013年市直机关37个单位、98名纪检监察干部作出会员卡零持有报告；接受群众来信来访90件；初核案件线索25件，立案结案9件，处理8人，涉案金额4.11万元，全部收缴上交国库。

【作风建设】 将改进作风作为建设队伍突破口，打造为民、务实、清廉机关。落实市委《关于进一步加强作风建设的若干规定》，采取定期检查与随机抽查、全面检查与重点检查相结合方式，明察暗访单位40余次，批评教育、诫勉谈话违规人员10名。探索干部作风状况评价机制建设，通过自评、主管领导考评、干部职工互评、服务对象测评等4种方式实施干部作风状况民主评议。按照“先行试点、逐步实施、循序渐进、务求实效”总体思路，在市直机关推广市环保局、市第三人民医院2个省级党务公开及基层重要事务规范化管理工作联系点建设经验，并制定了符合市直机关党务公开特点规章制度。

（贾丽娟）

农业农村工作

【概况】 2013年，市委农工委围绕市委、市政府农业农村工作决策部署，奋力创新、合力攻坚，实现农村面貌发生巨大变化、农民人均收入突破万元，保持了农业农村经济社会平稳较快发展。筹备召开2013年全市农村工作会议，传达中央、省农村工作会议精神和石家庄市安排部署，做到了早谋划、早部署、早启动。履行城镇化建设、农村面貌改造提升、农村燃煤污染治理等工作领导小组办公室职责，科学布局，统筹协调，强力推进各项工作取得阶段性成果。开展调查研究，制定出台《关于深化农村改革加快发展现代农业的实施意见》、《关于推进城镇化建设的意见》、《关于农村面貌改造提升的实施意见》和《关于加快现代农业建设促进县域经济发展的意见》。

（魏兰庆）

【农业产业化】 全年谋划建设农业产业化项目182个，其中亿元以上项目76个，雨润农产品全球采购中心、御谷中国杂粮城等一批超10亿元农业产业化大项目落户石家庄。年末全市农业产业化经营总量突破700亿元，农产品加工转化率达到76%，位居全省前列。鹿泉市绿岛火炬开发区入选国家农业产业化示范基地。10月16日，农业部公布第二批国家农业产业化示范基地名单，鹿泉市绿岛火炬开发区入选，成为河北省入围4家农业产业化示范基地之一，这是石家庄市唯一获此荣誉的农业产业化示范基地，也是继君乐宝乳业被认定为农业产业化国家重点龙头企业后，鹿泉市农业获得的又一“国字”称号。鹿泉市是河北省首批认定的农产品加工示范基地县（市），绿岛火炬开发区位于鹿泉市南部，规划面积43.5平方千米，是以食品加工为主业、现代物流为辅业的省级开发区，至2013年底，拥有规模以上企业45家，包括君乐宝乳业、洛杉奇食品、家家惠馒头、康师傅和汇源果汁等。

（魏兰庆 侯天仪 付志涛 张泽旭）

【都市农业】 2013年全市“一环两带三大板块”都市农业区域格局初步形成，即以石环公路为主线的绿色屏障体系、沿滹沱河区域的特色农业开发带、沿西部山前区域的生态农业开发带、省会西北部的现代生态农业板块、省会东北部现代园区农业板块、省会东南部现代设施农业板块初具雏形。到2013年底，全市共有都市园区48个。其中，集设施生产、体验参与、特色精品于一体科技型园区18个；集高效、生态、安全、观光、休闲、旅游等为一体休闲农业园区30个，初步实现四季有花、有果、有菜、有瓜。2013年鹿泉紫藤葡萄庄园、栾城范台草莓采摘园、高新区佐美庄园、晋州周家庄现代农业观光园等园区组织举办了葡萄采摘节、草莓节、梨花节等活动，为城市居民提供了接触自然、体验农业以及农业观光旅游的场所与机会，拓展了农业生活、生态功能，扩大了市民休闲空间。2013年全市都市农业园区共接待各类游客120万人（次）。

（岳金宏）

【农村面貌改造提升】 按照省委常委、市委书记孙瑞彬提出“认识起点要高，措施要得力，动作要快，效果要好”和“工作要扎实、动作要快、全省争第一”要求，坚持高标准谋划，高质量施工，高速度推进。科学制定工作方案，实行帮扶工作队驻村帮扶指导，完善工作推进机制，广泛发动，创新方法，确保了农村面貌改造提升走在全省前列。775个省级重点村各项改造提升任务全部完成，其中，新乐市小流村、正定县合家庄村完成15项改造提升项目；434个省级重点村完成改厕、改水、主干道硬化、民居节能改造、村庄绿化和“四清”等项目。2013年全市改造农村厕所2.8万个，硬化村庄道路 322 万平方米，改造屋顶 2 万户，粉刷墙面 679 万平方米。2013 年新乐市小流村、正定县合家庄村、藁城市岗上村、鹿泉市曲寨村等 13 个村获评省级美丽乡村，43 个村获评市级美丽乡村。

（魏兰庆）

【农村环境综合整治】 3 月 21 日，石家庄市召开农村环境综合整治领导小组会议，决定全市继续开展农村环境集中整治活动，全面推进配套提升，建立长效机制，在巩固提高 1293 个重点村基础上，再筛选 400 个农村环境综合整治示范村作为重点，力争连片整治示范片区达到 10 个以上，连片整治示范村达到 120 个左右，三年内基本完成所有行政村综合整治任务。2012 年 10 月至 2013 年 3 月，全市组织开展农村环境综合整治攻坚战，取得阶段性成果，重点区域内 1293 个村“四清四化”（清垃圾、清杂物、清残垣断壁和路障、清庭院、绿化、美化、亮化、净化）工作基本完成，累计投入资金 3.8 亿元，清理垃圾、杂物 218 万立方米，新增绿化面积 35 万平方米，其中 403 个村建立生活污水集中处理设施，987 个村庄基本实现垃圾转运处理。

（岳金宏　侯天仪）

【市区城郊村（户）燃煤污染治理】 率先实施农村燃煤污染治理试点。在没有经验借鉴条件下，经深入调研，反复论证，确定施行用优质低硫型煤取代普通燃煤、液化气取代普通灶具治理模式。制定《省会城郊村（户）生活采暖燃煤污染治理方案》，改造市区二、三环路之间未列入城中村改造 52 个村庄 3.4 万农户燃煤锅炉、1.2 万户燃煤灶具。年末治理范围 52 个城郊村全部使用优质低硫型煤和液化气灶具，完成市政府下达治理任务。《中国环境报》、《河北日报》媒体给予报道。

【城镇化建设】 提出农村社区化、农业法人化、农民市民化建设思路，明确以主城区到组团县（市）之间和各县(市)区县城周边区域为重点，启动推进基础设施、支撑产业、公共服务、产权制度改革、基层组织建设“五大建设”，突出 5 大产业园区和 4 个重点镇基础设施建设。组建推进城镇化建设领导小组办公室，实行工作目标责任制，开展挂图作战，现场督导活动。完成 5 大产业园区、4 个重点镇规划和政策制定。全年基础设施建设、法人农业建设实施重点项目 106 个，总投资 56.28 亿元。其中，72 个项目完成立项审批；43 个项目开工在建；铜冶青龙山大道、冶河天然气管网等 21 个项目基本完工，累计完成投资 4.6 亿元。谋划建设法人农业项目 30 个，流转土地 4 万亩，转移非农产业人口 1.5 万人。

【农村改革】 推进村级财富积累机制建设，全市新增集体经济实体 39 个、财富积累项目 46 个，组建经济实体村达到 929 个，占到全市农村总数 25%。2013 年全市村级集体经营性年收入在连续多年高增长基础上，又增长 5.3%，达到 8.8 亿元。新研究开发农村经济数据计算机管理系统投入运行，实现村级集体经济动态化、网络化管理，为各级党委政府实施决策提供了科学指挥平台。2013 年井陉矿区实施全省农村综合改革试点工作顺利，涧底村改革完成集体资产股份制改造。2013 年底，石家庄市 5 个村启动股份制改革试点。推进村务公开和民主管理，规范民主议政活动，年末全市村务公开满意率达到 98.8%。构建农业新型经营主体。推进农村土地承包经营权向家庭农场、种养大户、农民合作社、龙头企业等新型经营主体依法、有序、合理流转；整合市、县、乡土地流转管理服务资源，搭建市、县、乡三级土地流转管理服务平台，部分县、乡购置了大屏幕显示器和触摸屏，方便群众了解流转信息；推广省级制定的土地流转规范化合同文本，强化土地流转合同签订，提高了流转服务机构的信息发布、合同签订、政策咨询等管理服务水平，完善了土地流转手续，减少了矛盾纠纷发生。开展扶持奖励，培育经营主体。至 2013 年底，全市家庭农场达到 54 家，其中新发展和注册家庭农场 16 家；种养大户达到 4856 个；具有一定规模龙头企业达到 232 个；农民专业合作社达到 4250 个，带动农户 117 万户，覆盖了全市 98% 以上乡镇村。开展确权登记，维护农民利益。按照河北省农业厅《关于开展市级农村土地承包经营权登记试点的通知》（冀农管发〔2013〕12 号)，制定出台《石家庄市农村土地承包经营权登记试点工作实施方案》，在 17 个农业县（市）区）分别确定 1 个农村土地承包经营权登记市级试点村，涉及农户 5868 户，耕地面积 24800 亩。年末全市农村土地流转率达到18.3%。

（魏兰庆）

机构编制

【概况】 2013年，市机构编制委员会办公室（简称市编委办）围绕市委、市政府中心工作，深化行政体制改革，创新机构编制管理，优化机构编制资源配置，加强自身建设。按照行政体制改革总体要求，以职能转变为核心，研究制定政府职能转变工作分工，探索开展市直部门职能评估。做好食品药品管理体制改革、组建卫生和计划生育委员会（简称卫生计生委）、设立县级城乡规划部门等机构改革。按照改善“两个环境”要求，规范市县综合行政服务中心，完成环境保护管理体制调整。严格财政供养人员只减不增要求，完善机构编制实名制管理、编制使用核准、机构编制管理证等制度措施。加强与组织、人力资源和社会保障、财政等部门协调配合，推进机构编制信息资源共享。2013年4月，召开全市机构编制工作培训会暨工作会，邀请中国机构编制管理研究会会长黄文平、副会长兼秘书长于宁和《中国机构改革与管理》杂志社社长岳云龙授课，各县（市）区政府县（市）区长、常务副县（市）区长、组织部长和市直部门主要领导参加会议。结合行政审批事项下放工作，落实动态调整管理，核减市发改委等19个市直部门行政编制20名，为职能增强部门增加行政编制34名；结合事业单位改革和机构改革，调整22个事业单位编制，撤销事业单位16个，新设15个，收回职能减少和弱化事业单位编制100名，为11个职能加强事业单位增加编制129名。机关事业单位中文域名注册实现全覆盖，共注册7604个，注册率100%。2013年市编委办被河北省编委办评为“政务和公益域名注册管理工作先进单位”；撰写研究课题《优化发展环境视域下的政府职能转变——以石家庄为例》获评“河北省机构编制委员会办公室研究课题”二等奖。

【政府职能转变和机构改革】 推进政府职能转变。制定印发《石家庄市政府职能转变工作任务分工》。开展市城管委、城乡规划局、人口计生委、卫生局、园林局等部门职能评估，为行政体制改革和机构编制动态调整提供依据。深化政府机构改革。制定出台《关于改革完善食品药品监督管理体制的实施意见》，9月27日组建市食品药品监督管理局。11月29日整合市卫生局、市人口和计划生育委员会，组建市卫生和计划生育委员会（挂石家庄市爱国卫生运动委员会办公室牌子）。确定市食药监局、卫生计生委为市政府工作部门，分别印发“三定”规定，并设立市计划生育协会。调整部门职责。市深化医药卫生体制改革领导小组办公室职责划入市卫生和计划生育委员会；原市人口计生委承担的研究拟订人口发展战略、规划及人口政策职责划入市发展和改革委员会。市城市管理委员会承担的“城市污水处理、再生水水质监测及监督管理、再生水综合开发利用”等职责、市政府国有资产监督管理委员会承担的“根据市政府授权，依法履行国有资产出资人职责，监管石家庄水务集团的国有资产，加强国有资产的管理工作”职责划入市水务局。批准晋州市等13个县(市)区设立城乡规划局。

【环境保护管理体制调整】 将市环境保护局市内五区和高新区、正定新区等分局调整为各区政府和高新区、正定新区直属事业机构，名称为区环境保护局。撤销市环境保护局鹿泉、藁城、正定、栾城分局，4县（市）环境保护局不再加挂环保分局牌子，仍为县（市）政府工作部门。各县（市）区和高新区、正定新区、循环化工园区设立环境监察执法大队、环境监测站；乡镇（街道）、县（市）区管理的开发区（园区）设立环境保护所。市公安局设立环境保卫支队；市公安局市内五区、井陉矿区和高新区、正定新区分局设立环境安全保卫大队。

【事业单位改革】 做好事业单位改革与政府机构改革、行业体制改革衔接工作，调整食品药品管理体制改革、环境保护管理体制调整中涉及的事业单位。模拟分类所有事业单位，将市直拟划入行政类12个事业单位上报省编委办。审核县（市）区上报承担行政职能事业单位，将涉及8类机构78个符合条件承担行政职能事业单位上报省编委办备案。

【机构编制调整】 在市人大、市政协机关设立纪检组，为市纪委派驻机构。明确市社会管理综合治理委员会办公室为市社会管理综合治理委员会常设办事机构，与市委政法委机关合署办公，并调整内设机构及编制。市国土资源局加挂市地理信息局牌子。市残疾人联合会设立机关党委。市统计局设置总经济师、总工程师。成立市中医药管理局，在市卫生和计划生育委员会中医处挂牌。撤销市商务局所属市商务综合执法局、市食品药品监督管理局所属市餐饮化保执法大队。市畜牧水产局设立市畜禽定点屠宰管理办公室。市食品药品监督管理局组建市食品药品综合执法支队。撤销市住房保障和房产管理局所属石家庄房屋资产权属登记监理中心、石家庄房地产市场管理服务中心，组建石家庄房屋登记交易中心；设立市住房维修资金管理中心，组建市房产市场稽查大队。撤销市科学技术协会所属市科技干部进修学院，组建市科学普及中心。撤销市园林局所属市民心河管理办公室和市太平河管理处，组建市城市水系管理处。在撤销市水务局所属市供水监察大队、取消市桥西污水处理厂规格基础上，组建市水政监察支队。设立市中小企业服务中心、市机动车排污管理中心、市综合治税领导小组办公室等事业单位。市人事考试中心更名为市人事考试局；市劳动监察大队更名为市劳动监察局。张石高速公路筹建处更名为京昆高速公路京石管理处。市规划设计院更名为市城乡规划设计院。市自动化研究所更名为市科技合作与创新平台中心。市中心医院并入市第一医院，加挂河北省重症肌无力医院牌子。市劳动教养管理所加挂石家庄市第二强制隔离戒毒所牌子；市劳动教养管理所所属市解教人员安置帮教管理中心整体划转市司法局管理，更名为市安置帮教管理中心。市民政局所属市按摩医院整体划转给市残疾人联合会管理。撤销市直机关工委所属市直机关党校。

【开发区（园区）机构设立】 设立河北赞皇经济开发区、河北无极经济开发区、河北平山西柏坡经济开发区、河北石家庄井陉矿区工业园区、河北行唐经济开发区、晋州市纺织工业园、赵县工业聚集区等7个开发区（园区）党工委和管委会，分别为所在县（市）党委、人民政府派出机构，规格均为副县级，并根据所在县（市）党委、人民政府授权，行使辖区管理、监督、协调、服务职能。设立中共河北正定现代服务产业园区工作委员会和河北正定现代服务产业园区管理委员会（分别挂中共正定商贸物流产业聚集区工作委员会和正定商贸物流产业聚集区管理委员会牌子），分别为中共石家庄市委、石家庄市人民政府派出机构，规格为正县级，委托中共正定县委、县政府管理，并根据正定县委、县政府授权，行使园区管理、监督、协调、服务职能。河北晋州经济开发区不再实行与晋州市马于镇“区镇合一”管理模式，单独设立河北晋州经济开发区党工委、管委会，分别为中共晋州市委、晋州市人民政府派出机构。高新区经济科技发展局更名为经济发展局，不再承担高新区科学技术职能，设立石家庄高新区科学技术局。设立石家庄高新区事业单位登记管理局、食品药品监管执法大队、网络舆情中心、文化服务中心。设立石家庄循环化工研究院（挂石家庄循环化工园区专家咨询委员会牌子）、劳动和社会保障服务中心、环境监察执法大队、环境监测站；同意石家庄循环化工园区接管石炼医院，在此基础上组建石家庄循环化工园区医院，为石家庄循环化工园区管委会管理的公立医院，列入石家庄循环化工园区事业单位序列。设立石家庄空港工业园社会保险服务中心。

【机构编制实名制信息核查】 按照省编委办要求，采取统一部署、集中培训、分步推进、抽查验收等措施，全市机关事业单位自下而上开展自查、审核、验收三个阶段核查工作，核对、修改、补充机构编制实名制数据信息，做到逐单位、逐人、逐项审核更新，规范了机构编制实名制管理。2013年全市核查各级机关1361个、事业单位6538个，核查入库实有人员215340人，更新实名数据信息23680余条。

【事业单位登记】 按照“环节最少、办理最快、服务最优”目标要求，优化事业单位登记流程，做好事业单位法人网上平台优化升级。全年完成事业单位设立登记15家，变更登记124家，注销登记8家，年检459家，年检合格率100%。规范事业单位法人年度报告制度。遵照政务公开和年度报告监管方式改革要求，重点筛选5家试点单位在“石家庄机构编制机构网”公开年度报告，接受社会监督。

【辛集市确定为省直管县（市）体制改革试点】 4月28日，根据《中共河北省委办公厅、省政府办公厅印发《关于推进省直管县（市）体制改革试点工作意见》的通知》（冀办发〔2013〕13号），河北省委、省政府决定在定州市、辛集市先行开展省直管县（市）体制改革试点，确定6月1日试运行。5月29日，石家庄市按照省编委办《关于切实做好省直管县（市）体制改革试点对接工作有关问题的通知》（冀机编办〔2013〕48号）要求，完成业务指导关系、机构编制工作管理权限调整。

（阮胜华　沈文辉　郝崇武）

台湾工作

【概况】 2013年，全市接待台湾来访团组32个、554人次；组织办理赴台经贸和交流团组35个、154人次。年末全市共有台胞170人、台属5.4万余人，常住台商103人。2013年全市新增台资企业10家，总投资3.95亿美元，合同利用台资3.95亿美元。至2013年底，全市注册台资企业74家，总投资12.5亿美元，合同利用台资7.5亿美元；台商投资主要分布在机械、化工、轻工、电子、食品加工、服务业等领域；年纳税约4亿元；解决劳动就业1.1万余人。利用两岸各项经贸、文化交流活动平台，加强境内媒体与台湾媒体互动宣传，大力提高石家庄市在台湾和海外知名度。2013年全国重点新闻交流项目“台湾中南部记者河北行”21人到石家庄市参观访问。顺利完成市台属联谊会和市台资企业协会换届。

【对台经贸】 引进台商亿元大项目2个，分别是石家庄统一饮品项目，即康师傅控股有限公司投资的石家庄顶津饮品项目，总投资1.5亿美元；台商黄泉森在藁城市西关镇投资的河北晟立生态科技有限公司生产项目，总投资2亿美元。举办会展招商活动，5月16～19日，成功举办台湾名品展，邀请到台湾企业180家、客商700余人参展参会，参观人数12.5万人，其中10%的台湾参展商在石家庄市找到代理商。召开重点台商市情推介会，并组织部分台商到行唐县、鹿泉市、高新区开展项目考察。2013年全市邀请台商到石家庄进行经贸商谈210余人，涉及工业制造、电子信息、食品加工、农业、旅游、航空、物流等领域。

【对台交流】 8月28日，石家庄正式启动和开通赴台湾个人游，年末全市赴台湾个人游人数达到2000人。高质量完成台湾赵氏宗亲到石家庄恳亲接待和8月30日至9月1日在石家庄市举办的2013第十八届中国北方旅游交易会台湾客商接待。重视做好第五届“冀台城市发展论坛”筹备。12月22～24日，“2013年全国台湾同胞投资企业协会会长座谈会”和“全国台湾同胞投资企业联谊会常务理事会”在石家庄市举行，全国各地台资企业协会会长、全国台湾同胞投资企业联谊会常务理事等250余人参加会议。

（潘新民）

信访工作

【概况】 2013年，全市信访系统以市委、市政府中心工作为核心，强化职能责任，完善信访措施，加强矛盾化解督导，狠抓制度落实，全力做好服务稳定工作。圆满完成党的十八届三中全会、全国和省市“两会”及吴桥国际杂技节等重要会议、重大活动信访保障任务，保持了信访总体平稳态势。2013年市信访局受理群众信访总量5210件次，同比上升3.4%；河北省信访局受理石家庄市信访总量4113件次，同比上升3.9%；国家信访局受理石家庄市信访总量1397件次，同比上升2.3%。2013年市信访局获评全省信访工作先进集体。

【矛盾隐患排查化解】 大规模开展依法治访集中宣传教育活动，营造浓厚氛围，引导群众依法、逐级、有序反映诉求，有效维护了正常的社会秩序和信访秩序。做好日常排查，在重要会议和敏感节点期间实行“日排查、日报告”制度。2013年全市排查集体访和群体性事件隐患7891件，全部建立台账和实行挂账督办。至2013年底，全市化解上访隐患7528件，化解率达到95.4%。

【重点信访案件办理】 按照“五个到位”、“四个不欠账”要求，在“事要解决”上下功夫，分7批集中交办738件重点信访案件，化解率达到96.5%。2013年省以上部门交办市信访案件1008件，全部按时办结。配合全市城乡建设和房地产专项治理活动，妥善化解一批省市领导重点关注的案件和问题。

【领导干部接访】 在坚持市级党政

领导定期到市信访接待服务中心接访约访制度基础上，各县（市）区和市直部门也每天安排1名县级党政领导干部开展接访工作。2013年全市开展市县乡三级干部集中接访约访活动13次，共接待群众来访1859批次、4728人次，当场解决信访事项274件，落实领导包案1468件，将大批信访群众需要上访解决问题在基层化解。

【健全完善信访机制】 跟随工作需要和形势变化，强化信访工作机制和制度建设，调整市联席会议组成机构，制定市联席会议、专项工作小组和组成部门职责，出台《关于进一步做好当前信访稳定工作的意见》、《关于大规模集体上访的接劝和应急处置工作方案》等。及时抽调相关部门人员组成督导组，分别由县级干部带队，不间断督导检查全市信访稳定工作。全年信访工作问责9名县级包案领导、14名科级干部，起到了较大警示和教育作用。

（刘旗）

政策研究

【概况】 2013年，市委研究室围绕市委中心工作大局，强化职能作用，提升素质能力，改进工作作风，深入开展调查研究，大力提升参谋服务作用。全年完成重大调研课题16项，主编市委机关刊物《石家庄决策》12期，编发《专家建言》4期、《重要动态》24期。2013年市委研究室调查研究工作获评全省“优秀”等次，决策咨询工作获得全省“先进单位”称号；《石家庄决策》获评“全国城市十佳党刊”，获得市级以上领导批示133人次，其中肯定性批示103人次，分别较2012年增长15%和24%。

【调查研究】 以党的十八大、十八届三中全会，省委八届五次、六次全会和市委九届四次全会精神为指导，围绕加快转型升级、跨越赶超步伐，以及全面建成小康社会进程中的重大问题，特别是市委领导关心关注、亟待解决的焦点问题，深入开展调查研究。全年完成重大调研课题16个，超额60%。调研内容涉及财政金融、科技创新、招商引资、现代农业农村改革、转变政府职能、破解发展瓶颈、省会城市建设、新型城镇化、高铁经济、改善民生等经济社会发展重要领域，提出一批有重要价值的建议，进入市委领导决策视野，实现领导批示率、转化率、关注度“三个大幅提升”。《调查研究报告》获得市以上领导批示率达100%，全年累计获得省、市领导批示达74人次。其中，获得省委常委、市委书记孙瑞彬批示7篇次；市长王亮批示10篇次；市人大常委会主任杨志辉批示2篇次；市政协主席王华清批示1篇次；获得河北省委政策研究室主任王书利批示2篇次。13项调研成果被市委、市政府领导批转有关部门，要求研究相关政策措施、抓好工作落实，直接推动了财税征管、政府购买服务、学前教育、土地占补平衡、快速公交建设等多项重点工作，调研成果直接转化率达至80%以上。调研报告和文章被省级内刊采用3篇，其中《河北公报》2篇，省委办公厅《综合与调研》1篇。16篇调研报告获得市委、市政府主要领导和分管领导批示46人次，其他非分管市领导批示28人次，占到批示总数的38%。注意将调研成果直接融入领导讲话、市委文件和各项工作方案、安排意见之中，全年牵头或参与起草市委工作要点，解放思想大讨论活动实施意见，学习“枫桥经验”、创新社会管理实施方案等综合文稿10余篇，较好发挥了以文辅政作用。

【决策咨询】 将借助“外脑”作为当好参谋助手重要手段和渠道，全力为市委市政府决策咨询委员会（简称市决咨委）开展工作提供全方位服务保障。围绕率先全面建成小康社会，举办暑期研讨活动；围绕发展高铁经济，到郑州市、长沙市、武汉市开展专题考察；围绕新型城镇化建设，到郑州市、宿迁市、江阴市、寿光市开展专题考察，分别提出有价值的决策咨询意见和建议。围绕全市中心工作，及时组织决咨委员建言献策。全年征集各类决策咨询意见建议16篇，组织编发《专家建言》4期，获得市领导批示10人次，批示率达100%，其中市委书记孙瑞彬批示2篇次、市长王亮批示2篇次。改革创新高新区管理体制、恢复正定古城风貌、强化环保宣传教育等3项建言成果被市领导批转有关部门研究落实，发挥了决咨委“智囊团”作用。2013年市决咨委专题考察和研讨活动获评“全省决策咨询工作先进单位”。坚持完善市委研究室和市决咨委主任联席会、主任定期例会、重大事项通报等制度。市委研究室与市决咨委每季度召开一次联席会，通报交流情况，研究部署工作，确保了决咨委工作紧扣大局、有效展开。加强决咨委秘书处建设，做好组织协调和服务工作。

【《石家庄决策》刊物】《石家庄决策》栏目设置紧紧围绕市委中心工作和阶段性重点工作，适时增加学习贯彻十八届三中全会、解放思想大讨论、群众路线教育实践活动、中东西发展战略、改善“两个环境”等专栏，加强对各级各部门工作“新思路、新举措、新成效”宣传，发挥党刊导向和推动作用。组稿选稿严把文稿质量关，力求好中选优，突出文章思想性、指导性、可读性。版面设计突出党刊特色，做到图文并茂、印刷精美，强化了封面图片导向作用，增强了刊物影响力、吸引力。全年编发《石家庄决策》12期，发行5万余册。其中，向全市各级党组织发送4万余册；上报、交流6千余册。2013年《石家庄决策》连续8年获评“全国城市十佳党刊”，被评为“省会双十佳内资出版物”。《重要动态》编辑创新选题理念，突出针对性和实效性，及时为市委领导提供了全国各地方重要决策信息。全年《重要动态》编发24期，获得市领导批示48人次，其中省委常委、市委书记孙瑞彬批示7篇次，市长王亮批示8篇次，是创刊以来获得批示总数最多和层次最高一年。

【调研指导协调】 履行调研工作组织、协调、指导职能，研究制定调研工作要点，发布年度重点调研课题，引导各县（市）区和市直各部门围绕加快“转型升级、跨越赶超、建设幸福石家庄”面临的重大问题开展调研活动。召开县（市）区委研究室主任座谈会，总结工作、表彰先进、交流经验、部署任务、提出要求。开展联合调研，发挥对重大调研课题牵头负总责作用，建立与市直部门和县（市）区联合调研工作机制，组织市规划局、国土局、公交总公司、教育局、行唐县、平山县等单位，围绕中心城区规划、土地占补平衡、快速公交建设、学前教育等重大问题，开展联合调研活动，形成一批调研成果。配合河北省委政研室，开展“省会大气污染防治”、“县域经济和县城建设”等专题调研。加强业务培训，举办十八届三中全会精神、解放思想大讨论等研讨培训班和专家学者专题讲座，提升全系统干部政策理论水平和综合素质。健全激励机制，开展调研工作先进单位、先进调研工作者、优秀调研成果评选活动，并将优秀调研成果辑印成册，有效调动了各级干部开展调研工作的积极性、主动性、创造性。2013年各县（市）区委研究室完成调研成果559项，获得市级以上领导批示36人次，在市级以上期刊发表文章273篇。

【解放思想大讨论活动专题调研】 市委研究室作为开展解放思想大讨论活动调研成果组牵头部门，履职尽职，主动开展工作。起草制定《关于在全市开展“解放思想、改革开放、创新驱动、科学发展”大讨论活动的实施意见》，开展“我为石家庄科学发展献良策”活动，协调督导市、县两级重点课题调研工作。“我为石家庄科学发展献良策”活动成果丰硕，共征集社会各界意见和建议61000条，其中3200条有价值意见上报转呈市委、市政府和市直有关部门研究参考。加强市、县两级开展解放思想大讨论活动重点课题调研协调和督导检查。其中，11个市级重点课题调研形成16项有价值有份量的调研成果，制定政策措施专件17个；各县（市）区和市直部门完成调研成果126项，制定政策措施专件357个。高质量完成省委常委、市委书记孙瑞彬牵头：加快推进石家庄工业转型升级、积极稳妥推进新型城镇化建设2个省级调研课题。加强解放思想大讨论活动典型总结、信息报送、情况反馈，总结推荐藁城市、鹿泉市、平山县、桥西区加强园区建设、加快产业升级、实现跨越发展、破解发展难题的经验做法，被河北省解放思想大讨论活动办公室刊用。2013年石家庄市开展解放思想大讨论活动向河北省上报典型材料、信息40余篇。

（闫晓斌）

老干部工作

【概况】 2013年，市委、市政府领导高度重视老干部工作，省委常委、市委书记孙瑞彬，市委副书记、市长王亮经常过问老干部工作，多次对老干部工作作出重要批示。2013年3月，市委书记孙瑞彬、市长王亮分别作出批示：要求全市各级各部门和广大老干部工作者带着感情做好老干部工作，努力把老干部政策落实好，把老干部的生活照顾好，把老干部的作用发挥好，让每一个老干部都感受到组织的温暖，让老干部满意、让市委放心。7月26日，市长王亮在全市经济社会发展情况通报会上，向老干部通报了上半年经济社会发展情况及下半年工作安排。市级老领导和担任过正县（处）级职务260多名老干部参加会议。10月17日，省委常委、市委书记孙瑞彬，市长王亮一起到市老干部局调研指导工作。12月19日，市委常委会专题研究老干部事项，省委常委、市委书记孙瑞彬要求各级各部门搞好统筹协调，形成工作合力，积极推进老干部工作，并就老干部学习活动和保健“三位一体”阵地建设作出部署。2013年市委老干部局获评全国敬老文明号、市级文明单位、普法工作先进集体、公共机构节能工作模范单位、调研工作先进单位；市老干部活动中心连续7年获评省会公共场所卫生安全A级达标单位；3个干休所连续多年获得“文明楼院”称号。

【思想政治建设】 重视老干部思想政治学习，分别邀请中央党校教授王长江、石家庄陆军指挥学院教授王建华作学习贯彻党的十八精神报告会辅导和国家周边安全形势报告。联合市老年书画研究会等老年团体，举办学习宣传党的十八大精神书画巡展、建党92周年书画展和纪念毛主席诞辰120周年书画展等展览，在老干部中引起反响。开展党的十八届三中全会精神学习宣传活动，组织老干部参加中央宣讲团在石家庄举办的宣讲报告会。举办离退休干部党支部书记培训班，邀请省委党校教授李志勇作党的十八届三中全会精神专题辅导。开展“余热生辉燕赵情、同心共筑中国梦”主题活动，采取举办主题征文、书画摄影展、橱窗板报展等方式，引导老干部坚定理想信念。

【政治生活待遇】 坚持春节、国庆、中秋等重大节日期间看望市级老干部、老红军及老干部遗属，慰问无主管单位改制破产企业离休干部和军队移交政府安置离休人员，并对安置外省市35名离休干部进行异地慰问。组织老干部定期参观工农业生产。2013年5月，组织43名市级老领导到滹沱河生态旅游景区参观，听取市旅游局领导对全市旅游业发展情况介绍；2013年10月，组织40余名市级老干部到晋州市河北博纳德能源科技有限公司、周家庄乡人民公社纪念馆及农业观光园参观。落实情况通报制度。2013年5月，组织市直和市内五区300多位副县级以上老干部参加“省会离退休老同志省委八届五次全会精神情况通报会”；2013年7月，组织市级老领导和市直单位260多名老干部参加全市上半年经济社会发展情况通报会。提高老干部生活待遇。2013年市级财政支持资金1.36亿元。其中，改善3个干休所生活环境，提供房屋修缮等资金100万余元；为16家市直差额拨款和自收自支事业单位35名离休干部落实统筹外费用42万元；为市直单位303名特困老干部落实帮扶资金30万元。做好市直改制破产企业离休干部管理。至2013年底，全市完成市直171家改制破产企业1092名离休干部上收管理。

【“学习活动保健”阵地建设】 落实省委关于加强学习、活动、保健“三位一体”阵地建设要求，提高老年大学、老干部活动中心、老干部休养所管理和服务水平。谋划市区“2+6”阵地建设纳入市政府规划，主要计划在桥西新建1个老干部活动中心（包括老年大学），在城市四角和高新区、正定新区建设6个老干部活动点，形成以桥东老干部活动中心和桥西新建老干部活动中心为两轴，以6个老干部活动点为6翼的“2+6”老干部活动阵地格局。市老年大学强化教师队伍管理，探索建立教师“选聘、考勤、教学进度、第二课堂”四个台账和“督导、评估、激励、关爱”四个机制；成立13个教研组，修订新版教学大纲和专业教材；新增老年心理保健、水粉油画等专业；举办“重阳讲坛”、趣味运动会、教学成果汇报演出等活动；印制《笔墨千秋》书画集。市老干部活动中心举办“魅力夕阳”书画展、“开启新征程·实现中国梦”图片展、“重阳节”老干部竞技比赛等活动。加强员工礼仪培训，简化办卡程序，免费为离休干部办理活动卡，增加阅览室报刊种类，添置活动器材，整治大楼内外环境，提升服务质量和水平。2013年市老干部活动中心共接待老干部12万人次，活动人数较2012年增长7%。开展干休所“文明楼院创建”活动，3个干休所坚持“老干部第一，服务至上”工作理念，发放“亲情服务卡”，建立工作人员与老干部结对帮扶制度，开展定期走访、为老干部送医送药、对住院老干部实行“一对一”服务等活动。举办健康讲座、体育健身、文化娱乐等活动，丰富老干部精神文化生活。举办市直机关离退休干部第19届运动会，3700余名离退休干部参加了健步走、小球投篮、套圈、飞镖、钓鱼等比赛活动，增进了老干部之间交流。

【发挥老干部作用】 围绕中心、服务大局，发挥离退休干部政治、经验、威望优势，组织引导老干部为建设幸福石家庄作贡献。开展“问计走访、参观考察、调研征文”等“八个一”活动，组织老干部为改善“两个环境”出力献策。开展“老干部为石家庄科学发展献良策”活动，向老干部发放《建议征集表》1000多份，共征集老干部意见建议2000余条。选树11名在农村党支部任职老干部先进典型，宣传他们带领乡亲们脱贫致富的感人事迹。引导老干部参加大气污染治理活动，印发《关于在全市大气污染治理工作中发挥老干部积极作用的通知》，260名老干部获聘为大气污染防治监督员。做好关心下一代工作。各级关工委依靠广大老干部，组织开展爱国主义教育和扶贫助困等活动，为青少年健康成长营造了良好氛围。至2013年底，全市共有各级各类关工委组织7184个，从事关心下一代工作离退休老干部达到25481人。2013年全市关工委系统表彰先进集体8个、先进个人34个。

（冀兴凯）

机关事务管理

【概况】 2013年，市机关事务管理局履行管理、保障、服务职责，在保障市委政府机关运转、降低运行成本、改善干部职工生活等方面发挥了重要作用。生活服务工作严格落实《食品卫生管理规定》、《食堂饮食安全管理暂行规定》、《餐饮业食品原料采购索证登记》、《消毒登记》等制度，确保了食品安全；改善干部职工伙食，提高饭菜质量，保持饭菜价格稳定，就餐满意率提升；采取“走出去、请进来”和开展岗位练兵、业务技能竞赛等方式，提高炊事管理人员业务技能。完善公共机构节能减排管理，落实《公共机构节能条例》；逐一核实和登记22个县（市）区、73家市直单位节能工作主管领导和联络员信息，实行网格化动态管理；统计、汇总、核实全市4950家公共机构能源资源消耗，通报2013年公共机构考核评价结果；举办节能宣传周活动，向公共机构和社会发放宣传画120套，节能宣传手册5000册，节能鼠标垫、纸扇各2000个。

【安全保卫】 定期召开市委、市政府机关安全工作会议，分析机关大院安全保卫形势，通报相关情况，并针对突出问题，及时整改。保卫处配合内卫、公安、信访、消防等多部门协调联动，采用“人防、物防、技防”三位一体方式，大力加强机关大院安全管理，实现了机关大院全年“无刑事犯罪、无治安案件、无火灾事故、无自然灾害”“四无”目标。建立“零障碍”服务机制，全年接待到市委、市政府办事人员11万人次，均做到文明用语、礼貌待人。

【车辆管理】 2013年督导淘汰市委、政府部门黄标车735辆。重度污染天气期间，协调市直部门停驶公务用车1104台（次）。加强车辆管理和服务，协调机关部门安装ETC车辆1518台。起草完成《市机关事务管理局今冬明春大气污染防治工作预案》和《市直党政机关和事业单位重污染天气公务用车停驶实施方案》。全年调度车辆21.5万余台（次），安全行驶600余万千米，较2012年多节约油料3万余升，折合22万余元。

【基础设施建设】 全年完成维修改造任务15项。通过“修旧利废”和节能技术改造，节约用水3500余吨，节约蒸汽700余吨，节约用电16万余度。政府大院冬季供暖系统和1号楼电机变频技术采用合同能源管理方式，年节电约11万度。2013年市委和政府大院节约水、电、汽合计70余万元。绿化机关大院，种植草皮4000多平方米，摆放大型花钵190个，植物盆景100棵，“五一”劳动节、“十一”国庆节摆放花坛10个，花卉近20万株，做到三季有花、四季常绿。

【房地产管理】 热心为机关干部职工及所辖53个机关宿舍区居民服务，恢复青园街高层生活区用电双电源管理；更换中山路高层2个二次加压泵；粉刷东大街3栋宿舍楼外墙。各辖区花草树木浇水、修剪、喷药260余处（次），更换和维修所辖宿舍区路灯28套，修补路面3600平方米，修补墙面600余平方米，楼房烫顶5000余平方米。全年实施住房水电暖等各类维修4600余次，应急抢修96次，累计加班780余人(次)。配合正定新区管委会，推进正定新区行政中心建设，完成市直机关办公用房（地）置换准备工作。

（曹建龙 王东旭）

党史工作

【概况】 2013年，市委党史研究室以党史正本编写和完成省委、市委交办任务为重点，履行“存史、资政、育人”职能，推动转化党史研究成果，加强党史学习教育工作。加强县（市）区党史工作指导，采取下基层、电话联系等形式到各县（市）区党史部门督导检查，指导基层党史部门围绕党委中心工作开展研究活动，2013年16个县（市）完成民主革命时期党史《正本》编辑出版。参加河北省党史学界纪念毛泽东同志诞辰120周年学术研讨征文活动，撰写研究论文7篇。

【《中国共产党石家庄历史（第二卷）》编写】 《中国共产党石家庄历史第二卷》编写是近几年党史工作重中之重，也是市委考核的首要工作任务。该工作自2010年4月启动以来，按照编写实施方案和编写计划稳步推进。到2013年10月中旬，《中国共产党石家庄历史第二卷》编写组织工作调度会13次，多次举办研究讨论、编辑修改，调整篇章结构会议，统一了编撰原则、指导思想、文稿技术、重大事件表述口径。2013年《中国共产党石家庄历史第二卷》编写工作共征集、查阅文献档案300多卷，文献资料1000余件，领导讲话200多件，报刊资料600多份，其他参考书籍100余册，复印资料4000多份；完成约70万字初稿编写、校对任务。

【党史材料编研】 完成《河北年鉴(2013卷)》（石家庄）资料以及图片征集、编写工作。整理编写资料3.1万字，图片14张，并于2013年4月底上报河北省委党史研究室。完成市地方志办公室《石家庄年鉴(2013卷)》党史工作内容编写任务。按照河北省委党史研究室和省旅游局《关于组织编纂〈中国红色旅游系列丛书〉(河北省卷石家庄部分)任务要求，与市旅游局一起讨论谋划编纂大纲、章节安排、撰写重点、任务分工等问题，经修改、整理，收录石家庄市16处红色景点以及相关链接景点24处，涉及10个县(市)，共5万字、96幅图片。编发《党史工作通讯》13期，约7万字。组织全市党史部门为市纪委组织的廉政文化建设研讨征文活动撰稿，报送论文8篇。围绕市委中心工作发挥职能作用。作为西柏坡建设专家指导组成员，党史研究室组织专门力量，在西柏坡精神研讨、革命遗址普查，中央水利委员会、中央交通部纪念场馆布展大纲、“西柏坡革命旧址修复史料收集和陈列布展”审查等方面做了大量具体工作，提出许多有价值意见。

中共石家庄市委党史研究室

主　任：张建国

副主任：王利利　张亚强

　　　　张素钊（5月任）

（张献瑞）

党校工作

【概况】 2013年，市委党校以“校（院）办学质量提升年”为抓手，围绕学习贯彻党的十八大、十八届三中全会和习近平总书记系列重要讲话精神培训任务，发挥主渠道、主阵地、主智囊团作用，提升办学质量和水平，开展“西柏坡精神”专题教学和“重走赶考路”党性教育实践活动，积极打造全国干部培训特色品牌。按照省委常委、市委书记孙瑞彬提出“要在走出去、引进来上做文章”要求，由校领导带队，分3个调研组到沈阳市委党校、大连市委党校、天津市滨海新区对标学习，研讨交流，创新思路举措，破解党校基础设施落后、后勤服务社会化改革滞后等瓶颈问题。加强人事管理改革，形成激励约束机制。2013年党校选拔副调研员2名，选拔聘用中层干部11名。适应党校干部教育培训要求，增设进修处，撤销保卫处，并将行政处更名为后勤处。修订完善党校《内设机构主要职责》、《专业技术人员岗位聘用管理办法》等制度，有效增强管理制度化、规范化水平。结合党校职能，发挥理论引领作用，落实省市委关于解放思想会议和文件精神进课堂、进教材、进干部头脑要求，用新的发展理念、新的工作思路、新的方法举措武装干部头脑，提高党校学员解放思想素质和能力。组织7名教师深入解读全市经济转型升级、做大做强县域经济、新型城镇化建设、生态建设思路，并在石家庄电视台新闻综合频道以专访形式播出。2013年市委党校上报河北省献计献策稿件2篇、石家庄市28篇，其中围绕解放思想成果转化办班建议被河北省委组织部采纳。

【教学改革】 完善以“西柏坡精神”和“重走赶考路”为核心特色学科，以经典原著解读和中国特色理论体系系列教学专题为核心优势学科，以全市经济发展现状及分析、突发事件应对、社会管理创新、法治政府建设等系列教学专题为核心重点学科，其中“西柏坡精神”和“重走赶考路”特色学科成为辐射全国的精品培训项目。优化教学布局，在原有教学内容基础上，围绕贯彻落实党的十八大、十八届三中全会和习近平总书记系列讲话及省委八届五次全会精神，开展理论解读、理论研究、教学专题研发活动。完善培训类、进修类、专题类班次体系，形成具有党校特色精品课程体系和班次体系。提高教学组织管理水平，探索成人和干部教育规律，修订实施《教师教学科研工作量考核办法》和《专业技术人员岗位聘用管理办法》。规范教学环节管理，注重教学质量评估，落实集体备课、评课和竞争上讲台措施，调动了教师工作积极性。尊重学员主体地位，在各类班次中推行“项目组”教学和结构化研讨，开展问题导向和互动式教学，增强了教学针对性和实效性。

【课题立项和学术交流】 全年申报课题立项十大类，批准立项课题29项，其中，省部级7项，省社会科学基金项目1项，市级21项。与国家行政学院合作课题首获立项。2013年市委党校完成科研成果169项，其中，国家核心期刊发表8篇，国家级刊物发表25篇，省部级刊物发表37篇，市级刊物99篇。开展市情研究，提高成果质量。全年编发7期《领导决策参阅》上报市委、市政府领导，其中3项决策建议被市委、市政府主要领导批示或政府部门采纳。增强科研服务和教学能力。按照教学工作重点，设置校内课题，组织教师开展课题研究和精品课研发；编写完成《习近平总书记重要讲话选编》、《西柏坡时期党的建设》、《风范》、《树立四种思维冲破思想藩篱》等干部教材。提升学术交流层次。在宣传党的十八大和十八届三中全会精神中，邀请省内著名专家学者开展“弘扬赶考精神，践行群众路线”和“学习习近平总书记系列重要讲话精神”理论研讨会，扩大了党校学术影响力。

【干部培训】 全年举办各类学习培训班次114期，培训人员8982人次。其中，常规班次34期、3882人次；外来班次80期、5100人次。培训班次较2012年增长60.56%，培训人数较2012年增长18.86%。2013年市委党校共吸引了上海市、辽宁省、山东省、浙江省、广东省等全国20个省市办学培训机构前来异地教学，其中沈阳市委党校在石家庄市委党校挂牌建立了沈阳市党政干部教研基地。

【学风校风建设】 加强教研部学术梯队建设，建立集体备课和竞争上讲台制度，实施教师教学工作量考核，开展校内评课和教学质量评估，形成考核与竞争相结合工作机制。制定实施学员入学教育提纲和培训管理操作流程，完善考核评估办法及管理制度，规范教学和学员管理。实行校领导带班和教学管理双班主任负责制。加强班委建设，发挥学员自我管理能动性。2013年市委党校在干部培训工作中，严格落实“中央八项规定”、《中组部关于在干部教育培训中进一步加强学员管理的规定》、《市委关于进一步加强作风建设的若干规定》、《市委组织部关于在干部教育培训中进一步改进学风加强学员管理工作的通知》及市委党校《学员在党校学习期间的十严禁》要求，加强入学教育、教学纪律、组织生活和党风党纪约束、廉洁自律制度管理，注重提高学员党性锻炼和党性修养水平。

中共石家庄市委党校

校　　长：刘云峰（6月免）
　　　　　司存喜（8月任）
常务副校长：孙晋康
副 校 长：杜新昉　周建立
　　　　　陈向勤　高建庄
　　　　　尹浩　　董杰
　　　　　史明锁（3月免）
　　　　　唐永志（3月免）

（王雷）

石家庄市人民代表大会

【概况】 2013年，石家庄市人大常委会贯彻落实党的十八大和十八届三中全会精神，紧紧围绕全市中心工作，严格执行依法治国、建设社会主义法治国家基本方略，依法履行宪法和法律赋予的各项职权。4月9～13日，市第十三届人民代表大会第一次会议举行，审议通过市人大常委会、市政府、市法院、市检察院等6项工作报告，作出相应决议。2013年市人大常委会召开会议10次，审议议题64项，依法任免地方国家机关工作人员115人次，审议通过地方性法规1部，修订地方性法规1部。召开主任会议29次，研究和讨论议题133项。听取审议专项工作报告和汇报32项，开展检查、视察24次，作出决议、决定7项，办理代表建议400件。2013年7月，市人大常委会分4期在市委党校集中培训市人大代表505名、市县两级人大机关及警备区分管代表工作干部133名。这是市人大组织举办规模最大、时间最长、范围最广一次培训活动。11月12日，市十三届人大常委会咨询委员会成立，54名咨询委员会成员获颁聘书。石家庄市第十三届人民代表大会代表名额共有645名。市第十三届人民代表大会第一次会议时，实有代表626名。此后，2名市人大代表调离石家庄市：桥东区王大军，桥西区赵亮，代表资格自行终止。根据《中华人民共和国全国人民代表大会和地方各级人民代表大会选举法》规定和工作需要，有11个选举单位补选14名市十三届人民代表大会代表，分别是：桥东区赵拴文，桥西区贾巧秀（女）、王东刚、张晋，无极县崔芸（女）、陈宝京，栾城县暴胜贤，晋州市张佐英，鹿泉市郑巍，深泽县张少华，行唐县王彦芳，元氏县赵路新，高邑县彭敬捷（女），赞皇县冯立业。6月1日，辛集市实行省直管后，按照河北省人大常委会办公厅《关于辛集市选举的石家庄市第十三届人大代表定州市选举的保定市第十四届人大代表资格问题的处理意见》，辛集市31名石家庄市人大代表中，司存喜、董文志、李俊秀（女）、李民生、张新元、付丽霞（女）、郑军平7名代表符合继续担任石家庄市人大代表职务的条件，代表资格有效；户籍或工作单位在辛集市行政区域内的聂英武、巴利凯、彭艳英（女）、王信凯、王敬贺、冯敬坤（女）、刘恒春、孙宗训、李敬坤（女）、张永新、张恒谦、赵进涛、耿占锁、董建明、谢少明、田毓峰（女）、刘振拴、苏瑶（女）、张扬、张晓（女，回族）、谢少雄、裴腾月、武秀梅（女）、李占远24名代表资格自行终止。至2013年底，市第十三届人民代表大会实有代表614名。

【石家庄市第十三届人大常委会组成人员及各部门负责人】

主　任：王增明（4月免）
　　　　杨志辉（4月任）
副主任：杨志辉（4月免）
　　　　许昆峥（4月免）
　　　　朱增海（4月任）
　　　　王中联（女）
　　　　李屏东（4月免）
　　　　郭领域（4月免）
　　　　张石峰（4月免）
　　　　董文志（4月免）
　　　　王增飞（4月任）
　　　　李锡海（4月任）
　　　　杜振琪（4月任）
　　　　楚行宇（满族，4月任）
秘书长：张院生
委　员：马军　马恩来（回）
　　　　王涛　王云辉
　　　　王文晔（女）
　　　　王玉国　王生力
　　　　王仕平　王印行
　　　　卢素强　兰国强
　　　　刘月照　刘书平
　　　　刘国清
　　　　米春荣（女）
　　　　严晋峰（女）
　　　　李俊秀（女）
　　　　李晓华（女）
　　　　李爱民　杨印胜
　　　　步淑段（女）
　　　　肖荣智　吴秀超
　　　　何金录　张　琰
　　　　张静　（女）
　　　　张泽辉　张美林
　　　　邵新中

宗立荣（女）
赵亮　　赵海奎
胡永权　姜博卿
徐习军　郭登洲
黄朝庆
崔瑞芳（女）
韩保来　潘卫东
副秘书长：周全宁　潘明文
倪华
杨传英（3 月任）
王生力（3 月免）
陈彦良（3 月免）

研究室
主　任：马军
副主任：崔书冠　王建丰

选举任免代表工作委员会
主　任：王云辉（3 月任）
副主任：时洪斌　李勤

法制委员会
主　任：徐习军
副主任：宋健

内务司法委员会
主　任：卢素强
副主任：杨传英（3 月免）
孙利华（3 月任）

财政经济委员会
主　任：刘国清
副主任：张杰

农村和农村委员会
主　任：何金录
副主任：马兆芹

城乡建设和环境资源委员会
主　任：王生力（3 月任）
副主任：（空）

教育科学文化卫生委员会
主　任：严晋峰（女）
副主任：（空）

民族侨务外事委员会
主　任：吴秀超
副主任：王庄丽

信访办公室
主　任：赵海奎
副主任：张万明

【市第十二届人民代表大会第六次会议】 1 月 8 ~ 9 日，石家庄市第十二届人民代表大会第六次会议在市人民会堂举行。会议推选孙瑞彬、刘云峰、王增明、杨志辉、许昆峥、王中联、李屏东、郭领域、张石峰、董文志、张院生为大会主席团常务主席。506 名市人大代表出席会议。会议选举出 104 名石家庄市出席河北省第十二届人民代表大会代表。市政府、市政协、警备区和高新区有关领导列席会议。

【市第十三届人民代表大会第一次会议】 4 月 9 ~ 13 日，市第十三届人民代表大会第一次会议召开。应出席代表 626 名，实际出席 612 名。在此次会议上，杨志辉当选为市第十三届人民代表大会常务委员会主任，王亮当选为市人民政府市长；会议选举朱增海、王中联（女）、王增飞、李锡海、杜振琪、楚行宇（满族）为市第十三届人民代表大会常务委员会副主任；选举刘晓军、刘明轩、孟祥红（女）、郭运兴、张业、李晋宇、王韶华为市人民政府副市长；选举崔存利为市中级人民法院院长；选举侯建华为市人民检察院检察长；选举张院生为市第十三届人民代表大会常务委员会秘书长；选举市第十三届人民代表大会常务委员会委员 40 名。会议通过了市第十三届人民代表大会各专门委员会主任委员、副主任委员和委员人选以及关于市政府工作报告的决议，关于市 2012 年国民经济和社会发展计划执行情况与 2013 年国民经济和社会发展计划的决议，关于 2012 年市本级预算及市总预算执行情况和 2013 年市本级预算及市总预算的决议，关于市人大常委会工作报告的决议，关于市中级人民法院工作报告的决议，关于市人民检察院工作报告的决议。

【市十二届人大常委会会议】 1 月 9 日，市十二届人大常委会举行第四十一次会议。市人大常委会主任王增明主持会议。市人大常委会党组书记、副主任杨志辉，副主任许昆峥、王中联、李屏东、郭领域、张石峰、董文志，秘书长张院生和委员 39 人出席会议。会议审议和通过市人大常委会代表资格审查委员会关于终止张连钢的石家庄市第十二届人民代表大会代表资格的报告；以举手表决方式审议通过关于接受张连钢辞去河北省第十一届人民代表大会代表职务的请求决议。

2 月 7 日，市十二届人大常委会第四十二次会议在市人大常委会会议厅召开。市人大常委会主任王增明主持会议，党组书记、副主任杨志辉，副主任许昆峥、王中联、李屏东、郭领域、张石峰、董文志，秘书长张院生和委员 44 人出席会议。会议审议通过关于接受姜德果辞去石家庄市人民政府市长职务的请求决定、关于接受王大虎辞去石家庄市人民政府副市长职务的请求决定；会议决定任命王亮为石家庄市人民政府副市长，代理市长。

3 月 27 日，市十二届人大常委

会第四十三次会议在市人大常委会会议厅召开。市人大常委会主任王增明、副主任许昆峥主持会议，党组书记、副主任杨志辉，副主任王中联、李屏东、张石峰、董文志，秘书长张院生和委员42人出席会议。会议审议通过关于召开石家庄市第十三届人民代表大会第一次会议的决定，决定2013年4月9日召开石家庄市第十三届人民代表大会第一次会议。原则通过市十二届人民代表大会常务委员会工作报告(稿)。会议通过人事任免事项，决定任命孟祥红为石家庄市人民政府副市长，任命崔存利为石家庄市中级人民法院副院长、侯建华为石家庄市人民检察院副检察长，决定崔存利为石家庄市中级人民法院代理院长，侯建华为石家庄市人民检察院代理检察长。会议审议通过关于接受许广为辞去石家庄市中级人民法院院长职务的请求决定，关于接受蔡春和辞去石家庄市人民检察院检察长职务的请求决定。

4月3日，市十二届人大常委会第四十四次会议在市人大常委会会议厅召开。市人大常委会主任王增明、副主任王中联分别主持会议，党组书记、副主任杨志辉，副主任许昆峥、李屏东、张石峰、董文志，秘书长张院生和委员42人出席会议。会议表决通过市人大常委会代表资格审查委员会关于市第十三届人大代表资格的审查报告，通过了市第十三届人大一次会议主席团和秘书长建议名单、召集人建议名单、议案审查委员会建议名单、计划预算审查委员会建议名单、列席人员名单。

【市十三届人大常委会会议】 5月23～24日，市十三届人大常委会第一次会议在市人大常委会会议厅召开。市人大常委会主任杨志辉，副主任朱增海、王中联分别主持会议。市人大常委会副主任王增飞、李锡海、杜振琪、楚行宇，秘书长张院生和委员47人出席会议。会议审议通过《石家庄市第十三届人大常委会议事规则》、《石家庄市第十三届人大常委会关于加强自身建设的意见》、《石家庄市人大常委会第五个五年（2013—2017）立法规划》、《石家庄市人大常委会2013年工作要点》和关于设立市十三届人大常委会代表资格审查委员会的决定；听取和审议了市人大常委会秘书长张院生所作的关于《石家庄市第十三届人大常委会关于加强自身建设的意见(草案)》的说明，市人大常委会法制委主任徐习军所作的关于《石家庄市人大常委会第五个五年（2013–2017）立法规划（草案)》的说明，市人民检察院检察长侯建华所作的关于服务企业发展工作情况的报告，市畜牧水产局局长吕军英受市政府委托所作的关于全市动物疫病防控工作情况的报告，关于市十三届人大一次会议主席团交付市人大财经委审议的第6号和第19号代表议案审议结果的报告，关于市十三届人大一次会议主席团交付市人大城建环资委审议的第4号代表议案审议结果的报告。

6月26～27日，市十三届人大常委会第二次会议在市人大常委会会议厅召开。市人大常委会主任杨志辉、副主任王增飞分别主持会议，副主任朱增海、王中联、王增飞、李锡海、杜振琪、楚行宇，秘书长张院生和委员42人出席会议。会议听取和审议了市林业局局长杨建秋所作关于省会周边重点绿化工程进展情况报告，市工业和信息化局局长吴飞所作关于全市推进工业转型升级、加快建设工业强市工作情况报告，市食品药品监督管理局局长米志奇所作关于全市药品监督管理工作情况报告，市司法局局长王建国所作关于全市构建“四位一体”法律服务体系、创新社会管理工作情况报告及市人大常委会秘书长张院生所作关于市第十三届人大常委会加强和改进立法、监督、代表工作的意见草案的说明，通过了《石家庄市第十三届人大常委会关于加强和改进立法工作的意见》、《石家庄市第十三届人大常委会关于加强和改进监督工作的意见》、《石家庄市第十三届人大常委会关于加强和改进代表工作的意见》。

7月31日，市十三届人大常委会第三次会议在市人大常委会会议厅召开。市人大常委会主任杨志辉主持会议，副主任朱增海、王增飞、李锡海、杜振琪、楚行宇，秘书长张院生和委员44人出席会议。市政府常务副市长刘晓军作了关于人事任免事项的说明，拟被决定任命为市政府副市长郝竹山、蒋文红与市人大常委会组成人员见面；市人大常委会组成人员按照《地方组织法》和《市人大常委会议事规则》、《市人大常委会人事任免和监督办法》的规定，表决通过关于接受刘明轩辞去石家庄市政府副市长职务的请求决定。

8月28～29日，市十三届人

大常委会第四次会议在市人大常委会会议厅召开。市人大常委会主任杨志辉主持会议，副主任朱增海、王中联、王增飞、李锡海、杜振琪、楚行宇，秘书长张院生和委员45人出席会议。市政府常务副市长刘晓军、副市长郭运兴，市法院院长崔存利，市检察院检察长侯建华列席会议。会议听取了市规划局局长王晓临所作关于《石家庄市城市规划管理条例（修订草案）》的说明，听取和审议了市发改委主任赵文锋所作关于全市加快实施中东西三大区域经济协调发展战略情况的报告，关于2013年国民经济和社会发展计划1～6月执行情况的报告，市财政局局长周立新所作关于2013年1～6月份全市及市本级预算执行情况和2012年市本级决算和市总决算情况的报告，市文广新局局长李耀峰所作关于全市加强公共文化服务体系建设、推动社会文化事业繁荣发展情况的报告，市人大常委会副主任、执法检查组组长王增飞所作关于检查《中华人民共和国法官法》和《中华人民共和国检察官法》实施情况的报告，市审计局局长刘桂江所作关于2012年市本级预算执行和其他财政收支的审计工作报告。

10月29～31日，市十三届人大常委会第五次全体会议在市人大常委会会议厅召开。市人大常委会主任杨志辉主持第一次会议，副主任李锡海、杜振琪分别主持第二次、第三次会议，副主任朱增海、王中联、王增飞、楚行宇，秘书长张院生和委员46人出席会议。第一次会议听取了市人大法制委员会副主任委员徐习军所作关于《石家庄市城市规划管理条例（修订草案）》修改情况的报告，市城管委主任卢建新所作关于《石家庄市城市排水管理条例（草案）》的说明，市人大常委会副主任、执法检查组组长王中联所作关于检查《中华人民共和国统计法》实施情况的报告，市政府秘书长孟胜林受市政府委托所作关于全市大气污染防治工作情况的报告；第二次会议听取了市金融办主任张新峰所作关于全市金融工作情况的报告，市旅游局局长赵俊芳所作关于全市旅游业发展情况的报告，市政府常务副秘书长蒲国良受市政府委托所作关于办理市十三届人大一次会议代表建议情况的报告，市政府副市长李晋宇受王亮市长委托所作关于人事任命事项的说明；第三次会议听取了市人大常委会委员李爱民所作联组发言，表决通过《石家庄市城乡规划条例》（报经省人大常委会审议批准后实施），关于进一步加强全市大气污染防治工作的决议和市人大常委会有关规章制度。

12月30～31日，市十三届人大常委会第六次会议在市人大常委会会议厅举行。市人大常委会主任杨志辉主持会议，副主任朱增海、王中联、王增飞、李锡海、杜振琪、楚行宇，秘书长张院生出席会议。会议听取张院生所作市人大常委会主任会议关于召开市十三届人大二次会议有关事项的报告和关于市人大常委会工作报告（稿）的说明，市人大法制委员会副主任委员徐习军所作市人大法制委员会关于《石家庄市城市排水管理条例（草案）》审议结果的报告，市人大常委会副主任、执法检查组组长朱增海所作市人大常委会执法检查组关于检查《中华人民共和国文物保护法》实施情况的报告，副市长王韶华所作关于正定新区建设情况的报告，市科技局局长王雁南所作关于全市科技创新工作情况的报告，市审计局局长刘桂江所作关于《2012年度市本级预算执行和其他财政收支的审计工作报告》中有关问题整改情况的报告，市人大常委会副主任、市人大常委会代表资格审查委员会主任委员楚行宇所作关于代表资格的审查报告和市人大常委会主任会议关于补选2名省人大代表的说明，审议通过接受宋兵役辞去河北省第十二届人民代表大会职务的决议，补选魏智威、王义芳为省十二届人民代表大会代表。会议表决通过市人大常委会代表资格审查委员会关于代表资格的审查报告，关于召开市十三届人大二次会议的决定，市十三届人大二次会议建议议程（草案），市十三届人大二次会议主席团和秘书长建议名单（草案），市十三届人大二次会议列席人员名单（草案），市人大常委会工作报告（稿），《石家庄市城市排水管理条例（草案）》并报经省人大常委会审议批准后实施。会议决定，市十三届人大二次会议于2014年1月16日召开。

【市人大常委会主任会议】 全年召开市人大常委会主任会议29次，研究和讨论议题133项。听取了关于《石家庄市城市规划管理条例（修订草案）》说明，关于《石家庄市城市规划管理条例（修订草案）》修改情况的汇报，关于石家庄市2013年利民惠民实事进展情况的汇报，关于重点代表建议督办情况的汇报，关于石家庄市水资源地保护和饮水安全工作情况的汇报，关于石家庄市群众体育和竞技体育发展情况的汇报，关于石家庄市少数民族经济发展情况的汇报，关于石家庄市农民专业合作社建设运行情况的汇报，关于石家庄市社区管理工作情况的汇报，关于石家庄市供销工作情况的汇报，关于石家庄市服务业发展情况的汇报，关于石家庄市义务教育阶段学校布局建设情况的汇报，关于石家庄市计划生育信息化建设及政策落实情况的汇报，关于石家庄市台湾事务工作情况的汇报，关于市法院2013年信访稳定工作情况的汇报；听取并审议了关于市十三届人大一次会议代表建议、批评和意见情况的汇报；研究了市人民代表大会、市人大常委会会议及其他会议筹备和视察安排、地方立法、培训计划、工作部署、审查报告和人事任免事项等重要日常工作。

【市十三届人大常委会主任与“三长”联席会议】 4月28日，市人大常委会组织召开市人大常委会主任与市政府市长、市中级人民法院院长、市人民检察院检察长联席会议。市人大常委会主任杨志辉主持会议，市政府市长王亮，市人大常委会副主任朱增海、王中联、王增飞、李锡海、楚行宇和秘书长张院生，市中级人民法院院长崔存利，市人民检察院检察长侯建华出席会议。会议研究并原则同意2013年市人大常委会会议听取和审议石家庄市“一府两院”专项工作报告并进行满意度测评与计划预算及审计工作报告计划、市人大常委会主任会议议题计划、执法检查工作计划、立法计划、调研视察计划、专题询问计划和监督政府性重点资金使用情况工作计划等。

【办理代表建议、批评和意见】 2013年市人大代表在市人民代表大会会议期间和闭会期间提出建议400件，其中10件重点建议由专门委员会重点督办。为提高办理质量，市人大代表专题视察了代表建议办理情况，审议了市政府专项工作报告，向承办部门提出督导意见。市政府及所属部门积极采取措施，提高承办质量、办理时效和代表满意率，市人大代表和群众关注的一些热点、难点问题得到较好解决。其中，加快南部工业区建设促进县域经济发展，给予贫困山区水利建设倾斜支持，加大伏羲文化开发建设，加大法院执行力度维护法律尊严等建议均得到较好落实，代表们对办理结果满意，社会反映良好。

【视察、检查、调研活动】 2013年市人大常委会围绕全市经济发展、城市建设、社会稳定、社会生活中的突出问题及法律、法规、决议、决定的贯彻落实情况和广大人民群众关心的热点问题，组织市人大常委会组成人员、专门委员会委员和人大代表多次开展视察、检查和调研活动。围绕经济运行情况，市常委会领导深入基层和企业进行集体视察，研究对策和办法，并将视察意见转交市政府研究办理。围绕推进医疗卫生事业发展，开展基层医疗服务、中医发展等专题视察。围绕农业农村建设，开展电网建设、农业综合开发、农民专业合作社建设等专题视察。开展加快现代服务业发展专题调研，支持政府部门推进加快结构调整，转变发展方式，实施创新驱动措施，提高经济增长质量和效益。围绕民生问题，对群众关注的教育、住房、公平就业等问题，开展学前教育行动计划实施、保障性住房建设、残疾人就业和《旅行社条例》贯彻实施等专题视察，支持政府部门着力解决一批民生突出问题。围绕推进依法行政、公正司法，开展统计法、文物保护法、法官法和检察官法等执法检查活动，推动改进执法工作，完善执法机制，促进了法律法规在石家庄市等到正确实施。为提高城乡建设管理水平，开展市容市貌、洨河综合整治专题视察，实施滹沱河综合整治专项资金监督。2013年市人大常委会主任会议成员多次调研和督导县城建设，全力推动打好县城建设翻身仗，积极开展完善创新城市管理体制专题调研，为城乡面貌和生态环境改善，加强城市管理提供了重要依据。

【专题询问】 10月29～31日，在市十三届人大常委会第五次会议上，市人大常委会召开联组会议，专题询问石家庄市大气污染防治工作情况。市人大常委会主任杨志辉主持专题询问，副主任朱增海、王中联、王增飞、李锡海、杜振琪、楚行宇，秘书长张院生出席会议，市人大常委会全体委员，市人大有关专门委员会成员和市人大常委会机关有关部门负责人，市政府有关副秘书长、有关部门负责人和各县（市）区人大常委会负责人，部分市人大代表以及市民代表约150余人参加会议。18位市人大常委会委员围绕市民普遍关注的32个热点、难点问题，向市政府及有关部门进行询问，有16个市政府部门负责人就委员们询问一一作答。此次专题询问，回应了人民群众的普遍关切，宣传了石家庄市大气污染防治工作的重要性、紧迫性和政策措施，极大的推动了石家庄市大气污染防治工作。

（陶征义）

石家庄市人民政府

【概况】 2013年，石家庄市政府在省委、省政府和中共石家庄市委坚强领导下，贯彻落实党的十八大、中央经济工作会议、省委八届三次全会和全省经济工作会议精神，紧紧围绕“解放思想、开拓进取，凝聚力量、攻坚克难，加快转型升级、跨越赶超、建设幸福石家庄步伐，努力在建设经济强省、和谐河北征程中当好‘领头羊’，为确保率先在全省全面建成小康社会而奋斗”目标，坚持稳中求进工作总基调，全力以赴稳增长、调结构、抓改革、惠民生，实现了全市经济发展稳中有进，社会事业全面进步。2013年，石家庄市实现生产总值4863.6亿元，同比增长9.5%。其中，第一产业增加值增长3%，第二产业增加值增长9.8%，第三产业增加值增长10.4%。三次产业结构比例调整为9.8 ∶ 47.2 ∶ 43.0。全年城市居民人均可支配收入25274元，同比增长9.7%；农民人均纯收入10066元，同比增长12.6%。加强政府自身建设，分三批削减下放行政审批事项103项，市本级精简87项。查处损害发展环境案件673件，给予效能责任追究592人。清理“吃空饷”人员3229名。2013年市政府公开承诺10件实事全面完成。根据中央电视台调查，2013年石家庄市再次入选“中国十大幸福省会城市”。

农林牧渔业发展稳定，粮食生产实现“十连丰”。全年粮食播种面积68.2万公顷，总产量470.2万吨。其中，小麦播种面积33.3万公顷，总产量226.7万吨，亩产454.9千克；玉米播种面积30.7万公顷，总产量231.0万吨，亩产501千克。2013年石家庄市被农业部授予“全国粮食生产先进市”称号，藁城市、赵县获评为“全国粮食生产先进县（市）”，藁城市、赵县、栾城县、正定县、无极县、深泽县、晋州市、新乐市、行唐县9个县（市）建成“吨粮县”。创建小麦高产万亩示范片52个，玉米高产示范片48个。根据统计，小麦、玉米示范片粮食产量分别高于大田170千克和247千克。瓜菜播种面积240.6万亩，总产量1243.5万吨。其中，设施瓜菜播种面积109.5万亩，占总播种面积的45.5%，总产量582万吨。至2013年末，石家庄市创建部级蔬菜产业示范县4个：藁城市、鹿泉市、晋州市、赵县，省级蔬菜产业示范县1个：藁城市。完成造林绿化60万亩，植树5000万株，森林覆盖率较2012年提高1.8个百分点。干鲜果品栽种面积330万亩，总产量20亿千克，果品总产值达到58亿元。肉、蛋、奶、水产品产量分别达到69.02万吨、91.05万吨、112.91万吨、3.5万吨，同比分别减少10.7%、14.4%、6.5%、0%；牧渔业总产值302.88亿元，占大农业比重35.56%，其中牧业298.75亿元，渔业4.13亿元。新创建畜禽标准化规模养殖示范场190个，其中部级2个；创建部级水产健康养殖示范场6个。2013年全市农业机械总动力1996.64万千瓦，同比增长0.65%。完成小麦机播面积502万亩，占小麦播种面积的99.1%，联合收获490万亩，占小麦种植面积的97.5%；完成玉米铁茬播种392万亩，占玉米播种面积的84.6%；联合收获309万亩，占玉米种植面积的66.8%。2013年石家庄市机耕面积803.6万亩，机播面积1035.8万亩，机械收获面积881.1万亩，主要农作物机械化率达到87.5%。2013年全市农田水利基本建设完成投资20.3亿元，投工964.5万个，完成工程量3000.2万立方米。其中，新建维修小型水源工程16888项，新增及改善灌溉面积123.4万亩，新增节水灌溉面积53万亩，恢复改善灌溉面积96万亩，整治河道堤防22千米，治理水土流失面积180平方千米，解决了

390个村、60万人的饮水安全问题。2013年全市有3个小麦、7个玉米、2个棉花、1个大豆、1个果品等14个农作物新品种通过省级审定。石家庄市公安局、井陉县、赞皇县被全国绿化委员会表彰为"全国绿化模范单位";市畜牧水产局被评为"全国农业先进集体";鹿泉市、正定县分别获得2012—2013年河北省农田水利基本建设"海河杯"竞赛一、二等奖;2家合作社获评全国农民专业合作社示范社,16家合作社获得省级补助资金。至2013年底,全市畜牧业、蔬菜、果品三大优势产业总产值达到646.5亿元,占农林牧渔业总产值比重84.8%。农业产业化经营率达到64.1%。

工业经济稳中向好,利润增长表现突出。2013年全市拥有规模以上工业企业2147个;完成工业增加值1955.4亿元,同比增长11.0%;主营业务收入7599.1亿元,同比增长9.9%;实现利润668.3亿元,同比增长23.8%;实现利税841.1亿元,同比增长16.4%。石家庄市规模以上工业主营业务收入利润率为7.74%,分别高于全国、全省1.63、2.14个百分点,居河北省第1位。全市工业单位电量创增加值6.07元/千瓦时,高于河北省平均水平28.9%,居全省第2位。2013年石家庄市国有及国有控股企业实现增加值同比下降2.1%,集体企业增长5.8%,股份制企业增长13.4%,外商及港澳台企业增长2.6%。从轻重工业看,2013年全市规模以上轻工业增加值同比增长11.4%,重工业增加值增长10.6%。分行业看,2013年全市装备制造业增加值同比增长12.7%,医药工业增长6.2%,食品工业增长8.8%,纺织服装业增长13.4%,石化工业增长7.7%,钢铁工业增长13.4%,建材工业增长10.7%。六大高耗能行业增加值同比增长10.7%,低于全市规模以上工业增速0.3个百分点。高新技术产业增加值同比增长19.5%,高于全市规模以上工业增速8.5个百分点。

商贸流通业全省领先。全年实现社会消费品零售总额1972.4亿元,同比增长3.0%,总量和增速位居河北省首位。其中,城镇消费品零售额增长13.9%,乡村消费品零售额增长13.6%。限额以上批发和零售企业(单位)商品零售额中,粮油食品饮料烟酒类比2012年增长18.4%,服装鞋帽针纺织品类增长16.7%,日用品类增长13.0%,家用电器及音像器材类增长8.7%,中西药品类增长34.4%,石油及制品类增长10.6%,汽车类增长13.1%。至2013年末,市区建成100家社区惠民店全部投入使用;主城区建成60个标准化菜市场,总投资2.53亿元,新增营业面积12.9万平方米,安置就业人员1.1万人。市区6家大型连锁超市、39家门店长期合作农村专业组织达到331家,农超对接专区面积2.8万平方米。鼓励推动百货、餐饮、电器、健身等商贸服务企业延时营业,规范了联邦明珠国际商街、育新路特色商街、梅山路步行街、民生路历史文化长廊、勒泰庄里街等17条特色商业街区,提升了勒泰中心、乐汇城、金正海悦天地、万达广场、万象天成、北国先天下、东尚青年城等8家商业综合体,新安装中山路、友谊大街、平安大街、体育大街等部分路段夜景亮化照明设施,并对中山路、裕华路沿线以及部分夜间休闲场所楼宇提档升级,还完善了滹沱河沿岸叶子广场、金沙滩、子龙大桥、房车露营地等夜间旅游休闲场所。4月15日至10月31日,52家延时营业企业实现夜间销售19.7亿元,同比增长37.6%,占全天营业收入的19.3%。2013年市区总投资1300亿元的45个重点商贸项目完成投资368.9亿元,其中中银金融广场、勒泰中心等11个项目竣工;中储红星美凯龙家居生活广场、林荫大院等10个项目开工。至2013年末,总投资110亿元的县域43个商贸重点项目中13个竣工,7个开工在建。2013年全市服务外包企业由2011年的29家发展到265家,服务外包合同额达到1.83亿美元,同比增长55.3%;离岸外包合同执行额730.35万美元,同比增长98.6%。全年洽谈引进服务外包项目40余个,其中IT服务外包基地、医药研发外包基地、河北省服务外包人才培训基地项目等27个项目在石家庄国际投资洽谈会上签约,总投资110.35亿元。推进国家电子商务示范基地建设,家居电商示范中心(米氏家居)、农产品流通示范中心(慧聪网塔元庄基地)、零售业态示范中心(万象天成购物中心)、批发业态示范中心(塔坛国际商贸城)、小商品电商示范中心(正定金河集团)、电商总部示范中心(天山集团)、建陶电商示范中心(高邑县)7个专业电子商务示范分基地(产业园)在石家庄国际投资洽谈会上获得授牌并与投资商签约。2013年北国电子商务有限公司获评国家级电子商务示范企业，惠世电子商务有限公司等4家企业获评省级电子商务示范企业。2013年全市电子商务交易额突破2100亿元，同比增长27%。其中网络购物突破255亿元，位列全省各地市首位。2013年9月，经国家财政部、商务部审定，石家庄市入选全国城市共同配送试点城市。

民营经济维持平稳态势。2013年全市共有民营经济单位27.96万个，同比增长2.04%;民营企业4.97万家，同比增长0.6%；从业人数256万人，同比增长3.85%。实有各类私营企业主体92606户，注册资本3705.3亿元。其中，涉及商业企业从事批发和零售企业7206户，分支机构1170个，投资人74996人，注册资本729.92亿元，其中城镇30684户，投资人数57749人，雇工2256人，注册资本393.46亿元；涉及住宿和餐饮业574户，注册资本11.5亿元，其中城镇462户，投资692人,注册资本4.93亿元。2013年，全市民营企业完成增加值2968亿元，同比增长11.2%，占全市GDP的65.9%；上缴税金434亿元，同比增长24.3%，占全市财政收入的68.9%，占比提高5.5个百分点；完成营业收入13895亿元，同比增长16.2%；完成固定资产投资1336亿元，同比增长20.5%。

城乡建设投资增多。全年公路通车总里程达到1.76万千米，路网密度110.6千米/百平方千米，同比增加4.85千米/百平方千米。其中，高速公路5条（石黄高速公路、青银高速公路、京昆高速公路、京港澳高速公路、西柏坡高速公路）、477千米；国道4条（107国道、207国道、307国道、308国道）、418千米；省道21条、1492千米；县道43条、1579千米；乡道4973千米；专用公路284千米；村道8337千米。桥梁3856座、221050.43延米，永久性桥梁3849座、220956延米，桥梁永久率达到99%。全年公路建设里程1206.4千米，通车里程比2012年增加1300千米；完成投资88.5亿元，其中，高速公路60.7亿元；普通干线公路24.07亿元，建成通车160千米；农村公路3.74亿元，建成通车1046.4千米；公路养护7.62亿元，其中，高速公路3599万元，国省干线公路6.4亿元，县级公路2411万元，乡村公路6204万元。全年公共汽车营运线路达到225条，运营公交车辆4057辆，营运线路长度3719千米，比2012年增加358千米；营运总里程21264.83万千米,同比增长3.4%;运送乘客6.4亿人次，与2012年持平。2013年石家庄市轨道交通项目进入全面建设阶段。6月20日1号线一期工程省博物馆站接驳口盖挖开始施工建设；7月13日1号线一期工程体育场站、北宋至谈固站区间竖井实施围挡。至2013年底，除槐安桥站及西三教站、西兆通维修基地外，各工点主体工程全部开工。2013年全市整修道路41条、80余千米，维修破损严重道路12万平方米。净化、美化、亮化“一环（二环路）、三区（新客站东广场片区、老火车站片区、省文化中心片区）、八线（友谊大街、平安大街、解放大街、建华大街、民族路、自强路、范西路、育才街）”，督导市内各区对二环路、友谊大街、平安大街等10条道路和石获北路、石铜路、107国道南等4个出入市口实施景观提升。全年整治楼宇427栋、小街巷50条，清理取缔三环内废品收购站243处。2013年9月初，市区两级城管部门启动12个出入市口二环至三环间道路两侧违法临建拆除工作，至2013年末，共拆除违规临建3万平方米。2013年全市铁路营业里程328.72千米（不含京广高铁），共有车站29个，其中高铁客运站3个。全年铁路发送旅客2787.37万人，其中，高铁发送量占比39%；发送货物446万吨（旅客数据来源石家庄站，货运数据来源石家庄南站）。2013年石家庄站发送旅客2787.37万人，同比增加734万人，增长36%；实现运输收入26亿元，同比增加11亿元，增长75%。5月27日，石家庄货运中心成立，全面负责区域内货运营销、货运客户服务、门到门运输组织以及货运规章、运价、危险品、专用线、装卸、保价、企业自备车管理等工作。2013年石家庄机场新引进航空运营公司6家，新增航线41条、通航城市16个，年末石家庄机场运营公司达到30家，通航城市63个,运营航线达到89条，周航班量突破1100架次。2013年石家庄机场保障航班起降4.69万架次，同比增长9.9%；完成旅客吞吐量511.05万人次，同比增长5.3%；完成货邮吞吐量42976.3吨，同比增长8.4%。9月6日高阳城市候机楼正式投入运营，12月26日辛集城市候机楼正式启用，年末石家庄机场拥有异地城市候机楼8座、航空营业部10个，航空服务范围由省会拓宽至地市及发达县、乡、镇。2013年全市发放商品房预售许可证101个，批准预售面积591万平方米，开具购房查询证明6.4万份，完成各类房屋权属登记13.6万件、4124万平方米，发证11.8万个，完成各类收费6738万元。2013年市区商品住房上市面积358万平方米，成交面积362万平方米，商品住房供求比首次接近1∶1，成交均价6320元/平方米。2013年市区商品房和二手房成交6.7万套，总成交金额428亿元；二手住房成交183.7万平方米，成交均价5325元/平方米。城中村改造稳步实施，全年完成拆迁146.53万平方米，腾地201.3万平方米。至2013年末，全市开工建设保障性安居工程项目100个、3.6万套，竣工67个、2.6万套，分配入住项目57个、2.1万套，新增发放廉租住房租赁补贴856户，为近1.9万保障户发放补贴4817万元。2013年全市新铺设供热主管网62千米，改造二次管网351千米，改善主城区供热面积3871万平方米；新增天然气锅炉159台，天然气供热面积增加1038万平方米，天然气供热面积达到2500万平方米。桥东污水处理厂中水供热项目投入运行，实现供热面积137万平方米；石家庄炼油厂和石家庄钢铁厂开展余热利用，实现供热面积300万平方米；良村电厂管网延伸完成，替代永泰电厂130万平方米和新竣工建筑供热100万平方米；鹿华替代热电一厂南区500万平方米，天然气供热替代热电一厂北区241万平方米完成，热电一厂全面关停。加大一、二级管网更新改造力度，完成裕华供热区域82万平方米和石热供热区域33万平方米的蒸汽管网汽改水工程，鹿华与北城实现管网贯通。2013年石家庄市销售天然气7.7亿立方米，同比增长2.6亿立方米；燃气用户比2012年增长6万多户，普及率达到99.89%。至2013年末，石家庄市区拥有居民天然气用户85万余户，公福用户5万多户；CNG公交车2876辆，双燃料出租车6700余辆，双燃料私家车1.3万辆；拥有液化气注册用户22万户，常用户7万多户，饭店500多家；市区燃气管网长度2470.21千米。

环境保护措施增强，空气质量变差。2013年石家庄城市环境空气质量优良天数为43天。其中Ⅰ级天数0天；Ⅱ级天数43天，占总天数的11.7%；Ⅲ级天数为84天，占总天数的23.0%；Ⅳ级天数为85天，占总天数的23.3%；Ⅴ级天数为77天，占总天数的21.1%；Ⅵ级天数为76天，占总天数的20.8%。2013年石家庄城市环境空气质量优良天数在全国74个重点城市中，排在第73位，好于邢台市，差于北京市、郑州市、天津市等周边城市；在河北省11个设区市中，石家庄城市环境空气质量排在第10位，好于邢台市。全年城市环境空气以“煤烟型”污染为特征，呈现由“煤烟型”污染向“复合型”污染转化的趋势；主要污染物中可吸入颗粒物年平均浓度值为0.305毫克/标立方米，细颗粒物年均浓度值为0.154毫克/标立方米，二氧化硫年平均浓度值为0.105毫克/标立方米，二氧化氮年平均浓度值为0.068毫克/标立方米，一氧化碳平均浓度值为1.994毫克/标立方米，臭氧平均浓度值为0.082毫克/标立方米，除一氧化碳和臭氧外其余4项污染物浓度均未达到国家二级标准。2013年市域内地表水体总体呈“有机污染型”，各地表河流受沿途工业污染源污染较重，城市（镇）下游河段水质多超过地表水功能区划标准。Ⅴ类和劣Ⅴ类水质河段占常年有水河段的47.05%，主要污染物为氨氮、生化需氧量、总磷、化学需氧量等。2013年全市共监测16眼水井、25项指标监测（焦化厂点位无水未监测），结果表明，总硬度（76.3%）、硝酸盐氮（38.7%）、总大肠菌群（32.3%）、溶解性总固体（23.7%）、氯化物（8.6%）5项指标出现超标，其余指标超标率为0%。超标区域主要分布在市区西南部和中南部，超标井位分布呈“片状”和“点状”特征。经检测，地下水质量总体无显著变化。饮用水源地水质状况良好，水质达标率100%。石家庄市岗南水库、黄壁庄水库均为Ⅱ类水体，水质状况优。2013年石家庄城市声环境以交通噪声和生活噪声为主要噪声源，城市功能区噪声昼间达标，夜间存在超标现象。全年昼间区域环境噪声平均等效声级值为56.7分贝，夜间区域环境噪声平均等效声级为51.5分贝；市区昼间道路交通噪声平均等效声级值为71.2分贝，夜间道路交通平均等效声级为54.6分贝。2013年全市空气质量比2012年变差，全年共出现大雾283站次，霾1554站次，其中石家庄市区出现大雾15天，霾162天。雾霾主要发生在1月、10月和

12月。2013年石家庄市多次发布霾预警并启动重污染天气应急响应，采取多种措施和手段大力改善空气质量。9月31日，出台《石家庄市大气污染防治攻坚行动方案（2013-2017年)》，提出坚持经济发展与环境保护相协调，形成政府统领、企业施治、市场驱动、公众参与的大气污染防治新机制，明确大气污染防治具体指标为：到2017年，全市细颗粒物（PM2.5）浓度比2012年下降33%；到2017年，全市煤炭消费量比2012年净削减1500万吨。10月29日，市委常委会议讨论并原则通过《石家庄市重污染天气应急预案（讨论稿）》；10月31日，市政府印发《石家庄市重污染天气应急预案（暂行)》。11月7日，市政府聘任1000名大气污染防治义务监督员。至2013年底，石家庄市区拆除分散燃煤锅炉272台，推广使用优质低硫煤炭730万吨；市区及周边9家大气污染重点企业实行24小时驻厂监管；48家烟气排放企业安装烟气连续自动监测设备161台套；中央财政补助的90台重点燃煤锅炉治理任务完成。2013年环保审批项目1535个，其中市级审批项目36个；建设项目验收427个。2013年全市环境保护现场监察单位5489家次，出动执法人员13850人次，检查污染处理设施5963台套，采集水样937份，速测水样213份。

城市生态环境持续改善。2013年全市完成造林面积3.2万公顷，其中人工造林2.24万公顷，年末森林覆盖率达到34%。二环路绿化景观提升整治工程完成，栽植乔灌木474万株，新增绿地211万平方米。建成友谊北大街等5条总长25千米、总面积44.6万平方米带状生态景观绿地。实施裕华路、槐安路等城市主干道密植工程，栽植乔灌木5.2万株，新增绿地11万平方米。丰华路等新建道路绿化、城市小街巷补植增绿和道路绿化景观整治完成，太行大街等重要道路绿化建设启动，栽植乔灌木77.5万株，新增绿地138.5万平方米。实施片区绿化工程，主要对出入市口周边和大气污染控制示范区实施绿化，包括京港澳高速公路裕华路口、槐安路西三环、京昆高速公路中华大街以及307国道东、石获北路等出入市口，共新增绿地108.3万平方米。新建街旁游园20座，林荫停车场6座。年末全市道路绿化累计栽植乔灌木556.7万株，新增绿地405.13万平方米。开展民心河二期、西部水系和东南水系增绿补植行动，栽植乔灌木49.2万株，新增绿地54.4万平方米。完成环城水系西线（南水北调并行段）渣土整治和山体绿化工程，西三环外侧、环城水系沿线渣土堆积得到解决，有效改善城市西部整体生态环境，新增绿地50万平方米。启动实施太平河二期（中华大街至田庄桥）3.2千米河道综合整治工程，为形成环市区西北部、全长17.6千米城郊生态绿廊奠定基础。全长5.2千米环城水系西线与南水北调并行段达到通水条件，西北水系潜流湿地全部建成。洨河整治工程完成，全长38.4千米主河槽清淤2.5万立方米。至2013年末，全市拥有公园广场62座；栽植乔灌木696万株；新增绿地672万平方米；建成区绿地面积8245.63万平方米，绿地率达到39.26%，绿化覆盖率达到43.37%，人均公园绿地面积14.55平方米，同比增加0.76平方米。新评选市级园林式单位30家，小区23个，街道7条。

固定资产投资较快增长。全年全社会固定资产投资完成4216.3亿元，同比增长13.1%。其中，固定资产投资（不含农户）4186.2亿元，同比增长14.0%。固定资产投资（不含农户）中，第一产业投资比2012年增长1.3%，第二产业投资增长25.5%，第三产业投资增长16.5%。全年建设项目投资比2012年增长21.8%。其中，亿元以上项目投资增长44.8%。全年房地产开发投资比2012年增长11.7%。建筑业完成总产值1113.42亿元（不包括外地进石家庄施工企业产值），比2012年增加911.40亿元，同比增长22.16%。

招商引资水平提高。全年实际利用外资9.8亿美元，同比增长11.8%，其中外商直接投资增长14.0%。2013年新批准设立外商投资企业42个，新增合同金额11.9亿美元，同比下降5.8%；合同外资额7.8亿美元，同比增长55.7%。落户央企项目31家，70余家世界500强公司在石家庄投资。开发区(园区）快速发展。按照“一区一主业、一园一特色”思路，加快“元氏闽商工业园”、“行唐台湾创新产业园”、“鹿泉福建中小企业科技园”等区域性园区建设，谋划实施空港医疗器械孵化园、藁城生命科学产业园、高新区高校科创园、灵寿环保（节能）产业园等特色产业园区。开展产业招商，拓展引资、引技路径。

围绕战略性新兴产业和优势主导产业，在全市建立生物医药、新一代电子信息、高端装备制造、循环经济、纺织服装、文化创意等产业招商联盟，强化产业资源整合、项目谋划、项目包装和推介、项目落地、后期服务，推进产业招商取得新突破。开展科技招商。与北京大学、清华大学等高校对接，将生物医药、能源与环保、工业制造和机电、电子信息、化工材料等大类、近千余个科技创新项目整理成《科技创新项目汇编》，主动寻求合作机会。4月19日，石家庄市举办“2013年石家庄—首都高校科技创新项目合作对接会”，对接科技创新项目119项，其中签订合作意向21个，签订合作协议3个。开展股权招商。以存量引增量，培养高成长性企业。与北京燕园创投、智德盛、红杉资本等国内外知名创投公司联系，选取盈利性好、产品发展前景好、有较强成长性的中小企业，采用股权融资方式，对企业资金、技术、市场、管理等进行综合支持。5月18～21日，石家庄市经贸代表团参加在河北省廊坊市举办的2013中国·廊坊国际经济贸易洽谈会，签约内资项目33个，总投资614.5亿元，引进资金476.26亿元；签约外资项目12个，总投资11.94亿美元，引进资金9.54亿美元。9月7～9日，石家庄市经贸代表团参加第十七届中国国际投资贸易洽谈会，签约项目21项，引进资金176亿元。其中，外资项目12项，引进资金1.03亿美元；内资项目9项，引进市外资金170亿元。10月，举办石家庄投资合作洽谈会，签订外资项目14项，协议利用外资12.3亿美元；签订国内经济技术合作项目49项，协议引资931.84亿元。2013年经济开发区（园区）总体实力增强，24个省级以上经济开发区（园区）实现主营业务收入4958.50亿元，同比增长24.91%；签约利用外资重点项目38项，总投资29.14亿美元，引进外资22.86亿美元；签约利用内资重点项目91项，引进市外资金1578.1亿元。

对外贸易稍有盈余。全年进出口总值完成140.0亿美元，比上年增长8.1%。其中，进口总值完成68.8亿美元，增长22.6%；出口总值完成71.2亿美元，下降3.0%。2013年私营企业出口44.4亿美元，同比下降5.4%，占出口总值的比重为62.4%；外商投资企业出口13.3亿美元，同比增长4.5%；国有企业出口10.9亿美元，同比下降6.4%。铁矿石进口拉动进口大幅增长。2013年全市铁矿石进口53亿美元，占全市进口总额的77%，同比增长28.3%。除铁矿石外，医药品、农产品进口分别同比增长10%和34.7%；钢材、机电产品、高新技术产品分别下降30.6%、7.7%和27.1%。机电产品出口下降拉动出口整体表现不佳。2013年，石家庄市出口占比排在首位的机电产品（占比19.6%）出口同比下降15%；医药品（占比10.1%）同比下降5.3%、钢材同比下降51.7%。服装及衣着附件首次成为石家庄市出口占比最大商品（占比达到24%），同比增长18.7%。一般贸易是石家庄市进出口主要方式。2013年全市一般贸易累计出口、进口占比分别为90%和96%，其中出口同比下降2.9%，进口同比增长25.2%。2013年全市新增外贸出口企业707家，年末全市有对外贸易经营资格企业累计达到6814家。其中，有出口实绩企业2570家，比2012年增加近百家；出口超千万美元企业减少，2013年全市出口超千万美元企业114家，比2012年减少23家。2013年石家庄市出口国际市场前五位依次为欧盟、美国、俄罗斯、东盟、印度，出口额分别为135404万美元、102426万美元、85016万美元、74846万美元、34186万美元，出口增幅依次为：-2%、-4.8%、42.7%、-9.4%、-5%。前五位出口市场出口总额占全市出口总额六成以上。其中，欧盟和美国两大主要市场出口呈现下降到回升态势；日本、韩国两大东亚市场表现不佳，累计出口分别同比下降21.6%和19.1%。积极开拓新兴市场。2013年石家庄对吉尔吉斯、阿塞拜疆、津巴布韦、也门出口分别同比增长114.1%、70.2%、51.5%和40.8%。2013年石家庄市从欧盟、美国、东盟进口分别同比增长31.1%、17%和22.6%。

旅游业管理加强，收入大幅增长。全年接待国际游客16.7万人次，创汇收入7489.9万美元；接待国内游客4874.3万人次，旅游收入328.3亿元。全年旅游总收入332.9亿元，比上年增长23.96%。境外韩国、泰国、台湾来石家庄旅游包机180多架次，人数达3万多人次；来石家庄旅游国内包机200多架次，旅游专列11列，500人以上旅游大巴团队80余个。全年新建、在建旅游项目57个，完成投资31.2亿元；

新谋划项目6个,总投资79.7亿元。至2013年底,全市共有星级饭店68家(五星级4家,四星级27家,三星级30家,二星级7家);旅行社234家(出境组团社19家,一般组团社215家),分社40家,服务网点400余家;国家A级景区30处(5A级景区1处,4A级景区25处,3A级景区2处,2A级景区2处);工农业旅游示范点27个(国家级农业旅游示范点1个,省级农业旅游示范点14个,省级工业旅游示范点8个,市级工业旅游示范点4个);旅游直接从业人数 5万余人,间接就业人数37万人。全年新注册旅行社19家,旅行社分社9家,旅行社门市部70余家。规范导游服务公司培训和管理,审查备案6家导游服务公司资质。完成2013年导游人员资格考试考务工作,笔试、面试合格者599人(普通话类571名,外语类28名)。推行持证上岗制度和IC卡管理制度,完成2012年度导游年审网上培训,年审率达到83%。8月28日,赴台"个人游"正式启动,成为第三批大陆居民赴台"个人游"试点城市。开展旅游交流与合作,组团参加贵阳中国国内旅游交易会、2013北京国际旅游博览会、昆明国际旅游交易会;与河北省旅游局到广州市、武汉市、郑州市开展2013美丽中国·燕赵行高铁旅游推广活动;与保定市、张家口市合力打造北太行旅游联盟;在广州市举办北太行旅游推介,成功接待广东省旅行社协会组织的北太行旅游考察团。8月30日至9月1日,举办2013第十八届中国北方旅游交易会,共有国内30个省、市、自治区及来自21个国家和地区1000余个涉旅单位参展,参会代表2.6万人,注册参展商8000余人;签订旅游合作协议9100份,达成意向协议1.08万份;签约商贸旅游项目36个,签约金额86.5亿元。

财政收入重返河北省第一名。2013年全市财政收入完成629.48亿元,同比增长9.78%,增收56.09亿元,全部财政收入总量9年后重返河北省第一名。其中,公共财政预算收入305.3亿元,同比增长12.13%。财政收入结构优化。其中,公共财政预算收入占全部财政收入的48.61%,比2012年提高1.12个百分点;税收收入占全部财政收入的87.94%,高于全省设区市平均水平3.37个百分点。公共财政预算支出522.9亿元,同比增长12.7%。其中,一般公共服务支出57.5亿元,增长19.4%;公共安全支出30.0亿元,增长6.6%;教育支出116.2亿元,增长6.3%;科学技术支出8.0亿元,增长6.7%;社会保障和就业支出42.9亿元,增长14.9%;医疗卫生支出48.3亿元,增长15.4%;节能环保支出27.3亿元,增长88.3%;城乡社区事务支出52.3亿元,增长12.0%;农林水事务支出50.3亿元,增长26.0%。2013年全部财政收入超过10亿元县(市)达到9个,其中新增加2个,分别是晋州市和元氏县。

金融业发展稳定,上市证券企业增多。至2013年末,全市金融机构人民币各项存款余额8607.8亿元,比年初增加965.1亿元。其中,储蓄存款余额4157.6亿元,比年初增加423.2亿元。金融机构人民币各项贷款余额4512.0亿元,比年初增加501.3亿元。保险行业实现平稳发展,完成原保费收入172.92亿元,同比增长13.2%。其中,财产险保费收入71.04亿元,同比增长22.8%;人身险保费收入101.88亿元,同比增长7.3%。2013年全市有8家企业在证券市场成功上市,分别是勒泰控股有限公司、河北旺四方种业股份有限公司、河北中和源亨农业科技股份有限公司、河北久乐生物科技股份有限公司、河北冀物再生资源利用股份有限公司、河北绿野阳光集团股份有限公司、河北达隆福润园林景观工程股份有限公司、河北保合物流股份有限公司。6月28日,石家庄市地产集团有限公司发行2013年石家庄市地产集团有限公司公司债券在上海证券交易所上市交易;7月17日,华北制药股份有限公司启动非公开发行股票;7月19日,石家庄市建投集团5亿元公司债券获准发行;9月17日,石家庄市裕峰投资开发有限公司9亿元债券获准发行。至2013年末,驻石家庄各类企业累计发行债券157.5亿元。10月29日,石家庄股权交易所在石家庄市庄家金融大厦正式开市。

科技实力增强,创新能力提高。2013年全市取得科技成果320项。其中,达到国际领先水平1项,国际先进水平47项;获得省科学技术奖28项;评出市科学技术奖81项(特别奖3项、科技进步奖78项)。2013年全市争取国家、省各类科技项目239项,资金18010.4万元。其中,国家级项目66项,资金10672万元;省级项目173项,资金

7338.4万元。实施市科技计划课题294项，资金12010万元。至2013年底，全市共有高新技术企业320家，国家级创新企业3家，国家级创新型试点企业2家，省级创新企业12家，省级创新型试点企业17家，市创新型企业38家。新增院士工作站4家，累计达到15家，创建科技创新平台13个。新增省级农业科技园区（试点）1家，累计达到7家。建成国家级、省级、市级工程技术研究中心（重点实验室）197家，其中国家级重点实验室2家。建成国际科技合作基地31家，其中国家级8家、省级9家、市级14家。年内，石新633、石麦22等21个农作物新品种通过省级审定；粮食丰产工程藁城示范区高产攻关田亩产达到680.87千克。生物医药产业争取国家、省科研项目31项，实施市级新药制剂生物技术医药项目21项。高新区“石家庄药用辅料与制剂产业集群”正式列入2013年度国家创新型产业集群试点（培育）企业，成为全国29家试点（培育）单位之一，也是河北省唯一一家。立德公司获得国家半导体照明工程研发及产业联盟“激情十年最具影响力企业”，其开发的“中华灯”获得“光耀2013年度创新产品奖”。至2013年底，高新技术开发区主营业务收入1622亿元；石家庄经济技术开发区主营业务收入突破780亿元。2013年鹿泉市顺利通过国家知识产权试点城市验收，成为河北省首个通过国家知识产权试点城市验收市（县）；正定县被国家知识产权局确定为国家知识产权强县工程试点县。2013年石家庄市申请专利5996项，授权3799项，分别比2012年增长20.8%和10.2%，其中发明专利申请1815件，发明专利授权624件，专利申请量、授权量稳居全省第一。2013年石家庄市登记各类技术合同1328份，技术合同成交额10.75亿元，比2012年增加18.68%，再创历史新高。

教育事业协调发展，高考升学率稳步提升。2013年全市拥有各级各类学校、幼儿园3229所，在校生158.6万人，教职工11.2万人，专任教师95542人。其中，普通中学421所，招生16.2万人，在校生46.0万人，毕业生16.0万人；中等职业学校134所，招生4.5万人，在校生15.9万人，毕业生6.9万人；小学1418所，招生11.8万人，在校生68.5万人，毕业生11.1万人；幼儿园1227所，在园人数28.1万人。全市参加高考考生84055名，占全省总考生的18.7%，高考录取率为86.4%，高于全省录取率1.3个百分点。高考参考人数比2012年减少873人，本一上线人数（含保送生）9218人，较上年净增2360人，增长34.41%，本一上线率14.9%，由全省排位第五名上升到第三名；本二上线人数20625人，比2012年增加4169人，本二上线率34.4%。保送生数261人，占全省368人的70.92%，继续保持全省领先。全年参加中考考生76620人，其中市区考生21571人，各县（市）及井陉矿区考生55049人，报名人数比2012年减少3012人，经考试院审批录取新生19380名（不含各县属普通高中及职业学校）。全市成人高考报名人数25936人，比2012年减少4260人，下降 14.1%；录取新生21916人，其中专科起点升本科11205人，高中起点升本科455人，高中起点升专科10256人；总录取率96.33%。自学考试报名55026人。教育投资完成36.9亿元，拆除重建和加固校舍面积391.3万平方米，竣工382.9万平方米。2013年山区教育扶贫工程规划建设56所项目学校全部投用，累计投资6.72亿元，转移安置山区学生36388名，其中小学生29352名，初中生7036名。实施学前教育资助、普通高校新生入学路费资助、高校学生服兵役国家资助在内等12项资助项目，资助金额4.12亿元，惠及学生110.6万人次。推动教学科研改革，立项省级“十二五规划课题”178项；教师个人申报课题研究1074项；参加学科评优课比赛获国家级一等奖14名，省级一等奖60余名，位居全省第一。至2013年末，石家庄市共有市属高校5所。其中，本科高校1所（石家庄学院），高职高专院校4所（石家庄职业技术学院、石家庄信息工程职业学院、石家庄科技工程职业学院、石家庄幼儿师范为高等专科学校）。

文化建设多层次推进，文艺创作成果丰硕。市县乡村公共文化服务网络日渐完善。市图书馆开展数字化平台建设，连续4年被文化部命名为“国家一级图书馆”；22个县（市）区公共图书馆全部建立文化资源信息平台；全市街道办事处均建有社区文化中心，帮扶村369个农家书屋提升；年末全市有线电视广播用户达到130.17万户，其中数字电视用户达到120.6万户，广播综合覆盖率99.43%，电视综合覆盖率99.42%，广播电视“户户通”工程基本实现全覆盖目标。公共文化服务水平提升。2013年市图书馆接待读者160万人次，举办“石图讲堂”公益讲座190场，吸引听众18000余人次；市博物馆举办展览25场，吸引观众8.5万人次；市群艺馆培训文艺骨干20000余人次；市美术馆举办大型展览41场，参观人数30万人次；市民间工艺博物馆建成华北人民政府纪念馆，成为新的红色地标。2013年中国新闻出版研究院组织实施第十次全国国民阅读调查，石家庄市以73.7%的“图书阅读率”位居全国第二名。群众文化活动丰富多彩。“彩色周末”文艺演出1100场；开展“千场电影进社区、万场电影进农村”活动，放映公益电影53507场；组织市直专业艺术院团下基层演出852场，为帮扶村演出114场。举办省会第十届“庆新春”欢乐大广场系列春节文化活动600余场(次)，直接参与群众330余万人次；还举办了第六届“鼓王争霸赛”、“欢乐大舞台”、全民阅读等活动，其中第六届“鼓王争霸赛”在中央电视台新闻频道进行报道。基层文艺辅导活跃。开展“一乡一品牌、一村一特色”创建活动，新建群众文艺辅导基地99个，培训辅导基层群众文艺骨干20000余人次。2013年井陉县桃林坪花脸社火队在“中国首届社火艺术节暨山花奖”大赛获得金奖。精品生产成果丰收。复排丝弦传统剧目《白罗衫》、《空印盒》，在香港演出引起轰动；打磨提高传统剧目《珠帘寨》、《凤落梧桐》、《哑女告状》，演出取得成功；评剧《安娥》和河北梆子《百合岭》剧本创作完成。2013年河北梆子《白毛女》获得河北省第九届戏剧节优秀剧目、编剧奖；市京剧团青年演员吴佳明获得首届“中国黄河流域戏剧红梅奖大赛”演唱组金奖；市艺校学生李蜜鑫、蒋柯分别获得“第十七届全国少儿戏曲小梅花荟萃活动”金奖。群众文艺创作创佳绩。创作各类群众文艺作品800余件。2013年歌曲《太行谣》、丝弦小戏《枫林红了》、小品《讨薪》获得第十届中国艺术节“群星奖”；快板书《龙宫借神铁》、《雏凤凌空》获得首届全国快板书大赛一等奖。文化行业融合发展。重点扶持现代传媒、印刷出版、动漫游戏、民俗文化、文化市场、演艺娱乐6大产业板块，打造优势产业集群。扶持文化企业做大品牌，白鹿温泉入选“省级文化产业示范基地”，河北新华联合印刷有限公司入选第二批国家印刷复制示范企业，洪顺曲艺社成为省会文化消费新热点。项目与品牌建设协调推进。推进河北长城影视动漫旅游创意园，打造以影视、网络、动漫、佛教文化、旅游为核心的文化创意产业园。推进正定新区文化创新示范园项目，谋划建设东方杂技城、太阳马戏选秀基地等。各县（市）区整合优势资源，开展“一县一品”品牌创建活动，正定庙会、井陉拉花艺术节品牌效应初显，井陉县文化广场列入2013～2015年创建国家级公共文化服务示范项目。文物保护成绩突出。重点推进正定古城风貌恢复工程，有序推进中山古城和东垣故城考古遗址公园建设。伏羲台遗址等14处文物保护单位被公布为第七批全国重点文物保护单位。赵县贾吕村新石器时代遗址考古发掘，填补该区域历史空白。全国第一次可移动文物普查顺利启动，全市田野文物安防建设项目竣工。非遗保护成效显著。建立全市非遗项目管理档案，形成科学、规范的基础档案体系。《赞皇六宰相的传说》等27个项目列入省级名录。建成市级以上项目传承基地22个，“石家庄评剧”被评为国家级非遗传承基地，传帮带式学员培养模式受到国家文化部肯定。2013年国家级非物质文化遗产名录项目评剧代表性传承人袁淑梅获得第二届中华非物质文化遗产传承人“薪传奖”。7月14～20日，市丝弦剧团在香港参加2013中国戏曲节，国家级非遗项目——石家庄丝弦以优美的唱腔和演员的精湛表演引起轰动。文化市场繁荣稳定。5月17～20日，参加第九届中国（深圳）国际文化产业博览交易会，石家庄市文化项目签约179亿元，占全省29.6%，位居全省首位。10月26日至11月3日，第十四届中国吴桥国际杂技艺术节在石家庄市河北艺术中心举行，共有来自德国、法国、巴西、乌克兰、俄罗斯、美国、朝鲜和中国等19个国家和地区的200多位杂技艺术家参加比赛或展演。朝鲜平壤国家杂技团的《空中飞人》、俄罗斯尼古灵马戏公司的《抖杠》、中国云南省杂技团的《女子蹬人流星》3个节目获得金狮奖；朝鲜平壤国家杂技团的《浪桥飞杠》、俄罗斯莫斯科国家大马戏公司的《高空钢丝》等6个节目获得银狮奖；乌克兰马戏艺术家的《四人技巧》等10个节目获得铜狮奖。

卫生医疗服务水平提升，覆盖面扩大。2013 年全市共有医疗卫生机构（含诊所）6475 个，比上年增加 24 个，其中医院 174 个，疾病预防控制中心（防疫站）25 个，妇幼保健院（所、站）41 个，社区卫生服务中心（站）199 个，村卫生室 3989 个。年末卫生机构实有床位 4.78 万张，比上年增加 0.59 万张，其中医院拥有床位 3.71 万张。全市拥有卫生技术人员 5.79 万人，比上年增加 0.37 万人，其中执业医师 21861 人，注册护士 20427 人。全年孕产妇死亡率控制在 12.06/10 万，婴儿死亡率控制在 5.77‰，5 岁以下儿童死亡率控制在 7.21‰。2013 年全市组织市、县和民营二级以上医院 58 个对口帮扶 210 个乡镇卫生院，实现农村县（市）区全覆盖。乡村卫生服务一体化管理全省领先，鹿泉市、正定县、高邑县、深泽县、井陉矿区 5 个县（市）区创建成为省级“乡村卫生服务一体化管理示范县（市）”；1800 名乡村医生、255 名转岗全科医生岗位培训完成，至 2013 年底，分批培训基层卫生骨干人员 4061 人次。2013 年石家庄市卫生计生委获评全省唯一“全国创建示范社区卫生服务中心活动优秀集体”，石家庄市长安区谈固街道办事处社区卫生服务中心、桥东区桃园社区卫生服务中心、高新区长江街道办事处社区卫生服务中心 3 家社区卫生服务中心获评“全国示范社区卫生服务中心”，桥东区胜利北路社区卫生服务中心获评省级示范社区卫生服务中心。至 2013 年底，全市共有 7 家社区卫生服务中心入选全国示范行列，4 家社区卫生服务中心入选省级示范行列，总数位居全省各设区市之首。全年共有 565.75 万农民参加新型农村合作医疗，参合率达到 97.6%；补偿 1618.9 万人次，补偿金额 18.65 亿元。率先在全省启动大病保险试点工作，49619 名参合农民在获得新农合基本保障补偿后又享受到新农合大病保险补偿，补偿金额 9796.33 万元。至 2013 年底，全市 31 家县级公立医院全部实行基本药物零差率销售，11 个试点县（市）的 20 家县级公立医院全部实现药品零差率销售，所有村卫生室全部纳入基本药物网上集中采购范围，实现基本药物零差率全覆盖。2013 年全市 102 个社区卫生服务机构和 75 个乡镇卫生院设立“国医堂”，创建 1020 个中医药特色示范村卫生室。组建中医联合体，实施中医“治未病”工程，建立 13 个“治未病”中心（基地）。实施基本公共卫生服务中医药健康管理项目，全市 65 岁以上老年人和 0 ~ 36 个月儿童中医健康管理覆盖率达到 42%。率先在全省启动居民健康卡发放，鹿泉市、栾城县、井陉县 3 县（市）成为首批发放点。完成市级区域卫生信息平台建设，28 家省、市、县医院及 15 家民营医院与平台实现联接。建立居民健康档案 830 万份、电子病历 15 万份。2013 年石家庄市被国家卫生计生委确定为“全国电子病历试点城市”、“全国妇女儿童保健服务信息化试点地区”和“全国居民健康卡试点城市”。

体育赛事成绩突出，体育产业迅猛发展。2013 年全市选手在省级以上比赛共获金牌 244 枚，银牌 185 枚，铜牌 140 枚。8 月 2 日，在保加利亚首都索非亚举行的第 22 届夏季听障人奥林匹克运动会羽毛球女子双打比赛中，石家庄市 22 岁选手王萌与来自湖北省队友江佳蕾以 2 比 0 的比分战胜对手，获得冠军。这是河北省选手在听障奥运会上获得的首枚金牌，也是中国运动员首次在听障奥运会羽毛球项目上夺冠，实现了“两个零突破”。8 月 31 日至 9 月 12 日，石家庄市 89 名运动员代表河北省征战在辽宁省沈阳市举行的第十二届全国运动会，参加了田径、射击、体操、武术等 23 个大项比赛，最终石家庄市运动员夺得 2 枚金牌、2 枚银牌、15 枚铜牌。其中，巩立姣以 19.75 米的成绩夺得女子铅球冠军；曹硕以 17.26 米的成绩夺得三级跳冠军。女子铅球和男子三级跳远实现全运会四连冠。2013 年河北省年度比赛决出金牌 650 枚，石家庄市取得 208 枚，占总金牌数的 32%。多次举办大型群众体育活动，主要有“人人爱运动、健康新生活、幸福石家庄”百万市民健身大行动活动、第十届环城自行车赛、无极限 2013 世界行走日等。裕彤体育中心升级改造、市体育运动学校综合训练馆改建工程完成；市区内安装和更新健身路径 100 条；农村新建农民体育健身工程 271 个。组织参加全国、省、市社会体育指导员培训班 4 次。至 2013 年底，石家庄市体育彩票销售额达到 8.24 亿元，同比增长 77.5%。

社会保障水平提高，高校毕业生登记失业率为零。年末全市城镇职工参加基本养老保险人数 186.6 万人，同比增加 12.1 万人。其中，参保在职职工人数 141.7 万人，增加9.3万人；参保离退休人数44.9万人，增加2.8万人。全市城乡居民养老保险参保人数达到380.4万人。全市城镇参加基本医疗保险人数276.5万人，同比增加7.3万人。其中，城镇职工参保人数135.9万人，同比增加1.3万人；城镇居民参保人数140.6万人，同比增加6.0万人。新农合筹资标准由290元提高到340元，参合率达到97.6%；率先在全省实施城乡居民大病保险，城镇和农村居民最高补偿额分别达到30万元和25万元。年末全市参加失业保险人数90.2万人，同比增加0.3万人；工伤保险人数124.1万人，同比增加9.2万人；生育保险人数130.7万人，同比增加0.5万人。2013年全市享受居民最低生活保障18.15万人。其中，城镇3.74万人，农村14.41万人。企业退休人员基本养老金连续9年提高，2013年人均每月达到1723元。2013年全市各级财政用于民生支出398.6亿元，占公共预算支出比重达到77.5%；城镇新增就业10.7万人，农村劳动力转移就业6万人，城镇登记失业率为3.75%，同比下降0.01个百分点。2013年全市共有石家庄市生源高校毕业生6.1万人，回石家庄市51379人，实现就业50294人，就业率达到97.9%，登记失业率为零。2013年全市组织2.2万人参加创业培训；为农民工追缴工资3.9亿元；开工建设保障性住房3.8万套，竣工2.6万套，分配入住2.2万套。

（薛鹏飞）

【石家庄市人民政府及其工作部门组成人员】

市　长：姜德果（2月免）
　　　　王亮　（2月代，4月任）
常务副市长：王大虎（2月免）
　　　　刘晓军（3月任）
副市长：王亮　（2月任）
　　　　程凯
　　　　张殿奎（3月免）
　　　　刘明轩（7月免）
　　　　张树志（4月免）
　　　　王大军（4月免）
　　　　孟祥红（女，3月任）
　　　　郭运兴　张业
　　　　李晋宇（4月任）
　　　　王韶华（4月任）
　　　　赫竹山（7月任）
　　　　蒋文红（7月任）
秘书长：孟胜林
常务副秘书长：蒲国良
副秘书长：杨智勇（10月免）
　　　　裴晓青（7月免）
　　　　朗金国
　　　　袁丽华（7月任）
　　　　高庆洲　宋国宏
　　　　吴概球（7月免）
　　　　刘明亮
　　　　常志卷（6月免）
　　　　刘建立（7月任）
　　　　于胜永（7月任）
　　　　王亚楼
　　　　聂群英（9月任）
　　　　马立宁（12月任）

一、市政府工作部门

办公厅
主　任：（空）
副主任：赵志敏

发展与改革委员会
主　任：赵顺法（3月免）
　　　　赵文锋（3月任）
副主任：赵文锋（3月免）
　　　　左力鸥　赵建林
　　　　唐志勤　吴书科

教育局
局　长：闫纯锴（兼书记）
副书记：苏志远
　　　　翟力献（1月免）
　　　　杜平等（11月免）
副局长：马建国　马力
　　　　赵立芬　李立水

科学技术局
局　长：王雁南
副局长：张英才　张志敏
　　　　陈玉　郝金卓

工业和信息化局
局　长：吴飞
副局长：张庆绪（8月免）
　　　　徐东　李丰基
　　　　单元林　邢卫建

民族宗教事务局
局　长：哈宝伏
副局长：王洪河　林海军
　　　　褚国成
　　　　罗瑞燕（6月任）

监察局
局　长：刘吉广
副局长：王文朝　李小平
　　　　周顺达

公安局
局　长：郭运兴（副市长）
常务副局长：许振霞
副局长：王云才
　　　　程蔚青（3月免）
　　　　武瑞琪
　　　　李新乐　田朝民
　　　　张宝池　朱玉宝
　　　　李丛刚（9月任）
　　　　张建芬（3月任）
　　　　刘生吉（3月任）

李佳南（6月任）

民政局

局　长：刘月照（3月免）
李文昌（3月任）

副局长：顾玉平　张建慧
韩绍明　任跃民
张岩

司法局

局　长：王建国

副局长：赵士宗（5月任）
张仲
赵云龙（6月任）
高新展（6月任）
齐聚合（7月免）

财政局

局　长：李晋宇（4月免）
周立新（女，4月任）

副局长：彭占良
王华平（女，5月免）
刘生
王东华（9月任）
高山
周巧娥（女）

人力资源和社会保障局

局　长：高新城（3月免）
宋学恭（3月任）

副局长：刘桂江（3月免）
石景辉　袁民杰
盛庆功（4月任）
温富才
孙国平（3月免）

国土资源局

局　长：张兰格

副局长：杜敏海　李少恒
梁伟
李海江（7月任）

环境保护局

局　长：张炬

副局长：耿富顺　梁国发
张智华　牛新国

城乡规划局

局　长：王晓临

副局长：杨若威　李惠林
张雅琳　滕斌

建设局

局　长：李文昌（3月免）
赵新朝（3月任）

副局长：王华平（女，5月任）
郭彦军　王文章
李智强　张顺泽
曹新杰

城市城管理委员会

主　任：卢建新

副主任：王运泽（6月免）
高乃善　周二焕
李景再
黄久胜（6月任）
康利君（11月任）

住房保障和房产管理局

局　长：李义增

副局长：韩东波　王文兴
王建峰（8月免）
黄拴喜（9月免）
肖香宝

交通运输局

局　长：罗二虎

副局长：孙宏普　闫炳华
朱增奇　刘占中
张子云（3月任）
刘国强（2012年11月任，挂职）

水务局

局　长：张维德（12月免）
王东刚（12月任）

副局长：王振华　薛运田
崔文秀
马福恒（3月任）

农业局

局　长：刘占军（3月免）
张军卫（3月任）

副局长：孙任虎
李建军（3月免）
李茂昌（9月任）
吴振见　齐胜平

林业局

局　长：杨建秋

副局长：陈金城　贾斌
张振江　李玉明

畜牧水产局

局　长：吕军英

副局长：刘军普　贾建平
刘芬玲

商务局

局　长：田嘉一

副局长：刘平
和健　（2012年9月免）
张春生　杨文波
王松林

文化广电新闻出版局

局　长：李耀峰（12月免）
李波　（12月任）

副局长：赵树斌　张秀芳
张文志　左春和
葛金平（8月免）

体育局

局　长：唐青

副局长：刘坤　李辉
吴丽艳（6月任）
黄增国

卫生局（2013年12月撤消合并）

局　长：李志宏（12月免）

副局长：张东生（12月免）
甄继革（12月免）
林慧芳（12月免）

卫生和计划生育委员会（2013年12月由卫生局、人口和计划生育委员

会合并组建）

主　任：李志宏（女，兼计划生育协会常务副会长，12 月任）

副主任：武常贵（12 月任）

甄继革（12 月任）

张红梅（女，兼计划生育协会副会长，12 月任）

王金海（12 月任）

张东生（12 月任）

魏建英（女，12 月任）

食品药品监督管理局

局　长：米志奇（9 月任）

副局长：黄岩松（9 月任）

李俊　（9 月任）

杜瑞行（9 月任）

杜爱朝（9 月任）

李建　（9 月任）

李利佳（9 月任）

人口和计划生育委员会（2013 年 12 月撤消合并）

主　任：崔芸　（女，7 月免）

副主任：李志　（12 月免）

武常贵（12 月免）

张红梅（女，12 月免）

王金海（12 月免）

审计局

局　长：齐惠明（3 月免）

刘桂江（3 月任）

副局长：殷政年（8 月免）

张家亮（12 月免）

张建国

赵英然（女）

国有资产监督管理委员会

主　任：毕拉祥

副主任：韦东

刘春东（8 月任）

宋夕元

孟超英（3 月任）

安全生产监督管理局

局　长：崔同英（5 月任）

副局长：崔同英（3 月免）

杨玉珠

任兆彦（7 月任）

李天征（7 月任）

马锁柱（7 月免）

张宝琪（7 月免）

统计局

局　长：徐拥政（11 月免）

马千里（女，11 月任）

副局长：戴贻辉（7 月免）

刘建强　杨进喜

杨建波

粮食局

局　长：朱献军

副局长：徐龙蛟　王国强

刘趁通

张伟　（7 月免）

李云庆（7 月任）

旅游局

局　长：赵俊芳

副局长：米进立　刘庆卫

张蕾　　尚乃冀

法制办公室

主　任：郑国良

副主任：赵成英

马福恒（6 月免）

张和起（6 月任）

赵建勋（6 月任）

外事办公室

主　任：张聪

副主任：李风江（11 月任）

樊为民　孟硕

范玉龙　李会文

人民防空办公室

主　任：魏晓流

副主任：刘金虎　苏力

胡月平　姜辉

金融工作办公室

主　任：张新峰

副主任：张春涛　丛九龄

二、市政府直属事业机构

投资促进局

局　长：马千里（11 月免）

王强　（11 月任）

副局长：陈卫平　苗先国

地震局

局　长：高翠君（4 月免）

赵万里（4 月任）

副局长：赵万里（4 月免）

杨卫东

园林局

局　长：李英波（4 月免）

任建忠（4 月任）

副局长：陈新位　孙志强

赵好战（1 月免）

王锡江

档案局

局　长：梁立柱（7 月免）

唐克　（7 月任）

副局长：付明华（7 月任）

党福民（7 月免）

朱银刚

傅丽娟

张建伟（3 月任）

三、部门管理机构

物价局

局　长：霍国林

副局长：朱振堂　杜宪京

张旭　（1 月免）

李辉斌

王文亭（7 月任）

【市十三届人民政府第一次全体会议】 6 月 3 日，市十三届人民政府召开第一次全体会议。市长王亮，常务副市长刘晓军，市领导张树志、程凯、孟祥红、郭运兴、张业、王韶华，市政府党组成员张国亮、赵新朝、郝建国、罗二虎等在主会场参加会议，各县（市）区政府领导班子成员在分会场参加会议。市人大常委会副主任朱增海、市政协副主席贾连海应邀列席会议。会议提出六大历史使命，即在新的发展起点上，新一届政府肩负着在全省率先全面建成小康社会；加快转变经济发展方式，调整优化产业结构，打造石家庄经济升级版；推进城市建设上水平、出品位，把石家庄“建设得更像大省省会”；为全省经济发展添分量，努力实现生产总值超万亿；加强生态环境建设；全面发展教育、文化、科技、卫生和社会保障等社会事业，增强人民群众幸福感。市长王亮就实现新一届政府五年目标提出要求，即推动中东西三大区域经济协调快速发展，努力提高在全省经济建设中的地位和分量；以正定新区建设为突破口，全面推进省会建设上水平、出品位；坚持城乡统筹发展，加快新型城镇化步伐；以大气环境治理为关键，打好改善生态环境攻坚战；以解决涉及群众切身利益问题为重点，着力保障和改善民生；抓好重点工作，为圆满完成全年目标任务奠定坚实基础。

【市政府常务会】 2月28日，代市长王亮主持召开市政府第七十一次常务会议。会议研究并原则通过《石家庄市推进城镇化建设的指导意见》、《关于推进安全生产网格化管理的意见》、《石家庄市国家公交都市建设示范工程实施方案》、《石家庄市支持企业科技创新十条措施》、《关于保障城市供水安全的意见》等。市政府常务会组成人员刘晓军、张树志、程凯、张殿奎、刘明轩、张业、王大军、张国亮、赵新朝、郝建国、罗二虎、孟胜林出席会议。市人大常委会副主任郭领域应邀列席会议。

3月19日，代市长王亮主持召开市政府第七十二次常务会议。会议讨论并原则通过《石家庄市2013年改善空气质量实施方案》、《石家庄市2013年改善水环境质量实施方案》、《关于改善市区交通拥堵状况的意见》。与会人员还听取了《中华人民共和国大气污染防治法》和《中华人民共和国水污染防治法》专题讲座。

4月1日，代市长王亮主持召开市政府第七十三次常务会议。会议通报了省长张庆伟调研省会生态环境治理工作情况，并就贯彻落实省长张庆伟调研省会生态环境治理工作的讲话精神强调：抓好生态环境治理是政府义不容辞的责任，刻不容缓。各级各部门一定要切实增强责任感和紧迫感，统一思想，步调一致，勇于担当，全力以赴，不打折扣，以钢铁般的意志真抓实干。会议还就提交市第十三届人民代表大会第一次会议的市政府工作报告、2013年财政预算安排进行研究讨论，征求意见和建议。

5月24日，市长王亮主持召开市第十三届人民政府第一次常务会议。会议听取了2012年县（市）区节能减排工作考核情况汇报，讨论并原则同意《石家庄市城市轨道交通工程征收补偿实施办法》、《2013年省会城区容貌整治实施方案》、《2012年度石家庄市环境保护暨总量减排工作先进单位和先进个人名单》，通过了《石家庄市中心城区集体土地征收管理办法》。会议提出，6月1日开始，动员全社会力量，大干150天，实施2013年城区容貌综合整治，主要包括市容卫生、园林绿化、城区景观整治提升3项任务，到年底，实现主城区市容卫生上水平，园林绿化出品位，街区整治全覆盖，外围形象新改善。

6月14日，市长王亮主持召开市政府第二次常务会议。会议研究并原则通过《石家庄市大气污染治理攻坚行动实施方案（2013—2017年）》，提出从2013年起至2017年实施大气污染治理攻坚行动，以PM2.5治理为重点，全民动员，全社会参与，整合资源，协调联动，重点突破，经过5年努力，实现全市环境空气质量明显好转，重污染天气大幅减少，全力改善省会大气环境质量。会议决定将PM2.5控制作为经济社会发展的约束性指标，构建以大气质量改善为核心的环保目标责任考核体系。会议听取了2013年1～5月份重点项目建设情况，要求各级各部门加大协调力度，千方百计、竭尽全力解决制约的瓶颈，促进项目早日竣工投产，明确抓项目建设就是抓发展，抓大项目就是抓大发展的思想，提出主要领导要亲自招商，亲自督导招商，亲自协调招商；还听取了市区供热提质升级和保障攻坚工作、清理政府规章、规范性文件工作的汇报。会议研究并通过《石家庄市第十三届人民政府工作规则》、《加快培育规模以上工业企业的意见》、《2013 年立法计划（草案）》、《市区乡村建设管理工作规程》等。

7 月 2 日，市长王亮主持召开市政府第三次常务会议。讨论并原则同意《关于突破项目建设瓶颈制约的意见》、《关于扶持县域经济加快发展的若干措施》、《进一步深化行政审批制度改革的八项措施》、《关于加强执法监督检查提高执法水平的八项措施》、《关于鼓励工业企业深化对标行动的意见》、《关于石家庄市促进对外经贸稳定增长的政策措施》、《关于加快开发区（园区）发展的意见》、《石家庄市招商引资目标考核办法》、《石家庄市全面推进县城建设的意见》、《关于加快推进"五大园区"和"四个新市镇"城镇化建设的意见（试行）》、《关于进一步调整优化城市管理体制的意见》、《石家庄市城乡建设和房地产市场专项整治活动实施方案》。

7 月 15 日，市长王亮主持召开市政府第四次常务会议。会议就贯彻落实全省县城建设工作会议精神强调：县城是县域经济的龙头，推进县城建设是稳增长、扩内需的有效载体，是推进城乡一体化的必要途径，是保障改善民生的重要抓手。各级各部门要高度重视县城建设，搞好规划、搞出特色、搞出品位，大力抓城市建设、城市经济，使县城真正像城市，真正成为发展县域经济的龙头。各地各部门要以扩容提质、完善功能，强县富民为目标，借鉴先进经验，高标准编制完善县城发展规划，强化规划引领作用。要按照城乡一体、联动发展、立足双赢原则，强化产业支撑，办好园区、培育集群、产城融合，将园区建设成功能性新区。要高水平抓好县城建设和管理，下大力加强基础设施和公共服务设施建设，抓好道路、供排水、供热、垃圾处理等"生命线工程"，实施标准化、加快数字化、推行网络化、推进法治化管理，完善整体功能，实现县城空间规模、发展水平提升一个档次，县城建设的整体水平和品位提高。会议要求各级各部门在县城建设中，坚持重拳出击，铁腕治违、治脏、治乱，开展以环境卫生治"脏"、容貌秩序治"乱"专项整治行动，创建环境卫生管理示范街道，打造整齐、干净、有序的县城容貌。加强绿化，提升园林绿化水平。创新体制机制，实现人口向县城实质性转移。会议讨论并原则通过《石家庄市知名商标认定和保护办法》、《石家庄市"四化同步"综合实验区规划方案》、《关于我市 2013 年第一批削减、下放和调整行政审批事项的意见》、《石家庄市轨道交通建设管理办法》、《石家庄市城乡规划条例（草案）》和《关于深化法律服务促进依法行政的实施意见》。

7 月 31 日，市长王亮主持召开市政府第五次常务会议。会议研究并原则通过《关于赴西藏新疆艰苦地区服役士兵及其家属特别优待的意见》，确定自 2013 年 9 月 1 日起，到西藏、新疆服役义务兵，在享受原各项优待政策基础上，另给予每人每年 20000 元经济奖励，与义务兵家庭优待金同时发放，2013 年 9 月 1 日前入伍的进藏、进疆义务兵按原政策执行。会议还研究并原则通过《石家庄市城市排水管理条例》，明确了排水行政主管部门的前期介入、验收备案、工程档案移交、最低保修期等制度。

8 月 21 日，市长王亮主持召开市政府第六次常务会议，传达学习市委《关于进一步加强作风建设的若干规定》；研究 2013 年第二次削减行政审批事项。会议提出削减行政审批事项遵循以下原则：对法律、法规规定由设区市审批、县级主管部门具备审批条件的事项，实施委托审批；对法律、法规规定县级以上行政主管部门审批的事项，原由市级行政主管部门审批而县级主管部门机构健全的，一律下放审批权限；对一些多头审批和常年不用的"冬眠式"审批事项，进行调整和合并；对河北省下放石家庄市的审批事项，凡没有明确规定不能下放的，原则上一律下放或委托实施。会议研究并原则通过《关于促进全市经济平稳较快增长的意见》、《石家庄市 2013 年度服务业发展目标考核办法》、《石家庄市中长期动物疫病防治规划（2012 年 –2020 年）》，听取了 2013 年第十八届中国北方旅游交易会筹备工作汇报。

9 月 4 日，市长王亮主持召开市政府第七次常务会议，学习《河北日报》刊发的长篇通讯《同呼吸才能心相印——习近平在正定工作期间坚持群众路线纪实》，邀请原石家庄地区行署专员程宝怀讲述习近平总书记在正定工作期间的经历和体会。会议还研究了石家庄市大气污染治理攻坚行动实施方案（2013–2017）、石家庄重污染天气应急预案(暂行），听取了 2013 年重点项目进展情况汇报。

9月24日，市长王亮主持召开市政府第八次常务会议。会议听取了关于全市1～8月份整体经济运行、主要经济指标及1～9月份预计完成情况的汇报，关于全市1～8月份财政收入完成及1～9月份预计情况的汇报、关于全市1～8月份工业经济运行及1～9月份工业指标预计完成情况的汇报、关于全市商贸服务业发展情况及相关指标预计完成情况的汇报、关于全市1～9月份农业指标预计完成情况的汇报，分析了2013年全市经济运行状况，并就确保完成全年目标任务及后几个月需要采取措施进行了研究。会议印发《全市2013年1～9月份城镇居民收入和农民现金收入预计》。会议讨论并原则同意《石家庄主要污染物排放权交易管理办法(试行)》。

9月28日，市长王亮主持召开市政府第九次常务会议。会议讨论并原则同意《关于市公安局设立环境安全保卫机构的意见》。会议确定，原则同意设立市公安局环境安全保卫支队，先组建队伍开展工作，支队长、政委配备事宜，提交市委常委会研究；会后，市编委办按副县级机构向省编委办提出申请；同意市内5区和井陉矿区、高新区、正定新区分局设立环境安全保卫大队；各县（市）设立相关机构事宜，由市编委办负责落实。会议通过《关于市环境科学研究院挂市污染物排放权交易中心牌子并增加编制的意见》。会议确定，原则同意市编委办意见，将污染物排放权交易活动纳入市公共资源交易中心开展工作。

10月14日，市长王亮主持召开市政府第十次常务会议，研究并原则通过《石家庄市大气污染防治管理办法》、《2013-2017年气化石家庄实施方案》、《石家庄市暴雪大风寒潮大雾高温灾害防御办法》和《石家庄市森林防火工作实施细则》。会议要求，大气污染防治要坚持预防为主、防治结合的原则，重点加强工业大气污染防治，严格控制交通大气污染和扬尘污染，实施污染物排放浓度和主要污染物总量控制制度，削减主要污染物排放总量，逐步改善大气环境质量。会议在研究大气污染防治管理办法时，明确实行大气环境目标责任制和考核评价制度，并对主要大气污染物排放实行总量控制和许可制度。会议提出，在发生重度污染天气时，市政府有关部门按照应急预案要求，采取强制性应急措施，对排污单位实行限产、停产，对机动车限行、停驶等管控措施；专项治理燃煤污染、机动车尾气、工业扬尘、挥发性有机物、餐饮业油烟等重点大气污染源。会议要求，制定全市清洁能源发展规划，确定燃煤总量控制目标，逐步削减燃煤总量；各地可依法在本辖区内划定并公布禁止使用高污染燃料的区域，在规定期限内停止使用高污染燃料及改用清洁能源；规范煤炭市场，建设符合环境保护要求的集中煤炭交易市场、型煤加工厂和配送中心，严禁超标准煤炭及制品进入市区；要对机动车实行环保检验合格标志分类管理制度，未取得环保标志的机动车不得上路行驶，机动车环保检验与安全技术检验同步进行；加强扬尘污染管理，从事房屋建筑、市政基础设施、河道整治及建筑拆除等行业的物料运输应当密闭运输，防止沿途撒落，公安、交通、城市管理等部门加强对道路扬尘管控措施；城市餐饮服务业安装油烟净化设施，实现油烟达标排放。会议还研究了气化石家庄，提出《2013—2017年气化石家庄实施方案》要本着政府主导、企业实施、用户参与的原则，围绕省会气化和削减煤炭目标，按照天然气利用政策，全力推进天然气管网设施、“县县通”、居民生活气化、供热气化、工业窑炉气化、公交气化、分布式能源示范等工程建设，为实现能源结构调整和削减煤炭目标创造条件。

10月31日，市长王亮主持召开市政府第十一次常务会议。会议研究并原则通过《石家庄市建设工程施工现场扬尘污染防治办法》、《关于保障性住房统筹建设并轨运行实施细则（试行)》和《石家庄市行政机关限时办结制度》，听取了关于石家庄市2013年度科学技术奖评审情况的汇报。《石家庄市建设工程施工现场扬尘污染防治办法》于2005年3月1日施行，2010年9月20日修改。此次修改扩展了适用范围，由石家庄市区（含高新区）和鹿泉市、藁城市、正定县、栾城县辖区内，扩展为全市行政区域内；加大建设单位监管职能，增加、调整文明施工条款，规定建设单位将建设工程施工现场扬尘污染防治专项费用列入工程概算，于工程开工之日起15日内足额支付施工单位，并对未按规定办理施工许可的工程施工现场扬尘污染防治负责，拆除完工后的场地应5日内设置硬质围挡。会议提出，建设工程施工现场扬尘污染防治，坚持属地管理、科学规范、预防为主、安全有序的原则。其中，总承包单位和分包单位要分别建立扬尘污染防治责任制，总承包单位对建设工程施工现场扬尘防治负责；遇有四级以上大风天气预报或市政府发布空气质量预警时，不得进行土方及拆除作业。土方要集中堆放，裸露的场地和土方要采取覆盖、固化或绿化等措施；建筑垃圾集中、分类堆放，严密遮盖，及时清运；要有保洁措施，保持场容场貌整洁，做到工完场清；建筑物、构筑物拆除施工现场进行拆除作业时，要采用高压喷淋、洒水等方式降尘，拆除的建筑垃圾要在拆除后3日内清运完毕。施工单位因扬尘污染受到行政处罚的，应记入诚信档案，取消评先评优资格；当年2次因扬尘污染受到行政处罚，暂停6个月投标资格。

11月19日，市长王亮主持召开市政府第十二次常务会议，传达学习党的十八届三中全会精神。会议要求迅速兴起学习贯彻十八届三中全会精神热潮，把思想和行动统一到中央决策部署上来，确保全会精神在全市落到实处，取得实效。会议研究并原则通过石家庄市加快培育和发展战略性新兴产业十条政策，支持重点企业加速发展的措施意见等，听取了2013年全市民生工作进展情况、2013年供热情况、安全生产情况的汇报。

12月3日，市长王亮主持召开市政府第十三次常务会议。研究支持工业园区加快发展的若干措施。会议提出：做大做强一批重点工业园区，聚集一批成长性强的大企业、大项目，对于加快全市工业化、城镇化进程，完成转型升级、跨越赶超两大任务，具有十分重要的意义。创新审核机制，优化政务环境。整合项目审核职能，建立工业园区项目前期审核机制，实行协调告知会、联合审核会、项目审核确认表“两会一表”审核制度，项目前期手续由串联审核改为并联审核，办理方式由项目单位办理变为部门主动服务，最大限度地简化办事程序，促进项目快速落地。完善项目协调服务机制，实行首问负责、规定限时办结、实行跟踪服务、进行业主评价、开展效能监察五项措施。加大财税扶持，理顺园区财政体制，提升工业园区承载能力。强化金融服务，搭建融资平台，引导银行设立机构，拓展融资渠道，鼓励民间资本参与工业园区建设，增强融资能力，多措并举破解融资制约。利用工业园区优势，推进园区农村合村并镇，利用腾出建设用地，进行抵押融资，推进城镇化建设。会议研究并原则通过《关于加快我市乳粉业发展的实施意见》，要求加快振兴全市奶业步伐。以提高乳粉特别是婴幼儿配方乳粉生产水平，保障产品质量安全为核心；以创建知名品牌，扩大市场占有率为主线；以增强研发能力，创新体制机制为支撑；以加快乳粉业发展，打造奶业强市为目标，坚持提质增量并重，扶优汰劣并举，加快奶源基地建设，壮大乳粉加工龙头企业，构筑全产业链模式，促进产业优化升级，全面提升市场竞争力。会议提出打造一流奶源基地、做大做强乳粉加工企业、加强乳粉流通体系建设3项任务。会议要求抓好奶牛养殖、生鲜乳生产、收购、检测、运输各个环节的管理衔接，实现生鲜乳生产全过程无缝隙监管，逐步建立第三方检测制度，确保检测结果的真实性和公正性。会议还研究并原则通过《关于石家庄市2014年国民经济和社会发展计划（草案）》、《石家庄市节约用水办法》等，听取了城乡建设和房地产市场专项整治活动情况汇报。

12月30日，市长王亮主持召开市政府第十四次常务会议，研究涉及民生系列政策。会议研究并原则通过《关于建立贫困重度残疾人护理补贴制度的意见》，明确补贴对象、补贴标准、申领程序等，确定全市（含省管县）城乡低保对象中就业年龄段（男16～59周岁、女16～54周岁）、持第二代《中华人民共和国残疾人证》一、二级视力，肢体、智力、精神残疾人为补贴对象。补贴标准为：市内区（含高新区、正定新区、循环化工园区）一、二级“三无”（无劳动能力、无生活来源、无法定抚养或赡养义务人）中残疾人300元／人／月，其他一级200元／人／月、二级100元／人／月；其他县（市）、井陉矿区一级100元／人／月、二级50元／人／月，与享受最低生活保障、城乡医疗、养老保险个人缴费政府补贴、贫困重度残疾人生活补贴可叠加，不冲抵。会议确定，提高全市城乡最低生活保障、农村五保供养和孤儿养育标准，全市非省财政直管县（市）区城市最低生活保障标准调整为500元／人／月，农村最低生活保障平均标准调整为2700元／人／年，农村五保供养标准调整为6000元／人／年，散居孤儿养育标准700元／人／月、机构养育孤儿标准1150元／人／月。安排部署河北省政府“食药安全 诚信河北”行动计划（2013–2015年）。提出石家庄市在“食药安全 诚信河北”行动计划中，加快食品医药产业转型升级，加强分类指导，推动聚集发展，优化发展环境；落实食品药品生产经营者主体责任，严格内部管理制度，强化自检能力建设，探索多元履责措施；严格食品药品安全监管，健全全程监管机制，完善风险防控措施，提升监管执法能力；加强道德诚信建设，完善联动奖惩机制；构建社会共治格局，完善基层监管网络；落实政府属地管理责任，将行动计划的推进工作纳入各县（市）区和各有关部门的综合考核目标，进行责任考核。会议还研究并原则通过《河北省卫星导航与位置服务产业（石家庄）科技发展实施方案（2013–2020年）》、《关于调整天然气供热运行补贴标准的意见》，听取了关于全市废热利用集中供暖项目情况汇报。

【10个方面利民惠民实事】 2013年市委、市政府确定办好利民惠民10个方面实事。其中，提升供热质量、保障性住房建设、老旧小区环境整治、增加食品便民网点、提高社区养老助残水平、农村饮水安全、医疗惠民、扩大再生资源回收8个方面实事全面完成；缓解交通拥堵、改善空气质量2个方面涉及10个路口渠化改造、60处港湾式公交站台改造、完善智能化交通管理体系、淘汰黄标车等实事完成，建设3座人行过街天桥、打通4条断头路、新型燃气公交车购置等实事进展顺利。

表15 2013年石家庄市确定10个方面利民惠民实事一览表

序号	任务目标	完成情况
1	完成120个老旧小区供热二次管网改造，解决老旧小区供热不达标问题。	截至11月15日，完成170个老旧小区供热二次管网和157个热换站的改造。
2	完善智能化交通管理体系，更换100台信号机，安装151个路口的检测器，安装浮动车检测，信号灯联网。实施10项道路改造和优化管理项目，重点对市区10个路口进行渠化改造，改造60处港湾式公交站台，建设3座人行过街天桥，打通4条断头路。	截至11月底，体系已全部建成并投入使用，通过信号灯的优化配时形成15条出市方向的绿波带，缓解了中心城区的交通压力。道路改造和优化管理项目中，26项二环路优化改造项目、5条便道改造项目、10个路口渠化改造项目、60处港湾式公交站台改造项目全部完成；3座人行过街天桥中，土贤庄跨东二环天桥已基本完成；新石北路跨西二环天桥，32根桩基已全部完成，12月28日完成桥梁吊装；文苑街跨北二环天桥，18根桩基已全部完成。槐安路（普园街至青园街）辅路改造工程于5月30日完工；建设大街跨铁路桥以北东侧150米非机动车道改造工程于9月底完工；华新路（胜利大街至建设大街）非机动车道改造工程主体于9月初完工通车，11月底整体完工。打通断头路工程，学府路下穿京广铁路桥工程，于6月底完工；外贸街（丰华路－现状路）工程，于12月8日建成通车；新石北路（中华大街－师范街）工程，已具备通车条件；天翼路（西二环—西三庄街）工程，12月19日完成快车道炒油，年底前通车。
3	完成市区剩余的155台分散燃煤锅炉拆改工作，购置新型燃气公交车600辆，淘汰黄标车1万辆以上。	全市共拆除燃煤锅炉274台，剩余9台明年供热结束后可置换。600辆燃气公交车已有450辆投入运营；剩余150辆天然气空调公交车购置工作，按照市政府要求，改为购置150辆电动公交车，正在采购中。全市共淘汰黄标车94804辆，超额完成全年任务目标。
4	加快保障性住房建设，新开工建设保障性住房及棚户区改造3.8万套，竣工2.6万套，分配入住2.2万套。	至2013年底，已开工保障性安居工程项目126个、49526套；已竣工项目71个、26727套；已分配入住项目60个、24330套。

（续表）

序号	任务目标	完成情况
5	对100个老旧小区道路、排水管网、路灯设施进行整修，解决老旧小区无人管理和脏乱差问题。	实际安排任务104个(市内5区各20个，高新区4个)，截至2013年底，老旧小区改善工作已全部完成。
6	在市内社区建设50个惠民店，建设“放心馒头”二期工程，逐步满足市民需求。	实际建设惠民店54个，已全部完成。“放心馒头”二期工程于9月底全部竣工。新建的面粉罐体车间、面条车间、面包车间、速冻水饺车间已投入使用；完成了天然气改造、太阳能热水、空气净化等配套设施建设；取得了面包车间QS认证、建成了综合化实验室。
7	在市内五区新建10个示范性社区居家养老服务中心，新建10个成年智力、精神、重度残疾人日间照料中心，对200户残疾家庭实施居家无障碍改造。	截至10月底，共建成并投入使用社区居家养老服务中心11个，超额完成年度任务指标。10个日间照料中心已全部完工，其中9个已投入使用，剩余1个已具备投用条件；200户残疾家庭无障碍改造工作，去除辛集市10户任务，实际任务量为190户，已全部完成。
8	新建联村集中供水工程20处，单村集中供水工程230处，解决390个村、60万人的饮水安全问题。	截至11月中旬，20处新建联村集中供水工程，230处单村集中供水工程，已全部完工。
9	县级公立医院、政府办社区卫生服务机构，乡镇卫生院和村卫生室，全部实行基本药物零差率销售；启动新农合大病保险工作，基本解决因病返贫问题；扩大新农合重大疾病保障病种范围，保障病种由6类增加到20类。	截至10月底，县级公立医院100%实行了基本药物零差率销售。其中，栾城、鹿泉、晋州、藁城、新乐、赵县、元氏、正定、高邑、灵寿、井陉等11个县（市）的20家县级公立医院全部实行了药品零差率销售。所有乡镇卫生院和政府办社区卫生机构已全部执行药品零差率销售。开展诊疗服务的村卫生室共3588个，已全部实施了基本药物零差率销售。新农合大病保险工作于7月11日正式启动实施。年初，把肺癌、食道癌、胃癌等14类大病纳入保障范围，将新农合重大疾病保障病种增加到了20种。
10	在全市农村建设350个再生资源固定回收站，建立9个县域再生资源集散中心，提高农村废旧物品利用率。	截至11月底，350个再生资源固定回收站、9个县域再生资源集散中心已全部建成，圆满完成年度任务。

【第一批取消下放和调整行政审批事项】 7月15日，市政府第4次常务会研究同意，决定取消、下放和调整32项行政审批事项（取消4项，下放10项，委托5项，转监管3项，合并减少10项）。

表16　石家庄市2013年第一批取消和下放的行政审批事项目录

一、取消的项目（4项）

序号	实施单位	项目名称	类别	备注
1	发改委	市属集体企业改制设立公司	非许可	
2	水务局	审批水电站设备技术更新改造计划方案及验收	非许可	
3	工商局	动产抵押登记	非许可	
4	工商局	拍卖备案	非许可	

二、下放的项目（10项）

序号	实施单位	项目名称	类别	接收单位
1	公安局	因私护照核发、加注及入出境通行证核发	许可	县（市、区）公安部门
2	公安局	集会游行示威的审批	许可	县（市、区）公安部门

（续表）

序号	实施单位	项目名称	类别	接收单位
3	公安局	剧毒化学品购买凭证	许可	县（市、区）公安部门
4	民政局	建设骨灰堂、殡仪服务站审批	许可	县（市、区）民政部门
5	质监局	计量标准器具核准（新建计量标准考核和计量标准复查考核）	许可	县（市、区）质监部门
6	质监局	计量器具制造许可及计量检定员资格核准	许可	县（市、区）质监部门
7	公安局	大型群众性活动安全许可	非许可	县（市、区）公安部门
8	国土局	采矿权抵押备案	非许可	县（市、区）国土部门
9	国土局	矿山地质环境保护与治理恢复方案审查备案	非许可	县（市、区）国土部门
10	城管委	从事城市生活垃圾经营性清扫、收集、运输、处理服务的审批	非许可	县（市、区）城管部门

表 17

石家庄市 2013 年第一批调整的行政审批事项目录

一、转为监管的项目（3 项）

序号	实施单位	项目名称	类别	备注
1	教育局	中等职业学校教师资格、中等职业学校实习指导教师资格认定	许可	
2	公安局	机动车驾驶证境外转本地	非许可	
3	人社局	基本医疗保险定点医疗机构资格审查	非许可	

二、合并的项目（18 项合并为 8 项）

序号	实施单位	项目名称	类别	备注
1	公安局	枪支弹药携运许可	非许可	合并为许可，并更名为“枪支弹药运输（携带）许可”
2	公安局	枪支、弹药运输许可	许可	
3	公安局	建设工程消防设计备案	许可	合并为许可“建设工程消防设计及竣工验收备案”部分下放县级
4	公安局	建设工程竣工验收消防备案	许可	
5	建设局	民用建筑节能审核	非许可	合并为非许可，并更名为“建筑节能产品审核和新型墙体材料登记”
6	建设局	建设节能产品和新型墙体材料登记	非许可	
7	建设局	建设工程安全生产监督备案	非许可	合并为非许可，并更名为“建设工程安全生产监督备案”
8	建设局	建筑起重机械产权使用登记及租赁企业备案、安拆告知备案	非许可	
9	住房局	单位售房款支取审查	非许可	合并为非许可，并更名为“单位售房款交存与支取审批”
10	住房局	公房售出后 20% 维修资金交存、支取审批	非许可	
11	交通局	新增客船、危险品船投入运营审批	非许可	合并为许可“从事国内水路运输业务及水路运输服务业务经营许可”
12	交通局	从事国内水路运输业务及水路运输服务业务经营许可	许可	

（续表）

序号	实施单位	项目名称	类别	备注
13	水务局	在水利工程（水库、河道）管理范围内从事生产经营活动的审批	非许可	合并为许可，并更名为“河道（水库）管理范围内建设项目及从事生产经营活动审批”
14	水务局	水库工程管理范围内建设项目审批	非许可	
15	水务局	在边界河道修建水利工程批准	非许可	
16	水务局	河道管理范围内建设项目审查	许可	
17	外事办	身份认定	非许可	合并为非许可，并更名为“身份认定及加分证明”
18	外事办	加分证明	非许可	

表 18　石家庄市 2013 年第一批委托的行政审批事项目录

（共 5 项）

序号	委托单位	项目名称	类别	委托实施单位
1	文广新局	市级文物保护单位的建设控制地带内建设工程设计方案审批、由市政府出资修缮的非国有不可移动文物转让、抵押或者改变用途审批、市级文物保护单位原址保护审批、市级文物保护单位修缮审批	许可	区文广新部门
2	文广新局	非国有文物收藏单位和其他单位举办展览需借用国有馆藏文物审批	许可	区文广新部门
3	文广新局	拍摄市级文物保护单位审批	许可	区文广新部门
4	文广新局	博物馆对处理不够入藏标准、无保存价值的文物或标审批	非许可	区文广新部门
5	卫生局	医疗机构设置及执业许可	许可	区卫生部门

【第二批取消下放和调整行政审批事项】 8 月 21 日，市政府第 6 次常务会研究同意，决定取消、下放和调整 57 项行政审批事项（取消 3 项，下放 7 项，委托 21 项，转监管 13 项，合并减少 13 项），并衔接河北省下放行政监管事项 5 项。调整后，石家庄市保留行政许可项目 58 项，保留非行政许可项目 38 项，部分保留行政审批项目 13 项。

表 19　石家庄市 2013 年第二批取消和下放的行政审批事项目录

一、取消的项目（3 项）

序号	实施单位	项目名称	类别	备注
1	园林局	砍伐、修剪、移植城市树木审批	许可	市政府收回权利
2	规划局	修建性详细规划、建设工程设计方案审批	非许可	修建性详细规划国务院已发文取消，建设工程设计方案审批更名为建设工程设计方案审定予以保留
3	国资委	国有大中型企业主辅分离辅业改制	非许可	已在许可中包括不再单列

二、下放的项目（7项）

序号	实施单位	项目名称	类别	备注
1	卫生局	供水单位卫生许可（市六个水厂）	许可	市内六个水厂自检自测设备齐全，市、区卫生行政主管部门负责监管
2	药监局	《药品经营许可证》（零售）核发、换发、变更	许可	下放到县（市）、井陉矿区药监行政管理部门
3	公安局	焰火晚会燃放许可	非许可	县（市、区）公安行政主管部门
4	交管局	影响交通安全的道路施工许可	许可	下放县（市）、井陉矿区交管行政主管部门
5	民政局	社会福利机构审批（冠石家庄名；建设床位300张及以上）	非许可	县（市、区）民政行政主管部门
6	城管委	在城市设置户外广告牌、指示牌、标语牌、画廊、橱窗、霓虹灯、灯箱、旗帜、显示屏幕；招牌、条幅、充气装置、实物造型审批	许可	在城市设置户外招牌、条幅、充气装置、实物造型审批下放到市内五区城管行政主管部门
7		挖掘城市道路、占用城市道路及道路两侧审批	许可	占用城市道路及道路两侧审批下放到市内五区城管行政主管部门

表20　石家庄市2013年第二批调整的行政审批事项目录

共26项（转监管13项，合并减少13项）

一、转为监管的项目（13项）

序号	实施单位	项目名称	类别
1	国土局	国有土地使用权转让登记国有土地使用权抵押登记	非许可
2	工商局	汽车品牌销售审核备案	非许可
3		公司章程备案	非许可
4		公司董事、监事、经理备案	非许可
5		公司清算组备案	非许可
6		非公司企业法人主管部门变动备案	非许可
7		企业集团章程备案	非许可
8	安监局	危险化学品建设项目试生产备案	非许可
9	质监局	组织机构代码办理	非许可
10	公积金管理中心	住房公积金缴存审批	非许可
11	药监局	医用分子筛制氧机使用备案	非许可
12	公安局	建设工程消防设计备案	非许可
13		建设工程竣工验收消防备案	非许可

二、合并的项目（19项合并为6项）

序号	实施单位	项目	类别	合并后名称	合并后类别
1	交通局	特殊占用、挖掘、使用公路，公路用地行为的审批	许可	涉路施工活动审批	许可
2		在公路上增设平面交叉道口和在公路建筑控制区内埋设管线、电缆等设施的审批	许可		
3		船舶国籍证书核发、船员适任证书核发	许可	船舶业务及船员适任证书审批	许可
4		水路运输企业增减运力或变更经营范围批准	非许可		
5		船舶短期定期签证审批业务	非许可		
6		船舶名称核准、船舶营运证核发	非许可		
7		高速客船操作安全证书核发业务	非许可		
8		水路运输服务企业要求变更经营范围、企业名称、住所、法定代表人和经济类型等事项的审批	非许可		
9		船舶所有权登记、船舶变更登记和注销登记	非许可		
10		道路运输经营及道路运输相关业务许可	许可	道路运输经营及道路运输相关业务许可	许可
11		道路运输经营者暂停、终止经营	非许可		
12	工商局	外商投资广告企业项目审批	许可	外商投资广告企业设立分支机构、项目审批	许可
13		外商投资广告企业设立分支机构、项目审批	许可		
14	人防办	人防工程拆除改造审批	许可	人防工程拆除改造审批、防空地下室建设审批、竣工验收	许可
15		防空地下室建设审批、竣工验收	许可		
16	发改委	企业投资在非主要河流上建设的水电站目核准	许可	企业投资类项目核准、备案	许可
17		非跨设区市（直管县）企业投资330千伏及以下电压等级的交流电网工程项目核准	许可		
18		35千伏及以下电压等级接入电网的企业投资风电站项目核准	许可		
19		社会投资类项目核准、备案	许可		

表21 石家庄市2013年第二批委托的行政审批事项目录

（共21项）

序号	委托单位	项目名称	类别	委托实施单位	备注
1	药监局	第一类医疗器械产品注册、重新注册变更（市内五区、高新区）	许可	县（市）、井陉矿区食品药品监督行政主管部门	
2		科研、教学所需毒性药品购用审批（市内五区、高新区）	许可	县（市）、井陉矿区食品药品监督行政主管部门	
3	房管局	三级物业管理企业资质核定（市内五区）	许可	市内五区房管行政主管部门	

（续表）

序号	委托单位	项目名称	类别	委托实施单位	备注
4	规划局	乡村建设规划许可	许可	“四组团”县（市）规划行政主管部门	
5		出具规划条件	非许可	“四组团”县（市）规划行政主管部门	
6	交通局	出租汽车经营许可及经营许可证、道路运输证和驾驶员从业资格证核发	许可	县（市）道路交通行政主管部门	跨区域除外
7		农村公路建设项目的设计文件审批	非许可	县（市）交通行政主管部门	
8		出租汽车经营者兼并、合并、分户、停歇业、变更许可事项	非许可	县（市）交通行政主管部门	
9	农业局	农作物种子生产、经营许可证	许可	县（市、区）农业行政主管部门	
10	工商局	事业单位广告经营资格许可	许可	县（市、区）工商行政主管部门	
11		企业名称预先核准（含外资企业）	许可	县（市、区）工商行政主管部门	
12	安监局	危险化学品建设项目安全审查	许可	县（市、区）安监行政主管部门	《河北省危险化学品建设项目安全监督管理细则》第六条第二款规定除外
13		危险化学品经营许可证核发	许可	县（市、区）安监行政主管部门	
14		矿山建设项目的安全设施设计及竣工验收审查	许可	县（市、区）安监行政主管部门	
15	体育局	体育竞赛活动的审批	非许可	县（市、区）体育行政主管部门	
16		体育竞赛活动变更的审批	非许可	县（市、区）体育行政主管部门	
17	国土局	临时用地审批	许可	县（市、区）国土行政主管部门	
18		勘查许可证延续、变更、注销登记审批	许可	县（市、区）国土行政主管部门	
19	卫生局	麻醉药品、第一类精神药品购用印签卡核发、变更、换证许可	许可	县（市、区）卫生行政主管部门	
20		放射诊疗许可	许可	县（市、区）卫生行政主管部门	
21		外国医疗团体来华短期行医审批	许可	县（市、区）卫生行政主管部门	

表 22

石家庄市 2013 年保留的行政许可项目目录

（共 58 项）

序号	实施单位	项目名称
1	园林局	工程建设项目绿化用地面积审查
2		城市园林绿化企业资质核准
3	建设局	建筑（含市政）工程施工许可
4		城镇燃气经营许可和燃气设施改动审批
5		建筑业企业资质审批

（续表）

序号	实施单位	项目名称
6	环保局	建设项目环境影响评价审批
7		排污许可证核发
8		危险废物经营许可证（医疗类）
9		危险废物转移批准
10		废弃电器电子产品处理资格审批
11	质监局	特种设备作业人员考核发证和特种设备使用登记
12	卫生局	公共场所卫生许可（市内五区）
13		医师执业注册、变更注册及重新注册许可
14	药监局	餐饮服务许可
15	规划局	建设用地规划许可
16		建设工程规划许可（含临时建设工程）
17	公安局	爆破作业单位许可（非营业性）、爆破作业人员许可
18		爆破作业审批（在城市、风景名胜区和重要工程设施附近实施）
19		枪支、弹药运输（携运）许可
20		建设工程消防设计及竣工验收
21		内地公民前往港澳定居通行证核发
22	粮食局	粮食收购许可
23	供销社	食盐零售许可
24	气象局	防雷装置设计审核和竣工验收
25		升放无人驾驶自由气球、系留气球单位资质认定和施放气球活动审批
26	民政局	社会团体登记、民办非企业登记
27	国土局	矿区范围审批
28		采矿权设立、延续、变更、注销审批（仅限小型建材矿）设立
29		非国有矿山企业地勘单位采矿权、探矿权转让和市场项目探矿权转让审批
30		建设项目用地预审
31	城管委	城市排水许可证核发
32		城市建筑垃圾处置核准
33	教育局	中等学历教育（普通高级中学、职业高中、中等专业学校）、设立审批

（续表）

序号	实施单位	项目名称
34	交通局	铁轮车、履带车和其他可能损害公路路面的机具，确需在公路上行驶的同意及对确需行驶公路的超限运输车辆审批
35		从事国内水路运输业务及水路运输服务业务经营许可
36		公路建设项目施工批准
37		道路运输经营及道路运输相关业务许可
38		涉路施工活动审批
39		船舶业务及船员适任证书审批
40	水务局	取水许可
41		开发建设项目水土保持方案审批和水土保持设施验收
42		河道（水库）管理范围内建设项目及从事生产经营活动审批
43		建设项目节水设施“三同时”的设计审查、竣工验收
44	农业局	产地植物检疫、调运植物和植物产品检疫
45	工商局	外国（地区）企业在中国境内从事生产经营活动设立、变更、注销登记
46		外商投资广告企业设立分支机构、项目审批
47		企业法人（集团）、（分公司分支机构、营业单位）设立（开业）、变更、注销登记
48		外商投资企业及其分支机构设立、变更、注销登记
49	烟草局	烟草专卖零售许可
50		烟草专卖品准运证
51	地震局	建设工程抗震设防要求审批
52	民宗局	设立其他固定宗教活动处所的审批
53	人防办	人防工程拆除改造审批、防空地下室建设审批、竣工验收
54	房管局	房地产开发企业资质审批（四级和暂定级）
55		划拨土地地上建筑物、其他附着物转让、抵押审批
56		商品房预售许可（市内五区）
57	人社局	特殊工时制度审批
58	畜牧局	黄壁庄水库渔业捕捞

表 23

石家庄市 2013 年保留的非行政许可项目目录

（共 38 项）

序号	实施单位	项目名称
1	建设局	建设工程招标文件、建设工程招投标情况书面报告备案
2		建设工程合同、外地进石项目和建筑工程最高限价及竣工结算备案
3		建设工程（分建筑和市政）及燃气设施建设工程竣工验收和建设工程质量监督备案
4		移交建设项目档案
5		建筑节能产品审核和新型墙体材料登记
6		建设工程安全生产监督备案
7	房管局	保障性住房项目审批
8		公有住房出售审批
9		保障性租赁住房配建实施方案审批
10		单位售房款交存与支取审批
11	规划局	建设工程竣工规划核实
12		建设项目选址审批
13		建设工程设计方案审定
14	公安局	外国人签证签发
15		金融机构营业场所、金库安全防范设施建设方案审批及工程验收
16		道路停车场审批
17	商务局	加工贸易审批
18	气象局	大气环境影响评价使用气象资料审查
19	发改委	政府类投资项目审批
20		确认高危及重要电力用户名单，批准自备应急电源的配置方案
21	安监局	煤矿技改设计审批
22	体育局	经营高危险性体育项目许可
23	水务局	农村水电站项目初步设计审批
24		建设项目水资源论证报告书审查
25	工商局	股权出质登记
26	物价局	工农业产品价格
27		行政事业性收费、经营性收费
28		《收费许可证》、《经营服务收费证》核发、变更及审验

（续表）

序号	实施单位	项目名称
29	国资委	企业国有资产处置（国有产权无偿划转）
30		国有产权（股权）转让审批
31		清产核资资产损失核销
32	国税局	出口货物退（免）税审批
33	地税局	房产税困难性减免
34	公积金管理中心	住房公积金提取审批
35		住房公积金贷款审批
36		住房公积金降低缴存比例、缓缴审批
37	外事办	归侨、侨眷和“四侨考生”身份认定
38		邀请外国人来华

表 24

石家庄市 2013 年部分保留的行政审批项目目录

（共 13 项）

序号	实施单位	项目名称	类别	备注
1	城管委	在城市设置户外广告牌、指示牌、标语牌、画廊、橱窗、霓虹灯、灯箱、旗帜、显示屏幕；招牌、条幅、充气装置、实物造型审批	许可	在城市设置户外广告牌、指示牌、标语牌、画廊、橱窗、霓虹灯、灯箱、旗帜、显示屏幕的审批在市局
2		挖掘城市道路、占用城市道路及道路两侧审批	许可	挖掘城市道路审批在市局
3	安监局	危险化学品建设项目安全审查	许可	《河北省危险化学品建设项目安全监督管理细则》第六条第二款在市局
4	药监局	《药品经营许可证》（零售）核发、换发、变更	许可	市内五区
5		第一类医疗器械产品注册、重新注册变更（市内五区、高新区）	许可	市内五区
6		科研、教学所需毒性药品购用审批（市内五区、高新区）	许可	市内五区
7	交管局	影响交通安全的道路施工许可	许可	市内五区
8	规划局	乡村建设规划许可	许可	市内五区
9		出具规划条件	非许可	市内五区
10	交通局	出租汽车经营许可及经营许可证、道路运输证和驾驶员从业资格证核发	许可	市内五区
11		出租汽车经营者兼并、合并、分户、停歇业、变更许可事项	非许可	市内五区
12		农村公路建设项目的设计文件审批	非许可	跨区域的在市局
13	发改委	企业投资类项目核准、备案	许可	企业投资类项目核准予以保留，备案不再列入许可审批事项

【第三批下放和调整行政审批事项】 12月13日，市政府办公厅发布《关于2013年第三批下放和调整行政审批事项的公告》。公告指出，经2013年10月31日市政府第11次常务会研究同意，在衔接省政府下放行政审批事项的同时，对石家庄市保留的行政审批事项进行第三次削减，决定保留市本级行政审批事项87项（许可51项、非许可36项），部分保留13项（许可10项、非许可3项），委托县（市）区实施41项（许可28项、非许可13项）。其中，省下放到石家庄市审批事项，市本级接收5项（许可3项，非许可2项），转行政监管事项6项(许可),合并2项(非许可),归并到原有许可项目3项（3项许可事项归类到市发改委“企业投资类项目核准许可”），下放6项（许可4项，非许可2项），部分下放8项（许可2项，非许可6项），委托县（市）区实施5项（非许可），接收行政监管事项5项；市本级原有行政审批事项委托县(市)区实施7项(4项许可、3项非许可),下放6项,转监管1项;2013年第一批市本级取消2项许可“动产抵押登记”与“拍卖备案”，根据法律规定,各级工商机关均可办理,市本级不再审批,2项许可由县（市）区工商行政主管部门实施。

表25　石家庄市2013年保留的行政许可项目目录

（共51项）

序号	实施单位	项目名称	备注
1	市园林局	工程建设项目绿化用地面积审查	
2	市建设局	建筑（含市政）工程施工许可	
3		城镇燃气经营许可和燃气设施改动审批	
4		建筑业企业资质审批	
5	市环保局	建设项目环境影响评价审批	
6		排污许可证核发	
7		危险废物经营许可证（医疗类）	
8		危险废物转移批准	
9		由省政府或省政府授权有关部门审批、核准、备案的涉及农林牧渔、水利、社会事业与服务业、办公商业及城镇居民用房项目环境影响报告书，由省政府或省政府授权有关部门审批、核准、备案的建设项目环境影响报告表（不含辐射项目）、登记表（含辐射项目），330千伏输变电辐射类建设项目环境影响报告表（跨设区市、省直管县、扩权县项目除外）的审批	2013年9月省下放
10		废弃电器电子产品处理资格审批	
11	市质监局	特种设备作业人员考核发证和特种设备使用登记	
12	市卫生局	公共场所卫生许可（市内五区）	
13		医师执业注册、变更注册及重新注册许可	
14	市药监局	餐饮服务许可	
15	市公安局	爆破作业单位许可（非营业性）、爆破作业人员许可	
16		枪支、弹药运输（携运）许可	
17		建设工程消防设计及竣工验收	
18		内地公民前往港澳定居通行证核发	
19	市粮食局	粮食收购许可	
20	市供销社	食盐零售许可	

（续表）

序号	实施单位	项目名称	备注
21	市气象局	防雷装置设计审核和竣工验收	
22		升放无人驾驶自由气球、系留气球单位资质认定和施放气球活动审批	
23	市民政局	社会团体登记、民办非企业登记	
24	市国土局	采矿权设立、延续、变更、注销审批（仅限小型建材矿）	
25		非国有矿山企业地勘单位采矿权、探矿权转让和市场项目探矿权转让审批	
26	市城管委	城市排水许可证核发	
27		城市建筑垃圾处置核准	
28	市教育局	中等学历教育（普通高级中学、职业高中、中等专业学校）、设立审批	
29	市交通局	从事国内水路运输业务及水路运输服务业务经营许可	
30		公路建设项目施工批准	
31		道路运输经营及道路运输相关业务许可	
32		船舶业务及船员适任证书审批	
33	市水务局	取水许可	
34		开发建设项目水土保持方案审批和水土保持设施验收	
35		河道（水库）管理范围内建设项目及从事生产经营活动审批	
36		建设项目节水设施“三同时”的设计审查、竣工验收	
37	市工商局	外国（地区）在中国境内从事生产经营活动和企业常驻代表机构设立、变更、注销登记	
38		外商投资广告企业设立分支机构、项目审批	
39		企业法人（集团）、（分公司分支机构、营业单位）设立（开业）、变更、注销登记	
40		外商投资企业及其分支机构设立、变更、注销登记	
41	市烟草局	烟草专卖零售许可	
42		烟草专卖品准运证	
43	市地震局	建设工程抗震设防要求审批	
44	市民宗局	设立其他固定宗教活动处所的审批	
45	市人防办	人防工程拆除改造审批、防空地下室建设审批、竣工验收	
46	市房管局	房地产开发企业资质审批（四级和暂定级）	
47		划拨土地地上建筑物、其他附着物转让、抵押审批	
48		商品房预售许可（市内五区）	
49	市人社局	特殊工时制度审批	
50	市畜牧局	黄壁庄水库渔业捕捞	
51	市安监局	非煤矿矿山企业安全生产许可证核发	

表 26

石家庄市 2013 年保留的非行政许可项目目录

(共 36 项)

序号	实施单位	项目名称	备注
1	市建设局	建设工程招标文件、建设工程招投标情况书面报告备案	
2		建设工程合同、外地进石家庄项目和建筑工程最高限价及竣工结算备案	
3		建设工程（分建筑和市政）及燃气设施建设工程竣工验收和建设工程质量监督备案	
4		移交建设项目档案	
5		建筑节能产品审核和新型墙体材料登记	
6		建设工程安全生产监督备案	
7	市房管局	市房管局 保障性住房项目审批	
8		公有住房出售审批	
9		保障性租赁住房配建实施方案审批	
10		单位售房款交存与支取审批	
11	市规划局	建设项目选址审批	
12		建设工程设计方案审定	
13	市公安局	外国人签证签发	
14		金融机构营业场所、金库安全防范设施建设方案审批及工程验收	
15	市商务局	加工贸易审批	
16	市气象局	大气环境影响评价使用气象资料审查	
17	市发改委	确认高危及重要电力用户名单，批准自备应急电源的配置方案	
18		政府类投资项目审批	
19	市安监局	建设项目职业卫生“三同时”审查	新增
20	市体育局	经营高危险性体育项目许可	
21	市水务局	建设项目水资源论证报告书审查	
22	市工商局	股权出质登记	
23	市物价局	工农业产品价格	
24		行政事业性收费、经营性收费	
25		《收费许可证》、《经营服务收费证》核发、变更及审验	
26	市国资委	企业国有资产处置（国有产权无偿划转）	
27		国有产权（股权）转让审批	
28		清产核资资产损失核销	

（续表）

序号	实施单位	项目名称	备注
29	市国税局	出口货物退（免）税审批	
30	市地税局	房产税困难性减免	
31	市住房公积金中心	住房公积金提取审批	
32		住房公积金贷款审批	
33		住房公积金降低缴存比例、缓缴审批	
34	市外事办	“三侨考生”（归侨学生、归侨子女和华侨子女）身份认定	
35		邀请外国人来华	
36	市药监局	药品零售企业经营质量管理规范（GSP）认证	2013年9月省下放

表 27

石家庄市 2013 年部分保留的行政审批项目目录

（共 13 项）

序号	实施单位	项目名称	类别	备注
1	市城管委	在城市设置户外广告牌、指示牌、标语牌、画廊、橱窗、霓虹灯、灯箱、旗帜、显示屏幕；招牌、条幅、充气装置、实物造型审批	许可	在城市设置户外广告牌、指示牌、标语牌、画廊、橱窗、霓虹灯、灯箱、旗帜、显示屏幕的审批在市局
2		挖掘城市道路、占用城市道路及道路两侧审批	许可	挖掘城市道路审批在市局
3	市安监局	危险化学品建设项目安全审查	许可	《河北省危险化学品建设项目安全监督管理细则》第六条第二款在市局
4	市药监局	《药品经营许可证》（零售）核发、换发、变更	许可	市内五区、高新区
5		第一类医疗器械产品注册、重新注册变更	许可	市内五区、高新区
6		科研、教学所需毒性药品购用审批	许可	市内五区、高新区
7	市交管局	影响交通安全的道路施工许可	许可	市内五区、井陉矿区
8	市规划局	乡村建设规划许可	许可	市内五区
9		出具规划条件	非许可	市内五区
10	市交通局	出租汽车经营许可及经营许可证、道路运输证和驾驶员从业资格证核发	许可	市内五区
11		出租汽车经营者兼并、合并、分户、停歇业、变更许可事项	非许可	市内五区
12		农村公路建设项目的设计文件审批	非许可	跨区域的在市局
13	市发改委	企业投资类项目核准（企业投资国家规划矿区外的煤炭开发项目核准）	许可	2013年9月省下放

表 28　**石家庄市 2013 年委托实施的行政审批项目目录**

(共 41 项)

序号	委托单位	项目名称	类别	委托实施单位	备注
1	市药监局	第一类医疗器械产品注册、重新注册变更（市内五区、高新区）	许可	县（市）、井陉矿区食品药品监督行政主管部门	第二批委托
2		麻醉药品和第一类精神药品运输证明核发、麻醉药品和精神药品邮寄证明核发	非许可	县（市）、井陉矿区食品药品监督行政主管部门	第三批委托（2013 年 9 月省下放）
3		第二、三类医疗器械经营许可	许可	县（市）、井陉矿区食品药品监督行政主管部门	第三批委托（2013 年 9 月省下放）
4		科研、教学所需毒性药品购用审批（市内五区、高新区）	许可	县（市）、井陉矿区食品药品监督行政主管部门	第二批委托
5	市房管局	三级物业管理企业资质核定（市内五区）	许可	市内五区房管行政主管部门	第二批委托
6	市规划局	乡村建设规划许可	许可	“四组团”县（市）规划行政主管部门	第二批委托
7		出具规划条件	非许可	“四组团”县（市）规划行政主管部门	第二批委托
8	市交通局	出租汽车经营许可及经营许可证、道路运输证和驾驶员从业资格证核发	许可	县（市）道路交通行政主管部门	第二批委托
9		农村公路建设项目的设计文件审批（跨区域除外）	非许可	县（市）交通行政主管部门	第二批委托
10		铁轮车、履带车和其他可能损害公路路面的机具，确需在公路上行驶的同意及对确需行驶公路的超限运输车辆审批	许可	县（市）区交通行政主管部门	第三批委托（96 项中）
11		涉路施工活动审批	许可	县（市）区交通行政主管部门	第三批委托（96 项中）
12		出租汽车经营者兼并、合并、分户、停歇业、变更许可事项	非许可	县（市）交通行政主管部门	第二批委托
13	市农业局	农作物种子生产、经营许可证	许可	县（市）区农业行政主管部门	第二批委托
14	市工商局	事业单位广告经营资格许可	许可	县（市）区工商行政主管部门	第二批委托
15		企业名称预先核准（含外资企业）	许可	县（市）区工商行政主管部门	第二批委托
16	市安监局	危险化学品建设项目安全审查（《河北省危险化学品建设项目安全监督管理细则》第六条第二款规定除外）	许可	县（市）区工商行政主管部门	第二批委托
17		危险化学品经营许可证核发	许可	县（市）区工商行政主管部门	第二批委托
18		危险化学品安全使用许可证核发	许可	县（市）区工商行政主管部门	第二批委托
19		矿山建设项目的安全设施设计及竣工验收审查	许可	县（市）区工商行政主管部门	第二批委托

（续表）

序号	委托单位	项目名称	类别	委托实施单位	备注
20	市体育局	体育竞赛活动的审批	非许可	县（市）区体育行政主管部门	第二批委托
21		体育竞赛活动变更的审批	非许可	县（市）区体育行政主管部门	第二批委托
22	市国土局	临时用地审批	许可	县（市）区国土行政主管部门	第二批委托
23		勘查许可证延续、变更、注销登记审批	许可	县（市）区国土行政主管部门	第二批委托
24	市卫生局	麻醉药品、第一类精神药品购用印签卡核发、变更、换证许可	许可	县（市）区卫生行政主管部门	第二批委托
25		放射诊疗许可	许可	县（市）区卫生行政主管部门	第二批委托
26		外国医疗团体来华短期行医审批	许可	县（市）区卫生行政主管部门	第二批委托
27		医疗机构设置及执业许可	许可	区卫生部门	第一批委托
28	市园林局	城市园林绿化企业资质核准	许可	县（市）区园林行政主管部门	第三批委托（96项中）
29	市公安局	爆破作业审批（在城市、风景名胜区和重要工程设施附近实施）	许可	县（市）区公安行政主管部门	第三批委托（96项中）
30		道路停车场审批	非许可	县（市）区公安行政主管部门	第三批委托（96项中）
31	市水务局	农村水电站项目初步设计审批	非许可	县（市）区水务行政主管部门	第三批委托（96项中）
32	市环保局	4、5类放射源和3类射线装置辐射安全许可证发放、变更审批	许可	县（市）区环保行政主管部门	第三批委托（2013年9月省下放）
33		环境保护设施运营单位临时资质审批（属于“环境保护（污染治理）设施运营单位乙级、临时资质认定”部分委托）	许可	县（市）区环保行政主管部门	第三批接收省下放后委托
34	市文广新局	市级文物保护单位的建设控制地带内建设工程设计方案审批、由市政府出资修缮的非国有不可移动文物转让、抵押或者改变用途审批、市级文物保护单位原址保护审批、市级文物保护单位修缮审批	许可	区文广新部门	第一批委托
35		非国有文物收藏单位和其他单位举办展览需借用国有馆藏文物审批	许可	区文广新部门	第一批委托
36		拍摄市级文物保护单位审批	许可	区文广新部门	第一批委托
37		博物馆对处理不够入藏标准、无保存价值的文物或标本审批	非许可	区文广新部门	第一批委托
38		印刷业经营者兼营包装装潢和其他印刷品印刷经营活动审批	非许可	区文广新部门	第三批接收省下放委托
39		从事包装装潢印刷品和其他印刷品印刷经营活动的企业变更印刷经营活动审批（不含出版物印刷）	非许可	区文广新部门	第三批接收省下放委托
40		印刷业经营者兼并其他印刷业经营者（不含出版物印刷企业）审批	非许可	区文广新部门	第三批接收省下放委托
41		印刷业经营者因合并、分立而设立新的印刷业经营者（不含出版物印刷企业）审批	非许可	区文广新部门	第三批接收省下放委托

表 29　石家庄市 2013 年第三批接收后下放的行政审批项目目录

（共 8 项）

一、部分下放的项目（2 项 8 个方面）

<table>
<tr><th>序号</th><th>实施单位</th><th>项目名称</th><th>子项目名称</th><th>类别</th><th>备注</th></tr>
<tr><td rowspan="6">1</td><td rowspan="8">市发改委</td><td rowspan="6">企业投资类项目备案（转监管后下放）</td><td>企业投资扩建临时起降点项目备案</td><td rowspan="6">行政监管</td><td rowspan="6">2013 年 9 月省政府下放的非许可事项转为监管事项</td></tr>
<tr><td>企业投资日产 300 吨及以上聚酯项目备案</td></tr>
<tr><td>企业投资乙烯改扩建项目备案</td></tr>
<tr><td>企业投资医学城、大学城及其他园区性建设项目备案</td></tr>
<tr><td>企业投资精对苯二甲酸（PTA）项目及对二甲苯（PX）改扩建项目备案</td></tr>
<tr><td>企业投资 F1 赛车场项目备案</td></tr>
<tr><td rowspan="2">2</td><td rowspan="2">企业投资类项目核准</td><td>规划内的企业投资生物质发电项目核（不含垃圾焚烧和垃圾填埋气发电）</td><td rowspan="2">许可</td><td rowspan="2">2013 年 9 月省政府下放的许可事项</td></tr>
<tr><td>企业投资地热能发电项目核准</td></tr>
</table>

二、市本级接收后下放至县（市）区实施的项目（6 项）

序号	原实施机关	下放后实施部门	项目名称	类别
1	河北省农业环境保护监测站	县（市）区农业主管部门	外国人在中国境内野外考察国家重点保护野生植物审批	行政许可
2	河北省农药检定所	县（市）区农业主管部门	农药广告审批	行政许可
3	省文物局	县（市）区文物局	拍摄省级文物保护单位审批	行政许可
4	省级、设区市财政部门	县（市）区财政部门	代理记账机构设立审批	行政许可
5	省档案局	县（市）区档案行政管理部门	城市建设档案馆接收规定范围以外档案审批	非行政许可
6	省安监局	县（市）区安监主管部门	烟花爆竹批发许可	非行政许可

表 30　石家庄市 2013 年第三批接收省下放行政监管事项

（共 5 项）

序号	项目名称	原实施机关	下放后实施部门	类别	备注
1	华侨回石家庄定居证签发	省公安机关	市侨务部门直接审批	行政监管	取消公安机关监管，转由市侨务部门直接审批
2	省交通运输厅投资的汽车客货运站工程竣工验收	省交通运输厅	市交通运输局	行政监管	
3	本行政区域内生产的或进口的中级客车的类型划分及等级评定	省交通运输厅	市交通运输局	行政监管	

（续表）

序号	项目名称	原实施机关	下放后实施部门	类别	备注
4	机关、团体、企业事业单位和其他组织及中国公民利用未开放档案、外国人或者外国组织利用已开放档案经保存该档案的档案馆的同意	县级以上档案行政管理部门	市和县（市）区档案主管部门分级实施	行政许可	取消许可，改为现场受理、办理
5	监测数据纠纷的技术认定	省环境保护厅	市和县（市）区环境保护行政主管部门环境监测机构	行政监管	

表 31　石家庄市 2013 年第三批县（市）区级接收并实施的项目

（共 2 项）

序号	项目名称	原实施机关	接收实施单位	类别
1	中外合作音像制品零售企业设立与变更审批	省新闻出版局	县（市）区新闻出版行政管理部门	行政许可
2	临时占用草原的审核	县级以上草原行政主管部门	县（市）区草原行政管理部门	行政许可

表 32　石家庄市 2013 年第三批市本级下放至县（市）区实施及转监管的项目

（共 7 项）

一、下放的项目（6 项）

序号	项目名称	原实施机关	接收实施单位	类别
1	建设用地规划许可	市规划局	县（市）区规划管理部门	行政许可
2	建设工程规划许可（含临时建设工程）		县（市）区规划管理部门	行政许可
3	建设工程竣工规划核实		县（市）区规划管理部门	非行政许可
4	产地植物检疫、调运植物和植物产品检疫	市农业局	县（市）区农业管理部门	行政许可
5	矿区范围审批	市国土局	县（市）区国土管理部门	行政许可
6	建设项目用地预审		县（市）区国土管理部门	行政许可

二、转监管的项目（1 项）

序号	实施机关	项目名称	类别
1	市安监局	煤矿技改设计审批	非行政许可

【衔接落实国务院和省政府取消下放行政审批项目目录】 7 月 10 日，市政府根据《国务院关于取消和下放一批行政审批项目等事项的决定》（国发〔2013〕19 号）和《河北省人民政府办公厅关于做好与省政府公布取消下放行政审批项目等事项衔接落实工作的通知》（冀政办发〔2013〕17 号），公布了《石家庄市 2013 年衔接落实国务院和省政府取消下放行政审批项目目录》，共计 26 项，其中市级承接 13 项，县级承接 10 项，分级实施 2 项，取消 1 项，特定区域享受市级全部权限。

表 33　　石家庄市 2013 年衔接落实国务院和省政府取消下放行政审批项目目录

序号	原实施机关	项目名称	设定依据	类别	下放后实施部门	备注
1	税务机关	对纳税人申报方式的核准	《中华人民共和国税收征收管理办法实施细则》(国务院令第 362 号)			取消
2	国家发展改革委	企业投资在非主要河流上建设的水电站项目核准	《国务院关于投资体制改革的决定》(国发〔2004〕20 号)		市、省直管县、扩权县政府投资主管部门	
3	国家发展改革委	非跨设区市(直管县)企业投资330千伏及以下电压等级的交流电网工程项目核准	《国务院关于投资体制改革的决定》(国发〔2004〕20 号)		市、省直管县、扩权县政府投资主管部门	
4	国家发展改革委	35千伏及以下电压等级接入电网的企业投资风电站项目核准	《国务院关于投资体制改革的决定》(国发〔2004〕20 号)		市、省直管县、扩权县政府投资主管部门	
5	体育总局	经营高危险性体育项目许可	《全民健身条例》(国务院令第 560 号)		市体育行政主管部门	
6	省发展改革委	农产品批发市场国债项目信息系统建设验收	《国家发改委办公厅关于印发〈农产品批发市场国债项目信息系统建设验收要求〉等有关文件的通知》(发改办经贸〔2005〕438 号)	行政监管	市、省直管县、扩权县发展改革部门	
7	省公安厅	影响交通安全的道路施工许可	《中华人民共和国道路交通安全法》、《河北省实施〈中华人民共和国道路交通安全法〉办法》	行政许可	市公安交通管理局	
8	省公安厅	内地公民前往港澳定居通行证核发	《中国公民因私事往来香港地区或者澳门地区的暂行管理办法》(1986 年 12 月 3 日国务院批准,1986 年 12 月 25 日公安部发布)	行政许可	市公安机关	
9	省国土资源厅	矿泉水年检	《关于进一步加强地热、矿泉水资源管理的通知》(国土资发〔2002〕414 号)、《关于开展矿泉水注册登记工作的通知》(国土资发〔2003〕327 号)	行政监管	市、省直管县、扩权县国土资源局	
10	省国土资源厅	矿产资源勘查年检	《国土资源部关于进一步加强矿产资源勘查年度检查的通知》(国土资发〔2010〕180 号)	行政监管	市、省直管县、扩权县国土资源局	
11	省农业厅	绿色食品企业年检	《绿色食品标志管理办法》(农业部令〔2012〕6 号)、《河北省绿色食品企业年检工作实施办法(试行)》(冀绿办〔2010〕9 号)	行政监管	市绿色食品办公室	
12	省商务厅	特许经营活动备案	《商业特许经营管理条例》(国务院令第 485 号)	行政监管	市商务部门	

（续表）

序号	原实施机关	项目名称	设定依据	类别	下放后实施部门	备注
13	省安全监管局	煤矿技改设计审批	《河北省人民政府办公厅转发省安监局省国土资源厅河北煤矿安全监察局关于贯彻落实〈冀政〔2005〕20号文件〉中有关问题意见的通知》（办字〔2005〕109号）	非行政许可审批	市安全监管部门	
14	省食品药品监督管理局	医用分子筛制氧机使用备案	《关于医用氧气管理问题的通知》（国食药监办144号）、《关于医用分子筛变压吸附法制氧相关问题的批复》（国食药监械〔2006〕5号）	非行政许可审批	市食品药品监督管理部门	
15	省工商局	外商投资广告企业项目审批	《国务院对确需保留的行政审批项目设定行政许可的决定》（国务院令第412号）	行政许可	市、县（市、区）工商局分级审批，市工商局登记的由市工商局审批，县（市、区）登记的由县（市、区）审批	
16	省工商局	外商投资广告企业设立分支机构项目审批	《国务院对确需保留的行政审批项目设定行政许可的决定》（国务院令第412号）	行政许可	市、县（市、区）工商局分级审批，市工商局登记的由市工商局审批，县（市、区）登记的由县（市、区）审批	
17	省发展改革委	接入10千伏以上电压等级的分布式光伏发电项目核准	《河北省人民政府关于省政府机构设置的通知》（冀政办〔2009〕46号）、《可再生能源发电有关管理规定》（发改能源〔2006〕13号）、国家电网公司《关于做好分布式电源并网服务工作的意见》	非行政许可审批	县（市、区）发展改革部门	
18	省公安厅	机动车运输超限不可解体物品通行许可	《中华人民共和国道路交通安全法》、《机动车运输超限不可解物品通行许可证件管理办法》（冀公交〔2006〕215号）	行政许可	县交警大队	
19	省公安厅	机动车辆通行证核发	《中华人民共和国道路交通安全法》、《河北省实施〈中华人民共和国道路交通安全法〉办法》	行政许可	县交警大队	
20	省农业厅	甘草和麻黄草采集证	《草原法》、《甘草和麻黄草采集管理办法》	行政许可	县（市、区）草原行政主管部门	
21	省农业厅	捕捞许可证年度审验	《渔业捕捞许可证管理规定》（2002年8月23日农业部令第19号发布，自2002年12月1日起施行；2004年7月1日农业部令第38号修订）	行政监管	县（市、区）渔业行政主管部门	
22	省农业厅	审查认可农业转基因生物标识	《农业转基因生物标识管理办法》（农业部令第10号，2004年7月1日农业部令第38号修订）、《河北省农业厅关于规范农业转基因生物安全管理工作的通知》（冀农科发〔2004〕10号）	行政监管	县（市、区）农业部门	

（续表）

序号	原实施机关	项目名称	设定依据	类别	下放后实施部门	备注
23	省文化厅	设立、变更互联网上网服务营业场所经营单位审批	《互联网上网服务营业场所管理条例》（国务院令第363号）	行政许可	县（市、区）文化行政主管部门	
24	省安全监管局	危险化学品经营许可证核发	《危险化学品安全管理条例》（国务院令第344号）	行政许可	县（市、区）安全监管部门	
25	省气象局	大气环境影响评价使用气象资料审查	《中华人民共和国气象法》	行政许可	县（市、区）气象主管部门	
26	县级以上地震工作主管部门	地震应急预案的备案	《中华人民共和国防震减灾法》	行政监管	县（市、区）地震主管部门	

（市政府办公厅）

【出台《行政机关限时办结制度》】 11月12日，市政府印发《石家庄市行政机关限时办结制度》。主要内容：行政管理相对人申请办理事项，行政机关应在法律、法规、规章规定时限或承诺时限内办结予以答复。行政机关要编制办理事项流程时限表并向社会公布，对违反办结时限制度的，除追究责任外，实行公开曝光。明确规范行政许可、非行政许可审批、行政监管等事项在受理、审查、决定、送达、延期等环节的办理时限。依法由同级2个以上部门共同办理的事项，整体办理时限不得超过45个工作日；45个工作日内不能办结的，经本级人民政府负责人批准，可延长15个工作日。事项办结后，应在10个工作日内向行政管理相对人颁发、送达文书、证件。行政机关要编制《办理事项流程时限表》、《多层级办理事项流程时限表》、《多部门办理事项流程时限表》，明确办理事项、设定依据、办理条件、办理所需提交申请材料、办理机构、责任岗位、办理流程、办理时限和监督电话，并在办公场所和政府门户网站向社会公布。明确应受理而不在规定期限内受理的；超过规定时限或承诺时限办结的；超过规定时限或承诺时限，并无法定事由而作出延期办理决定的；承诺当场办结而不当场办结的；不当场书面一次告知所需补正文件、材料等10种违反限时办结制行为，依照《石家庄市机关工作人员损害发展环境行为责任追究暂行办法》追究单位和人员的责任，并公开曝光典型案例。

【重点领域政府信息公开】 2013年10月，市政府办公厅下发《关于做好重点领域政府信息公开工作的通知》，提出加强推进行政审批信息、保障性住房信息、财政预算决算和“三公”经费等9个重点领域政府信息公开，除少数按保密规定不宜公开的部门外，市级部门在2014年全面公开“三公”经费总额和分项数额，公开车辆购置数量及保有量、因公出国（境）团组数量及人数、公务接待等情况，并做好“三公”经费的解释说明。行政审批信息公开：重点公开涉及人民群众切身利益、需要社会公众广泛知晓或参与的行政审批项目审批过程、审批结果等。保障性住房信息公开：按要求公开保障性安居工程建设、分配和退出信息；公开外来务工人员纳入石家庄市住房保障范围的政策措施和实施情况。食品药品安全信息公开：重点围绕婴幼儿配方乳粉、乳制品、保健食品等公众关注的问题，公开重点治理整顿信息等。建立食品药品违法违规企业“黑名单”公开制度。环境保护信息公开：推进地表水水质自动检测数据信息公开，加大城市集中式饮用水水源地水质状况等信息公开力度；指导全市环保部门实行环评受理、审批和验收全过程公开；加强全市主要污染物排放情况信息公开；加大环境污染治理政策措施的信息公开力度等。安全生产信息公开：除依法应当保密的内容外，2014年负责事故调查的各级政府要分级实现重大、较大和一般事故调查报告公开，及时发布可能引发事故灾难的自然灾害风险信息和重大隐患预警信息。同时，对价格和收费信息公开、征地拆迁信息公开、以教育为重点的公共企事业单位信息公开提出具体要求。

（戴丽丽）

【生态环境治理】 至2013年底，石家庄市区煤炭用量占到能源消费总量的85%，燃煤污染占到大气污染总量的53.4%；市区机动车保有量68.4万辆，平均每天52万辆机动车出行，每千米路面行驶机动车654辆；市区PM10污染物天数占到226天，PM10污染分担率达到41.2%。市区燃煤、尾气、扬尘污染成为主要污染来源。为改善生态环境，全市以壮士断腕的决心和勇气，强力组织实施了“蓝天碧水”工程、大气污染防治攻坚行动，坚决遏制生态环境的恶化态势。全市采取压煤、降尘、控车、迁企、减排、增绿等系列措施治理大气污染，2013年投入资金115亿元，其中财政资金近30亿元，拉动社会资金85亿元。2013年市区集中拆改分散燃煤锅炉274台，取缔关停洗煤厂、储煤场1244家，削减燃煤310万吨；整治市区施工工地592个，爆破拆除水泥企业18家、水泥磨机19台，压减水泥产能940万吨，淘汰黄标车9.8万辆。2013年石家庄市6次启动重污染天气应急响应，2次对工作后进单位负责人进行诫勉谈话。专门组建环保警察队伍，侦办查处环境违法案件68起，依法查处环境违法犯罪人员111名，办理行政处罚案件700余起。2013年全市新增造林60万亩，新建和提升市区绿地672万平方米。同时，全市集中人力、物力、财力积极开展水污染治理，重点实施了洨河综合整治工程，实现了污染近50年的洨河重现碧水清流。到2013年底，石家庄市主城区PM2.5平均浓度比2013年上半年下降8.7%。

（王静）

【人大代表建议和政协提案办理】 全年办理省市人大代表建议、政协提案1138件。其中省建议、提案46件；市建议389件，提案703件。按时办结率和答复函规范化率均达到100%，人大代表、政协委员所提问题得到解决和基本解决比例达到51%，走访率达到91%，满意率达到98%。2013年市政府提案承办工作被河北省人大、省政府、省政协评为承办工作先进单位。

【服务协调】 以打造服务窗口第一品牌为目标，在创新服务机制、拓展服务领域、强化服务效果、打造服务平台上下功夫，全面提升队伍政治和业务素质。发挥畅通社情民意渠道、为群众排忧解难、服务省直驻军等方面作用，提升工作效率和服务质量。2013年市政府办公厅受理市民来电、来信及网上投诉47万余次（件），处解率98%；编发《市长公开电话日报》、《重要情况快报》、《周群众反映主要事项办理情况报告》371期；承办市领导批件222件，办结率100%；为省直机关、驻军单位协调解决事项39件，满意率100%。

（市政府办公厅）

人力资源和社会保障

【概况】 2013年，市人力资源和社会保障系统以民生为本、人才优先为主线，实施“六项工程”，深化“两项改革”，全力开展“效能提升年”活动。2013年全市城镇职工参加基本养老保险人数186.6万人，同比增加12.1万人。其中，参保在职职工人数141.7万人，增加9.3万人；参保离退休人数44.9万人，增加2.8万人。全市城乡居民养老保险参保人数达到380.4万人。全市城镇参加基本医疗保险人数276.5万人，同比增加7.3万人。其中，城镇职工参保人数135.9万人，同比增加1.3万人；城镇居民参保人数140.6万人，同比增加6.0万人。新农合筹资标准由290元提高到340元，参合率达到97.6%；率先在全省实施城乡居民大病保险，城镇和农村居民最高补偿额分别达到30万元和25万元。年末全市参加失业保险人数90.2万人，同比增加0.3万人；工伤保险人数124.1万人，同比增加9.2万人；生育保险人数130.7万人，同比增加0.5万人。企业退休人员基本养老金连续9年提高，人均每月达到1723元。2013年全市城镇新增就业10.7万人，完成全年任务指标108.3%；农村劳动力转移就业6万人，完成全年任务指标105.3%；城镇登记失业率3.75%，同比下降0.01个百分点。2013年全市共有石家庄市生源高校毕业生6.1万人，回石家庄市51379人，实现就业50294人，就业率达到97.9%，登记失业率为零。2013年全市组织2.2万人参加创业培训；为农民工追缴工资3.9亿元。11月7日，中央电视台7频道“致富经”栏目，以“创业中国”为题播出石家庄市全民创业工作典型做法和事迹。12月26日，在全国人力资源和社会保障工作会议暨优质服务窗口表彰大会上，市劳动就业服务局就业服务大厅获得2011—2013年度全国人力资源和社会保障系统优质服务窗口称号。

【创业就业工程】 提升创业服务水平，完善创业项目、政策咨询、开业指导、融资服务、跟踪扶持等“一条龙”创业服务。开展创业服务进高校、进社区、进军营和乡下行活动，举办石家庄市首届大学生创业营销能力大赛，激发全民创业热情。加大小额担保贴息贷款力度，2013年全市发放小额担保贴息贷款款7.9亿元，直接扶持创业1.9万人，间接带动就业3.7万人。开展创业培训，提高创业能力，全年创业培训2.2万人；新认定“市级定点创业孵化基地”4家，新入驻创业实体343户。强化就业服务，举办就业援助月、民营企业招聘周、就业服务月等系列公共就业服务专项活动。全年举办招聘会430多场，提供就业岗位30多万个。加强职业培训，全面实施职业培训促进就业计划。2013年全市职业培训参加人员20.1万人，完成全年目标任务100.5%。促进农村劳动力转移就业，开展“春风行动”，举办招聘会109场，提供就业岗位12.9万个。发挥行唐县、平山县等5个省级农村就业示范县辐射带动作用，做大做强“赵州亮嫂采摘队”、“西柏坡服务员”等特色劳务品牌，依靠生态农业、观光农业等特色项目，有效带动农村劳动力就近就地转移就业。

（市人力资源和社会保障局）

【出台《关于进一步促进普通高等学校毕业生就业创业工作的实施意见》】 10月21日，石家庄市下发《关于进一步促进普通高等学校毕业生就业创业工作的实施意见》。主要内容包括：2013年起，毕业年度内高校毕业生年底前到中小微企业就业，签订1年以上期限劳动合同、缴纳社会保险费并在各级公共就业服务机构办理就业登记的，给予每人2000元的一次性就业补助。鼓励企业吸纳高校毕业生，中小微型企业在新增岗位中当年招用毕业2年内高校毕业生，与其签订1年以上期限劳动合同并按规定缴纳社会保险费，按每招用1名高校毕业生1000元标准给予一次性新增就业补贴；同时给予相应劳动合同期限社会保险补贴，社会保险补贴期限最长不超过3年；大型企业（国有企业除外）接收毕业2年内高校毕业生，签订1年以上期限劳动合同并按规定缴纳社会保险费，按每接收1名高校毕业生1000元标准给予一次性就业补助。毕业2年内高校毕业生自主创业，可申请不超过20万元的小额担保贴息贷款。高校毕业生在毕业2年内自主创业，初次领取营业执照并稳定经营6个月以上的，可给予每人10000元的一次性创业补助。享受城乡居民最低生活保障家庭的毕业年度内高校毕业生，给予一次性求职补贴，补贴标准为每人1000元。统筹实施基层服务项目，继续组织“大学生村官”、“特岗教师”、“三支一扶”和“大学生村医”等基层项目，规范岗位管理，健全保障机制，落实和完善生活补贴、社会保险、期满就业服务等政策，促进服务期满人员就业创业。市县乡招考公务员和事业单位有职位空缺补充人员时，拿出一定比例定向招录（聘）基层服务项目期满考核合格的高校毕业生。

（王静）

【高校毕业生登记失业率连续3年为零】 2013年全国有大中专毕业生699万，其中河北省35.5万人。2013年全市共有石家庄市生源高校毕业生6.1万人，回石家庄市51379人，实现就业50294人，就业率达到97.9%，登记失业率为零。2013年全市实施宽松就业政策，促进高校毕业生等重点人群就业。全年举办高校毕业生和用人单位供需对接招聘会600场以上，做到所有申请求职登记的毕业生都能及时得到推荐的就业岗位。鼓励大中专学生通过创业实现就业。2013年起，全市将创业培训和技能培训补贴政策期限从毕业年度调整为毕业学年；技能培训补贴标准上调为每课时5元至8元；参加职业技能培训，通过初次职业技能鉴定并取得职业资格证书或专项职业能力证书的，按规定给予职业技能鉴定补贴。创建高校毕业生创业园支持孵化创业。所有进入园区的创业项目，给予办公场所免租金、行政事业性收费免缴和其他税收方面优惠政策，期限3年。认定一批有条件的企业为高校毕业生创业实训基地。规定基地安排有创业意愿和能力的高校毕业生开展不超过6个月的创业实训，每接收一位符合条件的高校毕业生，政府按每人每月200元标准给予实训补贴。加强毕业生实名制信息管理，实时跟踪就业状态，对1162名申请求职登记的毕业生及时推荐就业岗位。拓展就业空间，发挥岗位信息员作用，广泛征集就业岗位，确保就业岗位满足毕业生择业需求。2013年全市征集就业岗位9.3万个。实施“三支一扶”计划和“大学生村医”基层服务项目，招募志愿者153人，开发社区（乡镇）基层管理岗位488个。创新政策措施，制定《关于进一步促进普通高等学校毕业生就业创业工作的实施意见》，设立3000万元高校毕业生就业创业专项资金，出台26条优惠政策，鼓励高校毕业生到中小微企业和城乡基层就业创业。强化就业服务，开展以岗位招聘进校园、创业扶持进校园、政策宣传进校园为主要内容的“高校毕业生就业指导服务进校园”活动和“高校毕业生就业招聘攻坚行动”。开展摸底调查，及时掌握困难家庭高校毕业生求职状况，开展“一对一”重点帮扶。开辟困难家庭高校毕业生24小时就业绿色通道，确保24小时内实现就业。至2013年底，石家庄市高校毕业生登记失业率连续3年为零。

（李云萍）

【完善社会保障体系】 落实企业养老保险政策。根据河北省出台的《社会保险法》实施前企业职工补缴政策，对符合条件的15039人办理补缴手续，补缴金额4.5亿元。有序推进城镇基本医疗保险市级统筹。按照《石家庄市城镇基本医疗保险市级统筹实施方案》，将平山县、晋州市、新乐市、赵县纳入市级统筹。制定《石家庄市城镇居民大病保险实施细则》，开展城镇居民大病保险试点。推进社会保险扩面工作，将企业养老保险扩面人数列入政府考核约束性指标；推进城中村居民参保，将3个村1306名城中村居民纳入企业职工基本养老保险统筹范围，财政补贴资金3200万元。采取有效激励措施，鼓励高校组织大学生参加城镇居民医疗保险。开展促进中小微企业参加工伤保险“春雨行动”，推进事业单位工伤保险全覆盖。2013年全市城镇职工基本养老保险参保人数达到186.6万人；城镇基本医疗保险参保人数达到276.6万人；工伤保险参保人数达到124.2万人；失业保险参保人数达到90.2万人；生育保险参保人数达到130.7万人；城乡居民养老保险参保人数达到382.8万人。2013年全市各项社会保险均完成或超额完成全年任务目标。稳步提高社会保险待遇，连续9年调整提高企业退休人员基本养老金，调整后月人均养老金达到1723元。2013年全市城镇居民基本医疗保险和大病保险最高支付限额达到30万元。加强社保基金监管，建立健全养老金防冒领机制，累计追回137人超支冒领养老金91.8万元。加大医疗保险“两定点”监管力度，11月1～30日，市医疗保险管理部门组织检查市区331家定点医疗机构服务协议履行、医保基金支付和使用情况，处理违规定点医疗机构25家。加快社会保障卡发放和使用，2013年全市社会保障卡采集信息432万人，制卡356万张，发卡234万张，超额完成年度发卡任务，并在医保业务中正式启用。

（市人力资源和社会保障局）

【与62家医疗服务机构签订工伤保险协议】 2013年石家庄市与62家医疗机构、辅助器具配置机构签订《工伤保险医疗服务协议书》、《工伤职工辅助器具配置协议书》和《工伤保险康复定点机构协议书》。其中市区协议医疗机构24家，分别是河北医科大学第一医院、河北医科大学第三医院、中国人民解放军白求恩国际和平医院、中国人民武装警察部队河北省总队医院、中国人民解放军第二六零医院、市第一医院、市第二医院、市第三医院、市妇幼保健院（市六院）、市第八医院、市中心医院、市职业病防治院、石家庄心脑血管医院、河北以岭医院、石家庄友谊烧伤医院、石家庄霍文发中医骨科医院、河北友爱医院、石家庄长城中西医结合医院、石家庄平安医院、石家庄石炼医院、石家庄眼科医院、中国人民解放军白求恩国际和平医院256临床部、德林义肢矫型器（北京）有限公司石家庄分公司、英中耐假肢矫型器石家庄分公司

（王静）

【人才工程】 成功举办第六届高级人才洽谈会，吸引各类高级人才到石家庄市创业。发挥专家队伍服务作用，开展“百名专家服务基层活动”。全年引进各类人才2.5万人，其中高层次人才812人（博士51人，硕士761人）。完成外国专家项目22个，聘请外国专家21名。新增享受国务院特殊津贴专家6名，获评“河北省三三三人才工程”人选75名，派遣优秀专家出国培训11名。新建博士后科研工作站2家，博士后创新实践基地4家，年末石家庄市博士后科研工作站达到8家，博士后创新实践基地达到7家。加强高技能人才培养，出台《石家庄市开展技能振兴专项活动实施方案》，启动石家庄市技能振兴活动。2013年全

市新培养高级工1.3万人，技师、高级技师1552人。完善人才评价机制，规范职称管理，新组建中级职称评委会8个，申报高、中、初级专业技术职务任职资格1.4万人，发放各类考试资格证书4.7万多册。

【公务员管理】 完善公务员制度，将各单位轮岗竞争上岗工作开展情况纳入科级职务备案审查内容。改进工作方法，推进公务员登记管理软件应用。完成市级劳动教养机关215名警察职务套改。加强公务员考录管理，完成2013年省市县乡四级联考，全市共有2.06万人参加考试，最终录用到岗673名。完善公务员考核机制，印发《关于加强公务员平时考核工作的方案》(石人社字〔2012〕47号)。开展第八届全国“人民满意的公务员”和“人民满意的公务员集体”评选推荐活动。加强公务员培训，以能力建设为重点,举办科级公务员任职培训班7期、着力改善生态环境专题研讨班1期。创新公务员培训模式，开展“送课堂到机关”活动,解决了部分县(市)区公务员培训师资力量不足问题。

【稳定劳动关系】 实施劳动用工备案，开展“企事业单位劳动规章制度规范年”活动和小企业劳动合同制度专项行动，建立统一完整的劳动用工备案信息数据库，率先在全省建成劳动用工网上备案及联网核查。2013年全市6715户企业纳入到劳动用工备案系统，备案职工54万人。加大劳动监察执法力度，开展清理整顿人力资源市场秩序、就业准入制度、农民工工资支付、整治非法用工和社会保险4项专项监察活动，督促补签劳动合同3.4万份，为1万人补缴社会保险费616万元，为3.6万名劳动者追讨工资3.9亿元。4月22日，国家人力资源和社会保障部在石家庄市召开全国劳动监察执法监督信息系统开发工作座谈会，对市劳动保障监察“两网化”建设给予肯定。完善劳动争议仲裁，全年受理劳动争议案件3057件，接待来信来访7836批次，处理群众来信710件，受理和承办各类信访事项359件，均做到及时反馈和妥善处理。

【人事制度管理】 人事计划管理按照“统一管理、计划先行”原则，从计划管理入手，深化机关事业单位人员规范化管理。严格事业单位人员聘用岗位设置，完成市直事业单位专业技术人员职务分级及“双肩挑”人员审批。推行公开招聘制度，2013年全市事业单位公开招聘录用工作人员1260人。率先在全省开发事业单位人事管理信息系统，提高管理水平和服务效率。做好军转安置，圆满完成2013年度427名计划分配军转干部安置培训任务，共向1400多名自主择业转业干部发放退役金6000多万元。

【工资制度改革】 规范工资集体协商，市人力资源和社会保障局、市总工会、市企业家协会、市工商业联合会、市国资委联合制定出台《石家庄市协调劳动关系三方会议制度》。开展企业工资集体协商百日行动，2013年全市建立工资集体协商制度企业2.2万家，建制率达到92%。深化事业单位工资制度改革，建立、完善绩效工资分类管理和动态调控机制。适当提高8所收入水平较高医院绩效工资总量水平，解决了市属22所重点中学和中高等院校实际收入下降问题。建立机关事业单位工资管理信息系统，率先在全省实现工资管理网上“智能化”审核。深化公务员收入分配制度改革，推动干部职务与级别并行制度，建立企业薪酬和公务员工资水平调查制度。完成机关公务员津补贴水平调查摸底、第三次企业薪酬和公务员工资水平试调查工作。

(市人力资源和社会保障局)

法制工作

【概况】 2013年，全市法制工作以“全面推进依法行政、努力建设法治政府”为目标，落实国务院《全面推进依法行政实施纲要》、《关于加强市县政府依法行政的决定》和《关于加强法治政府建设的意见》，增强领导干部依法行政能力，深化行政审批制度改革，提高制度建设质量，推进严格规范公正文明执法，有效化解矛盾纠纷，确保了政府决策合法有效。提高法治思维和法治能力，制定《市政府领导2013年度学法计划》，将法律法规知识学习作为提高领导干部运用法治思维和法治方式推动工作能力的重要举措。举办学法和法制专题讲座，2013年市政府领导在政府常务会前集中学习了《中共中央关于全面深化改革若干重大问题的决定》、《大气污染防治法》、《水污染防治法》和《关于进一步加强作风建设的若干规定》等政策法律法规。在“解放思想、改革开放、创新驱动、科学发展”大讨论活动中，围绕“如何以法治思维和法治方式促进科学发展”主题，邀请中国政法大学教授王敬波为全市科级以上领导干部作了依法行政知识专题讲座。

【依法行政】 2013年5月新一届政府换届成立，2013年6月制定出台《石家庄市第十三届人民政府工作规则》，专题部署市政府及其部门全面推进依法行政工作，强调工作原则和主要任务，明确政府法制机构在全面推进依法行政工作中的职责和作用。围绕到2020年基本建成法治政府目标，市政府在总结依法行政工作取得的成绩、经验和分析存在的薄弱环节、突出问题基础上，结合实际，印发《石家庄市2013年度依法行政工作安排意见》，重点安排行政立法、行政审批制度改革、行政效能提升和规范行政执法、优化发展环境等7个方面21项工作，明确责任单位、任务目标和时限要求。落实评议考核，将评议考核作为推进依法行政工作重要抓手，列入党政领导班子和领导干部综合考核评价体系。2013年11月中旬，市依法行政工作领导小组牵头，邀请市人大、市政协、市委考核办，分6个组评议考核了县（市）区政府和43个市直执法部门。2013年石家庄市依法行政工作在省政府年度考核中获评优秀等次，受到通报表彰。

【行政审批事项精简】 贯彻落实省市着力改善“两个环境”要求，制定出台《进一步深化行政审批制度改革的八项措施》。按照精简下放后“社会管理不失范、行业监管得到加强、有利于经济社会发展”原则，衔接落实国务院和省政府取消下放审批项目，大力精简下放、调整合并和委托实施行政审批事项，市本级审批事项从190项削简到87项，在全国省会城市中最少。全面清理和规范行政审批前置条件，将行政审批前置条件实行统一格式化管理，共削减前置条件569项。全面优化审批流程，对42个重点部门和单位审批流程进行优化再造。实施职能整合，按照“应进必进”要求，各部门行政审批事项集中到行政服务中心办公，推行部门主要领导“周坐班”、首席代表负责、“零障碍”服务全程协办、行政审批专用章等制度，变窗口受理为窗口办理，实现窗口即办件率超过50%，限时办结率达到100%。

【行政决策法治化建设】 推进行政决策科学化、民主化、法治化，在行政决策合法有效上下功夫，将公众参与、专家论证、风险评估、合法性审查、集体讨论决定变成全市各级领导干部行政决策的自觉行动，基本做到未经合法性审查或者经审查不合法的，不提交会议讨论、作出决策。2013年围绕大气污染治理等重点、难点工作，市政府研究出台《空气重污染日预警应急方案》、《关于限制黄标车和无标车通行的通告》等一系列决策部署，均严格按照程序由法制部门进行法律审查、把关，邀请专家论证和风险评估，并通过政府网站、新闻媒体公开征求群众意见，最后由市政府常务会议集体研究决定。将公开听证作为重大决策必经程序。2013年在“关于调整市区客运出租汽车运价”决策中，市政府有关部门按规定程序完成成本监审、专家论证、风险评估、法律审查工作后，根据《价格法》和《政府制定价格听证办法》规定，启动公开听证程序，2次向社会发布听证公告，开通征询意见、建议电子邮箱，共收到各类意见、建议472份；听证结束后，及时向社会公布听证会内容、结果和社会意见、建议采纳情况，最大限度地维护经营者和消费者利益，确保了市区客运出租车运价调整平稳顺利实施。

【重点领域立法】 围绕全市中心和重点工作，制定《2013年度立法工作计划》，把加强环境保护、治理大气污染、推进城乡建设、保障改善民生等方面制度建设作为重点。全年向市人大常委会提交地方性法规草案3件，制定出台政府规章4件。2013年防治大气污染，改善大气环境质量，促进经济和社会全面可持续发展，制定出台《石家庄市大气污染防治管理办法》、《石家庄市建设工程施工现场扬尘污染防治办法》；保护水源、防治水源污染和科学合理利用水资源，向市人大常委会提交《石家庄市市区生活饮用水地下水源污染防治条例（草案）》、《石家庄市城市排水管理条例（草案）》；加强城乡规划管理，提高城乡规划科学性、权威性，向市人大常委会提交《石家庄市城乡规划条例（草案）》；规范轨道交通建设管理，保障轨道交通建设顺利进行，制定出台《石家庄市轨道交通建设管理办法》；规范知名商标认定，保护知名商标所有人和消费者合法权益，制定出台《石家庄市知名商标认定和保护办法》。

【规范性文件管理】 落实《河北省规范性文件制定规定》，上报省政府法制办公室备案市政府规章4件、市政府及办公厅规范性文件23件。加强市直部门规范性文件前置合法性审查，前置审查市政府部门规范性文件41件，同意印发31件，提出修改意见24件。加强县级政府规范性文件备案管理，备案审查县（市）区政府规范性文件16件。开展规范性文件检查，组织查阅市直各部门规范性文件4080件，纠正、处理未及时报送备案审查规范性文件4件。集中清理涉及行政许可事项规范性文件，全年市政府各部门修改规范性文件13件，废止45件，依法保留302件。

【法制监督】 以推进严格规范公正文明执法为目标，完善政府法制监督机制和方式方法，规范行政执法行为。继市本级及市内五区实施相对集中行政处罚权后，平山县、藁城市等16个县（市）全面启动城市管理领域相对集中行政处罚权工作。印发《关于加强执法监督检查提高执法水平的八项措施》，由市监察局、市法制办公室（简称法制办）牵头，成立“行政执法监督检查办公室”，完善执法资格管理、执法标准化建设、执法全程录像、执法评议考核、执法责任追究等制度规范。借助信息化手段，依托市政府电子政务网络，初步建成覆盖市政府各执法部门和所有行政执法人员的行政执法监督信息平台，公众通过该平台可对全市行政执法工作和执法人员进行监督、评议。开展案卷评查，2013年抽查全市42个行政执法部门已办结一般程序行政处罚案卷，通报了行政处罚中法律适用不当、处罚程序不完善、文书制作不规范等问题。落实自由裁量基准制度，印发《关于健全和完善行政处罚自由裁量基准制度的通知》，2013年各执法部门结合执法标准化，修订完善了本部门自由裁量基准制度有关内容。加强重大行政处罚案件备案审查，审查备案市建设局等部门作出228件重大行政处罚案件，规范了重大行政处罚行为。严格行政执法人员管理，以行政执法资格年检为契机，结合实际，简化培训形式，组织市直各部门8663名行政执法人员参加法律知识考试，提升了行政执法人员法律素养和执法水平。

【行政复议】 贯彻落实《行政复议法》及其实施条例，依法公正办理行政复议案件，促进依法行政。全年收到行政复议申请192件，依法受理并办结165件。其中，维持原具体行政行为38件；撤销原具体行政行为3件；责令履行6件；驳回11件；终止及其他处理107件。推行书面审查和实地调查结合措施，尽力将实地调查过程作为法制宣传教育、有效化解矛盾、树立政府亲民形象过程，特别是宅基地纠纷、土地确权和房屋征收案件，全部通过实地调查、现场勘验把握案情，确保依法公正作出复议决定。一些情况复杂、争议较大案件，采用听证方式当面审查，全面听取各方意见，并集体会审作出复议决定。2013年全市举行行政复议听证6次，集体会审8次。将调解、和解作为快速便捷化解矛盾纠纷的重要方式，一些案情简单、争议不大的复议案件，尽力运用调解、和解手段，灵活办案，做到案结事了。全年已办结行政复议案件有69%通过及时开展调解、和解工作，复议各方达成一致意见，化解了矛盾纠纷。创新行政复议工作方式，市公安局搭建网上行政复议受理平台，建立行政复议案件快速处理机制，收案、受理、审理、决定、送达5个环节全面提速；市人社局、质监局、建设局、国土资源局等部门，邀请专家学者参与一些专业性强、疑难复杂案件审理，听取专业人员意见，增强了行政复议透明度，提高了行政复议社会公信力。

【调解应诉】 成立以市政府主管领导任组长的行政调解工作领导小组，明确各部门行政调解职能和工作任务。2013年市政府部门受理各类矛盾纠纷2200余件，调处解决1900余件。开展行政应诉，完善行政应诉流程，严格办理人民法院受理行政诉讼和省政府受理行政复议案件，积极组织、协调政府及其部门出庭应诉、答辩。全年共办理行政应诉和行政复议答复案件43件，其中一审17件、二审19件、再审1件、复议答复6件。加强与审判机关、复议机关沟通和联系，全力配合审判机关、复议机关调解工作，促成部分涉法涉诉案件撤诉、息诉、妥善处理，促进了社会和谐稳定。

（刘军）

民族宗教

【概况】 2013年，全市民族宗教工作以贯彻落实国家民族宗教政策为核心，围绕抓好基层、夯实基础、突出重点、敢于担当工作思路，稳妥解决多起民族宗教方面遗留多年矛盾隐患，推进了民族经济和社会事业发展。结合实际，分2批完成基督教传道员认定备案。开展宗教系统财务摸底统计，举办全市宗教系统财务统计培训班，编写《财务统计软件部门程序使用说明》，邀请河北省统计局专业人员进行讲解和培训。规范宗教界财务管理，清查宗教团体、宗教活动场所资产和财务底数。2013年全市在宗教系统财务统计中，针对财务统计与场所登记衔接不到位问题，统一规范了《宗教活动场所登记证》编号，解决了宗教活动场所无法开立单位银行账户问题。开展清真食品生产经营企业情况调查、少数民族流动人口情况专项调查和建国以来在党委、政府、人大、政协及共青团、妇联组织任职少数民族情况调查，完成2013年度民族统计工作和民族乡干部信息统计。参加全省少数民族传统体育项目毽球、板鞋竞速单项比赛，其中，毽球比赛获得男团第一、男双第二、女团和混双第三的好成绩；板鞋竞速比赛获得7个竞赛项目全部金牌。12月21日，市伊斯兰教协会第五次代表大会召开，选举产生以康瑞峰阿訇为会长新一届领导班子。至2013年底，全市共有民族乡3个，民族村17个；宗教种类包括佛教、道教、伊斯兰教、天主教、基督教5种；宗教活动场所510处；信仰宗教教职人员及群众近36.1万人，占全市总人口3.5%。

【民族团结宣传教育活动】 与省民族宗教厅联合，在市区人口比较密集地新华路启动全省第4个民族团结进步宣传月活动。在《中国民族报》开辟专版，宣传近年石家庄市民族工作取得的成绩。参加国家民族事务委员会举办的全国民族政策法规有奖知识竞赛。开展城市民族团结和谐社区创建活动，推动少数民族专项资金向重点社区倾斜，打造培育精品和谐社区样板。2013年市伊斯兰教协会向全市穆斯林发出《倡议书》，号召遵守国家法律，遵守教规教义，合法经营，诚实守信，实现清真食品监管取得实效。

【发展民族乡村经济】 检查督导创建民族工作示范村、民族特色村寨活动，优化创建目标，量化阶段任务，细化具体项目，增强创建后劲。争取专项资金支持，推进民族经济发展。全年争取省以上少数民族专项资金330万元，较2012年增加85万元，重点支持11个县（市）区19个项目；市本级下达2013年度少数民族专项资金70万元，重点扶持4个县（市）区9个项目。2013年4家民贸民品企业享受优惠利率贷款20亿元，享受财政贴息额2025万元，完成销售收入23亿元。

【开展教风建设年活动】 制定出台《教风建设年实施方案》，明确指导思想、工作标准、方法步骤、验收要求，及时督导召开专题调度会。贯彻落实国家宗教事务局等十部门《关于处理涉及佛教寺庙、道教宫观管理有关问题的意见》及河北省民族宗教厅《关于筹备其他固定处所的规定（暂行）》、《关于制止乱建寺观滥塑露天佛像和借教敛财的通知》，强化宗教工作日常管理，摸清

2013年12月21日，市委常委、统战部长毛全球（中）会见新当选伊斯兰教协会会长康瑞峰（右）

底数，排查问题，杜绝了宗教搭台、经济唱戏、宗教场所被承包、借机敛财等违规问题的发生。

【化解民族宗教领域矛盾】 推进宗教团体组织建设，完成市道教协会和市伊斯兰教协会换届。桥东区清真东寺遗留8年问题妥善解决，筹集迁建清真东寺建设资金3700万元。稳妥处置桥西区大谈基督教堂房产纠纷，按照职责分工，部门协作，做好市基督教两会工作，指导桥西区、新华区化解矛盾纠纷，处置突发事件，有效控制不和谐局面和事态，较好解决了存在13年的矛盾问题，维护了社会稳定。开展宗教工作应急管理建设、宗教活动场所规范管理与设立、道教教职人员发展快等10余个方面调研。市委统战部、市民族宗教局联合召开城区宗教工作座谈会，探索城区宗教管理机制。开展“大排查、大调处、大帮扶”活动，落实民族宗教“零报告”、“双值班”、“24小时值班”制度。加强县（市）区民族宗教矛盾排查，发挥县、乡、村、堂点4级网络作用，做到全方位、无缝隙管理。

【引导宗教界参与慈善公益事业】 贯彻落实国家和河北省关于鼓励、规范宗教界从事公益慈善活动的意见，引导成立石家庄市佛教慈善基金会。这是河北省首家由宗教界牵头注册成立的非公募基金会。该基金会成立后，积极开展救助孤寡老人、资助贫困乡村、向养老机构慰问等活动，捐助款物价值40余万元。2013年全市宗教界开展为困难群众送温暖献爱心、帮扶新农村建设捐款捐物合计近100万元。

（张建营　徐焕力）

2013年12月31日，石家庄市民族宗教事务局、石家庄市佛教慈善基金会举行向赞皇县黄连沟捐赠太阳能路灯善款仪式。左三为石家庄市民族宗教事务局局长哈宝伏

2013年12月16日，副市长张业（中）参加石家庄市道教协会第四次换届会议

外事侨务

【概况】 2013年，市外事侨务工作坚持为国家外交服务、为地方经济建设服务、为侨服务“三服务”方针，加强涉外管理，提高队伍素质，主动作为，攻坚克难，狠抓落实。积极利用外事侨务资源，提升服务水平，开展国际交往和交流活动。发挥优势，支持招商和交往交流活动，2013年在全市举办“第六届中国·石家庄（正定）国际小商品博览会”、“中国·廊坊国际经济贸易

洽谈会”、“第十八届中国北方旅游交易会”、“中国·石家庄第八届国际动漫博览交易会”、“第九届石家庄投资合作洽谈会”等重大招商引资活动中，完成邀请国际友好城市政府商务代表团和海外侨商参会及翻译任务。2013年12月，市人民对外友好协会召开2013年年会，在石家庄市工作15名外籍人士获授首届“石家庄市人民友好使者”称号。

【对外合作】 2013年瑞典法尔肯贝里市友好经济代表团到石家庄市，与市君乐宝乳业有限公司、北人集团洽谈乳制品合作事宜。津巴布韦西马绍纳兰省政府经济代表团到石家庄市，与市农机公司签署合作备忘录。日本长野市直富商事株式会社社长木下雅裕3次到石家庄市，商谈实施向赞皇县孤山村希望小学捐助活动；澳大利亚扶轮社4人到石家庄市访问，考察行唐县扶贫项目：投资35万元在行唐县口头镇荒山开发蓄水池、水窖建设项目；启动南龙岗小学图书馆项目和伤残儿童救治项目，向南龙岗小学捐赠一批图书，向10名聋哑儿童捐赠助听器。

（市外事办公室）

【赵州桥与罗斯曼廊桥缔结姊妹桥】 2013年11月，赵县与美国麦迪逊郡签署《中国河北省赵县赵州桥与美国艾奥瓦州麦迪逊郡罗斯曼廊桥缔结姊妹桥友好关系合作协议》。双方按照“自愿、平等、公正、双赢”原则，计划共建旅游信息平台、共同制定两地旅游联合营销政策、加强双方旅游行政管理部门联系、文物旅游资源保护等合作。赵州桥又名安济桥，始建于隋朝（公元595～605年），约有1400年历史，位于石家庄市区东南45千米赵县城南洨河上，全长64.4米，宽9.6米，跨径37.02米，因桥体全部用石料建成，俗称大石桥，由著名匠师李春设计建造，是世界上存在年代最久远、跨度最大、保存最完整的单孔坦弧敞肩石拱桥。河北民间将赵州桥与沧州铁狮子、定州开元寺塔、正定隆兴寺菩萨并称为“华北四宝”。赵州桥建筑结构独特，设计合乎科学原理，桥体雄伟壮观，被誉为“天下第一桥”。1991年，赵州桥被美国土木工程师学会认定为世界第十二处“国际土木工程历史古迹”，并赠送铜牌。罗斯曼廊桥始建于1883年，是当地农民人工建造的木质桥梁，与麦迪逊郡另外5座廊桥一起闻名世界。罗斯曼廊桥因1992年被罗伯特·詹姆斯·华乐写入小说，1995年被翻拍为电影《廊桥遗梦》闻名世界。

（郑亚丛　朱涛　王伟伟）

【对外交往】 按照出访带项目、接访搞洽谈对外交往方针，邀请接待了美国艾奥瓦州、韩国天安市、埃塞俄比亚德雷达瓦市、瑞典法尔肯贝里市等国际友好经济代表团到石家庄考察访问、洽谈合作，接待了埃塞俄比亚德雷达瓦市市长、芬兰驻华大使岚涛和阿曼驻华大使、美国艾奥瓦州州长等。2013年7月，美国西得梅因友城委员会主席马休·罗森一行2人到石家庄市参观访问，与市植物园、石家庄外国语学校等单位就园林、教育等事宜商谈交流。10月29日，韩国天安市（天安市与石家庄市是友好城市，两市于1997年8月缔结友好关系）议会代表团一行12人到石家庄考察访问；2013年11月，韩国忠清南道中小企业经贸洽谈会代表团到石家庄考察访问。2013年10月底，市长王亮带领石家庄市友好经贸代表团访问美国得梅因市，并参加河北省与美国艾奥瓦州结好30周年纪念活动。2013年4月，副市长王大军率团参加全国对外友好协会与波兰地方省市联合举办的第一届中波地方合作论坛以及第二届中国匈牙利友好城市大会经贸投资论坛。2013年7月，组织石家庄6名大学生参加韩国天安市建市50周年研讨会活动。还选派3名日语语言研修生到日本长野市参加为期6个月研修学习。

【为侨服务】 做好“四侨考生”考试加分照顾证明，共为57名符合条件“四侨考生”开具照顾加分证明。实施“侨爱工程”，开展“暖侨心”活动，深入8个县（市）区，慰问39户85名贫困归侨、10家侨资企业和46名侨界知名人士。指导石家庄外国语学校成功承办国家外事侨务办公室组织的“中国寻根之旅”夏令营活动。全年为4人出具申请廉租房身份认证和照顾证明，为2人开具华侨子女在石家庄就读证明，为1名归国华侨开具入住敬老院证明，为3名归国华侨办理退休生活补偿手续。选派2名归国华侨参加全国归侨培训班。2013年长安区青园街道办事处被国家外事侨务办公室评为“全国社区侨务工作示范单位”。

【外事管理】 精简公务出国审批流程，在网上公开流程、办理程序、材料表格等，优化审批环节，缩短办理时间。2013年全市审批办理各类因公出国（境）团组72批283人。其中，河北诚信公司等6家企业17人次申办APEC商务旅行卡；香港上市天山集团4人申办赴港工作签证和一年多次往返手续。办理因公出访团组护照、港澳通行证39批177人次。审批外国人到石家庄工作438批1499人。应对外国记者到石家庄采访2批20人次。稳妥处置涉外突发和领事保护事件4起。

（市外事办公室）

经济研究

【概况】 2013年，市政府研究室围绕市委、市政府中心工作，按照“抓思想、带队伍、提素质、上水平”总体思路，在“服务中心、服务发展、服务决策”上下功夫、求提升，超额完成重点课题调研。全年起草市政府重要文件、文稿和主要领导讲话稿等综合材料33篇；完成调研报告18篇，市领导批示转化率达到90%以上。2013年根据市领导批示要求，承担10月18日第九届石家庄投资合作洽谈会制作石家庄宣传片脚本起草任务，完成涵盖石家庄市历史、人文、资源、发展成就等综合情况宣传片制作。贯彻落实省委八届五次全会提出“打好四大攻坚战”精神，摸清石家庄县域经济发展基本情况，到山东省、河南省等地考察，起草完成《关于扶持县域经济加快发展的若干措施和实施意见》。在考察学习西安市基础上，完成《关于建设石家庄科技大市场》专题调研报告，获得市长王亮，副市长程凯、张业、郝竹山批示，并受到省长张庆伟的关注和支持，其中建设石家庄科技大市场建议被列入2014年省政府和市政府工作报告。按照市长王亮、常务副市长刘晓军要求，由政府研究室牵头，会同市监察局、市政府督查室组成联合调查组，完成《关于部分企业代表反映石家庄经济开发区投资环境问题》的调查报告。政府研究室主办市政府机关刊物《石家庄经济》实现版面、质量升级，连续第七年获评省会“双十佳”出版物。2013年市政府研究室获得全省调研咨询系统先进单位称号。

【重要文稿起草】 2013年承担市政府全局性、综合性文稿和领导交办重要文稿较多。按照“精心谋篇、力求创新、服务决策、促进发展”思路，年初、年末牵头起草了2013年、2014年两个《政府工作报告》，均按要求顺利提交市十三届人大一次会议、二次会议审议，成为指导政府今后五年和2014年工作的2个纲领性文件。市十三届人民代表大会一次会议后，积极引导各级各部门理解、把握和落实报告精神，撰写《立足实际，把握全局，突出重点，把报告提出的各项任务目标落到实处》，提出“八个准确把握”，在《石家庄日报》与《政府工作报告》刊发，引起强烈反响。按照市长王亮要求，市政府研究室起草《解放思想，奋进跨越，全力推动省会经济社会发展实现新突破》、《以建设大省省会为引领，努力走出一条具有石家庄特色的新型城镇化道路》2篇市长访谈文章在《河北经济日报》刊登，《抓住关键，全力攻坚，推进县域经济实现跨越发展》市长署名文章在省委解放思想大讨论活动办公室《简报》刊发，《强化宣传思想工作，为率先全面建成小康社会提供坚强保证》在河北电视台专访栏目刊播。还起草了省长张庆伟参加石家庄代表团讨论发言提纲，市长王亮在解放思想大讨论活动市委常委（扩大）会议上的讲话、在全省市长座谈会上的发言稿、在北京周边地区大气污染防治调度会上的发言稿、在半年经济分析会上的讲话等重要文稿。

【重点课题研究】 根据新形势、新任务、新要求，按照“围绕中心、贴近实际、服务决策、提升层次”思路，加大调查研究力度，完成一批高质量研究成果，发挥了研究室在服务决策、信息反馈、意见咨询方面参谋助手作用。推动县域经济发展，组建专题调研组，完成《藁城市实现经济跨越发展及财政收入破百亿的做法与启示》专题调研报告。紧盯国家政策导向，撰写《关于扩大我市政府购买社会公共服务专题报告》、《国家大力发展综合配套改革试验区的动态分析与建议》、《关于准确把握政策导向，加快经济转型升级的若干思考与建议》、《我市“四化同步”改革试验需争取国家、省重点政策支持的建议》、《关于用足用好土地增减挂钩政策，破解城乡建设用地瓶颈制约的调查与建议》、《关于借鉴南京无锡经验积极开展环境污染责任保险试点的建议》、《关于发展我市地铁经济的对策建议》、《关于加快我市融入首都经济圈的建议》等系列专题调研报告。

石家庄市政府研究室
主　任：张雪峰
副主任：张福久

（谷鹏）

地方志工作

【概况】 2013年，市地方志办公室（简称方志办）坚持以学习宣传贯彻落实《地方志工作条例》、《河北省地方志工作规定》为动力，全方位推进地方志书、年鉴、地情文献和为现实服务等工作。修志工作。全年石家庄市县两级党委、政府将地方志工作特别是二轮修志工作列入党委、政府工作日程和经济社会发展规划，落实“一纳入五到位”要求，推动地方志工作特别是二轮修志工作取得阶段性成果。《石家庄市志（1991—2005）》总纂一稿完成，总纂二稿正在修改。加大重点县(市)区修志工作指导，严格把关志书质量，整体推进全市修志工作。2013年《新乐市志》、《赞皇县志》、《平山县志》正式出版发行，年末石家庄县（市）区志出版累计达到11家；《裕华区志》正在印刷；《石家庄市桥西区志》、《石家庄市桥东区志》、《无极县志》志稿二审、三审完成；《高邑县志》、《灵寿县志》、《深泽县志》、《新华区志》正在总纂。多地开展部门志、行业志及乡镇村志编修。《藁城市人口和计划生育志》、《赞皇县人口和计划生育志》、《井陉县教育志》、《无极县军事志》，平山县《岗南镇志》《平山镇志》、《栾城镇志》，《固营村志》、《蟠桃村志》、《大寨村志》、《南关村志》、《赵堡村志》、平山县《岗南镇志》《平山镇志》《韩台村志》《东曲堤村志》《杨家桥村志》《天台村志》、井陉县《南梁都村志》《北固台村志》出版发行；《井陉县卫生志》，《横山村志》、《南铜冶村志》、《上庄村志》、《高迁村志》、《北故邑村志》正在印刷；《栾城军事志》、《栾城人大志》编纂完成；《牛家庄村志》、《吴兴村志》初稿完成；《新乐市军事志》、《鹿泉市财政志》、《行唐县纪检志》、《行唐县人口和计划生育志》、赵县《停住头村志》《赵县工商志》正在编纂。根据统计，2013年石家庄市编修部门志、行业志及乡镇村志120余部。其中，部门志、行业志13部；乡镇村志110余部；鹿泉市近80个乡村开展村志编修。年鉴工作。《石家庄年鉴（2013卷）》编纂质量提高。市地方志办公室依据全市重点工作和机构编制调整变化，及时与市编委办、行政服务中心、轨道交通办公室等单位沟通联系，补充完善内容；结合近几年市委、市政府设立派出机构和园区较多情况，突出地域特点和时效性，以专门集中记述方式，增设类目“特色园区”；根据各单位职能变化，适度调整和增减了分目、条目，做到年鉴记述更加科学合理。县（市）区启动年鉴编纂比例提高。2013年藁城市、行唐县、桥西区3家启动综合年鉴编纂。至2013年底，全市所辖22个县（市）区开展综合年鉴工作县（市）区达到11家，分别是《藁城年鉴》、《鹿泉年鉴》、《晋州年鉴》、《栾城年鉴》、《井陉年鉴》、《正定年鉴》、《赵县年鉴》、《行唐年鉴》、《元氏年鉴》、《赞皇年鉴》和《石家庄市桥西区年鉴》），占到县（市）区总数50%，同比增长11%。地情资源开发利用。2013年石家庄市各级地方志工作机构在搞好修志编鉴的同时，围绕党委、政府中心工作，适时编纂出版了反映本地历史或现实经济、社会、文化发展的地情文献。石家庄市本级启动旧志整理。《石家庄旧志集成》完成20部旧志资料搜集，首批出版17部进入招标阶段。各县（市）区方志办、史志办从实际出发为本地地情资源开发利用做了大量工作。井陉县完成3部旧志影印出版，并对县域知名碑刻拓印，影印出版2册《井陉碑拓文集》；《栾城县志》清朝同治本点校修订本出版发行；深泽县完成1部旧志影印出版；赞皇县、灵寿县正在搜集、点校旧志。2013年市地方志办公室获评河北省“地方志工作先进集体”。

【《新乐市志（1993—2005）》出版发行】 2013年4月，新乐市地方志编纂委员会主持编纂的《新乐市志（1993—2005）》由吉林人民出版社出版发行，全志共170万字，图照500多张，彩色照片集中于志首，黑白照片、图、表随文设置，图文并茂，资料翔实。该书全面、系统、准确、翔实地记述了1993—2005年新乐市经济、社会发展的状况，旨在发挥其资治、存史、教化之功，为新乐市经济社会可持续发展服务。该志书设35编，以概述、大事编年述录统摄，遵循“事以类聚，类为一志，横排纵写”的原则，依次设置了行政区划、自然环境、伏羲文化等62篇。

【《元氏县志（1986—2005）》通过专家评审】 6月18日，《元氏县志（1986—2005）》通过国家和省地方志专家评审。该志上限为1986年，下限为2005年。志书采用编、章、节体，横排竖写，志首设概述和大事记，志尾设附录、志补和存疑，正文共29编，全书约110万字，附各种照片118幅、统计图表286个。与会评审专家一致认为，《元氏县志（1986—2005）》终审稿指导思想正确，体例完备，文风端正，语言朴实，有地方色彩和时代色彩，较为全面地反映了改革开放历史时期的社会风貌，具有服务现实，垂鉴后世的功用。同时，与会评审专家对该志提出一些修改意见和建议。至2013年底，元氏县地方志办公室正在对《元氏县志（1986—2005）》进行修改、核对和校对。

【《桥西区志（1947—2011）》通过专家评审】 8月21日，《桥西区志（1947—2011）》通过国家和省地方志专家评审。《桥西区志（1947—2011）》评审稿全面系统地记述了1947～2011年桥西区自然、政治、经济、文化、社会的历史与现状，篇目设置门类齐全，层次分明，图文并茂，资料较为丰富，地方特色和时代特点明显。全书设28篇、128章，共计150万字，是石家庄市桥西区历史上第一部志书。至2013年底，桥西区地方志办公室正在根据专家提出的意见和建议，对评审稿进行梳理汇总、吸收采纳和修改完善。

【《桥东区志（1990—2005）》通过专家评审】 8月27日，《桥东区志（1990—2005）》专家评审会在石家庄市国宾大酒店召开。河北省地方志办公室编审贾辉铭、副编审任丽英，石家庄市地方志办公室主任曹立波、副主任刘建洲等方志专家应邀出席会议。专家评审会由石家庄市地方志办公室主任曹立波主持。中共桥东区委书记陈彦报，区长刘建芳，区委常委、常务副区长穆德英和区地方志办公室有关人员参加会议。评审会上，《桥东区志（1990—2005）》主编何贵福介绍了志书编修情况，与会专家从不同角度对桥东区志稿进行了详细点评。专家组一致认为，该志稿观点正确，篇目合理，体例完备，资料翔实，语言流畅，是一部基础较好的评审稿，同意通过评审。同时，与会专家还就志稿存在问题提出了具体修改意见和建议。

【《藁城市军事志》出版发行】 2013年2月，藁城市武装部主持编纂的《藁城市军事志》出版发行。该书历经三年资料收集和加工整理，上限始自春秋时期白狄族入侵藁城始，下限止于2005年，纵贯2700余年，记录了全部封建社会各朝代及近、现代中国的军阀混战、大革命、土地革命、抗日战争、解放战争乃至抗美援朝战争等时期。资料搜集除正史以外，文集、墓志、碑传、报刊等也包含在采集之列。该书以丰富的史料，朴实的文风，客观系统地记载了藁城市古今特别是新中国成立后的军事组织、军事活动、兵役、民兵及军事人物等。全书设6编29章90节，共37万字。主题明确，内容翔实，体例完备，地方特色鲜明，集思想性、史料性、知识性于一体，是一部进行革命传统教育和爱国主义教育的好教材。

【《藁城人口和计划生育志》正式出版】 为全面展示建国后藁城市人口和计划生育工作的发展历程，经过两年多的认真筹划和资料搜集整理，2013年1月藁城市人口和计划生育局主持编纂的《藁城人口和计划生育志》由中国人口出版社正式出版发行。该书书号为ISBN978-7-5101-1499-1，印数2000册。该志书是系统记述藁城市人口和计划生育发展历程的首部志书，也是河北省第一部县级人口和计划生育志书，为研究藁城历史人口变迁和发展规律提供了翔实的资料。该志书上限尽力追溯至事物发端，下限止于2010年。全书共分三大部分，设33章100节，共计约70万字。该志书出版得到国家、河北省、石家庄市人口和计划生育委员会的大力支持和帮助，国家人口和计划生育委员会副主任崔丽、省人口和计划生育委员会主任赵新、原石家庄市人口和计划生育委员会主任李志宏及藁城市委书记王普增分别为该志书题词，藁城市市长高玉柱作序。全书内容丰富，语言朴实，图文并茂，地方特色浓郁，具有很高的参考价值和借鉴意义。

【《百年北席》出版发行】 藁城经济开发区北席村在大力发展农村经济的同时，十分重视精神文明和文化建设。该村继编纂出版全市第一部村志《北席村志》及人物专志《北席村的人们》之后，2013年1月又出版发行了全面反映该村历史发展状况的《百年北席》。该书属内部出版物，内部出版书号为冀出内准字（2012）第A005号，印数2000册。该书根据有关资料和调查采访尽力追溯至事物发端，下限至2012年。全书设9篇，内文插图近100幅，共计约13万字，主编为何保堂、杨凤堂。村内多名老干部、老教师及热心人士参与了资料搜集和编写工作。该书设置有历史记忆、党政建设、民营企业、文化教育、医疗卫生及人物等篇章，从自然、政治、经济、人文等方面全面客观地记述了北席村的历史与现状，重点反映了中华人民共和国成立后全村的发展变化和20世纪80年代以来改革开放成果。《百年北席》语言朴实、简洁，图文并茂，地方特色浓郁，集思想性、资料性、可读性于一体，是一部难得的乡土教材。

【《千秋振头》出版发行】 2013年，由石家庄市振头文化研究会主持编纂的《千秋振头》出版发行。该书由熟悉振头历史、文化，具备较好文字功底，热心编纂工作的张聚锋任主编。全书语言流畅，通俗易懂，图文并茂，资料丰富翔实，设大事记、政务、经济、商业、工业、科教卫生、人物、自然环境、农业、民风民俗、文化、城中村改造等20编，共计24万余字。《千秋振头》细致地记录了振头历史演变及改革开放以来取得的成就，从深挖千秋振头文化内涵和继承历史文化精髓角度，转变到开发利用振头历史文化资源和认识振头历史文化的价值上，推动了振头历史文化与市场经济相结合，提高了振头的形象和知名度。

【《塔冢志》出版发行】 2013年2月，石家庄市裕华区塔冢村主编百科全书《塔冢志》由河北人民出版社出版发行。《塔冢志》共分三卷，前两卷是文字卷，后一卷为影像卷，全书共150万字，上溯商周，中录各代，下记现史，融思想性、资料性、知识性于一体，书中收集了塔冢村历史上不同阶段照片3000余幅。《塔冢志》客观真实地记录了塔冢村千百年来的自然、地理、政治、经济、文化、教育及民风习俗等特点和变化，还原了塔冢村的历史风貌，揭示了生命延续的历史规律，是一部生动记录塔冢沧桑变化的珍贵史料，填补了裕华区没有修编村志的空白。

【《藁城年鉴（总第四卷）》出版发行】 2013年10月，由藁城市人民政府主办、市地方志办公室承编的大型综合性资料工具书《藁城年鉴（总第四卷）》，由新华出版社出版发行。书号为ISBN978-7-5166-0659-9，印数1000册。该书为四年合鉴，与第三卷相承接。《藁城年鉴（总第四卷）》全面、系统地记述了2007～2010年藁城市自然、政治、经济、文化、社会等方面的基本情况，重点反映了全市的新成就、新经验、新进展及新举措。全书采用分类编纂法，由类目、分目、条目3个层次构成，设特载、大事记、藁城概况、政治、政法、军事、综合经济管理、农业、工业、建设环保、交通邮政通信、商贸旅游、财政税务、金融、教育、科技、文体卫生、社会生活、乡镇区概况、人物、文献文件、统计资料、资料辑存等23个类目，150余个分目，800余个条目，计95万字。正文插图近70幅，彩色宣传版面80余个，图照360幅。该年鉴适当调整和规范了部分框架结构，使之更趋科学合理，同时增加信息量，突出地方特色，编校质量较第三部年鉴进一步提高，达到了为社会各界和海内外人士了解、研究藁城市提供了基本信息资料的要求。

【《桥西区年鉴》编纂启动】 2013年4月中旬，《石家庄市桥西区年鉴（2012）》编纂工作正式启动，中共石家庄市桥西区委办公室、桥西区政府办公室印发了《关于征集2012年年鉴材料的通知》。《桥西区年鉴》是在区委领导下，区政府主办的全面系统记叙桥西区自然、政治、经济、文化、社会等方面情况的地方综合年鉴，涉及70余个承编单位，是反映桥西区各方面情况的资料性文献，也是桥西区对内对外宣传的重要载体。桥西区政府为顺利完成编纂工作，充实了区地方志办公室人员，增添了办公室，配备了电脑、打印机和传真机等设备。

【栾城县召开年鉴工作先进表彰会议】 3月28日，栾城县召开年鉴工作先进表彰会议，全县各乡镇、县直各部门主管领导、资料员100余人参加会议。栾城县政府副县长岳云霞主持会议。会上，政府办公室副主任郭瑞刚宣读了《中共栾城县委办公室 栾城县人民政府办公室关于表彰全县年鉴工作先进集体和先进个人的通报》，30多个单位、个人被表彰为年鉴工作先进集体和个人。县史志办公室主任张振山宣读了《中共栾城县委办公室 栾城县人民政府办公室关于做好2013卷〈栾城年鉴〉编辑出版工作的通知》，并对《栾城年鉴》编写的具体要求作了说明。

【2篇论文入选《〈中国地方志〉优秀论文选编（1981—2011年）》】 2013年12月，《〈中国地方志〉优秀论文选编（1981—2011年）》由中国城市出版社正式出版，分上、中、下3册，共七编。石家庄市2名作者论文入选《〈中国地方志〉优秀论文选编（1981—2011年）》中册第三编“方志编纂理论与实践”，分别是梁勇撰写的《政治运动入志的几个问题》、刘铁侃撰写的《关于志书的整体性》。《〈中国地方志〉优秀论文选编（1981—2011年）》是中国地方志指导小组办公室从《中国地方志》1981年创刊至2011年30年间刊发论文中，按照专题分类精选优秀论文集成。

石家庄市地方志办公室

主　任：曹立波

副主任：刘建洲　武光宇

（王建峰　肖海军）

城乡基层政权建设

【概况】 2013年，全市加强和创新农村社会管理，学习推广河北省沧州市肃宁县“四个覆盖”经验，规范管理农村基层群众性自治组织，有效保障了基层民主制度建设。至2013年底，全市4010个行政村健全4种基层组织，3414个村实现村民代表会议常设制，2355个村党支部书记通过法定程序当选村民代表会议主席，分别占到全市行政村总数99.9%、85.1%和58.7%。

【城乡社区建设】 全年4011个建制村中，有1634个村开展社区建设工作，其中1167个村建成村民服务中心（站），占到全市建制村29.4%。摸底总结全市农村社区建设情况，搜集整理印制《社区建设文件汇编》。部署部分县（市）撤销城关镇改设街道办事处工作，初步整理16个县（市）撤镇设立街道办事处意见。2013年4月，经市政府常务会、市委常委会研究同意，正式印发《关于进一步加强社区工作的意见》，并制定出台《社区工作者管理办法》、《社区工作准入意见》、《社区工作考核办法》等管理文件。推进示范社区建设，在每个区选择2个不同类型社区开展示范社区建设活动，提出具体建设标准，实施规范化管理。作为全国和谐社区建设示范城市，2013年石家庄市新华区西苑街道办事处等15个社区完成全国和谐社区建设示范社区申报工作。

【社会组织管理】 实行“统一归口登记、双重负责、分级管理”体制，依法开展社会组织登记和监督管理。至2013年底，全市共有社会组织2178个，其中，社会团体1028个（市属246、县级782），民办非企业单位1159个（市属167、县级992）。2013年市本级办理社会组织行政许可事项79件，其中，社会团体52件，民办非企业单位27件。2013年市民政局被《中国社会报》评为社会组织新闻宣传工作先进单位，并获得河北省社会组织管理知识竞赛二等奖。

（市民政局）

行政服务

【概况】 2013年，市政务服务中心围绕“解放思想、改革开放、创新驱动、科学发展”主题，以标准化建设为统领，以双提双效建设为突破口，探索创新，提高办事效能和服务水平，加强政府与群众联系，方便企业群众办事，极大提高了社会对政府满意度。全年市政务服务中心受理各类审批事项75378项次，办结75316项次，提前办结率95.2%；建设项目联合会审44项次，联合验收41项次，8个分中心办理便民服务事项23.9万余件。2013年市政务服务中心被市委群众路线教育实践活动办公室列入全市窗口单位示范点。

【打造便民政务“超市”】 建设服务型政府，为企业和群众提供优质高效政务服务。遵循“社会有需求、中心有服务”理念，将政务服务中心建成为民所用、为民所办政务“超市”。按照“应进必进、应进全进”要求，利用近2个月时间，摸底梳理进驻事项，对没有在政务服务中心办理9项行政许可、7项非行政许可审批事项、190项行政监管（公共服务）事项，以市优化发展环境建设领导小组办公室（简称优化办）名义，印发《关于第三批需进驻市政务服务中心进行集中办理事项的工作通知》（石优建组办发〔2013〕20号）。加大标准化建设力度，以市政府办公厅名义印发《关于进一步加强全市政务服务中心标准化建设的意见》(石政办发〔2013〕42号),明确政务服务中心名称标识、进驻事项、审批流程、内部管理等要求,印制《石家庄市政务服务中心管理规范》、《石家庄市政务服务中心审批服务项目指导规范》。加强双提双效建设,实行办事窗口AB角工作制、严格上下班工作考勤,确保正常工作期间,任何办事窗口都有工作人员接受咨询、受理登记、办理业务;实行限时办结制、超时默认制,确保审批事项在规定和承诺期限内办结;实行一次性告知、首问负责、挂牌服务制,确保办事企业和群众即来速办。

【实施联合审批】 针对企业和群众反映最强烈的审批时间长、涉及部门多、审批环节多、审批要件多问题,市政务服务中心从建设项目联合踏勘、联合审图、联合验收入手,制定出台《石家庄市固定资产投资项目联合审批试行办法》和《石家庄市房地产项目联合审批试行办法》,由政务服务中心牵头组织涉及审批多个职能部门,按照"统一受理、提前介入、联合审批、信息共享、限时办结"要求,统一联合会审。会审过程中,有不同意见或需要项目单位修改补充的,当面提出修改补充意见,由项目单位按照联审部门出具的修改和补充文书落实整改;重新会审,再由联审部门签署意见,最后由政务服务中心加盖联合审批专用章。联合审批将过去需要半年以上才能审批办完事项,缩短为20个工作日,减少了反复向多个部门提交审批要件,方便了项目单位;通过联合会审,避免了职能部门之间互为前置、重复索要审批要件问题,实现了行政审批公开、透明。2013年市政务服务中心通过优化审批工作流程、减少审批环节,平均每个办理事项办理时限比法定时限缩短一半以上;通过推行办事窗口首席代表制、市直部门审批处室整建制入驻、"一把手"周坐班制、行政审批专用章等工作制度和措施,实现了政务大厅审批事项提前办结率保持在90%以上,办事窗口现场办结比例达到60%以上,限时办结率达到100%。

【发挥政务服务平台作用】 政务服务中心作为市政府综合服务平台,担负进驻部门办理审批事项组织协调职能,落实进驻部门均能在政务服务平台上行使法律法规所赋予的行政审批职能。牵头组织审批部门服务前移,采取审批部门提前介入,提前做好现场踏勘、专家评审、公示公告等方式,将部门审批前各项服务准备工作最大限度前移,有效保障了"减权不减事,减章不减责"目标。开展电子监察,在所有政务大厅办理行政许可、非行政许可审批和监管服务事项全部进入政务服务中心研发的"石家庄市网上审批电子监察系统",实现每个审批事项受理、承办、审核、批准、办结出证等环节全过程跟踪监督,避免和减少了企业及办事人员"开后门"现象。企业和群众在政务服务中心办事做到审批明明白白,办事清清楚楚。实行"一事一评"工作制度,凡是来政务服务中心办事企业和群众均可利用电子评价器,对接待窗口工作人员的办事态度、办事效率、办事质量,现场给予"很满意"、"满意"、"基本满意"或"不满意""很不满意"评价。市政务服务中心根据满意度计入当次绩效考核得分,将统计数字直接运用到"优秀窗口""先进个人"评比和各单位年度绩效考核评优工作。

【示范窗口创建】 2013年10月,市委党的群众路线教育实践活动领导小组召开创建全市窗口单位示范点工作会议,将市政务服务中心政务大厅列为窗口单位示范点。市政务服务中心第一时间召开专题会议研究部署,严格对照示范窗口"五好五有"标准进行整改,重新规范《石家庄市政务服务中心管理规定》、《零障碍工作制度》等管理制度;更新完善自助查询机、取号机、手机加油站、便民雨伞、残疾人座椅等服务群众设施;新设岗位公示牌、联系服务卡,提升了政务大厅服务功能。2013年12月,市委党的群众路线教育实践活动领导小组召开示范窗口创建工作调度会,市政务服务中心在会上作了典型发言。2013年市政务服务中心在示范窗口建设上提出制作公示展牌、统一办事窗口人员着装等建议得到市领导的肯定和批示。

(魏建宏)

中国人民政治协商会议石家庄市委员会

【概况】 2013年，市政协围绕市委和市政府中心工作、人民群众关切的热点难点问题，团结各党派团体和政协委员，发挥协商民主渠道作用，履行政治协商、民主监督、参政议政职能，在助推县城建设上水平、督导环省会经济林建设、推进节能减排、优化两个环境、促进教育均衡发展、加强省会文化建设、提高群众就医质量、加强失地农民社会保障等工作上做出了积极贡献。发挥民主党派、工商联和无党派人士作用，采取安排大会发言、联合调研、办理党派团体提案、反映社情民意等形式，为民主党派、工商联和无党派人士参政议政搭建平台。2013年市政协办理党派团体提案140件，报送民主党派社情民意信息22期，民主党派、工商联界委员23人次在政协常委会上作专题议政发言。2013年市民建主委武义青撰写的《大力发展旅游与节水产业支撑城镇化的调研报告》，得到李克强、俞正声、张高丽等中央领导批示；市民盟主委郭斌提交的《标本兼治推进蓝天工程，改善我省大气环境质量的建议》，被省政协列为2013年1号提案。加强政协自身建设。10月17日，召开全市县（市）区政协主席座谈会，正式启动"创建委员之家、展示委员风采、服务发展大局"活动。以"强素质、转作风、提效能"为目标，完善各项履职制度。2013年市政协各专门委员会创新工作方法，在密切联系委员、改进视察调研、加强机关效能建设、改变文风会风、厉行勤俭节约上取得成效，有效推进了"学习型、服务型、创新型、和谐型、效能型、奉献型"机关建设，机关作风呈现出风清气正、奋发有为的良好氛围。2013年市政协召开常委会4次，审议通过议题26项；召开主席会8次，研究讨论议题57项；提交提案844件，审查立案753件；组织大会发言65篇；编辑《社情民意》内刊33期，编发《政协工作动态》15期、《石家庄政协》杂志7期。2013年市政协将综合治理雾霾、洨河污染治理、建立全社会就业服务网络、促进新农合健康运行、加强保障性安居工程建设和保障冬季供暖等民生提案均确定为重点提案，由市政府、市政协领导包案督办，全部落实；《完

2013年4月12日，在市政协十二届一次会议上，省委常委、市委书记孙瑞彬（左八），市长王亮（左九），市委副书记刘云峰（右五）与市政协新当选主席、副主席、秘书长合影

善自来水供水模式，解决居民深夜用水困难问题》、《改变基层卫生机构运行机制，解决村医待遇问题》、《老旧小区天然气庭院管网存在安全隐患应引起重视》等社情民意信息受到市委、市政府主要领导批示，问题得到有效解决。至2013年底，市政协十二届委员会共有政协委员658名，常委会组成人员130名。

【石家庄市政协第十二届常委会组成人员及工作机构负责人】

市政协主席：王华清（女）

党组副书记：李天印（4月免）

副主席：张发旺（4月免）

韩宪章（4月免）

朱增海（4月免）

曹社会（4月免）

王宝山（4月免）

赵拴文（4月任）

王长华（不驻会）

武义青（不驻会）

范振增（不驻会）

贾连海

张维德（4月任）

葛瑞芳（女，4月任）

石汉文（满族，不驻会，4月任）

郭斌　（不驻会，4月任）

秘书长：赵磊　（4月任）

常务委员：（按姓氏笔划排序）

丁建民　于铁龙

马靖

马千里（女）

王志臣

王丽欣（女）

王宏宇（满族）

王灵增　王建国

王勋涛　王俊奇

王智森　王溪波

邓小梅（女）

邓素雪（女）

石志玲（女）

卢书彦（女）

叶少华　田斌

田玉卓（女）

田向阳　田朝民

兰云彩（女）

冯润明　毕凤鸣

吕玲　（女）

吕军英

乔茜　（女）

仲岩　（女）

任建忠

刘凡　（女）

刘一平（女，拉祜族）

刘志魁

刘顺英（女）

闫纯锴　米志奇

许立

孙宏普（满族）

孙晋康

孙德惠（女）

苏丽　（女）

李小平　李文昌

李志宏（女）

李志峰　李国中

李树国　李海峰

杨旭　（回族，10月死亡）

杨云乐　杨作昌

肖建科　吴振见

邸占欣

宋学　（女）

张越　（女）

张子峰

张文武（满族）

张计刚　张玉锁

张兰格（女）

张永健　张旭辉

张运凯

张灵芝（女）

张忠良　张秉祥

张素丽（女）

张振平

张慧巧（女）

陈玉联（女）

陈聪敏（女）

范玉龙

尚建斌

尚晏芝（女）

果通　周书献

周志斌

郑建　（女）

郑志敏

孟凡英（女）

孟笑梅（女，满族）

赵风清　赵俊芳

郝彦忠　郝菊亭

哈宝伏（回族）

段文　侯俊宏

侯登录　姜青辉

骆亚男（女）

贾彬　夏玉颖

钱成海

徐仁　（女）

徐振声　高波

郭刚能　郭纯阳

黄远　（女）

黄超　曹伟

曹志风

常军英（女）

康瑞峰（回族）

盖和平

董素平（女）

韩利华（女）

韩宝深　程鹏起
鲁玉芳（女）
蒲月英（女）
蒲国良
解亚静（女）
解晓东（女）
蔡志强
廖岩　（女）
潘云龙　薛平友
副秘书长：王镇元（4月任）
陈克俭（4月任）
苏丽　（女，4月任）
乔茜　（女，不驻会，9月任）
崔瑞芳（女，不驻会，9月任）
姜博卿（不驻会，9月任）
李俊秀（女，不驻会，9月任）
程鹏起（不驻会，9月任）
王丽欣（女，不驻会，9月任）
门立新（不驻会，9月任）

研究室

主　任：徐振声（4月任）
副主任：高伟　（4月任）

提案委员会

主　任：盖和平（4月任）
副主任：赵志英（女，4月任）
田朝民（不驻会，7月任）
任建忠（不驻会，7月任）

人口资源环境委员会

主　任：邸占欣（4月任）
副主任：崔海龙（4月任）
张秉祥（不驻会，7月任）
张兰格（女，不驻会，7月任）
陈金成（不驻会，7月任）
崔芸　（女，不驻会，7月任）

学习和文史资料委员会

主　任：段文　（4月任）
副主任：张丽红（女，4月任）
马建彬（不驻会，7月任）
王勋涛（不驻会，7月任）
孙晋康（不驻会，7月任）
郭纯阳（不驻会，7月任）

财政经济委员会

主　任：周书献（4月任）
副主任：焦永良（4月任）
毕凤鸣（不驻会，7月任）
郝菊亭（不驻会，7月任）
赵俊芳（不驻会，7月任）
赵康彪（不驻会，7月任）
高国欣（不驻会，7月任）
蒲国良（不驻会，7月任）
霍国林（不驻会，7月任）

农业委员会

主　任：韩宝深（4月任）
副主任：李福忠（4月任）
田国英（不驻会，7月任）
吕军英（不驻会，7月任）
杨建秋（不驻会，7月任）
吴振见（不驻会，7月任）
高地动（不驻会，7月任）

教科文卫体委员会

主　任：邓素雪（女，4月任）
副主任：张少华（女，4月任）
闫纯锴（不驻会，7月任）
米志奇（不驻会，7月任）
李志宏（女，不驻会，7月任）
李波　（不驻会，7月任）
陈健敏（不驻会，7月任）
邵平　（女，不驻会，7月任）
唐青　（不驻会，7月任）

社会和法制委员会

主　任：王灵增（4月任）
副主任：李庆安（4月任）
苏彦英（女，不驻会，7月任）
孝磊　（不驻会，7月任）
李文昌（不驻会，7月任）
尚建斌（不驻会，7月任）
郑国良（不驻会，

7 月任）
高翠君（女，不驻会，
7 月任）
魏洪涛（不驻会，
7 月任）

民族和宗教委员会

主　任：王灵增（4 月任）
副主任：李庆安（4 月任）
哈宝伏（不驻会，
7 月任）
果通　（不驻会，
7 月任）
邓元富（不驻会，
7 月任）
康瑞峰（不驻会，
7 月任）
解志英（不驻会，
7 月任）
马铭江（女，不驻会，
7 月任）

港澳台侨和外事委员会

主　任：石志玲（女，4 月任）
副主任：杨建刚（4 月任）
王溪波（不驻会，
7 月任）
许立　（不驻会，
7 月任）
范玉龙（不驻会，
7 月任）

2013 年 4 月 8 日，政协石家庄市第十二届委员会第一次会议召开

【市政协第十二届委员会第一次会议】 4 月 8 ~ 12 日，市政协第十二届委员会第一次会议在石家庄市人民会堂举行。大会应到委员 659 名，因病因事请假 6 名，实到 653 名。会议选举王华清为市政协主席，选举赵拴文、王长华、武义青、范振增、贾连海、张维德、葛瑞芳（女）、石汉文（满族）、郭斌为副主席，赵磊为秘书长；选出市政协第十二届委员会常务委员 120 名。会议通过市政协第十一届常委会工作报告、提案工作情况报告、提案审查情况报告和市政协第十二届常委会关于市政协机构设置的决定、市政协第十二届委员会驻会副秘书长名单。听取并讨论政府工作报告和其他相关报告；审议通过政协石家庄市第十二届委员会第一次会议的各项决议；审议通过政协石家庄市第十二届委员会第一次会议提案审查委员会关于提案审查情况的报告。会议期间，共收到集体、委员个人及联名提案 844 件，经审查立案 753 件，立案率 89.2%。

【市政协第十一届常委会会议】 4 月 2 日，市政协十一届二十四次常委会议在市政协机关五楼会议厅召开。会议应到 129 人，实到 116 人。市政协主席王华清主持会议，市政协党组副书记李天印，副主席张发旺、朱增海、曹社会、王长华、武义青、王宝山、范振增、贾连海，秘书长郜存悦出席会议。会议协商通过政协石家庄市第十二届委员会委员建议人选名单，审议通过关于召开市政协十二届一次会议有关事项，决定 4 月 8 ~ 12 日召开市政协十二届一次会议。市委常委、统战部长高天出席会议并作政协石家庄市第十二届委员会委员建议人选名单（草案）说明。

【市政协第十二届常委会会议】 4 月 12 日，市政协十二届一次常委会议在市政协机关五楼会议厅召开。会议应到 131 人，实到 122 人。市政协主席王华清主持会议。副主席赵拴文、王长华、武义青、范振增、贾连海、张维德、葛瑞芳、石汉文、郭斌，秘书长赵磊出席会议。会议审议通过政协石家庄市第十二届委员会机构设置决定和有关人事事项。

7 月 5 日，市政协十二届二次

常委会议在市政协机关五楼会议厅召开。会议应到131人,实到127人。市政协主席王华清主持会议。副主席赵拴文、王长华、武义青、贾连海、张维德、葛瑞芳、石汉文、郭斌,秘书长赵磊出席会议。市政府副市长王韶华到会通报全市节能减排工作开展情况,并听取大会发言。市发改委、市环保局等市直有关部门负责人列席会议。12名市政协常委、委员围绕“推进节能减排、改善生态环境”主题作大会发言和书面发言,就改善大气环境质量、机动车尾气污染治理、农村环境综合整治、污水再生利用、生态工业园区建设、民营企业节能减排等问题提出具体意见建议。会议审议通过政协石家庄市委员会常务委员会工作规则、专门委员会组织通则、常务委员会组成人员守则和委员守则等规章制度及市政协各专门委员会不驻会副主任名单。

9月23日,市政协十二届三次常委会议在市政协机关五楼会议厅召开。会议应到131人,实到125人。市政协主席王华清主持会议。副主席王长华、武义青、范振增、贾连海、张维德、葛瑞芳、石汉文、郭斌,秘书长赵磊出席会议。会上,市政府副市长张业通报了市政协十二届一次会议以来提案办理和省会绿化工作。会议听取了专题议政发言,16名市政协常委、委员围绕“助推省会绿化工作上水平,实现城在林中、人在绿中”主题进行了大会发言和书面发言,分别就创建国家森林城市,实现省会园林绿化上水平、出品位,完善省会绿化工作,实施立体绿化,开展全民义务植树等提出具体意见建议。会议审议通过市政协常委会《从我做起,积极为省会天蓝地绿水清作贡献倡议书》、市政协提案工作条例(修订案)和十二届市政协不驻会副秘书长名单。

【政协提案办理】 全年市政协委员提交提案844件,经审查立案753件,其中涉及经济建设217件,政治建设18件,文化建设76件,社会建设330件,生态文明建设112件。2013年市委、市政府大力支持政协通过提案履行职能,市政府坚持向市政协常委会通报提案办理情况和分管副市长包案办理重点提案,市委、市政府、市政协办公厅建立联合审查、联合交办、联合督办、联合评议提案工作机制。至12月31日,市政协提案全部办理完毕。其中,已经落实371件,占立案总数49.3%;正在落实310件,占立案总数41.2%;因客观因素和条件限制,一时难以落实72件。

2013年7月5日,举办市政协常委会组成人员履职学习专题讲座

【市长与政协委员协商座谈】 11月6日,市长王亮和市政府10个部门负责人到市政协机关,就如何深入推进“两个环境”建设,向市政协

2013年11月6日,市长王亮(中右二)与经济界政协委员协商座谈,听取建议

委员问计。市政协主席王华清主持市长与政协委员协商座谈会，参会政协委员围绕“优化两个环境，促进经济发展”主题“零距离”与市长王亮座谈交流。11 名市政协委员以构建绿色公交体系，加大燃煤锅炉改造投入，健全环保法律法规、综合治理环境污染，加强权力运行监督制约，广开监督渠道，扶持重点企业发展，优化发展环境，推进商业银行支持小微企业发展新模式，发展现代金融业务，解决中小企业融资困难，树立资源节约和生态环保理念，发展生态型医药产业，改造提升传统产业，助力企业转型升级等调研发现的问题和深入思考形成的建议为重点，积极发言、各抒己见，与市长坦诚交换意见。市长王亮认真听取了委员们提出的加快煤改气步伐、增加公交车数量、加大天然气气源协调力度等建议，称赞委员建议“既有百姓声音也有理论思考。”

【助推经济发展】 7 月 5 日，市政协召开十二届二次常委会议，127 名市政协常委齐聚一堂，围绕“推进节能减排、改善生态环境”进行专题议政，28 名市政协常委、委员登台或书面建言，提出机动车尾气污染治理、农村环境综合整治、污水再生利用、生态工业园区建设、民营企业节能减排等 50 多条意见建议，引起市政府领导高度重视，责成有关部门积极采纳，将意见建议转化为推动工作的具体措施。2013 年“助推环省会生态绿化工程建设”连续列入市政协十二届三次常委会、市政协十二届五次主席会议政平台，市政协主席会议成员、常委、委员提出近 100 条意见建议直通市委、市政府领导，为推动环省会绿化工作提供了有益参考。市政协还以市政协常委会名义，向全市各级政协组织和政协委员发出《从我做起，积极为省会天蓝地绿水清作贡献倡议书》，得到广大政协委员的积极响应，各级政协委员参与开展了种植“政协委员林”活动；政协委员企业主动淘汰落后产能，引进环保技术，提高节能环保水平；专业技术政协委员通过提案、社情民意信息出实招、献良策；担任领导职务政协委员组织开展绿化进机关、进企业、进学校、进社区、进庭院活动，为构筑省会新的绿色屏障做出了贡献。2013 年市政协主席会议成员多次深入 11 个县（市）区，视察督导环省会绿化工程建设，并与市政府有关部门共同分析进展情况，研究推进措施，通过政府主导、政协助力，极大调动了群众“种绿”热情。至 2013 年 12 月底，全市 57 万亩环省会绿化任务和 15 万亩经济林建设任务均超额完成。

2013 年 10 月 17 日，召开石家庄市县（市）区政协主席座谈会

【专题调研】 以加快城镇化步伐、促进城乡一体化发展为内容，市政协主席、副主席到各县（市）调研县城建设，提出“明晰发展定位、加强基础设施建设、强化产业支撑作用、引进市场运作机制”等建议。组织政协委员视察学前教育、义务教育，提出“加大教育投入、注重师资培养、促进教育均衡发展”等建议。深入基层，调研文化事业发展，提出“挖掘文化资源、优化文化产业结构、加强基层文化设施建设”等建议。2013 年市政协围绕加强省会文化建设、助推县城建设上水平、推动山区开发等问题开展专题调研，形成《关于加强省会文化建设的调研报告》、《关于我市县城建设情况的调研报告》、《关于平山葫芦峪规模化荒山开发情况的调研报告》。

【关注民生】 利用政协提案和社情民意信息直达市委、市政府领导优势，积极建言献策，推动解决民生问题。2013年市政协委员提出“建立就业服务网络、提高农村群众就医质量、促进义务教育均衡发展、保障冬季供暖”等提案得到较好落实；政协委员反映“解决居民深夜用水困难问题、解决村医待遇问题、老旧小区天然气管网存在安全隐患、‘问题井盖’亟需整修”等社情民意信息，获到市委、市政府主要领导批示，问题得到及时解决。发挥政协优势，组织委员开展进企业送对策、进农村送科技、进社区送温暖“三进三送”活动，为百姓解难题。与河北省政协、民进市委联合开展“走基层、送健康”下乡服务活动，为基层培训医生，为农民义诊、免费发放药品。

【促进社会和谐稳定】 突出团结、民主两大主题，维护民族宗教和谐稳定。协助市委、市政府宣传落实党和国家民族宗教政策，帮助民族乡镇开展招商引资活动，助推民族地区经济社会发展。召开民族宗教界委员座谈会，走访慰问民族宗教界代表人士，参加少数民族和宗教团体节庆活动，引导宗教与中国特色社会主义社会相适应，促进了民族团结、宗教和睦。团结联谊，汇聚各方力量。深入台资企业调研，了解企业发展困难，向市政府提出“形成台资企业产业链、创建台湾工业园、打造投资暖环境”等建议。发挥侨界、台胞台属界委员的联系优势，协助政府做好招商引资工作。加强政协组织之间横向联系，参加全国部分城市政协工作研讨会，宣传石家庄市经济社会发展成就。配合省政协做好乳业振兴、城镇化建设、新民居建设等调研活动。密切与县（市）区）政协联系，携手推动工业污染企业搬迁改造、环省会绿化等工作。

（董伟）

中共石家庄市纪律检查委员会

【概况】 2013年，全市纪检监察系统围绕“解放思想、开拓进取，凝聚力量、攻坚克难，加快转型升级、跨越赶超、建设幸福石家庄步伐，努力在建设经济强省、和谐河北征程中当好‘领头羊’，为确保率先在全省全面建成小康社会而奋斗”目标，深入开展解放思想大讨论活动，带头落实中央八项规定和省市纪律要求，组织开展办公用房、公务用车、“吃空饷”、会员卡清退等专项治理。有计划、分专题集中培训全市708名纪检监察干部，组织纪检办案人员参加旁听法院经济类案件庭审活动。完善乡镇纪委建设，在全市737家规模以上非公企业分步骤、阶段建立健全纪检组织。2013年11月，市委、市政府启动损害大气污染防治行为问责程序，市委常委、市纪委书记刘明轩代表市委、市政府对市环保局主管负责人，长安区、桥东区、桥西区、新华区、裕华区和高新区的主管区长（主任）、环保局长实施诫勉谈话。11月29日，市纪委聘请114位市民为2013～2015年度市级民主评议特邀监督员，聘请6位市民为终身名誉民主评议特邀监督员。将贯彻落实中央八项规定、市委“18条规定”作为加强党风政风建设的重要内容，各级部门制定配套制度319个、具体措施713项。筛选10个试点单位，探索实行干部作风状况评价机制。制定出台《2013年党风廉政建设和反腐败工作任务的分工意见》，将反腐倡廉建设任务分解落实到各级领导班子、领导干部和相关职能部门。采取专项检查、重点抽查等形式，强化各级领导班子和领导干部“一岗双责”意识。严格落实预防腐败、反腐败、反腐倡廉教育、职务犯罪预防、各类专项治理等领导机构和工作机构职责任务，协调联动，推进各项工作任务得到落实。发挥各民主党派、工商联、无党派人士和人民群众在反腐倡廉建设中的作用，全力营造重视、支持、参与党风廉政建设和反腐败工作的浓厚氛围。年内西柏坡廉政文化品牌建设、正风肃纪专项行动、公共资源交易市场建设、信访举报资源综合利用等工作得到省纪委、市委市政府的肯定；优化发展环境工作受到中央电视台、《人民日报》等媒体专题报道。2013年市纪委、市监察局获评市精神文明先进单位和普法先进单位。

【重要会议】 2月16日，市委、市政府召开着力改善“两个环境”广播电视大会。省委常委、市委书记孙瑞彬作重要讲话，号召全市各级各部门和广大党员干部群众增强改善“两个环境”的紧迫感，切实把思想和行动统一到省委、省政府的要求和市委、市政府的部署上来，坚决打好改善发展环境和改善生态环境攻坚战。市委副书记、代市长王亮主持会议。市委常委、纪委书记司存喜通报损害全市“两个环境”典型案例。全市各级机关、乡镇（街道）、农村、社区、企事业单位组织干部职工和广大群众收听收看了大会实况转播。

2 月 28 日，市纪委九届三次全会在亚太大酒店召开，会议传达了第十八届中央纪委第二次全会和第八届省纪委第三次全会精神，全面总结 2012 年全市党风廉政建设和反腐败工作，研究部署 2013 年全市党风廉政建设和反腐败工作。市委常委、纪委书记司存喜代表市纪委常委会作了题为《凝神聚力、开拓创新，扎实推进党风廉政建设和反腐败工作，为建设幸福石家庄提供坚强保证》的报告。省委常委、市委书记孙瑞彬出席会议并作重要讲话。

5 月 8 日，全市纪检监察机关案件检查工作会议在亚太大酒店召开。会议贯彻全省查办案件会议精神，分析形势，总结工作，交流经验，表彰先进，研究部署当前和今后一个时期查办案件工作。市委常委、纪委书记司存喜出席会议并作重要讲话。

5 月 23 日，全市纪检监察宣教调研暨网络信息管理工作会议在市委会议室召开。元氏县纪委、藁城市纪委、栾城县纪委、正定县纪委 4 个单位就宣教、调研、制度建设、信息等工作进行经验交流。市纪委常委、秘书长郝建哲宣读《2012 年度全市纪检监察信息工作表彰决定》。市委常委、纪委书记司存喜出席会议并作重要讲话。

8 月 9 日，全市纪检监察工作会议在平山县柏坡名苑酒店召开。会议学习了全省纪检监察工作座谈会精神，总结上半年工作，研究部署下半年工作任务。市委常委、纪委书记刘明轩出席会议并作重要讲话。

9 月 24 日，全市落实《克服“四风”问题五件实事工作方案》推进会在市委会议室召开。会议研究和部署了关于推进克服“四风”问题清理办公用房、清理公务用车、取消“O”牌车、核减罚款收费项目、整治“吃拿卡要”等五件实事工作任务。

10 月 10 日，全市纪检监察机关查办案件工作调度会在市委西院会议室召开。会议听取了各县（市）区纪委及部分市直纪工委、纪检组 2013 年查办案件情况的汇报。市纪委副书记梁建林通报了 2013 年 1 ~ 9 月全市查办案件情况。市委常委、纪委书记刘明轩出席会议并作重要讲话。

【重大决策部署】 全年采取严明纪律要求、组织专项检查、领导约谈、召开民主生活会等形式，加强各级党组织和党员干部遵守党章、执行政治纪律情况监督检查。严格组织人事工作纪律特别是换届纪律，确保换届工作风清气正。围绕中央、省市确定的耕地保护和节约集约用地、保障和改善民生、解放思想大讨论活动等重大决策部署，强化执纪监督。围绕轨道交通建设、洨河综合整治、食品安全整治等重点工作，开展效能监察 60 余次。配合省委巡视组完成 3 个县巡视、13 个县（市）区巡查、6 个县（市）区回访检查。2013 年全市在监督检查中，查处违规违纪案件 89 件，给予党政纪处分 138 人。

2013 年 2 月 28 日，中国共产党石家庄市第九届纪律检查委员会第三次全体会议召开

【查处违纪违法案件】 将查办案件作为严肃党纪和惩治腐败的重要手段，完善案件线索统一管理、领导包案、对口联系、分层调度、考核引导等工作机制。2013年信访举报资源综合利用工作受到河北省纪委肯定。加强安全文明办案制度机制建设，大胆、果断实施“两规”措施15人次。开展“案件质量、处分决定执行、回访教育”三项检查和优质案卷评选活动，推行模拟案卷制度，巩固提高了案件查办质量。采取召开新闻发布会、会议通报、印发文件等形式，通报各类典型案件24起，有效发挥了警示教育作用。集中力量，严肃查处市车管所部分干警受贿窝案等严重侵害群众利益、“小官大贪”案件，在社会上引起强烈震动。2013年全市各级纪检监察机关初核违纪线索1680件，立案1741件，结案1710件，给予党政纪处分1801人，其中县（处）级干部12人，乡（科）级干部244人。

（赵昕）

【正风肃纪专项行动】 2013年8月，河北省委出台《河北省正风肃纪专项行动实施方案》后，石家庄市立即开展“正风肃纪”专项行动。按照中央“八项规定”精神和市委《关于进一步加强作风建设的若干规定》（“十八条”），市纪委制定石家庄市《正风肃纪专项行动实施方案》，并分解为民服务提质提效，清理规范收费罚款行为，整治吃拿卡要问题，清理办公用房，清理公务用车，取消“冀O”民用专段号牌，治理“吃空饷”7个专项工作。开展明察暗访，组织4批次22个检查组集中监督检查全市22个县（市）区和53个市直部门（单位）贯彻落实中央“八项规定”精神和市委《18条规定》情况。查处公款吃喝、公款消费，明察暗访饭店320家、宾馆43家和高消费场所78个；查处公车私用，明察暗访238个风景区、游乐场、宾馆酒店、度假村、农家乐、娱乐休闲会所的停车场，登记核实2800余部车辆信息，发现违规违纪线索23起；查处作风纪律，明察暗访全市124个单位、76个服务大厅和窗口，发现空岗、迟到早退及办公秩序不正规现象24起，上网聊天、玩游戏等从事与工作无关行为23起。清理规范收费罚款行为，涉企行政事业性收费项目由41项减少为30项；取消经营服务性收费32项，取缔经营服务性收费13项。规范党政机关和领导干部办公用房，市四大班子和法院、检察院完成办公用房整改，共清退710平方米。开展吃空饷专项治理，全市清查“吃空饷”人员3229人，涉及金额1090.2万元，收缴467.83万元，年节约财政资金1512.2万元。至2013年底，全市查处违反中央“八项规定”、市委“18条规定”精神顶风违纪行为以及“四风”突出问题案件174起，查处党员干部220人，其中，给予党政纪处分39人，组织处理8人，诫勉谈话25人，批评教育82人，离岗培训66人；市、县两级发布通报21次；清理党政机关违规车辆1326台，取消冀“O”民用专段号牌3956个；精简会议4103个、文件3794件、简报5218件；市级预算公用经费占总支出比重由15.4%降到12.4%，“三公经费”同比下降5%。

（王更　康玮）

【“两个环境”建设】 以开展提质提效专项行动为抓手，削减行政审批事项147项，精简审批前置条件160项。政务服务中心标准化建设取得成绩，公共资源交易中心建设受到省纪委肯定。跟踪问效重点项目252个，协调解决困难和问题90个。加强行政执法标准化建设，重点整治执法不规范、野蛮执法、执法犯法等行为。创新民主评议工作，将全市29个具有审批、执法等职能政府部门纳入参评范围。2013年全市严肃查处损害发展环境案件和问题773件，实施效能责任追究653人，给予党政纪处分285人。加强大气污染防治等生态环境建设政策落实情况监督检查，督促整改问题140个，实施行政问责54人。

【解决群众反映强烈问题】 坚持将群众反映强烈、社会关注度较高的热点难点问题作为工作重点，遏制教育、医疗、交通等方面损害群众利益的不正之风和违法违纪行为。深化工程建设领域突出问题专项治理，排查梳理新增投资项目425个，发现并督促整改问题132个。开展房地产市场整治专项督导检查，处理责任人27人。查处专项资金违纪违法问题和行为114个，给予党政纪处分155人，挽回经济损失475.73万元。开展商业贿赂专项治理，查处商业贿赂案件79件。开展社会组织清理整顿，实行中介机构与主管部门脱钩，清查整顿行业协会收费85家，注销社会组织150家。

【创新教育监督机制】 制定出台《关于推进“廉洁石家庄”建设的若干意见》、《重点任务责任分解方案》等系列文件。以领域、系统和行业构建为主要措施，推进惩防体系建设。加强权力运行监控机制建设，全面实行主要负责人不直接分管财务、干部人事、工程建设、物资采购和重要事项决策会议末位表态制度。推选“依托电子政务平台加强县级政府政务公开和政务服务”试点。加强县级党委权力运行监督制约机制试点建设，推动权力运行监控机制向党委部门拓展、向司法系统内部延伸。完善领导干部述职述廉、诫勉谈话、函询提醒、个人事项申报公示等制度，组织1635名拟提拔领导干部参加党政纪知识考试。强化党性党风党纪教育，开展“赶考日”主题民主生活会、领导干部讲廉政党课、廉政文化“六进”等活动，推进西柏坡廉政文化品牌建设。2013年6个廉政教育示范基地、77个廉政文化精品示范单位建设水平大幅提高，其中市第23中学获评为省级廉政教育基地。

（赵昕）

民主党派和工商联

【民主党派和工商联领导成员】

民革石家庄市委员会

主　委：范振增

副主委：夏玉颖

陈潮　（女，8月免）

胡永权

乔茜　（女）

民盟石家庄市委员会

主　委：郭斌　（兼职）

副主委：杨凤虎　尹兆旭

崔瑞芳　祝淑钗

武志永

民建石家庄市委员会

主　委：武义青

副主委：曹志刚

田荣凤（女）

李小平　姜博卿

民进石家庄市委员会

主　委：石汉文

副主委：李俊秀（女）

李立水　张运凯

寇学臣　王志臣

农工党石家庄市委员会

主　委：王宝山

副主委：王彦英　张祥建

宗立荣　程鹏起

陈志强

九三学社石家庄市委员会

主　委：王长华

副主委：王志国　于奕峰

邵新中　刘小立

王丽欣（女）

栾文楼

工商联合会

主　席：王中联

党组书记：李爱民

常务副主席：郝菊亭

副主席：阎志勇　门立新

中国国民党革命委员会石家庄市委员会

【概况】 2013年，中国国民党革命委员会石家庄市委员会（简称市民革）贯彻落实中共十八大和河北省委八届五次全会精神，团结带领全市民革委员围绕转型升级、跨越赶超、建设幸福石家庄，在全省率先全面建成小康社会奋斗目标，开展自身建设、参政议政、社会服务、促进祖国统一工作，全力打造高素质参政党队伍。将思想建设融入各项活动，利用春节、中秋节时机，看望慰问老民革党员，表达组织关怀和温暖；植树节，组织党员到市区小壁林场中山林植树；三八妇女节，举办女民革党员知识讲座；重阳节，带领老民革党员到植物园开展庆祝活动。2013年底，市民革举办了庆祝市民革成立55周年暨省会民革迎新春表彰联欢会，奖励了先进单位和个人。发动民革党员关注台海形势，举行台海形势报告会，特别在中共中央总书记习近平与台湾地区中国国民党名誉主席吴伯雄会晤后，组织联系党员，收集党员观点，撰写信息和报告，促进党员对台海形势有了更深认识和了解。2013年市民革在市政协十二届一次会议上的集体提案《关于新形势下加快我市生物医药产业转型升级的对策建议》获评优秀提案；市民革党员张惠敏、陈立峰、李洁、吴梓蒙获评河北省民革“伸出博爱之手——基层组织牵手困难群众”活动先进个人。至2013年底，市民革共有支部27个，党员748名。

【思想建设】 开展党的群众路线教育实践活动，学习贯彻习近平总书记重要讲话精神和中央八项规定，开展批评与自我批评。贯彻落实中共十八届三中全会精神，市民革领导班子和机关人员利用办公例会、主委会、委员会组织集体学习和个人自学，各基层支部掀起学习贯彻中共十八届三中全会精神热潮。开展“解放思想、改革开放、创新驱动、科学发展”大讨论活动，组织党员和机关干部学习中共党的十八大专题辅导材料和中共河北省委常委、市委书记孙瑞彬系列重要讲话精神，做到边学习、边讨论、边行动，将学习讨论成果体现到解放思想、推动工作上。按照中共市委统战部要求，开展对标学习，查找自身问题和不足，推动更好发展。2013 年 7 月初，市民革领导班子及机关全体，到党派工作先进城市江西省南昌市考察学习，并撰写《对标南昌民革学习报告》。2013 年 10 月，民革郑州市委主委刘东带领机关工作人员和基层支部主委 30 人到石家庄市开展为期 3 天学习交流活动，双方就组织建设、机关建设、专委会设置、参政议政等工作进行了深入交流。以纪念“五一口号”发布 65 周年为契机，提高市民革党员政治交接意识。组织党员和机关全体人员参加市委统战部主办、市民建承办、各党派协办的纪念“五一口号”发布 65 周年篆刻书画展；参加中共市委统战部举办纪念“五一口号”发布 65 周年研讨会，市民革主委范振增作了《纪念“五一口号”进一步做好党派工作》的发言；组织市民革党员参观省民革主办、市民革协办的“纪念五一口号发布 65 周年书画摄影展”。举办民革知识讲座，加深民革党员对多党合作制度认识。2013 年 10 月，市民革组织党员在河北省图书馆冀图大讲堂参加民革知识讲座《重温多党合作史 同心共筑中国梦——西柏坡多党合作文化的生成、演进及对实现中国梦的启示》。

【组织建设】 完善民革组织工作制度化、规范化、科学化建设。2013 年 1 月，市民革十届四次委员会通过《民革石家庄市委员会先进支部先进个人评比表彰办法（试行）》，严格支部工作量化考核标准，增强了支部工作实效性和先进个人模范带头作用。推进基层支部组织建设，2013 年桥东二支部、桥西二支部建立支部活动基地；新华二支部开通支部网站；在原省直总支 6 个支部集体归入市民革基础上，新成立河北经贸大学支部和石家庄经济学院支部。至 2013 年 12 月底，市民革共有支部 27 个，党员 748 名。民革党员中，其中全国人大代表 1 人，省人大代表 4 人，省政协委员 12 人，市人大代表 6 人，市政协委员 35 人，县（市）区人大代表 9 人，县（市）区政协委员 70 人，县处级以上政府实职 8 人。

【参政议政】 将激励制度、能力培训、专题调研作为主要内容，全力提高民革参政议政水平。推行参政议政激励机制，规定除参政议政小组外，以支部为单位，要求每个支部每年完成 1 篇调研报告，3 篇社情民意信息，将此作为参评先进支部先决条件；获评先进支部和优秀个人给予适当奖励。2013 年在市政协十二届一次会议上，市民革 34 篇集体提案获得市政协采纳，民革界别政协委员提出个人提案 22 件。以“规范教育培训机构，防止在太平河野浴，推动博物馆进一步向公众开放，规范学校周边餐饮机构”等为内容，4 次参加石家庄电视台《提案追踪》栏目录制。加强党员培训。2013 年 4 月，召开参政议政工作会，总结工作，布置任务，针对存在问题培训参政议政能力；2013 年 8 月，举办提案工作辅导讲座，邀请省政协提案委员会主任侯永生授课，主讲提案工作特点、性质及做好提案工作的方法，市民革 100 余名党员参加听课。全年开展专题调研 4 次。以“现代农业”为内容，组织民革部分人大代表、政协委员到藁城农业观光园调研；举办“我为石家庄科学发展献良策”活动，发动民革党员集思广益，撰写并报送中共市委统战部建言献策文章 13 篇；以“加大石家庄市自然生态环境保护力度”为内容，带领民革省市政协委员到市环保局座谈交流，撰写形成调研报告《进一步加强石家庄市自然生态环境保护力度》；以“加强省会绿化工作”为内容，到市园林局座谈交流，撰写形成调研报告《关于推进石家庄市创建国家生态园林城市的几点建议》。

【社会服务】 开展进企业送对策、进农村送科技、进社区送温暖“三进三送”活动。2013 年 6 月，市民革组织多位医生、律师开展进社区活动，到石家庄市区天滋嘉鲤社区，开展义诊和法律咨询服务活动。

2013年9月，市民革联合石家庄经济学院支部开展进老区活动，带领石家庄经济学院艺术设计专业大学生到藁城市增村镇冯辛庄村，以勤劳致富、团结互助、尊老爱幼为主题开展墙绘工作，为美丽新农村建设贡献力量。2013年11月，市民革联合石钢支部到衡水市阜城县漫河乡杨小庄村开展进老区下乡帮扶活动，市民革和石钢支部共同向杨小庄村捐助12000元用于建设文化广场和健身运动设施。2013年4月，四川省雅安市芦山县发生强烈地震，市民革响应民革中央号召，发动基层支部、党员和机关工作人员，向灾区捐款48880元，其中科教文支部张慧敏和桥西经济支部孙明远夫妇捐助20000元。2013年桥东一支部党员陈立峰向雅安地震灾区捐赠总价值60万元医疗设备——“全科医生工作站”。参加河北省民革“同心·博爱行在河北”活动。发挥支部和党员作用，凝结各方力量，开展伸出博爱之手——民革基层组织牵手困难群众活动。其中，长安二支部关心关爱失独母亲曹阿姨，向老人捐款，并照顾老人生活；支部党员杨千惠多次到福利院、敬老院慰问和献爱心。新华二支部参加“善行河北、走进太行山”活动，购买生活必需品，送到太行山深处贫困老人手中。支部党员吴梓蒙加入长城网美丽课堂志愿者队伍，到衡水市武邑县贾康疃小学和武强县陈院小学助学支教。桥东经济支部党员李洁多次组织义卖活动，将义卖所得款项全部捐给特困群众。

（文雯）

中国民主同盟石家庄市委员会

【概况】 2013年，中国民主同盟石家庄市委员会（简称民盟市委）贯彻落实中共十八大、十八届三中全会及中共河北省委八届五次全会和中共石家庄市九届四次全会精神，以“同心”思想为指引，围绕转型升级、跨越赶超、建设幸福石家庄，在全省率先全面建成小康社会奋斗目标，解放思想，求真务实，锐意进取，全力履行参政党职能。以党委政府高度重视、人民群众普遍关注的重大问题为核心，组织开展调查研究活动。践行“同心”思想，提高政治共识，增强主题学习教育活动实效性，全面促进民盟市委思想建设。2013年民盟市委宣传稿件被河北省政协、民盟省委、市政协、中共市委统战部、《团结报》等采用30余篇；上报民盟省委、中共市委统战部统战理论研究文章2篇。至2013年底，民盟市委共有成员991人，基层组织40个。

【思想建设】 以建设“学习”型参政党为目标，引导盟员提高多党合作制度认识，坚定走中国特色社会主义政治发展道路。6月4日，民盟市委领导班子成员在河北省社会科学院参加民主党派参政议政能力培训班；9月17日，举办“纪念民盟市委成立55周年座谈会”；10月22～23日，民盟市委机关干部参加中共市委统战部组织的“多党合作理论培训班”；12月4日，民盟省委、民盟市委联合举办“学习中共十八届三中全会精神”报告会。2013年记述民盟市委55年发展历程的首部志书——《中国民主同盟石家庄市志》，在民盟市委成立55周年之际由河北人民出版社出版发行。开展解放思想大讨论活动。2013年5～6月，民盟市委在基层组织中广泛开展“解放思想、改革开放、创新驱动、科学发展”大讨论活动，采取宣传发动，学习调研，查摆改进问题方式，在思想观念、精神状态、工作作风等方面取得了较大进步和提高。利用《石家庄盟讯》作为宣传主要载体，结合时事，采用扩充栏目或编印学习专刊等形式及时宣传报道民盟要闻、参政议政、统战理论研究、基层支部动态、盟员学习心得和先进事迹，扩大了民盟社会影响力。2013年9月，在民盟省委思想宣传理论工作会议上，民盟市委获评“宣传工作先进单位”、“统战理论研究先进单位”，其中课题论文《新社会组织从业人员政治参与的状况和问题研究》获得中共省委统战部理论研究优秀成果一等奖。

【组织建设】 加强基层组织建设，完成基层组织换届。按照《基层工作制度》和换届文件要求，精心准备和筹划，至2013年底，基本完成基层组织换届，一批热心民盟事务骨干成员推选到基层领导岗位，成功实现新老交替。成立民盟经贸大学总支、民盟经济学院总支、民盟市第三职专支部、民盟经贸大学第二支部、民盟经济学院第二支部、民盟裕华区第四支部。严格审批程序，做好组织发展工作。按照新形势下参政议政、社会服务工作需求，有针对性地吸收经济界、管理类人士入盟，改善了盟员知识结构、专业结构、年龄结构。2013年民盟市委发展新盟员60名。加强民盟组织理论学习，提高新盟员参政议政能力，组织举办第30期新盟员培训班，并参加民盟省委“高校基层组织工作研讨会”。强化民盟市委领导班子政党意识和责任意识，落实兼职副主委分工负责、具体管理盟务工作措施。发挥民盟市委委员核心作用，量化分解市委委员和基层支部主委盟务工作，提高履行职责能力建设。建立健全民盟市委机关工作制度，增强民盟机关学习意识、责任意识、服务意识。做好盟员电子档案整理和编录，提高民盟工作科学化水平。

【参政议政】 以政协会议为平台，积极建言献策。2013年在河北省政协十一届一次全会上，民盟市委主委郭斌提交的《标本兼治推进蓝天工程 改善我省大气环境质量的建议》列为省政协2013年1号提案；在市政协十二届一次全会上，民盟市委提交的《关于尽快建立应对雾霾天气长效机制的建议》列为市政协2013年1号提案。2013年民盟市委3件集体提案获评重点提案。发挥委员作用，开展专题调研。2013年3～5月，民盟市委组织市政协委员、专委会成员就改善石家庄市大气环境质量、发展现代农业等问题进行专题调研。7月5日，民盟市委组织市政协委员、专委会成员到晋州市国学实验基地考察传统文化教育发展情况。7月18日，民盟市委组织部分市政协委员到灵寿县调研县域经济发展情况。12月6日，民盟市委组织市政协委员、专委会成员到河北威远集团、华北蓄电池厂就搬迁企业土壤污染治理等内容进行考察调研，并举办座谈会。以“解放思想、改革开放、创新驱动、科学发展”为主题，开展解放思想大讨论活动，撰写建言文章近20篇。组织民盟界政协委员举办“我为河北科学发展献良策”和“我为石家庄科学发展献良策”征集活动，并于6月21日召开市政协委员大讨论活动学习交流座谈会。反映社情民意信息，2013年民盟市委向民盟中央、民盟省委、市政协、中共市委统战部提交社情民意信息200余篇。其中，全国政协、中央统战部采用10余篇；民盟中央、中共河北省委信息中心、省政协、中共省委统战部采用70余篇；市政协、中共市委统战部采用20余篇。2013年民盟市委撰写的《大力遏制向企业索要赞助强求刊登广告等行为》得到中共河北省委常委、统战部长范照兵，省政府常务副省长杨崇勇的批示；撰写《建议尽快启用新垃圾填埋场》、《老旧小区天然气庭院管网存在安全隐患应引起重视》等4篇社情民意信息得到中共河北省委常委、市委书记孙瑞彬批示；在《河北日报》、《乡音》杂志、《石家庄经济》等刊物发表社情民意信息10余篇。

【社会服务】 按照“发挥优势、突出特色、量力而行、注重实效”原则，整合人才资源，践行“同心”思想，开展不同形式和各具特色的社会服务活动。结合“烛光行动”、“三下乡”活动、“同心”思想教育、解放思想大讨论等活动，开展进老区、进社区、进园区“三进”活动。5月11日，民盟市委组织医疗卫生专家到革命老区河北省阜平县吴王口乡举行大型义诊咨询活动；5月23日，在石家庄市元氏县苏村乡孔村学校举行同心服务爱心助教活动；9月1日，组织省第二医院、省第三医院、省第四医院、省中医院9名专家到石家庄市灵寿县青铜镇刘朱乐村义诊，并为该村患病儿童捐款2300元；10月25日，组织市一中9名盟员教师到赞皇一中开展农村教育“烛光行动”，为该校800余名学生、9个学科进行专项突破辅导。践行“同心”思想，增加社会服务新内涵，开展以树立和实践“同心”思想为主题实践活动。5月4日，民盟市委第29期盟员在元氏县佃户营村建立“同心服务社会实践”活动实践基地，11月17日为该村小学举办了助教捐赠活动；4月13日，民盟市委“同心服务团”科技组成员开展科技下乡活动，到石家庄市深泽县铁杆乡杜社村为近100名村民作“关于葡萄春季管理”农业科技讲座，捐赠《葡萄栽培技术》书籍和配套光盘100余套；5月19日，长安二支部向石家庄市平山县王常峪小学捐助价值1600余元学习用品、电子教学设备及图书100余册；6月2日，裕华二支部联合市广电集团和部分盟员医疗专家到石家庄晋州市前祖祥村开展义诊及教育捐助活动，捐款43000元，并捐助15台计算机及学习用品。4月26日，四川省雅安市发生地震后，民盟市委积极组织盟员向灾区捐款，支援抗震救灾，各民盟支部和盟员个人共计捐款24540元，转汇民盟中央用于灾区重建。

（龚蕊）

中国民主建国会石家庄市委员会

【概况】 2013年，中国民主建国会石家庄市委员会（简称民建市委）贯彻落实中共十八大、十八届三中全会和中共河北省委八届五次全会、市委九届四次全会精神，总结探索民建市委工作经验和规律，坚定信心，凝聚共识，创新思路，求真务实，加强自身建设，履行参政党职能，拓展社会服务领域，积极建言献策和开展帮扶活动。举办石家庄市纪念中共中央“五一口号”发布65周年篆刻书画展，重温中国共产党和各民主党派肝胆相照、携手并进的热血历史，表达了统一战线各界人士坚持中国共产党领导，坚持走中国特色社会主义发展道路的坚定信心。采用QQ群形式，探讨支部工作，学习上级文件。搭建平台，引导会员开展横向交流活动，互通信息，交流学习经验和体会。2013年民建市委在《中国统一战线》、《民讯》、《河北民建》、石家庄电台、电视台等各类媒体发表或刊登文章、消息、图片140余篇；民建市委宣传工作被民建河北省委、中共石家庄市委统战部评为先进集体。2013年民建会员高国彩投资的辛集市农兴农业种植专业合作社与辛集市林业局合作投资20万元，建成“梨树简约化栽培示范园”。会员司进辉开办的平山映山红农业专业合作社以“合作社＋农户”新模式，与河北省林业科学研究院联合建立高海拔地区核桃种植研究基地，获批多项国家、省、市科技项目。加强会员服务，帮助民建会员企业河北阳光大陆汽车服务有限公司解决救援车（黄标车）限行问题。为民建会员企业辛集市北方化工有限公司牵线搭桥，促成企业间业务合作和共赢。帮助民建会员企业河北华健天诚医药有限公司减少发展阻力，营造健康发展环境。多次组织民建会员农业龙头企业举办座谈会、现场剖析会等活动，为企业号脉解难，提供经济信息、政策信息、法律咨询等服务，推动了会员企业间交流合作和优势互补。至2013年底，民建市委共有总支6个、支部33个、专委会5个，会员总数974人。

【思想建设】 学习贯彻中共十八届三中全会和民建全国十大会议精神，树立和践行“同心思想”，开展“解放思想、改革开放、创新驱动、科学发展”大讨论活动，组织举办专题研讨会和学习教育活动。传达学习中共十八届三中全会、全国及省市两会、全市优化发展环境大会精神，贯彻落实中共河北省委常委、统战部长范照兵到石家庄调研统战工作的讲话和中共市委常委、统战部长毛全球在新任县级党外干部培训班开班仪式上的讲话及《关于进一步发挥党外人士民主监督作用的意见》要求，制定出台《民建石家庄市委关于学习贯彻全国人大十二届一次会议和全国政协十二届一次会议精神的通知》、《关于开展学习中共十八大精神主题征文活动的通知》、《民建石家庄市委关于认真学习宣传贯彻中共十八届三中全会精神的通知》，掀起学习热潮。制定《民建石家庄市委关于开展“解放思想、改革开放、创新驱动、科学发展”大讨论活动实施方案》。开展“我为河北科学发展献良策”、“我为石家庄科学发展献良策”活动。与河北经贸大学经济研究所、河北经贸大学科研处联合举办学术报告会，邀请北京航空航天大学教授、中国循环经济研究中心主任、瑞典皇家工程科学院外籍院士吴季松作《以生态文明的工程管理实现新型城镇化》报告。邀请吴季松和河北经贸大学经济研究所教授叶金国就县域城镇化建设、发展趋势等问题到正定县考察调研。举办支部主任座谈会、新会员及信息员培训。提高《石家庄民建》办刊质量，发挥网络宣传实效快特点，围绕经济建设和群众反映的热点、难点问题组织稿源，真实反映民建会员心声，调动广大会员积极性。出版《石家庄民建》（季刊）4期，开设学习中共十八大、十八届三中全会精神等专栏。

【组织建设】 加强制度建设，夯实工作基础，落实“制度化、规范化、程序化”要求，实行《骨干会员管理制度、《支部工作手册使用制度》、《会员活动考勤、签到制度》等制度。按照民建中央、民建省委要求，做好会员信息系统更新维护。借鉴兄弟党派成功经验，探索增强基层组织活力方法和形式。按照德、能、勤、绩并重原则，选拔政治素质好、甘于奉献、作风民主、热心会务和组织协调能力强的骨干担任基层组织负责人，严格领导班子成员讲政治、讲奉献、务实创新、团结合作等要求。完成裕华二支部、新华总支、长安总支、桥东总支新支部成立及老支部微调。组织发展坚持高标准，重点发展在全市具有社会影响力的高素质非公有制经济人士。严格按照程序对申请入会人员考察培养和政审。申请人培养考察期间，安排参与基层组织活动，从思想上加强引导，明确自身职责。至2013年底，民建市委会员总数达到974人，举办新会员培训2期。学习兄弟城市先进经验，成立民建市委直接领导新会员支部，安排组织处直接联系，指导新会员开展活动。创造参政议政便利条件，支持各基层支部邀请中共县级统战部领导参加支部活动。鼓励帮助各支部负责人主动上门与会员开展谈心交友活动。创新活动形式，突出工作特色。裕华三支部、桥东三支部将支部活动与社会服务相结合；裕华总支成立“互助友爱”理事会，达到会员间“扶危救困，爱心互助”目标，并以“畅谈友谊、共谋发展”为主题与新华一支部、师大支部、民革裕华支部、民进裕华总支举行支部联谊活动。重视加强与兄弟城市联系，2013年民建市委机关干部和部分支部主任到哈尔滨等城市民建组织学习、取经。2013年在民建全国基层组织建设研讨会上，民建市委裕华一支部作了经验交流。

【参政议政】 完善参政议政“目标导向机制、组织协调机制、考核激励机制、舆论宣传机制”和《专委会工作条例》、《参政议政奖励办法》等制度。将调研放在参政议政首要位置，采取建立政协委员履职档案、严格考核政协委员履职情况方式，增强政协委员责任意识和工作热情。利用会刊《石家庄民建》和石家庄电视台《提案追踪》栏目，及时宣传报道民建市委调研情况，刊登优秀提案和社情民意。以“三个到位”即领导重视到位、调动积极性到位、发挥特色优势到位要求，做好参政议政工作。调整参政议政委员会委员，专题讨论调研选题课题。民建市委主要领导带头撰写调研报告，将参政议政与支部活动相结合，注重发挥会员专业特长。2013年在市政协十二届一次会议上，民建市委提交集体提案27件，其中《强化环保意识，综合治理雾霾，优化生态环境》被确定为一号提案，获评2013年度优秀提案。2013年民建市委撰写的《加强机动车尾气污染治理提高城市空气质量》建议被确定为二季度市政协常委会发言；在河北省政协三季度常委会上，民建市委报送4篇建议，全部作为大会发言获得采用；在《关于农业人口取得城市户籍的调研报告——城镇化的系列研究报告之二》中，课题组成员武义青撰写的《大力发展旅游与节水产业支撑城镇化》研究报告得到国务院总理李克强、全国政协主席俞正声、国务院副总理张高丽等中央领导批示。关注社会热点，做好社情民意反映。2013年民建市委向河北省民建市委、市政协、中共市委统战部报送社情民意及信息200余篇次，5篇被中共中央统战部采用，50余篇被民建中央、河北省政协、市政协、中共市委统战部采用。其中，《把正定新区开发建设纳入首都经济圈规划的建议》得到中共河北省委书记周本顺，省政府常务副省长杨崇勇，中共河北省委常委、市委书记孙瑞彬批示；《应加强对“影子银行”的监管》得到市长王亮、常务副市长刘晓军批示。2013年民建市委被民建河北省委评为优秀调研成果先进单位和反映社情民意工作先进单位；被市政协评为反映社情民意工作一等奖。

【社会服务】 根据中共市委统战部安排部署，组织民建会员在做好“同心同向助民生·思源扶老济困”活动基础上，开展同心服务进老区、进社区、进园区“三进”活动。2013年民建市委举行“同心同向助民生——思源·扶老济困”行动，向石家庄市灵寿县南沟村小学送去裕华三支部会员捐赠总价值5000余元、30套桌椅及学习用品。新华三支部组织会员到革命老区石家庄平山县狮子坪村，考察和调研老区人民生存状况，向2个贫困家庭捐赠慰问金1000元，并向贫困家庭儿童赠送学习用品。桥西二支部会员助养贫困山区孤寡老人30人，连续第7年出资20多万元。桥东四支部会员向河北省邢台市临西县李楼村捐款5万元，并为石家庄平山县玉皇阁村平河道修筑堤坝捐款20万元。长安区一支部会员向石家庄市行唐县九口子乡及井凹村捐助扶贫款项2万余元，向石家庄市庄园小学捐助助学款项10万元。河北师范大学支部会员向河北省保定市阜平县阜平镇燕头村捐款2000元。桥东二支部会员为石家庄市赵县乡村修路捐款2万元，向西藏贫困小学捐赠羽绒服50件。新华二支部会员向湖南省衡阳市希望工程衡阳县甘泉小学捐款60万元。桥东四支部会员为五台山小学捐款5000元。桥东三支部会员将助残济困作为构建和谐社会具体行动，向河北省残疾人协会捐款2万元。民建市委从“同心同向助民生——思源·扶老济困”基金支出3万元赠送石家庄市新华区红十字会，用于该区1位低保家庭血液病患者治疗，新华总支成员也向该患者捐款2万元。桥东总支组织会员向石家庄市桥东区交警大队战斗在一线交警送去价值1万元饮料、毛巾等慰问品。长安一支部会员捐资长安区3万元，用于区文体事业建设。长安四支部会员吕汉卿结合自身实际组织医务人员开展下基层义诊活动，在长安区谈一小区、钢西小区举办免费测血压、血糖活动，服务辖区居民200余人；组织辖区65岁以上老人免费体检，服务1600余人次。桥西三支部主任为一个12岁贫困家庭男孩被刺提供法律援助，免费代理刑事附带民事官司，并为男孩申请社会救助。机关二支部会员携带食品、玩具、生活用品等到市社会福利院走访慰问。新华二支部会员向石家庄特殊教育学校捐款1万元，并在四川省雅安市地震发生后，向灾区捐款20余万元。

（李建光）

中国民主促进会石家庄市委员会

【概况】 2013年，中国民主促进会石家庄市委员会（简称民进市委）贯彻落实中共十八大、十八届三中全会和中共河北省委八届五次全会、市委九届四次全会精神，围绕“解放思想、开拓进取，凝聚力量、攻坚克难，加快转型升级、跨越赶超、建设幸福石家庄”目标，开展坚持和发展中国特色社会主义学习实践活动、创先争优活动和庆祝民进市委成立55周年活动（民进市委成立于1958年11月1日，1956年随北京河北师范专科学校生物系迁到石家庄，会员主要为文化界、教育界人士）。加强基层支部和人才队伍建设，引导广大会员坚持中国共产党领导，发挥参政党作用，履行参政议政职能，参加社会服务活动。举办“解放思想、改革开放、创新驱动、科学发展”大讨论活动，征集意见70余份，收到“我为石家庄科学发展献良策”稿件50余篇。开展8项系列活动，庆祝民进市委成立55周年。2013年3月开始，整理2004～2012年民进会史、纪录片文字材料、照片和摄像资料，制作《中国民主促进会石家庄市会史》和《风雨同舟 共创未来》会史纪录片；2013年4月开展庆祝民进市委成立征文活动；8月7日，邀请老会员召开座谈会；8月22日，在正定县举办“庆祝民进石家庄市委成立55周年”书画笔会；9月5日，举办民进市委演讲会；10月9日，以祖国河山、民族振兴、继承传统、风雨同舟等为内容，在市博物馆举办“庆祝民进石家庄市委成立55周年暨石家庄开明书画院成立”书画作品展，展出民进界别书画家书法、绘画作品60余幅；10月31日，举办民进市委成立55周年庆祝大会。至2013年底，民进市委共有总支7个、支部29个；会员900名。

【思想建设】 多次召开主委会、常委会、全委扩大会、支部主任会，传达学习中共十八大、十八届三中全会及全国、省市两会精神，贯彻落实民进中央《加强新形势下宣传思想工作的意见》、《学习贯彻中共十八届三中全会精神的通知》和石家庄着力改善“两个环境”广播电视大会要求，严格学习教育制度，加强支部、会员思想建设。适应信息化要求，组合使用石家庄民进网站、校讯通、会员QQ群3种新媒体网络，增强工作时效性和信息化水平，提高会刊《石家庄民进》办刊质量。全年民进市委40篇稿件被中央级别报刊网站采用，77篇被省级报刊网站采用，52篇被市级报刊网站采用。2013年民进市委获评民进全国宣传思想工作先进集体。

【组织建设】 发展会员严把入口关，注重吸收高学历、高层次、有代表性人士入会。2013年民进市委发展会员46名。开展新会员入会前座谈，帮助提高参政议政意识；考察期举办交流感受体会活动，增强认知感情；入会后举办新会员培训，学习会章、观看会史纪录片，强化参政党责任感和使命感。落实档案管理规定，将机关干部档案输入公务员信息采集系统，实现档案信息电子化管理。至2013年底，民进市委共有全国人大代表1人，省级人大代表2人、省级政协委员8人，市级人大代表4人、市级政协委员43人，县级人大代表6人、县级政协委员36人，人大代表和政协委员人数比上届大幅增加。加强制度化管理，制定组织活动规则。以重大节日为载体开展会务活动，在平时主动看望患病会员、为80岁以上会员祝寿活动基础上，"三八"妇女节、教师节、重阳节多次举办文化娱乐活动；中秋节、元旦发送祝福短信；春节走访看望老会员及家庭困难会员，以不同形式传递温暖。

【参政议政】 主动联合民进省委召开专题研讨会、建议征集座谈会，共同完成《推动智慧城市建设，助力新型城镇化发展》、《整合资源 建设新型小城镇 推进城镇化进程》2篇调研报告，并在省政协常委会作专题发言。撰写《积极推进政务公开 着力打造阳光政府》调研报告在省政协大会发言。修改《民进界别市人大代表、市政协委员议政例会制度》，召开人大代表、政协委员例会，交流建议和提案调研体会，增强参政议政能力。培训新当选市级人大代表和政协委员，帮助提高履职水平。定期发布"全国两会信息题目"、"两个环境建设题目"、"政协全会提案目录"等信息题目和目录，引导会员围绕全国和省市两会议题、全市中心工作开展调研，撰写社情民意信息。2013年民进市委《建设中高职衔接办学体系 推动河北职业教育发展》调研报告获得河北省委、省政府领导批示；《关于尽快解决中小学生书法教师定岗定编问题的建议》获得市长王亮批示。2013年民进市委在全市两会提出提案、议案76件，其中，集体提案22件，个人提案45件，议案9件。集体提案《关于加强石家庄市污水再生利用的建议》在市政协第三季度常委会作专题发言；《关于治理雾霾等严重空气污染的建议》被列为市政协一号提案；报送中共市委研究室《关于石家庄市妇女参政议政情况的调研报告》在《决策》第五期采用，并获评全市调研报告二等奖。2013年在民进河北省委参政议政工作年会上，民进市委参政议政、社情民意信息工作获得一等奖；14名会员获评参政议政工作、社情民意信息工作先进个人和优秀信息员。

【社会服务】 3月11日，组织会员到石家庄平山县王家峪村开展"帮扶老区，同心植树"活动，种植核桃树500余棵。实施中小学"规范汉字书写百千万工程"，举办第四届规范汉字书写艺术节，征集各地选送师生规范汉字作品51256幅，评选学生获奖作品1000幅，教师获奖作品200幅；培训规范汉字书写教师650名；新增规范汉字书写实验学校37所。第四届规范汉字书写艺术节增设开展书法教育论文、书法教学优质课评比活动，共评选优质课41项，获奖论文185篇。关注青少年儿童健康成长。3月27日，民进市委在河北师范大学附属民族学院举办第二届"藏诺奖学金"颁奖仪式，向40名学生颁发奖学金6万元。4月17日，为市福利院孤残儿童捐赠书包、画板、画笔等学习用品和玩具。5月29日，民进市委会同市24中支部到市福利院看望孤残儿童，带去衣服、食品等，并与孩子们一起庆祝"六一"儿童节。6月1日，参与设立"石家庄市藏诺特教奖学金"，并向全市10名品学兼优残疾学生颁发奖学金5万元。6月8日，端午节前夕，民进市委与医大总支到市少保中心慰问，为孩子们送去粽子、水果、少儿读物等。暑假期间，向石家庄深泽县铁杆镇中心小学、深泽县桥头中心小学等学校捐赠桌椅300余套、价值3万余元。11月8日，捐赠启智学校智障孩子床单60件、椅子30把。助力开展社会服务活动。5月15日，民进文化界、医务界会员到石家庄新华区联盟小区开展共建和谐社区活动。5月24日，联合市政协教科文卫体委员会，组织9名医药卫生界专家到石家庄行唐县西塔子庄村开展义诊活动，免费发放药品2000多元，接诊患者200余人。2013年11月，民进市委向石家庄晋州市光灿村捐赠图书617本，价值6000余元，并帮助该村建立农家书屋。11月6日，协助举办河北省书法教育大型公益活动"烛光计划"，捐赠"中小学书法练习指导"系列教材2000册，价值近3万元。11月27日，组织市区科学、心理、书法、品德、语文5个学科名校名师到石家庄深泽县开展义教讲学，捐赠图书300余册，价值5千元。2013年四川省雅安市发生地震灾害后，民进市委及会员向灾区捐款31560元。

（张伟）

中国农工民主党石家庄市委员会

【概况】 2013年，中国农工民主党石家庄市委员会（简称农工党市委）贯彻落实中共十八大、十八届三中全会和中共河北省委八届五次全会、市委九届四次全会及农工党十五大会议精神，围绕"解放思想、开拓进取，凝聚力量、攻坚克难，加快转型升级、跨越赶超、建设幸福石家庄”目标，开展“解放思想、改革开放、创新驱动、科学发展”大讨论活动，加强自身建设，坚持中国共产党领导，履行参政党职能。到2013年底，农工党市委共有成员821人。其中，高级职称534人，占成员总数65%；中级职称163人，占成员总数19.9%；医卫界483人，占成员总数58.8%；文教界110人，占成员总数13.4%；科技界37人，占成员总数4.5%；其他191人，占成员总数23.3%。

【思想建设】 以“同心”思想为引领，抓好政策理论学习，提高成员政治理论水平。引导和带领广大成员学习中国特色社会主义理论，领会中共十八大、十八届三中全会，农工党十五大，中共河北省委八届五次全会、中共市委九届四次全会及全市着力改善“两个环境”建设大会精神，组织开展党的群众路线教育实践活动。邀请河北省委党校教授庞立平就“解放思想、改革开放、创新驱动、科学发展”大讨论活动作专题讲座。组织机关干部参加中共市委统战部举办的石家庄市多党合作理论培训班。开展“西柏坡统一战线和多党合作文化研究”活动，广泛搜集素材，多次召开研讨会，撰写4篇调研报告报送中共市委统战部，其中《多党合作制度在西柏坡的初步形成与影响》被《西柏坡时期统一战线研究初探》一书收录。2013年4月，农工党市委参加了中共市委统战部举办的“全市统一战线各界人士纪念‘五一口号’发表65周年篆刻书画展”活动，广大成员再一次重温中共中央发表“五一口号”的历史，坚定了接受中国共产党领导、坚持多党合作和政治协商制度的信心决心。加强思想宣传，2013年农工党市委在各类媒体刊登稿件10余篇。其中，被中央统战部《每日汇报》采用2篇；在《前进论坛》刊登3篇；被中共河北省委统战部采用1篇。2013年农工党市委主委王宝山撰写的《深入学习贯彻中共十八大精神，努力把农工党石家庄市委会工作推向前进》在《石家庄日报》刊登。

【组织建设】 加强领导班子建设，参加中共河北省委、市委统战部和农工党河北省委举办的理论学习培训活动，提高政治把握能力、参政议政能力、组织领导能力和合作共事能力。加强机关建设，转变工作作风，强化服务意识。完善规章制度，坚持开好每周例会。开展工作交流，提高工作效率。增强组织凝聚力和向心力，看望慰问生病住院党员，帮助困难党员解决实际问题。组织发展严把政治质量，重视党员综合素质。全年农工党市委发展新党员45名。其中，高级职称占20%，中级职称占31%；硕士以上学历14人；医卫界16人，其他界别29人。加强新党员培训，组织新党员到西柏坡参观学习和接受教育，提高新党员对中国共产党领导的多党合作和政治协商制度认识和理解。

【参政议政】 发挥人才荟萃、智力密集优势，把握科学发展和加快转变经济发展方式主线，做好参政议政工作。研究考察，协商推荐市人大代表5名、市政协委员24名。召开专题会议，广泛征集“两会”提案议案。2013年农工党市委围绕卫生、环保、教育、城市建设等热点问题，在市“两会”提交集体提案21件。其中，农工党市委副主委宗立荣向市人大提交《关于规范住宅小区公建配套设施建设的建议》议案获评“2013年度优秀市人大代表建议”；农工党市委《关于进一步加强我市公共就业服务精细化管理的建议》获评市政协“优秀集体提案”；市政协委员程鹏起、白霞个人提案获评“优秀提案”；《疏导结合治理渣土和扬尘，减少形成雾霾和污染》等6件提案在石家庄电视台《提案追踪》栏目播出。做好社情民意信息反映，全年农工党市委向农工党河北省委，中共市委统战部、市政协提交社情民意信息49条，党外人士建言33篇。其中，农工党市委主委王宝山撰写的《公共场所应配备除颤器等“救命仪器”》被中央统战部《零讯》采用；《着力解决〈行政强制法〉执行中存在的主要问题》等7条信息被中共河北省委统战部、省政协采用。重视加强人大代表、政协委员、参政议政骨干培训，大力提高农工党成员参政议政能力和水平。2013年农工党市委被农工党河北省委、市政协评为“反映社情民意信息先进单位”；王晓云、刘彦2名成员被农工党河北省委评为“社情民意工作先进个人”；刘彦被市政协评为“优秀信息员”。深入卫生、环保、民政、城管、教育等部门，开展调查研究，撰写调研报告18篇。其中，《PM2.5治理的制度选择与方法探究》等6篇调研文章被农工党中央采用；《着力解决〈行政强制法〉执行中存在的主要问题》被中共河北省委统战部、省政协采用。开展“解放思想、改革开放、创新驱动、科学发展”大讨论活动，10余名参政议政骨干从7个方面撰写提出《以创新的思维，推进我市传统产业高端化》等建议16篇。

【社会服务】 开展“同心奉献、服务社会”活动。2013年4月，农工党市委组织8名同心服务团医疗专家参加中共河北省委统战部在河北省阜平县开展的“三下乡”义诊活动。2013年5月，农工党市委联合农工党河北省委到中央统战部旧址石家庄平山县李家庄村，开展纪念中共中央“五一口号”发表65周年捐赠、义诊、参观学习活动，向李家庄捐赠生活用品82套。5月17日，农工党市委联合农工党河北省委、石家庄新华区残疾人联合会在新华区举办“帮扶贫困残疾人，共建文化幸福城”助残捐赠、义诊活动，向30名贫困残疾人每人发放特困补贴资金1000元，捐助生活用品170套，捐助轮椅和助行器各30个，并为168名视力残疾人进行白内障筛查检查。2013年6月，农工党市委联合农工党河北省委、省环保厅在河北省邢台市新河县申家庄举办第六届“中国环境与健康宣传周”活动，向该村赠送学生用品和部分农村常用药品价值1万余元。2013年农工党市委被农工党中央评为“2010—2012年度社会服务工作先进集体”；被农工党河北省委评为“中国环境与健康宣传周”先进集体；牛占位被农工党中央授予“社会服务工作先进个人”称号。参加农工党中央举办的“全国第八届生态论坛”活动，报送论文8篇，其中5篇被农工党中央采用。参加“河北省第四届环境与健康论坛”活动，曹东义受邀作大会主题发言，报送《独特人文地理，蕴育别样中医》等5篇论文在《公众健康与环境》杂志刊登。四川省雅安市芦山县发生地震后，农工党市委及成员向地震灾区捐款45000余元。

（马进旗）

九三学社石家庄市委员会

【概况】 2013年，九三学社石家庄市委员会（简称九三学社市委）贯彻落实中共十八大、十八届三中全会和中共河北省委八届五次全会、市委九届四次全会精神，围绕“解放思想、开拓进取，凝聚力量、攻坚克难，加快转型升级、跨越赶超、建设幸福石家庄”目标，团结和带领广大社员，履行参政议政、民主监督职能，加强自身建设，开展社会服务活动。配合《九三学社河北省志》编撰，梳理1956年九三学社市委建社以来组织沿革、参政议政、社会服务等情况，收集汇总大量科研成果和学术专著目录，整理撰写人物传40余人。2013年九三学社市委及社员发表论文、著作80余篇，获得专利9项，承担国家自然科学基金项目10余项、省自然科学基金项目10余项；社员获得国家科技进步二等奖2项，河北省社会科学特别奖1项，河北省自然科学三等奖1项、技术发明三等奖1项，河北省科技进步二等奖1项、三等奖1项，河北省高等教育教学成果一等奖1项、二等奖3项、三等奖1项。至2013年底，九三学社市委共有社员625人，其中发展新社员36人。

【思想建设】 以学习贯彻中共十八大、十八届三中全会和中共河北省委八届五次全会、市委九届四次全会精神为核心，采取作专题报告、购置图书、经验交流、征文等方式，贯穿全市着力改善两个环境建设、纪念“五一口号”发布65周年、解放思想大讨论活动等内容，开展内容丰富、形式多样的学习研讨活动，提高社员政治觉悟和理论水平。团结凝聚人心，指导社员思想建设，出版内刊《石家庄社讯》4期。2013年九三学社市委及会员撰写的《“大位置”起用党外人士：多党合作和政治协商制度形成的基石》获得九三学社中央2012—2013年度优秀新闻作品三等奖；《九三学社的民主与科学精神述论》入选九三学社中央在江苏省南京市召开的“九三学社民主与科学研讨会”优秀论文；《民主党派基层组织建设存在的问题及对策》等4项课题获得九三学社河北省委立项；《民主党派在协商民主中的独特作用及实现路径》入选市政协研究室主编《发挥人民政协协商民主重要渠道作用理论研讨材料汇编》。至2013年底，九三学社市委共有60篇宣传稿件在国家级、省级、市级刊物或网站发表。其中，九三学社河北省委开展全省2011—2012年22项理论研究成果和4篇九三学社与马克思主义研讨会论文综合评判，九三学社市委提交的《社会主义核心价值体系与民主党派发展研究》以290分位居第一名。

【组织建设】 组织发展以发现人才、培养人才为目标，重视吸收政治素质高、参政议政能力强、有代表性的新生力量。全年九三学社市委共发展新社员36名，平均年龄38.9岁。其中，男社员16名、女社员20名；博士研究生5名、硕士研究11名；具有高级职称18名，占发展总数50%，中级职称8名，占发展总数22.2%。至2013年底，九三学社市委共有社员625人，平均年龄50.3岁。其中，具有高级职称491人，占社员总数78.6%，中级职称96人，占社员总数15.4%；高等教育界268人，占社员总数42.9%；医药卫生界157人，占社员总数25%；科学技术界117人，占社员总数18.7%。2013年12月，九三学社中央授予包括九三学社市委等全国100个单位“组织建设先进集体”称号。

【参政议政】 参加中共石家庄市委及中共市委统战部、市政协组织召开的协商会、座谈会、征求意见会，围绕着力改善“两个环境”建设、政府工作报告、科学发展、群众路线教育实践活动、党外人士发挥民主监督作用等议题，建言献策，提出建设性意见和建议。开展调研活动，撰写提案，反映社情民意。2013年全国政协委员、九三学社市委主委王长华提交《关于杜绝学历歧视，促进高校毕业生就业机会平等的提案》，引起社会和媒体广泛关注。九三学社市委创办《信息专刊》出版12期，涉及教育、食品安全、生态环境、民营经济、社会管理、以房养老等方面。利用政协平台，积极建言献策。2013年4月，九三学社市委23名社员当选石家庄市新一届政协委员。参加市政协十二届一次会议，九三学社市委及政协委员提交立案提案48件，集体提案18件，个人提案27件。其中，《推进品牌强市战略，加速经济发展》、《综合整治农村环境卫生，努力建设美丽乡村》列为主席包案督办重点提案；《关于进一步提升城市建设水平的建议》、《关于完善石家庄市农村新民居建设的建议》、《关于加强我市行业性专业性调解组织建设的建议》获评市政协十一届五次会议以来优秀提案。2013年九三学社市委通过九三学社河北省委，向河北省政协十一届一次会议提交集体提案9件。其中，《关于着力改善农村生态环境的建议》得到副省长张杰辉批示；《关于河北省新型农村社区建设的建议》、《关于我省新农村社区建设产业支撑体系的建议》被列为大会发言。2013年九三学社市委向上级部门报送社情民意信息60份，有44份被上级部门采用并在媒体发表或转载。其中，《关于在我市增建固定献血屋的建议》得到中共河北省委常委、统战部长范照兵批示。2013年九三学社市委获评市政协反映社情民意信息工作先进单位二等奖，3名市政协委员获得先进个人称号。

【社会服务】 2013年4月，四川省雅安市芦山县发生地震后，九三学社市委积极响应九三学社中央、省委号召，组织基层单位和社员向灾区捐款13700元。以中共石家庄市委统战部开展“三进活动”及九三学社中央举办第25届“国际科学与和平周”活动为载体，2013年9月九三学社市委联合九三学社省委、石家庄新华区支社到九三学社中央授牌的“九三学社帮扶点”——河北省阜平县三岭会村开展捐赠活动，向当地捐赠排椅50把（石家庄新华区支社提供）、电脑3台（九三学社省委提供），价值约1万元，并帮助该村建立党建活动室。2013年11月，九三学社市委联合市政协、石家庄行唐县政协，组织社内医卫界专家在行唐县南桥镇北桥村为村民开展义务诊治活动，接受诊治群众近200人，并为该村小学生购置《新华字典》50本，捐赠衣物近200件。

（党大志）

石家庄市工商业联合会

【概况】 2013年，市工商业联合会（简称市工商联）贯彻落实中共十八大、十八届三中全会和中共河北省委八届五次全会、市委九届四次全会精神，围绕“解放思想、开拓进取，凝聚力量、攻坚克难，加快转型升级、跨越赶超、建设幸福石家庄”目标，积极发挥桥梁纽带和助手作用，全力打造“经贸招商”、“民营企业园区行”、“民营企业家讲坛”3大工作品牌，有效促进了民营经济健康发展，实现了民营经济数量增加、规模扩张、结构优化、活力增强良好局面。2月26日，市工商联召开第十四届执行委员会第二次会议，提出2013年是“共谋发展年”，并号召全市工商联围绕中心、服务大局，从政策环境、项目助推、资金搭桥、教育引导等方面入手，促进非公有制经济健康发展和非公有制经济人士健康成长。履行非公有制经济领域社会团体业务主管单位职能，召开直属商会工作会议，邀请市民政局主管业务领导介绍商会登记注册政策。2013年市工商联邢台商会、邯郸商会、女企业家商会等6家商会在市民政局登记注册。至2013年底，市工商联直属商会达到50家，直属会员达到367家，其中，新发展直属商会15家，新发展直属会员24家，年末会员总数达到4万余家。

【服务民营经济发展】 组织参与经贸招商活动。协助石家庄市政府、河北省工商联组织邀请多家国内著名企业参加“百家民企进河北”和“5·18廊坊经贸洽谈会”。邀请俄罗斯、韩国、刚果、卢旺达等10余个国家40余位客商到石家庄参加第六届中国·石家庄（正定）国际小商品博览会、“第九届石家庄投资合作洽谈会”。促成刚果矿产发展促进会等2家外企与石家庄市企业签订合作协议，意向金额3.2亿元。组织参与“韩国忠清南道经贸洽谈会”、“湖北十堰—石家庄经贸洽谈会”、“云南保山—石家庄投资洽谈会”等经贸活动6次。帮助企业和非公经济人士借鉴外地经验，带领商会和企业家到辽宁省沈阳市、河南省郑州市、四川省成都市、云南省保山市等地考察学习。与北美南安商会、刚果矿产发展促进会、沈阳市工商联等3家国内外商会签订友好合作协议。为民营企业提供人力资源服务。发挥“市工商联人才交流服务中心”作用，在全市民营企业、非公经济组织中开展专业技术资格初聘和职业技能鉴定工作。搭建平台，与市劳动就业局、市教育局等联合举办“2013石家庄市民营企业春季专场招聘会”，组织四药集团、天山集团、神威集团、正元化工等200余家民营企业进场招贤纳才，提供岗位7000多个，达成就业意向近2000个。与职能部门加强联系合作。2013年市工商联与市质量技术监督局等签订《友好合作协议》，在促进民营产业结构调整和优化升级、加强品牌建设、开展节能降耗、扩大采标范围、推动中小企业信用体系建设等方面为民营企业提供优质服务。推荐双鸽食品、博深工具等7家副主席、副会长企业为全市首批“首席质量官制度示范企业”。引导民营企业推进企业文化建设，争创社会荣誉。2013年在市工商联支持和推荐下，双鸽食品、东明家具、京华电子、橡一股份等9家民营企业获得“2012年河北省诚信企业”称号；君乐宝乳业获得“全国第五届就业与社会保障先进民营企业”荣誉；神威药业获得“河北省就业先进企业”称号；四药集团被中华全国总工会授予中国劳动者集体最高荣誉——“全国五一劳动奖状”。

【民营企业园区行】 开展“民营企业园区行”活动，组织300余家企业、40余家商会到石家庄赞皇县、高邑县、新乐市、平山县等县市考察投资，签约项目9个，总投资额11.7亿元。其中，河北国大、鼎清农业等4家企业与赞皇县签订农业生态开发等项目合作意向，涉及金额3.5亿元；包头世纪金华实业有限公司与行唐县签订初步合作协议1项，意向金额2亿元；河北爱荣贸易等3家企业与高邑县就食用菌、陶瓷、汽车等签订合作意向3个，意向金额2.2亿元。

【帮助民营企业融资】 全年市工商联组织召开银企对接会3次，分别与河北银行、中信银行石家庄分行等签订战略合作协议。12月16日，市工商联和中信银行石家庄分行共同举办石家庄中小微企业融资高峰论坛并签订《战略合作协议》，议定采取银行授信等方式，为中小微企业融资搭建平台。论坛上，市工商联邢台商会、河北天农副食果品有限公司分别与中信银行石家庄分行签署业务合作协议。根据协议，采取银行授信，商会、市场或其中龙头企业提供担保方式，小微企业可得到最高500万元无抵押贷款。2013年市工商联和县（市）区工商联累计为会员企业争取贷款9.4亿元，有效缓解了民营企业融资难问题。

【引导非公有制经济人士健康成长】 2013年石家庄市长王亮，市委常委、统战部长毛全球等市领导带领10余个职能部门负责人到市工商联，与市民营企业家围绕贯彻落实十八届三中全会精神、加快转型升级等内容召开座谈会，听取市工商联和企业家意见及建议。市长王亮提出，由市工商联牵头，在石家庄正定新区筹建“石家庄市民营企业服务总部基地”，得到企业家积极响应，并将该项目写入政府工作报告。开展“非公有制经济人士理想信念教育实践活动”。按照中共河北省委统战部、省工商联部署要求，制定出台《实施意见》，邀请和组织20多个党政部门参加民营企业座谈会，开展以“民营企业家与中国梦”为主题系列专题活动。2013年在中共河北省委统战部、省工商联召开的全省理想信念教育观摩交流会上，市工商联作为先进单位在会上作了经验介绍，得到全国工商联副主席、全国非公有制经济人士理想信念教育实践活动领导小组副组长庄聪生和中共河北省委常委、统战部部长范照兵的肯定。2013年国庆节前夕，市工商联与中共石家庄市委宣传部、中共市委统战部联合开展“五星红旗飘起来”活动，并在市区东明家具广场举行升旗启动仪式。该项活动获得全市3万余家民营企业积极响应，有力宣传了党和政府对待非公经济人士“爱国、敬业、诚信、守法、贡献”方针，得到中央统战部的肯定。创办“民营企业家讲坛”，提升企业家综合素质。石家庄民营企业家讲坛是市工商联2013年推出的一项新的服务工作，每季度举办一期，邀请国内知名专家学者及优秀企业家授课，帮助省会企业家解疑释惑；通过专家学者与企业家、企业家与企业家之间的沟通交流，帮助企业家提高管理水平，开拓发展思路，寻找新的智慧窗口。4月3日石家庄民营企业家讲坛正式开班，到2013年底，举办讲坛4期，邀请郎咸平、胡润、翟山鹰等国内外著名经济学家和企业管理专家授课，培训企业家及高级管理人员3000余人次。2013年市工商联依托“民营企业家讲坛”，组织非公经济人士和企业家参与“企业家高峰论坛”、“十八大后我国经济的发展与机遇”等专题讲座20余次。

【参政议政】 做好非公经济人士省、市人大代表、政协委员推荐、考察工作。2013年市工商联系统共有1461名非公有制经济代表人士担任县级以上人大、政协职务。开展调查研究，推进建言献策。2013年在市政协会议上，市工商联提交《强力推进节能减排，大力改善生态环境》、《进一步加强行政效能评价工作的建议》等3个集体提案获得好评。畅通信息渠道，建立信息专报制度，及时向市委、市政府报送民营经济发展情况及存在问题。年内市工商联向中共市委统战部报送信息近100条。2013年市工商联信息被全国工商联网站采用180多条，在省工商联网站刊用3274条。根据《石家庄市2013年优化发展环境民主评议工作实施办法》要求，全年在市工商联系统推选优化发展环境民主评议员1000余名。

【社会服务】 结合“民营企业园区行”等活动，组织民营企业向石家庄赞皇县、深泽县等地方捐资助教60余万元。全年组织民营企业参与“光彩事业西藏行”、“饮水思源光彩十堰行”等光彩活动10余次，累计捐款捐物570余万元。2013年4月，四川省雅安市芦山县发生地震后，市工商联第一时间组织捐款活动，各商会、企业家慷慨解囊，共捐款230余万元，并于2013年9月通过市红十字会，定向捐赠给雅安市雨城区第一中学用于建设现代科学实验室。

（陈军委）

社会团体

【社会团体领导成员】

总工会

主　　席：王俊钟（4月免）
王俊英（4月任）
常务副主席：刘凯　（4月免）
高翠君（4月任）
副　主　席：郭乃杰
尤振昌（4月免）

共青团石家庄市委员会

书　记：王涛
副书记：魏洪涛
陈宏锋（1月任）
袁照华　王宏

妇女联合会

主　席：葛瑞芳（7月免）
崔芸　（7月任）
副主席：苏彦英　马玉玲
姜红

科学技术学会

主　席：陈健敏

副主席：羊文庆

高娟　（1月免）

冯卫和（3月任）

秘书长：高娟　（兼，1月免）

董升　（1月任）

文学艺术界联合会：

主席、党组副书记：周喜俊

党组书记、副主席：邵平

副主席：肖建科（兼秘书长）

张桂珍

归国华侨联合会

党组书记、主席：胡翎

党组副书记、副主席：许立

副主席：胡为民

社会科学界联合会（与社会科学院、讲师团合并）

党组书记、院长（主席、主任）：马建彬

副院长（副主任）：赵惠娟

副院长（副主席、副主任）：李贞年

残疾人联合会

理事长：尚建斌

副理事长：张爱艳

安永卫（3月任）

黄埔军校同学会

名誉会长：陈建中　孟昭夫

会　　长：张连枝

副会长：王敬之　徐丙生

秘书长：邱振贵（兼）

台湾同胞联谊会

会　　长：廖海鹰

副会长：王爱鸽　陈瑛

秘书长：游艳红

消费者协会

名誉会长：张承禄　张殿奎

赵长栓

会　　长：路国庆

副会长：李景祯　汤化敏

卢金保　贾利民

夏玉颖　栗绪楼

王占云

秘书长：许毅敏

副秘书长：陈磊

工业经济联合会

名誉会长：沈志峰　方秉钧

陈启明

顾　　问：王同林　周世俊

彭造岭

会　　长：杨耀波

常务副会长：谢艳华

副会长：程宝怀　王习文

左喜书　张昌荣

王建良　杨成桂

于锡庆　吴宝河

王炳熙　张征

李怀斌　姚振春

唐秀珍

党组书记：谢艳华

秘书长：任保山

副秘书长：谢艳华　高国欣

红十字会

会　　长：王大虎（4月免）

刘明轩（4月任，8月免）

张业　（8月任）

常务副会长：王鹏飞

副会长：张玉安

秘书长：郝瑞起

石家庄市总工会

【概况】 2013年，市总工会以建设学习型、服务型、创新型组织为突破口，注重发挥职能，全心全意为职工群众服务。工会经费财政划拨进入全省先进行列，经济审计连续10年位居全省第一。工会调研质量提高，完成调研文章60余篇。工会宣传影响提升，在国家及省市级媒体刊播文章448篇。4月17日，《人民日报》、新华社、《光明日报》、《工人日报》等12家国家级新闻媒体齐聚石家庄专题采访常山纺织集团女职工全国劳动模范杨普，展示了石家庄市工人阶级的风采。开展“卫生安全健康知识进企业、进社区、进机关、进家庭”宣传活动，举办大型社区宣传10场、女职工素质教育讲座820场。2013年市总工会女职工学校被全国总工会命名为女职工培训示范学校，并在全国总工会工作会上作经验介绍；女职工组织规范建设经验在河北省总工会工作会上作典型发言。12月4日，市总工会第十七届委员会第七次全体会议在市人民会堂举行，市人大常委会党组副书记王俊英当选市总工会主席。

（李波涛）

【表彰劳动模范金牌工人能工巧匠】 4月27，全市召开庆祝“五一”国际劳动节暨劳动模范表彰大会，表彰各条战线涌现出的劳动模范、金牌工人和能工巧匠。全市共有5人获得“全国五一劳动奖章”，1个单位获得“全国五一劳动奖状”，2个单位获得“全国工人先锋号”称号；5人获得“河北省五一奖章”，4个单位获得“河北省五一奖状”，4个单位获得“河北省工人先锋号”称号；399人获得“石家庄市职工劳动模范”称号，96人获得“石家庄市农民劳动模范”称号，10人获得“石家庄市金牌工人”称号，30人获得“石家庄市能工巧匠”称号。

（王静）

【“金秋助学扶困育才”行动】 2013年6月，石家庄市启动“金秋助学扶困育才”行动，再次提高特困职工和困难职工子女入学救助标准，扩大救助范围。至2013年底，全市困难职工子女全部纳入“金秋助学”救助范围，实现困难职工子女入学救助全覆盖。2013年“金秋助学扶困育才”行动救助范围为：2013年参加高考考入本科、大专、中专（含经教育部批准备案，列入全国普通高校统招计划的本、专科民办院校）的纳入全国工会帮扶工作管理软件的特困职工、困难职工子女；2013年参加高考未考入本专科院校，自愿在承担2013年省城乡技能就业扶助计划的技工学校就读纳入全国工会帮扶工作管理软件的特困职工、困难职工子女；2013年参加中考考入普通高中的纳入全国工会帮扶工作管理软件的特困职工、困难职工子女。此次还将2013年参加中考考入普通高中的纳入全国工会帮扶软件的困难职工子女纳入帮扶范围，市本级困难职工子女给予500元一次性救助，县级困难职工子女给予一般不低于300元救助，考入研究生的市本级特困职工子女给予1000元入学救助。2013年“金秋助学扶困育才”救助标准为：市本级特困职工子女，考入本科的由4000元提高到5000元，考入专科（含高职）的由3000元提高到4000元；市本级困难职工子女，考入本科和专科的分别由2000元提高到3000元，由1500元提高到2000；市本级管理的就读大中专院校的“希望之星”，生活补贴由每人每年500元提高到1000元；市本级特困职工子女大学专科（含高职）、中专毕业后考入大学、大学专科（含高职）的，在原救助标准基础上补足差额；县（市）区考入普通高中的特困职工子女救助标准由300元提高到500元。2013年全市“金秋助学扶困育才”行动共资助268人进入大中专院校，发放救助金77.45万元。

（戴丽丽）

【提升职工劳动素质】 开展职工技能培训，举办职工职业技能培训班57期，培训4591人次。举行职工劳动竞赛，调动激发劳动热情和创造力。2013年市总工会、市人办资源和社会保障局联合举办15个工种职工职业技能比赛，通过比赛150余名职工获得技师技术资格，800余名职工晋升技能等级。至2013年底，全市共有10238家企业、100.19万职工参加职工劳动竞赛。组织支持省会劳动模范践行雷锋精神服务队开展医疗保健、家电修理、法律咨询等服务活动10余次，赢得全市社会认可和好评。2013年石家庄市近2000家企业建立“首席工人”制度，共评选“首席工人”1420名。新建职工创新工作室80家，年末累计达到460家。命名表彰“石家庄市工人先锋号”100个。开展“安康杯”竞赛活动，全市参赛企业发展到5630家，参赛职工达到76.5万人。推进首席安全信息员制度，全市设立首席安全信息员876名。职工劳动安全卫生专项协议覆盖面扩大，年末全市签订专项协议企业达到4523家。

【基层工会组织建设】 推进25人以上企业独立建立工会、10人以下企业建立联合工会组织。争取党政、工商、税务等部门支持，重点突破规模以上私营企业建会；依托全市大规模建设工业聚集区等“块状经济带”，探索开发区、工业园区、工业聚集区内企业建会新路子；推进劳务派遣企业建会和发展劳务派遣工会员工作。推进行业工会建设，推广河北省区域性行业性联合会组建工作现场会经验，选择条件比较成熟的行业协会逐步建立行业工会联合会。加强县级行业工会联合会组建及规范管理，扩大行业联合会覆盖面。2013年全市新增基层工会组织442个，新发展会员13144人，超额完成河北省总工会下达任务。选树100家规模以上企业为工会规范化建设典型单位，引导提升非公企业工会规范化建设水平。开展“创建示范非公企业工会”评选活动，提高非公企业工会凝聚力、战斗力、创造力。2013年石家庄市10家非公企业工会被河北省总工会选树为示范单位。广泛开展小型企业“亮牌子、亮身份、亮职责、亮承诺”“四亮”活动，大中型企业和规模以上企业争创“岗位好职工、家庭好角色、社会好公民、和谐好家庭”“四好”工会活动。提升乡镇（街道）总工会活力，扩大乡镇（街道）总工会标准化建设成果，验收乡镇（街道）总工会50家，累计达到120家。

【创建和谐劳动关系】 开展劳动关

系和谐单位创建活动，召开创建领导小组会议，研究劳动关系和谐单位评比，制定修改《关于广泛开展劳动关系和谐企业、医院、学校、工业园区、乡镇、街道创建活动的意见》。2013年全市开展劳动关系和谐单位创建活动企事业单位22345家，覆盖面达到95%。推进工资集体协商制度，培养典型示范，发挥引领作用，建立典型单位备案库。至2013年底，全市评选工资集体协商市级典型10家（行业典型3家），县级典型100家（行业典型28家）；建立工资集体协商制度企业达到21510家，建制率达到94%。加强基层民主政治建设，以"四有标准"（有规范的职代会，有完善的集体合同，有固定的厂务公开栏，有正常开启的意见箱），重点抓好155家较大规模非公有制企业厂务公开民主管理规范指导。2013年底，全市规范建立厂务公开管理体系企业达到300家，建立职代会管理体系大中型企业达到120家。开展厂务公开民主管理示范单位创建活动和选树典型工作，2013年市油漆厂获授全国民主管理示范单位称号，石家庄邮政局等3家单位获授全国民主管理先进单位称号。加强"四员"队伍建设，推进企业劳动争议调解，构织基层劳动矛盾化解网络体系。至2013年末，全市设立工会劳动法律宣传监督员116360名、劳动矛盾预警信息员45800名、劳动争议调解员33600名、群众工作联络员36580名，建立劳动争议调解组织企业达到18560家。加大劳动法律监督检查，市总工会、人力资源和社会保障局、国资委、工商局、安全生产监督管理局、企业家协会6部门联合成立监督检查办公室，重点监督检查职工反映问题突出企业，有效维护劳动者合法权利。启动"双百"法律服务行动，组织百万职工参与劳动法规知识答题，组成普法宣讲团深入基层举行百场劳动法规讲座、咨询。发挥调解庭作用，探索仲裁庭建设，启动工会自主合议仲裁程序。2013年职工法律援助团受理职工援助37件，涉及职工300多人。妥善处理职工信访70余件，接待职工127人次，协调处理职工集体访6件，涉及职工近1000人。

【帮扶救助】 推进职工服务体系建设向街道、乡镇、社区、企业拓展，基本建成以市级职工服务中心为骨干，县级职工服务中心为支撑，企业和乡镇（社区）职工服务站为基础的三级服务体系。筹措资金641.49万元，开展生活救助、走访慰问、联谊座谈、关爱农民工4个方面16项送温暖系列活动。实施"爱心工程"、就业服务、夏送清凉等专项帮扶项目。联合北国超市、公交公司等7家爱心单位，为困难职工提供购物、燃气、血液透析、免费体检等专项帮扶。中秋节、国庆节慰问困难职工4712人，发放慰问金268.22万元。实施"职工白内障光明项目"，诊疗资助职工292名，发放救助金26万元。开展"职工互助一日捐"活动，全市救助892人，发放救助金712万元。

（李波涛）

中国共产主义青年团石家庄市委员会

【概况】 2013年，共青团石家庄市委（简称团市委）围绕"解放思想、开拓进取，凝聚力量、攻坚克难，加快转型升级、跨越赶超、建设幸福石家庄"目标，采取创新机制抓队伍、创新载体抓活动、创新标准抓实效方式，引领广大团员青年在助力经济社会发展中凝聚青春正能量，在建设幸福石家庄中铸就美好"青春梦"。全年团市委工作得到河北省委副书记赵勇，省委常委、市委书记孙瑞彬，省委常委、宣传部长艾文礼，市委副书记司存喜等省市领导22次批示和肯定；受到国家级媒体17次、省级媒体588次、市级媒体940次报道。《中国青年报》连续2次头版刊发《石家庄：在离市民最近的地方建志愿者服务站》、《石家庄试水社区青少年服务中心工作制度》报道。5月3日，全市举行各界青年纪念五四运动94周年座谈会，表彰16名第十三届"石家庄青年五四奖章"获得者。组建25支青年志愿服务队开展农村面貌改造提升活动，清运垃圾1325吨，清除卫生死角2200余处。组织青年志愿者绘制农村文化墙，在6个县建立18个青年绿化示范村。启动"维克莱恩太阳房公益项目"，在2个试点村建设太阳房样板，为450个重点村发放"太阳房"金卡2250张。2013年非公企业新建团组织1151家；县（市）区团组织全部配齐少先队总辅导员；16个县（市）区少工委换届完成，并选派高校团干部到9个县

(市)区团委锻炼学习。2013年团市委获得“全国残疾人举重锦标赛志愿者工作优秀组织奖”；“石家庄共青团”微博获得“中国政务微博百强”和“全国共青团系统政务微博综合影响力第一名”。

【青少年思想教育】 以“学理论、强党性、铸信仰”主题教育活动为载体，学习贯彻党的十八届三中全会、河北省委八届六次全会、共青团十七大、市委九届四次全会精神，组织学习培训活动550余次。在学校、农村、企业、志愿者、网络等各个战线开展“我的中国梦”、“中国梦·幸福城”教育实践活动。2013年习近平总书记在五四青年节前就石家庄一中学生会去信回复，肯定同学们开展“中国梦、学子行”活动。五四青年节期间举办各界青年纪念五四运动94周年座谈会暨“中国梦·幸福城”团史及青少年书法、绘画、摄影展；六一儿童节期间开展“红领巾相约中国梦”主题队会活动；建队日举办“相约中国梦·点亮幸福城”主题队会活动。2013年“红领巾相约中国梦”活动实现全覆盖。利用“石家庄共青团”微博、微信等新媒体，打造吸引、凝聚、服务、引领青少年正能量新平台。

（李继锋）

【首个青年志愿者服务站落户新客站】 3月14日，全市首个规范化、常态化的青年志愿者服务站在石家庄新客站成立。石家庄新客站青年志愿者服务站由团市委、石家庄新客站和河北科技大学联合建立，制定有“青年志愿者服务站服务规范”。青年志愿者主要为旅客提供咨询、引导、检票等服务。按任务分工，团市委面向社会、旅客开展民意调查，根据旅客需求组织志愿服务；石家庄站培训青年志愿者，将青年志愿服务纳入石家庄站日常运营管理；河北科技大学每周六、日上午和下午，分别组织30名志愿者到新客站开展志愿服务。至2013年底，全市建立“青年志愿者服务站”47个，摸索形成固定化、常态化、规范化青年志愿服务模式。2013年国家、省、市各级媒体报道石家庄市青年志愿服务活动720余次。

（戴丽丽）

【青春建功实践活动】 助力青年创业，建立小额贷款“绿色通道”，发放农村小额贷款3.09亿元、城市小额贷款5437万元。重视培养青年人才，以“寻找最美青工”为载体，开展职业技能比武大赛、青年岗位能手评选，举办农村青年致富带头人“3A”培训班。2013年团市委获得河北省“寻找最美青工”优秀组织奖。推动青年社会实践活动，与高新区、循环化工基地50余家企业联系对接，在暑期组织高校大学生开展“三下乡”社会实践活动。协助搞好招商活动，团市委、市招商局联合成立石家庄共青团招商引资工作领导小组，开展“青联委员县区行”、“青春助力新发展、转型升级我当先”等活动，完成招商引资项目50多项，引进资金100多亿元。开展青年志愿服务活动，全年组织青年志愿服务活动115次。

【资助青年创业就业】 实施“青春建功幸福城·圆我创业就业梦”活动。举办青春创业大讲堂200余场，大型招聘会15场，提供就业岗位7万个，征集优秀创业项目100个，选树青年创业典型100名。争取团中央创业就业基金44万元，帮助和资助青年创业3000余名。建立青年就业创业见习基地25家，组织青年上岗见习3284名。成立全市“青年农业科技专家志愿服务团”，开展“致富梦·中国梦”农村青年技能培训。建立农村专业合作组织和涉农行业协会团组织14家，覆盖农村团员350人。

【服务社会民生】 围绕改善“两个环境”建设，推进“幸福季”系列活动。筹资70余万元，开展“幸福春天”活动，建设“石家庄青年林”1万平方米；开展“幸福夏天”活动，为一线建设者送去价值15万元防暑物品；开展“幸福秋天”活动，慰问孤寡老人，与农村留守少年儿童一起观看吴桥国际杂技节，举办青年文明号单身青年联谊活动；开展“幸福冬天”活动，慰问困难群众，让冬日有温暖相伴。开展“希望工程，圆梦行动”，筹集捐款918万余元，资助贫困学生2165人。开展“寻找最美的你，圆你最美的梦”活动，帮助5名优秀青年和500名优秀学生实现梦想。

【服务青年群体】 开展“走进青年、转变作风、改进工作”调研活动，到各条战线倾听青年呼声，为青年提供实实在在的帮助。开展“我身边的青年朋友”活动，与青年工人、农民、大学生等普通青年交朋友。

举办石家庄市爱心自组织座谈会、"幸福乡村行"活动。完善"12355"青少年服务台建设，24小时为青少年提供人工在线服务。2013年"12355"青少年服务台平均每天为青少年提供服务36例。

【青少年服务中心建设】 以"服务社区建设、服务青少年、服务社会"为目标，从加强社区共青团管理、开展社区重点青少年群体特色服务入手，向重点青少年提供法律服务、心理疏导、爱心助学、就业辅导、创业支持、志愿服务、交友联谊等帮助活动，并在市内五区建成标准化社区青少年服务中心50余家。推进辖区资源共享、阵地共建，为辖区团员青年提供优质服务，提升社区团支部凝聚力，将组织温暖洒向重点青少年群体。11月7日，《中国青年报》头版刊登《石家庄试水社区青少年服务中心工作制度》报道。2013年河北省重点青少年群体服务管理和预防犯罪工作推进会在石家庄市召开。

（李继锋）

【"石家庄共青团"微博综合影响力获评全国共青团系统第一名】 2013年下半年，"人民网"舆情监测室发布《2013年上半年新浪政务微博报告》，"石家庄共青团"微博获得全国共青团系统政务微博综合影响力第一名。《2013年上半年新浪政务微博报告》指出，至2013年6月底，"新浪网"微博平台认证政务微博7.9万个，其中，共青团系统1.8万个，成为政务微博第一梯队。"石家庄共青团"微博于2011年3月开通，始终坚持"宣传党政、引导舆情、服务民生、弘扬文明"的宗旨，注重采取青少年喜闻乐见的语言和方式，受到网友普遍欢迎。2013年"石家庄共青团"微博获得"中国政务微博百强"（第39位）、"全国政务微博先进应用奖"、"十大团系统机构微博"等荣誉。至2013年底，"石家庄共青团"微博粉丝超过217万，发布微博4.5万条。

（戴丽丽）

石家庄市妇女联合会

【概况】 2013年，市妇联按照全国一流、全省领先目标，立足基层，服务妇女，改进作风，全力做好妇联工作。围绕全市着力改善"两个环境"建设，召开改善"两个环境"巾帼在行动推进会、"巾帼文明岗"创建工作推进会。组织在职女性立足岗位争创一流，选树"三八"红旗集体（手）、巾帼文明岗（星）等优秀女性典型375个。创建国家级巾帼现代农业科技示范基地3个、市级巾帼现代农业科技示范基地20个。支持农村面貌改造提升行动，提出庭院美、家庭美、厨厕美、身心美、村庄美要求，启动石家庄争创"美丽庭院"行动；开展美丽庭院大讲堂、寻访美丽庭院等活动，发放明白纸2万余份，奖励示范户围裙、垃圾桶1万余个；帮助妇女革除生活陋习，提高整理家居环境水平和能力，首批打造家庭4.3万户。开展"巾帼出份力，呼吸好空气"植树活动，栽种"巾帼林"30亩。举办"低碳生活，美丽家园"环保知识竞赛，普及环保知识，提高环保意识。在全市普遍建立妇女之家基础上，打造精品示范点20个，统一LOGO、统一设施、统一服务，开展健康知识、创业就业、妇女维权等培训2300余场，培训妇女43600人。2013年市妇联获得全国维护妇女儿童合法权益先进集体、全国妇女小额担保贷款工作先进集体、全国农村妇女"两癌"免费检查工作先进集体、全国"我的绿色发现"优秀组织奖和河北省儿童慈善奖先进集体称号。

【妇女创业就业】 启动"巾帼创业帮扶百村行"活动，深入126个乡村（社区），帮助2万余名妇女实现创业就业，为906名妇女申请创业贷款资金5137万元，同比增长162%。培育选树15个市级巾帼现代农业科技示范基地，开展妇女技能培训、科技成果展示、技术竞赛比武等活动，大力培育农村妇女致富带头人。举办"幸福女生就业季"女大学生就业创业洽谈会和职业规划大讲堂，为5000余名女大学生就业搭建平台。提升手工编织业水平，加大市妇女手工编织协会规范性建设，设置妇女手工制品展室，首创女大学生手工编织实践基地，并举行首届妇女手工编织大赛，带动妇女实现居家灵活就业8万余名。

【维护妇女权益】 开展"三八"维权周、"11·25"国际反家庭暴力日、"12·4"法制宣传日、法律大讲堂等群众性普法宣传活动1000余场，共为10万余名妇女提供法律咨询和服务。提高妇联组织干预家庭暴力和服务受害妇女能力，成功争取全国唯一试点项目中澳合作家庭暴力危机干预中心落户石家庄鹿泉市。推进妇女信访代理，2013年全市2万名妇联信访代理员和妇女提供法律援助1万余件，结案率达90%以上。

【妇幼保健和救助】 推进新生儿出生缺陷防治工程，在市妇幼保健院挂牌成立北京大学人口研究所“生殖健康与出生缺陷干预基地”，为新生儿出生缺陷提供技术指导、成果引进、人才培养。举办出生缺陷防治技术规范化系列培训班，培训基层医务人员1000余名。免费向全市24个婚姻登记处发放液晶电视，宣传新生儿出生缺陷防治工程。2013年10月，全国预防和控制出生缺陷试点工作交流会在石家庄市召开。实施贫困“两癌”妇女救助项目，向每位贫困“两癌”妇女救助5000元。实施“为孤残儿童送爱心、为留守儿童送温暖、为农民工子女送关爱、为先心病儿童送健康、为贫困儿童送希望”五大行动，开展“有爱同行、冬天不冷”和建贫困母亲慈善基金等系列救助行动，募集爱心物资320万元，资助妇女儿童13000余名。

（刘静）

石家庄市科学技术协会

【概况】 2013年，市科学技术协会（简称市科协）下辖市科学普及中心、市科技咨询服务中心2个事业单位。所属市级学会、协会、研究会35个，会员1.81万人；企（事）业科协、院校科协47个，会员4800余人；县（市）区科协22个，工作人员104人;乡镇、街道科协275个，工作人员8519人；农村专业技术协会470个，工作人员65940余人。全年市科学普及中心举办各类科技培训班92个（期），培训630多人次；4个县市开展万名科技致富带头人培训，参加培训8000余人次。提升全民科学素质，印发《石家庄市关于加强全民科学素质建设考核工作的通知》，评选“石家庄市科学素质教育基地”34个。以农村妇女及从事农业产业妇女、女性科普带头人和科普工作者、农村妇女干部等为对象，开展“全国农村妇女科学素质网络竞赛”活动，提高农村妇女科学素质。举办第八届石家庄市青年科技奖评选，经初审、评审、公示等环节，全市评选获奖人员20名，并以市委、市政府名义给予表彰。推荐2名优秀人才获得第十一届河北省青年科技奖。根据市编委办文件通知，2013年8月市科技干部进修学院撤销，组建市科学普及中心（石编〔2013〕34号）；2013年9月市青少年科技活动中心撤销（石编办〔2013〕85号）。2013年市科学技术协会获得全国科普日活动优秀组织单位、全国“三农”网络书屋建设先进示范单位，河北省青少年科技创新大赛优秀组织奖、河北省青少年机器人竞赛优秀组织奖等荣誉称号。

（韩建辉）

【科普活动】 开展科普大篷车进校园、进社区、进农村活动，将社区广场、农村空地、中小学校园变成“科技馆”，全年10次在6个县（市）区举办科普大篷车巡展活动，达到了公众亲自动手参与科技活动、体验科学奥秘目标。《石家庄日报》以《“科技馆”开进居民小区》为题给予报道。联系中国科学技术协会，举办4天“流动科技馆进基层活动”，提升了中学生科学素质。开展科普示范创建活动，实施“基层科普行动计划”。2013年石家庄市238个集体、个人获评河北省科协基层优秀典型；23个项目获得科普表彰，争取奖补资金266万元，获奖数量和金额均位居全省首位。9月14日，由市科学技术协会、市教育局、市环保局、长安区委区政府共同主办的2013年石家庄市全国科普日活动在长安区谈固街道金谈固家园广场举行。“全国科普日”从2003年开始，是为纪念《中华人民共和国科学技术普及法》颁布，推进《全民科学素质行动计划纲要》实施而举办的科普活动，是一个全国范围组织开展的大规模群众性科普活动。按照中国科学技术协会要求，9月14～20日全国各地分别举办2013年“全国科普日”主题科普活动,主题为“保护生态环境，建设美丽中国”。2013年石家庄市科普日活动围绕主题，突出向公众普及生态文明、保护环境、节约资源、合理消费等基本知识和方法，现场进行了主题文艺表演、科普展览、科普咨询、健康义诊、中小学生环保绘画、科普大篷车、科普资料发放等活动，共发放科普资料2000余份，接受咨询200余人次。

（李云萍）

【科普宣传】 与河北人民广播电台

合作举办“省会科普伴您行”节目，分“农博士在线”、“院士专家谈科普”、“少年发明家”3个板块播出59期，邀请84位专家、企业家和科技带头人做客直播间。2013年石家庄市栾城县圣康无花果种植基地理事长杨振五在做客直播间后，直接为基地带回经济效益300万元。利用公交车移动电视和市区主要路口LED大屏幕开展科普宣传。2013年全市1800多辆公交车及河北省儿童医院、西柏坡等LED大屏幕播出“省会科普伴您行”科普动漫宣传片和科普知识短片60余集。积极整合社会各界资源，探索更加新颖时尚的科普宣传渠道，编辑制作6张《省会·科普》光盘辑，并与“省会科普伴您行”大屏幕视频播放活动、广播电台谈科普栏目视频相结合，形成便于传播、推广、保存的科普影像资料。

【科技服务】 以群众关心种、养、医、环保等内容为核心，组织省市知名专家36人次走进基层，举办科技惠民活动8次，解决问题40余个，直接受益近1万人。开展“菜单式”服务，实现专家资源与基层需求有效对接，达到事半功倍效果，深受群众喜爱。以开展专利资源应用为切入点，发挥企事业科协作用，探索运用知识产权制度，推广企业专利信息。2013年市科协帮助60余家企业安装更新专利信息软件。推进企业建立科技工作站。2013年行唐县、井陉矿区等县（市）区民营企业成立企业科协组织14家；建立企业院士工作站4家；建立科技专家企业工作站3家，引进专家9名。通过建立院士工作站和科技专家企业工作站，搭建起院士、专家与企业双向沟通交流合作平台，帮助企业解决了在技术创新中的实际问题和战略发展问题，促进了科技成果转化和企业创新人才培养。开展院士专家进百企活动。2013年在摸底国家级高新技术产业开发区、经济技术开发区基本情况基础上，组织开展“院士专家进百企”和“金桥工程”活动，发挥了科协系统人才智力、组织网络、综合协调优势，提高了企业市场竞争力。

【青少年科技活动】 探索青少年科学普及模式，5所配套学校科技馆基本建成。2013年石家庄市栾城县西营乡中学科技馆被批准列入中国科协、中国科技馆农村中学科技馆公益项目，获得支持资金30万元。这也是河北省唯一入选项目。用活动带动青少年科技发展。2013年全市6万名中小学生参加市青少年科技创新大赛。在2013年全国、河北省青少年科技创新大赛中，石家庄市获得全国一、二、三等奖7项，河北省一等奖134项，创出全省最好成绩；在河北省青少年机器人比赛中，石家庄市获得全省团体第一名好成绩。参加全国青少年高校科学营活动，全市组织50名营员分别到北京市、上海市、南京市等近20所名牌大学体验大学生活，参观国家重点实验室及国家重点科技工业园区，收听科学界名师学术报告，让青少年学生亲身体验高校实验室前沿研究，培养科学兴趣，树立学习目标。

（韩建辉）

【第28届河北省青少年科技创新大赛】 3月30日至4月2日，第28届河北省青少年科技创新大赛在石家庄市举行。大赛主题为“创新、体验、成长”，共有来自全省各地1500名师生展出自己创新作品。第28届省青少年科技创新大赛从2012年11月开始筹备，全省1570多所学校46万余名青少年参加，收集各类作品19190项，涉及物理、数学、化学、微生物等13个学科。河北省各市在评审基础上，共上报2223项作品参加省级评审。经过初评遴选，299项竞赛作品、10项优秀实践活动作品、10项科技辅导员创新成果作品和100幅科学幻想画参加终评展示，15名优秀科技辅导员参加论坛交流。石家庄市上报作品119项，参赛学校15所、148人。

（李云萍　张会英）

【河北省青少年机器人比赛】 5月25日，由省科学技术协会、省教育厅联合主办，省青少年科技中心承办的河北省青少年机器人比赛在原河北省武警总队消防培训中心举行，主要内容包括VEX和FLL机器人工程挑战赛、机器人足球比赛、机器人综合技能比赛和机器人创意比赛5个项目。全省9个设区市和华北油田91支参赛队、288名代表参赛，市参赛队伍在比赛中取得优异成绩。比赛结果为：河北省青少年机器人比赛单项奖（FFL）一等奖6个，石家庄市4个，占66.7%；二等奖12个，石家庄市5个，占41.7%；三等奖20个，石家庄市12个，占60%。河北省青少年机器人比赛单项奖（创意比赛）一等奖3个，石家庄市1个，占33.3%；二等奖6个，石家庄市4个，占66.7%；三等奖9个，石家庄市7个，占77.8%。河北省青少年机器人比赛团体奖一等奖2个，石家庄市1个；二等奖4个，石家庄市2个；三等奖6个，石家庄市2个。

（李玉金）

石家庄市文学艺术界联合会

【概况】 2013年，市文学艺术界联合会（简称市文联）坚持“二为”方向、“双百”方针和“三贴近”原则，按照“精品生产抓高度，人才培养抓厚度，队伍建设抓宽度，文化活动抓广度”理念，团结带领文艺界锐意进取，精心创作，生产出许多质量较高的文艺精品。2013年市文联下辖作家协会、书法家协会、美术家协会、摄影家协会、民间文艺家协会、音乐家协会、舞蹈家协会、影视家协会、戏剧家协会、曲艺家协会10个协会，会员1万余人；县级会员近2万人。5月30～31日，市文学艺术界联合会第九次代表大会在市人民会堂召开，全市各地400余名作家、艺术家、文艺工作者代表聚集一起，共商文艺事业繁荣发展大计。大会审议通过市文联第八届委员会所作《以高度的文化自觉，肩负起时代赋予的庄严使命》的工作报告，选举周喜俊为市文联第九届委员会主席，邵平、肖建科、张桂珍为驻会副主席，王中月、刘云道、张光辉、商业南、孙世煦、杨红莉、蔡玉霞为不驻会副主席。2013年市文联与河北省文联、市委宣传部、省会文明办联合举办全市文艺界志愿者服务经验交流会，总结石家庄市9年文艺志愿者服务成功经验，探索新形式下文艺界围绕建设社会主义核心价值体系，建立健全志愿者服务长效机制的新思路。《中国艺术报》以《建长效机制，育志愿服务生态林》为题给予报道。以“让梦想在实践中放飞”为主题，策划编纂大型图片集《石家庄文学艺术界联合会2005.8–2013.4》，采取图文并茂形式，展示了近年市文联秉持“十大协会活起来，各县文联动起来，激励机制建起来，人才队伍带出来”的工作理念和取得的丰硕成果，强调了文艺界“坚持以人民为中心”的创作方向，总结了科学谋划文艺工作的经验。至2013年底，市文联系统出版各类文艺书籍80余部；举办各种文艺活动和演出1500余场次；在报刊发表和省级以上展演作品500余件；获得市级以上各类文艺奖130多项。

【文艺精品创作】 2013年康志刚的长篇小说《天天都有大太阳》摘取第二届《中国作家》剑门关文学奖桂冠，开创石家庄市长篇小说首次获得国家级文学刊物大奖先例。参加第十二届河北省“文艺振兴奖”评选，石家庄市获得12个奖项。其中，长篇小说《当家的男人》、中篇小说《拴马草》等获得作品奖9件；获得青年作家奖2人、青年导演奖1人。获奖作品和人数位居全省各地市之首。参加第七届河北省文艺评论奖评选，石家庄市9件作品获奖，市文联获得优秀组织奖。2013年平山县文联组织创排的河北梆子《白毛女》获得第九届河北省戏剧节优秀剧目奖、优秀编剧奖、河北省十大精品剧目奖、河北省文艺振兴奖等多项大奖。2013年全市37件作品在《人民日报》、《光明日报》、《中国作家》等国家级刊物发表；1000余幅书法、美术、摄影作品入选国家和省级展览。开展文艺采风、作品研讨、文艺评奖等活动，营造文学人才成长环境。2013年栾城县、新乐市2名青年作家被河北省作家协会推荐进入鲁迅文学院学习进修；5名作家获聘为河北文学院合同制作家，连续四届（8年）位居全省第一名。

（陈广山）

【康志刚获得《中国作家》剑门关文学奖】 2013年上半年，第二届《中国作家》剑门关文学奖揭晓，石家庄市作家康志刚第一部长篇小说《天天都有大太阳》摘得该奖桂冠。这也是石家庄市作家首次获得国家级文学刊物大奖。“剑门关文学奖”于2011年创立，每年评选一次。《天天都有大太阳》探讨了中国农村现代化的新思路、新方法、新模式，展现了新时期北方农民的精神风貌，极具生活气息和河北地域特色。该小说首发于《中国作家》2012年1期，单行本由天津百花文艺出版社于2013年1月出版发行。康志刚，1963年出生，河北省正定县人，为市作家协会副主席兼秘书长。在《人民文学》、《中国作家》、《北京文学》、《长江文艺》等全国几十家报刊发表作品100多万字，出版有中短篇小说集《香椿树》。其中，《烟树图》获得“全国首届郭澄清农村题材短篇小说奖”；《醉酒》、《天文现象》

分别获得第十届和第十一届河北文艺振兴奖，《凝眸》获得《雨花》杂志“精品短篇”小说奖。

（王欣）

【全国写生美术作品展】 8月20日至9月9日，“在时代的现场——全国写生美术作品展巡展”在石家庄美术馆举行。此次展览由中国文联、中国美术家协会联合主办，市美术馆承办，是继北京市之后全国巡展的首站。展览梳理了近百年“写生”历史，集中展出了国内140位不同时代艺术家的400余件写生作品。展厅分“写生与人文”、“写生与思想”、“写生与自然”、“写生与社会”等主题，展区专门为常年坚持写生的张仃、刘秉江、刘大为等12位画家做了个案陈列。

（张晓娟）

【“中国梦”宣传】 举办“中国梦”专题征文、征歌活动，在《太行文学》、《乐友》开辟专栏刊发，涌现出短篇小说《回家》、散文《神手仁心》等系列反映百姓梦、中国梦优秀作品。在栾城县举办“中国梦·故事创作培训班”，邀请上海市、北京市专家和编辑为全市60余名基层故事作者举办讲座，进行面对面交流辅导。开展摄影展览和比赛活动，举办“幸福城·中国梦”书画摄影展、省会摄影双十佳评选、石家庄市铜管乐大赛和“想象国际·光影想象”摄影比赛活动。

【“善行河北”大家唱暨省会第十四届合唱艺术节】 11月19～20日，由市委宣传部、河北省音乐家协会、市文联、市教育局、市总工会、石家庄警备区政治部共同举办的“善行河北”大家唱暨第十四届省会合唱艺术节在石家庄警备区干休所礼堂举行，来自全市机关、学校、部队、社区等社会各界群众近1万人参加艺术节活动。本届合唱艺术节共有54支合唱队参加比赛，以“善行河北大家唱”为主题，鼓励演唱优秀原创和改编歌曲，以《好人就在身边》开场，唱响了《中国梦中国心》、《迎风飘扬的旗》等大家熟悉的音乐歌曲。12月18日“善行河北”大家唱暨第十四届省会合唱艺术节举行总结汇报会，宣读了市委宣传部《关于表彰“善行河北”大家唱暨第十四届省会合唱艺术节获奖单位及个人的通报》。其中，石家庄警备区第二干休所老干部合唱团获得演唱特别奖；寒晖合唱团等10支合唱团获得演唱金奖，市老年大学合唱团等17支合唱团获得演唱银奖；卓达合唱团等25支合唱团获得演唱铜奖；石家庄警备区第二干休所获得特别贡献奖。2013年“善行河北”大家唱暨第十四届省会合唱艺术节聚集了社会人才，推出了新人新作，营造了昂扬向上氛围。

【基层文艺服务】 面向基层，服务基层，培育壮大文艺队伍。2013年市文联主席周喜俊、副主席肖建科分别到河北传媒学院、河北体育学院、河北师范大学等单位举办文学、影视、书法公益讲座。各文艺家协会发挥优势，组织开展“送文化和种文化”活动。市作家协会到元氏县、新乐市、无极县等县市举办文学辅导活动；市书法家协会到深泽县组织“春联送万家”活动，并在正定县小邯村举办书法讲座和现场示范；市音乐家协会对全市53支合唱团进行了合唱艺术辅导；市摄影家协会多次到偏远山区开展摄影讲座；市美术家协会与平山县文联联合举办“美术月”活动。桥东区8个文艺家协会125名志愿者组成10个志愿服务小分队与10个办事处对接，深入69个社区开展文化惠民活动。

（陈广山）

石家庄市归国华侨联合会

【概况】 2013年，市归国华侨联合会（简称市侨联）贯彻落实中共十八大、十八届三中全会和中共河北省委八届五次全会、市委九届四次全会精神，围绕“解放思想、开拓进取，凝聚力量、攻坚克难，加快转型升级、跨越赶超、建设幸福石家庄”目标，以实现中华民族伟大复兴的中国梦为动力，团结归国华侨侨眷，联系海外侨胞，凝侨心、汇侨智、聚侨力，为建设幸福石家庄发挥了侨联海外独特优势。开展对标学习，与环渤海北京市、天津市、唐山市、沧州市4市侨联签订“环渤海城市侨联战略合作协议”。举办侨界人大代表、政协委员座谈会，出台《关于强化四种思维创新工作思路，为建设幸福石家庄贡献侨智侨力的意见》。开展“深调研、强联络、接地气、聚侨力”主题调研活动，组成4个调研组深入11个县（市）区侨务部门、18家侨资侨属企业、4所省会高校和1所职业学校，15次以座谈会形式与50多名归侨侨眷和回国创业海外留学人员进行面对面、心贴心沟通交流。12月2日，全国第九次归侨侨眷代表大会在北京人民大会堂召开，市侨联主席胡翎等4人参加大会。其中，胡翎被国家人力资源和社会保障部、中国侨联联合授予“全国侨联系统先进工作者”称号，并当选中国侨联第九届委员会委员、常委；市侨联副主席、河北新龙科技集团董事长杜秀珍当选中国侨联第九届委员会委员；市侨联副主席、中国银行河北省分行公司与金融市场部总经理刘汉武，市侨联常委、市交通安全责任监督管理大队队长杜锁平被中国侨联和国务院侨办联合评选为“全国归侨侨眷先进个人”。

【助力招商引资】 以第六届中国·石家庄（正定）国际小商品博览会和第九届石家庄投资合作洽谈会为平台，与县（市）区统战部部门密切沟通，了解县情，收集整理县域经济产业定位、招商政策、项目建设等信息，利用侨联网络向大中城市侨联组织、商会发布信息，推介宣传石家庄市县域经济建设。全年邀请侨商到正定县、空港工业园、赞皇县、灵寿县等县（市）区参观考察8批60余人；邀请来自美国、加拿大、澳大利亚和中国香港等9个国家和地区近百位侨界领导、侨商参加第六届中国·石家庄（正定）国际小商品博览会和第九届石家庄投资合作洽谈会。组织侨商恳谈会、市容市貌考察、参观市规划馆、考察地方文化等主题活动，搭建项目对接平台，为侨商在石家庄寻找商机，搭建交流合作、投资兴业桥梁。2013年市侨联牵线搭桥，促成康泰塑胶科技集团公司在石家庄灵寿县建设“灵寿云母产学研合作创新基地”项目以及香港新世纪物料公司与石家庄纺织基地管委会签订年产10万吨饮料和15亿个易拉罐项目协议等合作意向，涉及金额108亿元。

【服务海外人才创业】 发挥海外人才联谊会作用，召集归国留学人员在晋州创业园举办“凝聚海外人才智慧、提升科技创新能力、服务省会园区建设”海外人才座谈会，授予河北博伦特药业公司“新侨创新创业示范基地”。深入河北医科大学、河北科技大学、留学人员创业园等海外人才会员单位开展座谈交流，及时向政府部门反馈意见和建议。借助中华英才网（河北区）优势，围绕海外高层次人才引进、归国留学人员创业、就业等内容开展调研，为省会企业提供海外人才信息和招聘服务。激发海外人才创新创业活力，选树一批突出人才典型。2013年河北博伦特药业公司博士李玮入选国家第三批“千人计划”；杜秀珍、赵铁英、李玮、徐晓琪等获评2013年度市管拔尖人才；郎景超、姚继明、高春平等9名侨联委员入选河北欧美同学会会员。

【拓展海外联谊】 借力2013河北省侨联冀台大学生交流营活动，推动台湾青年学生近距离感受燕赵文化和石家庄地域风情，增进了两地青年学生之间交流与友谊。以传统节日、海外侨胞回乡探亲为契机，强化与探亲访友海外侨胞、海外华侨华人在石家庄亲属的联络联系。全年市侨联接待来自美国、加拿大、澳大利亚、荷兰、中国香港等11个国家和地区的海内外侨社团、侨界领导100多人次，新增市侨联海外顾问4位，有力巩固发展了海外资源，为省会以侨引侨、以侨引外，加快对外开放和交流合作奠定了基础。至2013年底，市侨联与海外30多个国家和地区、60多个境外侨社团和商会组织、200多名海外华侨华人朋友密切了联系，深化了友谊。

【参政议政】 按照进步性、代表性、广泛性标准，严格组织侨界人大代表、政协委员提名推荐。以参政议政能力、热心为侨服务、服务公益等6个方面为考察考核内容，经筛选研究，推荐侨界全国、省、市人大代表和政协委员31名。其中，全国人大代表1名；省人大代表2名、省政协委员4名；市人大代表11名、市政协委员13名。引导新一届侨界人大代表、政协委员加强自身学习，强化责任意识，将政府关心、侨界关注的热点、难点问题作为调研方向，履职尽责，真实反映侨界群众意见和诉求。2013年在人大、政协“两会”上，全国、省、市侨界人大代表、政协委员提出议案提案、批评建议、社情民意122件，涉及教育、医疗、卫生、社会风气等15个方面。其中，《关于将引入海外高层人才纳入国家发展战略》等9件议案建议引起国家相关部门高度重视；《关于修改归侨侨眷保护法》议案列入全国人大民族宗教侨务外事委员会重点工作。

【为侨服务】 采取入企调研摸情况、搭建平台促合作、积极宣传树典型、营造氛围促交流等帮扶方式，营造侨企良好发展环境。2013 年侨资侨属企业呈现出高新技术引领、市场定位准确、产业规划科学等鲜明特点，成为建设石家庄一支重要力量。2013 年侨资侨属企业取得主要成绩：东旭集团入选 2012–2013 年度“品牌赢在中国——中国最具竞争力品牌企业”榜；河北新龙科技集团成立河北省首家软件与服务外包职业教育集团；河北博伦特药业有限公司以市场和研发为导向，承担国家科技部国际合作项目及省、市科技支撑项目研发和生产，并被评为石家庄市尼龙与塑料合金技术研究中心；河北天同名城投资有限公司投资 30 亿元在鹿泉市铜冶镇永壁村实施项目改造；石家庄瑾郡伟才幼儿园布局省会，分别在新华区、裕华区设立 2 家分园；石家庄市正定协和医院在北京市、郑州市建立分院。发挥市侨联华商会、海外人才联谊会等平台作用，针对侨界不同对象和需求，开展为侨服务。深入新龙科技、格林服装、夕阳红老年公寓等 23 家侨资侨属企业，了解企业发展需求，征求意见建议；深入河北医科大学、河北体育学院等侨界人才聚集地，探寻发挥侨界优势新途径。搜集整理侨界群众反映问题，及时做好解疑释惑和疏导化解工作。2013 年市侨联采取多种形式、多个渠道帮助贫困、病难归侨侨眷排忧解难，慰问 48 户、120 人次，发放慰问金 31000 余元，帮助侨界群众解决生产、生活及经营实际问题 42 件次。接待来信来访 23 件，主要涉及住房权益、养老医疗、人身损害、财产侵权、侨商权益等问题，较好维护了归侨侨眷和海外侨胞合法权益。

（林义平）

石家庄市
社会科学界联合会

【概况】 2013 年，市社会科学界联合会（简称市社科联，2010 年与市社会主义科学院、讲师团合并）贯彻落实中共十八大、十八届三中全会和中共河北省委八届五次全会、市委九届四次全会精神，围绕“解放思想、开拓进取，凝聚力量、攻坚克难，加快转型升级、跨越赶超、建设幸福石家庄”目标和中央及省委、市委重大战略决策部署，把握发展新要求，强化进取意识、机遇意识、责任意识，履行职责，发挥优势，广泛开展理论宣讲、政策宣传和社科研究。5 月 29 日，市社会科学界联合会第六次代表大会召开，审议通过市社科联第五届委员会《工作报告》和《石家庄市社会科学界联合会章程（修正案）》，选举产生第六届委员会委员和领导机构。提高社科理论水平，邀请河北省社科专家彭建强、王彦坤以社科理论研究方法和路径为专题开展授课讲学。11 月 23 ~ 28 日，举办石家庄市第十一届社会科学普及活动周活动，以“传递正能量，共筑‘中国梦’”为主题，组织市社科联所属学会、协会、研究会等社科组织，开展主题演讲比赛、图片展、专家咨询、知识讲座、知识竞赛、送科普读物到基层等形式的社会科学宣传普及活动，推出一批集时代气息和地方特色，融导向性、知识性、实用性、趣味性于一体的科普精品项目。2013 年市社会主义科学院（简称市社科院，含市社科联、讲师团）获评全国先进城市社科院、全国先进社科联组织、全省党委讲师团系统先进单位；石家庄市 3 人获授“全国先进社科工作者”称号；国际税收研究会、律师协会、警察协会、石家庄学院 4 个单位获授“全国先进社科组织”称号。

【政策宣讲】 学习贯彻党的十八大、十八届三中全会和中共河北省委八届五次全会、市委九届四次全会精神，突出理论特色和主题，组建 12 人全市学习十八大精神宣讲团，开展“走基层”宣讲活动，在农村（社区）、企业、学校等举办宣讲 21 场。联系干部群众所思所想，围绕过去十年的基本总结和未来总目标、中国特色社会主义道路等重点内容，深入浅出开展宣讲活动。以干部群众对中国特色社会主义理论全面理解、正确把握和认真执行为目标，综合使用各种载体，全方位、多视角拓展宣传广度和深度，发表一批理论解读阐释和研究文章。注重资料搜集和专题调研，组织对照党的十八届三中全会公报、《决议》重要文件，开展集中学习、座谈和研讨，深刻领会新思想、新方法、新思路，在吃透精神上下功夫，做好宣讲备课和撰写解读体会文章，举办专题宣讲 26 场，为全市深化改革营造了舆论氛围和社会环境。围绕坚持和发展中国特色社会主义理论，实现中华民族伟大复兴中国梦，深化改革开放，推动“五位一体”建设，国防军队建设，坚持“一国两制”、坚持和平发展等内容组织开展学习活动，制作《理论之窗》电视节目2期，编辑《中心组学习参考》专刊1期，并撰写了《切记“两个巩固”，筑牢思想长城》、《抓住核心价值体系建设这个根本》、《求真务实，真刀真枪干一场》等研讨文章。在全市“解放思想、改革开放、创新驱动、科学发展”大讨论活动中，联系省会经济社会发展和广大干部群众思想实际，将中国梦宣传教育与科学发展大讨论、为民务实清廉群众路线教育实践以及优化发展环境、加强基层建设年等活动相结合，编撰宣讲提纲，为全市基层党员干部学习提供参考。全年选调8人分4个小组在全市开展河北省委八届五次全会精神、解放思想大讨论和“中国梦”等内容巡回宣讲活动24场，制作《理论之窗》电视节目23期，收集社科界有价值意见建议200余条。举办《理性看，齐心办——理论热点面对面2013》走基层社区活动，加强与社会基层民众沟通，将党的理论创新成果和省委、市委重大战略部署送到基层、送给群众。

【研究成果】 按照党委、政府工作重心在哪里，市社科院工作重点放在哪里的要求，推动理论贴近社会需求和群众关切，开展对策研究，发挥“思想库”和“智囊团”作用。2013年全市申报省、市社科课题17项，其中，省社科规划课题1项，省委讲师团课题4项，省社科联课题2项，省政研会课题1项，省委组织部委托课题1项。《西柏坡时期党的精神建设研究》完成初稿；《石家庄市文化改革发展蓝皮书》印刷出版；参与编写和起草中央组织部组织一局《入党教材》、石家庄市《依法行政读本》。《中国共产党精神建设研究》获得“第八届河北省社会科学基金项目优秀成果”二等奖，《解决农民工欠薪问题的建议》获得省优秀人民建议鼓励奖，《中国国有及国有控股企业企业文化建设研究》获得中国思想政治工作研究会课题研究成果一等奖。撰文参加石家庄市举办的“社会主义核心价值体系”、“学习习近平系列讲话精神”、“西柏坡精神”、“纪念毛泽东主席诞辰120周年”等理论研讨活动，在市级以上报刊发表文章26篇。申报立项河北省社会科学发展课题5项，完成《来自农村的民生报告》等5个调研课题。

（刘卫红）

【第十三届社会科学优秀成果评奖】 8月25日，市社会科学界联合会公布石家庄市第十三届社会科学优秀成果评奖结果，共有66项成果获得一、二、三等奖。

表34 2013年石家庄市第十三届社会科学优秀成果一等奖

序号	姓名	合作者	工作单位	题目
1	栗永		市政协	《回望滹沱河》
2	王荣丽		西柏坡纪念馆	《西柏坡精神的当代价值》
3	戈钟庆		市社科院	后金融危机时期中小企业生存发展策略分析
4	贾建友		新乐市化皮镇政府	河北省小农经济整合与模式的调查报告
5	申玉兰	张杰英	市委党校	关于“国有土地上房屋征收与补偿条例”的分析与建议
6	董志霄	吴宝瑞　康小莉	石家庄学院	新时期我国党政干部选任的制度创新及其政治功能分析
7	霍丽娟		市职业技术学院	高职院校校企合作成效的影响因素分析

表35 2013年石家庄市第十三届社会科学优秀成果二等奖

序号	姓名	合作者	工作单位	题目
1	张昆玲	闫翅鲲　宋杉岐	石家庄学院	从农村群体性事件看基层服务型政府建设——以石家庄市为例
2	骆素青	陈蕾	省社会主义学院	加速石家庄动漫产业成长的对策

（续表）

序号	姓名	合作者	工作单位	题目
3	赵冰琴		市委党校	构建以石家庄为中心的冀中南经济区研究
4	刘吉广	王运章　任维维　刘永强	市监察局	省内一些县（市）县城建设之快变化之大令人惊叹——我市县城建设差距明显亟待奋力突破
5	李巧兰		石家庄学院	《河北方言中的儿化音研究》
6	杨晖		市委党校	中国特色社会主义理论对我国法律体系建构“引擎”的作用研究
7	纳新		深泽县委宣传部	《深泽坠子戏》
8	刘云峰	孙晋康　陈向勤　籍雪梅	市委党校	《石家庄市情干部读本》
9	张春素	李玉平	市林业局	《石家庄市林木种植资源与利用》
10	周智慧	范彩平　曹雪彦　封国江	市委党校	社会管理创新的实践价值及意义——以裕华区和谐拆迁为例
11	孟凡英	徐彩玲　李天	裕华区政协	透析现代农业主体地位谋省会跻身农业强市之策
12	杨凤勇	宋宏伟　刘晖	石家庄学院	高校师生互动师德建设模式的研究与实践
13	甄珍		石家庄职业技术学院	论突发事件中政府舆论导向机制
14	苏瑞翩		市社科院	推进城乡互动发展加快社会主义新农村建设
15	宋宏雄	李红亚　王春玲	正定中学	高中阶段学生两级分化现象原因分析与对策研究
16	梁胜文	杨辉	市委党校	改善民生：党对执政规律的深刻认识与把握
17	池卫东	杨惠欣　秦丽君	石家庄职业技术学院	高职学生就业力调查及培养研究
18	刘洋	刘允华	石家庄信息工程职业学院	河北省会高校产业集群发展与对策
19	及化娟		石家庄学院	构建全民健身服务体系实践研究

表 36　　2013 年石家庄市第十三届社会科学优秀成果三等奖

序号	姓名	合作者	工作单位	题目
1	谭运江	刘一江　武喜荣　李星	市委研究室	我市“夜经济”成效初现仍需强力提档升级
2	陈淑荣		石家庄学院	试论英国财政部和外交部在远东政策上的分歧与影响
3	王红英	王艳品　娄海波	市委党校	石家庄文化产业在“动网文化产业新时代的成长路径分析”
4	樊志勇		正定县委党校	一条强化农村后备干部培养的有效途径
5	杨东静	董国亮　袁淑玲	石家庄科技工程职业学院	关于正定历史文化促进新区旅游经济的研究
6	柳敏和	张玉文	石家庄学院	略论党在晋察冀敌后抗日根据地的农村文化建设
7	司建伟		无极县地方税务局	对机关节能工作的思考和建议
8	茹荣芳		石家庄学院	文化生态取向下农村教师专业发展的现实诉求

（续表）

序号	姓名	合作者	工作单位	题目
9	龙凤英		市委党校	发展县域经济是解决“三农”问题的新的切入点
10	贾丽英		石家庄学院	析秦汉奴婢的财产权
11	刘聚梅	吴丽霞　姚清波	市委党校	冀中南地区产业同构现象问题的分析与探索
12	葛旭鸿		市地税局	关于深化税源管理的几点思考
13	陆相林	侯先云　林文	石家庄学院	基于设施选址理论的小城镇应急医疗服务中心功能优化
14	刘丽敏	王利敏　周美娟	市委党校	“优化发展环境”与找准“命门之穴”的关系
15	李惠民		河北广播电视大学	《近代石家庄城市化研究》
16	赵顺发		市发改委	对标以谋实破，扬长并重补短不断加快转型升级跨越赶超推进步伐
17	勾景秀	张骞	石家庄信息工程职业学院	民营中小企业绩效管理特点分析
18	陈平	陈红	石家庄艺术研究所	《新中国美术的摇篮》
19	朱祥海		石家庄学院	走出法律教育的“囚徒困境”
20	石丽娟		市社科院	立足产业优势发展石家庄有特色的总部经济
21	张金环	张杰	石家庄学院	试析平衡计分卡在高校部门绩效管理中的应用
22	齐荣卿		无极县委党校	解决后继乏人问题是加强农村基层党组织建设的关键
23	李文娟		市秘书协会	机关公文写作的特点及内部规律
24	王金刚		市教科所	对普通高中名校分校问题的思考
25	李秀芬	郝博文　冯宝强	石家庄学院	树立健康第一理念，全面提升我省青少年身体素质的调研
26	李征		石家庄职业技术学院	企业形象策划重要性及策略分析
27	王彦芳	马平宵	藁城市第八中学	“同课异构”校本教研的有效形式
28	李振杰	马庆恒	市发改委	石家庄市加快经济发展方式转变的几点做法
29	王玉国		市直机关工委	推广机关党建工作责任制的做法问题及对策
30	周志平	郭素珍　张明轩	石家庄学院	高校学生科研与创新实践能力的培养
31	李曙光		市委宣传部	人民日报记载的石家庄解放初期
32	秦丽君	辛梅英　孙国栋	石家庄职业技术学院	高职学生职业心理调查研究
33	郭晶	卢志宁	石家庄信息工程职业学院	不惜进取追求完美自我
34	陈步峰		市民族文化研究会	文化好才是真的好——强化文化自觉，让企业和员工更有尊严
35	何欣		市第 12 中学	从中考文综历史试题谈教师的进修学习
36	张向阳		无极中学	《高中新作文新素材》
37	张志平		市地税局	石家庄市民营企业地方税收增长情况调查
38	王永颜	王志梅	石家庄科技工程职业学院	新时期地方高师院校存在的问题与对策

（续表）

序号	姓名	合作者	工作单位	题目
39	张惠兰	郭佳　李春燕 安伟娟　袁雅丽	石家庄信息工程职业学院	《财产保险》
40	王军海		无极县地方税务局	无极县局构建“四位一体”体系推进党风建设

（康乾）

【燕赵讲坛】 面对网络新媒体迅速发展、社会思潮多样、观众品味需求提升等新形势，“燕赵讲坛”积极借鉴先进理念和经验做法，创新工作思路，保持了高质量讲座，增强了吸引力。及时了解和掌握群众需求，坚持以高尚的精神、科学的理论、先进的理念向群众宣传，达到教育群众和引领社会时尚目标。从课题筛选、专家邀请、宣传舆论入手，实施联合办讲坛、开放办讲坛措施，精心培育“燕赵讲坛”省会文化品牌。出版印刷《燕赵讲坛文粹（2012卷）》。2013年“燕赵讲坛”主会场举办讲座50场，其中著名剧作家苏叔阳，浙江大学教授吴铮强，国防大学教授张玉坤，上海社会科学院副院长黄仁伟，国家图书馆常务副馆长詹福瑞，原新华社副社长、周恩来总理侄女周秉德等名师登台演讲，展示了主讲者渊博的学识，并与听众举行了现场互动交流。

（刘卫红）

石家庄市残疾人联合会

【概况】 2013年，市残疾人联合会（简称市残联）贯彻落实中共十八大、十八届三中全会和中共河北省委八届五次全会、市委九届四次全会精神，围绕加快残疾人“两个体系”建设目标，以推进《石家庄市残疾人事业“十二五”规划（2011—2015年）》为主线，以为民办实事为抓手，按照“抓组织建设、强化堡垒作用，抓作风养成、树立良好形象，抓业务工作、提升保障效果，抓体系建设、优化服务环境”工作思路，真抓实干、锐意进取，推动全市残疾人事业迈出新步伐。各级领导高度重市残疾人事业发展。2013年中国残联主席张海迪，党组书记、理事长鲁勇，副主席、中国残疾人福利基金会理事长汤小泉，副主席、中国智力残疾人及亲友协会名誉主席马延慧；河北省残联党组书记、理事长常丽虹；省委常委、市委书记孙瑞彬，市委副书记、市长王亮等领导分别视察指导石家庄市残疾人工作。省委常委、市委书记孙瑞彬强调：残疾人群体是更需要关心、关怀的一个弱势群体，在经济社会不断发展的基础上，要把残疾人工作做得更好。市委副书记、市长王亮指出：残疾人事业需要广泛的爱心，残疾人需要更多的关心和爱护，要凝聚全社会的力量，把对残疾人的同情变成真情，用实际行动来体现真情。2013年4月初，市政府印发《残疾人基本公共服务体系建设实施方案》，明确残疾人社会保障、医疗康复等9个大项目、33个子项目、402个服务产品，有力推进了残疾人“两个体系”建设。2013年下半年，石家庄市出台《关于加强残疾儿童少年随班就读管理工作指导的意见》，规定全市有特殊需要的儿童少年（除聋、低视力、肢体残疾等存在明显残疾的学生以外），从小学二年级开始可在学区内申请随班就读。开展“走、访、送、办”活动，全年走访残疾人家庭1500余户，向残疾人群体送去了党和政府的温暖及关怀。举办“爱耳日”、“世界自闭症日”、“爱眼日”、“全国助残日”等宣传教育活动，全市参与人数5万多人次，辐射影响40余万人。“全国助残日”期间，石家庄市重点推出残疾人就业招聘会、“十大自强模范”和“十大助残模范”表彰暨报告会等十项活动，营造了扶残助残氛围。

（宋稳强　董凯凯）

【召开市残疾人联合会第五次代表大会】 8月16日，市残疾人联合会第五次代表大会在河北会堂召开，来自全市227名代表在大会上选举产生了市残疾人联合会第五届主席团以及市残疾人联合会第五届执行理事会和5个专门协会。聘请市委副书记司存喜、市人大常委会副主任王增飞、市政协副主席葛瑞芳为市残疾人联合会第五届主席团名誉主席。选举程凯为市残疾人联合会第五届主席团主席，张素珍、尚建斌、刘来喜、石云峰、吴杰、时淑芳、张岩飞为副主席。推举尚建斌为市残疾人联合会第五届执行理事会理事长，张爱艳、安永卫为副理事长，张明祥、董庆国、金玉惟、杜进校、杨向东、赵豆琴（女）、王剑锋、刘来喜（肢）、石云峰为理事。

【表彰十大自强模范和十大助残模范】 5月17日，全市举行“十大自强模范”和“十大助残模范”表彰暨先进事迹报告会。十大自强模范为：姬建辉、丁玉坤、眭春芳、梁瑞国、陈桂林、王和平、刘帅、吴文龙、李硬朝及伦敦残疾人奥运会石家庄运动员集体（李虎召、黄丽莎、米娜、赵玉飞、侯占彪）。十大助残模范为：中国电子系统工程第四建设有限公司、石家庄藏诺生物股份有限公司、石家庄市裕华区城区建设管理局建通中队、石家庄市裕华区尖岭小区社区居委会、李庆朝、宋玉红、刘根岁、王聚廷、焦文更、杨素英。

（王静）

【落实涉残惠残项目】 2013年石家庄市《政府工作报告》明确提出“启动实施贫困重度残疾人护理补贴制度、完成市残疾人康复培训中心改扩建项目建设、在市内五区新建10个成年智力精神重度残疾人日间照料中心、对200户残疾家庭实施居家无障碍改造”4项具体涉残惠残项目。推动建立贫困重度残疾人护理补贴制度。在调查残疾人护理补贴需求，了解外地市工作开展模式，协调财政、民政部门达成一致意见基础上，经市政府常务会议研究通过，并以市政府名义印发护理补贴制度实施办法。补贴标准：市内区（含高新区、正定新区、化工园区）一、二级“三无”（无劳动能力、无生活来源、无法定抚养或赡养义务人）中残疾人300元／人／月，其他一级200元／人／月、二级100元／人／月；其他县（市）、井陉矿区一级100元／人／月、二级50元／人／月。补贴标准不设上限，县级财政可根据情况，适当提高标准。补贴与已享有的低保、城乡医疗和养老保险个人缴费政府补贴、贫困重度残疾人生活补贴只能叠加，不能冲抵。改扩建市残疾人康复培训中心。在中国残联、河北省残联支持下，完成市残疾人康复培训过户和改扩建立项、设计、评审、招标等工作，实现“当年立项、当年建设、当年基本完工”。市残疾人康复培训中心设有康复培训楼、综合楼、体育训练健身区、停车场、门卫室，并依托康复培训楼设立石家庄市按摩医院。市内五区新建10个残疾人日间照料中心。2013年市内五区按照每个区建立2个残疾人日间照料中心标准，年末市区10个残疾人日间照料中心全部投入试运行。主要为市内成年智力、精神、重度残疾人提供日间生活照料、技能训练、文化娱乐等服务，减轻残疾人家庭负担，帮助残疾人提高生活自理能力，更好融入社会。2013年石家庄市区日间照料中心试运行后，接受了中国残联理事长鲁勇调研考察，受到赞许和肯定。2013年市委组织部将日间照料中心确定为社区党建载体；共青团市委将日间照料中心作为青年志愿者服务站。200户残疾家庭实施居家无障碍改造。2013年经过各县（市）区残联努力，200户残疾家庭实施居家无障碍改造全部完工。

（宋稳强　董凯凯）

【十个残疾人日间照料中心全部设立青年志愿者服务站】 12月4日，共青团市委、市残疾人联合会等联合在新华区残疾人综合服务中心举行全市十个残疾人日间照料中心青年志愿者服务站集中挂牌仪式。十个青年志愿者服务站以“青年志愿者周末奉献两小时”为口号，为残疾人提供固定化、常态化、规范化的志愿服务，包括日常护理、推拿按摩、测量血压、心理抚慰等。志愿者主要来自河北医科大学、石家庄人民医学高等专科学校、石家庄医学高等专科学校的学生。

（戴丽丽）

【残疾人特殊教育】 根据国家、河北省彩票公益金学前教育阳光助学计划安排，石家庄市积极争取参与试点，并在县（市）区推荐和审查基础上，对3个学前教育机构中家庭经济困难80名3～6岁残疾儿童给予每人资助3000元。配合市教育局开展残疾儿童、青少年未入学情况调查，宣传残疾人教育法律法规，落实残疾人优惠政策，促进残疾人义务教育阶段入学率达到95%以上。结合国家、河北省交通银行助学计划，在市特教学校落实在校高中生补贴，帮助贫困生完成学业。配合市教育部门做好考入中高等院校残疾人学生和残疾家庭子女录取工作，2013年经县（市）区筛查，省市出资48.6万元资助了55名专科子女、35名专科学生、72名本科子女和30名本科学生。

【残疾人康复救助】 推进实施“七彩梦行动计划”，完成“人工耳蜗”康复救助44名，聋儿“助听器”康复救助25名，贫困肢体残疾儿童康复救助60名，脑瘫儿童康复救助40名，孤独症儿童康复救助80名。落实“彩票公益金项目”。帮助45名贫困成年听力残疾人免费得到适配助听器。服药救助贫困精神病患者500名、住院救助贫困精神病患者100名。康复救助智力残疾儿童60名，并协助全部进入机构康复训练。对贫困缺下肢者免费安装大腿、小腿各100例。培训社区康复协调员460名。完成贫困白内障复明手术2500例。培训贫困低视力儿童家长192名。培训560名盲人定向行走。新收训聋儿康复治疗185名，培训聋儿家长185人。向40名贫困成人免费发放适配助听器。完成745名肢残成年人、185名肢残儿童社区康复训练。组织727名智力残疾人开展社区康复训练。石家庄市是河北省唯一一座开展“中途之家”项目城市，2013年举办了夏季家庭护理知识讲座、游览园博园、走访慰问等活动，让所有“伤友”真切感受到“家”的关怀和温暖。

【残疾人就业扶贫】 提高残疾人自立生存技能。市残联以计算机技术、服装设计、电器维修、美容美发、盲人按摩等为内容，分2期免费培训残疾人1400余名；各县（市）区残联结合本地实际，完成残疾人培训6500余名。发挥企业作用，鼓励促进残疾人就业。市残联、市财政局联合出台残疾人超比例就业奖励办法，筹资100余万元奖励10个录用残疾人就业企业。鼓励扶持残疾人自主创业，开展残疾人专场招聘会、就业援助月、“中国残联城镇百万残疾人就业工程”活动，实现残疾人年度就业1400余名。按照《十年扶贫规划（2011—2020）》要求，协调各级部门重点做好农村残疾人扶贫工作，扶持贫困残疾人2万名，稳定脱贫1万名；启动“农村基层党组织助残扶贫工程”，改善了120名农村贫困残疾人基本生活条件。结合市商务局“万村千乡市场工程”项目建设规划，帮助解决残疾人农家店3户，安置残疾人（或家属）15名。

【残疾人文化体育活动】 大力宣传残疾人事业，全年在各级各类媒体刊登播出有关残疾人稿件270余篇（条）。完善石家庄电视台新闻手语节目，做到每周制作一期。活跃残疾人群众性文化活动，在原有建设175个文化活动站（点）基础上，新建文化活动站（点）23个。2013年7月，市残疾人运动员米娜、黄丽莎、李虎召分别参加2013年世界残疾人田径锦标赛铅球、铁饼、轮椅竞速比赛，获得4枚金牌、2枚银牌。8月2日，在保加利亚首都索非亚举行的第22届夏季听障人奥林匹克运动会羽毛球女子双打比赛中，石家庄市残疾人运动员王萌与来自湖北省队友江佳蕾以2比0的比分战胜对手，获得冠军，实现了中国在该项目零的突破。10月24日，石家庄市第二届残疾人群众体育运动会在市特殊教育学校举行。此次运动会为期一天，共有来自全市20个县（市）区237名残疾人参加比赛。本届运动会设置有轮椅太极拳、轮椅柔力球、轮椅健身操3个比赛项目。比赛按总成绩评出一、二、三等奖，并评选优秀组织奖、体育道德风尚奖等奖项，较好展现了残疾人自尊自强自立自信，勇于拼搏、敢于挑战的精神风采。

【基层残疾人组织建设】 加强基层残疾人组织建设，率先在全省以市政府残疾人工作委员会名义出台《石家庄市乡镇（街道）、城市社区（村）残疾人专职委员管理办法（试行）》，年末全市乡镇（街道）、村（社区）残疾人专职委员选聘率达到100%。残疾人专职委员实行实名制上岗。协调市财政局落实提高残疾人专职委员待遇补贴，2013年市财政投入190万元专项用于解决专职委员工资和补贴（省财政直管县除外）。推进志愿助残联络站建设，健全完善志愿助残组织网络，完成助残志愿者注册年度增长任务。开展2013年“关爱残疾人志愿服务——志愿助残阳光行动”主题日活动，组织残疾人工作委员会成员单位举办志愿助残与特困残疾家庭“一帮一”、“多帮一”帮扶活动，实施与贫困残疾人家庭“帮、包、带、扶”结对措施，向困难残疾人家庭提供个性化帮扶，帮助困难残疾人解决实际困难。

【维护残疾人权益】 市残联、市交通局联合印发《关于残疾人免费乘坐公交车实施办法》，落实了残疾人免费乘坐公交车政策。整合残疾人法律救助资源，确定每月第一周星期四为市公安局、市检察院、市中级法院、市司法局等9部门“联合接访日”，维护了残疾人合法权益。建立和完善法律救助（援助）队伍，年末市残疾人法律援助志愿者达到6500余人。

（宋稳强　董凯凯）

石家庄市黄埔军校同学会

【概况】 2013年，市黄埔军校同学会（简称市黄埔同学会）贯彻落实中共十八大、十八届三中全会和中共河北省委八届五次全会、市委九届四次全会精神，围绕“解放思想、开拓进取，凝聚力量、攻坚克难，加快转型升级、跨越赶超、建设幸福石家庄”目标，以对台工作、拓展与世界各国华侨华人联络渠道为重点，发挥桥梁纽带作用，发扬“爱国革命”黄埔精神，联络同学感情，积聚港澳台和海外华侨华人报效祖国的正能量，为促进祖国统一和实现中华民族伟大复兴的“中国梦”积极做出贡献。发挥对外宣传窗口作用，利用互联网络便捷优势，拓宽信息和联络渠道，加强与海外、香港、澳门及台湾岛内友好社团和朋友联系，传递友谊，扩大影响。完善载体，增强黄埔军校同学会内刊可读性。及时帮助黄埔军校同学会员掌握党和政府对台方针政策，更好贯彻市黄埔军校同学会宗旨，改进所办内部宣传刊物内容和栏目，刊载上级重要会议精神、反映会员心声和交流学习体会。开展“黄埔老人的幸福晚年”、“关爱黄埔老人”专题征稿活动，征集稿件40余篇，并在《河北黄埔》刊物选登。利用《河北黄埔》电子刊物宣传石家庄，并及时收集海外朋友反映敏感问题，撰写上报信息。提高宣传信息质量。2013年面对会员人数减少情况，市黄埔军校同学会积极发挥信息员作用，注重在会员来信来稿和走访慰问中挖掘信息资源，并落实专人负责、共同参与工作机制。2013年市黄埔军校同学会获得河北省黄埔军校同学会宣传信息工作一等奖，邱振贵获得信息工作先进个人。

2013年11月12日，举行纪念市黄埔军校同学会成立25周年座谈会

【温暖服务】 落实重大节日、会员生日、困难补助、大病应急补助、临终关怀5种关爱制度。深入黄埔同学会员家庭，了解实际需求，抓住重点问题，实行重点帮扶，及时解决困难会员具体问题。拓宽思路，广开救助渠道。联系沟通广东省深圳龙越慈善基金会，完善帮扶资金管理，为市黄埔军校同学会参加过抗日战争会员解决实际困难；积极寻求爱心人士和黄埔军校同学会后代帮助，鼓励更多人加入关爱黄埔老人队伍，形成关爱黄埔老人良好社会氛围。逐一走访慰问黄埔会员，送去慰问品、慰问金，将党和政府的温暖送到黄埔同学手中。激发黄埔同学奉献余热积极性，促进开展对台、对海外同学亲友联络。征求黄埔同学对黄埔同学会工作和建设的意见建议，提升服务质量，做好温暖人心工程。11月12日（孙中山诞辰147周年纪念日），石家庄市纪念黄埔军校同学会成立25周年座谈会在市亚太大酒店举行（1924年孙中山创办黄埔军校；1988年11月16日石家庄市黄埔军校同学会成立），座谈会安排了黄埔同学代表及后代发言，并专门设置向10名黄埔学长祝寿活动。

【拓展海外交流】 利用参加海外中国和平统一促进会（简称统促会）会长会议机会，广泛联络海外朋友。8月12～13日，中国和平统一促进会八届四次常务理事会议暨第十二次海外统促会会长会议在北京京西宾馆举行。市黄埔军校同学会秘书长邱振贵参加大会，与10余位和河北省联系密切的海外会长见面座谈。邀请台湾朋友和海外来宾到河北省涿鹿县共祭中华三祖。7月13日，市黄埔军校同学会邀请以台湾陆军退役中将、中华黄埔四海同心会副理事长周康生团长一行12人台湾退役将军访问团和以欧洲华侨华人社团联合会副秘书长、欧华企业家合作联盟理事长牟国量为团长一行7人欧洲访问团，共同到河北省涿鹿县共祭中华三祖，激发了海外华侨华人对祖国和祖籍更深热爱之情，增强了中华文化影响力、感召力和凝聚力。台湾退役将军访问团还到石家庄市参观访问，提出两岸加强互动、双方退役将领加强联谊、增强军事互信的希望。台湾中医药专家学者参访团到石家庄参观交流。9月21～26日，冀港澳台中华传统医药文化发展大会在石家庄举行。省市黄埔同学会邀请以台湾退役空军上将，原台湾三军大学校长、国防大学校长、台湾军队副总参谋长夏瀛洲为团长11位中医药专家和医药企业负责人及中华旅游医疗协会副秘书长、富达两岸投资顾问有限公司总经理廖山林为团长4位中医药专家和企业负责人参加会议。在完成冀港澳台中华传统医药文化发展大会安排交流、研讨、讲座、参观考察、洽谈推介等议程后，市黄埔军校同学会特意邀请台湾客人到石家庄国大集团、市中医院、赵县和正定参观访问，并促成富达两岸投资顾问有限公司和国大集团签署健康休闲农业园区合作项目。

（邱振贵）

石家庄市台湾同胞联谊会

【概况】 2013年，市台湾同胞联谊会（简称市台联）贯彻落实中共十八大、十八届三中全会和中共河北省委八届五次全会、市委九届四次全会精神和党的对台方针政策，围绕“解放思想、开拓进取，凝聚力量、攻坚克难，加快转型升级、跨越赶超、建设幸福石家庄”目标，把握两岸关系和平发展主题，发挥台联亲情、乡情优势和特点，开展联系友谊、团结和服务台胞活动，推动石（石家庄）台（台湾）交流和交往。2013年在台湾省出席第十二届全国人民代表大会代表协商选举会议上，市台联会长廖海鹰当选台湾省第十二届全国人大代表。2月5日，市台联举办2013年迎新春联欢会，共庆传统佳节，老、中、青台胞及小台胞上台表演了歌舞、诗朗诵、独唱、三句半等文艺节目，展现了台胞健康向上的精神风貌。4月23～25日，全国人大代表、河北省台联副会长、市台湾同胞联谊会会长、河北医科大学第二医院腺体外科主任、教授、硕士生导师廖海鹰列席十二届全国人大常委会第二次会议。6月26～29日，十二届全国人大常委会第三次会议在北京人民大会堂举行，市台联会长、全国人大代表廖海鹰参加会议并审议了特种设备安全法草案、环境保护法修正案草案、商标法修正案草案等。4月27日，市台联举办驻石家庄台商联谊会，20余名驻石台商参加联谊活动。5月8日，市台联召开会长办公会和三届四次理事会，经酝酿协商，确定出席省台联八次代表大会代表16名、推选理事候选人6名。10月13日，省市台联联合举办“九九重阳节·美丽中国梦”畅想幸福活动，20余名在石家庄老台胞欢聚一堂，畅叙乡情友情，同庆老人节，共圆中国梦。11月7日，市政协副主席葛瑞芳带领台侨界政协委员及台胞台属20余人，到市区西部小壁林区开展“统一林”义务植树活动。

【考察交流活动】 4月24～28日，台湾台南台闽经贸文化交流协会理事长张文显带领参访团一行13人到河北省参观考察，参访团在石家庄参加了第六届中国·石家庄（正定）国际小商品博览会举办的经贸洽谈、投资合作恳谈、商品展示展销、精选展品专题推介等专题活动。经市台联牵线搭桥，河北瑞欧商贸有限公司与台湾吉和贸易有限公司达成合作意向；台湾吉和贸易有限公司董事长王振家还在正定国际小商品城投资购置了商铺。6月13～16日，2013首届河北茶文化博览交易会在市国际博览中心举行，市台联在交易会期间接待了应邀参展台湾南投县鹿谷乡冻顶茶叶合作社展团8家、13位茶商。7月6～10日，台湾青商总会大陆事务主委曾忠荣、高雄市中华文化经贸交流发展协会顾问黄金圣带领台湾中国医药大学、高雄大学、台南大学、中原大学等20多所高校42名大学生以及河北大学9名大学生志愿者参加2013年全国台联台胞青年夏令营河北分营活动。7月19～22日，台湾中华两岸文教经贸交流协会一行18人到石家庄市参观考察。参访团考察了石家庄灵寿县河北铠朗新型材料科技有限公司、河北绿地生物技术有限公司，并在灵寿县召开座谈会，观看了灵寿形象宣传片，听取了灵寿县经济发展状况及招商引资优惠政策。参访团还参观了赵县赵州桥、柏林禅寺及正定县隆兴寺。9月23～24日，市台联邀请26位台湾中医药专家学者到石家庄参加第二届冀港澳台中华传统医药文化发展大会。10月28日，市台联接待了到石家庄参加第14届中国吴桥国际杂技艺术节的台湾台北市技艺舞蹈表演业职业工会理事长罗飞雄、原理事长林明贤等杂技界人士。

【海峡两岸茶文化交流会】 10月2～4日，台湾茶协会常务理事、交流委员长、藏茶楼三才泡茶道掌门人陈志赞在石家庄市福建茶城举办海峡两岸茶文化交流会暨饮水思源"九九重阳节"孝亲活动。省台联会长王耀冀，省台联副会长、市台联会长廖海鹰等参加开幕式并致辞。陈志赞作了"精致茶烘焙"、"柑柚茶传奇"、"台湾特色茶介绍及流程"、"如何泡好一壶茶"等讲座，向广大茶叶爱好者普及了茶知识和茶文化。陈志赞还从台湾带来"曲水流觞"茶艺表演及延展出"阿里山火车流觞"游戏让石家庄市民大开眼界，赞叹不已。"曲水流觞"是中国古代流传一种饮酒游戏，最著名的为晋代大书法家王羲之携亲朋谢安、孙绰等42人在兰亭修楔后举行饮酒赋诗"曲水流觞"活动，王羲之著名"天下第一行书"《兰亭序》即成于此。

（游艳红）

石家庄市消费者协会

【概况】 2013年，市消费者协会（简称市消协）围绕"让消费者更有力量"年主题，解放思想，改革创新，凝聚力量，攻坚克难，创新消费维权思路，积极维护消费者合法权益。坚持"以消费者为本"原则，实现行政调解、社会调解、司法调解三位一体工作模式，加大消费纠纷调解力度，维护消费者合法权益。2013年经市司法局、市工商局研究决定，以市消协为依托，联合成立"石家庄市消费纠纷人民调解委员会"，并于5月21日正式运行。调解委员会办公室设在市消协。发挥律师处理消费侵权纠纷优势作用，组建消费维权律师团。2013年由北京盈科律师事务所石家庄分所、石家庄长安大理法律服务所精选14名具有较强社会责任感，为人正直、作风正派，热爱社会公益事业，有一定消费维权工作经验和较强工作能力律师组成消费维权律师团，向广大受侵害消费者提供法律援助。全年消费维权律师团参与各类消费者法律咨询援助活动3次。2013年市消协被中国消协授予"全国消协组织消费维权先进集体"称号，陈磊、穆文素获评为"全国消协组织消费维权先进工作者"。

【开展3·15国际消费者权益日纪念活动】 3月1日，市政府召开保护消费者合法权益办公会议，专门研究石家庄市2013年纪念"3·15国际消费者权益日"活动方案，听取各成员单位2012年工作情况及2013年工作安排汇报。3月6日，市消协组织市区部分企业召开纪念"3·15"活动座谈会，北国商城、北国超市、国美电器、联通公司、红星美凯龙

2013年6月6日，省市县三级消费者协会在正定县开展消费普法宣传咨询活动

及市区部分企业售后服务负责人等30人参加会议，听取各企业“3·15”活动安排部署。省、市消协联合编辑出版《2013年3·15消费维权专刊》。在石家庄广播电台882行风热线和《燕赵晚报》“3·15”特别行动栏目，举办消费者电话连线、解答消费者咨询、受理消费者投诉。开展消费教育进学校活动。2013年3月初，市消协在河北邮政高等职业技术学院围绕大学生消费热点开展《3·15消费者权益日调查问卷》活动，3月14日根据调查问卷结果，在该校礼堂举办了一次由600余名师生参加的消费知识讲座。“3·15国际消费者权益日”，全市各级消协组织按照统一部署，利用广播、电视、报刊、网络等媒介广泛开展维护消费者权益专题报道、法律法规宣传。市消协和各县（市）区消协在繁华地段、广场、商场门前举行了“3·15国际消费者权益日”宣传咨询活动。3月15日，市消协及基层“一会两站”组织共接待消费者咨询6520件，接受消费者投诉137件，发放宣传材料16.3万余份。

【消费教育】 发挥媒体传播优势，与《河北法制报》合作，开辟消费维权专栏，每周四刊登投诉分析、典型案例、消费警示、消费提示等信息，引导消费者科学合理消费，避开消费陷阱，维护自身合法权益。与《河北青年报》、《石家庄日报》、《燕赵晚报》合作，发布消费信息和消费维权新举措、新成效，宣传保护消费者合法权益先进典型等信息25条。开展“消费教育进校园、社区，维权服务到万家”活动。9月11日，市消协在市区维明路小学开展消费教育进小学课堂活动，为该校师生讲解食品安全知识以及受到损害时如何维护自身合法权益。9月26日，新乐市消协以“校园消费与社会消费的差异”为主题在河北美术学院举办专题讲座，500多名师生参加讲座活动。2013年赞皇县、行唐县、鹿泉市、晋州市消协分别以“安全使用家电”和“食品安全”为主题开展消费教育进社区活动；行唐县、灵寿县、鹿泉市、裕华区消协分别以“食品安全”为主题开展消费教育进小学校园活动。各活动现场采取发放生活小常识、食品安全知识宣传材料，设立消费咨询台，利用产品样品、模型、产品解剖模型、原料样品等作真伪对比及摆放展板等方式，将消费知识以图文并茂、直观形式展现给消费者。2013年全市开展消费教育活动25场次，受到小学生和社区老年消费者的欢迎。

2013年9月11日，市消费者协会在维明路小学开展消费教育进课堂活动，向小学生讲解购买食品注意事项

【社会监督】 加强商品、服务两个方面社会监督，依法保护消费者合法权益，维护市场公平正义，化解消费纠纷，破解维权难题。开展消费评议活动，建立消费维权志愿者队伍，发展壮大消费维权力量。2013年市消协联合县（市）区消协在全市招募年龄在25～65岁之间，热衷消费维权事业，有较强社会责任感，志愿无偿协助消协开展消费维权工作消费维权志愿者800名。开展热点行业消费问卷调查评议活动。2013年7～10月，市消协在全市范围开展家用汽车行业消费问卷调查评议活动，全面了解石家庄市汽车销售状况、售后服务以及广大消费者在汽车消费过程中遇到问题和消费意向，发放问卷1200份，收回有效问卷1150份。

【受理消费者投诉】 重新整合市消协网站板块，增强和完善了向消费者提供消费信息、接受咨询投诉服务功能，全年市消协网站受理消费者咨询投诉134件。2013年市消协受理消费投诉757件，解决720件，涉案金额17.73万元，为消费者挽回经济损失13.58万元。2013年全市消费者投诉按类别统计：家用电子电器类投诉数量最多，达到253件，占投诉总数33.42%；按消费者投诉性质统计：商品质量问题投诉529件，占投诉总数69.88%。发挥基层消协组织“一会两站”作用，维护农民消费者合法权益。2013年各县（市）区“一会两站”在乡镇主要街道、商场等人员密集区设立咨询宣传点，发放宣传材料，受理咨询投诉，举办假冒伪劣商品实物识别对比活动。大力提高农民维权意识，开展入农户送消费维权知识进村庄活动，将消费维权知识普及到多数农户。农忙时节，举行送服务到田间地头活动，及时为农民消费者解决突发维权事件。2013全市农村受理消费者投诉7896件，解决7665件，挽回经济损失655.3万元。

（李哲）

石家庄市工业经济联合会

【概况】 2013年，市工业经济联合会（经济团体联合会，简称市工经联或经团联）贯彻落实党的十八大、十八届三中全会及河北省委八届五次全会、市委九届四次全会精神，围绕中心、服务大局、转变作风，履行经济类行业协会主管职责，提升县级工经联（经团联）服务能力，开展调查研究，反映基层诉求，加强党组织和工会建设。7月10日，市企业联合会、企业家协会举行成立三十周年庆祝大会。2013年市企业联合会、企业家协会会员企业从1983年成立时35家发展到800余家，并获得全国5A级社会团体称号。9月25日，全国县级工商联建设经验交流会在湖北省宜昌市举行，晋州市工商联在此次会上被授予全国“五好”县级工商联建设示范点称号，这是石家庄市唯一获此荣誉单位。发挥人大代表、政协委员优势。2013年市工经联（经团联）和行业协会选举产生人大代表、政协委员4名。在全市人大、政协“两会”期间，市工经联人大代表谢艳华提出《关于加快向行业协会转移职能的建议》，市工经联政协委员高国欣、韩增梅、姜茂辉联合提出《关于加快落实行业协会的职能的提案》。2013年市工经联（经团联）获得“市级文明单位”、“先进基层党组织”、“普法工作先进单位”和“调研工作先进单位”称号。

【服务经济发展】 指导装备制造等13家行业协会开展行业季度、年度行业统计与分析。全年编发行业统计分析报告29期，其中化工、医药行业协会成为新生力量。推进行业自律和诚信建设，指导行业协会践行“创建诚信协会、服务全市发展”承诺。市医药行业协会将企业职业道德纳入行业自律诚信教育，对2400名行业从业人员进行了自律诚信教育培训；推动“诚信经营示范药店”创建活动，发挥先进典型在企业诚信建设中引领示范作用；建立外埠入市企业登记备案制度，强化市场监管，维护和改善医药市场秩序。市商业联合会举办“加强商务诚信建设，争做善行河北表率”主题座谈会，打造以德经商、优质服务冀商品牌；组织企业参加“2013全国商业信用大会暨2012年度信用企业评价结果发布会”，市国大连锁等4家企业获评“全国AAA级商业信用企业”。市装饰行业协会在全行业开展信用等级评价活动，严格审查家装和公装装饰公司，授予7家建筑装饰企业、18家家装企业AAA诚信企业，3家家装企业AA诚信企业。市粮食行业协会围绕抓好放心粮油示范企业评审复核检查和新增示范企业培育发展工作，评选市放心粮油示范企业92家。市建筑协会根据行业诚信企业评价办法，向80余家企业授予专业荣誉称号。市商业联合会、汽车流通、金华商会、中小企业家、美容美发等协会积极参与第六届中国·石家庄（正定）国际小商品博览会招商，联系引进采购商50多家，安排展位近100个。指导市商业联合会、装饰协会、茶业协会、医药行业协会、婚庆庆典行业协会举办石家庄购物节、家居文化节、茶叶博览会、婚庆博览会、医药博览会等，促进会展经济发展。开展银企对接活动，市中小企业发展总会与民生银行、中信银行开展战略合作，争取授信额度2亿元，向企业发放贷款5000万元；市商业联合会依托担保公司开展融资担保活动，为200家企业解决融资10亿元。市医药协会、市装备制造行业协会、市金华商会、市煤炭经营行业协会分别与民生银行、中信银行深化金融合作，推进银行授信贷款落实，丰富金融服务方式，解决了会员企业融资难问题。鼓励企业申报参与河北省“百强排序”活动，21家企业入围2013年河北省百强企业。组织石家庄常山纺织股份有限公司、石药集团中诺药业（石家庄）有限公司等9家企业参加申报河北省第二届工业大奖，展示了企业实力和形象。开展“服务企业见行动”活动，市建筑行业协会举办以“对标先进，跨越发展”为主题的第二届建筑业发展论坛，组织部分建筑施工企业主要领导到湖北省武汉市、湖南省长沙市对标学习，参观中建三局承建的武汉绿地中心项目和远大住工现代化住宅生产车间，增强了全市建筑业对标先进、跨越赶超紧迫感；市商业联合会组织举办了石家庄购物节、台湾名品博览会、全国年货精品展览会等活动。根据市政府安排，市工经联还组织行业企业家到香港考察，与香港中国国际经济技术促进会签订长期合作协议，促成国大集团、河北华控集团、东方亮彩商贸公司等与香港达成金融租赁、产品入港等合作。市装饰行业协会承办“美丽中国”行石家庄站活动，推动石家庄装饰行业绿色、环保、低碳发展。市医药行业协会联合江苏联亚国际展览有限公司举办“国际医药、医疗器械市场形势报告会”，邀请医药国际市场专家作报告，10家企业现场与举办方达成合作意向。

【调查研究】 围绕转型升级、跨越赶超和重点企业诚信经营、创新发展等课题开展调查研究。根据河北百强企业排序结果，结合石家庄市转型升级、跨越赶超重大课题，深入重点行业企业开展调研活动，听取企业意见和建议，撰写了《提升企业竞争力，加快培育促进石家庄市转型升级、跨越赶超的优势企业群》、《实施品牌强市战略，促进石家庄市主导产业和重点行业跨越发展》调研报告。围绕行业科学发展和适应新形势要求，市工经联、市婚庆庆典行业协会联合调研婚庆庆典行业企业发展，撰写了《关于我市婚庆产业发展情况的调查报告》，并在市委《决策》杂志刊登，反映了企业诉求，提出了行业转型思路；市工经联、市食品加工行业协会联合深入君乐宝、洛杉奇、米莎贝尔等企业调研食品加工业，撰写了关于石家庄洛杉奇食品有限公司《中华老字号是这样锻造的》、关于石家庄君乐宝乳业有限公司《坚守社会责任，成就行业典范》的调研报告，分别在《河北经济日报》、市委《决策》、《石家庄经济》杂志刊发。发挥重点领域行业协会优势，指导纺织业、装备制造业、商贸业、建筑业、医药化工产业、现代物流业等行业结合行业统计与分析，及时提出意见建议，为市委、市政府统筹推进重点行业发展提供依据。2013年市工经联（经团联）撰写的《我市建筑业发展情况的调查》获得石家庄市优秀调研成果二等奖，撰写的《坚守社会责任，成就跨越发展》调查报告获得石家庄市优秀成果奖。

【行业协会建设】 按照《石家庄市行业协会“十二五”发展规划》要求，完成市低碳经济发展协会、渣浆泵行业协会、快递行业协会3家社团组建。推进行业协会整合，对没有独立办公场所、没有专职工作人员、开展活动不经常、无活动经费等问题的部分协会实施分类规范和整合。2013年完成市化工协会整合变更；市旅行社行业协会整合升级，更名为市旅游协会；建议注销市渔业协会、市高新区企业家协会、市房屋拆迁协会、市果品经营行业协会4家协会。通过整合规范，全市经济类行业协会整体发展质量和社会形象提升，布局结构趋于合理，覆盖面基本达到要求。

【县级工经联建设】 1月18日，井陉县工经联召开换届大会暨井陉县经济团体联合会成立大会，明确落实了井陉县工经联（经团联）性质、职能、人员编制。9月6日，全市召开工经联（经团联）工作座谈会，贯彻落实市委、市政府促进县域经济发展的决策部署，研究确定县级工经联（经团联）适应形势发展的服务定位，明确了“开展县域经济发展调查、区域行业发展规划、发展区域性经济类行业协会、促进区域经济技术合作、组织实施行业自律、搭建信息交流服务平台”等职能。行唐县工经联（经团联）推荐对标示范企业申报国家和省市扶持资金项目，其中2家企业列为国家中小微企业扶持项目，9家企业列为省扶持项目，项目总投资6.1亿元。深泽县、无极县、栾城县、高邑县等县级工经联（经团联）深入一线，广泛开展对标培训和经验交流，引导企业对标先进找差距，细化措施赶目标。指导县级工经联（经团联）围绕县域重点产业开展调查研究，反映企业发展状况，研究解决制约发展问题。井陉县工经联（经团联）以搞好行业调研为重点，在振兴传统产业上献言献策，撰写了《关于打造中国钙都的几点建议》、《我县陶瓷行业的现状及发展建议》、《关于我县工业企业循环经济发展情况的思考》等调研文章，得到县委、县政府领导好评。

（张书清）

石家庄市红十字会

【概况】 2013年，市红十字会贯彻落实国务院《关于促进红十字事业发展的意见》，弘扬“人道、博爱、奉献”红十字精神，履行人道救助领域职责，推动红十字工作深入开展。全年红十字会募集社会捐赠款物价值1176.81万元，争取上级支持款物和项目资金228.61万元。其中，红十字会系统用于人道救助889.6万元，直接受益困难群众3416名；用于备灾救灾、应急救护346.8万元；用于推动无偿献血、造血干细胞捐献和遗体器官捐献工作86.9万元，向公众普及应急救护、无偿献血、“一个预防、两个远离”等知识突破10万人。2013年石家庄市无偿献血保持良好势头，顺利完成采供血保障任务。全年共有166979人次参与无偿献血活动，采血总量57.76吨，比2012年增长3.78吨。

【组织建设】 将组织建设和干部队伍建设作为基础工程，在健全组织、提高能力上下功夫。争取县（市）区主管领导、主要领导支持，依法理顺红十字会管理体制，2013年全市19个县（市）区理顺管理体制，理顺率达到86%。年末各县（市）区在教育系统、卫生系统、乡镇建立红十字基层组织206个。推进长安区长丰社区开展红十字社区试点建设，邀请各县（市）区常务副会长参加“红十字社区建设”现场观摩和专项培训。采取授课辅导、讨论交流、现场模拟案例训练等方式方法，开展造血干细胞捐献工作培训、红十字应急救护专（兼）职老师培训、红十字应急救援演练、团体会员单位负责人培训等，提高了红十字队伍专业能力和素质。至2013年底，全市已组建红十字无偿献血、健康医疗、健康教育、红十字心理救援4支志愿服务队，登记志愿者2216人。

【款物捐赠】 全年募集社会捐赠款物价值1176.81万元，争取上级支持款物和项目资金228.61万元。利用红十字品牌优势，与会员单位开展项目合作，募集款物581.4万元资助公益救助项目。4月20日，四川省雅安市芦山县发生地震，市红十字会通过报纸、网站、电视台等新闻媒体，向社会发出“心系雅安、奉献爱心”倡议书，并公布募捐账号和捐赠电话，募集善款331.29万元，全部拨付灾区用于灾后重建。

【服务民生项目】 “红十字千万元贫困大病救助”项目救助989人，发放救助金额187.2万元。市红十字会、市妇联联合启动“相约健康，关爱生命”项目，筹集专项基金50万元，用于救助100名贫困妇女“两癌”患者。市红十字会与爱尔眼科医院合作，开展免费救助100名斜视、弱视贫困家庭患儿，救助金额12.8万元。救助因病致贫、因病返贫的贫困家庭和眼角膜遗体捐献志愿者赵苗、河北师范大学附属中学白血病学生吕金铭、正定县重病患者崔学辉等困难家庭和个人8.48万元。举办“红十字博爱送万家”系列活动，全市受益家庭1465户。其中，10.7万元用于购置棉被1000条，救助县（市）区困难群众；20万元用于“关爱环卫工人，构建和谐社会”送温暖活动，慰问救助特殊贫困环卫职工家庭200户；56.6万元用于县（市）区红十字会上报235名贫困大病患者实施1000～6000元范围救助。启动2013年度“魔豆爱心工程”，46名困难母亲通过面试，接受免费培训，其中30名困难母亲每人得到1万元和1台计算机创业资助。2013年全市完成造血干细胞志愿者入库3468例，累计入库34720例，在全省排名第一；成功捐献12人，累计达到36人。引导、动员市民参与、支持无偿献血，献血量逐年提高。2013年石家庄市共有166979人次参加无偿献血，献血量达到57.76吨，连续七次获得全国“无偿献血先进城市”。市红十字会、市二院（石家庄市红十字会救援中心）联合组建25人石家庄市红十字救援队，投入20万元购置帐篷、防汛器材、救援器材等备灾物资，并在“9·9”世界急救日期间，组织市红十字救援队实施救灾演练，开展案例式课堂培训，提高应急反应能力。筹措备灾资金300余万元，确保灾情发生，救灾款物及时拨付和使用。

【应急救护培训】 撰写上报政协提案《大力开展红十字应急救护培训，不断提升群众自救互救能力》，争取到市安全生产监督管理、财政等部门支持和回应。举办应急救护师资培训班，推动应急救护培训向基层延伸。2013年全市培训救护师40人，其中每个县（市）区培训应急救护讲师2人。在长安区启动“应急救护知识进校园”工程，培训在校校医、体育老师90余人，教会12000名在校学生掌握应急救护基本知识。组织1万名在校学生参与全国红十字青少年自救互救知识竞赛，市红十字会获得最佳组织奖，新乐市实验小学曹慧琳、新华区第九中学朱玉洁分别获得个人二等奖和三等奖。

【红十字志愿服务活动】 组织志愿者和市心理救援队专家到老年护理院开展“博爱助老，爱在重阳”敬老爱老志愿服务，为住院老人送去节日慰问。在从恩儿童康复学校开展“多彩童年、红心共建”活动，为特教儿童送去节日关爱。组织红十字志愿者在全国“爱耳日”、“世界防治结核病日”，围绕“健康听力，幸福人生——关注老年人听力健康”、“你我共同参与、消除结核危害”，开展医疗咨询、健康知识宣传志愿服务活动。利用世界红十字日、献血日等时机，举办纪念宣传活动，采取发放宣传资料、摆放宣传展板、现场义诊、群众互动等形式，普及健康知识，传播健康技能。

【红十字宣传】 拓宽“一报一刊”订阅范围，增强常委、政府和社会各界对红十字工作了解和认可。与河北长城网、石家庄广播电台新闻882栏目组等媒体联合打造网上宣传平台和宣传合作项目。及时更新多媒体募捐箱信息，打造红十字宣传永久性阵地。丰富市红十字会网站栏目，2013年市红十字会网站宣传效果提高，群众留言超过277条，网站点击率突破20万次。创办《石家庄红十字工作简讯》，传递弱势群体渴求，忠实记录红十字工作动态。2013年深泽县女孩赵苗志愿捐献眼角膜和遗体感人事迹在中央电视台《新闻直播间》、《新闻联播》栏目播出；2012年度“感动省城”十大人物、2013年度河北省道德模范张珊珊造血干细胞二次捐献受到媒体广泛关注和报道；井陉矿区红十字会、晋州市红十字会、市中医院红十字工作先进经验被《中国红十字报》刊登报道。至2013年底，市红十字会在电视、电台、报纸等媒体报道宣传文章50余篇，其中《中国红十字报》刊发9篇，搜狐网、长城网、河北新闻网、石家庄新闻网等主流媒体网站转载突破300余次，扩大了红十字会工作在全社会的“知晓率”、“认同率”和“参与率”。

（郝瑞起　戎怡）

石家庄年鉴　Politics and Laws

政　法

政　法

公　安

【概况】 2013年，全市公安系统围绕率先全面建成小康社会和创建全国最平安省会城市、建设幸福石家庄奋斗目标，坚持融入大局、服务民生，稳中求进、开拓创新思路，扎实推进平安省会建设、法制建设、信息化建设、基层基础建设、“两个环境”建设和过硬队伍建设，一步一个脚印狠抓公安工作落实，维护了社会治安稳定局面，提升了人民群众安全满意度。加强安全保卫，树立“大平安”理念，提升平安省会建设前瞻性、预见性、主动性、针对性，推动平安建设由传统社会安全向政治、经济、文化、生态安全等领域拓展，平安建设模式由被动保安向主动创安转变。按照源头治理、预防为主、调解优先原则，开展“大排查、大调处、大帮扶”一体化社会矛盾纠纷排查化解行动，落实化解和稳控双管齐下方法，有效维护社会安全稳定。完成党十八届三中全会安保、各级人大和政协“两会”等重大安保警卫任务，破获一批邪教案件，依法处置多起群体性事件。抓获涉赌涉黄违法犯罪嫌疑人2500余名。开展“打毒害保平安”专项行动，破获涉毒案件300起，抓获涉毒嫌疑人289人。查处涉危涉爆案件78起。推进消防安全网格化管理，建成大网格269个，中网格4508个，小网格9784个；检查单位30907家，督促整改火灾隐患52096处。新安装监控摄像头141457个，报警探头23233个。

【刑侦工作】 以严打刑事犯罪为中心，强化打击职能，提升打击效果。坚持“短、平、快”打击方针，连续开展“冬季严打”、“夏季严打”、打击多发性侵财犯罪“专项打击行动”、打击“两抢一盗”百日攻坚行动等系列严打整治战役和行动。以命案侦破为龙头，特别是现行命案，做到快速反应，快侦快破，发一破一，不留积案；梳理命案积案线索，深度研判，适时开展命案积案攻坚战。推进打黑除恶专项行动，坚持“打早打小，露头就打”工作方针，实施黑恶线索核查，做到精确打击，一打到底，快速侦破一批称霸一方、为非作恶、群众深恶痛绝的“村霸”“行霸”“沙霸”等痞霸团伙，打掉一批涉黑涉恶犯罪团伙，查证一批群众举报黑恶线索，并适时开展2次打黑除恶集中摸排收网行动及“扫痞除霸”专项行动。打黑除恶信息平台正式上线运行，采取边升级边研判方式，将打黑除恶纳入信息化管理轨道，实现精确打击，有效提升打黑除恶工作能力和水平。以侦办涉毒大案为龙头，强化主动进攻意识，保持对制贩毒犯罪高压严打态势。坚持“破大案，打团伙，摧网络，缴毒品，抓毒枭”方针，坚决压缩毒品消费市场需求；坚持顺线深挖，上打源头，下查去路，扩大战果；适时开展吸毒人员信息采集录入会战，严格落实吸毒人员排查登记制度，确保重点人员监控力度，从中发现吸毒人员线索；实施上网吸毒人员动态管控，做到及时发现、及时打击吸毒违法行为；严厉打击容留他人吸毒犯罪活动，遏制毒品发展蔓延势头。重视打击拐卖妇女儿童和组织、操纵未成年人违法犯罪。严厉打击涉枪涉爆犯罪，坚持破大案、追源头、捣窝点、摧网络方针，全面梳理侦查发现和群众举报线索，开展“灭枪”攻坚行动，斩断一批犯罪利益链条，铲除一批犯罪网络和窝点，抓获一批涉枪涉爆负案在逃人员。全警参与信息追逃，消除治安隐患。严格执行网上追逃机制，落实立案地和户籍地双为主追逃原则，综合运用挂牌督捕、悬赏缉拿、规劝自首、网上信息比对等手段开展定向追逃，压缩在逃人员生存空间，有效维护社会安全和稳定。

（冯朝勇）

【销毁毒品】 6月25日，省、市禁毒办公室在石家庄市医废处置中心举行集中销毁毒品仪式（6月26日是“国际禁毒日”）。此次销毁毒品是市公安机关缉毒破案缴获的各类毒品和国家管制二类精神药品，包括海洛因440.47克，冰毒11994.95克，麻古2799.3克，K粉550.02克，咖啡因105.91克，大麻700克，盐酸曲马多986千克。

（胡雁冰）

【治安管理】 推进“社区警务网上考核系统”和旅馆、娱乐场所、典当行、印章业、废旧金属收购业、快递、物流等行业信息系统建设，有效提升基础信息采集能力。开展专项打击黄赌犯罪整治行动，清查场所9000余家（次），整改场所隐患933处，取缔涉黄涉赌场所551家，销毁赌博机6700余台，抓获涉赌涉黄违法犯罪嫌疑人2500余名。打击严重危害社会涉毒犯罪，开展“打毒害保平安”专项行动，破获涉毒案件300起，抓获涉毒嫌疑人289人，缴获毒品折合海洛因16102.5克，查处吸毒人员971人次，强制戒毒411人。强化危爆物品管控，消除各类安全隐患。全年查处涉危涉爆案件78起，收缴炸药6708千克、雷管16013枚、索类爆炸物1310米、各类枪支728支（包括仿真枪）、管制刀具2665把、烟花爆竹920万余响，剧毒化学品210余吨。督导治安部门管辖案件侦办，捣毁一大批制假售假窝点，破获一大批制假售假大案，抓获一大批违法犯罪嫌疑人，取得良好的社会效果和法律效果。加强科技安全防范，创新治安工作机制。2013年全市新安装监控摄像头141457个，报警探头23233个。年末重点单位和要害部位技防设施安装率达到100%；内部单位和城区学校技防设施安装率达到100%；居民小区技防设施安装率达到95%；农村技防设施安装率达到80%。坚持网上和网下双向对接，加强虚拟社会掌控。从严打击网络违法犯罪，2013年全市网络案件主侦数、配侦数和网上追逃数均列全省第一。树立“网络空间是公共场所、网络社会是法治社会”意识，强化网络舆情引导监控，强力维护网络秩序。全年检查非营场所465家，查处违规网吧127家、责令停业整顿25家，行政警告违法违规网站、栏目124个，关停违法网站105家。2013年全市26家重点网站及本地130家提供交互式服务网站全部实现日志系统源端口号留存，流动人员上网场所在线率达到85%以上，网吧A级率保持90%以上。开展平安街道、平安社区、平安学校等创建活动，实施平安细胞工程。加强人防、物防、技防“三位一体”建设，建设立体防控体系。增强综合警务服务站、社区民警、交警执勤岗点、特警武警联勤巡逻和社会防控力量，改进警务站勤务模式，新增派出所警力683人，新建巡控队伍197支，全面织密社会面整体防控网络，实现刑事发案同比下降14.2%。开展中小学、幼儿园及周边治安秩序整治，圆满完成体育比赛、文艺演出、人才交流会、商业展览展销、政府专项保卫任务等131项、276场次。2013年市公安局被全国“扫黄打非”工作小组评为全国“扫黄打非”先进集体；市公安局治安警察支队被国家人力资源和社会保障部、公安部、国家工商行政管理总局命名为“2013年全国清理整顿人力资源市场秩序专项行动成绩突出单位”。

【交通管理】 按照河北省政府《关于进一步加强道路交通安全工作的实施意见》，石家庄市和所辖县（市）均成立了“道路交通安全管理委员会”，实现“政府主导、部门协作、全民参与、共同整治”的“大交管”格局。改善公共交通环境，坚持保畅通与保安全并重，全力开展“导航行动”，推进城市道路优化改造和智能化交通控制系统建设，启动实施智能交通建设一期工程，更换100台信号机，安装151个路口检测器，实施浮动车检测及信号灯联网，形成15条出市方向“绿波带”，缓解了中心城区交通压力。加强重点车辆源头监管，全年检查、教育、约谈运输企业8236次；遇恶劣天气、重大活动和突发情况，及时向重点企业和驾驶人发送安全提示、短信22000余条。开展大货车、“三车”（营运人力三轮车，电动、燃油三轮车，电动、燃油四轮车）、二轮摩托车等专项整治，降低道路交通事故发生率。严格查处违法车辆和交通违法行为。2013年全市查处超员2711起，超速555346起，超载324起，疲劳驾驶10667起，无证驾驶7066起，酒后及醉酒驾驶2963起，逆行73060起，货车载人2154起，违法停车202053起；大货车闯禁行101282起，渣土车违法1712起；查扣二轮摩托车890辆，拘留无证驾驶54人。2013年1～12月份，全市发生一般程序道路交通事故426起，同比增加3起，上升0.71%；死亡279人，与2012年持平；受伤310人，同比减少32人，下降9.36%；直接财产损失1593320元，同比减少227380元，下降12.49%。全年未发生一次死亡5人以上交通事故。

（冯朝勇）

【黄标车淘汰】 5月1日起，全市实行黄标车限行。专门设立黄标车尾气检验机构，采取黄标车定点尾气检测，严格检验流程和检验标准，对尾气不达标车辆坚决不予核发环保标志和机动车检验标志。2013年全市对3481辆黄标车实施尾气检测，其中2838辆合格，合格率为81.5%。严格机动车转入规定，10月22日起，全市所有车管所停止办理黄标车过户业务；对达不到国Ⅳ标准外地车辆，一律不予办理转入业务；新注册车辆2014年1月1日起全面实行国Ⅳ标准。至2013年底，全市查处黄标车闯禁行等违法行为，警告12465辆；处罚6713辆，入库违法数据39088条；淘汰黄标车98000辆，超额完成河北省确定的年度淘汰任务。

（杨林怡 张华）

【火车站周边增设3处电子警察】 2013年市交管局在火车站区域3处地点增设电子警察和违法抓拍设备。分别是：新石南路与京广西街东口公交专用车道处，抓拍违法占用公交专用道进入火车站的社会车辆；新石南路与京广西街东口公交停车场出口处，抓拍违法出入公交停车场的除公交车以外的其他车辆；火车站西广场与京广西街东侧出租车专用道入口北侧150米处，抓拍违法占用出租车专用道进入火车站的除出租车以外的其他车辆。

（胡雁冰）

【消防安全】 推行“四个能力”（检查消除火灾隐患能力、组织扑救初起火灾能力、组织人员疏散逃生能力、消防宣传教育培训能力）建设新要求，2545家重点单位达到示范标准，重点单位和一般单位达标率均为100%。以户籍化管理为载体，制发《社会单位消防安全户籍化管理系统推广部署及实施方案》，指导全市2562家重点单位全部建立户籍化系统档案。推进消防安全网格化精细管理，建成269个大网格，4508个中网格，9784个小网格。开展异地交叉执法检查，全年检查单位30907家，督促整改火灾隐患52096处，实施查封251家、“三停”（停产停业、停止使用、停止施工）389家、拘留217人；检查消防产品使用单位5000余家（次），责令违法使用消防产品改正单位600余家；消防部门查处消防产品违法案件113起；工商部门查处消防产品违法案件15起；拆除（更换）不合格产品360件（套），销毁不合格产品5000余件（套）；确定重大火灾隐患实行政府挂牌督办和领导包案责任制57处。以“96119”火灾隐患举报投诉中心为基础，开辟消防新浪微博、“火灾隐患曝光台”专栏等多种形式的火灾隐患举报投诉受理渠道，共受理投诉举报396起，核实处理396起，查处火灾隐患793处，发放奖励6.05万元。补充消防行业特有工种人员数量，提高消防控制室值班人员能力和素质，多次举办消防培训班，培训人员700余人。2013年全市组织消防宣传活动400余次，开展消防志愿者活动200余次，发放宣传单10万余份，发放购物袋、收纳袋、消防扑克、便签本等宣传品2万余份，利用手机短信平台发送温馨提示短信10万余条，受教育群众30余万人。

（冯朝勇）

【派出所消防工作办公室成立】 10月29日，市公安局派出所消防工作领导小组正式成立，办公室设在市公安消防支队。主要职能：负责建立健全消防工作机制，搭建信息互通平台，开展消防业务培训，定期进行工作指导和督查，组织综合考评，提升民警业务素质水平，提高全市公安派出所的火灾防控能力，指导公安派出所落实消防监管职责。

（胡雁冰 赵元君）

【队伍建设】 以提高依法履职能力为核心，以构建和谐警民关系为重点，以培育优良警风为着力点，坚持理论灌输、正面引导为主，反面警示、教育惩戒同步，常抓不懈、一抓到底，全面加强公安队伍的思想建设、组织建设、作风建设和反腐倡廉建设。以落实中央“八项规定”，公安部“十项规定”、“三项纪律”为重点，制发4个工作指导意见，开展为期3个月的作风纪律整顿活动，发现整改问题11类100余项，清理超标配置公车124辆，并完成省直单位1369辆、市直单位2587辆冀O牌照更换。同时，结合各地公安队伍建设中暴露出的问题，开展了6个波次的专项整治活动。推行“轮训轮值、战训合一”模式，举办大轮训培训班14期，培训3500余人次。利用早例会、晚点名、每周四“实战训练日”等时间，开展“短平快”专业培训，全年开展5天以下“短平快”专业培训班93期，培训4500余人次。至2013年底，全市公安机关开通政务微博、警务站微博300余个，粉丝（听众）超过400万，接受网民咨询求助3200余次，总数量、影响力均居全省公安机关首位。2013年石家庄市公安局政务微博获评“河北十大影响力政务微博”。推行竞争上岗，通过公开、公平、公正竞争，选拔科级干部350人。落实从优待警政策，完成5021名警员职务套改，其中1639人享受高套政策。加大正面宣传，全年在各级媒体刊登刊播稿件12316篇。其中，石家庄市综合警务服务站工作在《人民日报》、中央电视台、新华社等中央媒体给予报道；以石家庄市公安局案例为原型创作的电视剧《缉毒精英》在中央电视台第8套节目黄金时段播出；石家庄市公安局创作选送的《警民和谐歌》获得公安部“2013年度优秀公安文化节目奖”。2013年全市公安战线涌现出一大批先进典型人物，其中，因公牺牲警察5人，获评先进集体294个，个人立功受奖1961人。

（冯朝勇）

检 察

【概况】 2013年，全市检察系统积极推进反腐倡廉建设、平安省会建设、法治石家庄建设和检察队伍建设，突出打击严重影响社会稳定和人民群众安全的黑恶势力犯罪、严重暴力犯罪和多发性侵财犯罪。全年批准逮捕各类犯罪嫌疑人5357人，提起公诉7687人。依法从快批捕、起诉25人黑社会性质组织案，6人贩卖毒品案，7人非法制造、买卖枪支案等一批严重影响社会稳定的重大刑事案件，极大震慑了犯罪分子，维护了社会和谐稳定。参加整顿和规范市场经济秩序、打击侵犯知识产权和制售假冒伪劣商品犯罪、打击危害食品安全犯罪等专项行动，依法打击走私、偷税骗税、合同诈骗、信用卡诈骗、虚开增值税专用发票、非法吸收公众存款等严重破坏市场经济秩序犯罪，批准逮捕犯罪嫌疑人317人，提起公诉572人。坚持把化解社会矛盾贯穿执法办案始终，制定办案风险评估预警办法，开展检调对接、释法说理、民事申诉和解等工作。落实检察长接访、领导包案、约访下访等制度，全年接待群众来信来访2004件、2065人次，两级院检察长接访986件、1124人次，妥善化解处理一批集体访和突发事件。2013年下半年，市送变电公司和桥西区人民检察院共建的反腐倡廉警示教育基地被最高人民检察院评选为全国“百优”预防职务犯罪警示教育基地。这是石家庄市唯一获得此项荣誉的基地，也是国家电网公司系统唯一的全国“百优”预防职务犯罪警示教育基地。2013年全市检察系统组织举办专业培训78期，培训人员2453人；公开选调招录检察工作人员68名；获评“全国检察机关先进集体”1个、“全国模范检察官”1人；11个单位受到国家级表彰，11个单位受到省级表彰，62个单位和110名个人受到市级以上表彰；桥西区检察院、桥东区检察院、新华区检察院、长安区检察院和高邑县检察院被评为省级先进检察院。

【社会管理创新】 推动行政执法与刑事司法相衔接工作机制建设，率先在全省建立覆盖市县两级708个行政执法部门“两法衔接”信息共享平台，制定出台《平台运行管理办法》、《“两法衔接”工作考核办法》和《平台案件录入细则》等规范性文件，健全了平台运行管理机制和考核机制。全年行政执法单位上传行政处罚案件12700件，其中平台运行后上传案件数量10600件，向公安机关移送涉嫌犯罪案件140件，向检察机关移送职务犯罪案件1件，监督立案1件，公安机关受理65件，立案35件，批准逮捕3人，移送起诉案件10件，实现了行政执法、刑事司法衔接规范运作和流程顺畅。

开展社区矫正监督活动，实行社区矫正动态监督管理，纠正社区矫正不当事件149件；探索建立社区、企业、检察机关三位一体未成年人犯罪矫正帮扶机制，收到良好社会效果。

【惩处和预防职务犯罪】 以国家机关工作人员、国家重点投资领域、损害民生民利贪污贿赂案件为重点，开展查办和预防发生在群众身边、损害群众切身利益的职务犯罪专项行动，突出查办发生在领导机关和领导干部中的贪污贿赂案件，以及发生在资金密集行业和重点领域案件。2013年全市立案侦查贪污贿赂犯罪案件167件、223人，其中大案135件，要案14人（含交办案件）。查办渎职侵权案件55件、114人，其中要案4人，重大案件6件17人，特大案件2件8人。查办中央纪委、最高人民检察院、省纪委、省检察院交办专案5件，其中厅级干部4人、处级干部7人，为国家挽回经济损失2亿多元。与市纪委、市法院沟通协调，共同制定《关于查办腐败案件工作加强相互协作配合的实施意见》，增强了反腐败工作整体合力。研究职务犯罪高发领域、高发行业特点规律，实施专项预防、行业预防、系统预防措施。开展预防警示教育宣传，全方位、全媒体播放公益广告，桥西区检察院建立的“声光电一体”反腐倡廉警示教育基地入选全国检察机关“百优”基地，制作的廉政公益海报获评最高检察院一等奖。2013年全市建立警示教育基地3个，开展警示教育活动1900次，受教育人数2万余人；接受预防咨询2683次；提出检察建议278件；行贿犯罪档案查询7115次、查询单位1.1万余家，其中有行贿犯罪记录2次；在教育、医疗、交通等系统开展预防调查68次；开展案例剖析39件。

（康同泽　李少威）

【通报9起典型商业贿赂案件】 12月17日，市治理商业贿赂领导小组办公室召开新闻发布会，公开通报近两年查办商业贿赂案件，并通报其中9起典型商业贿赂案件。从2012年下半年起，全市查结商业贿赂案件164起，涉案金额4314.22万元，受到刑事处罚21人，给予党政纪处分17人，罚款389.10万元，没收392.88万元。

1. 原裕华区住房保障局局长王广岭受贿案。王广岭在2008年底至2011年担任裕华区住房保障局局长期间，利用主管裕华区“三年大变样”城市景观综合治理“平改坡”工程发包和拨付工程款便利，多次收受工程承包商杨某、许某、张某等30余人贿赂，收受贿赂现金103.2万元，收受购物卡价值8000元。案发后，王广岭在承认司法机关已掌握其收受3名承包商9万元贿赂事实后，又主动交代了其收受其他承包商贿赂共计95万元的犯罪事实，并退缴全部赃款。王广岭身为国家工作人员，利用职务之便，为他人谋取利益，非法收受他人财物，数额特别巨大，其行为构成受贿罪。2012年10月10日，裕华区法院以受贿罪判处王广岭有期徒刑十年，赃款予以没收，上缴国库。

2. 原桥西区北杜社区居委会副主任赵建增受贿案。赵建增在任桥西区北杜社区居委会副主任、协助政府进行城中村改造工作期间，提出让北京昊景时代置业有限公司石家庄分公司总经理尚某在北京给赵建增女儿买房。2011年2月26日，赵建增的女儿签订购买北京市某房产相关协议。签订协议后，尚某共计付款210万元。赵建增利用职务上的便利，收受开发商所送财物，情节特别严重，其行为构成国家工作人员受贿罪。2012年6月19日，新乐市法院以赵建增犯国家工作人员受贿罪，一审判处其有期徒刑十年。2013年8月23日，石家庄市中级人民法院二审裁定驳回上诉，维持原判。

3. 原平山县国土资源局执法二队科员杨彦明受贿案。2011年1月杨彦明任平山县国土资源局执法二队执法员。2012年1月杨彦明以许诺提供保护和帮助为由，通过中间人薛国中，收受非法开矿矿主王郡邦5万元。随后杨彦明分给薛国中5000元，其余45000元占为己有。案发后赃款退缴。2012年5月底6月初，王郡邦在非法开矿过程中，数次与杨彦明联系，杨彦明向其提供了部分县执法部门要去矿山检查信息，使其逃避矿山检查。杨彦明身为国家机关工作人员，利用职务上的便利，非法收受他人财物5万元，为他人谋取非法利益，其行为构成受贿罪。2012年12月12日，平山县人民法院一审以受贿罪判处杨彦明有期徒刑五年，2013年3月27日，石家庄市中级人民法院二审裁定驳回上诉，维持原判。

4. 原华北制药股份有限公司销

售分公司普药浙江办事处主任赵保林受贿案。2010 年 6 月至 2012 年 3 月，赵保林在担任华北制药股份有限公司销售分公司普药浙江办事处主任期间，利用职务之便，多次收受业务单位杭州萧山保康医药有限公司业务经理庄某给予贿赂现金共计 1439601 元，案发后追回 1400000 元。赵保林身为公司、企业工作人员，利用职务上的便利，非法收受他人财物，为他人谋取利益，数额巨大，其行为构成非国家工作人员受贿罪。2012 年 12 月 5 日，长安区法院以非国家工作人员受贿罪，判处赵保林有期徒刑七年，另赵保林犯职务侵占罪，判处有期徒刑三年，决定执行有期徒刑九年。

5. 原石家庄高新区留村乡郝家营村村委会委员、治保主任郝建辉受贿案。2009 年 12 月，高新区长江大道东延拆迁，高新区管委会工程建设指挥部委托留村乡郝家营村村委会负责清理该村拆迁垃圾。清理垃圾费用由区财政统一拨付，由该村负责与相关人员结算。经郝家营村民委员会研究决定，由时任郝家营村村委会委员、治保主任郝建辉负责拆迁垃圾清理工作。2010 年 4 月 25 日，郝家营村村委会与该村村民郝建省签订《长江大道东延拆迁垃圾处置委托协议书》。2011 年 1 月 22 日，郝建辉以“提成费”名义向郝建省索要 50000 元，后赃款被挥霍。郝建辉利用职务上的便利，索取他人财物，其行为构成受贿罪。2012 年 12 月 7 日，石家庄高新区法院一审以受贿罪，判处郝建辉有期徒刑五年六个月。石家庄市中级人民法院于 2013 年 1 月 31 日二审裁定驳回上诉，维持原判。

6. 原井陉县扶贫开发办书记、副主任高聚生受贿案。2008 年 1 月，高聚生担任井陉县扶贫开发办书记、副主任。2010 年下半年，井陉县扶贫办向杨家沟村预拨扶贫养鸡款 50000 元。高聚生利用职务之便，通过当时杨家沟村党支部副书记、主管村务工作的杨某向杨家沟村索要现金 10000 元，其行为构成受贿罪。井陉县法院于 2012 年 11 月 29 日一审以受贿罪，判处高聚生有期徒刑一年九个月。石家庄市中级人民法院于 2013 年 5 月 15 日二审裁定驳回上诉，维持原判。

7. 原赞皇县南水北调工程建设委员会办公室（简称赞皇县南水北调办公室）副主任蔺发杰犯单位受贿罪案。蔺发杰在负责南水北调水井恢复工程期间，赞皇县南水北调办公室分别与柏乡县王家庄抗旱打井队、元氏县槐阳抗旱打井队及高邑县王军强 3 家签订 15 口水井的钻井施工合同。蔺发杰与 3 家负责人分别商定，按照合同约定，钻井工程款按每米 737 元结算，在拨付钻井款后，赞皇县南水北调办公室每米收 107 元回扣。2010 年 10 月至 2011 年 10 月期间，蔺发杰共计收受 3 家回扣款 648825 元。蔺发杰将此款用于赞皇县南水北调办公室人员发放补助、购买购物卡等各项杂支费用。蔺发杰作为赞皇县南水北调办公室副主任，在负责南水北调水井恢复工程过程中，以赞皇县南水北调办公室名义收受回扣，用于处理单位各项不合理开支，情节严重，其行为构成单位受贿罪。赞皇县法院于 2012 年 11 月 22 日一审以单位受贿罪，判处蔺发杰有期徒刑一年。另蔺发杰犯有滥用职权罪，被判处有期徒刑一年；犯有挪用公款罪，被判处有期徒刑七年。数罪并罚，决定判处有期徒刑九年。石家庄市中级人民法院于 2013 年 1 月 17 日二审裁定驳回上诉，维持原判。

8. 原华北制药集团国际贸易有限公司业务员张勋受贿案。2007 年 1 月至 2011 年下半年，张勋在华北制药集团国际贸易有限公司任业务员期间，趁其负责采购药品外包材料和药用胶囊壳之机，收受业务单位给予贿赂款共计 95350 元。张勋作为公司、企业工作人员，利用职务上的便利，非法收受他人财物，为他人谋取利益，其行为构成非国家工作人员受贿罪。2012 年 12 月 6 日，长安区法院以非国家工作人员受贿罪，判处张勋有期徒刑三年，缓刑四年。

9. 原桥西区宫家庄村村委会主任宫金全受贿案。2007 年，在时任桥西区宫家庄村村委会主任宫金全同意、支持下，经宫家庄村两委会讨论，决定委托石家庄合利瑞佳房地产投资顾问有限公司代建宫家庄村民住宅楼。2007 年 11 月 25 日，宫金全代表宫家庄村委会与合利公司签订委托城建协议书。在宫家庄村民住宅楼建设期间，宫金全借为其儿子办婚宴的机会，非法收受合利公司 3 万元，用于个人及家庭花费。2008 年 6 月初，又非法收受合利公司 20 万元。宫金全利用职务上的便利，非法收受他人贿赂，为他人谋取利益，其行为构成非国家工作人员受贿罪。2012 年 9 月 22 日，桥西区法院以非国家工作人员受贿罪，判处宫金全有期徒刑三年，缓刑三年。

（王更）

【诉讼监督】 落实最高人民检察院《关于加强监督能力建设的决定》和市人大常委会《关于加强人民检察院法律监督工作的决议》，依法纠正违法采取强制措施、违法使用侦查措施、侵犯当事人诉讼权利等问题，提出纠正意见437件次，纠正漏捕457人、纠正漏诉262人。落实宽严相济刑事政策，对轻微刑事犯罪依法慎捕、慎诉，不予批准逮捕835人，不起诉231人。对审查认为确有错误的刑事判决、裁定，提出刑事抗诉70件，法院审结35件，采纳抗诉意见24件，其中改判7件，发回重审9件。冀中南地区人民检察院成立后，有效加强驻监狱、看守所检察室规范化建设，纠正减刑、假释、暂予监外执行不当38件，纠正刑罚执行和监管活动违法71件，纠正社区矫正不当149件，立案查处刑罚执行中的渎职犯罪1件、2人。按照新修改《民事诉讼法》，综合运用抗诉、检察建议、违法行为调查等手段，积极构建多元化监督格局。全年受理各类民事行为案件633件，市检察院提请抗诉15件，法院审结49件（含积案），改判25件。提出再审检察建议39件，法院裁定再审15件；提出执行监督建议68件，法院采纳50件。办理支持起诉78件，督促履行职责和督促起诉案件243件。加强和完善执法监督管理机制建设，制定《石家庄市人民检察院权力运行监控机制建设实施方案》，查找梳理遵守法律规定和检察纪律、遵守规章制度以及履行法定职责方面存在重大事项决策、人事任免、财务管理3个环节可能出现廉政风险点34个，并制作检察权力运行廉政风险及防范措施一览表，确定了具体监控人。加强案件质量监督，全市检察系统均成立案件管理机构。规范案件受理、立案和办理程序，实行全程跟踪、预警和监控，做到案前、案中和案后无缝隙监督，提出期限预警7268次，开具、备案各类法律文书11253份，及时监督纠正了法律文书不规范、侵害当事人诉讼权利等违法办案情形。开展案件质量评查2次，评查全年所办案件94件。

【社会服务】 参与全市“碧水蓝天”工程建设，严格执行“两高”（最高人民检察院、最高人民法院）《关于办理环境污染刑事案件适用法律若干问题的解释》，建立环境污染调查、重大案件侦查提前介入机制，加大打击破坏生态环境犯罪和环境监管领域职务犯罪力度。全年办理破坏环境资源犯罪和环境监管领域职务犯罪29件。做好南水北调、轨道交通等重大项目法律服务，采取设立检察室、开展警示教育等方式，主动作为，积极服务，协助解决实际困难和法律问题87件，帮助完善建章立制118项。配合市委、市政府开展城乡建设和房地产市场专项整治部署，主动在检察机关落实调查摸底、登统分析、督促相关单位履行职责和查办职务犯罪案件等措施，监督收缴未执行资金、罚款和滞纳金8.39亿元，查处渎职犯罪案件4件、7人。组建农村检察工作队46支，深入乡镇村庄宣传法制，开展接待来访、受理举报、查办案件工作。全年开展查办涉农惠民领域职务犯罪专项活动8次，立案侦查涉农职务犯罪嫌疑人156人，涉案金额420余万元。开展“进千家门、察百姓情、办群众事”、“和谐进基层，检察官驻村帮扶”等活动，举办法制宣传1258次，接访810件、1120人，受理举报134件。制定《全市检察机关服务企业发展的实施意见》，召开服务企业发展座谈会，开展“服务园区建设、走访百家企业”活动，帮助企业解决热点、难点问题，建起涵盖全市9.6万余家国有企业、民营企业、小微企业基本情况数据库。落实《河北省检察机关检务公开规范》，向社会公开了职责权限、受案范围、办案程序及规则、执法监督、工作纪律等，并制定“十项承诺”，制作了“零障碍”协办公示牌和“连心卡”。发挥人大代表、政协委员和人民群众监督作用，全年人民监督员监督评议案件26件、33人；不同意办案部门意见2件、3人；及时发现和有效应对网络舆情16起；接受市人大专项视察2次，办理人大代表意见建议2件。

石家庄市人民检察院

检 察 长：蔡春和（3月免）

侯建华（3月任）

副检察长：傅君佳（12月免）

何军恒（12月任）

曹爱国

贾巧秀（4月免）

兰志伟（女，12月任）

臧玉平

陈晓 （女，12月免）
崔少波（4月任）
李彦平（女，12月任）

冀中南地区检察院检察长：
李彦平（女）
纪检组长：邢玉杰

政治部主任：李芳栋

（康同泽 李少威）

审 判

【概况】 2013年，全市法院系统以司法为民、公正司法为主线，大力发挥审判职能作用，全力为经济发展、社会稳定提供司法保障和服务。以审判权、执行权在阳光下运行为标准，制定出台《关于进一步推进司法公开工作的意见》。采取业务培训、岗位练兵、以会代训、技能竞赛等方式，举办各种培训活动249场次，培训干警9500余人次。与高等院校合作培训高层次人才、专家型法官75人。查处法院系统违纪违法人员16人。与电视台、电台、报社等媒体合办法治栏目9个。2013年21.3万人走进法院，亲身感受法律审判。主动接受市大机关监督、群众监督和社会监督，将接受监督作为依法公正审判、高效廉洁司法的重要保障。制定实施《关于进一步加强与人大代表、政协委员联络的实施意见》。2013年全市法院系统接受人大代表、政协委员视察指导和座谈交流1494人次；办结人大代表建议、政协委员提案57件，满意率100%；走访人大代表、政协委员1151人次；邀请旁听庭审、参加听证595人次；寄发《法院时讯》3912份。2013年11月，石家庄市桥西区法院数字化审判大楼正式启用，这是首个河北省数字化审判大楼。大楼内设有14个数字化审判庭，全部实现庭审同步录音录像、笔录同步输出展示、证据同步陈列展示、激励式同步跟踪摄录、数据同步载入服务器“五同步”。至2013年底，全市法院受理各类案件88265件，同比上升2.14%，审执结79452件。其中，市中级法院受理17716件，审执结15370件，分别上升12.7%和14.39%。

【刑事案件】 开展打黑除恶、打击“两抢一盗”犯罪等专项活动，推进轻刑快判工作机制和“两法衔接”机制建设。全年审结各类刑事案件5003件，判处犯罪分子6334人。依法从快从严惩处黑社会性质组织、故意杀人、绑架、抢劫等严重暴力犯罪以及盗窃、抢夺、诈骗等多发性侵财犯罪和毒品犯罪案件1676件、2627人，判处走私、合同诈骗、偷税漏税、非法吸收公众存款、集资诈骗等破坏市场经济秩序案件311件、516人，保持了震慑犯罪高压态势。做好未成年人犯罪案件审判工作，依法落实适用禁止令、轻罪记录封存等制度。2013年市中级人民法院少年审判庭被团中央、最高人民法院等13部门联合授予“全国优秀青少年维权岗”称号。依法办理减刑、假释案件4529件。推进社区矫正工作，120名刑释解教人员参加市中级人民法院蓝天职业培训中心举办的法制教育和再就业技能培训，预防和减少了重新犯罪，促进了社会和谐稳定。

【民商事案件】 全年依法审理与群众生产生活密切相关各类民事案件33644件，其中通过调解方式化解纠纷12592件。所有审理案件注重做到依法保护妇女、儿童、老年人、残疾人、农民工和军人军属的合法权益。针对增幅较大的交通事故、劳动争议、医患纠纷、商品房买卖、物业纠纷等案件，及时制定规范性意见，统一裁判尺度，探索建立专门审判庭或合议庭，开辟维权“快速路”。开展“法官进企业”、“为经营活动司法把脉”等服务活动，审结商事案件20420件。依法维护市场交易和金融秩序，审结买卖合同纠纷案件3895件，借贷合同纠纷案件4647件、标的额27.85亿元。推动建立和完善现代企业制度，依法审结13家企业破产，74件清算重组、股份转让等案件。加强知识产权保护，参与打击侵犯知识产权和制售假冒伪劣商品专项行动，依法审理专利权、商标权和著作权等知识产权案件523件。

【行政案件】 依法保护行政相对人的合法权益，采取司法裁判、司法建议、旁听庭审、座谈交流等形式，监督和支持依法行政，促进官民和谐。2013年审结行政案件778件，其中协调化解143件。对审判中发现的问题，及时向有关部门提出司法建议62条。办理行政非诉审查执行案件2597件，有效保障了城市改造、地铁建设、保障房建设等重大公益项目和市政工程建设。2013年华润综合体项目强制拆迁执结完毕，避免出现国有资产重大损失。

【审判调解】 坚持“调解优先、调判结合”原则，完善诉讼与非诉讼相衔接多元化矛盾纠纷解决机制，形成司法调解、人民调解、行政调解合力。2013年全市法院一审民商事案件调撤率82.6%，执行和解率55.2%，刑事自诉案件调撤率50%，行政案件协调撤诉率18.4%。35353件纠纷在诉前得以化解。2013年全市法院一审服判息诉率82.68%，经过二审后达到99.36%。开展司法帮扶救助，为困难群众和单位减缓免诉讼费718.74万元，为64名生活确有困难的当事人申请司法救助资金114万元。

【审判执行】 开展清理执行积案活动，全市共清理积案2760件。落实打击规避执行专项行动要求，在法院执行网及社会媒体公开曝光被执行人失信信息7101条，征集执行线索513条，强制措施公示1372件次；依法按拒执罪移送公安机关741件；限制出境682人次。至2013年底，全市法院执结执行案件13783件，标的额57.93亿元，其中涉党政机关执行积案210件、标的额2.96亿元全部执结。

【涉诉信访】 加强源头治理，落实评估预防、约期接谈、责任通报、多元化解、案件终结“五项制度”和领导接访包案、带案下访、公开听证、释法明理、再审纠错、教育疏导、困难帮扶等措施，推进“诉访分离”。开展“疑难信访问题百日攻坚”、“三清”专项活动，全年接待答复群众来信来访3043件次，办结信访案件1018件，实现767名信访人息诉罢访。

【审判管理】 实施《中院对基层法院年度工作绩效考核办法》和《“下评上”评议活动实施办法》，在市、县（区）两级法院成立审判管理机构，加强审判流程管理，建立审判质效评估、案件评查、绩效考核等工作机制。2013年全市法院一审判决案件改判发回重审率为0.59%，同比下降0.86%。其中，市中级人民法院审理66位股民诉“廊坊发展”证券虚假陈述案和新华区法院审理段娜诉邮政储蓄石家庄联盟支行储蓄存款合同纠纷案获评2013年度“推动河北法治进程十大案件”。

石家庄市中级人民法院

院　　长：许广为（3月免）
　　　　　崔存利（3月代，4月任）

副 院 长：尹新民　张保江
　　　　　刘士军（6月免）
　　　　　任丽波（女，12月免）
　　　　　张瑞明（女）
　　　　　李增益　苏风雷
　　　　　李惊涛（6月任）

纪检组长：李耀江

政治部主任：王政光（1月任，试用期一年）
　　　　　苏风雷（1月免）

执行局局长：李惊涛（1月免）
　　　　　钱建军（1月任）

办公室主任：王海强（12月任）

（市中级人民法院）

司法行政

【概况】 2013年，全市司法行政系统以“平安建设、法治建设、队伍建设”为抓手，围绕中心任务、服务大局、对标找差，全力营造良好的法治环境和社会环境。发挥普法领导小组办公室职能，构建全社会参与大普法格局。突出抓好党政机关干部、民营企业经营者、青少年、流动人口等重点人群普法教育，探索利用新兴媒体开展法制宣传教育活动。开设普法园地网站、新浪司法行政宣传专栏和市县两级普法微博，及时发布法律信息，传播法治理念。利用电视台创办“看法”栏目，专业解答、正面引导法律热点问题，增强了市民学法、用法、守法意识和能力。完善和落实领导信访接待日、领导包案、挂账督办等制度，制定《石家庄市司法局处置群体性突发事件应急预案》。开展信访事项“三清”集中攻坚活动，采取抓早、抓小、抓苗头方式，将信访问题解决在萌芽状态。引导律师参与信访接待和案件评查，取得良好社会效果。全年办理交办信访案件5件，做到“事事有回音，件件有着落”，实现上访人员满意息访。制定出台《石家庄市司法局关于改进工作作风密切联系群众的若干规定》和《石家庄市司法局权力运行监控机制》，加强领导班子和队伍建设。2013年全市司法系统共有109个集体、131名个人受到国家、省、市表彰。在河北省政法系统2013年度群众满意度测评中，石家庄市司法局位列第一名。

【人民调解】 以拓展医疗、交通、物业、旅游、消费等党委政府关注、群众关心的行业性、专业性调解委员会建设为重点，形成县、乡、村三级和重点行业、单位全覆盖的人民调解组织网络建设。建立矛盾纠纷排查调处常态化工作机制，有效预防了“民转刑”案件、群体性械斗、群体性上访案件发生。2013年全市司法系统排查调处纠纷6万余件。召开司法所规范化建设元氏现场会，全市80%的司法所实现规范化，完成河北省司法厅下达任务指标。2013年在河北省委、省政府召开的全省人民调解工作会议上，石家庄市作为唯一一个地市单位作了典型发言，发挥了省会示范引领作用。

【社区矫正】 加强档案管理。在《社区矫正实施办法》要求的22种档案文本基础上，修改完善了社区矫正执法档案和工作档案文本，并统一印制下发县（市）区执行。推进信息化管理，提高日常监管水平。发挥社区矫正信息平台作用，在县（市）区全部完成GPS电子定位基础上，每日通过平台定位矫正对象活动区域，落实社区矫正监管措施。借鉴天津市经验，结合石家庄实际，为全市具有正式国家工作人员身份并从事社区矫正工作人员统一制发“社区矫正执行公务证”，规范执法行为。开展执法检查和安全隐患排查，防止脱管漏管。3次开展2012年以来社区矫正执行情况大检查，及时整改发现问题。排查社区矫正人员存在的安全隐患，落实有针对性管控措施。完善工作机制。查找审前调查环节存在问题，与市中级法院联合制定《关于进一步做好社区矫正衔接工作的有关规定》，强化审前社会调查评估、社区矫正人员交付与接收、健全保障机制等制度和措施，防止了社区矫正人员漏管失控。组织人性化帮扶，提升教育改造质量。2013年全市司法系统向社区矫正对象提供就业技能培训407人次，指导就业602人次，实施集中教育2501人次。

【安置帮教】 完善衔接机制，落实刑释人员信息核查制度，逐步消除“三假人员”。与监狱、看守所及时核查预释放人员信息，保证了实人、实档接收。落实重点帮教对象必接制度。对省内外监所和一般、重点帮教对象，分别由不同衔接小组接回。推进过渡性安置帮教基地建设。采取“安其身，暖其心，用其长，育其人，正其本”方式，大力解决刑释人员特别是“三无人员”过渡性安置和技能培训、帮困扶助等问题，预防重新犯罪。至2013底，石家庄各县（市）区累计建立过渡性安置帮教基地107个，其中县级40个，乡级67个；基地安置453人次；培训安置帮教人员3100人次。做好服刑人员未成年子女帮扶工作，采取办理低保、临时性救助、送少年儿童保护中心保护教育等措施，开展分类帮扶，促进服刑人员教育改造。全年排查服刑人员未成年子女772人，其中一般困难182人，特殊困难54人，无监护人4人，失学1人。

【法律服务】 构建和深化以“司法行政进社区、建立法律服务中心、升级‘12348’综合服务热线、开展媒体法律服务”为主要内容的“四位一体”法律服务体系。全年在社区和乡村设置“司法行政服务橱窗”1864块、“司法行政法律服务提示牌”16089块，为群众提供法律服务10万多件（场）；县（市）区法律服务中心接待群众4800多人次，办理案件3600余件；“12348”司法行政服务热线接听各类咨询电话38000余次。撰写一月一期《舆情分析》，为各级领导了解社情民意、科学决策提供参考依据。在省市电视台开办纠纷调解类和法制宣传类栏目，在新浪网、腾讯网开通司法行政热线微博和QQ“法律咨询”客户服务，受到国家司法部、河北省司法厅肯定，并在全国和河北省推广。加大法律援助工作力度，利用石家庄广播电台《律师在线》栏目，以访谈、热线互动模式，宣传《法律援助条例》。在石家庄电视台生活频道《法治时间》栏目采编播出“12348”

热线及法律援助工作。开通新浪微博，与网民就提供法律服务互动交流。《石家庄日报》、《河北法制报》以《法律援助服务延伸至社区乡村》、《石市十年办理法律援助案件3万余件》为题，介绍了石家庄实施《法律援助条例》十年情况。推动法律宣传工作者进社区、进乡村、进企业、进校园、进集贸市场开展法律宣传和咨询活动。桥西区与石家庄广播电台《调和》栏目合作，3次举办“调和社区行、服务进万家”系列法律援助宣传活动；新华区与石家庄电视台生活频道合作，深入多个社区调解涉法民间纠纷；鹿泉市在鹿泉电视台开办现场法律援助案件专访节目。2013年8月，全市组织举办了法律援助宣传月活动，共举办现场宣传64场次，设置展牌191块，现场咨询7580人次，发放宣传材料98600余份，现场受理法律援助案件197件。至2013年底，全市法律援助机构接收“12348”热线来电27524个，法律援助接待来访5486人次，受理法律援助案件4260件。

【律师工作】 按照“全面推进法治中国建设以及建设法治政府、服务型政府”和“普遍建立法律顾问制度”要求，市司法局、市律师协会会同市政府办公厅、市法制办公室研究起草和出台了《关于充分发挥律师在法治政府建设中的作用，进一步加强政府法律顾问制度建设的意见》（石政发〔2013〕45号），提出建立以主管市长为组长的组织机构，细化律师服务内容，到2014年底前，全市各级政府及部门普遍建立政府法律顾问制度。2013年全市律师办理各类法律事务4万余件，总收费1.3亿元。其中，办理刑事诉讼代理7444件；民事诉讼代理16062件；行政诉讼代理3288件；非诉讼法律事务7414件；法律援助2203件。

【司法鉴定】 加大司法鉴定投诉处理力度，遵照实事求是原则，客观公正处理当事人上访投诉事项，及时妥善解决每起投诉。规范信访事项来访接访程序，制作通用格式文书。制定《司法鉴定工作通用制度(草案)》和《石家庄市司法鉴定诚信执业管理及惩戒办法(草案)》,其中《司法鉴定工作通用制度（草案)》主要包括接待制度、重大案例讨论制度、档案管理制度等7个单项。全年处理司法鉴定投诉案件20起。其中，河北省司法厅转来案件8起；河北省涉法涉诉联合接访中心投诉5起；石家庄市7起。开展司法鉴定管理系统网络平台培训，规范鉴定程序，增强了鉴定程序透明度。2013年全市16个县市司法鉴定管理系统网络平台安装使用。至2013年底，全市共有司法鉴定机构17个，鉴定人员169名；市县两级司法鉴定机构办理各类司法鉴定案件3870件。市第一鉴定中心鉴定许可证注册手续办理完毕。平山县新增会计鉴定项目。行唐县、鹿泉市申报酒检增项。2013年县（市）区拟申请鉴定人参加全省统一执业资格考试，其中1人全科通过。

【公证工作】 制定出台《关于加强县域公证工作实施意见》,从19大类、31个方面扩展证源，推动县域公证工作发展。2013年4个市直公证处与8个薄弱县域公证处签订结对子帮扶协议，采取工作支持、人力支持、物质支持等方式，为县域公证处发展提供支持帮助。8月28日，《人民日报》以《承包合同要公证，减少纠纷免诉讼》为标题，刊发了行唐县公证处典型做法。

【司法考试】 加强国家司法考试工作组织领导，严格考试程序，实现司法考试试卷安全保密“零事故”、考试组织“零失误”，服务考生“零投诉”目标。9月14日和15日，2013年国家司法考试顺利举行，在石家庄考区设置考点3个、考场155个，应试人员4622名，实际参加考试3826人，参考率达82.8%。

（闫长润 张雪敏）

军　事

军事

石家庄警备区

【概况】 2013年，石家庄警备区围绕强军目标和“提升起点、把握重点、破解难点、打造亮点”总体思路，求真务实，锐意进取，转变作风，狠抓落实，取得部队建设全面发展。加强思想政治教育，将学习中共中央总书记、国家主席、中央军委主席近平系列重要讲话和强军目标作为首要任务，按照“五步法”要求，严格落实党委中心组带领机关理论学习制度，编印下发《学习十八大100题》、《政治工作常识手册》等教育资料，组织举办副团职以下干部理论集训和十八届三中全会精神集中学习。广泛开展读书演讲、主题征文和“四会”政治教员评比活动，增强“坚定信念、铸牢军魂”教育实践活动效果。2013年第二干休所完成河北省军区赋予教育试点任务，经验做法被转发学习。关注意识形态领域斗争动向，针对热点敏感问题，及时开展形势政策和警示性法制教育，保证了官兵思想纯洁。8月22日，省委常委、市委书记、石家庄警备区党委第一书记孙瑞彬主持召开全市党管武装工作述职会议，各县（市）区人武部党委第一书记向警备区党委进行了党管武装工作述职，其中赵县和长安区人武部党委第一书记作了述职发言，其他县（市）区人武部党委第一书记作了书面述职。2013年石家庄警备区被北京军区表彰为“信息化建设先进单位”；被河北省军区表彰为“战备工作和军事训练先进单位”、“新闻宣传工作先进单位”和“后勤管理与建设先进单位”。

【党委班子和干部队伍建设】 以落实《党委工作条例》为抓手，制定出台《人武部党委议事规则》、《团级单位重大事项报告制度》等规定，促进团级党委工作制度化、规范化。以提高能力素养和转变思想作风为目标，举办团级党委正副书记集训，该做法受到河北省军区转发和推广。深入推进八个方面专项整治活动，扎实开展廉政风险防控机制建设。2013年鹿泉市人武部加强党委班子建设的经验做法，在河北省军区党委机关主题教育活动中作了经验介绍。组织召开全市党管武装工作述职会和市委议军会，研究确定为驻石家庄部队解决重难点问题、扎实推进依法征兵工作、规范县（市）区人武部日常工作经费保障、建立公开选拔基层武装部长制度、组织发动驻石家庄部队官兵和民兵预备役人员为改善“两个环境”做贡献5项重要议题，强化了党管武装意识。2013年裕华区区委书记王丽君被北京军区表彰为“党管武装先进个人”；赵县县委书记王建海被北京军区表彰为“忠诚党的武装事业新闻人物”。多措并举，提高干部能力素质，选调干部到院校参加培训，安排无基层工作经历干部下连当兵，持续抓好机关干部法规学习和人武部干部代职培训，有效调动干部增知强能积极性。制定《干部工作若干规定》，理顺干部编配关系，规范干部管理，实现干部队伍建设走向制度化、规范化。纯正选人用人风气，制定《团级后备干部选拔程序规定》，落实干部定期考核、逢晋必考、择优选用原则，营造了“靠素质立身、凭实绩进步”氛围。

【战备训练】 巩固“一联四应”战备建设成果，完成河北省军区赋予战备规范化建设试点任务，形成“四个一”成果，并被北京军区推广。开展信息化条件下理论研究，《警备区组织民兵参与处置骚乱事件行动》作为河北省军区唯一战法成果，被北京军区选用。围绕总部赋予军地联合抗震救灾应急行动演练任务，组织16支民兵应急分队、860余人历时16天，完成自救互救、保障救援、灾后重建3个阶段10项演练内容和录像拍摄任务，录像片作为示范教学片在全军推广，得到军委总部首长机关高度评价。2013年石家庄警备区及所辖鹿泉市、赵县、平山县、新华区、桥东区、高新区人武部被河北省委、省政府表彰为“军地联合抗震救灾应急行动演练先进单位”。坚持按纲施训、划片联训要求，组织举办军事参谋、民兵骨干、专武部长、人武干部“四期集训”，增强了官兵军事素质。2013年新乐市、无极县、平山县、井陉矿区、桥东区、桥西区、新华区人武部在河北省军区年终人武部训练抽考中综合成绩总评优秀。根据实战需要，严密组织冬季适应性训练，锻炼了部队战术素养、作风意志和保障能力。2013年井陉县、行唐县、灵寿县、平山县民兵应急分队多次参加扑灭境内山火任务，有力发挥了突击队作用。

【基层建设】 贯彻落实基层建设要求，调整民兵编组布局，巩固民兵组织。召开全市人武部正规化建设暨基层武装部、民兵连（营）部规范化建设现场观摩会，提升基层正规化、规范化建设水平，受到到会河北省军区首长和机关领导高度评价，《中国国防报》头版头条给予报道。协调地方部门出台人武部日常工作经费保障办法，规定从2014年起，县级人武部日常工作经费按照当地总人口人均不低于2元标准（井陉矿区不低于5元）纳入年度本级财政预算，遇有重大军事任务或基础设施建设，再列专项经费予以保障，破解了基层武装工作经费保障难题。研究推行公开选拔基层武装部长制度，探索专职武装部干部规范化任用、管理、考核措施办法，为基层建设持续发展注入新的活力。制定《人武部建设考评标准》，石家庄警备区常委带领机关工作组逐个单位考评，引导和推动了人武部建设全面发展。2013年新乐市人武部被北京军区表彰为“全面建设先进旅团单位”；鹿泉市人武部被北京军区表彰为“先进人民武装部”；晋州市、长安区人武部和第二干休所被河北省军区表彰为“先进部团所”；藁城市、栾城县、行唐县、赵县、桥东区、桥西区人武部被石家庄警备区评为“先进人民武装部”；第一干休所卫生所获记集体三等功一次。各干休所以“三个中心”建设为重点，持续巩固三年帮建成果，服务和管理水平大幅提升。2013年在北京军区组织干休所重点帮建考核验收评比活动中，第二干休所获评优秀，第一、第三、第四、第五干休所获评良好。

【国防动员建设】 以国防动员建设发展“十二五”规划为依据，集中举办市县两级国防动员领导干部能力培训，促进了全市国防动员建设转型发展。面对“当兵冷”“征兵难”持续发展以及征兵时间调整等不利形势，石家庄警备区党委落实党委统揽、强化领导，及早谋划、深入发动，明确责任、合力推进策略，联合市政府出台《关于做好依法征兵工作的实施意见》，为全市征兵工作健康有序开展奠定了基础。6月14日，全市召开征兵工作电视电话会议（2013年征兵工作从冬季调整至夏季），市委副书记、市长、市征兵工作领导小组组长王亮参加会议并进行动员部署。各县（市）区广泛开展征兵宣传及进企业、进学校、进社区等活动，增强了全民国防观念，激发了适龄青年参军热情。严把体检、政审、定兵“三关”，圆满完成196名直招士官和5118名新兵征集任务，《战友报》头版头条给予报道。

（孔文浩　彭纯伟）

【女兵征集】 2013年女兵征集对象要求网上报名，并通过国家教育部学生信息数据库审核。网上报名时间：6月20日至8月5日18时。应征女青年登录网上报名系统（网址 http：//zbbm.chsi.com.cn），填写报名信息。网上报名系统在报名时间截止后，自动依据报名人2013年高考相对分数〔高考相对分数＝（1－当年高考成绩在全省的排名次序 ÷ 当年全省的高考总人数）×100〕，按照由高到低顺序，择优选择预征对象。8月6日起，初选预征对象登录网上报名系统，打印《应征女青年网上报名审核表》，持表实地应征。2013年女兵征集对象为：普通高中应届毕业生和全日制普通高等学校应届毕业生及在校生。同等条件下，优先征集高中应届毕业生。普通高等教育五年制大专的应届毕业生及正在大专阶段学习的在校生，符合条件的可以参加征集。普通高中应届毕业生年满17至19周岁，普通高等学校在校生放宽到年满20周岁，普通高等学校应届毕业生放宽到年满22周岁。身高在160厘米以上。

（王静）

【安全管理】 贯彻落实中共中央总书记、国家主席、中央军委主席习近平提出“依法治军、从严治军是强军之基”重要指示和要求，按照学法规、严管理、保稳定工作思路，狠抓部队安全管理工作落实。开展“条令学习月”和法规知识竞赛活动，组织司机定期加强遵规守纪教育，有增强了官兵学法、知法，守法、用法自觉性。完善师团两级安全稳定工作方案，制定《安全管理量化评比实施办法》，大力整治营院秩序，规范车辆运行，完善安全设施，稳步推进平安营院建设。加大安全管理工作检查督导力度，落实安全工作常委分工责任制和末端管理制度。妥善处理23起涉军维权纠纷，化解3次信访苗头，清缴枪支15支。连续3年担负弹药销毁任务，承办河北省军区机要工作规范化建设现场会，组织武器弹药调运押送，以及代表河北省军区接受北京军区和解放军总部安全工作大检查，做到科学筹划、严密组织、高效落实，受到上级首长机关的肯定。2013年石家庄警备区安全管理工作经验做法被河北省军区转发；市民兵武器装备仓库被河北省军区表彰为“安全管理先进单位”。

【后勤综合保障】 以提升综合保障科学化水平为目标，狠抓后勤建设。严格执行解放军四总部《厉行节约严格经费管理的规定》，实现行政消耗开支和公务接待经费大幅压减。2013年河北省军区对石家庄警备区政府专项经费使用管理、银行账户和资金清理工作给予肯定。稳步推进驻石家庄部队区域集约保障社会化试点工作，机关主营区物业服务招投标和日常维修顺利完成。开展基本建设项目和房地产资源普查，石家庄警备区机关和第四干休所试点经验在河北省军区推广。开展不合理住房清理，明确8套不合理住房腾退时限。清理超编车辆，规范车辆运行秩序，圆满完成冬季适应性训练后勤保障任务。

【双拥共建】 树立“大服务”思想，抓好河北省军区提出八个方面重难点问题落实。组织驻石家庄官兵和民兵预备役人员，开展为改善“两个环境”（发展环境、生态环境）做贡献活动，在石家庄西山省会义务植树基地、西柏坡、正定新区植树造林1000余亩，栽树9万余株；帮助地方拆除燃煤锅炉50台。贯彻落实省市两级扶贫开发工作会议精神，协调驻石家庄部队开展对口帮扶工作，广泛开展捐资助学、义务巡诊、产业扶持等活动，共为对口帮扶点提供经费240万余元。支持和参加全国、省级双拥模范城（县）创建，石家庄市和所辖鹿泉市、藁城市、平山县、井陉县、正定县、栾城县获评省级“双拥模范城（县）”。

（孔文浩　彭纯伟）

军事院校

石家庄陆军指挥学院

【重要活动】 1月15～16日，院长石忠武、政委姜援朝在北京参加总参谋部军人代表大会。1月23日至2月2日，院长石忠武、政委姜援朝、副政委姜明分别走访慰问驻北京离、退休军职干部。2月22日，副政委姜明在北京参加总参谋部纪检政法工作会议。6月25日，在北京召开的中国军事科学学会第五次代表大会上，副院长吴清丽当选学会常务理事、军事训练分会会长，科研部部长黄福前当选学会理事。7月7～8日，总参谋部管理保障部卫生局工作组到石家庄陆军指挥学院考评验收创建“健康营院”。在学院期间，工作组听取创建活动情况汇报，查看场所和资料，组织了知识考试和问卷调查。11月5日，副院长吴清丽在北京参加全国人防训练比武竞赛成果汇报演示活动。11月11日，总政治部宣传部外宣局组织总参谋部、总政治部、总装备部、海军、空军、第二炮兵、武警部队等驻北京大单位新闻发言人到学院见学，参观了舆论战情境教学实验室、陆军合成指挥员心理训练实验室和院史馆，观摩了学员应对媒体实务训练。12月30日，在北京举行的2013年度总参谋部践行强军目标新闻人物颁奖典礼上，9名先进个人、3个先进群体受到表彰，其中学院副院长易建设获评先进个人。

【中央军委副主席范长龙到学院视察调研】 10月17日，中央军委副主席范长龙在总参谋长助理乙晓光，总装备部副部长刘胜及军委办公厅、总参、总政、总后机关领导和北京军区司令员张仕波陪同下，到学院视察指导工作。范长龙观看了联教联训纪实片、学院与127师指挥对抗演练回放演示，视察了中国特色社会主义理论体系教学成果展、舆论战情境教学实验室、虚拟现实技术军事应用实验室，接见了学院党委常委、专业技术四级以上教授并到学员餐厅与学员一起共进午餐和交流。

【院长石忠武到总参谋部军训部授课】 应总参谋部军训部邀请，6月26日，院长石忠武以“紧紧围绕能打胜仗核心要求，推进任职教育创新发展”为题，从“按照能打胜仗核心要求，找准任职教育存在的突出矛盾问题；聚焦能打胜仗核心要求，确立任职教育深化发展的基本思路；落实能打胜仗核心要求，创新任职教育培训机制的主要抓手”三个方面，为总参谋部军训部党委常委、师以上直属单位军事主管、训练部门及机关干部授课。

【军地交流】 1月15日和17日，赞皇县县委书记张小国、灵寿县县委书记李彦明分别到学院走访慰问。2月5日，副院长吴清丽应邀到石家庄市人民会堂参加2013年石家庄市军地迎新春座谈会和石家庄市各界人士迎新春茶话会。3月4日，学院召开军人代表大会，以无记名投票差额选举方式，选举学院训练部副部长黄福前为出席石家庄市第十三届人民代表大会代表。5月31日，院长石忠武、政委张华伟等院部领导到红星幼儿园走访慰问，实地查看了幼儿园校舍，观看了少儿演出。7月31日，石家庄市委副书记、市长王亮到学院走访慰问，参观了学院部分基础设施并召开座谈会。

【“联教—2013·朱日和”联合教学和演练活动】 4月19日，学院在红星讲堂举办“联教 –2013·朱日和”第一次联合教学活动，来自总参二部二局、国防信息学院、陆军航空兵学院、空军预警学院和石家庄陆军指挥学院5位领导、专家围绕“基于目标精确作战新型作战力量运用问题”进行专题授课。学院院长石忠武向授课专家颁发联教联训特聘专家聘书。6月12日，学院在北京军区朱日和训练基地召开“联教—2013·朱日和”联合演练导演部培训动员大会，石忠武、刘英、吴清丽、王晓华等学院领导及第38集团军、朱日和训练基地、第65集团军195旅等参演部队领导、参演院校专家教授参加会议。

【表彰优秀教学工作者】 9月10日，学院在红星礼堂召开庆祝教师节大会，院长石忠武、政委张华伟等领导和全体干部、文职人员、学员、战士参加会议。石忠武向2013年度军队院校育才奖获奖对象、学院青年成才奖获得者、优秀教员及任教满30年和20年教学工作人员代表颁奖。政委张华伟讲话强调：要把培养造就名师作为重要任务，让争创名校的底气更加足起来；要把站好讲台作为第一责任，让教书育人的质量更加高起来；要把服务教学作为第一职责，让尊师重教的风尚更加浓起来。青年成才奖获得者、教员、学员代表分别发言。与会人员还观看了学院军队院校育才奖、青年成才奖获得者及教员队伍集体风貌多媒体片。

【研讨集训】 11月5～6日，院长石忠武在南京参加中外陆军院校校长研讨交流活动，并以“陆战场发展趋势与陆军作战理念创新”为题作交流发言。12月3～4日，石忠武在北京参加2013年全军院校教育计划工作会议，并以“关于持续深入开展联教联训问题的思考”为题作交流发言。12月4～6日，政委张华伟、政治部主任王雅雄在北京参加总参谋部师以上单位党委书记集训。张华伟以“围绕中心议，集思广益决，盯住末端行，不断提高院校党委贯彻民主集中制质量”为题作交流发言。12月9～11日，石忠武在北京参加总参谋部师以上单位党委书记集训。

（孙楠）

军械工程学院

【中央军委副主席范长龙到学院视察调研】 10月17日，中央军委副主席范长龙在总参谋长助理乙晓光、总装备部副部长刘胜和北京军区司令员张仕波陪同下，到学院视察指导。调研期间，范长龙接见学院常委并合影留念，观看学院简介录像片，视察了院史馆和强电磁场环境模拟与防护技术国防科技重点实验室。范长龙指出，军械工程学院历史厚重，为部队培养了大批军械人才，为中国军队装备事业发展做出了巨大贡献。

【曹刚川为学院亲笔题词】 4月15～17日，中共中央军委原副主席曹刚川、总政治部原副主任刘永治、总装备部原政委迟万春到母校军械工程学院视察指导，曹刚川为学院亲笔题词："自强不息、厚德博学"。八个字题词生动体现了一代代军械人忠诚使命、无私奉献的高尚品格，揭示出学院建设发展和办学育人真谛，为学院建设指明了方向。

【承办"挑战杯"2013河北省大学生课外学术科技作品竞赛】 6月1日，学院成功承办"挑战杯"2013河北省大学生课外学术科技作品竞赛。此次大赛由共青团河北省委、河北省教育厅、河北省科学技术协会联合主办。河北省57所高校240件作品、500余名师生参加竞赛，最终评出特等奖38项、一等奖108项。军械工程学院师生在参赛中，获得特等奖3项、一等奖4项，其中学术论文类作品首次在"挑战杯"获奖。

【参加全国大学生嵌入式物联网设计大赛】 7月15日，第九届"博创杯"全国大学生嵌入式物联网设计大赛全国总决赛在北京举行，军械工程学院参赛作品"基于物联网的智能车载物流系统"以总分第三名优异成绩获得全国一等奖。此次大赛共评选特等奖2项、一等奖4项、二等奖8项。赛程分为初赛、总决赛两个阶段，初赛共有来自全国700余支队伍参赛，经过选拔，北京理工大学、哈尔滨工程大学等100支优秀队伍进入全国总决赛。

【举办全国博士后学术论坛】 12月11～12日，学院举办"信息技术与武器装备创新发展"全国博士后学术论坛。论坛期间，7名军地专家特邀作专题报告，27名优秀博士后代表和部分博士后管理人员进行发言。国家人力资源和社会保障部留学人员与专家服务中心主任、中国博士后科学基金会秘书长夏文峰，总政干部部、科技文职干部局局长郑仲全，学院院长张龙、政委陈剑飞，4名中国工程院院士、全国全军科研工作160余名博士后和博士后管理人员参加活动。此次论坛为博士后人员搭建了学术交流和科研对接平台，推动了信息技术与武器装备创新发展和有机融合。

【承办第四届全国军事技术哲学学术研讨会】 7月19～20日，第四届全国军事技术哲学学术研讨会在学院举行。此次研讨会由中国自然辩证法研究会军事技术哲学委员会和河北省自然辩证法研究会联合主办，军械工程学院承办，共有来自国防大学、国防科学技术大学、北京大学、浙江大学以及国际易学联合会、科学出版社等近30家军地高校和社会团体70余名代表参加会议。会议研讨了军事技术哲学研究发展基础问题，探索了军事技术与哲学结合点。

【参加第九届周培源大学生力学竞赛】 5月19日，由国家教育部高等学校力学教学指导委员会力学基础课程教学指导分委员会、中国力学学会、周培源基金会共同主办，《力学与实践》编委会、中国力学学会教育工作委员会承办，中国力学学会教育、科普工作委员会，四川大学，西南交通大学，南京航空航天大学协办的"第九届全国周培源大学生力学竞赛"在全国各赛区举行。此竞赛是中国最高等级力学竞赛，共有来自全国200余所高校、17000余名学生参加，军队共有国防科学技术大学、理工大学、后勤工程学院、装甲兵工程学院、海军工程大学、空军工程大学、空军勤务学院和军械工程学院等8所院校参赛。最终评出特等奖2项、一等奖4项、二等奖8项、三等奖16项，其中军械工程学院获得团体赛国家一等奖2项，个人赛获得国家三等奖11人、国家优秀奖16人。

（王海卿）

武警石家庄市支队

【概况】 中国人民武装警察部队河北省总队石家庄市支队（简称支队），编制等级为旅级。1983年2月6日成立，2005年6月1日由原第八支队和原石家庄市支队合并组建。主要担负省市等重要目标警卫和守卫、市辖看守所看守、临时押解押运、城市武装巡逻和处置突发事件任务。2013年，支队按照武警党委总体思路和河北省总队要求，理清思路、科学谋划、紧抓中心、实现部队建设和管理稳步发展。制定出台《支队领导蹲点调研帮建规定》、《大队工作规范》、《支队经费资产审批管理规定》、《物资集中采购实施细则》、《干部管理规定》、《士兵管理规定》等制度和措施，确保了部队管理有法可依，有章可循。2月10日，河北省委书记张庆黎看望慰问担负河北省委、省政府机关警卫任务的支队二大队四中队官兵。2月24日，支队组织新兵到革命圣地西柏坡纪念馆开展爱国主义教育，新战士们参观了西柏坡纪念馆、中共中央旧址、毛主席故居等，通过一件件文物、一幅幅感人画面，一个个生动故事，让官兵受到教育。4月20日，武警总部后勤部部长杨士武到支队三大队九中队视察指导并看望慰问一线官兵。8月4日，支队组织120名官兵到火车北站与铁路工人一道，砍树枝、运垃圾、洗栅栏、除污迹，整治站内环境卫生，开展义务劳动，支持地方建设，彰显武警部队亲民、爱民、为民优良传统。2013年支队2个中队实施搬迁。4月29日至5月1日，支队十一中队完成新营区搬迁和旧营具回收任务；11月29日，支队赵县中队完成搬迁任务，顺利实现押犯转移和营产营具输送。11月16日，支队一大队200名官兵到正定新区参加石家庄市义务植树活动，共植树3200余棵。7月1日，石家庄支队二大队四中队中队长祝海涛被武警总部评为“优秀共产党员”；2013年石家庄支队三大队九中队中队长由峰雷被河北省总队评为第六届“燕赵武警十佳卫士”。

【领导班子建设】 重视领导班子理论学习，党委成员坚持集中培训一人不落，每月2天理论学习雷打不动，每周党日活动保持不变。强化集体领导作用，严格贯彻落实民主集中制，实行重大事项通报、敏感问题公示、决策咨询论证等制度。工程建设、干部调整等重大事项坚持事前没有考察论证不上会、没有广泛征求群众意见不上会、预案准备不充分不上会；研究决定涉及部队建设重大问题时，不定调子酝酿、不带框子定事、不搞定案决策。2013年支队在违规住房清理、新式牌照换发、移交老干部、整治“五超”、取缔“小灶”等工作上，党委成员做到思想统一，声音一致，行动坚决，保证了任务如期完成。提高班子管理部队水平，积极借助“三多优势”（靠近总队，上级指导机会多；警卫省府，地方关心支持多；驻守省会，文化智力资源多），直面“三大考验”（地理位置特殊，影响大；迎检任务繁重，责任大；勤务种类复杂，风险大），破解“三难挑战”（摊子大、底子薄，提升发展难；单位多、环境杂，安全发展难；进口大，出口小，干部发展难），科学统筹，全面推进部队建设。消减会议，精简文电，严抓作风，支队党委成员身先士卒，率先垂范，提倡讲问题一针见血，开展批评指名道姓，对存在问题不遮掩、不隐藏，用好作风感染机关、带动基层。支队大、中队干部汇报工作，不说成绩，只讲问题。落实每周每名部门以上领导不打招呼、不带人员深入基层检查督导，常委每季轮换包片蹲点、机关干部滚动到基层代职锻炼规定。全年安排常委带领工作组下连当兵、蹲连住班传帮带活动3批。干部选拔任用坚持“四个优先”（优先考虑先进大队主官、优先考虑标兵和先进中队干部、优先考虑机关业务骨干、优先考虑基层主官）和“四个不亏待”（不亏待扎根基层、爱岗敬业的“老实人”，不亏待钻研业务、默默奉献的“厚道人”，不亏待扛过红旗、拿过名次的“本事人”，不亏待创先争优、勇立潮头的“明白人”）。2013年支队提拔任用干部35人，士兵考学提干17人，士兵选学技术42人，做到上下满意，官兵认可。

【思想政治教育】 开展“坚定信念、铸牢军魂，永远做党和人民的忠诚卫士”主题教育。利用电视会议系统，由支队部门以上领导备课，组织大课辅导，重点抓好“一课三讲”，取得理论灌输和正面引导效果。基层干部人人准备，随机抽点登台亮相，培养出一批优秀“四会”政治教员，2人被河北省总队表彰为十佳优秀“四会”政治教员。结合新兵“第二适应期”、干部调整、战士考学、技术学兵等易引发官兵思想波动的实际，将主题教育和经常性思想教育捆在一起抓，确保了官兵思想稳定。利用政工网《政治教育专栏》，开设网上互动社区和网上休闲乐园，提高教育时代感、时效性和吸引力。按照“试点先行、突出特色、整体推进”原则，逐个中队规范政治文化环境。成立威风锣鼓队、军乐队、舞狮队等广场文化队伍，开展岗位学习成才活动和“月读一本书”活动。结合石家庄地域特点，发挥红色文化、地缘文化、教育资源3种优势，建立以西柏坡和华北烈士陵园为主题教育基地，分批次组织官兵参观学习，接受教育，并邀请河北省委党校专家辅导授课，增强了官兵政治思想觉悟。落实督导检查，每天利用网络跟踪检查部队开展政治教育情况，定期调阅基层干部理论学习本，将教育活动落实到位。

【提升履职能力】 以“能打仗、打胜仗”为目标，以训练为抓手，以执勤为基点，以处突反恐为拳头，全面提升部队战斗力。在军事训练上，支队党委牢固树立“抓训练是履职、抓不好训练是失职、不抓训练是渎职”观念，实行军事训练“一票否决”，积极营造了“大抓军事训练”氛围。坚持机关干部每天一小时体能训练，每周测试一个科目；基层干部每月综合测试一遍。将“考、比、拉”活动作为促进基层训练工作经常性手段，利用执勤训练轮换之机，组织执勤分队开展比武竞赛。全年2次组织县（市）中队应急班进行射击、攀登、战术等4个科目集训比武。各大、中队日常训练做到每天有考核、每周有评比、每月有拉动。兑现奖励资金27000元，表彰先进个人40人。2013年新兵训练在河北省总队队列考核中取得第一名；2人分别被武警总部、河北省总队评为优秀“四会教练员”；2人获得“优秀士官人才奖”。规范勤务秩序，制定《值班、执勤人员规范》和《看守所监门管理规定》，做到“五个一遍”（支队网络值班员每班哨利用网络对所有哨位和干部查勤检查一遍，每周对所有应急小组拉动检查一遍，结合交班会对执勤工作情况讲评一遍，每月到所属单位实地突击检查一遍，每季度对长途押运、联勤巡逻、押解勤务跟踪调研一遍），同时将支队勤务值班室音视频接入部门副职以上领导办公室计算机随时检查督导。加强分类指导，警卫执勤分队以“爱事业、正形象、强素质”为主题开展教育整顿，研究处置群体性事件战法，并代表河北省总队拍摄《处置警卫目标集体上访事件创新战法》录像片，得到武警总部的好评；“10·28”、“11·6”爆炸事件发生后，第一时间与目标单位召开反恐防袭研讨会，修订完善防袭击、防冲闯、防爆炸等措施，提高了目标安全系数。守卫执勤分队开展押运勤务调研活动，重新修订《押运勤务组织与实施细则》；推进执勤隐患治理，河北省总队挂账43处执勤隐患全部治理完毕。主动与地方协调沟通，以市公安局名义向各县（市）公安局行文，为各县（市）中队配齐价值约13万元，7类、103件反恐装备；协调市公安局专项资金100余万元，为支队特勤排和石家庄市中队应急班配齐35类、328件反恐装备。2013年支队完成全国足球甲级联赛河北赛区比赛安保、“3·7”新乐聚众上访堵塞交通事件机动备勤、“4·9”扑灭平山山火等重大任务；警卫分队处理群众上访及上访人员自杀、持械袭击哨兵、冲闯警卫目标等事件1431起、5936人次；守卫分队处置1起不法分子翻墙企图盗窃事件；看守分队处置1起犯罪嫌疑人企图脱逃事件。

【安全管理】 树立安全发展理念，实施每日安全警示教育，开展每天官兵自编一条安全警示语、每周观看一集安全警示片、每月由常委上一堂安全警示课等活动。采取双向排查方法，查摆问题和隐患。自下而上找问题，按照个人、班排、中队、大队逐级查找问题，每季度利用电视会议系统由大、中队主官逐个以检讨式、反思式发言落实；自上而下查隐患，部门副职以上领导包片负责，逐部位逐环节“地毯式”、“拉网式”排查。开展安全大检查活动，治理各类安全隐患98处。严格制度管理，细化完善《士官管理实施细则》、《在外人员管控措施》、《手机管理使用规定》、《机关车辆使用管理规定》等制度，解决了士官素质难提高、在外人员难管控、违规手机难治理、安全行车难保障、机关秩序难保持等重点问题。按照日查一线、周查一片、月查一遍要求，采取不打招呼、现场录像、实地突查等明察暗访方式，在每周交班会曝光讲评。选晋士官和退伍工作重点把握“三个时间节点”：11 月 20 日前，采取逐人摸底、当场亮分、全程录像、按需选晋等方法，选晋士官 166 人；11 月 20 ~ 25 日，全力做好老兵复退；11 月 25 日至年底，以正规部队秩序为主，开展调整兵员、编排勤务部署工作。2013 年支队补选退工作通过网上核查、现地取证、谈心摸排等方法，退换不合格兵员 39 人，筛查刑拘在逃 1 人，并与 71 名眼部做校正手术新兵家长签订协议书。

【基层建设】 重视抓好基层培训。2013 年 1 月，利用一周时间，开展法规制度学习活动，理清基层建设思路；2013 年 3 月，以《基层建设纲要》学习周活动为契机，重点解决经常性基础工作跑偏停车问题；2013 年 5 月，结合执勤训练轮换，以“考、比、拉”形式举办基层干部军事技能训练；2013 年 6 月，开展基层党支部班子岗位大练兵活动。2013 年初，支队向各中队逐个下发指导性意见，明确工作重点和方向，并结合全国“两会”安保、新兵第二适应期、半年工作总结、大队党委班子调整开展“考帮建”活动。修订完善《基层按纲建队考评实施办法》，发挥大队“前沿指挥所”作用，制定出台《大队工作规范》和《大队检查考核实施细则》，落实每季度量化考核、排队讲评大队工作措施。2013 年支队五大队按纲抓建做法在河北省总队作经验介绍。

【后勤综合保障】 按照后勤工作会议和廊坊现代化后勤试点要求，全力提升后勤保障能力。建立经费开支主管领导、办公会、党委会三级审批制和军政首长“双签”制度，压缩行政性消费开支。推进基层建设，成立由支队长陈涛、政委郭连清担任领导的基层建设领导小组，在抓好 2 个试点基础上，对 12 个基础较差中队，明确 1 名常委承包 2 个单位抓建责任和推进时限。新建 2 个中队主体工程完成，4 个拟新建中队选好新址。完成 2 名转业干部违规住房和 2 名跨单位不合理住房清退工作。修订完善经费、物资、车辆、油料、军械、集中采购6项保障法规。结合河北省总队财务考评，严抓“一个意见、两个规定”落实，有效规范基层单位地方保障性经费和日常经费管理使用。修订各类处置预案，开展野炊、救护、车辆故障排除训练，确保了部队在突发情况下拉得出、供得上、救得下、修得好。经费报销、物资采购、工程招标等事项严格落实“三公”要求，做到按制度办事、按程序办事。坚持为基层办实事、办好事。2013 年支队为新训队配发了不锈钢餐盘、热水器、压面机、分餐桌椅等炊事设施，为基层单位统一配发调料壶。针对个别官兵军服发放不合体情况，组织军需部门重新统计官兵服装型号，做到及时调换。全年卫生队下基层巡诊、送医送药 10 余次，利用电视会议系统为基层官兵举办卫生知识辅导 4 次。

【山林火灾扑救】 4 月 9 日 11 时 10 分，接石家庄市公安局通知，平山县小觉镇碾盘村及杨家桥乡林峪村发生山林火灾。经请示河北省总队批准后，支队出动兵力 60 名，动用车辆 5 台，携带风力灭火机 10 台、油锯 6 台、2 号工具 36 把前往火场参加扑救。15 时 34 分，部队到达火场。根据火场态势及现场指挥部要求，部队主要担负火场北侧扑救和西侧山脊南北一线的隔离带开辟任务。经过近 3 个小时奋战，大火于 19 时 05 分被成功扑灭。23 时 46 分，部队安全回到营区。

【不法分子持械袭击哨兵事件】 8 月 8 日 11 时 30 分，一名男子手持镐头来到河北省委、省政府东大门人员通道，向正在执勤哨兵张超说：要进去找省长反映问题。哨兵张超请该男子到传达室登记，该男子后退一米左右后情绪有些激动，对哨兵大喊大叫。张超迅速让备勤人员通知派出所民警。与此同时，该男子拎起手中镐头冲向哨兵，哨兵迅速下岗台控制大门，该男子随冲向大门，张超向前将其控制。此时该男子仍持镐头反抗，哨兵徐凯浩见状立即上前协助将男子制服，并立即报警、向勤务值班员汇报。3 人应急小组接到报警后，第一时间赶到现场，大、中队主官随即赶赴一线完成事件处置。

（连经纬）

人民防空

【概况】 2013年，市人民防空（简称人防）部门以军事斗争准备为重点，按照“长期准备，重点建设，平战结合”的建设方针，遵循战时防空与平时防灾相结合、长远建设与应急能力建设相结合原则，全力推进人防建设工作。依法加强人防费用征收，2013年全市人防收入全部纳入预算管理，按时缴入国库。强化人防项目预算管理，严格遵照批复预算科目、项目、数额执行预算，没有出现随意调整预算、改变项目或资金用途现象。合理安排项目支出，严格执行“收支两条线”和收支脱钩管理规定。重视基层人防建设，理顺思路，强化职责，抓好工作任务落实。2013年县（市）人防部门批建防空地下室面积是2012年1.5倍。对照规章制度，落实机关“准军事化”建设标准，制定完善应对突发事件预案。2013年，市人防办公室被国家人防办公室评为新闻报道先进单位；被河北省军区评为信息化条件下战法创新先进单位；被河北省人防办公室评为直属公用工程建设先进单位。

【人防工程】 规范人防工程管理，制定下发《人防工程建设规划》、《人防工程维护管理细则》和《依法开发利用人防工程实施意见》。落实《石家庄市2013年行政审批制度改革工作实施方案》，梳理、调整人防2项行政许可审批事项法律法规依据、办结时限、审批流程和环节。加强人防执法管理，制定下发《人防工程“结建”执法纠偏专项行动实施方案》，严格执法程序和标准，清理不规范文件2个：《关于进一步加强防空地下室建设管理工作的通知》（石人防字〔2011〕12号）、《关于进一步加强防空地下室建设管理工作的意见》（石人防字〔2012〕18号）。依法开发和利用已建人防工程总面积200万平方米，安置社会从业人员约5万人，提供地下停车位近6万个。设立避暑纳凉场所10余处，总计10万余平方米。2013年人防工程维护管理坚持安全第一，未出现一起倒灌和火灾事故。

【指挥演练】 完善修订《防空袭行动预案》，成立应急救援专业队和直属防化侦测小分队。完成“四位一体”人防专业队整组训练，突出人防应急救援专业队建设。加强警报管理，完善《人防信息化建设发展规划》和《人防应急训练方案》，修订下发《全市人防警报维护和管理规定》。开展人防指挥专网和空情接收等专业常态化训练、小型机动指挥通信车拉动训练及直属通信分队应急综合性演练，提高通信专业分队应急能力。完成“7·7”防空警报试鸣及带战术背景应急演练。2013年5月，参加国家人防办公室组织的全国人防训练比武竞赛活动，5人分别受到国家人防办公室、北京军区人防办公室、河北省人防办公室的通报表彰。

【宣传教育】 制定出台《关于开展人防宣传教育“五员”建设的意见》，完成机关人防联络员、学校人防辅

7月7日，石家庄市二〇一三年防空警报试鸣启动仪式在市解放广场举行

导员、社区人防宣传员、企业人防组织员、网络协管员设立工作。与市教育局联合印发《初级中学设立人防宣传教育辅导员实施意见》，编印下发《防空防灾应急知识手册》和《防空防灾应急知识画册》。多渠道、多方式、多手段开展人防宣传，提升人防宣传教育效果。2013 年在石家庄《新闻广播》黄金时段开播《人防之声》栏目；在石家庄电视台生活频道开播《人防在身边》栏目；在网络开辟人防宣传专栏；在居民小区和公交站设置宣传展牌；还利用出租车车载电子屏、临街大型电子屏播放人防宣传内容。

（魏晓流　张明金）

农　业

农　业

概　述

2013年，全市实现农林牧渔业总产值762.7亿元，同比减少3.1%。其中，农业产值410.2亿元，同比减少4.6%。畜牧业、蔬菜、果品三大优势产业产值646.5亿元，占农林牧渔业总产值84.8%。农业增加值完成465.8亿元，同比增长3%，占全市生产总值9.8%。粮食生产实现“十年丰”。全年粮食播种面积68.2万公顷，总产量470.2万吨，粮食生产连续十年丰收。小麦播种面积35.7万公顷，总产量226.7万吨，亩产454.9千克。玉米播种面积30.7万公顷，总产量231.0万吨，亩产501千克。2013年石家庄市被农业部授予“全国粮食生产先进市”称号，藁城市、赵县被评为“全国粮食生产先进县（市）”。瓜菜产业稳定发展。2013年全市在蔬菜产业重点发展区域创建市级蔬菜标准园20个，培育首批省级蔬菜产业示范县1家（藁城市），投入各级财政资金6902万元，补助设施蔬菜项目12个，撬动社会投入资金8550万元。瓜菜播种面积16万公顷，总产量1243.5万吨。蔬菜（不含瓜类）播种面积15万公顷，总产量1189.5万吨；设施蔬菜播种面积117万亩。林业实现快速发展。2013年全市林业实施“十大”工程，植树5000多万株，完成造林绿化60万亩，森林覆盖率达到34%，较2012年提高1.8个百分点。全市林业总产值189亿元，同比增长6.2%；干鲜果品栽种面积330万亩，总产量20亿千克，果品业实现总产值58亿元。完成造林面积3.2万公顷，同比增长14.2%；封山育林面积6.3万公顷，同比增长11.2%；零星（四旁）植树1809.6万株，同比增长13.3%。全市干果产量4.1万吨，同比增长3.2%；木材采伐量2.6万立方米，同比下降16.7%。种植果园14.6万公顷，同比下降10.3%。水果总产量（不含果用瓜）190.7万吨，同比减少19.1%。接待林业与休闲产业旅游823万人次，实现收入15亿元，同比增长275%。4月15日，石家庄市公安局、井陉县、赞皇县被全国绿化委员会表彰为“全国绿化模范单位”。牧渔业生产能力保持稳定。2013年全市新创建畜禽标准化规模养殖示范场190个，其中部级2个；创建部级水产健康养殖示范场6个。2013年全市在建扩建500万元以上畜牧项目31个，总投资37.62亿元，同比增长42%，其中亿元以上项目7个，总投资32亿元，同比增长67%。至2013年底，全市肉、蛋、奶、水产品产量分别达到69.02万吨、91.05万吨、112.91万吨、3.5万吨，同比分别减少10.7%、14.4%、6.5%、0%。牧渔业总产值302.88亿元，占大农业比重35.56%，其中牧业298.75亿元，渔业4.13亿元。2013年市畜牧水产局被评为“全国农业先进集体”。农业生产条件进一步改善。投资3.74亿元，建设农村公路1046.4千米，其中县乡路改造87.4千米，乡村路改造268.7千米，连村公路建设142千米，帮扶村主街道硬化415.7千米，农村面貌提升132.6千米。新开通市区至组团县（市）公交线路16条，其中藁城10条，鹿泉2条，栾城3条，正定1条。投资3.63亿元，除险加固小型水库35座，整治河道堤防22千米，治理中小河流4条，发展节水灌溉面积53万亩，恢复改善灌溉面积96万亩，治理水土流失面积180平方千米，解决390个村60万人饮水安全问题。南水北调石家庄段总干渠主体工程提前竣工，配套水厂及配水管网建设顺利推进。争取土地治理项目资金18586万元，建设现代农业综合开发示范区2个3.76万亩，建设高标准农田6.26万亩，改造中低产田5.02万亩，生态综合治理0.79万亩，中型灌渠节水改造2千米。农业机械化水平大幅提高。2013 年争取中央及省级农机购置补贴资金 1.42 亿元，补贴各类农机具 21566 台（套），受益农户 9904 户，拉动农民及合作组织自筹投入 4.7 亿多元。围绕农机关键薄弱环节，推广玉米联合收获机 1260 台，推广大中型拖拉机 1970 台，更新小麦联合收割机 715 台；围绕秸秆综合利用，推广秸秆还田机 461 台、压块机 25 台；围绕畜牧业发展，补贴畜牧机械 1392 台（套），其中大型青贮机械 139 台、饲料加工机械 637 台、畜产品采集加工机械 57 台（套）；围绕设施农业发展，补贴卷帘机 330 台、加温炉 558 台、温室设施 120 台。确定农机深耕深松项目落实县 14 个，完成深松面积 102 万亩。首次开展夏季深松，完成农机深松 17 万亩，占全省夏季深松面积 40%。至 2013 年底，全市农业机械总动力达到 1996.64 万千瓦，同比增长 0.65%；完成小麦联合收获 490 万亩，占小麦种植面积 97.5%；完成玉米铁茬播种 392 万亩，占玉米播种面积 84.6%；完成玉米联合收获 309 万亩，占玉米种植面积总数 66.8%；小麦机播面积 502 万亩，占小麦播种面积总数 99.1%。2013 年全市实际机耕面积 803.6 万亩，机播面积 1035.8 万亩，机械收获面积 881.1 万亩，主要农作物机械化率达到 87.5%。农业科技支撑能力持续增强。加强基层农持推广体系建设，建成集专家咨询、网络信息、科技图书馆、技术培训、检测化验、新品种展示等功能为一体的农技推广区域站 115 个。2013 年石家庄市全国农技推广补助项目建设任务全面完成，形成“专家组＋试验示范基地＋技术指导员＋科技示范户＋辐射带动户”技术服务模式，实现技术指导员直接进村入户开展技术指导和培训。加强科技创新载体建设，新增省级农业科技园区 1 家、省级农业科技型企业 3 家，2 个设施果蔬优良品种引进与示范项目获得省级资金支持。推进农业科技成果转化，新增省级以上农业科技成果转化资金项目 6 项，其中国家级 2 项，省级 4 项，共获得支持资金 250 万元。农业育种实现传统育种技术与生物育种技术融合，培育一批新品种（系），其中 14 个品种通过省级审定。3 个项目纳入国家富民强县专项工程，获得支持资金 490 万元，2013 年该项目启动专项 2 个，引进新品种 14 个，推广新品种 10065 亩，推广新技术 7 项，新建示范基地和技术平台 7 个，培训农民 1.1 万人次。2013 年全市农业争取国家和省级科技项目 56 项，获得支持经费 2698 万元；安排财政资金 960 万元，实施市级科技项目 56 项。至 2013 年底，全市农业科技项目取得创新成果 14 项：国际先进 7 项、国内领先 7 项；获得市科技进步奖 16 项：一等奖 4 项、二等奖 4 项、三等奖 8 项；申请专利 22 项；引进推广新品种新技术 50 余项，新品种新技术推广率达 97% 以上。农业产业化水平提升。全年谋划建设农业产业化项目 182 个，其中亿元以上 76 个，完成投资 47 亿元，同比增长 20%。市级以上重点龙头企业达到 232 家，产业化经营总量突破 700 亿元，农产品加工转化率达到 76%，比 2012 年提高 11.8 个百分点。农民专业合作社发展到 4700 家，较 2012 年增加 900 家，总数在全省排位第一，入社农户 53 万户，占全市农户总数 30%，带动农户 117 万户，占全市农户总数 66%，年末全市 98% 的乡镇、54% 的村建有合作社。新发展家庭农场和农业公司 76 家，其中新发展家庭农场 16 家，年末家庭农场达到 54 家，都市农业园区达到 48 个，农村土地流转率达到 18.3%，同比提高 2.6 个百分点。建成现代农业科技示范园 58 个，园区耕地总面积 13 万亩，其中占地万亩以上园区 4 个，辐射区域 300 万亩；建设总投资超过 37 亿元，其中投资千万元以上园区 30 个，投资亿元以上园区 5 个。全年全市新增涉农驰名商标 2 件，分别是晋州鸭梨、金凤牌及图；新增涉农著名商标 32 件，占全市新增总数 30.8%。2013 年全市农业产业化经营率达到 64.1%。

种 植 业

【概况】 2013年，全市农业部门以确保粮食安全为重点，以农民增收为核心，以农产品质量安全为保障，加快推进现代农业产业基地建设，积极开展粮食高产创建活动，大力促进传统农业向现代农业转变，确保了粮食增产、农业增效和农民增收。种植业按照“抓特色、稳面积、攻单产、增总产”思路，以高产创建为抓手，以科技进步为支撑，优化区域布局，普及增产技术，强化政策支持，取得粮食丰产丰收。发挥惠农政策作用，落实良种补贴、粮食直补等惠农政策及国家“一喷三防”等防灾减灾稳产增产关键技术补助，保护和调动农民种粮积极性。引导土地使用权有序流转，扶持发展种粮大户，促进粮食规模化生产。全年粮食播种面积68.2万公顷，总产量470.2万吨，粮食生产实现“十连丰”。其中，小麦播种面积33.3万公顷，总产量226.7万吨，亩产454.9千克；玉米播种面积30.7万公顷，总产量231.0万吨，亩产501千克。瓜菜播种面积16万公顷，总产量1243.5万吨；蔬菜（不含瓜类）播种面积15万公顷，总产量1189.5万吨，同比减少5.2%。油料播种面积5.3万公顷，总产量18万吨，同比减少16.5%。棉花播种面积4368公顷，总产量3847吨，同比减少66.5%。2013年石家庄市被农业部授予“全国粮食生产先进市”称号，藁城市、赵县被评为“全国粮食生产先进县（市）”；农村大喇叭工程、村级农民技术员队伍建设得到农业部肯定；市农业局获评全省农业系统农业综合管理、粮油生产管理、种子管理、农机工作、农业科技教育工作、农经管理工作、农业法制工作先进单位。

（王凤楼　许瑞忠）

【粮食生产】 按照“稳定面积、依靠科技、主攻单产、增加总产”基本思路，以“吨粮市”创建为目标，开展粮食稳定增产活动和粮食高产创建活动，实施品种优质化、栽培标准化、灌溉节水化、生产机械化、服务社会化“五化工程”。6月15日，石家庄高邑县、元氏县、赵县、栾城县等地小麦开始大面积收割，标志全市小麦收割工作开幕。粮食生产实现“十连丰”。全年粮食播种面积68.2万公顷，总产量470.2万吨，粮食生产实现“十连丰”。其中，小麦播种面积33.3万公顷，总产量226.7万吨，亩产454.9千克；玉米播种面积30.7万公顷，总产量231.0万吨，亩产501千克。2013年12月，国家农业部表彰2013年全国粮食生产先进单位和先进个人，其中石家庄市被评为全国产粮大市，藁城市、赵县被评为产粮大县（市），正定县曲阳桥乡高平村周新房被评为全国售粮大户。2013年市农业部门召开农业生产电视电话会议6次，生产观摩会议4次，小麦春管、“三夏”、“三秋”期间，实施领导包县督导责任制和生产进度日报告制度。2013年全市小麦最佳播期播种面积达到95%，种子包衣或药剂拌种达到100%，播后镇压、“一喷综防”面积分别达到78.5%和100%；玉米中高密度品种面积占到87%以上。小麦良种补贴实施全覆

农业技术专家到田间指导小麦管理

盖，补贴资金按照规范程序以“一卡通”形式及时足额发放到户，至2月6日，全市2013年种粮农民粮食直补和农资综合直补提前22天全部完成，共发放补贴资金8.77亿元，与2012年持平，直补面积770万亩，每亩平均补贴113元，受益农户641万人；落实“一喷三防”（防治病虫害、防干热风、防早衰）物化补贴2807.7万元；针对小麦吸浆虫偏重发生，市财政筹措150万元对发生程度四级以上麦田进行药物补贴，有效控制吸浆虫危害。

【粮食高产创建活动】 2013年全市按照每10万亩建设1个万亩高产示范片标准，共建小麦高产创建万亩示范片52个，玉米高产创建示范片48个。示范片实行人员、技术、标牌“三落实”和品种、测土配方施肥、种植形式、肥水管理、病虫防治、农机作业“六统一”。根据统计，示范片粮食产量明显高于大田：52个小麦万亩示范片平均亩产达到625千克，较全市平均亩产高170千克；48个玉米万亩示范片平均亩产748千克，较全市平均亩产高247千克。各高产创建示范片实行一亩带十亩、百亩带一千、千亩带一万、万亩带十万高产创建模式，带动了粮食丰产丰收。2013年石家庄藁城市、赵县、栾城县、正定县、无极县、深泽县、晋州市、新乐市、行唐县等县（市）建成“吨粮县”。

（王凤楼 许瑞忠 岳金宏 靳晓磊）

【蔬菜生产】 以标准化生产为核心，以提档增效为主攻方向，以“菜篮子”工程建设项目为重点，按照建基地、创品牌、保质量、增效益发展方向，初步构建起布局合理、结构优化、供给有效、功能多样、优质高效的现代蔬菜产业发展新格局。2013年全市瓜菜播种面积16万公顷，总产量1243.5万吨；蔬菜（不含瓜类）播种面积15万公顷，总产量1189.5万吨，同比减少5.2%；设施蔬菜播种面积117万亩。2013年市农业局制定出台关于蔬菜生产工作指导意见，明确以标准园创建为重点，以促进专业合作社发展为动力，推动园区规模化、生产标准化、服务社会化、经营品牌化、产销一体化发展。首批省级蔬菜产业示范县藁城市选择10个重点村，在每村建设一个1000亩以上蔬菜生产标准园，采用新型日光温室或现代化连栋式日光温室，重点生产适应中高端市场需求的优质精特菜品种。至2013年底，藁城市12个示范村均成立蔬菜专业合作社，入社农户2548户，建成标准园13个，建成50亩以上育苗场6个，年总育苗9700万株。2013年藁城市认证绿色无公害产品62个，获得认证企业或合作社16家，注册商标8个；建成村级检测站18个、乡镇检测站5个，连续3年实现部、省、市抽检送检合格率100%。开展市级蔬菜标准园创建活动，按照“七到园”（责任落实到园、标准普及到园、科技服务到园、树立标牌到园、管理制度到园、宣传引导到园、资金整合到园）要求和规模化种植、标准化生产、产业化经营、商品化处理、品牌化销售标准，在蔬菜（包括食用菌、西甜瓜）重点发展区域创建蔬菜标准园20个。2013年20个市级蔬菜标准园通过完善质量管理、改善生产条件、技术培训、新品种推广、集约化育苗、水肥一体化、防虫网、粘虫板、生物农药使用等关键技术措施，实现标准化生产，产品质量达到食品安全国家标准，节本增效10%以上。至2013年末，石家庄拥有部级蔬菜产业示范县4个：藁城市、鹿泉市、晋州市、赵县；省级蔬菜产业示范县1个：藁城市。2013年全市通过农业部环评认证无公害绿色食品蔬菜认证（基地）企业67家，认证产品180个，获得农产品地理标志认证2个，分别为灵寿县金针菇、新乐市西瓜。

（王凤楼 许瑞忠 岳金宏）

【农作物病虫害统防统治】 全年召开农业病虫害防治现场会3次，新增大型自走式机械232台。3月27日，石家庄市在藁城市召开专业化统防统治暨麦田除草现场会，与会人员参观学习了藁城市黄庄高产创建万亩示范方；北京丰茂植保机械有限公司按照“一喷三防”模式演示了D280H型自走式旱田作物喷杆喷雾机和拖拉机悬挂式喷雾机操作；广西田园生化股份有限公司演示了农用智能无人直升飞机操作。5月15日，针对小麦中后期管理，石家庄市在栾城县柳林屯乡北屯村召开“一喷三防”暨专业化统防统治现场会，200余人参加会议，会议期间展示了3架多旋翼无人植保机。11月6日，石家庄市在元氏县召开麦田杂草冬前防控暨专业化统防统治现场会，200余人参加会议。至2013年底，全市农业开展专业化统防统治面积302万亩；建立农业专业化合作服务组织 349 个；拥有大型自走式机械 306 台、无人植保机 5 架，大型机械数量占全省数量三分之一。

【农产品质量安全监管】 推进“百村千户无公害蔬菜标准化示范工程”，重点示范推广无公害蔬菜标准化生产技术 10 项，新建无公害蔬菜标准化示范基地 20 个，新认定无公害基地 11 个 5.9 万亩，认证无公害产品 15 个。至 2013 年底，全市累计认定无公害蔬菜基地 95 个 75 万亩，认证无公害蔬菜产品 346 个。2013 年全市无公害蔬菜标准化示范工程参加国家农业部蔬菜质量例行检测和认证产品风险监测 4 次，抽检蔬菜样品无 1 例农药残留超标，合格率达到 100%。以提升基层监管能力、扩大监管覆盖面为重点，整合市级农产品质量安全监管系统，建设乡级检测站 38 个、村级检测点 80 个、村级工作室 1000 个，年末并入市农产品质量安全监管指挥系统检测站点达到232个，建成市、县、乡、村四级监管体系。2013 年全市检测各级各类蔬菜样品 93 万余个，同比增加 13.4%。

【种子质量监管】 提高种子质量检验能力，通过农业部种子质量检验机构 PT2013 能力验证，市级种子检验机构检验能力达到 A 级（最高级别）。以小麦、玉米、棉花、蔬菜等农作物为重点，实施种子质量监督抽检，并率先在全省开展市级小麦、玉米小区种植同步鉴定和海南玉米种植鉴定。全年抽捡各类种子样品 509 个，比 2012 年增加 32%；抽检小麦繁种田 5.1 万亩，占全市小麦繁种田面积 30%。制定《石家庄市现代农作物种业发展规划》，按照项目、流程、承诺、时限、评价“五公开”要求，开展“种子阳光许可”活动。2013 年全市 5 家企业获得花生良补生产供种资格，分别是新乐市种子有限公司、河北冀丰种业有限公司、河北兰德泽农种业有限公司、河北农艺种业有限公司和石家庄西柏坡种业有限公司。至 2013 年底，全市注册资本 3000 万元（含）以上种子企业达到 11 家，良种覆盖率达 98% 以上。

【农业综合执法】 推进农业综合执法规范化建设，2013 年灵寿县、行唐县农业行政综合执法大队获评全国农业综合执法规范化建设示范单位。至此，全市已有市执法支队和鹿泉市、藁城市、元氏县、晋州市、灵寿县、行唐县 7 个执法大队获得此项荣誉。开展农业行政处罚优秀案卷评比活动，评选市级优秀案卷 14 份，其中市支队 3 份，县大队 11 份。2013 年市农业综合执法支队和元氏执法大队的农业行政处罚案卷代表河北省参加农业部优秀案卷评比，获评为全国农业行政处罚优秀案卷。其中，市农业综合执法支队办理的“经营擅自修改标签内容农药案”《行政处罚决定书》(石农（农药）罚〔2013〕4 号）被评为全国农业行政处罚优秀文书，成为河北省首个获得此项荣誉的农业行政处罚文书。开展“春雷”和“绿剑”执法护农行动，出动执法人员 7799 人次，车辆 2417 车次，检查农资、农产品生产经营单位 8743 个次，发现问题 420 个，其中，责令改正 173 起，实施处罚程序 247 起，涉案违法农资 25.95 万千克，罚款 31 万元，捣毁非法生产种子、假农药窝点 2 个，移送司法部门 1 起，向公安部门提供案件线索 2 起。

【新型农业经营主体培育】 以合作社财务制度、档案管理制度等为达标评比内容，开展争当明星示范社活动。至 2013 年底，全市利用当地党委、政府名义命名表彰明星示范合作社 135 家，其中 34 家市级先进合作社获得扶持表彰。2013 年全市农民专业合作社备案总量达到 4700 家，同比增加 900 家，总数在全省排位第一，入社农户 53 万户，占全市农户总数 30%，带动农户 117 万户，占全市农户总数 66%。年末全市 98% 的乡镇、54% 的村建有合作社，组建家庭农场总量达到 54 家。2013 年石家庄市 2 家合作社获评为全国农民专业合作社示范社，16 家合作社获得省级补助资金。

【农村土地承包经营权流转】 2013 年全市农村土地承包经营权流转总面积 125.72 万亩，占家庭承包耕地总面积 18.3%，同比提高近 3 个百分点，超出全省平均值 1.3 个百分点。其中，20 亩以上规模流转面积 60.45 万亩，占流转总面积 48.1%；100 亩以上规模流转面积 33.2 万亩，占流转总面积 26.4%；流转期限 1 ～ 5 年 (含 5 年)、5 ～ 10 年 (含 10 年)、10 年以上分别占流转总面积 58.4%、17%、24.6%；农户自发流转、集体统一组织流转面积分别占流转总面积 72%、28%。

（王凤楼 许瑞忠）

畜牧·水产业

【概况】 2013年，全市畜牧水产系统以加快转变牧渔业发展方式为主线，以推进传统牧渔业向现代牧渔业转型、畜牧大市向畜牧强市升级为主题，围绕“一种五化”（良种普及、区域化布局、规模化养殖、标准化生产、科学化防控、产业化经营）和“四大体系”（畜禽良种繁育、质量安全监测、动物疫病防控、饲料兽药保障），着力打造效益畜牧、生态畜牧、健康畜牧、安全畜牧“四个畜牧”，强力推进“十大重点项目”建设。至2013年底，全市肉、蛋、奶、水产品产量分别达到69.02万吨、91.05万吨、112.91万吨、3.5万吨，同比分别减少10.7%、14.4%、6.5%、0%；牧渔业总产值302.88亿元，占大农业比重35.56%，其中牧业298.75亿元，渔业4.13亿元。结合国家、省、市“菜篮子”工程和标准化规模养殖项目，引导推进项目建设。2013年全市在建扩建500万元以上畜牧项目31个，总投资37.62亿元，同比增长42%。其中，亿元以上项目7个，总投资32亿元，增长67%。围绕畜牧主导品种，加速建设一批经营规模大、整合资源能力强、市场占有率高的龙头企业。市、县两级重点围绕奶业、蛋鸡、生猪三大主导产业，采取更新改造、链条延伸方式，做大做强龙头企业，探索上档升级新的切入点和突破口，完善升级产业化链条22个，走出一条以龙头带动牧渔业发展新路子。率先在全省实行标准化规模养殖示范场四级联创（部、省、市、县），新创建畜禽标准化规模养殖示范场190个，其中部级2个；新创建部级水产健康养殖示范场6个。大力培育种养结合养殖示范园建设，全年建成500亩以上种养结合养殖示范园22家，其中超过1000亩12家。至2013年末，全市创建标准化规模养殖示范场576家。

探索推行畜牧业重点工作课题式设计、项目化管理、工程式推进新方式，将影响和事关全局的重点工作整合成“十大重点项目”，统一调配力量，打破处室人员分工界限，按照“一个项目一个方案、一套人马、一套任务目标、一套保障措施、一套考评办法”的“五个一”方式，做到月有进度、季有形象、半年点评、年终总评、全程问效。召开全市畜牧重点项目推进、畜禽粪污综合治理、执法规范化建设暨基层动监所规范化建设、病死畜禽无害化处理工作等系列观摩会、现场会，推广先进经验和做法。实施对标行动，组织市、县畜牧水产部门和示范单位到山东省、重庆市、湖北省、浙江省等先进地区参观学习，对标整改，带动整体发展。针对基层所（站）人员少、职能散、环境差、能力弱等问题，实施以“三所（站）合一”和“四统六化”（统一外观形象、统一机构标识、统一制度规范、统一文件档案，设施建设标准化、队伍管理规范化、工作制度明细化、工作运行信息化、工作流程科学化、工作环境人文化）为核心内容的基层所（站）规范化建设，至2013年底，全市139个农村基层动物卫生监督所全部达到规范化要求。

2个课题获得河北省科技进步奖。4月18日，在河北省科学技术奖励大会上，石家庄华牧牧业有限公司完成的《蛋鸡规模化健康养殖关键技术研究与示范》、市畜牧兽医技术开发中心完成的《生猪健康养殖与质量追溯技术集成与示范》2个课题获得河北省科技进步三等奖。

举办食品安全宣传周活动。6月17～28日，全市开展食品安全宣传周活动，主题为“社会共治、同心携手维护食品安全”。活动期间，市畜牧水产局邀请石家庄电视台“石家庄民生关注”、石家庄广播电台等新闻媒体参观生鲜乳、畜产品检测全过程；印发宣传材料50000余份，派出牧渔行政执法人员深入市区各大市场、超市广泛宣传牧渔产品质量安全知识，解答群众咨询；组织专家讲师团开展牧渔质量安全集中培训活动，培训执法及监管检测人员180余人。6月20日专家讲师团分别到行唐县、灵寿县，以质量安全监管为内容，开展监管人员集中培训活动。6月21日市畜牧水产局质检中心邀请部分市民代表，零距离观看畜产品检测全过程，现场解答市民和记者提出畜牧质量安全与检测方面问题。

举办畜产品检测技术大比武。6月24日，全市畜牧水产系统举行畜产品质量现场检测大比武活动，来自基层63名检测人员参加。其中，正定县畜产品质量监测站高颖获得县级组一等奖，行唐县基层检测站获得基层组一等奖；鹿泉市、藁城市、行唐县、新乐市、晋州市、藁城市6个县（市）获得优秀组织奖。

正定县疫控中心兽用生物制品经营部通过省级GSP验收。8月2日，河北省畜牧兽医局在正定县疫控中心举办兽用生物制品GSP检查员培训，同时检查验收了正定县疫控中心兽用生物制品经营部GSP硬件建设、软件管理等设施，顺利通过验收认定。至此，正定县疫控中心成为全省首家通过GSP验收县级兽用生物制品经营企业。

8家企业入选省"十强""十佳"家禽企业。2013年，经省畜牧业协会评审，石家庄市河北飞龙家禽育种有限公司、石家庄华牧牧业有限责任公司获得"河北省十强家禽企业"称号；石家庄市机械化养鸡场祖代鸡场、河北良人牧业有限公司、灵寿县方正种鸡场、石家庄市天丰牧业有限公司、石家庄修远牧业有限公司、赞皇县天然农产品开发有限公司等6家企业获得"河北省十佳家禽企业"称号。2013年市畜牧水产系统参加全省畜牧兽医五项考评，获得4个第一、1个第二的优异成绩，并连续两年获得全省兽医实验室检测技能、畜产品检测大比武团体一等奖和个人一等奖。2013年市畜牧水产局及直属单位市动物卫生监督所分别被农业部授予全国农业系统先进集体称号。其中市畜牧水产局是河北省唯一受表彰的地市级农业（畜牧）部门，也是全国省会城市唯一受表彰的农业（畜牧）部门。

（王荣申　黄滨　李跃　戴建卫　尹华丁　谢峰）

【《石家庄市中长期动物疫病防治规划（2013—2020年）》】 8月27日，市政府出台《石家庄市中长期动物疫病防治规划（2013—2020年）》（石政办函〔2013〕89号），确定15种优先防治动物疫病和13种重点防范的外来动物疫病。该规划提出防治目标为：到2020年，有效保障畜产品供给安全，畜产品质量安全和公共卫生安全的动物疫病防治能力。15种优先防治动物疫病达到规划设定的考核标准，生猪、家禽、牛、羊疫病发病率分别下降5%、6%、4%、3%以下。公共卫生风险明显减低。15种优先防治的动物疫病：一类动物疫病（5种）：口蹄疫（亚洲Ⅰ型、O型、A型）、H5亚型禽流感、高致病性猪蓝耳病、猪瘟、新城疫。二类动物疫病（10种）：布鲁氏菌病、奶牛结核病、马鼻疽、马传染性贫血、狂犬病、沙门氏菌病、禽白血病、猪伪狂犬病、包虫病、猪繁殖与呼吸综合征（经典猪蓝耳病）。13种重点防范的外来动物疫病：一类动物疫病（9种）：非洲猪瘟、H7亚型禽流感、口蹄疫（C型、SAT1型、SAT2型、SAT3型）、牛传染性胸膜肺炎、牛海绵状脑病、绵羊痒病、小反刍兽疫、猪水泡病、非洲马瘟。未纳入病种分类名录，但传入风险增加的动物疫病(4种)：水泡性口炎、尼帕病、西尼罗河热、裂谷热。

（市政府办公厅文件）

【《关于加快全市乳粉业发展的实施意见》】 12月20日，市政府出台《关于加快全市乳粉业发展的实施意见》（石政发〔2013〕42号）。主要内容：到2017年，全市乳粉产能达8万吨（其中婴幼儿配方乳粉5万吨），质量抽检合格率100%。培育1个至2个乳粉"中国驰名商标"。建设生产乳粉用标准化规模奶牛场230个，存栏泌乳牛9.2万头，平均单产7吨，生鲜乳蛋白含量3.2%以上、乳脂率3.8%以上。打造一流奶源基地，建设生产乳粉用标准化奶牛场。除省政府重点扶持的奶牛养殖大县行唐县外，市级再增加鹿泉市、藁城市、正定县、灵寿县、栾城县等存栏2万头左右和有发展潜力的奶牛养殖大县，对照畜禽养殖场"五化"标准（畜禽良种化、养殖设施化、生产规范化、防疫制度化、粪污无害化），加强奶源基地标准化建设和奶源质量管理；加快奶牛养殖小区通过股份制改造、托管、寄养等方式向规模养殖场转型升级。乳粉加工企业采取收购、参股、自建等方式建设自有奶源基地。2015年婴幼儿配方乳粉生产企业自建或建立利益联盟的基地奶源达到100%。扩大优质饲草种植。到2017年底，全市新增高产优质苜蓿基地3万亩、饲用玉米种植10万亩。规范奶站运营。逐步建立第三方检测制度，确保检测结果的真实性、公正性。做大做强乳粉加工。制定优惠政策，改善发展环境，支持乳粉加工企业做大做强；吸引国内外大型企业到石家庄奶牛养殖优势区域和乳粉加工基础较好的地区投资建厂；鼓励乳粉企业兼并重组、盘活闲置资产，加强与知名乳粉企业的沟通对接，实施强强联合、跨地区兼并重组，鼓励和支持重点企业建设乳粉加工项目，扩大生产能力，提高产品质量；优先支持企业实施技改扩容，自建奶源基地，延伸产业链条。到2017年，全市建成君乐宝等1～2家年产5万吨以上的乳粉企业集团。加强流通体系建设。支持乳粉企业巩固大中城市消费市场，挖掘农村消费潜力；鼓励企业设立乳粉专营店，开展婴幼儿配方乳粉药店专柜销售试点，实行专区专柜销售，并在全市逐步推广；支持企业开发生产车间旅游项目，纳入当地旅游线路；组织消费者参观乳粉企业和奶牛养殖基地，通过零距离体验，取得认同和信赖，扩大品牌影响力，创新营销方式；严格婴幼儿配方乳粉市场主体准入和质量监管，增加抽检数量和频次；严格追溯制度，加强行业诚信建设和职业道德教育，实行监管信息公开共享，及时披露企业违法信息；发现问题产品，严格按照"谁生产谁负责、谁销售谁负责"原则进行追偿；探索建立食品安全责任保险，保护消费者合法权益。

（市政府文件）

【牧渔业生产】 按照"一产抓特色"总体要求，加快现代牧渔业发展步伐。至2013年底，全市奶牛、猪、羊、鸡存栏数分别达到38.8万头、328.1万头、111.8万只、1.05亿只，同比分别减少8.4%、6.0%、9.6%、15.2%；水产品养殖面积1.5万公顷，与2012年持平。全市肉、蛋、奶、水产品产量分别达到69.02万吨、91.05万吨、112.91万吨、3.5万吨，同比分别减少10.7%、14.4%、6.5%、0%。其中，牛肉、驴肉、猪肉、羊肉、家禽肉产量分别达到9.0万吨、2935吨、39.5万吨、1.9万吨、17.2万吨，同比减少7.2%、17.2%、11.1%、8.4%、11.4%。牧业总产值298.75亿元，占大农业比重35.07%；渔业总产值4.13亿元，占大农业比重0.48%。

【重大动物疫病防控】 全年将重大动物疫病防控作为基础性任务，并采取突出重点、统筹兼顾工作方式，较好完成春秋两季重大动物疫病防控。开展突发动物H7N9禽流感疫情应急实战演练、突发重大动物疫情应急演练和全市性观摩活动，提高应急处置实战能力。按照"可能发生"的工作标准，主动应对动物H7N9禽流感，有效消除了疫情传播隐患。3月1日至4月15日，以强制免疫为重点，以高致病性禽流感、口蹄疫、猪瘟等重大动物疫情不发生，其他动物疫病得到有效控制为目标，全市集中开展动物疫病春季防控行动。8月27日，市政府出台《石家庄市中长期动物疫病防治规划（2013-2020年）》，做到有计划地控制、净化和消灭严重危害畜牧业生产和人民群众健康安全的动物疫病。9月17日，全市在正定县举行突发重大动物疫情应急演练活动。以羊场突发口蹄疫疫情为背景，模拟演示了乡、县、市三级政府启动突发重大动物疫情Ⅳ级应急响应和妥善处置突发重大动物疫情程序和方法，演练内容包括3个科目（疫情报告及现场诊断、先期处置及应急准备、应急处置及善后处理）12个环节（疫情报告、疫情诊断、先期处置、启动应急预案、人员防护、封锁、关闭市场、扑杀、消毒、无害化处理、紧急免疫、疫情监测）。9月10日至10月15日，全市开展动物疫病秋季集中防控行动，实施6项活动：集中宣传培训、集中强制免疫、疫情监测及专家预警、严格动物卫生监督、动物疫情大排查和督导检查行动。2013年石家庄市在全省防疫检查验收中，4种畜禽6种免疫抗体抽检合格率全部达到100%，连续10年保持重大动物疫情清净状态。创新完善重大动物疫病防控工作机制，注重发挥县、乡政府主导作用，实行以免疫抗体随机检测为主要内容的考核通报制度。2013年全市高致病性禽流感、牲畜口蹄疫、高致病性猪蓝耳病、猪瘟4种强制免疫病种免疫率常年保持100%、免疫抗体水平保持在70%以上。

（王荣申　黄滨　李跃　戴建卫　尹华丁　谢峰）

【良繁体系建设】 4月2日，市养猪行业协会在市区北方大厦举行二届四次理事会暨北科盛安生物科技有限责任公司生态养猪技术论坛。大会表彰了2011～2012年度先进工作者，审议通过二届三次理事会工作报告及下一步工作计划，全票通过关于增补协会理事、常务理事议案，市养猪行业协会秘书长乔玉锋、教授闫海分别作了题为《畜牧行业发展现状及趋势》、《益生菌的优化培养控制与应用研究》的技术讲座。4月27～28日，河北省第六届种猪拍卖会暨养猪产业博览会在河北省种畜禽质量监测站种猪质量监督检验测试中心举行，共有近600人参加会议，大会表彰了河北省第六届种猪拍卖会获奖企业，河北双鸽美丹畜牧科技有限公司和石家庄双鸽食品有限公司送测种猪在此届测定中获得生长指数、综合评估2项第一名、2项第二名、1项第三名，占全部获奖总数29.4%；石家庄4个国家生猪良补项目县9个种公猪站购买种公猪12头，占拍卖种公猪总数70%。5月30日至6月1日，河北省畜牧业协会、河北省畜牧业监测预警服务中心、河北省动物疫病预防控制中心、《今日畜牧兽医》编辑部、《河北规模猪场》编辑部联合举办河北省第五届“猪业发展暨交流展示大会”，260余人参加会议，大会表彰全省养猪企业30家，石家庄市养猪企业3家。其中，河北双鸽美丹畜牧科技有限公司、河北兆江养殖有限公司获得“河北省十强优秀养猪企业”称号；石家庄市牧工商开发总公司原种猪场获得“河北省十佳养猪企业”称号。6月6日，“全国奶牛后裔测定场生产与管理技术培训班暨河北省奶牛生产性能测定表彰培训会”在石家庄召开。此次会议由国家畜牧总站和河北省畜牧兽医局共同主办，河北省种畜禽质量监测站承办，共有280余人参会。会议表彰奶牛生产性能测定先进单位33家、市级畜牧主管部门4个、县级畜牧主管部门17个、先进个人50名；省种畜禽质量监测站为5328头奶牛颁发了河北省“中国荷斯坦良种母牛登记证书”。7月3日，市畜牧水产局召开种公猪站建设和检测联网调度会，推进检测联网建设和市、县、场种公猪常温精液联网检测工作。7月28～31日，国家畜牧总站在石家庄举办生猪良种补贴项目技术培训班，市种畜禽质量监测中心实验室人员及藁城市、灵寿县、新乐市3个生猪良种补贴项目县、6个种公猪站种猪精液检测人员参加培训。3位教授倪德斌、金穗华、黄瑞华分别就种猪常温精液生产与质量控制、种猪常温精液国家标准（GB23238–2009）解读及精液质量检测主要仪器设备使用、猪的繁殖生理与猪人工受精技术等作了理论和检测实践讲座，现场进行了实践操作。石家庄市参训人员全部通过《家畜繁殖工》精液检验员职业技能资格考试。9月26日，在河北省畜牧兽医局举办的全省畜牧良种补贴工作会议上，市畜牧水产局副局长贾建平代表石家庄市作了“加强体系建设，强化监督管理，强力推进生猪良种补贴项目规范运行”典型发言。10月15～16日，河北省第七届种猪拍卖会暨养猪产业博览会在河北省种畜禽质量监测站种猪质量监督检验测试中心举行，1100余人参加会议。大会表彰了河北省第七届种猪拍卖会获奖企业，石家庄市3家企业获奖。其中，河北双鸽美丹畜牧科技有限公司的785号杜洛克种公猪获得综合评估第一名；河北兆江养殖有限公司的206号大约克种公猪获得生长指数第三名、日增重第一名；石家庄市牧工商开发总公司原种猪场的621号长白种公猪获得生长指数第二名。石家庄6个种公猪站共购买拍卖（获奖）种公猪7头，购买投标种公猪74头，分别占全省30%、29%。11月7日，市畜牧水产部门组织井陉县、平山县2县水产养殖户及市、县两级技术人员开展冷水鱼养殖技术培训，邀请专家系统讲解了冷水养殖环境、养殖模式、饲料营养、养殖管理、新品种养殖、苗种繁育、病害防治等关键技术，纠正了生产过程中存在“片面追求饲料高蛋白低价格，怕得鱼病常用药，只注重苗种价格不考虑苗种质量，喂得多鱼才长得快”等错误观念。12月20日，市畜牧水产局召开会议，传达河北省生猪良种补贴项目管理办法及石家庄市2013年度国家畜牧良种补贴项目实施方案，安排部署良种补贴工作。12月26日，河北省奶牛生产性能测定培训班在正定国豪大厦举行，河北农业大学华动物科学学院教授李铁栓、北京奶牛中心教授曹福存作专题技术讲座，会议表彰了全省奶牛生产性能测定工作突出单位和先进个人，石家庄市获得河北省奶牛生产性能工作突出单位，7人获得奶牛生产性能测定工作先进个人。

【畜禽标准化养殖】 率先在全省实行标准化规模养殖示范场四级联创（部、省、市、县），新创建畜禽标准化规模养殖示范场190个，其中部级2个，分别为石家庄中山牧业有限公司、石家庄三元佳奇农牧有限公司；新创建部级水产健康养殖示范场6个。大力培育种养结合养殖示范园建设，全市建成500亩以上种养结合养殖示范园22家，其中超过1000亩12家。至2013年末，全市创建标准化规模养殖示范场576家。7月11日，市畜牧水产局局长吕军英到平山县葫芦峪农业科技园区调研，了解园区畜牧养殖项目建设规划和需要解决问题。8月7日，市畜牧水产局召开调度会，推进种养结合养殖园建设。9月4日，省现代农业产业技术体系首席专家臧素敏带领石家庄蛋鸡综合试验推广站团队成员到石家庄市裕华区启明种鸡场、石家庄修远牧业有限公司调研示范基地建设。9月5～6日，市畜牧水产局和河北省蛋鸡产业技术体系太行山区综合试验推广站联合举办太行鸡养殖技术培训观摩暨研讨会，50多人参加会议。与会人员观摩了赞皇县天然农产品开发有限公司种鸡场、石家庄洛杉奇（赞皇）生态养殖基地和黄北坪种植养殖休闲园；省蛋鸡产业技术体系首席专家臧素敏教授就省蛋鸡产业技术体系目的任务及太行鸡现状和发展趋势作了专题报告。9月26日，河北省蛋鸡产业技术体系首席专家臧素敏教授、岗位专家刘华格研究员、蛋鸡营养与饲料团队成员李树鹏副教授等到平山县葫芦峪农业开发园区就太行鸡养殖进行指导调研，专家组实地考察了园区太行鸡放养、育雏、整体规划等。10月27～28日，河北省蛋鸡产业体系季度工作总结会议暨蛋鸡标准化生产技术讲座在沧州国际会展中心举行。石家庄综合试验站、太行山区综合试验站参加会议。大会举办了首届畜牧业新产品、新技术博览会及技术讲座，石家庄市牧工商开发总公司、河北良人牧业有限公司、赞皇天然农产品有限公司等企业参加展览。11月21～22日，河北省水产局“水产健康养殖示范场考核验收组”考核验收石家庄市创建的4个农业部水产健康养殖示范场建设，工作组采取听汇报、查看验收材料及实地检查等形式，对每个养殖场生产条件标准化、生产操作规范化、生产管理制度和示范辐射规模化等逐项考核打分，4个示范场均以90分以上成绩顺利通过验收。至2013年底，全市累计创建部级水产健康养殖示范场15家。

【牧渔产品质量安全监管】 按照“政府负总责、三级有机构、监管到村场、检测全覆盖”要求，大力实施监管体系网格化、监测体系标准化、监管工作规范化、监管手段信息化“四化”建设。全面加强县级畜产品质量检测站标准化建设，在全市东西南北4个方向选取4个基础较好的县级畜产品检测站，建成能够发挥示范、辐射作用的区域中心站，2013年行唐县、鹿泉市检测站通过省质监局计量认证，其中行唐县为全省首个通过计量认证的县级畜产品质量检测站。率先在全省建立牧渔产品质量安全风险评估机制，七个专项每月进行一次风险评估，综合评估每季度开展一次，客观分析主要风险点和安全隐患，根据安全风险程度增加工作措施。强化生鲜乳质量安全，推进奶牛养殖方式转变，全年52家养殖小区实现向牧场转型，280家养殖小区实现“四统二分”(统一配种、统一防疫、统一饲养、统一挤奶、分牛计量、分户核算)。坚持疏堵结合，综合施治，大力推进病死畜禽化尸池建设和有机肥生产、焚烧炉、化制炉等机械化处理方式，召开病死动物无害化处理现场会和病死动物无害化处理设备洽谈会，在全市示范推广。持续开展牧渔产品质量安全大检查、大排查，2013年全市检测牧渔产品12万批次。其中，畜产品、水产品合格率均为100%，饲料合格率为97.5%。全年石家庄没有发生区域性重大牧渔产品质量安全事故。

【畜禽粪污综合治理】 以“分类指导,重点突破”为原则,以“工程减排”为重点，以发展生态养殖业、废弃物资源化利用为主线，采取发展与治理并重、生产与生态兼顾方式，规范畜禽养殖行为，推进养殖方式转变。4月10日，省农业厅副巡视员刘肇清、总畜牧师顾传学一行6人到石家庄市调研养殖场粪污处理，并就省会城市生态环境治理和养殖场粪污处理面临的主要问题、原因及对策开展座谈。5月27日，市畜牧水产局、环保局在晋州市联合召开全市畜禽粪污整治现场会，明确了畜禽粪污治理模式、建设标准和完成时限，与会代表70余人参观了晋州市周家庄奶牛场和强盛种猪场粪污治理工程。11月15日，市畜牧水产局联合河北省蛋鸡产业技术体系石家庄蛋鸡综合试验推广站共同举办健康养殖暨鸡场粪污综合治理利用技术培训研讨会，与会110余人听取了省蛋鸡产业体系首席专家臧素敏教授、石家庄蛋鸡综合试验推广站站长褚素乔、河北工程大学农学院副院长石玉祥等专家所作专题报告和技术讲座；晋州市金太阳生物有机肥有限公司、鹿泉市会元鸡场、晋州市修远牧业等多家企业作典型发言。12月23日，省畜牧兽医局畜牧草原处处长师校军、副处长张力圈、省畜牧站副站长刘建辉等到赵县调研规模养殖场畜禽粪污治理，查看了赵县东兴禽业地下养殖场、河北澳鑫牧业有限公司、赵县正阳养殖场及龙彪养殖专业合作社粪污处理设施。推动不同种类畜禽养殖场开展示范工程建设，2013年全市新上畜禽粪污治理工程100个，年削减化学需氧量7502吨，氨氮排放量194吨，比年度控制目标分别多降1万吨和0.05万吨。

【执法规范化建设】 按照抓执法、促监管、保安全思路，以加强执法体系、制度、能力、形象四个建设为重点，全面落实“六大规范（外观标识、硬件建设、文书档案、制度机制、执法行为、队伍建设）、二十八项统一”要求，加快推进执法规范化建设。2013年市畜牧水产系统创新执法制度8项、执法机制3项、执法模式3种，获得国家农业部肯定和省农业厅表彰。3月13日，市畜牧水产局在石家庄龙腾环保有限公司开展公开销毁假劣兽药饲料活动，无害化公开销毁2012年以来查获假劣兽药饲料967件、18吨。加强渔业生产执法，提升市县两级渔业监管、执法人员的能力和水平。6月6日，市畜牧水产局召开牧渔产品质量安全监管及执法工作培训会，结合问题和实际案例，重点讲述了监管体系网格化、监测体系标准化、监管工作规范化、监管手段信息化“四化”建设，并对最高人民检察院、最高人民法院《司法解释》要点及执法过程中应注意事项进行了宣讲和解释。7月3日，由市公安局和市畜牧水产局联合成立的市渔业治安办公室正式挂牌，这是河北省首家由公安机关和渔政部门联合组成的执法机构。2013年8月，市畜牧水产部门贯彻落实中央领导关于海洋渔业发展讲话精神，开展水生野生动物执法检查，重点检查省会酒店、饭店、展览企业、药店、动物园等单位，主要查看是否依法经营国家和省列入保护名录、实施重点保护的水生野生动物及是否持有《水生野生动物经营利用许可证》。8月16～31日，按照农业部、河北省水产局关于清理整治违规渔具专项会议要求，石家庄市组织开展清理违规渔具专项行动，净化渔业捕捞秩序，推进渔业资源保护和生态环境建设。鹿泉市、平山县、灵寿县、行唐县、元氏县、赞皇县、井陉县7个县（市）渔业主管部门和石家庄市黄壁庄水库渔政站根据部署清理辖区水库、河流违规渔具，发放宣传材料608份，出动执法船只102艘次、执法人员473人次，清理违规渔具45套，网具1000米，价值1.2万元。严格执法办案，突出执法效果，2012～2013年市畜牧水产系统共办理案件1825起，是2005～2011年7年的总和。

【畜牧专业合作社】 围绕主导产业和特色产业，引导奶农探索养殖新模式。2013年8月，由赵素文牵头成立的石家庄三元佳奇奶业联合社在灵寿县工商管理局注册登记成立，这是石家庄市首个奶牛养殖联合社。该奶业联合社由5家奶牛养殖场（区）采取股份制形式组成奶业经济联合体，每个养殖场（区）投入1万元股金作为启动资金。5家养殖场（区）均为伊利集团合同奶站，其中1家是牧场经营模式，4家是小区式养殖模式。主要运作形式：5家养殖场（区）在资金运作上互相提供担保，首先由三元佳奇为其他4家小区提供担保。奶业联合社统一采购饲料原料（青贮、干草、苜蓿、棉籽、精料补充料等）和兽药，统一配种，统一技术指导和人员培训，统一开展疫病防治，统一与乳企签订销售合同，实行分户饲养、分户核算。奶业联合社饲料、兽药及技术服务全部由大北农公司提供，与大北农公司签有饲料（兽药）供应和技术服务合约，大北农公司派遣技术人员统一为5家养殖场（区）提供技术服务和高、中、低产奶牛饲料，并进行分户饲喂。乳企奶款直接打入奶业联合社账户，由奶业联合社每月统一核算发放。每家养殖场（区）发生费用（饲料、兽药等）均从奶款中扣除。2013年石家庄三元佳奇奶业联合社奶牛存栏3500头，日产鲜奶20多吨，平均单产6千克／天，最高单产35千克／天。石家庄三元佳奇奶业联合社是奶农“抱团”发展方式一次有益尝试，主要通过联合养殖方式，提高了奶农收益和抗风险能力。促进培育示范社建设，在每个县（市）区推动培育1～2个经营规模大、发挥作用好、示范作用强的畜牧合作社，并评选10个示范社给予重点支持。2013年全市新登记养殖业农民专业合作社383家，年末全市养殖业农民专业合作社达到1393家。

【河北省现代农业产业技术体系3个

综合试验站建设】 8月2日，河北省农业厅、财政厅联合召开“河北省现代农业产业技术体系建设启动视频会议”，全面启动全省现代农业产业技术体系创新团队建设。会上，省农业厅公布了全省首批11个产业创新团队和首席专家、岗位专家、综合试验推广站长聘用名单；省农业厅、财政厅分别与11个产业创新团队首席专家签订产业技术体系5年建设任务规划书。石家庄市畜牧水产局获得省现代农业产业技术体系3个综合试验站建设任务，分别为市畜牧技术推广站承担“石家庄蛋鸡综合试验推广站”和“太行山区蛋鸡综合试验推广站”2个综合试验推广站建设任务；市水产技术推广站承担“石家庄中华鳖和冷水鱼养殖综合试验推广站”建设任务。3个综合试验推广站站长分别与首席专家签订了2013年任务合同书，争取到省财政资金45万元。依据《现代农业产业技术体系河北省创新团队建设任务规划书（2013）》要求，每个站每年可获得20万元专项技术推广资金，石家庄3个站连续五年可累计获得省财政技术推广资金285万元。

（王荣申　黄滨　李跃　戴建卫　尹华丁　谢峰）

林　业

【概况】 2013年，全市林业系统以“打造绿色生态省会、创建国家森林城市”为目标，重点实施“十大”造林绿化工程，完成造林绿化60万亩，植树5000多万株，森林覆盖率达到34%，较2012年提高1.8个百分点。全年投入林业建设资金4.2亿元，其中，中央财政投资1.2亿元，地方财政投资2.4亿元。2013年全市林业总产值189亿元，同比增长6.2%；干鲜果品栽种面积330万亩，总产量20亿千克，果品业实现总产值58亿元。完成造林面积3.2万公顷，同比增长14.2%；封山育林面积6.3万公顷，同比增长11.2%；零星（四旁）植树1809.6万株，同比增长13.3%。全市干果产量4.1万吨，同比增长3.2%；木材采伐量2.6万立方米，同比下降16.7%。种植果园14.6万公顷，同比下降10.3%。水果总产量（不含果用瓜）190.7万吨，同比减少19.1%。接待林业与休闲产业旅游823万人次，实现收入15亿元，同比增长275%。4月15日，石家庄市公安局、井陉县、赞皇县被全国绿化委员会表彰为“全国绿化模范单位”。2013年石家庄市在全省森林覆盖率净增量考核中获得满分，森林覆盖率走在全省前列；《中国绿色时报》、《中国林业》杂志及省、市新闻媒体多次宣传报道石家庄市造林绿化规划、工作进展和成就。2013年市林业局获得“河北省林业宣传工作第三名”和“石家庄市森林防火先进单位”等荣誉。

【林业生产】 2013年全市林业总产值189亿元，同比增长6.2%；干鲜果品栽种面积330万亩，总产量20亿千克，果品业实现总产值58亿元。2013年全市完成造林面积3.2万公顷，同比增长14.2%，其中人工造林面积2.2万公顷，同比增长29.2%；封山育林面积6.3万公顷，同比增长11.2%；零星（四旁）植树1809.6万株，同比增长13.3%；苗木产量1.1株，同比增长12.5%。全市干果产量4.1万吨，同比增长3.2%，其中核桃产量3.6万吨，同比增长6.7%；木材采伐量2.6万立方米，同比下降16.7%。种植果园14.6万公顷，同比下降10.3%。其中，种植苹果园1.0万公顷，同比下降34.1%；梨园3.7万公顷，同比下降23.4%；桃园2130公顷，同比下降46.7%；葡萄园4582公顷，同比下降6.1%。水果总产量（不含果用瓜）190.7万吨，同比减少19.1%。其中，苹果产量20.9万吨，同比减少33.7%；梨产量123.1万吨，同比减少21.6%；桃产量5.3万吨，同比减少41.9%；葡萄产量11.8万吨，同比增长30.6%；红枣产量24.0万吨，同比增长10.7%。雪花梨产量31.7万吨，同比减少23.5%；鸭梨产量57.6万吨，同比减少20.4%。果树生产以市场为导向，以现代果品业和富民增收为目标，注重区位优势，调整果树结构，优化果树布局，扩大林果基地规模，促进林果业快速发展。2013年全市初步形成以赞皇县、行唐县为中心110万亩大枣，以平山县、赞皇县、灵寿县为中心100万亩核桃，以赵县、晋州市为中心50万亩梨果生产的林果产业基地。

（戎青彬）

【造林绿化】 全年以城乡绿化作为大气污染防治和改善生态环境的重要抓手，重点实施“十大”造林绿化工程，分别是：环省会绿化工程、绿色通道建设工程、环省会经济林绿化工程、农村面貌改造提升村庄绿化工程、城市道路绿化工程、片区绿化工程、城市水系绿化工程、城市园林和公园游园绿化工程、县城园林绿化工程、林业提升绿化工程。其中，绿色通道建设工程和环省会经济林绿化工程为2项新启动造林绿化工程；环省会绿化工程为“一山一河一路”环省会绿化工程，“一山”即西山森林公园，“一河”即滹沱河百里绿色长廊建设，“一路”即三环路绿化提档升级；绿色通道建设工程，即在辖区内所有高速公路、国道两侧各建设50米宽绿化林带，省道两侧各建设30米宽绿化林带；农村面貌改造提升村庄绿化工程，即以村边、道边等“10边”区域及空地为绿化地点，按照每村不少于3000株，每户不少于10株，每人不少于3株树标准，打造“村在林中、人在绿中”的生态环境。2013年西山森林公园完成绿化0.8万亩，2011～2013年累计植树300余万株、造林5.3万亩；滹沱河百里绿色长廊植树210余万株，完成造林绿化2.2万亩。三环路及省会周边城市道路绿化工程。2011年开始建设三环路两侧绿化林带，绿化面积3000多亩，植树20多万株；2012～2013年实施三环路生态防护林带断档区域补植造林，植树8万多株，形成长78.8千米，宽100米（每侧50米）的环城生态绿化林带。绿色通道工程。2013年市委、市政府确定在境内所有高速公路、国道两侧各建设50米宽绿化林带，省道两侧各建设30米宽绿化林带。工程涉及青银、京昆等高速公路7条，107、207、307、308等国道4条，省道33条，并对黄石高速公路绿化林带拓宽，由原来每侧各15米拓宽至每侧各50米。至2013年底，全市实施绿色通道工程共绿化道路2142千米，绿化面积22.2万亩，植树2163万株，其中县乡道798千米，绿化面积1.2万亩，植树197万株。环省会经济林工程。2013年初，市委、市政府启动30万亩环省会经济林建设工程，将省会主城区至正定县、藁城市、栾城县、鹿泉市四组团县城之间城区周边、道路周边、沟渠两侧、镇村周边以及滩涂、荒地等可利用地全部栽植经济林。环省会经济林工程建设分2年完成，2013年建设任务为15万亩经济林。该工程启动后，市林业系统成立专项领导小组，制定下发《环省会经济林工程建设方案》、《环省会经济林工程建设指导意见》、《环省会经济林秋冬季造林方案》、《环省会经济林工程验收检查方案》等文件，并召开动员会、调度会、现场观摩会、调研座谈会、推进会，扎实推进工程建设。至2013年底，全市实施环省会经济林工程共栽植经济林15.2万亩，完成全年任务101.33%，其中春季完成4.7万亩，秋冬季完成10.5万亩。农村面貌改造提升村庄绿化工程。结合开展基层建设年活动，植树750万株。其中，实施农田林网建设植树110万株，折合造林面积2万亩，绿化路渠近100条，绿化总长度800千米；完善、更新农田林网控制面积2.5万亩，植树15万株。至2013年末，全市农田林网控制面积达到20万亩，农田林网控制率达到85%。结合农村面貌提升活动，植树500多万株。2013年全市“两沿一环”（沿高铁、沿高速、环西柏坡景区）区域775个重点村庄绿化任务全面完成，共植树230万株。2013年全市太行山绿化工程完成人工造林8.03万亩，人工造林容器育苗使用率达到95%以上。新封山育林2万亩，年末封山育林面积达到94万亩。2013年市委、市政府将造林绿化工作列为重点工程，2月21日、9月30日分别召开全市春季、秋冬季造林绿化动员大会，安排部署全市造林绿化工作，动员全市行动起来，抓住造林绿化有利时机，掀起造林绿化热潮，推进生态环境改善。2月21日市长王亮代表市政府与藁城市、鹿泉市、正定县、栾城县签订了《石家庄市2013年绿色通道建设任务目标责任书》。2013年全市春季造林绿化工作安排：城区种植乔木171.12万株，灌木146.81万株，绿篱7.95万株，种植（摆放）时令花卉630万盆，建设绿地959.95万平方米，建设绿道6千米；农村完成人工造林35万亩，新封山育林12万亩。3月9日，《石家庄日报》第11届雷锋植树组600多名成员到小壁林区种植树苗3000多棵。3月12日，省委常委、市委书记孙瑞彬，市委副书记、代市长王亮，市四大班子领导和市直机关干部职工、驻石部队、武警官兵2000余人在西山森林公园省会义务植树基地栽植松树、侧柏等1万余株；市内五区党政领导、机关干部及各界干部群众约3万人参加植树活动，植树10万余株。据统计，植树节当天，全市城乡60余万人参加了义务植树活动，栽植各种树木300万株。3月和11月"植树月"期间，各县（市）区结合绿色通道、太行山绿化、退耕还林等绿化工程，分别在47个植树点开展义务植树活动。2013年省市党政军领导和省市干部职工，驻石家庄部队等单位和社会团体，以及社会群众510多万人参加义务植树活动，共义务植树1500多万株。至2013年底，全市累计完成造林绿化60万亩，植树5000多万株，中心城区绿化覆盖率达到43.37%，全市森林覆盖率达到34%。2013年全市造林绿化面积、造林株数、造林效果均创下历史之最。

（戎青彬　郑亚丛　岳金宏）

【《关于加快林下经济发展的实施意见》】 7月1日，市政府出台《关于加快林下经济发展的实施意见》（简称《意见》）。指出我市将重点发展西部山区生态林区等5个林下经济重点区域，力争到2015年，全市林下经济经营面积发展到80万亩，综合产值达到8亿元。该《意见》提出，全市通过培育一批集中连片的生产基地，争创一批特色名牌产品，壮大一批规模化龙头企业，实现林业综合效益稳定增长。力争到2015年，全市林下经济经营面积发展到80万亩，综合产值达到8亿元；到2020年，发展到90万亩，综合产值达到9亿元以上。该《意见》依据全市林业建设地域特点，指出重点发展5个林下经济重点区域。西部山区生态林区：重点发展林菌、林药、林禽和林特等模式，并结合当地旅游资源和文化等开展生态旅游。丘陵平原经济林区：幼龄期果园，以林农模式为主，主要种植蔬菜及豆类、花生等矮秆作物，提高前期收入；结果期果园，重点发展林药、林禽等模式；在苹果、桃、梨等林地，发展林农、林菜等模式。规模化经济林基地，开展观光、采摘、休闲生态旅游。平原速生片林区：在以杨树为主的速生片林区，未郁闭前，发展林农模式；郁闭后重点发展林禽、林畜、林菌、林特等模式。绿色通道区：在高速公路和国、省干线道路两侧30～50米林带范围内，根据土壤条件，因地制宜发展林苗、林农模式。生态林场区：生态林场幼龄林地以林苗、林农模式为主，成龄林地重点发展林禽、林菌、林药、森林生态旅游等。

（市政府文件）

【参加中国第八届花卉博览会产品获奖33项】 9月28日至10月27日，在江苏省常州市举行的中国第八届花卉博览会上，石家庄市花卉产品获奖33项。其中，金奖3个，银奖10个，铜奖13个，优秀奖7个。金银奖分别为：龙城花卉蔬菜种植园的红掌—阿拉巴玛、雅美园艺有限公司的凤梨穴盘苗—富贵牡丹、惠恩花卉销售中心的君子兰—大富豪获金奖；龙城花卉蔬菜种植园的红掌—茉莉、长寿花—草地、长春花，雅美园艺有限公司的红掌—红国王、凤梨—白雪公主，惠恩花卉销售中心的君子兰—翠玉娇、君子兰—秋波－3号、君子兰—大圆头，神州花卉研究所的高山杜鹃"粉金蝶"，云梦花店的"欣欣向荣"获银奖。

（郑亚丛　张英　徐立新）

【花卉产值3.1亿元】 2013年全市花卉种植面积4.45万亩，年产切花968.7万枝，盆栽1993万盆，观赏苗木5352.25万株，草坪11078万平方米，花卉产值3.1亿元，分别比2012年增长8%、13%、3%、289%、4%、7%。至2013年底，全市共有花木专业生产企业172个，花农1746户，从业人员6527人，规模以上花卉市场53个，主要生产仙客来、红掌、凤梨、蝴蝶兰、一品红、君子兰等，并形成以仙客来、红掌为重点花卉的名优地方特色产品。2013年全市共有5家大型规模花卉市场，分别是西三教、植物园、北城、伟建和河北汇春，主要经营绿植、凤梨、红掌、仙客来、君子兰、草花、南方观赏苗木、鲜切花等，年交易额1.7亿元。

（郑亚丛）

【有害生物防治】 贯彻"预防为主，科学治理，依法监管，强化责任"方针，突出抓好美国白蛾和松材线虫病防控。2013年全市设立测报站（点）260个、美国白蛾监测点651个、松材线虫病监测点6个、标准地69块，悬挂诱捕器104套，设立测报人员483名、查防员3158名，累计发布测报80余期，提供各类信息120余期3万余份。在第三代美国白蛾防治关键期，通过新闻媒体向全社会发布防控预警，动用防治专业队423个、人员1.45万人次，高射喷药机械405台、车载打药机16台、高枝剪2000余把，采取诱虫灯诱杀、人工扑捉、剪除网幕、摘除卵块、释放天敌、地面喷药等8项措施，对涉及17个县（市）区及高新区的141个乡镇(办事处),835个村、190个小区（街道）等地的美国白蛾实施围剿，完成地面防治37.5万亩次，剪除网幕5.4万个，诱杀成虫2.3万余头。5月21日至6月13日，动用“小松鼠”、“贝尔”、“三角翼”等3架飞机，转场元氏县、正定县、平山县、晋州市等9处停机点，对境内京港澳、京昆、石黄、石太、西柏坡高速公路和308等国道两侧绿化带，以及滹沱河、沙河、磁河等生态防护林和平山县、灵寿县、行唐县、晋州市、长安区、藁城市、深泽县、新乐市、鹿泉市、无极县、栾城县、正定县、辛集市等13个县（市）区的重点生态区域实施飞机喷药防治美国白蛾作业，完成飞防作业210架次，喷洒无公害农药10吨，防治面积21.72万亩。8月14日，引进2亿头具有美国白蛾天敌之称的周氏啮小蜂，分发到市内五区、高新区以及正定县、平山县、灵寿县，集中在重点小区、街道、公园等地以及部分村庄释放，用生物方法全面围剿第二代美国白蛾。9月19日，动用三角翼飞机，对境内青银高速公路绿化带以及西柏坡高速公路鹿泉市、平山县交界地段的杨扇舟蛾实施飞机防治，完成飞防作业13架次，防治面积8000余亩。至2013年底，全市林业有害生物发生面积84.9万亩，其中美国白蛾17.21万亩，杨扇舟蛾16.63万亩，红脂大小蠹7.41万亩，松毛虫11万亩，松阿扁叶蜂7.9万亩，其他病虫害发生面积24.75万亩，属于正常偏重发生年。2013年全市林业有害生物防治面积84.9万亩，防治率100%，无公害防治率90.12%；监测覆盖率达100%，测报准确率97.1%；种苗产地检疫率97%。2013年全市没有出现大的林业疫情灾害。

【森林防火】 坚持“以人为本、预防为主、积极消灭”工作方针，全面落实各项责任制度，严查火险隐患，加强防火设施和扑救体系建设，提高预防和救助能力。春防期间，全市采取媒体宣传、张贴标语、制作宣传牌、出动宣传车等形式，发放宣传材料25万份，印制宣传年画7万份，张贴宣传标语3万条，张贴《春季森林防火公告》5000余份，在林区主要干道安装森林防火宣传牌80块；在市电视台和气象部门天气预报节目中增播森林火险等级预报，群发防火短信2万余条；利用农村大喇叭，每天早、中、晚3次播放森林防火内容。针对元旦、春节、清明、五一节等特殊时段，下发《关于进一步做好森林防火工作的紧急通知》。组织实施“五清”专项行动，累计清理地边125千米、林边242千米、矿边111处、坟头1.2万处、隔离带32万平方米。建设完成火险监测站7个、因子采集站2个，实现12小时、24小时、48小时将区域温度、湿度、风速、降水等信息数据传送至全省火险监测网站。起草出台《石家庄市森林防火工作实施细则》。3月1日下午，市森林防火指挥部办公室在平山县举行森林防火实战演练、观摩活动，平山县150名专业扑火队员现场进行了实战演练。2013年市林业局编发森林防火简报25篇，其中6篇被省林业厅、省森林防火办公定采用；16篇森林防火专题在市级报刊刊登。2013年石家庄市、县两级电视台专题宣传报道森林防火工作44次。

【森林资源保护】 根据河北省林业部门统一部署安排，4月10日至8月30日，全市组织开展保护森林资源监督检查专项行动，严厉打击违法占用林地、无证采伐林木等破坏森林资源犯罪行为。该行动共查处违法占用林地30项，处理无证采伐林木案件15起，有效遏制了破坏森林资源违法行为。编制完成《林地保护利用规划（2010—2020年）》。加强林地占用审核管理，审核占用征收林地项目13项244.6公顷，收缴森林植被恢复费1478.8万元。市林业局与森林公安局联合行动，查处花鸟鱼虫市场非法买卖野生鸟1000多只，救助野生动物150余只，其中包括猫头鹰、貉、鹗、蛇等。4月1日，以“美丽石家庄，让鸟儿自由飞翔”为主题，组织省会河北师范大学、河北科技大学等大专院校师生及各县（市）区代表在河北省政法职业学院举办第32个爱鸟周活动启动仪式。此次活动主要宣传《野生动物保护法》、《河北省野生动物保护条例》等法律法规，普及爱鸟护鸟、保护野生动物及其栖息地知识，受到教育学生2万人次。防控H7N9禽流感病毒，成立森林资源防控应急小组，新增4个县级野生动物疫源疫病监测站，处理野生鸟类上报信息500多起。2013年市林业部门按照市疾病防控中心要求，协调平山县野生鸟样本200份到市疾病防控中心化验，化验结果证明全部无H7N9型禽流感病毒。

【林业技术推广】 坚持以项目为依托，大力推广林果技术，全年新争取国家林业项目2个，完成国家、省、市林业项目6个。以“三下乡”活动为平台，广泛开展科技培训和科技下乡活动，积极利用“农村大喇叭”栏目宣传林业技术知识。3月16日，市林业技术推广站联合省林业技术推广总站，抓住春季果树管理关键时节，聘请河北农业大学教授、博士生导师、河北省核桃专家张志华，分别在石家庄山区县元氏县西岭底村、平原县深泽县张村举办优质核桃管理技术培训。11月21日，市林业技术推广站在行唐县举办全市现代林果产业体系建设培训班，全市110余名林业技术骨干、果树种植大户和合作社负责人到会参加培训。2013年全市举办各类林业科技培训500余场，受训人数达10万余人。

【平山县退耕还林工程通过国家验收】 4月24～25日，国家林业局调查规划设计院主任胡继平等到石家庄市检查验收平山县2005年度退耕还林工程。验收组查验了平山县岗南镇、两河乡、下槐镇、平山镇、杨家桥乡、小觉镇等6个乡镇，查验生态林面积3905亩；抽查了岗南镇、下槐镇、平山镇3个乡镇，22个造林小班，抽查生态林面积2339亩。经过检查验收，确认平山县2005年度退耕地面积保存率、建档率、管护率均达到100%。

【百万亩绿色能源基地落户平山县】 6月21日，平山县与中国绿化基金会企业联盟公益基金管理委员会签订“百万亩绿色能源基地及西柏坡红色文化园项目”签约仪式在平山县举行。百万亩绿色能源基地项目由平山县提供宜林荒山造林用地，中国绿化基金会企业联盟公益基金管理委员会提供资金和技术，负责项目规划设计、经营管理。双方计划利用8～10年完成30万亩欧李、10万亩竹柳栽植及林果加工厂、万头肉牛养殖场建设，形成生态种植养殖产业链。西柏坡红色文化园项目计划加强西柏坡纪念馆、平山团纪念园等12个红色文化主题园体建设。

【西山森林公园建成投用】 10月1日，西山森林公园建成投入使用，正式对市民开放。西山森林公园建设工程历时2年9个月，工程总投资3亿元。公园内栽植经济、景观树种10余种300余万株，绿化面积5.3万亩。硬化路面27.3千米，其中，连接各个景点观光盘山公路9千米，核心区道路3.3千米，甬路15千米。建设基础服务设施30余处，其中，休闲景点8个，包括楼阁、古廊、石廊、凉亭、古庙等；停车场7个；观景平台10余个，还建设了浆砌护墙、护栏、石凳等。

（戎青彬）

水 务

【概况】 2013年，全市水务系统围绕“项目强水、科学治水、依法管水、人水和谐”工作思路，以“防汛安全，水利惠民”为核心，大力发展民生水利、生态水利，突出加强薄弱环节建设，有效改善水生态环境，为实现粮食产量“十连增”提供了有力保障。1月25～31日，全市完成各县（市）区2012年水利改革发展工作考核，并通报考核结果。贯彻落实《石家庄市人民政府关于实行最严格水资源管理制度的实施意见》，围绕供水安全、节水减排、水生态文明城市建设等中心任务，强化督导检查，推进水资源管理走向科学化、规范化、法制化。开展防汛抗旱，调整市、县、乡三级防汛抗旱指挥部成员，落实行政领导、水利部门和技术人员组成的“三位一体”防汛责任制，修订完善各类防洪预案和主要城镇、山地灾害易发区防洪及避险转移预案，制订大中型水库及石家庄市城区防汛抢险操作规程，备足防汛物资，建立抢险队伍，组织抢险演练，确保了全市汛期安全。科学利用雨洪资源，做好冬春抗旱水源储备。起草出台《石家庄市节约用水办法》，成立市水政监察支队，推动水利改革，促进人水和谐，提高水资源承载经济社会发展能力。加强基层水利服务体系建设。按照职能明确、布局合理、队伍精干、服务到位要求，圆满完成全市基层水利服务体系建设任务。2013年全市农村县（市）区建成中心站17个，编制140人；乡镇(区域)水利站77个，编制320人，人员经费和办公经费全部纳入县级财政预算。2013年全市投入水利建设资金6.06亿元，关停自备井77眼，除险加固小型水库35座，整治河道堤防22千米，治理水土流失面积180平方千米，发展节水灌溉面积53万亩，解决了农村60万人饮水安全问题。洨河综合整治生态恢复工程基本完工，市区4座污水处理厂全部达到国家一级A排放标准。6月13日，洨河全线通水。2013年全市水资源总量达到21.54亿立方米，供水及用水量达到31.20亿立方米。其中，农田灌溉用水量20.26亿立方米，占64.9%；工业用水量3.02亿立方米，占9.7%；居民生活用水量3.08亿立方米，占9.9%；林牧渔畜用水量2.22亿立方米，占7.1%；城镇公共用水量0.953亿立方米，占3.1%；生态与环境用水量1.67亿立方米，占5.3%。2013年全市地表水总监测河段长度571.4千米，其中165.0千米全年河干。在有水406.4千米监测河段中，水质劣Ⅴ类河段161.0千米，占有水河段39.6%；水质Ⅴ类河段0.0千米；监测水质Ⅳ类河段37.0千米，占有水河段9.1%；监测水质Ⅲ类及以下河段208.4千米，占有水河段51.3%。

【农田水利建设】 全面加强农田水利基本建设，调整充实农田水利建设指挥部，印发《石家庄市2013—2014年度农田水利基本建设实施方案》，完善政策体系，规范项目管理，深入调研督导，创新工作机制。2013年平山县、灵寿县、新乐市成功申报全国第五批中央财政小型农田水利重点县，其中灵寿县、新乐市为高效节水灌溉试点县，平山县为1～5万亩灌区配套改造试点县。3个县（市）计划三年内投资2.3亿元，新增、恢复、改善灌溉面积24.4万亩。实施栾城县、藁城市、鹿泉市、元氏县、赵县、赞皇县2012年度小型农田水利重点县项目，推行“法人负责制、招投标制、合同管理制、建设监理制”，落实“项目公示制、质量检测制、义务监督员制、监测评价制、宣传报道制”五项制度，完成总投资1.2亿元，发展节水灌溉面积20.6万亩，年实现节水1236万立方米，增加粮食生产能力1.03万吨。4县实施省级以上农田水利建设资金项目。根据省财政厅、省水利厅《关于申报2013年省级以上财政统筹从土地出让收益中计提农田水利建设资金项目的通知》要求，行唐县、井陉县、高邑县、正定县编制完成《石家庄市2013年省级以上农田水利建设资金项目实施方案》，顺利通过省级审查、复查。省级以上财政统筹从土地出让收益中计提农田水利建设资金主要用于开展农田水利设施建设，包括小型蓄引提水源建设，农村塘坝池窖清淤整治以及农村河道整治和水系连通。2013年行唐县、井陉县、高邑县、正定县4个项目县农田水利项目建设总投资达到3780.5万元，其中省级以上财政补助3600万元，县级财政及群众自筹180.5万元，发展节水灌溉面积0.82万亩，改善灌溉面积2.09万亩，新增灌溉面积0.21万亩，年增加蓄水能力14.77万立方米。2013年全市农田水利基本建设累计完成投资20.3亿元，投工964.5万个，完成工程量3000.2万立方米。其中，新建维修小型水源工程16888项，新增及改善灌溉面积123.4万亩。2013年鹿泉市、正定县分别获得2012～2013年河北省农田水利基本建设“海河杯”竞赛一、二等奖。

【南水北调工程】 南水北调中线工程河北段416千米，由高邑县北渎村进入石家庄市，经赞皇县、元氏县、鹿泉市、桥西区、新华区、正定县、新乐市，在新乐市北大岳村西北进入保定市，石家庄市段长123千米，各类交叉建筑物146处。南水北调中线工程河北段自开工建设以来，石家庄累计向施工单位提供永久占地2.76万亩，临时用地2万多亩，有效保障了主体工程建设顺利实施。其中，京石段供水工程起自古运河枢纽，经新华区、正定县，到新乐市出境，全长57.4千米，2003年底开工，2008年建成通水，成为南水北调工程的亮点。5月17日，京石段供水工程完成第4次向北京供水，累计向北京应急供水16.1亿多立方米。邯石段工程（邯郸市至石家庄市）起自古运河枢纽，止于邢石界，全长65.79千米，2010年启动征迁建设，涉及石家庄高邑县、赞皇县、元氏县、鹿泉市、桥西区、新华区6个县(市)区。2013年11月，南水北调中线主体工程完成，石家庄市境内65.79千米总干渠渠道全部贯通，所有69座跨渠桥梁基本建成通车，石家庄市境内全线具备通水条件。石家庄南水北调配套工程依托“一纵（中线总干渠）一横（石津干渠）”两条骨架，通过16条输水管道、24座水厂及配水管网工程，实现向市区、总干渠沿线及以东12个县（市）和石家庄装备制造基地、西部生态新区、鹿泉绿岛火炬开发区、赞皇五马山工业区4个重点园区供水，工程估算总投资104.13亿元，工程通水后，全市年均供水量可达7.82亿立方米。2013年8月底，石家庄市南水北调配套工程水厂以上输水管道工程元氏—赵县段输水管道、正定—无极—深泽输水管道正定段工程项目开工，标志石家庄市南水北调配套工程进入实施建设阶段。8月29日，石家庄市南水北调配套工程西北地表水厂和输水管道工程开工，这是石家庄市南水北调配套工程市区段开工建设的首个水厂，日供水能力10万立方米，计划2014年6月正式通水。其他市区水厂正在开展前期工作。10月15日，河北省发改委批复《工程初步设计报告》；10月27日，市政府完成《征迁安置实施方案》批复。其中，赞皇县水厂、新乐市四水厂、鹿泉绿岛火炬开发区水厂依托原设施建设，其他县（市）水厂确定2013年底开工建设。

【防汛抗旱】 科学研判雨情、水情，准备把握全市防汛抗旱形势，提前开展防汛大检查。调整充实各级防汛组织，落实行政领导、水利部门和技术人员组成的“三位一体”防汛责任制。修订完善243座大中小型水库、主要城镇和61处山地灾害易发区防洪及避险转移预案，向病险水库下游及河道内村庄逐户发放避险转移明白纸。制订大中型水库及石家庄市城区防汛抢险操作规程，储存号备50余个品种、8200余万元防汛物资。组建应急抢险常备队伍545支、6.8万人，预备队458支、16.7万人。举办县（市）区主管局长、防汛抗旱办公室全体人员、重点乡（镇）长、村长以及负责山洪灾害县级非工程措施项目技术人员参加的防汛知识培训班，开展抢险演练、山洪灾害防御应急演练和山洪灾害避险转移演练，下拨25万元专项资金用于小水库汛期值守，保证了小水库有人看、有人守、有人管，遇有险情提前通知预警，确保了全市汛期安全。加强水雨情、墒情、旱情、工情等统计发布、预报，实时畅通监测信息，指导农民科学抗旱。全年抗旱浇灌面积624.33万亩、1469.81万亩次，抗旱浇灌累计用水量1.2亿立方米；全市实施小型引、提、蓄水工程共修建塘坝、水池、水窖、截潜流、大口井等小型抗旱积雨工程639处，新建扬水站点288处，新打机井5274眼，维护机井6301万眼，渠道清淤708多千米，新修防渗渠道499千米；县级抗旱服务站投入抗旱设备2170多台套，新打抗旱应急水源井475眼，维修机井1046眼，维修机泵1620台套，安装防渗管道37.66万米，抗旱浇地4.714万亩，浇果树9.15万株。坚持防汛抗旱两手抓，在确保安全前提下，科学调度蓄水。2013年石家庄汛期降水458.5毫米，较2012年同期多15.1毫米，较常年同期多35毫米，汛期大中型水库共蓄水10.41亿立方米。入汛后，横山岭、口头、白草坪、张河湾、八一水库超过汛限水位，陆续放水发电，共放水8904.6万立方米，发电208.5万度。2013年全市平均降水555.4毫米，比2012年偏多5.3毫米，较常年平均538.3毫米（1956～2000年）偏多17.1毫米。2013年全市农村水电站完成发电量6500万度，超计划发电309万度。至2013年底，全市12座大中型水库蓄水总量10.5亿立方米，较2012年同期少1.2亿立方米。其中，岗南水库蓄水6.41亿立方米，黄壁庄水库蓄水1.71亿立方米，横山岭水库蓄水0.71亿立方米，口头水库蓄水0.45亿立方米。2013年市防汛抗旱指挥部被河北省授予防汛抗旱工作先进单位。

【生态水利工程】 依托国家水土保持重点县建设项目，推进西部山区水土保持生态建设，完成投资7168.16万元，治理水土流失面积180平方千米，其中，井陉县42.2平方千米，赞皇县20.5平方千米，灵寿县27.2平方千米，行唐县27平方千米，井陉矿区2.6平方千米，元氏县12.25平方千米，鹿泉市15.5平方千米，平山县32.75平方千米。实施滹沱河水源地应急补水，2次从黄壁庄水库引水到滹沱河水源地应急补水，累计引水量2000多万立方米，地下水位上升6米多，取得明显补给效果。加大补水指标办理力度，实现补水常态化。2013年河北省水利厅原则同意给予石家庄市5000万立方米补水指标。推进水源地保护，及时向市人大常委会、市政府报告情况，提出水源地保护区河道垃圾清理、水源地保护意见和建议，确保全市供水安全。推进汪洋沟综合整治，借鉴洨河综合整治模式，提出汪洋沟河道治理方案，完成实地勘测和方案初步设计。

【民生水利工程】 投资8400万元，除险加固小型水库35座，分别为行唐县牛下口、车厂、黄掌头、神树西沟、上闫庄水库，井陉县前亭、芦庄、胡雷水库，灵寿县尹家庄、营里、寺沟、白家沟水库，鹿泉市西薛庄、十八扭沟、山尹村水库，平山县湾子、庄沟、邢家沟、高洼、前湾、石门、迪山北、海眼、庞家铺、陈家院、下西峪水库，元氏县王家庄、城郎、西河、武庄、鹿台水库，赞皇县行乐西沟、九龙关、孟家庄西沟水库，井陉矿区南寨水库。投资1.1亿元，治理中小河流4条。至2013年底，赞皇县槐河河道整治工程、元氏县槐河南水北调至京广铁路桥段河道整治工程、郜河行唐县城段河道整治工程、平山县南甸河西王坡至胡村段河道整治工程等4条中小河流实现主体竣工。农村饮水安全工程完成投资3亿元，新建单村供水工程230处，联村水厂20处，解决了390个村、60万人饮水安全问题。其中，井陉县单村供水工程40处，解决40个村、4.9万人饮水安全问题；灵寿县单村供水工程18处，解决18个村、3.2万人饮水安全问题；行唐县集中供水工程1处，单村供水工程3处，解决13个村、2.7万人饮水安全问题；鹿泉市单村供水工程15处，解决15个村、2.5万人饮水安全问题；元氏县集中供水工程2处，单村供水工程12处，解决22个村、3.3万人饮水安全问题；赞皇县单村供水工程23处，解决23个村、3万人饮水安全问题；井陉矿区单村供水工程5处，解决5个村、1万人饮水安全问题；高邑县集中供水工程1处，单村供水工程13处，解决26个村、3万人饮水安全问题；正定县集中供水工程2处，单村供水工程9处，解决20个村、3.2万人饮水安全问题；栾城县集中供水工程1处，单村供水工程9处，解决30个村、4.5万人饮水安全问题；晋州市集中供水工程4处，单村供水工程4处，解决20个村、4.2万人饮水安全问题；藁城市集中供水工程4处，单村供水工程5处，解决23个村、5.1万人饮水安全问题；赵县单村供水工程7处，解决18个村、4万人饮水安全问题；无极县集中供水工程1处，单村供水工程6处，解决23个村、4.6万人饮水安全问题；新乐市集中供水工程2处，单村供水工程1处，解决了6个村、2.1万人饮水安全问题；深泽县集中供水工程1处，单村供水工程12处，解决30个村、4.4万人饮水安全问题；平山县单村供水工程28处，解决28个村、29万人饮水安全问题；辛集市（2013年6月划归河北省管辖）集中供水工程1处，单村供水工程20处，解决30个村、2.3万人饮水安全问题。推进节水型农业建设，完成投资16890万元，实施大型灌区续建配套与节水改造、小型农田水利重点县、农田水网、农业开发中型灌区节水改造等4类项目建设，发展节水灌溉面积53万亩，恢复改善灌溉面积96万亩，整治河道堤防22千米，治理水土流失面积180平方千米。实施大中型灌区配套改造项目，重点实施引岗、源泉、计三、槐南4条灌区农田水网工程，计划总投资3400万元，实际完成投资96%；计三、平旺农业综合开发中型灌区节水改造项目，计划投资2200万元，实际完成投资95%；冶河、绵河大型灌区续建配套与节水改造项目，计划投资1400万元，实际完成投资100%。年内赞皇槐南灌区成功申报2013年农业综合开发中型灌区节水改造项目。落实水库移民后期扶持资金8809.6万元，主要用于改善库区和移民区基础设施建设，完成后期扶持项目272个，并根据移民区不同特点和当地政府发展规划，建成蔬菜、葡萄大棚188亩，发展核桃种植45亩，维修改造鱼塘7处，增加奶牛养殖60多头。

【洨河综合整治工程】 洨河综合整治生态恢复工程，西起石家庄市五支渠入南泄洪渠汇流口，南至赵县大石桥，全长38.4千米，工程投资1.6亿元。2012年6月起，全市围绕“还洨河碧水清流”目标，全力推进洨河综合整治工程，共完成38.4千米河道清淤、5千米堤坡绿化和堤顶路整修、300亩人工湿地建设和桥东污水处理厂升级改造、桥东新建10万吨污水处理厂、桥东60万吨污水脱色、桥西污水处理厂一期工程升级改造、良村南污水处理厂、西北部水利防洪生态污水处理厂等六大工程，出水水质除西北部

洨河旧貌

洨河生态恢复工程河道清淤施工

洨河新貌

水利防洪生态污水厂执行二级排放且经湿地处理达到景观用水标准外，其余各厂出水均达到国家一级A排放标准，年末市区污水处理率达到100%，日处理量75万吨。6月13日，洨河全线通水，生态修复取得成效，实现水质还清目标，并在沿线初步形成水生、滨水植物结合的优美水岸线和丰富多变的植物景观。

【水资源管理】 修订《水土保持条例》，制定《石家庄市水功能区限制纳污指标水质监测实施方案》，完善水务行政法律法规。依据《最严格水资源管理制度控制指标实施方案和考核实施办法》，分解用水“三条红线”控制指标，制定考核办法，贯彻实行最严格水资源管理制度，完成各县（市）区实行最严格水资源管理制度工作考核，基本建成最严格水资源管理四项体系。12月3日，市政府第13次常务会研究通过《石家庄市节约用水办法》，确定2014年3月1日实施。规范取水审批程序，在取用水建设项目中严格落实节水“三同时”制度，推进节水型城市建设。贯彻执行水资源论证、取消许可、水资源有偿使用三项制度，全年受理完成15个建设项目水资源论证，催办230家取水许可到期用户续延手续，批准年取水量2470万立方米，注销67家因搬迁、停产、停业等原因已不用水单位《取水许可证》，累计削减年取水许可量1789万立方米。实施房地产市场水资源费征收行动，征收楼盘14家，做到应收尽收。投资340万元，实施国控点监控系统建设，并利用河北省下达70万元专项资金开展水资源监控系统升级改造，提高了水资源监控信息化水平。推进中水回用示范小区建设，完成石家庄学院、发源小区、冀兴尊园、盛世长安等示范点中水回用提升（维修）改造，并在各示范点加装中水计量水表，实施中水水质检测，建立运行管理制度，开展技术培训，有效规范中水回用管理。

【行政执法】 8月30日，经市机构编制委员会批准，石家庄市水政监察支队成立，级别为副县级事业单位，下设3个执法大队、综合科和监督科，主要担负石家庄市区及所辖县（市）典型水事违法案件查处工作。9月6日，市水政监察支队正式组建运行。加大自备井整治力度，按照市区自备井关停计划，落实市区公共供水管网覆盖范围内自备井逐步关停要求。2013年全市累计关停自备井77眼，制止违法凿井行为9起，查处违法建设项目擅自利用自备井取水施工196起。结合市政府清理整顿违规建设项目，开展市区违规开发项目水资源费追缴，查处市区违规建设项目非法取水行为290起，依法追缴全部水资源费。加强大气污染防治，关停“三河一沟”河道采砂场，并抽调骨干力量组成3个巡视组，实行24小时不间断巡查。2013年市水务、公安、国土等部门联合开展非法采砂专项打击行动，共出动巡查车辆350余车次，执法人员1500余人次，处理投诉举报75起，下发执法监督书21份，查处非法采砂案件71起，查扣作业工具69辆，捣毁非法设备88台，全部关停“三河一沟”采砂场66家。

【水务集团有限责任公司】 2013年石家庄水务集团有限责任公司按照“整合资源、优化配置、强化管理、融资上市”工作思路，拓展市场空间，加强企业管理，深挖内在潜力，确保了企业平稳运营。全年完成产水量1.78亿立方米，售水量1.43亿立方米，污水处理量2.47亿立方米；实现主营业务收入9.2亿元，资产总额达到46.43亿元。发挥融资平台作用，多方筹措建设资金10.84亿元用于洨河综合整治工程污水处理项目建设、南水北调配套水厂建设和贷款偿还。其中，市财政借款及争取国债资金1.56亿元（财政贷款1亿元，国债资金0.56亿元）；资产抵押、银行借贷融资9.28亿元。按照市委、市政府要求，积极引进战略投资者，在与多家金融机构、央企、上市公司、股权基金洽谈基础上，最终与北京建信基金达成战略合作意向，为企业融资、改制上市铺平了道路。

（徐长江）

农业机械

【概况】 2013年，全市农机系统以服务“三农”、推进农业现代化为中心，发挥政策引导作用，大力推广农机新机具，优化装备结构，提升发展档次。全年推广玉米联合收获机1260台、大中型拖拉机1970台、秸秆还田机461台、秸秆压块机25台，更新小麦联合收割机715台。2013年全市争取到省以上农机购置补贴资金14230.95万元，补贴各类农机具21566台（套），受益农户9904户，撬动社会资金4.7亿多元。加强农机人员教育培训，全年培训各类农机人员4.74万人次。推进农机社会化服务，全市累计发展农机合作社125家，入社成员5263家，服务农户115514户，全年作业服务面积168万亩。推进农机深耕深松作业，确定项目县14个，完成深松作业102万亩，其中夏季深松作业17万亩。2013年全市小麦联合收获面积达到490万亩，占小麦种植面积97.5%；完成玉米联合收获面积309万亩，占玉米种植面积66.8%，机收水平比2012年提高14.2个百分点。新增大型施药机械232台，累计达到306台；组建专业化统防统治组织（或专业化防治队）35个、飞防队1个，全市专业化统防统治组织累计达到150多个，专业化统防统治面积达到300多万亩次。2013年全市主要农作物耕种收机械化水平提高到82%，同比提高2个百分点。至2013年末，全市农业机械总动力达到1996.64万千瓦，同比增长0.65%；实际机耕面积803.6万亩，当年机播面积1035.8万亩、机收面积881.1万亩。

【农机作业】 “三夏”期间，全市出动各类农机具18万台（套），投入小麦联合收获机1.65万台，完成小麦联合收获490万亩，占小麦种植面积97.5%；投入玉米免耕播种机1.7万台，完成玉米铁茬播种392万亩，占玉米播种面积84.6%；首次开展夏季深松，完成农机深松17万亩。“三秋”期间，全市投入各类农机具22万台（套），其中，玉米联合收获机5863台、大中拖1.65万台、秸秆还田机1.45万台、深松机2289台、小麦播种机1.3万台、旋耕机1.25万台、青饲料收获机246台、饲料加工机械1.1万台；完成玉米联合收获309万亩，占玉米种植面积总数66.8%，机收水平提高14.2个百分点；机械化秸秆还田440万亩，还田率95%；农机深松85万亩；青贮饲料240万吨，玉米秸秆全部得到有效利用；小麦机播面积502万亩，占小麦播种面积总数99.1%，小麦播后镇压实现全覆盖。

【农机服务】 组建农机维修服务队，搞好机具作业前检修。实施电化教学与现场教学相结合，灵活开展农机手培训。加强配件供应和技术指导，“三夏”“三秋”期间组织生产、经销企业安排200多辆维修服务车开展巡回服务，组织200多名技术人员分乡包片深入一线进行技术指导。做好柴油调配与供应，联合中石化石家庄分公司、中石油石家庄分公司制定“三夏”保障供应方案，设立专用绿色通道。“三夏”期间，中石化石家庄石油分公司储备柴油8万吨，设立47座“三夏”绿色通道保障供应惠农加油站，实施24小时营业。6月12～25日，农机用油每升柴油优惠0.1元，并出动“田间流动加油车”，方便“三夏”农机用油。落实农机购置补贴和农机深松作业补贴政策，引导发展农机合作社组织。2013年全市申报省重点农机合作社6家、全国示范合作社1家。至2013年末，全市共有农机合作社125家，入社成员5263家，服务农户115514户，全年作业服务面积168万亩。

（马同刚）

【“乡乡香”农机合作社获评全国示范社】 1月31日，国家农业部办公厅公布首批“全国农机合作社示范社”名单，由栾城县西营乡张辛庄村村民张立杰牵头成立的“乡乡香”农机服务专业合作社入选。该合作社成立于2011年3月，共托管周边村230户农民2300亩土地。合作社成立后，投资100万余元，购进小麦、玉米收割机等大型农业机械10余台，可实现农作物从种到收全部机械化作业。合作社以土地流转为契机，结合农户需求建立了包产、半托、全托三种经营模式，实行管理调度、技术培训、作业质量、收费标准、维修服务“五统一”的管理运作模式，实现了农业规模化经营、标准化生产、社会化服务的有机统一。2012年“乡乡香”农机服务专业合作社经营总收入81万元，利润28万元，入社成员比一般农机户增收20%以上，实现了合作社与农户双赢效果。

（齐倩倩）

【跨区作业】 成立跨区作业领导小组，加大协调和监管力度，规范跨区作业市场。设立跨区机收服务站，引导作业机具有序流动。“三夏”期间，市农机部门协调2000余台外地小麦收割机到石家庄市参加跨区作业。创新管理服务手段，与石家庄网络联合通信公司合作，在全省率先开通“农机通”服务平台，为农机手免费提供天气预报、作业政策、机具维修、作业价格等信息服务，共开通用户1700多户，发布信息150多条。组建农机指挥调度中心，加强信息反馈搜集，及时掌握跨区作业情况，准确调整机具作业区域和地点，减少农机空驶消耗，提高了农机作业效率和收入。2013年全市共组织4300台小麦联合收割机跨区作业，完成作业面积280万亩，较2012年减少3.45%，为农民增收1.5亿多元，较2012年增加500万元。

【深耕深松】 全年以深耕深松项目县为重点，成立领导和实施小组，制订实施方案，配备工作经费，分工负责，协调联动，共同推进。加强督导调度，组建督导检查组7个，采用分区域调度和乡、村督导相结合方式。强化主体宣传，重点针对合作社成员、种粮大户、农民机手、科技示范户，采取媒体介绍、机具演示、发放明白纸、入户宣传等形式，提高主体参与主动性和自觉性。引导农民购足深松机具，实行深松机具优先审批、优先补贴政策。推广技术规范，以作业机手、质检和监督人员、项目管理人员为重点，开展技术培训。划定作业地块，按照连片作业，整乡整村推进原则，逐户、逐村、逐乡签订作业合同。全年印发深耕深松宣传手册1万册、宣传材料4.2万份，召开演示会29次，培训机手2308人、质检员1219人，新增机具848台，保有量达到2289台。2013年全市确定农机深耕深松项目落实县14个，分别为正定县、栾城县、行唐县、灵寿县、高邑县、深泽县、赞皇县、无极县、平山县、元氏县、赵县、藁城市、新乐市、鹿泉市，完成深松面积102万亩，每亩获得补贴25元，其中夏季深松作业17万亩，占全省夏季作业面积40%。

【秸秆综合利用】 增强秸秆利用宣传，加大秸秆利用先进装备机具推广。2013年全市夏季小麦秸秆以机械还田、机械打捆收集为主，还田作业小麦联合收获机全部安装秸秆切抛装置，实现小麦联合收获与秸秆切抛一体作业，做到小麦收获和秸秆粉碎直接还田一次完成。秋季玉米秸秆以机械还田、秸秆机械青贮、秸秆压块为主，在养殖业发展快的县（市），重点推广大型青饲料收获机青贮，提高饲料品质，同时推广带剥皮装置玉米联合收获机械，实现玉米收获、玉米穗剥皮、秸秆还田作业一次完成。2013年全市推广秸秆还田机461台、压块机25台。“三秋”期间，全市出动秸秆还田机1.45万台，青饲料收获机246台，饲料加工机械1.1万台；完成机械化秸秆还田440万亩，还田率95%；青贮饲料240万吨，玉米秸秆综合利用率达到100%，有效消除秸秆焚烧隐患。2013年根据国家风云2号卫星探测，全市未发现一处着火点。

【新机具新技术推广】 积极推广应用保护性耕作、机械深松、免耕播种、秸秆还田等新技术、新机具，重点推广小麦机收——秸秆覆盖还田——玉米免耕播种一条龙作业模式及玉米深松、化肥分层施肥播种技术。开展等离子种子处理技术试验，研制全混日粮饲料搅拌车、绞盘式喷灌机、秸秆饲料打捆包膜一体机，改进4QZ-2600青贮机，示范推广小麦旋耕播种施肥撒播技术。举办2013年石家庄农机新技术新机具演示推广会，共有来自全国40个厂家、90余台机具作产品展示和作业演示，其中石家庄市农机管理、推广、经营单位和农机大户、农机合作社等4000余人到会观摩。2013年全市推广玉米联合收获机1260台，其中剥皮玉米收获机1043台，年末玉米收获机保有量达到6108台；推广大中型拖拉机1970台；更新小麦联合收割机715台；围绕秸秆综合利用，推广秸秆还田机461台、压块机25台；围绕畜牧业发展，补贴畜牧机械1392台（套），其中大型青贮机械139台、饲料加工机械637台、畜产品采集加工机械57台（套）；围绕设施农业发展，补贴卷帘机330台、加温炉558台、温室设施120台。2013年全市共争取中央及省级农机购置补贴资金14230.953万元，补贴各类农机具21566台（套），受益农户9904户，拉动农民及合作组织投入资金4.7亿多元。

【农机安全管理】 加强农机教育培训。依据《河北省农业机械化教育培训大行动2012-2015年工作方案》，全市农村县（市）分别成立领导小组，调查摸清农机大户、操作工、管理人员情况。举办农机技术学员培训，编写培训资料1.5万余份，出动宣传车106台次，印发明白纸3.8万份，接受咨询5.6万人次，召开新型农机展示会演示会29次。全年培训农机人员4.74万人，完成农机职业技能鉴定235人，发放农机维修技术合格证93个。实施农机维修厂点专项整治行动。根据省农业厅、省工商局《关于开展2013年农机维修厂点专项治理行动的通知》要求，成立农机工商协调指导小组，制订专项实施方案，开展行业清理整顿，净化维修市场，消除事故隐患。整治重点包括经营资质、维修条件、维修人员资质、生产条件、守法经营、管理制度等6个方面，共清理整顿维修网点2846家，其中综合点1518家、专项点1270家；无证业主2786家。加强农机隐患排查，检查各类农机具9630台（套），消除事故隐患195个，纠正违章行为1700起，制止违法行为2起。开展“平安农机”创建活动，教育培训农机人员2.1万人次，发放知识手册4.2万余册，安全宣传教育普及率超过80%。严格农机具牌证、作业证管理，结合机具年检、核发牌照、发放补贴等环节，从源头加以管控。2013年全市核发拖拉机牌照2188套，年检拖拉机2655台，其中补贴拖拉机341台；核发拖拉机驾驶证628个，其中参加阳光培训人数348人；核发联合收割机牌照1558套，年检联合收割机1684台，其中补贴联合收割机245台；核发联合收割机驾驶证580个，其中参加阳光培训人数873人；核发跨区作业证4300个。

石家庄市农业机械化管理处

处　　长：康彦军

书　　记：徐峰

副 处 长：李伯男　李新平

　　　　　徐萍

纪委书记：马同刚

（马同刚）

农业综合开发

【概况】 2013年，全市农业综合开发以项目建设为抓手，以农民增收为目标，多方筹措资金，扩大投资规模，提高开发效益，重点打造一个高标准农田示范圈、扶持两条农业产业化示范带、培育三个特色示范区，实现由开发大市向开发强市转变。至2013年末，全市共争取农业开发财政资金2.97亿元，同比增加1630万元，其中省以上财政资金2.63亿元。2013年全市农业开发总规模达到8.94亿元，投资规模持续增长。其中，中央财政贴息贷款4.32亿元，占投资总规模48.4%；群众自筹资金1.63亿元，占投资总规模18.3%。新确立土地治理项目20个，投资总额21272万元，治理土地16.23万亩。其中，高标准农田示范工程9个，投资额11705万元，治理土地7.96万亩；中低产田改造项目7个，投资额5458万元，治理土地5.02万亩；生态综合治理项目3个，投资额3264万元，治理土地3.25万亩；中型灌区改造项目1个，投资额845万元。新确立财政扶持项目49个。其中，财政补助项目27个，包括一县一特试点项目1个、有机肥试点项目1个、产业化经营项目13个、设施蔬菜项目12个；中央财政贴息贷款项目22个。截至2013年4月底，全市2012年度开发项目全部完成并通过省级验收。其中，土地治理项目完成投资20146万元，治理土地14.78万亩，包括高标准农田10.6万亩、中低产田2.77万亩、生态综合治理1.41万亩，建成节水型中型灌渠2.5千米；产业化经营项目完成投资72727.99万元，建成财政补助项目29个、中央财政贴息贷款项目21个。

表37　2013年石家庄市农业综合开发土地治理项目资金情况表

项目类别	区域	治理面积（万亩）	投资资金（万元）							
			投资总额	财政投资					群众自筹	其他
				合计	中央财政	省财政	市财政	县财政		
高标准农田示范工程	藁城市	1.1	1600	1400	1000	320	80	0	200	0
		0.1	115	115	0	115	0	0	0	0
	鹿泉市	1.03	1509	1320	943	302	75	0	189	0
	晋州市	1.02	1509	1320	943	302	0	75	189	0
	赵县	1.04	1543	1350	964	309	0	77	193	0
		0.3	480	420	300	96	0	24	60	0
	高邑县	1.07	1543	1350	964	309	0	77	193	0
	无极县	1	1486	1300	929	297	0	74	186	0
	元氏县	1.3	1920	1680	1200	384	0	96	240	0
	小计	7.96	11705	10255	7243	2434	155	423	1450	0

（续表）

项目类别	区域	治理面积（万亩）	投资资金（万元）							
			投资总额	财政投资					群众自筹	其他
				合计	中央财政	省财政	市财政	县财政		
中低产田改造	元氏县	0.52	571	500	356	113	0	31	71	0
	正定县	0.76	823	720	514	165	41	0	103	0
	栾城县	0.8	869	760	543	174	43	0	109	0
	行唐县	0.85	920	805	575	230	0	0	115	0
	深泽县	0.85	926	810	579	185	0	46	116	0
	新乐市	0.8	869	760	543	174	0	43	109	0
	灵寿县	0.44	480	420	300	120	0	0	60	0
	小计	5.02	5458	4775	3410	1161	84	120	683	0
生态综合治理	平山县	2.46	2490	2179	1557	622	0	0	311	0
		0.14	145	127	90	37	0	0	18	0
	赞皇县	0.65	629	550	393	157	0	0	79	0
	小计	3.25	3264	2856	2040	816	0	0	408	0
中型灌区改造	赞皇县	1个	844.83	700	500	200	0	0	0	144.83
合计		16.23	21271.83	18586	13193	4611	239	543	2541	144.83

表38　　2013年石家庄市农业综合开发产业化经营财政补助项目汇总表

单位：万元

类别	项目名称	项目单位名称	建设地点	项目总投资						
				合计	小计	中央财政投资	地方财政配套			自筹资金
							小计	省级	市县级	
一县一特试点	晋州市3000万千克果品储藏保鲜扩建项目	河北省晋州市长城经贸有限公司	晋州市纺织工业园区	2183	700	500	200	160		1483
有机肥试点	晋州市年新增5000万千克生物有机肥加工技改项目	石家庄金太阳生物有机肥有限公司	晋州市槐树镇南张里村	1050	420	300	120	96		630

（续表）

类别		项目名称	项目单位名称	建设地点	项目总投资						
					合计	小计	中央财政投资	地方财政配套			自筹资金
								小计	省级	市县级	
产业化经营	设区市	藁城市5000头生猪养殖扩建项目	藁城市宏兴养猪服务专业合作社	梅花镇	319.12	140	100	40	32	8	179.12
		藁城市200头奶牛养殖基地改建项目	藁城市聚源养殖服务专业合作社	张家庄镇	261.08	98	70	28	22	6	163.08
		鹿泉市年产18.4万千克香椿种植基地扩建项目	鹿泉市谷家香椿专业合作社	白鹿泉乡	255	105	75	30	24	6	150
		小　计			835.2	343	245	98	78	20	492.2
	直管县	晋州市2000万千克甜玉米罐头深加工技改项目	河北鹏达食品有限公司	晋州纺织工业园区	1170	238	170	68	54	14	932
		晋州市年产162万千克果品基地低产改造扩建项目	晋州市长城果品专业合作社	马于镇	186	70	50	20	16	4	116
		无极县年产72万千克平菇栽培基地扩建项目	无极绿农宝康食用菌种植专业合作社	郝庄乡	313	140	100	40	32	8	173
		无极县年出栏3000头生猪养殖扩建项目	无极县原野养猪专业合作社	张段固镇	247	112	80	32	24	8	135
		赵县100头标准化奶牛养殖基地扩建项目	赵县格瑞奶牛专业合作社	杨户办事处	280	84	60	24	19	5	196
		元氏县年产20万千克设施蔬菜种植基地新建项目	元氏县佳盛农业专业合作社	殷村镇	203	98	70	28	23	5	105
		行唐县490头奶牛养殖改建项目	行唐县富强奶牛养殖专业合作社	独羊岗乡	165.76	77	55	22	18	4	88.76
		行唐县300头标准化奶牛养殖基地扩建项目	行唐县旺源奶牛养殖专业合作社	只里乡	197	77	55	22	18	4	120
		赞皇县1000吨核桃油加工扩建项目	石家庄市丸京干果有限公司	赞皇镇	870	210	150	60	48	12	660
		赞皇县年产260吨优质核桃加工扩建项目	赞皇县汇川优质核桃专业合作社	赞皇镇	206	84	60	24	19	5	122
		小　计			3837.76	1190	850	340	271	69	2647.76
	合　计				4672.96	1533	1095	438	349	89	3139.96

（续表）

类别	项目名称	项目单位名称	建设地点	项目总投资						
				合计	小计	中央财政投资	地方财政配套			自筹资金
							小计	省级	市县级	
设施蔬菜项目	平山县年产143万千克设施蔬菜种植基地新建项目	平山县葫芦峪生态农业专业合作社	东王坡乡下峪村	920	420	300	120	120		500
	高邑县年产216万千克设施蔬菜种植基地新建项目	高邑县金色世纪农业工程有限公司	富村镇古城村	1840	840	600	240	120		1000
	高邑县年产171万千克设施蔬菜种植基地新建项目	高邑县绿洲农业科技开发有限公司	大营镇破塔村	1940	840	600	240	120		1100
	赵县年产135万千克设施蔬菜种植基地扩建项目	赵县诚荣蔬菜种植专业合作社	沙河店镇西大诰村	885	420	300	120	60		465
	晋州年产233万千克设施蔬菜种植基地扩建项目	石家庄丰达金润农产品有限公司	周家庄乡第十生产队	1840	840	600	240	120		1000
	晋州年产85万千克设施蔬菜种植基地扩建项目	晋州金农龙农业种植服务专业合作社	周家庄乡第四生产队	738	350	250	100	50		388
	藁城市年产184万公斤设施蔬菜种植基地新建项目	藁城市泽农蔬菜有限公司	南孟镇杜家庄村	1746	840	600	240	120		906
	藁城市年产89万千克设施蔬菜种植基地新建项目	藁城市双联蔬菜专业合作社	张家庄镇北小屯村	813	392	280	112	56		421
	无极县年产90万千克设施蔬菜种植基地扩建项目	无极县红鑫牛蔬菜种植专业合作社	七汲镇王村	750	364	260	104	52		386
	鹿泉市年产206万千克设施蔬菜种植基地扩建项目	鹿泉华康生态农业有限公司	李村镇邓村	1730	840	600	240	120		890
	鹿泉市年产113万千克设施蔬菜种植基地新建项目	鹿泉市红建种植专业合作社	上庄镇韩庄村	1540	420	300	120	60		1120
	新乐市年产80万千克设施蔬菜种植基地新建项目	新乐市裕昌西瓜专业合作社	邯邰镇坚固村	710	336	240	96	48		374
	合　计			15452	6902	4930	1972	1046		8550
总　计				23357.96	9555	6825	2730	1651	89	13802.96

表39　2013年石家庄市农业综合开发产业化经营中央财政贷款贴息项目汇总表

单位：万元

序号	项目名称	项目单位名称	固定资产贷款		流动资金贷款		贴息额合计
			贷款额	贴息额	贷款额	贴息额	
1	石家庄市鹿泉市禽肉类产品深加工5000万元固定资产贷款贴息项目	石家庄洛杉奇食品有限公司	5000	133	0	0	133
2	石家庄市鹿泉市农产品市场建设6000万元固定资产贷款贴息项目	河北省大河物流有限公司	6000	355	0	0	355
3	石家庄市鹿泉市鲜糯玉米收购2000万元流动资金贷款贴息加工项目	石家庄吉利食品有限公司	0	0	1500	72	72
4	石家庄市正定县玉米收购2750万元流动资金贷款贴息加工项目	河北永丰饲料有限公司	0	0	2750	111	111

（续表）

序号	项目名称	项目单位名称	固定资产贷款		流动资金贷款		贴息额合 计
			贷款额	贴息额	贷款额	贴息额	
5	石家庄市正定县毛鸡收购1000万元流动资金贷款贴息加工项目	河北正先食品有限公司	0	0	1000	45	45
6	石家庄市正定县小麦收购1240万流动资金贷款贴息加工项目	河北蕙兰面业有限公司	0	0	1240	30	28
7	石家庄市正定县果蔬收购1000万元流动资金贷款贴息加工项目	河北明光食品有限公司	0	0	1000	28	30
8	石家庄市藁城市毛鸡收购600万元流动资金贷款贴息加工项目	石家庄市众人食品有限公司	0	0	600	27	27
9	石家庄市藁城市毛鸡收购1000万元流动资金贷款贴息加工项目	河北裕邦食品有限公司	0	0	1000	32	32
10	石家庄市藁城市小麦收购1733万元流动资金贷款贴息加工项目	河北晨风面业有限公司	0	0	733	27	27
11	石家庄市藁城市小麦收购3340万元流动资金贷款贴息加工项目	石家庄今客食品有限公司	0	0	2940	110	110
12	石家庄市藁城市芝麻收购1900万元流动资金贷款贴息加工项目	河北鑫利粮油有限公司	0	0	1400	59	59
13	石家庄市赞皇县野生酸枣收购1000万元流动资金贷款贴息加工项目	河北神木野生酸枣加工有限公司	0	0	1000	23	23
14	石家庄市赞皇县核桃收购500万元流动资金贷款贴息加工项目	赞皇润泽果业有限公司	0	0	500	23	23
15	石家庄市晋州市果品收购2040万元流动资金贷款贴息加工项目	河北加一食品有限公司	0	0	2040	60	60
16	石家庄市晋州市果品收购4777万元流动资金贷款贴息储藏保鲜项目	河北吉东果业有限公司	0	0	3577	55	55
17	石家庄市赵县玉米收购5000万元流动资金贷款贴息加工项目	河北兴柏生物科技有限公司	0	0	5000	120	120
18	石家庄市赵县雪花梨收购3800万流动资金贷款贴息加工项目	河北壹州食品有限公司	0	0	2300	85	85
19	石家庄市高邑县苗木种植808万元流动资金贷款贴息项目	高邑县北方花卉有限责任公司	0	0	808	24	24
20	石家庄市行唐县购祖代鸡1200万元流动资金贷款贴息养殖项目	石家庄华牧牧业有限责任公司	0	0	1200	43	43
21	石家庄市行唐县收购毛鸡700万元流动资金款贴息加工项目	行唐县鸿鑫食品有限公司	0	0	700	33	33
22	石家庄市行唐县玉米收购950万元流动资金贷款贴息加工项目	石家庄凯兴牧业有限公司	0	0	950	37	37
合　　计			11000	488	32238	1044	1532

【新立项目】 土地治理项目：总投资额21271.83万元，其中，各级财政资金18586万元，群众自筹2541万元，其他资金144.83万元；开发规模15.83万亩，建设现代化农业综合开发示范区2个、规划面积3.76万亩，建设高标准农田示范工程6.26万亩，改造中低产田5.02万亩，生态综合治理0.79万亩，中型灌渠节水改造2千米。产业化经营项目：总投资额24889.96万元，其中，各级财政资金11087万

元，项目承建单位自筹13802.96万元；扶持财政补助项目15个，财政贷款贴息项目22个，设施蔬菜项目12个。2013年全市投入农业综合开发资金总额达到89399.79万元，投资规模持续增长。其中，贴息贷款资金43238万元，群众自筹资金16343.96万元，各级财政资金29673万元，其他资金144.83万元。

【续建项目】 2012年度省农业综合开发办公室批复产业化财政资金由10656万元调整为10341万元。具体情况：高邑县爱民种植专业合作社项目负责人突然病故，导致项目终止，减少资金70万元；栾城县皇威牧业4300头种猪繁育基地新建项目，因项目单位自筹资金不能及时到位，导致项目终止，减少资金140万元；无极县振雄棉油厂贴息项目未通过国家农业综合开发办公室审核，确定石家庄市贴息项目由22个调整为21个，贴息金额由1661万元调整为1556万元。截至2013年4月底，石家庄市2012年度农业开发各项建设任务全部完成，共完成总投资92873.99万元，其中，各级财政资金28007万元，自筹资金15109.99万元，贴息贷款49700万元，其他资金57万元。土地治理项目完成投资20146万元，其中，各级财政资金17666万元，自筹资金2423万元，其他资金57万元，均占计划100%；完成开发任务14.78万亩，其中，高标准农田建设示范工程10.6万亩，中低产田改造2.77万亩，生态综合治理1.41万亩，中型灌渠节水改造项目2.5千米，均占计划100%。产业化经营项目完成投资72727.99万元，其中，各级财政资金10341万元，自筹资金12686.99万元，贴息贷款49700万元，共建成财政补助项目29个（产业化项目11个、设施蔬菜项目18个），中央财政贷款贴息项目21个，均占计划100%。2013年9月下旬，河北省农业综合开发办公室抽验石家庄市2012年度农业开发项目情况，检查结果表明：各县（市）均按河北省批复完成项目建设任务，并呈现大气、精细、标准质量高、带动作用明显的突出特点。

石家庄市农业综合开发办公室

主　任：彭占良

副主任：石文吏（11月免）

　　　　戚忠奎

（张喜娟）

农业科技

【概况】 2013年，全市农业加强科技创新，推进育种科技攻关，培育14个品种通过省级审定，实现了传统育种技术与生物育种技术相融合。推进富民强县专项工程，推荐纳入国家计划3项，获得支持资金490万元，启动专项2个，引进新品种14个，推广新品种10065亩，推广新技术7项，新建示范基地和技术平台7个，培训农民1.1万人次，新增就业8000人，实现农民人均增收600元。推动科技创新载体建设，新增省级农业科技园区1家、省级农业科技型企业3家，2个设施果蔬优良品种引进与示范项目获得省级资金支持。创新实施“农村科技信息服务村村通工程”，投资900万元建成以市农业局为中心，22个县(市)区农业（牧）局为分中心，直接连通所有行政村的IP自动广播系统，确保农业科技、惠农政策、生活常识、气象信息、灾害预警等信息及时传播到全市每一个村庄。该工程在技术上国际领先，在模式上为全国首创。开展村级农业技术员队伍建设，每个行政村设置1名农业技术员。2013年全市选聘村级技术员4086名，首批879名村级农业技术员组织开展学制一年学历教育。落实国家“一个衔接、两个覆盖”政策，市级财政投资1100多万元，支持16个县（市）区区域站建设；争取国家和省级投资，建成集专家咨询、网络信息、科技展览、图书阅览、科技培训、检测化验、新品种展示等功能为一体标准化区域站75个。至2013年底，石家庄市所辖农业县（市）全部建立农技推广机构，共建成区域站115个，完成率达到100%。2013年全市新增省级以上农业科技成果转化资金项目6项，包括国家级2项、省级4项，共获得支持资金250万元。2013年全市争取国家和省级农业科技项目56项，获得支持经费2698万元；安排农业科技财政资金960万元，实施市级农业科技项目56项。至2013年底，全市农业科技项目取得创新成果14

项，其中，国际先进7项、国内领先7项，申请专利22项，发表论文33篇，新增效益16亿元；获得市科技进步奖16项，其中一等奖4项、二等奖4项、三等奖8项。2013年正定县、藁城市、栾城县、鹿泉市、新华区5个县（市）区经考核获评为市级科技进步先进县（市）区；井陉县、元氏县、高邑县、赵县、行唐县、长安区、裕华区7个县（市）区获评为市级科技明显进步县（市）区。

【粮食丰产科技工程】 实施国家粮食丰产科技工程取得成果，4个地方高产攻关田均实现好的收获。经实打实收测算，2013年藁城市高产攻关田“石麦18”平均亩产680.87千克，核心区平均亩产620.3千克；辛集市高产攻关田“石麦22”亩产608.64千克，“中麦155”亩产611.55千克；赵县高产攻关田“婴泊700”亩产661千克，“石新828”亩产679千克，核心区平均亩产627千克；正定县高产攻关田亩产633千克，核心区亩产607.1千克。

【科技富民强县专项】 2013年石家庄市3个项目列入国家科技富民强县专项计划，分别是“行唐县奶牛提质增效养殖综合技术示范与推广”、“平山县核桃省力化技术集成与示范推广”和“栾城县生猪健康养殖及冷鲜肉加工配套技术示范”，计划落实经费490万元。2013年全市正式启动并实施强县专项2个。至2013年底，全市科技富民强县专项引进新品种14个，推广新品种10065亩，推广新技术7项，培训农民1.1万人次，新建示范基地和技术平台7个；科技富民强县示范区新增就业8000人，农民人均增收600元，特色产业实现销售收入21亿元。

（姚培龙）

【农业科技成果转化】 全年新增省级以上农业科技成果转化资金项目6项，包括国家级2项、省级4项，共获得支持资金250万元。其中，河北食品添加剂有限公司承担的“高纯度姜黄系列产品的中试示范与产业化”和石家庄天泉良种奶牛有限公司承担的“奶牛胚胎玻璃化冷冻技术示范与应用”分别获得国家级农业科技成果转化支持资金60万元；河北双星种业有限公司承担的“优质、高产青贮专用型玉米新品种双玉青贮5号中试与示范”、河北征宇制药有限公司承担的“免疫调节技术在畜禽健康养殖中的应用与推广”、灵寿县林广种植专业合作社承担的“樱桃专用肥料的示范与推广”和石家庄市宏发饲料有限公司承担的“改善牛奶品质的日粮营养调控关键技术中试与示范”共获得省级农业科技成果转化支持经费130万元。2013年全市争取国家和省级农业科技项目56项，获得支持经费2698万元；安排农业科技财政资金960万元，实施市级农业科技项目56项。至2013年底，全市农业科技项目取得创新成果14项，其中，国际先进7项、国内领先7项，申请专利22项，发表论文33篇，新增效益16亿元；获得市科技进步奖16项，其中一等奖4项、二等奖4项、三等奖8项。2013年市农业局加强农业新品种新技术引进、试验、示范和推广力度，累计引进推广新品种新技术50余项，新品种新技术推广率达到97%以上。2013年市农业局承担科研课题48项，其中国家级课题18项，包括“863”课题2项，“973”课题2项，农业部国家重大转基因专项课题4项、产业技术体系项目4项；省、市级课题24项，合作课题2项，自立课题4项。2013年市农业局获得市级科技奖项目8个，其中，一等奖3项，三等奖5项；获得河北省农业技术推广奖合作奖1项，贡献奖3项，项目奖3项。

（姚培龙　王凤楼　许瑞忠　岳金宏）

【科技创新和转化载体建设】 加强农业科技示范园区建设，支持和带动主导产业发展。2013年栾城县农林高科技园区承担的“设施促成栽培草莓优良品种引进与示范”和藁城市农业高科技园区承担的“主要设施蔬菜优良新品种引进与示范”项目获得省级支持经费40万元；元氏农业科技园区被认定为省级农业科技园区（试点），年末全市省级农业科技示范园区（基地）达到7家。推进产业技术创新战略联盟建设。组织召开中兽药和饲料联盟创新发展大会，推动中兽药和饲料2个省级联盟和国家中兽药、饲料产业联盟建立战略合作关系，提升了省级联盟创新能力和在全国的知名度。3月20日，河北省中兽药与饲料产业技术创新联盟创新发展大会在石家庄市举行。成立有机与生物肥料产业技术创新战略联盟和农作物种业技术创新战略联盟，为粮食安全、农产品质量安全、生态环境安全提供科技支撑。加大农业科技型企业培育力度，成功申报省级农业科技型企业3家，分别是石家庄大地种业有限公司、石家庄君乐宝乳业有限公司和河北康利动物药业有限公司。

(姚培龙)

【元氏农业科技园区成为省级园区】 2013年11月，元氏农业科技园区被省科技厅认定为省级农业科技园区（试点），建设期2年。这是石家庄市自2010年省科技厅启动省级农业科技园区认定工作后，被认定的第7家省级农业科技园区。元氏农业科技园区核心区面积5000余亩，是以高效种植业、养殖业、林果业、农产品加工业、循环农业、休闲观光农业为主导产业，以温室蔬菜、优质畜产品、特色瓜果、满天红石榴、大红袍柿、西岭核桃、草莓、花卉等为主要产品，集循环农业、休闲观光农业及农业科技博览为一体的综合性农业科技园区。至2013年底，该园区拥有市级以上农业产业化龙头企业11家，省重点龙头企业2家，国家级高新技术企业3家，合作社171家。

(李云萍)

【农业科技特派员服务】 按照“信息、人才、技术、基地”四位一体发展思路，积极探索农业科技特派员服务新机制。完善激励措施，大力表彰2012年度表现突出10家选派单位、31名科技特派员、4个法人科技特派员和15名管理个人，并将业绩突出科技特派员推荐为省级及国家级科技特派员。创新服务模式，以培育发展企业、组建专业协会、创建示范基地和扶持种养大户为重点，以点带面，将技术推广辐射到广大农户，形成以农户为中心的科技服务新模式。完善管理机制，提高服务能力。2013年市科技局、市妇联联合开展“石家庄市巾帼科技特派员”选派工作，为农业科技特派员队伍输入新生力量。开展新型农业科技服务体系建设，2013年全市两批230名农业科技特派员共创建龙头企业32家，创建利益共同体26家。加强农业科技特派员创新创业基地建设。2013年全市围绕蔬菜、林果、畜禽养殖等特色产业，新认定市级农业科技特派员创新创业基地6家，获得支持经费50万元；新增省级农业科技特派员创新创业基地3家。2013年市科技局新认定6家市级农业科技特派员创新创业基地分别是：行唐县大枣产业科技特派员创新创业基地、赵县雪花梨产业科技特派员创新创业基地、元氏县石榴产业科技特派员创新创业基地、栾城县蔬菜产业科技特派员创新创业基地、藁城市蔬菜产业科技特派员创新创业基地、市现代畜禽养殖产业科技特派员创新创业基地。至2013年底，全市共有省级农业科技特派员创新创业基地7家、市级农业科技特派员创新创业基地13家。

【农业科技培训】 以培养技术能手、经营能人和乡村科技带头人为重点，借助石家庄科技网和互动式远程教育网平台，加强具有新理念、新技能、懂技术、会经营新型农民职业化培训。围绕农业优势特色产业和发展新兴产业需求，在市科技干部教育学院、农业科技型企业、农业科技示范园区采取多种形式分期举办科技培训班。全年组织各类农业科技培训班50多班（次）、各类观摩会31场（次），引进推广农业实用技术175项，示范推广农作物新品种123个，培训农业技术骨干和企业带头人1.2万余人次，培训农民120万余人次。

【育种科研攻关】 调整农业科研计划和项目布局，加大支持种业企业科技创新能力，引导科研院所、高校与种业企业建立种业科技支撑体系。实施“利用单倍体诱导系进行玉米自交系选育研究及利用”、“广适玉米品种冀农1号丰产高效关键技术的研究集成与示范”、“西瓜高产优质杂交新品种的选育”等课题，推进常规育种技术与生物育种技术相结合，选育出一批新品种（系）。2013年全市14个品种通过省级审定，主要有石新633、石麦22、科农1006等小麦品种3个，科试780、金博士688、玉单2号等玉米品种7个，冀丰914、冀丰杂6号等棉花品种2个，石豆7号大豆品种1个、曙光4号枣品种1个。

(姚培龙)

【农业技术推广】 按照“县办县管、三权归县”原则和工作流程化、工作文件化、工作改进化、服务规范化、管理亲情化标准，加强农技推广区域站建设。采取远程服务、“一线式”服务、大众传播服务、多元协作推广等4种方式，开展农技推广服务。

55 个区域站新建办公用房，11 个乡镇站改扩建办公用房。至 2013 年底，全市建成集专家咨询、网络信息、科技图书阅览、技术培训、检测化验、新品种展示等功能为一体农技推广区域站 115 个。加强全国农技推广补助项目建设。2013 年石家庄市实施全国农技推广补助项目建设任务全部完成，成立专家组 114 人，遴选科技示范户 1.98 万户，辐射 34.6 万农户，选聘技术指导员 1800 名，发布主导品种 40 个、主推技术 25 项，建立试验示范基地 45 个，试验示范新品种 32 个、新技术 27 项，开展农技人员知识培训 796 人，试验示范基地、科技示范户、技术指导员、技术专家等基本数据全部录入系统，科技示范户手册、技术指导员手册、科技示范户门牌全部发到农户和技术员手中，形成"专家组 + 试验示范基地 + 技术指导员 + 科技示范户 + 辐射带动户"的技术服务模式。5 月 4 日，全国农技推广补助项目管理现场会在石家庄召开。在此次会上，国家农业部、财政部、全国人大常委会调研组及省农业厅领导对石家庄市农技推广体系改革与建设给予肯定。

【现代农业产业技术体系建设】 启动现代农业产业技术体系创新团队建设项目，规划建设综合试验推广站 3 个，分别承担小麦超高产综合试验推广，玉米高产技术集成示范与推广，蔬菜综合设施、装备、新品种及配套栽培模式和集成技术的试验、示范和推广。2013 年全市建成现代农业科技示范园区 58 个，园区耕地总面积 13 万亩，辐射区域 300 万亩，建设总投资超过 37 亿元。其中，占地万亩以上园区 4 个；投资千万元以上园区 30 个；投资亿元以上园区 5 个。注册商标 68 个；产品品种通过无公害认证 67 个，绿色认证 53 个、有机认证 10 个。开展新品种新技术引进、试验、示范和推广，引进推广新品种新技术 50 余项，新品种新技术推广率达到 97% 以上。

【微喷水肥一体化】 微灌水肥一体化是将灌溉与施肥融为一体，借助压力系统，按土壤养分含量和农作物需肥规律及特点，将可溶性固体或液体肥料与灌溉水通过可控管道系统让水和养分以较小的流量，均匀、准确地直接输送到作物根部附近地土壤表面或土层，经常保持作物根部土壤处于最佳水、肥、气状态的灌水方法。2013 年全市以河滩沙地为重点，投资 340 万元，在完善提高 2012 年示范田建设基础上，完成微喷水肥一体化技术推广示范面积 20467.3 亩，取得"两节"、"两省"、"两增"实施效果。其中，壤质土壤亩节水 30 ~ 50 立方米，砂质土壤亩节水 200 立方米左右，亩节地 10% 左右；每眼井省工 30 ~ 50 个，每次灌溉省时 3 ~ 5 天；亩增产 16.7% ~ 27%，亩节约成本 10 ~ 25 元。

【测土配方施肥】 全市选取 1 个县、10 个乡（镇）、50 个村"整建制"实施测土配方施肥面积 248 万亩，配方肥应用面积 168 万亩，施用配方肥 7.5 万吨。2013 年全市测土配方施肥技术实现小麦、玉米种植面积全覆盖，并扩展至蔬菜、花生、果树等农作物，共推广测土配方施肥 1039.6 万亩，亩均节肥 2 ~ 3 千克（纯量）。

（王凤楼　许瑞忠）

工 业

工　业

概　述

2013年，全市工业面对生产增速回调、大气污染防治压力加大、削减煤炭停限产企业增多以及传统产业转型任务艰巨等多重困难和压力下，攻坚克难，创新赶超，取得了工业生产、效益增速高于全国和全省平均水平的良好成绩，主要运行质量指标位居河北省前列。至2013年底，全市规模以上工业完成增加值1747.8亿元，同比增长11%，总量占全市GDP的38.8%；实现主营业务收入7599.1亿元，同比增长9.9%；实现利润588.3亿元，同比增长23.8%；实现利税841.1亿元，同比增长16.4%。亏损企业102个，亏损面为4.75%，好于全省6.8个百分点，为全省11个设区市最好水平；亏损企业亏损额19.5亿元，同比减亏30.8%。工业品销售率97.7%，同比提高0.3个百分点。出口交货值214.4亿元，同比增长1.4%。全市工业用电量287.9亿千瓦时，同比增长1.1%。全年主要工业指标增速均高于全国、全省平均水平。与全省比较，2013年石家庄市规模以上工业增加值、利润增速分别高于全省1个和 10.5个百分点，增速分别居全省11个设区市第5位和第2位，工业利润总量居全省第1位（超过唐山市23亿元），为全市财政收入重返全省第一提供了有力支撑。与全国比较，石家庄市工业增加值、工业利润增速分别高于全国1.3个和11.6个百分点。工业运行质量位居全省前列。2013年全市规模以上工业增加值利润率33.7%，高于全省11.8个百分点，在全省11个设区市中排第1位。主营业务收入利润率为7.74%，高于全国1.63个百分点，高于全省2.14个百分点，在全省11个设区市中排第1位。资产负债率49.9%，低于全省8.85个百分点，为全省负债率次低城市。单位电量创增加值6.07元/千瓦时，高于全省平均水平28.9%，居全省11个设区市第2位。工业投资全省领先。全年工业固定资产投资完成1605.7亿元，同比增长25.5%，高于全省7.3个百分点；绝对值和增速在全省11个设区市中均排第3位。总体看，全市轻工业比重工业增长较快，股份制企业支撑作用增强，大中型企业增速低于全市水平，石炼化、发电企业减亏增利对工业效益增长拉动较大，钢铁、水泥企业减利明显。

工业企业结构及资产。到2013年底，全市共有规模以上工业企业2147家，按规模划分，大型企业55家，中型企业254家，小型企业1804家，微型企业34家；按经济类型划分，国有企业39家，集体企40家，股份合作企业2家，联营企业3家，有限责任公司303家，股份有限公司89家，私营企业1568家，港澳台资投资企业31家，外商投资企业61家，其他企业11家。年从业人员平均人数56.2万人，总资产4327.3亿元，资产负债率为49.9%。其中，国有及国有控股企业90家，从业人员平均人数9.5万人，总资产为1575.7亿元，资产负债率61.2%。

2013年全市东、中、西部三个区域分别完成工业增加值578.9亿元、850.6亿元和318.3亿元，占全市比重为33.1%、48.7%和18.2%，分别增长13.5%、8.5%和10.8%，东部增长高于全市平均水平；实现利税总额分别为269.9亿元、483.3亿元和87.9亿元，分别占全市的32.1%、57.5%和10.4%，增长17.2%、16.8%和12%；实现利润总额分别为205.5亿元、315.3亿元和67.4亿元，增长20.6%、27.5%和17.4%。22个县（市）区中，工业增加值总量在100亿元以上的5个县（市）依次是:藁城市304.3亿元、鹿泉市155亿元、平山县123.7亿元、晋州市120.5亿元、赵县104.7

亿元。县域工业形成一批具有规模的产业集群。西部山区依靠丰富的矿产资源，发展石材业、钙镁产业，有井径县的钙镁、井陉矿区的煤炭深加工、灵寿县的石材、鹿泉市的建材等；东部依托传统产业优势，重点发展皮革、纺织、洗涤等产业，有无极县的皮革、晋州市的纺织、深泽县的洗涤产业、藁城市和无极县的板材业、藁城宫灯业等；南部依托当地特色资源，重点发展化工、建陶产业，有高邑建陶、赵县淀粉等；中部依托区位优势，重点发展医药、板材家具产业，有正定县的板材、栾城县医药等。2013年全市省级工业园区主营业务收入5780亿元，比2012年增加977亿元，其中主营业务收入超500亿元园区达到2个。

工业行业（产业）结构。2013年石家庄市规模以上轻重工业比重为46.9 ∶ 53.1。在41个国民经济工业行业中，石家庄市无石油及天然气开采业、开采辅助活动、其他采矿业3个门类，共有38个工业大类。2013年石家庄市工业增加值超过4%的8个行业依次是：化学原料及化学制品制造业，占规模以上工业11.2%；黑色金属冶炼及压延加工业，占9.1%；纺织业，占8.4%；非金属矿物制品业，占7.7%；医药制造业，占6.3%；农副食品加工业，占5.9%；皮革毛皮羽毛绒及其制品业，占4.6%；电气机械和器材制造业，占4.3。2013年全市8个主要工业行业实现增加值占全市38个工业行业57.5%。

工业产品种类。至2013年底，石家庄市工业产品达到3600余种，创出一批在国内外具有较高市场占有率和较强竞争力的名牌优势产品。在2013年市统计局目录统计的全市127个工业产品（大品种）中，68种产品产量实现增长，占比54%，较2012年下降32个百分点，27种产品产量增长超过20%。其中，皮革服装产量由2012年占全省99.7%降为2013年的2.1%，化学原料药由51.5%降为37.2%，瓷质砖由83.8%提高到91.5%，化肥由37.1%提高到42.8%。

增强政策支持，加快工业转型升级步伐，推进“工业强市”战略。2013年市委、市政府印发《关于推进工业转型升级加快建设工业强市的实施意见》（石发〔2013〕2号）、《关于进一步支持企业技术改造工作措施的通知》（石政办函〔2013〕11号）、《关于加快培育规模以上工业企业的意见》（石政发〔2013〕18号）、《关于鼓励工业企业深化对标行动的意见》（石政办发〔2013〕27号）等系列文件，研究制定支持工业园区加快发展若干措施，为工业转型升级提供了强有力的政策保障。深化工业对标行动。2013年全市规模以上工业企业开展对标行动比例提升到100%，对标示范企业总数达到86家，争创国（省）内行业标杆指标243项。2013年在省政府对标考核中，石家庄市名列各设区市第1名。工业技改全省领先。全年工业技改投资完成1185.1亿元，同比增长31.5%，高于全省8.6个百分点；绝对值和增速在全省11个设区市中均排第1位。工业技改投资占工业投资比重73.8%，高于全省7.5个百分点。2013年石家庄市争取国家和省工业技改资金3.26亿元，154个项目进入省千项技改项目计划；安排市级技改专项资金1亿元，支持131个技术改造项目。实施规模以上工业技改项目1583个。

工业企业技术创新。全年申报省级工业设计奖项目12个，其中2个项目获得省“金奖”，2个项目获得“优秀奖”。3502职业装设计研究院被认定为国家级工业设计中心；9家企业被命名为省级技术创新示范企业，占全省总数30%；以岭药业、神威药业等10家企业被国家工业和信息化部确定为“国家知识产权应用试点企业”；石药集团、冀凯集团、3502公司被认定为省级质量标杆企业。到2013年末，全市工业拥有高新技术企业224家，国家创新型（试点）企业5家，省级创新型企业（试点）26家，市创新型企业38家。全市高新技术企业及省级以上创新型企业数量均居全省首位。医药产业整体创新能力居国内领先地位，华北制药、石药集团牵头成立抗生素、维生素国家技术创新战略联盟，卫星导航、气体运输机械、金刚石工具、半导体照明等领域形成创新优势。年末全市生物、电子信息、新材料、新能源、航空航天等战略性新兴产业实现增加值415亿元，同比增长22%。

推动工业绿色发展。2013年石家庄市搬迁改造了威远生物化工、润泰纺织2家高排放企业；完成市区剩余73台生产燃煤锅炉拆改任务；淘汰水泥、造纸等11个行业25家企业落后产能，共节能（折标煤）10.4万吨，减排COD 8140吨、二氧化硫1898吨。组织拆除鹿泉市、平山县2个县（市）沿西柏坡高速公路两侧18家企业19台磨机、372个圆仓、1条旋窑水泥熟料生产线(21万吨),削减水泥产能940万吨。全部完成淘汰落后产能任务。2013年河北省下达石家庄市淘汰落后产能国家计划涉及电石、水泥、造纸、制革、铅蓄电池5个行业16家企业，共计淘汰落后产能电石1万吨，水泥132万吨，造纸7.6万吨，制革221万标张，铅蓄电池组装40万千伏安时、极板30万千伏安时。至2013年10月底，石家庄市所有淘汰落后产能任务全部完成。

举办2013中国河北节能减排与资源综合利用博览会。11月8～10日，由河北省工业和信息化厅、河北省贸易促进会、石家庄市政府联合主办的“中国（河北）节能减排与资源综合利用博览会”在石家庄国际博览中心举行。主题为“节能环保、低碳发展”。此次博览会得到中国工业节能与清洁生产协会、中国资源综合利用协会的支持。邀请到航天环境工程有限公司、河北钢铁集团、冀中能源集团、格力电器、北京仟亿达科技有限公司、河北洁神新能源科技有限公司等近200家企业参展参会。展会期间，国际绿色经济协会携美国、德国节能环保产业的外商企业代表团观摩洽谈；举办了河北省工业节能减排技术应用推介会、河北能源管理中心和清洁生产示范项目建设工作调度会等主题活动。国内外节能环保产业界精英代表为观众和展商开展政策解读、案例分享，展示了节能环保新技术。

9家企业认定为省技术创新示范企业。2013年经河北省工业和信息化厅、省财政厅联合组织专家评审，石家庄市9家企业被认定为2013年度河北省技术创新示范企业（此次为河北省首次开展“技术创新示范企业”认定）。9家企业分别为神威医药科技股份有限公司、石家庄国耀电子科技有限公司、东方久乐汽车安全气囊有限公司、石家庄工大化工设备有限公司、石家庄新宇三阳实业有限公司、石家庄晓进机械制造科技有限公司、河北先河环保科技股份有限公司、河北中农博远装备有限公司、华北制药集团有限责任公司。至2013年底，全市共有10家企业被认定为技术创新示范企业。其中，国家级技术创新示范企业1家（以岭药业股份有限公司），省级技术创新示范企业9家。

表40　2013年全市规模以上工业主要指标情况表

大行业	工业增加值			主营业务收入			利润		
	完成额（千元）	增速（±%）	占全市比重（%）	完成额（千元）	增速（±%）	占全市比重（%）	完成额（千元）	增速（±%）	占全市比重（%）
医药	11013342	6.20	6.30	63647777	9.02	8.38	3885359	12.51	6.60
纺织服装皮革	27509090	13.53	15.74	112386763	13.10	14.79	8978417	18.02	15.26
石油化工	28011365	7.99	16.03	131539274	2.87	17.31	8337168	27.17	14.17
装备制造	28225426	12.76	16.15	118728742	18.08	15.62	11290767	19.57	19.19
电子	2475525	24.01	1.42	10017459	15.15	1.32	1391491	34.81	2.37
食品	21246795	8.80	12.16	89007660	12.64	11.71	7311835	23.31	12.43
小口径轻工	11451662	12.93	6.55	43722343	10.95	5.75	4647563	19.42	7.90
热电气水	7125569	4.58	4.08	40815201	1.46	5.37	3801013	310.74	6.46
冶金	19347582	14.15	11.07	75033905	10.17	9.87	3788491	7.57	6.44
建材	13816121	10.66	7.90	52178995	8.41	6.87	4875857	7.62	8.29
煤炭开采洗选	4558423	20.60	2.61	22829336	4.84	3.00	521626	-17.63	0.89
合计	174780897	11.0	100.00	759907455	9.89	100.00	58829587	23.79	100.00

（牛培锑）

医药工业

【概况】2013年，全市医药行业共有规模以上企业84家，完成工业增加值110.13亿元，累计增长6.2%。实现主营业务收入634.47亿元，同比增长7.17%；实现利润38.85亿元，同比增12.51%；实现利税56.17亿元，同比增11.56%。医药企业调结构、转方式成效显现，医药工业生产和效益指标在全市主导产品大宗化学原料药及医药中间体价格持续低迷情况下实现较快增长，摆脱了医药工业增长过度依赖大宗化学原料药市场价格周期性波动的发展方式，开始步入良性增长期。大集团企业创新驱动引领示范作用增强，一批高水平创新药物、专利技术成果实现产业化。石药集团的丁苯酞、玄宁、奥拉西坦等新药成为企业主要利润来源，实现了以化学原料药生产为主向药品制造和创新药研发为主转变。华药集团头孢类产品构建起从原料药—中间体—制剂药的完整产业链，制剂产品市场份额大幅提高。以岭药业的连花清瘟胶囊和颗粒剂等药品增长幅度达到一倍以上。四药集团70%的效益来自高附加值医药产品。2013年华药集团、石药集团、神威药业、以岭药业、石家庄四药、兴柏药业6家重点企业完成主营业务收入534.85亿元，占规模以上企业总收入84%；实现利润24.65亿元，占规模以上企业70%；实现利税38.24亿元，占规模以上企业68%。至2013年末，全市医药行业形成以石药集团、华药集团为代表的特大医药企业集团，以神威药业、以岭药业等为代表的现代中药企业群，以金坦生物、常山生化等为代表的生物制药企业群，以医大生物工程中心、亿生堂等为代表的生物医学工程企业群，以威远生化、远征药业等为代表的生物农业企业群，以柏奇化工、龙泽制药等为代表的医药中间体企业群。可生产化学药和中成药18种剂型、644种产品、近1000个规格，化学原料药12大类、19种产品。建立国家工程研究中心2个（华药微生物药物国家工程研究中心、华药国家环境保护制药废水污染控制工程技术中心），国家级企业技术中心4个（华药集团、石药集团、神威药业、以岭药业），国家863计划成果产业化基地2个（华药集团、神威药业），国家重点实验室2个（华药集团抗体药物研制国家重点实验室、石药集团药物制剂及释药技术国家重点实验室），集中了全省95%以上的医药科技创新平台。

兽用药品研发院士工作站落户远征药业。2013年8月，石家庄市河北远征药业有限公司（简称远征药业）兽用药品研发院士工作站挂牌成立，成为河北省首家兽用药品研发院士工作站，这是该公司继承建“河北省企业技术中心”、“河北省兽药工程技术研究中心”后建立的又一重要研发机构。

表41 2013年石家庄市医药行业重点企业情况一览表

企业名称	主营业务收入（亿元）	增减（±%）	利润（亿元）	增减（±%）	利税（亿元）	增减（±%）
华药集团	218.05	2.85	1	-0.03	2.99	-30
石药集团	181.16	11.83	9.08	3.24	14.1	7.59
神威药业	35.04	19.72	8.8	13.08	11.68	9.72
以岭药业	20.69	39.25	1.9	-1.46	4.09	11.16
石家庄四药	27.49	27.84	3.8	40.7	4.89	37.03
兴柏药业	52.42	37.91	2.58	18.65	3.58	19.23

【医药产业转型升级】 2013年1月，国务院印发《生物产业发展规划》，提出到2020年，将生物产业发展成为国民经济支柱产业。2013年7月，石家庄以岭药业股份有限公司、石药集团有限公司等企业列入国家医药企业创新力20强。推进医药产业转型升级，全年医药企业实施重大技改项目51项，其中华药集团、石药集团、神威药业、以岭药业、石家庄四药、兴柏药业6家企业实施技改项目10项。至2013年底，全市医药企业生产化学药品原药17.38万吨，同比下降43.5%，生产中成药1.55万吨，同比增长23.7%，医药工业生产和效益指标在全市主导产品大宗化学原料药及医药中间体价格持续低迷情况下实现较快增长，摆脱了医药工业增长过度依赖大宗化学原料药市场价格周期性波动的发展方式。

【高端医药产业园】 位于石家庄高新区南部的河北省（石家庄）高端医药产业园是经省政府批准设立的全省唯一一个医药产业专业园区，也是河北省首批省级工业聚集区之一。医药产业园发展定位：建成全国最具影响和竞争力的高端医药产业专业园区，国家生物产业基地核心区，国家级高端医药技术引进、孵化、创新示范区和河北省高端医药技术及产业发展引领区。至2013年末，园区注册生物医药企业175家，其中，生产企业93家，研发推广企业21家，批发零售企业61家；拥有规模以上医药工业企业24家。以岭药业，石药集团总部及下属石药维生药业、石药物流，华药集团总部及下属华药金坦、华药华盈，石家庄四药集团总部及其生产基地落户园区。引进建设8个高端研发实验平台，主要包括“石药”“以岭”两家国家级企业技术中心，首家军地合作国家级重点实验室（解放军第309医院与禾柏生物技术股份有限公司共同建立），中欧联合生物实验室（润柏医药科技有限公司与爱尔兰十字动保制药集团合作建立），健海生物芯片工程实验室等。建成投资3.5亿元、总面积2.8万平方米的宏昌医药研发基地。富丽华德研发中心等10余家研发类企业入住。到2013年底，医药产业园区建设各类医药项目20余个，总投资达到220亿元。主要包括华北制药集团总部及研发中心项目、石家庄四药有限公司总部搬迁升级改造项目、以岭药业现代特色中药产业化项目、藏诺生物新型藏药制剂及藏药研发基地、河北智同医药研发基地、博海生物科技产业基地、国亿生物基地孵化创业中心项目、安佑集团（中国）有限公司高科技生物蛋白产品和环保减排饲料生产基地项目。

（冯江平）

【河北省首家医院数字化药品物流系统运行】 2013年1月，市中心医院与国药乐仁堂合作建设的“院内数字化药品物流系统”正式上线，成为河北省首家医院数字化药品物流系统。根据数字化药品物流系统要求，市中心医院改造升级药库、药房设备设施，利用手持扫码机开展数据采集，全部商品与储位采用条码管理。实行数字化管理后，药房发药效率提高3倍，补货效率提高5倍，包药效率提高到原来的13～20倍；药房整体布局、存储空间减少30%以上，整体作业效率提高50%以上。

（王丽强）

【银杏叶软胶囊和甘参胶囊产业化项目投产】 2013年8月底，石家庄市华新药业有限责任公司承担的“银杏叶软胶囊、甘参胶囊药物产业化”项目建成投入使用。该项目总投资1.6亿元，采用现代制剂技术，主要用于治疗冠心病室性心律失常，具有复方制剂“多成分、多靶点”特点，年生产银杏叶软胶囊17亿粒、甘参胶囊14亿粒。

（吴温）

【华北制药集团有限责任公司】 20多种产品通过国际认证。9月3日，华北制药河北华民药业有限责任公司收到巴西药监局（ANVISA）批准该公司粉针剂车间通过官方现场审计的确认文件，标志该产品通过巴西GMP认证。至2013年底，华北制药旗下4家单位5个品种通过FDA（美国食品和药物管理局）认证；8家单位13个品种通过COS（欧洲药典适用性）认证；3家单位6个品种通过国外GMP（药品生产质量管理规范）认证。

华民药业获得中国药企新版GMP认证。2010年10月19日《药品生产质量管理规范(2010年修订)》（简称新版GMP）经国家卫生部审议通过，并于2011年3月1日起施行。新版GMP认证有2个时间节点：药品生产企业血液制品、疫苗、注射剂等无菌药品生产，要求在2013年12月31日前达到新版药品GMP

要求；其他类别药品生产要求在2015年12月31日前达到新版药品GMP要求；不能按时间通过认证的企业要求停止生产和销售。至2013年底，华药集团河北华民药业共获得4张新版GMP证书，覆盖无菌制剂药品、非无菌药品、无菌原料药大类剂型，成为同行业获得证书最多企业。2013年华药集团华民公司正在准备欧盟无菌制剂GMP认证检查。

抗狂犬病毒注射液完成Ⅰ期临床试验。2013年10月，由华北制药集团新药研究开发有限责任公司（简称华北制药新药公司）开发研制的国家一类新药重组人源抗狂犬病毒单克隆抗体（rhRIG），完成Ⅰ期人体临床试验。试验结果表明，健康受试者对重组人源抗狂犬病毒单抗注射液的耐受性良好，药物在人体的安全性得到初步确证。与狂犬病毒免疫球蛋白相比，重组人源狂犬病毒单克隆抗体具有对人体无免疫原性、无污染源、可连续规模生产等优势。华北制药新药公司重组人源抗狂犬病毒单抗注射液于2009年获得国家食品药品监督管理局新药人体临床试验批件，也是中国第一个具有自主知识产权的重组人源抗体的临床试验批件。

新制剂项目全面投产。11月2日，华北制药位于新园区的新制剂分厂各剂型（除滴眼剂外）全部通过新版GMP认证，并建立符合2010版GMP和FDA、COS的质量保证体系，进入全面投产。华北制药新园区新制剂项目是省、市重点项目，是冀中能源重组华药后在新园区继“1号工程”新头孢项目之后建设的“2号工程”，建设具体内容包括无菌制剂车间、口服制剂车间、保健品制剂车间，配套工程包括质检研发楼、动力车间、多温控立体仓库、综合库和综合培训楼等。一期工程2010年9月29日开工建设，2011年11月12日竣工，总占地面积330亩，总投资26亿元。华北制药新园区新制剂项目遵照打造“国内领先、世界一流”高站位高标准要求，生产线采用国际先进的制药技术和德国、意大利、美国、日本等国家先进设备，建成国内技术最先进的专业化制剂生产平台。新制剂分厂年设计生产能力为口服制剂77亿片／粒／袋／瓶，无菌针剂5亿支，保健食品68亿片／粒／袋。能够生产片剂、硬胶囊、软胶囊、颗粒剂、口服液、无菌冻干剂、无菌粉针剂、无菌水针剂、无菌滴眼剂等多种主流剂型，产品涵盖抗感染药、抗肿瘤及免疫调节剂、血液和造血系统药物、心血管系统药物、消化系统及代谢药、神经系统药物、滴眼液、生物制剂、保健食品九大系列，可满足市场和客户对产品的各种特异性需求。其中，环孢素、去甲万古霉素、克林霉素磷酸酯等品种实现从原料到终端制剂全产业链生产。环孢素（商品名：田可）为华北制药免疫抑制剂优势品种，适用于预防器官移植排斥反应。去甲基万古霉素（商品名:万迅）为国内独家生产，也是国内生产企业高端抗生素唯一单独定价品种。

（范玉蕾　李倩　高健　刘树林　许永红）

【石药集团有限公司】 石药集团企业技术中心首获国家优秀评价。10月19日，国家发展改革委发布2013年第40号公告，公布2013年国家认定企业技术中心评价结果，石家庄市石药集团企业技术中心获得优秀评价。这是石家庄市企业首次获得优秀评价。此次企业技术中心评价，全国883家企业参评，有45家企业被评优秀，石药集团技术中心以92.1分名列第16位，并入围国家发明专利拥有量前50名企业名录。

（吴温）

【神威药业集团】 至2013年底，神威药业完成“国家二类新药脂可平胶囊的研制”等国家863科技计划项目、“中药制剂先进工艺单元集成与生产过程自动控制高技术产业化示范工程”、“中药注射剂质量标准化高技术产业化示范工程”等国家项目及“舒筋通络颗粒”、“龙胆泻肝软胶囊”等省市科技计划项目20余项；研发并实现产业化生产中成药新产品20余个。神威药业集团获评国家技术创新示范企业。2013年6月，工业和信息化部、财政部联合开展国家技术创新示范企业推荐认定，各省（区、市）择优推荐不超过5家。该项认定实行动态管理，每3年复核评价一次，对合格示范企业予以确认，不合格的予以撤销，目标是推进企业技术创新。2013年11月，工业和信息化部、财政部公布认定国家技术创新示范企业名单，神威医药科技公司入选，成为河北省唯一一家上榜医药企业。神威药业是国家生物产业基地骨干企业，也是全国最大的中药注射剂、中药软胶囊、中药颗粒剂生产基地，获评河北省高新技术企业、河北省中药注射剂工程技术研究中心，国家认定企业技术中心等荣誉。

（邓耀斌）

【以岭药业股份有限公司】 以岭医药研究院与英国卡迪夫大学合作开展抗肿瘤药物研究。10 月 23 日，石家庄市以岭医药研究院与英国著名高校卡迪夫大学共同成立医药研究中心。以岭医药研究院是科技部中医药国际科技合作基地，与美国、英国、瑞典等国家开展合作交流，取得一批国际合作成果。该院创立世界中医药学会联合会络病专业委员会，正在筹建欧洲络病学会。英国卡迪夫大学是世界名校，与以岭医药研究院开展了多项科研合作。成立卡迪夫大学——以岭医药研究院医药研究中心，主要是为联合举办学术会议，在国内外推广新成果、新技术；联合开发新的抗肿瘤药物；定期交换教学、研究人员；在卡迪夫大学设立面向中国留学生的“以岭”奖学金，鼓励学生创新。

以岭药业中药数字化项目通过省级验收。2013 年以岭药业承担的国家现代中药高技术产业发展专项“中药制药过程数字化控制与全程质量监测技术产业化示范工程项目”通过河北省发改委、省中医药管理局组织的专家验收。中药制药过程数字化控制与全程质量监测技术产业化示范工程项目由国家发改委、国家中医药管理局批复立项并组织实施。主要任务是建设连花清瘟胶囊和参松养心胶囊等中成药产品生产全过程质量监测示范生产线及相关配套设施，形成年产连花清瘟胶囊及参松养心胶囊 7 亿粒产业化生产能力。项目总投资 7372 万元，其中国家补助资金 500 万元，主要用于产业化研发与工艺技术示范。该项目 2010 年 1 月开始建设，2013 年 10 月竣工，完成装修改造建筑面积 1.4 万平方米，新增仪器设备 241 台（套），建成连花清瘟胶囊和参松养心胶囊等中成药产品生产过程数字化控制和全程质量监测示范生产线。经批量生产验证，该项目达到批复专项要求的生产能力，实现中药提取、浓缩、干燥、制剂等中药产品生产过程的数字化控制和全程质量监测技术产业化，药品的安全性和质量稳定性得到提升。2013 年 1 月份，在中国中药协会、中国医药商业协会等举办的“2012 中国中药行业年度峰会”上，以岭药业获得“中国中药行业十强”称号。

（王丽强）

【5 家企业入选中国制药百强】 6 月 14 日，国家食品药品监督管理总局南方医药经济研究所和医药经济报社共同发布 2012 年度“中国制药工业百强榜”，石家庄市的华北制药集团有限公司、石药集团有限公司、神威药业集团有限公司、石家庄四药有限公司、石家庄以岭药业股份有限公司 5 家制药企业入选，分别位居第 2、4、40、43、70 位，华北制药集团有限公司、石药集团有限公司、神威药业集团有限公司还获得中国最具品牌力制药企业 20 强荣誉。“中国制药工业百强榜”评选活动每年一次，2012 年度评选活动自 2013 年 1 月正式启动，此次评委会对中国境内注册（不含跨国制药企业在华子公司）且以医药制造业为主营业务收入的制药企业开展为期 5 个月密集式调查后评定排序。石家庄市入选 2012 年度 5 家制药百强企业均较 2011 年度位次有不同程度提升，但与江苏省、山东省、广东省、河南省等医药大省制药企业相比，在产业规模、品种结构、创新能力和市场竞争力等方面仍需扩大发展和增长空间。

（范玉蕾　史建会）

纺织工业

【概况】 2013 年，国内纺织业规模急剧扩张，导致产能过剩，同业竞争加剧；原材料、水电气价格上涨，纺织产品售价持续低迷；受国家宏观调控政策影响，银行对纺织业贷款紧缩，纺织行业生存发展日趋严峻。面对不利形势，全市骨干纺织企业采取多种有效措施，加强质量管理，控制生产成本，推进产品销量，取得较好经济效益。至 2013 年末，全市纺织行业共有各类企业 397 家。其中，纺织业 241 家，纺织服装服饰业 64 家，皮革、毛皮、羽毛及制品和制鞋业 70 家，化纤制造业 22 家。总资产 325.66 亿元，同比增长 14.16%。主营业务收入 1123.87 亿元，同比增长 13.10%；实现利润总额 89.78 亿元，同比增长 18.02%；实现利税总额 116.31 亿元，同比增长14.03%。完成工业增加值275.09亿元，同比增长13.53%，位居全市工业行业第3位。主要企业有常山纺织、益康针织、鹏辉纺织、吉藁化纤、际华3502等，产品以坯布、印染布、服装为主，80%以上产品用于出口。2013年常山纺织的“翠竹”牌精梳纱线获评“中国名牌产品”，“松鼠”牌高支高密纯棉坯布获评“河北省名牌产品”，“恒新”牌针织用纱被中国棉纺织行业协会和中国针织工业协会评为“用户信得过优等产品”。4月2日，在北京举行的“2012中国纺织行业年度创新人物颁奖暨论坛”上，石家庄市常山纺织股份有限公司职工杨普获得“纺织行业年度创新人物奖”，成为20名获奖人员中唯一女性和一线员工。

（田进辉）

【常山纺织有限责任公司】 常山纺织股份有限责任公司根据2013年初确定的经营计划，推进产品调整改造，实施节本降耗措施，实现贸易量和生产效益提升。受所属市内部分企业停产搬迁和职工安置一次性支出较多等因素影响，公司产能、销量下降幅度较大，纺织主业经营出现较大亏损。因报告期内收到政府补助款增加，公司2013年度归属上市公司股东净利润较2012年增多。至2013年末，公司实现营业收入585739.53万元，同比增长16.62%；营业成本565424.16万元，同比增长18.63%；营业利润-24471.42万元，同比减少100.70%；归属母公司所有者净利润1756.59万元，同比增长49.33%。2013年常山纺织股份有限责任公司深化卓越绩效管理模式，对标赶超，获得“全国纺织行业质量奖”。

纺织园二期15万锭纺纱生产线试车投产。2013年12月，常山纺织股份有限责任公司在纺织园建设二期15万锭纺纱生产线成功试车投产。该生产线采用国内国际先进生产设备，产品瞄准规模生产、高支高产和“高端路线”目标。常山纺织股份有限责任公司作为石家庄纺织基地建设的龙头企业，借助市内老企业整体搬迁至正定园区机遇，淘汰落后产能，全力打造全国重要新型功能化面料研发生产基地。一期工程——常山股份恒盛分公司，开工投产4年多，大提花织机接单量同比增加近6倍，试织新品种226个，其中色织大提花“繁花似锦”、“夏日迷情”2款产品分别获得中国棉纺织行业协会2013年度色织布新产品“最佳设计奖”和“最佳创新奖”。

（田进辉　范玉蕾　安东利）

【纺织机械厂工矿棚户区改造项目获批】 8月30日，河北省发改委批复市发改委，批准市纺织机械厂工矿棚户区改造项目建议书，原则同意该厂采取原址拆除新建方式改造棚户区。此次改造建设规模及主要建设内容包括，拆除棚户区建筑面积5000平方米。新建住宅小区1个，总建筑面积51095平方米，其中住宅45039平方米，配套建设小区公共服务设施和基础设施工程，安置棚户区居民540户。该项目预算总投资12448万元，资金来源除国家和河北省按政策补助外，其余部分由地方政府、企业和搬迁居民共同出资。

（吴温）

石油化工业

【概况】 2013年，全市石油化工行业共有规模以上企业361家，从业人员8.43万人，总资产654.02亿元。全行业主营业务收入1315.39亿元，同比增长2.87%；完成增加值280.1亿元，位居全市工业行业第二位；实现利润83.37元，同比增长27.17 %，位居全市工业行业第三位；实现利税135.4亿元，同比增长7.13%。全市石油化工行业主要分为石油化工、化学原料、农用化学物质、橡胶制品四大类。石油化工业是石家庄市发展较快的主导产业，2013年石油化工业对全市工业生产增量贡献率为16.03%。至2013年末，全市拥有石油加工、炼焦加工业企业11家，化学原料和化学制品制造业企业275家，橡胶和塑料制品业企业75家。主要产品大类有原油加工、纯碱、精甲醇、合成氨、农用化学肥料、农药、涂料、化学试剂等。重点企业主要有石炼化、河北诚信、东华化工、威远生化、晋煤金石、白龙化工等。全年主要工业产量为原油加工291.4万吨，精甲醇19.3万吨，焦炭380万吨，纯碱38.3万吨，合成氨127.2万吨，农用化学肥料97.82万吨，农用化学原药0.52万吨，涂料7.65万吨，化学试剂22.17万吨。2013年循环化工园区500万吨炼油项目和配套项目建成投产，初步形成以石油化工为主，石油化工与煤化工有机结合，氯碱化工为有益补充的“三化合一”循环经济产业集群。

（牛永智）

【晋煤金石与湖北省潜江市政府签订战略合作框架协议】 1月11日，晋煤金石企业与湖北省潜江市政府签订战略合作框架协议，计划围绕煤化工与盐化工结合系列项目开展合作。根据协议，晋煤金石拟投资50亿元，潜江市政府成立项目服务专班，实施盐矿储量约70亿吨岩盐资源探采、3000亩项目用地、公共基础设施及项目配套设施建设。潜江市政府为晋煤金石提供招商引资优惠政策支持，晋煤金石按照循环经济发展原则，最大程度优化项目工艺，确保项目质量，合理安排建设工期。开展潜江煤盐项目合作，是晋煤金石企业推进传统化工产业向多联产、高端化迈进及实施“稳肥扩化”发展战略的有益实践。

（范玉蕾）

【启宏橡塑集团搬迁项目和河北鑫达润滑工业科技园落户赵县】 2013年1月，石家庄启宏橡塑集团公司搬迁项目与赵县工业园区正式签约。石家庄启宏橡塑集团项目总投资3亿元，占地100亩，主要生产高压聚乙烯PE闭孔高发泡、PE闭孔高发泡、EVA发泡、开孔发泡、CR、RE、EPDM橡胶发泡体生产及聚烯烃加工制品等产品。12月17日，河北鑫达润滑工业科技园项目签约落户赵县工业园，计划总投资13亿元，产品覆盖工业润滑油、农用润滑油等，年总产量100万吨。河北鑫达润滑油科技有限公司以石家庄中石鑫达润滑油有限公司为投资主体，是一家以高技术、高产能、高创新为特点的新材料多产品科技型公司。该工业科技园生产基地包括原料油存储区、全自动调和分装灌装区、综合实验研发区、添加剂综合生产区、中央控制区5个功能区，总建筑面积8.65万平方米，建设期16个月。

（吴温　郑亚丛　朱涛　张春社）

【废润滑油循环利用项目开建】 2013年5月，河北省重点项目——河北三兴50万吨/年废润滑油循环利用项目在灵寿县正式开工建设。该项目总投资21.2亿元，占地400亩，工程主要包括主体工程、主要生产装置、辅助工程、公用工程、环保工程、仓储运输及生产工程，使用原材料为废润滑油。该项目采用蒸馏、提纯、加氢等工艺流程，将废润滑油加工成优质成品润滑油，适用于各种机械设备润滑系统。

（段国忠）

【石家庄炼化出产汽柴油质量达到国四标准】 2013年9月初，省政府出台《河北省大气污染防治行动实施方案》，明确车用汽油供应标准升级时间表，即2013年底前，全省供应符合国家第四阶段标准车用汽油（简称国四标准）；2014年底前，全省供应符合国家第四阶段标准车用柴油；2015年底前，全省供应符合国家第五阶段标准车用汽、柴油（简称国五标准）。国四标准油和国三标准油相比，最主要的质量指标变化是油品中硫指标变化，国三标准油国家规定允许硫含量为150个PDM，即每1克汽油允许有10微克硫，国四标准油修改为50个PDM，是国三标准油的三分之一。中石化石家庄炼化分公司（简称石家庄炼化）紧跟油品质量升级节奏，加快技术升级进度。9月10日，石家庄炼化开始按照国四标准生产，10月1日出厂汽油全部达到国四标准要求。2013年石家庄炼化建设的原油劣质化改造和油品质量升级项目实现年原油加工能力800万吨，主要产品汽、柴油质量均达到国四标准。

【轧制润滑技术实验室通过省级验收】 2013年9月，石家庄新泰特种油有限公司承担的轧制润滑技术河北省工程实验室建设项目通过省发改委项目验收。该项目总投资2110万元，购置仪器设备89台（套），建成中试线2条，并组建研究开发室、合成实验室等研发平台，具备轧制润滑技术研发能力。石家庄新泰特种油有限公司位于石家庄市正定经济园区，是一家集科研、生产、销售，服务于一体的河北省高新技术企业。该公司自主研发的钢薄板轧制油、铝热轧乳化油、高精密无污液压油、油雾润滑油等特种润滑介质多次获得省市科技进步奖。主要产品有铝轧制油系列、铝轧制添加剂系列、钢薄板轧制油系列、铝热轧乳化油系列、高精密无污液压油系列、油雾润滑油、油气润滑油、水基磨削液、静电喷涂防锈油、防锈油系列等多个品种，客户遍布全国 20 多个省市。

【健达高科化工有限公司分子筛项目通过省级鉴定】 2013 年，在省科技成果转化中心组织的专家鉴定会上，石家庄市深泽县健达高科化工有限公司的“无磷助剂 4A 沸石及分子筛原粉生产新技术”通过河北省专家组鉴定，认为整体技术达到国际先进水平。健达高科化工有限公司承担的分子筛研究项目，由多项获得专利子技术集合而成，在生产中达到了节能降耗、提高生产能力目的。分子筛是现代工业应用最为广泛的化工产品之一，根据晶体内部孔穴大小，能够吸附或排斥不同物质的分子。分子筛作为催化材料、吸附分离材料与离子交换材料，在石油化工、精细化工、污染治理、航空航天及核电等领域广泛应用。

（吴温）

【河北诚信公司氢尾气综合利用项目】 2013 年元氏县河北诚信有限责任公司延伸产业链条，推进循环发展，引入氢尾气综合利用项目。该项目可将生产过程中产生的氢尾气回收并转化为蒸汽回用生产系统，替代燃煤锅炉，还可将氢尾气利用制备成合成氨，实现由“废气”转化为化工产品。2013 年该项目开始进入单机试车阶段。计划 2014 年投产，设计年节约标煤 8 万余吨、减少二氧化硫排放 160 吨，年产合成氨 10.8 万吨。

（牛永智）

装备制造业

【概况】 2013 年，全市装备制造行业经济运行主要指标增长呈现前高、中低、后缓慢回升态势，即“增速放缓逐步回升，温和增长平稳发展”状态，上半年产值增速高于效益增速，下半年效益增速高于产值增速，在市场倒逼机制作用下，行业转型升级初见效果，行业运行质量提升。2013 年全市装备制造业共有规模以上企业 444 家，总资产 629.07 亿元，从业人员 11.65 万人。主营业务收入 1187.29 亿元，同比增长 18.08%。完成工业增加值 282.25 亿元，同比增长 12.76%，占全市规模以上工业比重 16.15%，居全市七大主导行业首位，对全市工业增加值贡献率为 18.23%。实现利润总额 112.91 亿元，同比增长 19.57%，居全市工业行业第一位；实现利税 147.02 亿元，同比增长 18.01%。亏损企业 23 家，亏损额 1.68 亿元，同比减少 3.0%。产品门类涉及 80 多个大类，150 多个小类，近 2000 个品种，主要有煤矿采掘设备、农业机械、工业泵、电机、阀门、金刚石锯片等。装备制造业总体效益保持增长，其中金属制品、机械和设备修理业利润、利税总额下降，其余行业实现正增长。装备制造业总体实力位居全省前列。石家庄阀一核电风道系统国内市场占有率 80% 以上；石煤机公司 3000 米以下钻探设备国内市场占有率 90% 以上，随车起重机全国排名第二，采掘机全国排名第三；冀凯集团煤矿支护设备连续多年市场占有率稳居全国首位。拥有省级企业技术中心 25 个，省级工程实验室 7 个，授权专利占全市工业企业专利授权总数 30%。2013 年 9 月，经国家科技部、环境保护部、商务部和国家质量监督检验检疫总局 4 部委联合评审，东旭集团有限公司的 TFT-LCD 玻璃基板成套设备生产线（项目编号：2013GZA20011）通过国家战略性创新产品认定。

【行业效益】 2013 年全市装备制造业增速较快行业为电气机械及器材制造业，铁路、船舶、航空航天和其他运输设备制造业，汽车制造业，通用设备制造业，同比分别增长 34.8%、22.0%、19.6%、17.2%；增速较稳为金属制品业，仪器仪表制造业，金属制品、机械和设备修理业，同比分别增长 6.2%、1.8%、2.6%。34 种主要产品产量半数增长、半数下滑。其中，17 种主要产品产量累计增长，增长较快的有环境污染防治专用设备、房间空气调节器、金属紧固件、铅酸蓄电池、金属切削工具、摩托车整车、饲料生产专用设备、电力电缆、金属成形机床等；17 种主要产品产量累计下降，分别为矿山专用设备、泵、阀门、变压器、液压元件、高低压开关板、中型拖拉机和农产品初加工机械等。2013 年全市装备制造业八大行业效益情况：金属制品业入统企业 103 个。资产合计 112.62 亿元，同比增长 13.97%；实现工业增加值 68.87 亿元、主营业务收入 297.69 亿元、利税 34.76 亿元，同比分别增长 5.85%、6.60%、15.07%。亏损企业 2 个，同比增加 1 个；亏损 153.5 万元，同比减亏 32.1 万元。通用设备制造业入统企业 104 个。资产合计 134.14 亿元，同比增长 9.96%；实现工业增加值 61.20 亿元、主营业务收入 235.94 亿元、利税 28.50 亿元，同比分别增长 13.44%、16.02%、14.45%。亏损企业 10 个，同比增加 3 个；亏损 7235.5 万元，同比减亏 334.3 万元。专用设备制造业入统企业 79 个。资产合计 114.98 亿元，同比增长 34.82%；实现工业增加值 47.20 亿元、主营业务收入 183.50 亿元、利税 25.66 亿元，同比分别增长 3.40%、9.49%、6.22%。亏损企业 5 个，同比减少 2 个；亏损 5145.7 万元，同比增亏 1369.5 万元。汽车制造业入统企业 29 个。资产合计 51.88 亿元，同比增长 13.24%；实现工业增加值 14.58 亿元、主营业务收入 69.41 亿元、利税 11.09 亿元，同比分别增长 11.44%、17.48%、22.99%。亏损企业 3 个，同比减少 1 个；亏损 520.5 万元，同比减亏 982.8 万元。铁路、船舶、航空航天和其他运输设备制造业入统企业 7 个。资产合计 35.93 亿元，同比增长 81.50%；实现工业增加值 6.72 亿元、主营业务收入 22.09 亿元、利税 3.00 亿元，同比分别增长 15.10%、34.63%、32.03%。无亏损企业。电气机械及器材制造业入统企业 110 个。资产合计 126.22 亿元，同比增长 19.64%；实现工业增加值 74.60 亿元、主营业务收入 341.83 亿元、利税 41.35 亿元，同比分别增长 27.06%、36.25%、30.71%。亏损企业 2 个，同比减少 1 个；亏损 2858.0 万元，同比减亏 1422.2 万元。仪器仪表制造业入统企业 9 个。资产合计 14.69 亿元，同比增长 0.85%；实现工业增加值 4.66 亿元、主营业务收入 7.80 亿元、利税 1.76 亿元，同比分别增长 6.20%、36.47%、29.16%。无亏损企业。金属制品、机械和设备修理业入统企业 3 个。资产合计 38.61 亿元，同比增长 10.72%；实现工业增加值 4.41 亿元、主营业务收入 29.03 亿元，同比分别增长 21.39%、25.08%；实现利税 9125.0 万元，同比下降 12.30%。亏损企业 1 个；亏损额 883.0 万元。

（苏志炜）

【河北弗莱德冷藏车项目开工建设】 1 月 8 日，河北弗莱德冷藏车项目奠基典礼在高邑县城东工业区举行。河北弗莱德制冷设备有限公司系制冷专用设备生产商，生产设备和技术由战略合作伙伴全球著名冷藏车生产商——意大利普拉斯多克公司提供。河北弗莱德制冷设备有限公司冷藏车项目位于高邑县城东工业区内，东邻京港澳高速公路，西至粤东纸品公司，南到凤中路（原水泥二厂旧址及周围区域）。项目总投资 32 亿元，建设期 3 年，分两期完成。一期投资 17 亿元，占地 500 亩，建设年产 5000 台冷藏车生产线及配套设施；二期投资 15 亿元，占地 500 亩，主要利用水源热泵、地源热泵、空气源热泵技术，建设年处理 432 万吨标准货物冷链物流园，平均日处理货物能力 1.2 万吨，规划 2015 年 6 月底前完成。2013 年 6 月底，一期项目建设完成。河北弗莱德冷藏车项目规划全部建成投产后，实现年销售收入 45 亿元、税收 4 亿元。

（康乾　焦莉莉）

【与中国南车签署合作协议】 7 月 2 日，市政府与中国南车股份有限公司（简称中国南车）签署城市轨道交通装备产业发展合作协议，共同打造国内领先的城市轨道交通装备产业基地。中国南车是全球最大的轨道交通装备制造商和解决方案供应商之一，也是中国最大的城轨地铁车辆制造商。根据合作协议，中国南车将把最先进的城市轨道交通装备技术平移至石家庄，在石家庄市打造国内领先、国际一流的地铁车辆、低地板有轨电车、城际列车为主要产品的城轨整车制造产业基地，同时建设以制动系统等产品研发制造为主的城轨装备高科技产业园，形成较为完整的城轨车辆产业链。

（刘娴）

【国内首台 5000 米页岩气钻机研发成功】 2013 年 7 月，位于石家庄元氏县工业区的河北建勘钻探设备有限公司成功研发国内首台 5000 米页岩气钻机。该钻机可勘探页岩气，也可作为多合一设备勘探开发石油、天然气等多种地质资源。2013年国内页岩气开发处于起步阶段，核心技术尚未掌握，且气体储藏深度较深。该设备填补了页岩气开发领域空白，运用技术达到国际先进水平，为实现页岩气大规模、低成本开发提供了自主创新开发核心技术产品，形成适合国内地质条件的页岩气开发装备体系。

（吴温）

【高效环保节水洗麦机通过鉴定】 2013年市科技局组织专家鉴定委员会对河北苹乐面粉机械集团有限公司承担的“PLFXMS105高效环保节水洗麦机”课题进行鉴定，在听取、审核课题报告、资料，考察生产现场后，经质疑答辩和讨论，认定该课题通过鉴定。该项目产品共有3项技术创新，即底部吸入式进料结构、高压喷射技术、二次着水控制技术，实现节电20%、节水50%。产品经河北省产品质量监督检验院检测，各项指标达到Q/23JPL01-2013标准要求。该课题获得2项实用新型专利，另有2项发明专利正在申报。专家鉴定委员会认为，该产品在节约水资源、降低材料、能源消耗、提高面粉产量和洁净程度等方面作用非常显著。2013年河北苹乐面粉机械集团有限公司具备年产高效环保节水洗麦机100台，销售65台，实现产值2275万元，利润420万元。

（李云萍）

【年产100套环保设备生产基地项目签约】 2013年平山县西柏坡经济开发区与河北燕洲环保设备科技有限公司就“年产100套环保设备生产基地项目”举行签约仪式。该项目以“城镇生活垃圾自供能热解气化技术”为支撑，计划在河北省平山县西柏坡经济开发区南区建设总装基地，总投资10亿元，占地180亩，由河北燕洲环保设备科技有限公司承建，工程分二期建设，建设期18个月，一期工程建设6条生产流水线，二期续建6条流水线，总建筑面积68400平方米。该项目规划年生产生活垃圾处理设备总装100套，实现年产值50亿元、税收3.2亿元。

（吴温）

【2个产品获得河北省工业设计奖金奖】 9月13日，首届河北省工业设计奖获奖名单在秦皇岛市燕山大学揭晓，石家庄市2个产品获得金奖。此次河北省工业设计奖共设产品设计金奖10个，其中石家庄市数英仪器有限公司频谱分析仪和河北新宇宙电动车有限公司流动警务室2个产品经过申报推荐、初评、展示、答辩、专家评审及河北省工业和信息化厅批准，获得河北省工业设计最高奖“金奖”。河北建勘钻探设备有限公司ZJ50/3150J/7.5K型页岩气钻机和石家庄数英仪器有限公司电能质量分析仪2个产品获得“优秀奖”；河北中农博远农业设备有限公司4YZ-4AH回收型自走式玉米联合收获机、河北石探机械制造有限责任公司气举反循环双壁钻杆、石家庄吉纳科技有限公司隐形预警周界3个产品获得产品设计“入围奖”。

（范玉蕾）

【石家庄煤矿机械有限责任公司】 2项煤炭机械新产品通过国家技术鉴定。2013年上半年，冀中能源石家庄煤矿机械有限责任公司（简称石煤机公司）研发的EBZ260（A）悬臂式掘进机和CMZY2-150/20煤矿用钻装机组2项新产品通过中国煤炭机械工业协会组织的技术鉴定，2项新产品技术均达到国际领先水平。EBZ260（A）悬臂式掘进机能满足硬度f10以下的岩石巷道掘进，该机采用国家863重点项目“掘进机远程控制技术及监测系统”，实现了可视化和遥控操作。CMZY2-150/20煤矿用钻装机组采用凿岩作业与装载运输作业快速互换、互不影响的独特结构，解决了在有限巷道宽度内钻孔和装运设备错车的矛盾，该机组采用遥控、手动操作方式，实现了智能化保护，解决了井下使用大型设备操作不方便难题。EBZ260（A）悬臂式掘进机及CMZY2-150/20煤矿用钻装机组整机结构设计合理，功能强大，自动化程度高，可有效提高岩巷掘进速度，显著降低工人劳动强度。

鄂尔多斯分公司项目竣工。2013年石煤机公司鄂尔多斯分公司项目竣工，设备正在安装调试。该项目主要建设绿色新能源无轨胶轮车生产基地和煤机装备售后服务及维修基地。鄂尔多斯分公司位于鄂尔多斯市境内的中国中煤能源集团产业园内，厂房建筑面积17280平方米。2013年国内使用胶轮车矿区主要分布在内蒙古、陕北、山西、山东等地20多个矿区。石煤机公司鄂尔多斯分公司将无轨胶轮车作为主要产品，其中以研发生产绿色环保新能源电动无轨胶轮车为主，柴油机无轨胶轮车为辅。还承揽陕北及内蒙古市场各种掘进机、采煤机、钻车、侧卸车、胶轮车等煤矿专用产品的设备大修和再制造，规划3年内生产新能源井下电动车300台。石煤机公司研发的电动无轨胶轮车由防爆锂离子蓄电池驱动，整车噪音低、无排放，续航能力强，运行平稳，具有运输效率高，适用范围广，节能减排等优势，是现代煤矿井下绿色新能源高效运输装备。

职工创新成果首获国家专利。石煤机公司积极鼓励基层职工技术创新，成立8个职工创新工作室，其中市级创新工作室2个。创新室成员由基层技术员、技师、高级技师、高级工组成。2013年职工技术创新2项成果获得国家知识产权局授予实用新型专利，这是该公司基层职工技术创新成果首获国家专利。2项专利技术为：贾巍超等人设计发明的“内外双锥度大件回转体类工件的工装”、“同心多环均布孔钻削装置”。其中，“内外双锥度大件回转体类工件的工装”专利具有加工范围广、成本低、综合加工能力强、实用性强、加工精度高特点；“同心多环均布孔钻削装置”解决了普通钻床一次只能加工一个孔、无法实现大尺寸工件的加工及效率太低问题。2项新型工艺设计发明极大提高了工件的机械加工效率，降低了工人劳动强度。

（范玉蕾　杨颖敏）

【中航工业通用航空华北产业基地】

中航工业通用航空华北产业基地机场开航。8月30日，中国首个由企业投资的通用航空机场——中航工业通用航空华北产业基地机场（中航工业石家庄栾城机场）建成投入使用。此举标志石家庄飞机工业有限责任公司为期一年整体搬迁完成，全面投入运营，建成集研发制造、试飞交付、客户支持、通航运营与服务于一体的通用航空产业综合基地（一期）。中航工业石家庄栾城机场位于石家庄市栾城县，距石家庄南二环11千米，距栾城县城7千米，西侧紧邻京港澳高速公路，飞行空域由本场空域和3个训练空域组成。

通用航空产业基地二期项目启动。2013年11月，通用航空产业基地二期项目启动，计划分2～3批投入，研发和引进高端机型，达到年产各类固定翼通用飞机500架，形成通用飞机研发制造、通航运营、通航服务等全产业链发展能力，建成一流通用航空企业和华北地区规模最大的通用航空产业园区，机场保障能力达到3C级水平。2013年石家庄通用航空产业基地配备餐饮、住宿、休闲和飞行服务大厅的航空俱乐部交付使用。中航通飞华北飞机工业有限公司是根据省政府与中国航空工业集团公司签订的《深化通用航空产业战略合作协议》，在石家庄飞机工业有限责任公司基础上，由中航通用飞机有限责任公司、河北航空投资集团有限公司、中国航空科技工业有限公司共同出资设立，2012年11月27日正式揭牌。石家庄通用航空产业基地规划建成北方中小型涡桨、活塞飞机研制生产基地和飞机结构部件专业制造中心，致力打造华北地区通用航空运营中心和服务中心。

举办中国（华北）通用航空产业国际合作交流会。12月18日，由河北省贸易促进会、中国航空报社、中航通飞华北飞机工业有限公司联合举办的“中国（华北）通用航空产业国际合作交流会”在石家庄市栾城县中航通飞华北公司举行。此次交流会邀请中国航空工业集团公司、美国赛斯纳飞机公司等中外航空领域专家和省内外政府管理部门、行业主管部门、航空企业界人士、通航领域专家，以“通航产业链健康发展”为主题，围绕航空旅游、航空人才培训、通用航空机场建设、飞机融资租赁以及通航国际合作等主题，召开圆桌会议，开展演讲，组织对接交流洽谈。北航创投分别与中国航空报社、恒翔游艇集团签署战略合作协议，达成多项合作意向。还举办了首架国内组装赛斯纳凯旋208B飞机下线仪式、石家庄爱飞客航空俱乐部成立揭牌等活动。2012年11月27日，中航通飞华北飞机工业有限公司与美国德事隆远东私人有限公司签署协议，共同出资成立石家庄中航赛斯纳飞机有限公司，主要从事全球畅销机型——凯旋208系列飞机的总装、喷漆、测试、内饰安装、客户改装、试飞、飞机交付工作。合资合作项目获得国家发改委立项核准及国家民航总局、商务部审核批准，并于2013年10月底正式注册成立。2013年12月首批飞机开始生产。

（范玉蕾）

电子信息工业

【概况】 2013年，全市电子信息行业优化产业结构，加快升级步伐，做大做强通信、平板显示、半导体器件等优势产业，培育卫星导航、电力电子、专用设备等增长点，发展鹿泉市、高新区2个电子信息企业集中区域，形成通信、电子元器件、电子材料、电子专用仪器和设备、电力电子、光电显示、软件与信息服务为主体的电子信息产业聚集区。重点打造电子通信及元器件、半导体照明、卫星导航、电子材料、空调产业、软件产业六大特色行业。电子通信及元器件：巩固提升专用集成电路设计和制造实力，发展混合集成电路、通信设备等关键和新型元器件，重点推进卫星通信、数字集群通信系统、公路铁路和轨道交通专用通信系统，射频模块扩产，光纤活动连接器系列产品产业化。半导体照明：重点发展硅外延、芯片、高流明LED产品，扩大生产规模，推动半导体照明产业向高端发展。卫星导航：推进卫星导航与定位系统的技术研发中心、设备测试中心、系统运营服务中心和生产制造基地建设，谋划建设卫星导航产业基地；加快专用芯片、终端设备的研发生产，扩大产业规模；支持卫星导航技术在政府应急指挥、交通、物流、测绘、港口等行业的推广应用。电子材料：重点建设液晶材料生产基地，做大半导体材料产业规模，加快TFT、TN、STN液晶材料的规模化生产和产品推广，发展中、高档新型电子玻璃，形成产业规模，增强竞争实力。空调产业：重点发展家用空调、商务空调和机车空调，形成较为完善空调产业链。软件产业：重点发展计算机信息系统集成、支撑工具软件、应用软件、嵌入式软件、动漫产品、数字化媒体、物联网等产业，积极承接软件服务外包。2013年全市电子信息行业入统企业180家，从业人员3万余人，主要经济指标位居全省前列。其中，制造业企业50家，软件及服务业企业130家；完成主营业务收入201亿元，同比增长10%；实现利税30.7亿元，同比增长8%；实现利润23.7亿元，同比增长6.31%。2013年全市电子信息产品制造业完成主营业务收入140.3亿元，同比增长7.1%；实现利税22.6亿元，同比增长20.2%；实现利润17.4亿元，同比增长20.3%。软件及信息服务业完成主营业务收入60.7亿元，同比增长16%。

【产业项目建设】 做好电子信息产业在建项目跟踪服务，抓好获得国家、省、市资金支持20个项目建设。2013年河北冀雅电子有限公司的汽车电子显示产品生产线技术改造等6个获得国家技术改造资金、国家电子发展基金和物联网发展专项资金支持项目通过验收。推进大项目、园区建设，重点抓好格力空调产业园、高新区光电产业园，推动市信息产业基地形成产业聚集、拓宽延长产业链态势。促进物联网发展，协调推广北斗卫星导航应用示范。根据2013年国家电子发展基金、物联网发展专项资金、省市技改项目情况，引导、支持符合条件企业谋划新项目，储备新的经济增长点。2013年全市申报电子信息产业项目28个，其中国家电子发展基金项目4项、物联网项目4项、省市技改项目20项，总投资20.79亿元。

【软件、计算机信息系统集成与服务业】 全年完成120家软件企业换证；新登记软件产品183项，软件产品变更5项，软件产品延续13项；企业变更1个，软件企业认定23个。完成20家计算机信息系统集成企业资质初审申报。开展2013年计算机信息系统集成企业资质和信息系统工程监理单位资质监督检查。邀请工业和信息化部电子第五研究所技术骨干举办信息技术服务标准及工厂管理体系讲座，向软件企业与信息技术服务业宣传CMM、ISO27000、信息安全等标准认定知识。至2013年底，全市共有软件、计算机信息系统集成企业61家、信息系统工程监理单位8家，分别占全省62.89%、88.89%。其中，通过软件能力成熟度模型的系统集成企业7家，占全省53.85%；通过ISO9001：2000认证的信息系统集成企业56家，占全市有资质系统集成企业91.8%。

（梁晔）

【计算机信息系统集成行业监督检查】 按照国家工业和信息化部《关于开展2013年度计算机信息系统集成企业资质监督检查的通知》和《关于开展2013年度信息系统工程监理单位资质监督检查的通知》要求，2013年11月河北省工业和信息化厅完成对石家庄市计算机信息系统集成企业和信息系统工程监理单位历时4个多月的年度监督检查。省工业和信息化厅逐一检查和核实企业上报材料，现场抽查9家计算机信息系统集成企业和2家信息系统工程监理单位，重点审查企业2012年度职工社会保障、财务审计报告、质量体系证书原件、相关合同及验收原件等。抽查结果：石家庄市计算机信息系统集成行业符合国家和河北省要求。

（杨秀全）

【京华电子高集成LED显示器件产业化项目成果填补国内空白】 3月29日，石家庄京华电子实业有限公司最新创新成果“高集成LED显示器件产业化项目”通过省科技厅组织的专家论证。该项目填补了国内空白，达到国际领先水平，并获得行业最高奖项“中国LED创新产品和技术奖”。“高集成LED显示器件产业化项目”历经5年研发，获得3项实用新型专利。产品点密度提高4倍多，达到每平方米25万点，像素更高；有效解决散热问题，使用寿命延长，每天24小时开机，使用长达10年；显示屏具有铝合金面罩，防护能力强。该项目产品主要应用于会议室、演播室、商场、别墅等室内高端场所，未来随着产能提高，成本降低，将逐步进入普通家庭。石家庄京华电子实业有限公司作为国内最早生产LED显示屏企业之一，开发生产 有p6、p5、p4、p3、p2.5、p2.0六个系列显示屏，平均每年实现2次跨越，销售年平均增幅达65%。

（戴丽丽）

【首届中国电子信息博览会2家企业获奖】 4月10～12日，由工业和信息化部与深圳市政府共同主办的第一届中国电子信息博览会在深圳市举行。该博览会是中国大陆电子信息领域规模最大的展会，参展产品包括材料、设备、仪器仪表、元器件、计算机、手机、平板电脑等全产业链的最新产品，以及物联网、云计算、软件与信息服务等新一代信息技术领域的最新技术成就。此次博览会，河北省共有30余家企业参加，其中石家庄企业河北立德电子有限公司的人民大会堂LED照明节能改造工程获得“中国LED应用工程优秀奖”，石家庄诚志永华显示材料有限公司“快速响应IPS-TFT液晶材料”获评“2013CITE创新产品与应用奖”。

（范玉蕾）

【河北四方通信设备有限公司】 6月25日，中国通信标准化协会（CCSA）传送网与接入网技术工作委员会光器件组第42次会议在石家庄召开，位于石家庄市的河北四方通信设备有限公司（简称四方通信）与来自华为技术有限公司（简称华为公司）、中兴通讯股份有限公司（简称中兴通讯）、武汉邮电科学研究院等全国多家通信企业代表共同审查、研讨光通信行业标准。会议主题为“以标准带动技术，以技术支撑企业，以政府扶持协会、以协会推动行业，共同进步，协同发展”。会议由中国通信标准化协会主办，河北省光通信行业领军企业——河北四方通信设备有限公司承办。会议主要审议9项标准议题，其中四方通信参与审查研讨“集成相干光接收器技术”、“塑料光纤活动连接器SC型”、“40Gbps相位调制光收发合一模块技术”等行业标准。光纤产业集群首个项目启动。2013年12月，四方通信首期投资3.6亿元的战略性新材料——通信用陶瓷插芯项目在石家庄经济技术开发区正式启动，标志石家庄经济技术开发区建设以石英光纤和塑料光纤为主导，以光缆、光纤活动连接器、光纤传感、物联网、智慧城市为链条的光纤产业集群第一个子项目正式落地。陶瓷插芯项目具有新一代信息技术、战略性新材料2个属性。

（焦莉莉）

食品工业

【概况】 2013年，全市食品工业共有规模以上企业232家，其中农副食品加工业153家，食品制造业52家，酒、饮料和精制茶制造业26家，烟草制品业1家。全年食品工业完成增加值212.47亿元，累计增长

8.80%，居全市工业行业第4位；主营业务收入890.08亿元，同比增长12.64%；实现利润73.12亿元，同比增长23.31%，居全市工业行业第4位；实现利税132.67亿元，同比增长16.70%。2013年农副食品加工业、食品制造业、饮料制造业、烟草制品业4个行业保持平稳增长态势。君乐宝乳业发展成为全国最大的酸牛奶生产基地，获评“中国食品产业最具成长性企业”；双鸽食品跻身国家级农业产业化龙头企业行列；统万珍极、三元乳业、天天乳业、洛杉奇食品等成为市级食品工业龙头企业。“君乐宝”、“珍极酱油”、“三元乳品”、“金凤扒鸡”、“嘉禾啤酒”等获评国家和省级名牌产品。6月9日，泸州老窖与石家庄鹿泉市就泸州老窖物流园项目达成合作协议，并在四川省中国白酒产品交易中心举行签约仪式。经双方协商，泸州老窖及战略合作伙伴桥西公司、中京公司共同投资在鹿泉建设一个大型白酒生产灌装、仓储、物流基地。

（魏俊杰）

【中粮可口可乐饮料（河北）有限公司投产运营】 10月24日，中粮可口可乐饮料（河北）有限公司正式投产运营。中粮可口可乐饮料（河北）有限公司由可口可乐公司和中粮集团两大世界500强企业强强联手打造，是可口可乐第43家中国瓶装厂。厂区位于石家庄经济技术开发区，总投资6.5亿元，占地17万平方米，厂房建筑面积4.4万平方米，已安装1条汽水生产线和1条不含气饮料生产线，根据规划还将安装1条汽水生产线和2条不含气饮料生产线，年产能力39万吨（6900万标箱）。销售可口可乐系列饮料有可口可乐、零度可口可乐、雪碧、芬达、醒目、美汁源、原叶（茶饮料）、冰露（矿物质水）、怡泉（苏打水）等。

（范玉蕾）

【新一代白酒产品“冀窖”上线灌装】

11月21日，石家庄市制酒厂精心研发的新一代白酒产品“冀窖”正式上线灌装生产。该白酒产品以陈年窖藏原浆为基酒，经国家级调酒师精心调制，萃取传统工艺精华研发成功。此次上线“冀窖”10余个品种，经品酒专家鉴定：酒体窖香浓郁、诸味协调、醇厚绵柔、回味悠长。石家庄市采用人工酒曲酿酒历史超过3500年。1948年石家庄市第一届人民政府收购本地5家老烧酒作坊，组建成立石家庄公营酿酒厂，该厂先后隶属于华北人民政府和中国轻工业部，后归地方管理。从建厂起，该厂研发生产白酒品种超过100种，厂内窖藏优质陈年原浆数量大，最长产自1970年代。

（吴温）

【石家庄君乐宝乳业有限公司】 石家庄君乐宝乳业有限公司于1995年成立，拥有子公司9家，员工4800余人，是河北省最大的乳制品加工企业，是农业产业化国家重点龙头企业、国家高新技术企业、国家乳品研发技术分中心。君乐宝商标是中国驰名商标。2013年该公司完成工业增加值16.29亿元，累计增长193.2%；主营业务收入27.78亿元，同比增长30.93%；实现利润1.62亿元，同比增长47.32%；实现利税2.74亿元，同比增长40.18%。2013年3月，河北省旅游局发布公告，经省工农业旅游示范点评委员会评定，石家庄君乐宝乳业有限公司达到标准要求，批准成为河北省工业旅游示范点。2012年3月君乐宝乳业启动工业旅游项目，至2013年末成功接待游客2万余人，项目包含酸奶文化馆、技术质量中心、永盛工厂等旅游景点，游客从酸奶几千年传承历史中，了解了酸奶宗教渊源、起源发展、历史典故及科普知识，对酸奶与人体健康有了更深认识。2013年5月，河北省轻工业协会以主营业务收入、利税、利润、产品质量等主要经济指标为依据，公布2012年度河北省轻工业50强企业名单，石家庄君乐宝乳业有限公司入选。

（王慧）

【石家庄双鸽食品有限责任公司】

石家庄双鸽食品有限责任公司是集生猪良种繁育、商品猪育肥、屠宰分割、熟制品加工、冷冻冷藏、铁路运输、物流配送、连锁销售为一体的现代化食品生产经营企业。该公司以市场为导向，开展农副产品深加工，实施名牌发展战略，探索“公司＋基地＋农户”农业产业化经营模式，2010年获评国家级农业产业化重点龙头企业，拥有现代化生猪屠宰线、鲜猪肉预冷分割线及河北省首家无公害农产品、绿色产品“奥开”冷鲜肉商标、“双鸽”熟肉食品三大系列100多个品种。2013年石家庄双鸽食品有限责任公司完成工业增加值9.32亿元，累计增长36.5%；主营业务收入6.72亿元，同比增长 35.49%；实现利润 786.5 万元，同比下降 10.53%；实现利税 999.1 万元，同比增长 13.65%。

【石家庄洛杉奇食品有限公司】 石家庄洛杉奇食品有限公司是一家综合食品加工企业，总部及肉食、面食生产场地位于石家庄市北二环西路 33 号，禽类制品生产场地位于鹿泉市开发区，拥有现代化的管理体系、先进的生产工艺、完善的冷藏储运和销售网络体系、优秀的技术人员和现代化的生产流水线及“金凤”、“洛杉奇”2 个河北省著名商标，专业生产金凤扒鸡禽类制品、洛杉奇肉类制品、面食制品等三大类 200 多种产品。至 2013 年底，石家庄洛杉奇食品有限公司总资产 22185 万元，固定资产 4602 万元，流动资产 12461 万元，净资产 10683 万元，负债总额 11502 万元，所有者权益 10683 万元，实现年销售收入 1.2 亿余元、净利润 1100 多万元。

【河北白沙烟草有限责任公司】 河北白沙烟草有限责任公司为中国烟草总公司所属、河北省重点骨干企业。公司辖保定卷烟分厂和灵芝卷烟材料厂，年生产能力 60 万箱，主要产品有“新石家庄”、“白沙”、“玉兰”三大系列。河北白沙烟草有限责任公司前身是石家庄卷烟厂，在中国解放战争时期，曾以毛泽东等老一辈革命家喜爱的“海燕”牌卷烟闻名。2005 年 6 月 9 日，河北中烟公司和长沙卷烟厂各出资 50% 实施资产合作，正式成立河北白沙烟草有限责任公司。2013 年河北白沙烟草有限公司完成工业增加值 66.4 亿元，累计增长 5.9%；主营业务收入 62.53 亿元，同比增长 7.23%；实现利润 10.08 亿元，同比增长 9.07%；实现利税 47.16 亿元，同比增长 7.25%。

（魏俊杰）

轻 工 业

【概况】 2013 年，全市轻工行业开展节能降耗、提质增效和行业对标活动，实现产销、效益双增长。全年轻工行业共有规模以上企业 150 家，其中木材加工 29 家、家具制造 21 家、印刷业 33 家、造纸 39 家、工艺品 18 家、其他企业 10 家。完成工业增加值 114.52 亿元，同比增长 12.93%；实现主营业务销售收入 437.22 亿元，同比增长 10.95%；实现利润 46.48 亿元，同比增长 19.42%；实现利税 60.49 亿元，同比增长 18.82%。塑料制品生产 45.09 万吨，同比增长 22.8%；纸制品 71.65 万吨，同比增长 16.4%；家具制造 63.55 万件，同比下降 3.1%；日用玻璃制品 2.66 万吨，同比下降 14.1%；人造板产量 113.69 万立方米，同比增长 5.5%。轻工业特色产品效益保持较快增长，拉动经济作用明显。全年家具制造业实现主营收入 56.18 亿元，同比增长 14.27%；木材加工主营收入 118.43 亿元，同比增长 19.4%；印刷及记录媒介复制业主营收入 79.59 亿元，同比增长 14.6%。1 月 21 日，总投资 2 亿元、占地 100 亩的河北正兴玻璃有限公司中性硼硅药用玻璃管及药用玻璃瓶项目签约落户赵县工业园区。

【海尔（石家庄）创新产业园开工建设】 2013 年 7 月，世界 500 强企业海尔集团投资建设的海尔（石家庄）创新产业园项目一期工程正式开工建设。海尔（石家庄）创新产业园项目总投资 15 亿元，规划全部达产年产值 40 亿元，向社会提供就业岗位 4000 多个。海尔（石家庄）创新产业园项目定位为海尔河北市场创新中心，规划建成集制造、物流、营销、研发、服务于一体“市场创新产业园”。根据“先市场、再工厂”原则，主要建设海尔物流分拨中心、海尔（石家庄）区域营销中心、配套服务中心等项目，建设周期 3～5 年。一期项目海尔物流分拨中心，投资总额约 3 亿元；二期启动物流分拨中心二期、区域营销中心等项目，投资总额约 2 亿元；三期启动产业链配套服务等项目，投资总额约 10 亿元。

（张凤银）

【第九届中国·金河家具博览会】 8 月 16～18 日，“第九届中国·金河家具博览会”在正定金河家居基地举行，来自全国各地主要家具生产厂家、经销商 2000 多人参加博览会。此届博览会由金河集团、金河家居基地主办，正定县家具协会协办，石家庄海涛文化传播有限公司执行，峰立雅沙发、艾佳家具、大地沙发等15家家具厂商支持，省市县电视台、报纸、网络等多家知名媒体全程报道。博览会主题为“你订货·我出钱”、“我就是品牌·我就是金河”。石家庄正定县是家具生产之乡，全县共有各类家具生产企业近1000家，拥有平安、诺丹、华特利、德兰菲、峰立雅等一批全国知名家具品牌，年产值达30多亿元。金河家具基地是河北省重点产业支撑项目，以引领正定家具走向全国为目标,秉承“创正定家具口碑、拓北方家具渠道”经营理念，在做好本地市场基础上，采取内引外联、举办博览会等措施和方式，吸引家具经销商到正定看样订货。8月16日，由金河集团投资建设的“中国家具板材网”正式上线运营，中国家具板材网为大型B2C类电子商务网站，是2013年河北省重点抓好30个特色产业电子商务平台之一，该网站设置有供应、求购、资讯、行情、展会、团购、试用、百科、求职、招聘十个栏目，每家企业均可免费注册成为平台会员，具有新产品发布、产品求购、在线交易、人才招聘等功能。

（焦莉莉）

【纸雕宫灯网络销售额500万元】 2013年藁城宫灯研制开发有限公司在实体经营基础上，积极发展电子商务，采取“网上网下互动、网上网下互补”模式，拓展销售渠道和空间，实现“网上网下双赢”业绩。2013年4月,该公司出资30余万元，在天猫、京东商城注册成立灯魂旗舰店，并组建专门电子商务部门。配合网上销售，该公司设立北京市、上海市、广州市、武汉市、济南市5个办事处，保证了订单从最近地点发货，缩短买家收货时间，节省运费成本。2013年藁城宫灯研制开发有限公司网上营业额达到500万元，约占2012年总销售额50%。

（吴温）

电力工业

【概况】 2013年，全市共有发电企业41家，装机总容量9085.15兆瓦。其中，省调直调电厂11家，装机36台，机组容量8568.4兆瓦；地调直调地方电厂和企业自备电厂30家，装机69台，机组容量516.75兆瓦。至2013年底，石家庄电网共有110千伏及以上变电站210座，变压器440台，总容量29785.5兆伏安。其中，500千伏变电站4座，变压器8台，总容量7000兆伏安；220千伏变电站41座，变压器90台，总容量12693兆伏安；110千伏变电站165座，变压器342台，总容量14292.5兆伏安。220千伏输电线路109条，总长度2148.992千米；110千伏输电线路258条，总长度3315.832千米；35千伏输电线路503条，总长度3145.603千米；10千伏输电线路2278条，总长度24500.89km。全年石家庄市全社会累计用电量413.37亿千瓦时，同比增长2.51%，居全省第9位；工业用电量287.89亿千瓦时,同比增长1.12%,居全省第9位。国网石家庄供电分公司年售电量完成381.02亿千瓦时,较2012年（370.44亿千瓦时）增长2.86%。全年网供最大负荷7018.2兆瓦，较2012年（6120.9兆瓦）增长14.66%；平均网供最大负荷5450.9兆瓦，较2012年（5255.3兆瓦）增长3.72%；网供最小负荷2753.3兆瓦，较2012年（2520.5兆瓦）增长9.24%；平均网供最小负荷3838.9兆瓦，较2012年（3704.9兆瓦）增长3.62%。

（汪永山）

【电力工程】 石西500千伏变电站及配套线路工程完工。6月30日，石西500千伏变电站竣工，7月1日正式启动送电程序。该变电站投入运行后，主要向石家庄市桥西、井矿、东南、铜冶、万花等5座220千伏变电站输送电量。石西500千伏变电站位于元氏县境内，总投资3.6亿元，于2012年8月31日开工建设。该工程实际施工200天，为正常工期的37%，创造了河北南网5项纪录：是一次性投运供电容量最大的变电工程；是河北南网首座智能化变电站；是一期供电220千伏变电站最多的枢纽站（出线9回，辐射周边5座变电站）；是占地面积最小的500千伏变电站(占地70亩)；应用新技术、新材料、新工艺达206

项，工程实体质量全部达到优良等级，夺得国家电网公司系统建设阶段最高质量奖项——变电工程质量管理流动红旗。2013年12月，500千伏石西变电站配套线路工程按期完工投入运行，建成9条220千伏输电线路，分别经过栾城县、元氏县、鹿泉市、井陉县和桥西区境内，线路总长155千米，总投资3.69亿元。该工程于2012年10月启动，按照“政府主导、企业实施”的电力建设新思路推进，施工高峰期有上千人参与组塔架线，跨越京武、石太、京广等7条铁路和南水北调水渠以及青银高速、国道、省道等多条公路，沿线部分施工地段位于山区。

220千伏桥西变电站投入运行。2013年7月，石家庄市第二座城区220千伏桥西变电站投入运行。该变电站位于桥西区苑东街小谈村，由石西500千伏变电站提供电力保障，石家庄市西部时光、滨河、西郊、中山、友谊、联盟6个变电站通过110千伏线路连接至桥西变电站。桥西变电站提高了市区西部电网供电能力，改善了城市西部电网结构，彻底改观西部电力负荷供应紧张局面，有效缓解220千伏铜冶变电站过负荷问题。

110千伏大马变电站投入运行。10月30日6时整，110千伏大马变电站投入运行。这是2012年8月10日成立市电网建设协调领导小组，继建设220千伏东南变电站、110千伏裕华变电站、220千伏桥西变电站后，市区第4个投入运行的变电站。该变电站站址总用地面积7.78亩，全站总建筑面积2044平方米，本期建设50MVA主变压器2台；110千伏出线2回，10千伏出线26回。从鹿泉220千伏变电站出双回110千伏线路，电缆路径长度1千米，架空线路长11千米。

110千伏贾店输变电工程投入运行。11月2日20时15分，赵县110千伏贾店输变电工程投入运行。这是市电网建设协调领导小组成立后，继鹿泉市山前、赞皇县五马山、栾城县方村、平山县光禄山输变电工程后，县域投入运行第5座110千伏变电站，缓解了110千伏赵县城关站过负荷压力，解决了新寨店工业园区供电不足问题，实现园区内企业双电源供电。110千伏贾店输变电工程站址总用地面积5.74亩，总建筑面积586.6平方米，总投资3860万元；终期规模为主变3台，额定容量均为50MVA，本期新增主变1台，110千伏架空进线3回，本期1回，由110千伏赵双线T接，线路长度11.5千米；终期10千伏出线36回，本期8回。

220千伏韩通—石化第三电源工程投入运行。2013年11月，220千伏韩通—石化第三电源工程建成投入运行。该工程线路长8.5千米，起自220千伏韩通变电站，终止于220千伏石化变电站，途经石家庄高新区宋营镇和郄马镇。该工程为河北欣意电缆厂区廉韩双回线切改工程创造条件，提高了高新区、循环化工基地的供电能力和供电可靠性。

110千伏中华变电站投入运行。2013年12月，110千伏中华变电站正式投入运行。这是市电网建设协调领导小组成立后，市区投入运行第5座变电站，缓解了桥西区供电紧张局面，为市区中心区域地铁、新火车站、海悦国际等项目提供了可靠用电保障。110千伏中华变电站于2012年9月12日正式施工，位于石家庄市区裕华路与中华大街交叉口西北，占地3.16亩，总建筑面积3050平方米；建设50MVA主变压器2台，110千伏出线2回，10千伏出线36回，隧道长度250米，总投资7702万元。

（汪永山　吴温）

【航天机电设立子公司井陉太科光伏电力有限公司】 9月6日，上海航天汽车机电股份有限公司（简称航天机电）发布公告：在井陉县投资设立全资子公司井陉太科光伏电力有限公司，开发建设井陉县上安镇50兆瓦光伏电站项目。首期注册资本100万元，用于开展光伏电站项目前期开发。一期工程建设总装机容量50兆瓦，年上网发电量5385.7万千瓦时，与相同发电量火电相比，年可节约标煤24183.5吨，减少二氧化硫、二氧化碳等有害气体排放71667吨。航天机电公司在甘肃、宁夏、青海等西部地区承建多个大型光伏发电项目，此次开发建设井陉县上安镇50MW 光伏电站项目，是该公司在河北省首个重大项目，有助于完善光伏电站建设市场布局，扩大市场份额，提升品牌影响力，带动光伏产业产能释放，提升整体盈利能力。

【推行峰谷分时电价政策】 2013年石家庄居民生活用电推出峰谷分时电价政策，即通过经济杠杆，引导科学用电，发挥削峰填谷效应。按照“峰谷分时电价”规定，峰段为

8时至22时；谷段为22时至次日8时。谷峰电价按照“先分时、后阶梯”原则计算电费，即先按照峰谷各时段用电量和分时电价标准计算全部电量电费，再按照第二档、第三档递增电价标准分别计算第二档、第三档电量递增电费，三部分电费之和为该居民用户总电费。第一档峰段电价为每千瓦时0.55元，谷段电价为0.35元；第二三档峰、谷电价分别在第一档电价基础上加价0.05元、0.30元。参与峰谷分时电价试点居民小区由市物价局会同石家庄供电公司确定。试点条件：电网企业能够直接抄表到居民用户，且用户电能表计具备峰谷时段分别计量条件，并由居民用户自愿选择执行峰谷分时电价。选择峰谷分时电价试点居民用户，试行时间以年度为周期，不少于一年，峰谷分时电能表计由电网企业免费安装。

【裕华热电公司2号燃煤机组综合升级改造项目列入国家实施计划】 根据2013年国家能源局下达《2013年第一批全国燃煤电厂综合升级改造项目实施计划的通知》(国能电力〔2013〕248号)，石家庄市推荐的河北华电石家庄裕华热电公司2号燃煤机组综合升级改造项目（2号机组整体优化)，成为河北省唯一列入2013年全国首批燃煤电厂综合升级改造实施计划项目。按照该项目要求，综合升级改造完成后，需达到年节煤量14459吨标煤，降耗量7.44克/千瓦时。该项目列入国家燃煤电厂综合升级改造项目实施计划后，可获得国家奖励资金支持、优惠贷款、电力节能优先调度等优惠政策，为中国华电集团公司争取新增装机容量3万千瓦以上。

（汪永山）

【东方热电一厂关停拆除】 2013年12月，河北省发改委组织协调市发改委、省电力公司核查确认中国电力投资集团公司河北分公司（简称中电投集团河北分公司）热电一厂关停拆除。热电一厂拆除标志中电投集团河北分公司按时完成国家和省下达的2013年淘汰落后产能任务及石家庄市削减燃煤任务。热电一厂关停拆除后，年减少燃煤42万吨，减少二氧化硫排放1246万吨，减少烟尘排放440吨，对于转变发展方式，优化产业结构，削减燃煤治理大气污染、改善石家庄市环境空气质量具有重要意义。石家庄东方热电股份有限公司热电一厂位于省会中华南大街，是省内第一家热电联产供热型电厂，始建于1983年1月，1986年建成投产，分东、西两个厂区，占地面积约100亩。拆除前总规模为9锅6机，锅炉总蒸发量530吨/时，装机总容量3.6万千瓦时，供热主管网12千米，担负着省会西南部区域741万平方米民用采暖供热和20多家工商企事业用户的热力供应任务。建厂以来累计发电34.3亿千瓦时，供热6307万吉焦，完成产值27.65亿元，产生了巨大经济效益和社会效益，为省会经济社会发展和电力供应做出了突出贡献。

（吴温）

【西柏坡发电厂烟气脱硝设备一期工程投入使用】 2013年12月，石家庄西柏坡发电厂烟气脱硝设备一期工程1号机组和2号机组烟气脱硝设备安装完毕投入使用。投资1.1亿元的一期工程完工后，年可减少氮氧化物排放14292吨。烟气脱硝设备安装工程的二期、三期工程正在同时推进，计划2014年全部安装完毕投入使用，届时该工程年可减少氮氧化物排放36500吨。

（汪永山）

冶金工业

【概况】 2013年，全市冶金行业共有规模以上企业130家，从业人员4.29万人，总资产352.15亿元。全行业主营业务收入750.34亿元，同比增长10.17%；实现利润37.88亿元，同比增长7.57%；实现利税48.8亿元，同比增长5.19%；完成工业增加值185.2亿元，位居全市工业行业第5位。2013年冶金行业对全市工业生产增量贡献率为11.07%。石家庄市冶金行业主要分为黑色金属冶炼和压延加工、有色金属冶炼和压延加工两大类。至2013年末，全市共有黑色金属冶炼和压延加工企业80家，有色金属冶炼和压延加工企业17家，主要产品大类有生铁、粗钢、钢材、铝、黄金。全年冶金行业主要工业产量为生铁1215.73万吨，粗钢1150.56万吨，钢材1139.06万吨，铝2.1万吨，黄金530千克。主要企业有敬业集团、石钢公司、河冶科技、石鹿特钢、丰达钢铁等，石钢公司的齿轮钢、轴承钢、高端碳素结构钢等产品，成为奔驰、宝马等知名汽车长期供货商。河冶科技设有先进钢铁材料技术国家工程研究中心，高速工具钢占有国内市场35%，产品远销欧美、东南亚等10余个国家和地区。

【出台压减钢铁产能方案】 2013年12月，市政府出台《石家庄市压减钢铁产能工作方案》，压减石家庄钢铁有限公司、河北敬业集团有限公司、西柏坡钢铁有限公司、河北丰达钢铁有限公司、河北石鹿特钢有限公司5家钢铁企业产能，确保到2017年底，全市净压减炼铁产能374万吨、粗钢产能482万吨。其中，西柏坡钢铁有限公司2013年底前净压减炼铁产能54万吨，河北丰达钢铁有限公司到2014年底前净压减炼铁产能52万吨，河北石鹿特钢有限公司到2014年底前净压减炼钢产能60万吨，河北敬业集团有限公司到2016年底前净压减炼铁产能55万吨、炼钢产能248万吨。石家庄钢铁有限公司到2017年底前，净压减炼铁产能213万吨、炼钢产能174万吨。为完成压减钢铁产能任务，全市采取严格的落实政策，对未按规定期限压减产能的企业吊销排污许可证，金融机构不得提供任何形式新增授信支持，管理部门不予办理生产许可，已颁发生产许可证、安全生产许可证的依法撤回。对未按期完成压减钢铁产能任务的县（市）区，实行项目“区域限批”，暂停该地区投资项目环评、核准和审批。

（牛永智）

【电缆导体新技术应用推广会】 7月25日，中国·石家庄电缆导体新技术应用推广会在石家庄市举行，来自全国各地相关行业设计单位、建设单位及企业领导、专家500余人参加会议。会上，河北欣意电缆有限公司介绍了电缆导体新技术科研成果，参会人员现场观看了电缆导体新技术展示片以及性能测试实验，实地参观了位于石家庄高新区的河北欣意电缆有限公司生产基地。铜是中国仅次于石油第二大战略物资，近年消费量高速递增，2013年中国对铜进口依存度高达60%。解决铜原料安全和可持续供应成为涉及国家发展与安全的重大战略课题。河北欣意电缆有限公司发明的稀土高铁铝合金电力电缆，实现电缆行业“以铝合金代铜”重大突破，该产品具有完全自主知识产权，性能好、价格低、应用广泛，被称之为有色金属材料革命。河北欣意电缆有限公司于2012年3月成立，项目规划占地2000亩，分3期建设，一期总投资25亿元，年产各种电缆23万千米。全部项目建成后，石家庄市将成为国内北方最大的稀土铝合金电缆研发、生产基地。

（李云萍）

【河冶科技博士后科研工作站申报成功】 2013年10月，河冶科技有限公司申报的博士后科研工作站，经石家庄市人力资源和社会保障局、河北省人力资源和社会保障厅、河北省博士后工作管理委员会、国家人力资源和社会保障部、全国博士后管理委员会等部门审批，获得通过。博士后科研工作站是经国家批准在企业、科研生产型事业单位和特殊区域性机构内，招收和培养博士后研究人员的组织，是高素质人才成长的重要摇篮。进站博士后可在实践中增强动手能力，积累实践经验，提高应用技术研究水平和实践能力，影响和带动企业专业技术人才整体素质提升，已成为企业自主创新的重要力量。博士后科研工作站申报每2年一次。河冶科技股份有限公司博士后科研工作站申报成功后，利用该平台可迅速提升科学研究、产品研发水平，还可获得各级政府对人才优惠政策的支持，为公司核心竞争力构建提供强有力的支撑。

【石家庄钢铁有限责任公司】 石家庄钢铁有限责任公司（简称石钢公司）为河北钢铁集团下属子公司，始建1957年，具有年产260万吨特殊钢棒材生产能力，主导产品有轴承钢、齿轮钢、弹簧钢、易切削非调质钢、优质碳素结构钢、合金结构钢等，规格涵盖Φ13mm～180mm，主要应用在汽车、铁路、工程机械、船舶工业、石油及矿藏开采等行业。石钢公司按照ISO9001标准、TS16949技术规范、APIQ1规范要求，建成完善的质量管理体系，依托ERP信息系统和精益六西格玛、SPC等先进的质量管理方式，实现全员、全面、全过程产品质量控制和质量保证。依据日本标准、德国标准、美国标准、国家标准等标准及客户特殊要求组织生产，为客户提供700多个品种、1000多个个性化协议产品，并通过丰田、雷诺日产、康明斯、麦格纳、阿文美驰、采埃孚、现代、美国车桥、卡特比勒、小松、NSK、KYB等近百家知名企业供应商资格认证。其中，石钢“山”字牌圆钢获评“河北省名牌产品”。公司铁路弹条用弹簧钢产销量在国内名列前茅；轴承钢为哈轴、洛轴、人本轴承、SKF等国内外知名轴承制造企业供钢；齿轮钢系列广泛应用于唐山爱信、东风日产、麦格纳、美国车桥、采埃孚、法士特、株洲齿轮、綦江齿轮、一汽哈齿等国内知名齿轮企业，并出口欧美市场；高洁净度非调质钢产品广泛用于轿车涨断连杆、控制臂、轮毂轴、汽车曲轴、半轴、前轴、发动机活塞制造；合金结构钢、保证淬透性结构钢、优质碳素结构钢等产品应用于宝马、奔驰、奥迪、丰田、现代、东风标致、NSK、卡特比勒、小松、沃尔沃、住友、中国一汽、东风汽车、中国重汽、三一重工、东碧、山推等国内外知名企业，成为国际知名公司本土化钢材首选。公司产品畅销全国并出口世界40余个国家和地区。2013年组建的营口生产基地，具有大规格棒材、连铸圆坯、铸锻件生产能力，可生产Φ80mm～Φ350mm棒材产品和Φ300mm～Φ600mm圆坯及系列铸锻材产品，棒材产品规格扩大至Φ13mm～Φ350mm。2013年石钢公司面对严峻市场形势，加大适销对路产品结构调整和新产品开发，扩大市场占有率和品牌影响力。完善技术创新体系，强化生产、技术、销售三位一体管理和产、学、研、用全方位合作。推进支柱产品和优势产品生产，有计划地开发高端品种。全年以齿轮钢、轴承钢、高端碳素结构钢、易切非调质钢、合金结构钢等优势产品为重点，实现关键技术研究突破，产品合金比、直接直销比分别达到74.26%、75.48%，同比分别提高0.87、0.25个百分点，并成功通过VOLVO、东风日产、中国弹簧、日产汽车、麦格纳等公司产品审核。2013年石钢公司通过新产品研发及结构调整，实现销售收入突破100亿元。

【河北敬业集团】 河北敬业集团是一家以钢铁为主业，兼营化工、酒店、房地产、贸易等大型集团公司。2013年敬业集团将环境保护、节能减排放在首位，加大节能减排、能源综合利用、循环经济投入，强化治理措施，加强燃料监管，建立健全环境监测机制，实现经济效益和环境效益同步发展。该集团主要产品为螺纹钢、中厚板、水杨酸、阿司匹林。至2013年末，河北敬业集团共有员工20500名，总资产185亿元，是世界最大的水杨酸生产基地。依据河北敬业集团2012年销售收入452亿元，上缴税金7.2亿元排名，2013年河北敬业集团位居中国500强企业第229位，全国制造业500强第110位，河北百强企业第9名，石家庄百强企业第一名。

（牛永智）

建材工业

【概况】 2013年，全市建材行业共有规模以上企业236家，从业人员4.78万人，总资产390.83亿元。全行业主营业务收入521.79亿元，同比增长8.41%；实现利润48.76亿元，同比增长7.62%，位居工业行业第5位；实现利税64.19亿元，同比增长6.5%；完成增加值138.2亿元，位居工业行业第6位。2013年建材行业对全市工业生产增量贡献率为7.9%。建材行业主要为非金属矿物采选业和制品业两大类。年末全市建材行业共有采选业生产企业9家，制品业生产企业227家，主要产品大类有水泥熟料、水泥、商品混凝土、建筑陶瓷、平板玻璃、建筑板材、石墨及碳素制品等。2013年主要工业产量为生产水泥熟料1358.57万吨、水泥3873.1万吨、建筑陶瓷1.82亿平方米、平板玻璃862.93万重量箱、建筑板材498.04万平方米，石墨及炭素制品7.75万吨。主要企业有鹿泉金隅及曲寨、高邑力马建陶、行唐玉晶玻璃等。按照河北省化解过剩产能要求，石家庄市拆除了鹿泉市、平山县辖区内西柏坡高速公路两侧35家企业37套水泥粉磨系统、733个料仓和1条产能21万吨旋窑水泥熟料生产线，压减水泥产能1850万吨。

（牛永智）

【水泥行业限产】 2013年受水泥需求下滑、市场价格低迷影响，全市水泥企业产销量、利润额均比2012年出现下降。石家庄市大型水泥企业主要分布在鹿泉市、赞皇县、辛集市、高邑县等县（市）区，2011～2013年石家庄市水泥行业经历过山车式价格变化。2011年5月，石家庄市水泥、熟料售价最高，含税价分别为334元／吨、308元／吨；2012年11月售价达到低点，水泥平均售价250元／吨，熟料平均售价170元／吨，价格降幅分别达25%和45%。根据统计部门调查，石家庄市水泥需求为2000万吨，产能为2500万吨至3000万吨。受价格下降和产销量减少两方面因素影响，企业销售收入明显下降。2012年初，河北省建材协会开始组织水泥企业参与限产保价活动。2013年全市水泥行业多数企业参与限产减亏，成品产量大幅下降，可销售价格仍处于低位，多数企业亏损严重。随着竞争加剧，企业间差别越来越大。2013年大型水泥企业的生产能力、生产水平和小型企业相比处于绝对优势地位，包揽重点工程大部分订单。小型企业受生产能力限制及产品型号低、价格低等因素影响，处于不利地位，许多小型企业产品被大型工程淘汰，无法与大型企业展开竞争。推进工业转型升级和大气污染防治，压减水泥产能。根据监测，水泥企业生产过程中产生的粉尘是形成雾霾重要因素之一。12月17日，石家庄采取集中行动，拆除鹿泉市、平山县沿西柏坡高速公路两侧18家水泥熟料企业19台粉磨机、396个圆仓和1条旋窑水泥熟料生产线，压减水泥产能940万吨，年可减少粉尘排放3825吨，腾退土地1900亩，涉及企业主要有鹿泉金隅鼎鑫三公司粉磨站二分厂、中山建材有限责任公司，平山县西柏坡建材有限公司、冀鹿建材公司等建筑材料企业。

（牛永智　王巍）

【景德镇陶瓷展览会】 6月8～25日，由景德镇工艺美术学会、景德镇陶瓷艺术商会、河北美术馆主办，兆云陶瓷艺术馆、王锡良家族艺术馆共同承办的景德镇陶瓷艺术大师精品展在河北美术馆举行。展会云集了中国工艺美术大师，省工艺美术大师以及优秀陶瓷艺术家的精品作品，展出总件数400余件（套）。参展艺术家有王锡良、王寿霖等。除多位名家代表作外，省会参观市民还看到一批精仿的“元”、“明”、“清”、“民国”朝代瓷器精品，高仿品或器型豪放磅礴，有的发色艳丽浓重，有的隽秀玲珑精致，非常逼真地反映各个朝代作品的风格特色。展览期间，参展艺术家分期分批来到石家庄，为参观者讲解陶瓷艺术品与产品的差别，并介绍了陶瓷艺术品收藏知识。

（牛永智）

【中国建材集团子公司签约入驻深泽县】 6月9日，中国建材集团旗下两子公司与深泽县河北千秋节能防腐公司、农哈哈机械公司举行战略合作签约仪式。中国建材集团为世界500强企业，集团旗下的中国新型房屋集团公司与河北千秋节能防腐公司签署协议，建立战略同盟关系，双方计划投资5亿元，在深泽县工业园区内建设复合硅酸镁铝绝热材料生产基地。复合硅酸镁铝绝热材料是传统建筑用泡沫保温材料的升级替代产品，填补了国内空白，市场前景广阔。中国建材集团旗下的中联装备公司与河北农哈哈机械集团公司签署合作协议，采取联合重组方式，建立新的实体企业，共同开拓国际国内农业机械市场。深泽县以此次合作为契机，计划通过2～3年努力，打造中国北方最大的新型节能保温材料生产基地和占领北方、辐射全国、影响世界的“华北农机城”。

（刘炯）

【卡森集团投资建设无极建材装饰城】 7月2日，无极县政府与卡森集团签约无极国际建材装饰城项目，总投资80亿元，占地3000亩，建设包括生产加工区、产品展示区、仓储物流区、商贸中心区、板材原辅料区以及配套生活区，建筑总面积200万平方米。建成后，该项目为中国北方最大的国际化、现代化建材装饰材料生产销售基地。无极国际建材装饰城项目是卡森集团在石家庄投资的第二个大项目，第一个大项目为2012年11月开工建设的无极卡森现代皮革产业园项目。卡森集团创立于1988年，总部位于浙江省海宁市，是一家从事皮革及家居生产、旅游综合体开发、国际农业开发的大型企业集团，在海内外拥有50余家控股子公司，是中国最大的皮革产品生产商和软体家具制造商。

（焦莉莉）

中小企业

【概况】 2013年，全市民营企业完成增加值2968亿元，同比增长11.2%，占全市GDP 65.9%；上缴税金434亿元，同比增长24.3%，占全市财政收入68.9%，占比提高5.5个百分点；实现营业收入13895亿元，同比增长16.2%。2013年全市民营企业施工项目2391个，开工项目2108个，投产项目1920个；完成固定资产投资1336亿元，同比增长20.5%，其中新增固定资产849亿元，同比增长20%。2013年民营企业投产1亿元以上固定资产项目154个，投资额384亿元。年末全市共有民营经济单位27.96万个，同比增长2.04%；民营企业4.97万家，同比增长0.6%；从业人数256万人，同比增长3.85%。2013年全市新认定企业创业孵化基地4家，分别是石家庄智通创业孵化基地、石家庄达西创业孵化基地、石家庄恒聚创业孵化园、美东家庭服务创业孵化基地分园。至2013年底，全市共有企业创业孵化基地12家。

（陈梅芹）

【支持中小企业发展】 实施中小微企业成长工程，鼓励全市中小企业，特别是50家重点民营企业兼并联合、重组上市，确定培育年主营业务收入超10亿元“小巨人”企业5家。推进43个县域产业集群提档升级，到2013年底，全市营业收入超50亿元和100亿元产业集群分别达到16个和11个。增强民营经济活力，落实支持中小企业发展专项资金，重点向“专精特新”中小企业倾斜。开展多种形式银、企、担合作，缓解企业融资难题。加快中小企业公共服务平台建设，为中小企业创业和发展提供全方位、保姆式服务。推进中小企业品牌建设。

（范玉蕾）

【县域中小微企业融资对接活动】 11月15日，由河北日报报业集团和石家庄市工信局联合主办，河北新闻网承办的“创新融资平台助力县域经济”石家庄县域中小微企业融资对接活动在藁城市举行。银行、担保、证券、石家庄股交所等19家金融机构与来自藁城市及周边地区70余位中小微企业家参会。对接活动上，石家庄市中小微企业与中国银行成功签署500万元授信协议。经过多方洽谈与相互选择，金融机构与中小微企业成功签约15对，总投融资额1.26亿元，创下河北省单场融资对接会成交率新高。

（侯天仪）

【种子基金担保】 12月11日，中信银行石家庄分行与市商业联合会签署战略合作协议，向约40户小企业客户提供种子基金贷款1亿元。该协议是中信银行与市商业联合会、河北平信投资有限公司合作开展种子贷业务基础上，建立的全方位合作战略伙伴关系。种子基金业务合作过程中，市商业联合会为合作方，河北平信投资有限公司为基金出资人和管理人，采用“种子基金＋法定代表人连带责任保证＋追加平信投资公司连带责任保证”方式，为种子基金管理人推荐的小企业及自然人提供担保。此次签署战略合作协议，中信银行石家庄分行将依托中信集团金融控股平台，为市商业联合会提供综合性全能金融服务以及其他个性化金融服务。

（靳晓磊）

城乡建设与环境保护

城乡建设与环境保护

概　述

2013年，全市规划、建设、管理、园林、环保和房管部门以建设生态宜居城市为主线，全力开展城市容貌综合整治，稳步推进基础设施建设，加快实施县城建设扩容升级，狠抓城市精细化管理，实现城市承载能力提升，城乡面貌明显改善，生态环境持续好转。城乡规划以生态宜居为主线，以城镇建设上水平、出品位为主题，对标国内先进城市，完善规划体系和法规体系，有效发挥城乡规划引领作用，为社会经济发展提供了强有力保障。9月23日，《石家庄市城市总体规划（2011—2020年）》获得国务院批复。编制完成《西山生态景观带规划》、《中心城区人口控制规划》等14项规划，共向新客站周边路网、南水北调石津渠排水截流、轨道交通管线倒改、供热管网改造、洨河治理等市政基础设施建设提供规划服务。召开5次城乡规划委员会会议，审议项目53个。城市规划部门受理报建项目1392件，结案项目843项。城乡建设以提升供热保障能力和加强建筑工地扬尘污染治理等为重点，稳步推进基础设施建设。年内出台实施《石家庄市供热用热条例》，新铺设供热主管网62千米，改造二次管网351千米，改善主城区供热面积3871万平方米，新增天然气供热面积1038万平方米，完成市区118台分散燃煤采暖锅炉置换，确保了全市供热整体运行平稳。修订完善《石家庄市建设工程施工现场扬尘管理标准（试行）》，实施建筑工地网格化管理，增强了施工现场扬尘治理可控性。全力推动基础设施建设，新客站东广场主体工程基本完工，打通主城区断头路8条，天山大街、新石北路等新修市政配套道路开工建设。全年天然气销售7.7亿立方米，同比增加2.6亿立方米。新铺设天然气管线42条21千米。城中村拆迁面积146.53万平方米，腾地201.3万平方米。统筹推进县城建设和管理，各县（市）累计拆除违法违规建筑360万平方米，累计清运各类垃圾135万吨，县城乡镇面貌显著改善。住房保障和房地产开发以保障性安居工程建设、房地产市场监管、物业管理、经营开发等为中心任务，全年发放商品房预售许可证101个，批准预售面积591万平方米，开具购房查询证明6.4万份，完成各类房屋权属登记13.6万件、4124万平方米，发证11.8万个，完成各类收费6738万元。市区商品房和二手房成交6.7万套，总成交金额达到428亿元。市区商品住房上市面积358万平方米，成交面积362万平方米，商品住房供求比首次接近1：1，成交均价为6320元／平方米。市区二手住房成交183.7万平方米，成交均价为5325元／平方米。加强房地产市场监管，全年受理房地产开发企业资质申请1043件，办理982件。开展房地产市场专项检查整顿活动，全年对存在违法违规行为126家开发企业、12家经纪机构实施行政处罚，共罚款3023万元。2013年保障性安居工程建设在省政府年度考核中被确定为全省优秀，实现省年终考核“三连冠”。强力推进城市园林绿化建设，实施“增绿、提质”绿化重点工程建设，全年道路绿化累计新建提升绿地405.13万平方米，栽植乔灌木556.7万株。开展水系增绿补植工作，累计新建提升绿地54.4万平方米，栽植乔灌木49.2万株。开展争创园林县城活动，元氏县、平山县、井陉矿区通过省级园林县城验收。顺利完成洨河整治工程，38.4千米主河槽清淤2.5万立方米，全长5.2千米环城水系西线与南水北调并行段达到通水条件，西北水系潜流湿地全部建成。年末全市共有公园广场62座，新建提升绿地672万平方米，超额完成计划任务量12%；栽植乔灌木696万株，超额完成计划任务量16%。至2013年底，全市建成区绿地面积达到8245.63万平方米，绿地率达到39.26%，绿化覆盖率达到43.37%，人均公园绿地面积14.55平方米。强力开展环境综合整治，突出防范环境风险，全面改善城乡生态环境，重点实施大气污染防治攻坚、洨河综合整治、总量减排等重点工程。加强污染监督和监测，市环境保护与气象部门建立每日空气质量会商制度，结合气象条件、管理措施研判空气质量变化趋势，全力做好预警预报。制定《石家庄市空气重污染日预警应急工作实施方案》，启动4次空气重污染预警应急响应。暂停审批涉煤项目和燃煤锅炉，市区分散燃煤锅炉拆除272台，推广使用优质低硫煤炭730万吨，市区及周边9家大气重点企业实行24小时驻厂监管。淘汰黄标车8.9万辆。全年环保部门完成审批项目1535个，完成建设项目验收427个，市级办理排污许可证156个；办理行政处罚案件1273件，罚款总额2601.53万元，征收排污费9798.5万元。2013年大气环境治理按新实行的空气质量指数标准，全市空气质量优良天数43天，三级轻度污染84天，四级以上污染238天，优良率为11.8%。加强城市精细化管理，组织开展"洗路降尘"行动，减少道路积尘。市、区两级政府加大投入，集中购置清扫机械，年内城区机械化清扫率由40%提高到50%，主街主路达到80%，有效降低人工清扫造成二次扬尘污染。重拳治理渣土乱象、露天烧烤等城市"顽疾"，成立渣土执法大队，启动渣土"百日行动"整治活动，市区渣土运输秩序实现逐步好转。加强市政设施整修和维护，全年整修41条80余千米道路，维修"四横八纵"破损严重道路12万平方米。强力推进市容市貌综合整治，狠抓一环、三区、八线美化亮化工程，全年拆除违规临建3万余平方米，整治楼宇427栋、小街巷50条，清理取缔三环内废品收购站243处。扩容升级数字城管系统平台，城区二环路以外管辖区域实施数字城管监督服务。11月29～30日，在北京市举行的第三届中国城市管理论坛暨深化城市领域改革研讨会发布城市管理蓝皮书《中国城市管理报告（2012）》，宣布在全国直辖市、省会城市等44个重点城市中，经综合测评多项城市管理水平指标，石家庄市位列第5名。

城乡规划

【概况】 2013年，市城乡规划部门以生态宜居为主线，以城镇建设上水平、出品位为主题，对标国内先进城市，完善规划体系和法规体系，狠抓精细化管理，有效发挥城乡规划引领作用，为社会经济发展提供了强有力保障。9月23日，《石家庄市城市总体规划（2011–2020年）》获得国务院批复。编制完成《西山生态景观带规划》、《中心城区人口控制规划》等14项规划，获得河北省优秀城乡规划设计一等奖4项、二等奖3项、三等奖6项。召开5次城乡规划委员会会议，审议项目53个。受理报建项目1392件，结案项目843项。推进城市容貌整治，组织八家甲级设计单位编制完成"一环、三片、六线"景观环境整治规划，并为新客站周边路网、南水北调石津渠排水截流、轨道交通管线倒改、供热管网改造、洨河治理等市政基础设施建设提供规划服务。加大县城、乡村规划工作督导力度，指导各县（市）编制完成369个帮扶村环境整治方案，123个帮扶村村庄规划，434个省级重点村农村面貌改造提升规划，完成率达100%。推进《石家庄市城乡规划条例》立法，反复修改草案30余稿。强化规划精细化管理，在市内规划分局和组团分局开展标准化机关建设和ISO9001体系认证，其中质量管理体系认证7月1日全部建立运行，年末城乡规划局机关和分局顺利通过外审。全年对涉及群众切身利益审批事项全部实施公开听证，共组织各类听证会18次。2013年市规划部门办理申请政府信息公开70余件；办理人大代表建议23件、政协委员提案44件，按时答复率100%。按照"优化内容、丰富手段、完善流线"要求，提升改造规划馆设置。利用有效空间，深化固定展陈内容，完成多媒体会议室建设、视觉识别系统设计、"石家庄历届领导人"展墙换展等。其中，二层VIP展厅“石家庄历届领导人”详细介绍了1947年至2013年66年间石家庄市的历任市长、市委书记。2013年市规划馆接待参观团体252个，接待参观人员4万人次。

【城乡规划会议】 3月18日，市城乡规划委员会主任、代市长王亮主持召开市城乡规划委员会第八次会议。市城乡规划委员会副主任、市委常委、副市长刘晓军，市城乡规划委员会成员单位负责人参加会议。会议审议并原则通过石家庄市中心城区部分地块控制详细规划动态维护、石家庄市2013年环境综合整治规划、石家庄都市区电力规划，新老客站、省文化中心三片区、一环六路等环境综合整治规划以及正定新区石家庄日报社（报业传媒集团）传媒大厦、冀兴广场、中科环能、市第四医院新院区、武警总队指挥中心、大郭村商办楼、石家庄档案馆等项目方案。

6月9日，市长、市城乡规划委员会主任王亮主持召开城乡规委会第九次会议。副市长、市城乡规划委员会副主任李晋宇，市城乡规划委员会成员单位负责人参加会议。会议审议并原则通过石家庄市中心城区部分地块控制性详细规划动态维护、都市区重点区域新型城镇化近期建设规划，以及国际贸易城、桃园时代广场、新合作大厦、安联·青年广场、省四院新建医技病房楼、西三庄—天河悦城等项目规划方案。会议原则同意市城乡规划局关于三教堂保障房项目、安苑保障房项目等12个街坊或地块的控规动态维护方案。石家庄市都市区重点区域新型城镇化近期建设规划按照“具备良好的交通区位与产业基础，初具规模，有一定公共设施和基础设施”标准，编制了上庄、铜冶、冶河、岗上4个新市镇和良村开发区、化工园区、装备制造基地、信息产业基地、空港工业园5个产业园区，共9个重点示范区的新型城镇化近期建设规划。近期规划在深化落实总体规划和对既有相关规划的发展规模、功能定位、用地布局、公共设施和基础设施建设等内容进行梳理基础上，确定了近期产业发展、村庄整合、交通完善、基础设施配套、服务设施提升等重点内容。

8月14日下午和8月15日上午，市长、市城乡规划委员会主任王亮主持召开市城乡规划委员会第十次会议。市委常委、常务副市长、市城乡规划委员会副主任刘晓军，副市长、市城乡规划委员会副主任李晋宇，副市长、市城乡规划委员会副主任王韶华，市城乡规划委员会成员单位负责人参加会议。会议审议并原则通过正定古城整体格局与风貌规划、正定南部控制性详细规划、河北奥体中心——田径（篮排）馆项目、石家庄市公共交通规划、南二环东西延道路及立交节点方案、槐安路——西二环互通立交方案、石家庄市中心城区部分地块控制详细规划动态维护、店上村庄规划、凌透村庄规划，以及中科环能、振二街尚峰汇商业综合体、青少年宫改造等项目规划方案。会议提出，在正定古城实施恢复古城墙、复建阳和楼、改造治理周汉河，以及隆兴寺等八处国宝文物本体的维护修缮、周边环境的改造提升，历史建筑、传统民居修缮整治，历史街巷的整治，古城内道路、排水等市政设施及交通环境的改善等措施，同时向外疏解古城人口，加强古城与新区之间交通及景观的联系。通过保护、整治、复建、改造等措施，形成九楼四塔八大寺为统领，城、关、衙、庙形制清晰的北方第一名郡，展现自隋朝以来九朝不断代的古城文化，力争3年时间恢复正定古城“千年古郡、北方雄镇”的历史风貌格局。正定古城南部控规性详细规划要点：重视古城保护，发掘地方特色；明确发展定位，优化功能布局；统筹城乡发展，妥善安置居民；依托城市设计，合理确定容量；优化交通系统，加强交通联络；整合基础设施，保障市政供给；落实公共设施，创建宜居生活；规划协同建设，促进规划实施。正定古城高度控制的总体思路：南保、北控、周边协调，按照“整体控制、重点保护”的原则对古城进行详细的高度控制，形成华北地区格局最完整、特色最突出、环境最宜人、资源最丰富的历史古城。

11月14日，市长、市城乡规划委员会主任王亮主持召开城乡规委会第十一次会议。市委常委、常务副市长、市城乡规划委员会副主任刘晓军，副市长、市城乡规划委员会副主任李晋宇，市城乡规划委员会成员单位负责人参加会议。会议审议并原则通过正定南关村修建性详细规划设计、石家庄南部综合物流产业聚集区规划、鹿泉市城乡总体规划（2013—2030年）、石家庄市中心城区部分地块控制性详细规划动态维护、石家庄市全民健身中心、石家庄（新华）新合作城市广场、白求恩国际和平医院新门诊楼、省三院门诊医技楼和病房医技综合楼等项目方案。

12月13日，市长、市城乡规划委员会主任王亮主持召开市城乡规划委员会第十二次会议。副市长、市城乡规划委员会副主任李晋宇，市城乡规划委员会成员单位负责人参加会议。会议审议并原则通过《石家庄市城市步行和自行车交通系统规划》、《晋州市城乡总体规划（2013—2030年）》、《藁城市城乡总体规划（2013—2030年）》，以及河北出版传媒创意中心、南石家庄城中村改造、河北广电网络产业中心、大谈城中村改造等项目规划方案。《石家庄市城市步行和自行车交通系统规划》主要内容：对步行、自行车交通进行空间规划，规划自行车休闲道，加强路内占道管理，保障步行道和自行车道宽度；规划自行车停车设施，建立自行车与公共交通系统换乘体系；完成过街设施，特别是人行立体过街设施规划；制定公共自行车发展规划，明确定位，布局方式，发展规模等；结合城市建设规划及步行、自行车发展现状，制定近期建设内容等。规划到2020年，石家庄城市步行、自行车出行比例不低于55%。《藁城市城乡总体规划（2013—2030年）》主要内容：确定藁城市发展定位为省会都市区重要组成，省会先进制造业基地、农产品供应基地、生态保育基地和旅游休闲、商贸物流为主的现代服务业基地。以“协同发展”为理念，突出藁城与省会的融合与对接；通过“产业同链、交通同网、生态共建、环境共治、设施共享、空间协调”措施，协力建设省会都市区；强化产城互动，实现产业聚集区与中心城区、中心镇空间整合与设施共建；合理划定市域生态安全格局与“三区”范围，保护核心资源与生态空间等。

【规划编制】 制定《规划编制成果质量控制要点》和《规划成果质量评价细则》，建立编制单位资料库和规划部门优选规划编制单位资料库，将规划编制成果的管理与编制单位的信用评价与管理紧密结合，建立规划编制单位长效管理机制，从根源上保障规划编制成果的质量和水平。全年编制完成《西山生态景观带规划》、《中心城区人口控制规划》、《新客站广场区域深化设计》、《传统村落调查与保护研究》、《车辆厂区域城市设计》、《控规动态维护》、《城市步行与自行车慢行系统规划》、《“三片一环八路”景观环境整治规划》、《都市区四个新市镇、五个产业园区新型城镇化试点近期实施规划》、《暴雨强度公式研究》、《老旧小区改造标准》、《都市区新型城镇化发展建议》等14项专项规划任务。编制正定古城风貌恢复提升规划。按照省市关于正定古城风貌恢复工作要求，市城乡规划部门组织清华、同济城市规划设计院完善《正定古城风貌保护规划方案》，明确千年古郡、北方雄镇历史风貌格局，为正定古城风貌恢复提升提供蓝图。召集国内知名专家审查论证《正定县城市总体规划（2009—2020）》，督促协助正定县开展《正定县城乡总体规划》编制。推荐专家组成古城保护专家团，对正定县编制各项规划把关。督促审查正定历史文化名城保护规划、古城整体格局风貌规划等15项古城保护规划。

【规划审批】 全年召开5次城乡规划委员会会议，审议项目53个，涉及总体规划6个，专项规划5个，详细规划6个，房地产开发项目20个，公共项目16个。通过集体审议决策，确保了规划决策的科学性和权威性。城市规划部门受理报建项目1392件，其中用地规划613件、建筑规划344件、市政规划359件、规划核实（监督检查）76件，所有报建项目按时办结率达到100%。结案项目843项，包括核发“一书两证”572个，其中建设项目选址意见书5个、建设用地规划许可证92个、建设工程规划许可证建筑类182个、建设工程规划许可证市政类293个；核发竣工验收函70个，核发规划条件132项，核发建筑工程方案34项，综合管网8项，市政工程方案27项。

（刘智国）

【《石家庄市城市总体规划（2010—2020年）》获得国务院批准】 9月13日，《石家庄市城市总体规划（2010—2020年）》获得国务院批准。这是石家庄市建国后第四版城市总体规划。根据该规划，到2020年，石家庄中心城区城市人口控制在300万人以内，城市建设用地控制在287平方千米以内。规划方案明确北跨发展策略，确定了“一河两岸三组团”布局结构，通过在都市区打造“西山、北水、绿环、绿廊”生态格局，在中心城区增添绿地系统等措施，加快城市生态环境建设。“一河两岸三组团”：“一河”即滹沱河；“两岸”指滹沱河南岸的老城区和东部产业区，以及滹沱河北岸的正定古城和正定新区；“三组团”是指围绕在石家庄市周边的鹿泉市、栾城县和藁城市。都市区提出“西山、北水、绿环、绿廊”生态格局，即建设400平方千米西部山前生态休闲带、实施“一河两环”水景工程、330平方千米环城生态协调区、8条生态廊道等。中心城区增添绿地系统，即实现“500米见园、300米见绿”的绿地系统布局原则和人均12平方米公园绿地目标。

（宋钧）

【《石家庄南部综合物流产业聚集区总体规划》通过审核】 2013年11月，市规划委员会审核通过《石家庄南部综合物流产业聚集区总体规划》。石家庄南部综合物流产业聚集区是河北省政府确立的首批省级物流产业聚集区之一，也是石家庄市培育壮大现代物流产业、推进物流企业集聚发展的重要载体。按照总体规划，该聚集区规划控制面积30平方千米。至2013年底，该聚集区初步确立一核（物流企业总部基地、大宗商品交易中心、金融商务服务中心和公共信息服务平台）、一带（现代商贸隆起带）、一港（公路港）、四园（装备制造业物流园、生物医药物流园、商贸物流园、农产品物流园）产业发展格局。

（吴温）

【支持改善城市环境】 开展大规模城市容貌整治，在多次调研基础上，向市容市貌整治工作提供技术支持，实施全程跟踪指导，并确立由主街主路向城市次干路延伸、由线性街道景观向区域扩展、将建筑外部环境作为整治重点的指导思想。组织8家甲级设计单位编制完成“一环、三片、六线”景观环境整治规划，起草建立石家庄市建筑景观控制导则。遵照改善城市生态环境，提升城市功能原则，推进污染企业搬迁改造，完成金石化肥、常山集团等7家企业搬迁选址。组织编制《石家庄市城市步行和自行车交通系统规划》，倡导市民绿色出行，为提升城市形象，提高市民生活质量，改善城市大气环境提供技术保障。

【修订规划管理条例】 随着经济社会发展，1994年颁布的《石家庄市城市规划管理条例》已不适应城乡建设需要。2013年市规划局本着“立足市情、解决问题、适度超前”指导思想，采取“业务处室负责起草，起草小组汇总修改；规划专家、先进城市同行全程跟踪；法律专家、律师团队整体把关”组织方式，专题研究法律难点问题，学习借鉴北京市、上海市、浙江省、济南市、成都市、郑州市等20多个省市经验，并结合实际，完善条例内容，反复修改成稿30余次。实行开门立法，突出公众参与。市人大会议审议期间，在全市主要报刊、媒体将规划条例草案向全社会全文发布，公开征求意见。修订后的规划条例突出违法建设控制查处及规划的权威性、刚性与适应性，理顺了市、区和部门间职责权限，超前预判城乡规划出现的新理念、新动向、新趋势，并确定公众参与、民主决策、管理手段创新、政府职能转变等方面导向性。为确保城乡规划条例贯彻落实，市规划局还印发了《城乡规划管理技术规定》、《城乡规划管理程序规定》，深化细化了城乡规划条例，确保条例落到实处。

【数字规划建设】 深入推进数字规划建设，专门成立数字规划建设工作专职机构，配备专职人员，并投入资金建设数字规划应用系统，改造升级硬件设备，及时更新基础数据。以河北省数字规划保障体系为基础，拓展深化本地制度、标准，全年出台和完善制度、标准100多项。加强应用系统建设，完成内网网站、督察界面、监查系统等7个子系统建设，组团分局规划管理系统和协同办公系统实现与市城乡规划局统一平台、统一标准、统一数据。推进数据库建设，在全国规划同行中，第一个实现由54坐标系转换为2000国家大地坐标系。5月6日，市城乡规划局顺利启用石家庄城市坐标系；2013年底前各组团县（市）完成坐标系转换，全面统一了市区规划成果坐标系，为规划建设“一盘棋”提供了技术保障。

【规划批后管理】 加大对未经规划许可的违法建设行为查处力度，严格按照“九步验线”法，实施精细化管理。严格建设工程批后监管，落实每个核验环节工作内容、时限要求和工作标准。实行新的《建设工程批后管理手册》，做到规划管理文书格式规范化、标准化。全年跟踪监管批后建设项目464个，建设面积3880万平方米，规划条件核实并出具竣工验收合格函88个，验收面积648.7万平方米。全年作出行政处罚32件，做到对违法建设发现率100%，立案查处率100%，申请执行率100%。

【城乡规划统筹】 加快推进新型城镇化建设，按照城乡统筹，统一规划，点面结合，重点突破原则，突出都市区带动作用。2013年市规划院编制完成上庄、铜冶、冶河、岗上四个新市镇和良村开发区、化工园区、装备制造基地、信息产业基地、空港工业园五个产业园区，共九个重点示范区的新型城镇化近期建设规划及近期开发建设区域控制详细规划。指导东部地区行唐县、新乐市、无极县、深泽县、晋州市、赵县、元氏县、高邑县等县（市）开展新型城镇化试点总体规划修编；指导西部地区有条件县（市）选择一个重点镇修编总体规划，开展新型城镇化规划试点。按照《河北省提高县城规划设计和管理水平的实施意见》要求，指导各县（市）和井陉矿区继续开展城乡总体规划编制。至2013年底，高邑县、栾城县、井陉矿区城乡总体规划通过市政府批复；赵县、元氏县、行唐县、鹿泉市、晋州市、藁城市、深泽县城乡总体规划通过市城乡规划局专家审查；新乐市、赞皇县、灵寿县完成规划纲要编制；无极县、正定县、平山县、井陉县完成规划纲要初稿，正在修改完善。指导各县（市）区开展县城（城区）“六个一”特色工程和百个美丽乡村创建工作，督导正定县、赵县、井陉县、平山县4县推进历史文化名城、名镇、名村保护工程。按照省市《关于实施农村面貌改造提升行动的意见》和加强基层建设年活动要求，编制完成2个省级农村面貌改造提升示范点规划，369个帮扶村环境整治方案，123个帮扶村村庄规划，434个省级重点村农村面貌改造提升规划，完成率达到100%。

（刘智国）

城乡建设

【概况】 2013年，全市城乡建设部门以改善“两个环境”为主线，以提升供热保障能力和加强建筑工地扬尘污染治理为重点，稳步推进基础设施建设，加快实施县城建设扩容升级，优化建筑行业管理，全面提升城市综合承载能力和建筑业管理服务质量。《石家庄市供热用热条例》批准施行。5月30日，省十二届人大常委会第二次会议审查批准《石家庄市供热用热条例》，决定2013年9月1日起施行。主要内容为：正定县、鹿泉市、藁城市、栾城县纳入市区供热用热规划；既有建筑50%以上未达到节能标准应改造；停热超过24小时退还相应热费；建立24小时监督举报电话；空置房按热费总额20%收取；供热单位未经批准擅自停业最高处罚20万元。集中解决2012～2013年供暖期间存在突出问题，重点实施“五大工程”和18项具体任务。2013年全市新铺设供热主管网62千米，改造二次管网351千米，改善主城区供热面积3871万平方米，新增天然气供热面积1038万平方米，较好完成了市区118台分散燃煤采暖锅炉置换，确保了供热运行平稳。至2013年底，市区总供热面积达到1.33亿平方米，同比增加用热需求面积500万平方米。修订完善《石家庄市建设工程施工现场扬尘管理标准（试行）》，实施建筑工地网格化管理，建立建设工程施工现场远程监控系统，增强了施工现场扬尘治理可控性。全力推动基础设施建设，新客站东广场主体工程基本完工，周边区域配套工程整体推进；打通主城区断头路8条；天山大街、新石北路等新修市政配套道路开工建设；完成仓顺路、丰收路等保障房配套道路主体建设工程。统筹推进县城建设和管理，各县（市）累计拆除违法违规建筑360万平方米；累计清运各类垃圾135万吨，元氏县、平山县、井陉矿区获评“省级园林县城”，鹿泉市、晋州市获得全省人居环境进步奖，年末拥有国家级、省级园林县城10个。2013年全市燃气用户较2012年增加6万余户，燃气普及率达到99.89%。天然气销售7.7亿立方米，同比增加2.6亿立方米。新铺设天然气管线42条21千米。城中村实施拆迁146.53万平方米，腾地201.3万平方米。

（朱伟社）

【新市镇城镇化建设】 推进新型城镇化建设，提升县城乡镇的城区规模、基础设施、承载能力、容貌形象和管理水平。4月17日，全市召开城镇建设上水平出品位动员大会，下发《石家庄市城镇建设上水平出品位实施方案》，部署2013年城镇建设上水平、出品位工作。省委常委、市委书记孙瑞彬，市长王亮，市委副书记刘云峰及市领导王华清、刘晓军、胡儒钗、李晋宇等参加会议。会议提出，加速推进城镇建设上水平、出品位，着力打造大省省会新形象，在城市规划建设、基础设施建设、城市管理、聚集优质生产要素、环境质量上上水平。4月27日，全市推进城镇化建设领导小组举行第一次会议，听取市直有关部门、组团县市城镇化建设工作进展情况，研究讨论2013年重点区域城镇化建设工作推进方案和支持城镇化建设若干政策。7月9日，市长王亮到栾城县冶河镇调研指导加快推进新市镇新型城镇化建设。2013年全市提出加快推进良村开发区、循环化工园区、装备制造基地、信息产业基地、空港产业园五大产业园区和鹿泉市上庄镇、铜冶镇，栾城县冶河镇，藁城市岗上镇四个新市镇新型城镇化建设，谋划城镇化建设在重点区域率先取得突破，为全市乃至全省新型城镇化建设提供样板。五大产业园和四个新市镇新型城镇化建设坚持政府主导、产城融合、城乡统一、分类指导原则，依托城镇发展产业和产业建设城镇，实现新市镇建设与人口集中、产业聚集同步推进，打造宜业宜居的生态小镇、风情小镇。新市镇建设主要是打破城乡二元结构，实现造农村新城、造城乡新景、造农民之福，把具备条件的中心镇转变成小城市，把具备条件的农业人口转变成城市人口。

（刘娴　靳晓磊）

【县城建设】 开展以城区建筑治“违”、环境卫生治“脏”、容貌秩序治“乱”和提升园林绿化水平、提升城市管理水平为主要内容的“三治两提”环境容貌整治提升攻坚行动。7月19日，市委、市政府召开县城建设工作推进会，部署推进全市县城建设。省委常委、市委书记孙瑞彬，市长王亮出席会议。会议成立县城建设工作领导小组及办公室，印发《关于全面推进县城建设的意见》、《2013年县城拆违工作实施方案》、《县城建设目标体系》等政策文件。会议要求抓住机遇、突出重点、强力推进、奋力追赶，务力开创县城建设新局面。7月20日，县城建设拆违工作启动，以实现拆违还路、拆违增绿、拆违添景为目标，主要拆除县城车站、广场、旅游景点等重要节点、主路主街、主要出入市口、环城公路两侧及铁路、高速公路、国省干道沿线范围内违法建筑、超期临建设施。2013年8月，市政府听取各县（市）关于县城建设工作汇报，并在赵县召开全市拆迁工作现场会。9月6日，河北省县城容貌整治现场会在石家庄市召开。在此次会议上，石家庄市作典型发言，赵县、高邑县、无极县作经验介绍。2013年10月，开展和启动县城卫生专项整治活动、样板街道创建活动、县城城区绿化攻坚活动。2013年石家庄县（市）投资1600万元，购买垃圾清扫车50余台，清理垃圾135万吨，清理小广告25.6万处，规范广告牌匾2万余块，查处违法车辆19.9万辆次；每个县（市）创建样板示范街道4条以上；完成“拆违拆陋”面积360万平方米。启动县城绿化攻坚活动，重点在县城主路主街、公园广场、县城出入口、连接道、主城区实施绿化攻坚。2013年石家庄县（市）按照“大绿量、厚密度”绿化标准，种植乔木49.6万棵、灌木110.2万株，建设绿道绿廊94.8千米，新增绿地370.11公顷，新建、升级改造公园游园53个，基本达到“300米见绿、500米见园”要求。黑山大峡谷等3个省级风景名胜区总体规划编制评审完成。井陉矿区新建占地1500亩杏花沟生态公园，赞皇县建成石臼山综合性公园，灵寿县主城区新建2处游园。围绕“产城互动、扩容提质、完善功能”目标任务，开展县城道路、园区基础设施、供水排水、供热供气、广场绿化等70个重大市政项目建设，获得国家污水配套管网专项资金2953万元。至2013年底，石家庄县（市）保障性住房建设任务超额完成，启动城中村改造45个，完成改造11个，完成投资207亿元；路网密度达到6千米／平方千米以上，城镇供水率达到97%，排水管网密度达到5千米／平方千米，污水和垃圾处理率达到80%以上。2013年石家庄晋州市、鹿泉市获得河北省人居环境进步奖（全省共6个县级市获得此项荣誉）；栾城县获得国家级卫生城；元氏县、平山县、井陉矿区获得省级园林城；高邑县、井陉县县城建设典型做法被编入河北省县城建设案例选编，并在全省推广。至2013年底，全市拥有国家级园林县城1个、省级园林县城9个。

（朱伟社　宋钧）

【《石家庄市2013年县城拆违工作实施方案》】 2013年7月，市政府办公厅下发《石家庄市2013年县城拆违工作实施方案》，要求各县（市）、井陉矿区用两个月时间，拆除县城及周边区域和干线道路两侧有碍观瞻的超期临建、简陋简易建筑及违法违规违章建筑。该《方案》提出，县城拆违工作要以加快推进新型城镇化为主线，对标先进城市，以改善景观、保障交通、扩容增绿、提升形象为目标。依据《城乡规划法》、《土地管理法》、《城市市容和环境卫生管理条例》等法律法规、凡违法违规，有碍观瞻的一律拆除；各县（市）、井陉矿区政府为实施拆违工作的第一责任人，对辖区拆违工作负总责；坚持以拆促治，建筑拆除后，及时平整场地、整修墙体、绿化美化；同时拆违工作要充分考虑特困群众、弱势群体利益诉求，积极帮助解决实际困难。此次拆违工作要求重点拆除车站、广场、旅游景点周边等重要节点；县城主路主街及主要出入口两侧；环城路两侧和铁路、高速公路、国省干道沿线，其他影响县城形象的重要部位。重点拆改违反《土地管理法》，占用耕地的违法建筑；违反规划控制内容，占压红线、绿线、蓝线的违法建筑；影响环境容貌的煤场、沙石场、废品收购站等；影响县城容貌的电力、通信线缆及塔站等附着物。

（岳金宏）

【《石家庄市县城环境容貌整治提升攻坚行动方案》】 2013年8月，《石家庄市县城环境容貌整治提升攻坚行动方案》出台，主要以环境容貌“三治两提”为重点，全面推进县城建设。“三治”包括县城建筑治“违”，环境卫生治“脏”，容貌秩序治“乱”。县城建筑治“违”，即整治县城建成区内违法违章建筑，拆除违反城乡规划的未批先建、超期临建、乱搭乱建的违法违章建筑和有碍观瞻的建筑；环境卫生治“脏”，即整治环境卫生，重点解决道路和施工扬尘、积存垃圾、卫生死角、沿街污渍、污水四溢、裸土见天、白色污染等问题；容貌秩序治“乱”，即整治容貌秩序，重点解决牌匾乱设、摊点乱摆、广告乱贴、店外乱占、道路乱挖、车辆乱停等问题。“两提”是提升园林绿化水平，即加大园林城创建力度，大幅增加城区绿量，强化园林绿化管护，提高绿化质量和水平；提高城市管理水平，即加快数字化城管系统和交通指挥中心建设，提高队伍素质、装备水平和综合管理能力，改变粗放城市管理方式，实行精细化、标准化、人性化管理。

（宋钧）

【农村面貌改造提升】 开展城乡一体化建设，推进农村面貌改造提升，狠抓农村环境整治和危房改造。7月9日，全市召开农村面貌改造提升行动推进会，贯彻落实全省农村面貌改造提升行动推进会精神，安排部署全市农村面貌改造提升工作。省委常委、市委书记孙瑞彬，市委副书记、市长王亮出席会议。会议提出，把农村面貌改造提升作为推动全市农村又好又快发展的重大契机，努力使全市农村面貌改造提升行动走在全省前列，为促进农民生活质量提高、生活环境改善、生活方式转变和在全省率先全面建成小康社会奠定坚实基础。2013年石家庄市开展农村面貌改造提升行动完成农村危房改造5595户；指导帮助397个村开展垃圾清运，建成长效保洁机制。年末省市123个重点村面貌提升改造任务完成。开工建设乡镇污水处理厂16个，其中5个镇污水处理厂竣工投入运营。2013年河北省住建厅确定的石家庄5个县（市）及相关乡镇全部实现“户分类、村收集、镇转运、县处理”城乡一体化垃圾处理模式。

（朱伟社　宋钧）

【发布《关于严禁违法建设行为的通告》】 7月12日，市政府发布《关于严禁违法建设行为的通告》，出台五条规定向违法建设行为说“不”。五条规定是：1. 所有建设活动和建设项目，必须依法办理各项建设许可手续，自觉服从管理，按照城乡建设规划合法进行建设。2. 市内五区、高新区范围内所有手续不全的违法建设项目，必须在7月21日前自行停工；有非法销售行为的，必须停止销售活动，关闭销售场所，主动向市住房保障和房产管理局说明情况，接受处理。3.7月21日前未停止施工和非法销售活动的违法违规建设项目，一律由辖区政府依法组织强制停工，查封施工现场，关闭销售场所，接受有关部门处理。4. 凡是拒不停工、拒不落实整改要求的违法建设项目，市规划、国土、房管、建设、公安、监察等部门依法分别对建设单位、施工单位、监理单位、设计单位、土地所有人严肃处理。5.7 月 12 日起，新发生的违法建设，一律按住建部《关于规范城乡规划行政处罚裁量权的指导意见》的要求，由有关部门查封施工现场，责令限期拆除，恢复原貌；逾期不拆除的，依法强制拆除。

（刘娴　宋钧）

【出台气化石家庄建设方案】 10 月 22 日，市政府印发《2013-2017 年气化石家庄实施方案》（石政发〔2013〕32 号）。主要内容包括：到 2014 年底前，赞皇县实现压缩天然气（CNG）利用，其他县（市）、区实现管道天然气利用，全市实现天然气“县县通”；2015 年底前，全市 20 个主要工业园区通管道天然气；2016 年底前，全市 CNG 加气站达到 104 座，LNG 加气站达到 30 座，城市公交车、城际大客车、重型货运车辆加气保障能力明显提高；加快分布式能源示范推广，到 2017 年，全市有 20 个以上项目建成投用。2013-2017 年，全市完成华电石家庄热电九期、十期项目；中电投北郊燃气热电项目、省建投藁城燃气热电项目；石炼化自备燃煤发电机组气化改造工程等。到 2017 年，工业企业燃煤设施全部改用天然气；全市天然气消费占总能耗比重由 2012 年的 1.5% 提高到 14.73%；主城区居民用户气化率提高到 96% 以上；城市公交车气化率提高到 95% 以上，各县（市）、区出租车全部气化。加快天然气干线管线、市区管网、县域支线管线后续项目建设，实现环三环天然气管道工程、东三市天然气支线工程和“县县通”工程按期建成投用。其中，2013 年底前，完成东三市天然气支线工程、井陉县天然气管道工程、陕京二线鹿泉分输站——灵寿——行唐天然气管道工程、陕京二线鹿泉分输站——宜安天然气管道工程、藁城 Z1 分输阀室——无极天然气管道工程、无极——深泽天然气管道工程、陕京二线正定分输站——新城铺天然气管道工程、循环化工园区天然气门站及管道工程、鹿泉市宜安门站——平山输气首站工程 9 个项目建设。加快产业园区通管道气工程，2014 年 5 月底前完成循环化工园区通管道气工程，2015 年底前完成装备基地、纺织基地、南部工业区、信息产业基地、空港工业园等园区通气工程。开展新市镇通管道气工程，重点发展岗上、冶河、铜冶、上庄 4 个新市镇，2016 年底前全部建成天然气管线。谋划推进高速路口和重点路段 CNG 加气站场和 LNG 加气站场建设，到 2016 年底，全市 CNG 母站由 2012 年的 5 座增加到 6 座，CNG 加气站由 2012 年的 68 座增加到 104 座，建设 CNG 标准站 10 座；LNG 加气站由 2012 年的 9 座增加到 30 座。加强与中石油及各专业公司、中石化、中海油、冀中能源、新疆广汇等能源企业沟通合作，增加天然气资源供应保障渠道，实现气源多渠道、资源多元化。加快 LNG 应急储备能力建设，建设容量 10000 立方米 LNG 应急储备站 1 座，储气量达到 600 万立方米，实现市区用气“周调峰”，力争 2014 年 6 月底前开工建设，2015 年底前投入运行。

【创建建筑节能市方案】 2013 年 10 月，市政府办公厅印发《关于加快推进全市绿色建筑发展的实施意见》和《开展绿色建筑行动创建建筑节能市工作方案》。主要内容包括：1. 到 2015 年底全市绿色建筑评价标识项目力争超过 100 项，新增绿色建筑面积超过 1000 万平方米，基本完成创建建筑节能市任务。2.2014 年 1 月 1 日起，全市新建政府投资或国有资金占主导地位的办公楼、学校、医院、图书馆、博物馆、科技馆、文化馆、体育馆等公共建筑，保障性住房及单体建筑面积超过 2 万平方米的商场、宾馆、饭店、写字楼、车站、机场等大型公共建筑全部按照绿色建筑标准设计建造；正定新区起步区内建筑项目全部按照绿色建筑标准设计建造。3.2014 年 1 月 1 日起，对应执行绿色建筑标准的项目，各级城乡规划部门在规划实施前，提出项目按照绿色建筑标准设计建造要求，并在出具规划条件和建设工程设计方案审定时明确注明，未通过审查的项目不得颁发建设工程规划许可证。4. 逐步对所有新建绿色建筑进行评价标识，绿色建筑评价标识分为绿色建筑设计评价标识（设计阶段）和绿色建筑评价标识（运营阶段），由低至高划分为一星、二星、三星 3 个等级。5. 实施居住建筑供热计量收费改革和节能改造。到 2015 年底，石家庄市区住宅供热计量收费面积达到本市住宅集中供热面积的 50% 以上，县级市和县城住宅供热计量收费面积达到住宅集中供热面积的 25% 以上。6. 开展绿色建筑和绿色生态城区建设。到 2015 年底，城镇新建建筑中绿色建筑面积达到 25%，三星级绿色建筑面积占绿色建筑总量比例达到 10%；全市可再生能源与新能源建筑应用面积累计达到 2200 万平方米以上；新建建筑中可再生能源与新能源建筑应用面积力争达到 40%。

（戴丽丽）

【南二环立交桥工程】 3 月 29 日，南二环立交桥工程开工。南二环立交桥是石家庄新火车站交通配套项目之一，该工程道路全长 1950 米，总投资 2.3 亿元。设置机动车道面积 42126.15 平方米，非机动车道面积 7559.59 平方米，便道面积 8401.33 平方米。该工程桥梁总长度 2571.015 米，桥梁总面积 22702.73 平方米，标准断面桥宽 8.5 米。雨水管道长度 2299 米，污水管道长度 1057 米，雨水方沟长度 368 米。设计采用三层式喇叭立交形式，共设 7 条匝道，分为西北匝道、西南匝道、东北匝道、东南匝道以及沟通南二环的新胜利大街立交。其中，规划新胜利大街和南二环辅道为第一层，现状南二环路主线为第三层，其余匝道均位于一二层之间。至 2013 年底，南二环立交桥工程完成南二环以北不受拆迁影响区域地下桩基施工，拆除了铁路线以东影响桥梁实施的建筑物，启动了影响铁路南调度楼拆迁的铁路线路、设备迁移和影响桥梁施工的供电局电力线改迁，完成总工程量 50%。南二环立交桥工程建成后，从桥西和桥东车流均能第一时间以全程高架形式，直接驶入石家庄站进站匝道，并以最快速度到达石家庄站二楼的南进站口，为旅客进出火车站提供最大限度的便捷条件。

【新客站东广场工程】 4 月 5 日，新客站东广场开始实施挑檐下轨道交通工程；6 月 15 日，东广场与轨道交通交叉施工区域 4.4 万平方米结构工程完工；8 月 3 日，东广场东端建筑物拆迁完成；8 月 9 日，东广场所有铁路单位管线改迁完成；9 月 10 日，东广场完工，4.4 万平方米主体通过验收；2013 年末，新客站东广场主体工程基本完工。石家庄新客站位于石家庄二环路内，原石家庄火车站南侧，京广东街、京广西街、中星路、南二环路围合区域。广场设计分为东西 2 个，由地面和地下两部分空间组成，其中地上空间地面面积 22.2 万平方米，地下空间建筑面积 14.8 万平方米。广场设计按照综合优化、整体协调、交通优先、以人为本、地域特色、地方特色的目标及原则，突出综合交通枢纽交通组织，地下空间综合开发利用，地下空间与地面广场和站房融合，景观延续历史文脉及时代特征。东广场地下地铁 2、3 号线换乘站共有三层，其中 2、3 号线站厅位于地下一层，3 号线站台（厅）位于地下二层，2 号线站台位于地下三层。地铁 2 号线从南北方向下穿新客站东广场，长约 200 米；地铁 3 号线从东西方向贯穿新客站，长约 700 米。旅客下火车后，不用出站就可以直接进入地铁站，即采用“零换乘”方式，方便旅客乘车，缓解了道路通行压力。新客站东广场地下建筑面积 6.7 万平方米，地上广场面积 12.6 万平方米，工程总投资 12.96 亿元。

（时永恩）

【2 个污水处理厂改造工程完工运行】 4 月 27 日，桥西污水处理厂一期升级改造工程通水试运行。该工程是石家庄市洨河综合整治重点工程组成部分，于 2012 年 8 月 3 日开工建设，概算投资 2.6 亿元，日处理污水 16 万吨。桥西污水处理厂一期升级改造后，出水水质标准由原来国家二级排放标准提升到一级 A 标准，实现年削减生化需氧量 1168 吨、化学需氧量 4088 吨、悬浮固体 1168 吨、氨氮 2336 吨、总氮 3212 吨、总磷 204.4 吨，有效降低了城市污水对生态环境的污染。桥西污水处理厂是石家庄市第一座城市污水处理厂，总处理能力为 36 万吨／日。其中，一期 16 万吨／日，建于 1991 年，1993 年 9 月 28 日正式投入运行；二期 20 万吨／日，出水水质执行一级 A 标准，2010 年 7 月正式运行，一直保持稳定和达标排放。桥西污水处理厂一期升级改造工程是在原有设施上升级改造，主要为二级生化处理和深度处理两部分。二级生化处理部分是将原传统活性污泥法改为多点进水三段 AO 组合处理工艺，工艺流程包括一个厌氧段和三段缺氧、好氧交替组合，充分利用原生物池周围的空地，拆改扩建生物池

系统，有效去除生化需氧量、化学需氧量、氨氮、总氮等污染物；深度处理部分是新建工程，选用V型滤池加紫外消毒处理工艺。4月30日，桥东污水处理厂60万吨脱色项目通水试运行。该项目采取臭氧氧化法脱色处理污水，是河北省第一个污水脱色项目。项目可根据实际运行情况，相应调整用氧量及出水色度，实现处理后水质色度小于15度，出水水质达到一级A排放标准。

（岳金宏）

【建设工地现场扬尘治理】 加强建设工程施工现场管理，严格建设工程施工现场扬尘管理标准，落实工地出入口设置自动化冲洗设施要求，做到驶出工地机动车实施全方位冲洗，严禁工地车辆将施工现场泥土带入城市道路。制定出台《石家庄市建设工程施工现场扬尘污染防治实施方案》，修订完善《石家庄市建设工程施工现场扬尘管理标准（试行）》。依据市政工程与房建工程不同特点开展分类指导，在禁止现场搅拌及风力达到四级以上禁止土方作业基础上，还就高标准围挡及施工道路全硬化、施工空地全覆盖、工地全部远程监控等作出明确和详细规定。修订后建设工程施工现场扬尘管理标准要求采用摄像设备对施工现场扬尘实施动态监控，并实现市、区建设部门联网管理，增强了监督作用。2013年市建设局成立6个督导组，不间断督导检查特定县（市）区施工现场扬尘治理，考核7次，通报施工工地42个，编发通报 7 期。

（朱伟社）

【房屋征收】 2013年市建设局、规划局、房管局联合认定河北科技大学及周边旧城改造等16个项目的未经登记建筑和临时建筑。指导轨道交通1号线、3号线及石家庄市第一医院、石家庄二中等涉及基础设施和公共事业建设项目开展房屋征收。完成2013年度国有土地上房屋征收计划拟制和上报、全市房屋征收评估机构登记备案及上网公布。实施河北经贸大学东校区房屋征收项目，项目占地52.455亩，建筑面积5.3万平方米，其中住宅399套，公产1家，年内签订房屋征收安置补偿协议361户，签约率超过90%。至2013年底，全市7个项目完成房屋征收备案，市区4个项目完成房屋征收。金刚生活区土地一级开发等6个项目完成拆迁，8个项目实施清场验收，13个项目认定回迁面积，3个城中村拆迁安置方案会审完毕。2013年华润综合体项目行政裁决完成，并由桥西区人民法院实施司法强制拆迁。协助油田打井5口，其中赵县1口、高邑县4口。协助铺设管线15万米，架设光缆13千米，打水井3口。

（时永恩）

【市区供热系统建设】 制定出台《石家庄市2013—2015年供热提质升级和2013年供热保障攻坚工作实施方案》，集中解决2012—2013年全市供热期间出现的突出问题，大力推进热源热网建设。全年新铺设供热主管网62千米，改造二次管网351千米；改善主城区供热面积3871万平方米；新增天然气锅炉159台，新增天然气供热面积1038万平方米，市区天然气供热面积达到2500万平方米。桥东污水处理厂中水供热项目投入运行，实现供热137万平方米；炼油厂和钢厂余热利用供热面积达到300万平方米；良村电厂管网延伸工程完成，实现替代永泰电厂130万平方米和新竣工建筑供热100万平方米；鹿华热电替代热电一厂南区500万平方米和天然气供热替代热电一厂北区241万平方米改造完成，热电一厂实施关停。至2013年底，市区总供热面积达到1.33亿平方米，同比增加用热需求面积500万平方米。开展一、二级管网更新改造，完成裕华供热区域82万平方米和石家庄热电供热区域33万平方米蒸汽管网汽改水工程，鹿华热电与北城供热实现管网贯通。华电供热公司完成石家庄热电、裕华供热区域管网智能改造。政府出资改造全市170个老旧小区二次管网和157个老旧小区换热站，累计改造面积1800万平方米，有效改善老旧小区供暖不热问题。依据9月1日实施的《石家庄市供热用热条例》，采用合同能源管理方式，实施200万平方米既有居住建筑供热计量及节能改造，并以3：7制热价执行热计量收费。按照以煤改气为主、集中供热和节能环保锅炉置换为辅原则，完成分散燃煤采暖锅炉能源置换，拆除分散燃煤采暖锅炉118台。

（刘文栋）

【推广电采暖供热】 围绕保障冬季供暖，降低大气污染要求，积极推广电采暖供热方式。2013年全市推行电采暖供热主要有电阻发热、空气热泵2种，并在市内8个小区实行居民峰谷分时电价政策试点，分别为欧陆园、绿源小区、通泰小区、赵苑小区、桥西恒大城、阿尔卡地亚、嘉和城、华堂聚瑞，其中欧陆园、绿源小区、通泰小区为电采暖小区。实行居民峰谷分时电价政策，主要是鼓励居民把电集中在谷段使用，电采暖用户，晚上天气冷可调高温度，白天暖和可调低温度，减少了取暖费用，又节省能源。试点峰谷分时电价小区居民实行自愿选择电价方式并签订新供电合同。电价按照不同时间段分为2种价格，试点用户生活用电与采暖用电分表计量，采暖用电（每年11月1日至次年3月31日）执行居民峰谷分时合表电价，即峰段每千瓦时0.5662元，谷段每千瓦时0.3662元。

（宋钧）

【燃气行业管理】 2013年10月，石家庄市城郊村“煤改气”任务完成，52个城郊村用上液化气。至2013年底，全市销售天然气7.7亿立方米，同比增加2.6亿立方米。年末市区拥有居民天然气用户85万余户，公福户5万余户，CNG公交车2876辆，双燃料出租车6700余辆，双燃料私家车1.3万辆；拥有液化气注册用户22万户，常用户7万余户，饭店500余家。燃气用户较2012年增加6万余户，燃气普及率达到99.89%。2013年市区建成燃气管网2470.21千米；免费为居民更换超期服役表3.5万余块，更换老旧管线10余千米，新敷设天然气管线42条、21千米，升压改造14条主干管道、22条分支管线，共24千米；调压器保养662台，升级维修调压器543台，新建调压器407台；处理凝水井18处，有效解决了跑、冒、滴、漏等安全隐患。制作下发《居民燃气安全使用手册》80余万册。铺设地面警示标示12000余块（个），街区燃气管线安全警示标识设置完毕，并绘制地下燃气管线电子信息图。2013年新审批市区CNG加气站6个，LNG加气子站1个；新审批县区CNG加气站20个，LNG加气站1个，液化气罐装站9个。全年现场审核通过燃气经营许可申请企业32家，注销不符合经营条件燃气企业经营许可证1家，注销燃气燃烧器具安装维修资质企业3家。2013年新奥燃气有限公司在市区新建营业厅4个，委托7家机构设置代收费终端网点608个，市区二环路以内平均每2千米内设有2～3个优质缴费网点。

（郭静溢）

城市管理

【概况】 2013年，市城管委贯彻落实省会城镇建设上水平、出品位和大气污染防治工作要求，以创建人民满意城管为目标，突出重点，狠抓难点，打造亮点，较好完成各项工作任务。7月20日，市长王亮主持召开城区容貌整治工作调度会，调度推进城区容貌整治工作。王亮提出：真抓实干、加大投入、创新机制，确保城区容貌上水平出品位。组织开展市区“洗路降尘”行动，出动全部冲洗和洒水车辆，提高洒水、冲洗频次，有效减少距离路面两米内浮尘。市、区两级政府加大资金投入，集中购置清扫机械，城区机械化清扫率由40%提高到50%，主街主路清扫达到80%，减轻了人工清扫二次扬尘污染。提升环卫工作水平，启动小街巷环卫提升工程，推进环卫黄标车淘汰更新。2013年市、区两级共投入资金近1亿元，淘汰全部环卫黄标车217辆。重拳治理渣土乱象、露天烧烤等城市“顽疾”，成立渣土执法大队，启动渣土“百日行动”整治活动，实现市区渣土运输秩序好转。5月17日，全市召开露天烧烤整治动员会，动员部署露天炭火烧烤取缔工作。加强市政设施整修和维护，全年整修道路41条、80余千米，维修“四横八纵”破损严重道路12万平方米。推进市容市貌综合整治，狠抓一环、三区、八线美化亮化工程，拆除违规临建3万余平方米，整治楼宇427栋、小街巷50条，清理取缔三环内废品收购站243处。数字城管系统平台扩容升级，市区二环路以外管辖区域实现数字城管监督服务，涉及二环路以外管辖区域主次干道、小街巷、出入市口及重点部位的26个街道办事处，其中新增街道办事处11个，路段117条，面积187平方千米。9月6日，全省县城容貌整治现场会在石家庄市召开。省住房和城乡建设厅厅长朱正举，市长王亮出席会议。与会人员参观了赵县入城广场、柏林寺东扩拆陋、历史文化广场拆违、锦绣华城棚户区拆陋等项目现场，观摩了高邑县东城大街改造提升项目、市民公园拆违还绿工程、凤城广场、高邑西站广场。年内在全国直辖市、省会城市等44个重点城市中，经综合测评多项城市管理水平指标，石家庄市位列第5名。2013年市城管委获得“好班子”、“文明单位”、“洨河综合整治工作先进单位”、“2013省级科技进步三等奖”等16项市级以上荣誉称号。

【市容市貌综合整治】 提升省会形象和城市管理水平，打造良好城市环境，开展市容市貌综合整治活动。抓好“一环（二环路）、三区（新客站东广场片区、老火车站片区、省文化中心片区）、八线（友谊大街、平安大街、解放大街、建华大街、民族路、自强路、范西路、育才街）”重点区域的净化、美化、亮化。督导各区对二环路、友谊大街、平安大街等10条道路和石获北路、石铜路、107国道南等4个出入市口实施景观提升。2013年9月初，市区两级城管部门启动12个出入市口二环到三环之间道路两侧违法临建设施拆除行动，至2013年末，全市拆除违规临建设施3万平方米。2013年9月起，组织开展“万名城管齐行动，带动市民降扬尘、清环境、迎国庆”系列整治活动，市区万名城管干部利用节假日走上街头，带动10万市民群众共同参与环境整治活动。2013年8月城市管理职能调整下放后，市容秩序违法现象增多。针对出现问题，市城管委于2013年11月下旬启动规范整治行动，重点整治户外广告，将广告牌匾管理列入市容市貌考评内容，强制拆除了非法广告、标识标示、宣传条幅等。2013年石家庄市共整治楼宇427栋、小街巷50条，清理取缔三环内废品收购站243处；拆除京港澳高速公路等处大型违章广告179块、10095平方米。开展渣土运输、露天烧烤整治行动。坚持“严查重管”服务理念，重拳治理群众反映强烈的渣土乱象、露天烧烤等问题。启动渣土整治“百日行动”，市城管委主要领导和主管领导带队连续开展夜查，每晚保持120人执法力量在10个出入市口设置检查岗，节假日期间未有中断。对全市920台渣土车辆实施尾气检测，尾气达标车辆落实密闭改装，发放通行证，更换卫星定位系统；不达标渣土车辆禁止上路，淘汰更新。成立30人渣土专项督查队伍，制定管理办法，加强运输企业考核管理，年末市区渣土运输秩序好转。开展占道露天炭火烧烤整治，强化属地管理职责，采取召开现场会、加大宣传和督导检查力度、严查重罚等措施，形成治理高压态势。2013年底，市区二环路内烧烤问题基本遏制。

【道路扬尘治理】 做好大气污染防治，强力实施道路扬尘治理。春季开始，组织市内各区开展“洗路降尘”行动，出动所有冲洗、洒水车辆，提高冲洗、洒水频次，有效减少距离路面2米内浮尘及道路积尘。市、区两级政府加大投入，集中购置清扫机械，城区机械化清扫率由40%提高到50%，主街主路达到80%，极大降低了人工清扫产生二次扬尘污染。按照主城区标准，加强二环和三环之间道路清扫保洁，并将交通运输部门管辖市区道路全部纳入城区管理。督导市内各区负责277条（处）黄土裸露道路实施硬化，购置环卫设备，按照城区标准落实清扫和洒水，增加每区环卫工人283名。针对冬季无法实施洒水和冲洗作业问题，做到加大清扫保洁力度，配置大型真空吸尘车，在尘土较多的出入市口等路段使用，最大限度减少了道路积尘。提高环境卫生精细化管理水平，建立“八位一体”（收、捡、冲、洗、扫、保、巡、检）作业模式。完善《特殊天气清扫保洁工作预案》，4级以上大风或高温天气，主要路段实施不间断喷雾降尘。推进环卫黄标车淘汰更新，2013年市、区两级投入资金近1亿元，全部淘汰217辆环卫黄标车。

（朱琳）

【市政设施整修维护】 2013年初，市城管委开始排查城区道路及两侧市政设施，并对破损道路和设施进行维护整修。至2013年末，市区整修道路41条80余千米，维修破损严重道路12万平方米。12月2日，新石南路（中华大街—维明大街）道路改造工程完工通车。新石南路（中华大街—维明街）由市城管委道桥处裕华所组织施工，11月12日正式进点。该路段原道路为单幅路机动车、非机动车混行，路宽12米，两侧有绿化带2.5米宽，便道宽5～8米。此次改造将原来12米车道改造为快车道，北侧绿化带改造为2.5米隔离带，北侧便道改造为4.5米宽非机动车道。按照市政府建设“公交都市”、改善省会交通环境要求，市城管委在市区交通流量大、公交车与社会车辆存在交叉影响较多路段，改造建成60处港湾式公交停靠站台（港湾式公交站台即借鉴港口停靠船舶模式，将城市道路旁的公交站台，以内弧形向慢车道或人行道内凹，实现公交车进站停靠时，不影响原路其他车辆直行，可减少公交车进出站对主路交通的影响）。改造涉及市区红旗大街、新华路、和平路、中山路、塔南路、东风路、东岗路等多个路段，涵盖市内五辖区。8月10日，红旗大街21处站台首先实施施工改造。该工程涉及通信、供水、热力等地下管线迁改及交通管理、绿化设施迁移，前期协调任务难度较大。市城管委道桥处专门成立协调小组，会同交通管理部门、公交部门、设计单位多次勘察现场，反复优化设计，科学制定施工方案。12月13日，市区60处港湾式公交站台建设工程全部完工。亮化更新夜景工程桥体、树体、重点路段灯具，统一更换裕华路华灯灯罩6597个。及时应对和妥善处置联邦名都二期、裕翔街污水管道抢修等重大突发事件。

（朱琳　陈萌　邵永德）

【环卫提升工程】 实施城区清扫保洁分类管理和网格化管理，全力打造清洁城区。将市、区两级环卫作业经费标准由每年每平方米4.3元大幅提高到7元，新增市内区环卫工人1000余名。根据道路所在区域的地域特点、车流量、人流量等情况，将城区主道路和小街巷分别划分为一、二、三类3个清扫保洁管理类别；将城区所有道路划分成48个网格单元，分区按次序编号，为每个网格编制清扫保洁网格化管理工作图。成立15个检查组，每3个组包揽一个区，规定利用一个月时间，每天从早晨6时到下午17时30分，连续对市内五区所有小街巷实施督导检查、限期整改，实现小街巷检查覆盖率达80%以上。改变城区小街巷管理模式，统一作业时间、作业标准。落实每天凌晨4时至7时，集中全市20辆多功能洗地车、39台洒水车，实施城区道路集中冲洗制度，达到车过地净、路见底色要求。改善环卫工作环境，鼓励环卫工人爱岗敬业，新建环卫工人作息用房10座，年末市区环卫工人作息用房达到76座。峡石沟垃圾填埋场封场工程、井陉垃圾填埋场项目、餐厨垃圾处置中心等重点项目建设顺利推进。7月6日，市医废处置中心二套设备正式启动运行，实现全市医疗单位产生医疗废物处置达到日产日清目标。石家庄市医废处置中心位于元氏县南因镇褚固村西北，距离石家庄市中心地带38千米。市医废处置中心主要承担全市范围内各医院及大专院校、社区服务中心、个体诊所等1400家医疗单位的医疗废物收集处置任务，年处置医疗废物4100吨。市医废处置中心二套设备采用干馏热解气化方式进行焚烧处理，可日处置医疗废物20吨。该设备一次性投料后全密封处置，减少了烟尘和异味，实现A、B炉24小时连续交替运行焚烧，是一套具备高温稳定燃烧、热能利用、操作自动化相结合的先进垃圾处理系统。

（朱琳）

【生活垃圾处理费征收】 1月1日起，《石家庄市城市生活垃圾处理费征收管理办法》开始执行。城市生活垃圾处理费，是指生活垃圾收集、运输、无害化处理过程中发生的费用。石家庄市城市生活垃圾处理费，按照政府、社会、企业共同负担原则，市区内所有产生生活垃圾的国家机关、企事业单位（包括交通运输工具）、个体经营者、社会团体、城市居民和城市暂住人口等，均需要缴纳城市生活垃圾处理费。该《办法》明确收费标准为：城市居民每户每月3元，办理暂住户口的外地进城人员每人每月2元；国家机关、社会团体、企事业单位等，按上年末在岗职工人数（含临时聘用人员）计收，计收标准1.5元／人·月，普通高校、中等专业技工学校按在籍学生人数计收，计收标准0.5元／人·月。该《办法》特别规定，对享受国家定期抚恤补助的优抚户、持有特困证的特困户，以及经有关部门批准的停产半停产企业在停产期间，学校在寒暑假期间，予以免征。该《办法》有效期至2017年12月31日。

（靳晓磊　戴丽丽）

【《城区2013年冬季融雪清雪工作应急预案》】 11月1日，市政府办公厅印发《石家庄市2013年冬季融雪清雪工作应急预案》，主要内容包括：融雪清雪总体要求，即“以雪为令，雪下人动，人动雪清”。停雪后，大雪48小时内主干道的快车道积雪清理完毕；72小时内次干道积雪清理完毕；中雪主干道24小时、次干道48小时内快车道积雪清理完毕；4天内主次干道、慢车道积雪清理完毕。雪后1小时，市内五区动员辖区各单位、沿街门店、办事处、居委会对本辖区内道路实施清雪。小雪天气，要保障对市区32个主要路口，市区“四横八纵”以及二环路上的各类立交桥、地道桥、高架桥实施融雪。中雪天气，要保障对中山路、裕华路、和平路、槐安路、友谊大街、红旗大街、维明街、中华大街、平安大街、建设大街、青园街、育才街、体育大街、建华大街14条道路，市区“四横八纵”以及二环路上的各类立交桥、地道桥、高架桥实施融雪，确保2小时内快车道畅通。大雪和暴雪天气，要保障对市区所有主次干道以及各类桥梁全部实施融雪，确保4小时内市区主次干道快车道畅通。一次融雪后，如24小时降雪不停并出现结冰，组织实施第二次融雪。

（戴丽丽）

【雨水污水管网整治工程】 落实国务院副总理张高丽批示要求，实施友谊北大街学府路区域排水改造工程，解决了该区域8平方千米内9个大单位、3万多人污水排放问题。为解决南水北调工程投入后，城区北部区域雨污水无出路难题，启动石津干渠城区段南北两侧70平方千米雨污导排工程。结合洨河综合整治，顺利完成东二环南延排水管道建设、建设大街雨污分流工程、入民心河雨水管网导改封堵清淤、总退水渠清淤、建华东路泵站建设等排水管网改造和泵站提升工程，特别是东二环南延工程，极大地缓解了城区东南32平方千米区域40万人口的防汛压力。利用井下机器人，探测往年易积水区域排水管道，疏通淤堵部位，确保了管网畅通。5月27日，市区雨水管网污水截流工程完工。该工程是洨河综合整治工作的重要组成部分，于2012年3月开工。市区雨水管网污水截流工程采取疏堵结合施工方法，解决污水排放问题，导改、封堵了全部进入民心河51个雨水闸门、956处私接污水口；实施雨水管道清淤，管径小的雨水管道采取拉管与人工相结合工艺，管径大的雨水管道及方沟，使用铲车、挖掘机等机械设备清掏，清淤雨水管道714千米。该工程施工中，市政排水处施工人员配备诊毒仪、防毒面具、急救箱、下水衣、发电机、潜污泵、头灯等大批清淤专用设备，投入人员3000余人，动用各种工程车辆1000余辆。民心河二期管网工程、南新街及五支渠雨污管网改造工程完工。民心河二期工程主要包括老旧的桥西明渠、南栗明渠改造及沿线绿化，新建改建桥西、南栗明渠9.27千米，新建雨水管网9160米、污水管网8700米。南新街及五支渠雨污管网工程与民心河二期工程相交叉。南新街雨污管网工程位于桥西明渠北头，五支渠雨污管网工程位于桥西明渠南头。南新街雨污管网工程包括新建雨水管网、污水管网，其中新建雨水管网全部采用暗涵形式，暗涵截面长16.5米、高2.5米，此种规模地下雨水涵洞空间巨大，吞吐雨水量多，可保证汛期雨水顺畅排放，是省会地下雨污管网系统首次选用。五支渠雨污管网工程位于桥西明渠南头，北起桥西污水处理厂，向南流入下游洨河，向东能为东南环水系补水。五支渠雨污管网工程包括铺设污水管道2100米，中水管道2246米，原有2千米老旧土渠比照民心河标准实施河道改造和绿化。民心河二期管网工程、南新街及五支渠雨污管网改造工程彻底解决了省会东南、西南老城区和新火车站区域及沿线实现“雨污分流”、汛期雨水排放问题。2013年7月，全市举办城管系统千人防汛大演练，是历年来城区防汛动用人员最多，设备最先进、演练最全、针对性最强一次实战演习，提高了应急抢险能力，中央电视台、河北电视台、《河北日报》等13家新闻媒体给予报道。

【城管综合执法】 开展城市管理综合执法，明确市、区两级综合执法局职责，完成执法权划转、机构更名、人员调配、定编定岗等事项。市、区两级成立城市管理警务室，配备60名公安干警，实施重大执法活动和区级遇到执法难题，市本级统一指挥查处制度，理顺了城管执法体制，解决了长期存在职责交叉、行政效率低下等突出问题。1月1日，城市管理综合执法正式实施。开展“大气污染防治、房产市场、城市容貌”三项大整治活动，查处“时光城”等50余处违法建设工地，强制回填“东古城坑槽”，拆除大型违法广告塔40座，集中拆除市区槐安西路（省公安厅至铁路桥段）2000多平方米违法建筑设施。规范执法行为，强化服务意识，重视文明执法，制定《执法规范标准手册》，将文明执法纳入市容考评；举办执法人员培训，下发加强和改进执法工作通知，严格塑造城管队伍良好形象。

（朱琳）

【数字城管平台扩容升级】 8月2日，石家庄市数字城管系统平台扩容升级，建成60人数字城管事部件问题采集队伍，并从2013年8月起，对城区二环路以外管辖区域实施数字城管监督服务，涉及主次干道、小街巷、出入市口及重点部位26个街道办事处，其中新增街道办事处11个，路段117条，面积187平方千米。此次调整，高新区、鹿泉市、正定县实施试运行模式，只监督，不考评。石家庄市数字城管升级改造，除按照国家住房和城乡建设部规定9项功能外，还将管理内容延伸到小街巷、防汛、道桥、排水、照明等方面，并研发和推广了数字城管“处置通”，显著提高数字城管综合效能，实现日均处置问题近3000件，大幅提升发现问题数量和处理效率。

（朱琳　靳晓磊）

【停车场收费员持证上岗】 规范公共道路停车场管理，建立城市管理执法支队统一向市区公共停车场收费员制作、发放新式上岗证制度。新式上岗证正面，标明收费员所在行政区域、停车场位置和收费员姓名，加盖发证机关公章；背面标注小型机动车停车收费标准和监督电话。9月11日，第一批759名停车场收费员开始持新证上岗。配发新上岗证后，规定收费员工作期间必须戴证上岗，遏制了公共停车场收费员私自串岗、乱收费等行为，加大了管理部门追责违规收费员力度，提高了公共停车场监管效率。

（付慧　石峰）

【拆除单体面积最大违法建筑】 12月19日，市、区两级城管综合执法局按照严格执法、有情操作原则，依法对裕华区一处近5000平方米违法建筑楼体实施有序拆除，出动人员300余人，动用吊车、钩机、铲车等拆除设备10余辆。这是2013年石家庄市城管综合执法制度实施后，全市拆除单体面积最大的违法建筑。该违法建筑为“裕华区福重养殖技术咨询服务农民专业合作社”办公楼，位于市区建华东路与裕翔街交口东行100米路南。此建筑为四层砖混结构，建筑面积近5000平方米，无土地和规划手续，属于违法建设。经严密调查确定违法性质后，12月13日城管综合执法部门向其下发拆除通知书。因该建筑项目为多股东筹资建设，股东抵触情绪较大。在市、区两级城管综合执法部门耐心细致做好当事方思想工作基础上，12月16日相关当事方开始自行拆除建筑门窗、卷闸门等设施。

【首次启用电子巡更系统】 2013年桥东区城管部门在全市首次启用电子巡更系统，向基层城管中队配备巡更仪200余个，设置巡更点1000余个，实现了随时掌握辖区巡查人员动态变化，及时调整巡逻路线，构建起科学合理、高覆盖率的巡查管理网络。该系统依靠电子巡更器，能够及时掌握巡查人员是否按照要求的时间、路线巡查，有效避免不巡、漏巡、迟到、早退等情况，确保了城管巡查网络正常运行，也解决了城管执法过程中分散管理、执法效果不明显、难以形成合力、难点频发等问题。

（朱琳）

城市园林绿化

【概况】 2013年，全市园林系统贯彻落实市委、市政府改善生态环境和大气污染治理决策部署，围绕“新建提升绿地600万平方米，栽植乔灌木595万株”全年任务目标，全力以赴抓落实，强力推进园林绿化建设，实现城市绿量快速增长，园林管理水平显著提升。园林绿化建设以“增绿、提质”为主线，完成二环路绿化景观提升整治工程，建成友谊北大街等5条带状生态景观绿地，实施裕华路等城市主干道密植工程，启动太行大街等重要道路绿化建设。以解决市民最关心、反映最多、设施及景观较差的热点问题为重点，加强市管及区管公园绿化补植和设施维护，新建谈固西街游园、众美凤凰城东南角及西南角两座游园、乾园、天山游园、工农路游园、天水丽城游园7座街旁游园。全年新建街旁游园20座、林荫停车场6座，道路绿化累计新建提升绿地405.1万平方米，栽植乔灌木556.7万株。集中力量实施出入市口周边和大气污染控制示范区绿化工程，新建提升绿地108.3万平方米，12个大气污染控制示范区广泛开展园林绿化建设，减少了黄土裸露，抑制了扬尘污染。开展争创园林县城活动，元氏县、平山县、井陉矿区实施大规模植绿补绿工程，县城“三绿”指标大幅提升，通过省级园林县城验收。顺利完成洨河整治工程，38.4千米主河槽清淤2.5万立方米，全长5.2千米环城水系西线与南水北调并行段达到通水条件，西北水系潜流湿地全部建成。推进成果交流，选派园林人员参加第九届中国（北京）国际园林博览会，建成具有石家庄特色“杏林文化苑”展园，获得组委会授予特别成就奖和优秀组织奖两项大奖。园林科研科普快速发展，完成省市科研课题立项7个，获得省建设科技进步奖1项。完成258家驻石家庄园林绿化企业监督检查和26家外地企业进入石家庄备案。至2013年底，全市共有公园广场62座，新建提升绿地672万平方米，超额完成计划任务量12%；栽植乔灌木696万株，超额完成计划任务量16%；建成区绿地面积8245.63万平方米，绿地率达到39.26%，绿化覆盖率达到43.37%，人均公园绿地面积14.55平方米。

【园林绿化建设】 以“增绿、提质”为主线，推进园林绿化建设。开展道路绿化工程，完成二环路绿化景观提升整治，新建提升绿地211万平方米，栽植乔灌木474万株；建成友谊北大街等5条总长25千米、总面积44.6万平方米的带状生态景观绿地；实施裕华路、槐安路等城市主干道密植工程，新建提升绿地11万平方米，栽植乔灌木5.2万株；完成丰华路等新建道路绿化、城市小街巷补植增绿和道路绿化景观整治，启动太行大街等重要道路绿化建设，累计新建提升绿地138.5万平方米，栽植乔灌木77.5万株。新建街旁游园20座，林荫停车场6座。道路绿化累计新建提升绿地405.13万平方米，栽植乔灌木556.7万株。实施片区绿化工程，按照“增加绿量、改善生态、体现特色、提升品位”原则，集中力量实施出入市口周边和大气污染控制示范区绿化工程，在京港澳高速公路裕华路口、槐安路西三环、京昆高速公路中华大街以及307国道东、石获北路等出入市口开展绿化建设，新建提升绿地108.3万平方米；12个大气污染示范区实施道路绿化景观整治、公园绿化提升和庭院广场达标攻坚行动，全面治理了黄土裸露，最大限度抑制了扬尘污染。实施城市水系绿化工程，在民心河二期、西部水系和东南水系开展增绿补植行动，累计新建提升绿地54.4万平方米，栽植乔灌木49.2万株；完成环城水系西线（南水北调并行段）渣土整治和山体绿化工程，西三环外侧、环城水系沿线渣土堆积问题得以顺利解决，有效改善了城市西部整体生态环境，新建提升绿地50万平方米；启动实施太平河二期（中华大街至田庄桥）3.2千米河道的综合整治工程，为形成环市区西北部、全长17.6千米的城郊生态绿廊奠定了基础。推进花城建设，全年累计摆放、地栽各类花卉720万盆，并成功举办第十二届月季花展。

（左晗伟　刘昭旭）

【二环路景观绿化综合整治工程】 3月8日，市区二环路景观绿化综合整治工程开工。该绿化工程按照绿量最丰富、特点最突出、层次最分明、色彩最靓丽、功能最健全、管理最便捷“六最”标准和无乔木少的地方、无绿化断档的地方、无破旧建筑外露的地方、无黄土裸露的地方、无垃圾积存的地方、无不合格工程“六无”要求施工，主要对全长42千米二环路沿线两侧原有便道绿地提升改造。2013年5月，二环路景观绿化综合整治工程完工，共绿化总面积115万平方米，新增各类乔木12.1万株、灌木195.6万株、竹子45.3万株、地被花卉15.2万平方米，实现了三季有花、四季常绿和“一段一景”建设目标。其中，新增绿地面积5万平方米，提升整治绿地67万平方米、林带43万平方米；新增胸径10厘米以上大乔木4.6万棵、小乔木7.5万棵。提升改造沿线游园5个，面积6万平方米；新建游园2座，面积3万平方米。提升改造以增绿为主，主要增加雪松、油松、白皮松等常绿树8000株，法桐、国槐、白蜡等落叶乔木4万株，碧桃、樱花、丁香等花灌木30余种、7.5万株，紫花地丁、马蔺、棣棠等地被植物210万平方米。新建、提升广场游园20个，新建绿道16千米，完善广场园路12千米；绿地全部加设水电配套设施，浇水更方便，并大面积减少草坪，降低管护难度。

二环路景观绿化综合整治工程突出二环路各段植物景观特点，特别在二环路东南西北四线打造7个特色路段，每个路段以一种大乔木和一种花灌木为主：东二环北段以合欢和丁香为主，东二环南段以红叶椿和海棠为主；南二环东段以北栾和竹子为主，南二环西段以白蜡和樱花为主；西二环以槭树科的枫树和紫叶李为主；北二环西段以枫杨和榆叶梅为主，北二环东段以柳树和碧桃为主。二环路景观绿化综合整治工程栽植乔木绝大多数为原生全冠苗，栽种后即形成林荫效果，并通过合理搭配大、小草木和花灌木，形成落差，构成原生态、多层次景观效果；合理搭配运用独杆花灌木、丛生花灌木等方式，达到色彩最靓丽目标。

【太平河绿化综合整治工程】 11月13日，太平河绿化综合整治二期工程进点施工，施工单位为确保苗木成活率，采取昼夜施工和缠草绳、浇冻水、加大肥量、加大苗木土球等多种措施，确保高标准、高质量完成整治任务。至2013年12月底，太平河绿化综合整治二期工程完工。该工程东起中华大街，西至田庄桥，新建长3.8千米，绿化面积36万平方米，整治绿化用地24.57万平方米，清运垃圾5.8万立方米，回填好土7.1万立方米，种植乔木1.2万余株，灌木3160株，其中乔灌木均为一级苗和原生全冠。该工程绿化依据太平河两侧特点，以栽植柳树等大型乔木为主，在太平河沿线广泛种植垂柳、法桐、油松、白蜡等乔木及海棠、碧桃、紫叶李等灌木20余个品种，同时种植柿子树等果树点缀，形成“岸柳成行、桃红柳绿”的滨水生态景观。太平河绿化综合整治工程以友谊大街为界，东侧属于绿化提升，即对道路和堤坡绿化进行完善；西侧河道北岸原来没有绿化，此次是新建，主要对河道整治并新增堤顶和堤坡绿化。堤坡上方为骑行绿廊，宽度3～5米，主要方便游人骑自行车游览；堤坡下方为人行绿道，宽度2米，主要方便游人步行游览。太平河绿化综合整治工程在满足河道防洪安全基础上，与上游西北部水利防洪生态工程、下游太平河整治一期工程的绿化、景观布置相衔接，实现了太平河沿线，东起滹沱河入河口，西至植物园桥，全线17.6千米全部贯通，形成太平河沿岸统一、整体的绿化景观带。

【参加第九届中国北京国际园林博览会】 5月18日至11月18日，石家庄市以“石家庄杏林文化园”展园参展在北京举办的第九届中国（北京）国际园林博览会。此次参展，石家庄市政府获得特别成就奖和优秀组织奖，市园林局获得展园建设特优建设奖，参展展园获得室外展园综合奖大奖，以及展园设计、施工、植物配置和建筑小品等室外展园单项奖，市园林规划设计研究所获得先进集体称号。这是自1999年石家庄市参展园林博览会以来获得级别最高、奖项最多一次。

（靳晓磊）

【森林覆盖率和城市绿地率净增量目标考核】 11月25～26日，河北省森林覆盖率和城市绿地率净增量目标考核组到石家庄市检查考核城乡绿化建设。考核组分别到栾城县、鹿泉市及石家庄市主城区实地查看了栾城县南赵村村庄绿化、河北鑫冠农业科技开发有限公司樱桃基地、樱花公园、天山新伯爵北侧绿地、东方园林苗木基地、栾城县天亮种植专业合作社核桃种植基地、西山森林公园、鹿泉市市政广场、石柏公园、西柏坡高速通道绿化和主城区槐安西路绿化工程、环城水系西线绿化工程、南二环路绿化提升工程、维多利亚小区绿化等。经检查确认，2013年全市造林面积和植树数量均创历史新高，新增造林57万亩，植树5000万株；新建提升绿地672万平方米，超额完成计划任务量12%；栽植乔灌木696万株，超额完成计划任务量16%；建成区绿地面积8245.63万平方米，建成区绿地率达39.26%，绿化覆盖率达43.37%；人均公园绿地面积达14.55平方米；森林覆盖率达34%，同比增加1.79%。

（郑亚丛）

【园林绿地管护】 以精细化管护为目标，将城区内所有街道绿地、公园广场、水系河道及单位小区绿地纳入管理范畴，按照相应标准要求实施精细化管护。加强绿化建设管理，规范招投标程序，系统完善工程设计方案，严格预算管理，提升施工质量，强化工程验收，形成一整套园林绿化工程建设流程规范。修改完善公园广场养护管理等多项规定，明确园林绿地管护要求，规范管护人员工作行为，细化完善园林绿地管理规范和考核办法。抽调精干力量成立园林绿地巡查大队，提高园林绿地管护费标准，实现精细化管护资金保障。强化市园林局对园林绿地巡查、监督、考核职能，开展争创“园容杯”、园林绿化管护“十大查”等专项考核，建立监督评价体系。推进星级公园建设，石太公园、秀水公园等12座公园成功晋升河北省“星级公园”。强化病虫害防治和古树名木保护，新华区古槐保护工作受到市领导肯定。完成绿地管护和卫生保洁移交，2013年市园林系统共接收绿地管护任务220万平方米，移交绿地保洁任务820万平方米。加强队伍建设，强化专业人才储备及专业技术培训，发挥专业技术人才在园林绿化建设中的优势，提高园林绿化专业化水平。

【180处城区街道节点增密植绿】 2013年春季，市园林部门在市区裕华路、槐安路等街道选取180个重要节点增植树木。2013年4月底，该项任务全部竣工完成，共栽植乔灌木7万株,提升绿地11万平方米。180个重要节点包括裕华路苑东街绿地、裕华路维明街东北角绿地、裕华路东二环桥南绿地、槐安路友谊大街东北角振头小学门前绿地等。主要新增雪松、法桐、杜仲、海棠、红瑞木、棣棠、樱树、花石榴、金钟花、榆叶梅等近50个植物品种。180个重要节点增植树木工程完成后，有效提升了市区绿地绿量，丰富了绿地层次，实现了主要街路节点“四季常绿，三季有花”；增植金叶榆、红枫、紫叶李等彩色叶树种，达到色彩靓丽效果；注重栽植植物造型艺术，如栽种黄杨球、金叶国槐等造型植物，创造出更美景色，还为省会城区降尘吸噪起到生态效果。

【城区联防联治美国白蛾】 2013年5月上旬起，经市园林植保站监测城区园林有害生物，陆续发现美国白蛾第一代幼虫危害，危害树种有法桐、臭椿、樱花、紫叶李等数十种。美国白蛾被中国列入国家检疫性害虫,食性杂、繁殖力强、每年发生3代，对园林植物破坏性很大。市园林部门科学制定防治方案，并从2013年4月起多次召开园林系统美国白蛾防治工作会议，开展防治技术专业培训。7月12日，市园林局向市内各区园林部门及相关单位集中发放30辆手推式机动喷雾机、10余吨防治药物，支持开展美国白蛾防治，形成市区两级联动，统一行动的联防联治网络。市园林部门还在报刊媒体公布各区园林局联系电话，接受市民发现美国白蛾投诉。

【社会绿化活动】 增强全社会“绿色意识”，广泛开展社会绿化活动。2013年全市组织5万余人次在小壁林区、京广铁路“绿龙”和动物园山体进行义务植树活动。开展城区绿化进机关、进学校、进企业、进社区、进庭院“五进”活动，要求有空间、绿化率低的，都要对闲置空间实施绿化，见缝插绿，增加绿量。全年绿化改造提升机关、学校、企业、社区、庭院125个。新华区开展“全区每人认养一棵树”活动，公布认养电话，无人认领地方由产权单位负责管护，街边行道树实行以园林部门专业管护为主。通过实施空地植绿、破硬增绿、全民建绿，全年累计开展“五进”活动及达标行动的单位庭院、商业广场达到400个，建成城区主干道及重要节点林荫停车场20座，一大批绿化水平低、生态环境差的庭院广场面貌明显改善。全面复查2011年以前命名市级园林式单位、小区、街道，新评选2013年市级园林式单位30家，小区23个，街道7条。

【西山森林公园】 西山森林公园位于市区槐安路西头，是石家庄市主城区的背景山体，也是全市生态和景观重要组成部分。2011年西山森林公园项目正式启动，并列入省会蓝天碧水工程环省会生态绿化工程重点项目。西山面向市区的山体和山前宜林地带，北起大李庄（奥克兰山庄）、南至封龙山，涉及鹿泉市的获鹿、上庄、铜冶、上寨、山尹村5个乡镇、15个村。西山森林公园规划面积5万亩，采取工程造林、义务植树、农民自建经济林带、封山育林4种造林模式，主要在槐安路西端鹿泉市西山朝向石家庄市区山体及山前大道两侧实施造林绿化。至2013年底，西山森林公园完成造林绿化4.2万亩，栽植适合山地的毛白杨、金叶榆、速生柏、侧柏、油松、黄栌、山杏、山桃、大枣等180万棵，初步在市区西部形成一道绿色生态屏障，成为集生态、旅游、休闲、观光于一体的市民休闲去处。

【县城园林绿化】 根据市委、市政府提升县城园林绿化水平，构建绿色、生态、宜居县城环境建设要求，2013年11月全面启动石家庄市县城建设绿化攻坚行动，重点在县城主路主街、公园广场、县城出入口、连接道、主城区实施绿化攻坚。各县（市）按照栽植乔灌木10万～15万株标准，实施县（市）出入口、县标广场高标准绿化设计，大量栽植乔木，增加花灌木和园路，开展补植增绿活动，确保了“四季常绿，三季有花”。在连接高速公路及国道、省道实施景观整治，拆除破旧建筑、破硬增绿、扩大绿化空间，在道路两侧建成30米以上绿化带，栽植乔木3排以上，形成林荫景观带。各县（市）建城区范围内绿化建设遵循“乔木为主，兼顾景观”原则，大力增加人均公园绿地面积，主次干道两侧沿街围栏全部立体绿化，栽植蔷薇、凌霄等藤本植物，扩展道路绿视率，实现道路景观全面提升。2013年石家庄各县（市）开展县城建设绿化攻坚行动，共种植乔木49.6万棵、灌木110.2万株，建设绿道绿廊94.8千米，新增绿地370.11公顷，新建、升级改造公园游园53个，基本达到“300米见绿、500米见园”要求。以创建园林城市为载体，全面改善县城园林绿化容貌。2013年新乐市、无极县、赞皇县、赵县分别建成1座占地10万平方米以上综合型公园，县城园林绿化显著改观；元氏县、平山县、井陉矿区通过开展大规模植绿补绿工程，县城“三绿”指标大幅提升，通过省级园林县城验收。

（左晗伟　刘昭旭）

环境保护

【概况】 2013年，市环境保护部门强力开展环境综合整治，突出防范环境风险，全面改善城乡生态环境，重点实施大气污染防治攻坚、洨河综合整治、总量减排等重点工程。加强污染监督和监测，市内区按照新参数标准建成8个国控点自动监测站，市区外所辖17个县（市）区新标准空气自动监测站全面建成，形成覆盖全市的空气质量监测网络。市环保部门、气象部门建立每日空气质量会商制度，结合气象条件、管理措施研判空气质量变化趋势，做好预警预报。制定出台《石家庄市空气重污染日预警应急工作实施方案》和《石家庄市重污染天气应急预案（暂行）》。10月22～27日，市政府依据国家环保部《京津冀及周边地区重污染天气应急管理工作方案》，编制完成《石家庄市重污染天气应急预案（征求意见稿）》，经专家论证通过后，面向社会公开征求意见和建议；10月29日，市委召开常委会议，讨论并原则通过《石家庄市重污染天气应急预案（讨论稿）》；10月31日，市政府印发《石家庄市重污染天气应急预案（暂行）》，在市政府门户网站、市环保局网站公布。启动重污染天气4次预警应急响应。在市区及城郊结合部创建12个重点大气污染控制区，控制区面积达到118平方千米，实现全天候、全方位、全过程、全时段、全覆盖污染源监管。强化秸秆禁烧和综合利用，连续三年成为全省唯一经国家卫星监测火点像素为零的城市。集中式饮用水水源地水质全部达标，地下饮用水源（市内5个水厂）水质全部达标。洨河水质全部优于省控标准，滹沱河、汪洋沟、冶河等断面水质仍不稳定。暂停审批涉煤项目和燃煤锅炉，划定主城区为“高污染燃料禁燃区”，市区分散燃煤锅炉拆除272台，推广使用优质低硫煤炭730万吨。市区及周边9家大气重点企业实行24小时驻厂监管。全市48家烟气排放企业安装烟气连续自动监测设备161台套，完成90台中央财政补助重点燃煤锅炉治理，淘汰黄标车8.9万辆。环保部门审批项目1535个，其中市级审批项目36个；建设项目验收427个，其中市级验收审批项目43个，市级办理排污许可证156个。全年办理行政处罚案件1273件，罚款总额2601.53万元。全市征收排污费9798.5万元。其中，市本级直接征收排污费1634.7万元，较2012年增长5%。开展排污费稽查，规范县（市）区排污费收取事项，追缴排污费350.03万元。环保投入逐年增加，2013年落实预算资金21989.63万元，其中财政一般预算拨款资金17689.24万元，比2012年增长37.9%。2013年全市11类项目获得上级环保专项资金93445万元，成为公共财政支出重点。全年大气环境治理按照新实行空气质量指数标准，空气质量优良天数达到

43天，三级轻度污染84天，四级以上污染238天，优良率11.8%。

【城市环境质量】 2013年石家庄城市环境空气以“煤烟型”污染为主，呈现由“煤烟型”污染向“复合型”污染转化的趋势，主要污染物为可吸入颗粒物。

声级为51.5分贝。市区昼间道路交通噪声平均等效声级值为71.2分贝；夜间道路交通平均等效声级为54.6分贝。

废水、废气重点污染企业监督性监测达标率为97.7%和91.8%，城镇污水厂监督性监测达标率为92%，略有超标现象。

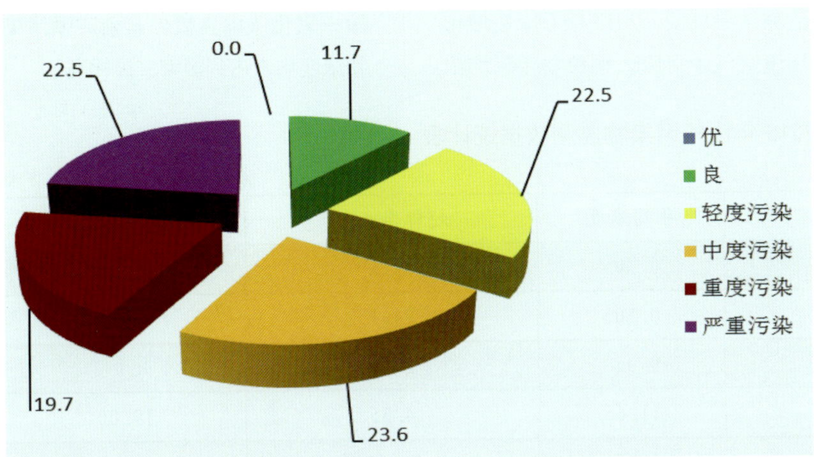

市域内地表水体总体呈“有机污染型”，各地表河流受沿途工业污染源污染较重，城市（镇）下游河段水质多超过地表水功能区划标准。2013年Ⅴ类和劣Ⅴ类水质的河段占常年有水河段的47.05%，主要污染物为氨氮、生化需氧量、总磷、化学需氧量等。城市地下水受地质因素影响总硬度超标较普遍，硝酸盐氮、总大肠菌群、溶解性总固体、氯化物等指标有超标现象出现。地下水质量总体无显著变化。饮用水源地水质状况良好，水质达标率100%。石家庄市岗南水库、黄壁庄水库均为Ⅱ类水体，水质状况优。

城市主要噪声源为交通噪声和生活噪声，功能区噪声昼间达标，夜间存在超标现象。2013年昼间区域环境噪声平均等效声级值为56.7分贝，夜间区域环境噪声平均等效

一、环境空气质量 2013年石家庄城市环境空气质量优良天数为43天（其中Ⅰ级天数为0天，Ⅱ级天数为43天），占总天数的11.7%，Ⅲ级天数为84天，占总天数的23.0%，Ⅳ级天数为85天，占总天数的23.3%，Ⅴ级天数为77天，占总天数的21.1%。六级天数为76天，占总天数的20.8%。

2013年石家庄城市环境空气质量综合指数为16.294，主要污染物可吸入颗粒物、细颗粒物、二氧化硫、二氧化氮、一氧化碳和臭氧年日均值为0.305毫克／标立方米、0.154毫克／标立方米、0.105毫克／标立方米、0.068毫克／标立方米、1.994毫克／标立方米、0.082毫克／标立方米。全年可吸入颗粒物、细颗粒物、二氧化硫、二氧化氮、一氧化碳和臭氧污染指数分别达4.357、5.400、2.327、1.700、1.429、1.081。2013年全市226天首要污染物为PM10，111天首要污染物为PM2.5，24天首要污染物为臭氧，3天首要污染物为SO_2，1天首要污染物为NO_2。按照各项污染物分担率评价，PM10的污染分担率为42.2%（其中PM2.5的污染物分担率为21.3%）；SO_2的污染物分担率为17.0%；NO_2的污染物分担率为16.5%；CO的污染物分担率为13.9%；臭氧8小时平均浓度值（O_3-8H）的污染物分担率为10.5%，大气污染贡献最大为颗粒物（包括PM10和PM2.5），其次为

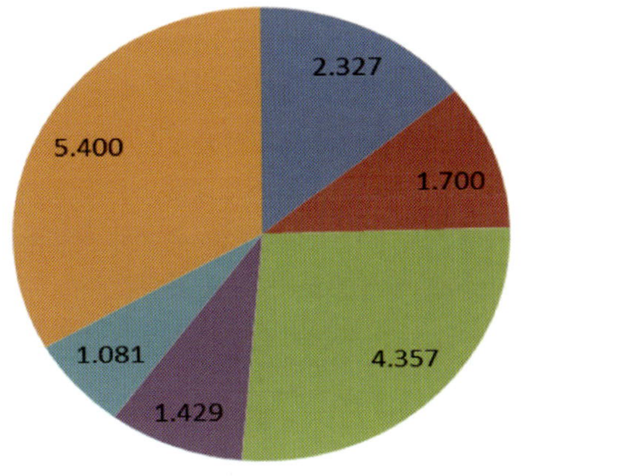

SO_2。

城市大气污染物浓度呈现“晨峰午谷”及“冬重夏轻”的污染变化规律。一天中，污染物小时浓度值的最高值常出现于清晨，最低浓度多出现在午后；污染最严重的月份为1月、2月、12月，污染最轻的月份为7月、8月；全年四个季度中，一季度污染最重，三季度污染最轻。2013年石家庄城市总体环境空气质量状况较为严峻，颗粒物污染严重，主要大气污染物浓度时空分布特征显著。

环境空气污染状况 2013年市环境监测中心例行监测城市空气中的可吸入颗粒物、细颗粒物、二氧化硫、二氧化氮、一氧化碳、臭氧、硫酸盐化速率、降尘和降水等指标。监测结果表明，2013年石家庄城市环境空气中可吸入颗粒物年平均浓度值为0.305毫克/标立方米，细颗粒物年均浓度值为0.154毫克/标立方米，二氧化硫年平均浓度值为0.105毫克/标立方米，二氧化氮年平均浓度值为0.068毫克/标立方米，一氧化碳平均浓度值为1.994毫克/标立方米，臭氧平均浓度值为0.082毫克/标立方米，除一氧化碳和臭氧外其余四项污染物浓度均未达到国家二级标准。

表42

2013年大气污染物监测数据统计表

浓度单位：毫克/标立方米

项　目	浓度值范围	年均浓度	超标率（%）	二级标准
可吸入颗粒物	0.051-0.822	0.305	85.2	0.070
二氧化硫	0.007-0.575	0.105	24.1	0.06
二氧化氮	0.016-0.193	0.068	24.7	0.04
降　尘	1.26-35.23	11.65	4.55	19.00
硫酸盐化速率	0.012-3.204	0.874	74.62	0.5
一氧化碳	0.2-12.458	1.994	12.6	4.00
臭　氧	0.002-0.267	0.082	20.8	0.16

可吸入颗粒物。2013年石家庄城市环境空气中可吸入颗粒物年日均值为0.305毫克/标立方米，未达到国家二级标准，全年日均值超标率为85.2%。全年城区可吸入颗粒物污染程度由高到低排序为：一季度>四季度>二季度>三季度。

二氧化硫。2013年石家庄城市环境空气中二氧化硫年平均值为0.105毫克/标立方米，未达到国家二级标准，全年日均值超标率为24.1%。全年城区二氧化硫污染程度由高到低排序为：一季度>四季度>二季度>三季度。

二氧化氮。2013年石家庄城市环境空气中二氧化氮年日均值为0.068毫克/标立方米，未达到国家二级标准，全年日均值超标率为24.7%。全年城区二氧化氮污染程度由高到低排序为：四季度>一季度>三季度>二季度。

降尘。2013年石家庄城市降尘年月均值为11.65吨/平方千米·30天，降尘最大值出现在3月份，监测值为35.23吨/平方千米·30天；全年四个季度降尘量由高到低排序为：二季度>三季度>一季度>四季度。

硫酸盐化速率。2013年石家庄城市硫酸盐化速率月均值为0.874毫克 SO_3/100平方厘米碱片·日；硫酸盐化速率最大值出现在一月份，监测值为3.204吨/平方千米·30天；全年四个季度污染程度排序为：一季度>四季度>二季度>三季度。

一氧化碳。2013年石家庄市城市一氧化碳年均值为1.994毫克/标立方米，全年四个季度一氧化碳污染程度排序为：四季度>一季度>二季度>三季度。

臭氧。2013年石家庄城市臭氧年均小时值为0.082毫克/标立方米，全年四个季度臭氧浓度由高到低的排序为：二季度>三季度>四季度>一季度。

细颗粒物。2013年石家庄城市细颗粒物年均小时值为0.154毫克/标立方米，全年四个季度细颗粒物浓度由高到低排序为：一季度＞四季度＞二季度＞三季度。

大气污染物时间变化 石家庄城市主要大气污染物的浓度变化具有明显季节特征，总体上呈现“采暖期重于非采暖期”和“冬重夏轻”的污染特征。受采暖期燃煤量增大影响，采暖期空气中可吸入颗粒物、二氧化硫及二氧化氮、细颗粒物和一氧化碳浓度均大于非采暖期。可吸入颗粒物采暖期浓度（0.386 毫克／标立方米）为非采暖期的 1.45 倍，二氧化硫采暖期浓度（0.193 毫克／标立方米）为非采暖期的 3.16 倍，二氧化氮采暖期浓度（0.084 毫克／标立方米）为非采暖期的 1.4 倍，一氧化碳采暖期浓度（3.354 毫克／标立方米）为非采暖期的 2.54 倍，细颗粒物采暖期浓度（0.227 毫克／标立方米）为非采暖期的 1.92 倍。

受气候变化和气象因素的影响，春、冬季尘污染严重，空气中可吸入颗粒物明显增高。冬春季（12～5 月）与夏秋季（6～11 月）相比，可吸入颗粒物、二氧化硫、二氧化氮、一氧化碳和细颗粒物 5 项污染物分别高 0.32 倍、1.89 倍、0.16 倍、0.9 倍和 0.52 倍。夏季是一年中空气污染最轻的季节，污染物降低幅度明显。臭氧情况相反，夏秋季比冬春季高 0.73 倍。

石家庄城市大气污染物浓度日变化呈现“晨峰午谷”的污染规律。一天中污染物小时浓度值最高值常出现于清晨，最低浓度多出现在午后。

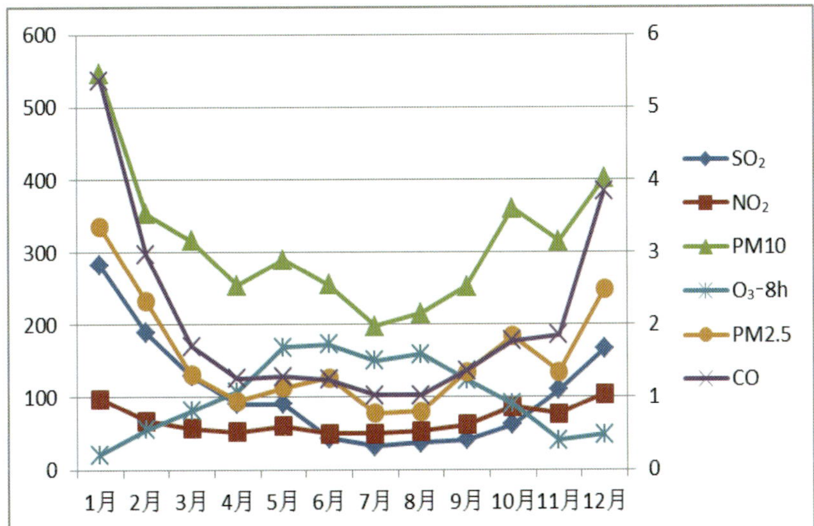

大气污染物空间分布特征 大气污染物空间分布与污染源的分布情况、气象条件、建筑结构、城市布局及污染物的迁移扩散特征有密切关系。二氧化硫和二氧化氮空间分布，受工业污染源和生活污染源局部影响较大。

数据分析表明：可吸入颗粒物的污染程度空间分布为西南高教＞高新区＞西北水源＞职工医院＞化工学校＞世纪公园＞人民会堂；二氧化硫的污染程度空间分布为化工学校＞职工医院＞西南高教＞人民会堂＞高新区＞世纪公园＞西北水源；二氧化氮的污染程度空间分布为职工医院＞化工学校＞西南高教＞高新区＞人民会堂＞西北水源＞世纪公园；一氧化碳的污染程度空间分布为化工学校＞西南高教＞高新区＞世纪公园＞职工医院＞西北水源＞人民会堂；臭氧的污染程度空间分布为高新区＞化工学校＞西北水源＞世纪公园＞职工医院＞人民会堂＞西南高教；细颗粒物的污染程度空间分布为化工学校＞西南高教＞西北水源＞职工医院＞高新区＞世纪公园＞人民会堂。2013 年各县（市）区环境空气综合污染指数最大的为赞皇县，可吸入颗粒物、二氧化硫和二氧化氮污染最重的均为赞皇县。

酸雨。2013 年石家庄市共获取大气降水样品 88 个，酸雨样品为 0 个，酸雨频率为 0.0%，降水 pH 最小值为 6.15。

大气环境质量国内、省内排名 2013 年，石家庄城市环境空气质量优良天数在全国 74 个重点城市中，排列第 73 位，好于河北省邢台市，差于北京市、郑州市、天津市等周边城市。2013 年度，石家庄市环境空气质量优良天数在河北省 11 个设区市中，石家庄城市环境空气质量排在第 10 位，好于邢台市。

二、水环境质量 石家庄市域内地表水呈有机污染，地表河流受沿途工业污染较重。

地下水环境质量 2013 年市环境监测中心对城市 17 眼地下水井中的 16 眼水井进行 25 项指标监测（焦化厂点位无水未监测）。结果表明，在受检的 16 眼地下水井中，5 项指标出现超标，总硬度（76.3%），硝酸盐氮（38.7%），总大肠菌群（32.3%），溶解性总固体（23.7%），氯化物（8.6%），其余指标超标率为0%。

采用《地下水环境质量标准》（GB/T14848-93）中推荐的地下水质量综合评价，对石家庄市区地下水质进行评价及污染程度分级。在获得监测数据的16眼井中没有水质优良、水质较好和水质极差的井，地下水质量良好井数为3眼，占18.75%；地下水质量较差井数为13眼，占81.25%。

石家庄市地下水质超标为总硬度、硝酸盐氮、总大肠菌群、溶解性总固体、氯化物等，超标区域主要分布在市区西南部和中南部，超标井位分布呈“片状”和“点状”特征。2009～2013年期间，全市地下水质量主要污染指标无显著变化趋势。

城市饮用水环境质量 石家庄市地表饮用水源为岗南水库出口，按照《地表水环境质量评价办法（试行）》要求，2013年岗南水库出口水质类别为Ⅱ类，水质状况优，满足《地表水环境质量标准》(GB3838-2002)Ⅲ类标准要求。

石家庄市地下饮用水源为市内5个水厂，2013年地下饮用水源水质全部达标，满足《地下水质量标准》(GB/T14848-1993)III类标准要求。

河流水环境质量 市域内河水水质属Ⅳ类或劣Ⅴ类，污染负荷较重。

绵河－冶河。2013年度绵河－冶河水体水质属Ⅳ类，水体综合污染指数为5.67，绵河－冶河各断面污染程度排序为岩峰＞地都＞平山桥。首要污染断面为岩峰断面，污染分担率占到39.49%，其次为地都断面，污染负荷为34.01%；平山桥断面污染较轻，污染负荷为26.49%。全年绵河－冶河水体主要污染指标及其污染分担率分别为氨氮19.98%、生化需氧量14.08%、氟化物10.26%等。

石津渠。采用断面水质类别比例法进行评价，石津渠Ⅰ类～Ⅲ类水质比例≥90%，水质状况为优。黄壁庄桥、杜北、运河桥断面水质类别为Ⅱ类，兆通、南张村断面水质类别为Ⅲ类。

洨河。2013年洨河全程污染严重，水质为劣Ⅴ类，水体综合污染指数为23.93。洨河各断面污染程度排序为大石桥＞总退水渠口＞石板桥。首要污染断面为大石桥，污染负荷为38.91%；其次为总退水渠断面，污染负荷为30.86%；石板桥断面污染负荷为30.22%。全年洨河水体主要污染指标依次为氨氮、生化需氧量、总磷，其污染分担率分别为48.30%、16.31%、15.12%。

滹沱河。2013年滹沱河水体水质为劣Ⅴ类，水体综合污染指数为25.73。滹沱河各断面污染程度排序为枣营＞固营桥＞张村桥＞下槐镇。首要污染断面为枣营，污染负荷为40.15%；下槐镇断面污染程度最轻，污染负荷为3.60%。全年滹沱河水体主要污染指标为氨氮、生化需氧量、总磷，其污染分担率分别为43.65%、18.78%、12.38%。

汪洋沟。2013年汪洋沟水体水质为劣Ⅴ类，水体综合污染指数为35.36。水体中主要污染指标为氨氮、生化需氧量、总磷，污染分担率分别占39.50%、20.01%、18.58%。

邵村排干渠。2013年1～6月邵村排干渠水体水质为劣Ⅴ类，水体综合污染指数为71.64。全年水体中主要污染指标为氨氮、生化需氧量、化学需氧量，污染分担率分别占63.12%、15.62%、8.96%。

湖库水环境质量 按照《地表水环境质量评价办法（试行）》进行评价，2013年岗南水库、黄壁庄水库的水质类别均为Ⅱ类，水质状况优。岗南水库水质监测自动站2013年共报出水质周报52期，测定结果（水温、pH值、溶解氧、高锰酸盐指数、总有机碳、氨氮、电导率、浊度）中评价指标均符合《地表水环境质量标准》(GB3878-2002) Ⅱ类标准。

三、声环境质量 2013年石家庄城市内声源构成为交通运输、建筑施工、日常生活及其他噪声，以交通噪声和生活噪声为主，各种声源所占比例较2012年持平。

功能区噪声 按照石家庄市区不同区域功能特点，将噪声功能区划为四类。监测结果表明，1类区夜间噪声平均等效声级3、4季度均超标；2类区夜间噪声平均等效声级3季度超标；4类区夜间噪声平均等效声级4季度均超标；其他昼间、夜间噪声平均等效声级值均达标。各测点年平均昼间等效声级值的最大值为66.0分贝，夜间平均等效声级值的最小值为43.9分贝。

表 43　　2013 年功能区噪声监测数据统计表

单位：dB（A）

季度＼分区	1 类区			2 类区			3 类区			4 类区		
	Ld	Ln	Ldn	Ld	Ln	Ldn	Ld	Ln	Ldn	Ld	Ln	Ldn
一季度	53.1	44.2	53.5	57.3	47.9	57.5	60.7	49.7	60.4	67.9	53.6	66.9
二季度	52.7	42.8	52.7	54.6	45.0	54.7	60.1	52.0	60.8	67.2	53.8	66.4
三季度	53.6	45.5	54.4	57.7	50.1	58.8	63.3	53.8	63.5	67.9	54.1	67.0
四季度	49.5	45.8	53.1	54.7	47.47	56.0	55.6	49.8	57.8	60.0	55.9	63.4
全　年	52.2	44.6	53.4	56.1	47.6	56.8	59.9	51.3	60.6	65.8	54.4	65.9
标准值	55.0	45.0		60.0	50.0		65.0	55.0		70.0	55.0	
测点数	3			3			2			4		

道路交通噪声　2013 年石家庄市环境监测中心在市区 8 条主干线，23 条次干线，37 条支路，其他道路 129 条，合计 197 个路段，总长 494.28 千米的道路上共布设 368 个道路交通噪声监测点位。测试结果显示，市区昼间道路交通噪声值为 60.5 ～ 73.8 分贝，平均等效声级为 71.2 分贝；市区夜间道路交通噪声值为 51.5 ～ 55.0 分贝，平均等效声级为 54.6 分贝。全年市区道路平均车流量为 2014 辆 / 小时，道路交通流量较 2012 年有所上升。2013 年与 2012 年相比，超过 70 分贝道路干线长度由 18.15% 下降为 10.11%，昼间噪声声级值主要集中在 66 ～ 70 分贝，占道路总长度的 94.52%。

表 44　　2013 年暴露在不同等效声级下路段分布情况统计表

监测时间	声级范围 dB（A）	55 以下	56 ～ 60	61 ～ 65	66 ～ 70	71 ～ 75	76 ～ 80	81 以上	超过 70 分贝的干线
2013 年昼间	路段长度（千米）	/	/	54.7	412.47	27.11	/	/	49.97
	占交通干线总长度的 %	/	/	11.07	83.45	5.48	/	/	10.11
2013 年夜间	路段长度（千米）	494.28	/	/	/	/	/	/	/
	占交通干线总长度的 %	100	/	/	/	/	/	/	/

区域环境噪声　根据统计，2013 年石家庄市区昼间区域环境噪声值变化范围为 44.0 ～ 59.2 分贝，平均等效声级为 56.7 分贝；夜间区域环境噪声值变化范围为 15.1 ～ 53.7 分贝，平均等效声级为 51.5 分贝。2013 年昼间区域环境噪声值集中分布于 46 ～ 55dB（A）声级值段，未出现 61 分贝以上声级覆盖区域，暴露在不同等效声级下的面积比例较 2012 年变化不大，暴露在高分贝区域降低较为明显；夜间区域环境噪声值集中分布于 41 ～ 50dB（A）声级值段，未出现 56 分贝以上声级覆盖区域。

表 45　　2013 年石家庄市区域环境噪声源构成统计表

噪声源分类		交通	工业	施工	生活	其他
影响的测点数	昼间	278	47	18	51	6
	夜间	274	47	18	55	6
噪声源构成比 %	昼间	69.50	11.75	4.50	12.75	1.50
	夜间	68.50	11.75	4.50	13.75	1.50
L10	昼间	54.30	54.51	54.47	54.36	54.28
	夜间	46.64	49.24	52.12	47.90	46.53
L50	昼间	51.21	51.48	51.49	51.47	51.40
	夜间	43.87	46.37	49.40	45.15	43.23
L90	昼间	49.57	49.94	49.84	49.92	49.58
	夜间	43.75	44.24	46.31	43.45	41.90
Leq	昼间	52.06	52.29	52.32	52.26	51.98
	夜间	44.69	47.32	50.18	45.98	44.40

四、重点污染源监测　2013 年石家庄市重点污染源共有 267 家，分为国控污染源、省控污染源、城镇污水处理厂、涉及重金属企业、“双三十”重点企业、危废处理厂、农业污染源和文件药渣焚烧。国控重点污染源包括：废水污染源 64 家，废气污染源 33 家；城镇污水处理厂 26 家；涉及重金属排放企业 63 家。省控重点污染源包括：废水污染源 19 家，废气污染源 18 家。“双三十”重点企业包括：废水污染源 24 家，废气污染源 4 家。农业污染源 7 家。危废处理厂 8 家。文件药渣焚烧 1 家。2013 年石家庄市废水污染企业监督性监测达标率为 97.7%；废气污染企业监督性监测达标率为 91.8%；城镇污水处理厂监督性监测达标率为 92%；涉重金属企业废水企业监督性监测达标率为 96%，废气企业监督性监测达标率为 100%。

（严健　郝园）

【《石家庄市大气污染治理攻坚行动实施方案（2013—2017 年）》】　6 月 18 日，《石家庄市大气污染治理攻坚行动实施方案（2013—2017 年）》（简称《方案》）在全市召开的大气污染治理攻坚行动动员大会上下发执行。该《方案》提出坚持经济发展与环境保护相协调，形成政府统领、企业施治、市场驱动、公众参与的大气污染防治新机制。主要内容包括：1. 逐年提高空气质量优良天数。到 2015 年底，PM2.5 浓度在 2013 年基础上下降 15%；空气质量优良天数比 2013 年提高 7%。到 2017 年底，PM2.5 浓度在 2013 年基础上下降 30%；优良天数比 2013 年提高 15%。2013 年，完成省政府下达的二氧化硫、氮氧化物减排目标；市区降尘量在 2012 年基础上下降 5%。2015 年，市区降尘量在 2012 年基础上下降 15%；2017 年，市区降尘量在 2012 年基础上下降 30%，平均降尘量达到 12 吨／平方千米 · 30 天以下。2. 完成污染企业搬迁改造。2013 ～ 2017 年，完成市区 18 家污染企业搬迁改造。2013 年，启动 11 家污染企业搬迁，6 月底前，完成威远生化公司搬迁改造；7 月底前，关闭润泰纺织公司，2014 年底前完成搬迁。3. 不通过环评不能开工建设。将二氧化硫、氮氧化物、烟粉尘和挥发性有机物排放总量作为环评（环境评价）审批的前置条件，严格控制高污染、高耗能行业。不再审批钢铁、水泥、电解铝、平板玻璃等产能严重过剩行业和炼焦、有色、电石、铁合金等行业新增产能项目，新、扩、改建项目实行产能等量或减量置换。严格新上以煤为燃料和原料工业项目审批，新增热源原则一律使用清洁能源。对未通过环评、能评（能源评价）的项目，不得审批、核准、备案，不得提供土地，不得批准开工建设，不得发放生产许可证、安全生产许可证、排污许可证，金融机构不得提供任何形式的新增授信支持，不得供电、供水。4. 突击检查企业排污。加大26家重点大气污染企业及其他国控、省控企业监管力度，派驻双驻厂员，实现监管常态化；提高监管频次，每月至少检查2次；打破正常作息规律，在节假日、夜间开展突击检查。利用先进科技手段进行监管，全部实现在线监测、监控系统规范建设并与环保部门联网。对重点企业实行督办制，限期整改环境违法问题；对重点企业及所在县（市、区）大气污染治理工作进行考核评价，没有明显改观的实施区域限批。严厉打击偷排偷放行为，严格监管污染处理设施运行率较低的企业，查处违法恶意安装设备后门、非法改动在线监测设施、煤炭硫份超标的企业，依法顶格处罚，并追究企业负责人的行政或法律责任。5. 三环路以内限行“黄标车”。每天6时至24时，禁止重型、中型货车（黄色牌照），在三环路（不含）以内区域道路上通行。自2014年1月1日起，每日6时至24时，禁止“黄标车”、“无标车”在三环路（不含）以内区域道路上通行。制定出台补贴政策，鼓励“黄标车”及高污染老旧车型提前报废与更新。2013年淘汰“黄标车”1万辆以上，力争淘汰3万辆。到2015年底，全部淘汰2005年底前注册营运的“黄标车”54618辆；到2017年底，全部淘汰“黄标车”。2013年底前，淘汰燃油公交车350辆，更换环卫作业“黄标车”170辆，新购置新能源公交车600辆。2014年淘汰剩余321辆燃油公交车。2015年底前，新购置新能源公交车900辆，新能源公交车占全市公交车80%以上。6. 市区内实行机动车单双号限行。全市机动车保有量到2013年底控制在190万辆以内；到2015年底控制在210万辆以内；到2017年底控制在230万辆以内。自2013年开始，石家庄市每年新增机动车控制在10万辆以内；自2015年起，每年小客车增量配额为9万辆，按照每月7500辆进行配置。严格新增车辆管理，提高机动车准入门槛，在外地转入车辆实施国Ⅳ标准基础上，增加“国Ⅳ标准使用3年以上不予办理转入”硬性规定。自2014年1月1日起，新注册车辆实行国Ⅳ标准，杜绝高污染、高排放车辆落户。自2013年起，全市各级党政机关、全额拨款事业单位不再新增一般公务用车编制数量，严格控制对执法执勤用车审批；自2013年起限制家庭购买第三辆个人用小客车；自2014年市区内实行机动车单、双号限行；借鉴外地经验，研究制定《石家庄市小客车数量调控规定》，自2015年起实行小客车指标摇号配置。到2013年底，全面供应国Ⅳ标准车用汽油；到2014年底，全面供应国Ⅳ标准车用柴油；到2015年底，全面供应国Ⅴ标准车用汽油、柴油。2013年底前，研究出台支持购买新能源汽车的相关政策。公交、环卫等行业和政府机关率先推广使用新能源汽车。采取直接上牌、财政补贴等综合措施，鼓励个人购买新能源汽车。到2017年底，全市新能源汽车保有量达到1万辆以上。7. 主干道每天洒水3次以上。推行市区道路机械化清扫，采取吸尘、洒水、清扫一体化作业。2013年，市区“四横八纵”主干道坚持每3天冲洗1次，每天洒水3次以上；2014年，“四横八纵”主干道冲洗、洒水次数不变，其他主次干道每5天冲洗1次，每天洒水3次以上；2015年，市区主次干道每3天冲洗1次，每天洒水3次以上；2016年，市区主次干道冲洗洒水次数不变，二环内可机扫道路每5天冲洗1次，每天洒水3次以上；2017年，二环内所有可机扫道路每3天冲洗1次，每天洒水3次以上。2013年，市区二环内主干道及二、三环之间的国道、省道16小时清扫保洁面积达到60%以上，主次干道机械化清扫保洁率达到80%以上。遇大风、雾霾特殊天气，加大冲洗、洒水和清扫保洁次数。2013年9月底前全部清除围城垃圾，及时清运道路两侧积土，对二、三环间大面积裸露区域进行综合治理。四级及以上大风天气停止人工清扫作业。2013年底前，对出入市口及周边国道、省道等交通干道，特别是西部县（市）区主要运煤通道和正定县、鹿泉市、藁城市、栾城县4县（市）道路二次扬尘进行集中整治。公路路面每天清扫一遍，每周冲洗一遍。严厉查处非法运输石灰、煤炭、矿渣等易抛撒物品的车辆和不覆盖、覆盖不严等问题。8. 创建大气污染控制示范区。

2013年底前，创建10个大气污染控制示范区，总面积达到64平方千米，占主城区面积的30.5%。以“粉尘治理全覆盖、绿化硬化全覆盖、排放治理全覆盖、环境卫生无死角”为刚性目标，区域内所有施工工地实现绿色施工；所有裸露地面、煤堆、灰堆、料堆实现软硬覆盖；所有分散燃煤锅炉、窑炉、饮食炉灶全部拆除或改烧天然气、电等清洁能源；所有学校操场全部绿化，开展楼顶冲洗、绿化和立体绿化试点工作。2013年底前，完成“高污染燃料禁燃区”划定工作，禁燃区面积不低于建成区面积的80%。禁燃区内禁止原煤散烧，并向社会公布。通过政策补偿、实施峰谷电价、季节性电价和天然气补贴等措施，逐步推行天然气分布式能源系统和以电代煤。9. 商场按照绿色建筑标准设计。强力推进建筑节能、绿色建筑和可再生能源建筑应用等工作。新建居住建筑执行节能65%的标准、公共建筑执行节能50%的标准，建筑节能设计标准执行率达到100%。到2017年底，完成80%具备改造价值的既有建筑节能改造。自2014年1月1日起，新建政府投资的办公楼、学校、医院、图书馆、博物馆、科技馆、文化馆、体育馆等公共建筑、保障性住房及单体建筑面积超过2万平方米的商场、宾馆、饭店、写字楼、车站、机场等大型公共建筑全部按照绿色建筑标准设计建造。正定新区建筑项目全部按照绿色建筑标准设计建造。10. 园区取消自备燃煤锅炉。到2015年底，除保留必要的应急和调峰燃煤锅炉外，建成区全部淘汰10蒸吨/小时及以下燃煤锅炉，禁止新建燃煤锅炉。到2017年，建成区全部淘汰35蒸吨/小时及以下燃煤锅炉，城乡接合部和其他远郊县（市）区的城镇地区基本淘汰10蒸吨/小时及以下燃煤锅炉。供热、供气管网覆盖不到的地区，改用电、洁净煤，推广高效节能环保型锅炉系统。所有工业园区和化工、造纸、印染、制革、制药等企业聚集地区，全面取消自备燃煤锅炉，改用天然气等清洁能源，或由大型热电厂集中供热。按照“应拆尽拆、非拆即改”原则，2013年7月底前，全部完成剩余的283台分散燃煤锅炉能源置换任务。餐饮服务经营场所全部安装高效油烟净化设施，实现达标排放。2013年6月底前，全面完成占道露天炭火烧烤专项整治和取缔工作。

【《石家庄市削减1500万吨煤炭工作方案》】 10月15日，市政府印发《石家庄市削减1500万吨煤炭工作方案》和《石家庄市削减1500万吨煤炭任务分解方案》。按照《石家庄市大气污染防治攻坚行动方案（2013—2017年）》要求，石家庄市提出到2017年煤炭消费量比2012年净削减1500万吨。削减煤炭原则：削减煤炭与促进转型升级相结合；重点削减高耗能、高污染行业和企业煤炭用量；以2013年、2014年、2015年为主；采取可统计、量化、监测措施削减煤炭，在确保完成任务前提下，各县（市）区可根据实际情况调整和平衡各行业各企业减煤具体任务。严控煤炭新增量：严格涉煤项目审批，新上燃煤项目实行用煤量减量替代；暂停审批储煤场和洗煤项目；污染企业搬迁，实行煤炭消费减量；暂停审批燃煤锅炉；加强固定资产投资项目节能评估审查，严格分类管理，严控高耗能项目审批；2014年3月15日之前禁止耗煤量较大的新项目投产；严格控制各县（市及井陉矿区煤炭消费总量，到2017年底，平山县、井陉县、正定县、栾城县、藁城市、鹿泉市、井陉矿区的煤炭消费总量（或规模以上工业企业煤炭消费总量）比2012年净削减35%以上，其他县（市）煤炭消费总量（或规模以上工业企业煤炭消费总量）比2012年净削减30%以上。削减煤炭存量：到2017年底前采取11项措施，确保完成净削减1500万吨煤炭任务。压缩钢铁产能，削减煤炭227万吨。按照省政府《关于印发河北省削减煤炭消费及压缩钢铁等产能任务分解方案的通知》，到2017年，全市压缩炼铁产能374万吨、粗钢产能482万吨（含石钢公司搬迁炼铁产能212万吨、炼钢产能210万吨），共涉及河北钢铁集团石钢公司、河北敬业集团有限公司、西柏坡钢铁有限公司、河北丰达钢铁有限公司、河北石鹿特钢有限公司5家企业，合计削减煤炭227万吨。压缩焦化产量，削减煤炭371万吨。对没有审批手续的4家焦化企业实施综合执法予以关停削减煤炭340万吨；对其他3家焦化企业以2012年产量为基数压缩产量20%，削减煤炭31万吨；两项合计削减煤炭371万吨。压缩化肥产量，削减煤炭49万吨。全市10家化肥企业以2012年产量为基数压缩产量20%，削减煤炭49万吨。新乐市金万泰化肥和循环化工园区金石化工按产能各压缩产量20%。全市钙镁行业加强监管，强化环境倒逼和有效整合，削减煤炭46万吨。水泥行业实施综合整治，削减煤炭126万吨。2013年底前关停所有水泥粉磨站，2017年底前，逐步关闭西部山区水泥建材企业。压缩金隅集团和曲寨集团等下属大型水泥企业产量，以2012年产量为基数，在非采暖期压缩产量20%，采暖期压缩产量60%，冀东水泥以实际产能为基准，在非采暖期压缩产量20%，采暖期压缩产量60%。取缔外来煤炭洗选，削减煤炭400万吨。禁止煤炭洗选企业洗选外来煤，到2015年底，关闭所有统计规模以上外来煤炭洗选企业，取缔统计规模以下煤炭洗选厂点。压缩陶瓷企业产量，削减煤炭10万吨。以2012年产量为基数压缩全市陶瓷企业产量20%，削减煤炭10万吨。企业燃煤自备电站、锅炉和窑炉能源置换，削减煤炭47万吨。2017年底前，基本实现企业燃煤自备电站、锅炉和窑炉煤改气，中石化石家庄炼化分公司自备电站煤改气削减煤炭32万吨，石家庄玉晶玻璃有限公司窑炉煤改气削减煤炭15万吨，合计削减煤炭47万吨。关停小火电机组，削减煤炭92万吨。关停东方热电的热电一厂、热电二厂南厂区、热电三厂和石家庄热电厂15、16号机组，合计削减煤炭92万吨。燃煤锅炉拆除改造，削减煤炭95万吨。2013年对市区剩余283台分散燃煤锅炉拆除或实行能源置换，削减煤炭15万吨；2015年底前，市区建成区全部淘汰10蒸吨/小时及以下燃煤锅炉；2017年底前，市区建成区全部淘汰35蒸吨/小时及以下燃煤锅炉，各县（市）和井陉矿区建成区淘汰10蒸吨/小时及以下燃煤锅炉，其他燃煤锅炉进行节能改造，削减煤炭80万吨。压缩大型火电和热电企业发电量，削减煤炭300万吨。以2012年全市发电量为基数，年压缩发电量70亿千瓦时，削减煤炭300万吨。年度削减煤炭量计划：2013年完成削减煤炭300万吨；2014年完成削减煤炭400万吨；2015年完成削减煤炭400万吨；2016年完成削减煤炭300万吨；2017年完成削减煤炭100万吨。

（市政府办公厅文件）

【城郊村燃煤污染治理】 7月12日，石家庄市召开城郊村燃煤污染治理调度会，具体部署城郊村采购优质低硫型煤相关程序，特别是型煤配送和监管流程。加快推进优质低硫型煤替代普通燃煤。此次调度会明确型煤卡购买、配送和监管流程。农户按上报购煤底数60%缴纳购煤款，可选择在村委会刷卡，或到指定银行（农村信用社或农业银行）缴纳。村委会根据农户银行单据开具购煤收据、填写型煤卡、建立农户购煤底账。农户分批次向村委会申请购煤数量，村委会汇总后联系型煤厂送煤，厂家送煤到村、到户。农户接收型煤后在“五联单”上签字，最后型煤厂家将农户购煤收据和“五联单”厂家一联收回并建立煤台账。市、县两级每月汇总接收型煤量，并分别向本级财政申请补贴资金。用优惠办法促使农户购买优质低硫型煤。此次优质低硫型煤采购实行阶梯价格，8月15日前为900元/吨，9月15日前为930元/吨，10月15日前为980元/吨，10月15日后为1000元/吨。生产厂家检测进厂煤质量，生产型煤每周出具检测报告，市环保局、发改委每两周检测生产厂家进煤质量和型煤质量。

（侯天仪）

【重污染天气预警应急响应】 10月2日和6日，全市雾霾天气较为严重。10月7日，石家庄市空气达到严重污染程度。10月8日上午10时30分，市气象台发布霾橙色预警信号，提醒市民10月8～9日石家庄大部分县（市）持续雾霾天气，能见度差，大气扩散能力弱，污染严重，需要加强防范。10月31日上午10时，市气象台发布霾黄色预警信号。此次雾霾天气与中国中东部大部分地区没有明显冷空气影响有关，气象条件不利于污染物扩散；天空没有阳光，最高温度12℃，最低温度8℃。10月31日，市政府正式印发《石家庄市重污染天气应急预案（暂行）》。11月21日，石家庄市空气湿度增大，雾霾天气逐渐加重，不利于污染物稀释、扩散。市政府决定，自11月21日17时首次启动重污染天气Ⅲ级应急响应措施。11月24日，石家庄市空气质量指数低于200，根据《石家庄市重污染天气应急预案（暂行）》规定，经市气象、环保部门会商，石家庄市重污染天气应急指挥部批准，解除重污染天气III级（黄色）预警应急响应。12月2日起，石家庄市冷空气较弱，高空大气环流平直，地面气压场弱，风力较小，出现静稳天气，气象条件不利于污染物稀释、扩散和消除。市政府决定，自12月2日18时启动重污染天气Ⅲ级应急响应措施，并首次提出 AQI 指数＜200，自然解除预警响应。12 月 16 日，市政府决定，自 12 月 16 日 9 时启动重污染天气Ⅲ级应急响应措施。12 月 19 日起，市政府决定，自 12 月 19 日 24 时启动重污染天气Ⅲ级预警，12 月 20 日上午 10 时启动应急响应措施；12 月 20 日起，石家庄市地面气压场弱，大气层结稳定，风力弱，扩散能力差，雾霾持续，污染物出现高浓度累积，气象条件很不利于污染物稀释、扩散和消除；市政府决定，自 12 月 20 日 22 时发布Ⅱ级重污染天气预警，12 月 21 日上午 10 时正式启动Ⅱ级应急响应。Ⅱ级预警，即橙色级别预警，是经气象专业机构预测，全市可能发生连续 3 天 500>AQI>300、空气质量为严重污染级别的天气预警。按照市政府要求，全市严格落实了控车限号、重点排污企业限产、建筑工地停工、中小学及幼儿园停止户外运动等措施。各县（市）区政府（管委会）接到市政府通知后，严格按照《石家庄市重污染天气应急预案（暂行）》启动Ⅱ级预警，及时通知各单位和相关企业迅速行动，做好预警应急响应准备，确保了 21 日 10 时前各项应急响应措施落实到位；各级各部门、各单位接到通知后，严格执行领导 AB 角制度，做到领导在岗在位，并明确了具体负责应急响应工作的主管领导。市委宣传部和市新闻办办室组织报社、广播电视台、通信公司等迅速发布了健康防护警示：儿童、老年人和患有心脑血管、呼吸系统等疾病的易感人群留在室内，停止户外运动，确需外出须采取防护措施；一般人群减少户外运动和室外作业，如不可避免建议采取防护措施。市教育局要求全市中小学校、幼儿园停止了体育课、集体操、跑步等户外运动。全市除重大民生抢险工程外，所有在建施工工地一律停止了施工，所有非煤矿山、粉状物料储存场等扬尘污染源和建筑工地停止了一切产生扬尘的生产活动；市区增加了工地洒水抑尘频次，做到至少每 3 小时洒水 1 次，每天至少洒水 8 次。鹿泉金隅鼎鑫水泥有限公司 2 条日产 2000 吨和 3 条日产 4000 吨的水泥生产线均落实了停产措施；河北三元食品有限公司关停了硫酸灌装生产线，奶粉 1 号、2 号、3 号 400 克袋装生产线，奶粉干混生产线和瓦楞纸生产线。按照《石家庄市重污染天气应急预案（暂行）》要求，部分相关县（市）区政府实施了减排措施，确保烟（粉）尘、二氧化硫、氮氧化物排放量削减 50% 以上，并关停了 20 吨以下燃煤工业锅炉。石家庄市在此次应对重污染天气Ⅱ级预警响应中，首次实施了控车限号工作。采取按日推算，12 月 21 日限行车牌尾号 1、6，第二天限行尾号 2、7，第三天限行尾号 3、8，第四天限行尾号 4、9，第五天限行尾号 5、0，以此类推；尾号为英文字母的以车牌最后一位数字为准。实施层层路面管控。市区三环路外围 4 组团县（市）辖区进入市区重要通道设置限行卡点 6 处，实行远端分流；三环路沿线通行机动车进口安排限行岗位 54 处，三环路以内区域道路安排内控岗位 141 处，共增加警力 160 人，严查限行车辆上路行驶；开展非现场执法，依托智能卡口系统，24 小时查扣限行车辆。车辆限行期间，全市还落实了大货车（黄牌）、黄标车、无标车、三轮汽车以及摩托车禁止进入三环路内行驶，过境车辆引导避开主城区；载货汽车（蓝牌）、危险品运输车辆每日 6 时至 24 时禁止驶入三环路以内等措施。12 月 25 日夜间到 26 日，全市受较强冷空气影响，风力增大，气象条件有利于污染物扩散，空气质量明显转好。12 月 25 日夜间开始，全市 AQI 指数大幅下降，12 月 26 日 AQI 指数低于 200。根据《石家庄市重污染应急预案（暂行）》规定，经气象、环保部门会商，市重污染天气指挥部批准，12 月 25 日 24 时起解除重度污染预警应急响应，省会首次实施机动车限行措施从 12 月 26 日起解除。

（翟相哲）

【聘任 1000 名大气污染防治义务监督员】 11 月 7 日，市政府正式聘任 1000 名大气污染防治义务监督员，主要来自各县（市）区及乡镇、街道办事处所在地建成区，包括人大代表、政协委员、离退休干部、村（居）委会干部和其他人员。义务监督员的主要权利：按照客观公正、实事求是原则，反映环境污染问题；监督各级相关职能部门的管理制度、工作作风、队伍建设、廉洁自律情况，并提出意见和建议；协助有关部门解决环境污染纠纷；查询所提供的举报线索办理结果；通过快速通道，及时反映环境污染问题，举报环境违法行为；参与和监督对环境投诉、举报的调查处理。大气污染防治义务监督工作为环保公益事业，没有报酬，实行聘任制，每次聘期一年。

【淘汰水泥过剩产能集中拆除行动】 12月17日，石家庄市举行淘汰水泥过剩产能、治理大气污染集中拆除启动仪式。省委常委、市委书记孙瑞彬，市委副书记、市长王亮出席拆除启动仪式。此次行动拆除鹿泉市、平山县境内18家水泥熟料企业的19台磨机、396个圆仓和1条旋窑水泥熟料生产线，削减水泥产能940万吨，占全市水泥总生产能力的20.8%，相应减少粉尘排放3825吨，减少氮氧化物排放338吨，削减煤炭消耗15万吨，腾退土地1900亩。

【燃放烟花爆竹加重PM2.5污染】 2013年春节期间，石家庄市区空气质量明显呈现受燃放烟花爆竹影响而变差，其中PM2.5浓度变化最为显著。除夕至正月初一（2月9～10日），受集中燃放烟花爆竹影响，市区空气质量指数PM2.5处于假期最高峰，两日指数均高于300。正月初二、初三（2月11日、12日）有雾霾出现，因燃放烟花爆竹稍少，空气质量指数PM2.5分别降至182、212，为春节假期最低值。正月初五（2月14日）天气晴朗，但部分市民受“破五”民俗影响，燃放烟花爆竹，致使市区大气污染加重，城市空气质量指数PM2.5达到251，为五级重度污染水平，仅次于除夕和正月初一。除夕至正月初五，市区大气首要污染物均为PM2.5，与前期首要污染物多为PM10有所差异。除夕当天，市区空气质量出现两个“污染高峰”，分别为12时至13时和24时至次日1时，与烟花爆竹集中燃放时间相吻合。除夕24时至次日1时，在全城大规模燃放烟花后，城区大气中主要污染物PM10、PM2.5、二氧化硫小时均值浓度全部直线上升，远超除夕12时的“第一个高峰”，分别是除夕12时的1.3倍、1.8倍、1.2倍。从监测数据看，春节期间市区大气污染物峰值出现的时段，与烟花爆竹集中燃放的时段基本重合。燃放烟花爆竹期间，PM2.5、PM10浓度增加幅度高于二氧化硫；PM2.5浓度增加幅度高于PM10。

（靳晓磊）

【重点河流综合整治】 推动河流治理，市环保部门参与实施污水治理、管网改造、生态恢复和监管完善等25项工程，重点抓好企业污水脱色和沿线视频监控建设。洨河整治初见成效，其余河流逐步开展整治修复；重点谋划推进滹沱河综合整治，全面排查滹沱河流域涉及395家企业排污情况，其中40家企业实施停产整顿。在全市主要河流县域跨界断面建设水质自动监测站22座，全面实施重点污染源自动监控。加大水源地保护力度，每月至少对岗南水库、黄壁庄水库日常巡查4次，严查非法吸铁采砂、网箱养鱼等环境违法行为，关停影响水源企业80余家。启动建设滹沱河、冶河来水自动监测站预警监测系统。完善饮用水水源保护区标识，开展乡镇以上集中式饮用水水源保护区划定和调整，强化水源地保护区环境影响评价管理。实施地下水基础环境状况调查，推进水污染排查整治。加强重点源管控，推进污水处理厂达标升级及中水回用工程建设，强化污水处理厂污泥管理，确保污水处理设施稳定运行。实行《污水处理服务费结算办法（试行）》，核定污水处理厂污水处理费，实行“优奖、差扣”办法，有效提高污水处理企业积极性和运营效益。2013年全市所有污水处理厂均按要求执行污泥处置转移联单制度。

（严健　郝园）

【洨河整治工程完工】 洨河发源于鹿泉市五峰山，石家庄市境内全长62.3千米，流经石家庄鹿泉市、栾城县、赵县后进入河北省邢台市境内。1960年代起，随着工业经济快速发展，洨河出现严重污染。2012年6月河北省委、省政府指导石家庄市全面启动洨河综合整治工程，计划利用一年时间，还洨河碧水清流，让洨河沿岸成为省会一道新的亮丽风景线。洨河综合整治工程涉及污水处理厂建设、配套管网改造、河流生态恢复、环保专项治理四大类25项工程，总投资50.8亿元。2013年6月底，洨河综合整治工程顺利完工，民心河二期和南新街五支渠雨污管网建设全面竣工，累计铺设雨水管网14.9千米，污水管网12.3千米，中水管网2.3千米。38.4千米主河槽清淤2.5万立方米，全长5.2千米环城水系西线和南水北调并行段达到通水条件，西北水系潜流湿地全部建成。东南水系2座提升泵站全部完成并投入运行。

（左晗伟　刘昭旭）

【农村环境综合整治】 以“四清四

化”为重点，全力打好农村环境综合整治攻坚战。2013年全市507个村实现生活污水集中收集，1779个村基本实现亮化，2174个行政村实行集体供水，3002个村水质达标，2023个村基本完成厕所改造，2719个村建立保洁员队伍，1401个村基本实现垃圾转运，3119个村实现秸秆还田。提升改造农村环境面貌，全市434个村清理垃圾180万立方米，清理杂物136万立方米，清理残垣断壁87万立方米，清路障5682处。制定出台《石家庄市农村生活污水控制技术规范（试行）》，完成省定5个重点村农村生活污水治理试点工程建设。开展农村小企业污染治理，关停取缔污染企业56家；停产整治企业31家。重点完成10片区120个村庄农村环境连片整治。开展农村环境生态创建活动，审核命名2012年度创建市级生态村（社区）261个，督导检查2013年创建市级生态村390个。推进农村生态文明建设，2013年赞皇县赞皇镇、嶂石岩乡、西阳泽乡获评“省级环境优美城镇”。

【环保专项整治行动】 全年市环保部门组织开展了“三查”行动、环保专项行动、打击非法排污联合执法大检查行动、“利剑斩污”行动等环境保护专项整治行动，现场监察单位5489家次，出动执法人员13850人次，检查污染处理设施5963台套，采集水样937份，速测水样213份；立案查处违法案件155件，行政处罚651.46万元，个案处罚均额4.2万元，个案值全省第一，立案数、处罚总额、个案处罚均额均创历年最高。2013年石家庄市推进环保网格化监管工作被河北省列为全省唯一市级试点。与新组建公安环保警察支队开展环保联合执法行动，依法取缔违法企业182家，关停108家，停产整治78家，打击处理环境违法犯罪人员86名，其中刑事拘留53名，行政处罚33名。联合市大气办公室聘请1000名社会义务监督员，设立有奖举报，有效开展排污企业和污染行为社会监督。

【防范环境风险】 强化应急响应措施，印发《石家庄市突发环境事件应急预案》，完成2013年环境安全大检查，累计排查企业2365家。开展“硝酸泄漏事件”应急演练，妥善完成308国道硝酸罐车倾翻泄漏、正定新区朱河村不明物泄漏、桥东区区域管网破裂污水直排等多起事故处置。做好辐射源安全管理，初步审查和审批颁发辐射安全许可证22家，送贮长期闲置放射源79枚。制定《辐射建设项目石家庄市行政服务中心窗口业务指导规范》、《辐射建设项目审批流程》等规范性资料，完善行政审批程序，细化辐射行政审批操作流程，提高审批效率。全年初审报告书2家，报告表25家，登记表2家；审查登记表20家，报告表4家。重点督促长期闲置放射源企业按照法律法规要求及时送贮放射源，安全收贮Ⅳ、Ⅴ密封放射源88枚送交河北省放射性废物库。多次督促协调，完成河北省深泽县医院、河北省石家庄华光中医肿瘤医院、井陉县医院（石家庄市第八医院）放疗机Co-60安全送贮，有效消除核辐射安全隐患。强化危废重金属管理，在全市范围开展统一危废标识设置，发放危废标志牌926块，标签9541张。组织156家企业开展持久性有机污染物统计调查。加强铬渣产生企业和进口废塑料加工企业监管，开展查处非法处置“菌渣”、废活性炭等专项行动，现场检查危险废物产生企业115家（次），纠正环境违法行为50余起。

【环境保护管理】 制定出台《石家庄市大气污染管理办法》，修正《石家庄市市区生活饮用水地下水源保护区污染防治条例》，推进洨河污染防治管理。2013年市委、市政府将大气污染防治作为头等大事，成立由省委常委、市委书记孙瑞彬任组长的大气污染防治领导小组和市长王亮任指挥长的大气污染防治指挥部，组建常设临时机构市大气办公室，与22个县（市）区和19个市直部门签订大气污染防治目标责任书。市人大常委会首次组织人大代表就市民普遍关心的大气污染防治问题专题询问市政府部门。成立市、县两级环保公安警察队伍，建立环保“尾气检测”系统与公安交管“安检”系统联网信息资源共享机制。强化环保、发展和改革、工业和信息化、统计部门间节能减排会商，实施环保、气象空气环境联合预测，开展质检、环保煤质分段监测，公安、监察、工商、电力等部门联合行动，纪检监察联合督办等系列联动机制，有力解决了各类突出环境问题。加强环保软硬件建设，提升环境监管能力。2013年在市环保局增设水污染防治处和应急办公室；各级环保部门配备执法电动车，应急监测车、油气监测等执法设备；县（区）环保监察大队扩编升格，增设区属监测站。提高环境监测能力，全年在做好环境质量例行监测基础上，重点抓好污染源监督性监测及数据有效性审核，大气重点源严格落实集中比对监测。配备便携式颗粒物监测仪和流动监测车，开展流动监测和加油站油气监测。建立空气质量实时发布平台，推进颗粒物源解析课题研究。2013年全市建成“条块结合、以块为主、网格管理、职责明晰、责任到人”环保网格化监管机制。理顺管理体制，将市环保局原垂直管理市内五区和高新区环保分局调整为区属职能部门；统一乡镇环保所编制、名称和职能，各县（区）建立乡（镇）环保所，实现监管前移及对污染企业特别是重点企业无缝隙监管。

（严健　郝园）

建　筑　业

【概况】 2013年，全市建筑行业持有资质等级以上企业1478个，完成建筑业总产值1113.42亿元，同比增长22.16%。建筑业从业人员22.14万人，同比下降0.15%；劳动生产率50.29万元／人，同比增长22.36%。全年监理单体工程2595项，面积4423.27万平方米，市政工程61个标段（项），工程造价104.77亿元。下发责令整改通知书256份，提交工程质量监督报告293份，面积467.39万平米。2013年全市共有勘察设计造价企业310家，其中甲级126家;全行业实现产值120亿元，同比增长9.09%。建筑勘察设计3家单位入选全国百强，4家单位获得全国创优、创新先进称号，6项成果获得国家优秀勘察设计奖，填补了河北省空白。建筑业完成审查项目198项，面积771万平方米，纠正各类问题720个。完成招标工程1429项，中标价139.93亿元，立案调查违法违规招标工程项目18个。稽查在建工程1923个，查处违法案件251宗。创新建筑业审批服务方式，优化审批流程，消减前置要件，搭建为民服务平台，形成“一个窗口对外、一站式办结、一条龙服务”审批服务管理模式。按照“能取消全部取消，能下放全部下放”原则，将建筑业行政审批事项由11项削减为9项，其中行政许可3项，非行政许可6项；审批环节由66个削减为23个，消减65%；前置条件由225条削减为160条，消减29%；累计办理天数由108天削减为21天，消减80%。标准化审批服务透明规范，工作效率大幅提升。全年办结各类许可和非许可事项8251项，其中许可类503项，全部限时办结并及时公示；非行政许可事项现场办结率达到100%。

（朱伟社）

【《石家庄市“十二五”建筑节能专项规划》】 9月3日，市政府办公厅印发《石家庄市“十二五”建筑节能专项规划》。主要内容包括：“十二五”期间，全市深入推进新建建筑节能、绿色建筑建设、可再生能源建筑应用、既有建筑节能改造、公共建筑运行节能及建筑节能技术服务体系建设，提升建筑节能市场化服务能力。到“十二五”期末，通过开展建筑节能与绿色建筑建设实现节约标煤271.25万吨，减排二氧化碳669.99万吨、二氧化硫5.43万吨、粉尘2.71万吨。1.新建建筑节能。全市城镇新建居住建筑全面执行65%的建筑节能标准，公共建筑执行50%的建筑节能标准；引导新建建筑由节能建筑向绿色建筑发展，开展更低能耗建筑试点示范项目建设。2.绿色建筑与绿色生态城区。“十二五”期间，全市累计开工绿色建筑面积1000万平方米以上。自2014年起，政府投资建设的公益性建筑、保障性住房以及大型公共建筑全面执行绿色建筑标准。到2015年底，城镇新建建筑中绿色建筑面积达到25%。“十二五”期间，全市开工保障性住房绿色建筑面积200万平方米；正定新区创建绿色建筑面积400万平方米以上绿色生态城区；石家庄市区创建建筑面积15万平方米以上绿色建筑示范小区3个；每个县级市和组团县分别创建建筑面积2万平方米以上绿色建筑示范小区1～2个；其他培育建设绿色建筑项目1个以上。3.既有建筑节能改造。“十二五”期间，严格按照河北省《既有居住建筑节能改造技术标准》要求，完成既有居住建筑供热计量及节能改造面积1000

万平方米以上，其中节能综合改造面积达到100万平方米以上。完成既有国家机关办公建筑和大型公共建筑节能改造面积46万平方米，改造项目达到公共建筑50%的节能标准。4.大型公共建筑运行节能。"十二五"期间，完成50栋典型大型公共建筑能源审计，完成30栋典型大型公共建筑分项计量及能耗实时监测系统建设。启动典型公共建筑能耗数据库建设，确定各类型公共建筑能耗基线，开展建筑能耗定额和超定额加价制度研究，逐步推进既有公共建筑节能改造。5.可再生能源建筑应用。"十二五"期间，全市新增可再生能源建筑应用面积1500万平方米。结合可再生能源资源条件和分布特点，重点推广太阳能光热光电建筑一体化、浅层地能等可再生能源建筑应用技术。到2015年底，城镇新建建筑中可再生能源建筑应用面积达到40%。6.供热计量改革。"十二五"期末，新建建筑和既有建筑供热计量收费面积达到全市集中供热面积50%以上；大型公共建筑全部完成供热计量改造，实现按用热量计价收费；供热计量实行"两部制"，收费价格比例由现行5∶5逐步向3∶7过渡，实现"按需供热、按需用热"。7.农村建筑节能。开展农村建筑节能试点示范项目建设，引导带动农村建筑节能。结合新农村建设研究适合农村建筑特点的节能新技术、新工艺、新产品、新材料，推动农村建筑节能发展。推广应用太阳能、浅层地能、生物质能（沼气）等可再生能源技术，调整农村用能结构，改善农民生活质量。《石家庄市"十二五"建筑节能专项规划》还提出，加强城区热源改造及管网建设，开展一次管网智能化改造升级，实现智能化调节；改造老旧小区二次管网跑、冒、滴、漏问题，提高供热质量；热交换站实施供热网站一体化建设，逐步整合建设智能化管理平台，实现远传或远控。

（市政府办公厅文件）

【质量安全管理】 以保障性安居工程和重大基础设施项目为重点，严格管理标准，创新管理方法，完善石家庄市建设工程质量监管平台，借助工程质量检测平台和商品混凝土质量跟踪平台，加大进场建筑材料和结构主体质量检测及商品混凝土质量跟踪力度，强化施工现场质量行为和实体质量监管，确保各项工程主体质量。完善质量监督管理流程，12月9日取得中国建筑业协会ISO9001质量体系认证，《质量管理体系认证证书》为02313Q20789ROM。2013年全市监理单体工程2595项，面积4423.27万平方米，市政工程61个标段（项），工程造价104.77亿元，下发责令整改通知书256份，提交工程质量监督报告293份，面积467.39万平方米。加强安全生产和文明施工监督管理，全年检查建筑企业106家，三类人员变更、注销1601人，办理建筑企业许可证变更手续115家。培训三类人员5029人；举办监理企业培训3期，共58家1731人。采取巡查和抽查方式，下发隐患整改通知书462份，停工指令书382份。办理建筑起重机械产权备案758台，建筑起重机械产权注销298台，办理设备使用登记289台次。申报市级文明工地工程4个，申报省级文明工地工程63个。

【勘察设计咨询】 加强审图机构监管，开展审图专项整顿，组织8家审图机构联查互检，完成审查项目198项，面积771万平方米，纠正问题720条次。实施建筑、市政设计质量专项检查，涉及单位71家，抽查项目69个，约谈整改存在问题单位10家。以资质条件和成果质量为重点，全面整顿106家造价咨询单位，其中30家单位完成整改提高，8家单位暂停从业。《河北省城市轨道交通工程预算定额》材料价格采集、测算及施工机械台班单价编制完成。2013年全市共有勘察设计造价企业310家，其中甲级126家，同比增加3家；全行业实现产值120亿元，同比增长9.09%。建筑勘察设计3家单位入选全国百强，4家单位获得全国创优、创新先进称号，6项成果获得国家优秀勘察设计奖，填补了河北省空白。

【建筑市场招投标监管】 完善电子招投标系统，强化合同跟踪管理，严肃查处招投标违法违规行为。全年完成招标工程1429项，中标价139.93亿元。其中，土建招标234项，中标价104.98亿元；市政工程招标682项，中标价28.55亿元；设备采购招标93项，中标价4.04亿元；装饰装修招标100项，中标价2.36亿元；勘察设计招标151项；监理招标169项。加强招投标监管，立案调查违法违规招标工程项目18个。按照依法行政、全面管控、惩防并举、跟踪督办原则，维护建筑市场秩序，加大建筑稽查力度。全年稽查在建工程1923个，下发责令停止违法行为通知389份，查处违法案件251宗。

【建筑科技与节能】 全年完成“公共建筑供热智能控制研究”等8项建设科技项目，获得2013年河北省建设科技进步奖32项，获奖项目总数位居全省各设区市之首。新建居住建筑和公共建筑节能标准执行率达到100%，竣工新建节能建筑面积527万平方米。全市18个项目获得绿色建筑评价标识，其中一星级4项、二星级13项、三星级1项。年末全市绿色建筑面积达到203万平方米。2013年“河北科技大学光电建筑应用项目”、“河北实验中学光电建筑应用项目”被住房和城乡建设部、财政部联合批准为国家光电建筑应用示范项目；河北科技大学图书馆、省会奥林匹克体育中心、国际会展中心等一批绿色建筑项目正在建设。开展全市既有居住建筑改造前期摸底调查，年内5000平方米既有居住建筑改造示范工程完成，30万平方米既有居住建筑改造工程启动。

【塔坛国际项目引入水源热泵系统】 2013年石家庄市塔坛国际项目引入水源热泵系统通过可行性研究报告。塔坛国际是石家庄市重点建设项目之一，总建筑面积220万平方米，距离桥西污水厂2700米。塔坛国际项目引入水源热泵系统由河北兆祥投资有限公司建设，主要采用污水厂水源建成水源热泵系统供热供冷，具有节能、环保、高效等特点，可大幅度实现节能减排目标。与传统供热方式相比，该项目年节约标准煤39544吨，减少氮氧化物排放量279吨、二氧化硫等硫氧化物排放量321吨、烟尘排放230吨，有效降低对空气污染。塔坛国际项目引入水源热泵系统建成后与传统集中锅炉房供热比较，可节约能耗70%以上。

（朱伟社）

【6家企业清出建筑市场】 严格管理建筑市场秩序，规范建筑市场行为，坚决打击恶意欠薪和讨薪行为。2013年石家庄市依据国家、河北省法律法规及清欠政策，通报7家施工企业严重拖欠农民工工资问题，并将企业不良行为记入建设系统诚信档案。其中，6家企业清除出石家庄市建筑市场，分别是河北仁和建设工程有限责任公司、河北唐尧建筑工程有限公司、宿迁中厦建设工程有限公司、江苏广宇建设集团有限公司、天津一建建筑工程有限责任公司、浙江环宇建设集团有限公司；荣盛建设工程有限公司1家企业因发生拖欠工资问题、造成群体上访，暂停企业在石家庄市建筑市场投标活动，实施整改。

（宋钧）

【建筑劳务市场管理】 修订《石家庄市建设工程劳务管理办法》，规范建筑市场秩序。全面检查所有在建工程，狠抓劳务分包专项整治，推行建筑劳务实名制管理，引导劳务企业采取各种形式收编零散劳务人员。加强农民工工资保障金管理，推行“一卡通”制度。严厉打击私拉滥招，严肃处理不按照规定签订劳务用工合同的非法用工行为及拖欠农民工工资的企业和个人。2013全市办理劳务分包合同备案项目153个，下发责令整改通知书13份，行政调查通知书3份；受理拖欠农民工工资投诉30起，涉及拖欠工资1600余万元。

（朱伟社）

【天山商标获评中国驰名商标】 2013年11月，河北天山集团所属“天山”商标被国家工商总局认定为“中国驰名商标”（2014年初公告）。这是河北省首家获得中国驰名商标的房地产企业。天山房地产开发有限公司成立于1998年，2004年取得国家建设部颁发的房地产壹级资质；2010年7月15日，天山发展（控股）有限公司在香港联合交易所上市，成为河北省首家企业境外上市的房地产公司。河北天山集团业务覆盖北京市、天津市、山东省、河北省境内重点区域10余个城市，项目涉及普通住宅、写字楼、高层公寓、花园洋房、别墅、综合商业及大型城市综合体等多种类型。

（焦莉莉）

【城建档案管理】 贯彻落实国家住房和城乡建设部工程档案管理规定，统一标准，实现规范化管理。注重采用科技信息技术，推广应用电子档案归档软件。2013年全市完成建设工程档案预验收项目83个，现场核验96次，建设单位档案入馆6253卷。开展电子档案扫描异地备份招标，全年数字化扫描建设档案8000余卷、24万页，总数据量达到近

400G。将地铁工程档案纳入规范化管理轨道，指导地铁工程14个标段105人做好纸质、声像、电子档案建档。加强县（市）区档案工作培训管理，提高基层工程档案管理技能。2013年晋州市获得“全省城建档案工作优秀管理单位”称号，灵寿县建设局获评“全省城建档案工作突出管理单位”。

（朱伟社）

住房保障和房地产业

【概况】2013年，全市房地产业成交活跃、供需平衡、价格平稳上涨、商业供大于求。全年发放商品房预售许可证101个，批准预售面积591万平方米，开具购房查询证明6.4万份，完成各类房屋权属登记13.6万件、4124万平方米，发证11.8万个，完成各类收费6738万元。市区商品房和二手房共成交6.7万套，总成交金额428亿元。市区商品住房上市面积358万平方米，成交面积362万平方米，商品住房供求比首次接近1∶1，成交均价6320元／平方米。市区二手住房成交面积183.7万平方米，成交均价5325元／平方米。加强房地产市场监管，全年受理房地产开发企业资质申请1043件，办理982件。开展市场专项检查整顿活动，行政处罚存在违法违规行为房地产开发企业126家、经纪机构12家，共计罚款3023万元。公开曝光违规严重房地产开发企业15家，对不符合条件或存在违规行为35家房地产经纪机构注销房地产经纪机构备案证明。深入研究保障房建管体制，制定出台《关于进一步完善保障性安居工程政策理顺建管体制的实施意见》、《保障性住房统筹建设并轨运行实施细则》及《关于加快城市棚户区改造的实施意见》、《石家庄市2013–2017年棚户区改造规划》等文件。7月5日，河北省在邯郸市召开全省保障性安居工程调度会，市住房保障和房产管理局就“保障房并轨”作典型发言。10月11日，国务院法制办公室、国家住房和城乡建设部在石家庄市召开河北省部分设区市住房保障立法调研会议，重点听取石家庄市住房保障工作问题和建议，并对石家庄市保障房建设管理给予肯定。至2013年末，全市第一批2385套保障房出售准备完毕。多措并举完成保障性安居工程建设，全年开工保障性安居工程项目100个、3.6万套，竣工项目67个、2.6万套，分配入住项目57个、2.1万套，新增发放廉租住房租赁补贴856户，为近1.9万保障户发放补贴4817万元。加强保障房分配后管理，市区3次累计分配市本级建设公共保障房4165套，市区累计竣工分配公共保障房16570套，年末全市享受住房保障家庭达到3.6万户。2013年市本级管理保障房小区11个、1.66万套、63万平方米，租金收入5320万元。2013年全市共有物业服务企业703家，管理物业项目993个、1.07万栋、9742万平方米。2013年石家庄市保障性安居工程建设在省政府年度考核中被确定为全省优秀，实现省年终考核“三连冠”。

2013年6月15日，市住房局举办房管知识宣传日活动

【保障性安居工程】 2013年省政府下达石家庄市保障性安居工程建设任务为新开工3.6万套，竣工2.5万套，分配入住2万套，新增发放廉租住房租赁补贴500户。石家庄市面对建设任务叠加、分配管理任务繁重、资金和土地制约、配套设施不完善等多重困难，创新思路、多措并举、协调推进，圆满完成保障性安居工程建设任务指标。截至2013年底，全市开工保障性安居工程项目100个、3.6万套，完成任务目标100%；竣工项目67个、2.6万套，完成任务目标104%；分配入住项目57个、2.1万套，完成任务目标100%；新增发放廉租住房租赁补贴856户，完成目标任务171%，为近1.9万保障户发放补贴资金4817万元。2013年全市建成和在建保障性安居工程住房27.3万套，其中市区20.5万套。2008年以来，石家庄市新开工保障房9.3万套，其中市区6.3万套；在建5.7万套，其中市区3.1万套；政府投资建设5.4万套，占58.39%。拓宽保障房筹集渠道，实现保障房合理分布，规定在商品房出让用地项目中强制配建保障性租赁住房，确实无法配建要缴纳等面积商品房或易地建设资金。2013年市区商品房配建项目住房占市区总量70%，配建项目包括市本级建设的世爵一品、弘石湾一期、国瑞城，高新区建设的欢喜地小区、珠峰花园，新华区建设的清森天逸等12个项目，共计3024套；集中建设项目为和华家园和秀河小区二期，共计1299套。至2013年末，市区完成配建保障性租赁住房审批项目138个，其中按要求配建项目78个、93.6万平方米，上缴等面积商品住房项目21个、18.6万平方米，上缴易地建设资金项目39个、资金1.47亿元。

（段楠）

【市区分配公共保障房4165套】 至2013年底，全市累计分配公共保障房16570套，住房保障覆盖率达到16.8%，其中市区达到27.4%。2013年全市享受住房保障家庭共计3.6万户。其中，享受租金补贴家庭1.1万户，享受实物配租家庭2.5万户。2013年市区享受住房保障家庭共计1.9万户。其中，享受租金补贴家庭3000户，享受实物配租家庭1.5万户，累计发放补贴资金4817万元。2013年市本级管理保障房小区11个、1.66万套、63万平方米，实现租金收入5320万元。加强保障房管理，出台《保障性住房竣工移交与后期运营管理规定》，明确开发、施工、物业等各方责任，实现保障房移交后管理有序。开展日常巡查和举报处理，全年清退不符合配租条件家庭294户。探索推行保障房小区一体化管理模式，做到以人为本、前沿服务、动态管理，最大限度为保障家庭提供优质便捷服务。开展保障房需求调查，全市调查家庭12286户、近4万余人。2013年市区公共保障房分配3次，共分配公共保障房4165套。5月28日，市区2013年首批400套公共保障房全部分配到户；6月9日，开始办理入住手续。400套公共保障房分布于11个小区，分别为民华家园73套、仁华家园82套、建华家园65套、秀玉家园47套、秀河家园40套、赵苑小区6套、安华家园10套、安苑A区12套、安苑B区27套、安苑C区28套、国大全城10套。9月29日，石家庄市2013年第二批公共保障房公开摇号配租，共分配公共保障房3083套，没有分配成功411套。此次公共保障房分配受理保障家庭配租申请3776户，经审核公示符合条件3669户，其中新申请家庭620户，经公开摇号分配，3083户申请家庭分配到符合意愿的住房。此次分配公共保障房实有房源3494套，分布在三3个小区，单套建筑面积在36～50平方米之间。其中，

秀河小区

5月28日，石家庄市举行2013年第一批公共保障房公开摇号分配启动仪式

福华家园1326套，位于长安区华清北街60号（建华北大街以西、体育大街以东与北二环路以南）；仁华家园144套，位于长安区丰收路104号（体育北大街与丰收路交口东南角）；谈安小区2024套，位于长安区丰收路198号（谈固北大街以东、北二环以南）。没有分配成功房源大多在谈安小区，原因是很多保障户家庭填写申请志愿时，没有填报该小区。11月1～12日，石家庄市2013年第三批682套公共保障房受理申请，受理对象为外来务工人员、新就业职工、城镇中等偏下收入住房困难家庭。此次配租房源首次纳入商品房配建住宅，唯一一个商品房小区为名都花园。682套保障房分布：名都花园191套，位于塔南路与翟营大街交叉口附近；谈安小区411套，位于丰收路与谈固大街交叉口附近；安苑小区14套，位于方兴路和翟营大街交叉口附近；建华家园17套，位于建华北大街与光华路交叉口附近；民华家园12套，位于北二环东路和谈固大街交叉口附近；仁华家园10套，位于丰收路与体育大街交叉口附近；秀河家园15套、秀玉家园12套，均位于石获北路与植物园街交叉口西侧。公共保障房小区月租金：名都花园、谈安小区、仁华家园14元/平方米，安苑小区10元/平方米，建华家园13元/平方米，民华家园12元/平方米，秀河家园6元/平方米，秀玉家园6.5元/平方米。

（宋钧　陈宏亮　姜化礼　封淑霞）

【保障房政策调整】 保障房范围扩大。经市政府批准，从2013年7月起，市区低收入家庭及中等偏下收入家庭住房保障界定标准提高，保障房保障范围扩大。新标准规定，低收入家庭标准由原来的家庭人均月收入1369元以下调整为1536元以下；中等偏下收入家庭标准由原来的家庭人均月收入1711元以下调整为1920元以下，收入标准均提高12%。石家庄市低收入家庭、中等偏下收入家庭均可申请保障房，低收入家庭界定标准为低于上年度当地城镇居民人均可支配收入的0.8倍，中等偏下收入家庭界定标准为低于上年度当地城镇居民人均可支配收入。实行保障房租补分离政策。优化保障房管理措施，首先在市区秀河家园和秀玉家园试推行租补分离政策，并于2013年10月全面实施。全市租补分离政策实施前，保障房租金一直执行2005年廉租住房租金标准，低保家庭，保障面积之内免租金，保障面积之外按1.2元每月每平方米收取；低收入家庭，保障面积之内按1.2元每月每平方米收取，保障面积之外按公有住房租金标准1.88元每月每平方米收取。这种“象征性租金”产生了住房维修费、管理费与实际支出脱节，造成管理成本严重倒挂，影响了保障房小区日常管理和良性发展。实行租补分离就是对配租的保障性住房统一按市场标准收取房租，政府根据保障对象不同，分类型梯度补贴，做到不同类型家庭租金差别，解决了保障家庭因经济状况、人员结构、婚姻状况等因素发生变化，不再符合原住房保障条件但符合其他类型住房保障条件的转化。保障房实行租补分离政策遵循“位置好或面积大的租金高，位置相对较差或面积小的租金低”的市场规律，较好地体现了社会公平。同时，推行保障户自愿申请由实物配租转化为租赁补贴，允许在社会上自行租房解决；特殊困难家庭，可申请月缴月补，减少了保障户资金压力。保障性住房统筹建设并轨运行。11月21日，《石家庄市保障性住房统筹建设并轨运行实施细则（试行）》出台。这是从2003年石家庄市实施住房保障制度以来最大的一次政策调整。保障房并轨是将廉租住房、公共租赁住房、经济适用住房和限价商品住房统筹建设、并轨运行，统称为保障性住房。此次政策调整主要包括：降低准入门槛，扩大保障范围。城镇居民申请住房保障扩大到中低收入家庭，取消户籍年限限制，单身申请人须年满法定结婚年龄；新就业大学生和外来务工人员不受收入、户籍限制，取消外来务工人员社保缴纳年限限制条件。建设面积变大，增加两居以上户型。依据满足三代同堂、双子女结构等家庭的需要和购买意向，将保障房的套型建筑面积设置为以60平方米以下为主，严格控制在90平方米以内，60至90平方米的套型住房控制在总量的三分之一以内，并增加两居或小三居户型比例。低保家庭保障面积之内100%补贴。补贴标准分为3个档次，低保家庭，保障面积之内100%补贴，保障面积之外80%补贴；低收入家庭，保障面积之内90%补贴，保障面积之外不予补贴；中低收入城镇居民、新就业大中专毕业生和外来务工人员，给予租住面积30%补贴。实施保租控售，租售并举措施。根据年度计划和承租人自愿申请购买所承租保障房原则，将部分已配租到户并租住满3年的保障性住房出售给具有本地城镇户籍的承租人；承租人租住满5年且取得保障房全部产权后可转让（交易），若该住房土地为划拨的，在转让（交易）时，按照转让（交易）价格的1%比例缴纳土地出让金。小区可聘请社会物业公司。保障性住房小区实行“运营统一管理”，即保障性住房小区可以聘请社会物业公司，也可以组建专业化的国有独资保障房建设运营管理公司，统一对保障性住房租赁经营、物业管理及房屋维修等日常管理；可在居委会组织下由承租人参与物业管理、自我服务。配建的保障性住房项目，其物业服务纳入所在项目统一管理。价格合理，付款人性化。保障性住房出售价格由市物价部门会同住房保障部门和财政部门参照同地段、同品质类似房屋的市场价格，结合石家庄市经济社会发展水平、考虑保障性住房所处地理位置、使用功能、城市基础设施配套状况、土地性质、建造成本及保障家庭承受能力等因素综合确定，报市政府批准后执行，并向社会公布。购买保障房时，保障家庭可一次性付款也可分期付款。一次性付款（含按揭）的，给予5%的一次性付款优惠；分期付款的首付款不低于总房款的40%，以后每年付款不得低于总房款的15%。

（宋钧　崔丽娜　宋辉）

【市区商品住房成交均价每平方米6320元】 2013年石家庄房地产市场总体成交活跃、供需平衡、价格平稳上涨、商业供大于求。严格落实房地产市场调控政策，圆满完成全市确立“新建商品住房价格增幅低于本市城镇居民家庭人均可支配收入实际增幅”价格控制目标。全年发放商品房预售许可证101个，批准预售面积591万平方米，成交面积477万平方米，同比分别增长2.0%、33.7%、50.5%；开具购房查询证明6.4万份；完成各类房屋权属登记13.6万件、4124万平方米，发证11.8万个，同比分别增长12.4%、29.5%、40.5%；完成各类收费6738万元。市区商品房和二手房共成交6.7万套，同比增长30%；总成交金额428亿元，同比增长25%；交易环节税费收入12亿元，同比增长76%。市区商品房价格呈平稳上涨态势，商品房成交均价6710元／平方米。2013年市区商品住房上市面积358万平方米，同比下降6%；成交面积362万平方米，同比增长14%；商品住房供求比首次接近1：1，成交均价6320元／平方米，同比增长1.5%。二手房市场“量价齐升”。2013年国家房地产“新国五条”政策延长，加上石家庄市开展楼市整顿活动，石家庄房地产市场所有证件不全楼盘停止销售，新盘供应量大减，部分购房人群进入二手房市场，带动二手房成交量和价格上涨。2013年石家庄市二手房成交2.2万套、183.7万平方米，同比分别增长39.7%、47.3%，成交量创下近三年新高；成交均价5325元／平方米，同比增长4.7%。市内5个行政区有3个区域成交量出现较大幅度增长。其中，裕华区成交53万平方米，明显高于其他区域；新华区成交44万平方米，桥西区成交33万平方米，桥东区和长安区成交相当，均成交27万平方米。裕华区、新华区、桥西区分列一、二、三名，成为购房者的选择区域，桥西区受新火车站影响成交活跃度提升。2013年市区拥有2套以上住房人数占房屋拥有人总量的10%，刚性需求和改善性需求成为市场主体。2013年市区商业用房上市面积178.2万平方米，成交面积34万平方米，同比均增长64.4%。2013年市区商业用房供需出现失衡，供求比例达到近5：1，首次出现滞销现象和价格下调趋势，成交均价11860元／平方米。2013年石家庄市区成交面积在90～144平方米之间户型占总成交面积60%，成为购房者首选。全市购买商品房人群以本市居民为主，占全部购买人群的84.5%。

（段楠 宋钧 赵利宁）

【房地产市场监管】 全年受理房地产开发企业资质申请1043件，办理982件。按照“依法行政、严格执法、正面引导、惩防并举”工作思路，多次开展房地产市场专项检查整顿活动，严格落实市区开发项目检查、巡查制度，并建立在建、在售开发项目档案。结合开展房地产市场专项整治活动，全市累计巡查在建、在售325个项目2.2万次，行政处罚存在违法违规行为房产开发企业126家、经纪机构12家，共计罚款3023万元。公开曝光违规严重房产开发企业15家，注销不符合条件或存在违规行为35家房地产经纪机构的“房地产经纪机构备案证明”。向市内各区移交涉嫌违规销售非商品房项目51个，向工商管理部门移交无开发资质企业29个。

（段楠）

【舜地集团非法吸收公众存款案善后处置全部完成】 截至2013年3月30日，舜地集团非法吸收公众存款案涉案项目和资产全部处置完毕，共收回资金1651411762.32元。舜地集团非法吸收公众存款案善后处置工作按照《处置非法集资工作操作流程（试行）》规定，2012年3月至2013年3月，石家庄市进行了3次登记和确认，共登记251158万元。根据国家法律法规和政策，结合舜地案件实际情况，石家庄市制定了“清退返款方案”，报经上级部门同意后，于2012年8月至2013年4月进行了两次清退返款。债权人和购房人返还比例为100%，集资参与者返还比例为64.16%。两次清退返款后，市中级人民法院舜地专项账户资金全部支出完毕，善后处置工作全部完成。

（宋钧）

【二手房交易实行网上签约备案】 7月1日起，石家庄市内五区存量房买卖合同全部实行网上签约和备案。该办法严格存量房交易结算资金监管，维护了买卖双方和经纪机构合法权益，促进了存量房市场健康发展。规定凡是由房产经纪机构撮合成交的买卖双方，应分别与房产经纪机构在网上签订委托合同后再签订买卖合同，并进行合同备案；买卖双方自行成交的，可由房产经纪机构提供网上签约服务，也可在市住房保障和房产管理局交易登记大厅商务中心办理网上签约备案。二手房买卖合同全部实行网上签约和备案办法实行后，没有通过网上签约备案的买卖合同，没有按照规定进行交易资金监管的房产交易，均不能办理过户手续。其中，贷款购房需等贷款划拨到资金监管账户后才能办理交易登记手续；房产抵押的，卖方先办理抵押注销手续，再办理交易和登记手续。

【城乡建设和房地产市场专项整顿】 7月12日，全市召开城乡建设和房地产市场专项整治工作会议，决定从7月12日起至2013年底，利用近5个月时间，在市内五区及高新区集中开展城乡建设和房地产市场专项整治活动，加强和改进城乡规划管理，集中整顿全市城乡建设和房地产市场秩序，严厉打击违法违规建设行为。此次专项整治行动总要求为：依据城乡规划法等法律法规，按照综合治理、疏堵结合的原则，集中处理市区近几年发生的违法违规建设项目，坚决打击继续发生和新发生的违法建设、非法预售行为，全力为市场主体营造政策完善、法纪严明、公平竞争的市场环境，下大力将全市房地产市场推向市场公平竞争、依法规范有序的发展轨道。市内5区和高新区按照市政府统一部署，分别成立由区长或管委会主任任组长的城乡建设和房地产市场整治工作领导小组。7月20日，石家庄市组织市直部门及各区政府召开房地产市场专项整治调度会，督导进度。7月21日，出台《石家庄市违法建设项目处置工作实施细则》，明确违法建设项目处理流程、时间节点、处罚和整改标准等内容，理顺部门职责和处理步骤，实现违法建设项目处理有章可循。7月21日，石家庄市还组织召开了违法建设项目专项治理协调会议，成立由市规划、建设、国土、房管、环保、财政等部门组成处理小组，对拟处理违法建设项目进行交底，对小组成员进行违法建设处理具体操作细则开展业务培训，并对符合规划、相对规范、资料较全的35个违法建设项目逐项研究审核，提出处理意见。全市多部门联合行动，认真梳理，重拳出击，共将市区306个城乡建设和房地产市场违法违规项目列入专项整治范围。至7月22日，市区违法违规项目实施停工304个。其中，长安区53个、新华区76个、裕华区36个、高新区15个全部停工；桥东区32个，停工31个；桥西区94个，停工93个，有效遏制违法建设势头。开展停工城乡建设和房地产项目审核处理，同时加大对存在违规销售行为项目销售场所查封整改力度。城乡建设和房地产市场专项整治过程中，石家庄市对拒不停工的违法建设项目，采取强制措施予以查封；对无法采取改正措施消除规划影响的典型项目案例，责令自行拆除，拒不拆除的实施了强制拆除手段。

（段楠　刘娴　宋钧）

【装饰装修企业备案】 规范住宅室内装饰装修行业管理，实施装饰装修企业备案制度，备案内容包括企业名称、地址、成立时间、税务登记证号、联系电话、企业法人及从业人员姓名、职务、职位、岗位证书编号、身份证号等信息。市民可登录市住房保障和房产管理局官方网站查询装饰装修企业资质、经营范围、从业人员情况。2013年市住房保障和房产管理局组织召开住宅室内装饰装修企业负责人安全、法规培训会议，公布全市首批备案企业名单，包括河北怀特集团股份有限公司怀特装饰材料城、河北新天第装饰工程有限公司第一分公司、石家庄城市人家装饰工程有限公司等28家企业。

（宋钧）

【老旧小区改造】 2013年石家庄市共有2栋楼以上老旧小区913个，面积3244万平方米，涉及居民33.99万户。老旧小区普遍存在设施设备陈旧、道路破损严重、卫生状况差、治安状况堪忧、停车紧张等问题。2013年市住房保障和房产管理局创新思路、科学谋划，大力推进老旧小区整治，并将老旧小区改善工作分解下达到各区政府，明确改善任务、标准和完成时限，建立定期督导和通报机制。至2013年底，市区确定的104个老旧小区改善工作全部完成，并通过市人大常委会考核验收。

【住房物业管理】 1月1日，《石家庄市物业管理招投标管理办法》正式实施，全年35个房地产开发项目采取招投标方式选聘物业服务企业。物业服务标准化管理水平提升，2013年石家庄市18个小区获评国家级、省级物业管理优秀住宅小区（大厦）。至2013年底，石家庄市共有物业服务企业703家，其中一级企业12家，二级企业22 家，三级企业669 家；分别管理物业项目993个、1.07万栋、9742万平方米，并全部建立“一企一盒”企业档案。

【房屋登记交易中心成立】 8月27日，石家庄房屋登记交易中心成立，是由原石家庄房屋资产权属登记监理中心和石家庄房地产市场管理服务中心合并组建，隶属石家庄市住房保障和房产管理局，为正县级事业单位。2013年石家庄房屋登记交易中心共有在职人员230名，内设科室17个。主要职责是宣传贯彻执行国家、省房屋交易登记管理方面的法律、法规和政策；负责辖区内的房屋登记发证、房屋登记簿管理；负责辖区内的房屋转让、租赁管理；负责辖区内房产中介机构及经纪人的管理；负责辖区内房屋登记档案的管理和利用；负责辖区内房产测绘成果的认定和应用；负责管辖内房地产市场预警预报信息的收集、统计与分析，发布房产交易及房地产市场动态信息。

【石家庄住房开发建设有限责任公司】 以制度建设为核心，从管理体制改革入手，制定出台《五年发展战略规划》，明确现代化大型企业发展思路。学习借鉴外地先进经验，编制完成公司制度汇编，改进和完善了保障房建设及自身经营管理措施。全年住房开发建设有限责任公司商品房项目销售回款5.64亿元，实现利润6597万元，完成任务目标109%；实现经营性房租收入10043万元，完成任务目标103%，首次突破“亿元”大关；物业经营收入1410.31万元，完成任务目标105%；试验检测收入1001万元，完成任务目标145.7%；设计费收入480万元，完成任务目标102.1%；完成建安产值3.5亿元，实现施工收入4625万元，实现利润425万元，完成任务目标108.2%。

（段楠）

住房公积金管理

【概况】 2013年，石家庄住房公积金管理中心全力推进信息化建设，积极创新业务管理模式，扎实开展项目贷款业务，着力提高服务水平，超额完成全年工作任务。2013年石家庄市归集住房公积金52.44亿元，完成全年归集计划119.18%，同比增长13.9%；提取住房公积金20.5亿元，同比增长52.3%；发放住房公积金贷款54.08亿元，完成计划154.51%，同比增长55.99%。2013年住房公积金个人贷款16289户、45.88亿元；住房公积金支持保障性住房项目贷款8.2亿元。至2013年末，全市累计归集住房公积金269.62亿元，累计提取101.49亿元，归集余额168.13亿元；累计发放住房公积金个人贷款81573户、182.77亿元，住房公积金个人贷款余额138.7亿元。2013年全市住房公积金实现增值收益3.49亿元，主要业务指标保持全省首位。规范住房公积金管理中心行政审批职能，优化业务操作流程，压缩审批时间，推行“零障碍”服务全程协办机制。印发《工作人员行为规范》，建立“连心卡”制度，开展预约、上门服务，提高服务质量和工作效率。住房公积金中心新门户网站正式上线运行，“12329”住房公积金服务热线开通。建立综合办事大厅，与承办业务银行、开发商、房产中介等机构联合办公，实现“一门式服务、一次性办结”。2013年石家庄住房公积金管理中心被河北省住房和城乡建设厅、财政厅评为全省住房公积金管理优秀单位。

【信息系统平稳运行】 2013年河北省住房和城乡建设厅开展全省统一住房公积金业务系统建设，石家庄市被选为首批4个试点城市之一。2013年石家庄住房公积金管理中心将新系统建设作为首要任务，科学论证管理模式，反复推敲业务流程，量身定做业务模块，精心组织业务培训，稳妥实施数据移植。4月16日，石家庄住房公积金管理中心新系统正式上线运行。优化信息系统功能，提升实际应用效果，实现住房公积金管理更加安全和高效。落实资金全方位防控管理办法，实行多级工作流审批机制，将审批事项在计算机程序中固化，形成权限相互约束，岗位职责相互监督，工作程序相互牵制机制，最大程度降低了人为风险因素。新住房公积金信息系统提升了住房公积金使用效率，实现资金实时结算，做到分散归集、集中管理、统一调拨；确立了住房公称金管理中心主体地位，较好落实了公积金贷款受理、审批、签约、发放、核算、回收自主核算制度，实现了公积金贷款有效控制。

【公积金保障作用】 贯彻落实市政府《关于逐步提高县（市）和井陉矿区住房公积金缴存比例的通知》要求，采取领导班子成员分片包干、明确责任推进办法，将各县（市）住房公积金缴存比例从原来不足5%，全部提高到单位12%、个人10%，实现全市统一缴存比例，职工得到实惠。支持全市保障性住房建设，跟踪项目建设进展动态，合理调整贷款资金，基本用足贷款额度。至2013年末，石家庄住房公积金管理中心共为市本级“和华家园”等7个项目发放贷款8.2亿元，回收贷款本息5960万元。研究房地产市场形势，合理运作资金，防范流动性风险。全年近10万职工使用住房公积金66.38亿元，较好解决了全市购房需求集中释放带来资金压力，基本满足了住房公积金缴存职工提取、贷款刚性需求。

【规范内部管理】 加强提取管理，与市房地产交易登记信息系统联网，网上核实房地产交易及房产证真实性。严格审批程序，设立专岗对提取资料实行内部稽核，对存在疑点资料追踪调查，发现利用虚假资料套取住房公积金行为，立即追回，并视情节轻重，处罚当事人及单位专管员，有效防止骗取、套取公积金行为。加强贷款管理，严格借款人资格审查，合理调整贷款保证金管理模式，健全完善逾期贷款分类及催收制度，采取电话短信提醒、上门催收、扣划保证金、强制划转住房公积金等方式，加大逾期催收力度。至2013年12月底，全市住房公积金个人贷款逾期率0.01%，同比降低0.01个百分点，创历史最好水平。加强档案管理，明确专人负责；设置综合档案室，完善中心档案管理办法，落实各科室、管理部定期移交档案制度；启动历史档案扫描，研发电子档案软件。维护住房公积金政策公平性和互助性，开展住房公积金管理专项行动，对公积金贷款后恶意停缴贷款人实施问责。规范缴存比例，自1月1日起，行政事业单位住房公积金单位缴存比例调至12%（含1998年12月15日以后参加工作人员）。

【宣传公积金缴存政策】 利用报纸、杂志、网络等多种媒体，宣传住房公积金政策。定期在广播电台播放住房公积金公益广告。召开全市住房公积金缴存单位通讯员工作会议，建立通讯员队伍。制作发放车载宣传光盘，定期发行住房公积金管理中心杂志、报纸，让更多市民了解、认识住房公积金职能。加强执法检查，全年拨打公积金催缴电话1000余次，上门送达或邮寄催缴催建通知书67份，处理群众上门反映问题246人次，行政处罚河北现代女子医院等企业，有效维护职工合法权益。2013年全市新增缴存公积金单位1433家、新增缴存职工74507人。

石家庄住房公积金管理中心
主　任：王树欣
副主任：王根恒　王书刚
　　　　曹元华　耿占合
　　　　杜琳琳

（底宪民）

区划地名

【居住区命名、更名】 2013年石家庄市命名居住区46个，分别为隆兴苑、香格礼小区、熙园、慢城、君晓家园、依水佳苑、幸福时光雅居、东安小区、丽都河畔花园、天元宿舍、华西苑、东王丁科苑、颐佳小区、时光园、尚品佳苑北区、汇君城、金碧雅苑、党家庄小区、丰收园、石家庄市能源投资发展中心宿舍、奥北公元小区、金色里程小区、锦融尚御名邸、龙渊福邸、橙悦园、华丽庭院、花园小区、红河小区、瀚唐城、福华家园、和合美家、鹿诚苑、天阳御珑湾、宝翠园、弘石湾、蓝山印象小区、雍雅锦江花苑、玉龙小区、上东城、盈瑞家园、弘达明尚小区、田家庄小区、和力雅园、海棠家园、肯彤名邸；居住区更名1个，颐宏园更名为锦绣乾城小区。

【大型建筑物命名、更名】 2013年石家庄市命名大型建筑物26个，分别为盛典商务大厦、大郭商务楼、新界商务楼、润德商贸城、财库国际商务中心、铂领商务楼、金指数国际商务广场、绿源大厦、鑫明商务中心、百川大厦、省四建商务综合楼、尚品佳苑商务会所、嘉和商务广场、东胜广场、天元商务大厦、郁金香商务广场、峰汇华庭、滹太商贸城、嘉艺大厦、高柱大厦、鹿诚商务中心、宝翠大厦、利嘉商城、睿和中心、瀚科大厦、弘海商厦；大型建筑物更名1个，苏宁电器商务广场更名为苏宁生活广场。

【道路命名】 2013年石家庄市命名道路15条，分别为天安路、永庆路、明珠路、秀玉街、广运路、京广西街、同福路、蓝月路、绿洲路、舒泰路、隆泰路、通园街、赵陵北路、元瑞街、元德街。

（刘炳娟　张岩）

交通运输

交通运输

概 述

2013年，石家庄市围绕“公交都市”、轨道交通、大众化航空服务和现代物流等重点建设项目，积极改善投资环境，加大投资力度，深入推进大交通战略，努力把石家庄打造成在全国有重要影响的交通枢纽城市。5月27日，石家庄货运中心成立。12月28日，石家庄至上海、石家庄至烟台铁路客运调整为石家庄站始发、终到。至2013年末，石家庄市铁路营业里程达到328.72千米（不含京广高铁数），共有车站29个，其中高铁客运站3个。全年铁路发送旅客2787.37万人，其中，高铁发送量占比39%；发送货物446万吨（旅客数据来源石家庄站，货运数据来源石家庄南站）。2月28日，《石家庄市国家公交都市建设示范工程实施方案》经市政府第七十一次常务会议审议通过。依据该方案，2013～2017年五年间，石家庄主要实施“10+1”工程，着力创建公交都市示范市。7月8日，省会出租汽车电召服务系统上线开始试运行，通过拨打电话83606555可预约出租车服务。11月1日，市内客运出租汽车运价正式执行新的标准，起步价由2千米5元调整为3千米8元。12月21日，石家庄市召开南绕城高速公路征地拆迁动员会，标志南绕城高速公路建设正式启动。12月31日，京津冀晋鲁电子不停车收费（ETC）系统正式联网运行，迈出全国ETC联网第一步。2013年石家庄市公路建设完成投资88.5亿元，建设里程1206.4千米，其中，高速公路完成投资60.7亿元；干线公路完成投资24.07亿元，建成通车160千米；农村公路完成投资3.74亿元，建成通车1046.4千米。至2013年末，全市共有高速公路5条477千米、国道4条418千米、省道21条1492千米、县道43条1579千米、乡道4973千米、村道8337千米、专用公路284千米、桥梁3856座221050.43延米，通车总里程达到1.76万千米，同比增加1200千米，路网密度达到110.6千米／百平方千米，同比增加4.85千米／百平方千米。公路养护完成投资7.62亿元，其中高速公路完成3599万元，国省干线公路完成6.4亿元，县级公路完成2411万元，乡村公路完成6204万元。公路运输完成营业性客运量1.22亿人，客运周转量57.8亿人千米，同比分别减少11.6%和19.8%；完成营业性货运量3.45亿吨，货运周转量967.42亿吨千米，同比分别增长26.4%和17.1%。现代物流建设快速推进。10月23日，全市召开城市共同配送试点项目申报工作会，启动试点项目申报。2013年石家庄市完成物流园区建设投资6.49亿元，占年度计划143.9%。聚和港物流园区二期总投资64526万元，总建筑面积10.86万平方米，2013年完成投资1亿元。高营汽车配件中心项目总投资10亿元，2013年完成投资3.98亿元，商贸城主体施工至第2层。内陆港国际保税物流园区一期总投资14.85亿元，总建筑面积409342平方米，2013年完成投资1260万元。河北瑞川物流园（藁城综合场站）项目总投资17.83亿元，总建筑面积49万平方米，2013年完成投资1.38亿元。航空运输服务能力提升。9月6日，高阳城市候机楼正式投入运营，直通大巴每天往返3班。12月26日，辛集城市候机楼正式启用，旅客直通车每天往返6班。至此，石家庄机场拥有异地城市候机楼8座、航空营业部10个，航空服务范围由省会拓宽至地市及发达县、乡、镇。2013年石家庄机场新引进航空运营公司6家，新增航线41条、通航城市16个。至2013年末，石家庄机场拥有航空运营公司30家，运营航线最高达到89条，通航城市最多达到63个，周航班量突破1100

架次。2013年石家庄机场安全保障航班起降4.69万架次，同比增长9.9%；完成旅客吞吐量511.05万人次，同比增长5.3%；完成货邮吞吐量42976.3吨，同比增长8.4%。城市轨道交通建设全面展开。4月23日，《石家庄市城市轨道交通1号线一期工程可行性研究报告》获得国家发改委批复。6月25日，《石家庄市城市轨道交通3号线一期工程的可行性研究报告》获得国家发改委批复。7月13日，轨道交通1号线一期工程体育场站、北宋至谈固站区间竖井实施围挡。12月17日，1、3号线一期工程项目举行银团贷款合同签约仪式，获得签约贷款约200亿元。至2013年底，1号线一期和3号线一期首开段管线迁改、房屋征收、绿化移植、交通疏解工作全面完成，主体工程除槐安桥站及西三教站、西兆通维修基地外，其他各点全部开建，共完成投资24.5亿元。城市公共交通全力创建公交都市示范市。2013年城市公交新建港湾式站台34座，侧式站台26座，候车亭116座；新购进绿色环保公交车450辆，淘汰燃油公交车539辆，营运车辆达到4057辆；谋划快速公交线路11条262千米，开辟公交线路19条，优化调整线路29条，临时调整线路175条次，营运线路总数达到225条；安装公交车载监控设备580台（套），3700辆公交车实现3G网络实时传输。至2013年末，全市公交营运线路长度达3719千米，同比增加358千米；营运总里程21264.83万千米，同比增长3.4%；运送乘客6.4亿人次，与2012年持平。

铁　路

【概况】 2013年，石家庄市域内共有铁路干线5条（京广、石太、石德、石太客运专线、京广高铁），分别起止京广铁路207.9千米（寨西店承安铺间）至321.3千米（高邑鸭鸽营间），石太铁路石家庄至70.1千米（南峪娘子关间），石德铁路石家庄至85.25千米（束新王家井间），石太客运专线石家庄北站至59.97千米（井陉北阳泉北间）；支线2条（新井、凤山），总长18.1千米，营业里程328.7千米（不计京广高铁运营数），车站29个，其中高铁客运站3个。京广高铁57.04千米至452.40千米，北与杜家坎线路衔接，南与安阳东站衔接，沿线共设中间站8个：京广高铁涿州东、高碑店东、保定东、定州东、正定机场、高邑西、邢台东、邯郸东。5月27日，石家庄货运中心成立。该中心为区域性货运中心，由石家庄南站、阳泉站及衡水车务段46个货运站整合组建。至2013年末，北京铁路局在石家庄派出机构有石家庄铁路办事处，驻石家庄主要运输单位有石家庄站、石家庄南站、石家庄客运段、石家庄电力机务段、石家庄工务段、石家庄供电段、石家庄电务段、石家庄车辆段、石家庄货运中心，非生产单位有石家庄职工培训基地、石家庄工程项目管理部、石家庄建筑段、石家庄铁路疾病预防控制所、河北冀铁集团公司、河北铁建工程有限公司。石家庄车辆段主要担负京广、京九、石德、石太、邯长、邯济等铁路干线及合资铁路朔黄线货物列车的定期检修及日常维修任务，管辖区段1869.6千米，安全保证区段3587.4千米。段内共有段修检修台位28个，分两班制作业，日检修任务50余辆。石家庄工务段主要担负京广线上、下行257.500千米至281.37千米，石太线上行3.265千米至117千米、石太线下行—2.219千米至117千米，石太三、四线3.357千米至34.8千米，石太客运专线（上12.432.8千米、下行9.764千米）至222.4千米，石德线（上行3.794千米、下行—1.277千米）至5.8千米线路、桥梁、隧道等设备的大、中、维修及保养任务。石家庄客运段担当36对高铁动车组列车、1对动车组列车和23对普速旅客列车客运乘务任务。跨局特快旅客列车有石家庄至广州T89/T90次。跨局快速旅客列车有石家庄至上海K233/K234次；石家庄至杭州K1266/K1265次；北京西至重庆K589/K590次；邯郸至包头K220/K219次；石家庄至上海K1012/K1011次（12月28日调整为石家庄站始发、终到）；石家庄至烟台K1214/K1213次（12月28日调整为石家庄站始发、终到）。跨局普通旅客快车有石家庄至哈尔滨1524/1523次。管内特快旅客列车有石家庄至秦皇岛T5682/T5681次。管内快速旅客列车有石家庄至秦皇岛K7714/K7713次；北京西至邯郸K7761/K7762次；邯郸至张家口南K7732/K7731次、邯郸至张家口K7738/K7737次；石家庄至承德K7742/K7741次。管内普通旅客列车有石家庄北至衡水Y504/Y503次、衡水至北京西Y502/Y501次（7月1日开行）；石家庄至磁县4483/4484次；石家庄至临西4516/4515次；邯郸至唐山4426/4425次（12月28日调整为邯郸站始发、终到）；石家庄至邯郸6421/6422；石家庄北至太原6031/6032次；石家庄北至阳泉4465/4466次和4467/4468次。担当京广、石德、石太、京九线146对图定客车的运转乘务任务。石家庄电务机务段配属和支配机车386台。全段担当客运任务59对，担当货运任务187对，担当小运转任务2对，担当行包任务3对，同时担当石太线石家庄—阳泉、石德线石家庄—德州、京广线石家庄—丰台、京九线衡水—聊城，衡水—南仓、京沪线德州—济西、石太客专线石家庄—太原等7个区段客货列车机车执乘任务。石家庄供电段担负京广高铁76.069千米至509.886千米、石太客运专线0.000千米至222.400千米、京广线64.100千米至485.800千米、石德线0.000千米至5.800千米、石太线0.000千米至117.000千米电气化铁路供电和生产生活供水、供电任务，以及邯长线0.000千米至215.500千米、沙午线0.000千米至69.000千米、马磁线0.000千米至46.225千米的供水、供电及设备更新、改造、大修、维修养护任务。石家庄电务段担负京广线247.150—485.837千米、京九线206.225—372.777千米、石德线0.000—176.500千米、石太线0.000—117.000千米、邯长线0.000—215.491千米、石太客运专线、京广高速线和石家庄西环线、沙午、马磁等20条支（矿）线共计1708.823千米信号设备的维修维护任务。石家庄站位于京广高铁、京广、石德、石太、石太客运专线交汇点，站中心里程（客站）为京广高铁277.08千米，车站等级为特等站，业务性质为客运站。石家庄站所辖石家庄北站为二等站，并管辖京广高铁沿线涿州东站、高碑店东站、保定东站（含徐水东会让站）、定州东站、正定机场站、高邑西站、邢台东站、邯郸东站8个客运站。车站线路管辖里程：京广高铁57.04千米至452.40千米，北与杜家坎线路所衔接，南与安阳东站衔接；京广线263.55千米至270.65千米，北与柳辛庄站衔接，南与平南站衔接；石太线—2.22千米至5.27千米，与石家庄西站衔接；石德线—1.28千米至2.38千米，与石工业站衔接。石家庄客站总建筑面积107059平方米（仅开通西站房）。石家庄南站位于京广、石德、石太3条干线交汇点，主要担负南北京广、石德、石太四个方向货物列车到发和运输组织工作。石家庄建筑段承担京广线（高碑店—柏庄）、京九线（霸州—临西）、石太线（石家庄—赛鱼）、石德线（石家庄—八里庄）、邯长线（邯郸—北舍）5条干线，保满线、满神线、沙午线、马磁线、大宋线、新井、凤山、白荫8条支线，京广高铁（涿州东—邯郸东）、石太客专（石家庄北—东凌井）2条高速铁路共计169个车站、2053.2千米两侧路内房屋建筑物及其上下水、电照、电梯、供暖设备的维修管理，负责辖区内463.7万平方米冬季供暖和196处/229台（其中锅炉169台，换热器51台，地源热泵9台）设备的运行管理及辖区内301个住宅小区（46256户）房屋出售办证、39个住宅小区水电费收缴、4350户未售住宅收费等工作。

（王洁英）

【铁路生产运营】 2013年石家庄站发送旅客2787.37万人，完成年计划106%，同比增加734万人、增长36%；实现运输收入26亿元，完成年计划114%，同比增加11亿元、增长75%。其中，高铁发送量占全站总量39%。1月26日至3月6日春运期间，石家庄站发送旅客266.1万人，其中，新客站普速125万人，新客站高铁53.2万人，石家庄北站40.7万人，下辖高铁八站47.2万人，日均发送旅客6.7万人，较2012年同期增长41.1%。6月10～12日端午节期间，石家庄站发送旅客36.5万人，日均发送旅客9.1万人，较2012年同期增长114%。9月19～21日中秋节期间，石家庄站发送旅客34.86万人，日均发送8.72万人。10月1日，石家庄站发送旅客13.2万人，创下车站单日旅客发送量历史新高。至2013年末，石家庄南站发送货物446万吨，日均装车199车，日均卸车539车，日办理车34393辆，完成运输收入79330万元，总支出

37765万元。

（王洁英　宋钧）

【货运中心成立】 3月14日，中央管理独资企业中国铁路总公司正式成立。经营范围：以铁路客货运输服务为主业，实行多元化经营。主要职责：负责铁路运输统一调度指挥；负责国家铁路运输经营管理，承担国家规定的公益性运输，保证关系国计民生的重点运输和特运、专运、抢险救灾运输等任务；负责拟定铁路投资建设计划，提出国家铁路网建设和筹资方案建议；负责建设项目前期工作，管理建设项目；负责国家铁路运输安全，承担铁路安全生产主体责任。中国铁路总公司成立后，随即开展货运组织改革，推动铁路货运全面走向市场。2013年5月，北京铁路局整合辖内车务站段、直属和区域物流公司、装卸公司、集装箱公司、快运公司等单位业务，在管内组建成立北京、丰台、天津、唐山、石家庄、邯郸6个货运中心，全面负责区域内货运营销、货运客户服务、门到门运输组织以及货运规章、运价、危险品、专用线、装卸、保价、企业自备车管理等工作。河北省境内组建货运中心3个、货运营业部14家。14家货运营业部中，石家庄市3个，分别是石南营业部、石工营业部、石家庄西营业部；另有唐山2个：唐山南营业部、唐山北营业部；邯郸、保定、沧州、秦皇岛、廊坊、承德、张家口、衡水、邢台各1个。5月27日，由石家庄南站、阳泉站及衡水车务段46个货运站整合而成的石家庄货运中心正式成立。10月22日，石家庄货运中心在河北省安国市、霸州市、衡水市桃城区设立的无轨货运火车站正式开通运营，结束了3个地方没有铁路货运业务受理站的历史。

（王萌　段军　刘博通　王成果　郭凯）

【火车站启用新运行图】 12月28日零时起，石家庄火车站调整列车运行图。新增高速动车组列车8.5对。分别为：北京西—广州南1对，车次为G65/G68次；北京西—广州南1对，车次为G67/G70次；北京西—桂林高速1对，车次为G529/30次；北京西—郑州东1对，车次为G559/60次；北京西—宝鸡南高速1对，车次为G671/G674次；北京西—宝鸡南高速1对，车次为G673/2次；北京西—邯郸东高速1对，车次为G6741/2次；北京西—邯郸东高速1对，车次为G6743/4次；北京西—石家庄高速0.5对，车次为G6745次。4对高速动车变更运行区段。分别为：北京西—广州南G79/G82次变更为北京西—深圳北，同时G82次车次改为G80次；北京西—安阳东G569/G570次变更北京西—新乡东；郑州—北京西G564次变更洛阳龙门—北京西，车次变更为G562次；北京西—郑州G565次改为郑州东终到，取消郑州、增加郑州东停车办理客运业务；北京西—郑州东G561次改为郑州终到，增加郑州停车办理客运业务；郑州东—北京西D2022次改为郑州始发，增加郑州停车办理客运业务。新增特快列车1对、快速列车1对。分别为：北京西—成都特快1对，车次为T57/8次；北京西—兰州快速1对，车次为K629/30次。3对快速列车变更运行区段。分别为：石家庄—唐山4426/5次变更为邯郸—唐山；石家庄北—上海K1014/3次改为石家庄站始发终到，取消石家庄北停站、增加石家庄站停车办理客运业务；石家庄北—烟台K1214/3次改为石家庄站始发终到，取消石家庄北停站、增加石家庄站停车办理客运业务。石家庄北站新增2对快速列车。分别为：长春—重庆北快速1对，车次为K1573/4次；福州—太原快速1对，车次为K1577/8次。

（宋钧）

【重点铁路工程】 京石客专石家庄枢纽工程。2013年石家庄新客站东站房施工基本完成，并根据石家庄站实际使用要求，办理了使用管理移交；其他剩余工程仍在施工，其中包括京广普速场华星路、北地道、南地道、仓丰路地道桥顶进，石青场铺轨及四电工程，和平线路所工程，动车所保养点开通，京广普速线拨入石家庄六线隧道及石太联络线改建等。南水北调穿越既有铁路立交工程。2013年完成8座框构桥隧施工，分别为马磁铁路框架桥工程、邯长铁路框架桥工程、沙午铁路明挖框架桥工程、官东铁路简支梁桥工程、官东铁路框架桥工程、内磨铁路框架桥工程、石太引入线暗渠工程、石太铁路正线暗渠工程。路外电厂铁路专用线工程。2013年石家庄鹿华热电厂专用线工程完成厂内站路基、走行线涵洞、走行线桥梁、厂内站房屋、道床等工程，隧道累计完成1490米，剩余778米；头泉站增设6、8道工程完成挡土墙修建；石家庄良村热电有限公司铁路专用线工程完成厂内站、走行线桥梁、路基、房建工程及大部分轨道工程。

【火车票通退通签】 自9月1日起，铁路部门调整火车票退票和改签办法，实现火车票全国通退通签，同时实行火车票梯次退票方案。火车票全国通退通签，即旅客退票和改签由原来票面指定的开车时间前仅能在购票地车站或票面乘车站办理，改为在票面指定的开车时间前，可到任意一个车站办理。火车票梯次退票方案，即按照开车前不同时段，实行不同梯次的退票费率。具体实施方案：票面乘车站开车前48小时以上的，退票时收取票价5%的退票费；开车前24小时以上、不足48小时的，退票时收取票价10%的退票费；开车前不足24小时的，退票时收取票价20%退票费。至2013年底，石家庄站共办理退票217.5万张，日均1782张；退款4186.7万元，日均34.3万元。

（王洁英）

公　路

【概况】 2013年，全市完成公路建设投资88.5亿元，占年度计划125.4%，其中，高速公路60.7亿元，普通干线公路24.07亿元，农村公路3.74亿元。至2013年底，全市公路通车总里程17482千米，同比增加1200千米，路网密度达到110.6千米／百平方千米，其中，高速公路5条（石黄高速公路、青银高速公路、京昆高速公路、京港澳高速公路、西柏坡高速公路）477千米，国道4条（107国道、207国道、307国道、308国道）418千米，省道21条1492千米，县道43条1579千米，乡道4973千米，村道8337千米，专用公路284千米。桥梁3856座221050.43延米，永久性桥梁3849座220956延米，桥梁永久率达到99%。

（郭志会）

2013年2月6日，市委常委、常务副市长刘晓军（前排中）到市区南焦公交新车站视察指导春运工作

【高速公路】 全年高速公路在建项目3项208千米，分别是京昆高速公路石太段、南绕城高速公路、京港澳高速公路改扩建工程石家庄段；计划完成投资60亿元，实际完成投资60.7亿元。京昆高速公路石太段，长65.2千米，扣除与西柏坡高速公路公共线段后，建设里程51.7千米，总投资70.2亿元，年度完成投资10亿元，计划完成率100%，征地拆迁基本完成，开始路基桥隧施工。南绕城高速公路，长71.4千米，其中主线52.9千米、支线18.5千米，总投资129.19亿元，新增投资93亿元，年度完成投资5亿元，计划完成率100%。京港澳高速公路改扩建工程石家庄段，年度完成投资12.8亿元，计划完成率106.7%，基本完成征地拆迁任务，其中征地1.2万亩，拆迁各类房屋5.6万平方米，拆除蔬菜大棚22.8万平方米，移植、清理各种树木10.8万株。2013年石衡高速公路工程可行性报告通过省交通运输厅评审。南绕城高速公路获得批复。4月19日，南绕城高速公路初步设计获得省发改委批复同

意；12 月 21 日，南绕城高速公路征地拆迁正式启动。2013 年南绕城高速公路调整公路施工设计图通过省交通运输厅评审，开始南环辅道建设。南绕城高速公路计划总投资 129.19 亿元，资金以原石环公路中省交通运输厅和石家庄市政府投入的 36 亿元作为项目资本金，其余部分申请银行贷款；建设包括主线高速、支线高速、辅道、城区连接线和井陉连接线 5 部分，其中南绕城高速主线全长 52.96 千米，双向四车道，设计速度 100 千米／小时。起自石太高速井陉互通处，与石太高速相交叉并顺接拟建的平赞高速，经吴家窑乡北寨村南转向东，与南水北调相交，向东与青银高速相交，再与南石环相接，然后向东下穿既有京港澳高速，至段干村南与石环路分离向东延伸，与新赵线相交，最终与新建京港澳高速相接，其中井陉互通至西南环互通、东南环互通至终点为新建路段，长 38.81 千米；西南环互通至东南环互通为旧路利用段，长 14.15 千米。支线高速全长 18.5 千米，双向六车道，设计速度 80 千米／小时，主要是利用和改建西石环主线，北起石太高速，南至西良政，与主线西南环互通及拟建的平赞高速公路石家庄支线相接。辅道采用二级公路标准建设，设计速度 40 千米／小时，起点为石环公路红旗大街互通，终点为东南环互通，分左右幅在主线高速公路两侧分别设置，辅道折合单侧长度 40.77 千米。城区连接线双向四车道，设计速度 60 千米／小时，利用改造西石环辅路作为城区连接线纳入南绕城高速项目，全长 16.3 千米。井陉连接线采用二级公路标准建设，设计速度 80 千米／小时，起点位于石太高速公路井陉互通良都店附近，利用原有衡井公路 3.2 千米至微新庄，然后向南改线，跨越石太铁路、冶河后，经横口村北至铺上，与 307 国道衔接，全长 10.57 千米。南绕城高速全线设置互通立交 10 处，分离式立交 4 处，设服务区 2 处（新建绿岛服务区 1 处、利用太行大街服务区 1 处），停车区 1 处（吴家窑），新建收费站 6 处（山前大道、绿岛、西南环、107 国道、体育大街、东南环），改建收费站 2 处（石太高速良都收费站、石安高速栾城收费站）。石港高速公路项目纳入国家高速公路网。2013 年 8 月，石家庄市谋划、力推的石港（津）高速公路项目经国家发改委、交通运输部同意，正式纳入国家高速公路网。该项目是石家庄市与黄骅港联系的另一条便捷高速通道，缩短了石家庄市与天津港、黄骅港两个出海口岸的距离。石港高速公路经石家庄市、保定市、衡水市至沧州市沿海高速公路，全长 160 千米，2010 年河北省政府批准建设规划。石港高速公路石家庄段项目自京港澳、京昆高速公路相交拐角枢纽互通，向东经正定县、无极县、深泽县，至保定市界，主线全长约 50 千米，同时建设正定新区支线、辛集市支线及部分连接线，建设工期 3 年。2013 年石港（津）高速公路项目完成工程可行性编制。

（付薇　吴温）

【普通干线公路】 国省干线路网布局调整完成，规划新增国省干线 1132 千米，实现县县通国道。2013 年全市普通干线公路开工建设 14 项 199 千米，较年度计划多开工 4 项 47.8 千米；完成投资 24.07 亿元，较年度计划增加 17.23 亿元；建成通车 160 千米。定魏线正港公路至贾村桥段，长 17.4 千米，一级公路，总投资 2.9 亿元，完成投资 1.6 亿元，其中无极段建成通车，藁城段完成路基工程，滹沱河大桥完成部分桩基工程。衡井线吴家窑至京昆高速段，长 8.5 千米，二级公路，总投资 3480 万元，完成投资 3480 万元，建成通车。京赞公路石阎线至鹿泉县城段，长 9.4 千米，一级公路，总投资 13088 万元，建成通车，余下收尾工程。正南线慈峪至岔头段，长 16.2 千米，二级公路，总投资 6699 万元，完成投资 5399 万元，建成通车。正南线岔头至张家台段，长 12.8 千米，二级公路，总投资 7521 万元，工程可行性获得批复，施工图设计待批。青银高速赵县连接线，长 2.7 千米，一级公路，总投资 2218 万元，完成投资 2218 万元，建成通车。107 国道石保界至正定段及南二环至南位段，长 35.5 千米，一级公路，总投资 60808 万元；因京港澳高速断交施工，107 国道作为绕行保畅路线，暂缓实施。嶂石岩旅游路马嶂公路，长 29.5 千米，二级公路，总投资 20893 万元，完成投资 16193 万元，建成通车。晋州连接线石黄高速口至安新线段，长 16.7 千米，一级公路，总投资 16087 万元，完成投资 16087 万元，建成通车。安新线深泽县城至晋州连接线段，长 2.5 千米，一级公路，总投资 1643 万元，完成投资 1643 万元，建成通车。新城大道，长 7.2

千米，总投资22.4亿元，完成投资12.2亿元，投资完成率54.5%。京港澳高速杜村连接线，长8.5千米，总投资2.3亿元，完成投资1.6亿元，投资完成率69.6%。京昆高速灵寿连接线，长20.1千米，一级公路，总投资4.4亿元，年度完成投资8200万元，累计完成投资3.6亿元，通车19千米。西柏坡高速温塘连接线，长8.6千米，一级公路，总投资3.14亿元，年度完成投资4000万元，累计完成投资1.65亿元,通车3.8千米。殡仪馆道路工程，长2.3千米，总投资1.65亿元，完成投资4500万元。西三环辅道贯通工程，总投资8000万元，完成投资7000万元，贯通通车13.89千米。红旗大街南延（石邢公路），建设里程约45千米，总投资5.5亿元，年度完成投资1.8亿元，累计完成投资5.3亿元，完成路基43千米，完成路面42千米,三座大桥建设完工。

（郭志会）

【农村公路】 2013年全市农村公路计划完成投资37399万元，建设农村公路1045千米，实际完成投资37419万元，建设农村公路1046.4千米。其中，县乡路改造完成20项87.4千米，完成投资12313万元；乡村路改造完成140项268.7千米，完成投资9822万元；连村公路完成69项142千米,完成投资4265万元；帮扶村主街道硬化完成369项415.7千米，完成投资8843万元；农村面貌提升工程完成161项132.6千米，完成投资2176万元。农村公路改造工程获得中央预算内资金190万元。根据河北省发改委下发的2013年农村公路中央预算内投资计划，2013年安排石家庄市新改建农村公路项目6个，涉及建制村8个，建设总路程7.6千米，总投资271.5万元，其中中央预算内投资190万元。

（郭志会　吴温）

【公路养护】 全年公路养护计划完成投资79696万元，实际完成投资80904万元，占年度计划102%；需结转2014年完成投资786万元。高速公路养护，计划完成投资3599万元，计划完成率100%，其中，张石高速公路2699万元，西柏坡高速公路900万元。普通干线公路养护，计划完成投资67482万元，实际完成投资68690万元，占年度计划102%，需结转2014年完成投资786万元。县级公路养护，完成投资2411万元，计划完成率100%，其中，县道安保工程7项103.42千米，总投资716万元；危桥改造1项102.5延米，总投资341万元；省补日常养护资金1354万元。乡村公路养护，完成投资6204万元，计划完成率100%，其中，危桥改造5座808.6延米，投资4032万元；省补养护工程资金2172万元。公路保洁工程，出动清扫车、清洗车、洒水车等机械12400台班，人员5.8万人次，清理垃圾4.7万立方米，有效控制公路扬尘。

【公路附属工程】 公路大中修工程，投资41948万元，完成工程14项248千米，计划完成率100%。桥梁维修加固工程，投资405万元，维修加固桥梁7座394.7延米，计划完成率100%。公路标志整治、公路绿化、公路安保、交通量观测站点建设等工程，投资5047万元，完成工程25项，计划完成率分别达到86.5%、96.2%，其中，公路绿化工程完成投资9998万元，栽植树木296万株、灌木201万株，绿化面积28万平方米，重点绿化国省干道7条229.5千米，主要为国道307线、107线，省道无繁线、赵赞连接线、新赵线、京赞线、机场路。

2013年10月24日，全市召开农村公路“田路分家”工作会议

【物流园区建设】 全年计划完成投资45060万元，实际完成投资64860万元，计划完成率143.9%。聚和港物流园区二期，总投资64526万元，总建筑面积10.86万平方米；建设地点：东至聚和港物流园一期工程，南至柳辛庄村，西至柳董庄村界，北至石太高速绿化带；建设内容：仓库、交易展示楼、综合服务楼、停车场、维修车间和辅助设施；2013年完成投资1亿元。高营汽车配件中心项目，总投资10亿元，2013年完成投资3.98亿元，商贸城主体施工至第2层。内陆港国际保税物流园区一期，总投资14.85亿元，总建筑面积409342平方米；建设内容：保税物流中心、保税监管库、保税监管堆场等；2013年计划完成投资1亿元，受征地进度影响，实际完成投资1260万元。河北瑞川物流园（藁城综合场站）项目，总体规划960亩，总建筑面积49万平方米，总投资17.83亿元。2013年列入石家庄市重点开工项目和河北省市管项目省考核的重点建设项目之一。项目建设期27个月（2013年9月至2015年12月），分三期建设。其中，一期投资1.2亿，自2013年9月至2014年9月底，建设公交枢纽内公交综合服务楼一栋、物流园区仓储库房一座，司机之家一栋以及填筑土方、绿化工程、道路工程、地面硬化工程；二期投资7.4亿，自2014年4月至2015年9月底，建设物流园区仓储库房三座、24层信息服务中心大楼一座以及交易中心和产品展示中心工程；三期投资9.23亿，自2014年至2015年12月底，建设司机之家两栋、培训中心两栋以及甩挂作业区、集装箱作业区、冷藏仓库和外贸保税区等工程。至2013年底，河北瑞川物流园（藁城综合场站）项目完成投资1.38亿元。

（郭志会）

运输市场管理

【概况】 2013年，全市运输市场深入开展“保安全、保畅通”治超攻坚行动，货物运输“双超”治理取得较好成效，实现超限超载率控制在2%以下。严格公路执法，严查石灰、煤炭、矿渣等非法运输及不按要求做好货运覆盖运输车辆，严防扬尘车辆上路行驶。规范道路运输市场秩序，调整市区客运出租汽车运行价格，建立客运出租汽车与车用燃油价格联运机制；将汽车租赁业纳入管理范围。开展机动车维修市场质量信誉考核，实施并完成维修企业考核213家，占纳入考核企业总数62.8%。全年淘汰客货运黄标车1.6万辆，查处违章经营客运车辆4000余辆次、“黑车”16辆。8月2日零时起（国家和河北省7月10日调整），市区车用天然气价格由3.30元/立方米调整为3.75元/立方米，上调0.45元/立方米。市政府决定，车用天然气价格调整后至出租车运行价格调整前，出租车购气多支出部分，政府给予补贴。11月1日，市内客运出租汽车运价正式执行新的标准，起步价由2千米5元调整为3千米8元。至2013年底，全市共有营运车辆250419辆，其中，载货汽车234585辆，载客汽车3359辆，出租汽车10471辆；完成客运量12205.6万人，客运周转量577973.7万人千米，同比分别减少11.6%和19.8%；完成货运量34489.8万吨，货运周转量9674180.4万吨千米，同比分别增长26.4%和17.1%。

【道路运输市场管理】 深入开展道路运输市场“出重拳、打黑车”专项整治行动，查处违章经营车辆4000余辆次、“黑车”16辆。建设出租汽车通道、护栏等基础设施，加强火车站区域出租汽车管理。将汽车租赁行业纳入管理范围，明确汽车租赁业许可条件、程序。市交通运输局、物价局沟通协调，完成出租车运价调整。开展机动车维修市场质量信誉考核，规范机动车维修市场秩序，全年考核机动车维修企业339家，其中，一类企业64家，二类企业275家，完成考核任务213家，占纳入考核企业总数62.8%。

【货运超限超载治理】 开展治超攻坚行动，从源头、路面两方面加强治理，并完成货源单位摸底调查，全年巡查货运源头单位4679次，检查货运车辆2931辆。开展“百日上路下站”活动，多次组织市县、县县联合治超，共出动执法人员6.3

万人次，查处路政案件212起，清理摊点9214处，拆除违章建筑353处，查处车辆7500辆，卸载货物17万吨。2013年全市货运超限超载率控制在2%以下。

【基础设施建设】 石家庄公路主枢纽信息指挥中心，建筑面积13082平方米，总投资6222万元，年度计划完成投资4600万元，实际完成投资2800万元，主体工程完工。新火车站综合客运站项目，长途部分项目占地121亩，投资29837万元，完成批复立项，计划2013年底前开工，因铁路方面未移交项目占地，整体进度受到影响。西古城客运站项目，占地90亩，总投资48210万元，项目建议书获批，正在编制工程可行性报告。县级汽车站建设，年度计划投资2000万元，实际完成投资2000万元。晋州汽车客运站项目，2013年底建成并交付使用；鹿泉客运站，完成主体工程；井陉矿区汽车客运站工程可行性报告上报省交通运输厅待批。农村客运站点建设，投资90万元，建设四级站1个、五级站1个，工程基本完工。

（郭志会）

【信息化建设】 出租汽车服务管理信息系统试点工程一期建设基本完成，3000辆出租车成功安装车载终端设备。建成石家庄市道路运输重点营运车辆动态监管平台，实现车辆和企业动态监管。提高驾驶员培训质量，完善机动车驾驶员培训学时监管系统，安装学时记录设备3556台套。明确岗位职责，规范业务办理，提高行政效能，完成运政业务信息系统升级改造。完善包车客运应用程序，启用包车客运管理信息系统。7月8日，省会出租汽车电召服务系统上线开始试运行，拨打电话83606555可预约出租车服务。该项目是市委、市政府推进“智能化”交通建设一项便民工程，是破解出租汽车行业发展瓶颈的积极尝试，借鉴北京、深圳、广州、哈尔滨、苏州等城市的运营经验，采取“政府主导、行业监管、市场运营、有偿服务”原则开展。12月31日，京津冀晋鲁电子不停车收费（ETC）系统正式联网运行。

（郭志会　林红梅　范玉蕾）

【水路运输监管】 1月1日，《国内水路运输管理条例》正式施行。3月1日，《国内水路运输管理规定》、《国内水路运输辅助业管理规定》正式施行。落实《国内水路运输管理条例》规定，开展“禁酒驾、治双超”百日护航专项整治，拉网式排查全辖水域，做到逐项检查、逐项纠正。加强通航水域、水运企业、营运船舶、船舶停靠码头管理，检查水运企业16家、船舶停靠码头23处，查处存在隐患水运企业4家，其中，关停2家，整改2家，停运船舶20艘。规范船舶检验管理，发放船舶检验证书39本，其中，元氏县9艘，植物园2艘，环城水系4艘，太平河1艘，平山县21艘，灵寿县2艘。至2013年底，石家庄拥有市级地方海事机构1个，县级地方海事机构9个；符合通航条件水库9座（拥有营运船舶水库5座），自然河流4条，人工河2条，公园1个；水路运输企业17家，其中，经营船舶旅客运输企业12家、经营内河漂流企业5家；水路运输服务企业1家，营运机动船舶39艘，其中，普通客船8艘、游艇31艘。

（郭志会）

民用航空

【概况】 2013年，面对国内经济形势下行压力影响，石家庄机场以更大的力度、更强的举措深入推进“大众化、差异化、精细化”三大战略，积极引进航班航线，加大商务、旅游客源开发力度，推出“空铁联运”快线服务，拓宽航空惠民利民服务范围，让越来越多的旅客享受到便捷、优质、高效的航空服务。实施人才强企战略，增强凝聚力、向心力，2013年444名优秀派遣制员工转录集团公司合同制员工。创新宣传机制，设立“石家庄机场从家飞”微信账号；在新浪微博粉丝达5.4万人，同比增长3倍；在中央电视台、《人民日报》、《中国民航报》等媒体刊播新闻报道1810篇次。加强企业文化建设，开展“我的机场我的家　我的故事我来讲”系列活动，大力宣扬“敬天爱人　家合之道”企业文化理念。2013年石家庄机场引进韩国

2013 年 6 月 20 日，石家庄机场 T2 航站楼全景

济州、德威、釜山等低成本航空公司，新增至银川、曼谷、普吉等航线 41 条，新增赣州、洛阳、榆林、张家界、桂林、张家口、西宁、济州、晋江、绵阳、北海、济南和韩国的首尔、济州、釜山、大邱等通航城市 16 个，加密了热点城市、省内支线，为社会公众出行提供了便捷、经济的航空服务。至 2013 年底，石家庄机场运营航线达到 89 条，其中，低成本国内航线 15 条，经石家庄机场中转的低成本国内航线 40 条；运营航空公司 30 家，通航城市 63 个，周航班量突破 1100 架次。2013 年石家庄机场保障航班运输起降 4.69 万架次，同比增长 9.9%；完成旅客吞吐量 511.05 万人次，同比增长 5.3%；完成货邮吞吐量 42976.3 吨，同比增长 8.4%。

（刘佳　张毓）

【运输生产】 2013 年河北机场集团完成旅客吞吐量 534.25 万人次，同比增长 6.7%，其中石家庄机场 511.05 万人次，同比增长 5.3%，秦皇岛机场 20.79 万人次，同比增长 33.8%；完成货邮吞吐量 43896.6 吨，同比增长 9.0%，其中，石家庄机场完成 42976.3 吨，同比增长 8.4%，秦皇岛机场完成 919.6 吨，同比增长 51.8%；保障航班运输起降 5.04 万架次，同比增长 12.2%，其中石家庄机场 4.69 万架次，同比增长 9.9%，秦皇岛机场 3014 架次，同比增长 31.8%。6 月 16 日，张家口机场正式开航，全年完成旅客吞吐量 2.4 万人次，货邮吞吐量 0.7 吨，保障飞机起降 544 架次。2013 年石家庄机场春节运送旅客 7.9 万人次，同比增长 5%；国庆节“十一”黄金周期间，石家庄机场客流总量、日客流量与 2012 年相比基本持平，日客流量均超过 1.6 万人次，单日客流量最高 1.8 万人次，客流总量达到 11.3 万人，平均客座率超过 85%。

【安全管理】 与省政府签订年度安全生产目标责任书，并逐级分解到各部门、各岗位。开展全员安全生产承诺，构建集团公司、二级单位、管理人员、岗位员工四级安全责任体系。推进 SMS、SeMS 体系建设，通过民航华北局 SeMS 管理手册审核。修订《石家庄机场使用手册》，编制部门管理手册和岗位操作手册，初步建立三级安全管理体系。开展为期 4 个月安全生产大检查。检查期间，石家庄机场组织各类应急救援演练 44 场，开展以航班延误治理为主专项整治 14 项，整改各类安全隐患 373 项。开展“平安机场”建设，组建反恐信息员队伍和反恐处突应急小分队，与省公安厅建立处置劫机炸机和非法干扰等突发事件联动机制。加大要害部位和重点区域防控力度，保证了党十八届三中全会等重点时期空防安全和社会稳定。加强人员资质能力和基础设施建设，取得中国民航局颁发危险品培训资质，成为河北省首家航空危险品培训机构。推进机场航空口岸核心能力建设，提高口岸检验检疫水平。6 月 18 日，石家庄机场航空口岸顺利通过国家质检总局口岸核心能力建设考核，在同类航空口岸中位列前茅。12 月 10 日，河北检验检疫局机场办公室联合石家庄机场急救中心开展航空口岸食物中毒应急处置演练，检验相互协调配合和应对突发公共卫生事件的救援处置能力。2013 年石家庄机场航空运输实现安全“零事故”。

（刘佳　杨国英）

【航线航班】 1 月 3 日，首条由石家庄直飞泰国曼谷定期航线开通，泰国泛泰航空公司执飞，每隔 5 天 1 班。3 月 31 日，石家庄—西安—赣州航线开通，河北航空公司执飞。4 月 1 日，韩国济州航空公司执飞石家庄—首尔国际航线开通。4 月 5 日，石家庄—釜山国际航线开通，韩国釜山航空公司执飞，此航线为石家庄首次开通。4 月 20 日，韩国德威航空公司执飞石家庄—首尔国际航线开通。2013 年 4 月，春秋航

2013年12月10日，河北机场管理集团总经理张彦杰（右）与韩国德威航空公司总经理咸哲镐代表双方签订战略合作协议

2013年4月1日，石家庄开通至首尔直航航班

2013年6月16日，张家口机场雨中喜迎首架航班

空公司第3架空客A320飞机进驻石家庄机场。随后，春秋航空公司加密石家庄至厦门、大连航线，恢复石家庄至桂林、张家界航线，并全力扩大“99元”系列机票覆盖度，进一步推动石家庄机场打造大众化枢纽机场。2013年春秋航空公司在石家庄机场航线达到16条，通航城市16个。5月11日，大连—石家庄—榆林航线开通，华夏航空公司执飞，每天1班。该航线是石家庄机场首次开通飞往陕西榆林航线，也是石家庄机场第二条飞往陕西航线，该航线与石家庄—西安航线叠加后，石家庄机场每天飞往陕西省航班达到4班。7月4日，青岛—石家庄—西宁航线开通，这是石家庄机场继银川之后开通第二条省会间航线，山东航空公司执飞。7月11日，南京—石家庄—呼和浩特航线开通，每周2班。7月21日，蒙古匈奴航空公司空客319客机降落石家庄机场。这是蒙古匈奴航空公司航班首次在石家庄机场技术经停，也是乌兰巴托—石家庄—曼谷航线第一次试运营。7月23日，石家庄至韩国仁川定期货运航线正式开航。该航线由中国邮政航空公司执飞，机型为波音737—400，可装载货物约15吨，每周执飞5班。2013年8月，长沙—石家庄—包头航线开通，南方航空公司执飞，每周4班。10月27日，北海—石家庄—哈尔滨、鄂尔多斯—石家庄—济南、石家庄—天津、呼和浩特—石家庄—无锡4条航线开通。第一条航线由南方航空公司执飞，每周4班；后三条航线由天津航空公司执飞，均为每天1班。12月10日，河北机场集团与

韩国低成本航空公司德威航空签订战略合作协议，双方就执行韩国仁川—石家庄、韩国济州—石家庄等航线确定长期合作。12 月 11 日，石家庄机场开通石家庄—济宁—海口航线，这是石家庄机场首次开通至山东省济宁市航线。12 月 24 日，石家庄机场开通至泰国普吉岛国际航线。2013 年石家庄机场新增航线 41 条，新增通航城市 16 个，运营航线 89 条，通航城市 63 个，运营航空公司 30 家，周航班量突破 1100 架次。

（刘佳　张毓）

【航空运输服务】 推进机场集、疏、运体系建设，拓宽航空服务范围，提高航空服务便捷化程度。推出空铁联运产品，提供报销车票和免费住宿服务。加强地面交通配套建设，提高空铁联运衔接效率。2013 年石家庄机场高铁站每天往返停靠车次平均达到 23 趟。12 月 25 日，石家庄机场候机楼铁路火车票自动售票终端系统正式启用，实现了航空与铁路运输有效衔接和良性互动。至 2013 年底，石家庄机场空铁联运客流量达到 15.6 万人次，其中北京旅客占二分之一。打造“从家飞”服务品牌，向晚到和中转旅客提供“一路通行”、“无忧中转”特色服务。2013 年石家庄机场成为国内首个实现不同航空公司国内航班同时中转的机场，缩短了旅客候机时间，得到广大旅客普遍认可。加强职业技能培训，提高人员服务质量。9 月 22 ~ 24 日，由石家庄机场旅客服务部教练张熹炜和肖媛、范倩茹、陈宁三名选手组成的河北机场管理集团代表队在中国民航工会机场委员会主办的 2013 年全国民航机场候机楼服务岗位职业技能大赛区中获得优异成绩，肖媛夺得实操中文服务第一名、个人全能第六名，河北机场集团获得团体第四名、三等奖。建立航空公司服务公约，提升机场整体形象，2013 年石家庄机场整体服务满意率保持在 97% 以上。

【集疏运体系建设】 2013 年石家庄机场新增城市候机楼 2 座：高阳、辛集；暂停直通车线路 1 条：邯郸—石家庄。5 月 4 日起，因京港澳高速公路石安段改扩建工程进入第二阶段施工，邯郸至石家庄正定国际机场旅客直通班车（双向）暂停营运。8 月 24 日，高阳宏图候机楼开始试运营，直通大巴每天往返 3 班。9 月 6 日，高阳城市候机楼正式运营。12 月 26 日，辛集城市候机楼正式启用，旅客直通车同步投入使用，每天往返 6 班。至此，石家庄国际机场异地城市候机楼增至 8 座：保定、邢台、沧州、衡水、定州、白沟、高阳、辛集，航空营业部 10 个：石家庄、邯郸、邢台、衡水、沧州、唐山、秦皇岛、北京、张家口，航空服务范围也由省会拓宽至地市及发达县、乡、镇。2013 年凡是开通城市候机楼地区，石家庄机场均开通直达旅客班车，实施空地联运“立体化”运营，形成以石家庄机场为中心，覆盖冀中南，涵盖山西省阳泉市、河南省安阳市、北京市等地区的地面交通服务网络。

2013 年 9 月 6 日，石家庄机场高阳城市候机楼正式开业运营

【7 次保障世界最大货机安—225 经停机场】 11 月 11 日，世界上最大货机安—225 携带 180 吨货物经停石家庄机场。11 月 29 日，安—225 从乌克兰基辅飞抵石家庄国际机场，装运由中国北车集团唐山轨道客车有限责任公司生产的 2 辆“祥龙号”城市有轨电车，11 月 30 日凌晨启运飞往土耳其伊斯坦布尔。这是中国具有自主知识产权 100% 低地板现代有轨电车产品首次登陆欧洲市场，也是国内航空运输业首次承运大型国产装备产品出口欧洲，中国中央

2013年11月29日，装运城市有轨机车现场

电视台现场直播了石家庄机场保障安—225空运城市有轨电车设备出口土耳其的实况，极大提高了石家庄机场在全国的知名度。2013年石家庄机场向安-225提供飞行保障7次。

（刘佳）

【**航空口岸核心能力建设通过国家质检总局验收**】 6月18日，石家庄机场航空口岸核心能力建设顺利通过国家质检总局口岸核心能力建设考核组验收，综合评价位居同类航空口岸前列。口岸核心能力建设审验是世界卫生组织与中国国务院确定的标准化建设验收，是推进口岸检验检疫水平一项重要内容。2013年河北机场集团全力配合省检验检疫局机场办事处，对照审验要求，逐项检查完善相应功能和机制，加强设备设施和基础物资投入，完善基础能力建设。石家庄机场在推进航空口岸核心能力建设中，修订完善《石家庄国际机场病媒生物预防控制方案》、《饮用水安全方案》等10余项管理制度和工作程序，购置更新焚烧炉、压缩式垃圾车等设施装备，改造完善货物检验查验场地，提高了机场食品生产、供水检测、医疗急救、固液体废弃物移运及处理等基础能力，规范和提升了航空口岸保障服务水平。

（王轶男）

【**京津冀地区民航运输协同发展项目研究论证会在石家庄召开**】 6月25日，由华北管理局主办的京津冀地区民航运输协同发展项目研究论证会在石家庄举行，来自华北管理局、中国民航大学和首都、石家庄、天津、南苑4家机场及国内13家主要航空公司60多名代表参加会议。会议讨论了历时6个月调研形成的《京津冀航空运输协调发展研究报告》，一致认为多机场协同发展核心是机场正确定位，适度错位经营对机场功能互补和协同发展有重要推动作用。围绕北京首都国际机场航班分流至石家庄正定国际机场、天津滨海国际机场形成共识，首都机场定位为国际大型复合航空枢纽，侧重发展国际航线；天津机场定位为中国北方国际航空物流中心和大型门户枢纽机场，发展货运潜力较大；石家庄机场定位为航空大众化低成本枢纽机场，重点向公众提供便捷、经济、舒适的航空服务项目。

河北机场管理集团有限公司

总 经 理：张彦杰

副总经理：邢东方　李宁

　　　　　高永超　马越

　　　　　金双占　罗晓广

书　　记：张彦杰（兼）

副 书 记：邢东方（兼）

　　　　　周忠义

纪委书记：高立新

工会主席：张海山

（刘佳　王静宇）

城市轨道交通

【**概况**】 2013年，石家庄市轨道交通项目进入全面建设阶段。1月23日，《石家庄市城市轨道交通2号线一期工程场地地震安全性评价报告》获得中国地震局批复（中震安评〔2013〕15号）。4月23日，《石家庄市城市轨道交通1号线一期工程可行性研究报告》获得国家发展和改革委员会批复。5月20日，市长王亮出席全市轨道交通建设推进大会，对轨道交通工程建设进行再动员、再部署，并与桥西区、长安区、水务局、供电局签订责任状。6月18日，《石家庄市轨道交通2号线客流预测专题报告》通过专家评审。6月20日，1号线一期工程省博物馆站接驳口盖挖开始施工建设，拉开石家庄市轨道交通一期工程主体工程开工建设序幕。6月25日，《石家庄市城市轨道交通3号线一期工程的可行性研究报告》获得国家发展和改革委员会批复，为石家庄市轨道交通1、3号线一期主体工程同期开工建设、同期运营创造了条件。7月13日，轨道交通1号线一期工程体育场站、北宋至谈固站区间竖井实施围挡。8月10日，地铁1号线西王站一期工程开工。8月9日，经中国银行总行贷款审核委员会审议，1、3号线一期工程获得该行35亿元授信额度。12月17日，1、3号线一期工程项目举行银团贷款合同签约仪式，获得签约贷款约200亿元。2013年石家庄市轨道交通项目共获银行授信总额410亿元，省市财政资本金到账5亿,其中省政府4亿元、市政府1亿元。编制《石家庄市轨道交通有限责任公司建设工程施工验工计价管理办法（暂行）》、《石家庄市轨道交通有限责任公司合同管理暂行办法》等合约制度和工作流程，完成新签合同175个，其中服务类80个、施工准备类合同92个、设计类合同2个、监造类1个。截至2013年底，石家庄市轨道交通项目建设除槐安桥站、西三教站、西兆通维修基地外，各工点主体工程全部开工，顺利实施维护结构施工、基坑开挖工程，做好了隧道暗挖和盾构施工准备。

2013年12月17日，举行石家庄市轨道交通1、3号线一期工程银团贷款合同签约仪式

【项目审批】 4月23日，《石家庄市城市轨道交通1号线一期工程可行性研究报告》获得国家发展和改革委员会批复，批准市轨道交通1号线一期工程全长23.9千米，设20个站点，总投资173.2亿元，建设工期4年9个月。6月25日，《石家庄市城市轨道交通3号线一期工程的可行性研究报告》获得国家发展和改革委员会批复，标志石家庄市地铁建设项目进入全面开工建设阶段。至2013年末，城市轨道交通2号线可行性研究报告文件编制超过50%，《客流预测报告》、《地震安全性评价》、《安全预评价报告》等17个专题报告已获批复或完成编制，为轨道交通2号线工程可行性研究报告报批奠定了基础。2013年市轨道交通建设根据省委常委、市委书记孙瑞彬“适时启动5号线建设”、“先行启动前期规划工作，沿鹿泉、栾城、藁城、正定县城谋划建设一条环城快速轨道交通通道，将市内轨道交通线路与快速交通环线对接，争取在2030年构建起主城区与各组团以及各组团县（市）之间的快速交通网络”指示要求，结合《石家庄市城市轨道交通建设规划（2012–2020）》，启动《轨道交通线网规划》及《建设规划（2012–2020）》调整和编修研究，正在办理地铁5号线建设规划审批事项。

（上官白阳　卢扬逸）

【勘察设计】 采取交叉方式，推进轨道交通建设勘察设计。至2013年末，石家庄市轨道交通1号线一期工程初步设计图纸完成，初步设计概算通过河北省发改委专家组评审；轨道交通2号线一期工程可行性研究报告及相关配套文件正在论证；轨道交通3号线一期工程初步设计基本完成。地铁1号线一期工程初步设计通过专家审查。10月10～12日，市城市轨道交通1号线一期工程初步设计文件审查会在石家庄市召开，省、市部门及相关各区单位共计100余人参加。会议邀请来自北京、上海、广州、天津、成都、石家庄等地24位国内轨道交通勘察、设计、施工、运营、工程经济等方面知名专家组成由国家勘察设计大师史玉新担任组长的专家组。与会专家及代表在现场踏勘基础上，认真审阅初步设计文件和相关支持性文件，听取总承包单位——北京城建设计研究总院有限责任公司的汇报，并与市轨道交通办公室、轨道交通公司、编制单位等人员讨论、交流，征求了省市相关部门、各区意见。10月12日，市轨道交通1号线一期工程初步设计通过专家组审查，奠定了施工图设计基础。

【项目建设】 采取公开招投标方式，确定1号线一期工程由中铁北方投资发展有限公司承建，3号线一期工程首开段由中铁建华北投资发展有限公司承建，总监管理单位为铁科院（北京）工程咨询有限公司。与3家知名企业洽谈轨道交通建设合作。6月26日，市轨道交通有限责任公司与中国铁建、中国南车、中国普天3家国内知名企业就轨道交通建设合作开展洽谈，其中中国铁建成功竞标市轨道交通3号线一期工程投资建设总承包，中国南车、中国普天分别在车辆、设备系统等轨道交通基建方面与市轨道交通有限责任公司合作。7月20日，市轨道交通有限责任公司与中国中铁股份有限公司签署《石家庄市城市轨道交通1号线一期工程土建及相关工程投资建设项目合同》。城市轨道交通1号线是石家庄市轨道交通线网中一条骨干线，也是中心城区东西向及连接主城区与正定新区的骨干线。1号线采取分期建设，一期工程西起西王站，东至洨河大道站，沿中山西路、中山东路、长江大道和秦岭大街敷设，线路长23.9千米，设置车站20座，均为地下线。2013年轨道交通1号线一期工程和3号线一期工程首开段管线迁改、房屋征收、绿化移植、交通疏解工作全面启动并完成。至2013年底，1号线一期和3号线一期首开段全部工点除槐安桥站因拆迁、OCC（operating control center，单条线路运行控制中心）因设计、西兆通维修基地因征地尚未开工外，其他近50个工点所有临电、临水、临地全部解决，全面进入开工建设阶段。2013年石家庄市轨道交通项目建设完成投资24.5亿元，其中，1号线一期主体工程完成投资7.3亿元，3号线一期首开段主体工程完成投资约4.2亿元。

（上官白阳　卢扬逸　宋钧）

【新客站下城市轨道交通预留工程2号线车站基坑方案通过专家评审】 4月17日，受市政府委托，市轨道交通办公室组织召开石家庄新客站下城市轨道交通预留工程2号线车站基坑设计、施工、第三方监测方案专家评审会。市主管轨道建设领导赵新朝、市轨道交通办公室主任付庆文、轨道公司总经理容建华及市建设局、财政局、广场办公室、铁路建设工程指挥部办公室、市城投公司、石家庄枢纽改造工程指挥部等单位参加会议。容建华介绍了轨道交通预留工程建设情况，并对轨道交通2号线石家庄站施工方案由明挖调整为明挖＋盖挖方案作了详细说明。来自于北京、天津、石家庄等地11名专家从技术、经济、安全等方面评估了调整后的建设方案，提出具体改进意见，与会专家一致认为调整后的新客站下城市轨道交通预留工程2号线车站基坑方案合理可行。

【安全质量管理】 成立以董事长为第一责任人、各主管领导、有关部室参加的安全质量管理委员会，按照每个人、每个部门“一岗双责，谁主管谁负责”原则，细化规定了工作范围内安全质量职责。制定和完善各项安全质量管理制度，结合国家、省市出台的一系列政策规范要求，制定20多项地铁安全管理制度、30多项质量管理制度，在体制、机制、检查、考核、处罚等方面形成一套完整安全质量保证体系。加强安全质量监督检查，落实业主方、施工方、监理方、检测方等各参建单位按照各自职责管控日常安全质量工作要求。2013年市轨道建设下发安全质量管理文件26份，下发问题整改通知书62份，提出问题和隐患801条，问题整改率达96%以上，未发生较大安全生产事故及工程质量问题。

【施工现场管理】 严格按照质量安全标准，细化和落实业主代表责任制，构建和完善精细化管理长效机制。从施工现场围挡、材料堆放及运输、临时设施、施工噪声控制、渣土运输、污水排放、施工环境等方面加强监督和管控。响应市政府扬尘治理工作要求，制定出台《轨道交通建设工程扬尘治理应急预案》，成立轨道交通建设工程施工现场扬尘污染治理领导小组，整顿轨道交通全线所有工点，督促落实“三联单”制度，有效规范渣土运输管理。市轨道交通建设办公室与市城管委、交管局建立协调联动机制，按照“一围（挡）、二（苫）盖、三洒（水）、四洗（车）、五绿（化）、六硬（化）、七安（全）、八（整）洁、九挂（督导牌）、十评（流动红旗）”要求，加强文明施工管理，确保了不人为扬尘、不裸露黄土、施工现场洁净整齐。2013 年石家庄市轨道交通建设现场管理做法在国家、省、市部门安全及文明生产检查中得到高度评价和广泛推广。

【资金保障】 积极解决轨道交通项目建设资金需求，促成以国家开发银行为银团牵头行和代理行，农业银行为副牵头行和担保代理行，工商银行、中国银行、建设银行为银团参加行的银团贷款。2013 年 10 月底，市轨道交通 1、3 号线一期工程项目银团贷款授信审批全部完成，授信批复总额 410 亿元，其中国家开发银行作为此次银团牵头行和代理行，全额授信 200 亿元；农业银行作为副牵头行和担保代理行，授信金额 100 亿元；其他银团授信金额分别为：建设银行 55 亿元，中国银行 35 亿元，工商银行 20 亿元。12 月 7 日，市轨道交通 1、3 号线一期工程项目举行银团贷款合同签约仪式，总额约 200 亿元，其中 1 号线 110 亿元，3 号线 89.5 亿元。这也是河北省有史以来资金规模最大的银团贷款。根据《石家庄市城市轨道交通近期建设规划》，2020 年前先期建设 1、2、3 号线一期工程，总线路里程 59.6 千米，投资估算总额 421.9 亿元。轨道交通 1、3 号线一期工程项目采取“项目资本金 + 银团贷款”投融资模式，投资总额 313.92 亿元，其中 40% 项目资本金由市财政统筹安排，其余 60% 资金通过银团贷款解决。2013 年轨道交通建设财政统筹资金省政府 4 亿元、市政府 1 亿元资本金全额拨付到账。

【1 号线东杜庄站、南村站更名】 6 月 18 日，市政府批准市地名办公室关于轨道交通 1 号线一期工程东端 2 个站名更名意见，即东杜庄站（19 号站）更名为南村站，南村站（20 号站）更名为洨河大道站。地铁 1 号线西起西王站，东至东兆通站，全长 23.9 千米，设地下车站 20 座，站与站平均间距 1.215 千米，自西向东分别为：西王站、时光街站、长城桥站、和平医院站、烈士陵园站、中山广场站、解放广场站、平安大街站、人民广场站、省博物馆站、体育场站、北宋站、谈固站、朝晖桥站、白佛站、留村站、火炬广场站、石家庄东站、南村站、洨河大道站。

（上官白阳　卢扬逸）

【与 7 所院校签约人才培养协议】 6 月 19 日，市轨道交通有限责任公司与石家庄铁路职业技术学院、河北轨道运输职业技术学院等 7 所院校签约订单培养协议，订单培养涉及包括电客车驾驶、车辆检修、运营管理、电气自动化、机电一体化、通信、城轨信号、城轨供配电、城轨工程、工民建、给排水、通暖等 12 个专业，共 1206 名学员。协议规定凡参加 2013 年高考、年龄在 20 周岁以下、高考成绩达到河北省大专分数线以上考生均可报考。

（宋钧）

【1、3 号线一期工程标段施工单位】 1 号线一期工程共分 13 个标段，具体施工单位分别为：01 标段，起点至时光街站（不含），中铁上海局；02 标段，时光街站至和平医院站（不含），中铁四局；03 标段，和平医院站至中山广场站（不含），中铁港航局；04 标段，解放广场站至平安大街站及中解区间标准段，中铁航空港局；05 标段，平安大街站（不含）至博物馆站（不含），中铁隧道局；06 标段，博物馆站至北宋站（不含），中铁七局；07 标段，北宋站至谈固站，中铁九局；08 标段，谈固站（不含）至白佛站，中铁十局；09 标段，白佛站（不含）至火炬广场站（不含），中铁三局；10 标段，火炬广场站至石家庄东站，中铁五局；11 标段，石家庄东站（不含）至终点，中铁一局；12 标段，西兆通车辆基地，中铁六局；13 标段，张营停车场、控制中心，中铁建工集团。3 号线一期工程共分 4 个标段，具体施工单位分别为：01 标段，小灰楼站、西三教站、石家庄站站后区间以及盾构区间，十七局上海轨道交通有限公司；02 标段，中山广场站及中山广场站至解放广场站配线段暗挖区间，十七局第一工程公司；03 标段，

东里站、槐安桥站、中山广场站至东里站暗挖区间，十七局第三工程公司；新客站C标段，新客站下城市轨道交通预留工程C标段，中铁十八局。

（上官白阳　卢扬逸）

城市公共交通

【概况】 2013年，石家庄城市公共交通坚持公交优先发展战略，制定《石家庄市国家公交都市建设示范工程实施方案》，做好公交都市建设示范市创建工作。编制完成《石家庄公共交通2012—2030年规划》和《石家庄快速公交规划研究报告》，谋划快速公交线路11条262千米，建成平安大街、建设大街公交专用道11千米。新建港湾式站台34座，侧式站台26座，候车亭116座。新购进绿色环保公交车450辆，淘汰燃油公交车539辆。安装公交车载监控设备580台（套），3700辆公交车实现3G网络实时传输。开辟公交线路19条，其中市区3条、组团县（市）16条；优化调整线路29条，临时调整线路175条次。元旦小长假期间（1月1～3日），市公交部门安全运送乘客590万人次，比2012年同期增长17%；2月9日（腊月二十九）至2月15日（正月初六）春节期间，市公交部门安全运送乘客665万人次，比2012年同期增长18%。8月30日，石家庄“掌上公交查询系统”正式上线运行。至2013年底，全市公交线路总数达到225条，运营公交车辆4057辆；公交营运线路长度3719千米，同比增加358千米；营运总里程21264.83万千米，同比增长3.4%；运送乘客6.4亿人次，与2012年持平。2013年石家庄市公交公司获得“全国交通运输行业节能减排先进企业”、“全国交通运输行业企业文化建设卓越单位”、“省级女职工规范化建设先进单位”、“石家庄市建设系统技术创新先进单位”等荣誉称号。

（郭志会）

【线路开辟调整】 2013年全市开辟公交线路19条，其中市区3条，分别是88路、72路、90路；组团四县（市）16条，分别是藁城10条、鹿泉2条、栾城3条、正定1条。4月15日，省会夜经济启幕，全市80多条公交线路延时运行，方便了市民出行。结合地铁施工、打通断头路、新建小区等规划，全市优化调整公交线路29条，临时调整线路175条次。至2013年底，市公交公司运营线路总数达到225条；石家庄组团四县（市）开通运营公交线路96条。

（郭志会　吴温）

【新增绿色环保公交车450辆】 按照“公交都市”发展规划，全年投入资金2.7亿余元，购置绿色环保公交车450辆。2013年石家庄安排财政预算补助资金1315.6万元，首次引进气电混合动力公交车22辆，4月15日正式投入运营，其中12辆补充到30路，起止点为南焦客运站至省三院，10辆补充到26路，起止点为南焦客运站至棉六。7月6日，市区新购置411辆天然气空调公交车投入运营启动仪式在南位停车场举行。至此，省会天然气公交车达到3311辆，占全部运营公交车辆81.6%；天然气空调公交车达到1183辆，占全部运营公交车辆29.2%。411辆天然气空调车包括14米长公交车10辆、12米长公交车118辆、10米长公交车144辆、9.3米长公交车139辆，均为“国五”排放标准。此次411辆天然气空调公交车分别投放到12路、21路、38路、45路、50路、61路、76路、83路、92路、112路、130路、148路、192路、206路、302路、311路、328路、347路、357路、504路、536路、572路、580路、特1路、快1路、快7路、快13路、快2环1路、快2环2路、快325路、游1路、游6路、藁环1路和藁环2路等71条过去没有空调车的公交线路，与普通公交车混合穿插运营。411辆天然气空调公交车投入运营前，省会共有74条公交线路拥有空调公交车；新购置411辆天然气空调车全部投放71条新线路后，省会拥有空调车线路达到145条，占全部225条公交线路的64.4%。石家庄市自2004年起开始引进天然气公交车，至此次411辆天然气空调公交车投入运营，市政府累计投入资金14.62亿元，采购天然气公交车3311辆，极大改善了市民出行条件，大幅降低了尾气排放污染。

（郭志会　靳晓磊　程进升　魏光绚）

【5条公交线路试行中英文双语报站】

2013年7月，市公交公司借鉴外地先进城市公交经验，聘请英语专家录制英语报站，重新录制1路（含快1路和特1路）、2路、6路（含快6路和特6路）、8路、10路等5条主要线路的公交车语音报站器芯片，开始试用中英文双语报站。乘客乘坐5条双语报站线路时，在听到汉语报站后，紧接着还会听到一遍英语报站。未来根据乘客反映，市公交公司计划将公交线路双语报站推广至其他主干线路和旅游线路，方便外国人在石家庄乘用公交车。

（靳晓磊）

【“掌上公交查询系统”上线运行】

8月30日，石家庄“掌上公交查询系统”正式上线运行。该系统由市公交部门与搜谷科技、中国移动共同推出，适用安装苹果系统、安卓系统、塞班系统等大多数智能手机。公众用手机登录中国移动石家庄无线城市门户网站shijiazhuang.wap.wxcs.cn或下载“掌上公交”客户端，在“掌上公交查询系统”输入公交线路与等车站点，即可直观地看到目标车辆与车站距离，估算车辆抵达大致时间；还可以通过系统“站点查询”获取更多的线路选择。

（郭志会）

石家庄年鉴 Information Industry

信息产业

信息产业

概　述

2013年，全市信息产业加快信息化工业化融合，开展国家智慧城市试点建设，稳步推进三网融合试点，实现电子政务、电子商务、社会领域信息化快速发展，信息化综合应用走在全省前列。组建成立信息化工作领导小组，推进信息技术在政府、企业、农村、社会等领域广泛应用。电子信息产业调整结构，重点发展通信、半导体照明、卫星导航、汽车电子等优势产业，形成鹿泉市、高新区两大电子信息产业聚集区。采取选树先进、典型引路等方式，引导企业在产品研发、生产、销售、服务等关键环节加快信息技术应用深度，向产品高端化、研发设计知识化、生产制造智能化、生命周期绿色化、制造服务化、企业数字化方向发展。加大资金支持力度，全市安排近2000万元专项资金重点支持两化融合、北斗导航、三网融合、物联网、软件业发展。2013年石家庄市申报工业和信息化部（简称工信部）国家信息消费试点市获得批准。全市各级各部门发挥和利用“中国石家庄”市政府门户网站信息公开平台，及时发布政府文件、工作动态等内容。2013年市政府门户网站月访问量达到200万人次，政府网站群月访问量突破2000万人次。至2013年底，全市注册网站2.7万余个，互联网用户达到528万，聚集一大批国家级、省级新闻媒体和重点商业网站。伴随城市信息化快速发展，石家庄网络“微博”日渐壮大，年末“石家庄发布”微博粉丝达到57万。规范无线电台管理，审批超短波台站679个，微波链路台站292个，公网基站3026座。查处违章电台设备83台，没收非法电台设备12台。优化邮政资源配置，外包后勤服务类及非核心岗位人员75名；规范营业、投递、营销等邮政主业岗位计划外用工234名；择优招用B类合同用工259名、优秀应届毕业生20名。邮政行业建成三农服务站直营店90处，加盟店1113处。其中，优质直营店90处，优质加盟店966处。2013年中国移动通信集团石家庄分公司发展新客户300多万，开通TD-LTE基站800多个。中国联合网络通信有限公司石家庄市分公司发展新型媒体平台，建成客服官方微博，网络粉丝接近3万人，并通过宽带专家网站提供集在线测速、远程指导、在线营销、障碍申告、密码修改、明细查询、社区交流等一体化服务。

（郭会珍）

城市信息化建设

【概况】 2013年，石家庄城市信息化建设快速推进，重点企业两化融合进展顺利。调整充实市信息化工作领导小组、市三网融合工作协调小组、市智慧城市建设试点工作领导小组、市物联网产业发展领导小组和市信息消费领导小组，赋予市工业和信息化局（简称市工信局）承担信息化建设职能。及时了解国家智慧城市建设政策动向，组织人员到武汉市、成都市、宜昌市等先进城市学习智慧城市建设经验，初步形成智慧城市建设推进思路。城市公共信息平台、城市公共基础数据库、宽带网络、无线网络、智慧国土应用系统、智慧城管应用系统网格化社会管理与服务工程、智慧医疗工程建设、智慧交通发展工程等项目正在推进。召开两化深度融合知识普及培训和装备制造行业两化深度融合对标工作会议。加强资金支持力度，安排近2000万元专项资金重点支持两化融合、北斗导航、三网融合、物联网、软件业发展。组织260余家重点工业企业参加两化深度融合工作目标任务会议，制定《两化融合专项投资指导目录(2013-2014年)》。调动工业企业投入信息化建设积极性，市级财政启动2013年信息化发展专项资金项目补助申报。推动各县（市）区和市直部门做好开展信息化与电子政务“十二五”规划执行情况中期评估。制定《关于卫星导航应用示范建设的阶段性意见》，按照应用牵引、产业同步发展思路，大力为卫星导航产业发展提供市场空间。提升公共服务领域信息化水平，市城管委以信息采集服务外包形式，将二环以外管辖区域涉及26个办事处、187平方千米范围内主次干道、小街巷、出入市口及重点部位纳入数字城管系统监督范围，实现城区数字城管全覆盖。

【信息化工业化融合】 召开2013年两化深度融合专题会议，印发《石家庄市省级两化融合重点企业2013年工作目标任务》，260余家重点工业企业负责人及市工信局全体干部近500人参加会议，听取国家级专家讲座和省级两化融合示范（重点）企业经验，现场观摩冀凯实业集团“智慧企业管理系统”应用成果，为纳爱斯（正定）公司等企业学习先进经验牵线搭桥。引导企业在产品研发、生产、销售、服务等诸多关键环节加快信息技术应用深度，向产品高端化、研发设计知识化、生产制造智能化、全生命周期绿色化、制造服务化、企业数字化方向发展。市工信局制定《两化融合专项投资指导目录（2013-2014年）》，会同市财政启动2013年市级信息化发展专项资金项目补助申报，调动了工业企业投入信息化积极性。市商务局积极推进构建以示范基地为中心、“1+N”发展模式（基地+聚集区）的国家电子商务示范基地建设，北国电子商务有限公司成为国家电子商务示范企业，惠世电子商务有限公司等4家企业成为省电子商务示范企业。石家庄洛杉奇食品有限公司列为工业和信息化部农产品冷链信息化应用试点，成为河北省唯一入围企业。河北顺邦物流有限公司钢铁行业大数据现货电子交易平台、河北广联OID体系农产品追溯公共服务平台、河北卫星化工股份有限公司数码电子雷管及起爆系统、际华三五一四制革制鞋有限公司支持电子商务的后台营销管理系统入选国家工信部2013年电子商务集成创新试点工程。通过两化深度融合，石药集团全员劳动生产率较5年前人均增长1倍，神威药业每年节约成本7000万元，冀凯实业集团平均生产成本降低5%，两化融合实践为其他企业起到了示范引领作用。2013年神威医药科技股份有限公司、石药集团有限公司获得“国家级信息化和工业化深度融合示范企业”；格力电器（石家庄）公司、中石化石家庄炼化分公司获批“省级两化融合示范企业”，欣意电缆、石飞公司、普兴电子等17家企业获批“省级两化融合重点企业”。年末全市省级两化融合重点（示范）企业总数达到54家，占全省17.6%，位列全省前列，其中示范企业11家。

【智慧城市建设】 1月29日，石家庄市被住房和城乡建设部（简称住房建设部）确定为国家智慧城市试点市。石家庄市随即成立智慧城市建设试点工作领导小组，办公室设在市工信局，专职负责智慧城市建设日常工作。2013年石家庄市组织企业参加了由工信部和中国国际贸易促进会联合举办的智慧城市发展论坛、2013年智慧城市年会、智慧城市规划建设与典型应用高层研修班、第八届中国智慧城市建设技术研讨会暨设备博览会等，主动了解和跟进国家智慧城市建设政策新动向，并到武汉市、成都市、宜昌市等先进城市学习智慧城市建设经验。开展中国电子科技集团导航运营中心等智慧产业和智慧应用情况调研，初步形成智慧城市建设推进思路。制定《关于卫星导航应用示范建设的阶段性意见》，按照应用牵引、产业同步发展思路，大力为卫星导航产业发展提供市场空间。启动“平安校园”、“老人关爱”2个应用示范项目。“平安校园”首批应用试点学校发放智能终端设备近200套；“老人关爱”应用示范首批试点社区发放智能终端设备近100套。中国电子科技集团卫星导航公司与市民政“12349”热线签订合作协议，发放智能终端设备50套。2013年石家庄城市公共信息平台、城市公共基础数据库、宽带网络、无线网络、智慧国土应用系统、智慧城管应用系统网格化社会管理与服务工程、智慧医疗工程建设、智慧交通发展工程等领域16个项目正在推进。

【三网融合】 推动移动、联通、电信、广电4家试点企业围绕各自制定试点工作方案进行总结评估，落实双向业务数据月报制度。召开电力光纤到户承载三网融合（通信网、数字电视网、互联网）业务座谈会，研究探讨共建共享工作。贯彻落实光纤到户国家标准，与各试点企业、省电力公司、市直有关部门深入沟通、交换意见，支持电力公司在具备条件小区开展电力光纤入户试点建设。鼓励试点企业加快网络升级改造，加强三网融合业务展示与体验中心建设，为政府、企业、市民信息消费提供更好、更完善的服务。至2013年底，全市IPTV（交互式网络电视）网络电视用户数达到9900户，手机电视用户数7.6万户，双向互动电视用户数1500户，高清电视用户85200户，宽带互联网用户数189.9万户，手机互联网用户数793万户，广电互联网用户数1010户，全市有线电视接入网入户实现广播下行带宽862M，3G移动基站建设8064个，单纤入户新建试点小区数2个（联通信通花园，电信和合美家小区）。

【获批国家信息消费试点城市】 启动申报国家信息消费试点城市工作，2次召开协调会，组织市直部门按照国家工信部《关于征选信息消费试点市（县、区）的通知》要求，提供编制《石家庄市国家信息消费试点申报书》材料。派遣人员参加工信部专家答辩，采取PPT形式阐述石家庄市申报试点的基础和优势、工作目标、试点内容、保障措施，顺利通过专家现场质询。12月31日，工信部正式公布首批国家信息消费试点城市名单，石家庄市获批为68个试点城市之一。试点内容主要包括：以地方政府、行业、企业、社区为主体，建设宽带和TD—LTE（4G）等信息基础设施、开发智能信息产品、培育新型信息消费示范项目、整合政府公共服务云平台、拓展中小企业电子商务服务平台、引导信息消费体验等。国家工信部规定首批信息消费试点城市建设从2014年1月正式开始，为期2年。

（郭会珍）

【石家庄节能网上线运营】 2013年5月，市节能协会门户网站石家庄节能网（http：//www.sjzjnw.com）正式上线运营。该网站设有新闻中心、环境与资源、节能监察、节能技术、节能案例、供应平台等10多个栏目，为政府与会员、会员单位之间搭起信息交流平台和B2B电子商务服务平台。石家庄节能网采取建立节能专家库形式，为会员企业开展节能诊断、提供节能政策和节能技术咨询服务，方便企业推广应用节能新技术、实施节能管理及会员企业间、会员企业与外界企业间进行产品、信息交换。

（吴温）

【公共服务领域信息化】 2013年市城管委以信息采集服务外包形式，将二环以外管辖区域涉及26个办事处、187平方千米范围内主次干道、小街巷、出入市口及重点部位纳入数字城管系统监督范围，实现城区数字城管全覆盖。其中，鹿泉市、正定新区、高新区数字城管系统联网运行；裕华区“数字城管移动处置管理系统”率先试点，并通过管理人员配发“处置通”，有效提高工作效率。市公安局建成市局、县级局、派出所三级视频监控应用管理监控平台93个（市局平台1个、县级局平台24个、市区派出所平台68个），全部实现联网运行。年末全市公安系统纳入三级平台监控点位9948个，其中，市区监控点7495个，县（市）监控点2453个。推进智能卡口建设，建成市区主干路网及周边出入市主干道交通卡口缉查布控网，日入库机动车通行数据240万辆次，为破获各类案件提供了大量线索和固定视频证据。2013年视频监控应用管理监控平台帮助获取案件线索216条，侦查破获案件85起，服务群众586人次，在侦查破案中发挥了重要作用。市食品药品监管部门对全市6982家药品、医疗器械、保健食品、化妆品和餐饮单位，3734个药品、医疗器械、保健食品和化妆品品种建立基础电子档案，实现与省局数据对接。市城乡规划局规划管理信息系统通过“并联审批、电子校核、阳光审批、容缺受理、短信提示”等技术手段，改造优化工作流程，覆盖了90%以上规划审批业务，提高了工作效率。市建设局工程建设项目4000多项招投标信息采取多网站、多渠道同时发布方式，避免了“炒买炒卖”，保证了交易公平和公正。市人力资源和社会保障部门提升金保工程数据中心业务支撑能力，2013年11月初开通人力资源和社会保障系统网上服务大厅，为服务对象提供全天候服务，年访问量超过5万人次。市社会保障卡完成信息采集432万人，完成制卡349万张，发卡190万张。市卫生系统开展市县两级信息平台建设，建立居民健康档案823万份，电子病历15万份，发行居民健康卡过渡卡140万张，采集行政决策信息20万条。至2013年底，全市80%医疗卫生机构基本实现互联互通和居民健康档案信息共享，居民上网可查询自己在医院、社区等医疗机构的居民健康档案信息和电子病历信息。

（郭会珍）

电子政务

【概况】 2013年，全市各级各部门利用市政府电子政务信息平台，及时发布政府文件、工作动态等信息内容，有效发挥了政府网站信息公开第一平台作用。全年市政府门户网站政府信息公开平台主动公开信息26174条，门户网站月访问量达到200万人次，政府网站群月访问量突破2000万人次。加强网络管理维护，推进电子政务日常基础工作，强化所有内、外网网络接入部门的网络连通和安全监管，及时处理网络中断和故障申报，定期审查交换机、路由器、防火墙、安全监控设备的安全策略，随时根据需要进行必要修改和备份保存，确保了网络安全和完整。2013年市政府门户网站“中国石家庄”在中国优秀政务平台推荐及综合影响力评估中，获得“服务创新型政务网站”和“中国政务网站优秀奖”。其中，中国政务网站优秀奖总成绩位列计划单列市和省会城市第10名；市政府门户网站“政民热线”栏目被中国电子政务理事会评为“政府网站精品栏目”。

【网上办公服务】 以市政府门户网站为中心，以县（市）区和部门网站建设应用为基础的“中国石家庄”网站群在公共管理、公共服务上发挥明显优势作用。推广市直部门核心业务信息系统应用，主动完善信息内容、服务应用、互动交流等内容。及时公布督办来信投诉和答复，提高服务态度和效率。2013年市政府门户网站“互动交流”在全国性网站评比中获得10多项荣誉。指导政府部门开展网上办事服务，实现网上办事指南、办事表格、在线查询、在线申请数量大幅增多。完善和调整市政府门户网站原网上办事服务频道，将市政府部门负责行政管理审批业务事项的办事指南、办事表格全部上网发布。至2013年底，全市网上建立各类办事指南982项，办事表格744项，业务查询69项，结果查阅22项，在线申报49项，极大方便了市民工作和生活。2013年市直部门电子政务应用向核心业务覆盖，市财政局电子政务平台（一期）以全市417个财务独立预算单位、25个县（市）区财政部门为节点，实现财政部门和预算单位之间财政事务网上预审、预批，预算、支付、决算电子一体化，极大提高了办公效率和服务质量。政务办公平台运行稳定，建成包括公文管理、通知管理、信息采编、专送传阅、建议提案管理、短信平台、信息管理等主要功能。2013年全市利用政务信息系统下发公文354件、常务会议纪要13期，上报请示报告870件；利用办公系统下发通知4000余件；利用信息采编功能将县（市）区政府、市政府各部门上报信息7000余条合成期刊171期；利用专送传阅功能传阅信息2万多条；建议提案管理完成网上交办接收承办事项384件。

【网站群管理】 规范政府门户网站群管理维护，研究《2013年中国政府网站绩效评估指标体系》，调整完善市政府门户网站栏目。指导县（市）区、市直部门网站升级改版和日常维护管理，市工信局、司法局、文广新局、卫生计生委、体育局、畜牧局本级网站全面改版，市审计局、市医保中心网站改版正在谋划。定期开展市政府门户网站群检查，在日常利用系统扫描、查找、定位基础上，安排专业人员集中检查页面2万多个，链接点10万多个，修改断链180处，修改发布打不开页面100多个，修改页面内容150多处，删除关闭链接150多处，有效提升了网站整体功能。 实现互联网统一安全接入。石家庄市政府部门统一互联网安全接入是河北省试点项目。该项目利用市信息中心网络基础平台，整合政府机关部门网络，规范和减少了互联网出口数量，实现市政府51个部门、3500余台计算机终端互联网统一安全接入，提升了网络整体安全防护能力，解决了重复建设、资源浪费、安全得不到保障等问题，比各部门单独建设网络方式节约财政资金近1000万元。

【网站信息更新】 全年市政府门户网站新建栏目320个，维护信息26800余条，上传图片1850张。全市政务要闻报道，均能每日早上8时更新完毕。做好河北省政府门户网站石家庄信息维护工作，高质量、高标准完成省政府门户网站石家庄要闻栏目及招商引资、项目建设、就业再就业、社会保障、上学、就医、食品安全、新农村建设等8个专题栏目信息更新，全年维护动态要闻信息18800条，提供专题供稿9106条。其中省政府网站"排忧解难"互动栏目中有关石家庄市的公众留言，基本做到回复及时，内容明晰、具体。

【政民网络互动交流】 推进政府与市民互动交流应用，开展以"政府信箱"为重点，包括"意见征集"、"在线访谈"、"网上调查"等多种形式的政民互动交流项目，畅通民意表达渠道，尽大力为市民解疑释惑，解决实际问题。全年"政府信箱"收到公众留言18641条，有效留言16413条，处理答复16293条，处理答复率99.3%。市直部门对群众反映的意见和问题，做到件件有答复，事事有回音，多数单位对群众咨询问题，做到即问即答，当天回复，助力了政府工作，便利了百姓生活。开展网上听政活动，市政府及市直部门在市区停车场设置、出租车运价调整、城乡规划、重污染天气应急预案、冬季取暖等20多项涉及群众利益的决策中，均通过政府网站征集吸纳群众意见建议，修订了部分政策内容，提高了决策水平。2013年市政府门户网站接收社会公众意见和建议1500多条。

【政务微博"石家庄发布"全国排名第三】 重视运用网络"微博"服务社会事业，2012年9月17日市政府新闻办公室官方政务微博"石家庄发布"在新浪网、腾讯网、人民网、新华网、燕赵都市网开通试运营。2013年"石家庄发布"及时发布权威信息，弘扬社会美德，传播优秀文化，积极与网民沟通交流，将正面声音广而告之、传之于众，年末"石家庄发布"粉丝量达到57万，原创微博总数达到2500余条，在政府信息公开、新闻舆论引导、倾听民众呼声、树立政府形象等方面起到正能量作用。2013年5月，国家级互联网研究机构"人民网舆情监测室"结合政务微博实际作用、信息透明度、运营能力、互动情况等综合测评，发布"全国地级市新闻办公室微博实力榜单"和"舆情应对能力榜单"，"石家庄发布"政务微博分别位列第三名和第七名。

石家庄市信息中心

主　　任：范宪林

副 主 任：黄德伟　王梅林

总工程师：于惠

（姚喜中）

无线电管理

【概况】 2013年，石家庄无线电管理局围绕管好频率、管好台站、维护好空中电波秩序3项中心工作，强化监管，依法行政，大力提高无线电管理水平，圆满完成各项工作任务。全年无线电管理受理行政许可事项17起，审批超短波台站679个，微波链路台站292个，公网基站3026座；年检台站1171个、业余无线电台44个；核发换发电台执照4966个；监管台站43座。优化监测体系，完善技术设施，2个测向站选址与机房建设、4个小型站选址完成，12个小型站建成并实现辖县全覆盖。实施铁塔维护2次，监测网维护34次，各站点累计监测27555小时。2013年度频占费收缴完成，共收缴频占费116.33万元，涉及用户186家。2013年石家庄无线电管理局被省工业和信息化厅、省无线电管理局评为无线电管理先进单位。

【规范台站管理】 根据全国无线电

管理重点工作要求，开展台站规范化管理专项活动。制定出台频率台站审批，电台执照核、换发，台站数据录入、修改，台站日常监管等工作程序和流程，修改完善《行政许可服务窗口管理规定》和《无线电台（站）停用（撤销）工作程序》。清理B库台站801个，其中清理广播电台4座，校园广播电台1座，ETC台站27座，450–470MHz频段台站480个，模拟集群移动台162个，非标台站123个，未经型号核准台站4个。按照国家和省无线电管理局部署，开展广播、公网、专网检测，完成在用无线电发射设备检测任务，共检测广播电视设备34部、专业通信设备120部、公众通信基站设备432部。

【无线电管理宣传】 2013年9月，以“无线电频谱——稀缺的国家战略资源”为主题，开展无线电管理宣传月活动，在各类刊物、网站发布宣传文章300余篇次。将无线电管理宣传与社区文化汇演、法制宣传等活动相结合，在人多和群众聚集处发放宣传手册。利用举办第三届“无线电管理杯”篮球友谊赛冠名方式，增强全社会无线电管理法制观念。发挥媒体传播快、受众面广的特点，在电视、电台、报纸等新闻媒体广泛开展无线电管理宣传，连续第3年组织各县（市）广播电视台举办无线电管理公益宣传电视片制播评比活动，并在各县（市）电视台反复播出优秀宣传电视片，实现无线电管理知识走进千家万户，在全社会营造了遵守无线电管理法律法规、自觉维护空中电波秩序的良好氛围。

【无线电安全保障】 全年顺利完成人大和政协两会、党的十八届三中全会、高考、公务员考试、体育比赛等重大活动无线电安全保障任务。每次重大活动前，成立安全保障组织机构，制定无线电通信安全保障监测方案，实现无线电管理由被动管理走向主动管理。严格查处各类违章设台案件，全年开展行政执法检查31次，完成行政处罚案卷16卷，查处违章电台设备83台，没收非法电台设备12台，行政罚款12000元。2013年无线电管理保障考试13次，出动人员82人次，监测车辆27台次，监测设备27台套，监测考点72个。开展治理整顿非法出租车中继台专项行动，查处非法出租车中继台9部。

河北省石家庄无线电管理局
局　长：李长征
副局长：刘兰萍（女）
　　　　姚彬　（女）

（阎少文）

邮　政

【概况】 2013年，全市邮政系统提升经营管理水平，强化服务质量，严格成本管理，加大业务培训，调动积极因素，落实转型发展机制，较好完成上级下达各项任务。2013年市邮政局全员劳动生产率达到18.52万元，同比提高15.75%，实现职工收入、业务增长基本同步。年末全市邮政通信质量指标提升，资产规模位居河北省首位。扩大经营业务范围，市区90个报刊亭开办代收费、电动车充电、电影票、游戏点卡销售4项业务。推进邮政渠

2013年9月25日，市邮政局代表队在河北省邮政服务礼仪风采大赛中获得一等奖

道业务建设，建成市区标准示范店4处，三农服务站直营店90处，加盟店1113处，实施三农服务站直营店超市化改造85家。推进企业文化建设，举办庆“三八”女职工健康保健知识讲座、最美投递员书画摄影作品展、信息技术岗位技能比赛、职工礼仪风采大赛及互助医疗、困难帮扶、送温暖等活动，为“投递员之家”购买配置洗衣机和图书，增强职工归属感和企业凝聚力；开展健身操、乒乓球、羽毛球兴趣小组活动，满足职工业余文化生活需要。2013年市邮政局获评全国厂务公开民主管理先进单位；在河北省邮政服务礼仪大赛中，获得邮政服务礼仪展示一等奖，职工吕颉、王贺获得礼仪大赛最佳礼仪风范奖。

【经营管理】 优化人力资源配置，外包后勤服务类及非核心岗位人员75名；规范营业、投递、营销等邮政主业岗位计划外用工234名；择优招用B类合同用工259名、优秀应届毕业生20名。撤消合并原车站、北站邮电局，并将市区邮电局逐步发展成综合性经营平台。实施公开竞聘，市邮政局66名干部职工参加所辖邮电局、专业局和县局副职岗位竞聘活动。提高员工业务技能，全年举办培训班122期，参训人员8083人次，组织工种职业鉴定1669人。以业务发展需求为导向，以效益为中心，按照“优先安排生产性支出，压缩非生产性支出”原则，严控成本变动和费用管理。全年总成本费用增幅低于收入增幅0.02%，管理性费用比2012年下降19.51%。提高运行维护水平，更新电动自行车118辆，并采购88辆电动三轮车用于业务量较大投递段；业务信息处理畅通，每个投递站配备计算机至少2台；报废处理黄标车39辆；合并新乐市、行唐县邮电局，高邑县、元氏县邮电局金库，有效降低运行风险，减少了人员数量、优化了运行线路。

【业务渠道建设】 建成市区标准示范店4处。实施三农服务站直营店超市化改造85家，完成建设计划130.77%；实施三农服务站加盟店超市化改造966处，完成建设计划117.09%。提升社会效益和经济效益，全年市区4个邮政网点、31家A类便民服务站开办报刊零售业务；市区90个报刊亭开办代收费、电动车充电、电影票、游戏点卡销售4项业务。至2013年底，建成三农服务站直营店90处，加盟店1113处。其中，优质直营店90处，优质率100%；优质加盟店966处，优质率86.8%。开展便民服务站建设，新增A类便民服务站11家，年末全市达到115家，其中市区86家、县区29家；建成B类便民服务站4310个，行政村覆盖率达到88.65%，同比提高20.64%。

【提升服务质量】 加强信息技术系统建设，完善助农终端联网，实施信息联播网施工及金库联网工程，建设中心机房监控系统，为企业安全稳定运行提供可靠保障。开展7S现场管理活动，提高窗口人员节约意识和服务水平。向社会监督员寄发检查表1000套，发放用户意见征询函1万份。树立企业形象，积极参加“行风热线”和“阳光热线”活动。服务质量大幅提升，实现在集团公司、省公司零投诉。2013年在河北省首届邮政服务礼仪大赛和“亲情服务·善行河北”主题实践活动先进典型推荐评选活动中，市邮政局获得河北省邮政服务礼仪展示一等奖，长安邮电局邮政营业班获得“亲情服务·善行河北”主题实践活动先进集体称号。

【纪念邮票发行活动】 3月5日，中

2013年4月25日，举行《中华全国集邮联合会第七次代表大会》小型张暨秦皇古驿个性化邮票首发纪念活动揭幕仪式

国邮政发行《毛泽东“向雷锋同志学习”题词发表五十周年》纪念邮票，主要目的是弘扬雷锋精神，宣传互助之风、诚信之风、孝敬之风。同日，市邮政局在长安邮电局举办《毛泽东“向雷锋同志学习”题词发表五十周年》纪念邮票首发活动暨“学习雷锋 善行河北”寄语活动启动仪式。4月25日，市邮政局在井陉县东天门秦皇古驿道举行《中华全国集邮联合会第七次代表大会》小型张暨秦皇古驿个性化邮票首发纪念活动，主要目的是庆祝“中华全国集邮联合会第七次代表大会”胜利召开，同时祝贺井陉秦皇古驿道荣登国家名片。同日，市区长安邮电局也举办了该邮票首发纪念活动。

石家庄市邮政局

局　长：李兴收

副局长：张彦石　赵淑芳

惠志林（11月任）

（王健　魏晓明）

电　信

【概况】 2013年，全市电信企业贯彻落实河北省公司决策部署，积极开展“转型发展年”活动。以存量、流量、集团客户为抓手，推动经营转型。全年中国移动石家庄分公司（简称移动公司）新发展客户300多万，实现客户规模稳步增长。开展“开源节流促发展”主题活动，建立“顶层设计、中层支撑、基层落实”三层级降本增效、综合效益评价体系。实施“流程管理体系构建项目”，实现省市移动公司流程体系顺利对接，共优化流程60余个。深化运行监控机制建设，加强招投标、大额采购项目审批会签，有效防范资金风险，降低企业成本。实施营业网点改造，1个自营厅超市化改造、212个自营厅终端环境改造、160台自助缴费机银联刷卡改造升级完成。加强网络建设，新建开通一批基站、传输线路、传输汇聚机房；大力发展4G网络，新建TD-LTE基站800多个，网络支撑能力稳步增强。2013年中国联通石家庄市分公司（简称联通公司）围绕服务市场、服务客户目标，狠抓营销管理、客户服务和网络建设，各项经营指标显著提升，企业综合实力大幅增强。全年联通公司新建移动站址251个，扩容基站279个，在二三类校园、3A景区、乡镇、高等级干线覆盖率均达100%。加大网络优化力度，强化移动网络资源调配，细化拆闲补忙，降低拥塞次数。规范产品创新过程管理，建立需求分析、技术交流、产品规划、软硬件选择、产品验收等全过程管控措施，完成东开发区、金石工业园、鹿泉IDC机房建设和核心设备扩容，与奇艺、阿里巴巴、搜狐、汽车之家等重点客户达成合作意向。2013年中国联通石家庄市分公司被国家安监局、全国总工会授予“全国安康杯竞赛优胜企业”。

中国移动通信集团石家庄分公司

【启用全新商业主品牌“和”】 12月18日，中国移动通信集团公司正式对外发布全新商业主品牌和新标识，作为未来中国移动公司全业务品牌代表，并将新商业主品牌起名为“和”。2G时代，中国移动公司针对不同用户群体推出家喻户晓的“全球通”、“动感地带”、“神州行”三大品牌。进入3G时代，为宣传TD-SCDMA，中国移动公司推出一个“G3”标志，不作为一个专有品牌存在。新品牌“和”发布后，中国移动开始逐步弱化原“全球通”、“动感地带”、“神州行”三大品牌，最终实现三大品牌融入资费体系业务。

【营销业务】 以客户和收入为核心，以存量、流量、集团客户为抓手，持续推动经营转型。全年移动公司新发展客户300多万，实现客户规模稳步增长。根据网上营业厅业务发展，关闭部分业务重叠区域营业服务大厅。实施营业厅环境改造，1个自营厅超市化改造、212个自营厅终端销售环境改造完成。流量经营进入常态化，流量价值大幅提升，成为业务收入增长主要驱动力。启动融合宽带业务，客户数、具备装机条件小区均实现突破。深化发展集团客户市场，推动集团客户市场管理组织扁平化、集中化，服务质量实现精细化、专业化。

【网络建设】 围绕打造省会“精品网络”核心目标，以市场发展和客户感知为导向，按照四网协同发展思路，推进规划、建设、运维、优化工作，有效提升网络能力和网络质量，夯实了生产经营基础。完成10多项重点工程建设，新建和开通一批基站、传输线路、传输汇聚机房。启动TD-LTE网络建设，全年建设开通TD-LTE基站800多个，增强了网络基础支撑能力。提高网络运行质量，制定“问题清理、专项提升、全面强化”三步走优化原则，实施网络维护和优化配置。以“打造绿色、安全网络”为目标，保护广大客户合法权益，构建绿色健康网络环境，开展不良信息治理。实施铁塔安全提升项目，组织铁塔质量检查553个，整改项目问题674条。提高网络运行速度和稳定性，将县级移动公司中心营业网由单传输升级为双百兆链路。严格施行上线安全准入管理系统，有效解决杀毒软件安装覆盖率、USB存储使用控制、内外网混连管控等问题。引入自助设备监控管理平台，实现自助设备实时监控和故障报警。完成160台自助缴费机银联刷卡改造升级，排队叫号系统实现VIP客户优先。

【客户服务】 落实“客户为根、服务为本”理念，从客户需求出发，积极打造“主动服务”品牌，深化服务协同，强化服务支撑，提升服务质量和管理水平。树立“大服务”和“大团队”服务投诉管理理念，建立横、纵服务考核制度，提升投诉处理及管控能力。建立“虚拟班长俱乐部”，增强一线管理者互动与交流。提升营业厅客户维系能力，制定营业厅熟客招募及维系等管理办法，2013年累计招募熟客2.4万人。打造“优服务”品牌，开展“秀出你的服务明星范儿”系列评优活动、客户接待日、流量客户和集团客户座谈会活动，了解客户需求，提升窗口服务能力和质量。

中国移动通信集团
河北有限公司石家庄分公司
总经理、党委书记：贾东启
副总经理、党委副书记：
柴晓冰
副总经理：吉雨顺　郭新
冯亮

（韩容）

中国联合网络通信有限公司石家庄市分公司

【业务营销】 推进3G跨越式发展，抓住移动业务整体转网及行业应用，提升销售执行效果。拓展集团客户市场，重点聚焦金融、政府、龙头企业、行业协会等领域，采取“走进去、请出来”的演示方式向客户推广和认知联通3G业务。利用总部营销模式，重点突破名单制客户中机构设置单位，促进整体转网。百强企业按照区域划分认领，实施整体转网营销。参与市场竞争，开展“首季开门红”、“约惠春天”、“腾飞行动”、“破冰行动”、“百团大战”等系列专项营销活动，并结合“亮品牌 树形象”、“480”等服务提升工作美誉度，确保了联通公司宽带在速度、价格、质量、服务等方面具备差异化竞争优势，实现宽带业务稳步增长。以高激励为动力，向高价值客户、高品质关键人、高业绩客户经理倾斜，整合业务资源，推动营销业务快速发展，突破规模，建立高效率、高业绩、高满意度的集团校园客户运营体系。

【公司改革】 适应联通公司快速发展的新形势，推进企业文化、体制机制、运营模式等向新市场环境靠拢，实现新的“蜕变”。实施公司改革，完善职工代表参政议政机制，实行职工代表列席总经理办公会议制度，参与公司决策。落实“小机关、强支撑、大市场”组织模式，整合建立集客、销售、产创、电子商务、导航等专业体系。优化人力资源配置，提高人力资源核心竞争力和工作效能，开展固本强基、支援一线活动，实施“结构优化”、“多元激励”、“卓越人才”三大工程。改革营销手段，开展“体验式”营销，在互动中培育客户，完成传统“业务受理＋业务推销”模式向顾问式营销、体验式营销、咨询式服务“服务营销一体化”模式转变，并在各营业厅设立专人指导客户下载安装热门应用程序，培养客户流量使用习惯；探索校园营销新模式，实现常态化营销活动。

【客户服务】 实施“亮品牌 树形象”行动，落实“限时装机、限时移机、限时修障”三限时承诺。规范服务行为，打造通信行业社区经理入户标杆服务，推出社区经理入户服务4个“四”制度，即职业素养四规范、上门物料四齐全、入户服务四到位、服务时限四及时。发展新型媒体平台，建成中国联通石家庄客服官方微博，采取线上线下互动形式，向客户宣传公司政策，引导客户消费习惯，及时解决客户咨询和投诉。至2013年底，联通公司网上粉丝量接近3万人。建立宽带专家网站，实行7×24小时在线服务。提供集在线测速、远程指导、在线营销、障碍申告、密码修改、明细查询、社区交流等服务功能，形成便捷、统一的一体化服务营销模式。开展“青年志愿者行动”、“青年文明号”创建活动，发挥共青团组织在服务客户、服务用户方面的带动作用。

中国联合网络通信有限公司
石家庄市分公司

总经理、党委书记：许杰
副总经理、党委副书记、
纪委书记：武文柱
副总经理：郝琳　张国东
　　　　　慈志勇　李霞
　　　　　何伟

（梁彬）

国内外贸易·旅游

国内外贸易·旅游

商贸流通

【概况】 2013年，全市社会消费品零售总额完成1972.35亿元，同比增长3.0%。其中，城镇社会消费品零售总额同比增长13.9%；乡村社会消费品零售总额同比增长13.6%。2013年全市限额以上批发和零售企业（单位）商品零售额增长较快，粮油食品饮料烟酒类同比增长18.4%；服装鞋帽针纺织品类增长16.7%；日用品类增长13.0%；家用电器及音像器材类增长8.7%；中西药品类增长34.4%；石油及制品类增长10.6%；汽车类增长13.1%。结合商业特征及发展需求，重点抓好市场资源整合和改造提升，完善交通、仓储物流等基础设施。高起点新建工业消费品和生产资料专业市场，新增商贸企业116家，是历史上增加最多、发展最快的一年。至2013年底，全市共有各类商品交易市场756个，年交易额近2000亿元。其中，年成交额超亿元市场达到60个；市区营业面积超15万平方米大型商业综合体7家、1万平方米左右大型超市45家；国家钻石级酒家酒店13家。建立和完善农村流通体系，推进“千镇连锁超市万村便利店”工程，加快建设农村现代流通网络，提高农村终端消费组织化程度。统筹城乡流通业发展，支持城市商业向农村市场延伸和辐射。构建新型农产品营销网络，发展以农产品物流配送中心和农产品生鲜连锁超市为代表的新型农产品流通方式。年末“万村千乡”农家店总数达到3776个，覆盖乡镇100%、行政村87%。推进城市商业中心建设，引导百货商场提升经营档次、规模和服务水平，完善服务功能。增强市级商业中心辐射力，加快推进区级商业中心商业设施建设和商业氛围形成，促进现代商务与商业服务互动发展。2013年市区总投资1300亿元45个重点商贸项目完成投资368.9亿元，其中，中银金融广场、勒泰中心等11个项目竣工，中储红星美凯龙家居生活广场、林荫大院等10个项目开工。各县（市）区结合区域商业发展实际，明确商业中心空间布局、功能定位和层次结构，促进商业中心集聚发展。年末总投资110亿元县域43个商贸重点项目中13个竣工，7个开工在建。加快流通企业信息化建设步伐，促进电子商务网站、网络服务公司、商品交易市场网站发展。规范和改善电子商务企业商品配送行为，提高物流服务准确性和及时性。鼓励流通企业以店铺为依托，建立面向城乡居民消费的电子商务平台。引进慧聪网、新华数码、集群E家等省内外知名电商企业20家。2013年全市电子商务产业累计完成主营业务收入2100亿元，同比增长27%。大力发展会展业，全年组织举办规模大、影响力强的会展活动93个，同比增长22.4%。5月16～19日，由河北省政府与台湾贸易中心主办，省贸易促进会、石家庄市政府、省政府台湾事务办公室、省商务厅承办的2013河北（石家庄）台湾名品博览会在石家庄国际博览中心举行，共有180家台湾企业、700余名台商参展。9月15日至10月31日，市商业联合会组织举办2013石家庄第五届购物节，主题为“创新消费方式 惠及民生幸福”。

（陈杰）

【发布《沿三环建设大型商贸服务业项目规划》】 7月19日，市商务局发布《沿三环建设大型商贸服务业项目规划》，功能定位为：城市商业综合体项目，围绕建设华北重要的商贸服务业基地，适应发展500万人口省会城市和冀中南中心城市需要，规划建设一批大型城市综合体、购物中心、大卖场，拓展城市空间，完善省会商贸服务功能。大型农产品现代流通项目，围绕建设首都经济圈重要的绿色农产品基地，规划建设大型现代化农产品批发市场、农产品加工配送中心等农产品现代流通项目，形成服务省会农产品生产和消费，辐射华北乃至全国的农产品现代流通中心。发展生产性服务业项目，围绕建设华北重要的生产性服务业基地，规划建设一批大型物流园区和生产资料市场，承接二环路以内钢材建材、机电、汽车、再生资源等生产资料市场向市外转移。发展新型服务业园区，围绕大力发展新型服务业，规划建设会展、文化、创意、创业园区，发挥集聚效应，促进新型服务业企业和服务要素向园区、基地集中。

（焦莉莉）

【打造夜经济】 7月22日，市政府下发《石家庄市2013年夜经济建设工作方案》（简称《方案》）。该《方案》内容主要包括：2013年石家庄市夜经济建设按照“巩固、提升、创新”的思路，集中打造一批夜经济标志性品牌，形成集群效应。打造十大工程，分别是特色街区建设、亲水休闲区域建设、综合体夜场拓展、系列品牌活动、县域夜经济建设、商贸服务企业延时营业、重点区域夜景亮化提升、重点商圈服务功能完善、都市夜间休闲、夜经济形象宣传。打造一轴（中山路：维明街至体育大街段）两区（广安大街夜经济核心区、旧火车站夜经济核心区）为核心的城市夜经济聚集区，引导夜经济向县域延伸，增强省会夜经济的吸引力、美誉度和辐射力。形成10条特色街区。特色商业街以“突出重点、打造精品”为目标，做到一街一特色，形成10条涵盖购物、休闲、娱乐、餐饮等不同功能，风格各异、环境优美、配套完善、品质一流的特色街区。依托勒泰中心打造全省首家集台湾美食、特色产品为一体的高档次台湾特色街；加快勒泰庄里街、万达金街、育新特色商业街3条街区建设和招商入驻进度。推动联邦明珠国际商业街、石门1925特色商街、广安街中心线商业街、东风路华夏服装街、闽江道饮食文化街、新石中路夜市等已建成特色街区完善业态、提升配套设施、规范管理，促进提档升级；推进北城国际特色美食街建设，民生路历史文化街经营定位和招商入驻，谈固东街儿童用品街区按照城市规划开展建设。建设精品亲水休闲景点。围绕滹沱河、太平河、民心河、环城水系，推进“亲水、旅游、休闲、健身”系列项目建设，形成省会综合性亲水休闲夜经济品牌。集中打造滹沱河旅游休闲景区，加强沿线基础设施完善、重点区域亮化美化，推进叶子广场主题餐厅和休闲酒吧、黄金海岸沙滩等建设；加快滹沱河5号水面沿岸房车露营地建设。打造10家左右集“购物、休闲、娱乐、餐饮、康体”等功能于一体的高档次、地标级城市综合体。推进勒泰中心品牌餐饮、景观亮化、业态完善建设，打造具有国际品质的全天候、全方位、浓缩城市未来繁荣的新地标；推进先天下、万象天成、北国东尚、乐汇城、万达广场5个商业综合体设施改造、夜景亮化升级、业态完善、服务提升，打造集购物、餐饮、休闲、赏景等多功能为一体的一站式城市商业综合体；推进祥云国际、苏宁广场、华强广场等在建商业综合体建设。培育一批影响大、效果明显、社会反映良好的品牌活动，形成常态化。依托滹沱河房车露营地项目，开展房车巡展活动，组织全国各地房车到石家庄进行会展、巡游，打造省会房车露营地品牌；联合啤酒品牌，开展啤酒大赛、花车巡游、限时免费、文化演出等啤酒节活动；通过摄影、视频、征文、宣传片等形式，组织“聚焦夜经济活动”，集中反映夜经济建设成果，宣传夜经济变化；举办购物节、青年星光文化演出、太极之夜、小吃美食节、嘉禾音乐啤酒节等系列活动，丰富市民夜生活。引导县域夜经济发展。以正定县、鹿泉市、栾城县、藁城市四组团县（市）为重点，引导县域夜经济发展。至2013年末，争取10家以上县（市）区开展夜经济建设。四组团县（市）各自建设1～2个特色突出、运作规范的夜经济项目，组织举办正定古城文化体验游、鹿泉特色餐饮山水游、栾城农业体验休闲游、藁城温泉养生休闲游等。其他县（市）区根据自身实际，以县城或旅游景点为重点，推动县域夜经济发展，实现一县一项目，促进城乡和谐发展。规范“农家乐”经营，提升服务功能，引导市民周末假日出城下乡，住农家院、体验农家生活，实现城乡互动。完善公交配套、治安管理、夜间停车等商圈服务功能，增加文化、娱乐、旅游、健身等休闲元素。打造新百—东购、北国—先天下两个中心商圈成为华北区域乃至在全国具有影响力的城市夜间休闲消费核心地带；

加强8个区域性商圈（联邦、怀特、西美、华夏、益友、益元、建华、新城）建设，方便市民夜间就近休闲消费，优化城市商业布局结构。以益元商圈为重点，利用益元百货门前广场、水上公园烟雨楼等场地，开展各种夜间文化演出、休闲娱乐活动，打造区域性社区商业中心；推进新火车站商圈建设，完善基础设施和业态布局，提升服务功能。推进夜间文体休闲。利用西部自然山水，以鹿泉市常河村座虎山为重点，高标准建设“农家乐”，开设石磨、菜地、采摘、锄地等体验项目；引进蒙古、新疆等民族风情及非洲歌舞表演等项目，改变传统休闲旅游方式，打造全新体验式休闲场所。万象天成下沉广场引进国内外等具有异域风情的歌舞，晚上进行免费开放表演，形成夜间广场演出品牌；省会文化广场、旧火车站广场两个大型广场组织举办大型夜间文化娱乐活动；联邦明珠、石门1925、万象天成、洪顺曲艺社、勒泰红太阳、水上公园文化广场、长安公园、西清公园、星辰广场、平安健康家园10家夜间休闲场所定期开展夜间文化演出群众性健身娱乐、讲座展览等活动。做好“一路两街”、8个商圈、滹沱河休闲区域的亮化工作，形成点线结合、多层次、立体化、绚丽多彩的城市夜景氛围。

石家庄夜经济始于2011年，主要围绕食、购、游、娱4个方面打造夜经济品牌项目，鼓励和推动百货、餐饮、电器、健身等商贸服务企业延时营业。至2013年底，石家庄市围绕夜经济建设新建规范了联邦明珠国际商业街、育新路特色商业街、梅山路步行街、民生路历史文化长廊、勒泰庄里街等17条特色商业街区；新建提升了勒泰中心、乐汇城、金正海悦天地、万达广场、万象天成、北国先天下、东尚青年城等8家商业综合体；新安装中山路、友谊大街、平安大街、体育大街等部分路段夜景亮化照明设施，并对中山路、裕华路沿线以及部分夜间休闲场所楼宇实施提档升级；新建完善了滹沱河沿岸叶子广场、金沙滩、子龙大桥、房车露营地等夜间旅游休闲场所；丰富了夜间购物、文化、体育、休闲活动，营造了财政增税、企业增利，市民更幸福、社会更和谐的可喜局面。2013年石家庄城市夜经济在地铁施工等不利因素影响下，消费持续增长，4月15日至10月31日每日20：00～22：30夜经济期间，52家延时营业企业实现夜间销售19.7亿元，同比增长37.6%，占全天营业收入19.3%。

（焦莉莉）

【春节零售业餐饮业销售5.69亿元】 根据市商务局监测，2月8～14日（农历腊月廿八至正月初五），北人集团、银座东购、家乐福保龙仓、建华商场、苏宁电器、国美电器、国大连锁、永辉超市、天客隆9家大型商业零售企业和饮食集团、渝乡辣婆婆、海星餐饮、保定会馆、世纪大酒店、国际大厦酒店6家餐饮企业实现销售收入共计5.69亿元，同比增长19.1%。其中，北人集团、银座东购、家乐福保龙仓、建华商场、苏宁电器、国美电器、国大连锁、永辉超市、天客隆9家大型商业零售企业实现销售收入55707.2万元，同比增长19.4%。北人集团、银座东购、建华商场3家企业所属的14家百货商场实现销售额32106万元，同比增长23.6%；北国超市、家乐福保龙仓、永辉超市、天客隆4家企业所属的37家超市实现销售额19850.3万元，同比增长15.4%；北国、苏宁、国美3家企业所属的43家电器门店实现销售额2989.4万元，同比增长9.6%；国大连锁所属300多家门店销售761.5万元，同比增长2.3%。

（吴温）

【“十一”黄金周16家商贸企业收入10.52亿元】 2013年国庆节“十一”黄金周期间(9月30日至10月6日)，石家庄北人集团、银座商城东购店、家乐福保龙仓、建华商场、永辉超市、华润万家、天客隆、国大连锁、苏宁电器、国美电器等10家大型商贸零售企业和饮食集团、保定会馆、辣婆婆、海星餐饮、国大酒店、世纪大饭店等6家餐饮企业共实现销售收入10.52亿元，比2012年同期增长14.5%。其中，北国电器、苏宁电器、国美电器所属41家电器专业店销售收入3.46亿元，同比增长22%；北国商城、东购、建华等15家百货店销售收入5.2亿元，同比增长13.7%；国大连锁所属300余家便利店销售收入近800万元，同比增长11.3%。北国超市、家乐福保龙仓、永辉超市、天客隆超市所属32家大型综合超市销售收入1.68亿元，同比增长5%。

（焦莉莉）

【5600吨市级储备菜投放市场】

2012年11月，河北省商务厅、财政厅、发改委联合启动省级冬春蔬菜储备入储工作。石家庄市积极落实该项政策，建立7500吨冬春蔬菜储备规模，储备期为2012年12月1日至2013年3月31日。2012年12月起，全市七成以上生活必需品价格保持上涨趋势，其中蔬菜价格居高不下，平均批发价格从2012年底的3.69元／千克，涨至4.91元／千克（2013年1月21～27日）。2月1日，市政府发出《关于保障近期蔬菜市场供应和价格基本稳定的紧急通知》，通知要求，从2月2日起，全市动用市级肉菜储备，以低于市场价10%～15%的价格，投放大白菜、圆白菜、土豆、洋葱、胡萝卜5种冬春储备菜5600吨（700吨／天）；以每千克低于市场1元的价格，投放生猪肉600吨。投放时间2月2日至2月9日（农历腊月二十九）。石家庄市参与此次冬春蔬菜储备共2家公司，即河北保龙仓农业开发有限公司、深泽县通达果品蔬菜仓储有限公司，负责投放大型超市为家乐福保龙仓超市、北国超市。

（吴温）

【服务外包业】 抓住京津（北京市、天津市）辐射外溢机遇，拓展市场，重点吸引以北京为主的服务业企业和项目入驻。出台政策引导，扶持服务外包产业发展。培养专业人才，通过河北省服务外包人才培养与培训基地建设，引入国家服务外包人才培养课程体系。全年洽谈引进服务外包项目40余个，其中IT服务外包基地、医药研发外包基地、河北省服务外包人才培训基地项目包等27个项目在第九届石家庄投资合作洽谈会上签约，总投资110.35亿元。至2013年末，全市服务外包企业由2011年的29家发展到265家。采取1+N（服务外包开发区＋多个园区、基地）模式，以服务外包开发区为中心，引导市内五区和四组团县（市）避免同质化竞争，实现错位发展。2013年石家庄市服务外包合同额达到1.83亿美元，同比增长55.3%；离岸外包合同执行额730.35万美元，同比增长98.6%。

（陈杰）

【23个服务外包项目获得河北省专项资金222.23万元】 2013年经河北省财政厅、商务厅评审，石家庄市23个项目获得2013年河北省服务外包专项资金222.23万元，总量位居全省第一，占全省32.68%。23个项目由19家服务外包企业申报。其中，公共服务平台类项目5个，获得资金96.33万元；国际资质类项目8个，获得资金74万元；人才补贴类项目10个，获得资金51.9万元。按照河北省规定，省级公共服务平台类项目，给予不超过建设总投资额50%的资金支持；为省级服务外包示范园区、产业基地、培训基地提供技术服务、公共信息服务和公共培训服务的技术平台项目，给予不超过建设总投资额50%的资金支持，单个项目支持额度最多不超过50万元。服务外包企业取得相关认证及认证的系列维护、升级，每个企业每年最多申报3个认证项目，每个项目给予不超过10万元资金支持。服务外包培训机构所培训的服务外包业务人才（大专以上学历），通过服务外包业务知识和专业技能考核，并与服务外包企业签订1年（含）以上劳动合同，给予培训机构每人不超过200元定额培训支持。

（焦莉莉）

【第六届中国·石家庄正定国际小商品博览会】 4月26～28日，第六届中国·石家庄（正定）国际小商品博览会（简称正博会）在正定县开幕，30多个国家和地区团体参展采购。省委常委、市委书记孙瑞彬，市长王亮等省市领导及中国商业联合会会长张志刚，河北省商业联合会会长谭洪生，台湾吉鸿实业股份有限公司董事长阙建仁，美国华侨联合总会常务副主席、美国CAC国际集团董事局主席张岩，北京、天津、邢台、太原等市行业协会和商会领导，欧美工商会、比中友好贸易促进会、荷中友好协会等行业协会、侨联和侨商会代表，以及美国、荷兰、加拿大、俄罗斯、澳大利亚、乌干达等30多个国家和地区的友好城市、商家和协会代表出席开幕式，美国奥泰科技、加拿大摩根中国、澳大利亚镜报传媒、杉杉集团等国内外知名企业代表参加展会。本届正博会由河北省政府和中国商业联合会主办，石家庄市政府、河北省商务厅承办，主题为“融合商机、彰显魅力、协作发展、互动共赢”。正博会设1个主展馆4个分展馆，共有标准展位1500个，其中市场化运作展位900个，占到总展位数的60%，涵盖了东盟、台湾特色商品、名优食品、各类小商品、服装服饰、红木家具、建筑陶瓷等。展会期间，安排了经贸洽谈、合作项目签约、投资合作恳谈、商品展示展销、精选展品专题推介等专题活动。正博会首日11个项目达成合资、合作意向，并举行集中签约仪式。其中，总投资数额最大的为正定县生态产业园管委会与石家庄市电商谷投资有限公司合作的“电商谷项目”，总投资30亿元；总投资12亿元的有2个，分别为石家庄纺织基地与香港新世纪有限公司合作的“年产十万吨饮料和15亿套易拉罐项目”，以及正定县新安镇政府与广州市龙树门业有限公司合作的“防盗门研发与生产基地项目”。另有，河北商贸物流产业聚集区与森通木业有限公司、广东林安物流集团三方合作，筹建林安物流园项目；正定现代服务产业园区管委会与北京居正伟业科技有限公司合作河北现代流通金融结算公共服务平台项目；正定县塔元庄村委会分别与河北慧聪电子商务有限公司、河北天一蔬菜加工有限公司合作电子商务产业园项目及绿色豆芽生产线项目，2项总投资为1.3亿元；正定新安镇政府投资2亿元，与四川宜宾红楼梦酒业股份有限公司合作河北红楼梦水业有限公司项目。正博会期间，还举办了河北（石家庄）·长三角投资合作对接会，采取一对一项目洽谈与对接形式，27家浙江省商会、企业与石家庄市企业、开发区洽谈交流；召开了2013中国会展创新与发展研讨会，来自北京市、浙江省等国内知名会展组织聚集一起，就如何创新办会形式、内容、理念以及做好招商招展、活动组织等建言献策。本届正博会实现综合经济效益129.36亿元，同比增长10.2%。共有92名侨商应邀参加，为历年来参会侨商最多，参展规模最大的一次。92名侨商中，采购商50人，参展商42人，分别来自美国、加拿大、法国等9个国家和地区，涉及国际贸易、电子电器、医药化工、服装纺织、玉器珠宝、饰品工艺品、家居用品和特色食品等多个领域。2013年8月，在上海市举办的2013中国国际会展产业论坛上，中国·石家庄（正定）国际小商品博览会获得“中国十大优秀专业展览会”称号。

（吴温　戴丽丽　苏卉卉　李书欣）

【首届河北茶文化博览交易会】 6月13～16日，2013首届河北茶文化博览交易会（简称茶博会）在石家庄国际博览中心举行。此届茶博会展览、交易成果丰硕，累计参观人数突破12万人次，现场成交额6000余万元；达成合作意向126项，意向合同金额1.2亿元。茶博会展览和交易品种丰富多样，除各类茶叶，还有茶台、茶具、印刷包装、雕刻制品等茶文化产品。参展茶商主要来自河南、四川、云南、湖南、安徽等省及台湾地区，石家庄吉祥茶业在国际博览中心参展展位较大。石家庄市不是茶叶生产地，但茶叶消费市场旺盛，形成怀特古文化茶城、正定北方茶城、福建茶城、新华茶城、乐模茶城、南三条茶叶批发市场、华夏茶城、中储茶城、佳农茶城等在内12个专业市场、70多家专业茶馆，年消费茶叶约1000吨，消费额约12亿元。随着石家庄人生活水平提高和健康生活观念普及，茶叶实现了由喝向吃、用、观、赏等多功能化转变，茶保健品、茶枕、茶食品、茶饮料受到人们的青睐，爱茶、品茶成为市民一种调节身心的生活方式。

（吴温）

【第六届中国·石家庄（正定）北方茶博览会】 9月5～8日，2013中国·石家庄（正定）北方茶博览会（也称第六届北方茶博览会）在正定国际小商品市场中心广场举行。北方茶博览会是依托正定国际小商品城打造的一个国际性茶产品贸易、茶文化交流品牌盛会。自2008年起，已举办五届，在全国茶行业具有较高的知名度和影响力，正定县因此成为中国北方重要的茶叶交易集散地，南茶北销的枢纽，连接茶叶生产和销售的重要通道和茶事活动的重要基地。2013中国·石家庄（正定）北方茶博览会由石家庄市政府、中国茶叶流通协会和中国国际茶文化研究会联合主办，正定县政府承办。本届茶博会展览总面积1.5万平方米，特装展位30个，北方茶城内展位300个，共有来自浙江省、云南省、湖南省等重点产茶省的200多家茶企组团参展，展出国内外知名品牌商品达到98%以上，产品涵盖茶叶、茶具、茶食品和茶工艺品等。茶博会期间，现场每天有茶艺表演和茶道展示，体现出以茶传情、以茶会友、以茶创造新文化的生活文化时尚。第六届北方茶博览会接待采购商和品茶者15万人次，现场交易额360万元，为历届新高；签订订单或合约210多份，金额5200多万元。

【第47届城市购物节】 11月15～26日，由石家庄广播电视台、市商业联合会共同主办的“2013石家庄第47届城市购物节暨秋冬服装皮草皮具家居家纺大型展销会”在石家庄市老火车站大厅举行。主题为“欢乐购物、品质生活、促进消费、助益民生”。展销会设置购物板块18个:服装服饰、裘皮皮具、外贸休闲、家居家纺、羊毛羊绒衫、绿色农产品、中老年用品、热销网货、文化商品、特色新品、休闲美食、茶业茶具、珠宝首饰、美容美发、日用百货、粤港时尚、海派商品、养生保健。“城市购物节”是全国性品牌展销会，此次是首次在石家庄市举行。

【入选全国城市共同配送试点】 2013年9月，经国家财政部、商务部审定，包括石家庄在内15个城市入选全国城市共同配送试点城市。城市共同配送是在城市范围内，涵盖商业流通企业、生产加工企业和物流配送等企业，面向城市，以商业活动、居民生活和都市工业等行业为主要服务对象，通过各种合作方式，对配送资源进行整合和规划，共同针对城市某一区域多个用户的要求，统筹安排配送时间、次数、路线和货物质量，提供多功能增值服务。按照2013年3月国家财政部、商务部联合下发的《关于组织申报城市共同配送试点的通知》政策，中央财政连续3年给予试点城市资金支持，2013年石家庄市获得资金支持4000万元。

（焦莉莉）

【电子商务】 推进国家电子商务示范基地建设，吸引了慧聪网、集群E家、新华数码等20家知名电商企业入驻，形成以示范基地为中心的“1+N”（基地+聚集区）电子商务发展模式。依托优势产业，重点建设一批大型电子商务产业公共服务平台，主要涉及医药、钢铁、皮革、家具、外包、物流等行业，解决了单个企业技术、资金、人才等方面发展瓶颈，加快了制造业转型升级，促进制造业向上下游服务环节延伸，提升了产业附加值。谋划启动建设商务云大数据中心，融合云计算和超算平台于一体，为电子商务示范基地相关业务提供服务，为战略性新兴产业和电商中小企业提供技术支撑。围绕国家电子商务示范基地建设，在第九届石家庄投资合作洽谈会上向家居电商示范中心（米氏家居）、农产品流通示范中心（慧聪网塔元庄基地）、零售业态示范中心（万象天成购物中心）、批发业态示范中心（塔坛国际商贸城）、小商品电商示范中心（正定金河集团）、电商总部示范中心（天山集团）、建陶电商示范中心（高邑县）7个专业电子商务示范分基地（产业园）授牌并促成与投资商签约。4项电子商务项目通过验收。2013年石家庄市惠世电子商务有限公司、石家庄金土地农业信息有限公司、石家庄盛世金河市场管理有限公司、河北顺时针网络科技有限公司4家电子商务交易平台企业项目通过河北省商务厅、财政厅联合验收。4家电子商务企业共获得河北省支持资金234万元。其中，获得支持资金的企业比2012年增加1家；获得支持资金总量比2012年增加84万元。2013年北国电子商务有限公司获评国家级电子商务示范企业；石家庄惠世电子商务有限公司（社区惠民店）、河北国大连锁商业有限公司（36524生活服务网）、河北钢铁交易中心3家企业获评省级电子商务示范企业。至2013年底，全市电子商务交易额突破2100亿元,同比增长27%。其中，网络购物突破255亿元，位列全省各地市首位。

（陈杰）

【中国家具板材网商务交易平台开通运行】 正定家具板材是河北省政府确定的“十二五”重点支持县域特色产业。按照河北省加快发展电子商务工作部署，正定县依托家具板材传统产业优势，帮助企业创办专业网站、搭建电子商务平台，改变了传统的市场营销方式。4月27日，总投资510万元，由石家庄盛世金河市场管理有限公司创办的“中国家具板材网”建成并开通试运营。该网站具备信息发布、产品推介、在线交易、资金结算、商业资讯、人才招聘、名企推荐等服务功能，首批会员150余家。2013年下半年，“中国家具板材网”电子商务交易平台项目通过河北省商务厅、财政厅审核验收，给予以奖代补专项支持资金50万元。

（焦莉莉）

【河北省首家电子商务产业园落户正定县】 9月25日，河北省首家电子商务产业园——慧聪电子商务产业园在石家庄正定县塔元庄举行挂牌仪式，并正式投入运营。慧聪电子商务产业园是河北首家投入使用的电子商务产业园，也是正定县重点招商引资项目，一期工程投资资金5亿元。该园区围绕河北省电子商务“十百千工程”，以打造区域特色产业和农产品电子商务交易平台为核心，发挥互联网、物联网、计算机软件等高新技术优势，整合技术创新、软件研发、金融服务、教育培训等资源，完成并启动服务中心、展示中心、交易中心、孵化中心、创业中心、培训中心六大设施板块。慧聪网是国内领先的B2B电子商务平台服务商，2003年在香港上市，至2013年底，拥有注册用户1500万，买家资源1300万，覆盖行业70余个。

【便民商业服务】 开展“便利消费进社区，便民服务进家庭”双进工程建设，年末55家社区达到“河北省商业示范社区”标准，其中8家达到国家标准。推进早餐工程，2013年全市早餐网点达到300多个，早餐车稳定在400辆左右。率先在全国提出惠民鲜活农产品流通体系建设和管理办法，有效解决生活必需品流通环节多、占场费贵、推高物价问题，2012～2013年石家庄市区建成100家社区惠民店全部投入使用。主城区建设60个标准化菜市场完成，总投资2.53亿元，新增营业面积12.9万平方米，安置就业1.1万人。年末市区6家大型连锁超市39家门店长期合作农村合作组织达到331家，农超（农村合作组织、超市）对接专区面积达到2.8万平方米。

【流通市场监管】 完善畜禽屠宰和酒类监管责任制、畜禽定点屠宰和酒类流通问题企业退出机制、风险预警应急处置机制等食品销售安全制度，落实重点对象实行重点监控措施，严厉打击私屠滥宰、生产注水肉、病害肉及制售假冒伪劣酒等违法行为。稳妥推进商务综合执法机构改革，市级和10个重点县（市）“12312”商务举报投诉系统建设完成。按照品种可增加、范围可扩大、节点可前移、平台可提升要求，统筹规划、分阶段实施，基本形成全国第二批肉菜流通可追溯体系建设架构（石家庄市是全国10个试点城市之一）。建立市场运行网络监测系统，完善生活必需品应急预案和应急商品投放网络。落实猪肉、冬春蔬菜等商品储备，确保市场供应和市场稳定。2013年全国CPI普遍走高情况下，石家庄市主要农副产品平均价格保持低于全国平均水平4个百分点以上。

（陈杰）

【4家企业获评国家级商业信用企业】 2013年上半年，由中国商业联合会主办，全国信用工作委员会、商业信用中心、中国商业联合会商务咨询有限公司协办的“2013年全国商业信用大会暨2012年度信用企业评价结果发布会”召开。在此次会议上，石家庄市4家企业获得“全国AAA级商业信用企业”称号，分别是石家庄天元发展有限公司、河北国大连锁商业有限公司、石家庄太和电子城、河北天元名品有限公司。

（吴温）

【百盛撤离石家庄商圈】 8月31日，位于“万象天成”的“石家庄百盛”正式闭店。此次撤离原因，“石家庄百盛”解释是“发展战略调整”。百盛入驻石家庄4年多，主要购物群体多是居住在商场周边的市民，或是到“万象天成”看电影、喝咖啡、就餐的消费者，经营一直不好不坏。这次是百盛第二次“出走”石家庄。1995年首次入驻石家庄的百盛定位“相对高端”人群，引进了欧珀莱、贝纳通等石家庄人还很陌生的品牌，并在五楼开了一家超市，让石家庄人感到非常新鲜。1998年，百盛因治理结构缺陷等原因离开石家庄。当时中国尚未加入WTO，百盛作为外资企业进入须以合资形式出现，且必须由中资控股。在这个框架下，中外双方股东在经营理念、经营模式等多方面产生分歧，最终百盛选择离去。2009年，百盛集团再次入驻石家庄。开业时，百盛负责人表示，这是出于适应集团战略发展需要，石家庄作为河北省省会，地理位置距离北京市较近，交通便利，作为北京百盛发展的新目标城市，入驻石家庄是战略上的当然之选。经商贸专家分析，百盛再度离开石家庄主要有以下原因：百盛作为外来商业在石家庄表现得亲和力不够，没能让当地人迅速融入；品牌拥有率不高，独有品牌难以与北人集团以及后来的万达百货抗衡；消费者的消费习惯发生变化，石家庄人逛街不再单一化购物，百盛传统的百货业态已经落伍。

（焦莉莉）

【谋划建设商业综合体18个】 2013年石家庄市谋划和在建大型综合体13个，总投资432.8亿元，项目数量和投资金额均为河北省设区市之首。13 个综合体项目分别是金指数国际广场、勒泰中心、苏宁广场、华强广场、祥云国际、红星鑫顺世界湾、塔谈国际商贸城、怀特商务楼、赛格电子广场、华润广场、河北国际商务广场、北国商城扩建工程、中山国际。至 2013 年底，石家庄市建成规模以上综合体项目 5 个，分别是先天下广场、联邦东方明珠、万象天成、万达广场、乐汇城。

（陈杰）

【北出市口商圈正式启动】 4 月 28 日，北人集团签约入驻石家庄财富天下商业广场。财富天下商业广场是石家庄市重点工程项目，是由市群益达商贸有限公司（桥东区庄窠村委会）自筹资金建设的大型城市综合体，建筑面积 25 万平方米，其中商业面积 7.8 万平方米。根据石家庄市政府北跨发展战略，市区胜利大街是连接滹沱新区、城市中心区的重要主干线之一，财富天下项目位于胜利北街与铁道学院北路交口路西，260 医院北邻，北望滹沱新区，南观石家庄市老城区，是城市北跨的引擎区位。北人集团签约入驻财富天下商业广场，标志省会“北出市口商圈”正式启动，建成后可极大缓解城市主干道交通压力，促进北城区商业、旅游、经济、城建发展。

（吴温）

【推行重点商贸功能区联系制度】 2013 年 8 月，国家商务部决定建立重点商贸功能区联系制度，目的是及时掌握重点商贸功能区发展情况，了解企业需求，推动流通行业持续、健康、协调发展。石家庄市根据要求向河北省推荐 7 家单位为重点商贸功能区联系单位，分别是新华集贸中心市场、南三条市场、石家庄市怀特国际商城有限公司、晋州市新世纪商城、石家庄市东翼农副产品交易市场有限公司、行唐县华北口头商埠交易市场、栾城县顺邦百营钢铁交易中心。重点商贸功能区是指具备产品交易、物流配送、流通加工、电子商务、信息服务、金融服务、商品展示等生产、生活服务功能，具有产业服务和流通辐射作用的商品交易、物流与服务集聚区。

（焦莉莉）

【财政补贴淘汰黄标车】 根据《大气污染防治法》和《河北省机动车氮氧化物总量减排实施方案》要求，经市政府批准，自 2013 年 5 月 1 日起，黄标车（2000 年 7 月 1 日前登记注册的汽油车和 2008 年 1 月 1 日前登记注册的柴油车）在 7 时至 21 时不得进入石家庄市二环路；2014 年 1 月 1 日起，每日全时段禁止黄标车、“无标车”在三环路（含）以内区域和县（市）、井陉矿区城区内道路通行。尾气检测连续两次不达标的黄标车实施强制报废。10 月 8 日，市淘汰黄标车工作办公室发布《致黄标车所有人及单位的一封信》，宣布对 2013 年 12 月 31 日前未达到强制报废标准且主动淘汰的黄标车，按照货车、客车、轿车 3 种车辆类型给予 6000 元至 18000 元财政补贴。具体标准为货车：重型 18000 元、中型 13000 元、轻型 9000 元、微型 6000 元；客车：大型 18000 元、中型 11000 元、小型（不含轿车）7000 元、微型（不含轿车）6000 元；轿车：1.35 升及以上排量 10000 元、1 升（不含）至 1.35 升（不含）排量 8000 元、1 升及以下排量 6000 元。2013 年提前淘汰黄标车财政补贴政策执行期限为 2013 年 1 月 1 日至 2013 年 12 月 31 日。

（胡雁冰）

【油气回收治理】 根据市情实际，确定市商务部门负责全市加油站油气回收治理工作。建立“绿色通道”，简化油气回收治理审查、监测、验收等环节手续，提高回收治理效率。专门召开油气回收治理和成品油市场集中整治工作调度会，发布《石家庄市油气回收治理工作方案》，明确油气回收治理工作目标任务。加快加油站、油罐车、油库油气改造，确立“以企业承担为主、政府适当补助”原则，对 12 月 31 日前完成油气回收治理并且验收合格的单位，采取“以奖代补”方式给予奖励，有效减轻了油气回收改造企业负担，增强了企业积极性。至 2013 年末，全市 13 家储油库、769 家加油站、234 辆油罐车均完成油气回收改造治理，其中栾城县、藁城市、晋州市于 2013 年 11 月前提前完成改造任务；中石化、中石油所属加油站全部完成国 IV 标准燃油置换，比原计划提前一年。

（陈杰）

对外贸易

【概况】 2013年，全市对外贸易进出口总值140亿美元，同比增长8.1%，总量位居河北省首位。其中，出口71.2亿美元，下降3%；进口68.8亿美元，增长22.6%。铁矿石进口推动进口大幅增长，2013年全市铁矿石进口53亿美元，占全市进口总额77%，同比增长28.3%。2013年全市医药品、农产品进口同比分别增长10%和34.7%。钢材、机电产品、高新技术产品进口分别下降30.6%、7.7%和27.1%。机电产品出口下降导致出口整体表现不佳，2013年全市出口占比排在首位机电产品（占比19.6%）出口同比下降15%，拉动出口下降近3个百分点。2013年全市医药品（占比10.1%）出口同比下降5.3%，钢材出口同比下降51.7%。服装及衣着附件首次成为石家庄市出口占比最大商品（占比达到24%），同比增长18.7%。一般贸易是石家庄市进出口贸易主要方式，2013年全市一般贸易累计出口占比90%，同比下降2.9%；进口占比96%，同比增长25.2%。对外投资增长明显，全年新核准境外投资企业20家，单体投资500万美元以上项目12个，占总项目的60%。至2013年末，全市累计兴办境外投资企业达到125家。

【企业贸易出口】 2013年石家庄市新增外贸出口企业707家，年末全市拥有对外贸易经营资格企业累计达到6814家，其中有出口实绩企业达到2570家，比2012年增加近100家。2013年全市出口超千万美元企业有114家，比2012年减少23家。2013年全市私营企业出口44.4亿美元，同比下降5.4%，占出口总值比重62.4%。外商投资企业出口13.3亿美元，同比增长4.5%。国有企业出口10.9亿美元，同比下降6.4%。

【进出口市场】 2013年石家庄市对欧美市场出口降幅收窄，对俄罗斯出口大幅增长。2013年石家庄市出口市场前五位依次为欧盟、美国、俄罗斯、东盟、印度，出口额分别为135404、102426、85016、74846、34186万美元，出口增幅依次为−2%、−4.8%、42.7%、−9.4%、−5%，前五位出口市场出口总额占全市出口总额60%以上。随着欧美经济形势好转，2013年石家庄市对欧盟、美国两大主要市场出口呈现下降转回升态势。石家庄市对日本、韩国两大东亚市场出口表现不佳，累计出口同比分别下降21.6%和19.1%。2013年石家庄市积极开拓新兴市场，实现对吉尔吉斯、阿塞拜疆、津巴布韦、也门出口同比分别增长114.1%、70.2%、51.5%和40.8%。2013年石家庄市从欧盟、美国、东盟市场进口同比分别增长31.1%、17%和22.6%。

（陈杰）

招商引资

【概况】 2013年，市招商引资部门以重点项目谋划、重要客户开拓、重大项目签约为目标，大力开展投资促进活动，加强与世界500强、知名央企、行业领军企业对接，推动全市招商引资迈上新台阶。全年实际利用外资98050万美元（含辛集市797万美元），同比增长11.4%；实际引进市外资金1243.09亿元（含辛集市66.71亿元），同比增长78.8%。经济开发区（园区）总体实力增强，24个省级以上经济开发区（园区）实现主营业务收入4958.50亿元，同比增长24.91%。新签约利用外资重点项目38项，总投资29.14亿美元，拟引进外资22.86亿美元；新签约利用内资重点项目91项，拟引进市外资金1578.1亿元。引进重大项目主要有上海航天汽车机电公司投资50亿元的太阳能光伏并网发电项目、鹿泉泸州老窖物流基地、正定银隆新能源汽车等行业支撑性大项目。2013年全市实施重点项目125项，总投资4269.5亿元，实际完成投资1063亿元。无极卡森实业有限公司高档皮革系列制品项目、石家庄长城梦世界动漫城项目、海尔（石家庄）创新产业园项目等开工，康师傅饮品、耐力机械等项目竣工投产。

【出台投资促进工作意见】 3月8日，市政府印发《关于进一步加强投资促进工作的意见》（石政发〔2013〕7号）。主要内容包括：“十二五”期间，全市实际利用外资年均增长10%以上，引进省外资金年均增长25%以上，省级以上开发区、聚集区对经济发展带动力达到60%以上，大力建设一批示范性、创新型园区和战略新兴产业国际合作基地。建立市投资促进工作联席会制度，由市政府主要领导、各分管领导，市政府相关部门领导参加，定期召开联席会，研究推动全市投资促进和开发区发展的战略、重要措施和重点工作。根据需要召开项目协调会，对引进内外资重要项目规划、土地、建设、政策支持等重要事宜进行研究、协调和统筹，促进项目落地。设立市投资促进工作运行管理平台，对全市投资促进和开发区整体工作进度、目标完成情况及重点项目洽谈、签约、到资、落实情况按月督导，带动投资招商提质、提速、提效。建立石家庄投资合作服务广场，市投资促进局牵头组建国际投资促进综合服务平台、项目和股权交易平台、国际标准认证平台、咨询及中介服务平台，发起设立产业合作基金，形成与国际接轨、具备国际化、专业化、系统化服务功能的高端服务设施和“服务超市”。开展人才、法律、科技、市场开拓、专业培训、投诉协调、维权活动、专业认证、审批代办等投资服务。

【开发区（园区）发展思路】 7月27日，市政府印发《关于加快开发区（园区）发展的意见》（石政发〔2013〕22号），明确开发区（园区）发展目标、战略布局，提出创新管理机制、创新开发模式、实现产城互动新思路。推进开发区（园区）创新发展，创建精品、特色园区。按照“一区一主业、一园一特色”思路，加快“元氏闽商工业园”、“行唐台湾创新产业园”、“鹿泉福建中小企业科技园”等区域性园区建设步伐，开展空港医疗器械孵化园、藁城生命科学产业园、高新区高校科创园、灵寿环保（节能）产业园等特色产业园区谋划和建设。

【县级投融资平台和工业园区建设政策】 10月10日，市政府印发《关于建立完善县级投融资平台推进工业园区建设的指导意见》（简称《意见》）。该《意见》要求，2013年底前，按照“1+1”模式，每个县（市）区都要建立和完善一个具有现代企业制度，集融资、投资、开发、建设和经营功能为一体的综合性投融资平台（简称县级投融资平台）；每个省级工业园区都要设立一个由县级投融资平台控股的综合性园区开发公司（简称园区开发公司）。已设立多家投融资平台的县（市）区，要分类清理和规范债务，实施有效整合，改造成为有现金流和净收益的经营性投融资平台及园区开发公司。该《意见》提出，坚持政府主导原则，有效整合政府资源、资产、资金、资本，有重点地吸引战略投资者和民间资本参与，搭建大平台，实现大融资；以市场为引导，建立和完善法人治理结构，实现政企分开、自主经营、自负盈亏；以项目为载体，通过项目融资，投资项目盈利，盘活存量资金，用好增量资金，提高资金使用效率。

（董秀杰）

【召开战略性新兴产业合作对接会】

5月17日，2013年石家庄战略性新兴产业合作对接会在河北省廊坊市召开，全市共签约项目24个，其中外资项目3个，内资项目21个，总投资296.97亿元，主要涉及商贸服务、能源、化工、轻工、建材、医药、文化、教育等9类，包括大型商业广场、医药设备制造、化工设备制造、中药饮片、能源电力建设、食品加工、合作办学等。其中外资项目总投资23.31亿元，协议利用外资18.27亿元。分别为：开曼群岛中国光纤网络系统集团有限公司在藁城市投资2.5亿美元的中国光纤产业园项目；香港中富行有限公司与无极天瑞皮革有限公司在无极县投资1亿美元的皮革制品项目；法国派丽集团在行唐县投资2000万美元的墙体装饰材料项目。内资项目占总签约项目数87.5%，包括深圳亚太传媒股份有限公司在长安区投资56亿元的北方家居博览中心，上海奥星制药技术装备有限公司在高

5月17日，举办2013年石家庄战略性新兴产业合作对接会

新区投资4亿元的上海奥星(石家庄)制药设备生产基地，中国盛世投资有限公司在桥东区投资12.6亿元的槐安路华夏商务中心等21个项目，总投资273.66亿元，拟引进资金221.06亿元。在此次对接会上，全市还谋划并发布涉及生物医药、循环化工、装备制造、电子信息、纺织服装、现代服务业、开发区(园区)、基础设施、现代农业、新能源等12个门类和产业的对外合作重点招商项目共214项，总投资合计2634亿元，拟引进资金1294亿元。其中制造业113项，总投资860亿元，拟引进资金408亿元；服务业项目101项，总投资1774.39亿元，拟引进资金886.66亿元。

(宋钧)

【参加2013中国·廊坊国际经济贸易洽谈会】 5月18～21日，2013中国·廊坊国际经济贸易洽谈会（简称5·18廊坊经洽会）在河北省廊坊市举行。市长王亮带领市发改委、工信局、投资促进局、科技局等部门及深泽县、行唐县、井陉矿区、晋州市等20余个县（市）区政府组团参加此次经济贸易洽谈会。参会期间，市代表团参加了大会组委会举办的知名民企、知名外企、骨干央企、知名台企专题对接会和电子信息、旅游文化产业、科研院所成果项目等专场对接会。对接会以战略性新兴产业为主题，邀请沃尔玛、法国迪卡侬集团、百胜集团等世界500强企业，法国斯卡夫机床公司、法国派力集团、德国聚合物厂建工程公司等世界知名跨国公司，中石化、中电投等央企，以及红星美凯龙、万达集团、格力电器、深圳亚太传媒、中国光纤等行业领军企业150名重要嘉宾参加会议。会议期间，石家庄市签约项目45个（包括5月17日2013年石家庄战略性新兴产业合作对接会签约项目），总投资689.72亿元，拟引进资金536.36亿元。其中，内资项目33个，总投资614.5亿元，拟引进资金476.26亿元。包括红星美凯龙家居集团股份有限公司的红星世界湾一期项目，总投资160亿元；中石化北京兴普精细化工技术开发有限公司的50万吨/年废润滑油循环再利用项目，总投资21.2亿元；中电投河北电力有限公司的中电投河北电力有限公司光伏发电项目，总投资6.3亿元；中国昊华化工（集团）总公司的聚合树脂生产项目，总投资4亿元。签约外资项目12个，总投资11.94亿美元，拟引进外资9.54亿美元。包括河北兆亿房地产开发有限公司与加拿大加皇国际教育集团合作的建设河北中加学校，法国派丽集团的年产1万吨墙体装饰材料，无极县天瑞皮革制品有限公司与香港中富行有限公司合作的毛皮鞣制及加工、真皮、仿皮制品等12个项目，总投资75.22亿元，拟引进外资60.1亿元。

(董秀杰　宋钧)

【参加厦门第十七届中国国际投资贸易洽谈会】 9月7～9日，副市长郝竹山带领石家庄市经贸代表团到厦门参加第十七届中国国际投资贸易洽谈会。市投资促进局、市发展改革委、市台湾事务工作办公室、市财政局等部门负责人及高新区、鹿泉市、元氏县、行唐县、灵寿县、高邑县、井陉县等8个县（市、区）组团参加洽谈会。参会期间，石家庄市举办了“2013石家庄市（厦门）投资与发展合作交流会暨重点项目签约仪式”，重点推介了台湾创新产业园和河北(福建)中小企业工业园，与客商深入洽谈和沟通了文化旅游创意、现代农业、现代服务业及电子信息业等方面的项目合作。德高（广州）建材有限公司投资2000万美元在行唐县建设干砂浆墙体保温材料项目、湖南省卢氏投资有限公司投资120亿元建设灵寿县环保（节能）产业园项目、河北宏建达电器有限公司等5家企业入驻福建中小企业科技园项目和华北工程机械物流园入驻鹿泉绿岛火炬开发区等9个项目在会上举行了签约仪式，创下参加厦门投资贸易洽谈会签约项目数历年之最。本届厦门投资贸易洽谈会石家庄市共签约项目21项，引进内外资176亿元。其中，外资项目12项，引进外资1.03亿美元，主要涉及商贸、服务业、能源、建材等行业；内资项目9项，引进市外资金170亿元，主要涉及园区建设经营、城市基础设施建设和入驻福建中小企业科技园等项目。

【第九届石家庄投资合作洽谈会】 10月18日，第九届石家庄投资合作洽谈会（即2013年石家庄投资合作洽谈会，简称石洽会）在石家庄市举行。本届石洽会由河北省政府主办、石家庄市政府和河北省商务厅承办，会期一天。按照“节俭、务实、高效、创新”理念，举办了“绿色产业、生态城市，智慧发展、开放共赢”主题会议和高端装备制造、电子信息、生物医药、现代服务业、现代农业、国际英才创新合作等六大产业专题洽谈会。省委常委、市委书记孙瑞彬，副省长秦博勇，市委副书记、市长王亮等省市领导参加主题会议。中共中央对外联络部、国家工业和信息化部、国务院发展研究中心等国家部委有关领导，中国铁路通信信号集团公司、中国电子系统工程第四建设有限公司、北京通号国铁城市轨道技术有限公司、中国高新投资集团公司等国内知名央企负责人，西门子（中国）有限公司、三星数据系统（中国）有限公司等世界知名跨国公司代表，以及国家“千人计划”专家等600余人应邀到会。根据全市产业发展实际，本届石洽会突出绿色项目、节能环保项目、产业升级项目招商，重点谋划了生物医药、循环化工、装备制造、电子信息、现代服务业、现代农业、新能源新材料等12个产业合作招商项目。石家庄市63个内外资项目成功签约。其中，外资项目14个，协议引资额12.3亿美元；内资项目49个，协议引资额931.84亿元。签约内外资项目中，大项目增多，节能环保、电子信息、新材料、现代服务业等新兴产业成为亮点。协议外资1亿美元以上项目3个，分别是香港高能国际控股集团在高邑县独资的高邑新区基础设施建设项目，引资3.2亿美元；加拿大豪运国际投资集团在平山县独资建设汉汤温泉小镇项目，引资2.4亿美元；香港中系集团在行唐县独资建设团山红休闲养生产业园项目，引资3.5亿美元。投资额20亿元以上内资项目15项，主要包括北京铁科首钢轨道技术有限公司的2400万套重载机件系统及铁路专线项目，引进市外资金30亿元；嫦娥奔月航天科技有限责任公司的国防科普教育基地项目，引进市外资金20亿元；华电国际电力公司的“风光互补”项目，引进市外资金26亿元。世界500强企业投资项目3个，分别是新加坡普洛斯集团总投资2.2亿美元的普洛斯现代服务业聚集区项目、香港华润集团投资3200万美元的50万羽商品蛋鸡养殖项目、印尼金光集团投资2000万美元的华北销售总部项目；央企投资项目9个，主要包括上海航天汽车机电股份有限公司投资50亿元的太阳能光伏并网发电项目、中交北京联合置业有限公司投资35亿元的中交财富中心项目、中国航天科技控股集团投资5亿元的北斗车联网项目等。本届石洽会除举办“2013年石家庄投资合作洽谈会”主题会议外，还举办了高端装备制造、现代服务业、生物医药、电子信息、现代农业以及国际英才创新合作6个专题洽谈会。

（董秀杰　焦莉莉）

【第八届中国·石家庄国际医药博览会】 11月18～20日，由河北省政府主办，石家庄市政府、省卫生厅、省贸易促进会、省食品药品监督管理局共同承办的第八届中国·石家庄国际医药博览会（简称药博会）在石家庄国际博览中心举行。主题为开放、交流、合作、创新。本届药博会支持单位有中国药学会、中国药促会、中国医药商业协会、中国医药保健进出口商会；展览总面积1万平方米，设立标准展位360个，其中大型特装展位12个。来自省内外326家知名药企、2500多名客商参加洽谈采购，举办了媒体开放日、参观展览、医药进出口展望分析会、医药采购对接大会、中医药养生讲座、医药产业与贸易发展研讨会、石家庄现代服务业重点项目签约仪式等系列活动。石家庄市签约项目9

个，其中医药研发类3项，医药采购类3项，投资类3项。签约项目中，投资金额最大的是石家庄国际医药、器械和保健品综合市场项目，由藁城市政府与美国赫伯集团联合投资50亿元，建设集展示、交易、技术服务、物流为一体的综合交易中心，计划占地1500亩。签约项目还有河北渤海生物工程开发有限公司和北京中原合聚经贸有限公司合作开发的耐药基因合成类新药项目；以岭药业集团和河北省农林科学院药用植物研究中心合作开发的太行山大宗药材综合利用技术及产业化项目；神威药业集团和中国中医科学院中药所合作研发的金柴抗病毒药物项目；石药集团和海南富美药业有限公司合作的医药营销网络平台项目；河北远征药业有限公司和广东华农温氏畜牧股份有限公司合作的药品市场营销采购项目；华药集团和国药控股股份有限公司合作的市场营销项目等。

（焦莉莉）

【创新招商模式】 围绕战略性新兴产业和优势主导产业，开展产业招商。推广产业招商“十个一”工作法，建立生物医药、新一代电子信息、高端装备制造、循环经济、纺织服装、文化创意等产业招商联盟，强化产业资源整合，加强项目谋划、项目包装和推介、项目落地和后期服务，推进产业招商实现新突破。开展科技招商，与北京大学、清华大学等首都高校对接，将各类高校有关生物医药、能源与环保、工业制造和机电、电子信息、化工材料等几个大类，近千余个科技创新项目整理辑印成《科技创新项目汇编》，寻求合作机会。4月19日，石家庄市举办“2013年石家庄—首都高校科技创新项目合作对接会”，对接科技创新项目119项，其中签订合作意向21个、签订合作协议3个。开展股权招商，以存量引增量培养高成长性企业。2013年石家庄市与北京燕园创投、智德盛、红杉资本等国内外知名创投公司联系，选取盈利性好、产品发展前景好、有较强成长性的中小企业，采用股权融资方式，对企业资金、技术、市场、管理等方面综合支持。

（董秀杰）

【实施绿色招商政策】 全年以“绿色招商”为目标，在项目引进和客户接待走访上注重提高招商门槛，将改善两个环境尤其是生态环境放在首位，将节能环保产业作为重点产业，坚决遏制“三高一低”项目在石家庄投资。2013年北京首创股份有限公司、中国节能集团、中建股份、香港亚洲咨询服务集团及渣打银行（中国）有限公司、苏伊士集团、同方股份有限公司等重点客商成为投资促进工作走访和接待对象，具有先进产业和技术、附加值高、产业集聚度强的项目，国际、国内500强及周边大集团、大企业，成为全市招商引资“主旋律”。建立高端人才到石家庄服务“工作站”，邀请北京等地方专家、学者以“星期天工程师”、“周末教授”等方式到石家庄开展专业指导和合作交流活动。2013年台湾铃鹿公司环保新型涂料项目5个月内实现考察、洽谈、签约、建成投产，成为落户行唐“河北台湾创新产业园”示范性项目；世界500强公司金红叶集团多次到石家庄考察选址，合作洽谈正在推进。

（吴温）

【引资招商服务】 开展以“访企业促增资、访项目促落地，访客户促发展”为主要内容“三访三促”活动，对已签约重大内、外资项目进行重点走访，帮助企业协调解决项目落地过程中出现的问题，促进项目落地和资金到位。筛选一批外商投资企业开展回访活动，落实差别化、个性化量身服务，鼓励企业做大规模，推动一批效益较好的外商投资企业增资扩股。圈定一批重要客商进行重点拜访，加大洽谈对接力度，促成签约一批合作项目。2013年10～11月，以“了解企业需求、开展专业服务、扩大招商引资、促进创新发展”为目标，实施“招商服务进企业”综合调研活动。至2013年底，全市走访装备制造、生物医药、电子信息、现代服务业等优势主导产业龙头企业50家，深入调查和了解企业在股权招商、科技招商、产业招商、园区招商等方面具体需求，与企业间建立了密切联系。

（董秀杰）

供销合作商业

【概况】 2013年，市供销合作系统坚持服务“三农”办社宗旨，积极实施项目、网络“双轮驱动”战略，全力推进项目建设。全年谋划和建设项目105个，其中省重点项目5个，规划总投资85.68亿元；开工项目72个，完工项目40个，完成投资5.7亿元。新建供销社超市535家，新建农产品社区直营店20家，农产品展销中心5家。培育龙头企业35家、各类配送中心78家、连锁网点6350个，覆盖全部乡镇和75%以上行政村。推进组织、经营、服务方式创新，全系统组建市、县级农合联18家，发展农合联办事机构205个，新注册基层社32家。改善农村环境，新建9个再生资源集散中心，350个再生资源回收站，初步形成集“收购＋集散＋加工”为一体的再生资源网络体系。至2013年底，全系统商品总购进83.36亿元，同比增长10.12%；商品总销售92.88亿元，同比增长11.11%；农资销售16.16亿元，同比增长14.39%；农副产品购进23.18亿元，同比增长15.39%；消费品零售31.09亿元，同比增长10.85%；碘盐购进4.39万吨，占计划的112.6%；实现利润9749万元，同比增长99.69%；实现社有资产增值6.4亿元。11月5日，中华全国供销合作总社公布2013年供销合作社农业产业化重点龙头企业名单（共518家，有效期2014年1月1日至2015年12月31日），石家庄供销社系统无极县棉油厂、石家庄神喻王果蔬科技开发有限公司、石家庄市众人食品有限公司、河北大吾生态谷农业科技有限公司4家企业入选。

2013年5月15日，枣乡庄园举行开业仪式

【出台供销社改革实施意见】 7月14日，市政府出台《关于深化供销社改革建立合作社组织服务新体系的实施意见》。主要内容包括：2013～2015年，全市按照“政府主导、供销社主办、合作社为主体、市场化运作”的要求，创新供销社体制、机制和服务方式，构建县有联合社（农合联、农民合作社联合社）和龙头企业，乡（镇）有新型基层供销社（农合联分会、农民合作社联合社），村有综合服务社（中心）和农民合作社的组织服务新体系。到2015年，组建县级农民合作社联合社18家，乡镇新型基层供销社222家，农合联乡镇分会222家，乡镇农民合作社联合社222家，村级综合服务社（中心）1500家，发展依法注册农民合作社3800家。搭建农民合作组织服务平台，推动农民合作社以土地、资本、产品和产业为纽带，开展多种形式的合作与联合。引导农民合作社组建集生产、仓储、物流、加工、销售于一体，辐射带动能力强的联合社。到2015年，全市建立产业合作社联合社50家，培育和发展家庭农场50家、土地流转合作社30家。构建农民金融保险服务平台，为家庭农场、农民合作社等现代农业生产经营主体提供各种金融保险服务。到2015年，全市成立信用担保、金融咨询服务机构

5家，农业风险保障总额5000万元以上。围绕蔬菜、果品、畜禽、粮食、棉花等主要农产品，建设从生产基地到市场终端的农产品经营体系。探索农超对接、农产品直销等运营模式，各县（市）、井陉矿区要各建设1～2家大型农产品批发市场，支持供销社建设农产品配送中心、交易中心、展示展销中心、综合市场和冷链运输系统，构建合理、快捷、绿色的农产品物流服务网络。到2015年，全市发展农产品品牌经营超市50家、农产品社区直营店100家、农产品展销中心15家，农产品销售额达25亿元。完善提升农资经营体系，到2015年，全市经营农资总额达到15亿元。健全再生资源回收利用体系，到2014年，建成标准化农村再生资源固定回收站700家、再生资源集散中心18家。

【项目建设】 按照“三创三建”工作思路（创大龙头型企业，建龙头带动行业；开拓新领域，创实体型企业，建产业园区；完善机制体制，创管理型企业，建集团化企业），将项目建设作为培植产业支撑，增强服务功能的重要举措。全年谋划和建设项目105个，其中省重点项目5个，规划总投资85.68亿元；开工项目72个，完工项目40个，完成投资5.7亿元。至2013年底，市供销社系统累计完成投资26.5亿元，累计增加土地面积1760亩。主要实施项目：1.正定国际物流园。该园为河北省重点产业支撑项目和石家庄市“20+X”重点项目，规划总投资26亿元，占地1500亩。2010年4月建成营业，引进青岛海尔、浙江传化等国内外知名企业。2013年北方家具材料物流交易配送中心竣工运营，并于4月26～29日举办首届中国正定伦教木工机械及家具材料博览会；河北第一家钢铁超市落地，50多家钢贸商入驻；钢铁加工中心正式投产，26家厂商、200余种商品进驻；农产品电子商务平台与“2688”电子商务签约。2013年底，正定国际物流园年货物吞吐量达到500万吨，交易额近2亿元。2.灵寿小商品加工制造园。该园是河北省重点项目和石家庄市重点扶持项目，规划总投资33亿元，占地3000亩，主要打造中小企业产业孵化器和聚集地。一期入住9家小商品生产企业进入竣工收尾阶段；二期新增83亩用地指标组卷完成；2013年末储备中小厂商60余家。3.石家庄再生资源科技物流园。该园列入国家“城市矿产示范基地”试点、2011年国家资源节约和环境保护中央预算内投资备选项目及河北省重点项目，规划总投资21亿元，占地840亩。2013年底再生资源科技物流园项目前期筹备完毕，正在实施场地平整和工程招标。4.石家庄食盐储备物流配送中心。该中心总投资3800万元，占地30亩，建筑面积1.29万平方米。2013年项目竣工投入运营，年配送能力23万吨。5.石家庄中山日化物流配送信息中心。该中心规划总投资1.6亿元，占地74亩，主要建设集信息、电子商务、电子结算、仓储、分拣配送为一体的日化用品配送中心。2013年项目一期竣工投入使用，建筑面积1.3万平方米，成为石家庄市单体最大的仓储中心。6.红满楼配送中心。该中心红满楼品牌创建于2007年。2013年6月19日，河北红满楼商贸公司重整揭牌成立，秉承“便民、利民、惠民”经营方针，立足城乡接合部，向农村延伸，向城市扩张，开始进入商贸经营、电子商务等领域。2013年底，红满楼连锁超市、便利店发展到100多家，初步形成“环绕市区、连接城

2013年10月31日，“红满楼”超市聚佳店举办开业典礼

乡”的商品营销网络。7. 石家庄北方农业机械物流配送中心。该中心规划总投资21亿元，占地面积500亩，主要打造中国北方最大的农机流通集散基地。2013年正在办理列入市重点项目前期工作。8. 河北省名优特农产品博览中心。该中心由省、市供销社共同投资建设，规划总投资1.3亿元，占地120亩，主要打造集农产品交易、物流、配送与技术服务于一体的全省名优特农产品物流网络中枢及河北省名优特农产品输入京津窗口。2013年正在建设。

（马朝信）

【传化公路港项目签约】 1月15日，石家庄传化公路港项目签约。该项目由市供销社引进，位于正定国际物流园东侧，规划占地700亩，由石家庄润华国际物流股份有限公司按照传化公路港模式标准投资建设，由传化公路港物流有限公司组建投资设立项目公司承接管理。总投资18亿元，主要依托石家庄市交通区位和资源优势，引入传化集团先进的现代物流模式，通过搭建电子商务交易平台，延伸产业链条，建设集管理服务、信息交易、运输、配送、零担快运、车源服务为一体的“公路港”。传化集团创建于1986年，是浙江省一家多元化的民营企业，入榜“中国企业500强”；2003年，该公司首创“公路港”物流模式，建成运营杭州市、成都市、苏州市3个城市公路港平台；2012年，该公司平台营业额突破100亿元。

（范玉蕾）

【北方农资化工交易市场开工建设】

3月22日，河北省重点项目——北方农资化工交易市场暨北方农资物流配送中心开工奠基。该项目由市供销社牵头，市农业生产资料总公司组织实施，分两期建设，规划2014年5月底全部完工。该项目涵盖农资大市场、物流配送中心、仓储区、分拣加工区、综合服务区、电子信息中心、商务会展区和商务居住区八大功能区，经营种子、化肥、农药、农机具、化工原料等多种农资化工商品，建成农资行业多功能、全业态的专业化市场。

（马朝信）

【新网工程完工】 2013年1月，市新农村现代流通服务网络工程（简称新网工程）项目完工顺利通过主管部门验收。新网工程由全国供销合作总社推出，目的是健全农村市场体系、发展适应现代农业要求的流通产业。2010年石家庄市出台为期3年（2010～2012年）新网工程建设规划，开始在全市供销社系统构建农资、日用消费品、农副产品、食盐、烟花爆竹、再生资源六大流通服务网络。市新网工程共建设超市535家，新建农产品社区直营店20家、农产品展销中心5家；筹建新网工程项目160个，培育网络龙头企业35家，组建配送中心78个，建设连锁网点6350个；新增和改造营业面积9万平方米。2013年河北中山日化股份公司新网工程“惠农合作商”总数达到1800多家，覆盖了全市所有乡镇和75%以上行政村，提供就业岗位2.56万个，年向农民供应各类农资商品12亿元。建成农产品批发市场33个，农产品生鲜超市56个，并在石家庄市开办多家蔬菜社区直营店，初步建立起从田间地头到市民餐桌的农产品快速通道，年助农推销农产品15.2亿元，较好解决了农产品销售难问题。累计投资2.7亿元，建成各类再生资源交易市场23个，转运中心57个，回收站点1800个，有效提高了资源再利用率，促进了循环经济发展。

（吴温　马朝信）

【农村再生资源回收体系建设】

2013年初，市政府将建设农村再生资源回收体系作为为民办实事工程之一，下发《关于加快推进农村再生资源回收体系建设的通知》，确定由市供销社负责，在部分县（市）建设一批设施完善、人员齐备、运营高效的乡（镇）、村再生资源回收示范站。市供销社按照要求，与承担该项惠民工程县（市）区政府签订责任书，投入资金1500多万元，采取联合办企、股份合作、规范改造等多种形式，建成6个再生资源集散中心、202家农村再生资源固定回收站，并顺利通过主管部门验收。

（吴温）

【农村社会化服务】 发挥网络、人才、技术、信息优势，打造“合作经济组织服务平台、农村综合服务平台、新型农村金融服务平台、信息服务平台”四个综合服务平台，帮助农民增收致富。合作经济组织服务平台：2013年末市供销社系统领办各类农民专业合作社达到2500家，组建县乡专业社联合社195家，发展产业专业社联合社30家，帮助农民推销农产品25亿元，助农增收2.1亿元；发展土地流转型合作社21家，流转土地面积1.95万亩；新组织35家专业社开展农超、农市对接，总数达到125家，农超对接总额1.35亿元；新增全国总社级示范社3家、省级示范社5家，协调落实全国总社农业综合开发项目2个。农村综合服务平台：2013年新建形象新、环境美、功能全、服务优的农村社区综合服务中心50个，年末总数达到255个。7月11日，习近平总书记视察正定县供销社塔元庄社区综合服务中心。新型农村金融服务平台：创新农村金融服务新渠道，探索农业保险、金融担保公司、村镇银行“三位一体”新型农村金融保险服务体系。2013年新型农村金融保险服务平台向17个县、65个专业社提供风险保障4074.8万元，赔付13个县、56个专业社农险损失427.51万元；在元氏县、行唐县成立汽车贸易公司，帮助农民运输专业户购置车辆766辆，为3000多户农民找到致富道路；鹿泉市供销社领办的乡谊合作社联合社筹集社员股金3165万元，为社员发放小额贷款6000多万元。信息服务平台：围绕农产品产、销、运、储、加等环节，创办农产品电子商务公司、网上供销社等现代经营实体，建立健全信息采集发布系统，搭建农产品电子商务交易平台。至2013年末，市供销社系统建立农产品信息服务网站15个，全年展示农产品320多种，实现网上交易5000多万元。

【经营体制创新】 加强供销社系统组织、经营、服务创新，推进各级供销社成为农村社会化服务骨干力量、农村现代流通主导力量、农民专业合作带动力量，为新农村建设注入活力。创新县级社、基层社组织体系，2013年全系统组建市县级“农合联”18家，发展农合联办事机构205个;按照“巩固、完善、提升”要求,新注册基层社32家,培育“机制健全、运作规范、功能完善、作用突出”示范基层社30家。创新企业体制机制，增强活力、实力、竞争力，推动河北中山日化股份有限公司、土产日杂有限公司、物资回收有限责任公司等行业龙头企业发展壮大。整合社会资源，引进藁城神喻王、赵县顺达农资等企业加入供销社系统，成功培育一批规模大、功能全、现代化程度高、技术先进的龙头企业，为发展现代农业、助农增收发挥了重要作用。

石家庄市供销合作总社

党委书记、理事会主任：
毕凤鸣

党委副书记、理事会副主任：
任素江

党委副书记、监事会主任：
刘占海

理事会副主任：卢书清
李玉民
敦建伟（3月任）

监事会副主任：
敦建伟（3月免）
丁根起（3月任）
赵义存（3月免）
王彦生（5月任）

纪委书记：岳四群

（马朝信）

个体私营商业

【概况】 2013年，全市共有民营企业4.97万家，同比增长0.6%；完成增加值2968亿元，同比增长11.2%，占全市GDP的65.9%。2013年全市实有各类私营企业主体92606户，注册资本3705.3亿元。引导民营企业开展技术改造、对标先进和“两化融合”（工业化、信息化）工作，提高民营企业劳动效能，助推纺织、印刷、包装、乳胶手套、食品加工等劳动密集型民营企业加快转型升级和自动化进程。各民营企业面对能源、环境、劳动力成本、限产停产高能耗企业不利局面，主动将节能降耗作为挖潜重要举措。2013年根据河北省民营经济领导小组办公室、河北省统计局对全省各设区市2013年上半年民营经济统计数据，以增加值及增速、实缴税金及增速、营业收入及增速综合排序，石家庄市民营经济实力均位居全省第一。其中，在全省133个县（市）排名中，前10名石家庄市占3名，藁城市位列第一名，栾城县位列第三名，正定县位列第五名，创下民营经济历史最好水平。

【民营经济】 2013年全市共有民营经济单位27.96万个，同比增长2.04%；民营企业4.97万家，同比增长0.6%；从业人数256万人，同比增长3.85%。2013年全市民营企业完成增加值2968亿元，同比增长11.2%，占全市GDP的65.9%；上缴税金434亿元，同比增长24.3%，占全市财政收入的68.9%，占比提高5.5个百分点；完成营业收入13895亿元，同比增长16.2%；完成固定资产投资1336亿元，同比增长20.5%。

【私营商业】 2013年全市实有各类私营企业主体92606户，注册资本3705.3亿元。涉及商业企业从事批发和零售企业37206户，分支机构1170个，投资人74996人，注册资本729.92亿元，其中，城镇30684户，投资人数57749人，雇工2256人，注册资本393.46亿元。涉及住宿和餐饮业574户，投资人946人，注册资本11.5亿元，其中，城镇462户，投资692人，注册资本4.93亿元。

（李志英）

【帮扶企业融资】 综合运用动产抵押登记、股权出质登记等措施，组织银企举办对接洽谈会58场次，为企业落实贷款4.4亿元；办理动产抵押683件，帮助企业融资76.57亿元；办理股权出质登记572件，帮助企业融资125.08亿元。至2013年底，市个体私营企业协会组织银企对接会共帮助各类企业融资206.05亿元，连续三届获授"全国个私协会系统先进单位"称号。开展维权护企活动，在全市推行和建立覆盖市、县、乡三级联动的企业法律维权服务调解组织148个，受理申诉、举报、咨询873件，为个体私营企业挽回经济损失178.6万元。

（丁瑞鹏　徐晨霞）

粮油购销

【概况】 2013年，全市粮食系统贯彻落实《粮食流通管理条例》和《河北省粮食流通管理规定》，加强粮食宏观调控，坚持依法管粮，确保了省会粮食安全和粮食市场有序发展。推进粮食购销储备管理、粮食行政执法、军民融合应急保障、主食产业化、粮食物流园区建设，督导粮食企业严格执行国家粮食收购政策。增加县级粮食储备，井陉矿区新建储备2000吨，赵县新增储备5000吨，完成储备规模8.3万吨。至2013年底，全市共有粮食储运、加工、供应网点265家，其中市区52家。收购粮食451万吨，同比增加23万吨。销售和转化粮食535万吨，同比减少9.5万吨。开展放心粮油进社区、进农村活动，评审放心粮油示范企业63家。加强粮食价格和市场监管，出动执法人员783人次，检查粮食企业353个次，查办涉粮案件109起。军粮供应质量合格率达到100%，集约化保障工作经验和做法在全国推广。2013年市粮食局被河北省委、省政府、省军区评为爱国拥军工作先进单位；粮食流通综合评价、粮食企业振兴工程、监督检查示范工作、内部审计工作获评河北省先进单位。市家家惠大众厨房食品有限责任公司入选河北省放心粮油进农村进社区示范工程第四批示范企业。

【项目建设】 围绕壮大粮食产业发展基础，实施项目带动战略，谋划建设粮食基础设施。2013年9月底，以"放心馒头"为主的大众主食二期工程完成。该工程投资1500万元，其中，新上馒头生产线5条，实现日产馒头60万个；面包车间、面条车间、速冻水饺车间建成投入使用，供应面食种类42种。"军民融合式"部队应急保障基地建设一期项目完成投资2219万元，在原供应米、面、油、杂粮、调味品基础上，开始向部队供应肉、蛋、奶、菜。粮食产业园区建设一期工程投资8159万元，完成8万吨粮食和2万吨油罐建设；二期工程完成前期选址、设计、备案、环评等，正在办理新增50亩土地手续。

【粮食购销】 粮食企业严格执行国家粮食收购政策，敞开收购农民余粮，不压级压价，做到即时结算售粮款。市级粮食储备达成增加原粮储备5万吨、食用植物油储备4.4万吨意向。增加县级粮食储备，井陉矿区新建县级储备2000吨，赵县新增县级储备5000吨，完成储备规模8.3万吨，占指导性计划102%。至2013年底，全市共有粮食应急储运、加工、供应网点265家，其中市区52家。收购粮食451万吨，同比增加23万吨，增长5.3%；销售和转化粮食535万吨，同比减少9.5万吨。其中，国有粮食企业收购49万吨，销售48万吨。

【粮食供应】 开展放心粮油进社区、进农村活动。至2013年底，全市评审放心粮油示范企业63家，其中放心粮油销售店47家，放心粮油加工企业15家，放心主食厨房1家。依托粮食企业开展放心粮油连锁经营。以军粮特供作为粮食部门主动作为、融入中心、服务大局的重点工作，开拓市场，实施“增活力、壮实力、惠民生、促发展、保稳定”放心粮油工程。开通军粮供应电话预约和主动送粮上门服务，连续实现3个100%，即军粮供应计划完成100%、供应部队军粮质量合格率100%、部队满意率100%。建立“军民融合式”部队应急保障基地，3次完成部队野外演练饮食应急保障任务。10月1日起，到2013年底，市粮食系统为部队供应肉蛋奶菜90批次、380多吨，配送额170多万元。顺利完成军民融合饮食保障试点工作，2013年国家粮食局在石家庄市召开“全国军粮供应集约化保障观摩会”。

（翟入晴）

【粮油仓储获得国家资金500万元】 2013年7月，国家发改委下发《关于下达粮油仓储设施项目2013年中央预算内投资计划的通知》，石家庄市军粮供应有限责任公司获得500万元预算内资金支持。市军粮供应有限责任公司是一家集粮油收购、仓储、批发、配送为一体的综合性国有粮食企业，主要担负驻省会部队、武警、军事院校、医院等单位军粮供应工作；同时承担市级原粮储备11000吨，成品粮储备3000吨。2013年市军粮供应有限责任公司在鹿泉市绿岛火炬开发区投资6950万元，新建占地25亩、5.4万吨楼房仓及辅助设施施工完成，年末市军粮供应有限责任公司粮食仓储能力达2.15万吨，年经营量6万吨。

（吴温）

【粮食监管】 全年市县两级政府及粮食行政管理部门落实机构、人员、设备、经费4个100%要求，即执法机构建立面100%、执法队伍建立率100%、执法设备配备率100%、执法经费到位率100%。加强粮食执法规范化管理，做到执法标示、执法日志、执法车辆、执法胸牌“四统一”。实施小麦、玉米品种定点采样，全年检测200个点，覆盖200个自然村、800多个农户。举办《粮食流通管理条例》宣传活动和粮食流通统计、质量检验技能、粮食执法培训，开展粮食购销政策落实、粮油库存真实数量、社会粮食流通等专项监督检查。维护粮食流通秩序，严厉查处涉粮违法案件。至2013年底，全市粮食系统出动执法人员783人次，检查粮食企业353个次，检查粮食157万吨、油脂6550吨；查办涉粮案件109起，其中责令整改46例，警告19例，取消粮食收购资格3例，罚款37例，移交其他部门处理4例。开展粮食监督检查示范单位创建活动，2013年元氏县粮食局获评国家级示范单位，鹿泉市粮食局获评省级示范单位。

（翟入晴）

成品油供应

【概况】 2013年，中国石油化工股份有限公司河北石家庄石油分公司（简称中国石化石家庄分公司）面对经济增速放缓和严峻市场形势，把握稳中求进总基调，多措并举，攻坚克难，提高发展质量和效益，实现增量增效目标。按照国家政策要求，开展油气升级、加油站改造任务，合理调配资源，全力保障油品供应。加强成本核算和管控，严格油品进货、运输、储存、销售4个关口环节，较好堵塞管理漏洞。推进营销网络及储运设施建设，确保了成品油市场保障和供应。建立员工健康档案，完成184座加油站职业危害因素监测和职业健康现状评价。2013年中国石化石家庄分公司新增加油站2座，年末拥有加油站达到239座；完成销售总量107.69万吨，实现考核利润4.5亿元，均创历史新高。

【经营管理】 根据市区部分路段“黄牌车”限禁行、加油站油气回收改造、汽油升级置换配送调整等问题，协调落实管理运输、铁路和对外采购计划，合理调配资源，实施加油站错峰配送。落实“加强客户管理，细化营销政策，提升现场服务，向优化配送要增量”等7大挖潜增量措施，开展“强管理、提服务、深挖潜、促经营、争一流”活动，实现油品稳量增量销售。履行社会责任，设置绿色通道加油站60座，有效保障农业夏秋收获季节油品供应。开展“碧水蓝天”环保治理工程，完成所属油库油罐清洗、有害废液处理、加油站油气回收改造、油品升级置换任务。利用闲置资源，推进油品加气站建设和投入运营力度。全年新增加油站2座，其中资产化加油站1座、加气站1座。年末中国石化石家庄分公司共有加油站239座，网点覆盖全市中心城区、主要公路干线和重点乡镇。

（张路萍）

【成品油调价】 2013年石家庄市成品油价随同国内油价历经15次调整，其中“8涨7跌”，累计调价汽油上调5元／吨，柴油下调15元／吨，较年初价格水平基本持平。2月25日零时起，石家庄市汽、柴油价格每吨分别提高300元和290元。其中，90号汽油最高零售价格由每吨9285元调整为9585元，每吨提高300元；0号柴油最高零售价格由每吨8475元调整为8765元，每吨提高290元。97号汽油最新限价为8.15元／升，93号汽油为7.72元／升，90号汽油为7.16元／升，分别上涨0.25元／升、0.24元和0.23元／升；负10号柴油最新限价为8.03元／升，上涨0.27元。3月26日，国家发改委宣布调整《石油价格管理办法（试行)》，将调价周期改为10个工作日，并取消4%的变化幅度要求，此举标志2009年5月出台的“22个工作日+4%变化率”成品油定价机制正式退出。3月27日零时，依据国家政策规定，石家庄市汽、柴油零售价格90号汽油和0号柴油（全国平均）每升分别降低0.23元和0.26元。4月25日零时起，石家庄市90号汽油（Ⅱ）最高零售价格由每吨9275元调整为8880元，每吨降低395元；0号柴油最高零售价格由每吨8465元调整为8065元，每吨降低400元。其中，90号汽油价格降至每升6.63元，93号汽油价格降至每升7.15元，97号汽油价格降至每升7.55元。5月9日 石家庄市汽、柴油价格每吨上调95元。6月7日零时起，石家庄市成品油最高零售价下调。此次下调幅度较小，每升约降0.07元至0.09元。调整后，93号汽油、97号汽油、0号柴油均降价0.08元／升，新的最高限价分别为7.15元／升、7.55元／升、6.97元／升。90号汽油新的最高限价为6.63元／升，5号柴油新的最高限价为6.83元／升，10号柴油新的最高限价为6.69元／升，负10号柴油新的最高限价为7.39元／升，负20号柴油新的最高限价为7.74元／升，负35号柴油新的最高限价为8.02元／升，负50号柴油新的最高限价为8.23元／升。6月21日，石家庄市汽、柴油价格每吨分别上调100元、95元。7月5日，石家庄市汽、柴油价格每吨分别下调80元、75元。7月19日24时起，石家庄市汽、柴油最高零售价格提高。90号汽油（Ⅱ）最高零售价格由每吨8900元调整为9225元，每吨提高325元；0号柴油最高零售价格由每吨8090元调整为8400元，每吨提高310元。此次调整后，90号汽油最高限价每升6.89元，93号汽油7.43元，97号汽油7.85元；0号柴油最高限价每升7.26元，5号柴油7.11元，10号柴油6.97元，负10号柴油7.69元，负20号柴油8.05元，负35号柴油8.34元，负50号柴油8.56元。此次油价调整是新成品油定价机制运行后调整幅度最大一次。8月30日24时起，石家庄市提高汽、柴油最高零售价格。调整后，全市90号汽油（Ⅱ）最高零售价格由每吨9225元调整为9460元，每吨提高235元；0号柴油最高零售价格由每吨8400元调整为8625元，每吨提高225元；93号汽油价格由7.43元上调至7.62元，每升上涨0.19元。9月13日24时起，石家庄市90号汽油（Ⅱ）最高零售价格由每吨9460元调整为9550元，每吨提高90元；0号柴油最高零售价格由每吨8625元调整为8710元，每吨提高85元。此次调整后，90号汽油最高限价每升7.13元，93号汽油7.69元，97号汽油8.12元；0号柴油最高限价每升7.52元，5号柴油7.37元，10号柴油7.22元，负10号柴油7.98元，负20号柴油8.35元，负35号柴油8.65元，负50号柴油8.88元。调整后，石家庄市所有型号油价零售价格均上调0.07元。9月30日，石家庄市汽、柴油价格每吨分别下调245元、235元。11月1日，石家庄市汽、柴油价格每吨分别下调75元。11月14日24时起，石家庄市成品油价格下调。90号汽油（Ⅱ）最高零售价格由每吨9230元调整为9070元，每吨降低160元；0号柴油最高零售价格由每吨8400元调整为8245元，每吨降低155元。此次是继9月30日、11月1日后油价连续第三次下调。调整后，汽、柴油标准品最高供应价格每吨分别为8715元和7890元。其中，90号汽油最高限价每升6.77元，93号汽油7.30元，97号汽油7.72元；0号柴油最高限价每升7.12元，5号柴油6.98元，10号柴油6.84元，负10号柴油7.55元，负20号柴油7.91元，负35号柴油8.19元，负50号柴油8.40元。11月29日零时起，石家庄市汽、柴油最高零售价格上调，这是2013年国内成品油价格第14次调整。其中，90号汽油（Ⅱ）最高零售价格由每吨9070元调整为9230元，每吨提高160元；0号柴油最高零售价格由每吨8245元调整为8400元，每吨提高155元。调整后，全市90号汽油最高限价由每升6.77元上调至6.89元，涨幅为0.12元；93号汽油每升由7.30元上调至7.43元，涨幅为0.13元；97号汽油每升由7.72元涨到7.85元，涨幅为0.13元；0号柴油最高限价每升由7.12元上调至7.26元，涨幅为0.14元。12月12日起，石家庄市成品油价格小幅上调。这是新定价机制实施以来油价调整幅度最小一次，也是近十年成品油调价幅度最小一次。90号汽油（Ⅱ）最高零售价格由每吨9230元调整为9290元，每吨提高60元；0号柴油最高零售价格由每吨8400元调整为8460元，每吨提高60元。调整后，90号汽油最高限价每升6.93元，93号汽油7.48元，97号汽油7.90元；0号柴油最高限价每升7.31元，5号柴油7.16元，10号柴油7.02元，负10号柴油7.75元，负20号柴油8.11元，负35号柴油8.40元，负50号柴油8.62元。

（焦莉莉　吴温　王巍）

【“国三”标准油品升级“国四”标准】 按照国家和河北省确定的油品质量升级时间表，12月30日省发改委发布汽油质量升级价格政策，决定河北省汽油质量升级价格政策从2014年1月1日0时起执行。10月25日起，中国石化河北石家庄分公司开始向石家庄地区加油站罐装“国四”标准油品。11月25日，石家庄地区中石化集团所属加油站完成所有“国三”与“国四”油品置换升级，较全省油品置换提前1个月。按照国家发改委印发《关于油品质量升级价格政策有关意见的通知》，车用汽、柴油质量标准升级后，每吨分别加价290元和370元。其中，93号汽油每升加价0.23元，97号汽油每升加价0.25元。调整后，石家庄“国四”汽油执行新的最高限价，分别为：90号汽油每升7.15元，93号汽油每升7.71元，97号汽油每升8.15元。“国四”标准汽油与“国三”标准汽油变化：与车用汽油“国三”标准相比，“国四”标准主要是大幅降低汽油中硫含量的限值，“国三”标准汽油的硫含量限值为150mg/kg，“国四”标准汽油的硫含量限值为50mg/kg，降低三分之二；“国四”标准汽油大幅降低锰含量的限值，“国三”标准汽油的锰含量限值为0.016g/L，“国四”标准汽油的锰含量限值为0.008g/L，降低一半；“国四”标准汽油的烯烃含量限值降低，“国三”标准汽油的烯烃含量限值为30%，“国四”标准汽油的烯烃含量限值为28%，降幅超过5%。

（焦莉莉）

【非油品业务】 以发展加油站便利店为契机，建立健全集加油、购物、用餐、休息、汽车保养维修等为一体的综合服务体系。创新加油站经营模式，发展连锁经营、电子商务等现代流通方式。推进市场化、专业化运营，提升业务服务水平，有效提高了销售竞争力。开展非油品特色营销、专项营销、新业务拓销、主力商品扩销活动，举办轮胎推介会、网上配烟、润滑油客户开发、燃油宝促销，实现商品销售增量增效目标。年末中国石化石家庄分公司在所属加油站开设易捷便利店170余家。

中国石油化工股份有限公司
河北石家庄石油分公司

经　　理：王树伟
党委书记：李现华
副 经 理：王旭东（7月免）
王晓茹（1月免）
钱胜军
肖丽金（7月任）
于海涛（8月任）

（张路萍）

商业集团

【10家商贸企业获评省级无假冒专利示范单位称号】 10月25日，河北省知识产权局通报2013年全省“无假冒专利示范单位”认定，全市10家商贸单位获评“无假冒专利示范单位”称号，分别是石家庄勒泰物业服务有限公司、河北华润万家生活超市有限公司、高邑县亨林茂医药药材有限公司第五药房、高邑县朝阳日化百货商场、平山县海韵电器有限公司、平山县锦绣堂医药药材有限公司、赞皇县同济医药药材公司第二药房、赞皇县国泰电器有限公司、石家庄市诚达商贸有限公司、栾城县医药药材公司春和堂第一药房。2010年起，石家庄市组织商贸企业创建“无假冒专利示范单位”，至2013年底，全市获得认定70家。其中2010年认定22家，2011年认定29家，2012年认定9家，2013年认定10家。

（李云萍）

【北国人百集团有限责任公司】 石家庄北国人百集团有限责任公司（简称北人集团）是经石家庄市政府批准，于2000年3月21日由石家庄北国商城和石家庄人百集团有限责任公司合并注册成立的国有独资商贸企业。2008年3月北人集团完成国有企业改制，成为一家跨区域、多业态大型连锁商业企业集团。2013年北人集团旗下共有北国商城股份有限公司、石家庄饮食公司、石家庄农产品物流中心有限公司、石家庄北国惠民食品销售公司、石家庄国际博览中心、华都大厦、针纺织品分公司、华远商贸分公司8家下属企业，主要涉及百货连锁、超市连锁、家电连锁、珠宝连锁、餐饮娱乐、租赁会展、仓储运输、批发配送等行业，员工总数4万余人，经营网点遍布河北省、山东省、山西省、河南省、北京市、天津市、内蒙古自治区7省（市）区的25座城市，连续3年入选中国企业500强。2013年北人集团扩张下移，旗下各业态采取“组合出击”、“单兵作战”等方式，逐步深入县级市场。10月1日正定北国商城开业，12月18日邢台北国商城开业，12月24日元氏北国商城店开业。其中，邢台北国商城建筑面积13万平方米，是河北省邢台市最大的购物中心，也是邢台市首家集百货、家电、超市、餐饮、娱乐项目为一体的高端购物中心。至2013年底，北人集团拥有各类门店239家。其中，百货店15家，超市复合店7家、单体店14家、外阜店7家；果蔬惠民店38家，电器卖场35家，珠宝101家，租赁会展门店5家，餐饮及其他服务业门店16家；经营面积120余万平方米；实现年销售额301.68亿元、利税12.22亿元。

（彭艳荣）

【饮食有限责任公司】 2013年石家庄饮食有限责任公司成立。与改制前的石家庄饮食集团公司相比，企业资产、人员结构等发生重大变化。资本结构由国有独资公司变为北人集团控股、国资和民营参股的民营性质股份公司。治理结构由厂长（经理）负责制变为公司制结构，建立了股东会、董事会、管理层。公司员工由改制前1746人减少至888人。原石家庄饮食集团公司新山东大酒店、福满楼、富豪大酒店、燕风楼和宾馆等企业相继拆迁，企业营业网点减少三分之一。随着北人集团、盛隆公司股东进入和市国资委国有产权变更登记，投资多元化法人治理结构逐步形成。2013年石家庄饮食有限责任公司建立健全各项制度，制订《公司发展规划》和《企业经营责任制》，保持了企业良性发展。燕风楼保持菜肴独家特色，抓好外卖窗口营销，吸引顾客消费，正餐和外卖收入稳定提高，全年经营收入4180万元，保持了餐饮业龙头地位。注重弘扬中和轩饭庄老字号餐饮品牌，提高经营管理水平，消费上座率保持80%以上，全年经营收入2804万元，较2012年提高18%。釜洋斋增加清真炒菜品种，实现火锅涮肉和炒菜品种互补，保持了企业经营稳定。至2013年底，石家庄饮食有限责任公司实现年经营额10688万元，较计划指标提高6.8%；实现利润 150.3万元，完成经营利润指标；接待婚宴5200桌；

外卖收入3000万元，其中燕风楼收入2049万元。

（姚玉民）

【天元发展有限责任公司】 2013年石家庄天元发展有限责任公司积极打造现代服务业体系，逐步形成以超市（便利店）、时尚服饰商场、商务酒店经营为主业，兼营商业地产开发、物业管理、食品代理等多业态公司。旗下天元超市历经分（子）公司阶段性探索经营后，形成超市便利店、社区惠民店、谷养谷山货超市经营模式；天元名品、天元酒店组织结构全面优化。加大成本管控，完善预算管理，合理调配资金使用。科学管控基本设施建设，确保了重点工程顺利实施。加强网站维护，依托天元商务大厦弱电系统，完善集团一体化网络布局，协助各业态建立符合经营实际的电子网络平台。推进天元网络商城建设，突出各业态商品优势，实施线上推广和销售。2013年石家庄天元发展有限责任公司旗下房地产、酒店、超市、服饰城、销售、物业六大业态基本完成年初制订的经济指标和管理目标，实现经营收入5.03亿元，员工薪酬增长5%～10%。

（毛延锋）

【国大集团】 2013年石家庄国大集团发展成为集酒店、商业连锁、食品制造、商业旅游地产、置业服务业五大业态于一体的大型综合性商贸企业集团。旗下酒店板块拥有商务酒店、经济型酒店、温泉度假酒店100余家；商业连锁板块共有国大“36524”便利店300余家；食品工业板块拥有中华老字号“金凤扒鸡”及“洛杉奇”品牌，其中专卖店200余家；置业服务业共有国大中介门店81家。各子公司走上健康发展道路。国大酒店经营分公司以“深耕河北、挺进京津、辐射周边”为策略，采取在河北省5市举行招商加盟会、拓展连锁加盟业务方式，酒店总数达到115家，主要分布在河北省、北京市、山东省、河南省、山西省5省市的15市、30余个县，成为河北省最大的快捷酒店连锁企业。洛杉奇分公司以“省农业产业化龙头企业”和“中华老字号”为依托，延长禽类养殖和深加工产业链，建成2万吨冷库1座，并引进伊利、大红门等知名企业入驻。其中，该公司在赞皇县许亭乡投资建设的“金凤柴鸡生态散养基地”于2013年12月被国家标准化委员会批准为“国家柴鸡生态养殖综合标准化示范区”。国大旅居公司完善分时分权旅游度假新产品，指导企业与重庆美尔公司合作，成功开设“全球旅游地产交易中心”。2013年国大旅居公司围绕“四季养生、旅居中国”主题，推出面向全国旅居综合产品，丰富了省会居民休闲度假选择。

（胡振菊）

旅　游

【概况】 2013年，全市旅游业呈现强劲发展势头，共接待海内外游客4891.05万人次，实现旅游业总收入332.9亿元，同比分别增长16.43%和23.96%。其中，接待国际游客16.7万人次，创汇收入7489.9万美元；接待国内游客4874.3万人次，旅游收入328.3亿元。旅游接待规模和收入保持全省首位，接待大型旅游团队实现历史性突破。全年接待韩国、泰国、台湾地区到石家庄旅游包机180多架次，旅游人数3万多人次；接待国内旅游包机200多架次、旅游专列11列，其中500人以上旅游大巴团队80余个。4月29日至5月1日“五一”劳动节3天小长假期间，全市接待中外游客243.4万人次，旅游业总收入12.55亿元。其中，西柏坡纪念馆接待游客超过12.8万人次。国庆节“十一”黄金周期间，全市接待游客283.8万人次，同比增长25.6%；实现旅游收入10.05亿元，同比增长34.1%。2013年全市新建、在建旅游项目57个，完成投资31.2亿元。新谋划项目6个，总投资79.7亿元。拓宽国内外市场。开展旅游交流与合作，组团参加贵阳中国国内旅游交易会、2013北京国际旅游博览会、昆明国际旅游交易会；与河北省旅游局到广州市、武汉市、郑州市开展2013美丽中国·燕赵行高铁旅游推广活动；与保定市、张家口市合力打造北太行旅游联盟；在广州市举办北太行旅游推介，成功接待广东省旅行社协会组织的北太行旅游考察团。4月16日，河南省灵宝市到石家庄市举办旅游推介会，两地旅游部门签订《万人游灵宝合作协议书》。2013年石家庄市与京港澳高铁旅游联盟成员携手，共同打造了“京港澳高铁旅游休闲产业带”；以河北省与美国艾奥瓦州缔结友好省州关系30周年为契机，石家庄市赵县与美国麦迪逊郡签署《中国河北省赵县赵州桥与美国艾奥瓦州麦迪逊郡罗斯曼廊桥缔结姊妹桥友好关系合作协议》；石家庄与哈尔滨、乌鲁木齐等城市达成旅游合作交流共识，并邀请江苏省、山西省及韩国、日本和港澳台旅行商到石家庄踩线；石家庄市成为第三批大陆居民赴台“个人游”试点城市，并于8月28日启动赴台“个人游”活动。吸引全民参与旅游活动。2013年春节期间，组织开展正定大庙会、抱犊寨春节大庙会“新春祈福添欢乐”、“旅游惠民大拜年”系列活动；以乡村游为重点，成功举办中国·西柏坡温泉城桃花浴旅游文化节、苍岩山庙会、赵县梨花节、栾城草莓采摘节；举办国民旅游休闲系列活动启动仪式暨国御温泉国民温泉疗养日活动。工农业旅游成为新亮点。2013年君乐宝乳业有限公司、青岛啤酒（石家庄）有限公司、河北敬业集团有限公司进入河北省工业旅游示范点行列，青岛啤酒梦工厂博物馆正式启幕，君乐宝乳业接待游客数量突破16万人次。2013年河北省英烈纪念园（石家庄市双凤山旅游景区）获评国家4A 级旅游景区、晋州市周家庄农业特色观光园获评国家3A级旅游景区。河北汇宾大酒店、正定县华阳假日酒店、石家庄怀特大厦、平山县敬业商务酒店评定为国家四星级旅游饭店；无极县富泰大酒店、石家庄华联商厦商务酒店评定为国家三星级旅游饭店。石家庄君乐宝乳业有限公司、青岛啤酒（石家庄）有限公司、河北敬业集团获评河北省工业旅游示范点。至2013年底，全市共有国家A级景区30处（5A级景区1处，4A级景区25处，3A级景区2处，2A级景区2处）；星级饭店68家（五星级4家，四星级27家，三星级30家，二星级7家）；旅行社234家（出境组团社19家，一般组团社215家），40家分社，400余家服务网点。工农业旅游示范点27个（国家级农业旅游示范点1个，省级农业旅游示范点14个，省级工业旅游示范点8个，市级工业旅游示范点4个）。旅游直接从业人数5万余人，间接就业人数37万人。严格落实旅游安全责任制，加大旅游饭店、景区（点）、旅行社、旅游车（船）公司等安全监督检查力度，及时整改安全隐患，未发生重大旅游安全责任事故。1月17日，市旅游协会挂牌成立，310名会员单位及个人参加会议，大会审议通过《石家庄市旅游协会章程》、《石家庄市旅游协会行业自律公约》等议案，选举产生第一届理事会、监事会，市旅游局局长赵俊芳当选会长。

2013年8月8日，河北省工业旅游示范点——青岛啤酒（石家庄）有限公司“青岛啤酒梦工厂”博物馆开馆

【编制旅游规划】 贯彻落实《石家庄市旅游发展总体规划》，合理利用旅游资源和区位条件，优化旅游业要素结构、空间布局和旅游产业结构，促进旅游业持续、健康、稳定发展。2013年石家庄市及所辖县（市）完成8个专项旅游规划，分别为《石家庄市滹沱河旅游开发总体规划》、《藁城市旅游业发展规划》、《井陉县瓮山森林公园旅游开发总体规划》、《井陉县大梁江旅游开发总体规划》、《灵寿县漫山休闲生态服务区总体规划》、《正定高远红木博览城旅游开发总体规划》、《鹿泉市东坡山文化

体验园旅游开发总体规划》、《平山县黄金寨旅游度假区旅游开发总体规划》。

【景区改造提升】 全年景区整改提升投入资金5.3亿元，新建、扩建、改造停车场项目30个，新增面积12.5万平方米；新建改建游客中心项目22个，面积1.9万平方米；新建改建旅游厕所61座，面积5545平方米；新增旅游购物店65个，增加特色旅游商品140件；新增、更换标识标牌2597块；新修、整修步游路55420米。围绕提升环省会旅游圈档次和水平，开展以景区“厕所革命”、景区周边环境整治为重要内容的旅游景区整改提升工程。A级景区整改提升工程与县（市）区旅游局签订景区整改责任状。加快旅游重点项目建设，推动产业转型升级。2013年全市新建、在建旅游项目57个，完成投资31.2亿元，新谋划项目6个，总投资79.7亿元。驼梁景区投资820万元，高标准整修步游路1400米，新建四星级旅游厕所1座、三星级厕所2座，重新装修游客中心，改造水景工程，开展景区综合整治。五岳寨景区投入5200万元，改造完成木栈道2000余米、石板台阶步游路2万余米、“空中走廊”1600米、“天梯工程”300米；整修河道3000米及拦水坝、休息亭25处、厕所8处、安全护栏3500米、标识牌35块、垃圾桶150个。段家楼景区保护开发项目完成《以段家楼为核心的井陉矿区旅游发展规划》、《段家楼文物保护利用规划》和《段家小姐楼整体修复方案》评审和段家楼核心景区及周边114户居民搬迁，通往段家楼道路实现整治提升。国御温泉度假小镇投资3600万元，实施步游路、标识标牌、国医堂、啤酒广场建设、绿化、美化工程。滹沱河旅游休闲区项目完工，滹沱河叶子广场大型水上浮动舞台、主题餐厅、休闲酒吧、夜观光餐饮船，自驾车露营地正式投入运营。

[illegible]汹汹水冰瀑

【红色景区建设】 华北军区烈士陵园按照《园区总体建设规划》和4A级景区标准，整合园区功能设施和资源，改造完善基础设施。河北省英烈纪念园（石家庄市双凤山旅游景区）投资1800余万元，建成影视厅、服务接待厅、游客中心、生态水冲式公厕、标识标牌及湿地景观等项目，园区环境显著提升，获评为国家4A级景区。沕沕水景区以红色水电站为牵引，整合山水、石家庄先民之家、冰瀑等资源，形成爱国主义教育与旅游结合的多功能景区。2013年在首届“诚义燕赵 胜境河北”河北旅游代表品牌公众推选活动中，西柏坡纪念馆入选30个河北旅游代表品牌。

（刘伟东）

【入选第三批赴台“个人游”试点城市】 6月16日，国家旅游局局长邵琪伟在第五届海峡论坛上宣布，经两岸协商，新开放大陆13个城市为第三批大陆居民赴台“个人游”试点城市。至此，台湾自由行开放城市增至26个。第三批大陆居民赴台“个人游”13个试点城市分别为：沈阳、郑州、武汉、苏州、宁波、青岛、石家庄、长春、合肥、长沙、南宁、昆明和泉州。6月28日，沈阳、郑州、武汉、苏州、宁波、青岛6个城市启动赴台“个人游”；8月28日，石家庄、长春、合肥、长沙、南宁、昆明和泉州7个城市启动。赴台“个人游”开放后，居民在台湾的停留时间为自入境次日起最长15天。

（王巍）

【获评中国旅游竞争力百强市】 8月16日，“2013年度中国旅游竞争力百强市（区、县）唐人排行榜”在北京钓鱼台国宾馆发布，石家庄市入列中国旅游竞争力百强市唐人榜第40位，比2011年度排名前进16位。中国城市旅游竞争力评价研究是北京世纪唐人旅游发展有限公司（旅游规划设计甲级资质）以“唐人指数”作为衡量标准，运用四级187项指标评价体系，对中国293个地级城市、1289个县（县级市、区）级行政单位，从旅游环境营造、旅游资源开发、旅游市场开拓、旅游管理制度创新等方面进行较为系统全面的分析研究后形成的综合评价。此次竞争力评价结合《2012年中国城市旅游发展研究报告》成果，适度提高旅游营销和旅游接待能力权重、降低旅游资源权重，重点突出公共服务体系创新的作用。

（翟相哲）

【春节游览节庆活动】 2013年春节假期（2月9～15日），全市接待游客66.3万人次，同比增长20.11%；实现旅游业总收入3.15亿元，同比增长26%。春节大庙会年味足。古城正定举办了第六届春节大庙会，隆兴寺、荣国府、赵云庙等8个景点分别举办了帝王礼佛表演、民间花会展演、腰鼓表演、佛乐演奏等；鹿泉市抱犊寨景区举办了蛇年春节祈福庙会，开展了“祈福纳祥”和“天官赐福”巡游、蛇年幸运大转盘、猜谜以及喊山大赛等活动。红色、冰雪、温泉游升温。春节期间，西柏坡纪念馆接待游客10万余人次；12月21日起，沕沕水景区举办历时近4个月第三届冰瀑旅游文化节，推出“沕沕水——燕赵最美冰瀑随手拍”、“擦亮天空 作别PM2.5——你出行 我买单”、“观冰瀑 看民俗 新春祈福”、“全民健康幸福低碳骑行”等精彩活动；井陉矿区清凉山滑雪场、井陉秦皇古道滑雪场雪道上呈现出一片热火朝天的景象，平山西柏坡温泉滑雪场接待6000多人次；平山白鹿温泉接待2万多人次，其中来自北京市、河南省、山东省等地游客实现较大幅度增长。都市、购物、乡村游热闹纷呈。第十届“庆新春欢乐大广场”活动在人民广场举行，举办了民间艺术展演、灯谜竞猜、趣味游戏等精彩活动；石家庄现代农业观光园、佐美庄园、藁城系井观光采摘园等乡村旅游点吸引了许多游客体验采摘的乐趣和农家恬静生活。出境游线路报名火爆。春节前，全市各大旅行社出游报名出现火爆态势，出境旅游方向以东南亚和韩国等为主，国内旅游主要集中在海南省、云南省、福建省等省份，去往南方“温暖线路”备受欢迎。近5万人畅游动物园和植物园。春节长假期间，有近5万游客游览了动物园和植物园，市植物园、动物园分别接待游客2万余人。2月9日起，市植物园举办了以郁金香、梅花、国兰为主的新春花展，引进郁金香27个品种、5万余株。市动物园在两栖爬行动物馆内增设了一个群蛇屋，特别引进球蟒、眼镜蛇、大王蛇、菜花蛇、三线蛇、火赤链蛇、翠绿蛇等10余个品种、400余条蛇；国宝大熊猫朵朵和娅祥初次在石家庄过年，受到游客特别关注。

（王巍　傅昕　靳晓磊）

【第十八届中国北方旅游交易会】 8月30日至9月1日，第十八届中国北方旅游交易会在石家庄国际科技博览活动中心和省会文化广场举行。本届中国北方旅游交易会由北京市、天津市、河北省、山西省、内蒙古自治区、山东省、河南省、辽宁省、吉林省、黑龙江省十省（区、市）旅游局（委）共同主办，石家庄市政府承办。这是继2000年石家庄市举办第五届中国北方旅游交易会后，时隔13年再次举办（中国北方旅游交易会自1996年起，每年一届，已发展成为全国规模最大、层次最高、影响最广的旅游盛会）。第十八届中国北方旅游交易会以建设“美丽中国 胜境河北”为主题，以“智慧旅游 融合发展”为主旨，全面展示了“诚义燕赵 胜境河北”、“红色西柏坡 多彩石家庄”的旅游形象。会展总面积22780平方米，设标准展位168个、特装展位47组。8月30日，河北省副省长秦博勇，国家旅游局副局长杜江，河北省旅游局局长栗进路，石家庄市长王亮及北方9省（区、市）旅游局（委）领导出席了省会文化广场举行的开幕式。第十八届中国北方旅游交易会参会范围、参会人数及参展旅游要素均创下历届之最，共有国内30个省（区、市）（除甘肃省因抗震救灾外）以及香港、澳门、台湾、新加坡、马来西亚、泰国、韩国、美国、俄罗斯、德国、澳大利亚、南非、马尔代夫、坦桑尼亚等21个国家和地区1000余个涉旅单位参展，参会代表2.6万人，其中注册参展商代表8000多人。国内旅游管理机构、旅游协会，旅游景（区）点、旅游度假区、旅游商品、境内外旅行社、旅游批发商，航空公司、旅游车船公司、旅游文化演艺单位、旅游开发咨询研究机构、旅游教育机构、旅游传媒出版单位均有代表参展。交易会期间，河北省旅游局和石家庄市旅游局举办了“河北旅游资源推介暨产品对接会”，将佛光山、国御温泉、驼梁、天桂山、秦皇古道、荣国府、隆兴寺、赵州桥等省内一大批燕赵美景和环省会旅游线路，推荐给各省区市300多名参会代表。市旅游部门还组织开展了俄罗斯“中国旅游年”系列活动、纪念河北省与美国艾奥瓦州结好30周年旅游文化交流活动、高端旅游文化专家讲座、“台湾之夜”旅游推介会、中华旅业联盟会议等系列活动。第十八届中国北方旅游交易会累计接待参观人员突破20万人（次）；发放宣传品230万份；签订旅游合作协议9100份，互换客源20.8万人（次），金额2.58亿元；达成意向协议1.08万份，意向组团人数43.5万人（次），金额1.9亿元。石家庄市共有36个商贸旅游项目签约，签约金额合计86.5亿元。其中8月31日举行石家庄商贸旅游项目推介与签约仪式活动，现场签约12个项目，总金额达到44亿元，主要包括河北林川自然生态旅游度假区等4个旅游景区建设项目；五岳寨风景区香悦溪谷项目，总占地110亩，由河北三兴集团投资2.4亿元开发建设集居住、旅游观光、健身疗养等功能为一体的休闲度假区；藁城宫灯研制开发中心有限公司和香港中国梦投资股份有限公司签约“中国梦大型宫灯”项目；滹沱河房车露营项目，总投资7.85亿元，主要服务包括住宿、露营、餐饮娱乐、拓展、汽车保养与维护等；总投资18亿元的四季康城项目；总投资1.5亿元的家纺生产基地项目；总投资5亿元的碧海尚城项目；河北康辉旅游集团和台湾鼎运旅游集团签署1万名台湾游客到石家庄旅游合作协议；河北锦华国际旅行社和韩国济州航空公司签署2014年组织52架包机方便韩国游客到石家庄旅游合作意向书；河北非凡之旅旅行社和乌鲁木齐畅通国际游旅行社签署2014年新疆发往石家庄3列游客专列合同。

（刘伟东　翟相哲）

8月30日，2013第十八届中国北方旅游交易会开幕

【县市旅游项目开发】 赞皇县全力推进10个乡村旅游特色村创建，其中大枣科技示范园区建设的枣乡庄园农家乐开业。灵寿县启动乡村旅游总体规划编制。晋州市加大河北省农业旅游示范点——周家庄开发建设；2013年周家庄获评为国家3A级景区。井陉矿区推进河北省工业旅游示范点——段家楼景区保护开发。平山县规范整治和提升工农业旅游点、农家乐建设。井陉县围绕“慢城慢镇游”，加大于家石头村、大梁江等名村古镇保护性开发。赵县依托25万亩梨园，以“梨文化”为核心，培育推出赵县梨园驿站、河北绿诺食品有限公司等工农业旅游点。

【旅游宣传促销】 以太行山水生态绿色旅游为主题，打造石家庄城市新名片，在北京西客站LED显示屏和中央电视台第4套节目播出石家庄旅游宣传片，大力推介“青翠石家庄”形象。以“5·19”中国旅游日为契机，联合河北电台旅游文化广播，邀请16家京津冀媒体记者以及全国各地30位名博、名嘴、名家聚集石家庄，举办“红色西柏坡，多彩石家庄”旅游考察采风活动。与河北交通电视台合作创办《人在旅途》栏目，推出5个系列报道。与石家庄电视台《民生关注》栏目合作策划“畅游石家庄——寻找最美秋天、冬天”旅游活动。以河北省与美国艾奥瓦州缔结友好省州关系30周年为契机，实现赵县与美国麦迪逊郡签署《中国河北省赵县赵州桥与美国艾奥瓦州麦迪逊郡罗斯曼廊桥缔结姊妹桥友好关系合作协议》。2013年石家庄市入选第三批大陆居民赴台“个人游”试点城市，并于8月28日正式启动赴台“个人游”。落实地接奖励政策，符合条件16家旅行社获得奖励。年内，石家庄市组团参加了贵阳中国国内旅游交易会、2013北京国际旅游博览会、昆明国际旅游交易会，并随河北省旅游局到广州市、武汉市、郑州市开展2013美丽中国·燕赵行高铁旅游推广活动，宣传北方旅游交易会，推介石家庄旅游，加强与外地旅游管理机构和旅游企业交流合作。与河北省保定市、张家口市合力打造北太行旅游联盟，在广州市举办北太行旅游推介会，成功接待了广东省旅行社协会组织的北太行旅游考察团，促进了区域旅游合作。拓展旅游市场，邀请江苏省4家旅游组团大社、山西旅游联盟、韩日及港澳台旅行商到石家庄旅游景点踩线。

2013年3月12日，石家庄市举行“国民旅游休闲”系列活动启动仪式

【旅游主题活动】 加快休闲旅游产业发展，打造具有较强影响力的旅游节庆品牌，吸引市民广泛参与。春节期间，各景区组织开展以正定大庙会、抱犊寨春节大庙会为代表的“新春祈福添欢乐”、“旅游惠民大拜年”等系列活动。5·19中国旅游日期间，举办石家庄“国民旅游休闲”系列活动启动仪式暨国御温泉“国民温泉疗养日”活动，推出面向市民优惠政策。“十·一”黄金周期间，围绕国庆主题，推出“开国文化之旅”旅游产品。12月21日，启动石家庄市冬季旅游惠民活动。以乡村旅游为重点，举办中国·西柏坡温泉城桃花浴旅游文化节、井陉苍岩山庙会、晋州梨花节、赵县梨花节、栾城草莓采摘节等群众喜闻乐见、参与性强的民俗、健身、温泉、采摘等特色旅游项目。2013年灵寿县成功举办首届RW50五岳寨国际越野大奖赛；赞皇县旅游发展委员会和中国摄影家协会联合举办“嶂石岩杯”全国摄影大赛；平山县举办山西市场答谢会，来自太原市、阳泉市、大同市等500多家旅行社参会；藁城市举办第九届梨花节暨省会东部新兴旅游休闲度假区推介会。

2013年9月21日早晨6时，RW50 2013五岳寨国际越野大奖赛开赛

【旅游行业管理】 加强旅游市场综合整治力度，成立石家庄市旅游纠纷调解处理中心和石家庄旅游仲裁调解中心，重点整治“零负团费”、“挂靠承包”、无资质经营、欺诈和强迫游客消费等违法违规行为。全年接收各类旅游投诉、咨询电话500余起，调解成功率达到100%。严格依据《旅行社条例》加强旅行社管理，全力推进旅行社责任险统保示范项目，年末旅行社投保率达到100%。2013年石家庄市新注册旅行社19家，旅行社分社9家，旅行社门市部70余家。开展诚信旅行社评选活动，获评87家诚信旅行社名单在网站、省市报刊等媒体公示。贯彻落实《旅游饭店星级的划分与评定》和国家旅游局《关于促进旅游饭店业持续健康发展的意见》，落实星级酒店评定复核，完成2012年星级饭店复核复评。推荐上报五星级饭店1家，新评四星级饭店4家、三星级饭店2家；新增国家金叶级绿色饭店1家，市级绿色饭店5家。加强旅游安全管理，与各县（市）区旅游局签订《安全生产目标管理责任书》、《消防安全责任书》和《社会管理综合治理责任书》，与各旅游企业签订《安全生产承诺书》。开展“平安景区”创建活动，营造安全、满意、放心的旅游环境。规范导游服务公司培训管理，资质审查和备案全市导游服务公司6家。完成2013年导游人员资格考试考务工作，笔试、面试合格者599人，其中普通话类571人，外语类28人。推行持证上岗制度和IC卡管理制度，完成2012年度导游年审网上培训，年审率达到83%。2013年石家庄抱犊寨客运索道获评“全国青年文明号”。

（刘伟东）

金 融

金 融

银 行

2013年，全市各金融机构贯彻稳健货币政策，实现金融业总体平稳运行。至2013年末，石家庄全部金融机构（含外资）人民币各项存款余额8607.78亿元，比年初增加965.07亿元。受个人理财产品发行影响，存款呈现出明显逢季度末上冲、季度后大幅下滑的典型特点。影响存款变动的几个因素：小额贷款公司、担保公司及其他理财投资渠道增多，对中高端客户群体形成较强的吸引力；余额宝等互联网金融产品发力，吸引超过千亿元储蓄资金向此类货币基金转移；储蓄存款吸引力在金融渠道和产品多样化的作用下减弱态势明显；房地产市场回暖，房地产企业表现活跃，其存款账户变动明显；受污染治理措施影响，部分污染企业停产，流动资金滞留银行。至2013年底，石家庄市金融机构（含外资）人民币贷款余额4512.02亿元，比年初增加501.28亿元。信贷投放主要特点：贷款增速高位回落，月度投放均衡；自2013年4月起贷款增速持续放缓，2013年9月以后呈现波动回升；从贷款投放月度分布看，表现为均衡投放态势；中长期贷款增速稳步上升，贷款期限配比向中长期倾斜；新增企业贷款集中投放于中小微企业，并重点向小微企业倾斜；受贷款规模限制，各商业银行大幅收缩基准利率以下住房贷款，放慢对个人住房贷款审批速度，个人住房贷款呈现价升量减趋势。

表46　　2013年1～12月石家庄市人民币信贷收支情况一览表

2013—12—31

栏目 月份	各项存款（亿元）		各项贷款（亿元）		存贷比	
	余　额	月增量	余　额	月增量	存　量（%）	较上年同期（百分点）
1月	7727.64	84.92	4053.36	42.62	52.45	-1.81
2月	7784.86	57.22	4093.96	40.6	52.59	-1.24
3月	8338.17	553.31	4160.39	66.43	49.90	-3.26
4月	8203.51	-134.66	4224.28	63.89	51.49	-2.63
5月	8266.85	63.34	4267.27	42.99	51.62	-1.76
6月	8451.99	185.15	4335.90	68.63	51.30	-0.3
7月	8228.82	-223.17	4340.78	4.88	52.75	-0.21
8月	8428.3	199.5	4403.2	62.5	52.24	-0.86
9月	8656	227.7	4437	34	51.26	-1.03
10月	8647	-9	4466	30	51.7	-0.6
11月	8622	-25	4491	24	52.1	-0.2
12月	8608	-14	4512	21	52.4	0.1

（樊秀华）

中国人民银行石家庄中心支行

【概况】 2013年，人民银行石家庄中心支行按照人民银行总行、天津分行各项工作部署，围绕"内抓管理保安全，外抓服务树形象，进一步强化管理，提高队伍素质，提高履职效果"的总体工作要求，以"对标提升"和"责任落实年"活动为载体，以党的群众路线教育实践活动为动力，强化责任意识和进取精神，转变工作作风，开拓创新，扎实工作，认真履行中央银行分支机构职责，落实各项货币信贷政策，加强金融业管理，严抓内控制度，提升服务质量和干部队伍素质，积极支持地方经济建设。开展责任落实年活动，加强内部管理，全年排查系统风险点5791个，梳理制度措施5351项、技防措施1878项，新制定制度642项，完善制度1001项，废止制度502项，完善权力监督制约机制378项。设立内审咨询业务，探索建立突发事件应急预案审计咨询平台，启动安全保卫内控业务咨询双边磋商机制，推动内审工作转型深化征信业务绩效审计，审计离任领导干部10名。加强财务监督管理，开展内控检查，防范会计风险；细化预算管理方案，提高财务管理水平。严控"三公"经费支出，降低行政运行成本。推进机房建设，规范集中采购。开展安全生产大检查和机关消防演练，加强枪支弹药安全管理，推进应急指挥中心和押运中心建设。实施人民银行系统保密普查，完成保密和密码体制调整准备。坚持"德才兼备、以德为先"标准，做好干部选拔任用、任职交流，全年提拔任用副处级领导和非领导干部各10名，提拔任用县（市）支行行长6名，交流支行行级干部5名。2013年人民银行石家庄中心支行多次得到河北省委、省政府主要领导批示表扬，连续7年被河北省政府授予金融贡献奖。

【信贷政策】 实施稳健货币政策，加大政策宣传和解读力度，加强监测分析，合理引导公众预期，提高货币政策的传导效应。完善准备金差异化动态调整办法，制定监测管理实施细则，加强金融机构流动性管理，准确把握政策执行的力度、节奏和重点。完善再贴现、再贷款管理办法，搞好农村信用社合作社票据兑付后续监测考核。加强金融机构利率政策实施效果监测评估，稳步推进利率市场化。依据国务院"金十条"要求，出台金融发展指导意见，支持河北省经济结构调整和转型升级、农业农村发展。召开重点项目银企对接会，引导金融机构用好增量、盘活存量，加大对重点行业、重点区域、绿色产业金融支持。举办"金融下乡服务年"活动，建立政、银、保、农业合作贷款机制，加大"三农"及小微企业金融支持力度。推动建立排污权抵押贷款制度，探索绿色金融新途径。印发《关于进一步做好环首都扶贫攻坚示范区及阜平县金融服务工作的意见》，安排专项信贷额度，建立监测制度机制，推进扶贫攻坚工作。加强冀、晋、蒙三省（区）人民银行协调联动，探索建立燕山太行山连片特困地区扶贫开发金融服务联席机制，支持扶贫开发。拓宽企业融资渠道，与中国银行间市场交易商协会、河北省金融工作办公室联合签署《借助银行间市场助推河北省经济发展合作备忘录》，推进集优直接债务融资。2013年河北省通过银行间市场支持40家企业融资247.6亿元。成立河北省金融票据协会，促进金融票据市场向规范化方向发展。加快发展跨境人民币业务，印发《关于加快河北省跨境人民币发展的指导意见》，开展"跨境人民币业务知识送企业"活动，推广应用跨境人民币业务非现场核查分析系统，促进跨境人民币业务快速健康发展。

【外汇管理】 深化货物贸易外汇管理改革，加强货物贸易监测分析、现场核查和分类管理，提升管理有效性。推进服务贸易外汇管理制度改革，制定改革实施方案，开展政策宣传培训，协调税务部门建立联系机制，确保改革顺利实施。按照简政放权要求，调整规范资本项目外汇业务审核相关操作72项，构建起以登记为主的直接投资、外债、境外上市等管理框架，降低了行政管理成本和企业经营成本。首次开展区域外汇收支运行分析，完成《2012年河北省外汇收支运行报告》。制定《河北省外汇收支风险应急预案》，提出具有较强前瞻性和可操作性风险应对措施。改进银行结售汇综合头寸管理，实施进出口企业分类，完善个人结售汇关注名单全省跨行共享机制，有效防范跨境资金流动冲击风险。参加国家外汇管理局网络升级改造、账户管理信息系统测试等信息业务。积极争取短期外债指标、对外担保指标和外保内贷指标，加大对企业支持力度。推广“资本项目信息系统”，数据质量全面提高。组织“诚信兴商”宣传活动，加大外汇检查力度，严厉处罚不良行为，较好维护了外汇市场秩序。

【风险防范】 加强日常监测，及时评判风险。丰富监测手段，采取现场与非现场相结合方式，实施全方位监测。拓宽监测范围，将小额贷款公司、融资性担保公司、典当行、农民专业合作社等机构民间融资活动纳入年度评估范畴。开展银行稳健性现场评估和理财产品专项评估，及时发现和化解风险隐患。发挥金融稳定分析小组、金融稳定联席会议等组织、机制作用，拓宽风险评估信息渠道。严格执行重大事项报告制度和金融风险提示通报制度，加强与河北省证监局证券期货监管合作，推进“两管理、两综合”工作，实现风险管控关口前移。加强新设金融机构开业管理，全年受理新设机构申请40份，同意全部加入人民银行金融管理与服务体系。研发推广综合评价管理系统，将评价工作量化、具体化，提升综合评价工作科学性和实用性。全年组织25家金融机构完成2012年度执行人民银行金融管理政策综合评价工作。开展综合执法检查。以金融市场业务、支付结算、人民币收付、征信、外汇等领域为重点，开展监督检查；以金融支持实体经济、落实稳健货币政策、“三农金融事业部”试点改革等重大事项为主体，加强督导落实，规范金融机构行为，有效维护金融市场秩序。2013年人民银行石家庄中心支行检查金融机构2家（河北银行、交通银行），包括其在全省范围所有分支机构。依照“风险为本、法人监管”原则，落实反洗钱工作措施，并对2家银行机构开展反洗钱风险评估；加强反洗钱调查，防范洗钱犯罪，调查可疑交易线索26条，向公安机关报案8起。

【金融服务】 开展“六五”普法宣传，与河北省高级人民法院建立联席会议制度，加强金融司法环境建设。建立健全保护机构、规章制度和咨询投诉处理机制，开展“金融知识普及月”活动，检查个人金融信息及权益保护。加强数据质量管控，完成22家机构统计现场检查。精心谋划重点课题，扎实开展调查研究，提高金融决策水平，全年6篇调研报告受到河北省委、省政府领导批示。加强支付环境建设，ACS、二代支付系统实现上线运行。组织签订《支付机构行业自律承诺书》，强化行业自律，推动支付服务市场健康发展。制定《关于加强河北省支付机构支付业务监督管理的指导意见》，促进支付机构规范管理。鼓励金融机构创新模式、拓展功能，推广非现金支付工具应用。探索建立银行卡助农取款服务长效机制，着力改善农村支付服务环境。建立IC卡行业应用发展联席会议制度，制定并以省政府名义印发《关于进一步推进金融IC卡在公共服务领域应用的意见》，大力推广应用金融IC卡。完善基础设施建设，做好网络和信息系统技术保障和运行维护，确保系统安全稳定运行。加强发行基金调拨管理，保障辖内合理现金需求。开展银行机构对外误付假币专项治理，加大人民币反假力度。推进人民币冠字号码查询。开展“平安库区”创建活动和“责任落实年”活动，强化现金业务管理。稳步推进小额贷款公司和融资性担保公司接入征信系统和信用评级。统筹规划，调度推进，圆满完成清分联机销毁计划。制定钞票处理业务考核细则，建立定期安全检查制度，有效防范差错事故。加强综合服务大厅规范化建设，梳理办事流程，提高办事效率，修订完善管理制度29项。

【信用体系建设】 与省发改委共同牵头，制定印发指导意见，形成纵向上下对口、横向分工明确的社会信用体系建设新格局。推进中小企业和农村信用体系试验区建设，探索建立农户电子化信息档案和信用评价体系。加强征信宣传和监督检查，落实《征信业管理条例》，促进征信业规范健康发展。优化贷款卡业务流程，将贷款卡业务办理窗口前移，提升了金融服务水平，受到商业银行和企业普遍欢迎。

【国库管理】 开展国库集中支付和电子化管理，建设现代服务型国库，受到人民银行总行领导肯定，并在全国推广。完成国库会计数据集中系统（TCBS）升级、测试，为河北省开展税务“营改增”试点工作提供了保障。推进国库会计核算标准化管理，实现“库款零在途、业务零差错、资金零风险”目标。

表 47　　2013 年石家庄地区全部金融机构（含外资）人民币信贷收支情况一览表

2013—12—31

来源项目名称	金　额（万元）	运用项目名称	金　额（万元）
一、各项存款	86077828	一、各项贷款	45120155
1. 单位存款	39579842	(一)境内贷款	45119899
其中：活期存款	16164586	1. 短期贷款	19039463
定期存款	8370925	(1)个人贷款及透支	3709013
通知存款	482989	其中：个人消费贷款	886259
保证金存款	8155822	(2)单位贷款及透支	14442730
2. 个人存款	42634367	其中：经营贷款	14392204
储蓄存款	41575970	固定资产贷款	30420
保证金存款	170778	(3)普通并购贷款	
结构性存款	887619	(4)银团贷款	16666
3. 财政性存款	1162193	(5)贸易融资	871054
4. 临时性存款	145516	(6)境外投资转贷款	
5. 委托存款	637825	2. 中长期贷款	24000622
6. 其他存款	1918084	(1)个人贷款	7838717
二、金融债券		其中：个人消费贷款	6223491
三、中长期借款	869	(2)单位贷款	14994256
四、应付及暂收款	1684191	其中：经营贷款	2725414
其中：应付利息	1135863	固定资产贷款	12268842
五、同业往来（来源方）	562740	(3)普通并购贷款	293200
六、系统内资金往来（来源方）		(4)银团贷款	871448
七、外汇买卖（来源方）	1244749	(5)贸易融资	
其中：结售汇	1244604	(6)境外投资转贷款	3000
八、各项准备	1025822	3. 融资租赁	
其中：贷款损失准备金	1011942	4. 票据融资	2031459
九、所有者权益	2077272	其中：贴现	2031459
其中：实收资本	828153	5. 各项垫款	48356
十、其他	-6496237	(二)境外贷款	256
		二、有价证券	466230
		三、股权及其他投资	1370806
		四、应收及预付款	514796

（续表）

来源项目名称	金　额（万元）	运用项目名称	金　额（万元）
		其中：应收利息	181751
		五、同业往来（运用方）	2257134
		六、系统内资金往来（运用方）	34091001
		七、金银占款	
		八、外汇买卖（运用方）	1243739
		其中：结售汇	1243612
		九、固定资产	682755
		十、库存现金	428975
		十一、投资性房地产	1645
资金来源总计	86177235	资金运用总计	86177235

表 48　　2013 年石家庄地区全部金融机构（含外资）外汇信贷收支表

2013—12—31

来源项目名称	金　额（万元）	运用项目名称	金　额（万元）
一、各项存款	125624	一、各项贷款	72554
1. 单位存款	94984	㈠境内贷款	72554
其中：活期存款	32056	1. 短期贷款	71390
定期存款	45030	(1)个人贷款及透支	138
通知存款		其中：个人消费贷款	138
保证金存款	17899	(2)单位贷款及透支	17346
2. 个人存款	29611	其中：经营贷款	17346
储蓄存款	27871	固定资产贷款	
保证金存款	50	(3)普通并购贷款	
结构性存款	1691	(4)银团贷款	
3. 财政性存款		(5)贸易融资	53905
4. 临时性存款	803	(6)境外投资转贷款	
5. 委托存款	103	2. 中长期贷款	1164
6. 其他存款	121	(1)个人贷款	15
二、金融债券		其中：个人消费贷款	15
三、中长期借款	231	(2)单位贷款	
四、应付及暂收款	5088	其中：经营贷款	
其中：应付利息	1008	固定资产贷款	

（续表）

来源项目名称	金　额（万元）	运用项目名称	金　额（万元）
五、同业往来（来源方）	4317	(3)普通并购贷款	
六、系统内资金往来（来源方）		(4)银团贷款	
七、外汇买卖（来源方）	204421	(5)贸易融资	
其中：结售汇	203677	(6)境外投资转贷款	1150
八、各项准备	590	3. 融资租赁	
其中：贷款损失准备金	590	4. 票据融资	
九、所有者权益	780	其中：贴现	
其中：实收资本		5. 各项垫款	
十、其他	17072	(二)境外贷款	
		二、有价证券	
		三、股权及其他投资	
		四、应收及预付款	3698
		其中：应收利息	614
		五、同业往来（运用方）	118
		六、系统内资金往来（运用方）	75398
		七、金银占款	
		八、外汇买卖（运用方）	204258
		其中：结售汇	203506
		九、固定资产	
		十、库存现金	2097
		十一、投资性房地产	
资金来源总计	358123	资金运用总计	358123

中国人民银行石家庄中心支行

行　　长：张文汇（兼国家外汇管理局河北省分局局长，12月免）

陈建华（兼国家外汇管理局河北省分局局长，12月任）

副 行 长：李小秋（兼国家外汇管理局河北省分局副局长）

贾广军　李伟

光兰明（4月免）

王彦青

工会主任：李双锁

助理巡视员：乔志彬（7月免）

（樊秀华）

中国农业发展银行

【概况】 2013年，中国农业发展银行河北省分行营业部按照“稳发展、控风险、优结构、强基础、提素质”工作思路，科学经营，科学管理，稳中求进，持续发展，获得全省农发行系统经营绩效考核一等奖。严格信贷计划，加强资金管理，在保证业务发展资金正常需求基础上，降低无息、低息资金占用率，实现信贷资金运用率103.8%。坚持“两轮驱动”策略，稳步发展粮、棉、

2013年12月12日，举办《中国农业发展银行营业窗口视觉形象建设标准》现场培训会

油收储主体业务，突出发展农业农村基础设施建设中长期贷款业务，全年累计发放各类贷款46.78亿元。依据不良资产清收处置三年规划，狠抓不良资产清收处置。针对不良贷款较为集中3家重点行、10家重点企业实施“一县一策”、“一企一策”、“一笔一策”办法，并逐一制定清收方案，落实人员、责任和目标；开展“不良贷款清收40天攻坚战”，采取借力政府、清贷挂钩、处置资产、减免表外欠息、核销呆账等措施，灵活清收不良资产。全年清收不良贷款1273.28万元，不良资产实现“双降”。增收节支，勤俭办行。全力督促各项财政补贴及时足额拨补、有效贷款利息全额收回，重点清收近三年表外欠息。全年实现贷款利息收入8.26亿元，其中清收往年欠息129万元，贷款利息综合收回率达99.36%，同比提高0.78个百分点。加强督导盈利亏损机构，落实一行一策和重点帮扶，减少亏损行2家。2013年全辖实现利润3.35亿元，人均盈利64.53万元，年计划达成率101.6%。加强队伍建设，举办各类业务培训班17期，参训人数760人次；组织200余人次参加并通过总行财务会计、信贷管理、风险管理和法律合规持证上岗考试；制定活动方案，设立活动专刊，举办演讲竞赛，倡导践行“正廉忠孝康”五字行为，获得省分行五字行为专题比赛团队二等奖。配合总行、分行举办《中国农业发展银行营业窗口视觉形象建设标准》现场培训会，在正定县支行开展营业窗口视觉形象样板建设，获得河北省分行“进步创新奖”一等奖。至2013年末，分行营业部各项贷款余额139.79亿元，较年初净增14.38亿元；各项存款（含同业）余额34.06亿元，较年初下降0.61亿元。

【贷款业务】 制定储备业务方案和优质客户融资方案，全力支持储备、轮换和调销业务，确保国家和地方储备计划顺利实施。制定《贷款客户评级、授信和用信业务“一站式”操作实施方案》、《无纸化办贷操作方案》和《影像扫描操作图文指引》，提高办贷效率。全年发放专项储备贷款9.72亿元，收储化肥21.32万吨、猪肉3200吨；发放夏粮收购贷款7.22亿元,收购小麦2.76亿千克；审批秋粮收购贷款7.25亿元，做到让“钱等粮”，实际利用贷款2.85亿元，收购玉米1.26亿千克；筹集粮保基金8316万元，通过粮保基金平台累计发放粮食收购贷款7.93亿元，占全部粮食收购贷款55.6%；向正定新区投放贷款11.17亿元，支持新农村安居工程等项目建设；向高邑县发放非经营性水利建设贷款3000万元，支持县域城镇供水工程建设。

【存款业务】 以财政支农资金存款和企事业单位存款为重点，强力推动货款回笼，严格企业账户管理，并采取部门联谊、定期走访、合作互助等方式，加强与地方政府、财政及涉农部门联系，营销财政支农资金存款。全年全辖17个支行全部被当地政府确定为财政支农资金主办行，日均财政存款余额达23.98亿元；日均企事业存款余额19.76亿元；累计营销同业存款1.7亿元，实现近三年同业存款零突破。至2013年底,分行营业部各项存款（含同业）余额34.06亿元，较年初下降0.61亿元；日均存款余额43.75亿元，同比下降5.73亿元

【中间业务】 加强市场调查，优化

营销方案，改进金融服务，实现中间业务收入293万元，同比增加15万元。加强与人寿保险、平安财险沟通联系，在投保条件、费率、服务、赔偿等方面给予最大限度优惠；修订营销方案，推行应保必保制度，实现保险代理手续费收入113.6万元。依据总行《收费价目名录》，规范开展咨询顾问类业务，实现收入68.6万元。

【国际业务】 实施本外币一体化营销，分类管理不同客户，优化业务操作流程，强化基层工作指导，在风险可控前提下，积极办理国际业务。至2013年底，全辖17家营业机构共办理国际结算业务3720万美元，同比增加1228万美元，完成年度任务148.8%；办理贸易融资业务1304万美元，占全省贸易融资业务总量31%。

中国农业发展银行
河北省分行营业部
总 经 理：康宗琪（1月免）
苗全强（1月任）
副总经理：张国君（2月免）
张惠仙（女，4月免）
王建民
周敬军（2月任）
张锁 （4月任）

（白江丰）

中国工商银行

【概况】 2013年，中国工商银行河北省分行营业部按照稳增长、调结构、抓改革、惠民生要求，围绕科学发展主题和转型发展主线，改进金融服务质量，落实监管要求，主动增加有效信贷投放，支持重点项目建设和实体经济发展，加大住房、医疗、涉农、环保等民生领域信贷支持，积极履行银行业社会责任。以“促合规、夯基础、创三无”“强内控、上等级”“无瑕疵信贷活动年”“建设最安全银行”“员工行为规范教育”等活动为载体，夯实管理基础，落实稳健经营策略。加强案件防范和处突能力，全年分行营业部实施安全普查4次、专项检查3次，开展各类应急预案演练600余场次，参演人员2万余人次；完成现金收付779亿元，做到了无事故无案件。完善金融服务功能，新建离行式自助银行47家，改造物理网点15家。开展“献爱心、圆梦想”主题公益活动，向深泽县赵八乡侯村小学捐赠电脑和文体用品1600多件（套），重点资助特困儿童5名。2013年分行营业部累计投放各类贷款355亿元，较2012年多投放106亿元；缴纳地方各项税款2.35亿元，较2012年多缴3200万元。至2013年底，分行营业部各项贷款余额达到557.08亿元，较年初增加75.24亿元，同比多增48.6亿元；各项贷款增量在四大国有银行、省工行系统均居首位，其中，公司贷款增加50.66亿元，居同业和系统首位；小企业贷款增加14.94亿元，居系统首位；个人贷款增加21.86亿元；票据融资增加2.72亿元，居同业和系统首位。

【信贷业务】 盘活存量，用好增量，关注民生。落实各项差别化住房信贷政策，控制一般房地产开发贷款投放，支持各类保障性住房项目建设。创新推出个人家居、个人文化消费、个人留学等新产品，支持发展个人消费类贷款。主动对接省市重点项目，积极储备大项目客户。创新担保增信方式，推出联保贷款、订单融资贷款等新产品，扩大小企业融资范围。全年对接高成长性企业10家，授信额度总计18亿元；采取小企业联保方式，向井陉县、赞皇县2县15家煤炭企业客户发放贷款1.38亿元。2013年分行营业部累计投放各类贷款355亿元，同比多投放106亿元，其中，投放公司类贷款263.39亿元，同比多投放72.28亿元，增长37.8%；发放房地产贷款29.67亿元，居全省工行系统首位。至2013年底，分行营业部各项贷款余额达到557.08亿元，较年初增加75.24亿元，同比多增48.6亿元，其中，房地产贷款余额达45.18亿元，在全省工行系统排名第一；个人消费贷款余额101.04亿元，较年初净增25.2亿元，居同业首位。

【国际业务】 加强与省市区县发改委、商务局等政府部门联系，及时梳理“走出去”“引进来”重点项目名单，全力开展营销推动；强化本外币一体化金融服务，促进国际业务快速发展。2013年共有16个重点项目纳入关注范围。至2013年底，分行营业部累计发放国际贸易融资4.61亿美元，同比增长112%，实现国际结算量28.61亿美元，跨境人民币结算量6.42亿元。

【信用卡业务】 全年发放社保卡29

万张、住房公积金卡3万张。信用卡分期付款业务全年实现交易额8.8亿元，同比增加5.9亿元；年末交易余额达6.45亿元，较年初增加4.7亿元，增量在全省工行系统占比25%，是2012年的5.8倍。

【网点渠道建设】 以自助银行、电子银行等虚拟渠道为重点，加强网点渠道建设，调整网点空间布局，丰富网点业务功能，改善金融服务环境。全年改造物理网点15家，其中市区11家、县域4家；新建离行式自助银行47家，其中市区24家、县域23家，较2012年多建28家，总量达到61家；新布放柜员机、多媒体自助终端、自助发卡机等自助设备209台，新布放POS设备2500台。

中国工商银行河北省分行营业部
总 经 理：沈学勤（兼省行行长助理）
副总经理：杜建国
张顺元（5月免）
韩晓坤 侯惠鹏
李宏伟（9月任）
王国强（9月任）
纪委书记：程春明
工委主任：冯建中

（蔡海骥）

中国农业银行

【概况】 2013年，中国农业银行股份有限公司河北省分行营业部围绕年度工作任务，转变经营理念，选准配强领导班子，加强人才队伍建设和内控管理，严控经营风险，加快产品创新，重视渠道建设，发展特色业务，促进全辖持续、协调、稳步发展。全年分行营业部选拔配备科级干部41名，培训助农取款点人员1590余个，实现“惠农通”工程智付通管理系统成功上线；参加省行3项技术比赛，获得2个团体第一名、1个团体第二名；案件防范实现“三无”目标，未发生声誉风险事件。至2013年底，全辖各项存款余额总量突破千亿，达到1015亿元，较年初增长135亿元；各项贷款余额385.6亿元，较年初增长46亿元；法人贷款到期现金收回率达到99.98%，不良贷款率为0.39%，较年初下降0.48个百分点，低于全省0.14个百分点；实现中间业务收入6.12亿元，较2012年增加1.75亿元，同比增长40%；实现拨备前利润18.84亿元，拨备后利润20.47亿元。

2013年4月20日，中国农业银行业务人员在石家庄市第七届金融理财文化节上宣传理财知识和优质金融产品

【业务发展】 选取北城、藁城2家试点行，启动对公包户业务，实行“一对一”服务，提高人员运用金融产品服务能力。总结推广东城支行包户经验，组织各行结合自身实际，完善包户措施和方法，加强个人客户精细化管理。积极发展重点项目贷款，年末重点项目贷款余额达到101亿元，较年初增加16.8亿元，占全部法人贷款增量73%；实现中间业务收入6513万元，较年初增加6490万元。持续抓好个人住房贷款、助业贷款等传统业务，重点发展“房抵贷、旺铺贷、随薪贷”等新兴产品，实现个贷业务多元化发展。至2013年末，分行营业部个贷余额达到104.7亿元，比年初增加23.2亿元，占全部贷款增量50%，比2012年提高16个百分点，其中非住房贷款增长8亿元。推进“三农”业务，全年办理涉农重点建设项目12个，重点小微企业贷款项目3个：石家庄雨润全球农产品采购中心项目授信2.5亿元；河北白鹿温泉度假股

2013 年 3 月 20 日，中国农业银行工作人员在藁城市一乡镇超市指导农民使用农行转账电话

份有限公司整体装修项目完成评估；石家庄双鸽食品有限公司项目授信 6000 万元。适时推出车位、家装、二手车、交话费赠手机等分期产品，增加业务品种，促进信用卡业务快速增长。2013 年分行营业部实现信用卡业务收入 1.17 亿元，同比增长 94.6%，其中商户收单收入 5081 万元，占全部信用卡收入 43%。至 2013 年底，全辖各项存款余额 1015 亿元，较年初增加 135 亿元，各项贷款余额 385.6 亿元，较年初增加 46 亿元，储备信贷项目超过 100 亿；33 家支行经营业绩全部实现正增长，13 家支行存款增长超过 5 亿元。

【网点渠道建设】 推进软硬件建设，提升网点服务形象。全年装修改造人工网点 20 个，网点改造总量达到 145 个，占全部网点数 94%；完成权限内 18 个离行式自助银行立项，批复装修投资 534 万元，并陆续开工建设；完成网点营销技能导入 72 个，全辖导入网点达到 107 个，占比 70%。扩大 MIS 系统、POS 机、自助设备应用范围，拓展服务渠道。全年新上线现金类自助设备 98 台，总数达到 543 台；新上线自助终端 34 台，总数达到 195 台；新上线智付通设备 5958 台，总数达到 43077 台。2013 年全辖电子渠道分流率达到 84%，较年初提升 5%。推广应用现金管理系统，全年新上线客户 919 户，上线总量 1932 户，锁定存款 95 亿元，同比增长 60 亿元，实现现金管理收入 2890 万元，同比增长 916 万元，上线数量、绑定存款以及业务收入等指标均居全省领先位次。实施金穗惠农通工程，在乡镇以下特别是农村金融网点空白乡镇、行政村设立助农取款点，向所有借记卡持卡人提供查询、转账和小额取现、代缴移动话费等金融服务，方便农村居民生产生活。至 2013 年末，分行营业部共在各类农家店、小超市、便民店布放助农取款服务点 1529 个，覆盖 17 个县域 178 个乡镇、1293 个行政村，年实现交易 21.5 万笔，交易金额超过 36 亿元。

中国农业银行股份有限公司
河北省分行营业部

总 经 理：宋雷

副总经理：刘海青（4 月免）
唐国辉　张万钧
崔金涛（4 月免）
韩海斌（9 月免）
刘炳午（9 月任）
孟贵武（9 月任）

纪委书记：刘斌

（张丽）

中国银行

【概况】 2013 年，中国银行石家庄管理部围绕“上存款、调结构、增利润、挣费用、获资本、促发展”工作要求和目标，扎实推进各项工作，全力打造省会“最好银行”。加强干部队伍建设，配齐各级领导班子，完善干部梯队配备。全年交流任用到期 A 类行行长 8 名，选拔 A 类支行挂职副行长 4 名，任用 A 类支行副行长 2 名，从青年员工中选拔城区 B 类支行行长 8 名、副行长 44 名、县域 B 类支行副行长 5 名。开展“平安中行”建设，推广凭证影像采集和综合运用，加强集中授权，提升运营控制和服务能力。2013 年全辖离行式 ATM 机清机加钞实现集中运行，支付清算系统达到 100% 安全，集中授权平均时长从年初 32 秒缩短至 23 秒，拒绝率从年初 3.72% 下降到 0.95%。拓展消费贷款业务，推出以“理想之家”、“双享贷”、“商户贷”、“联保贷”等产品为主的个人综合消费贷款、个人汽车消费贷款、车位分期贷款，支持城乡居民消费升级。推动重点地区、行业、项目发展，2011～2013年全辖共向城市基础设施、钢铁、交通、装备制造、园区建设等重点行业领域投入新增贷款75亿元，并融资45亿元支持城市轨道交通和新客站建设。加大中小微企业支持力度，全年累计投放中小微企业贷款10亿余元。2013年全行主要业务指标实现持续稳健发展，经营效益稳步提升，年末全行本外币资产余额达到649.38亿元，负债余额638.63亿元。

【业务发展】 至2013年底，全行人民币各项贷款余额264.16亿元，较年初新增17.94亿元。其中，人民币公司贷款余额146.23亿元，较年初下降3.77亿元；中小企业贷款余额11.50亿元，较年初新增6.39亿元；人民币个人贷款余额88.77亿元，较年初增加11.95亿元。清收化解不良资产2.35亿元，居全省系统第一位。全行单位结算账户31043户，较年初新增7220户，计划完成率全省排名第一位。其中，有效客户数4717户，较年初新增349户。全行个人有效客户115.41万户，较2012年新增4.94万户，存量排名保持第一位。个人中高端客户70388户，较年初增加13827户，新增户数居全省第一位。个人理财版网银新增客户105468户，个人网银交易客户数新增130449户，均在全省排名第一。

【网点渠道建设】 加强网点渠道建设，提高金融服务水平。加快电子渠道、自助渠道、电子网银建设，提供全方位、全天候金融服务。推进县域机构建设步伐，调整网点区域布局，扩大金融服务覆盖面。2013年新开灵寿、正定恒山、栾城等县域支行5家，年末县支行数量达到14家，全部对外营业机构网点数量达到82家。加强网点精细化管理，提升网点对外形象。实施网点夜间亮化工程，改造网点厅堂营销系统，全面推行销售流程和服务环境标准化；提供增值服务，统一配备便民伞，升级排队管理系统，布放铁路自助售取票机，开通支持冠字号循环功能存取一体机40台。开展员工技术大练兵和“优质高效服务示范网点”创建活动，引入神秘人检查机制，助推改善网点服务环境，提高服务效率，提升客户体验评价，打造服务最好品牌。

中国银行石家庄管理部

总 经 理：张立波

副总经理：边向利　解法林

于大为　赵永军

王电生　钟捷

纪委书记：解法林（兼）

（刘志辉　翟炜霞）

中国建设银行

【概况】 2013年，中国建设银行河北省分行营业部以年度目标任务为中心，坚持稳步发展总基调，落实精细化管理，全力推进业务建设。加强合规教育，增强防范风险意识和管理能力。信贷业务做好存量资产管控和增量资产准入，降低风险成本占用，提升资产价值贡献度。业务操作规范流程管理和档案管理，重点解决产品过度销售问题。加强案件防控，开展风险大排查“百日行动”，禁止非法集资与利益输送行为，未发生任何事故或案件性问题，达到“四无”管理目标。推进行风建设，实现行风评议继续领先，社会形象进一步提升。管控成本，厉行节约，勤俭办行，同比压缩招待费支出35.8%。强化培训教育，举办培训班47期，培训人员16716人次，年末A、B类客户经理达到84名，同比提升17%。重视渠道建设，新建、升格、搬迁、装修网点38个，新布放离行式自助银行15个、银亭15个。开展暖心活动，向市区28个直管网点近300名员工统一配送中餐。增强企业文化建设，多次利用节假日开展登山、羽毛球比赛等文化活动。至2013年底，全辖一般性存款余额达到862.71亿元，日均新增43.62亿元，余额在全省建行系统排名第一；各项贷款余额476.56亿元，较年初新增50.92亿元，新增在建行系统内排名第一；实现中间业务净收入6.62亿元，同比增长15.9%；实现税前利润19.02亿元，同比增加6.9亿元；不良贷款额0.48亿元，较年初下降2.83亿元，不良贷款率为0.1%，较年初下降0.67个百分点。

【资产业务】 争取铁路、交通等基础设施建设项目和公用领域客户，营销储备项目9个383亿元。拓展县级二级甲等以上公立医疗机构，取得石家庄辖区所属县级二级甲等以上公立医疗机构80%以上贷款份额。加快投放城镇化贷款，审批项目5个20.8亿元，投放8.36亿元。采取产品创新组合延伸链条方式，与井陉县等8个县级政府签订“助保贷”合作协议，累计为24户小企业发放贷款2.59亿元。做强住房开发贷款和个人贷款业务，新增住房开发贷款5.39亿元、个人贷款28亿元。至2013年底，全辖各项贷款余额476.56亿元。其中，小企业贷款48.7亿元，较年初增加10亿元；住房开发贷款12.76亿元；个人贷款140亿元。

【负债业务】 按照主动负债、稳存增存思路，开展客户拓展年活动，推行增客户抓存款措施。拓展校园一卡通等代缴项目7个，交易量突破1000笔。加强大堂管理，落实网点负责人、主管行长50%时间做大堂工作要求，制订出台相应考核办法，搞好分层营销、分层维护和向服务要存款，促进了中小客户迅速增长。实行“资产带动、产品拉动、公私联动”办法，主抓重点、热点资金。至2013年底，全辖贷户代工率达到40%，个人存款日均新增39.9亿元，超额完成年度计划，其中，1000万元以下中小客户时点新增超过8亿元，日均新增7.1亿元。

【中间业务】 以投行、信用卡分期、贵金属等业务为重点，积极培育新的增长点。投行业务拓展中期票据、短期融资券、私募债、城镇化理财和私募股权基金等业务；信用卡分期业务作为个人中间业务突破口，完善考核机制，落实全力推进措施。2013年全辖办理资产收益权类入池业务8笔，金额22.9亿元，实现中间业务收入5000多万元；发放资产收益权类理财产品9000万元；信用卡分期业务交易额突破9亿元，实现中间业务收入超过5000万元，同比增长100%，2013年分期业务收入在信用卡中间业务收入中占比达到62.5%。至2013年底，中间业务实现净收入6.62亿元，同比增长15.9%。

【客户结构】 对公客户开展有效客户拓展年和对公客户周周赛活动，并借助“一圈一链一平台”和“助保贷”、“善融贷”、“助商贷”等业务推进客户群批量营销，成功争揽总部客户6个、大中型资产类客户82户、小企业客户267户，实现对公全量账户和有效账户新增总量均居全省第一。对私客户实施“走出去”战略，开展“进市场、进园区、进校园”活动，促进高端及大众富裕客户增长。到2013年底，全辖新增借记卡84万张，新增AUM值(Asset Under Management简称，资产管理规模指标）5万元以上客户7753户，其中，500万元以上144户、1000万元以上89户；新增信用卡客户9.6万户。

中国建设银行河北省分行营业部

总经理：尹全振

副总经理：赵昱辉（6月免）

王旭涛（8月免）

彭文英（女）

商凤群

张蓉（5月任）

纪委书记：商凤群（兼）

（吕彦华）

中信银行

【概况】 2013年，中信银行石家庄分行依照“改革、发展、分享”总体思路，转变经营发展模式，优化网点机构布局，改进业绩考核办法，促进各项业务健康发展。加强人才队伍建设，调整选人用人机制，做好紧缺人才与核心人才培养、引入工作；建立内部人才库，采取双向选择、竞聘上岗等方式实现人才内部流动。2013年分行引进优秀同业人才169人。将福利关怀与激励机制相结合，有效增强团队凝聚力。全年所属二级分行、县域支行均落实职工周转用房；就餐补贴由一日两餐提高到一日三餐；举办分行第一届冬季运动会，组织员工参加身体检查；业绩考核办法由按季考核改为按月考核。加强风险管理。坚持风险管理“三不”原则，做到不转贷、不展期、不掩盖，挤出虚增保证金存款；严明工作纪律，保持安全、合规、风险三大高压线，禁止拿回扣、内部营销行为；针对不良贷款风险频发问题，建立重大损失分担制，按照尽职免责、失职追责原则，落实相关责任人承担一定比例经济责任；实行“案件、不良、亏损、事故、班子队伍建设不齐全”等重要指标一票否决制，规定凡是出现问题单位一律考核为五类行（部）；制定《中信银行石家庄分行放款管理办法》、《中信银行石家庄分行不良资产处理流程（试行）》、《中信银行石家庄分行问责管理实施细则》等制度和办法，采取综合问责措施，对不良贷款责任人员进行组织处理、经济处罚和法律制裁；从严落实离岗清收制度，成功化解案件风险、集体上访事件，有效控制敏感舆情，防止了事态蔓延和扩大。至2013年末，分行表内外总资产达到826.33亿元，比年初增加136.24亿元，增长19.74%，其中，表内资产491.19亿元，比年初增加82.79亿元，增长20.27%；表外资产335.14亿元，比年初增加53.45亿元，增长18.97%。自营存款规模429.44亿元，比年初增加45.74亿元。各项贷款余额356.84亿元，其中，小微企业贷款余额38.47亿元，较年初增加12.17亿元，增长46.27%，增速高于各项贷款平均增速32.4个百分点；涉农贷款余额117.95亿元，比年初增加12.79亿元，增长12.16%，增速高于各项贷款平均增速7.01个百分点。2013年中信银行石家庄分行获得河北省政府"金融创新奖"和新浪网"2013年最佳金融营销创新奖"，其中3家营业网点获评为"2013年河北省首届网友最满意银行网点"。

【业务发展】 贯彻总行大客户集中经营管理战略，立足"主流区域、主流市场、主流客户"，转变经营模式，逐步推进客户属地化改革，2013年分行与保定市政府、邯郸市政府、张家口市政府、沧州市政府、沧州渤海新区管委会、辛集市政府、藁城市政府及北国人百集团、巨力集团、隆基泰和集团、晨阳集团、辛集皮革城有限公司、石家庄市商业联合会、沧州渤海新区中捷产业园、邯郸福建商会等机构签署战略合作协议，协议总额度近1000亿元。小企业金融业务围绕"一链两圈三集群"，搭建营销平台，储备客户资源。2013年分行批复小企业集群授信16个，批复额度40余亿元，占小企业贷款总量43%，完成提款8亿元；年末小企业集群有余额贷款户数323户，占小企业客户总数64.3%。机构存款业务取得代理资格和资金专户22户，是2001至2012年累计取得专户数4.4倍；年末分行机构客户数达到376户，较年初增加106户，机构存款较年初增加18亿元，比2012年同期多增16亿元。投行业务逐步确立特色业务，实现投资银行中间业务收入1.18亿元，占分行中间业务收入总数38.06%，较2012年增加0.73亿元，增长163.79%；依托投行产品实现客户融资规模129.42亿元，是分行同期新增对公一般性贷款（不含贴现）规模的近4倍，同比增加40.80亿元，增长45.81%。电子银行业务快速发展，个人网银新增客户6.8万户，完成交易笔数246万笔、交易量1239.40亿元，交易替代率达76.79%，计划完成率达169.9%；个人移动银行新增客户6.3万户，完成交易笔数2.6万笔；全年累计发放网络贷款0.25亿元，计划完成率116.8%；新发信用卡7.31万张，计划完成率200.8%。跨境人民币业务完成交易8.44亿元，计划完成率175.47%。

【网点建设】 按照总行"抓住机遇，加快转型，建设具有独特市场价值的一流商业银行"指导要求，重视加强二级分行建设，在人力、财务、信贷等资源方面适当向二级分行倾斜，并将二级分行、异地支行作为"行长联系行"，发挥二级分行和异地支行支撑作用。全年按照准一级分行标准，调整和完善3家二级分行内部组织架构，配备充足了干部员工；邯郸分行、保定分行完成整体搬迁，新华东路支行、建设北大街支行完成装修改造，正定支行、辛集支行、邯郸联纺路支行、藁城支行、保定裕华路支行、定州支行、石家庄中华北大街支行落成开业，石家庄泰华街支行完成批复、正在筹建；2013年总行下达新建8+1家支行计划完成，取得了网点筹建在系统排名第四的好成绩。至2013年末，分行机构网点数量达到37家，其中一级分行1家；异地二级分行3家：保定分行、邯郸分行、沧州分行；县域支行5家：涿州支行、正定支行、辛集支行、藁城支行、定州支行；同城支行29家；离行式自助银行50家，分别位于石家庄、保定、邯郸3市主要经济区域、主要商贸区和主要社区。

中信银行石家庄分行

行　　长：韩聚光（5月免）
　　　　　谢宏儒（5月任）
副 行 长：马劲松（3月任）
　　　　　张建明
行长助理：李跃进（3月免）
　　　　　杨桂玲　高珊

（吴红梅）

中国华夏银行

【概况】 2013年，中国华夏银行石家庄分行按照总行第三次党员代表大会及年度业务要求，坚持稳中求进策略，采取退劣增优、挖潜增效措施，统筹资源分配，加强结构调整，加快经营方式转型。全年分行退出低质量小微企业客户433户，新增高质量小微企业客户487户；新增对公客户1683户，非用信客户占94.8%，1909户对公低效户日均提升35%；新增个人有效客户5.39万户，新增贵宾客户中老客户转化占19.7%，个人客户经理人均存款较年初增长21.5%。加强贷款定价管理，按月跟踪条线贷款情况，严格执行杠杆倍数政策；优化资产结构，压缩低效业务资产规模，提高资产收益率，实现信贷投放向国际业务、中小企业和个人贷款等消耗低、回报高的业务倾斜。至2013年12月末，分行新增个人贷款额8.09亿元，同比增长68%，高出贷款平均增速45个百分点；小微企业贷款增量占对公贷款增量47.7%，高出对公贷款平均增幅7.4个百分点。加强同业合作，增加资金来源，争揽优质存款，抓好资金管理，减少存款波动，优化负债结构，保障资金流动。全年分行一般性存款日均保持394亿元以上；2013年12月末，3个月及以内对公存款日均占比82.5%，较年初提高29个百分点；储蓄存款日均占比18.7%，较年初提高1.4个百分点，其中活期储蓄日均占比24%，较年初提高1.2个百分点。推广新业务和新产品，拓宽收入来源，提高中间业务收入占比；保证金存款、授信客户存款实施差异化定价，将贷款合同利率改为按年调整，设定贷款利率上浮水平下限，提高存贷差净收益；减少行政运转成本，优化收入成本结构，提高渠道建设和业务发展质量。至2013年底，分行中间业务实现收入2.35亿元，完成年计划108.8%，中间业务收入占比16%，较年初增长0.8%；国际业务收入同比增长11.8%，其中进出口结算收入占比提高16.7个百分点；会议费、招待费同比下降21%，业务拓展费用占变动费用比例达31.5%。加强员工队伍建设，2013年分行63人达到技术专业入库推荐条件，43人达到业务操作专业入库推荐条件，选拔任用专业技术9级及以上员工118人，推荐双百人才3名。打造服务品牌，提升服务质量。全年创新服务品牌产品6类：华夏招标宝、小贷公司监管系统、节假日网银协定存款、POS+集付快线、跨行平台＋协定存款、个贷产品；文明规范服务质量提升，2013年保定分行营业部在中国银行业协会年度“文明规范服务百佳示范单位”检查排名中居河北省第二位。扩大经营规模，提升资产质量。至2013年末，分行一般性存款余额492.3亿元，较年初增长94.28%，其中储蓄存款105.08亿元，较年初增长31.72%；各项贷款余额322.88亿元，较年初增长60.77%；商票保贴结合转出业务累计实现中间业务收入1820万元，沉淀存款近80亿元；资产托管项目累计12个、金额71.34亿元。不良贷款、关注类贷款余额分别为1.03亿元和1.60亿元，低于总行控制计划0.78亿元和0.40亿元；小企业条线不良贷款为零，低于总行控制计划0.14亿元；拨备前利润9.73亿元，完成年计划125%。

【公司业务】 加快产品研发，多个重点产品取得实质进展。全年创新产品8个；商票保贴业务量达76亿元，实现中间业务收入2083万元；银证通业务量达55亿元，锁定1年期及以上存款59亿元，实现中间业务收入3966万元。加强供应链金融、银租通等系列产品推广应用。年末供应链业务余额达283.39亿元，比年初增长108%；供应链客户数305户，比年初增长32%；银证投融通业务、供应链金融保兑仓、货押和商票保贴业务累计金额达318亿元，实现中间业务收入8047万元。围绕无贷户存款、非公开定向融资工具、企业资产证券化、城镇化建设贷款等重点推广业务，调整机构设置，面向客户需求，开展精准营销。2013年分行成立大项目营销小组35个，累计营销产品220亿元。依托资金支付网络，批量开发平台客户，持续推广年审制贷款，扩大中小业务品牌影响。年内小企业客户实现在线融资、结算及资金集中管理；至2013年末，平台客户达到428户15.7亿元，发放年审制贷款11户1.37亿元。2013年分行净增对公有效客户298户，完成年计划186%；3个月及以内对公存款日均占比82.5%，完成年计划任务；对公存款日均358.3亿元，完成年计划113%。

【个人业务】 搭建营销平台，开发校园一卡通、商城集中收银项目，带动基础客户群增加。推进传统和新兴业务并进，扩大客户群体。以理财产品为依托，吸引新客户及行外资金。落实个贷责任制，开展营

2013年3月17日，华夏银行石家庄分行组织客户开展“华夏财富之旅——我为华夏添抹绿”植树活动

销竞赛，扩大个贷规模。至2013年末，分行理财资金余额达到35.2亿元，较年初增长12.8%，新增理财签约客户11753户，签约客户金融资产总量达到40.6亿元；新增信用卡3.29万张，完成年计划143%，净增信用卡VIP客户31145户，完成年计划152%；电子银行客户活跃度提升，获总行电子银行客户使用提升贡献奖，ETC（Electronic Toll Collection简称，电子不停车收费系统）客户新增37129万户，同比增长649.1%；储蓄存款日均82.65亿元，完成年计划118.2%，个人贷款净增7.29亿元，位居系统排名第7位，个人金融资产总量164.1亿元，完成年计划117.7%。

【国际业务】 重点产品推广成绩显著，进出口结算客户增加，国际结算、结售汇市场份额提高。2013年新国际结算系统成功切换上线运营，受到总行通报表彰；福费延、跨境人民币、出口双保理3项产品提前半年完成全年目标。至2013年末，分行进出口结算客户达263户，同比增长21.8%；国际结算量21.2亿美元，完成年计划117.8%；国际结算量同比增长25.8%，继续跑赢市场增速；国际结算市场份额占比3.9%，同比提高0.6个百分点。

【电子银行】 完善电子银行服务功能，提高新一代网银、资金支付系统等对业务发展和客户服务的支持度。落实各项推动措施，提高客户活跃度和交易替代率。设立电子银行兼职产品经理，组织参加总行资格认证，培养电子银行后备人才。2013年分行13人取得总行中级电子银行资格证书，185人获得总行初级电子银行资格证书。

【网点建设】 加快机构建设步伐，大量布放自助银行、单点ATM、传统POS、TPOS等终端设备，加强网点设施建设和维护，为客户提供便捷服务。积极探索二级分行、县域支行管理模式，推进机构又好又快发展。2013年分行8家支行正式开业运营，邯郸分行建成达到开业条件。

中国华夏银行石家庄分行

行　长：王宏杰

副行长：赵巍　苏彦民

　　　　王庆华

　　　　侯江涛

首席信用风险官：甄为书

（崔梦琳）

中国民生银行

【概况】 2013年，中国民生银行石家庄分行围绕做“民营企业的银行、小微企业的银行、高端客户的银行”战略定位，成立客户服务管理委员会和厅堂标准化服务领导小组，建立服务协调工作机制，优化厅堂服务管理模式，完善人员管理激励制度，加强服务管理体系建设，增强业务发展的支持力。开展合规建设主题活动，推进合规履职谈话和辅导工作，制定出台关于业务操作、团队建设、服务督导、风险防范等一系列规章制度，建立操作风险三级管控模式,践行“制度立行”思想，提高合规运营能力。以“过程管理”为核心，创新风险管理手段，推行大公司授信风险量化预测、中小企业产业链风险监管、小微贷款风险全程管控等新模式，有效防控信贷风险。加强“三防一保”工作，突出抓好处突预案演练，推进“平安支行”建设。年内，在河北新闻网主办的“2013年河北网友最信赖的金融品牌大调查”活动中，分行服务满意度居股份制银行首位，成功当选网友最信赖的金融品牌。2013年分行金融服务区域扩大，新建支行12家；开展风险排查17次，主要包括内控管理、不规范经营、部分业务贷后工作、“六大风险”防范、重要岗位员工、重点领域和重点业务、交易融资业务、表外业务等项目，风险防范能力增强，实现零风险零案件目标。2013年分行向大型重点项目提供金融服务能力提升，分别为石药集团融集资金5亿元、为河北融投集团融集资金5亿元、为河北港口集团配置资金10亿元，联合运作河北省供销社“银商直通车”项目正式上线；中小微业务发展卓有成效，业务扩展至全省11个设区市，涉及钢铁、煤炭、家电、汽车、纺织、农产品加工、医药、养殖、化工等多个行业，全年累计发放小微贷款263.78亿元，组建小微城市商业合作社146个，2011～2013年累计向河北省6.2万户中小微企业发放贷款约600亿元，有力支持了中小微企业发展。至2013年末，分行各项存款余额835.2亿元，较年初增加89.33亿元，其中储蓄存款余额380.35亿元，较年初增加62.08亿元；各项贷款余额494.53亿元，较年初增加64.45亿元，其中小微贷款余额（个人经营性贷款）224.26亿元，较年初增加88.17亿元；资产规模达到1146.24亿元，较年初增加209.84亿元；中间业务实现收入1.58亿元，同比减少0.79亿元。

【负债业务】 加强人员思想发动，开展专项劳动竞赛，按日均值实施考核，激发全员积极性。整合产品资源，开展系统营销，推动存款持续增长，实现稳存增存目标。2013年分行负债业务稳定增长，为开展资产业务、扩大信贷规模奠定了良好基础。至2013年末，分行负债业务余额1124.7亿元，较年初增加215.1亿元；存款业务余额835.2亿元，较年初增加89.33亿元，其中储蓄存款余额380.35亿元，占全部存款余额总数45.54%，较年初增加62.08亿元，占全部存款增量69.5%。

【资产业务】 加强业务平台建设，推进政银合作，营造良好外部发展环境。围绕打造曹妃甸新区、渤海新区2个增长极，在基础设施行业和大型企业大力开展营销促揽活动，培育新的业务增长点。开展“中小企业融资方略推介”活动，整合中小微金融产品，推出一套综合融资方案，促进了资产业务持续健康发展。2013年分行成功与石家庄市政府签订战略协议，支持省会重点项目建设；与河北省供销社签署合作协议，为筹建大宗农产品市场出具交易系统解决方案，提供现金管理和托管服务；与河北省工商业联合会石油业商会开展合作，为会员单位提供全方位金融服务；与河北省青年联合会开展合作正在办理。至2013年底，分行资产业务余额1146.2亿元，较年初增加209.8亿元；各项贷款余额494.53亿元，较年初增加64.45亿元，其中，小微贷款余额224.26亿元，占全部贷款余额总数45.3%，较年初增加88.17亿元，占全部贷款余额增量136.8%。

中国民生银行石家庄分行

行　　长：（空缺）

副 行 长：杨德　（12月免）

徐明勋（12月任，主持工作）

胡国荣　宋立新

行长助理：武颖　李超

（白亮）

中国光大银行

【概况】 2013年，中国光大银行石家庄分行按照“风险管理年、学习提升年、深化发展年”工作思路，以模式化经营为抓手，以风险管理为保障，以产品创新为突破口，以业务发展为目标，全力打造国内最具创新力银行。从操作、授信、合规三个方面入手，加强风险管理。成立授信专职管理部，制定对公放款核保操作流程，开展授信业务检查，做好操作风险防控。根据客户不同情况，分别采取重点监管、压缩授信额度并追加缓释手段、坚决予以退出等措施，做好信用风险和存量业务风险管理，同时在授信方案设计上，提前沟通，做到授信用途、规模、还款来源、担保缓释“四个可控”，实现风险管理与业务发展和谐统一。合规经营管理实施“四位一体”内控监督，开展合规风险预警，对工程机械贷款、结算业务、货押业务以及存款风险滚动开展专项检查，提升合规管理水平。加强队伍建设，推进落实“职业导师”制度，

2013 年 5 月 11 日，中国光大银行石家庄分行举办“我为光大做贡献争做五四新青年”团委演讲比赛暨柜台技能大赛活动

发挥优秀青年“传、帮、带”作用，培养、锻炼、储备业务骨干。人员招聘管理，完善考核激励机制，建立职工活动中心，成立瑜伽健身队、健美操队、书法学习班等组织，开展工会节日送温暖活动，创造拴心留人内部环境。2013 年分行压缩钢铁冶炼企业授信额度，部分存量授信追加缓释手段；完成网点合规稽核 9 家，计划完成率 100%。至 2013 年末，分行拥有总资产 653.31 亿元，较年初增加 225.12 亿元，增长 52.6%。一般存款日均余额 338.71 亿元，较年初增加 83.93 亿元，增长 32.9%。各项贷款（含贴现）日均余额为 265.09 亿元，较年初增加 32.1 亿元，增长 13.8%。中间业务实现净收入 4 亿多元，同比增长 70%。2013 年分行获评中国光大银行系统先进单位。

【业务发展】 把握经济转型升级、节能减排发展机遇，推广合同能源管理、排污权质押、专利权质押等业务，建立特色专有品牌和发展模式。对公业务大力发展大型企业和重大项目贷款，全年在河北省重点技术改造项目（千项技改工程）计划名单中，分行授信企业合同余额近 3 亿元；在河北省重点项目计划名单中，分行签订合作意向项目数量 51 个，拟发放贷款金额约 10 亿元。推动节能减排绿色信贷业务发展，在 EMC 合同能源管理、排污权质押、专利权质押等领域取得突破性进展。6 月 3 日，分行与河北省环保厅签署 500 亿元战略合作协议，其中排污权质押专项贷款 300 亿元。2013 年分行审批 EMC（合同能源管理）节能融易贷业务 3 笔，发放 EMC 贷款近 1 亿元；年末累计为 15 家科技型小微企业发放专利权质押贷款近 5 亿元，成为河北省专利质押贷款市场份额最大的银行机构。2013 年分行在河北省知识产权局组织的专利权质押贷款评先活动中，3 家经营单位、5 名员工分别获评为先进单位和先进个人，受表彰单位和个人数量均居全省同业第一。零售业务遵循市场化运作规律，以服务客户需求为中心，以交通、医疗、休闲、教育等民生领域为重点，以渠道搭建和服务创新为着力点，建

2013 年 6 月 3 日，中国光大银行石家庄分行与企业签订 500 亿元排污权质押授信合作意向书

立健全总、分、支三级服务平台，并利用服务渠道和产品渠道，推进客户分类服务、分层管理，促进储蓄存款快速增加。建立ETC联名卡、乐仁堂、健身俱乐部、钓鱼俱乐部、邯郸青年卡等系列特色服务平台，利用客户网点资源、营销渠道资源，批量导入大量优质客户，带来大量稳定储蓄存款。至2013年末，分行一般存款时点余额381.48亿元，较年初增加74亿元，增长24.1%。其中，储蓄存款时点余额突破100亿元，较2012年增长49.2%。各项贷款(含贴现）时点余额282.09亿元，较年初增加47.15亿元，增长20.1%。账面时点存贷比73.9%，较年初下降2.5个百分点，低于总行控制指标3.7个百分点，实现存贷比持续优化。

【网点建设】 扩大网点服务范围，合理布局机构设置，完善服务功能，提升服务质量和形象。2013年分行新开业支行6家。1月18日，邯郸滏河大街支行开业；3月13日，唐山丰南支行开业；6月28日，石家庄体育大街支行开业；7月1日，廊坊金光道支行开业；12月2日，邯郸铁西支行开业；12月27日，唐山丰润支行开业。至2013年末，分行拥有同城支行13家、异地二级分行3家、异地支行9家。

表49　2013年中国光大银行石家庄分行营业网点一览表

序号	网点名称	地址
1	石家庄分行营业部	石家庄市裕华东路56号
2	建华北大街支行	石家庄市跃进路79号
3	康乐街支行	石家庄市桥西区康乐街8号
4	中华大街支行	石家庄市中华南大街323号
5	富强大街支行	石家庄市东岗路18号
6	西王支行	石家庄市新华路167号
7	广安大街支行	石家庄市广安大街10号副1号
8	槐安东路支行	石家庄市槐安东路166号
9	友谊北大街支行	石家庄市友谊北大街368号
10	中山路支行	石家庄市中山西路142号
11	友谊大街支行	石家庄市友谊北大街111号
12	谈固南大街支行	石家庄市塔北路99号
13	体育大街支行	石家庄体育南大街183号
14	唐山分行营业部	唐山市路北区北新西道87号
15	唐山新华道支行	唐山市新华西道37号
16	唐山丰润支行	唐山丰润区平安路2号
17	唐山丰南支行	唐山市丰南区明珠商业楼151-3
18	邯郸分行营业部	邯郸市人民东路310号
19	邯郸分行滏河大街支行	邯郸市丛台区滏河北大街266号
20	邯郸分行铁西支行	邯郸市铁西北大街52号

（续表）

序号	网点名称	地址
21	廊坊分行营业部	廊坊市广阳道 29 号
22	廊坊金光道支行	廊坊市金光道 38 号

中国光大银行股份有限公司
石家庄分行

行　　长：高名安
副 行 长：武贯群　朱军
　　　　　魏昭　（1 月任）
风险总监：蔡雪峰（2 月任）
行长助理：刁清南（兼唐山分行
　　　　　行长）
纪委书记：武贯群（兼）

（康虞）

中国邮政储蓄银行

【概况】 2013 年，中国邮政储蓄银行石家庄市分行按照“科学发展、精细管理、合规运营”总体工作思路，加强内部管理，加快业务创新，强化营销推动，扩展服务渠道，提高服务便利化程度，较好树立了品牌形象，增强了核心竞争力。全年分行办理国际汇款 5481 笔，同比增加 1583 笔，居全省第一位，获得 2013 年个人外汇业务发展一等奖；发放信用卡 9761 张，代理保费 5.54 亿元；新增个人网银客户 14 万户、电话银行 15 万户、手机银行 13 万户，个人电子银行新增客户数及新增交易量均居全省第一位；涉农补贴、新农保、养老金等金融服务得到政府部门认可。至 2013 年底，分行各项存款余额达 234.49 亿元，其中，个人储蓄存款余额 132.12 亿元，净增 17.56 亿元，对公存款余额 102.37 亿元，净增 11.98 亿元；各项贷款余额 65.45 亿元，其中，个人贷款余额 31.65 亿元，净增 13 亿元，小企业贷款余额 33.8 亿元，净增 12.3 亿元，贷款结余和新增均排名全省第一位。

【个人业务】 至 2013 年底，分行个人存款余额 132.12 亿元，净增 17.56 亿元。个人贷款余额 31.65 亿元，净增 13 亿元。外币储蓄余额 62.6 万美元，外汇卡累计发放 2087 张，居全省首位。办理国际汇款 5481 笔，同比增加 1583 笔，居全省第一位。发放信用卡 9761 张，代理保费 5.54 亿元。新增个人网银客户 14 万户、电话银行 15 万户、手机银行 13 万户，个人电子银行年度新增客户数及新增交易量均居全省第一位。

【公司业务】 至 2013 年底，分行对公存款余额 102.37 亿元，同比新增 11.98 亿元，日均余额 93.74 亿元，日均活期占比 70.18%，时点余额居全国省会行第一位，日均余额居全国省会行第二位，时点及日均余额稳居全省首位。小企业贷款结余 33.8 亿元，净增 12.3 亿元，贷款结余和新增均排名全省第一。票据业务买入 118.7 亿元，转卖 117.95 亿元，托收回款 5.31 亿元，形成收入 4329.54 万元，实现净利润 3276.71 万元，收益率达 14.84%。

【网点渠道建设】 加强网点渠道建设，优化网点整体环境，提高公众形象和核心竞争力。加快发展电子渠道，开展营销宣传，建立服务体验区，推广应用电子银行，提升服务效率。2013 年全辖所有网点均配备无线网络设备，投放开通柜员机 40 台、自助缴费终端 22 台，电子交易替代率达到 52%。

中国邮政储蓄银行石家庄市分行

行　　长：张国平
副 行 长：赵蒙林　米荣杰
行长助理：于会龙

（孙吉硕）

河北银行

【概况】 2013 年，河北银行石家庄营业管理部按照“特色化经营、精细化管理、差异化发展”总体要求，加大产品创新力度，开展集约化经营，严控“两高一剩”企业授信，加强信用风险管理，发展绿色信贷，推进网点机构建设，改善金融服务质量，打造精品服务品牌，开展全员警示教育，健全内控管理制度，夯实案防技防基础，实现各项业务良性发展。全年清收、处置、转化、核销不良资产 4.03 亿元，不良贷款率降至 0.49%，较年初下降

0.34个百分点,超额完成控制指标。至2013年末，营业管理部资产总额达到780亿元，同比增长15.8%；各项存款余额759亿元，同比增长15.3%；各项贷款余额298亿元，同比增长17.3%。

【业务发展】 推广电子银行产品，提升金融服务水平，找准目标客户，改进营销方法，搞好重点营销，促进储蓄存款快速增长。以公共资源性存款、财政存款、医院类存款、保证金存款为重点，以资产类业务带动负债业务为补充，开展深度营销，推动对公存款持续增长。加强资源管理，降低资本消耗，大力发展风险低、综合收益高的按揭类贷款和工资保证贷款；优化信贷结构，加大中小企业和涉农项目支持力度。提升理财产品、国债产品营销，大力发展投行业务。2013年营业管理部存款业务快速增长，小微企业授信超额完成既定任务，中小企业及涉农贷款占比大幅提高，投行业务取得突破。2013年营业管理部与开发区管委会、市卫生局、6家医院等部门机构签订合作协议，采用资产负债联动方式，派生对公存款60亿元，新增储蓄存款58亿元，销售理财产品103亿元，发放信用卡3.7万张。至2013年末，营业管理部个人网银客户数9.5万户，手机银行客户数4.8万户；各项存款余额759亿元，其中，储蓄存款340亿，对公存款419亿；各项贷款余额298亿元，其中，小微企业授信余额54亿元，投行业务授信余额25亿元。

【网点建设】 实施机构发展战略，加快网点建设。2013年营业管理部开设县域支行6家、社区支行2家。9月12日，万达广场社区支行开业；9月29日,高邑支行开业;9月30日，灵寿支行开业；10月15日，赵县支行开业;10月18日，栾城支行开业；12月10日，行唐支行开业；12月26日，赞皇支行开业；12月31日，建国西路社区支行开业。至2013年末，营业管理部拥有营业网点75家，其中，市区支行62家、营业部1家、县域支行12家，代管村镇银行1家(平山西柏坡冀银村镇银行)。

河北银行石家庄营业管理部
总 经 理：杨书林（兼河北银行副行长）
副总经理：赵清辉（2月免）
王子彬　陈海英
张俊山（4月免）
狄艳军（7月任）
总经理助理：黄冀川（7月任）
风险总监：王建伟（7月任）

（刘佳玉）

农村信用合作社联合社

【概况】 2013年，市农村信用合作社联合社（简称市联社）按照“立足三农，支持小微，服务县域”战略定位，抓住经营转型和深化改革两条主线，以小额贷款信息化为先导，以涉农项目和小微企业为重点，以“农贷宝”业务推广为抓手，以全市18个小贷中心和111个小贷分中心为依托，围绕工业园区、重点产业集群、大型卖场、物流供应链条、城镇化建设五类目标，推进小额贷款批量营销、批量授信；围绕“三农”和社区开展消费类贷款客户“管道式营销”，在村和社区建立联系人制度，构建广覆盖、密集化、多层次的营销网络，巩固和扩大小额贷款市场占有率。出台《客户经理绩效考核指导意见》，建立按劳分配、按绩取酬和责权对等良性考核机制，调动客户经理的积极性、主动性和创造性，增强业务发展内动力，基本实现了信贷投放预期目标和小额贷款业务拓展成效。推进信息化建设，成立市农村信用社信息科技中心；实施小额贷款信息化系统改造，实现个人类贷款数据大集中。2013年市联社成功开发贷款责任认定和管理系统，试点应用新版移动小额贷款信息化系统，升级完成员工绩效考核系统，全面增强了信息化支撑能力。至2013年底，市联社共有县级联社11家、农村商业银行1家、农村合作银行1家、股份制农村信用合作社联合社6家；拥有营业网点590个、员工6320名；建立“助农金融服务点”3184个；各项存款余额1024.39亿元，较年初增长104.9亿元；各项贷款余额620.16亿元，较年初增加63亿元；资产总额1237.3亿元，较年初增加114.79亿元；实现考核利润20.04亿元。2013年市联社服务“三农”工作事迹以及“存款突破1000亿元”工作业绩被《金融时报》、《河北日报》、河北电视台、《石家庄日报》等媒体专门报道，引起社会各界广泛关注。2013年赵县联社被中国人民银行总行评为“全国改善农村支付服务环境先进集体”，获得“金融服务下乡宣传服务站”牌匾，该社董红娟被中华全国总工会授予“全国优秀工会积极分子”称号；赵县联社、新乐联社获得“河北省改善农村支付服务环境先进单位”称号；正定联社、井陉矿区联社获得“河北省金融系统劳动关系和谐企业”称号；栾城联社营业部获评中国银行业文明规范服务百佳示范单位和河北省首届网友最满意银行网点，其中中国银行业文明规范服务百佳示范单位荣誉为全国农村信用合作社联合社系统唯一获评单位；市联社、灵寿县联社分别被省总工会评为“河北省模范职工之家”、“河北省模范职工小家”；市联社还被市轻工金融工会评为“职工之家建设三年上水平”活动先进单位，获得“职工之家建设三年上水平”成果展二等奖。

【业务发展】 加快产品创新，抢占县域市场，推动银社、银医、银电、银校合作，提高金融服务广度和深度。发展绿色信贷，落实“两高一剩”和淘汰落后产能企业名单式管理，严禁新增任何形式贷款；已发放贷款做到能收尽收，收不回来的，采取资产保全措施，责任落实到人。审慎开展房地产贷款和票据业务，严控业务规模。拓展小额贷款市场，优先发展涉农贷款项目，给予龙头型、生态型、科技型等具有高附加值和带动效应的农业产业化企业以及农产品加工项目、产业化建设项目信贷支持。优化信贷投放结构，突出重点项目和实体经济，加强优质项目营销储备，主动增加有效信贷投放。2013 年市联社争取到社保卡县域发卡资格 6 个，占全市首批发卡县域总数 60%，其中全域 4 个、部分 2 个，共发放社保卡 79 万余张；市联社与卫生部门合作开展“居民健康卡”项目，在鹿泉市联社试点发行，成为河北省“居民健康卡”首发单位；与电力系统合作，开展代收电费项目，布放 POS 机 464 台，代收电费 17.34 万笔 3074 万元；开展银校合作，推广校园一卡通业务，发放学子卡 1800 余张，办理签约短信 1700 余户，办理转账业务 13000 笔 200 余万元；试点推广 MIS-POS 一体化银行卡支付系统，首批布放 40 余台，发生交易约 21000 笔 245 万元。至 2013 年末，市联社各项存款余额达到 1024.39 亿元，较年初增长 104.9 亿元；各项贷款余额达到 620.16 亿元，较年初增长 63 亿元，同比多增 10.39 亿元，其中 500 万元以下小额贷款余额 253 亿元，较年初增加 55 亿元，同比多增 29.6 亿元；中间业务收入 1.52 亿元，同比增长 0.21 亿元；资产总额 1237.3 亿元，较年初增加 114.79 亿元；负债总额 1170.9 亿元，较年初增加 102.97 亿元；所有者权益 66.39 亿元，较年初增加 11.8 亿元；实现考核利润 20.04 亿元。

【商业化改制】 出台《优化县联社股权设置和股东结构的指导意见》，引导改制行社优化股权股东结构。完善“三会一层”法人治理机制，促使股东大会、董事会、监事会、高管层及各专业委员会各司其职，协调运作。建立董事履职考核制度，召开股东董事座谈会，鼓励开展考察调研，提高履职尽责能力。2013 年市联社组建完成农村商业银行 1 家（井陉）、股份制联社 4 家（辛集、高邑、井陉矿区、晋州），正在申请组建 1 家（正定农商行）。3 月 12 日，井陉矿区联社取得营业执照；3 月 19 日，井陉农商行挂牌开业；5 月 17 日，高邑联社股份有限公司挂牌开业；6 月 6 日，辛集联社股份有限公司挂牌开业；12 月 6 日，正定农商行完成组建申请上报；12 月 30 日，晋州联社股份有限公司挂牌开业。

石家庄市农村信用合作社联合社
理事长：陈树松
主　任：王文娟（女）
监事长：刘宏峰
副主任：刘合芳

（杨智皓）

证 券

【概况】 2013 年，市金融工作办公室按照“储备一批、改制一批、辅导一批、上市一批”思路，积极推进企业上市融资，引导优势企业发行公司债、短期融资券、中期票据及其他融资债券，探索联合发债方式，推进中小企业集合票据等债权类金融创新，构建多层次资本市场。推动建立投资基金体系，发展壮大创业投资规模，吸引社会资本进入股权投资业。规范发展平台，采取“总量控制、分类管理、区别对待、逐步化解”政策，推进融资平台退出和投融资体系改革，提升融资平台融资能力，促进融资平台做精、做大、做强。2013 年全市 3 家企业在天津股权交易所挂牌，4 家企业在石家庄股权交易所挂牌，3 家企业正在申办全国股转系统（新三板）挂牌。6 月 28 日，市地产集团有限公司发行 2013 年石家庄市地产集团有限公司债券（简称“13 石地产”，代码“124281”）在上海证券交易所上市交易；7 月 17 日，华北制药股份有限公司召开第八届董事会第六次会议，审议通过《关于公司非公开发行 A 股股票方案》，正式启动 2013 年非公开发行股票事宜；7 月 19 日，市建投集团 5 亿元公司债券获准发行；9 月 17 日，市裕峰投资开发有限公司9亿元债券获准发行。至 2013 年底，驻石家庄各类企业累计发行债券 157.5 亿元；备案基金和基金管理企业 40 家，注册资本 24 亿元；境内上市企业 13 家、境外上市企业 15 家，天津股权交易所挂牌企业 8 家、石家庄股权交易所挂牌企业 4 家，累计实现融资 470 亿元。

（彭秀文）

【华北制药非公开发行股票】 7 月 17 日，华北制药股份有限公司召开第八届董事会第六次会议，审议通过《关于公司非公开发行 A 股股票方案》、《关于华北制药非公开发行股票预案》及《关于公司非公开发行股票募集资金使用可行性分析报告》等 11 项议案，标志该公司 2013 年非公开发行股票事宜正式启动。根据华北制药非公开发行方案，公司拟向控股股东冀中能源集团非公开发行股票 25000 万股，发行价格为 4.53 元／股，募集资金 113250 万元，扣除发行费用后，用于偿还约 75000 万元银行贷款，剩余部分用于补充流动资金。7 月 30 日，华北制药非公开发行方案获得河北省国资委《关于华北制药股份有限公司非公开发行股票有关问题的批复》（冀国资发产权管理〔2013〕114 号）批准。8 月 2 日，华北制药 2013 年第一次临时股东大会审议通过此次发行相关议案。12 月 4 日，中国证券监督管理委员会发行审核委员会审核通过华北制药股份有限公司非公开发行 A 股股票申请。12 月 27 日，中国证券监督管理委员会证监许可《关于核准华北制药股份有限公司非公开发行股票的批复》（〔2013〕1639 号）核准发行。此次华北制药非公开发行股票完成后，冀中能源集团持股比例上升至 54.45%，仍是华北制药控股股东。

（范玉蕾　杨静）

【宝石电子玻璃股份有限公司发行股份获证监会通过】 石家庄宝石电子玻璃股份有限公司（简称宝石股份，股票：宝石 A、宝石 B）于 1992 年成立、1996 年上市，曾是中国唯一一家全球供货的生产彩色显像管玻壳用素管企业。因 CRT（彩色显像管）电视逐步被液晶电视取代，CRT 行业全面萎缩，“宝石股份”经营陷入困境。2010 年东旭光电科技股份有限公司（简称东旭集团，股票：东旭光电）成功重组改制宝石集团，“宝石股份”获得重组转型，主营业务开始转向液晶玻璃基板等新兴产业。东旭集团入主“宝石股份”后，将最具产业优势的液晶玻璃基板装备制造业务通过石家庄光电装备技术有限公司和芜湖光电装备技术有限公司导入上市公司，并将东旭集团旗下旭飞公司、旭新公司、旭虹公司生产经营权成功托管于上市公司。2012 年“宝石股份”实现净利润 1.2 亿元。2013 年“宝石 A”定向增发获得中国证监会无条件通过，募集资金 50 亿元，投入新液晶玻璃基板生产线项目；市国资委拥有 30%“宝石股份”股权转让东旭集团。2014 年 1 月，石家庄宝石电子玻璃股份有限公司名称变更为东旭光电科技股份有限公司，股票名也由宝石 A、宝石 B 改为东旭光电、东旭 B。

（梁晔）

【建投集团获准发行公司债券 5 亿元】 7 月 19 日，经国家发改委核准，市建投集团 5 亿元公司债券获准发行，成为 2013 年继市地产集团 22 亿元公司债发行后获准发行的第二只企业债券。至此，全市累计发行企业债券 38.78 亿元。9 月 13 日，根据中国人民银行关于全国银行间债券市场债券上市规定，中央国债登记结算有限责任公司以公告形式发布市建投集团公司债券情况。证券名称：2013 年石家庄市建设投资集团有限责任公司公司债券；证券简称：13 石建投债；上市时间：2013 年 10 月 8 日；上市地：上海证券交易所；信用评级：AAA；评级机构：联合资信评估有限公司；

证券代码：1380264；发行总额：5亿元；证券期限：7年；票面年利率：6.70%；计息方式：附息式固定利率；付息频率：12月/次；发行日：20130909；起息日：20130909；债权债务登记日：20130912；交易流通起始日：20130916；交易流通终止日：20200904；兑付日：20200909；发行价格：100元/百元面值。

【裕峰投资开发有限公司获准发行公司债券9亿元】 9月17日，经国家发改委核准，市裕峰投资开发有限公司9亿元债券（简称“13裕峰债”）获准发行，所筹资金全部用于京昆高速公路石太北线石家庄段项目建设。根据批复要求，“13裕峰债”不超过9亿元。债券期限7年，采用固定利率形式，单利按年计息。本期债券附设发行人上调票面利率选择权和投资者回售选择权，即在本期债券存续期第5年末，发行人可选择原债券票面年利率基础上上调0～100个基点，在债券存续期后2年固定不变。投资者有权将持有的本期债券部分或全部回售给发行人。本期债券由主承销商齐鲁证券有限公司，副主承销商首创证券有限责任公司，分销商民生证券股份有限公司、海通证券股份有限公司组成的承销团以余额包销方式承销，发行期限不超过10个工作日。本期债券为实名制记账式，采取簿记建档、集中配售方式，通过承销团成员设置的发行网点向境内机构投资者公开发行以及上海证券交易所向机构投资者协议发行相结合的方式发行，并分别在中央国债登记结算有限责任公司和中国证券登记结算有限责任公司上海分公司登记托管。至此，全市累计5只、总额47.78亿元企业债券通过核准发行，主要用于基础设施建设、中小企业发展等方面。

【首届金融服务和产品创新推广节权威峰会】 10月25日，由市金融工作办公室、人民银行石家庄中心支行、河北省银监局主办，《石家庄日报》和《燕赵晚报》承办的“2013中国·石家庄金融服务和产品创新推广节权威峰会”举行。20多家银行、保险公司、小额贷款公司、黄金公司等金融机构的投资理财精英到会交流。本届峰会以“提升金融服务质量，打造优质金融产品”为主题，以“创新、发展、科学、提升”为主要理念，通过平面、网络、微信等渠道，展示了金融机构的品牌形象、产品创新和优质服务，达到普及金融知识，打击非法集资，优化金融发展环境，突出金融为社会、企业、百姓服务目标。

（吴温）

【石家庄股权交易所开市】 10月29日，石家庄股权交易所在石家庄市庄家金融大厦正式开市。石家庄股权交易所是经河北省政府批准设立，并经国务院清理整顿各类交易场所部际联席会议审批同意保留的河北省唯一一家区域性股权交易市场。主要职能：为省内中小微企业提供股权转让、股权登记托管及股权、债权融资、高端培训等。石家庄股权交易所面向河北省多元化金融需求，为省内中小微企业及符合条件的省内外机构、自然人投资者提供专业化投融资平台。河北省内股份有限公司满足依法设立且持续经营两年以上，符合国家产业政策，主营业务突出，最近两年企业未受到环保部门处罚，且上年度营业收入（纳税申报）不低于1000万元或上年度净利润（纳税申报）不低于100万元即可向石家庄股权交易所申请挂牌。10月29日开市仪式上，来自河北省石家庄市、唐山市、沧州市、衡水市、邢台市13家中小企业实现首批挂牌交易，另有21家企业签订预挂牌协议。

（焦莉莉）

【上市公司】 2013年全市8家企业实现挂牌上市。其中，2013年10月勒泰控股有限公司在香港交易所借壳上市，股票代码00112HK；河北旺四方种业股份有限公司、河北中和源亨农业科技股份有限公司、河北久乐生物科技股份有限公司3家企业在天津股权交易所上市；河北冀物再生资源利用股份有限公司、河北绿野阳光集团股份有限公司、河北达隆福润园林景观工程股份有限公司、河北保合物流股份有限公司4家企业在石家庄股权交易所上市。10月29日，河北冀物再生资源利用股份有限公司上市；12月30日，河北绿野阳光集团股份有限公司、河北达隆福润园林景观工程股份有限公司、河北保合物流股份有限公司3家企业上市。至2013年底，全市共有境内上市企业13家、境外上市企业15家、天津股权交易所挂牌企业8家、石家庄股权交易所挂牌企业4家，总数达到40家，累计实现融资470亿元。其中，上海证券交易所挂牌2家：威远生化、华北制药；深圳证券交易所挂牌11家：常山股份、宝石电子、建投能源、东方热电、河北钢铁、博深工具、恒信移动、先河环保、以岭药业、常山生化、石煤装备；香港联合交易所挂牌10家：神威药业、中国制药、河北诺特、石家庄四药、中集安瑞科、天山发展、新天绿色能源、四方通信、德尔科技、勒泰控股；美国纽约证券交易所挂牌1家：奥星药业；美国纳斯达克交易所挂牌1家：开元汽车；美国OTCBB上市2家：好日子和中国旅游；英国伦敦交易所挂牌1家：华美玻璃。

表50　　2013年石家庄市境内上市公司基本情况一览表

2013—12—31

公司简称	企业主营业务	注册地址	股票简称	股票代码	上市交易所	上市时间	首发融资（亿元）	总股本（万股）	总资产（亿元）	净资产（亿元）	总收入（亿元）	净利润（亿元）
威远生化	生物制药	和平东路393号	威远生化	600803	上交所	1994.01	1	31183	85.76	37.34	47.08	6.93
华北制药	制药	和平东路388号	华北制药	600812	上交所	1994.01	2.75	137857	145.60	40.39	124.38	0.14
常山股份	棉纺制品	和平东路183号	常山股份	000158	深交所	2000.07	6.18	71886	57.73	24.42	58.57	0.18
东旭光电	电子玻璃制品	黄河大道9号	宝石A/B	000413/200413	深交所	1996.07	3.54	38300	90.33	5.81	9.32	3.69
建投能源	能源发电	裕华西路9号	建投能源	000600	深交所	1996.06	0.74	91366	180.00	36.21	87.02	7.15
河北钢铁	钢铁制造	裕华西路40号	河北钢铁	000709	深交所	1997.4	11.10	106079	1668.98	425.60	1102.55	1.16
东方热电	热电联产	建华南大街161号	东方热电	000958	深交所	1999.12	2.56	29948.5	22.65	7.12	7.28	6.68
博深工具	金刚石、合金工具	海河道10号	博深工具	002282	深交所	2009.08	4.99	22500	10.79	7.78	5.66	0.17
恒信移动	移动通讯	天山大街副69号	恒信移动	300081	深交所	2010.05	6.59	6700	9.46	7.72	9.38	-0.54
先河环保	环保设备	湘江道251号	先河环保	300137	深交所	2010.11	6.60	15600	11.05	9.68	3.35	0.60
以岭药业	医药制造	天山大街238号	以岭药业	002603	深交所	2011.7	22.46	55300	46.58	42.58	24.90	2.44
常山生化	医药制造	正定县富强路9号	常山生化	300255	深交所	2011.8	7.56	18800	16.45	12.29	7.05	1.15
石中装备	装备制造	黄河大道89号	石煤装备	002691	深交所	2012.7	3.7	20000	9.11	7.9	3.28	0.42

（彭秀文）

保　险

2013年，全市保险行业实现平稳发展，完成原保费收入1729243.48万元，同比增长13.2%。其中，财产险完成保费收入710418.27万元，同比增长22.8%；人身险完成保费收入1018825.21万元，同比增长7.3%。从全年各月实际保费同比增长看，财产险月度同比增长呈现前高后低态势，1～9月同比增长均超过20%，2013年8月同比增长最低，为21%，2013年1月、3月、4月同比增长超过30%；2013年10～12月同比稍有下降，均为10%左右。寿险月度同比增长不平衡，2013年2月、5月、9月、12月同比均为负增长，其中2月同比降低最多，为-16.1%，其次是12月，为-12.8%；其他月份均有不同程度增长，2013年4月同比增长最高，为38.5%，其次是2013年11月，为18.9%，2013年10月同比增长最少，与上年基本持平，为1.2%。全年寿险完成保费收入893009.82万元，同比增长4.5%。意外伤害险月度同比增长情况起伏较大，2013年2月、5月同比为负增长，其中5月同比降低最多，为-18.4%；其他月份均为正增长，其中2013年1月增长最高，为48.6%，2013年7～11月同比增长相对稳定，增长率均在20%～30%之间。全年意外伤害险完成保费收入37284.71万元，同比增长17.5%。健康险月度同比增长情况起伏最大，2013年7月同比增长274%，11月份同比增长116.9%；2013年5月、8月同比出现负增长，8月份同比降低最多，为-12.2%；其他月份，除2013年3月同比增长5%以外，均保持20%以上增长率。全年健康险完成保费收入88530.68万元，同比增长41.5%。

表51　2013年1～12月石家庄市保险业原保费收入情况一览表

单位：万元

险种 月份	财产险	人身险		
		寿险	意外伤害险	健康险
1月	59221.55	96273.11	2893.14	5368.6
2月	41597.19	58292.11	1828.96	4066.04
3月	70311.77	94759.14	4225.28	6882.82
4月	58898.57	80018.28	4018.81	6404.91
5月	58360.62	60718.62	2872.48	5183
6月	62936.34	102273	3357.64	11698.77
7月	56640.38	68868.69	3510.12	15735.53
8月	56887.33	73928.28	3305.19	4546.26
9月	67912.3	76344.91	3396.01	6471.01
10月	55141.22	55362.3	2483.93	6369.95
11月	57660.92	68111.63	2552.69	9689.78
12月	64850.08	58059.74	2840.46	6114.01
合计	710418.27	893009.82	37284.71	88530.68
		1018825.21		

备注：上述数据来源于各保险公司报送数据。

中国人寿保险

【概况】 2013年，中国人寿保险股份有限公司石家庄分公司按照创新驱动发展战略，落实稳中求进、稳中有为、稳中向好策略方针，平稳度过满期给付高峰期，成功实现各项任务目标。实施精细化管理，提高经营能力。加强费用预算管控，实现非人员经营管理费用和员工薪酬预算结余，效益稳步提升，其中基层单位员工薪酬较2012年提高9%，增幅高于公司平均水平。强化风险管控，有效防范区域性、系统性风险。开展“诚信我为先”教育活动，推进综合治理销售误导、新单客户回访、反洗钱工作。推广“国寿E家”，提升客户服务电子化程度和品牌形象，2013年1～4季度中国人寿保险石家庄分公司均获得省公司“推广先锋奖”。至2013年底，中国人寿保险石家庄分公司销售队伍达到6951人，安置就业人员2700余人，完成保费收入37.28亿元，上缴税金7792.4万元，市场份额继续保持寿险行业第一名，连续三年跻身“AAA级”公司行列，获评河北省人寿保险“先进单位”。2013年中国人寿保险石家庄分公司在石家庄金融服务和产品推广节活动中，获评“最具社会责任保险公司”、“最受信赖的保险公司”、“最受欢迎的保险产品（康宁重大疾病保险2012版）”3项荣誉；在河北省人寿系统年终考核中，连续三年获得总成绩第一名，其中财务会计、人力资源、纪检监察、综合管理、银保销售考核成绩第一。

【业务发展】 全年实现保费总收入（含集团）37.28亿元，同比增长0.42%，市场份额36.66%。其中，石家庄分公司保费收入36.74亿元，同比增长0.49%，市场份额36.13%。按险种分类，长险完成保费收入351746.63万元，占总保费94.36%，其中，首年保费151544.59万元，续期保费200202.04万元；短险完成保险收入21019.32万元，占总保费5.64%。按渠道分类，个险完成保费196252.1万元，占总保费52.65%；团险完成保费18497.14万元，占总保费4.96%；各项代理完成保费158016.7万元，占总保费42.39%。从数据情况看，期缴业务快于趸交业务，十年期以上业务快于期缴业务，意外险业务快于短期险业务，业务结构得到优化，内含价值稳步提升。

表52　2013年中国人寿保险石家庄分公司（含集团）保费收入情况一览表

项目			保费收入（万元）	占比（%）	同比（%）
险种	长险	总额	351746.63	94.36	-
		首年保费	151544.59	40.65	-
		续期保费	200202.04	53.71	4.10
	短险		21019.32	5.64	122.55
渠道	个险渠道		196252.1	52.65	6.52
	团险渠道		18497.14	4.96	-
	代理	总额	158016.7	42.39	19.26
		银邮	157999.17	42.39	19.25
		其他	17.54	-	63.62
总保费			372765.95	100	0.42

注：表内数据源于中国人寿保险股份有限公司统计信息系统，保监局口径。

【客户服务与赔付】 开展各项公益宣传活动，扩大公司知名度和美誉度，提高服务便利化水平。举办“牵手国寿，运动快乐”少年儿童绘画作品展活动，收到作品近800幅，其中8幅作品获得总公司奖。联合新百广场组织第七届国寿客户节活动，向客户提供优惠购物服务。开展“职工互助一日捐”和向四川省雅安地震灾区捐款活动，筹集善款8.02万元。收集并核对客户信息，提高客户信息准确度。试点推行“综合柜员制”，提供“一站式”服务。在满期给付高峰期，开展有针对性服务，提高服务质量和效益。依据新农合大病保险政策，开展民生类保险服务。4月18日，公司中标石家庄市新农合大病保险，所辖县（市）参合农民全部纳入新农合大病保险体系，2013年公司共向近5万人次提供大病保险补偿服务。开展计划生育系列保险、城镇职工和居民意外险、农村小额保险等业务，合计承保80.31万人、支付赔款306.6

2013 年 7 月 11 日，中国人寿石家庄分公司在市第三医院召开新农合大病保险启动会议

2013 年 7 月 11 日，市第三医院新农合大病保险客户报销现场

万元；城镇职工、城镇居民补充医疗保险覆盖人群 47 万人、支付赔款 124.53 万元。全年赔给付合计 14.03 亿元，其中，满期给付 4.8 万件 11.86 亿元，短期险赔款支出 1.04 亿元，年金给付 2234.57 万元，死伤医疗给付 9013.63 万元。

中国人寿保险股份有限公司
石家庄分公司

总 经 理：刘彦军
副总经理：张国杰　何献敏
　　　　　贾美荣　邱军
　　　　　黄辛　（1 月免）

（阎媛敏）

中国人民财产保险

【概况】 2013 年，中国人民财产保险股份有限公司石家庄市分公司按照“围绕一个目标，完善两个平台，夯实三个基础，实现四大成效”工作思路，全面构建经营管理“全景图”，梳理制定“六大类、二十九项”重点工作，大力推动“以客户为中心”业务转型。强化目标引领作用，及时研判市场形势，制定阶段性发展目标，狠抓过程管控，提升运营效率。开展“学、赶、创”活动，对标先进、寻找差距、重点攻坚，推进经营管理上档升级。加强班子队伍建设，开展基层司部领导班子年度考评，考核评估基层班子 8 个。完善管理架构，细化部门设置，分设客户服务部、银保／经代部。健全销售服务体系，对接开拓市场，保持了全省竞争最为激烈区域市场行业内、系统内“两个先进性”，发挥了省会“桥头堡”作用。加强合规制度建设，完善考核评价机制，开展风险排查活动，增强风险防范能力。强化费用管控，优化费用结构，提高资源投入产出比。按照“成本可控、服务第一”原则，加强理赔环节管控，挤压理赔水分 6813 万元，圆满完成年度降赔指标任务，理赔考核获得全省第一名。保费收入快速增长，业务规模实现新跨越。全年公司实现保费收入 20.37 亿元，首次突破 20 亿元大关，净增保费 3 亿元，同比增长 19.1%。至 2013 年底，公司市场份额 31.7%，同比下降 0.35 个百分点，在市场竞争加剧情况下保持了基本稳定；增量份额25.2%，高于平安财产保险石家庄公司6.97个百分点，高于太平洋财产保险石家庄公司22.35个百分点，保持了对主要竞争对手领先优势。运营效率提升。全年公司车险万元以下理赔周期10.08天，同比提速11%，非车险万元以下理赔周期6.84天，同比提速52%，均名列全省前列。2013年公司车险累计续保率64.4%，同比提高0.12个百分点，在全省排名第四位，其中，VIP客户续保率80.1%。经营活动现金净流量达到4.22亿元，百元保费现金净流量20.7元。提取未决赔款准备金净额8.59亿元，较2012年末增加提取7347万元，分别占已赚净保费和自留保费48.9%、45.9%。2013年公司在全省系统销售柜面服务暨出单技能大赛和车险承保核保技能大赛中，均取得团体第一名和多个个人单项奖；在总公司组织的神秘人测评中,2人获评“服务明星”；在河北省保监局组织的理赔查勘服务测评中，总成绩排名第一。2013年公司获评“河北省服务质量优秀单位”和“河北省诚信示范单位”。

【业务发展】 加强政策引导，推行多元化发展，提升销售能力。2013年公司在城区实现保费收入10.73亿元，同比增长24.1%，占总保费收入52.7%；在县域实现保费收入9.64亿元，同比增长14.4%，占总保费收入47.3%。各经营司部28家实现增长，其中长安、西环、建华、三营、元氏、井陉矿区、赞皇、国一、无极、桥西、辛集、一营、新华、鹿泉、深泽等司部保费增幅超过20%。险种除企财险、货运险外，均实现增长，其中，车险完成保费收入16.89亿元，同比增长18.3%；农险实现保费收入1.62亿元，同比增长36.4%；工程险、家财险、信用保证险保费增长超过分公司平均水平。盈利能力提升。全年公司综合成本率达到90.4%，同比上升0.14个百分点；综合赔付率58.9%，同比下降1.08个百分点；表结盈利1.72亿元，同比增长15.5%，利润额创下历史新高，位居全省系统第一。各经营司部26家表结盈利，其中裕华、新华、晋州、一营、西环、国一、正定、井陉、行唐、藁城、栾城、桥西、二营等司部报表利润超过1000万元。

表53　　2013年中国人民财产保险石家庄市分公司保费收入情况一览表

险　种	签单数（件）	保险金额（亿元）	签单保费（万元）	保费计划（万元）	计划完成率（%）
财产险	12118	960	10110	9270	109.1
农业险	7709	33	16236	13800	117.7
责任险	6495	1407	4213	4400	95.8
信用保证险	457	1	284	470	60.4
机动车辆险	633576	1642	168949	159560	105.9
船货险	28300	129	1092	1450	75.3
意外健康险	27272	395	2820	2550	110.6
合　计	715927	4566	203704	191500	106.4

【渠道建设】 提升客户差异化营销能力，细分客户类型，掌握客户需求，调整营销方式，增强营销契合度。加强“双网”建设，城区稳步推进门店建设和营业网点转型，建成社区门店8家，升级店中店6家，初步形成布局合理、形象统一的销售服务网络；县域持续构筑“县、乡、村”三级服务网络，建立“三农”营销服务部56个，“三农”保险服务站207个，建设率达到100%，实现农网产能3.2亿元。推进渠道专业化建设。车商渠道加强团队建设和绩效考核，实现保费收入6.6亿元，同比增长87%；直销渠道运用市场地图和手机远程销售系统，提升团体客户开拓能力；个代渠道强化数据清理，促进有效增员和人均产能；银保渠道扩大银行合作范围，完善银保合作机制，保持稳健发展，其中银保非车险业务取得较大突破；

专业代理准确定位专营机构和团队，实施分类管理、分类考评，增强竞争和合作能力。发展新渠道业务，巩固市场优势地位。2013年公司电销（保险产品电子营销）实现保费收入3.18亿元，同比增长26.2%，其中纯电销保费收入4155万元，同比增长85.1%，占电销总保费收入14%。

【客户服务】“以客户为中心”，创新服务内容，兑现服务承诺。加强品牌宣传，加强行风建设，提升公司品牌美誉度和社会影响力。落实“服务品质提升”项目，开展星级营业厅评比活动，规范窗口服务行为，塑造客户服务良好形象。加强客户分级管理，完善VIP客户增值服务体系，推出《人保车险服务攻略》，积极推广代检车、车主秘书、短信提醒、酒后代驾等特色服务，增强市场竞争力。加强投诉管理，改善内在品质，提高运营效率。全年公司平均亿元保费投诉量0.19个，同比下降4.82个，案件投诉处理率及客户满意度均达100%。至2013年末，公司车险万元以下理赔周期为10.08天，同比提速11%；非车险万元以下理赔周期为6.84天，同比提速52%。

中国人民财产保险股份有限公司
石家庄市分公司
总 经 理：丁萍 （女）
副总经理：王大为（4月任）
张彦春 张立军
李文钢
总经理助理：马雪生（4月免）

（俞玥）

太平洋人寿保险

【概况】 2013年，中国太平洋人寿保险股份有限公司石家庄中心支公司按照“稳增长、重价值、促转型、增效率”工作方针，以客户需求为导向，聚焦营销和期缴，抓住关键因素和主要矛盾，调整政策，落实举措，稳中求进，用问题导向破解发展瓶颈，推动经营方式转型。遵循营销发展规律，按照筑架构、强基础、勇突破、促转型思路，全力打造客户经营模式升级版。全年公司累计实现规模保费收入66918万元，同比增长14.7%，在市场排名位居第四；核心业务累计完成保费收入12313万元，同比增长36.8%。2013年公司被河北省保险行业协会评为“河北省保险业服务质量达标先进单位”，被市消费者协会评为“石家庄市保护消费者权益工作先进单位”。

【业务发展】 营销渠道坚持以客户需求为导向，以培训、训练为动力，以聚焦健康发展、深化服务和四级机构优化为目标，实现规模保费目标提前完成，市场份额同比提升，其中服务营销、顾问营销提前达到年度标准保费和期缴目标。至2013年6月底，公司9家机构实现晋级，其中跨档晋级5家。银保渠道按照“获客＋价值”条线定位，围绕保价值、促转型、谋发展思路，提升销售技能和产能，全年标准保费业绩达到全省第一。团险渠道以巩固拓展渠道客户、开发积累法人客户、延伸拓展个人客户为重点，以效益为抓手，实现业务、价值双提升。至2013年底，公司全辖实现规模保费收入66918万元，同比增长14.7%。其中，个险渠道实现新单保费收入9659万元，同比增长19.8%；团险渠道实现新单保费收入1320万元，同比减少11.2%；银保渠道实现新单保费收入13964万元，同比增长44.2%。核心业务累计完成保费收入12313万元，同比增长36.8%，其中期缴保费收入10899万元，同比增长46.2%；意外险保费收入1414万元，同比减少8.8%。

表54 2013年太平洋人寿石家庄中心支公司保费收入情况一览表

类别		金额（万元）			增加额（万元）	同比（%）
		2011年	2012年	2013年		
个险渠道	金额	23248	28789	35012	6223	21.6
	新单	6906	8060	9659	1599	19.8
团险（直销）	金额	1866	1917	1740	-177	-9.2
	新单	1866	1487	1320	-167	-11.2

（续表）

类别		金额（万元）			增加额（万元）	同比（%）
		2011年	2012年	2013年		
银邮渠道	金额	28980	25944	30165	4221	16.3
	新单	14581	9684	13964	4280	44.2
总保费		55058	58348	66918	8570	14.7

【赔款与给付】 理顺赔款与给付组织架构，优化人员配置，增强责任意识，提升服务质量。以科技为支撑，举办“寻找生存金主人活动”，推广“神行太保”出单系统上线和“中国太保微信”，提高移动保全、移动理赔运行质量，创新服务方式，改善客户体验流程，提高客户满意度。至2013年底，公司累计处理理赔案件1536件，赔款金额1398万元，同比减少24.06%；满期给付金额1428万元，同比减少76.04%。

中国太平洋人寿保险股份有限公司
石家庄中心支公司

总 经 理：董仕海

副总经理：王妙深（4月免）
康永忠（8月任）
赵鹏华（8月免）
骆宝忠（8月任）
梁永东（11月免）
张皓 （11月任）

（王平军 田江芸）

太平洋财产保险

【概况】 2013年，中国太平洋财产保险股份有限公司石家庄中心支公司按照“稳中求进、进中求好、好中求快”总要求，以加快业务发展为主题，优化结构，提升市场份额，增强业务质量和效益；改进运营方式，推进多渠道协调发展；制定出台组合政策，多措施提高市场竞争力；整体推进“三项工程”建设，实施重点突破，增强发展能力，实现业务可持续增长。至2013年底，公司完成保费收入41560万元，同比增长9%；车险赔款支出21602万元，同比增长20.8%；综合赔付率64.1%，同比上升11.5个百分点；合作4S店数量发展到155家，完成车商保费20573万元，同比增长2.08%。

【业务发展】 客观分析市场，定准发展方向。车险业务根据业务不同使用性质，结合满期赔付率高低，加大费用投入，提升优质车险规模，减轻交强险满期赔付率过高影响，逐步提高盈利性车险业务比重。各县支机构结合自身特点，实行差异化核保政策和费用政策，刺激效益较好机构提升业务规模。开拓4S店，延伸车商服务渠道，加强专业化管理。非车险业务以原有非车险客户为对象，最大限度提供各种附加值服务，提高了原有业务续保率。属地内全国500强、地方50强企业及一些较大新增企业和工程项目实行长期跟踪，及时搜集信息，做好营销推动准备。改进服务品质，完善客户维护，开拓校园方责任险、旅行社责任险、医疗责任险等新业务，挖掘社会治安责任险、消防火灾责任险等具有潜质发展业务，实现新的增长，促进规模提升。进出口业务和集团性规模业务按照不同险种经营效益，实行差异化保障政策，大力提高货运险市场份额。意外险业务重点整合客户资源，深挖客户价值，做好追加销售，增加了企财险客户在团意险的比重。2013年公司总对总客户维护，包括中石油雇主责任、旅行社责任示范项目、“江泰太平洋之旅”旅游人意、机场责任险、万达集团一揽子保险等全部做到客户满意；原有非车险业务大部分实现续保，其中包括新华书店财产一揽子保险、河北建投所属大部分电厂财产保险、白沙集团和中烟公司财产险、华药集团所属公司财产保险、石家庄钢铁集团财产险等；成功中标青银高速路产险、大广高速京衡段路产险、石黄高速路产险和承赤、承张高速工程险，以及石家庄城市轨道交通一号线工程险。2013年公司合作4S店数量发展到155家，完成车商保费20573万元，同比增长2.08%。至2013年底，公司完成总保费41560万元，同比增长9.0%。其中，车险保费36451万元，同比增长8.6%；非车险保费5109万元，同比增长12.1%。

表 55　　2013 年太平洋财产保险石家庄中心支公司保费收入情况一览表

类　别	金　额（万元）			增加额（万元）	同比（%）
	2011 年	2012 年	2013 年		
车　险	29569	33571	36451	2880	8.6
非车险	4687	4559	5109	550	12.1
总保费	34256	38130	41560	3430	9.0

【赔款与给付】 将解决理赔速度慢、结案周期长作为重中之重，加强理赔服务质量建设，促进理赔服务速度与质量实现跨越式发展。未决赔案加大清理力度，降低存量。以客户需求为导向，创新服务种类，提升服务质量，实行“上门收单”，兑现人伤“一对一、全流程”服务承诺。按照预防为主原则，针对可能引发客户投诉重点业务、薄弱环节，实施关口前置，做到及早预防、及时改进。广泛开展培训活动，提高理赔人员业务素质。建立自查自纠机制，采取案卷检查、现场检查、客户回访等方式，重点摸底排查案件真实性、合理性等情况，发现问题，立即整改，严堵理赔漏洞，严格赔付管理。完善应急处理机制，搞好防灾防损服务，减少出险客户损失，树立财险服务品牌。至 2013 年底，公司车险赔款支出 21602 万元，同比增长 20.8%；非车险赎款支出 1735 万元，同比减少 20.6%；综合赔付率 64.1%，同比上升 11.5 个百分点。

中国太平洋财产保险股份有限公司
石家庄中心支公司
总 经 理：刘云超
副总经理：张峰　　张海洋
（李世彤）

平安人寿保险

【概况】 2013 年，中国平安人寿河北分公司贯彻落实稳健经营总要求，以业务平稳发展为主线，以规范化管理为推手，以风险防范为保障，以尊越人生、护身福、智胜人生、智慧星为主打产品，提高保障型产品占比，调整产品结构，深化 P-STAR 服务，开拓市场，较好满足了消费者需求。全年长险新单业务显著提升，保费收入由负增长转为正增长。长险续期保费稳定发展，保费收入占总保费 76.8%，成为拉动保费收入增长主要力量。银邮代理业务发展较快，全年完成保费收入 8192 万元，同比增长 35.4%。意外险、健康险业绩增长突出，同比分别增长 43.8%、9.9%，保费占比仍然偏低，分别为 1%、18.2%，是公司未来业务发展的主攻方向。至 2013 年底，按照河北省保监局“二号统计口径”标准，石家庄地区个人业务累计完成保费收入 90897 万元，同比增长 10.3%；累计赔款支出 545 万元，同比减少 2%；给付合计支出 20563 万元，同比减少 10.5%，其中死伤医疗给付支出 4593 万元，同比增长 8.5%。开展公益活动，维护修缮赞皇县平安希望小学校舍，向石家庄儿童福利院捐赠 5000 元文体用具，树立勇于担当企业社会形象，提升了行业美誉度。

【业务发展】 2013 年石家庄地区个人业务累计实现保费收入 90897 万元，较 2012 年增加 8459 万元，同比增长 10.3%。按主辅分类，主力险完成保费收入 68746 万元，同比增长 11.3%，占总保费 75.6%。其中，分红险 62335 万元，较 2012 年增加 6424 万元，同比增长 11.5%，占总保费 68.6%；投连险 614 万元，较 2012 年增加 4 万元，同比增长 0.7%，占总保费 0.7%；万能险 5797 万元，较 2012 年增加 545 万元，同比增长 10.4%，占总保费 6.4%。普通险完成保费收入 22151 万元，较 2012 年增加 1486 万元，同比增长 7.2%，占总保费 24.4%。按险种分类，人寿险 73347 万元，较 2012 年增加 6670 万元，同比增长 10%；意外险 985 万元，较 2012 年增加 300 万元，同比增长 43.8%；健康险 16565 万元，较 2012 年增加 1490 万元，同比增长9.9%。按渠道分类，个人代理82705万元，较2012年增加6318万元，同比增长8.3%；银邮代理8192万元，较2012年增加2141万元，同比增加35.4%。按期限长短分类，长险完成保费88969万元，较2012年增加8189万元，同比增长10.1%。其中，长险新单19144万元，同比增长20.3%；长险续期69825万元，同比增长7.6%。短险完成保费1928万元，较2012年增加270万元，同比增长16.3%。

表56　2013年平安人寿河北分公司保费收入情况一览表

类别			金额（万元）				增加额（万元）	同比（%）
			2010年	2011年	2012年	2013年		
险种	人寿保险		53779	65157	66677	73347	6670	10
	意外保险		376	542	685	985	300	43.8
	健康保险		12342	14218	15076	16565	1490	9.9
渠道	个人代理		65410	76797	76387	82705	6318	8.3
	银邮代理		1087	3119	6051	8192	2141	35.4
期限	长险	总额	65193	78375	80780	88969	8189	10.1
		新单	12468	20222	15914	19144	3230	20.3
		续期	52725	58153	64866	69825	4959	7.6
	短险		1304	1541	1658	1928	270	16.3
主辅	主力险	总额	47918	59661	61773	68746	6973	11.3
		分红险	41263	53897	55911	62335	6424	11.5
		投连险	541	721	610	614	4	0.7
		万能险	6114	5043	5252	5797	545	10.4
	普通险		18579	20256	20665	22151	1486	7.2
总保费			66497	79917	82438	90897	8459	10.3

备注：2010～2013年数据使用标准为河北保监局“二号统计口径”。

【赔款与给付】 以“专业创造价值”理念为服务核心，严格执行P-STAR服务标准，帮助客户寻找理赔依据，提升理赔服务时效，打造理赔服务品牌。开展高额保障推广活动，致力为广大客户提供更全面的呵护。遇有疑难案件，主动与上级监管部门联系沟通，为投诉案件顺利解决搭建平台；遇有误导、滞挪等现象，及时知会相关部门及监管单位，防止事态恶化，减少客户损失。至2013年底，公司累计赔款支出545万元，较2012年减少12万元，同比降低2.2%。给付合计支出20563万元，较2012年减少2411万元，同比降低10.5%。其中，满期给付11582万元，较2012年减少2257万元，同比降低16.3%；年金给付4389万元，较2012年减少510万元，同比降低10.4%；死伤医疗给付4593万元，较2012年增加358万元，同比增长8.5%。

表 57　　2013 年平安人寿河北分公司赔退付情况一览表

名称		金额（万元）				增加额（万元）	增长（%）
		2010 年	2011 年	2012 年	2013 年		
赔款		491	568	557	545	-12	-2.2
给付	满期	4776	10181	13839	11582	-2257	-16.3
	年金	3513	4277	4899	4389	-510	-10.4
	死伤医疗	2760	3305	4235	4593	358	8.5
给付合计		11048	17763	22974	20563	-2411	-10.5

备注：2010～2013 年数据使用标准为河北保监局“二号统计口径”。

中国平安人寿河北分公司
总 经 理：徐敏彬
副总经理：张树新　耿剑
王泽根　苏海超

（范一扬）

平安财产保险

【概况】 2013 年，中国平安财产保险股份有限公司河北分公司以全面服务客户为宗旨，以提升客户体验为目标，通过增值服务升级、推广“三免”服务等措施，全力践行“专业经营、服务领先”理念，促进业务持续稳定发展。全年公司新开设分支机构 3 家；新增人员 291 人，达到 1630 人；累计为客户提供保险保障 21248 亿元，同比增长 22.7%；累计支付车险赔款 138886 万元，2013 年河北省 30 余万车险客户出险获得及时赔付，其中重特大案件 14 笔，支付赔款 900 余万元；累计支付财产险赔款 10951 万元，其中 100 万以上大案 11 笔，支付赔款 1982 万元，有效发挥了社会稳定器作用。至 2013 年末，公司累计实现保费收入 474049 万元，同比增长 23.9%。其中，车险累计实现保费收入 391193 万元，同比增长 25.6%；财产险累计实现保费收入 73301 万元，同比增长 19.1%，剔除信用保证保险后同比增长 1.0%；意健险累计实现保费收入 9555 万元，同比下降 0.9%。全年上缴税款 68674 万元，同比增长 17%，其中，上缴地税 65988 万元，同比增长 16.8%；上缴国税 2686 万元，同比增长 22%。2013 年公司在河北保监局、保险行业协会联合举办的首届保险行业十佳“优秀服务标兵”“优质服务窗口”评选活动中，获得 4 个奖项，成为保险业获奖最多的产险公司。

【业务发展】 创新产品种类，夯实业务发展基础。2013 年公司成功开发保险产品 1 个，推动统保项目 3 个。开发个人账户资金损失保险，借记卡及信用卡因被他人盗刷、复制、在银行柜面及 ATM 机器上盗取或转账导致资金损失；个人网银账户及第三方支付账户被他人盗用导致资金损失均可获得赔偿。推动环境污染责任险。开展前期调研，制定服务书和承保方案，奠定统保服务基础。推动安全生产责任险。以国务院《关于进一步加强企业安全生产工作的通知》和《关于保险业改革发展的若干意见》为指导，在保定地区先行试点，稳妥推行安全生产责任保险制度，得到企业和社会一致认同。推动食品安全责任险。响应食品药品监管局和保监局号召，为各类食品生产、餐饮服务和其他饮食企业提供服务，保障食品生产秩序和食品安全。积极推进重点产品，培育业务发展新的增长极。2013 年公司学生意外伤害险在全省三级机构开单率达到 100%；治安保险实现签单 600 件，保险金额 3360 万元；农村小额人身意外险在石家庄、秦皇岛、保定、邢台、衡水实现出单，占全省地市总数 45.5%。2013 年公司累计为客户提供保险保障 21248 亿元，同比增长 22.7%。其中，车险保险额 5678.4 亿元，同比增长 32.7%；财产险保险额 5266.8 亿元，同比增长 16.4%；意健险保险额 10303 亿元，同比增长 20.1%。至 2013 年底，公司累计实现保费收入 474049 万元，同比增长 23.9%。其中，车险累计实现保费收入 391193 万元，同比增长 25.6%；财产险累计实现保费收入 73301 万元，同比增长 19.1%，剔除信用保证保险后同比增长 1.0%；意健险累计实现保费收入 9555 万元，同比下降 0.9%。2013 年公司整体经营情况在全系统排名第 17 位。

【理赔服务】 强化客服门店管理，推出“便利支付”、“贴心茶饮”、“特殊人群关爱”、“WIFI 覆盖”、“节日布置”、“视频播放”6 项便民举措，提升了客户体验评价。2013 年平安产险石家庄客服中心在中国质量万里行服务质量调查活动中，以优质服务环境、特色便民服务赢得暗访组肯定，获得河北省产险行业最高分 95 分，获评“A”级服务门店称号。2013 年 2 月公司推出“时效终结者”项目，即通过与全国 102 家银行合作建立超级网银系统，建成国内功能最强大的网银转账平台，实现各项赔款“实时到账”。2013 年全省利用超级网银实时支付案件数达到 20 余万笔，有效缩短案件时效，保障了客户利益，获得良好评价。2013 年 4 月公司推动“心服务、快体验”项目，打造“快易免”服务升级版，主要包括赔款即时到账服务、全程无忧简易理赔服务、微信实时查询服务、车险快易免 APP 客户自助道路救援服务 4 项服务内容，均为国内首创、业内首次推出。赔款即时到账服务：单笔 5 万元以下赔款，从公司结案发送支付指令，60 秒内到达客户收款账户，不受节假日影响。全程无忧简易理赔服务：个人 VIP 客户出现单方事故，无人伤、纯车损，赔款额度在万元以下，车辆能够正常行驶情况下，报案后客户无需等待现场查勘，可直接到合作修理厂，由公司理赔服务专员与合作修理厂协商，帮助客户定损，发票以外索赔单证由理赔服务专员拍摄、提供影相资料，不再需要客户提供物理单证或复印件。微信实时查询服务：通过掌上终端微信功能，客户可随时查询理赔进度。车险快易免 APP 客户自助道路救援服务：需要救援客户，在平安车险快易免 APP 上点击“道路救援”进行简单操作，系统经客户授权自动识别客户位置、传递救援信息，并对救援实施情况实时跟踪。2013 年公司累计支付车险赔款 138886 万元，及时维护了 30 余万车险客户的利益，其中重特大案件 14 笔 900 余万元。累计支付财产险赔款 10951 万元，其中 100 万以上大案 11 笔 1982 万元。典型重大赔案包括：河北钢铁股份有限公司邯郸分公司企财险火灾案赔付 350 万元；英利能源（中国）有限公司企财险意外断电案赔付 300 万元；石家庄市裕华区祥顺配货站货运险倾覆案赔付 199 万元；河北省高速公路承赤筹建处建工险暴雨案赔付 190 万元。

中国平安财产保险股份有限公司
河北分公司
总 经 理：李臻
副总经理：王涛辉 刘建英
　　　　　薛涛 单维红

（金毅）

新华人寿保险

【概况】 2013 年，新华人寿保险河北分公司按照“因地制宜、突出重点、系统运作、把握节奏”总要求，以客户为中心，扎实推进战略转型。加强团队建设，举办“源动力”、“赢动力”专题培训，将业绩考核由半年、年终考核调整为月度考核。推进机构建设和优秀人才培养选拔，提升机构平台价值，实施人才“百千万工程”。以客户服务节为契机，举办“名家面对面 关爱万里行”健康巡讲 24 场，参会人数累计达 10500 人次，同比增长 110%。强化风险管控，开展内控评估和风险排查。加大审计力度，2013 年中心支公司审计率达到 100%，四级机构审计率达到 60%。以干部评价标准（态度、技能、绩效）、干部行为准则（倡导公司文化、落实公司制度、维护公司价值）、工作四个步骤（布置宣导、落实执行、评估纠偏、总结升华）、管理干部四会（学文件、懂政策、看报表、会管理）为主要内容，树立规范经营理念，做到人人知晓、人人进取，有序推进标准化建设。至 2013 年底，公司拥有内外勤员工 1 万余人、中心支公司 10 家、四级机构 54 家；业务覆盖河北省石家庄、秦皇岛、唐山、廊坊、保定、衡水、沧州、邯郸、邢台、承德 10 个地市；累计实现规模保费 33.45 亿元，同比增长 0.12%，保费规模在全系统排名第 11 位；累计赔付支出 2.45 亿元，同比增长 14%。开展爱心帮扶活动，向无极县东丈联合小学捐助 150 套课桌椅、1000 套图书、800 套文体用品。

【业务发展】 创新营销模式，严格会制管理，强化绩效考核，发挥典型示范带动作用，推动个人、代理、法人、续期四大核心业务向更有价值方向发展。全年达成新契约规模保费7.02亿元，同比下降23.9%。个人业务达成新契约规模保费2.9亿元(趸缴0.25亿元,期缴2.65亿元)，同比下降33%，累计达成规模保费18.84亿元，同比增长11.3%。银代业务达成新契约规模保费3.38亿元（趸缴2.97亿元，期缴4065万元），市场份额2.3%，累计达成规模保费13.87亿元，同比下降13.3%。法人业务达成新契约规模保费7371万元，同比增长51.4%。续收业务完成保费收入26.43亿元，同比增长9.3%。其中，个险续期年度达成15.94亿元，计划达成率104.7%；银代续期年度达成11.49亿元，计划达成率103.4%。至2013年底，公司全辖累计实现规模保费33.45亿元，同比增长0.12%。

表58 2013年新华人寿河北分公司规模保费收入情况一览表

类 别		金 额（亿元）		同比（%）	占比（%）
		2012年	2013年		
渠道	个险	16.93	18.84	11.3	56.3
	法人	0.49	0.74	51	2.2
	银代	15.99	13.87	-13.3	41.5
时间	新单	9.22	7.02	-23.9	21
	续收	24.19	26.43	9.3	79
总保费		33.41	33.45	0.12	100

【赔款与给付】 开辟理赔绿色通道，确属保险责任案件，做到及时调查、及时给付；边远山区等特殊客户，采取上门或集中现场理赔方式，为出险客户理赔提供便利。搭建移动理赔服务平台，提供一站式“无缝隙”理赔服务和“零距离”现场理赔服务，加快理赔时效。履行理赔服务承诺，提升客户满意度。2013年河北省邯郸市、唐山市等地发生一些社会灾难事件，均做到第一时间赶到现场寻找、慰问出险客户，受到社会各界的好评。2013年公司经调查测评，理赔服务满意度达98.21%，同比增长1.51%。至2013年底，公司累计赔付支出24454万元，同比增长14%。赔款支出4648万元，同比增长66%。给付支出19806万元，同比增长6%。其中，满期给付5528万元，同比增长101%；年金给付7550万元，同比下降24%；死伤医疗给付6728万元，同比增长14%。

表59 2013年新华人寿河北分公司赔付情况一览表

类 别		金额（万元）		增加额（万元）	同比（%）
		2012年	2013年		
赔 款		2801	4648	1847	66
给付	总额	18624	19806	1182	6
	满期	2746	5528	2782	101
	年金	9991	7550	-2441	-24
	死伤医疗	5886	6728	842	14
合 计		21425	24454	3029	14

新华人寿保险河北分公司
总 经 理：张运旭（6 月免）
黄启永（7 月任）
副总经理：宋国盛（4 月任）
张战
总经理助理：张欣　郑晓涛
徐认文

（王占义）

生命人寿保险

【概况】 2013 年，生命人寿河北分公司围绕业务转型升级，大胆探索创新，实现管理重心由市场销售、机构扩张转向强化基础管理、提升内生动力、打造可持续发展能力，经营业绩考评标准由片面追求业务量转向质量、效益、品质、价值综合考量，形成“计划任务核定、预算配置资源、分节点督察指导、分级管理评价”综合性管理体系。建立健全各项制度，制订完成制度汇编，通过早会学习、撰写心得体会等活动，提高全员制度执行力。加大基层投入，构建人才竞争优势。2013 年一季度，公司调整基层员工特别是四级机构员工待遇，让一线人员得到实惠，有效调动了员工积极性。提升外观形象，实施四级机构职场美化、亮化工程，全面改造标牌、形象墙、采暖器等设施。增强风险防范能力，加大治理保险销售误导和引发理赔难问题力度，前置风险预警，延伸销售流程，强化人员责任，消化和控制存量、增量风险。2013 年公司新增内勤人员 129 人、营销人员 3640 人，年末人力资源总数达到 4692 人，同比下降 11.3%。2013 年公司业务品质指标表现良好，个险 13 月继续率 90.1%，系统排名第三，25 月继续率 95.2%，系统排名第四；银行险 13 月继续率 91.5%，系统排名第六，25 月继续率 95.2%，系统排名第九；经代 13 月继续率 80.8%，系统排名第七，25 月继续率 91.1%，系统排名第八。续期指标居系统领先位置，达到河北省市场优质水平。按照会计新准则口径，至 2013 年底，公司实现总保费收入 14.3 亿元，同比增长 1.4%，上缴利税 1090.2 万元。其中，新单保费实现收入 9.13 亿元，市场份额上升至 3.7%；续期保费实现收入 5.16 亿元，同比增长 35.8%。2013 年公司获得“河北省服务质量优秀单位”、“河北省诚信建设先进单位”等荣誉称号。

【业务发展】 渠道业务平稳发展，综合指标在系统排名总体靠前。2013 年公司实现规模总保费 14.3 亿元，同比增长 1.4%。按险种划分，人寿保险实现保费收入 13.8 亿元，同比增加 1820 万元，增长 1.3%；健康保险实现保费收入 3285 万元，同比增加 540 万元，增长 19.7%；意外保险实现保费收入 1602 万元，同比减少 434 万元，下降 21.3%。按渠道划分，个人代理渠道实现保费收入 4.1 亿元，同比增长 27.5%，系统排名第六，市场排名第九；银行代理渠道实现保费收入 9.13 亿元，同比增长 11.5%，其中，传统趸交实现规模保费 7.45 亿元，同比下降 0.6%，计划达成率 186.3%，系统排名第二，期缴实现规模保费 0.74 亿元，计划达成率 58%，系统排名第十三；团险渠道实现标准保费 1708 万元，同比减少 829 万元，下降 32.7%，计划达成率 78.2%，系统排名第十；经代渠道实现保费收入 8508 万元，同比增加 1061 万元，增长 14.2%，计划达成率 97.3%，系统排名第一；电销及其他渠道实现保费收入 402 万元，同比减少 1.66 亿，下降 97.6%。新单实现规模保费收入 9.13 亿元，同比减少 1.17 亿元。续期实现规模保费收入 5.16 亿元，同比增加 1.36 亿元，增长 35.8%。

表 60　2013 年生命人寿河北分公司保费收入情况一览表

类　别	名　称	保费收入（万元）		增加额（万元）	增长（%）	占比（%）
		2012 年	2013 年			
险种	人寿保险	136219	138039	1820	1.3	96.6
	健康保险	2745	3285	540	19.7	2.3
	意外保险	2036	1602	-434	21.3	1.1
渠道	个人代理	32135	40971	8836	27.5	28.7
	银行代理	81901	91337	9436	11.5	63.9
	团险渠道（标保）	2537	1708	-829	-32.7	1.2
	经代渠道	7447	8508	1061	14.2	6.0
	电销及其他	16980	402	-16578	-97.6	0.3
时间	新　单	103000	91326	-11674	-11.3	63.9
	续　期	38000	51600	13600	35.8	36.1
总　保　费		141000	142926	1926	1.4	100

【赔款与给付】 开通客服电话，提供理赔报案、理赔咨询、定点医院查询等服务。客户可通过全国 24 小时统一客服电话 95535 或河北分公司理赔报案电话 0311-66706616 报案、查询信息。落实新《保险法》规定，在分支公司和公司外网采取张贴明白纸、设立专栏形式，公开理赔服务程序，告知理赔流程、所需资料和服务电话。创新理赔服务方式，开展“1234”特色关爱和带息理赔服务，推出住院探视制度，得到广大客户好评，提升了服务品牌美誉度。制定《河北分公司团险理赔管理办法》，执行《核赔专业人员内部审核管理规定》、《快速理赔管理规定》、《理赔审核操作细则》和《理赔规则》，政策性管控真伪理赔案件，严格审批流程。实施全流程理赔服务，做到理赔报案客户从出险报案起至支付保险金止，全程提供帮助指导，并电话回访理赔服务情况。针对年迈或身体行动不便客户，开通绿色通道，实行一对一服务，凡符合给付条件的，当即赔付理赔款；需要系统操作的，上门指导和收集资料。及时清理积压案件，未结案落实每周定期追踪指导。举办 2013 年第七届客户服务节暨首届生命养生文化节活动，宣传生命人寿发展理念，免费发放《保险服务知识手册》，大力提高客户对保险业的认识。2013 年公司围绕“养生”主题，在河北省 11 个地市举办讲座 30 余场次；落实赔款给付 3 天内电话回访率达到 100%，客户满意度达到 94%。至 2013 年末，公司累计赔付金额 7483 万元，同比增长 67.5%。累计赔款支出 639 万元，同比下降 29.4%。累计给付支出 6844 万元，同比增长 92.1%，其中，累计给付满期及年金 5769 万元，同比增长 129.2%；累计给付死伤医疗 1075 万元，同比增长 2.9%。

表 61　　2013 年生命人寿河北分公司赔付情况一览表

类别		金额（万元）		增加额（万元）	同比增长（%）
		2012 年	2013 年		
赔款		905	639	-266	-29.4
给付	满期及年金	2517	5769	3252	129.2
	死伤医疗	1045	1075	30	2.9
合计		4467	7483	3016	67.5

生命人寿保险股份有限公司

河北分公司

总　经　理：邓明远

总经理助理：张峰松　张玉然　崔会利　陆明维

（冯丹）

综合经济管理

综合经济管理

发展和改革

【概况】 2013年，全市各级各部门围绕“转型升级、跨越赶超，建设幸福石家庄”的奋斗目标，贯彻落实市委、市政府决策部署，着力稳增长、调结构、抓改革、攻重点、惠民生、优环境，保持了全市经济社会平稳健康发展。全年全市实现地区生产总值4863.6亿元，同比增长9.5%。其中，第一产业增加值增长3%；第二产业增加值增长9.8%；第三产业增加值增长10.4%。三种产业结构比例调整为9.8∶47.2∶43。至2013年底，全市全社会固定资产投资完成4216.3亿元，同比增长13.1%，其中固定资产投资（不含农户）完成4186.2亿元，同比增长14.0%。投资总量连续6年位居全省第一。其中，第一产业投资比2012年增长1.3%，第二产业投资增长25.5%，第三产业投资增长16.5%。规模以上工业利润增长18%，高于全省平均水平4.7个百分点。全部财政收入完成629.48亿元，总量居全省第一，同比增长9.78%，其中公共财政预算收入完成305.32亿元，增长12.13%。受部分大宗商品需求不旺、住宿餐饮消费下降、网络消费大幅提高分流一部分传统消费等因素影响，全年社会消费品零售总额达到1972.35亿元，同比增长3.0%。对外贸易进出口总值140亿美元，同比增长8.1%，总量位居河北省首位。实际利用外资9.8亿美元。城镇居民人均可支配收入25274元，同比增长9.7%，高于全省平均水平0.7个百分点；农民人均纯收入10066元，同比增长12.6%，高于全省平均水平2.6个百分点。2013年市区居民消费价格指数比2012年上涨2.9%，其中食品价格上涨5.3%。工业生产者出厂价格指数比2012年下降0.4%，工业生产者购进价格指数比2012年下降1.3%。城镇新增就业10.7万人，登记失业率为3.75%，较2012年回落0.01个百分点。城镇化率达到54.4%，高于全省平均水平6.4个百分点。2013年全市单位生产总值能耗下降4.5%，化学需氧量、二氧化硫、氨氮和氮氧化物排放量分别下降2.8%、2.9%、3.2%和5.3%。2013年全市除进出口指标外，其余35项经济和社会发展指标均好于全国和全省发展水平，在贡献率、质量和效益、生态建设、民生保障等方面实现了突破。加强重要农产品储备，全年完成轮换粮食38000吨，食用油3700吨；储备冬春蔬菜7500吨、食盐3000吨；帮助7家企业争取棉花进口配额9300吨；帮助2家企业争取粮食进口配额12000吨。开展对口支援。协助国务院三峡工程建设委员会办公室经合司完成石家庄市肉牛产业化经营和促进三峡库区肉牛养殖业发展工作考察调研；国务院三峡工程建设委员会办公室经合司支持石家庄市新乐清真肉类有限公司等企业与河北省对口支援三峡库区的重庆市丰都县在饲草饲料生产及肉牛生产、加工、营销等方面开展合作；2013年石家庄市就《三峡库区对口支援合作规划纲要（2013—2020年）》编制事宜与重庆市丰都县举行了初步协商。支援河北省保定市涞源县灾后重建。2013年9月中旬，援建公路工程完工通车，援建的白银公路被涞源县称为样板路，并得到河北省“7·21”洪水灾后重建指挥部的肯定。2013年全市经济运行还存在一些突出问题：企业经营比较困难，受产品成品价格下降和生产成本上升双向挤压，企业盈利能力减弱，经济下行压力依然很大。战略性新兴产业和现代服务业支撑作用不够强，传统产业改造提升仍需加快。县域经济实力偏弱，特色不够突出，基础设施建设相对滞后，发展质量和效益还不够高。大气污染防治压力较大，防治形势依然严峻，改善生态环境尚需付出艰辛努力。

【经济运行调节】 协调调度生产要素，保障经济平稳运行。2013年市发展和改革委员会（简称发改委或发展改革委）与山西省忻州神达朝凯煤业有限公司签署低硫煤及电煤购销框架协议，增强煤炭供应保障能力；推广使用优质低硫煤炭763.89万吨，有效减少燃煤二氧化硫产生和排放；印发《关于进一步加强煤炭经营企业储煤场综合治理工作的意见》，关停、取缔环保治理设施不达标企业1244家；10家企业列入《全省2013年洁净型煤生产配送中心企业目录》，争取到中央大气污染治理专项奖补资金2800万元。制定并落实《2013年石家庄市有序用电方案》，促进电力供需平衡；规范供电电源管理，批准100家电力用户为全市重要电力用户；印发《石家庄市重污染天气电力应急预案（暂行）》，落实电力应急响应措施；8个项目争取到省电力需求侧管理示范项目支持资金728万元。依据《石家庄市国民经济和社会发展第十二个五年规划纲要》执行情况，2013年立足准备、调研、起草3个阶段，完成《〈石家庄市国民经济和社会发展第十二个五年规划纲要〉中期评估报告》。顺利完成“春运”组织协调，“春运”期间共发送旅客8396.6万人次，实现安全、优质、便捷、高效总体目标。2013年市发展改革委获评“河北省春运工作先进单位”。

【经济体制改革】《石家庄市“四化同步”综合配套改革试验总体方案》获省政府批准。2013年7月，市发展改革委专程到国家发展改革委汇报全市“四化同步”综合配套改革试验设想，在获得国家发展改革委认可和支持后，聘请省政府信息中心主任刘万玲等专家，成立“四化同步”综合配套改革试验总体方案起草组；2013年8月底制订完成总体方案，再次向国家发改委汇报，并聘请中国人民大学专家教授研究论证；2013年9月底，省政府下达批复意见，同意开展“四化同步”综合配套改革试验。企业改革取得新进展。以改革重组、盘活资产、增强活力和做大做强为目标，因企制宜、一企一策，推进国有企业改革重组和资源整合。2013年完成东方热电集团、石家庄市制酒厂、石家庄化工化纤有限公司、石家庄新华服装厂等15家企业改革重组及市属集体企业市物资回收总公司改制。

【工业结构调整】 工业总量实现递增。2013年全市共有规模以上工业企业2147个，完成工业增加值1747.8亿元，同比增长11%，高于全省增速1个百分点，居全省第5位，较2012年前移2位。实现主营业务收入7599亿元，同比增长9.9%，高于全省3.1个百分点，居全省第5位。实现利润588.3亿元，总量居全省第1位，同比增长23.8%，高于全省10.5个百分点，居全省第2位。实现利税841.1亿元，同比增长16.4%，高于全省7.5个百分点。轻重工业结构趋向合理。1～12月轻工业完成增加值819.3亿元，同比增长11.4%；重工业完成增加值928.5亿元，同比增长10.6%。主导产业比重增加。装备制造、医药、石化、纺织服装、食品、钢铁、建材等七大工业行业完成增加值1480.7亿元，占规模以上工业比重84.7%，同比增长10.7%，呈现上升趋势。高新技术产业发展迅速，规模以上企业完成增加值273.89亿元，同比增长19.46%。2013年高新技术开发区完成主营业务收入1622亿元，石家庄经济技术开发区主营业务收入突破780亿元。

【高技术产业】 企业创新能力提高。2013年获批新建河北先河环保科技、君乐宝乳业、神威药业3家国家地方联合实验室，中煤制造、桑迪亚医药技术、金刚石集团等8家省级工程实验室；国祥运输、兴柏药业、博信通信等13家企业技术中心认定为省级。至2013年底，全市建成企业技术中心146家。其中，省级以上企业技术中心达到86家（国家级7家，省级79家），在全省占比21%，分别位居全省第一；建成国家工程研究中心2个，全省占比100%；建成国家地方联合工程实验室7个，全省占比63%；建成省级工程研究实验室33个，全省占比30%。2013年石药集团中奇制药手性药物开发国家地方联合工程实验室、安瑞科气体机械高压气瓶工程实验室、健海生物生物芯片工程实验室等12家工程实验室通过验收并投入使用。

【重点项目建设】 2013年石家庄各县（市）区党政主要领导均完成引进5亿元或10亿元以上重点项目任务，重点项目储备库入库项目数达到2113个。其中，工业类项目1205

个，占项目总数57%；服务业类项目578个，占项目总数27.4%；农业产业化项目175个，占项目总数8.3%；城市基础设施建设项目155个，占项目总数7.3%。2013年全市实施省市重点建设项目125个，完成投资1320.7亿元，占年度投资计划的136%。其中省级12个，总投资479亿元，均为计划开工项目。2013年市重点项目用地问题妥善解决，争取省预留用地指标2310亩，居全省第一，其中计划开工项目均安排部分用地指标。至2013年底，31家央企项目落户，70余家世界500强公司在石家庄市投资；全市46个续建项目中，河北航空城基地一期、方亿智能化电力设备产业园、华宝塑机制品研发等24个项目竣工或部分生产线投产；石家庄国家生物产业基地等71个计划开工项目全部开工建设；8个前期项目中，霞光大剧院、北国商城扩建工程2个项目提前开工建设，其余前期项目按计划顺利推进；中友机电等83个计划竣工项目全部或部分竣工投产。

【节能降耗工程】 制定年度工作要点，分解下达节能计划，明确各县（市）区、重点企业、重点领域节能目标和工作措施。加大结构调整力度，促进产业结构调整和转型升级，坚决淘汰落后产能，推进重点节能项目建设。2013年全市竣工投入运行年节能源76万吨标煤重点项目126个，减少能源消耗36万吨标煤。严把项目准入关口，实行固定资产投资项目节能评估和审查，全年所有审批、核准、备案项目均完成节能评估和审查。加强重点单位管理，采取分解落实目标责任、加强调度和督导、强化工作措施等方式，实现省百家重点用能企业、省“千家”企业完成年度节能任务。积极争取国家、省节能专项资金支持，全年全市22个项目获得国家、省资源节约支持资金5522万元。建立定期发布节能目标完成情况晴雨表制度，在市政府网站和市发改委网站按季度发布石家庄各县（市）区节能目标完成进展情况。加强节能宣传。6月17日，市发改委会同建设、教育等14个部门联合印发《关于2013年石家庄市节能宣传周活动安排意见的通知》，并在省会人民广场设立主会场，各县（市）区同步参与，开展“践行节能低碳，建设美好家园”主题宣传活动，培育节能减排浓厚氛围。至2013年底，全市万元GDP能耗同比降低4.75%，超额完成省下达的下降3.2%目标任务。2013年石家庄市被列为国家节能减排财政政策示范市。

（梁素敏）

【低碳城市建设】 2012年11月，国家发展改革委印发《关于开展第二批国家低碳试点省区和低碳城市试点工作的通知》（发改气候〔2012〕3760号），将石家庄市确定为全国第二批低碳试点城市。2013年4月28日，市政府印发《石家庄市“十二五”低碳城市试点工作要点》，确定试点工作目标为：到2015年，力争万元GDP二氧化碳排放量比2005年下降37%，万元GDP能耗比2005年下降35%，非化石能源占一次能源消费比重达到5%，森林覆盖率达到32%；到2018年，万元GDP二氧化碳排放量比2005年下降45%，万元GDP能耗比2005年下降43%，森林覆盖率达到33.9%；到2020年，万元GDP二氧化碳排放量比2005年下降50%，万元GDP能耗比2005年下降45%，非化石能源占一次能源消费比重达到7%，森林覆盖率达到35%。为推进低碳城市建设，市政府提出8项措施：

1. 构建低碳产业体系。重点培育生物医药、信息技术、高端装备等战略性新兴产业。至2015年底，全市生物产业工业增加值达到485亿元，新一代信息技术产业工业增加值达到67亿元，高端装备制造产业工业增加值达到90亿元，新能源产业工业增加值达到9亿元，新材料产业工业增加值达到100亿元。改造提升传统高碳产业，优化产业内部结构，提高行业准入门槛。加快企业节能减排技术更新步伐，通过对冶金行业实施高炉煤气回收再利用、电力行业实施汽轮机改造及改进热力管道和设备疏水系统等措施，推动工业节能降耗减碳，力争重点用能单位“十二五”期间节约能源200万吨标准煤以上。完善落后产能退出机制，适当提高淘汰落后产能标准，综合运用经济、法律、行政等手段，鼓励引导各地淘汰落后生产能力、工艺装备和产品，为发展先进产能腾出空间和容量。对未按期完成淘汰任务的地方，实行建设项目区域限批；严格限制高耗能、高污染产品出口。“十二五”期间，淘汰落后产能节能量达到200万吨标准煤。重点发展以现代物流、现代商贸、金融房产为支柱，文化创意、商务服务、信息服务为先导，基础服务为支撑，服务业产业聚集区和产业链为主要载体的现代服务业产业体系，形成中部地区以高端服务业为主体、东部地区以生产服务业为主体、西部地区以旅游休闲为主体的三大区域发展格局，培育一批全国知名的服务业龙头企业。到2015年服务业增加值占 GDP的比重达到44.5%。

2.加速能源结构调整。降低煤炭消耗，提高能源利用效率。对既有燃煤锅炉实施“煤改气”、“煤改电”。2013年6月底前全部拆除城区155台燃煤锅炉；严格限制新建燃煤项目审批，市区燃煤大户实施搬迁改造，5年内城区18家燃煤大户全部进入产业园区或聚集区；现有燃煤电厂开展节能技改，实施“上大压小”，发展热电联产，采用高效、洁净发电技术，改造在运火电机组，降低损耗，提高发电效率；扩大洁净能源使用范围，2013年底前实现“县县通”天然气，省级及以上产业集聚区通天然气，有效减少煤炭消耗，降低二氧化碳排放量。“十二五”期间实现单位GDP能耗降低18%，至2015年底清洁能源使用率达到60%以上。积极发展可再生能源和新能源。推进太阳能、地热能在建筑领域的规模化应用，在农村地区普及应用太阳能和生物质能。推进新乐市、元氏县、无极县生物质发电项目建设。根据自身条件，大力发展水电和风力发电。至2015年底，全市非化石能源占一次能源消费比重达到5%。

3.加强排放目标管理。根据石家庄市二氧化碳排放量西高东低的区域特征，实行区域控制。西部地区严格控制高耗能产业发展，提高行业准入门槛，对高耗能项目不予审批；坚决淘汰落后产能，限期关停高耗能工业企业；鼓励发展低碳型产业，通过政策税收优惠，积极招引低碳企业入驻。中部地区加快发展战略新兴产业，提高服务业比重，限制高排放企业发展。东部地区适度放宽碳排放配额，在保证全市二氧化碳排放总量目标动态平衡的基础上扶持工业企业发展。全市六大高耗能行业企业实行总量控制，建立重点企业碳排放量监测制度，对超限排放企业实施限产、限电等措施。

4.创新低碳生活模式。推进节能低碳建筑，严格建筑节能管理，启动实施绿色建筑行动，推广建筑节能低碳技术，在农村新民居建设中执行建筑节能标准，鼓励建设绿色建筑。至2015年底，全市城镇太阳能建筑一体化、浅层地能等可再生能源在建筑领域规模化应用比例达到38%以上，在市区建成3个以上、每个县级市建成1个以上获得绿色建筑评价标识项目。加快既有居住建筑供热计量及节能改造步伐，5年改造完成建筑面积800万平方米。完善公共机构能耗统计、能源审计、能效公示和能耗定额管理制度，加强公共机构能耗监测平台和节能监管体系建设，5年完成国家机关办公建筑节能改造20万平方米。完善低碳交通体系，稳步增加全市公共交通路线数量，提高公交线网密度和站点覆盖率，完善交通服务基础设施，提高公共交通出行分担比例。加快快速路交通工程和城市轨道交通工程建设，优化道路等级配置网络，建立以步行、自行车、电动车为主的低碳慢行交通系统。推广应用充电式混合动力、纯电动、燃料电池、液化天然气等新能源汽车，并配套建设快速充电站、蓄能电池更换站、LNG加注站以及停车设施充电系统等设施。至2015年底，全市公交系统中新能源汽车比例达到90%以上。多方式、多渠道开展宣传引导，强化低碳消费意识，改变人们生活理念，为形成低碳消费模式营造良好社会氛围。

5.推进低碳新区建设。确定正定新区为低碳示范新区。正定新区产业布局突出发展总部经济、商务会展、金融服务、文化创意、科技服务、服务外包等高端服务业，兼顾发展信息网络等高端制造业，设置限制非高端产业入区门槛，加强新区产业原料链、产品链、技术链和废弃物综合链建设，加强设施共用、资源共享和要素流动体系建设，促进企业集中成组布局；城市建设从规划、设计、施工、管理各个环节体现低碳，大力发展节能环保型住宅，充分利用太阳能和地热等可再生能源，推广中水回用、雨水收集利用、建筑节能等新技术，在市政元素中最大限度地体现低碳。

6.打造生态碳汇体系。依托万树进村、太行山绿化、退耕还林、百万亩封山育林、滹沱河百里长廊绿化以及自然保护区和森林旅游区生态恢复等工程，形成规模化林业抚育、保护、管理体系，每年人工造林16万亩、封山育林200万亩，全面提高森林固碳能力。按照生态园林城市的标准，重点推进城区公园建设、绿地养护、主干道绿化景观建设与升级改造、园林式单位和园林式小区创建等项目建设，增加公共绿地覆盖率，提高城市园林碳汇水平。深入推进滹沱河综合整治、洨河综合整治等生态工程建设，显著增加绿地面积和湿地面积，完善城市碳汇功能。发挥循环农业、有机农业、休闲观光农业以及农田土地整理工程等在减少农作物的碳排放量方面的优势，改善农田生态环境，增加农田中有机碳含量，提高土壤固碳水平，培育农业碳汇功能。

7. 提高垃圾资源化利用。至2015年底，全市新建垃圾转运站30座，生活垃圾回收率取得较大提高，下大力重点清理城郊接合部、国省道周边、市区高速公路沿线周边积存垃圾。整治露天炭火烧烤，确保规范经营。加快生活垃圾集中处置设施建设，2015年底全市生活垃圾无害化处理率达到85%以上。推广农牧结合和生态养殖模式，对畜禽养殖废弃物进行综合利用，2015年底全市80%以上的规模化畜禽养殖场和养殖小区畜禽粪污实现无害化处理和资源化利用。

8. 构建低碳支撑体系。启动石家庄市温室气体排放清单编制工作，明确主要碳排放源，确定全市重点高碳排放行业和企业，建立涵盖生产、流通、消费等领域的温室气体排放统计、核算体系。加快建立低碳咨询服务机构，成立低碳发展专家委员会，建立起低碳咨询服务专家库，为低碳城市建设提供技术指导和智力支持；注重低碳技术人才的培养，成立低碳经济研究所，设立重点实验室及工程中心，为开展低碳技术的研发和应用推广搭建技术平台和交流平台。

（吴温）

【农业农村经济】 2013年全市争取中央预算内资金3.54亿元、省预算内资金0.49亿元，用于支持农业农村经济发展。其中，农业生产基础建设争取中央资金0.98亿元，主要用于新增千亿斤粮食田间工程、农技推广服务体系、生猪和奶牛标准化养殖、动物疫病防治和农产品质量检测体系、旱作农业和水土流失治理等项目建设；生态环境改善争取中央资金0.3亿元，主要支持农村大中型沼气、户用沼气和农村沼气服务网点建设；争取中央资金1.1亿元，解决60万农村人口饮水安全问题；争取中央资金0.37亿元，支持6个农村污水治理项目建设；争取中央资金0.44亿元，推进巩固退耕还林成果、荒山荒地造林及太行山绿化等工程；争取中央资金0.28亿元，通过以工代赈方式，帮助全市4个国家扶贫开发工作重点县加快脱贫致富步伐。2013年争取中央财政转移支付资金1.66亿元，用于井陉矿区资源枯竭城市产业转型改造和民生工程建设。

【服务业发展】 制定出台《石家庄市生产性服务业发展规划》和《加快省会现代服务业发展实施意见》，引导服务业在滹沱河北岸、物流、金融、电子商务、科技信息、文化旅游、城乡商业、节能环保、健康养老9个方面加快发展。大力发展电子商务。积极争创国家电子商务示范市，重点引进一批知名电子商务企业，帮助企业拓展市场、实施转型升级。加快推进慧聪网产业园、正定电商谷总部基地和中国石家庄电子商务产业基地等三大园区建设，重点实施空港跨境电子商务、华北商品物流枢纽城市等六大工程35个重点项目建设，培育壮大电子商务产业集群。推进重点商贸物流项目建设。突出抓好南部综合、正定商贸和西北物流省级聚集区发展，加快推进国际贸易城、国际物流等48项重点商贸和37项重点物流项目建设，壮大服务业规模，提升服务业发展档次。争取国家政策和资金支持，促进产业结构调整。配合争列国家节能凑拢财政政策综合示范市，编制《服务业集约化发展实施方案》，筛选服务业项目35项，项目总投资223.67亿元，申请中央财政补贴或奖励28.79亿元。2013年全市争列国家服务业扶持资金项目4个，分别是新乐市影视动漫制作中心公共服务平台、井陉县钙镁产业集群公共服务平台、石家庄君乐宝乳业有限公司乳制品冷链物流扩建项目和厚朴冷链物流园项目，获得资金支持1190万元。加强服务业发展考核，2013年全市服务业发展任务指标考核完成，并以市政府文件形式，通报表彰11个县（市）区和100名先进个人。至2013年底，全市服务业完成增加值1932.9亿元，同比增长10.4%，较2012年提高0.4个百分点，服务业增加值占地区生产总值比重达到43%，创下历年最高；服务业固定资产投资完成2501.8亿元，同比增长16.5%，占全市固定资产投资（不含农户）比重59.8%；完成税收328.7亿元，同比增长21.4%，占全市税收比重59%。

【社会事业基础设施建设】 2013年全市社会事业基础设施建设项目纳入国家专项建设规划有73个，争取中央预算内资金26178万元，省级配套资金276万元。教育事业获得国家专项支持资金7900万元，具体资金项目分别为：中西部农村初中校舍改造工程4300万元，中等职业教育基础能力建设工程2000万元，边远地区农村学校教师周转宿舍建设工程1000万元，农村学前教育推进工程600万元、省配套资金200万元。卫生事业纳入国家专项建设规划项目47个，争取中央投资15084万元。其中，市四院争取中央资金5400万元，成为多年来社会事业类单体项目争取中央资金最多一次；市一院全科医生临床培养基地争取中央资金1800万元；新乐市医院争取中央资金1450万元；县级妇幼保健院建设项目3个，争取中央资金1520万元；县级疾控中心4个，争取中央资金1200万元；农村急救体系建设项目2个，争取中央资金295万元；乡镇卫生院35个，争取中央资金3419万元。至2013年底，市中心医院赵卜口院区、市四院新院区、市一院正定新区分院、市一院综合病房楼项目等一批利用中央资金的大项目正在施工。2013年全市2个旅游基础设施项目获国家资金支持，争取资金1250万元，全部为中央投资。就业、计划生育、残疾人、体育事业争取中央资金情况：赵县、高邑县基层就业和社会保障服务建设项目获得中央专项资金544万元、省级配套资金76万元；高邑县、深泽县计划生育服务站项目获得中央专项资金支持240万元；市残疾人康复中心改扩建项目争取中央预算内专项资金760万元；高邑县公共体育场建设项目获得中央专项支持资金400万元。

【商贸流通项目建设】 全年谋划备案商贸流通项目33个，总投资393亿元，平均单体投资11.9亿元。超前谋划投资过亿元项目24个（塔谈国际商贸城、新合作城市广场、高营国际商贸博览园等），投资千万以上项目9个（和平路商贸中心、普金利商务综合楼等）。加快推进重点商贸项目45个，总投资1568亿元，其中，竣工项目11个（中银金融广场、中悦大厦、海世界二期改扩建等），新开工项目10个（华宁春天商业广场、浙江大厦、裕美国际等），续建项目22个（金指数广场、祥云国际、怀特商务中心等），至2013年底，全市商贸流通项目建设累计完成投资235亿元，年度计划完成率达到100%。

【外资利用】 2013年市第四医院利用德国促进贷款项目列入国家发改委2013年外国政府贷款备选项目规划第四批计划，项目总投资17741万元，计划利用德国促进贷款2000万欧元，主要用于引进医疗设备及部分配套设施建设。参加石家庄、廊坊、厦门、河北省与美国艾奥瓦州结好30周年纪念等投资贸易洽谈活动，签约项目42个，总投资28.97亿美元，拟利用外资23.65亿美元。其中，河北省与美国艾奥瓦州结好30周年纪念活动签约项目4个，数量占全省1/5。至2013年底，全市实际利用外资9.7亿美元，同比增长11.8%，其中，资金到位1000万美元以上项目30个。

【内资引进】 举办和参加各项经贸活动。1月22日，中央财经大学副校长王瑶琪率专家、教授到石家庄市就区域产业发展、投融资需求开展调研，并在高新技术产业开发区召开交流座谈会。中央财经大学领导表示在石家庄市调研非常满意，有意将石家庄市作为金融合作重点区域。5月18日，“2013中国·廊坊国际经济贸易洽谈会”期间，全市签约内资项目32个，总投资661.5亿元，拟引进资金523.3亿元，引资总额超过前两届总和近1倍。2013年红星世界湾项目、泸州老窖产业园及中国优质白酒生产聚集区等一批重大项目成功落地。10月18日，石家庄投资合作洽谈会高端装备制造专项对接会在亚太大酒店召开，签约项目10个。11月6～8日，“清华大学专家学者石家庄行”活动在石家庄举行，11位来自清华大学机械、电子、热能、水处理等研究领域的专家学者，应邀为生物医药、装备制造、节能环保等行业企业“答疑解惑”，帮助企业解决技术难题，并达成初步合作意向8项。谋划校企合作项目。利用院校人才、科技和资源优势，帮助企业谋划合作项目，促进科技成果转化和产业化，2013年米莎贝尔食品有限公司等4家企业合作项目得到省专项资金支持，8个项目通过市本级审核并上报省发改委，列入2014年资金支持计划。2013年全市引进市外资金1176.4亿元，同比增长78.7%，分别高于年度计划目标63.7个百分点，高于工作目标57.7个百分点。其中，引进省外资金1144.6亿元，增长74.4%，分别高于年度计划目标59.4个百分点，高于工作目标53.4个百分点。引进技术766项，同比增长16.1%，高于年度计划指标6.1个百分点。引进人才11142人，同比增长22.2%，高于年度计划目标12.2个百分点。至2013年12月底，全市新签约项目331项，总投资1024.8亿元，合同引资978亿元，完成投资217.4亿元；执行经济项目270项，总投资3621.8亿元，合同引资3558.1亿元；执行技术项目863项，总投资1438.9亿元，合同引资1309亿元。

（梁素敏）

财　政

【概况】 2013年，全市各级财政部门发挥财政职能，落实稳增长、调结构、促改革、惠民生、优环境要求，全力做好"生财、聚财、用财"工作，实现财政收入平稳增长。2013年全市全部财政收入完成629.48亿元，同比增长9.78%，增收56.09亿元，全部财政收入总量九年后重返全省首位。其中，公共财政预算收入完成305.32亿元，同比增长12.13%，增收33.04亿元。强化预算约束，严格支出管控，在压缩"三公"经费等一般性支出基础上，加大资金统筹力度，集中财力保民生、保重点、保急需，做到保压有序，支出结构优化。2013年全市公共财政预算支出514.25亿元，占调整预算96.08%，同比增长10.81%。其中，市本级支出181.6亿元，占调整预算98.18%，增长13%；县（市）区支出332.65亿元，占调整预算94.97%，增长9.65%。统筹整合，设立现代产业发展资金，出台完善县级投融资平台、推进园区建设、扶持县域经济加快发展、支持重点工业企业发展等具体措施，实现财政促进经济发展政策体系逐步完善。落实防风险、促发展要求，加强和规范政府性债务管理，构建"借、用、管、还"良性发展机制。主动作为，拓宽渠道，在防范债务风险基础上，积极保障重点项目建设急需资金，有力促进了全市经济社会平稳发展。推进财政管理改革，厉行勤俭节约，用改革办法解决管理中不完善、不到位等突出问题，在改革创新中实现新的突破。2013年市级公共财政预算主要项目支出：一般公共服务支出11.2亿元，占调整预算100%，下降4.1%；教育支出24.9亿元，占预算100%，增长15.8%；社会保障和就业支出10.8亿元，占预算98.2%，增长12.8%；农林水事务支出8.4亿元，占预算99.8%，增长26.8%；医疗卫生支出13.7亿元，占预算99.9%，增长12.5%；文化体育与传媒支出5.6亿元，占预算100%，增长40.9%；科学技术支出3.5亿元，占预算99%，增长19.6%；节能环保支出16.4亿元，占预算89.3%，增长268.9%；住房保障支出8.3亿元，占预算100%，增长52.2%。推进财政信息化建设，搭建电子政务网络平台，升级改版财政内外网设置。2013年市财政部门完成电子政务运行环境建设，与全市415家预算单位实现互联互通。至2013年末，市财政局内网网站访问量突破40万次，外网发布信息超过800条，接收网民信息反馈和咨询投诉65件。2013年市财政局支付中心获得全国巾帼文明岗称号。

【财政收入组织】 坚持旬调度、月报告、季分析制度和"三长"联席会议工作机制，形成齐心协力抓财政收入的合力。针对重点行业、重点税种和征管领域薄弱环节，加强协调调度，加大征管力度，并通过信息共享、以票控税、以电控税、纳税公开等措施，提高征管水平，做到应收尽收。加强非税收入征管，在所有县（市）区和正定新区运行非税收入管理系统，提高征管效率；推进涉水收费一票制，加强收费管控，降低收费成本；缴费与清欠相结合，强化城建收费管理。2013年全市全部财政收入9年后重返全省第一名，各县（市）全部财政收入超过10亿元新增2个，分别是晋州市、元氏县，累计总数达到9个。财政收入结构进一步优化，公共财政预算收入占全部财政收入比重为48.50%，比2012年提高1个百分点；税收收入占全部财政收入比重为87.94%，高于全省设区市平均水平3.37个百分点。至2013年底，全市全部财政收入完成629.48亿元，总量位居全省第一，较2012年增收56.09亿元，居全省设区市首位；公共财政预算收入完成305.32亿元，较2012年增收33.04亿元，增量居全省设区市首位。

【民生保障支出】 推进财政资金分配向基层倾斜、向民生领域倾斜，积极增进民生福祉。2013年全市公共预算民生支出完成398.6亿元，占公共预算支出比重77.5%。支持发展教育事业。落实资金6.5亿元，用于义务教育经费保障机制改革。累计投资8.8亿元的山区教育扶贫工程全部完工，6个山区县累计新建、改扩建中小学校56所，转移安置学生3.6万名。投入校舍安全工程资金6亿元，新增开工面积43.8万平方米，新增竣工面积92万平方米。推进教育资助体系建设，扩大中职教育学费免收范围，并对高中家庭经济困难学生给予资助。推进社会保障扩面提标战略。2013年全市城镇居民医保和新农合财政补助标准由240元提高到280元，参保人数同比分别增加6.5万人和13.5万人，居民医保和新农合大病保险的报销上限分别达到18万元和16万元。城镇低保标准提高到每人每月500元，农村低保标准提高到每人每年2700元。投入市级财政资金3763万元，支持养老服务体系建设，新增养老服务床位2475张。率先在全省建立贫困重度残疾人生活补贴和护理补贴制度，惠及1.6万名残疾人。支持医药卫生体制改革。基本公共卫生服务项目各级财政补助标准由人均25元提高到30元。县级公立医院改革试点在栾城县试点基础上扩大到11个县（市），达到河北省要求的70%，县（市）试点医院由1个增加到20个。促进创业和就业。2013年全市对择业期内登记失业的高校毕业生和就业困难人员灵活就业后申报就业并以个人身份缴纳社会保险费的，给予社会保险补贴。积极拉动就业，推进就业服务工程，发放小额担保贴息贷款6.4亿元。落实强农惠农政策。全年发放粮食直补、购机补贴等奖补资金14.1亿元，下达农业保险补贴资金1.5亿元，有效促进了粮食增产和农民增收。统筹市级资金1.6亿元，用于农村面貌改造提升。落实农村公路和国省干道建设资金7.2亿元。下达一事一议奖补资金2.8亿元，申报项目2854个，受益人口413万人。落实财政资金8.7亿元，保证居民正常采暖。2013年石家庄市多渠道筹集资金53亿元，支持安居工程建设，着力解决城镇困难家庭住房问题。

【城市建设支出】 全年筹措城市建设资金71.3亿元，主要支持洨河综合整治、新客站广场、轨道交通、新城大道、太行大街等重点项目建设及正定新区建设、正定古城保护。加快公交都市建设，拨付公交企业运营补贴6.8亿元，投入资金3.4亿元，购买新型环保公交车450辆。安排资金2亿元，支持城区市容市貌提升工程，整治四横八纵、二环路等主街主路沿线环境卫生和建筑立面，改造省文化广场、新客站广场景观。

【改善生态环境】 落实大气污染防治专项资金19.9亿元，用于污染企业搬迁、分散燃煤锅炉拆改、淘汰黄标车、油气回收、扬尘治理和提升环境监测监管能力。投入资金3.8亿元，用于二环路绿化提升、城区公园绿地、西山森林公园、滹沱河绿色长廊建设。落实资金2366万元，用于水源地保护和水质监测。积极申报节能减排财政政策综合示范城市，并以总分排序第二的成绩从全国15个参报城市中胜出，获得2014～2016年15亿元中央资金支持。2013年石家庄市成功入选新能源汽车推广应用综合示范城市。

【促进经济结构调整】 按照稳增长、调结构、转方式要求，发挥财政职能作用，支持产业振兴和经济结构战略性调整。积极调整支出结构，压缩一般性支出，集中财力促进发展。统筹整合产业发展资金10亿元，支持传统产业升级改造、重点项目引进、战略性新兴产业、现代服务业发展及空港工业园、循环化工园区、装备制造基地等重点产业聚集区基础设施建设，为招大商、引大资创造条件。2013年全市争取中央和省各类发展资金37.6亿元，比2012年增加9.2亿元。支持中小企业担保公司做大做强，并运用贷款贴息、以奖代补、信用担保等手段，发挥财政资金撬动作用。至2013年末，全市担保机构达到170家，注册资本金208亿元，其中，宝德和联创2家担保机构在保责任余额分别达到60.8亿元和10.2亿元。创新财政投入机制，安排资金1.4亿元，支持科技孵化平台建设和科技成果转化风险补偿。优化发展环境，减轻企业负担，取消或停征行政事业性收费11项；兑现结构性减税政策，减免企业税费20亿元以上，并为3万户企业和工商户安排专项补助资金用于免费开业或变更登记手续。

【财政管理改革】 财政支出管理：研究制定市级公务接待管理暂行办法，严格公务用车编制和购置管理，从严控制一般性支出，大力压缩专项公用经费，特别是会议费、培训费、接待费。全年市级“三公”经费和会议费等支出比2012年减少18%，市直部门公车保有量做到只减不增。信息管理改革：稳步推进预算公开，除涉密部门外，2012年度全市财政决算、部门决算和2013年度全市财政预算、部门预算全部通过政府网站予以公开。绩效预算管理：重新修订市级财政支出绩效评价办法，明确评价范围和方式，规范评价程序；搭建由21家会计师事务所组成的中介机构库，引入第三方评价，提高了绩效评价的科学性、公正性。2013年全市所有专项项目均设定绩效目标，保障性住房、校舍安全等9类专项资金开展重点绩效评价，西山森林绿化、老旧小区供热改造、高校毕业生就业3个项目引入第三方评价。国库管理改革：启动乡级集中支付改革，覆盖全市乡镇60%；公务卡改革完成2458个预算单位，占全市全部预算单位95%。国有资产管理：出台《国有资产配置管理办法》，将资产管理与预算管理相结合，严把资产入口关。2013年全市审核市直单位资产配置申报计划3344万元，核减资金1716万元。财政监督改革：健全内控机制，加强专项审查，推进实施廉洁评审、高效评审、科学评审、阳光评审。2013年全市评审项目2735个，审核资金371.5亿元，审减资金68亿元，审减率18.4%。政府采购改革：坚持采购项目、信息、程序、竞价“四公开”标准，全年市级政府采购完成40.2亿元，资金节约率8%。

【“吃空饷”专项治理】 9月5日至12月20日，按照河北省统一部署，石家庄市成立“吃空饷”专项治理领导小组及办公室，制定专项治理方案，开展“吃空饷”专项治理。该项活动分5个阶段实施，分别是部署动员、单位自查、集中核查、清退处理、总结提高。“吃空饷”专项治理中，全市核查了重点人群和重点部门，进行了信息核查比对。印发《关于做好“吃空饷”清退处理工作的通知》，稳妥做好“吃空饷”资金清退和处理。根据统计，2013年全市纳入清理范围人员29万余人，查出“吃空饷”人员3229人，其中市直部门105人，县(市)区3124人。

表62　2013年度石家庄市公共财政收支决算总表一

单位：万元

预算科目	调整预算数	决算数	预算科目	调整预算数	决算数
一、税收收入	2327797	2375438	一、一般公共服务	577803	575030
增值税	229272	243517	二、外交		
营业税	995082	983195	三、国防	6170	805
企业所得税	222165	218887	四、公共安全	304739	299663
企业所得税退税			五、教育	1166237	1161551
个人所得税	90711	92037	六、科学技术	84202	80065
资源税	3321	5236	七、文化体育与传媒	100732	98313
城市维护建设税	186668	184852	八、社会保障和就业	446793	429387
房产税	87878	87726	九、医疗卫生	506999	482576
印花税	50792	52718	十、节能环保	286599	273400
城镇土地使用税	81261	81156	十一、城乡社区事务	565026	523003
土地增值税	141439	149771	十二、农林水事务	516459	502529

（续表）

预算科目	调整预算数	决算数	预算科目	调整预算数	决算数
车船税	46363	43658	十三、交通运输	259194	253068
耕地占用税	38139	43942	十四、资源勘探电力信息等事务	154309	152381
契税	146393	188638	十五、商业服务业等事务	78119	74476
烟叶税	6312	104	十六、金融监管等事务支出	523	523
其他税收收入	2001	1	十七、地震灾后恢复重建支出		
二、非税收入	533859	775795	十八、援助其他地区支出		
专项收入	112655	116277	十九、国土资源气象等事务	50010	48588
行政事业性收费收入	180730	209051	二十、住房保障支出	142807	135780
罚没收入	136766	159298	二十一、粮油物资储备事务	12657	10884
国有资本经营收入	38320	207309	二十二、预备费		
国有资源（资产）有偿使用收入	55870	77704	二十三、国债还本付息支出	2287	2287
其他收入	9518	6156	二十四、其他支出	225490	125133
本年收入合计	2861656	3151233	本年支出合计	5487155	5229442

表 63

2013 年度石家庄市公共财政收支决算总表二

单位：万元

预算科目	决算数	预算科目	决算数
本年收入合计	3151233	本年支出合计	5229442
上级补助收入	2273814	上解上级支出	96611
返还性收入	219983	一般性转移支付	64154
增值税和消费税税收返还收入	132357	体制上解支出	52187
所得税基数返还收入	57103	出口退税专项上解支出	11967
成品油价格和税费改革税收返还收入	30523	成品油价格和税费改革专项上解支出	
其他税收返还收入		专项转移支付	32457
一般性转移支付收入	1074476	专项上解支出	32457
体制补助收入	18698	计划单列市上解省支出	
均衡性转移支付收入	229075		
革命老区及民族和边境地区转移支付收入	4603		
调整工资转移支付补助收入	154613		
农村税费改革转移支付收入	64875		
县级基本财力保障机制奖补资金收入	81303		
结算补助收入	92078		
化解债务补助收入			

（续表）

预算科目	决算数	预算科目	决算数
资源枯竭型城市转移支付补助收入	16683		
企业事业单位划转补助收入	12008		
成品油价格和税费改革转移支付补助收入	24216		
工商部门停征两费转移支付收入			
基层公检法司转移支付收入	21338		
义务教育等转移支付收入	86361		
基本养老保险和低保等转移支付收入	96853		
新型农村合作医疗等转移支付收入	120706		
村级公益事业奖补等转移支付收入	21529		
产粮（油）大县奖励资金收入	23070		
重点生态功能区转移支付收入	6467		
其他一般性转移支付收入			
专项转移支付收入	979355		
地震灾后恢复重建补助收入			
省补助计划单列市收入			
接受其他地区援助收入		援助其他地区支出	
债务收入		债券还本支出	33102
债券转贷收入	117400	债券转贷支出	
		增设预算周转金	
国债转贷收入		拨付国债转贷资金数	
国债转贷资金上年结余	1558	国债转贷资金结余	1558
国债转贷转补助			
上年结余	280292		
调入预算稳定调节基金	5000	安排预算稳定调节基金	198193
调入资金	10082	调出资金	
1. 政府性基金预算调入		年终结余	280473
2. 国有资本经营预算调入		其中：本级	119148
3. 财政专户管理资金调入	4318	减：结转下年的支出	241736
4. 其他调入	5764	其中：本级	108675
地震灾后恢复重建调入资金		净结余	38737
预算稳定调节基金调入		其中：本级	10473
收入总计	5839379	支出总计	5839379

（刘铭严）

税　务

国家税务

【概况】 2013年，全市国税系统贯彻落实“三个服务、三个实在、三个禁止”要求，围绕业务建设、队伍管理、基层建设、社会形象“四个明显变化”目标，整合征管机构，优化征管体系，推行税源专业化管理。坚持依法治税，严肃工作纪律，整顿税容税纪，改善税务环境。加强行风建设，改进办税方式，优化办税流程，提高办税效率。强化分析预测，科学制定税收计划，加强税收管理，堵塞税收漏洞，做到应收尽收不过头。落实税收优惠政策，支持外向型企业发展，实现出口退免税规模全省第一。开展“改进作风、服务基层”活动，压缩机关开支，将资金最大限度向基层倾斜，夯实基层基础，增强发展后劲。2013年市国税局安排专项资金用于基层单位信息化、规范化建设，为基层单位配置纳税服务评价系统及笔记本电脑、台式计算机等，并与河北省国税局共同出资为基层配备计算机830台。加强干部教育培训，提高履职能力；以岗位需求为本，开展学习《会计基础知识读本》、《小企业会计必读》和《税收基础知识读本》3本书活动。全年市国税系统组织各类培训班302期，培训各类人员25590人次。至2013年底，全市国税系统实现税收收入313.74亿元，同比增收25.92亿元，增长9.0%。其中，国内增值税完成147.71亿元，增收13.43亿元，增长10%；国内消费税完成49.29亿元，减收13.71亿元，下降21.8%；企业所得税完成86.82亿元，增收18.71亿元，增长27.5%；储蓄利息个人所得税完成127万元，减收117万元，下降48%；车辆购置税完成29.90亿元，增收7.5亿元，增长33.5%。2013年市国税收入总量在全省各地市排名第一，增幅位列全省第三；市国税局获得河北省国税局管理创新奖、河北省“六五”普法中期先进单位和河北省国税系统2013年绩效考核先进单位称号。

表64　　2013年石家庄市国税收入累计完成情况表

单位名称	金　额（万元）			±%
	2011年	2012年	2013年	
全　市	2621270	2878204	3137382	9.0
长安区国税局	212000	195866	263057	34.3
桥东区国税局	214742	244840	285699	16.7
桥西区国税局	309754	340007	408577	20.2
新华区国税局	96026	107373	113430	5.6
高新区国税局	150002	170207	172604	1.4
裕华区国税局	93154	119495	150531	26.0
井陉矿区国税局	32377	33275	34301	3.1
辛集市国税局	75215	82617	94517	14.4
晋州市国税局	41867	39829	48623	22.1

（续表）

单位名称	金　额（万元）			±%
	2011 年	2012 年	2013 年	
深泽县国税局	10692	12778	13600	6.4
无极县国税局	25750	33262	40293	21.1
藁城市国税局	739625	822451	460947	-44.0
循环化工园区	-	-	229267	-
赵　县国税局	24734	30114	32814	9.0
栾城县国税局	48687	62519	89149	42.6
正定县国税局	41958	50018	65322	30.6
新乐市国税局	23290	21231	26756	26.0
高邑县国税局	14679	18126	16621	-8.3
元氏县国税局	44581	53829	69966	30.0
赞皇县国税局	22848	27422	27351	-0.3
井陉县国税局	58900	70355	87461	24.3
鹿泉市国税局	75914	85323	95995	12.5
平山县国税局	111679	91518	92890	1.5
灵寿县国税局	20123	17274	20319	17.6
行唐县国税局	16980	19595	28643	46.2
车　购　办	-	-	168649	-

备注：本表为河北省国税局口径，税收收入包括国内增值税、国内消费税、内外资企业所得税、储蓄利息个人所得税、车辆购置税。

【税收征管】 优化征管体系，成立大企业管理局，确定深泽县国税局为试点单位，整合征收管理机构，推行税源专业化管理，促进税务分局向按纳税人规模和行业特点设置的专业化管理分局转型。加强风险管控，组建数据分析监控指挥中心，落实分级分类处置措施，防止发生区域性、行业性涉税案件。全年提示风险点 8 大类 105 个，派发核查任务 13439 条。推行增值税进销项数据分析监控系统，将全市 95% 的一般纳税人纳入系统监控范围，有效遏制虚开虚抵增值税专用发票问题。研发推行企业所得税汇算清缴软件，全年 3.07 万户纳税人应用汇算清缴软件成功申报，提高了汇算清缴管理质效，实现汇算清缴补缴企业所得税较 2012 年增长 245%。2013 年市国税局汇算清缴软件受到河北省国税局表彰奖励，并决定 2014 年 1 月 1 日起在全省推广。规范税收秩序。开展低税负行业专项治理，入库税款 4.19 亿元，重点治理六大行业增值税税负均有不同程度提高；开展大企业全流程风险排查 2 次，直评大企业 12 户，入库税款 1.46 亿元；开展所得税直评，入库税款 0.44 亿元。加强税源监控，及时预警和打击涉税违法，注重数据应用，堵塞税收漏洞，促进了税收质量提高和总量稳定增长。2013 年市国税系统监控税源入库税款 15.8 亿元，占全年政府口径增收总额 89.5%。9 月 22 日至 11 月 22 日，采取低税负治理、纳税直评、税务稽查和发票协查等措施，集中开展组织收入攻坚战，评估、查处税款7.63亿元，有力保障了全年税收组织任务的完成。强化税务稽查，2013年全市国税系统累计查补税款8.61亿元，同比增长145%；入库税款6.01亿元，同比增长87%。2013年市国税局获得河北省国税局税源管理创新奖和绩效考核先进单位称号，并在全省国税工作会议上作典型发言。

【依法治税】 规范税务行政执法行为，清理涉税非规范性文件30件。5月1日起，《河北省国家税务局税务行政处罚裁量权适用规则（试行）》全面实施。加大重大案件审理力度，4次召开审理委员会会议，集体审理涉税重大案件19起。加强税收执法过错责任追究，全年处置相关责任人1464人次，其中经济追究515人次。

（魏胜凯）

【营业税改征增值税试点】 根据市政府办公厅印发《石家庄市营业税改征增值税试点工作方案》，8月1日起，全市在交通运输业、部分现代服务业（包括研发和技术、信息技术、文化创意、物流辅助、有形动产租赁，以及鉴证咨询、广播影视作品的制作播映发行），开展营业税改征增值税试点改革。税率变化：在原增值税17%标准税率和13%低税率基础上，新增11%和6%两档低税率。有形动产租赁服务适用17%税率，交通运输业服务适用11%税率，其他部分现代服务业服务适用6%税率。小规模纳税人提供应税服务，增值税征收率为3%。计税方式：试点行业一般纳税人提供应税服务适用一般计税方法计税，以当期销项税额抵扣当期进项税额后的余额为应纳税额。试点行业小规模纳税人提供应税服务适用简易计税方法计税，以按照销售额和增值税征收率计算的增值税款作为应纳税额，不得抵扣进项税额。计税依据：纳税人计税依据原则上为发生应税交易取得的全部价款和价外费用。价外费用是指价外收取的各种性质的价外费用，不包括代为收取的政府性基金或行政事业性收费。一些存在大量代收转付或代垫资金的行业，代收代垫金额可予以合理扣除。服务贸易进出口：服务贸易进口在国内环节征收增值税，出口实行零税率或免税制度。营业税改征增值税试点前，全市开展纳税人调查，掌握纳税人信息，测算行业税源底数，制定应急预案，组织培训演练。8月1日全市7804户试点纳税人开始办理税务登记和领购发票。2013年9月，试点纳税人成功纳税申报。至2013年底，全市试点纳税人入库税款3.32亿元。营业税改征增值税试点改革，优化了税制结构，减轻了企业税收负担，为深化产业分工和加快现代服务业发展、构建现代产业体系提供了良好的制度支持，有力促进了全市经济发展方式转变和经济结构调整。

（魏胜凯　靳晓磊）

【小微企业暂免征收增值税营业税】 根据7月24日国务院常务会议决定，从8月1日起，全市小微企业月销售额不超过2万元的增值税小规模纳税人和营业税纳税人暂免征收增值税和营业税（简称“两税”）。2013年全市有4000余户小微企业享受到暂免“两税”新政策优惠，共免税8000多万元。

（靳晓磊　吴筱萌）

【国税地税联合办证试点成功】 2013年12月，石家庄市国税、地税部门联合办理税务登记证业务在试点单位市新华区国税局、裕华区国税局成功试行，解决了国税、地税共管企业办理税务登记证时，需要分别办理一张税务登记证和“两头跑”问题，做到一次性办理完毕。2011年河北省国税局、地税局确定联合办理税务登记；2012年石家庄市国税局、地税局开发成功联合税务登记平台，解决了国税、地税征管信息系统存在差异，纳税人信息不能直接传递和相互兼容问题，实现了“一方受理、双方认可、一证两章、信息共享”功能。

（靳晓磊　王朝辉　吴磊）

【纳税服务】 开展纳税人满意度调查，落实“月查、月评、月通报”制度，并采取措施及时解决反映的突出问题。优化涉税审批程序，解决了涉税审批部门多、环节多、效率低问题，得到纳税人的认同和河北省国税局领导批示肯定。加强信息化建设，开发推行纳税服务系统，试点运行出口退税预申报系统，满足了纳税人办理便捷税、阳光税诉求。依托税务纳税人学校，加强纳税辅导和税法宣传，提高纳税人税法认知度和遵从度。全年举办各类培训班92期，培训纳税人1.9万余户次。

推行涉税事项“免填单”服务，受到纳税人一致好评。2013年市国税局在全省纳税人满意度调查活动中获得第3名。

石家庄市国家税务局

局　　长：梁传刚（7月免）
　　　　　孙玉山（7月任）
副 局 长：袁西军　张博
　　　　　王建中
　　　　　孙玉山（7月免）
　　　　　张小平（4月免）
　　　　　杨丽芬（1月任）
　　　　　高昆　（1月任）
纪检组长：李成聚（1月免）
　　　　　赵建平（4月任）
总会计师：高国利
总经济师：赵建平（4月免）

（魏胜凯）

地方税务

【概况】 2013年，全市地税系统以“服务科学发展、共建和谐税收”为主题，以“三优两促进”为目标，以“改革推进年”活动为契机，细化分解税收任务，实施科学化、专业化管理，加强税收预测分析，掌握经济税源动态，查找组织税收收入薄弱环节，把握收入工作主动权，推行重点企业挂钩联系制度，开展“百名税官进千户企业”活动，逐户走访调研重点税源企业1000户。重点辅导连续亏损、长期微亏、跳跃性盈亏等异常申报企业，对账制不健全纳税人实行双定管理，对税负偏低纳税人及时调整定额标准。加强税收稽查，严厉打击发票违法制售和违法使用行为，实现以票控税、以查促收目标。2013年市地税系统破获发票非法买卖案件2起，抓获犯罪嫌疑人4人，查获发票13936份，票面金额1883.5万元，税款200余万元；累计实现稽查收入6.47亿元，其中查处30万元以上大案要案37件，罚款入库率100%，有效遏制偷漏税现象。加强干部队伍建设，全年提拔科级干部96人，交流调整科级干部132人，“三师”专业人才达到284人。推广网上办税服务厅和“全市城乡通办”措施及制度，实现网上办税签约率98.47%。实行“窗口受理、内部流转、限时办结、窗口出件”一体化涉税办理机制，强化税务登记、税款申报入库、发票发售和代开发票服务功能。完善和巩固税收业务重组，探索“管事制”和“管户制”相结合的税源管理新模式，2013年市地税系统下放纳税人报送个人所得税征收方式鉴定、营业税起征点调整等11类141项终审权限，县（市）区地税局以下备案、审核事项实行“先办后审”，有效解决纳税人办税多次跑、多头跑问题。采取分级实施、分类推进方式，推行税务标准化管理。2013年8月底，标准化管理试点单位市地税局机关、桥东区地税局、灵寿县地税局通ISO9000质量管理体系外部审核认证；2013年各标准化管理非试点单位组织开展专题培训，明确评审要求和方法，科学安排达标内容，有序推进达标建设；市地税局抽调人员组成5个工作组，验收和推进非试点单位标准化管理工作。7月1日，全市网络发票推广试点单位桥西区地税局网络发票管理系统正式上线运行，并成功开具全市第一张网络发票。开展税收政策宣传，落实各项优惠政策，扶持民营企业，尤其是中小微企业发展。至2013年底，全市地税系统实现各项税费收入380.66亿元（含辛集市地税局和省直属局），同比增收43.07亿元，增长12.76%。其中，税收收入275.62亿元，同比增收32.35亿元，增长13.3%。

2013年7月8日，市地税局局长马提福（中）主持召开地方税务工作调度会议

【税收征管】 探索有效机制，保证重点税源收入，加强专业化管理。2013年全市地税系统重点税源企业达到2804户，缴纳税费187.94亿元，占全部税收总量73.3%，同比增收21.53亿元，增长12.94%。加强定额税收管理，完善《个体工商户定额管理办法》，调整定额纳税人10352户。加强亏损企业、微利企业征管，对6355户亏损企业开展税负分析。做好2012年度企业所得税汇算清缴，共清缴企业25427户，增加2831户，增幅13%，净补缴所得税3.56亿元。加强营业税管理，全年营业税实现收入109.01亿元，占税收总量42.5%，同比增收15.23亿元，增长16.2%。以高收入行业、高收入人群为重点，强化个人所得税征管。2013年全市共有23271人申报缴纳个人所得税，同比增加3295人；申报个人所得税8.87亿元，创下历史新高；缴纳个人所得税30.22亿元，占税收总量11.8%，同比增收4.17亿元，增长16%。开展清算专项活动，及时清缴土地增值税。对欠缴税款200万元以上纳税人，通过《石家庄日报》予以公告，并逐户制定还欠计划，强力清缴欠税。2013年市地税系统公告欠税人30户，涉及税款1.69亿，征缴收入1.56亿。2013年全市土地增值税实现收入14.45亿元，同比增收3.94亿元，增长37.54%。完善综合税收工作机制，2013年市地税局与住房管理、地产交易部门联合办理房产税征收，加大存量房交易软件推广应用力度，有效提高房产税征管质量。加强车船税管理，改进“车船税采集、传递、查询系统”，规范开展委托代征和代收代缴，充分利用保险机构、交管部门、地税部门三方数据共享平台，2013年全市车船税实现收入4.24亿元，同比增收3075万元，增长7.8%。加强市地税、社保部门协作，定期召开联席会议，摸清费源底数，筑牢费源基础，大力扩面增收，实现社保费收入87.01亿元，同比增收9.89亿元，增长12.83%。

【以票控税】 完善发票有奖制度，开展“积票有奖”活动，收回发票11万余张，涉及金额800多万元，兑付彩票2万余张12万余元。参加“全市打击经济犯罪5·15宣传日”活动，规范经济社会法制环境，发放宣传材料3000余份，解答涉税问题96个。开展义务监管活动，招募义务监督员560余名，并通过“12366”纳税服务热线向市民发送税法宣传短信，提高义务监督能力。9月13日，市地税局、旅游局联合在正定县荣国府举办“打击发票违法行为规范旅游市场秩序”主题宣传活动，鼓励消费者索要发票，举报涉税违法违规行为。开展旅游业发票专项检查，加大旅游景点私自印制发票违法行为打击力度，检查旅游景点16家。2013年市地税局、公安局联合力量，专项整治火车站等重点区域非法买卖发票活动，破获非法买卖发票案件2起，抓获犯罪嫌疑人4人，查获发票13936份，票面金额1883.5万元，税款200余万元，有效遏制偷漏税现象。

【税务稽查】 落实税务稽查“1＋7”工作机制，推进案件直查、专项检查、发票整治、大案要案查处等重点稽查工作。加强建筑安装、房地产、餐饮服务等重点行业税务稽查，整治发票违法使用行为，实行以查促管、以查促收措施。抽调稽查骨干，组成专业稽查分队，开展“强力攻坚，服务发展”专项行动，检查建安、房地产、营改增等企业70余户。2013年全市地税系统累计实现税务稽查收入6.47亿元，查处30万元以上大案要案37件，选案准确率达99.5%，罚款入库率100%。

【纳税服务】 制定出台《关于提供优质服务的指导意见》和《关于优质纳税服务工作的实施方案》等系列制度文件，提升纳税服务质量。建立“窗口受理、内部流转、限时办结、窗口出件”一体化涉税办理机制，推行“同城通办”和“城乡通办”制度及措施，强化税务登记、税款申报入库、发票发售和代开发票等服务功能。优化审批程序，2013年市地税局除保留1项审批项目外，其余审批事项全部下放基层单位审批，方便纳税人就近办理税收业务。遵循自愿原则，以缩短购票时间、保证纳税人用票及时方便为目标，完善纳税人“预约购票”服务管理办法。展示地税文明形象，开展创建文明单位、文明窗口、青年文明号活动，打造文明服务品牌。举办税收宣传月活动，利用公交车和出租车车载“移动”媒体、石家庄电视台、石家庄广播电台等新闻媒体，大力宣传税法知识和理念。2013年市地税局利用“纳税人学校”，及时、准确地向纳税人宣传最新税收政策，辅导税收业务知识，受到广大纳税人一致好评。

【规范化建设】 按照《河北省星级服务厅管理办法》要求，合理设置窗口，划分区域，规范内外部标识，落实各项服务措施和制度，打造“环境整洁优美、功能实用齐全、办税简便快捷、管理规范统一”的星级服务厅。2013年市地税系统13个办税单位获评为星级服务厅和窗口，其中五星级2个、四星级4个、三星级7个。制定推广培训方案，采取市地税局视频培训、县（市）区地税局集中培训、征收分局现场培训，税务服务人员和企业办税人员共同参加的“三级培训、税企联合”方式，推广网上办税服务厅业务。2013年市地税系统受理网上办税53019户，电子申报缴税签约率达98.1%。

【涉税投诉】 探索建立税收沟通机制，采取定期召开座谈会、委托第三方开展纳税服务调查等形式，主动与纳税人沟通，了解纳税人需求。按照河北省地税局《纳税服务投诉管理办法》和《关于明确12366纳税服务热线涉税事项转办处理流程的通知》要求，建立投诉处理机制，规范投诉受理、承办、转办、督办、反馈、分析和改进，定期通报投诉回复和投诉解决情况。对投诉多、回复解决率低的单位，依据规定给予扣分，并将扣分结果与单位绩效考评等级挂钩。注重运用调解方式化解各类投诉争议，做到“件件有落实，事事有回音”，避免征纳矛盾激化、升级。全年市地税系统受理服务投诉28件，意见建议57件，服务投诉数量同比下降28.8%，按期办结率和满意率均达100%。

【绩效管理】 依据河北省地税局《绩效管理办法》，制定下发配套制度，增强绩效管理可操作性。建立绩效管理知识题库，举办知识竞赛，普及绩效管理知识。编制市地税局机关个人、县（市）区地税局单位、县（市）区地税局部门、基层分局绩效计划4套782个指标26.75万字，按季开展绩效考核和自评。至2013年末，全市地税系统依据绩效考评结果，评选优秀公务员542名、实绩突出单位11个、实绩突出处室7个、先进集体22个、先进工作者100名，有57人获得“孺子牛奖”。

石家庄市地方税务局

局　　长：马提福

副 局 长：张志平（4月免）

　　　　　叶晓菊（挂职）

　　　　　徐国民　宋泽军

　　　　　李亚

纪检组长：葛旭鸿（4月任）

总经济师：葛旭鸿（4月免）

　　　　　钱建伦（4月任）

（颜丰　陈旭光）

海　关

【概况】 2013年，石家庄海关秉持科学治关理念，依法行政，强化监管，重点治理，真情服务，全面履行海关服务职能。成立石家庄海关第一届直属机关党委和直属机关纪委，强化党组织职责，发挥党组织战斗堡垒作用。加强职业道德建设，开展“人人上讲堂”活动，建设学习型海关。推进综合保税区建设，提前介入招商项目洽谈，全年审核拟入区和签约项目30个；调整完善保税仓库布局规划，审批设立保税仓库28家，其中，20家保税仓

2013年12月3日，石家庄海关邀请河北省全国人大代表、政协委员到石家庄海关现场视察。右二为石家庄海关关长连文生

库通过验收投入使用，3家出口监管仓库通过验收。坚持依法征管，强化综合治税，至2013年底，石家庄海关税收入库406.6亿元，同比增长1.4%；审核报关单7.9万份，监管进出口货运2.6亿吨，货值450.4亿美元；监管运输工具10156辆(艘)，集装箱12.2万箱次，进出境人员35.3万人次；加工贸易合同备案2458份，合同金额18.85亿美元。开展"绿篱"专项行动和打私联合行动，加强重点企业、重点商品、重点区域治理，始终保持打击走私高压态势，自觉践行了让河北口岸成为干净、健康口岸的承诺。2013年石家庄海关查获各类走私违规案件165起，案值3.14亿元，涉及税款1350万元；结案157起，案值1.80亿元，涉及税款2480万元，罚没入库479.82万元。其中，立案刑事案件10起，案值5130万元；结案刑事案件3起，案值8968.1万元；立案调查行政案件155起，案值26240.8万元；结案行政案件154起，案值8983.2万元。

表65

2013年1～12月石家庄市进出口总值统计表

时间	累计总值（千美元）			比2012年同期（±%）		
	进出口	出口	进口	进出口	出口	进口
1月	1001124	568280	432844	-8.1	0.3	-17.3
2月	1876081	1030126	845956	-11.6	3.6	-25
3月	2988389	1518751	1469638	-9.2	-7.9	-10.6
4月	4114691	2062678	2052013	-5.1	-9.4	-0.4
5月	5500177	2700391	2799786	0.9	-8	11.4
6月	6613076	3254418	3358658	2.3	-9.8	17.6
7月	7815443	3900462	3914981	2.9	-8	16.8
8月	9016509	4589151	4427359	2.9	-8	17.3
9月	10283542	5199415	5084127	4	-7.6	19.2
10月	11525536	5872075	5653461	6.3	-5	21.3
11月	12824484	6546808	6277676	8.2	-3.6	24.1
12月	13998735	7118274	6880462	8.1	-3	22.6

表66

2013年河北省各市进出口总值统计表

区 域	累计总值（千美元）			比2012年同期（±%）		
	进出口	出口	进口	进出口	出口	进口
河北省合计	54882980	30962680	23920300	8.5	4.6	14.1
石家庄市	13998735	7118274	6880462	8.1	-3	22.6
唐山市	12668557	5611918	7056640	20.8	30	14.3
秦皇岛市	4374534	2418508	1956026	-0.9	-2.8	1.6

（续表）

区域	累计总值（千美元）			比 2012 年同期（±%）		
	进出口	出口	进口	进出口	出口	进口
邯郸市	3606491	1366623	2239868	-3.2	-6.9	-0.9
邢台市	1832518	1209290	623228	4.7	13	-8.3
保定市	5496193	4363121	1133072	-9.8	-8.6	-14.2
张家口市	387939	321631	66308	1.1	1.2	0.5
承德市	255814	230101	25712	67.7	63.5	117
沧州市	2569804	2078727	491076	10.1	-0.9	108.1
廊坊市	5904906	3035362	2869545	17.5	5.5	33.5
衡水市	3786843	3209126	577717	16.9	18.5	8.7

【进出口管理】 2013 年石家庄海关税收入库 406.6 亿元，同比多收 5.7 亿元，增长 1.4%，位列全国海关系统第 12 位；审核报关单 7.9 万份，监管进出口货运 2.6 亿吨，货值 450.4 亿美元；监管运输工具 10156 辆（艘），集装箱 12.2 万箱次，进出境人员 35.3 万人次；加工贸易合同备案 2458 份，合同金额 18.85 亿美元。优化监管查验机制，严密监管海关监管场所、舱单、运输工具、货物和物品，2013 年石家庄海关监管进出口货运量位列全国海关系统第 4 位，查验率 6.2%，查获率 18.5%，较好完成“双查率”指标。加强保税监管，规范重点商品单耗及核销管理，稽核查企业 633 家，补缴税款 2098 万元。推广综合业务管理平台，发挥风险参数作用，提升应用实战效能，年末风险布控率达 8.7%，实体有效率达 10.5%。围绕打击“洋垃圾”走私、重点涉税商品走私、出口骗退税和违法携带货币现钞进出境等 11 个重点内容，开展打私专项联合行动，实现“打团伙、办大案”取得突破，全年立案侦办伪报贸易性质走私农产品犯罪案件 4 起，案值 1.4 亿元，涉税 3400 余万元。2013 年石家庄海关与公安、边防、海事等部门紧密协作，推进反走私综合治理，取得执法评估结果在全国海关系统排名第三的好成绩。

【海关服务】 开展“送政策上门”服务，引导企业用足、用好、用活减税、免税、保税政策，全年石家庄海关办理《进出口货物征免税证明》1393 份，审批减免税货值 6.96 亿美元，审批减免税款 5.57 亿元。发挥“12360”服务热线作用，及时、有效解答和解决企业在通关过程中遇到的紧急、疑难问题。提供海关“贴身式”服务，重点企业实行联络员制度；落实重大项目建设跟踪服务、提前介入要求，加快项目审批速度；主动向重大招商引资和经贸洽谈活动提供海关政策咨询和通关指导，促成签约项目早落户、早投产。发挥统计分析和监测预警辅助决策作用，全年上报各类统计分析文章 131 篇。2013 年石家庄海关在石家庄国际机场实行 24 小时预约通关制度，做到任意时间为进出境航班提供通关服务，受到河北机场集团和各航空公司、旅行社、进出境旅客的好评。

【通关环境建设】 推进中国电子口岸联网项目应用，加强石家庄内陆港建设。2013 年石家庄海关办理京唐港 H986 项目，实现当年开工、当年通过验收、当年投入使用，解决了固体废物查验难、通关效率低问题。7 月 1 日，石家庄海关选取秦皇岛、唐山 2 个关区，成功启动通关作业无纸化改革试点，共核准签约申请企业 13533 家，至 2013 年末，试点海关现场无纸化申报报关单 12538 票，通关无纸化比例达到 64.9%，通关效率大幅提高。根据测算，试点海关通关进口 2.52 分钟，出口 4.93 秒。全面深化区域通关改革，大力推行“属地申报、口岸验放”和“属地申报、属地验放”2 种并行模式，适用企业数量由 500 余家扩大至 9000 余家，区域通关报关单票数比 2012 年增长 20.6%。实施海关企业分类管理，2 次调整 AA 类管理企业数量，由 2012 年的 11 家增加到 41 家，同比增长 273%。

（程捷）

【18家企业获得AA类管理企业授牌】 3 月 6 日，石家庄海关举办 AA 类管理企业授牌仪式暨“诚信国门 · 善行河北”主题道德实践活动启动仪式，此次授牌全省共有 13 家企业获得“AA 类管理企业证书”，其中石家庄企业 7 家。11 月 21 日，石家庄海关向河北省 17 家 AA 类管理企业授牌，其中驻石家庄企业 5 家，分别是河北华润进出口有限公司、河北东明皮革有限公司、石家庄万力塑胶制品有限公司、河北华明光学有限公司、泛亚金属制品有限公司。至 2013 年底，驻石家庄 AA 类管理企业累计达到 18 家。2008 年国家海关总署开始实行新的企业分类管理制度，按照守法便利原则，依据企业守法信用度、经营管理状况、海关监管记录等，将企业从高到低划分为 AA、A、B、C、D 五个管理类别。AA 类和 A 类企业实施便捷通关，B 类企业日常管理，C、D 类企业严格监管。AA 类管理企业是海关管理中最高信用等级企业，AA 类企业称号和享有的便利在全国通用。石家庄海关对 AA 类企业实行担保验放，落实“属地报关，口岸验放”便捷监管模式，优先安排非工作时间和节假日办理预约通关手续，极大地减少了企业通关时间和成本。

（焦莉莉）

【查稽走私】 开展“绿篱”专项行动。自 2013 年 2 月初起，石家庄海关根据国家海关总署统一部署，集中力量开展为期 10 个月“绿篱”专项行动，全面加强进口固体废物监管，严厉打击“洋垃圾”走私行为。此次专项行动重点治理对象主要包括：走私国家禁止进口废物目录列明的废矿渣、废催化剂、废轮胎、废电池、电子垃圾等工业废物，旧服装、建筑垃圾、生活垃圾、医疗垃圾和危险废物等洋垃圾，以及采用藏匿、伪报、利用他人许可证等方式走私不符合环境控制标准的进口物体废物等。6 月 24 日，石家庄海关稽查发现 1 起进口废塑料涉嫌违规处理案件，涉及废塑料 137.2 吨，货值 62.95 万元。12 月 6 日，石家庄海关立案侦办 1 起走私进口固体废物案件，初步查证涉案走私进口废旧塑料 1111 吨，案值 590 万元。2013 年石家庄海关“绿篱”专项行动破获走私固体废物刑事案件 4 起，涉及废旧塑料 2427 吨，案值 1297 万元，抓获犯罪嫌疑人 13 名。开展打击涉税商品走私专项行动，立案侦办走私农产品犯罪案件 4 起，涉案花生等农产品 1.6 万余吨。至 2013 年底，石家庄海关共查获各类走私违规案件 165 起，案值 3.14 亿元，涉及税款 1350 万元；结案 157 起，案值 1.80 亿元，涉及税款 2480 万元。

2013 年 3 月 6 日，举办石家庄海关“诚信国门 善行河北”主题道德实践活动启动仪式

石家庄海关

关　　长：连文生

副 关 长：吴华　（9 月免）

　　　　　杨春杰　吴长有

　　　　　张衡

纪检组长：武书明

（程捷）

统　计

【概况】 2013年，全市统计系统围绕市委、市政府中心工作，深入开展改革，创新统计实践，全力打造服务型、开放型统计体系，实现统计工作提质、提速、提效。建立普查机构，完善工作制度，开展专项培训，搞好业务技术准备，完成第三次经济普查前期准备。根据全国统一部署，合理安排统计进度，科学开展投入产出调查，高质量完成阶段性任务，获得国家投入产出调查组织协调工作优秀奖。建立专业统计监测制度，搭建部门信息互通平台，加强经济运行监测，发挥决策参谋作用。实施"一套表"改革，拓展改革实施范围，推进市内5区试点单位劳资联网直报，顺利将投资建设项目统计纳入"一套表"试点范围，并利用"一套表"平台联网直报重点物流企业调查；扩大服务业联网直报企业总量，从2012年底108家发展到2013年末291家。加强统计法制建设，推进依法行政进程；出台统计巡查办法，完成首轮统计巡查；制定《石家庄市统计局统计行政执法责任制实施方案》和《石家庄市统计局行政复议办法》，2013年市统计局、市人大财经委就统计法制建立联席制度，并邀请市人大财经委介入和指导统计巡查及执法检查。2013年市统计局在全省设区市业务工作规范化综合考评中，参加专业专项评比27项，取得10项第一和总成绩第一的好成绩，获得优胜单位称号。2013年市统计局还获得石家庄市科学技术三等奖、保密工作先进单位、对标行动先进单位、民营经济工作先进单位、"党的十八大"网络与信息安全保障工作先进单位及社会管理综合治理工作先进集体等荣誉称号。

【第三次全国经济普查】 按照"规范普查流程、搞准普查数据、加强基层基础、提升整体水平、实现普查目标"要求，采取抓谋划、抓组织、抓落实措施，圆满完成第三次经济普查各项准备。建立市、县、乡三级普查机构，完善工作制度，统一领导，分级实施，落实经费、人员、物资等保障措施。加强业务技术准备，制定普查实施方案，完成普查区划分和电子地图绘制、部门资料收集整理、单位比对、专项试点、现场核查等工作，形成普查单位底册。选聘组建普查员队伍，分级开展综合业务和专项技术培训。搞好数据处理环境准备，加强风险防范。广泛动员宣传，举办普查宣传月活动，营造浓厚的社会氛围。12月31日，市长王亮在《石家庄日报》、《燕赵晚报》发表题为《精心组织、密切配合、扎实做好第三次经济普查登记工作》的署名文章，动员全市各类普查对象积极参与普查登记，真实、准确、完整、及时地提供普查资料。创新组织方式，首次将市金融工作办公室、国土局、工信局纳入普查领导小组成员单位，发挥各成员单位作用，为普查登记打下基础。

【投入产出调查】 依据2012年国家统计局、发展和改革委员会、财政部联合下发《关于认真做好2012年全国投入产出调查工作的通知》（国统字〔2012〕16号），全市认真组织开展投入产出调查工作。调查对象：2012年全国投入产出调查单位。调查内容：2012年法人单位的成本费用构成和利润，固定资产投资项目的投资构成等。调查方法：重点调查和典型调查相结合，其中，固定资产投资项目、工业企业、建筑业企业和服务业企业等采用重点调查；运输费、修理费、差旅费、办公费（公杂费）、机物料消耗、研究与开发费的构成采用典型调查。按照全国统一安排，2013年全市统计系统创新工作方法，首个在全省向被调查单位派发《投入产出调查受领任务通知书》、《致被调查单位的一封信》，在保证调查数据质量基础上合理安排统计调查进度，实施基层审核、专业审核、集中审核交叉方式，科学开展投入产出调查，圆满完成阶段性任务。2013年石家庄市投入产出调查获得国家投入产出调查组织协调工作优秀奖。

【经济运行监测】 完善统计数据质量控制和审核评估体系，搭建部门信息互通平台，建立项目投资、节能减排等重点指标监测体系。落实统计工作部门联席会议制度，会同发展改革、工业信息、财政、建设、住房管理、工商、税务、交通等部门定期研究分析经济发展趋势，交流共享部门统计信息。建立城镇化率季度监测工作制度，量化监测妇女儿童发展规划2015年中期目标，日常监测批零业大商场、大超市中文化商品销售额，率先在全省建立会展业专项调查监测机制。建立贸易业动态监测库制度及电子台账，完善“成长型企业库”和“准限上企业库”分库管理。开展小康社会统计监测，主动将石家庄市和鹿泉市申报成为全省市、县两级试点，研究建立指标体系和数据审核办法，完成市、县两级小康指标2010～2012年三年数据的搜集、汇总、分析、上报工作。

【调研分析】 利用平台数据信息，科学开展调研分析，做好经济运行预警监测。2013年市统计局撰写的《2013年1—2月省内各市主要经济指标》、《高度关注相关指标对GDP增速的影响》、《经济运行稳中有进“四个推进”加快发展——2013年1—4月份全市经济运行分析》、《石家庄市农民增收影响因素及对策研究》等调研报告引起省委常委、市委书记孙瑞彬等市领导关注，并作出重要批示。开展课题调研分析，《寻亮点 找差距 求突破——石家庄与周边省会城市经济对比分析》、《关于我市财政收入占GDP比重较低的分析与思考》、《优化产业布局 繁荣文化建设——我市文化产业“十一五”综述》、《提升城镇化水平 打造发展新引擎——“十一五”我市城镇化发展及“十二五”展望》、《农民增收制约因素及对策研究》等一批针对城市经济、财政收入、文化产业、城镇化发展、农民增收的行业调研预警预测分析成果获评优秀调研成果。2013年市统计局是市直部门调研成果获奖最多和获得特等奖最多的单位。

（赵进军）

审 计

【概况】 2013年，全市审计系统履行审计监督职责，服务宏观决策，推进依法行政，维护群众利益，促进廉政建设，为创建和谐社会发挥了积极作用。以审计质量为主线，加强法制建设。制定2013年审计项目质量检查实施方案，落实现场跟踪审理；建立审计项目业务议事规则，将会议内容以会议纪要形式纳入档案管理，形成审计处理处罚执法依据。发挥审计在反腐倡廉和纪检监察工作中专业优势，选派人员参加省市纪检委和检察院办案13人次，完成市委、市政府交办事项8件。推进信息化建设，建立全市审计系统项目信息管理平台，改进完善经济责任审计管理系统、审计人事信息管理系统。围绕全市开展各类审计业务项目，做好数据采集转换以及分析处理，提高审计效率。2013年石家庄市整理报送2012年度审计方法入选国家审计署2篇，入选比例占河北省审计系统30%；AO（现场审计实施系统）应用实例获得

2013年12月27日，市审计局局长刘桂江（前排中）代表全市审计系统接受国家审计署表彰和颁奖

国家审计署应用奖1篇、鼓励奖10篇。加强人才队伍建设，将学习培训与审计项目相结合，同步推进部署；开展全员学习交流培训，邀请国家审计署专家讲解节能减排审计，举办审计统计培训、审计业务培训、审计软件升级应用培训等活动；提拔任用优秀审计干部27名。至2013年底，全市审计系统共审计单位327家、经济责任人77人；查出违规金额28.64亿元；管理不规范金额252.64亿元；应上缴财政10.23亿元，已上缴财政3.83亿元；核减固定资产投资额4.36亿元；移送纪检、司法机关事件8起，移交违纪人员2名。其中，经济责任审计共审计领导干部77人，涉及单位68家，查出违规资金20.26亿元，管理不规范资金119.26亿元，提出审计建议176条，采纳144条，完成领导批示审计报告24篇。2013年市审计局撰写的全市审计报告得到市委、市政府主要领导批示40多次；市审计局实施的任丘财政审计获评全国优秀审计项目。2013年市审计局获评石家庄市依法行政先进单位、“六五”普法先进单位和先进基层党组织。

【财政审计】 圆满完成国家审计署安排部署的全国政府性债务审计，重点审计22个部门89个所属单位和5个专项资金。代表市政府向市人大常委会所作预算执行审计报告、审计整改报告顺利通过审议，得到市人大常委会的肯定。2013年在赵县财政决算审计和河北省审计厅交办的保定市涞源县财政决算审计中，共查出违规违纪问题资金12.71亿元，移交移送相关部门处理事项9件。

【金融、民生、投资项目审计】 根据河北省审计厅授权，组织实施对鹿泉市农村信用合作社联合社、赞皇县农村信用合作社联合社审计，查出贷款业务违规、非信贷业务违规、财务违规等问题金额13.18亿元。开展雅安地震捐赠款物、市建设投资集团、市卫生系统6家医院及市政府交办的亚太大酒店、北杜花园、北宋村改造、玉龙小区、保障性住房等项目审计，客观评价市红十字会接受地震捐赠款物履职尽责情况，促进了财务日常管理；帮助市建设投资集团收回投资资金1400多万元，为燃气集团追回国有资产1940万元。按照事前预防、事中控制、事后监督、跟踪审计思路，创新投资审计模式。2013年市审计部门审计政府投资项目14个，包括滹沱河综合治理、河北援疆、新火车站工程、南部工业园区、廉租住房、和平路、裕华路等投资项目，审减金额4.36亿元，移交3个建设项目违规行为6项。

【专项资金审计】 围绕百姓关心、群众关注的热点难点问题，开展科技、计生、卫生室建设、中小企业发展、老旧小区供热二次管网改造等专项资金审计。根据国家审计署统一部署，组织实施农村环境综合整治资金审计，审计范围为石家庄16个县（市），审计报告得到市长王亮、常务副市长刘晓军的批示肯定。按照全市改善生态环境整体部署，开展石家庄市城区污水、垃圾处理及收费情况审计，审计报告得到市长王亮、市委农工委书记张树志、副市长李晋宇的批示肯定。2013年在城镇保障性安居工程和土地开发整理资金审计中，查出问题资金3.44亿元，审计整改率100%。其中，保障性安居工程资金审计，查出问题资金2.35亿元，涉及项目11个；土地开发整理资金审计，查出问题资金1.09亿元。

（周雨秀）

2013年10月24日，市农业审计人员正在开展垃圾污水处理费审计

质量技术监督

【概况】 2013年，全市质量技术监督系统坚守质量安全底线，严格履行职责，加强质量监管体系建设，探索创新服务方式、深化经济服务，助力社会发展和社会事业建设。开展特种设备安全大检查，检查特种设备使用单位6222家，发现消除隐患476处。强化电梯安全监管，检查电梯使用单位3025家，整改安全隐患301处。开展重点区域、重点行业特种设备专项检查，排查冷库2051家，涉及压力容器6889台，压力管道49266米。加强质量安全监管，完成国家、省级、市级监督抽查569批次，合格474批次，合格率83.3%。其中，国家级抽查84批次，合格率83.3%；省级抽查365批次，合格率83.8%；市级抽查120批次，合格率81.7%。强化计量管理，新建社会公用计量标准12项，复查验收县级社会公用计量标准54项，审核通过计量器具制造企业17家、计量器具修理企业3家，考核并授权法定计量检定机构4家，培训重点用能单位241家，审查完成新旧“双三十”重点耗能企业9家。推进质量兴市战略，新增河北省名牌产品81项、优质产品28项，16家企业获评河北省质量效益型先进企业，神威药业集团有限公司、河北钢铁集团敬业钢铁有限公司、石家庄工业泵厂有限公司董事长苏进获得河北省政府质量奖提名奖。加强质监技术机构建设。全年申报河北省质监局科技项目3项，获批2项；晋州市质监局编制的河北省地方标准《地理标志产品——晋州鸭梨》获得河北省质监局2013年度科技成果三等奖。市质监局纤维监督检验所《树脂整理服装耐光老化性问题的评价》科研项目通过专家评审，中断多年的棉花公证检验获得授权。推进计量实验室标准化建设，17家县级计量检定机构实验室环境全面改善。至2013年末，全市质监系统各技术机构申报国家储备项目3项，申报河北省质监局支持项目39项、专项补助5项；改善各级技术机构检验检测装备累计投入资金421万元，年末所有检验检测机构均通过能力建设达标验收。执法打假行动。以化肥、儿童用品、建材、汽车配件、絮用纤维制品、计量、特种设备为重点，开展“质检利剑”专项打假行动。针对群众举报投诉较多的违法生产复混肥料、加油机计量作弊、气体非法充装站、液化气站非法添加二甲醚、无证生产防水卷材、无证生产电热毯等违法行为，实施执法专项行动。结合季节特点，4次组织打击生产、加工“黑心棉”专项执法和学生服装质量专项检查行动。2013年全市执法打假查办行政案件2600余起，移交案件4起，涉案产品货值金额4200余万元。发挥职能优势，提高服务经济社会发展能力。2013年市质监局、市工商联签订《民营企业帮扶友好合作协议书》，建立协调联动服务工作机制。推行“零障碍”全程协办机制，启动为民服务连心卡活动。加强窗口建设，督促落实政务公开、首办负责、一次告知、限时办结、服务承诺等制度，提高行政效能。2013年根据国家质检总局通知，8月1日起至12月31日期间，出口报检的所有出境货物、运输工具、集装箱及其他法定检验检疫物免收出境检验检疫费，免收具体项目包括：货物及运输工具检验检疫费，货物及运输工具鉴定业务费，安全监测及特殊检验项目收费，考核注册、签发证（单）、查验审核费，实验室检验项目和鉴定项目费。9月1日起，全市各级组织机构代码办理机构全部取消信息检查登记、年度验证、年检等事项。支持大气污染防治，制定《全市煤炭运输车辆入市卡口煤质检验单查验工作方案》，投资102万元在10个入市口设立煤质监测站，购买煤质检测设备，建设检测用房，聘请检测人员，建立2个煤质快速检测站和1个中心实验室。2013年国家环保部部长周生贤，省委常委、市委书记孙瑞彬，河北省质监局局长宋振华等分别视察煤质监测站，给予肯定和评价。2013年栾城县质监局在装备制造、生物医药两大基地建设中，采取办公场所前移、开辟“绿色通道”等方式，在许可、认证、代码、检测等业务工作上为进驻企业提供“一站式服务”；桥西区质监分局结合辖区特点，围绕重点市场、物流园区和新型商业街区，推出呼叫式服务；平山县质监局推行“三卡通行制”、“一票两卡制”等制度，规范业务工作行为；藁城市质监局推行“三三”（三带头、三下访、三征求）工作机制，要求领导干部沉下去、沾泥土、交真情、解难题；赞皇县质监局加强生态和发展“两个环境”建设，实行服务承诺、行为评议、检查准入等工作制度获得当地政府推广；赵县质监局、深泽县质监局发挥职能优势，开展名优企业帮扶活动，助推名优企业发展；桥东区质监分局在食品监管上采取建立质量安全监管飞信平台方式，与企业加强沟通联系，增强了监管时效性；元氏县质监局聘请专家深入名优企业，为企业“把脉问诊”，解难题送对策；井陉矿区质监分局建立服务群众“连心卡”制度，实现沟通无障碍。加强队伍培训教育，开展法律法规、业务知识、专业技能等培训，派遣市质监系统130余人分两期赴河北工业大学参加干部选学培训。2013年全市质监系统在河北省质监局组织的技术大比武活动中，取得综合成绩第一名和特种设备、纤维检验、组织机构代码3项集体第一名，2人获得组织机构代码比武个人前两名。2013年市质监局获评全国质检系统政务信息工作先进单位，河北省“安全生产监督管理先进单位”、“安全生产目标管理优秀单位”、“保护消费者权益先进单位”、“消防安全工作先进单位”、“依法行政先进单位”，石家庄市“巾帼建功”先进单位和文明单位；市质监局桥西分局局长林娜被《中国质量报》“2013质量之光”评为年度最美质监人。

【特种设备安全监察】 制定特种设备安全监察任务分解表，与各县（市）区质监局签订质量安全目标责任书。开展特种设备安全大检查，实施冷库、气瓶充装行业、电梯、氨制冷企业专项治理，检查特种设备使用单位6222家，发现消除隐患476处。强化杂物电梯、公共场所电梯、商业系统电梯安全监管，检查电梯使用单位3025家，整改安全隐患301处，处理电梯安全隐患举报和投诉115起，核查电梯维修保养单位11家。开展重点区域、重点行业特种设备专项检查，全面检查市区大型供热企业8家及各县域供暖企业，排查冷库2051家，涉及压力容器6889台，压力管道49266米；排查气瓶充装单位213家；检查起重机械使用单位353家，报废拆除起重机械288台；普查工业管道使用单位1537家，普查工业管道534.6千米。2013年全市特种设备注册办证率、重点监控单位现场检查率、重点监控设备现场检查率及检验率均为100%，特种设备使用单位现场检查率达96%，未发生特种设备安全事故。2013年市质监局被河北省质监局评为特种设备安全目标管理先进单位。

【质量安全监管】 开展质量监督抽查，完成国家、省级、市级监督抽查569批次，合格474批次，合格率83.3%。其中，国家级监督抽查安全帽、化肥、玻璃、汽油、喷雾器、防冻液、电锤、电线电缆、机械等产品84批次，合格率83.3%；省级监督抽查曲轴、洗涤用品、气门、服装、工业氧、软体家具、建材农药、电器等产品365批次，合格率83.8%；市级监督抽查絮棉制品、服装、陶瓷砖、水暖管件等产品120批次，合格率81.7%。支持配合国家、河北省质监局开展发证产品许可证现场核查，核查企业99家。开展获证企业年度自查，全市409家企业提交自查报告，获证企业自查率达到100%；抽查获证企业73家，整改不合格5家。加强区域性产品质量管理，制定《区域性产品质量提升方案》，确定省级重点提升产品2项：晋州市电线电缆产品、栾城县复混肥料产品，市级重点提升产品3项：深泽县日化产品、无极县复混肥产品、新乐市防水卷材产品。开展质量提升调研活动，加强重点区域检查督导，确保质量提升取得实效。2013年5月，在晋州市召开全市电线电缆生产企业现场会，组织与会人员参观河北省名牌企业；2013年8月，2次对新乐市防水卷材企业专项执法，关停无证生产防水卷材企业19家，消除了无证生产现象；2013年9月，开展督导检查5次，检查晋州市、栾城县、新乐市、深泽县、无极县等区域内生产企业22家；2013年10月，市质监局明察暗访晋州市、栾城县质量提升活动3次，暗访生产企业12家。

（陈玉）

【质量兴市战略】 贯彻落实《河北省质量发展规划（2012—2020年）》，制定出台《石家庄市落实河北省质量发展规划的意见》。加强“2012年度质量兴市和名牌战略工作绩效自评”领导，主动分解21项考核指标，协调市农业局、工商局、食药监局、建设局、旅游局、财政局等市直部门共同完成全市自评工作，并对自评中发现的问题做到及时弥补。2013年石家庄市以105.1分的成绩获得全省“绩效考核”第二名。实施名牌战略，发展名优产品，培育名优企业。2013年石家庄市向河北省质监局推荐省名牌产品89项，其中81项通过审核成为省名牌产品。至2013年底，全市拥有有效期内河北省名牌产品173项，稳居全省首位。2013年根据全市名牌产品数据调查显示：占全市规模以上企业总数6.6%的名牌企业，对全市工业增加值增长贡献率为28.8%。编撰发布《石家庄市工业产品质量安全状况》白皮书，主要从全市工业企业基本质量状况、主导产业质量状况、质量安全状况、质量发展能力状况、质量技术保障能力情况，以及存在主要问题及对策和措施等7方面对全市主导产业、工业产品质量安全水平、特种设备安全状况、食品质量安全情况、名牌战略情况、标准化工作、计量保证能力、检测体系建设等分析总结，为指导全市质量工作提供科学依据。促进工业转型升级，推行首席质量官制度，首批17家企业成为首席质量官制度示范企业。根据2013年河北省质监局下发《关于开展企业首席质量官制度试点工作的通知》，石家庄市17家企业成为首批首席质量官制度示范企业，分别是石家庄常山纺织股份有限公司、河北威远生物化工股份有限公司、华北制药股份有限公司、石家庄钢铁有限责任公司、石药集团有限公司、石家庄双鸽食品有限责任公司、河北大羽羽绒制衣有限公司、河北东明实业集团有限公司、博深工具股份有限公司、石家庄君乐宝乳业有限公司、河北电机股份有限公司、神威药业有限公司、石家庄工业泵厂有限公司、河北敬业集团有限责任公司、河北诚信有限责任公司、河北四方通信设备有限公司、鹿泉金隅鼎鑫水泥有限公司。争创全国知名品牌创建示范区。2013年国家质检总局下发文件正式同意石家庄经济技术开发区筹建全国抗生素类原料药产业知名品牌示范区（国质检质函〔2013〕486号），这是2013年河北省唯一一家获批创建“全国知名品牌创建示范区”的产业园区。

表67　2013年石家庄市新增名牌产品一览表

编号	注册商标	产品名称	生产企业	地区
1	嘉禾	啤酒	嘉禾啤酒有限公司	桥东区
2	ZHONGYI	玻璃钢管道、容器	昊华中意玻璃钢有限公司	桥西区
3	潘什奴	西裤	河北潘什奴服装商贸有限公司	新华区
4	正元 ZY	农用尿素	河北阳煤正元化工集团有限公司	新华区
5	石煤	钻机	石家庄煤矿机械有限责任公司	长安区
6	石煤	掘进机	石家庄煤矿机械有限责任公司	长安区
7	白龙	工业用顺丁烯二酸酐	石家庄白龙化工股份有限公司	长安区
8	鑫达	防冻液	石家庄中石鑫达润滑油有限公司	长安区
9	华北	注射用青霉素钠	华北制药股份有限公司	长安区
10	华北	维生素C	河北维尔康制药有限公司	长安区
11	华北	维生素B12	华北制药威可达有限公司	长安区
12	华北	环孢素软胶囊	华北制药股份有限公司	长安区

（续表）

编号	注册商标	产品名称	生产企业	地区
13	FHS	工业硝酸钠	石家庄凤山化工有限公司	井陉矿区
14	JK	掘进机	石家庄中煤装备制造股份有限公司	高新区
15	KINGDA	疏浚用泵	石家庄强大泵业集团有限责任公司	高新区
16	富祥鸟	西裤	石家庄亨利服饰有限公司	高新区
17	旭辉电气	自动跟踪消弧补偿装置	河北旭辉电气股份有限公司	高新区
18	立翔慧科	LED 显示屏	河北立翔慧科电子设备有限公司	高新区
19	CSPC	维生素 C	石药集团维生药业（石家庄）有限公司	高新区
20	文生	防火门	石家庄市文生门业装饰有限公司	新乐市
21	味道府	白酒	河北味道府酒业有限责任公司	栾城县
22	華杰	细木工板	石家庄华杰木业有限公司	灵寿县
23	3502	衬衫	际华三五零二职业装有限公司	井陉县
24	裕博帆	童装	石家庄市裕兴制衣有限公司	井陉县
25	敬业	中厚板	河北敬业中厚板有限公司	平山县
26	南策城	桃	平山县南策城寿桃专业合作社	平山县
27	通田	大型秸杆还田机	河北通田机械有限公司	赵　县
28	倍力高、嘉化	复混肥料	石家庄市中嘉化肥有限公司	赵　县
29	卡邦	内燃机配件	河北盛驰汽车零部件有限公司	深泽县
30	奥白琦	洗衣粉	河北纳利鑫洗化有限公司	深泽县
31	江河	活塞销	石家庄市江河汽车零部件有限公司	深泽县
32	金斗芽	啶虫脒原药	河北野田农用化学有限公司	元氏县
33	诚信	苯乙酸、氰乙酸乙酯	河北诚信有限责任公司	元氏县
34	槐阳绿	蔬菜	元氏县生源种养专业合作社	元氏县
35	嶂石岩	白酒	河北金相府酒业有限公司	赞皇县
36	蕊源	蜂蜜	石家庄赞皇县蕊源蜂业有限公司	赞皇县
37	川奇	蜜饯	石家庄川奇工贸有限公司	赞皇县
38	国仁	焙炒坚果制品	石家庄泰丰金果商贸有限公司	赞皇县
39	五业	饲料粉碎机	石家庄五业农牧机械有限公司	行唐县
40	小放牛	含乳饮料	石家庄市万佳食品有限公司	行唐县
41	XT	钢铁铸件	行唐县兴同铸业有限公司	行唐县
42	凯兴	单一饲料	石家庄凯兴牧业有限公司	行唐县
43	神工	饲料粉碎机	石家庄三和神工饲料机械有限公司	无极县
44	正盛	饲料粉碎机	石家庄正诚饲料机械有限公司	无极县

（续表）

编号	注册商标	产品名称	生产企业	地区
45	芳顿	洗衣皂	石家庄市洁友日用化学品有限公司	无极县
46	冀中	复混肥料	河北冀中肥业有限公司	无极县
47	燕凯宝康	食用菌	无极县绿农宝康食用菌种植专业合作社	无极县
48	四季阳光	含乳饮料	河北天天乳业集团有限公司	正定县
49	海行	挂面	河北蕙兰面业有限公司	正定县
50	永隆	精料补充料	河北永丰饲料有限公司	正定县
51	久强	高效减水剂	河北久强建材有限公司	正定县
52	万脉舒	低分子量肝素钙注射液、肝素钠原料药	河北常山生化药业股份有限公司	正定县
53	银港	中密度纤维板	中盐银港人造板有限公司	正定县
54	腾飞	细木工板	河北腾飞木业有限公司	正定县
55	神行太保	安全鞋	际华三五一四制革制鞋有限公司	鹿泉市
56	环球	核电阀门	石家庄阀门一厂股份有限公司	鹿泉市
57	瑞达	药芯焊丝	石家庄瑞达焊业有限公司	鹿泉市
58	BOWEI	微封装集成压控振荡器（VCD）	河北博威集成电路有限公司	鹿泉市
59	中美豪特	钢铁铸件	河北豪特耐磨材料有限公司	鹿泉市
60	君乐宝	液体奶	石家庄君乐宝乳业有限公司	鹿泉市
61	君乐宝	含乳饮料	石家庄君乐宝乳业有限公司	鹿泉市
62	庆回归	复混肥料	河北庆回归化肥有限公司	鹿泉市
63	君乐宝	奶酪制品	石家庄君乐宝乳业有限公司	鹿泉市
64	飞达	锥柄麻花钻	河北飞达工具制造有限公司	晋州市
65	三奇帝	浮雕	石家庄东方紫铜浮雕工艺品有限公司	晋州市
66	魏征	罐头	河北鹏达食品有限公司	晋州市
67	地欣	复混肥料	石家庄金太阳生物有机肥有限公司	晋州市
68	鹰特	羧甲基纤维素钠	鹰特化工（石家庄）有限公司	晋州市
69	地欣	生物有机肥	石家庄金太阳生物有机肥有限公司	晋州市
70	奥开	生鲜冷却分割肉（猪肉）	石家庄双鸽食品有限责任公司	晋州市
71	安格	无公害鸡蛋	石家庄修远牧业有限公司	晋州市
72	金刚	内燃机配件	石家庄金刚内燃机零部件集团有限公司	藁城市
73	元宵	工艺纸雕宫灯	藁城宫灯研制开发中心有限公司	藁城市
74	绿硕	腌渍菜	石家庄银河食品有限公司	藁城市

（续表）

编号	注册商标	产品名称	生产企业	地区
75	东华舰	工业氨基乙酸	石家庄东华金龙化工有限公司	藁城市
76	冀联	复混肥料	河北联丰肥业有限公司	藁城市
77	大功臣、漫撒特	复混肥料	河北大地肥业有限公司	藁城市
78	冀石宝	生物有机肥	石家庄大众肥业有限公司	藁城市
79	图形	光纤连接装置	河北四方通信设备有限公司	藁城市
80	JINGHUA 京华电子	LED 显示屏	石家庄市京华电子实业有限公司	藁城市
81	富靓	中密度纤维板	藁城市富华综合制品厂	藁城市

（陈玉　王巍　焦强）

【16 家企业获评河北省质量效益型先进企业】 2013 年经企业自愿申请、用户满意度调查、现场审查及专家评价、河北省质量奖评审委员会审议并报省政府批准，石家庄市 16 家企业获评河北省质量效益型先进企业。

表 68　　2013 年石家庄市获评河北省质量效益型先进企业名单

序号	企业名称	地　区
1	石家庄四药有限公司	裕华区
2	石家庄煤矿机械有限责任公司	长安区
3	石家庄以岭药业股份有限公司	高新区
4	石家庄中煤装备制造股份有限公司	高新区
5	河北常山生化药业股份有限公司	正定县
6	河北诚信有限责任公司	元氏县
7	河北立信化工有限公司	井陉县
8	河北金力电缆有限公司	晋州市
9	石家庄双联复合肥有限责任公司	鹿泉市
10	石家庄科林电气股份有限公司	鹿泉市
11	石家庄瑞达焊业有限公司	鹿泉市
12	河北科星药业有限公司	鹿泉市
13	河北电机股份有限公司	栾城县
14	神威药业集团有限公司	栾城县
15	石家庄威纳邦日化有限公司	藁城市
16	石家庄东华金龙化工有限公司	藁城市

【计量管理与服务】 加强计量管理，衔接下放行政许可3项，新建社会公用计量标准12项，复查验收县级社会公用计量标准54项，审核通过计量器具制造企业17家、计量器具修理企业3家，考核并授权法定计量检定机构4家，培训重点用能单位241家，审查完成新旧“双三十”重点耗能企业9家。开展“加油计量放心工程”惠民服务，检查加油站449家、加油机1846台。开展“公平计量进市场、明白计量进餐饮、准确计量进加油站”活动，向136个社区乡镇、中小学校提供免费计量服务，培育诚信计量自我承诺示范单位35家。2013年节日期间，全市监督检查计量单位集贸市场（年货市场）86家、商场超市52家、餐饮企业210家、加油站449家，查处计量违法案件26起，没收不合格计量器具29台(件)。开展计量执法，全年检查金银制品加工销售企业91家，在用计量器具153台；检查使用热量表竣工小区11个，热量表首检率达100%；抽查煤矿、非煤矿山、石油石化、冶金、化工等行业企业在用计量器具周期检定114家2795台；检查供、用热蒸汽流量计890台，天然气流量表730台；抽查定量包装产品48家企业103个批次，净含量合格率97%。

【标准化建设】 全年办理采标认可30项，采标标志备案审查28项，列入省政府《2013年高新技术产业发展投资计划》重点采标任务2项。引导企业参与国家、行业标准修订，全年石家庄企业参与修订标准40项，办理企业产品标准备案553项。2013年10月，河北省中储物流中心通过专家组评估验收，成为石家庄首个国家级服务标准化试点，共收集国家标准73个，地方行业标准15个，国家法律法规48个，制定企业标准127个，形成以通用标准为基础，保障标准与提供标准为重点的标准化服务体系。推进农业地方标准修订，全年修订省级农业地方标准5项、市级农业地方标准11项。其中11项市级农业地方标准分别为：《肉品批发市场动物卫生监督管理规范》、《牛乳中皮革水解蛋白的检测——全自动氨基酸分析仪法》、《饲料中三聚氰胺的测定——液相色谱－串联质谱法》、《农产品检测机构检测记录填写规范》、《鸡蛋中三聚氰胺的测定——液相色谱－串联质谱法》、《深县猪选育技术规范》、《种猪场伪狂犬病控制与净化技术规程》、《奶牛养殖场（区）生物安全操作技术规范》、《规模养殖场病害动物无害化处理技术规范》、《奶站生鲜乳质量快速检测技术规范》、《中华寿桃栽培技术规程》。 2013年第七批国家级农业标准化示范区项目“无极无公害蔬菜示范区”以91.5分的成绩顺利通过验收，赞皇洛杉奇柴鸡养殖项目获批国家第八批农业标准化示范区。提升企业标准化水平，2013年新申报省级标准化良好行为试点企业4家，其中神威药业集团有限公司、河北小蜜蜂工具集团有限公司、石家庄科林电气股份有限公司3家省级标准化良好行为试点企业顺利通过验收。神威药业集团有限公司于2012年3月提出引进标准化体系，申请创建AAAA级标准化良好行为企业，该企业在标准化工作上将各个管理体系整合一起，达到系统化、完整化，企业标准体系收集国家标准及法律法规415项，行业标准172项，共计587项。石家庄科林电器设备有限公司按照《企业标准体系》系列标准要求，建立起包括技术标准、管理标准、工作标准在内1585项企业标准体系。拓宽服务业标准化领域，申报2013年省级服务业企业标准化试点单位5家，其中国网河北省电力公司井陉县供电分公司、晋州市政务服务中心、石家庄润华国际物流股份有限公司、河北嘉福物业服务有限公司4家服务标准化试点企业通过审核验收。2013年井陉县供电分公司在服务业标准化建设上，制定颁布服务基础标准、服务保障标准、服务提供标准三大类289项，其中服务通用基础标准54项，服务保障标准144项，服务提供标准共计91项，形成相对完善、切实可行供电服务标准体系，标准覆盖率达90%以上。组织起草、审定《医院辅医服务规范》、《垂直绿化技术规范》等民生、社会公益事业地方标准6项。

石家庄市质量技术监督局

局　　长：侯洪彬

副 局 长：曹长随　夏玉颖

　　　　　吴保成　刘占

　　　　　韩秀娟（女）

　　　　　焦书建

纪检组长：柯旭

（陈玉）

物价监督管理

【概况】 2013年，全市各级物价部门围绕“推进双覆盖、强化价格监管、服务两个环境、深化四个建设”四项重点工作，落实促管理、转作风、强基础、提效能、增税收要求，严抓业务建设，增强物价管理能力。出台价格鉴证新办法，拓宽认证服务领域，提高认证服务质量。针对群众高度关注热点问题，定期分析价格举报形势，化解价费矛盾，维护群众价费权益。统筹协调，提高流通效率，降低流通成本，保证重要农副产品供给及时、充裕。密切注视居民生活必需品价格变动，科学分析价格形势，适时启动社会救助机制，减轻价格波动因素给低收入群体生活带来负面影响。2013年4月，全市启动社会救助和保障标准与物价水平挂钩联动机制，发放2012年12月至2013年5月临时价格补贴款1500多万元，惠及低收入群体26万余人。根据统计，2013年1～12月石家庄市区居民消费价格同比上涨2.9%。其中，食品价格上涨5.3%，非食品价格上涨1.8%；工业品价格上涨1.4%，服务项目价格上涨2.2%。物价总水平回落，位居全国36个大中城市第14位。2013年全市受理价格认证事项7086件，标的值3.7亿元；办理成本监审项目41项，标的总额97亿元，核减不合理成本8.4亿元；调解办理价格争议案件70件；查处价格违法案件456件，违法金额1120万元，上缴财政731万元。2013年市物价局被国家人力资源和社会保障部、发改委授予全国价格工作先进集体，还获得全国价格理论宣传先进集体，全省物价系统依法行政先进单位，市级依法行政先进单位、“六五”中期普法先进集体、政协提案办理工作优秀单位、公共机构节能工作模范单位等荣誉称号。

（张煜寒　李剑利）

2013年4月26日，市价格协会成立

【居民消费价格指数上涨2.9%】 2013年全市经济平稳增长，物价总水平在调控范围呈现回落态势。从各月同比数据变化情况看，2013年2月受春节错后及冬季降雪、雾霾天气影响，居民消费价格指数（CPI）同比上涨4.9%，为全年峰值；2013年8月季节性因素影响加大，鲜菜鲜果价格下降，居民消费价格同比上涨1.8%，涨幅较前7个月回落较大；2013年12月居民消费价格同比上涨1.0%，为全年最低涨幅。总体看，除2013年2、8、12月物价水平波动幅度较大外，其他月份物价均处于平稳态势。从全国范围看，石家庄市CPI同比上涨指数居中等水平。2013年1～12月全国居民消费价格同比上涨2.6%，最高的昆明市同比上涨3.9%，最低的南宁市同比上涨2.1%；与石家庄市临近的太原市、郑州市、济南市同比分别上涨3.1%、2.8%和2.8%，石家庄市同比上涨2.9%，在全国36个大中城市中与海口市并列第14位。其中，食品价格上涨5.3%，非食品价格上涨1.8%，工业品价格上涨1.4%，服务项目价格上涨2.2%。综合分析：

食品价格上涨仍是推动价格指数上涨的主因。2013年1～12月食品类价格上涨较2012年涨幅提高1.9个百分点，对物价总水平影响程度达59.7%，影响程度呈增大趋势，其中粮食、肉禽及其制品、鲜菜、液体乳及乳制品是2013年推动食品价格上升主要动力。2013年小米、牛羊肉、牛奶等价格持续上涨，处于高位运行；面粉和粮食制品价格下半年呈现上涨苗头；鲜菜价格受季节性影响波动较大，2013年1～12月累计同比上涨11.2%，影响食品类价格上涨13.2个百分点，影响居民消费价格总指数上涨0.42个百分点，对食品价格和总指数上升拉动较明显。价格影响因素出现结构性变化。与2012年相比，2013年全市物价上涨较多的类别除食品涨幅扩大外，烟酒、衣着、家庭设备用品及维修服务、居住类价格涨幅回落。从对居民消费价格总水平影响程度看，食品价格上涨对总指数影响程度加深，2012年同期影响较大的衣着、居住类快速上涨势头减缓，影响程度减弱，医疗保健和个人用品类价格上涨推动力增大，成为物价上涨新的影响因素。2013年1～12月全市医疗保健和个人用品类价格累计同比上涨4.3%，影响总指数上升0.35个百分点。受供需等多种因素影响，2013年二季度中药材及中成药价格出现上涨，西药价格上涨明显。2013年1～12月累计中药材及中成药价格同比上涨6.2%。其中，中药材价格上涨9.6%，中成药价格上涨3.1%，西药价格上涨7.9%。

（任国省　范彦）

【价格监管】 维护正常市场价格秩序，开展涉农、旅游、教育收费和天然气价格等专项检查，执行重大节日约谈企业和市场检查市县联动制度。围绕群众高度关注的民生价费违法苗头和热点问题，定期分析价格举报形势，化解价费矛盾，维护民生价费权益。2013年市物价局检查国家商业银行收费受到国家发改委通报表彰。落实减免优惠政策，减轻企业和社会负担。全年市物价部门取消45项、规范管理11项经营服务性收费，取消、免征18项行政事业性收费，降低19项行政事业性收费标准。根据10月16日国家财政部、发展改革委《关于公布取消314项行政事业性收费的通知》(财综〔2013〕98号)，自11月1日起，石家庄市涉及6项行政事业性收费取消，主要有中小学取暖费、强制戒毒费、职工医疗保险证及IC卡工本费、城市绿化用地临时占用费、计划生育节育手术费、计划生育病残医学鉴定费。结合明码标价、收费公示“双覆盖”措施，严把收费许可证审验，重点加强教育、医疗、行政事业收费等监管。研发“收费许可证管理电子系统”，严格“两送一征”定调价机制（送政策、送服务、征求意见建议），提高收费管理信息化水平和行政效能。推进明码标价和收费公示“双覆盖”工作。3月15日，全市召开大型商贸流通企业“双覆盖工作推进会”，利用宣传车、宣传册、明白纸、新闻媒体等载体，宣传明码标价和收费公示“双覆盖”活动内容。突出重点和分类，以南三条、新华集贸等大型市场和43条“明码标价示范街”为主线，采取商家承诺、特色标价签等形式推进明码标价；以中小学、幼儿园、旅游景点等收费单位和窗口为重点，推进收费公示。多次举办“双覆盖”调度会、座谈会、学术研讨会，介绍先进经验，并在部分县(市)区开展价格诚信单位创建活动，收到良好效果。至2013年底，全市查处价格违法案件456件，违法金额1120万元，上缴财政731万元；“12358”物价服务平台受理咨询举报事项12272件，立案689件，结案和回复率均达100%。

（张煜寒　李剑利　焦莉莉）

【价费改革】 按照国家和河北省天然气价格改革方案，2013年市区非居民天然气价格实现调整。8月2日起，车用压缩天然气销售价格由3.3元／立方米调整为3.75元／立方米；各县（市）在原价格基础上顺加0.45元／立方米。7月10日起，管道天然气销售价格调整，采暖用管道天然气销售价格由2.95元／立方米调整为3.91元／立方米，其他非居民用管道天然气销售价格由原2.95元／立方米调整为3.45元／立方米。确定调整价格为最高价格，天然气经营企业还可给予用气大户适当优惠，优惠幅度由供用气双方协商确定，报市物价局备案。7月10日后，新建非居民和新立项利用天然气项目，天然气供应价格由供用双方协商确定。落实用热大户价格优惠政策，启动非居民供热冬季采暖期价格上浮政策，2013年非居民供热价格在非采暖期价格基础上上浮10%。根据河北省物价局、卫生厅、人力资源和社会保障厅联合下发《关于印发2013年河北省县级公立医院医药价格改革方案的通知》(冀价管〔2013〕56号),全市19家县级公立试点医院开展医药价格改革,实行药品零差率销售;降低大型医用设备检查价格,同比下降10%;体现医务人员技术劳务价值的诊疗、护理同比提高100%,手术费同比提高10%,中医特色服务收费同比提高50%。

【价格服务】 拓展价格认证服务领域,出台道路交通事故财产损失价格鉴证管理新办法。提高涉案、涉纪价格认证质量,扩大价格争议调解社会影响力。2013年全市受理价格认证事项7086件,标的值3.7亿元,调解办理价格争议案件70件。开展价格成本监审,办理监审项目41项,标的总额97亿元,核减不合理成本8.4亿元。开展农业成本数据调查,撰写生猪价格走势、农户种植意向等分析报告,发挥决策参考作用。

【市区客运出租汽车运价调整】 6月28日和7月19日,国家和河北省分别出台天然气价格调整政策,要求自7月10日起上调天然气门站价格。8月2日,石家庄市车用天然气销售价格上调0.45元/立方米,即由3.30元/立方米调整为3.75元/立方米。9月12日,石家庄市召开客运出租汽车运价调整听证会,市物价局委托市消费者协会和有关部门推荐产生包括消费者、经营方、专家学者、人大代表、政协委员等25人参会,同时开通征询意见建议电子邮箱,共收到提出意见建议电子邮件472份。所有听证会参加人基本同意适当调整出租汽车起步价,并建立运价与气价联动机制。其中,24名参加人赞成方案二(起步价调至8元/3千米,其他标准不变),1名参加人赞成方案一(起步价调至7元/2千米,其他标准不变),全部赞同联动机制。11月1日起,市区客运出租汽车起步价开始执行新标准,由2千米5元调整为3千米8元,其他标准不变,同时建立客运出租汽车运价与车用燃气价格联动机制。市区客运出租汽车运价与车用燃气价格联动机制为:以车用天然气价格每立方米3.75元与4.50元作为基期价格和联动机制启动点,当车用天然气价格高于每立方米4.50元时,及时按程序启动联动机制,每乘次加收0.50元燃料附加费;当车用天然气价格高于每立方米5.00元时,每乘次加收1.00元燃料附加费;当车用天然气价格降至上述各点以下时,反向调整或取消燃料附加费。

(张煜寒　李剑利)

2013年9月12日,举办石家庄市调整市区客运出租车运价及公交车月票价格听证会

工商行政管理

【概况】 2013年,全市工商行政管理系统以改善生态和发展“两个环境”为目标,以推进改革创新为动力,以深化效能建设为抓手,服务社会民生,推行网格化监管,实现市场秩序稳步好转。按照依法行政要求,加强法制建设,出台规范性文件2个:《石家庄市知名商标认定和保护办法》、《关于推进商事登记制度改革培育壮大市场主体的实施意见(试行)》,办理6部政策法规及规范性文件征求意见;开展法制教育,举

办“法制培训年”活动，培训干部1200人次；推进行政审批制度改革，下放非行政许可事项3项，取消非行政许可事项7项。开展“红盾护农”行动，查处农资案件517件，为农民避免损失1376万元。加大广告市场监管，查处各类违法广告案件102件，净化了广告市场宣传环境。推进食品追溯体系建设，安装软件5117户，录入信息2377万条，形成完整追溯链条食品32.35万个批次。开展食品安全清查行动，查处食品案件604件，收缴不合格食品73吨，罚没款208万元。加强食品质量抽样检验，全年抽取样品3005个批次，食品质量合格率98.7%。打击“傍名牌”、商业贿赂等不正当竞争行为，办理各类侵权假冒案件123件，罚没款108万元；查办商业贿赂案件72件，罚没款378.6万元。推进商标战略，2013年新增驰名商标7件，新增著名商标104件。至2013年末，全市拥有驰名商标44件、著名商标539件。借鉴广东商事登记改革经验，推进商事登记制度改革，培育壮大市场主体。全年新登记内资市场主体67625户、外资企业127户。至2013年末，全市内资市场主体总数达到379324户，外资企业达到1278户。推进“12315”平台建设，率先在全省将电视直销企业纳入“12315”监管网络，在大型电视购物企业“优购物”建立消费维权服务站；开通“12315”官方微博，及时发布消费提示，拓宽服务渠道。全年受理各类维权信息65052件，为消费者挽回经济损失527万元。提高干部队伍建设。举办新任科级干部培训1期，基层分局长培训2期，干部选学培训2期，培训干部564人次；参加国家工商总局远程网络培训学习5期；提拔任用、交流、转任科级干部542人次。开展行政效能监察，全年印发督察通报8期、整改通知12份，调查落实举报信10封，纠正违纪问题40余次。2013年市工商局“强化监督、完善制度”做法在《中国工商报》头版刊发宣传，提升注册效能等经验获《石家庄日报》连续4次密集报道。帮助小微企业发展，2013年市工商局与中国邮政储蓄银行石家庄分行签署“邮储助企三年战略合作协议”，三年内为全市小微企业提供融资额度183亿元。2013年市工商系统在全市行风评议活动中获得民主评议4项第一名；市工商局班子被市委评为实绩突出班子。2013年市工商系统获评全国工商系统先进集体1个、先进工商所（分局）2个，先进工作者1名、优秀管理人员2名；

（李志英）

2013年3月15日，太和电子城与市工商局“12315”申诉举报指挥中心联网

【《关于推进商事登记制度改革培育壮大市场主体的实施意见（试行）》】

8月1日，市政府办公厅下发《关于推进商事登记制度改革培育壮大市场主体的实施意见（试行）》。主要内容包括15条：1.推进登记制度改革。按照国家工商登记制度改革要求，推进全市商事登记制度改革工作，放宽工商登记条件，改进监管服务方式。2.放宽核名标准。放宽近似名称认定条件，除容易引起歧义和产生误解的情形外，对拟申请四个字或者三个字字号的企业，与其他企业四个字或三个字的字号中的两个字相同的，可以核准；对同音不同字且字形不相近的字号，可以核准。适应市场主体名称个性化需求，允许新兴行业企业在名称中使用体现其行业和服务特点的各类新兴行业用语；允许市场主体根据需要自主选择名称中行政区划和字号的前后顺序，市场主体名称的

行政区划可以置于字号之后、组织形式之前。3. 解除住所限制。市场主体申请住所（经营场所）登记，有房屋产权证的，提交房屋产权证复印件；无房屋产权证的，提交产权单位出具的证明；确实无法提供上述证明的，只需提交园区管委会、乡镇政府（街道办事处）或村（居）委会出具的证明。允许“一址多照”。4. 降低资本门槛。除法律、行政法规对最低注册资本有限额规定之外，注册资本500万元以下（含500万元）的有限公司，设立时实收资本可以为零，无需提交验资证明，允许公司自成立之日起6个月内缴付注册资本的20%。放宽对冠“石家庄（市）”企业集团的注册资本要求，科技型集团注册资本合计可放宽至3000万元，其母公司注册资本可放宽至2000万元；农业开发型集团注册资本合计可放宽至2000万元，其母公司注册资本可放宽至1000万元。5. 排除前置障碍。工商部门在办理市场主体注册登记时，除法律、行政法规和国务院决定设定的前置许可外，对地方性法规、国务院部委、地方政府规章设定的前置许可项目，一律停止执行。省、市重点项目，因条件欠缺，前置审批尚未办理完毕的，经市工商局局长办公会议研究同意，可先行核发营业执照。6. 支持新兴行业。对国民经济行业分类未列明的新兴行业加大支持力度，按照“非禁即许”原则，根据市场主体的需求核定经营范围，工商部门提供“保姆式”服务，专人负责、跟踪指导、全程帮办。7. 拓展创业空间。拓展个体工商户发展空间，无固定门店的个体工商户免于登记。除涉及安全及前置审批许可的行业外，对个人从事无固定门店的修理、日用品销售、裁剪缝纫等便民行业的，免予办理营业执照。8. 鼓励个体升级。鼓励个体工商户升级为企业，取消对个体工商户注销后原字号一年内不能使用的规定，只要字号不重，允许继续使用，保持字号的延续性。个体工商户升级为企业的，可同时办理注销和开业手续，保证经营的连续性。个体工商户原有前置审批，只要许可部门确认该批准文件（证件）可由升级后的企业继续使用，此前置审批即可沿用。9. 破解融资难题。股权、债权、知识产权、非专利技术、采矿权、探矿权、林权、土地使用权等可评估转让的非货币财产均可作为注册资本出资。支持股权交易平台、投融资平台建设，促进企业股权流动。开展股权出质登记、动产抵押登记、商标专用权质押登记和银企对接等工作，畅通融资渠道，破解融资难题。10. 扶持项目落地。外埠企业到石家庄投资设立分公司的，不受企业地域、规模、资金等限制，均可申请设立石家庄分公司。11. 下放登记权限。下放企业集团登记权限，县域内企业集团由市工商局统一登记变为县（市）工商局登记。下放农民专业合作社审批权限，由县（市、区）工商局登记变为委托基层分局受理。12. 提升审批效能。改变“形式审查为主，实质审查为辅”的登记审查模式，工商登记机关只对申请人提交的材料进行形式审查，申请人对其提交材料的合法性、真实性负责，缩短核准时限，提高登记效率。凡工商行政管理部门审批、备案的事项，只要材料齐全、符合法定形式，自受理之日起2个工作日内办结。13. 实行网上年检。企业年检全部实行网上预审，方便企业年检申报、查询和修改。简化年检材料，除法律、法规及国家有特别规定的外，企业免于提交审计报告。对因企业重组、改制、职工安置等原因无法通过年检，但确需保留营业执照的国有、集体企业，实行企业主体资格延续制度，暂不吊销营业执照。14. 创新行政指导。转变执法理念，立足企业所需、工商所能，依据法律、法规和政策，采取指导、劝告、提醒、建议等非强制方式，向经营者实施行政指导，引导市场主体诚信守法经营。改善执法环境，实行轻微违法不罚或轻罚，对一般性违反法律法规的行为，情节轻微未造成危害后果并及时纠正的，不予处罚；对违法经营但危害后果不严重并及时消除的，从轻处罚。15. 实施商标战略。创建商标（品牌）培育基地，开设企业商标培育大讲堂，建立商标（品牌）培育工作站，对产业聚集区域内企业开展“零距离”商标指导服务。建立以全市工业50强企业和驰名、著名商标企业为主的重点企业帮扶制度，以255家市级农业产业化龙头企业为主的特色农产品帮扶制度，发挥龙头品牌作用，树立企业品牌形象。按照择优扶强、一企一策、跟踪服务的原则，全程帮扶地方名优品牌申报驰名、著名商标，确保每年度培育推荐驰名商标5件，著名商标50件。推进商标富农工程，以蔬菜基地、林果基地、畜牧基地等农业专业化、产业化程度高的农产品生产基地为重点，引导注册农产品商标和地理标志商标，提高农产品附加值，促进农民增收、农业增效。

（吴温　戴丽丽　郑宏　徐晨霞）

【商品市场监管】 维护公平市场环境，推行网格化监管，提高市场监管效能。以成品油、粮食、汽车、拍卖、格式合同等为重点，强化巡查，严格抽检，规范市场经营秩序，妥善处置“注水牛肉”事件。制定《商品售后安装服务行为管理办法》，加强商品售后安装服务收费行为管理，规范收费秩序。开展儿童用品、电热水袋、建筑装饰材料、消防产品等专项整治行动，查处假冒伪劣商品案件721件，捣毁制假售假窝点21个。推进食品安全电子监管系统建设，从源头规范食品流通许可证发放，推行食品质量准入、食品经营“索证索票”和“进销货台账”等制度。全年开展肉制品、乳制品、儿童食品、葡萄酒、食用油、食品添加剂等流通环节食品安全大规模专项整治行动16次，检查食品经营者274852户次，检查批发市场、集贸市场等各类市场7872个次，查处食品违法案件604起。至2013年底，全市5117家食品经营户、32.35万个批次食品纳入电子监管系统，录入电子台账食品信息2377万条；动态检测与专项整治检测各类食品3000个批次以上。推进“红盾护农”专项行动，严厉打击经销假劣农资违法行为，共查处农资案件517起，受理投诉24件，为农民避免经济损失1376万元。开展打击“傍名牌”专项执法行动，严格整治酒类、农资和饮料等领域仿冒行为，查办“傍名牌”类案件56件，查处各类不正当竞争案件530件。加强消费维权和“12315”民生保护受理，2013年全市“12315”指挥中心共受理申诉、举报9080件，为消费者挽回经济损失527万元。

（李志英　翟相哲）

【企业注册登记】 2013年市政府出台《石家庄市扶持创业专项资金使用管理办法》、《石家庄市鼓励和支持全民创业若干政策有关管理办法》、《石家庄市自主创业人员和企业享受支持和促进就业有关税收政策认定实施办法》等优惠政策。市工商部门优化登记，借鉴广东省商事登记改革经验，批转实施《关于推进商事登记制度改革培育壮大市场主体的实施意见（试行）》，放宽核名标准、解除住所限制、降低资本门槛、排除前置障碍、支持新兴行业、拓展创业空间等15条帮助企业新政策，出台《放宽企业注册登记和经营条件的实施办法》、《个体工商户升级登记为企业操作规范》和《农村土地合作社注册登记意见》等配套细则，激发了全民创业热情和市场主体创造活力。全年新登记内资市场主体67625户，其中内资企业20125户，同比增长6477户，增长47.46%，个体工商户44500户，农民专业合作社3000户；外资企业127户。新登记企业注册资金465亿元，同比46%。至2013年底，全市内资市场主体总数达到379324户，其中内资企业数量突破10万户，达到109343户，个体工商户261126户，农民专业合作社8855户；外资企业达到1278户。

表69　　2013年石家庄市内资（非私营）企业基本情况一览表

行业分类		合计			国有企业			集体企业			公司	
		户数（户）		注册资本（万元）	户数（户）		注册资金（万元）	户数（户）		注册资金（万元）	户数（户）	
		小计	其中：企业法人		小计	其中：企业法人		小计	其中：企业法人		小计	其中：公司法人
农、林、牧、渔业	农业	283	82	94382	18	7	1916	34	19	2541	222	55
	林业	26	22	2960	10	7	320	7	7	96	9	8
	畜牧业	32	24	9754	10	8	4193	5	4	681	15	12
	渔业	1	1	13	0	0	0	1	1	13	0	0
	农、林、牧、渔服务业	58	30	10533	11	11	262	34	10	491	9	7
	小计	400	159	117642	49	33	6691	81	41	3822	255	82

（续表）

行业分类		合　计			国有企业			集体企业			公　司	
		户数（户）		注册资本（万元）	户数（户）		注册资金（万元）	户数（户）		注册资金（万元）	户数（户）	
		小计	其中：企业法人		小计	其中：企业法人		小计	其中：企业法人		小计	其中：公司法人
采矿业	煤炭开采和洗选业	10	8	25533	1	0	500	2	2	1020	7	6
	石油天然气开采业	0	0	0	0	0	0	0	0	0	0	0
	黑色金属矿采选业	17	16	8853	1	1	17	13	12	4786	3	3
	有色金属矿采选业	4	2	2579	1	1	50	2	0	1002	1	1
	非金属矿采选业	16	9	944	1	1	150	13	6	414	2	2
	开采辅助活动	1	1	1500	0	0	0	0	0	0	1	1
	其他采矿业	0	0	0	0	0	0	0	0	0	0	0
	小计	48	36	39409	4	3	717	30	20	7222	14	13
制造业	农副食品加工业	85	70	77776	15	14	13192	21	19	3904.00	41	34
	其他制造业	1542	1166	2880312	122	93	80251	454	397	127166	754	602
	小计	1627	1236	2958088	137	107	93443	475	416	131070	795	636
合　计		16737	6598	14570328	2035	784	731170	3160	1532	376730.13	10474	4127

表 70　　2013 年石家庄市内资私营企业基本情况一览表

行业分类	企业个数（户）	投资人数（人）	雇工人数（人）	注册资本（万元）
农、林、牧、渔业	1935	3661	908	585894
采矿业	265	512	172	96240
制造业	14338	29613	7775	4096840
电力、热力、燃气及水生产和供应业	127	295	16	93507
建筑业	6896	8058	82	3147595
交通运输、仓储和邮政业	2163	4077	340	393718
信息传输、软件和信息技术服务业	3355	6203	370	608210
批发和零售业	37206	74996	8288	7299128
住宿和餐饮业	574	946	166	114986
金融业	1222	4437	0	4911006
房地产业	5713	5441	13	4199089
租赁和商务服务业	10296	19375	765	3081003
科学研究和技术服务业	5866	13017	188	1624653

表 71　　2013 年石家庄市外商投资企业情况统计表

项目			户数（户）	投资总额（万美元）	注册资本（万美元）	
					小计	其中：外方
中外合资			236	237985.8	125830.4	70170.3
中外合作（法人）			19	20629.3	9661.9	5451.8
中外合作（非法人）			0	0	0	0
外资企业			138	113769.16	57976.2	57976.21
外商投资股份有限公司			0	0	0	0
其他外商投资企业	合伙企业	小计	–	0	0	0
		普通合伙	–	0	0	0
		其中：特殊的普通合伙	–	0	0	0
		有限合伙	–	0	0	0
	其他企业		–	0	0	0
外商投资企业分支机构			828	–	–	–
合计			1221	372384.3	193468.5	133598.3

【商标战略】 以知名商标认定保护、推进创立自主品牌、建设品牌强市为目标，推进商标战略，提升品牌竞争力，出台《石家庄市知名商标认定和保护办法》。采取创建商标（品牌）培育基地、开设企业商标培育大讲堂、建立商标（品牌）培育工作站等措施，全程帮扶地方名优品牌申报驰名著名商标。建立驰名著名商标企业回访机制，帮助企业解决实际困难，全年现场指导、调研驰名著名商标企业 356 家。2013 年经国家工商总局认定，“威纳邦 wilubo”、“JieZiMei”、“湘君府”、“文挚”、“晋州鸭梨”、“天山”、“金凤牌及图”7 件商标成为驰名商标；经省工商局认定，“石四药”、“得必欣”、“汇金机电”等 104 件商标成为河北省著名商标，其中涉农商标 32 件。至 2013 年末，全市拥有驰名商标 44 件，数量居全省各设区市第一；拥有著名商标 539 件；地理标志证明商标 6 件。

表 72　　2013 年石家庄市新增驰名商标一览表

序号	商　标	商标注册人／所有人	地　区
1	威纳邦 wilubo	石家庄威纳邦日化在限公司	藁城市
2	JieZiMei	河北巴迈隆实业集团有限公司	辛集市
3	湘君府	石家庄市湘君府餐饮有限公司	裕华区
4	文挚	石家庄新宇三阳实业有限公司	栾城县
5	晋州鸭梨	晋州市私营企业协会	晋州市
6	天山	天山房地产开发有限公司	高新区
7	金凤牌及图	石家庄洛杉奇食品有限公司	新华区

表 73

2013 年石家庄市新增著名商标一览表

序号	商　标	商标注册人 / 所有人	地　区
1	LEDERMAN 莱迪蒙	石家庄市三洋工贸有限公司	桥东区
2	“第 6777624 号图形”	石家庄建工集团有限公司	桥西区
3	“得必欣”	石药集团欧意药业有限公司	桥西区
4	众诚及图	河北众诚新型建材有限公司	桥西区
5	星泉	石家庄星泉管业有限公司	桥西区
6	易水石 YISHUISHI 及图	河北易水石砚台有限公司	桥西区
7	第 916221 号图形	石家庄市油漆厂	桥西区
8	“石四药”	石家庄四药有限公司	裕华区
9	今顺康	石家庄今谷康生态农业开发有限公司	裕华区
10	润衡	河北润衡水利景观设计研究有限公司	裕华区
11	ENLIO 及图	石家庄英利体育用品有限公司	裕华区
12	龙江人家及图	石家庄市龙江食品有限公司	裕华区
13	双保险	河北天威生物科技有限公司	裕华区
14	漾森 YANGSEN	河北潘什奴服装商贸有限公司	新华区
15	常宏装饰及图	石家庄常宏建筑装饰工程有限公司	新华区
16	第 1427221 号图形	石家庄市双星农业科技有限公司	新华区
17	第 5769771 号图形	石家庄洛杉奇食品有限公司	新华区
18	侯 HOUSHI	河北侯氏餐饮管理有限公司	长安区
19	莱帕	华北制药集团有限责任公司	长安区
20	青帝	华北制药股份有限公司	长安区
21	盛吗啉	华北制药河北华民药业有限责任公司	长安区
22	顺心 SHUNXIN 及图	石家庄市顺心家私有限公司	长安区
23	兆通 ZHAOTONG 及图	石家庄兆通金刚石工贸有限公司	长安区
24	“汇金机电 HUIJINJIDIAN 及图”	河北汇金机电股份有限公司	高新区
25	“宝石克拉”	石家庄宝石克拉大径塑管有限公司	高新区
26	HXGRO 及图	恒信移动商务股份有限公司	高新区
27	旭辉电气 XUHUIELECTRIC	河北旭辉电气股份有限公司	高新区
28	晓进机械 XIAOJINMACHINERY 及图	石家庄晓进机械制造科技有限公司	高新区
29	K 及图	石家庄国祥运输设备有限公司	高新区
30	五龙	石家庄五龙制动器股份有限公司	高新区

（续表）

序号	商　标	商标注册人／所有人	地　区
31	SLICHEM 及图	石家庄诚志永华显示材料有限公司	高新区
32	御芝林	河北御芝林生物科技有限公司	高新区
33	石家庄大众肥业有限公司	冀石宝 JISHIBAO 及图	藁城市
34	第 8356891 号图形	河北鑫利粮油有限公司	藁城市
35	傻实在 SHASHIZAI 及图	石家庄廉北电线电缆厂	藁城市
36	昊天 HAOTIAN 及图	石家庄中南食品有限公司	藁城市
37	天竹及图	河北吉藁化纤有限责任公司	藁城市
38	家政女皇 JIAZHENGNVHUANG 及图	石家庄威纳邦日化有限公司	藁城市
39	龙宫牌及图	河北龙宫鹏程食品有限公司	藁城市
40	第 8688015 号图形	石家庄飞翔材料技术有限公司	藁城市
41	绿宝露及图	河北绿宝露食品有限责任公司	藁城市
42	五星 WUXING 及图	河北省五星面业有限公司	藁城市
43	欧米露 OUMILU 及图	石家庄好太太日化有限公司	藁城市
44	庆回归及图	河北庆回归化肥有限公司	鹿泉市
45	Ty	石家庄市天元药业有限公司	鹿泉市
46	顺華	石家庄江山饲料有限公司	鹿泉市
47	燕趙 YANZHAO	石家庄燕赵水泥有限公司	鹿泉市
48	鼎星 DingXing 及图	石家庄鼎盛水泥有限公司	鹿泉市
49	三盈 SANYING	石家庄市三元肥业有限公司	栾城县
50	建刚 JIANGANG 及图	河北马家麦坊食品有限公司	栾城县
51	旨可平及图	神威药业集团有限公司	栾城县
52	岗香园	栾城县余香园种植专业合作社	栾城县
53	正洋	河北正洋建材有限公司	正定县
54	柯耐 CONA	石家庄市柯耐家具有限公司	正定县
55	佑卡丹 YOKADON	河北欧玛尼服装有限公司	正定县
56	第 4147166 号图	河北蕙兰面业有限公司	正定县
57	點石成金	河北小蜜蜂工具集团有限公司	正定县
58	白鹿温泉 WhiteDeerHotspring 及图	河北白鹿温泉旅游度假股份有限公司	平山县
59	永昌及图	高邑县永昌锌业有限责任公司	高邑县
60	丽生元	赞皇县大河道大枣专业合作社	赞皇县
61	古山红及图	赞皇县野生酸枣仁加工专业合作社	赞皇县
62	双兰 shuanglan 及图	井陉县京华钙业有限公司	井陉县

（续表）

序号	商　标	商标注册人 / 所有人	地　区
63	弯月亮 WANYUELIANG	河北弯月亮服饰有限公司	井陉县
64	立信及图	河北立信化工有限公司	井陉县
65	圣森 SHENGSENG 及图	石家庄市圣森饮用水有限公司	深泽县
66	好太太	河北纳利鑫洗化有限公司	深泽县
67	绿豊日昇 LVFENGRISHENGJ 及图	石家庄市绿丰化工有限公司	深泽县
68	跃迪 YUEDI	河北新宇宙电动车有限公司	元氏县
69	槐阳绿	元氏县生源种养专业合作社	元氏县
70	薯利	元氏县民兴农业专业合作社	元氏县
71	呈盛堂及图	河北呈盛堂动物药业有限公司	赵　县
72	JULL 及图	石家庄巨力科技有限公司	赵　县
73	萌帮	河北萌帮水溶肥料有限公司	赵　县
74	雪山 XUESHAN 及图	石家庄宏建防水材料有限公司	新乐市
75	庄稼主 zhuangjiazhu 及图	新乐市庄稼主杂粮食品有限公司	新乐市
76	禹润及图	石家庄市东方宏润防水材料厂	新乐市
77	五业及图	石家庄五业农牧机械有限公司	行唐县
78	永青 YONGQING	河北永青饲料科技有限公司	行唐县
79	宗傲山坡坡 ZongAoShanPoPo	行唐县大山兄弟土特产品有限公司	行唐县
80	安太 Antai	行唐县安太庄苹果种植合作社	行唐县
81	吉东及图	河北吉东果业有限公司	晋州市
82	望花潭及图	石家庄市三亚饮品有限公司	晋州市
83	哈奇利 haqili 及图	河北沃尔旺食品饮料有限公司	晋州市
84	鹏达玉象及图	河北鹏达食品有限公司	晋州市
85	昊华 HaoHua 及图	石家庄市泰华线缆有限公司	晋州市
86	高峦 GaoLuan 及图	河北高峦建材有限公司	灵寿县
87	久乐 JIULE	河北绿地生物技术有限公司	灵寿县
88	益生 L. B. E. P. TECH 及图	河北益生环保科技有限公司	灵寿县
89	第 6189050 号图形	河北兆江养殖有限公司	灵寿县
90	五岳山泉	石家庄五岳寨矿泉水有限公司	灵寿县
91	二蒙	石家庄市天发木业有限公司	无极县
92	立德信及图	石家庄立德信农牧业发展有限公司	无极县
93	正盛 ZHENGSHENG 及图	石家庄正诚饲料机械有限公司	无极县
94	欣吉美 xjm 及图	无极县华强免漆装饰材料厂	无极县

（续表）

序号	商　标	商标注册人 / 所有人	地　区
95	第 7454122 号图形	石家庄金多利专用汽车有限公司	无极县
96	秦老大	石家庄市秦泰针纺织品有限公司	无极县
97	旭瑞 xuRui	石家庄旭瑞服饰有限公司	辛集市
98	盛拓	河北盛拓面业有限公司	辛集市
99	美伦丹妮 DannyGood	辛集市恒和皮草服饰有限公司	辛集市
100	劳奴诗 LAVRORE	辛集市慧丰皮革有限公司	辛集市
101	佳晨	石家庄佳信汽车制动系统有限公司	辛集市
102	瑞巧斯 RICHOICE 及图	辛集市聚益皮革制品有限公司	辛集市
103	比雪夫 Bixuefu	辛集市冠楠皮业有限公司	辛集市
104	海元 HAIYUAN	辛集市海洋皮革有限公司	辛集市

【反不正当竞争】 以食品、饮品、酒类、农产品为重点，开展打击“傍名牌”专项执法行动。2013 年新华区工商局执法人员在和平西路零五家仓库现场查获涉嫌假冒“大桥”、“航桥”、“迈腾”、“金桥”、“神力”等品牌焊接材料 2342 箱，深挖侦查到流入华强广场工地假冒焊条 6 箱；晋州市工商局查获仿冒娃哈哈冰糖雪梨饮品 1100 箱，罚没 14000 元；赵县工商局查获 1 起“好多鱼”商标侵权案，没收假冒“好多鱼”食品 100 箱，罚款 20000 元。全年办理各类侵权假冒案件 123 件，罚没款 108 万元。以医药、教育、食品等领域为重点，开展商业贿赂整治行动，查办案件 72 件，罚没款 378.6 万元。

【广告市场监管】 加强日常监管。2013 年市工商局向省工商局检测中心调取监测数据 9 次；向媒体发放《行政指导建议书》31 份，整改涉嫌违法广告 52 条；发布预警信息涉及违法广告 20 个；行政告诫 7 次，涉及媒体单位 6 家；整改审查制度落实问题单位 2 家。强化登记管理。2013 年全市办理户外广告登记 892 件；办理《固定形式印刷品广告登记证》延续初审 6 家；办理年度广告经营资格监督检查 35 家；处罚固定形式印刷品广告单位 2 家。开展专项治理行动。2013 根据河北省工商局统一部署，集中开展违法医药广告整治，检查监测各类媒体广告 28774 条，违法医药广告 306 条；立案查处 74 件，罚款 102 万元；公开曝光典型违法医药广告 10 起。2013 年 7 月，市工商局开展整治医疗、药品、医疗器械、保健食品广告及宣传具有治疗作用的保健用品广告，查处一批医药违法广告案件，曝光 10 起典型违法广告。查处医药违法广告主要表现形式 6 种：药品广告含有不科学的表示功效的断言或者保证；药品广告中含有利用医药科研单位、学术机构、医疗机构或者专家、医生、患者的名义和形象作证明的内容；食品广告中使用与药品相混淆的用语，直接或者间接地宣传治疗作用；医疗广告中含有保证治愈或者隐含保证治愈等内容；食品广告利用医疗机构、医生的名义或者形象作证明，宣传特定功效；广告中含有虚假内容欺骗和误导消费者。曝光 10 起医药违法广告典型案例涉及药品广告有：前博舒胶囊、脑心安胶囊、国药和血小药丸、乌龙养血胶囊、腰椎丸、蒙金败毒丸、控释降压贴；医疗器械广告，“铁腰板”；保健食品广告，藏密双宝、铁皮枫斗。2013 年 8 月底至 10 月底，针对各类户外、楼宇广告存在问题，全市集中开展专项整治行动，检查户外显示屏广告 580 块、工地围挡广告 210 块、户外灯箱广告 480 块、各类楼宇广告 1970 块，发现问题广告 59 块，责令改正 31 块，立案查处 28 件，罚款 25.1 万元。10 月 1 日至 12 月 25 日，开展整治省会媒体发布违法广告专项行动，巩固和扩大了 2013 年上半年虚假违法医药广告整治成果。以媒体广告为重点，加大案件查办力度，全年查处媒体广告案件73起，涉及广告174个，其中，向市食品药品监管局通报违法广告30个，查处外地违法广告主案件74个。开展整治互联网和手机媒体传播低俗信息专项行动，监测网站234家，发现问题网站1家；监测网上广告587条，发现非法涉性用品广告34条、非法“性药品”广告32条，其中，有效整治非法涉性用品广告21条。至2013年底，全市共查处各类广告案件102件，罚没款127万元。

（李志英　吴温　徐晨霞　张旭）

【打击传销】 加大宣传力度，完善工作机制，健全防控体系，保持打击传销高压态势。5月29日，根据桥东区工商局移送的许书军等人涉嫌传销案，市公安局组织经侦、技侦、网监3个支队60余名警力，将5名主要犯罪嫌疑人全部抓获，摧毁涉及全国12个省的传销网络1个。8月1日至12月15日，全市开展“打击传销违法活动，促进社会和谐稳定”专项执法行动。8月22日和11月26日，开展集中打击行动，新华区重拳出击，捣毁窝点49个，教育遣返涉嫌传销人员117人；11月29日，在省工商局支持下，石家庄正定县、天津市静海县打击传销办公室联合出击，捣毁10人组织传销窝点1个，成功解救受骗人员1名。至2013年底，全市共取缔传销窝点56个，教育遣返传销人员300余人次。

石家庄市工商行政管理局

局　　长：曹新华

副 局 长：孙桂莲（女）

尹兵辉

路栓增（10月任）

王大林（10月任）

纪检组长：张俊和（10月免）

刘杏然（10月任）

（李志英）

食品药品监督管理

【概况】 2013年，全市食品药品监督管理系统以科学监管理念为指导，按照“食药并重，监管并举”思路，实施“食品药品安全幸福工程”和“食药安全诚信河北”行动计划，创新监管举措，严厉打击违法违规行为，防止了食品药品安全风险。启动食品药品监管体制改革，整合组建新的市食品药品监督管理局（简称食药监局），发挥市政府食品安全委员会办公室总体负责和综合协调作用。围绕公众关注热点问题，开展不良反应监测和违法广告监测，上报药品不良反应监测报告5633例、医疗器械不良事件监测报告844例，监测违法药械和保健食品广告1172条次，发放风险预警通知书11份，发布消费警示12期。开展隐患排查治理行动，检查食品药品生产经营单位6.08万家，排查安全隐患1613项，整改隐患1549项，隐患整改完成率96%；发现案件线索148个，立案查办148个，刑事拘留7人。开展各类食品药品安全专项整治，检查餐饮药械生产企业5.05万家次，集中销毁过期失效药品2.86万盒（瓶、支、袋），总价值62.3万

2013年7月24日，国家食品药品监督管理总局副局长滕佳材（右二）在副市长张业（左三）陪同下视察指导保健食品监管

元。完成287家餐饮单位煤改气工作，保障34起重大活动餐饮服务安全。提升企业管理水平，启动药品零售企业“对标达标”活动，举办千名药师诚信宣誓仪式，落实“保质量、讲诚信、促规范、树形象”要求。2013年全市180余家药品零售企业申请参加“对标达标”活动，其中14家被选作重点对象，9家被授予“对标达标”活动示范店称号。指导平山县、赵县、栾城县做好小餐饮整顿规范试点和餐饮服务食品安全示范县创建工作，栾城县被国家食品药品监督管理局确定为首批餐饮服务食品安全示范县。2013年全市未发生食品药品安全事故，人民群众饮食用药安全得到有效保障。

【机构体制改革】 按照国家和河北省关于食品药品监管体制改革统一部署，9月17日，中共石家庄市委组织部下发《关于米志奇等同志任职的通知》，明确市食品药品监督管理局（市政府食品安全委员会办公室）新的领导班子，原市人民政府食品安全委员会办公室职能和原市食品药品监督管理局职能实现整合。9月27日，市政府办公厅印发《关于印发石家庄市食品药品监督管理局主要职责内设机构和人员编制规定的通知》，明确了市食药监局主要职能、内设机构、人员编制，合理划分了市、县（市）区及各部门之间监管责权。根据《石家庄市食品药品监督管理局主要职责内设机构和人员编制规定》，新组建的市食药监局整合原市人民政府食品安全委员会办公室职责，原市食品药品监督管理局职责，市质量技术监督局生产环节食品行政许可和监督管理职责，市工商行政管理局流通环节食品行政许可和监督管理职责，市卫生局承担的食品安全综合协调、组织查处食品安全重大事故、指导食品安全检验、重大食品安全信息发布等职责，市商务局酒类食品、调味品安全监督管理职责。至2013年12月底，除市质量技术监督局生产环节食品行政许可和监督管理职责，市工商行政管理局流通环节食品行政许可和监督管理职责，市商务局酒类食品、调味品安全监督管理职责未移交外，其他管理职责均移交完成。

【食品药品安全监管】 建立食品药品社会监督员队伍，聘用50人为网络义务监督员。举办各级各类培训，提高食品药品安全监管能力。5月7～10日，组织开展基层食品安全监管工作培训，全市290个乡镇（街道）食品安全监管办公室工作人员参加了全环节监管业务知识学习，提高了基层监管人员工作能力和执法水平。与市委党校合作，培训食品药品安全社会监督员114名。2013年全市培训食品药品从业人员9.29万人次，培训监管人员2.1万人次。实施隐患排查治理。2013年6月，全市开展为期1个月食品药品安全隐患集中排查活动。2013年9月起，全市再次开展食品药品安全隐患大排查大整治，覆盖食品药品生产、流通、使用各环节。此次大排查大整治活动中，召开隐患排查整治分析总结大会1次，通报了隐患情况，明确整改时限及要求；市食药监、质监、工商等部门2次组成联合督导组督察各县（市）区隐患排查整治活动情况。至2013年底，全市排查食品药品生产经营单位6.08万家，排查食品药品安全隐患1613项，隐患整改1549项，隐患整改完成率96%；发现案件线索148个，立案查办148个，刑事拘留7人。做好食品药品安全风险预警。加强夏季食品安全监管，印发《关于加强夏季食品安全监管预防食物中毒事故的通知》，并在《石

2013年3月13日，市食品药品监督管理局执法人员正在检查药店上架药品

家庄日报》刊登“夏季食品安全消费警示”，提醒广大市民注意夏季饮食安全。制定出台《石家庄药品经营环节安全风险隐患评估和预警制度》、《石家庄市药品生产质量风险评估制度》、《石家庄市药械不良反应事件综合测评办法》，成立“石家庄市药品不良反应监测和医疗器械不良事件监测专家咨询委员会”，建立“药械不良反应”专家库，并召开药品不良反应监测专家研讨会3次，及时分析、处置了监测工作中遇到的问题。2013年针对媒体曝光外地食品药品安全事件，全市及时组织对羊肉、肉及肉制品、大米、角膜接触镜、中药饮片、含麻黄碱类复方制剂药品等群众高度关注的重点品种进行专项整治，排查风险隐患，化解群众疑虑；针对现制现售饮用水、鲜奶吧以及网络媒体曝光的“假羊肉”、“毒姜”等可能存在风险隐患的重点品种、重点区域、重点环节，及时下发风险预警通知书。围绕公众关注热点问题，推进不良反应监测和违法广告监测工作，上报药品不良反应监测报告5633例、医疗器械不良事件监测报告844例，监测违法药械和保健食品广告1172条次，发放风险预警通知书11份，发布消费警示12期。开展专项整治行动。全年食品安全整治主要开展了食品安全违禁超限、制假售假、私屠滥宰三大专项治理行动及暑期食品安全保障、保健食品打“四非”、肉及肉制品专项治理、水产品质量安全治理、奶源管理专项治理等行动，还开展了“瘦肉精”、豆芽、大米、月饼、餐饮具、小餐桌、会所（馆）、节日食品等10余项专项整治。药品安全整治主要开展了高风险药品生产企业、药品安全“两打两建”、家用理疗仪器、利用互联网非法收售药品等14项专项整治行动。2013年全市在各类专项整治行动中，累计检查食品生产经营单位5.88万户，餐饮药械生产经营使用单位5.05万家次，责令整改6972家，取缔1297家，查处“黑作坊”、“黑工厂”244家，抽检32.31万批次，立案3568起，查扣不合格食品19.2万千克，集中销毁过期失效药品2.86万盒(瓶、支、袋)。

【餐饮单位燃煤治理】 开展治理餐饮单位燃煤问题，摸清餐饮单位治理任务底数，制定治理实施方案，分解细化工作任务，明确完成时限要求。协调有序推进，落实每周通报进度制度。抽调20人组成6个督导组，采取明察暗访和督导检查方式，复查各县（市）区餐饮单位燃煤治理，确保燃煤整治落到实处。至2013年5月底，市区三环内287家餐饮单位燃煤大灶整治工作全部完成，其中，长安区72家、桥东区46家、桥西区9家、新华区24家、裕华区55家、高新区12家、鹿泉市24家、栾城县45家。

【网络监管平台建设】 全年4次召开食品药品监管平台建设座谈会，对数据中心和地理信息系统进行演示并征求意见。4月22日，数据中心和地理信息系统成功对接，实现数据实时共享。4月25日，数据中心和地理信息系统正式投入运行。6月4日，地理信息系统项目（一期）顺利通过专家验收。至2013年末，数据中心具备统计、查询、新增、修改等功能，电子档案包括药械、餐饮、化妆保健企业和品种8314个；地理信息系统具备条件查询、地理信息定位、监管分派、许可证和认证证书预警等功能，其中包括外业调查企业1300余家，标注药品批发、零售企业847家。

【“12331”投诉举报热线】 整合原市食品安全委员会办公室“96321”投诉举报电话，建立“12331”食品药品投诉举报电话；推行“一口承接、分工落实、明确责任、确保成效”工作模式，实现市、县两级本地打本地接目标，提高了投诉处置效率。修订完善《石家庄市食品药品12331投诉举报工作管理制度》，按照“统一领导、综合协调、分级负责，属地管理”原则，建立县与县横向、市与县纵向转办的投诉举报案件处理运行机制和投诉举报系统与市食品药品监督管理局值班系统衔接机制，做到24小时开通、24小时有人接听。建立投诉举报知识库，实行投诉举报数据月报表制度。至2013年底，市食品药品监督管理局通过“12331”投诉举报热线接收各类食品药品投诉举报电话2797件次，接待来人、来信180件次；制作投诉举报数据分析报告3件；通过投诉举报渠道立案25起。

（牛学建　曹亚宁）

【栾城县获得首批国家餐饮服务食品安全示范县称号】 4月18日，国家食品药品监督管理总局授予包括石家庄栾城县85个县（市）为首批全国餐饮服务食品安全示范县称号，其中河北省4个，另3个分别是黄骅市、沙河市、滦县。2012年按照《关于印发餐饮服务食品安全百千万示范工程建设指导意见的通知》(国食药监食〔2010〕235号)和《关于印发国家餐饮服务食品安全示范县遴选暂行办法的通知》(食药监办食〔2011〕177号)要求，国家食品药品监督管理总局牵头开展国家餐饮服务食品安全示范县(含县级市、区)创建工作。2011年3月，石家庄栾城县作为河北省和石家庄市重点对象，启动创建餐饮服务食品安全示范县工作。栾城县按照"分类指导、示范带动、分级实施、社会参与"总体思路，积极推行食品安全诚信监管"石家庄模式"——4G诚信码、4G诚信钟、4G诚信卡，并投入17万元建成全市首家县级食品快速检验室，成功创建餐饮服务食品安全示范街2条、示范单位40个，打造"明厨亮灶"饭店130家，实现公众对餐饮服务食品安全知识知晓率达到85%，对餐饮服务食品安全满意率达到80%。

(岳金宏　王军永)

【安全知识宣传】 采取多种形式开展食品药品宣传活动，普及法律法规和安全知识。6月17日，全市举行食品安全宣传周活动启动仪式，主题为"社会共治，同心携手维护食品安全"。主要内容包括"自律铸就诚信"百家企业大型诚信自律签名、食品安全大型执法成果展、食品安全专家与市民面对面等。2013年8月，配合全国食品药品安全科普行动计划实施，在市内六区建立"饮食用药安全科普宣传站"，设置饮食用药安全科普专栏，并在法制公园建立《法制宣传橱窗》。2013年9月，组织石家庄新兴药房、河北神威药房、国药河北乐仁堂三大连锁门店的248个分店开展以"防止滥用成瘾性药物"为主题宣传活动。2013年10月，以"12331"投诉举报热线系列宣传活动为主题，在全市各药店、乡村诊所、社区、大中小型餐饮单位等场所组织发放和张贴食品药品安全宣传海报活动。2013年12月，在驻石家庄鹿泉市某部队开展食品药品安全宣传进军营活动。至2013年底，全市在市区主要街道及医院电子宣传屏幕播放宣传短片600多次，在100个社区进出口处设置安装了"食品药品安全中国梦"主题宣传栏；共发放宣传资料108万份，刊播公益广告2728条，悬挂宣传标语2.5万条。

2013年6月17日，石家庄市食品安全宣传周启动

【便民为企服务】 推进行政审批制度改革，依法简化行政审批项目3项，限时办结行政审批事项482件。落实政企交流机制，采取座谈、调研、培训等方式帮助企业协调解决内部整合及批准文号划转，GMP、GSP认证问题。至2013年底，全市共有252家药品零售企业通过GSP认证，26家药品生产企业通过GMP认证，完成核查验收事项(品规)76个，注册核查药品(药包材)品种112个，培训企业人员3806人次。2013年全市完成心脑清软胶囊、大活络丸、呋喃唑酮片、苯磺酸左旋氨氯地平片、青霉素V钾片、头孢克洛胶囊6个品种省级药品评价抽验检验及质量分析；在河北省食品药品检验院组织召开的年度省级评价品种质量分析报告总结会上，石家庄市的"心脑清软胶囊"、"大活络丸"在全省19个评价品种中分别获得第1名和第4名；"青霉素V钾片"在全省26个评价品种中获得第4名。

(牛学建　曹亚宁)

国有资产监督管理

【概况】 2013年，市国有资产监督管理系统以做大做强国有企业、全面提升经济运行质量效益为目标，面对复杂严峻国内外经济形势和经济下行压力增大情况，紧盯市场发展趋势，完善经营策略和市场布局，狠抓内部管理和挖潜降耗，强化经济运行动态监测调度，较好实现了国有企业主要经济指标稳步增长。围绕“资产调优、规模调大、主业调精、产品调强”改革目标，推进国有企业改革重组。2013年市国资委完成石家庄东方热电集团有限公司、市制酒厂、石家庄化工化纤有限公司、市新华服装厂等15家企业改制破产。推进企业“两分”工作，完成第一批市属厂办大集体企业改制基础性工作及国有企业职教幼教退休教师资格认定和退休教师生活补贴标准测算。至2013年底，市国资委22户监管企业实现营业收入282.1亿元，同比增长13%；实现利润8.68亿元，同比增长7%；实现利税17.2亿元，同比增长10.1%。2013年市国资委获得普法先进单位、信息工作优胜单位、安全生产先进单位、优秀政研会先进集体等荣誉称号，对标工作受到市政府表彰；市国资委党委获得河北省国有企业“四创”活动优秀组织奖；市国资委机关和监管企业11个单位、20人获评省市先进集体和先进个人。2013年市国资委管理的石家庄北国人百集团有限责任公司被中国商业联合会评为“全国重点商业企业集团”，被中国企业联合会、中国企业家协会评为“中国企业五百强”；石家庄市常山纺织集团有限公司被河北省工业经济联合会评为“2013年河北省百强企业”和“2013年河北制造业百强企业”。

【国有资产监管】 加强法规制度建设，出台《石家庄市国资委监管企业境外国有产权管理暂行办法》、《国有企业重大法律案件管理暂行办法》等政策性文件，健全企业法律顾问制度。完善财务监督体系，强化上市公司及重点企业内控管理。做好企业资产、财务信息、经济运行动态监测调度，建立健全资产统计数据库，落实全范围、全级次覆盖制度。聘请中介机构，审计19家企业年度财务。实行《重大事项及预警事项管理暂行规定》，规范企业资产和股权处置。加强国有资本经营预算管理，起草《关于进一步完善我市国有资本经营预算的意见》。严格业绩考核，综合考核监管企业领导班子2012年度考核指标完成情况以及工作能力、综合素质、党风廉政建设等。对标行业先进，区分行业类别，科学制定监管企业2013年度经营业绩考核指标，签订经营任务责任书。发挥监事会职能，专项检查企业贯彻执行《厉行勤俭节约反对铺张浪费的规定》。围绕资产处置、产（股）权转让、对外投资、“三重一大”等重大事项加强日常监督检查，全年揭示披露问题25个，提出整改意见18条。

【重点项目建设】 2013年市国资委安排重点建设项目15项，实际建设重点项目19项，完成项目投入47.5亿元。其中，6个建设项目实现竣工投产：石家庄市建设投资集团有限责任公司（简称市建投集团）绿色果蔬产业化二期项目，石家庄常山股份有限公司（简称常山股份公司）整体搬迁二期工程，石家庄北国人百集团（简称北人集团）邢台北国商城等商业拓展项目，石家庄市公共交通总公司（简称公交总公司）南位停车保养场建设项目和购置450台天然气公交车项目，旭新液晶玻璃基板二期工程（2条生产线实现投产运营）。13个项目按计划顺利实施：北人集团北国商城西扩项目顺利施工；奥特莱斯项目落实项目选址；石家庄白龙化工股份有限公司（简称白龙化工公司）搬迁改造优化升级一期工程完成厂房土建施工，陆续安装主要设备；公交总公司系列停车保养场、公交首末站等逐一开工建设；石家庄国际会展中心落实项目用地、承包招标等前期工作顺利实施。开展对标行动和技术创新，推进传统产业改造升级和新兴产业发展。2013年白龙化工公司、常山股份公司开展对标工作成功经验被《石家庄日报》在头版报道推广。

【国有资本运作】 支持企业吸纳社会发展资金，探索股权融资、委托贷款、质押贷款担保、集合债券发行担保以及设备租赁等多种融资方式。指导北人集团、常山股份公司、石家庄常山恒新纺织有限公司、白龙化工公司等企业获得授信、差额贷款、委托贷款11.5亿元，指导市建投集团发行企业债券5亿元。研究开发金融服务新型业务，加大市国资委所属4个投融资平台对新型产业和高端技术项目股权投资，获得丰厚投融资回报。2013年市建投集团、石家庄国有资本经营有限公司、市城市建设投资控股集团有限公司在盘活资产、项目建设、改革重组、城市基础设施建设等方面有效发挥服务与资金保障作用；石家庄宝德中小企业担保服务有限公司与全市21家银行签订合作协议，总资产达到15.6亿元，担保业务总量位居全省第二名、全市第一名，2013年实现利润9361万元，同比增长22.4%。

【企业安全生产】 落实安全生产目标管理和安全生产领导包案制度，开展“安全生产年”活动。针对全国安全生产事故频发严峻形势，市国资委3次召开安全生产专项会议，安排部署隐患大排查大整治工作。组成16个督导小组，对所属30家企事业单位开展安全生产大检查。从企业抽调40余名专业人员组成6个检查组，对高危行业和重点领域开展隐患排查治理行动，全年投入安全隐患整改资金960万元。提高应对突发事故能力，在全市范围举办企业安全生产培训218批次，制定各类应急预案421份，并与全市救援队伍加强协同和应急演练。完善社会管理创新工程责任体系，将社会管理创新与企业生产经营同部署、同检查、同考核，有效维护了社会和谐稳定。

（刘明涛）

安全生产监督管理

【概况】 2013年，全市各级各部门各生产经营单位扎实开展安全生产大检查和隐患排查治理，突出重点行业整治，深化企业承诺制建设，增强安全生产宣传教育，推进企业安全生产主体责任落实和企业安全生产标准化建设，提升企业安全生产水平，加大安全生产执法检查力度，开展安全生产领域“打非治违”（打击非法违法生产经营建设、治理纠正违规违章行为）活动，创新执法理念和思路，提出执法工作“四个转移”（从普遍式执法向点穴式执法转移，从数量式执法向质量式执法转移，从对一般性违法违规行为纠正式执法向对可能导致事故的非法违法行为惩戒式执法转移，从部门立案查处式执法向对外公开曝光式执法转移）、“七个到位”（给予行政处罚的，教育同时到位；通知整改的，帮助同时到位；不能办理的，理由同时到位；应当说明的，政策同时到位；应当沟通的，信函同时到位；统一行动的，人员同时到位；需要劝解的，热情同时到位），保持了安全生产形势总体平稳。举办安生生产培训，全年培训企业主要负责人2897人、安全管理人员5916人、特种作业人员6005人。加强基层安全生产监管，举办乡镇（办事处）安监员委托执法取证专项培训5期，培训548人。2013年吉林省德惠市宝源丰禽业公司特别重大火灾事故发生后，全市举办涉氨涉氯企业专项培训班26期、培训2126人。2013年石家庄桥东区胜北街道、桥东区桃园镇、新华区合作路街道被命名为“全国安全社区”，桥西区友谊街道办事处获得“全国安全社区建设先进单位”称号。自2007年开始，全市组织市内五区以街道（乡镇）为创建单元，广泛开展“全国安全社区”建设工作。至2013年底，全市累计19个街道（乡镇）达到“全国安全社区”建设标准，被命名为“全国安全社区”。至2013年底，全市共发生经营类事故742起，同比减少218起，下降22.7%；死亡134人，同比减少8人，下降5.6%，未发生一次死亡10人以上事故。2013年全市实现了事故起数、死亡人数“双下降”。2013年全市未发生重大及以上生产安全事故，事故起数、死亡人数实现“双下降”，各项指标均在省政府下达的控制指标范围内。2013年市政府被河北省政府考核为2013年安全生产目标管理优秀单位（冀政函〔2014〕19号）；市安全生产监督管理局（简称安监局）被中共中央宣传部、国家安监总局等七部委评为2013年度“安全生产月”活动先进单位，并获得2013年度全市“两法衔接”工作先进单位和“六五”普法中期先进集体称号。2013年全市40个单位被评为2013年安全生产目标管理考核先进单位（石政函〔2014〕18号），分别是井陉县、栾城县、灵寿县、正定县、鹿泉市、裕华区、长安区、高邑县、赵县、新乐市、平山县、桥东区、新华区、赞皇县、高新区、循环化工园区、正定新区、深泽县、无极县、元氏县、藁城市、井陉矿区，市安监局、市质监局、市粮食局、市卫生局、市消防支队、市旅游局、市文广新局、市公安局、市城管委、市国资委、市教育局、市国土资源局、市交通运输局、市供销社、市交管局、市发展改革委、市工信局、市商务局。

【安全生产责任落实】 按照“党委领导、政府监管、行业管理、企业负责、社会监督”安全生产工作格局要求(参见2012年12月30日市委、市政府出台《关于实行安全生产党政同责一岗双责的意见》),2月4日，市政府办公厅印发《关于健全落实安全生产包保责任制的实施办法》（石政办函〔2013〕7号），在全市各级各部门建立“包保”（区域包块、行业包线，保证措施到位、保证工作落实）责任制。3月12日，市安全生产监督管理委员会（简称安委会）根据国家法律法规和有关政策，借鉴部分企业管理经验，制定出台《关于严格落实企业安全生产主体责任实施意见》(石安委〔2013〕2号)，在全市生产经营单位推行“三项制度”，即企业内部安全奖惩专项资金制度、事故隐患治理自查报告制度和全员安全素质培训教育制度，强化企业安全生产主体责任落实。5月23日，市政府印发《关于推行安全生产网格化管理意见的通知》（石政发〔2013〕14号），提出构建“责任全覆盖、监管无盲区”安全生产监管体系，强化生产责任落实，全面提升安全生产事故防控能力。

【重特大安全事故防范例会】 2月21日，市政府召开全市第一季度防范重特大安全事故例会（扩大）会议。市长王亮、副市长刘明轩，市政府秘书长孟胜林，市安监局局长崔同英及市安委会成员单位主要负责人参加会议。会议通报了2012年四季度以来全市安全生产工作情况，并对全国“两会”期间安全生产工作安排部署。王亮提出要强化政府安全生产监管责任，突出抓好政府领导、部门监管责任落实，严厉打击非法生产经营建设行为；全面落实企业安全生产主体责任，在企业内部推行安全奖惩专项资金制度、事故隐患治理自查报告制度、全员安全素质培训教育制度。5月23日，市政府召开全市第二季度防范重特大安全事故例会。副市长王留华，市安监局局长崔同英及市安委会成员单位主要负责人参加会议。会议传达了市长王亮对安全生产工作重要批示，通报了2013年以来全市生产安全事故及“打非治违”工作进展，部署了下一阶段全市安全生产工作。受市长王亮委托，副市长王留华提出抓好重点行业领域安全整治、隐患排查治理和“打非治违”工作，重点抓好安全标准化建设推进、安全生产网格化管理、企业内部全员安全培训、应急处置能力提升和基层监管队伍建设五个环节，着力构建安全生产长效工作机制。8月23日，市政府召开第三季度防范重特大安全事故例会暨深化安全

2013年10月23日，市安监支队监察员在石湖金矿井下检查安全生产

生产大检查工作会议。市长王亮、副市长郝竹山，市政府秘书长孟胜林，市安监局局长崔同英及市安委会成员单位主要负责人参加会议。河北省安监局局长刘宝玲应邀出席会议。会议通报了2013年以来全市安全生产及大检查情况，并对下一步工作进行安排部署；市长王亮就深化安全生产大检查活动提出树立“省会意识”，严格“全覆盖、零容忍、严执法、重实效”要求，做到安全生产工作走在全省前列；藁城市政府、市消防支队、市建设局分别作了典型发言。12月24日，市政府召开2013年第四季度防范重特大安全生产事故例会暨深化安全生产承诺制会议。市长王亮、副市长郝竹山，市安监局局长崔同英及市安委会成员单位主要负责人参加会议。河北省安监局党组成员、巡视员陈强应邀出席会议。会议通报了2013年以来全市安全生产总体情况。市长王亮要求各级、各部门和各单位始终保持执法监管高压态势，推进安全生产承诺制建设；副市长郝竹山就做好安全生产工作及开展安全生产承诺制建设进行了部署；石钢集团、新华区政府、市交通运输局分别围绕深化安全生产承诺制作表态发言。

【安全生产大检查活动】 6月3日，吉林省德惠市宝源丰禽业有限公司发生特别重大火灾爆炸事故，造成121人死亡、76人受伤，17234平方米主厂房及主厂房内生产设备损毁，直接经济损失1.82亿元。“6·3”事故当天，市政府立即召集各县（市）区和各园区管委会负责人，部署开展涉氨企业专项排查活动。6月5日，市政府再次召开紧急会议，研究部署涉氨、涉氯企业安全大检查工作。6月7日，全国、全省安全生产电视电话会议召开后，市委、市政府研究成立了以副市长王韶华为组长、21个市直部门主管领导为成员的安全生产大检查工作领导小组，统一指挥全市安全生产大检查工作。6月9日，河北省委书记周本顺、省长张庆伟致信市党政主要领导后，省委常委、市委书记孙瑞彬、市长王亮迅即作出批示，要求各县（市）区把安全生产当做头等大事来抓，当做经济社会发展底线，确保人民群众生命财产安全。6月9日晚，市政府办公厅下发《关于认真落实国家和省市主要领导批示精神，进一步做好安全生产工作的紧急通知》，要求各县（市）区政府迅速展开安全大排查活动，做到不留死角、不留盲区、不走过场。6月15日，副省长张杰辉率领省有关部门负责人到石家庄嘉禾啤酒有限公司和南三条商品批发市场实地督导检查安全生产工作，并在亚太大酒店听取了石家庄市政府安全生产工作汇报。6月20日，市委、市政府组织召开安全生产大检查动员电视电话会议。市长王亮，市委常委、副市长刘明轩，副市长王韶华，市政府秘书长孟胜林参加会议。河北省安监局局长高圣先应邀出席会议。各县（市）区政府主要领导、市安委会全体成员单位负责人、省市属企业主要领导、各县（市）区安监局局长及全市各乡镇（街道）主要负责人等共计约400人参加主会场会议，各县（市）区分会场约1500人同步收听收看会议。会议传达了中共中央总书记习近平、国务院总理李克强的重要批示，河北省委书记周本顺、省长张庆伟致石家庄市委书记孙瑞彬、市长王亮的一封信及省委常委、市委书记孙瑞彬的重要批示。会议动员全市各级、各部门和各行各业迅速行动起来，从6月20日起至9月30日，按照“全覆盖、零容忍、严执法、重实效”总体要求，立即开展全市性安全生产大检查活动，依法严格查处非法违法和违规违章行为，打一场安全生产大检查的“人民战争”。6月20日，省长张庆伟在省安监局局长高圣先、市长王亮、省公安厅副厅长张世良陪同下，到石家庄市检查安全生产工作。7月15日起，市安委会办公室组织对全市所有非安全许可管理的涉氨、涉氯企业开展安全专项整治。活动期间，2次召开部署会，5次召开片区调度会，发放《液氨从业人员安全知识》2300册，《涉氨制冷企业专项治理培训教材提纲》、《涉氨制冷企业自查自改表》、《涉氨制冷企业执法检查表》各2600份，发放专家专题讲座光盘200余张；开展涉氨、涉氯生产经营和使用单位专项培训26期2126人；检查涉氨涉氯企业1806家，整改安全隐患3112条，企业投入整改资金523.8万元，关停涉氨企业200家。7月22～26日，国务院安委会督查组到石家庄市，采取听汇报、座谈交流、随机抽查、突击检查、暗访夜查、现场考察、查阅资料等方式，督导检查市政府及部分县（市）区政府、乡镇、企业安全生产大检查情况；督查组对石家庄市政府安全生产大检查工作总体部署、大检查宣讲活动及防汛工作给予肯定，对石钢集团管理层安全生产知识掌握情况提出表扬，并指出全市安全生产16个方面38条具体问题和隐患；市政府随机按照“缺什么补什么”要求，对大检查工作开展“回头看”活动，做到38条问题和隐患全部按时整改到位。9月29日，副省长张杰辉带领河北省有关部门负责人到石家庄市，复查验收6月15日在嘉禾啤酒公司、太和文化礼品城检查时发现的问题和隐患整改情况，并就做好国庆期间安全生产工作督导检查。2013年全市安全生产大检查活动中，组织宣讲组563个，深入基层和企业宣讲4812场次，发放宣传材料20余万份，张贴“安全主题海报”1000份，并在石家庄电视台开辟《安全聚焦》节目；成立督导执法组2600余个，出动检查人员4万余人次，检查各类单位与场所3.2万余家（次），责令限期整改隐患5.1万余项，停产整顿1300余家，依法关停取缔1500余家。

【管道安全大检查】 11月22日，山东省青岛市中石化黄潍输油管线一输油管道发生原油泄漏爆炸事故。根据市长王亮指示，11月23日市安委会办公室紧急召开市安委会成员单位负责人协调会，传达中共中央总书记习近平、国务院总理李克强的重要指示精神，研究决定开展为期1个月的石油、成品油、天然气、危险化学品、热力等管道运行安全大检查活动。11月23日，市安委会办公室下发《关于立即开展石油天然气等管道运行安全大检查和隐患治理活动的通知》。此次管道安全大检查活动中，全市排查隐患629处，其中，11家油气长输管线企业排查隐患254处；4家成品油管线企业排查隐患65处；1家危险化学品管线企业排查隐患44处；城镇燃气管线单位排查隐患266处。

【行业安全治理】 建筑施工领域：以582项在建工程为重点，采取多部门联合执法，开展建筑施工安全专项整治，重点突出高处坠落、坍塌等事故预防，共下达隐患整改通知书462份，停工指令书382份，审批手续不全的工地全部实施停工。5月13～31日，按照市政府要求，市建设局安监站与市安监局安监支队联合组成4个执法组，对市区在建工地开展联合执法，共检查建筑工地23家，发现事故隐患121项，填写《现场检查记录》23份，下达《责令改正指令书》23份、《现场处理措施决定书》2份。此次市区在建工地联合执法发现共同问题为施工现场管理不符合规范，存在安全通道、脚手架搭设及临时用电不规范，临边防护不到位等问题。交通运输领域：以全市7426户道路运输经营单位、2865座桥梁及重点道路为主，开展安全情况摸底清查、分类督查和重点抽查，检查公交车4033部、公交加油（气）站9个，治理重点事故隐患路段19处。消防安全领域：开展“平安燕赵”和“燕赵风暴”系列行动，检查单位36600家，督促整改火灾隐患61200处，临时查封321家，责令“三停”（停产停业、停止施工、停止使用）457家，拘留277人，实现政府挂牌督办和领导包案的56处重大火灾隐患全部整改销案。民爆物品行业：查处涉危涉爆案件118起，采取刑事强制措施47人、治安处罚81人，收缴炸药9708千克、雷管21013枚、索类爆炸物1310米。特种设备领域：开展冷库、电梯、工业管道和供热特种设备排查整治，检查公共场所116处，住宅小区626个，冷库2051座，电梯使用单位3025家，工业管道使用单位1537家，采暖锅炉118台。

【烟花爆竹安全治理】 2月2日，市政府在省会文化广场开展烟花爆竹燃放安全集中宣传日活动，呼吁市民春节期间依法、文明、安全燃放烟花爆竹。2月6日，副省长张杰辉率领省有关部门负责人到石家庄市新华区烟花爆竹零售网点开展专项检查。2013年11月，按照河北省统一部署，全市开展针对所有烟花爆竹经营（批发）企业、零售网点及非法制售“黑窝点”安全专项治理行动，重点查处无证经营、异地经营、超范围经营、超量储存、私设仓库、购销违规产品、违规燃放、无资质运输等违法违规行为，特别是利用城乡结合部、村边出租房屋、闲置厂房、宅院、废弃窑洞等“隐蔽场所”进行非法制售、储存烟花爆竹等违法犯罪行为，加大超标非标烟花爆竹产品管控。至2013年底，全市查封烟花爆竹“超标”产品1.2万余箱，“非标”产品8000余箱，总价值400余万元。

【煤矿安全治理】 煤矿安全避险“六大系统”全部建成。根据国家安监总局、国家煤矿安监局关于2013年6月底前，所有生产煤矿企业全部完成井下安全避险“六大系统”建设工作要求，全市督促煤矿企业下大力加强井下安全避险系统建设，2家正常生产企业井陉矿业集团元氏矿业公司和瑞丰煤业有限公司如期建成“六大系统”，即井下监测监控系统、压风自救系统、供水施救系统、通信联络系统、人员定位系统和紧急避险系统。关闭井陉矿区古桥煤矿。按照国家和省关于煤矿关闭退出、淘汰煤炭落后产能工作要求，11月19日河北省安委会办公室发布公告，将石家庄市井陉矿区古桥煤矿列为2013年第一批关闭小煤矿名单。根据公告要求，市政府、井陉矿区政府按照不留人员、不留采矿设备、不留建筑物、毁闭井筒、恢复地貌“三不留一毁闭”标准督促古桥煤矿实施关闭。12月17日，关闭古桥煤矿通过河北省安监局验收，共淘汰落后产能4万吨。

【尾矿库安全治理】 2012年开始，全市将134家非煤矿山、57座尾矿库纳入重点整治范围，开展专项整治。至2013年底，全市累计关闭不符合安全生产条件非煤矿山企业23家；资源整合小矿山21家；责令限期整改矿山85家；实施闭库销号尾矿库25座；投入尾矿库整治资金5600余万元。其中，2013年主汛期到来前，全市27座“头顶库”整治任务全部完成，并通过河北省专家组竣工验收。

【“打非治违”百日会战】 3月21日至6月30日，市安委会组织开展安全生产百日会战联合行动，集中整治全市范围内非煤矿山、尾矿库、危险化学品、建筑施工和人员密集场所等重点行业领域的非法生产、违法生产行为。“打非治违”百日会战期间，市政府7次召开调度会，组成363个督查组，排查生产经营单位17500余家，查处事故隐患27800余条，取缔非法采矿点66处，查处非法建设工程49个，查纠危险化学品非法违法行为900余起，责令停产停业1235家，关闭150家，行政拘留400人，采取刑事强制措施47人，移送刑事追究41人。

【餐饮场所燃气安全专项治理】 根据国务院安委会、河北省安委会通知要求，4月10日至7月31日，市安委会在全市范围内组织开展餐饮场所燃气安全专项治理。市建设、质监、安监、公安、商务、食药监、工商等部门按照职责分工，分别开展专项治理活动和联合执法活动，及时发现和依法取缔了各类非法违法餐饮场所。根据统计，2013年全市使用燃气餐饮场所总计4872家，从业人员24395余人。其中，宾馆饭店2842家、各类火锅店289家、烧烤店238家、小吃店802家、其他餐饮场所701家。此次餐饮场所燃气安全专项治理活动，各县（市）区悬挂条幅1268条，张贴宣传标语1620条，发放宣传资料8万多份，组织人员培训86场次5398人；成立各类检查组227个，出动检查人员3723人次，检查单位2386家，排查隐患12082项，督促整改11873项，落实整改资金8.71万元；责令停业整改27家，依法取缔19家，行政拘留1人。

【建筑卫生陶瓷企业专项整治】 10月30日至12月10日，市安监局在全市范围内组织开展建筑卫生陶瓷企业安全生产专项整治活动。整治主要内容包括：企业落实安全生产主体责任特别是企业法定代表人（主要负责人）履行安全生产职责情况；企业作业现场安全管理情况，特别是使用煤气发生炉制取煤气及煤气使用环节的安全管理情况；企业安全生产标准化自评及运行情况等。此次开展建筑卫生陶瓷企业安全生产专项整治活动，全市共检查陶瓷企业56家次，排查隐患358条，整改率100%。

【事故应急处置救援演习】 吸取吉林省德惠市宝源丰禽业有限公司“6·3”特别重大爆炸燃烧事故教训，组织开展事故应急处置救援演习。6月5日，在原石家庄市电化厂院内，市政府组织举行石家庄市2013年危险化学品事故应急处置示范演习现场观摩会。参演单位有市安监局、市120急救中心、桥西区公安分局、环城公安交警大队、石家庄东华金龙化工有限公司、市电化厂、河北野田农用化学品有限公司、石家庄柏坡正元化肥有限公司、中石化石家庄炼化分公司消防队、华药集团消防队、井矿集团矿山救护队等。演习以某氯碱生产企业在设备检修作业时三氯化氮积聚发生爆炸事故为背景，模拟演习了事故应急处置与救援过程。8月6日，市政府在井陉县举办制冷企业液氨泄漏事故应急救援演习。参演单位有井陉县安监、公安、消防、环保、卫生、气象等部门和部分企业，600余人观看演习。演习以某私营制冷企业液氨

2013 年 6 月 5 日，市政府在原石家庄市电化厂院内举行危险化学品事故应急处置示范演习

2013 年 8 月 6 日，市政府在井陉县举行制冷企业液氨泄漏事故应急救援演习

储罐管线出口老化发生破损、大量氨气泄漏为背景，模拟演习了事故应急处置过程。

（寇军波）

【河北省应急救援指挥中心在石家庄开工建设】 2 月 25 日，河北省应急救援指挥中心（救援训练基地）项目在石家庄市正式开工建设。项目主要包括指挥中心、教学培训、应急装备、模拟演练场、综合训练馆、仿真训练馆、体能训练场等建筑，其功能包括应急指挥、教学训练、重大危险源监测监控、事故抢险救援等。河北省应急救援指挥中心（训练基地）位于石家庄市南二环西延线与京赞公路交叉口西南角，占地 300 亩，建设规模为 6.3 万平方米，是河北省“十二五”期间安全生产重点建设项目，也是省、市共建重点项目。

（王巍）

【813 家企业达到安全生产标准化等级】 2013 年全市企业安全生产标准化建设取得成效，共有 813 家企业达到标准化等级，其中一级标准化企业 2 家（中国电子科技集团公司第十三研究所、河北太行机械工业有限公司），二级标准化企业 102 家，三级标准化企业 566 家，原四五级标准化企业 143 家。按照行业分类统计：煤矿企业 2 家，二级标准；非煤矿山企业 205 家，其中二级 5 家、三级 57 家、原四五级 143 家，应达标企业 100% 达标；危险化学品和烟花爆竹企业 175 家，其中二级 10 家、三家 165 家，应达标企业 100% 达标；机械等工贸行业企业 303 家，其中二级 67 家、三级 236 家；建材企业 98 家，其中二级 6 家、三级 92 家；冶金有色企业 16 家，其中二级 3 家、三级 13 家；军工企业 14 家，其中一级 2 家、二级 9 家、三级 3 家。

（寇军波）

国土资源管理

【概况】 2013年，全市国土资源系统以保护资源、保障发展、规范秩序、维护民生为宗旨，积极争取用地计划指标，科学编制土地利用方案，强化土地收储，加大土地供应，保障项目用地需求。2013年全市新增建设用地计划指标30000亩。至2013年底，全市收储土地6256.64亩，供应土地549宗，面积1427.54公顷。其中，市本级供应土地124宗，面积451.36公顷；公开出让土地59宗，面积271.97公顷，出让价款158.44亿元。加强基本农田建设，加大耕地占用补充，坚守耕地警戒红线，确保基本农田保护面积稳定在52万公顷。2013年全市计划建设高标准基本农田60万亩，由9个县（市）共同完成；组织占补平衡项目152个，新增耕地5.4万亩，其中，完成立项129个，新增耕地4.7万亩，验收项目24个，新增耕地0.8万亩。加强地质灾害防治，埋设警示牌423块，发放明白卡987份、避险卡1万多张。加强普法宣传，编纂《国土资源文件汇编》上、下两册，收录11类108个文件，首批印制1000套。制定《石家庄市矿山地质环境治理工作方案》和《石家庄市重污染天气矿山关停应急预案》，成立露天矿山关停工作机构，扎实开展“打击非法采矿、关停关闭露天矿山、治理地质环境”三项重点工作，全力推进大气污染防治攻坚行动。加强矿业权市场建设，转让采矿权1个、探矿权3个，完成申请在先探矿权受理12个，2013年平山县4个建材矿进入招拍挂程序。开展2012年度土地矿产卫星图片执法检查，依法查处全市714宗违法用地、35宗矿产违法图斑，年末土地卫星图片执法检查比例下降至10.02%。严厉查处新发生土地、矿产违法行为，2013年全市查处违法用地714宗，非立案处理30宗，违法不处理1宗，立案处理683宗，结案率100%；查处违法采矿案件53宗，非立案处理11宗，违法不处理7宗，立案处理35宗，结案率100%。推进“数字城市”建设，在做好平台系统软硬件维护和基础数据库更新基础上，陆续开展第二阶段数字城市推广应用，开发了石家庄药监信息管理系统，扩大了基础数据应用范围。加强农村集体土地所有权确权登记调查，完成辖区内农村集体土地所有权确权外业调查。开展“办证进企业、社区”活动，积极为国企改制、企业发展及保障业主产权提供土地行政确认服务。落实土地节约优先战略，在全社会营造宣传珍惜土地资源、节约集约用地良好氛围，6月25日市国土资源局在市区西清公园举办纪念第23个全国“土地日”宣传活动，宣传主题为珍惜土地资源，节约集约用地。至2013年底，市本级办理国有土地使用权登记629宗次，个人住宅登记发证2万多本。2013年石家庄市在全省组织的节约集约用地情况考核评比中，获得第一名，并获得2000亩用地奖励指标。

【矿产资源管理】 按照国土资源部国土资发〔2011〕55号、〔2012〕80号，河北省国土资源厅〔2012〕52号，石家庄市国土资源局〔2012〕167号文件要求，组织编制区域性矿业权设置方案。2013年全市共完成矿业权立项申报书188个，涉及7个山区县（平山县、行唐县、灵寿县、井陉县、井陉矿区、赞皇县、元氏县）和7个平原县（市）区（藁城市、深泽县、辛集市、无极县、赵县、高新区、晋州市）。完成采矿权立项申报书103个，其中，河北省国土资源厅审批的5个（煤矿）区域设置方案业编制完成；完成探矿权立项申报书85个（含液体矿产26个），其中液体矿产区域设置方案编制完成。逐一统计、审查168家矿山（持有效证）2012年度开发利用情况，及时更新监管数据库，并完成矿产资源开发利用基础统计报表汇总上报。完成矿业注销登记30家，其中采矿权注销（废止）22家，采矿权注销（整合）5家，探转采注销3家。完成采矿权转让1个，探矿权转让3个，其中平山县2010年获批的4个建材矿进入了招拍挂程序。完成申请在先探矿权受理12个。

表 74　　2013 年石家庄矿业权注销（废止）登记信息一览表（一）

序号	采矿许可证号	矿山名称	有效期起	有效期止	签发日期	备　注
1	C1301002011017120105598	行唐县白头山硅石矿	2011.01.27	2012.08.27	2013.12.25	采矿权注销（废止）
2	1301000410009	行唐县黄龙港龙腾石灰岩采矿厂	2004.01.19	2009.01.19	2013.12.25	
3	1301000430308	行唐县黄龙建材厂	2004.12.20	2008.12.20	2013.12.25	
4	1301000410013	行唐县来运采矿厂	2004.02.18	2009.02.18	2013.12.25	
5	C1301002009027120007117	行唐县南寨庄宏远采石厂	2009.02.16	2009.11.30	2013.12.25	
6	C1301002009027120007118	行唐县砂石堂钾长石矿	2009.02.16	2009.11.30	2013.12.25	
7	1301000410269	行唐县双财采石厂	2004.10.21	2009.10.21	2013.12.25	
8	C1301002009057130017393	行唐县小岭坡石子厂北河白云岩矿	2012.05.22	2012.11.22	2013.12.25	
9	1301000810003	井陉后峪永诚白云石厂	2008.01.28	2011.01.28	2013.12.25	
10	C1301002010127120096716	井陉县北白花巨峰一灰厂北白花石灰岩矿	2011.06.18	2013.06.18	2013.12.25	
11	C1301002011067130114392	井陉县北障城建材厂北障城石灰岩矿	2011.06.23	2013.06.23	2013.12.25	
12	C1301002010067120069192	井陉县恒泰建材有限公司南平望石灰岩矿	2012.02.14	2012.07.14	2013.12.25	
13	C1301002011077130115335	井陉县秀林镇南秀林采石厂南秀林石灰岩矿	2011.07.05	2013.07.05	2013.12.25	
14	1301000630004	井陉县华茂钙业有限公司	2006.1.16	2010.1.16	2013.9.23	采矿权注销（整合）
15	1301000420314	北马村曹树民灰窑	2004.12.31	2008.12.31	2013.7.1	
16	1301000730011	平山县永盛石子厂	2007.4.6	2011.4.6	2013.1.30	
17	C1301002010107120077803	平山县光录山采石厂南西焦石灰岩矿	2011.11.15	2013.11.15	2013.12.25	采矿权注销（废止）
18	C1301002009027120007116	平山县佳惠矿业石英砂矿	2010.04.23	2010.12.31	2013.12.25	
19	C1301002009127120054461	平山县建筑材料厂	2009.12.30	2013.01.31	2013.12.25	
20	1301000630005	平山县金辉采石场	2006.01.16	2007.12.16	2013.12.25	
21	C1301002011047130114282	平山县五洲石材厂大理石矿	2011.04.17	2012.12.31	2013.12.25	
22	C1301002009056130015183	石家庄今世名门镁业有限公司	2009.05.06	2011.05.31	2013.12.25	
23	1300000720283	石家庄市井陉矿区古桥煤矿	2007.12.28	2009.2.28	2013.12.25	
24	C1301002011057130112152	石家庄市矿区南凤山昌盛采石厂南凤山石灰岩矿	2011.05.14	2013.05.14	2013.12.25	
25	1301000430237	赞皇县五马山九龙口采石场	2004.09.06	2008.09.06	2013.12.25	
26	1301000630042	赞皇县华联石料厂	2006.4.3	2009.2.3	2013.7.1	采矿权注销（整合）
27	C1300002011012130105553	赞皇县小石门井沟铁矿	2011.1.21	2011.2.15	2013.1.16	

表 75

2013 年石家庄矿业权注销（废止）登记信息一览表（二）

序号	勘查许可证号	勘查项目名称	有效期起	有效期止	签发日期	备 注
1	T13120081002016096	河北省平山县杨家桥乡南店铁矿普查	2012.8.29	2014.8.17	2013.1.23	探转采注销
2	T13420090502028227	河北省井陉县薛家庄铁矿地质详查	2011.4.28	2013.4.27	2013.4.18	
3	T13120080902015113	河北省平山县不开—南罗圈铁矿地质详查	2012.7.25	2014.7.12	2013.5.22	

【地质灾害防治】 制定《2013 年地质灾害防治方案》，全面部署防治任务。开展地质灾害点排查，探明各类地质灾害隐患点 455 处。开展防灾宣传，埋设警示牌 423 块，发放明白卡 987 份、避险卡 1 万多张。5 月 12 日，河北省国土资源厅、市国土资源局联合平山县政府在平山县举办“防灾减灾日”活动，现场发放宣传袋 500 个、宣传特刊 2000 份、知识手册 3000 份。加强与气象、防汛等部门沟通联系，启动地质灾害实时管理与应急指挥系统，开展地质灾害气象风险预警，掌握灾害防控工作主动权。2013 年利用信息平台发布信息 9 次，三级预警 4 次。按照《地质灾害防治条例》要求，细化“突发性地质灾害应急预案”，2013 年主汛期来临之际，针对重点防范对象，在重点地质灾害易发区举行应急演练 10 次。落实汛期值班和地质灾害预警值班制度，专人昼夜 24 小时值守，做到及早发现、及时处置。组织专家对平山县大吾乡夹峪村地面塌陷灾害进行应急调查，最终确定地质灾害类型为地表沉陷；划定灾害面积，分析发生原因，判断了灾害发展趋势，督促平山县政府对涉及灾害区域人员实施了撤离安置措施。

【土地收储】 2013 年石家庄市完成县（市）农用土地征收审批 46 批次，其中，新乐市、元氏县、藁城市、赵县各 1 个批次，井陉矿区、赞皇县各 2 个批次，行唐县、深泽县各 3 个批次，栾城县、平山县各 5 个批次，晋州市、正定县各 7 个批次，鹿泉市 8 个批次。2013 年全市完成土地收储 6256.64 亩，其中，企事业单位收储 1141 亩，城中村收储 1941.35 亩，国有农用地 151 亩，新客站 76.55 亩，协助收储新征地 1875 亩，各责任平台完成收储 1071.74 亩；向地产交易市场移交土地 36 宗 3568.23 亩，其中，企事业单位 25 宗 1010 亩，旧城城中村 11 宗 2558.23 亩。

表 76

2013 年县（市）农用地转用土地征收审批结果一览表

县（市）区	用地单位	批准用地情况	
		批准时间	批文号
新乐市	新乐市 2013 年第一批次	2013/5/9	冀政转征函 [2013] 241 号
元氏县	元氏县 2013 年第二批次	2013/5/14	冀政转征函 [2013] 291 号
藁城市	藁城市 2012 年第十六批次	2013/1/9	冀政转征函 [2013] 23 号
赵县	赵县 2013 年第一批次	2013/7/8	冀政转征函 [2013] 430 号
井陉矿区	石家庄 2013 年第三批次	2013/3/14	冀政转征函 [2013] 133 号
	石家庄 2013 年第四批次	2013/2/4	冀政转征函 [2013] 132 号

（续表）

县（市）区	用地单位	批准用地情况	
		批准时间	批文号
赞皇县	赞皇县 2013 年第五批次	2013/6/14	冀政转征函［2013］354 号
	赞皇县 2013 年第六批次	2013/8/19	冀政转征函［2013］522 号
行唐县	行唐县 2012 年第十一批次	2013/1/9	冀政转征函［2013］0028 号
	行唐县 2013 年第一批次	2013/2/1	冀政转征函［2013］0084 号
	行唐县 2013 年第二批次	2013/2/5	冀政转征函［2013］0080 号
晋州市	晋州市 2012 年第三十一批次	2013/1/6	冀政转征函［2013］1 号
	晋州市 2013 年第二批次	2013/8/27	冀政转征函［2013］538 号
	晋州市 2013 年第三批次	2013/8/27	冀政转征函［2013］539 号
	晋州市 2013 年第四批次	2013/8/9	冀政转征函［2013］492 号
	晋州市 2013 年第十一批次	2013/8/27	冀政转征函［2013］537 号
	晋州市 2013 年第一批次	2013/8/27	冀政转征函［2013］615 号
	晋州市 2013 年第五批次	2013/9/29	冀政转征函［2013］705 号
鹿泉市	鹿泉市 2013 年第一批次	2013/7/19	冀政转征函［2013］465 号
	鹿泉市 2013 年第六批次	2013/7/29	冀政转征函［2013］473 号
	鹿泉市 2013 年第八批次	2013/7/29	冀政转征函［2013］478 号
	鹿泉市 2013 年第七批次	2013/7/1	冀政转征函［2013］380 号
	鹿泉市 2013 年第十四批次	2013/7/19	冀政转征函［2013］514 号
	鹿泉市 2013 年第五批次	2013/9/17	冀政转征函［2013］662 号
	鹿泉市 2013 年第十二批次	2013/9/10	冀政转征函［2013］595 号
	鹿泉 2013 年第九批次	2013/7/16	冀政转征函［2013］511 号
栾城县	栾城县 2013 年第三批次	2013/2/20	冀政转征函［2013］0118 号
	栾城县 2013 年第四批次	2013/3/19	冀政转征函［2013］159 号
	栾城县 2013 年第二批次	2013/5/31	冀政转征函［2013］325 号
	栾城县 2013 年第七批次	2013/9/29	冀政转征函［2013］707 号
	栾城县 2013 年第九批次	2013/9/17	冀政转征函［2013］642 号
平山县	平山县 2012 年第十六批次	2013/1/14	冀政转征函［2013］0037 号
	平山县 2013 年第一批次	2013/8/12	冀政转征函［2013］509 号
	平山县 2013 年第二批次	2013/8/27	冀政转征函［2013］556 号
	平山县 2013 年第三批次	2013/8/27	冀政转征函［2013］563 号
	平山县 2013 年第四批次	2013/8/27	冀政转征函［2013］556 号

（续表）

县（市）区	用地单位	批准用地情况	
		批准时间	批文号
深泽县	深泽县 2013 年度第一批次	2013/2/7	冀政转征函 [2013] 0095 号
	深泽县 2013 年度第四批次	2013/6/9	冀政转征函 [2013] 331 号
	深泽县 2013 年第五批次	2013/9/12	冀政转征函 [2013] 608 号
正定县	正定县 2012 年度第三十一批次	2013/1/14	冀政转征函 [2013] 0043 号
	石家庄正定机场高铁站至航站楼道路项目	2013/1/9	冀政转征函 [2013] 0019 号
	正定县 2013 年度第一批次	2013/3/14	冀政转征函 [2013] 152 号
	正定县 2013 年度第十五批次	2013/3/19	冀政转征函 [2013] 155 号
	正定县 2013 年度第二批次	2013/3/11	冀政转征函 [2013] 135 号
	2013 年度第三批次	2013/6/9	冀政转征函 [2013] 328 号
	府谷电厂一期送出 500KV 石北变电站扩建项目	2013/8/17	冀政转征函 [2013] 275 号

【土地供应】 2013 年全市共供应土地 549 宗，面积 1427.54 公顷。其中，划拨土地 82 宗，面积 228.77 公顷；公开出让土地 447 宗，面积 1177.8 公顷，出让价款 211.07 亿元；协议出让土地 20 宗，面积 20.97 公顷，出让价款 2.65 亿元。市本级供应土地 124 宗，面积 451.36 公顷。其中，划拨土地 50 宗，面积 163.15 公顷；公开出让土地 59 宗，面积 271.97 公顷，出让价款为 158.44 亿元；协议出让土地 15 宗，面积 16.24 公顷，出让价款为 2.50 亿元。

【建设用地服务】 2013 年市国土资源局向省政府上报实施批次二次组卷 20 个批次，涉及土地 44 宗 2932.74 亩，涵盖长安区、裕华区、桥东区、桥西区、新华区、高新区、鹿泉市 7 个县（市）区。其中，河北省政府已批 16 个批次，35 宗地 2528.89 亩；待批 4 个批次，9 宗地 403.85 亩。组卷上报市政府 12 个批次，涉及 26 宗地 1671.06 亩，全部获得市政府批复，其中，待报省政府 5 个城市批次，12 宗地 689.12 亩；待报省国土资源厅 1 个批次，1 宗地 117.54 亩。2013 年全市完成安置补偿和供地 20 宗 2802.94 亩（不含高新区、正定县、栾城县、藁城市、鹿泉市），具体情况为：完成安置补偿 3 宗 490.97 亩，其中，1 宗为航空城储备地，2 宗为城中村改造用地；完成供地 17 宗 2311.97 亩，其中，划拨地 10 宗 750.53 亩，包括廉租住房用地 5 宗 448.86 亩，城中村改造用地 3 宗 252.23 亩，其他项目用地 2 宗 49.44 亩，出让土地 7 宗 1561.44 亩，包括工业用地 2 宗 114.73 亩，住宅用地 3 宗 605.27 亩，商住用地 2 宗 841.44 亩。

【地籍管理】 根据省国土资源厅工作部署，至 2013 年 3 月底，全市完成 2012 年度土地利用变更调查成果质量检查、市级数据汇总、分析与上报。推进“一张图”数据中心及综合监管平台建设。按照早筹划、早准备、早落实要求，扎实开展农村集体土地所有权确权登记调查。2013 年 3 月前，各县（市）完成辖内农村集体土地所有权确权外业调查，并在 2013 年通过省、市验收。完成建设用地会审 280 多项，无延时、超期行为。开展“办证进企业、社区”活动，为国企改制、企业发展及保障业主产权提供土地行政确认服务，至 2013 年底，市本级共办理国有土地使用权登记 629 宗次，个人住宅登记发证 2 万多本。

【土地测绘】 推进数字城市建设，在做好平台系统软硬件维护和基础数据库更新基础上，陆续开展第二阶段数字城市推广应用，开发了石家庄市药监信息管理系统，扩大了基础数据应用范围。按照省、市统一部署，督促各县（市）启动数字县（市）建设。2013 年市财政同意给予井陉县、鹿泉市、藁城市、正定县、栾城县补贴，并向河北省财政申请经费完成其余 12 个县（市）

经费配套。扩充、更新基础地理信息数据，完成120平方千米基础地形数据和50平方千米实景三维地理信息数据的采集、更新和入库。

（刘清振　张凤兰）

【土地执法监察】 开展2012年度土地矿产卫星图片执法检查，查处违法用地714宗、采矿35宗。严厉打击土地、矿产违法行为，对新发生的土地、矿产违法案件，迅速立案、依法查处。11月22日，市国土资源局公布13个违法违规休闲庭院项目，分别是：河北鼎清农业科技有限公司在桥西区大谈村开发的龙泉绿洲项目；栾城县雅林农业种植专业合作社在栾城县东尹村开发的雅林水岸农业观光园项目；裕华区景祥种植农民专业合作社与栾城县明辉种植专业合作社在栾城县东尹村共同开发的秀水庄园项目；裕华区国普农民专业合作社开发的宋村休闲庭院项目；裕华区风林农民专业合作社开发的方村休闲庭院项目；长安区西庄村委会开发的西庄生态观光园项目；正定县塔元庄林果蔬种植合作社开发的大孙村休闲庭院项目；正定县张兵在西北街村开发的休闲庭院项目；鹿泉市铜冶镇永壁北街村范聚彦等6户村民开发的休闲庭院项目；河北金茂农业科技开发有限公司在鹿泉市羊角村开发的休闲庭院项目；华森农业种植公司在鹿泉市岭底村开发的休闲庭院项目；石家庄市鑫福种植专业合作社在鹿泉市西龙贵村开发的休闲庭院项目；鹿泉市峰洲果蔬种植专业合作社在鹿泉市南降壁村开发的休闲庭院项目。2013年全市发生违法用地714宗3874.99亩。其中，耕地2478.44亩，非立案处理30宗，违法不处理1宗，应立案处理683宗，已立案处理683宗；发生违法采矿案件53宗，非立案处理11宗，违法不处理7宗，立案处理35宗，结案35宗。

（刘清振　张凤兰　宋钧）

【国土信访接待】 全年市国土资源局受理各类信访事项749件次，其中，来访74批227人次（集体访8批98人次）、电话621件、来信38封。与2012年相比，信访总量下降32%，来访批次下降5%，来电下降25%，来信下降71%。办理各级转办、交办件612件次（同比上升50%）、复查信访事项24件、复核信访事项7件。2013年石家庄市群众到省国土资源厅上访73批315人次，其中集体访18批174人次，与2012年相比，批次和人次分别下降44%和10%；到国土资源部上访69批216人次，其中集体访15批123人次，与2012年相比，批次和人次基本持平。

（刘清振　张凤兰）

烟草专卖管理

【概况】 2013年，全市烟草专卖系统围绕谋划、思考、实践“三个课题”，发挥职能作用，推进依法行政、依法管理、依法生产方略和思路，积极打造现代服务型卷烟流通企业。健全市场调控机制，科学管理卷烟调入和投放，有效保证了市场供需动态平衡，维护了卷烟市场稳定。加强对标管理，实现6个对标指标获得全省第一，2个对标指标获得全省第二。开展“打假破网”行动，破获涉烟网络案件13起，查获卷烟实物1060.18万支，案值3238.77万元，刑拘76人，批捕69人，判

2013年7月29日，国家烟草专卖局局长凌成兴（左三）在副省长张杰辉（左二）、省烟草专卖局局长钱江（左四）、市烟草专卖局局长刘庆岩（左一）陪同下，到市烟草专卖局卷烟配送中心视察指导

刑41人。开展“雷电一号”、“夏季扫雷”、“利剑行动”、“暴风雪行动”专项整治活动，查处涉烟案件2481起，查扣卷烟实物1396.77万支，案值745.7万元。2013年全市累计销售卷烟37.68万箱，同比提高0.02%；单箱销售额1.98万元，同比提高7.66%；实现税利15.57亿元，同比提高7.06%，其中利润8.95亿元，同比提高5.19%。2013年市烟草专卖局（公司）捐款51.84万元，用于社会公益事业。开展员工博爱一日捐活动募集资金8.74万元，其中，交给地方工会4.84万元，资助91个贫困零售客户3.9万元；企业捐款43.1万元，支持青年林绿色希望工程建设、小学建设、基层建设年农村建设和关爱贫困老党员活动。2013年市烟草专卖局（公司）获得石家庄市“六五”普法先进集体称号。

表77 2013年石家庄市烟草专卖局（公司）主要情况统计表

类别		情况值
总体情况	地市级局（公司）名称	石家庄市局（公司）
	主要负责人/法人代表	刘庆岩/罗明海
	总资产（万元）	244394.05
	资产负债率（%）	8.92
	从业人员（人）	957
业务机构	县级营销部（个）	18
	卷烟配送中心（个）	1
	稽查大队（个）	18
烟叶生产	烟叶生产基础设施建设资金（万元）	50.9
	烟叶生产基础设施新增受益面积（万亩）	0.06
	烟叶种植（万亩）	0.46
	烟叶收购（万担）	1.8
卷烟销售	销售数量（亿支）	188.4
	2013年比2012年（%）	0.02
	卷烟销售收入（万元）	640938.48
	零售户数量（户）	38009
	零售户销售毛利率（%）	10
实现税利	税利总额（万元）	155744.85
	2013年比2012年（%）	7.06
实现利润	利润总额（万元）	89474.43
	2013年比2012年（%）	5.19
案件查处	涉烟违法案件（起）	2494
	涉烟违法案件案值（万元）	3984.47

【专卖管理】 以“高端烟合理布局、一二类烟满足供应、三类烟适度供应、四五类烟紧张供应”为标准，科学管理卷烟调入和投放市场调控机制，较好保持了适度的稳定库存。完善管理制度，更新货源分配软件，按照零售客户销售能力，实现一次货源公平、透明分配到户，保证了市场供需动态平衡，维护了卷烟市场价格。落实烟草行业信息系统梳理、诊断和加固措施，为直送货用车安装GPS车载监控设备；建立健全安全全管理制度6条，开展行业安全检查16次；接受国家烟草专卖局、省烟草专卖局检查4次；查出较大安全隐患24条，提出安全意见或建议108条，投入整改资金52万余元。加强内部监管，全年调查处理预警数据1141笔、内部违法违规线索4320起，下发内管调查处理通知书37份；查处真品卷烟非法流通案件1954起，查扣卷烟1242.75万支，其中查处5万元以上案件15起。推进行政许可管理，全年新办烟草销售户2461户，变更356户，延续3147户，停业137户，歇业466户。至2013年底，全市在网零售户达到38009户。开展“打假破网”行动，全年破获涉烟网络案件13起，查获卷烟实物1060.18万支，案值3238.77万元，刑拘76人，批捕69人，判刑41人，其中“10·25”特大制售假烟网络案件创下河北省近十年涉烟案件判刑人数最多、时间最长记录，被《中国烟草》给予专题报道。开展“雷电一号”、“夏季扫雷”、“利剑行动”、“暴风雪行动”专项整治活动，查处涉烟案件2481起，查扣涉案卷烟实物1396.77万支，案值745.7万元。

2月26日，召开2013年石家庄烟草工作会议

【专卖服务】 规范专卖服务制度，出台客户经理拜访服务规范1项，健全客户分类、货源分配等制度8项，年末建成集订单服务、货款结算、网络互动、信息发布、品牌培育、咨询投诉受理六大功能为一体的客服中心。拓展卷烟销售渠道，建设现代化功能终端，推进网上订货和直营店运营体系建设。2013年全市网上订货户占89.6%，贷记卡结算户占44.8%。开展全员亲情服务，向零售客户及消费者提供增值服务60365户次。规范招标文件模板，出台招标管理办法，建立分类招标评委库，率先在全省自行组织公开招标活动。2013年市烟草专卖局开展公开招标28次，公开招标项目占比90.32%，公开招标金额占比98.19%。推进生产设施建设，完成基础配套设施建设工程4项，分别是1家县烟草局（营销部）经营业务用房建设工程、二号阳光体验店改造工程、物流中心搭建车棚及围墙工程、机关食堂改造工程；淘汰旧送货车63部，购置新送货车70部，停用黄标车38部。重视网上品牌培育，选择销售前景较好、协议量充足的全国知名香烟品牌，开展品牌培育月活动。联合工业企业开展“万户工程”、品牌陈列竞赛等活动，加大品牌宣传力度。建立消费者档案，举办消费者座谈会、培训会，设置雪茄烟、卷烟品牌专柜和品吸区，推进“会员制+体验式”烟草营销。

【烟草种植】 2013年市烟草专卖局投入烟叶基础设施建设资金50.9万元，实现烟叶生产基础设施新增受益面积600亩。至2013年底，市烟草专卖系统共种植烟草面积4610亩，涉及烟农122户；收购1.8万担，同比提高15%；收购均价每千克20.86元，同比提高4.71%；实现销售收入3824万元，同比提高87%。

【科技创新】 全年市烟草专卖局新

立省级科技创新项目3个，累计承担省级科技项目8个，主要涉及财务、信息化、物流、全员服务等领域。至2013年末，全市烟草专卖系统发表科技论文3篇，超额完成河北省烟草专卖局下达任务；结题创新项目获得专利授权1项，获得河北省烟草专卖局一等奖1个、三等奖1个。2013年市烟草专卖局“网上跨行结算平台”在全国推广，“全员服务”、“物流综合管控调度服务平台建设”项目在全省推广。

石家庄市烟草专卖局（公司）

局　　长：刘庆岩（12月免）
经　　理：罗明海
副 局 长：李琏柱（4月免）
　　　　　吴江　（6月免）
　　　　　田茂军（5月任）
副 经 理：安志发（5月免）
　　　　　秦洪囊（7月免）
　　　　　白云峰（5月任）
工会主席：王义录
总会计师：付立民

（吴建辉）

科学技术

科学技术

概　述

2013年，全市科技工作以科技创新驱动为转变发展方式的重要支撑，全力推动主导产业技术创新，推进国家创新型城市建设。2013年石家庄市在国家科技部全国县（市）科技进步考核中，被确定为2011～2012年度全国科技进步先进市。这是自国家开展科技进步考核工作以来，石家庄市连续第9次获得此项荣誉。石家庄所辖县（市）区全部通过考核，其中桥西区、桥东区、裕华区、藁城市、栾城县、正定县、无极县、鹿泉市、平山县被评为全国科技进步先进县（市）区，44人被评为全国县（市）科技进步先进个人。2013年市科技局还获得“第六届中国技术市场协会金桥奖”、“河北省科技工作先进集体称号”。

科技创新能力增强，科技项目实施效果明显。全年争取国家、省科技项目239项，资金18010.4万元。其中，国家级项目66项，资金10672万元；省级项目173项，资金7338.4万元。实施市级科技计划课题294项，资金12010万元；取得科技成果320项，获得河北省科学技术奖28项，评出石家庄市科学技术奖81项（特别奖3项、科技进步奖78项），其中达到国际领先水平1项，达到国际先进水平47项。2013年全市专利申请5996件，专利授权3799件，分别比2012年增长20.8%和10.2%，其中发明专利申请1815件，发明专利授权624件，专利申请量、授权量稳居全省第一。企业创新活力增强。全年成功创建国家火炬计划重点高新技术企业4家（中煤、中瓷、常山生化、科林电气），省级创新型企业4家；新认定高新技术企业92家，复审34家。2013年全市拥有高新技术企业320家，国家级创新企业3家，国家级创新型试点企业2家，省级创新企业12家，省级创新型试点企业17家，市级创新型企业38家。立德公司获得国家半导体照明工程研发及产业联盟“激情十年最具影响力企业”称号，开发的“中华灯”获得“光耀2013年度创新产品奖”。推进企业自主知识产权创造，8个企业项目获2013年河北省知识产权优势培育工程专利奖，石家庄市首批22家知识产权贯标试点企业通过验收（占全省首批贯标验收企业50%），华药新药研发中心成为全国首家通过国家知识产权局贯标验收企业。加快产业科技创新。生物医药产业新争取国家、省产业科研项目31项，实施市级新药制剂生物技术医药项目21项。通用航空、卫星导航、半导体照明、现代装备制造、新能源汽车等新兴产业6个项目列入国家高新技术领域备选项目，24个项目列入省科技支撑计划项目。推进高新产业集群与基地建设，高新区“石家庄药用辅料与制剂产业集群”被正式列入2013年度国家创新型产业集群试点（培育）企业，成为全国29家试点（培育）单位之一，也是河北省唯一一家。加强农业科技创新，石新633、石麦22等21个农作物新品种通过省级审定，粮食丰产工程藁城示范区高产攻关田亩产达到680.87千克；有机与生物肥料产业、现代农作物种业2个技术创新战略联盟和市山区杂粮产业技术创新联盟正式成立，石家庄市中兽药和饲料2个省级联盟与国家中兽药、饲料产业联盟建立战略合作关系；新增省级农业科技园区（试点）1家、省农业科技型企业3家、省级农业科技特派员创新创业基地3家、省级信息化平台2家；新认定市级山区特色产业科技示范基地17家。至2013年底，全市共有省级农业科技园区7家、河北省山区特色产业科技示范基地7家。

完善科技创新体系，加强科技创新人才队伍建设，落实企业技术创新和人才引进政策，激发科技领军人物和优秀科技创新团队活力。推动企业与院士对接，新增院士工作站4家，累计达到15家；与51名院士开展各种形式合作交流，共建科技创新平台13个。加强科技创新平台建设，新认定市级工程技术研究中心13家，5家列入省工程技术研究中心建设计划。年末全市拥有国家级、省级、市级工程技术研究中心（重点实验室）197家。其中，国家级重点实验室2家（石家庄市2家：石药集团和华药新药），省部共建2家，省级40家（石家庄市1家：以岭药业）；国家工程技术研究中心1家，省级51家（石家庄市31家），市级101家。国家级、省级工程技术研究中心（重点实验室）数量均位居全省首位。推进技术创新公共服务平台建设，石家庄生产力促进中心再获国家优秀中心称号；石家庄生物产业基地技术服务中心成为全国首家通过美国FDA认证独立检测实验室；市科技资源共享服务和大型仪器设备共享2个平台服务功能提升，全方位向社会开放服务。推进科技企业孵化器建设。河北创业基地投资管理有限公司晋升为国家科技企业孵化器，3家科技企业孵化器（高新区方亿科技企业孵化器有限公司、金石孵化器有限公司、石家庄国家动漫产业基地创业孵化园）被认定为省级科技企业孵化器。年末全市科技企业孵化器达到14家，其中国家级4家、省级3家；孵化场地面积70万平方米；在孵企业600余家。2013年石家庄科技中心被认定为河北省“国家级国际技术转移中心”、“国际科技园协会正式会员”，并首次承办“河北省科技企业孵化器从业人员培训会”，培训人员150多人。完善科技创新投融资机制。设立科技型中小企业创新资金，首批认定市级科技型中小企业1046家，其中58家科技型中小企业获得国家、省创新基金（资金）2980万元。落实“石家庄市科技成果转化风险补偿资金”政策，支持额度2000万元，获得协作银行5倍授信额度，实现企业贷款额度1亿元。开展企业知识产权作为质押贷款服务，7家企业专利权质押融资7150万元。加大科技企业风险投资，投入科技风险资金300万元，引导5家企业投入民间资本800万元。

实施科技民生工程。围绕“蓝天碧水”工程建设和医药、化工、建材、冶金等重点行业，实施节能减排项目20项。加强涉及民生关键技术研发与成果转化应用。开展农业和农村科技服务行动，选派两批230名农业科技特派员创建龙头企业32家、利益共同体26家，建立省级特派员创新创业基地7家，市级特派员创新创业基地13家；举办各类农民科技培训班50余班（次）、观摩会31场（次），引进推广农业实用技术175项，示范推广农作物新品种123个，培训农业技术骨干和企业带头人1.2万余人次、农民120万余人次。开展科技卫生“三下乡”、河北省暨石家庄市第四届网络科普知识竞赛、中国航天太空搭载全国巡展石家庄站、大气污染防治等科学普及宣传活动，其中科技活动周展出展板100余块，发放科普书籍2000余册，接受群众咨询2000余人次，10余名医疗专家现场为群众服务。发挥“石家庄科普巡回宣讲服务团”作用，全年在册专家270人，举办讲座1000余场，受益群众10万余人。

推进科技合作交流与技术转移。搭建产学研合作平台，推动政产学研合作向深层次发展。成功举办“转增长促创新技术合作对接会”、“石家庄生物医药产业高新技术项目对接会”及参与“2013年石家庄投资合作洽谈会之国际英才创新专题洽谈会”，实现50余家企业与25个高校、科研院所专家面对面对接，发布科技成果及专利技术400多项，其中，石家庄君乐宝乳业有限公司等5家企业与河北科技大学等高校、科研院所签署合作协议，项目总投资665万元；25家企业与科研单位达成科技合作意向。开展多种形式国际科技合作，派遣赴澳大利亚、爱尔兰等国家科技考察团组2批13人次，接待来自荷兰、日本等国家专家4人次到市农业科学院、博伦特药业公司等科研院所和企业开展科技考察和项目洽谈；首次与澳大利亚就“小麦抗基腐病主效基因QTL的遗传解析”项目签署合作协议，并获得澳大利亚教育与科教部立项。推进国家国际科技合作基地建设，新增国家国际科技合作基地2家，新增省科技合作基地6家，市级14家。年末全市共有国际科技合作基地31家，其中，国家级8家、省级9家、市级14家。促进科技招商，拓展科技招商形式，依托全国性、区域性大型科技活动，举办专业招商活动。参加“北京科技博览会”签订合作协议28项，合作意向书52项，达成合作意向53项；参加“廊坊经贸洽谈会”，石家庄君乐宝乳业有限公司与中国食品发酵工业研究院就“谷物在发酵乳中的应用研究”达成初步合作意向。推动技术市场建设，筹建科技大市场，提升技术贸易成交额。2013年全市登记各类技术合同1416份，技术合同成交额12.86亿元，其中技术交易额11.52亿元。3项指标分别比2012年增加6.62%、19.68%、24.26%。提前两年达到2009年制定的《创新型城市建设规划》规定“到2015年技术合同登记额达到12亿元”指标。2013年市科技局获得第六届中国技术市场协会金桥奖，这是市科技局连续第六次获得该奖项。

县（市）区科技工作形成上下联动，共同推进良好局面。藁城市、正定县、赵县实施国家粮食丰产科技工程，粮食丰产高效集成技术体系取得新突破；鹿泉市、无极县、栾城县加快富民强县工程实施，带动特色产业发展；高新区加强创新型特色园区建设，“药用辅料与制剂产业集群”列入国家创新型产业集群试点（培育）；井陉县、正定县、深泽县、桥东区、桥西区强化企业科技创新和培训辅导，大力培育高新技术企业；高邑县、灵寿县、平山县搭建科技特派员科技服务平台，科技特派员创新创业基地建设取得成效；灵寿县、赞皇县、行唐县开展科技人才培养，提高了农民科技意识和素质；新华区、桥东区、裕华区、长安区重视科普宣传，举办了内容丰富多彩的科普进社区活动。

（姚培龙）

科学技术研究与发展计划

【概况】 2013年，石家庄市科学技术研究与发展计划（简称市科技计划）以提高自主创新能力为核心，以实施重大科技研发项目、科技专项为抓手，严格按照《石家庄市科学和技术发展“十二五”规划》确定的任务与目标，加强石家庄市与国家、省计划紧密衔接，优化科技项目投入方向和结构，实施创新驱动发展战略，完善科技计划体系建设，为经济和社会发展提供了有力支撑。市科技局、财政局联合研究科技财政资金投入与管理机制，制定出台《石家庄市市级应用技术研究与开发专项资金管理办法》和《石家庄市市级科技计划重大课题财务评审实施方案》等。围绕科研课题事前、事中、事后3个环节，加强科研课题全过程管理和科技课题绩效评价机制建设。撰写完成《石家庄市创新型城市年度总结报告》、《2012年度石家庄市科学技术研究与发展计划年度报告》、《2012年度石家庄市科学技术研究与发展计划课题执行情况统计调查报告》、《2012年度石家庄市技术市场统计年报》、《2012年度石家庄市科学技术成果统计报告》等专题报告。2013年全市争取国家、省科技项目239项，资金18010.4万元。其中，国家级项目66项，资金10672万元；省级项目173项，资金7338.4万元。争取国家、省项目与资金数量在全省各设区市中位居前列。实施市级科技计划课题294项，资金12010万元。

【计划部署】 按照《石家庄市科学和技术发展“十二五”规划》确定的任务与目标，重点实施科技重大专项和基本科技计划。科技重大专项包括促进产业结构调整、推进经济发展方式转变和社会发展、培育壮大新的经济增长点和产业集群、列入国家和省重大科技计划、形成自主知识产权的重大科技研发项目。基本科技计划包括科技支撑计划、政策引导类计划和科技创新平台建设计划。科技支撑计划面向国民经济和社会发展需求，重点解决经济社会发展中的重大科技问题，是石家庄市实施的主体计划，包括科技专项和重点技术创新项目。政策引导类计划包括技术转移与科技成果推广计划、软科学研究计划和国际科技合作计划。科技创新平台建设计划包括石家庄科技创业中心试验基地建设、市级工程技术研究中心建设、技术创新平台建设和科学技术普及能力建设类项目。

【经费安排】 全年市本级财政安排应用技术研究与开发专项资金（简称研发资金）14010万元，其中，安排计划资金12010万元，科技成果转化风险补偿专项资金2000万元。全年编制下发科学技术研究与发展计划（指令计划）1批，项目294项，经费12010万元；科学技术研究与发展指导计划2批，项目223项。

在全部科技计划项目中，科技支撑232项，经费5107万元；成果推广7项，经费105万元；软科学16项，经费121万元；国际科技合作9项，经费101万元；条件平台建设20项，经费5275万元；其他计划10项，经费1301万元。重大科技研发项目12项，经费960万元。九大科技专项213项，经费4039万元。企业承担项目218项，经费4721万元；科研院所23项，经费426万元；高等院校12项，经费105万元。产学研项目105项，经费2109万元。县域安排项目98项，经费2132万元，其中，山区县47项，经费922万元。

【实施效果】 科技计划实施取得丰硕成果。引进和吸纳优秀人才：参加课题人员中，享受政府津贴专家25人，省、市管专家67人；吸引市外人才237人，其中省外人才82人，省外人才中京津（北京市、天津市）人才31人，培养研究生141人。获得一批创新性成果，取得新产品、新材料113个，新工艺、新装置73个，计算机软件31个，发表论文213篇，形成标准81项。获得一批自主知识产权成果：专利申请279件，其中发明专利申请108件，专利授权207件，其中发明专利授权50件。关键技术取得重大突破，开发和形成一批具有应用价值的技术成果。新增销售收入7.04亿元，新增利税1.60亿元，出口创汇1423.3万美元；培育农作物新品种32个，新品种推广面积33.01万亩，畜禽推广数量1101.74万头（只），年总收入1.21亿元。节能减排成效显著，节煤1.18万吨，节电149.14万度，节水104.94万吨，减排废气50.12万立方米，减排废水103.73万吨，减排废物2.63万吨。

（姚培龙）

工业科技与发展高新技术产业

【概况】 2013年，全市实施半导体照明、电子信息及现代服务业、装备制造关键技术、化工与循环经济关键技术、纺织新技术新产品等科技专项。基于卫星中继技术的无人机遥感网络体系关键技术研究与示范、半导体照明产品检测与质量认证平台建设等8个项目列入国家科技计划项目，争取经费2969万元。200毫米硅抛光片验证、离散型机械制造业全信息化精益管理模式创新集成及应用、电动汽车电池管理系统BMS技术研发及产业化等24个项目列入省科技支撑计划项目，争取经费1911万元。市级实施高新技术领域项目88项。培育扶持高新技术企业。坚持“量的增长”与“质的提升”并重，抓好选苗、培训、辅导、申报环节，做好高新技术企业培育和认定。加强已认定高新技术企业发展全过程管理，及时为企业提供政策、管理等服务，促进持续发展，提高复审通过率。2013年全市新认定高新技术企业92家，复审34家。年末全市高新技术企业总数达到320家，占全省30%。2013年全市新增国家火炬计划重点高新技术企业4家（中煤、中瓷、常山生化、科林电气），年末全市在有效期内的国家火炬计划重点高新技术企业达到9家。2013年全市6家企业获评河北省“十二五”规划制造业信息化科技工程第二批试点企业，年末全市共有试点企业8家。推进创新型城市建设，落实市委、市政府《关于建设创新型城市的意见》、《关于开展创新型城市建设评价考核工作的意见》要求，制定《2012年度创新型县市区建设考核办法》，分中、东、西部对各县（市）区进行考核排队。2013年全市新增省级创新型企业4家，年末全市共有国家级创新企业3家，国家级创新型试点企业2家；省级创新企业12家，省级创新型试点企业17家；市级创新型企业38家。至2013年末，全市拥有国家级、省级、市级工程技术研究中心（重点实验室）197家。其中，国家级重点实验室2家（石家庄市2家：石药集团和华药新药），省部共建2家，省级40家（石家庄市1家：以岭药业）；国家工程技术研究中心1家，省级51家（石家庄市31家），市级101家。国家级、省级工程技术研究中心（重点实验室）数量均位居全省首位。2013年石家庄市在国家科技部全国县（市）科技进步考核中，被确定为2011～2012年度全国科技进步先进市。这是自国家开展科技进步考核工作以来，石家庄市连续第9次获得此项荣誉。石家庄所辖县（市）区全部通过考核，其中桥西区、桥东区、裕华区、藁城市、栾城县、正定县、无极县、鹿泉市、平山县被评为全国科技进步先进县（市）区，44人被评为全国县（市）科技进步先进个人。2013年度石家庄市考核评定科技进步先进县（市）区5个，分别是正定县、藁城市、栾城县、鹿泉市、新华区；考核评定科技明显进步县（市）区7个，分别是井陉县、元氏县、高邑县、赵县、行唐县、长安区、裕华区。2013年高新技术开发区完成主营业务收入1622亿元，石家庄经济技术开发区主营业务收入突破780亿元。

（姚培龙）

【13家企业技术中心通过省级认定】

11月19日，河北省发展改革委、科技厅、工业和信息化厅、财政厅、国税局、地税局和石家庄海关联合发文公布2013年度河北省认定企业技术中心名单，石家庄市13家企业技术中心入选，分别是：石家庄国祥运输设备有限公司技术中心、河北兴柏药业集团有限公司技术中心、中铁十七局集团第三工程有限公司技术中心、中铁三局集团第二工程有限公司技术中心、河北天天乳业集团有限公司技术中心、石家庄华燕交通科技有限公司技术中心、河北省第二建筑工程公司技术中心、石家庄兄弟伊兰食品配料有限公司技术中心、石家庄新华能源环保科技股份有限公司技术中心、天俱时工程科技集团有限公司技术中心、河北石域锅炉制造有限公司技术中心、博信通信股份有限公司技术中心、河北超亚电子科技股份有限公司技术中心。

【新增3家国家地方联合工程实验室】

2013年11月，国家发展改革委公布2013年国家地方联合工程研究中心（工程实验室）名单，石家庄市3家工程实验室入选，分别是：河北先河环保科技股份有限公司的环境监测仪器系统技术工程实验室、石家庄君乐宝乳业有限公司的功能性乳酸菌资源及应用技术工程实验室、神威药业集团有限公司中药注射剂新药开发技术工程实验室。至2013年底，全市国家地方联合工程实验室达到7家，数量位居全省之首。

（吴温）

【新增4家省级创新型企业】 2013年全市新增省级创新型企业4家，分别是石家庄中煤装备制造股份有限公司、河北人天通信技术有限公司、石家庄藏诺生物股份有限公司、东方久乐汽车安全气囊有限公司。至2013年末，全市省级创新型企业及创新型试点企业增至29家，其中创新型企业12家。

（李云萍）

【科技创新体系建设】 2013年河北创业基地投资管理有限公司晋升为国家科技企业孵化器；高新区方亿科技企业孵化器有限公司、金石孵化器有限公司、石家庄国家动漫产业基地创业孵化园3家科技企业孵化器通过省科技厅省级科技企业孵化器认定，均得到100万元奖励。至2013年末，全市共有科技企业孵化器14家。其中，国家级4家、省级3家；孵化场地面积70万平方米；在孵企业600余家。2013年石家庄生产力促进中心组织召开制造业快速制造技术应用现场会，其中“快速制造技术创新公共服务平台建设”项目获得国家政策引导类计划项目支持资金80万元。石家庄市技术创新公共服务平台建设、石家庄生产力促进中心再次获得国家优秀中心称号。

【产业集群与基地建设】 卫星导航与位置服务产业集群建设。抓住国家发展北斗导航系统重大机遇，发挥石家庄市在卫星导航领域的技术优势，配合省科技厅编制完成《河北省卫星导航与位置服务产业（石家庄）科技发展实施方案（2013—2020年）》，并于12月30日在市政府第14次常务会议研究通过。12月31日，河北省科学技术厅、石家庄市政府联合印发《河北省卫星导航与位置服务产业（石家庄）科技发展实施方案（2013—2020年）》。生物制药产业集群建设。2013年高新区申报的“石家庄药用辅料与制剂产业集群”正式列入国家创新型产业集群试点（培育）企业，成为全国29家试点（培育）单位之一，这是河北省唯一一家入选单位。国家半导体照明基地建设。实施平面封装的LED强光照明光源、LED倒装芯片胶粘工艺技术的研发等产业项目研究。2013年立德公司在国家半导体照明工程研发及产业联盟开展的“CSA半导体照明行业年度评选”中获得“激情十年最具影响力企业”称号，开发的“中华灯”获得“光耀2013年度创新产品奖”。

【新能源汽车试点】 根据国家财政部、科技部、工业和信息化部、发展改革委4部委联合下发《关于继续开展新能源汽车推广应用工作的通知》（财建〔2013〕551号）和河北省财政厅、科技厅、工业和信息化厅、发展改革委《关于申报新能源汽车推广示范城市有关工作的通知》要求，经调研分析、学习借鉴、反复征询意见，制定出台《石家庄市新能源汽车推广应用实施方案(2013—2015)》。2013年国家财政部、科技部、工信部、发展改革委4部委共确认28个城市（区域）为第一批新能源汽车推广应用城市，包括石家庄市在内河北省城市群入选新能源汽车试点。

（姚培龙）

社会发展领域科技进步

【概况】 2013年，全市社会发展领域科技以自主创新能力为目标，积极推进民生科技工作。利用石家庄市设立指导性计划引导作用，鼓励支持医疗卫生行业技术创新，重点开展疾病防治技术研究，针对发病率高，严重危害人民健康的常见、多发及重大疾病的预防、诊断和治疗，筛选创新性强、有良好研究基础、能带动学科发展、应用前景广阔的项目，开展研究和课题攻关。围绕食品安全、公共安全、气象灾害预测预警等与市民生活密切的科技问题开展技术创新，重点实施“ZG9000智能火灾探测与报警系统研发”、“基于移动互联网的高速公路公众出行服务系统开发”等课题，有效发挥了科技进步改善民生和促进社会发展的支撑引领作用。举办2013石家庄市节能宣传周和全国首个低碳日大型宣传活动，制作展板，印发宣传册，介绍最新节能产品，推广节能减排实用技术，普及生活节能窍门。

【生物医药技术创新】 围绕生物医药产业特色，谋划打造生物医药技术创新高地，实施市级科技计划前期培育生物医药项目。全年安排生物医药项目21项，占社会发展领域课题数43%。2013年全市生物医药技术创新重点实施一批新药制剂技术项目，主要包括石药集团恩必普承担的“唑来磷酸注射液的研究开发”，以岭药业承担的“津力糖平片治疗2型糖尿病的开发研究”，亿生堂承担的“脱细胞异种基质人工组织皮肤支架的研发”，河北龙海药业承担的“厄贝沙坦氢氯噻嗪片”，河北时代草本医药承担的“银屑病治疗中药新药开发”等。

【节能减排技术应用】 围绕石家庄市“蓝天碧水工程”建设和医药、化工、建材、冶金等重点行业，组织实施一批节能减排技术创新项目，主要包括“废菌丝体制备石膏缓凝剂关键技术研究”、“催化氧化加曝气生物滤池深度处理难降解有机废水的研究”、“磁场、静电与环保型化学药剂协同水处理工艺开发及应用”、“基于模糊控制的小区热网综合监控系统”等。

【大气污染防治技术研究】 开展脱硫、脱硝和高效除尘、挥发性有机物控制、机动车排放净化、环境监测等大气污染防治适用技术研发。“省会大气环境质量现状分析及治理对策研究”课题（2012年立项）完成，主要利用科学研究方法，对石家庄市经济结构、产业结构、能源结构、城市布局以及交通状况开展分析研究，找到了影响全市大气环境主要原因，为大气污染防治提供了科学数据。开展“石家庄雾霾天气监测预警技术研究”，主要针对对交通运输、卫生健康、群众生活等影响，研究雾霾天气环境空气质量评估方法，确定雾霾天气精细化环境气象服务方案。该项研究对掌握城市雾霾发生规律，提高雾霾预警预报准确率具有重要作用。

（姚培龙）

科技合作与交流

【概况】 2013年，全市科技合作与交流工作以服务主导产业、骨干企业、知名品牌发展为主线，挖掘、筛选出一批具有特色的科技合作项目。全年石家庄市列入国家国际科技合作计划项目4项，争取资金2806万元，其中石家庄中煤装备制造股份有限公司与澳大利亚矿业服务控股公司开展的“煤矿用大坡度掘进机的联合开发”项目获得资金支持1111万元，成为石家庄市历年获得经费支持最多一次。制定出台《石家庄市国际科技合作基地认定和管理暂行办法》，开展首批市级国际科技合作基地认定，首批认定14家石家庄市国际科技合作基地，涵盖医药、环保、农业、电子信息、装备制造等多个领域。择优推荐申报国家、省国际科技合作基地，新增国家级国际科技合作基地2家。2013年石家庄市科技创新服务中心成为河北省首家国家国际技术转移中心，石家庄亿生堂医用品公司等2家单位成为省科技厅认定的河北省首批国际科技合作基地。至2013年底，全市共有国家级国际科技合作基地8家、省级国际科技合作基地9家。

（姚培龙）

【与首都高校对接科技创新】 4月19日，由市政府主办的石家庄——首都高校科技创新对接会在市亚太大酒店举行，来自清华大学、北京大学、北京科技大学、北京航空航天大学、北京交通大学、北京理工大学、中国农业大学、北京化工大学、北京工业大学9所首都高校专家、教授43名代表到石家庄市与企业沟通洽谈，对接产业科技创新项目119项，涉及农业、电子信息业、装备制造业等领域，达成合作意向21个，签订合作协议2个。

（李云萍　吴温　李书欣）

【新增院士工作站4家】 全年新增院士工作站4家，分别是：石家庄金刚凯源动力科技有限公司院士工作站、石家庄君乐宝乳业有限公司院士工作站、河北常山生化药业股份有限公司院士工作站、河北远征药业有限公司院士工作站。至2013年末，全市院士工作站达到15家。

（李云萍）

【首批认定14家市级国际科技合作基地】 2013年上半年，全市认定14家单位为首批“石家庄市国际科技合作基地”。分别是石家庄中煤装备制造股份有限公司、中国电子科技集团公司第十三研究所、石家庄以岭药业股份有限公司、华北制药集团新药开发有限责任公司、河北先河环保科技股份有限公司、石药集团有限公司、石家庄亿生堂医用品有限公司、河北博伦特药业有限公司、市科技创新服务中心、市农林科学研究院、河北实华科技有限公司、石家庄天泉良种奶牛有限公司、石家庄君乐宝乳业有限公司、石家庄盛华企业集团有限公司，涵盖医药、环保、农业、电子信息、装备制造等多个领域。

【科技创新服务中心获批国际科技园协会会员】 2013年9月，市科技创新服务中心正式接到国际科技园协会（IASP）通知，批准成为会员。国际科技园协会（IASP）成立于1984年，是世界唯一以科技园区为主要会员的协会，拥有科技园和孵化器会员275家，分布于70个国家，具有联合国经济与社会委员会授予的特殊协商身份。至2013年底，市科技创新服务中心与爱尔兰、意大利、美国、德国、俄罗斯等国家广泛开展了科技项目合作与交流，签订多项合作协议。其中，与爱尔兰BIMEDA制药公司合作共建的石家庄国际生物医药技术服务平台“中欧生物医药联合实验室”是全国首家通过美国FDA认定的检测实验室；2012年与意大利莱昂纳多技术有限公司合作成立的“中意企业创新孵化器河北分中心”被确定为“石家庄市国际科技合作基地”，2013年5月又被河北省科技厅认定为“河北省国际科技合作基地”，成为河北省首家国际联合孵化器。

（李云萍）

【国际科技交流与合作活动】 全年

石家庄市办理赴澳大利亚、爱尔兰等国家科技考察团组2批13人次，科技系统18人办理因公出国（境）手续；接待了来自荷兰、日本、爱尔兰等国家专家6人次到市农业科学院、博伦特药业公司、润柏药业科技公司等科研院所、企业开展科技考察和项目洽谈。5月17日，荷兰Van den Berk公司总裁方柏德到石家庄洽谈高山杜鹃科技合作项目。

（姚培龙）

【首次与澳大利亚开展科技合作】 2013年石家庄市首次与澳大利亚达成"小麦抗基腐病主效基因QTL的遗传解析"合作意向，获得澳大利亚教育与科教部立项。根据"小麦抗基腐病主效基因QTL的遗传解析"合作意向，双方共建育种转化平台，共享小麦抗基腐病研究技术手段、基因信息、克隆和转化成果、相互交流实验材料等。项目结束时，要求完成小麦抗基腐病基因的精细定位、克隆主效基因、构建适宜的克隆载体和转化载体、验证基因功能、进行遗传转化。通过合作，石家庄市可应用小麦常规育种方法、花药培养方法和一年多代快速育种等技术快速转育小麦育种材料，获得30～50份小麦抗基腐病优良新材料、新品系。

（李云萍）

【科技展览和招商】 组织全市相关企业参加廊坊国际经济贸易洽谈会、第十届中国（北京）国际科技产业博览会、中国（深圳）国际高新技术成果交易会等科技展览和洽谈会，推介一批优秀高新技术合作项目，达成合作项目投资额141亿元。其中，11月16～21日参加第十六届中国（北京）国际科技产业博览会，全市企业发放宣传资料1000余份，接待洽谈800余人次，达成合作意向53项，签订合作意向书52项、合作协议28项，签约总数达到石家庄市参加历届中国（北京）国际科技产业博览会以来最高水平，获得河北省科技厅颁发"第十六届中国（北京）国际科技产业博览会优秀组织奖"。

【举办生物医药产业高新技术项目对接洽谈会】 11月26日，由河北省科技厅、石家庄市政府主办，市科技局承办的"石家庄生物医药产业高新技术项目对接洽谈会"在石家庄举行，来自天津大学、沈阳药科大学、河北科技大学、河北师范大学等省内外知名高校、科研院所专家学者近20人及石家庄市25家生物医药企业技术负责人参加洽谈会。会上，天津大学、沈阳药科大学、河北科技大学、河北师范大学的专家学者发布、推介了最新科技项目和科研成果，并与全市医药企业现场对接洽谈，签约科技合作项目4个。

（姚培龙）

民营科技管理与服务

【概况】 2013年，全市民营科技以推进自主创新为目标，重点做好政策宣传、技术培训和管理服务工作。采取印发宣传资料、举办培训班、与税务部门沟通协调等形式，宣传落实《河北省科学技术进步条例》、企业研发费用加计扣除等政策。优化民营企业创新发展环境，制定出台《关于加快科技创新体系建设的实施意见》和《石家庄市支持企业科技创新十条措施》。突出民营企业创新主体地位，鼓励促进企业自主创新、加快科技创新服务平台和企业创新人才队伍建设。

【支持科技型中小企业发展】 贯彻落实《河北省人民政府关于支持科技型中小企业发展的实施意见》要求，成立市长王亮任组长的市科技型中小企业发展工作领导小组，设立1000万元科技型中小企业创新资金，召开促进科技型中小企业发展启动会议，启动首批科技型中小企业认定。年末全市认定科技型中小企业1046家。采取培训、宣传、挖掘、指导方式，做好科技型中小企业创新基金申报工作。2013年全市58家科技型中小企业获得国家、省创新基金（资金），支持经费2980万元。其中，国家创新基金项目立项35项，支持经费2330万元；省创新资金项目立项23项，支持经费650万元。

（姚培龙）

【新增创业孵化基地4家】 2013年全市新认定创业孵化基地4家，分别是：石家庄智通创业孵化基地、石家庄达西创业孵化基地、石家庄恒聚创业孵化园、美东家庭服务创业孵化基地分园。至2013年末，全市共有创业孵化基地12家。

表78 2013年石家庄市12个创业孵化基地一览表

序号	创业孵化基地名称	地址或容量	特色
1	石家庄智通创业孵化基地	中华南大街253号，约容纳80户创业实体	IT设计类
2	石家庄达西创业孵化基地	和平东路201号（棉三纺织厂内），约容纳100户创业实体	综合性商贸类
3	石家庄恒聚创业孵化园	中华南大街473号，可容纳85户创业实体	社区服务类
4	美东家庭服务创业孵化基地分园	平安南大街85号，可容纳105户创业实体	家政服务类
5	省会创业孵化园	建设北大街40号和美大厦	市劳动就业服务局创办，属于综合类创业孵化基地，符合条件就可入驻
6	美东家政服务创业孵化基地	泰华街20号（武警总队南行200米路西）	主要扶持家政服务业创业者
7	石家庄北方创业孵化园	建设南大街45号北方设计院西门	重点扶持中小餐饮加盟、亲子教育连锁、文化教育等行业
8	河北省妇女儿童服务中心尔雅创业孵化园	高柱路13号朗德E座四层及友谊北大街311号	教育培训相关专业
9	石家庄友利创业孵化园	谈固东街与金马路交口西北角的二层、三层、四层、五层	位置优越，各类人群均可申请入驻
10	石家庄信息工程职业学院创业孵化基地	裕华区信工路18号	以在校大学生及高校毕业生的创新创业为载体，实现学生创业企业的初级孵化
11	石家庄光华创业孵化基地	长安区光华路	商贸类
12	石家庄市科技创新服务中心（国家级科技孵化器）	高新区	综合性科技企业孵化

（姚培龙　王静）

科学技术普及

【概况】 2013年，全市科学技术普及以市民科技需求为目标，紧紧抓住公众关注的重点、热点科技问题，积极开展大气污染防治等科普宣传活动。参加文化科技卫生“三下乡”集中宣传活动。制定科技下乡活动方案，筹备资金和宣传资料。1月18日，组织科技专家在深泽县现场开展科技咨询、科普宣传活动，宣讲科技政策，发放石家庄市科普知识读本、养殖实用技术、健康卫生、地震知识明白纸等科普宣传资料。发挥科普巡回宣讲服务团作用。针对大众科普知识需求，制定针对农村和城市2套宣讲方案，开展专题讲座近200场次，做到群众需要什么讲什么。石家庄市科普巡回宣讲服务团于2009年成立，在册专家270人，累计举办讲座1000余场，受益群众10万余人。开展大气污染防治科普宣传活动。12月6日，由省科技厅、省环保厅、省气象局主办，市科技局、市环保局、市气象局及裕华区政府共同承办的河北省暨石家庄市大气污染防治科普宣传活动在裕华区石门小区社区举行。省市大气污染防治专家在现场设置咨询台，接受群众咨询；活动现场摆放大量宣传展板，详细介绍大气污染产生的原因、防治措施、如何采取科学生活方式减少大气污染及石家庄市大气污染防治工作进展情况。做好科普统计工作。起草《关于开展2012年度全市科普统计工作的通知》，制定《2012年度石家庄市科普统计调查方案》。经统计，初步掌握2012年度全市涉及科普人员、科普场地、科普经费、科普传媒、科普活动等五个方面86项指标。加强科普教育基地管理。督导检查省级、市级科普教育基地建设，推进科普内容贴进实际、贴近群众，全年实施整改省级11家、市级18家科普教育基地，提高了科普服务质量和能力。

【中国航天太空搭载全国巡展石家庄站活动】 4月1～7日，由中国高科技产业化研究会、石家庄市科技局联合主办的中国航天太空搭载全国巡展石家庄站活动在河北省博物馆及博物馆文化广场举行，共有10万余人参观展览。展览共设两大展区，分别为博物馆室内展区和文化广场室外展区。室内展区设在省博物馆一、二、三、四号馆，面积3000平方米，展出内容为中国航天系统、飞船搭载物品、太空育种、航天书画摄影作品等。室外展区设在博物馆文化广场，展出58米1∶1比例长征二号F火箭模型、神舟四号返回舱实物、航天训练互动展区、航天主题宣传LED大屏和万人签名墙。

【科技活动周活动】 5月1～21日，由河北省科技厅、石家庄市科技局联合主办，河北科普网络中心（石家庄科技网络中心）承办，以“科技创新·美好生活”为主题科技活动周第四届网络科普知识竞赛举行。竞赛主要内容为：创新科技政策和创新知识解读，科技政策宣传以及与健康、低碳、节能、环保等生活、生产密切的科学技术知识。此次竞赛活动参加答题6800余人。5月24日公布竞赛结果，评选一等奖3名、二等奖20名、三等奖100名。5月16日，石家庄市在裕华区大马庄园社区举行“石家庄市暨裕华区科技活动周集中宣传活动”启动仪式。市科技、气象、环保、卫生等25家科普联席会成员单位，裕华区16家单位，正定科技馆等共计40余家单位参加，举办了科普宣传、科技咨询服务、科技成果展示等活动，展出展板100余块，发放科普书籍2000余册，接受群众咨询2000余人次，10余名医疗专家现场为群众服务。5月18日，河北省科技活动周暨全国“流动科技馆进基层活动”河北站启动仪式在平山县外国语中学举行。5月18～20日开展科普宣传和义诊活动。科普宣传以普及科学技术知识、增强科技创新意识、科技促进文化创新发展等内容为主，7000余名中小学生参观了移动式消防宣传馆、流动天文馆、自然博物馆、移动科普实验室和移动式球幕影院。流动口腔科普车、眼视光巡诊车现场为学生和参观群众举办义诊活动。

（姚培龙）

【第三届少儿科学知识大赛启动】 10月26日，第三届“少儿科学知识大赛”启动仪式暨中国首席潜航员叶聪科普报告会在河北出版传媒集团多功能厅举行。此次活动由中国科学技术协会指导，省委宣传部、省科学技术协会、河北出版传媒集团主办，《少儿科学周刊》杂志承办，美国《科学周刊》杂志协办。第三届“少儿科学知识大赛”以“放飞梦想，拥抱科学”为主题，以“贴近学生，激发科学兴趣；突出特色，倡导科学理念；注重实效，提升科学素养”为定位，主要目标是落实《全民科学素质行动计划纲要》，培养青少年的科学阅读能力，提升科学素养，开发创新潜能，营造全民参与、健康发展的学科学、爱科学、用科学的社会氛围。中国大陆及香港、澳门、台湾地区6～14岁中小学生均可参赛。参赛形式可以以学校为单位集体参赛，也可以个人通过网络答题参赛。启动仪式后，中国船舶重工集团公司中国首席潜航员叶聪为300名学生、老师作了题为《敢驾“蛟龙”入深海》的大型公益科普报告。

（学磊）

【15中参加河北省首届机器人运动会获得优异成绩】 11月16日，河北首届机器人运动会在河北省体育馆举行，石家庄市第15中学组成9支参赛队参加了3个项目比赛，最终取得河北省一等奖2名，二等奖5名，三等奖3名，优秀奖7名的好成绩，包揽了“机器人高尔夫球（团体赛）”赛项前3名。河北省首届机器人运动公开赛为期一天，分高校组、中学组、小学组、幼儿组、公开组5个组别，共有近30支代表队近1000名机器人参赛。

（刘静）

山区经济技术开发

【概况】 2013年，全市山区各县（市）争取省级科技计划项目16项，经费80万元；列入市级科技计划项目15项，经费170万元。按照山区开发工作思路，制定出台《2013年全市山区开发工作要点》。修订完善1998年制定出台的《石家庄市科教兴山创业奖励办法》及其《实施细则》，将奖励名称更名为“石家庄市山区创业奖”。申报和推荐2013年河北省山区创业奖奖项，其中3个项目获得河北省山区创业奖三等奖。加强山区新农村科技示范村建设。按照市委、市政府《关于加强石家庄市山区资源综合开发、加快山区经济发展的意见》要求，重视推进山区新农村科技示范村建设，除对示范村在科技项目立项、开展技术培训等方面支持外，还向市级财政争取新农村建设专项资金10万元，重点支持10余个示范村建立科技书屋、科技橱窗以及聘请科技专家等。督导协调山区特色产业科技示范基地所在县（市）区加大科技创新和科技投入力度，多次组织在示范基地举办培训班、推广新技术等活动。2013年8月，全市批准认定市级山区特色产业科技示范基地14家，年末市级示范基地达到31家。

（姚培龙）

【34个项目获得市级山区创业奖】 全年34个项目获得山区创业奖，其中一等奖3项，二等奖6项，三等奖25项；累计实现经济效益22.43亿元。一等奖项目：元氏县西岭核桃专业合作社完成的“核桃优种选育研究”项目，核桃优种在果品外观商品性状、单果重、出仁率、果仁内在品质、早果性、树体抗逆性、丰产性等均在全国早实类优质核桃品种中居领先地位；市土壤肥料站完成的“冀中南太行山区农田质量升级技术集成示范与推广”项目，累计推广2000多万亩，在培肥地力、节水节肥、提高水、肥利用效率等方面效果突出，增收节支效果显著，对太行山区农田质量升级具有重要的推广和应用价值；市畜牧兽医学会和市畜牧技术推广站共同完成的“地下鸡舍养鸡技术研究”项目，技术达到国内领先水平。

（李云萍）

【龙头企业新产品新技术开发】 扶持龙头企业开发新产品、新技术，开展育品牌、创名牌活动，增强新产品、新技术带动山区产业发展的作用。2013年井陉县天山绿色食品有限公司承担“山区坡地现代设施蔬菜高效生产技术集成与示范”、河北立信化工有限公司承担“抗沉降性轻质碳酸钙的研究开发”、石家庄永盛乳业有限公司承担“开菲尔粉剂制备工艺及其功能性研究”、鹿泉市紫藤葡萄专业合作社承担“设施葡萄延迟栽培技术研究与示范”等技术和产品研究开发项目，有效提高了龙头企业技术创新能力，促进了企业产品提档升级。

【农民技术培训】 2月21日，全市山区农民科技大培训活动启动仪式暨苹果栽培管理技术培训会议在井陉县召开，山区各县（市）区科技局局长及井陉县有关部门、乡镇负责人、苹果种植大户等200余人参加会议。会议安排布置2013年山区农民技术培训工作，向各山区县（市）区下达培训任务，出台奖惩措施，并签订责任状。2013年全市各山区县（市）区采取举办培训班、技术讲座、科技下乡、现场咨询等方式，举办各种培训活动300余场（次），培训农民20余万人（次）。

【杂粮产业技术创新联盟成立】 开展山区旱作杂粮产业调研，多次召开大专院校、科研单位、企业、基地和管理人员座谈会，确定在具备条件的杂粮产业建立技术创新联盟。11月1日，石家庄市山区杂粮产业技术创新联盟成立大会在井陉县召开，来自大专院校、科研单位专家教授，8个山区县（市）区科技局局长、杂粮种植加工企业负责人等80余人参加会议。

（姚培龙）

专利与知识产权保护

【概况】 2013年，全市专利申请量、授权量再创新高。全年专利申请5996件、专利授权3799件，分别比2012年增长20.8%和10.2%，其中发明专利申请1815件，发明专利授权624件，发明专利申请比2012年增长28.4%。2013年石家庄市专利申请量、授权量位居全省第一名。专利资助数量和资助金额取得突破。2013年石家庄市2196项专利申请列入河北省专利资助计划，争取资金231.8万元，其中4家企业申请PCT专利申请资助，获得河北省资助资金87.96万元。市本级专利资助数量和资助金额创下新高，发放专利申请资助30万元。开展知识产权管理规范试点，提升企业知识产权综合管理水平，推进企业建立规范化、标准化知识产权管理体系。加强企业知识产权机构队伍设置、工作经费、信息基础、人才培养机制建设，提高企业知识产权创造和保护能力。按照国家、省知识产权管理规范试点工作安排，全市完成首批22家贯标试点企业验收，另有11家企业列入河北省新一轮试点。提高全社会知识产权意识。市知识产权局与市行政学院签订协议，建立知识产权培训基地。举办知识产权培训20余期次，发放宣传材料40000余册。开展公众知识产权知识竞赛，收回有效答卷2000余份。全年在市级刊物、网站发表知识产权信息230余篇，在国家、省、市知识产权（科技）主管部门编发的刊物、网站、简报刊登信息、稿件300余篇。其中，《中国知识产权报》发稿32篇；国家知识产权局网站、刊物采用52篇；省科技厅、省知识产权局采用74篇次。2013年河北省知识产权局等部门授予市知识产权局"贯标试点工作先进单位"、"专利权质押贷款工作先进单位"、"创建无假冒专利示范单位工作先进集体"称号。

（姚培龙）

【甲壳素红枣获得国家发明专利】 5月29日，行唐县康丙卯发明的"壳素红"牌甲壳素红枣，经国家知识产权局审查，授予"一种生产甲壳素红枣的方法"发明专利权，并获得国家发明专利证书。康丙卯从事红枣种植多年，积极探索使用甲壳素有机基肥和有机叶面肥来培育甲壳素红枣方法，成功掌握了利用牛粪、粉渣等有机垃圾养殖蚯蚓→利用蚯蚓粪培育生态有机基肥→依靠枣树自身吸收生态有机肥、同时喷施甲壳素粉溶于木炸液形成的叶面肥→果树吸收培育出纯天然、无公害甲壳素红枣高营养健康食品。经中国科学院测定：甲壳素红枣中甲壳素含量是原红枣的7倍。该发明提供了一种生产甲壳素红枣的方法，具有绿色环保、无公害、增加红枣产量、提高红枣品质的优点。

（申卫霞）

【8个专利项目获得河北省优势培育工程专利奖】 2013年11月，由省科技厅、知识产权局、发改委、教育厅、工业和信息化厅、商务厅、卫生厅、国资委、国防科工局、中小企业局10个部门共同组织评选的"2013年河北省知识产权优势培育工程专利奖"揭晓，全省38个专利项目获此奖项，石家庄市8个项目获奖。其中，常山生化药业股份有限公司的"一种低分子量肝素钙生产工艺"发明专利项目获得一等奖；华北制药股份有限公司的"一种青霉素V盐的生产方法"获得二等奖；神威药业集团有限公司的"一种用于缺血性疾病的药物组合物及其在药物制剂中的应用"和石家庄藏诺生物股份有限公司的"一种防治脂肪肝的药物组合物及其制备方法"获得三等奖；石家庄科林电气股份有限公司、河北钢铁集团有限公司、石家庄五龙制动器股份有限公司和河北维尔康制药有限公司4家企业的专利项目获得优秀奖。至2013年底，全市共有32个项目获此奖项。

【5家企业成为第一批国家级知识产权示范企业和优势企业】 11月21日，国家知识产权局正式对外公布第一批国家级知识产权示范企业和优势企业名单，石家庄市的华北制药集团有限责任公司、石药集团有限公司2家企业被认定为示范企业，河北冀凯实业集团有限公司、博深

工具股份有限公司、神威药业有限公司3家企业被认定为优势企业。国家知识产权局此次公布第一批国家级知识产权示范企业共有127家，其中河北省3家，石家庄市占2家；第一批国家级知识产权优势企业共有771家，其中河北省16家，石家庄市占3家。

【4家企业获得PCT申请资助】 2013年石家庄市石药集团中奇制药技术（石家庄）有限公司、河北以岭医药研究院有限公司、石家庄中煤装备制造股份有限公司、河北省建筑材料工业设计研究院4家企业30项专利获得国家财政部PCT专利申请资助，资助金额总计87.96万元，涉及美国、日本、韩国、欧洲等多个国家和地区，涵盖医药、建筑材料及机械等领域。PCT是《专利合作条约》(Patent Cooperation Treaty）的英文缩写，属于国际条约。根据PCT规定，凡是在中国已经取得专利的产品，若要到PCT指定的国家销售，必须取得该国认可专利。通过PCT途径递交国际专利申请，可取得多个国家专利，达到进入他国市场销售目的。财政部为支持国内申请人积极向国外申请专利，保护自主创新成果，出台了《资助向国外申请专利专项资金管理办法》，并设立PCT专利申请资助资金，用以分担专利申请人当年进行PCT专利申请以及后续在维持过程中出现的费用。2011年河北省财政厅开始公布PCT专利申请资助资金，至2013年底，全市累计有80个项目获得资助资金300余万元。

（李云萍）

【知识产权优势培育企（事）业】 实施优势培育企业专利战略引导计划，支持以岭药业、东旭集团承担2013年河北省专利战略研究项目，指导和帮助企业利用国内外专利文献开展专利战略研究，推动形成知识产权竞争优势，促进创新发展。2013年全市8个项目获评“2013年河北省知识产权优势培育工程专利奖”。推进知识产权优势培育县（市）区发展，鹿泉市顺利通过国家知识产权试点城市验收，成为河北省首个通过验收市（县）；正定县被国家知识产权局确定为国家知识产权强县工程试点县。

【专利权质押融资】 发挥专利无形资产价值，开展专利权质押贷款和专利保险试点。出台《2013年全市专利权质押贷款工作安排意见》，举办专利权质押融资银企对接会，采取政策引导、搭建平台、资金扶持、目标管理、强化跟踪服务等措施，与金融管理部门、银行、融资性担保机构、资产评估机构加强沟通和合作，推动专利权质押贷款走上新台阶。全年石家庄市7家企业获得金融机构专利权质押贷款，总额达到7150万元。促进知识产权与金融资源结合，降低企业专利侵权维权成本。按照政府引导、市场运作、从易到难、逐步推开原则，市知识产权局与中国人民财产保险股份有限公司石家庄分公司协商，由保险公司起草制订《专利执行保险条款》。召开全市专利保险工作对接交流会，河北以岭药业股份有限公司获颁石家庄市首单专利保险投保合同。

【专利行政执法】 建立健全市、县两级专利行政执法体系，调整充实石家庄市专利行政执法支队人员。及时查处假冒专利行为，调处专利侵权案件，专项整治专利侵权违法行为，实现全市无大规模侵犯专利权案件发生。集中拉网式全面检查重点领域、行业、场所的重点产品，查处和打击知识产权违法行为。2013年全市出动执法人员1000余人次，开展检查行动150余次，检查商贸企业3507家，检查不规范专利商品720余种，查处假冒专利56件，调处专利纠纷87件，接受移送案件12件。开展县级知识产权（专利）保护试点和创建“无假冒专利示范单位”行动，培育不同类型商贸企业70家。实施专利提升行动，全年114家企业消除“零专利”。

（姚培龙）

科学技术奖励

【概况】 2013 年，全市收到科学技术奖励申请项目 130 项，其中，市科学技术特别奖 3 项，科技进步奖 127 项。经评委会审查，最终评出市科学技术奖项目 81 项，其中，特别奖 3 项，科学技术进步奖 78 项（一等奖 15 项，二等奖 25 项，三等奖 38 项）。评选市科学技术进步组织奖 8 项。2013 年全市科学技术进步奖项目成果 87% 达到国内领先水平，23% 达到国际先进水平。

表 79　　2013 年度石家庄市科学技术特别奖

序号	项目名称	完成单位	主要完成人
1	万吨级楔横轧高质量汽车轴类件生产及应用	河北东安精工股份有限公司 北京科技大学	张康生　刘庚寅　胡正寰　刘爱国 王宝雨
2	抗生素清洁生产新技术的开发及拓展应用	华北制药股份有限公司	高建军　李春利　王分良　吴立强 李冬梅
3	TFT-LCD 用 TN 模式液晶材料	石家庄诚志永华显示材料有限公司	梁晓　田秋峰　丁兴立　刘文菊 韩耀华

表 80　　2013 年度石家庄市科学技术进步奖一等奖

序号	项目名称	完成单位	主要完成人
1	注射用奥拉西坦	石药集团欧意药业有限公司	高志峰　靳茂礼　卢华　王晨光 董新明　周杰　孙鹏　齐惠荣 孙成勇　刘光苹
2	锚固剂双组分自动定量灌装生产线	石家庄晓进机械制造科技有限公司 石家庄铁道大学	牛江川　白玉峰　梁培红　李建强 刘永辉　张洪彬　黄汉权
3	达肝素钠原料药的研究开发	河北常山生化药业股份有限公司	姬胜利　白文举　崔洁　李文茂 吴静　高志敏　杜旭召　姬忠国 马志华　宋金凤
4	大输液安全性控制技术平台	石家庄四药有限公司	般殿书　李俊德　高淑平　张清江 刘新　梁擘　韩淑芹　魏彦敏 赵勇征　王春发
5	石优 17 号等小麦品质评价及加工技术应用	石家庄市农林科学研究院 河北省小麦工程技术研究中心	刘彦军　张国丛　付大平　彭义峰 班进福　张国权　王玮　郭家宝 纪丽丽
6	多单元释放盐酸二甲双胍缓释片的研究	河北山姆士药业有限公司 河北省食品药品检验院 石家庄迈迪森科技开发有限公司	孙文健　田兰　李占谋　范围杰 张文双　赵世超　孙懿辉　李亚松 史春东　辛春艳
7	优质、多抗国审转基因抗虫棉石抗 126 选育及应用	石家庄市农林科学研究院 中国科学院遗传与发育生物学研究所	朱青竹　眭书祥　李增书　赵丽芬 王平　李爱国　冯恒文　赵媛 张艳丽　王虎
8	生猪安全生产全程质量控制技术集成与示范	石家庄市牧工商开发总公司	强慧勤　王荣申　王景顺　葛海芬 李钊　贾琳　张利峰　刘秀刚 刘晓丽　刘亚男

（续表）

序号	项目名称	完成单位	主要完成人
9	高速宽幅铝板带轧制添加剂的研究与开发	石家庄新泰特种油有限公司	丁贞君　丁峰　甄国芬　李学兵　丁浩　周增强　周志刚　杨秉陆　马玉岩
10	头孢呋辛酸、头孢呋辛酯生产新技术开发	华北制药河北华民药业有限责任公司	魏青杰　刘东　甘平娟　周平凡　冀豫　张锁庆　张军立　卢远峰　陈秀红　刘树林
11	玉米新品种石玉9号的选育与应用	石家庄市农林科学研究院	刘兰锁　许新敏　郭贵峰　许洛　朱彦辉　王绍新　刘玉强　冯健英　丁民伟　李仲秋
12	大功率高频高压静电除尘电源	石家庄维拓科技有限公司	赵富　李泽民　赵善祥　刘海妹　于文海　边静　逯岩辉　董艳春　李明杰　冯洁
13	微生物创新药物筛选研究平台的建立和应用	华北制药集团新药研究开发有限责任公司	路新华　郑智慧　任晓　可爱兵　丁彦博　林洁　李业英　郑海洲　朱京童　石英
14	大截面高速工具钢材碳化物组织改善技术	河冶科技股份有限公司	吴立志　谢志彬　尤晓东　王付全　邵青立　王红　吴卫国　张彩东　曹仁　夏向阳
15	卡式预付费远方终端	石家庄科林电气股份有限公司	任月吉　陈洪雨　陈贺　锁存良　高胜国　牛培莹　张鹏　张向平　张奎仲

表81　2013年度石家庄市科学技术进步奖二等奖

序号	项目名称	完成单位	主要完成人
1	农药残留与微生物检测技术	石家庄开发区达为医药科技有限公司 石家庄大为生物技术有限公司	高春平　马志梅　王超　赵岭　郭佳娜　张向美
2	都市观光葡萄产业链技术研究与示范	河北新星林业科技开发有限责任公司	刘俊　李敬川　汉瑞峰　李凤英　赵丽霞　王惠芝　刘寅喆
3	常温常压废橡胶连续再生还原新技术	河北瑞威科技有限公司 河北科技大学	马瑞刚　郝彦忠　高志超　张静　艾亮　王媛　马亚宁
4	新型旋流浮选机研制	石家庄工大化工设备有限公司 河北工业大学	陈文义　张继军　刘燕　齐晓娣　梁丙辰　汤凯　于博
5	藏诺参甘片研发与应用研究	石家庄藏诺生物股份有限公司	王智森　高飞　韩桂茹　赵正平　吴存虎
6	头孢噻呋注射液	河北远征药业有限公司	穆书生　魏占勇　于振梅　岳永波　刘英　谢艳芳　李玉霞
7	球囊及支架辅助技术治疗颅内复杂动脉瘤的临床研究	石家庄市第一医院	张向艳　左书浩　李建华
8	急性重症胰腺炎早期肠内营养支持的临床研究	石家庄市第一医院	于颖剑　高鹏志　许建多　康军霞　底国营
9	胎儿宫内生长受限临床评价指标的相关研究	石家庄市第四医院	赵霞　张燕　李淑贤　杨蓉娟　杜慧　段丽红　魏丽莉
10	双脱甲氧基姜黄素、脱甲氧基姜黄素及姜黄素的新技术研究及应用	河北食品添加剂有限公司 华北制药集团新药研究开发有限责任公司	王辉　张雪霞　任凤芝　杨贵国　陈世杰　王威　李玉娇

（续表）

序号	项目名称	完成单位	主要完成人
11	复杂地质条件下长大隧道施工作业环境改善技术	中铁十七局集团第三工程有限公司	曹会芹　杨金成　姚亮　郭锋 刘五一　邓华军　张卫国
12	发酵床生态养猪技术示范与推广	石家庄市养猪行业协会 石家庄市畜牧技术推广站 辛集市百旺牧业有限公司	吕彦英　魏春儒　褚素乔　刘亚男 贯琳　齐艳梅　肖亚彬
13	三维有限元分析在义齿及股骨转子间骨折假体设计中的应用	石家庄市第二医院 河北省正定县人民医院	戴东晓　梁红海等
14	智能电网电表用液晶材料的开发	河北迈尔斯通电子材料有限公司	陈元模　仲锡军　赵颖　成东亮 张蕊　刘建丽　周娜
15	Ⅱ类新药抗角膜移植排斥反应免疫抑制剂环孢素滴眼液研制及产业化	华北制药集团新药研究开发有限责任公司	姚家琳　牛长群　王会娟　张静 李玉凤　徐彦　张晓楠
16	酶法阿莫西林生产技术研究	华北制药集团先泰药业有限公司	左丽华　严正人　朱军　吴浩 孙耀华　刘慧勤　史志敬
17	12英寸硅外延材料	河北普兴电子科技股份有限公司	陈秉克　赵丽霞　袁肇耿　薛宏伟 田忠元　魏毓峰　高淑红
18	服装设计数字化管理系统	际华三五零二职业装有限公司 河北科技大学	侯东昱　黄建江　仇满亮　贾丽丽 王丽霞　刘壮宏　宋海珍
19	大型波纹管自动成型机	石家庄巨力科技有限公司	张健　刘西斌　朱惠红　张凤森 方明宇　马连春　赵锁军
20	基于3DGIS的“数字城市”基础平台建设与三维建模方法研究	石家庄铁道大学 石家庄市第二建筑设计院	张文胜　宿永朝　路备战　李靖 高桂凤　石瑜　韩旭
21	中药免疫增强剂及饲料添加剂在家禽健康养殖中的应用	河北新华科极兽药有限公司等	梁银聚　钟秀会等
22	无创通气治疗呼吸衰竭合并冠心病患者的临床研究	石家庄市第三医院	孙磊　杨昆等
23	省会科技资源基础条件平台建设及应用系统开发	石家庄市科技信息研究所	刘晓峰　封明彦　李国强　马学东 孙倩　徐周　刘晓静
24	传统方剂和通地药材煎煮时间和药材质量标准的研究	石家庄市中医院等	邢筱华　孟岩等
25	络病燥征和软组织肿胀的研究	行唐县人民医院等	王立新　张水艳等

表82　2013年度石家庄市科学技术进步奖三等奖

序号	项目名称	完成单位	主要完成人
1	外用骨支架矫形外固定＋软组织松解肌力平衡术治疗脑瘫马蹄内翻足	新乐市医院	郝青坡　周云亮　张国锋　王会彬 张俊霞
2	恶性肿瘤标志物抗体芯片的研发与制备	河北博海生物工程开发有限公司	李彬　张锐　李潮霞　纪翠平 李宏伟
3	特长高精度钢筋剪切机	石家庄市自动化研究所新技术试验厂	张会强　张旭　赵善祥　李泽民 袁立森
4	瘦肉精（β-激动剂类）胶体金检测技术示范与推广	石家庄市畜产品质量监测中心	王新　李云　左晓磊　孙莉 何立宁

（续表）

序号	项目名称	完成单位	主要完成人
5	量化分级管理在学校食堂卫生监管中的应用效果研究	石家庄市卫生监督局	赵丽华　宁秀君　宋学　曹春红　孙柏林
6	基于虚拟仪器的车辆防撞预警系统的研究	河北化工医药职业技术学院	汪红　岳苓水　董振珂　张红光　曾强
7	丹莪妇康煎膏与孕三烯酮对子宫内膜异位症的治疗作用及安全性研究	石家庄市第四医院	贺克　刘姣　张靖霄　李清　刘丽华
8	VSD在治疗慢性溃疡中的应用	石家庄市第三医院	李克伟　石晓云　张三兵
9	人工合成王浆酸的开发	石家庄维奥化工有限公司	赵瑞林　崔喜军　曹红志　孟杰　赵彦龙
10	优质、耐抽薹春用白萝卜新品种“石春一号”的选育	石家庄市农林科学研究院	宋聚红　齐连芬　袁瑞江　徐立军　王丽乔
11	板蓝根胶囊的研制	河北龙海药业有限公司	赵美芳　王国振　刘昊旻　姜建国　张蓉
12	林可酰胺类抗生素质控研究及药品品质再评价	石家庄市食品药品检验所	苑华　靳茂礼　张冬　朱建平　张菁
13	丹红注射液对急性心肌梗死患者急诊介入治疗再灌注损伤的作用	石家庄市第一医院等	陈浩　任彦莉等
14	具有生物活性的黄酮糖苷的合成研究	石家庄学院	郭瑞霞　陆敏　张宝华　冯俊霞　孙耀冉
15	格列美脲分散片新产品研发	石药集团中诺药业（石家庄）有限公司	王蓓　高洁　兰新乔　李冬梅　杜淑朋
16	多组分差别化纤维面料的研发	石家庄常山纺织股份有限公司	薛建昌　肖荣智　李双印　梁淑花　张兰路
17	石家庄市创新型城市创新成果评价研究	石家庄市科技信息研究所 石家庄市科学技术局	薛合庸　谭鑫　谢宝会　田祖光　肖培
18	老年股骨粗隆间骨折手术方式比较	石家庄市第三医院	许英　刘树民　李琦君
19	特殊彩色背景液晶显示器件研发与应用	河北冀雅电子有限公司	王晓燕　韩明东　高丽敏　魏铁艳　杨长勇
20	钢结构桥梁焊缝无损检测技术应用研究	石家庄市张石高速公路筹建处	许云山　籍建云　舒国明　田泽宇　位建召
21	石家庄市环城观光休闲农业带的成长模式与培育路径研究	石家庄学院 石家庄市农业局	孙中伟　赵旭阳　侯俊奇　韦锐
22	低掺量微膨胀剂的研制	河北金舵建材科技开发有限公司	马国栋　钱先明　靳通收　王文彬　张军英
23	热应激对肉鸡淋巴细胞钙离子及其信号转导途径的影响	石家庄学院	韩爱云　刘小静　左晓磊　肖霄　王志永
24	高精度汽车热交换零部件的工艺研究	石家庄盛华企业集团	包学春　彭新华　仲建波　刘瑞玲　高思宝
25	石家庄市甲状腺结节及尿汞高发的研究	石家庄市职业病防治院等	吴命君　王春艳等
26	多通道双混频时差测量系统	石家庄数英仪器有限公司	邓志成　苏志强　冯卫　曾文献　杜向伟
27	注射用哌拉西林钠他唑巴坦钠（4：1）	华北制药股份有限公司	吴金波　郝瑞霞　孙燕　王景欣　武琳

（续表）

序号	项目名称	完成单位	主要完成人
28	石家庄市 R&D 资源状况分析与科技领军人才培养机制研究	石家庄市科技干部教育学院等	张海国　尚岩等
29	室内花卉品种和高山杜鹃栽培及景观设计研究	石家庄市神州花卉研究所等	李志斌　张铁石等
30	蛋鸡体外仿生消化装置及幼龄猪禽肠道营养调控研究与应用	石家庄广威农牧有限公司	陈宝江等
31	农作物深松播种技术研究与应用示范	石家庄大和农业机械有限公司等	李建永　刘虹亚等
32	石家庄市环保产业发展对策研究	石家庄市环境科学研究院	杜献平　张建国　谢景彦　王毅　梁辉
33	活血化瘀通脉治疗心血管疾病及相关研究	元氏县医院等	王英霞　何雪珍等
34	妇科肿瘤中增殖凋亡相关因子的表达及其临床意义	石家庄市第四医院	张贺玲　杨峥莉等
35	剖宫产相关因素的分析对策及其术后康复的临床研究	赞皇县医院等	王志芹　王淑芳　任立新　张瑾等
36	呼吸道感染及遗尿症的防治	石家庄市第一医院等	杨艳超　葛芳　王振荣　张宝珍等
37	小麦新品种河农 58-3 示范与推广	河北嘉丰种业有限公司	孙志军　谷增辉　杨丽　张广辉　柴健
38	石家庄市社区康复与护理文化体系建设研究	石家庄市中医院等	苏书贞　白国芳等

表 83　2013 年度石家庄市科学技术进步组织奖

序号	获奖单位
1	石药集团中奇制药技术（石家庄）有限公司
2	河北东安精工股份有限公司
3	华北制药股份有限公司
4	石家庄诚志永华显示材料有限公司
5	河北以岭医药研究院有限公司
6	石家庄铁道大学
7	神威药业有限公司
8	石家庄煤矿机械有限责任公司

【科学技术特别奖】 河北东安精工股份有限公司和北京科技大学共同完成的“万吨级楔横轧高质量汽车轴类件生产技术及应用”项目，采用变频电机驱动和控制技术，专业化、大批量生产（万吨级）高质量汽车轴类零件楔横轧工艺等。河北东安精工股份有限公司利用该项目技术，发展成为全国唯一具有 4 万吨生产能力的大规模高质量楔横轧专业生产企业，并由重卡轴类零件向轻卡、轿车轴占一定比例的多品种方向发展，带动国内楔横轧生产规模大幅度提升。河北东安精工股份有限公司和北京科技大学还负责

起草《齿轮轴毛坯技术条件》行业标准，填补了国内外楔横轧齿轮毛坯标准空白。该项目获得发明专利3项，实用新型专利1项，2011～2013年新增产值2.3亿元，新增利税2296.47万元。

华北制药股份有限公司完成的“抗生素清洁生产新技术的开发及拓展应用”项目，以抗生素生产关键技术的开发及应用为主线，改造青霉素传统生产工艺和6—APA工艺，率先将多组分恒沸精馏和萃取精馏耦联技术、减压蒸馏技术应用于抗生素生产溶媒回收；自主研发的新装备，实现了6—APA生产直通工艺创新，推进了抗生素清洁生产，减少了环境污染。该项目2010～2013年新增产值26.28亿元，新增利税1.09亿元，出口创汇629.34万美元。

石家庄诚志永华显示材料有限公司完成的“TFT—LCD用TN模式液晶材料”项目，采用改造纯化设备、优化提纯工艺，解决了大尺寸LED显示屏对液晶材料纯度要求高的技术难点，具有可靠性高、温度范围宽、旋转粘度低、介电常数大等优点。该产品在国内TFT—LCD 5代线上成功应用，实现混合液晶产品价格低于国外同类产品近50%，打破了国外垄断，加速了关键材料国产化进程，快速提升和推动了平板显示行业技术进步。该项目获得发明专利3项，2010～2013年新增产值1.5亿元，新增利税4293万元，出口创汇338万美元。

（姚培龙）

科技成果转化推广与管理

【概况】 2013年，全市实施科技成果推广计划项目9项，安排资金136万元。完成历年科技成果推广计划项目验收11项，均达到计划任务合同要求。2013年7月，由石家庄生产力促进中心与石家庄润柏医药科技有限公司合作共建的石家庄生物产业基地技术服务中心以“零缺陷”优异表现顺利通过美国食品药品监督管理局（简称FDA）现场检查，成为全国首家通过美国FDA认证的独立检测实验室，获得FDA认证资质。2013年11月，在河北省科技成果转化中心组织的专家鉴定会上，石家庄深泽县健达高科化工有限公司的“无磷助剂4A沸石及分子筛原粉生产新技术”成功通过省专家组鉴定，认为整体技术达到国际先进水平。

（姚培龙）

【转增长促创新技术合作对接会】 4月25日，石家庄市科技局与鹿泉市政府联合在鹿泉市举办“转增长促创新技术合作对接会”，驻石家庄高校、科研院所25位专家及50余家企业代表共150余人参加产学研对接活动。对接会上，石家庄君乐宝乳业有限公司与河北科技大学（益生菌高密度培养关键技术研究）、石家庄虎林环保有限公司与河北省电力研究院、鹿泉市大河丰丰养鸡场和石家庄学院、石家庄德倍隆科技有限公司和石家庄铁道大学、石家庄江山动物药业有限公司和河北工程大学签署合作协议，项目总投资665万元。另有25家企业与到会科研单位达成科技合作意向。

【生物医药产业高新技术项目对接洽谈会】 11月26日，由河北省科技厅、石家庄市政府举办，市科技局承办的石家庄生物医药产业高新技术项目对接洽谈会在石家庄科技中心举行。来自知名高校、科研院所专家学者近20人和石家庄市25家生物医药企业技术负责人参加洽谈会，现场签订4个合作项目，另有5家企业达成初步合作意向。洽谈会前，市科技局专门征集包括清华大学、天津大学、沈阳药科大学、河北科技大学、河北师范大学等国内高等院校的生物医药科技成果项目60余项，并装订成册，向企业推介，还编印了《石家庄市生物医药企业技术难题汇编》，发放到高校、科研院所专家学者手中，增加了洽谈会实效。

【石家庄生产力促进中心再获国家优秀中心称号】 2013年7月，科技部公布国家级示范生产力促进中心2012年度绩效评价结果，石家庄生产力促进中心以优异的服务能力和先进的服务手段再次获得优秀中心称号，这也是河北省唯一连续两年获此荣誉的生产力中心机构。2013年中国生产力促进中心有2300多家，其中国家级示范中心252家。此次绩效评价是科技部依据《国家级示范生产力促进中心绩效评价工作细则》，在全国各地方、各行业国家级示范中心进行的评审。评价指标由反映中心领导、中心规模、发展能力、员工素质、服务条件等15项定量指标构成，排列前29名的被评为优秀中心。石家庄生产力促进中心坚持双向服务，面向中小企业，依托国内外科研院所、大专院校开展“政产学研”服务，为提高中小企业创新能力和市场竞争力做出了突出贡献，逐步形成为中小企业提供综合性、专业化、全程化的服务特色。2012年石家庄生产力促进中心共为1575家次企业开展了各类服务，取得显著的社会经济效益。

【抗沉降性轻质碳酸钙研究开发课题达到国内领先水平】 2013年10月，由河北立信化工有限公司承担的“抗沉降性轻质碳酸钙的研究开发”课题经专家组验收，认为该项目达到国内领先水平。“抗沉降性轻质碳酸钙的研究开发”课题主要是针对涂料用碳酸钙易沉降，影响使用效果问题，从石灰乳精选、窑气二氧化碳含量控制等碳酸化工序开始调控产品分散状态与晶形，并通过熟料浆增浓和添加分散剂包覆处理，改善产物聚集状态，得到高度分散的纺锤状轻质碳酸钙粉体，实现在水溶性涂料中优良的悬浮性能。该课题通过在企业应用证明，工艺设计先进合理，生产运行平稳，悬浮性能良好，有效降低下游产品的生产成本。

（李云萍）

【流动式汽车简易瞬态尾气排放检测新技术研究及应用】 石家庄华燕交通科技有限公司承担的“流动式汽车简易瞬态尾气排放检测新技术研究及应用”项目，实现汽车排气污染物排放流动性检测，为汽车排气污染物排放检测与控制提供了先进技术装备和手段。流动式简易瞬态尾气排放检测新技术通过研究使用普通载重汽车实现将工况法检测设备移动，可在交通道路或需要治理的地方按照国家环保标准要求实施检测。方便动态控制汽车维护保养是否到位，是否年审合格，年审是否采取作弊手段过关等，成为环保部门对道路行驶机动车进行尾气排放监测的实用工具。

【高速铁路双块式轨枕生产技术示范与推广】 石家庄高新区益通科技有限公司承担的“高速铁路双块式轨枕生产技术示范与推广”项目，采用模具循环流水法生产过程，以模具循环为圆心进行循环，将“模具清理”、“涂脱模剂”、“钢筋桁架入模”等准备工作在模具运输中完成，大幅度缩小了生产空间规模。同时，采用多种技术优化模具输送模式，实现能源消耗减少，输送速度提高，模具输送时定位达到精度控制，减轻了工人劳动强度。该生产线是国内第一条双块式轨枕生产线，实现无渣轨道双块式轨枕生产线国产化，为国家客运专线施工进度提供了保证。高速铁路双块式轨枕生产线已在郑州—西安、大同—西安、贵阳—广州等5个高速铁路客运专线建设项目生产现场应用，取得良好的经济和效益。

【小麦新品种济麦22引进、示范、推广】 石家庄市种子管理站承担的“小麦新品种济麦22引进、示范、推广”项目，针对近年石家庄市气候变化频繁，缺少集高产、抗病、抗虫、抗寒、抗旱、抗到伏、耐热、广泛适用等突出特点的小麦品种，引进推广了济麦22小麦新品种。项目组以河北乐土种业有限公司济麦22繁种田为中心，2012年提纯、复壮繁育原种40.5万千克，比原计划增加10.5万千克，2013年提纯、复壮繁育生产用种1300万千克，比原计划增加300万千克。项目区两年推广390万亩，平均亩产 602.8千克，超原计划 22.8千克，实现亩增产值 310.63 元；总产量 23.5亿千克，总增产值 12.1亿元，总增纯效益 13.1亿元，比原计划增加4.42亿元。该课题采取“良种繁育—良种供应—技术推广”方法，形成组织完善、功能齐全的推广服务体系，促进了技术推广步伐。推广过程中，课题组提出“一引进、二推广、三确定、一保证”为中心的技术路线，明确栽培技术关键，形成栽培技术体系，解决了小麦高产与抗病、高产与抗寒、高产与抗倒等限制产量提升的瓶颈问题。

（姚培龙）

教 育

教 育

概 述

2013年，全市共有各级各类学校、幼儿园3229所。其中，幼儿园1227所；小学1418所，同比减少128所；中学421所（含初级中学226所、普通高中66所、九年一贯制学校73所、完全中学50所、十二年一贯制学校6所），同比增加8所；特教学校24所；中等职业教育学校134所，同比减少7所；市属高校5所。幼儿园招生133319人；小学招生118095人，同比减少8192人；初中招生104420人，同比增加2598人；高中招生57228人，同比减少1732人；中等职业教育招生44652人，同比减少17906人。在校生1586283人。其中，在园幼儿281458人；小学生685218人，同比减少28941人；初中生288299人，同比减少2751人；高中生171323人，同比减少15918人；特教学生1183人；中等职业教育生158802人，同比减少34193人；高校全日制在校生47849人。小学毕业生111294人，同比增长6274人；初中毕业生92701人，同比减少5587人；高中毕业生67663人，同比减少3225人；中等职业教育毕业生68735人，同比减少33874人。教职工112088人。其中，幼儿园16070人，同比增加3004人；小学40352人，同比减少343人；中学44180人，同比减少444人；中等职业教育11110人，同比减少458人。专任教师95542人。其中，幼儿园10241人，同比增加1723人；小学41568人，同比减少59人；中学35296人，同比减少288人；中等职业教育8120人，同比减少212人。省级骨干教师369人、省级学科名师57人，特级教师281人，市级骨干教师2126人、市级学科名师544人。2013年石家庄市在美国新建孔子课堂3所，分别是第25中学与美国肯尼迪高中合作建立的孔子课堂、第17中学与美国马西斯独立学区合作建立的孔子课堂、盛世长安小学与美国雷丁艺术学校合作建立的孔子课堂。至2013年底，全市中小学在美国、英国、韩国、瑞典4个国家合作建立孔子课堂8所，位居全省第一。2013年全市共有民办学校1125所，在校生28.78万余人。总占地面积8997.82亩，建筑面积270.57万平方米，固定资产总额18.8亿元，教学仪器设备总值2.3亿元，图书资料622.79万册。开展民办教育培训机构清理整顿活动，检查民办教育培训机构720所，清理无证机构208所，达到补办手续标准23所，责令限期整改67所，依法取缔69所，清理19所民办培训学校私设办学点32个。制定《石家庄市民办教育培训学校审批管理暂行办法》，明确民办教育机构审批程序、设立标准、教学点管理、监督管理等规定。举办石家庄市民办学校和培训机构举办者、校长师德素养培训班，集中培训4天，参加800余人。推行家庭作业网上公示制度，印发《石家庄市教育局关于推行义务教育阶段学校学生家庭作业网上公示制度的通知》，并利用教育部为第一批教育信息化试点市提供国家教育资源公共服务平台，在市内义务教育阶段7所学校推行家庭作业网上公示制度。采取召开座谈会，实地考察等形式，在全市范围扩大义务教育阶段家庭作业网上公示学校试点，减轻了学生过重课业负担。开展以学生为中心因材施教活动，优化教学资源，发展学生个性特长。在全市范围征集中小学义务教育阶段校本课程，总结和发现义务教育阶段校本课程开发与建设经验，实现课程建设均衡发展。印发《石家庄市学校体育工作三年行动计划（2014—2016年）》；实行中考体育改革，下发2014年中考体育所有测试项目全面采用电子设备测试通知；举办体育骨干老师培训班，邀请教育部体卫艺司体育处刘海园等专家授课。4月26日，全市2013年中小学生田径运动会在正定中学东校区举行。贯彻落实《教育部关于中小学开展书法教育的意见》(教基二〔2011〕4号）和《中小学书法教育指导纲要》(教基二〔2013〕1号）要求，深化教育教学改革，全面推进素质教育，提升书法教育整体水平，交流中小学书法教育经验做法，2013年10月和11月分别举办石家庄市首届小学书法教育现场推进会和中学书法教育现场推进会。严格执行“划片招生、就近入学”制度，规范义务教育阶段学校招生秩序。2013年石家庄晋州市、平山县、灵寿县3县（市）通过河北省三类城市语言文字工作达标验收；鹿泉市第二实验小学、新乐市孝德小学2所学校获评国家规范汉字书写特色学校。全市320余名语文教师参加全国百佳语文教师评选活动，其中3名教师获得全国百佳语文教师，28名教师获得全国优秀语文教师。确定《石家庄市教育设施规划建设条例》、《石家庄市职业教育办法》、《石家庄市民办教育管理办法》列入两年立法计划，启动《石家庄市教育设施规划建设管理条例》立法，完成《关于对居民住宅项目配建教育设施遗留问题专项整治的意见》、《石家庄市中小学教师日常行为规范》及“十不准”规定起草，出台《石家庄市依法治校示范校评选与管理办法》、《关于推进青少年法制教育基地建设的意见》，召开全市青少年法制教育基地建设现场会，推广鹿泉市“N+1”法制教育模式。组建由中国教科院、沈阳师范大学、四川大学等教育法学专家为编写小组负责人，省市有关专家及部分学校校长、教师参加的编写小组，完成全市中小学生法制教育读本编写。

加强学校安全管理。完善视频监控、报警系统等安全防防设施，按照“每个校区1套电子监控、1套联网报警、1部报警电话”标准配齐技防物防设施。落实安全管理规定，印发《学校安全档案管理办法》和《市县两级教育行政领导学校安全稳定工作联系点制度》。加强应急组织、队伍、平台、能力建设，开展护苗行动、“百日行动”等集中治理行动，检查学校安全2700余所，排查安全隐患3084处，责令整改1683个，限时整改1215个。与公安、工商、文化等部门联合开展校园及周边治安综合治理，净化了校园及周边环境。与市疾控中心联合开展儿童伤害监测系统试点，选择23所小学作为儿童伤害监测点，定期汇总学生伤害案件类型、发生地点、伤害时间、伤害结果等，科学分析，积极做好伤害学生事故预防工作。2013年全市教育系统接待群众来访173人次，处理信访事项53件，收到信访信件26件，出具信访复查答复书27个，依法终结案件7件，行政调解案件4件，全部做到即时办理和反馈。开展群众满意度测评，发放办事群众纸质满意度测评问卷536份，其中满意447份、基本满意87份、需要改进2份。4月1日、6月14日、6月20日、9月10日四次参加石家庄广播电台“行风热线”。开展中考体育、中考特长生认定、中考录取、教师招聘、特级教师市级评审及学校基本建设工程项目招投标等监督26项，受理来电投诉138个、来信投诉23个、市长热线25个、阳光热线11个。举办万名教师访万家活动，全市参加走访干部教师7万余人；走访家庭60.8万个、企业和社区12243万个；征集合理化建议

11月10日，举办2013中国·河北秋季国际教育展暨第五届燕赵出国留学大型教育展——石家庄站招生面试会

11.8万余条，采纳5万余条；撰写调研报告5000余篇；家长满意度达到99.3%。

发展规划。实施中小学校舍安全工程（简称校安工程），完成投资36.9亿元，拆除重建和加固校舍面积391.3万平方米，竣工382.9万平方米。2013年石家庄市校安工程开工率在全省排名第一，竣工率在全省排名第二，获得河北省财政厅、教育厅奖励校安工程专项资金2001万元。结合国家、河北省实施学前教育“春蕾”工程，投资1.32亿元，支持城市学前教育发展工程等项目建设，在15个县（市）区新建、扩建50所公办标准化幼儿园。实施市教育局直属学校重大项目建设，辛集中学、正定中学及市第一实验中学、第二实验中学校安工程按期完成建设任务；市职教中心教学培训楼工程、市二中整体改造二期工程、市二十四中整体改造一期工程、示范性基地建设、市特教学校新校区建设顺利推进；市十五中迁建工程占地妥善解决；市一中正定新区分校、市二中西校区（原市五中）、职教园区一期及信息技术学校、商贸物流学校、服装动漫学校、现代技术学校项目持续推进。开展主城区居民住宅配建教育设施建设，起草完成《居民住宅配建教育设施遗留问题专项治理意见》和《石家庄市教育设施规划建设管理条例》。职教园区建设取得实质性进展，特教学校部分主体完成施工，市第一职业学校、第二职业学校、第三职业学校及财会学校项目建设前期手续办理基本完成。创建生态文明示范校200所，建成一批规划布局合理，环境优美中小学校园。筹资1000万支持电教中心举办全国信息技术大会；筹资200万支持市考试院开展中考网上阅卷。实施包括学前教育资助、普通高校新生入学路费资助、高校学生服兵役国家资助在内12项资助项目，资助金额4.12亿元，惠及学生110.6万人次。

教育督导。创新教育督导手段，利用现代信息技术，提高督导工作科学化、信息化水平，巩固深化督政、督学、监测三位一体教育督导体系建设。制定《石家庄市兼职督学聘任与管理办法》，组建石家庄市第二届督学队伍110名，县（市）区建立督学责任区159个，聘任责任督学951名，实现督学责任区全覆盖，成为河北省唯一一个全覆盖市。建立学前教育到高中教育完整评价体系，全年评估市县两级学校（园）959所，其中市教育局直接评估83所。中等职业学校评估填补国家空白，在全省推广。加大县级政府对教育投入督导检查，限期整改和督促7个县纠正教育投入拨付不及时、不到位情况，补齐教育经费4300万元。9月22～28日，国家教育督导团专家组到石家庄督导检查井陉县、栾城县、藁城市、鹿泉市、桥西区5个县（市）区义务教育均衡发展情况，并一致认为5个县（市）区的各项指标均达到国家规定要求，实现了县域义务教育发展基本均衡目标。2013年石家庄县（市）区通过国家义务教育基本均衡评估验收数量占全省1/2；新乐市、长安区、裕华区、新华区、桥东区、井陉矿区、平山县、无极县8个县（市）区通过省政府义务教育基本均衡督导评估，占全省1/3。2013年国家教育部批准石家庄市为河北省唯一国家中小学教育质量综合评价改革实验区。

人事管理。采取市人力资源和社会保障局笔试、市教育局面试方式，招聘教师岗位667个，14个县（市）区、4所市直学校以及市教育局5所直属学校开展教师岗位公开招聘，面试考生1361人。重视解决代课教师待遇问题，2013年7月下旬，组织直属学校169名符合条件代课教师参加笔试、面试，最终选聘入编代课教师103名。选聘免费师范生31人。2013年属石家庄市生源的教育部直属师范大学免费师范生31人全部签约，其中市教育局直属学校签约20人，县（市）区签约11人（长安区1人，桥西区1人，裕华区2人，鹿泉市1人，栾城县2人，无极县2人，元氏县1人，赞皇县2人，正定县1人）。采取人才引进、选聘2种渠道，市教育局直属4所高校引进高层次才74人。接收应往届石家庄生源师范类毕业生档案2000余份，办理毕业生就业报到1061人次。完成国有企业157个职教幼教学校退休教师资格审查，审核企业退休人员档案3113份，初次认定退休教师1615人（含技校390人）。认定符合条件60岁以上原民办代课教师22192人，其中17个县（市）区完成原农村民办代课教师教龄补助发放。9月4日，市教育局、市人力资源和社会保障局、市总工会联合表彰全市教育系统先进个人，授予100人石家庄市首届“百佳”校（园）长称号、100人石家庄市优秀教师称号、100人石家庄市优秀班主任称号（参见“人物”）。2013年石家庄市特殊教育学校张晓萌、元氏县南佐中心小学何彦丽入选感动省城十大人物（参见“人物”）。

队伍建设。出台《关于加强教师队伍建设的实施意见》，按照全市教师年人均200元标准设立教师培训专项资金。出台《2013年三支队伍素质提升培训方案》和《县市区三支队伍培训指导意见》，采取举办和开展讲座论坛、网络培训、校本研修、中小学骨干名师业务进修等形式，搭建不同层次培训平台。编辑教师荣誉之书——《师范》，书中收集700余名优秀教师先进事迹和工作照片，激发了教师争优创先热情。选派教师到“三区”支教。2013年6月，市教育局联合市委组织部、市财政局、市人力资源和社会保障局、市扶贫开发办公室向有关县区转发河北省教育厅等5部门《关于印发河北省边远贫困地区、民族地区和革命老区人才支持计划教师专项计划实施方案的通知》。2013年7月，石家庄从市区选派73名优秀教师分别到行唐县、灵寿县、赞皇县、平山县4个县顶岗支教，其中到行唐县20名，灵寿县19名，赞皇县14名，平山县20名。投入1900余万元，围绕生命教育、素质教育、实施素质教育能力和骨干教师队伍建设开展10大项50个小项培训，共有109668人次教师、1200余名校长、670余名教育行政干部参加市级以上培训。创新校长、名师、教师培训模式，选拔市区中小学校长到教育发达城市、农村小学校长到市区影子基地挂职学习；改变网上学习、高端进修形式，筹备建立10个特级教师名师工作室；选用菜单式培训，举办多彩假期、骨干教师预备培训等，启动“石家庄市教师专业发展管理系统”。2013年全市11所学校获得聘请外国教师资质，累计达到68所；聘请外籍教师120名；新增对外友好学校6所，累计达到189所。

教育考试。2013年全市参加高考考生84055名，设置考区23个、考点77个，考场2591个，考生占全省总人数18.7%，考试规模在全省最大。高考录取率创下新高，2013年河北省参加高考考生44.9万人，实际录取38.3万人，录取率85.1%；石家庄市录取率86.4%，高于全省1.3个百分点。2013年全市参加研究生入学考试26837人，比2012年增加1138人，增长4.4%。其中，高校应届毕业考生19094人，在职人员考生7743人。2013年全市普通高中学业水平测试报名人数131139人，参加考试1109252科次。其中，笔试606401科次，信息技术考试55874科次，考查科目446977科次。2013年全市报名参加中考76620人。其中，市区考生21571人，县（市）区及井陉矿区55049人，中考人数比2012年减少3012人。经市考试院审批录取中考新生19380名（不含县属普通高中及职业学校）。石家庄市中考率先在全省实行网上阅卷、远程网填报志愿和批次内平行志愿录取3项改革，并在河北省推广。2013年4月、10月2次自学考试报考55026人，考生办理课程免考手续2万余科次。2013年全市成人高考报名25936人，比2012年减少4260人，同比下降14.1%。录取新生21916人，其中，专科起点升本科11205人，高中起点升本科455人，高中起点升专科10256人，总录取率96.33%。2013年全市参加社会考试388241人，比2012年减少28230人。其中，剑桥少儿英语考试633名；全国英语等级考试15253人；全国计算机等级考试109117人；大学英语四六级考试244449名；教师资格考试17916人。2013年石家庄市考试网上巡查系统实现国家、省、市、县、考点五级管理；建成标准化考点80个，标准化考场3385个，全覆盖监控点2200余个，实现4项国家级教育考试100%覆盖率。

教育科研。深化课堂教学改革，以“名师大讲堂”、“山区教育扶贫工程”、“薄弱校提升工程”、“特级教师送教”等项目为抓手，采取“全程化、跟进式”、“以赛代训”、“网络教研”等模式，开展学科教研活动200余次，录制优质课资源600余节，培训教师近3万人次。2013年全市参加各级各类不同学科评优课比赛获得国家级一等奖14名，省级一等奖60余名。开展教学过程督导和调研活动，督导检查一线学校100余所，听课1000多节。实施省级示范性高中学校网上阅卷。开展诊断试题与高考试题研究，落实高三年级质量检测一、质量检测二、一模、二模考试，召开学科考试分析会20余次。全年河北省教育科学规划课题立项875项，其中石家庄市报送644项，获得立项178项。首创教师个人课题申报，2013年教师申报课题1074项，涉及中小学、职业教育、学前教育等学科和专业。开展教学质量评估，改革学校评价机制，出台《石家庄市高中教学评价方案》和《县级教研室建设及评估标准》。2013年《区域中小学校长评价制度研究》申报河北省教育科学“十二五”规划年度课题，《义务教育阶段区域教学评估标准的探索与实践》申报中国教育学会基础教育评价专业委员会年度课题。开展家长学校课题研究，33篇教师论文获得省级奖励，其中12篇获得一等奖。2013年石家庄16所家长学校通过省级家长学校示范校验收；藁城市家庭教育课题组编写的《〈家庭教育手册〉教学设计》填补了家长学校教学资料空白。

教育装备管理。撰写《关于加强全市教育装备发展的报告》、《市直高中对标南京上海教育装备工作的调研报告》、《关于建设教育扶贫工程学校与市内优质学校互动课堂试点项目的报告》等5个调研报告。提出设立市教育装备发展专项配套资金；制定教育装备发展规划和标准，实行市县两级分级管理；参照南京市、济南市、成都市等地做法，成立专门教育装备采购机构，确保教学仪器设备达到先进性、适用性；建立城市合作机制，推进中小学教育技术装备标准建设，形成资源共享、教育装备个性化突出城市等建议。推进“以考促用”目标，2013年5月全市近8万名考生完成中考物理化学生物实验操作考试。2013年桥东区、鹿泉市成功申报教育装备管理网络化省级试点单位，完成平台升级改造；8名教师参加河北省教育厅组织的初中物理、小学科学教师实验技能选拔大赛，均获得一等奖。

教育信息化与新闻宣传。石家庄市是全国首批“国家数字教育资源公共服务平台规模化应用试点市”。2月1日，“国家数字资源规模化应用石家庄试点”举行启动仪式。3月6日，全市教育信息化工作会议举办，讲解《国家数字教育资源公共服务平台规模化应用石家庄市试点项目实施细则》（石信宣〔2013〕7号），落实《关于国家数字教育资源公共服务平台规模化应用石家庄市试点工作的补充通知》（石信宣〔2013〕17号）要求，完成国家数字教育资源公共服务平台注册、开通和使用。2013年5月，专家组成立，聘请中央教科院博士王鑫、李正福为专家组成员，论证和修改“国家数字教育资源规模化应用石家庄试点”实施方案，确定利用云技术搭建数字资源平台、人人通空间、远程协助教研等三大试点应用内容。6月27日，召开石家庄市优质数字化教育资源普及应用工作会议，推广“e学100”数字化课程。2013年10月，“国家数字教育资源规模化应用石家庄试点”市本级一期建设云中心软硬件基础架构搭建和测试完成。投资1000万元，重点推进“三通两平台”建设，即“宽带网络校校通、优质资源班班通、网络学习空间人人通”及“优质基础教育资源平台、办公管理平台”建设。参加2013年“全国中小学生电脑制作活动”，收集作品220件，推荐上报河北省优秀作品33件。推进申请石家庄市“数字校园”示范校试点建设，申报学校65所。开展网络环境下信息技术教师评优课活动、信息技术与学科（英语）整合优质课评比活动。参加全国第五届电视公开课展示活动，推荐47件作品参加省级评选，获省一等奖14件，二等奖15件，三等奖18件，其中6件作品参加国家级评选。举办第五届中国中小学校园影视节暨第十届中国中小学校园影视奖评选活动，其中4件作品参加国家级评选。2013年3～8月，参加第22届全国儿童青少年计算机表演赛，石家庄市获全国一等奖1名，二等奖3名，三等奖5名。9月15～17日，全国“教育管理信息化与智慧校园建设研讨会”在石家庄市召开，来自全国省级教育部门信息中心主任、各地市学校教育信息化主管领导、国内知名信息技术专家、IT企业代表等1500余人参加会议。2013年石家庄市共有87345名学生参加信息技术中考；4个教育网站参加第二届全国优秀教育门户网站评比，其中市教育局门户网站获得“全国地级市教育门户五十佳网站”，桥西区教育网获得“全国区县级教育门户百佳网站”，正定县教育网获得“全国区县级教育门户优秀网站”。至2013年底，全市教育系统新闻宣传稿件获国家级媒体采用67条，省级媒体采用335条，市级媒体采用398条。

中小学校健康教育。关注教师身心健康。2013年7～8月，在市内16所学校开展“幸福园丁·多彩假期”活动，以自愿、免费、有趣、有效为原则，举办健身操、民族舞、太极拳、瑜伽、茶艺等20项活动，共有2500余名中小学、幼儿园教师参加，培养了教师健康生活情趣，间接引领学生建立幸福人生。重视青少年健康教育。10月12日，中国康复医学会颈椎病专业委员会、石家庄广播电视台、河北医科大学附属石家庄市第三医院、北京大学第三医院等单位联合在石家庄广播电视台举办儿童脊柱问题国际社会论坛。此次论坛汇集医学、教育、体育、宣传等多专业、多层面国内外专家，围绕“儿童脊柱健康问题”主题，从儿童期脊柱发育、脊柱保健、疾病防治与康复等角度论述了儿童期脊柱健康的重要性。长安区、裕华区 70 余名中小学教师、学生家长参加活动。加强学校食堂食品安全和饮水安全，严防食物中毒和肠道传染病流行事件发生。12 月 16 ~ 17 日，督导检查全市 17 所市直学校食堂食品卫生安全管理、学校自备水源管理及肠道传染病防控措施，及时整改了个别学校食堂布局结构不合理、操作间存在交叉现象、食品留样不足等问题。推进中小学生命教育进程。12 月 22 ~ 27 日，在中国人民大学举办首期石家庄市生命教育专题研修班，各县（市）区教育局长、40 所生命教育试点校校长、健康教育指导中心、市教科所等单位共 80 余人参加培训学习，提升了生命教育管理和指导能力，奠定了理论基础。

成人教育。规范驻石家庄普通高校成人高等教育函授站（教学点）及现代远程教育校外学习中心管理。制定印发《关于开展成人高等教育函授站（点）现代远程教育校外学习中心年检工作的通知》，组织专家完成 44 个函授站（教学点）、39 个校外学习中心年检工作。起草《关于推进社区教育工作的意见》、《社区教育工作暂行办法》、《社区教育工作评估体系》。发挥城市职业学校、县级职教中心非学历教育短期培训功能，形成以县级职教中心为龙头、以乡镇成人学校为骨干、村文化技术学校为基础的职业培训网络。开展退役士兵技能培训、在职职工岗位培训、返乡农民工技能培训、各种行业职业资格证书培训等。2013 年全市参加职业培训人员达到 50 万人次以上。

教育志鉴编纂。2012 年底首部《石家庄市教育年鉴》启动编纂，2013 年 9 月《石家庄市教育年鉴（2013）》正式印刷出版。全书 85 万字，设置类目 11 个，内容包括图片、重要会议报告、重要文件、市教育局综合管理、各级各类教育、人事与干部、各县（市）区教育工作、各级各类学校、教育年度统计、人物、教育工作大事记。2 部教育志稿通过专家评审。10 月 10 日《长安区教育志（1989–2010）》通过专家评；12 月 5 日《深泽县教育志（1084—2006）》通过专家评审。至 2013 年底，石家庄市第一轮教育志书编纂全部完成。开展志鉴编纂培训，10 月 25 日市教育局组织召开各县（市）区及直属学校教育史志鉴编纂人员培训会议，讲解和研讨了篇目设定、条目体例规范及撰写要求、要点、语句表述、名称标识等。谋划编纂《石家庄市教育志（1989–2014）》，成立以市教育局党委书记、局长闫纯锴为主任，副局长马力为主编的编纂委员会，聘任编辑 10 名、顾问 3 名，确定市二十四中为办公地点，实施和制定续志篇目。

教育学会。2 月 27 日，全市 120 余名市教育学会会员代表在市一中举行第七次会员代表大会，选举产生市教育学会第七届理事会。2013 年市教育学会申请成为中国教育学会会员单位。坚持课题研究与教育教学相结合，完成课题结项 290 余项。参加市社会科学界联合会社科评奖，获评奖项 29 项，占全市获奖总数 42%；2013 年 5 月参加由陕西省教育学会主办的冀、晋、蒙、陕、甘、宁、青北方 7 省（区）教育学会年会，市四十中数学教师李志远展示课获得一等奖。

（市教育局）

【出台《关于加强教师队伍建设的实施意见》】 9 月 13 日，市政府出台《关于加强教师队伍建设的实施意见》。主要内容包括：1. 完善教师补充长效机制，补足配齐农村紧缺学科教师。按照国家基础教育课程改革要求，补足配齐农村音体美、英语、信息技术、科学课程等紧缺学科教师及心理健康教育教师，中小学、幼儿园教师数量充足、配置均衡、结构合理，满足教学需要。到 2020 年，教师队伍学历层次明显提高，小学、初中教师本科及以上学历分别达到 60% 和 90%；普通高中和中等职业学校教师研究生学历（学位）比例达到 20% 以上。学科名师数量达到专任教师数量的 4%，骨干教师数量达到专任教师数量的 10%，确保全市教师队伍整体水平位居全省前列。职业学校“双师型”教师比例达 35% 以上。2. 师德建设摆在队伍建设首位，实行师德“一票否决”制。完善师德监督考核机制，严格按照《教师法》和《教师职业道德规范》要求，规范教师职业行为。

严格考核管理，将师德建设作为学校工作考核和办学质量评估的重要指标，把师德表现作为业绩考核、职称评审、岗位聘用、评优奖励的首要内容，实行师德“一票否决”制。完善学生、家长和社会参与的师德监督机制。严禁公办在职中小学教师从事有偿补课。对失德失范者加强教育，情节严重的依纪依规给予惩戒，直至取消教师任职资格，清除出教师队伍。3．“山区教育扶贫工程”项目学校实施特殊师资配备。落实国家、省、市文件规定，对“山区教育扶贫工程”项目学校、寄宿制中小学、乡镇中心学校、村小学及教学点等实施特殊师资配备政策，按政策要求核定人员编制。同一县域内中小学教职工编制可以互补余缺。健全新任教师补充和优秀教师引进机制。多渠道补充教师，每年面向社会公开招聘教师；制定高层次优秀毕业生选聘办法。按照国家和河北省关于免费师范毕业生就业政策优先选聘免费师范生；市直学校可将急需紧缺的博士研究生、优秀硕士研究生及教育部直属6所师范大学师范类毕业生和省特级教师、省级学科名师、省级以上优秀教师、模范教师、职业学校急需的专业课教师等列入选聘范围。4．鼓励优秀教师由优质学校向薄弱学校合理流动。建立教师轮岗流动制度，引导、鼓励、支持优秀教师由城镇向农村、由超编学校向缺编学校、由优质学校向薄弱学校合理流动。义务教育学校男50周岁、女45周岁以下的教师，在同一所学校工作满10年，原则上分批进行异校流动，每年完成新增流动教师不少于符合条件教师总数的5%。开展“城乡结对、互助共赢”活动，实施城市优秀教师到农村学校支教工作。中小学教师参评特级教师时，原则上要有一年以上在农村学校或薄弱学校任教经历。教育行政部门按照规定负责中小学校长选拔、任用、管理和轮岗工作。义务教育学校校长实行任期制，每届任期5年，可以连任，在同一所学校任职一般不超过两届。贯彻落实幼儿园园长、普通中小学校长、中等职业学校校长专业标准和任职资格标准。每年定期对校长（园长）开展全员培训，全面提升办学素质和能力。每年定期对新任校长进行任职资格培训，在职校长每5年累计参加300学时的提高培训。5．提高教师待遇，向一线教师、骨干教师倾斜。全市各级政府要依法保证教师平均工资水平不低于当地公务员的平均工资水平。强化教师绩效激励机制，建立教师绩效考核评价体系，完善奖励性绩效工资分配办法，根据考核结果，合理确定并拉大奖励性绩效工资分配档次，重点向一线教师、骨干教师和做出突出成绩的教师倾斜。县级财政要在绩效工资总量外单独设立农村教师津贴，对长期在农村基层和艰苦边远地区工作的教师实行工资倾斜政策，保证在农村基层和艰苦边远地区工作的教师工资待遇高于当地城镇教师。提高班主任待遇，研究制定对有特殊贡献教师重奖管理机制。落实特殊教育教师待遇，在工作和生活条件、职称评定、评先奖优等方面给予优先。建立健全民办学校教师管理制度，依法保障和落实民办学校教师在培训、职务（职称）评审、教龄和工龄计算、表彰奖励、社会活动等方面与公办学校教师享有同等权利。教师培训经费列入各级政府预算，不得向教师个人收取。市财政按全市教师年人均200元标准设立教师培训专项资金，各县（市、区）也要设立相应的专项培训经费，并根据实际需求及财力逐年增加。

（李云萍）

【山区教育扶贫工程】 2013年10月，历时近3年山区教育扶贫工程全部完成，56所项目学校（中学6所，小学50所）投入使用，累计投资6.72亿元，实现36388名（小学生29352名，初中生7036名）学生告别深山，走进现代化的新学校。9月14日，《中国教育报》以《好事办在老百姓的心坎上》为题，在头版头条位置刊发石家庄市实施山区教育扶贫工程纪实，并在“改革者说”栏刊发省委常委、市委书记孙瑞彬署名文章《教育是撬动山区扶贫工作的有力支点》。2013年山区教育扶贫工程完成后，石家庄市基本实现深山区小学生以学区为中心就近集中、初中生向县城集中、高中生按报考志愿在全市范围统筹安排的总体目标。山区教育扶贫工程实施前，国家和省市采取综合扶贫、产业和项目扶贫、雨露计划、移民搬迁等多种扶贫工程，但太行山区贫困依旧。面对这个问题，省委常委、市委书记孙瑞彬3次到赞皇县、井陉县调研。结论为：山区群众长期贫困原因，主要在于受教育程度低，缺乏脱贫致富本领，没有能力和勇气下山打工和创业。而且山区教育资源落后分散，孩子上学难、升学难，中途辍学多，按以往扶贫方式短期内普遍提升山区教育质量非常困难。市委主要领导认为：“经济社会发展到今天，我们已经具备了让山区孩子接受良好教育的条件，再也不能让孩子在这样简陋的条件下学习生活了，再也不能让老师在孩子们渴望的眼神中无奈地坚守了，再也不能让山区人民因为没有知识而贫穷下去了。让娃娃下山读书就业，引导家长融入城镇发家致富，这是一条可行途径。”“从根本上解决深山区贫困人口脱贫问题，必须与城镇化、工业化和教育现代化结合起来。”2011年初，石家庄市开始在深山区实施山区教育扶贫工程，规划利用2～3年时间，在赞皇县、灵寿县、元氏县、行唐县、井陉县、平山县6个山区县，新建6所城区寄宿制初中，新、改扩建50所中心乡镇（学区）寄宿制小学，将深山区4万余名中小学生全部免费安置到新、改扩建的寄宿制学校就读，通过孩子带家长，一人带全家，逐步引领山区贫困人口走出深山，在城镇置业安家，从根本上实现脱贫致富。石家庄山区6县有4县属于国家级扶贫开发县，集中连片在深山区有45个乡镇60多万人，年人均现金收入1500元以下贫困村有820多个。2011年2月26日，全市农村工作暨城乡统筹会议召开，印发市委办公厅、市政府办公厅关于《石家庄市“下山扶贫教育工程”实施方案》。2012年市委、市政府将“山区教育扶贫工程”列入“十大民生工程”和“为民办20件实事”之一，成立山区教育扶贫工程指挥部，建立党委领导、教育主导、部门协作、全民支持的工作机制。市直相关部门和6个山区县在指挥部统一协调下，各司其职，各负其责，周调度、月交流、跟踪督导、加强协作、紧密配合、共克难题，保证了工程顺利实施。市教育部门及时聘请专家论证评审56所学校的规划设计，统筹教师、学生及教学设施安排，跟踪督查建设进度；农工部门出台倾斜政策，加大和支持扶贫教育力度；国土部门想方设法提供用地指标404亩，专项用于项目学校；规划建设部门抽调专人全程指导、管理、监督学校的规划、建设，收费项目，做到能减免的一律减免；人力资源和社会保障部门为学校积极配备教师，免费培训学生家长技能，帮助深山区群众转移就业；扶贫、农业、林业等部门落实扶贫项目资金，全力做好退耕还林、农业开发等工作。石家庄山区教育扶贫工程规划投资8.7亿元，规划建筑面积42.3万平方米，规划转移安置山区学生4.1万名。整个工程按照“政府投入一点、部门支持一点、企业援助一点、社会募捐一点”原则，千方百计破解资金瓶颈。市教育部门下大力争取上级资金支持，将工程涉及学校纳入校舍维修改造、薄弱学校改造、校舍安全工程等项目，共为平山县、灵寿县、行唐县争取“农村教师周转宿舍建设工程”项目中央资金8000余万元。赞皇县、灵寿县、元氏县、行唐县、井陉县、平山县6个深山区县原有小学生33835名，初中生16916名，高中阶段与初中段学生数量相当。山区教育扶贫工程新建学校测鱼小学，地处井陉县南部深山区，距离县城42千米，规划占地25.5亩，总投资1260万元，新建教学楼、宿舍楼及餐厅各1幢，建筑面积5700平方米；山区教育扶贫工程新建学校赞皇县第二中学，规划占地120亩，总投资9666万元，设计规模48个教学班，容纳寄宿就读学生2400余名，是赞皇县标准最高、规模最大的一所全封闭寄宿制中学，主要面向深山区嶂石岩乡、黄北坪乡、土门乡、许亭乡、院头镇5个乡镇及部分进城务工子女招生。山区教育扶贫工程项目学校建设严格按照市教育局审定的规划设计方案和校舍安全工程以及国家最新颁布农村寄宿制学校校舍标准施工，重视教育教学配套设施建设，健全了食堂、餐厅、浴室、宿舍、冬季取暖等生活服务设施。2013年石家庄市教育、公安、卫生、交通运输等7个部门联合下发《石家庄市山区寄宿制中小学管理办法》，对56所项目学校的教育教学、安全、卫生、饮食、住宿管理、往返等环节提出明确规定和要求；6个山区县优化经费支出结构，提高了项目学校贫困寄宿生的生活补贴比例和标准。10月10～11日，市教育局在赞皇县教师进修学校举办了56所项目学校小学和初中英语教师培训。10月22～24日，石家庄市分别在行唐县、灵寿县、井陉县、平山县、元氏县、赞皇县召开山区教育扶贫工程学校管理拉练观摩现场会，推进了山区教育扶贫工程项目学校精细化管理，总结交流了管理经验和成效。6个山区县职教中心优化提升。全市在实施山区教育扶贫工程的同时，投入资金3960万元，改造提升了山区县职教中心教学楼、综合实训楼、宿舍楼等教育教学设施，改造建筑面积42711.5平方米；还投资369.87万元，配备实训、多媒体等教学设备仪器482台（件），确保了未进入大学深造的山区孩子都能享受到优质职业教育。2013年底，山区教育扶贫工程工作重点开始由工程建设转移到学校常规管理和教育教学质量提升上，学校管理制度和措施日益完善，并积极开展优质学校与项目学校定向帮扶活动。12月14日，在北京市国家教育行政学院举行的第三届全国教育改革创新典型案例推选活动颁奖典礼暨中国教育创新论坛上，石家庄市“山区教育扶贫工程”从全国1028个参评优秀创新实践案例中胜出，获得第三届全国教育改革创新优秀奖，这是河北省市级教育首次获得该奖项。

（王素军　李玉金　李云萍）

【出台教育系统重污染天气应急暂行预案】 11月6日，石家庄市出台教育系统重污染天气应急预案（暂行）。根据重污染天气应急预案规定，重污染天气分为三级，分别为Ⅲ级（黄色）、Ⅱ级（橙色）、Ⅰ级（红色）预警，其中Ⅰ级预警为最高级别。该预案要求，在Ⅲ级、Ⅱ级、Ⅰ级预警发布后，各级各类学校要增加对校园裸露地面洒水抑尘频次。Ⅲ级预警发布后，全市各级各类学校减少户外活动，户外集体活动可改为室内活动。Ⅱ级预警发布后，全市中小学校、幼儿园停止体育课、集体操、跑步等户外运动，耽误体育课可采取调课方式，保证课程计划落实。Ⅰ级预警发布后，全市中小学校、幼儿园全部临时停课。其中，全市范围内和市区范围内学校停课，由教育局应急指挥部集体研究，报市应急指挥部同意后实施；一个或数个县（市）范围内学校停课，由各县（市）区教育局分别报市教育局应急指挥部、当地政府同意后实施。临时停课前，各学校要指导学生科学安排自学计划，适当布置自学内容，可安排网上学习或电话辅导。有留校学生的学校，学校应当全天开放图书馆、运动馆等室内活动场所，安排专人组织好在校住宿学生室内活动，天气好转后另行安排时间补课。

（李云萍）

【精英集团】 精英集团在石家庄主要有河北传媒学院和石家庄精英中学。2013年精英集团拥有6所院校，30000余名师生员工，形成从幼儿教育到博士后培养多层次、完整教育体系。2013年8月，精英集团有限公司博士后科研工作站获得国家人力资源和社会保障部、全国博士后管理委员会批准；2013年10月，河北传媒学院与中国艺术研究院签署协议，合作培养艺术类博士研究生。2013年12月，国家督学、精英集团董事长兼总裁翟志海当选全国人大代表、中国民办教育协会副会长、国家非盈利性民办教育联盟副主席。河北传媒学院始建于2000年，是一所以传媒艺术为主，兼容文、工、管等学科的综合性高等院校。2013年6月底，河北传媒学院艺术设计学院和影视学院搬入总投资20余亿元，规划占地1500余亩栾城新校区。2013年河北传媒学院艺术专业测试达到5万人次，创下历史新高；并与河北出版传媒集团、中影集团等单位合作建立校外实践基地，与秘鲁圣·伊格纳西奥·德洛约拉大学签署合作框架协议，与美国密苏里大学新闻学院签署合作备忘录，与韩国世翰大学建立互访交流。2013年5月，河北传媒学院英语、广播电视学、舞蹈编导、戏剧影视美术设计、计算机科学与技术5个专业获得学士学位授予权。至2013年底，河北传媒学院31个本科专业中有14个本科专业具有学士学位授予权，成为河北省民办高校获得学士学位授予权专业最多的院校。石家庄精英中学创建于1993年6月，是一所集小学、初中、高中为一体的全日制寄宿学校，是河北省唯一面向全省招生的省重点高中，是石家庄市教育局直属学校。该校位于石家庄市高新区学苑路25号，占地150亩，建筑面积18万平方米。2013年该校高考本一、本二上线率跃居石家庄市第一名，本一、本二（纯文理）上线绝对数进入石家庄市前三名。至2013年底，该校共有师生8000余人，教职工500余人，设置高中教学班55个，初中教学班26个，小学教学班37个。

（江汉冰　段其云）

表 84

2013 年石家庄市预算教育经费占公共财政预算支出比例情况统计表

县（市）区	预算教育经费占公共财政预算支出比例			预算教育拨款		
	2012 年（%）	2013 年（%）	增减（百分点）	2012 年（千元）	2013 年（千元）	增减（%）
石家庄市	21.56	20.04	-1.52	9337349	9799414	4.95
长安区	53.69	53.70	0.01	518627	565819	9.10
桥东区	47.39	51.09	3.70	460066	595411	29.42
桥西区	41.94	40.04	-1.90	576566	593887	3.00
新华区	44.31	38.22	-6.09	464153	424854	-8.47
裕华区	43.55	43.60	0.05	435769	571986	31.26
井陉矿区	19.85	17.37	-2.48	93039	95999	3.18
高新区	15.11	16.03	0.92	109290	158492	45.02
井陉县	26.81	26.66	-0.15	255931	270494	5.69
正定县	25.17	21.18	-3.99	381790	407728	6.79
栾城县	28.44	25.78	-2.66	307731	324743	5.53
行唐县	23.64	20.13	-3.51	278624	263444	-5.45
灵寿县	23.03	21.41	-1.62	251138	240310	-4.31
高邑县	25.38	27.38	2.00	180190	224753	24.73
深泽县	18.09	17.60	-0.49	139154	157391	13.11
赞皇县	15.31	14.17	-1.14	152552	151294	-0.82
无极县	26.68	21.07	-5.61	265881	254104	-4.43
平山县	19.32	23.56	4.24	383257	408142	6.49
元氏县	22.09	22.46	0.37	263842	284746	7.92
赵　县	25.18	23.25	-1.93	344779	355616	3.14
藁城市	26.11	26.20	0.09	612701	660730	7.84
晋州市	27.27	26.20	-1.07	384029	403110	4.97
新乐市	25.44	23.54	-1.90	288800	327009	13.23
鹿泉市	26.16	21.30	-4.86	433158	433782	0.14

表 85　　2013 年石家庄市财政经常性收入增长与预算教育拨款增长情况统计表

县（市）区	财政经常性收入			预算教育拨款增长高于财政经常性收入增长（%）
	2012 年（千元）	2013 年（千元）	增减（%）	
石家庄市	20920480	23458780	12.13	-7.18
长安区	660530	709010	7.34	1.76
桥东区	590860	754680	27.73	1.69
桥西区	814530	938760	15.25	-12.25
新华区	598680	694640	16.03	-24.50
裕华区	729000	841190	15.39	15.87
井陉矿区	161500	185060	14.59	-11.41
高新区	515360	605900	17.57	27.45
井陉县	395460	390440	-1.27	6.96
正定县	569630	649400	14.00	-7.21
栾城县	407390	498970	22.48	-16.95
行唐县	185020	218640	18.17	-23.62
灵寿县	139560	163850	17.40	-21.71
高邑县	165160	187420	13.48	11.25
深泽县	151610	171080	12.84	0.27
赞皇县	156160	176810	13.22	-14.04
无极县	229420	271770	18.46	-22.89
平山县	549640	549980	0.06	6.43
元氏县	301320	332360	10.30	-2.38
赵　县	212880	249170	17.05	-13.91
藁城市	843810	879120	4.18	3.66
晋州市	411360	476210	15.76	-10.79
新乐市	291130	344860	18.46	-5.23
鹿泉市	933980	1119570	19.87	-19.73

表 86　　2013 年石家庄市生均公共财政预算教育事业费支出增长情况统计表

县（市）区	普通小学			普通初中			普通高中		
	2012 年（元）	2013 年（元）	增减（%）	2012 年（元）	2013 年（元）	增减（%）	2012 年（元）	2013 年（元）	增减（%）
石家庄市	5236.84	5566.30	6.29	7978.30	8676.97	8.76	7702.15	7988.29	3.72
长安区	6068.04	6204.76	2.25	11144.46	11418.21	2.46	10650.46	11654.43	9.43
桥东区	9016.81	10242.80	13.60	10339.97	26945.42	160.59	11822.81	28861.98	144.12
桥西区	4869.59	5125.03	5.25	6894.10	7821.06	13.45	8430.45	9831.22	16.62
新华区	5351.02	5366.42	0.29	9334.86	9205.59	-1.38	10458.76	11534.63	10.29
裕华区	4924.71	4929.73	0.10	8525.20	8539.01	0.16	9355.19	9367.91	0.14
井陉矿区	7153.25	8056.52	12.63	7608.27	8297.08	9.05	9350.56	10108.95	8.11
高新区	8306.15	8381.51	0.91	11189.16	11247.58	0.52	10891.75	10927.02	0.32
井陉县	5937.40	6650.29	12.01	7776.87	7882.59	1.36	4060.49	4448.18	9.55
正定县	5536.91	5979.37	7.99	8064.58	8161.41	1.20	6628.57	7245.16	9.30
栾城县	5244.82	5673.71	8.18	11533.91	12491.17	8.30	5325.19	6658.20	25.03
行唐县	4120.44	4275.78	3.77	7256.94	7821.23	7.78	11187.18	12138.21	8.50
灵寿县	5328.53	5610.10	5.28	5380.26	5653.67	5.08	3447.80	4514.06	30.93
高邑县	7164.09	8229.57	14.87	13419.53	13966.60	4.08	4733.31	5488.61	15.96
深泽县	4482.23	5228.07	16.64	7482.52	9669.64	29.23	1986.85	3576.01	79.98
赞皇县	3588.51	3599.15	0.30	9205.51	5198.58	-43.53	8811.63	8841.09	0.33
无极县	4420.93	4021.56	-9.03	8093.03	5822.18	-28.06	2977.52	5580.58	87.42
平山县	5274.32	5471.08	3.73	7204.85	7568.86	5.05	9203.52	10702.75	16.29
元氏县	4899.09	5524.47	12.77	5213.46	5228.18	0.28	4105.22	4816.83	17.33
赵　县	3780.40	4139.67	9.50	5445.40	6679.07	22.66	3366.72	5404.12	60.52
藁城市	5337.69	6233.65	16.79	10420.18	10908.77	4.69	5288.04	7462.06	41.11
晋州市	4921.43	4954.04	0.66	6509.98	7261.77	11.55	3632.67	3751.32	3.27
新乐市	4134.23	4297.88	3.96	5722.72	7234.91	26.42	3784.65	5130.13	35.55
鹿泉市	6704.69	6991.32	4.28	10355.52	10600.05	2.36	7495.90	7907.65	5.49

表 87　　2013 年石家庄市生均预算公用经费支出增长情况统计表

县（市）区	普通小学			普通初中			普通高中		
	2012 年（元）	2013 年（元）	增减（%）	2012 年（元）	2013 年（元）	增减（%）	2012 年（元）	2013 年（元）	增减（%）
石家庄市	1341.21	1381.27	2.99	1926.25	1980.87	2.84	2175.62	1430.93	-34.23
长安区	682.97	694.88	1.74	1136.97	1150.03	1.15	825.13	827.56	0.29
桥东区	902.04	1263.13	40.03	910.16	1548.17	70.10	1064.28	1902.65	78.77
桥西区	779.58	803.98	3.13	994.16	1038.97	4.51	715.06	722.02	0.97
新华区	613.39	703.95	14.76	1749.24	1765.96	0.96	1942.79	1953.72	0.56
裕华区	1140.09	1141.24	0.10	1331.24	1334.81	0.27	724.07	725.05	0.14
井陉矿区	829.92	867.73	4.56	963.74	1069.26	10.95	145.90	161.48	10.68
高新区	1851.62	1923.72	3.89	2400.00	2418.11	0.75	2858.03	2865.33	0.26
井陉县	1011.46	1494.60	47.77	1236.78	1985.88	60.57	68.79	104.19	51.46
正定县	1996.89	2025.82	1.45	2424.50	2477.26	2.18	1578.17	1612.98	2.21
栾城县	982.96	983.90	0.10	2124.06	2126.39	0.11	986.37	990.06	0.37
行唐县	1406.32	1482.29	5.40	2033.67	2082.50	2.40	6785.62	7019.24	3.44
灵寿县	1890.65	1894.45	0.20	1847.96	1857.79	0.53	325.34	379.55	16.66
高邑县	2558.46	2730.92	6.74	2779.92	2887.03	3.85	180.50	224.13	24.17
深泽县	1557.29	1927.79	23.79	2522.96	3145.61	24.68	126.13	885.46	602.02
赞皇县	1897.28	1019.21	-46.28	2394.49	2396.36	0.08	3378.98	3381.65	0.08
无极县	1385.99	870.31	-37.21	4172.38	1655.59	-60.32	61.02	1690.86	2670.99
平山县	943.73	943.87	0.01	1664.92	1803.01	8.29	2139.74	2145.71	0.28
元氏县	1430.98	1020.74	-28.67	2081.98	1569.21	-24.63	738.12	1383.24	87.40
赵　县	1133.06	1275.72	12.59	1899.82	2359.49	24.20	645.65	703.52	8.96
辛集市	1662.73	1828.59	9.98	2198.99	2485.51	13.03	403.96	565.11	39.89
藁城市	1203.34	1335.74	11.00	1825.80	1922.15	5.28	270.86	355.89	31.39
晋州市	1703.05	1709.67	0.39	1435.49	1485.49	3.48	230.66	248.84	7.88
新乐市	1937.42	2293.47	18.38	1883.93	2755.89	46.28	177.98	472.17	165.29
鹿泉市	1418.01	1853.48	30.71	2930.10	2933.92	0.13	2054.03	2109.30	2.69

（市教育局）

学前教育

【概况】 2013年，全市共有幼儿园1227所，完全独立办园1195所，其中城市独立办园273所，农村独立办园922所。省级示范性幼儿园52所，一类幼儿园121所。幼儿园招生133319人；在园幼儿281458人，其中公办幼儿园在园幼儿17.6万人，民办幼儿园在园幼儿10.4万人。幼儿教职工16070人，同比增加3004人；专任教师10241人，同比增加1723人。学前三年毛入园率达到90%以上。加强学前教育机构监管，开展学前教育机构集中整顿，依法取缔无证园203所，妥善安置幼儿3138人，督促整改达标427所。实施省级示范园、城市园结对帮扶薄弱园、农村园活动。贯彻落实《幼儿园工作规程》和《3－6岁儿童学习与发展指南》，防止、纠正学前教育“小学化”倾向。10月28日，市教育局设立幼儿教育与特殊教育处。开展中央专项彩票公益金——家庭经济特别困难幼儿教师资助项目，经调查摸底、评审公示，全市评选符合受资助幼儿教师135名，每名教师获得资助资金1万元。

（王素军　朱鸿阳　刘宇岚）

【出台学前教育管理办法】 11月5日，市政府印发《石家庄市学前教育管理办法》。主要内容包括：城镇新建、扩建、改建居民住宅项目，必须配套建设幼儿园，其中4班规模不低于1500平方米，6班规模不低于2000平方米，8班规模不低于2400平方米。未按要求配建的，不予办理自有房屋产权登记手续。农村每个乡镇必须至少设置1所公办乡镇中心幼儿园，每个村应当设置1所普惠性幼儿园。明确发生6种情形对直接责任人给予行政处分和处罚，情节严重构成犯罪的，追究刑事责任。6种情形为：体罚或变相体罚幼儿，造成恶劣影响的；使用有毒有害物质制作教具、玩具的；克扣、挪用幼儿园经费的；侵占、破坏幼儿园园舍、设备的；干扰幼儿园正常工作秩序的；在幼儿园周围设置有危险、有污染或者影响幼儿园采光的建筑和设施的。

（戴丽丽）

【公办幼儿园建设】 推进学前教育“春蕾工程”，实施学前教育三年行动计划，规划投资1.33亿元，在市内五区、高新区、井陉矿区及藁城市、栾城县、深泽县、行唐县、灵寿县、平山县、赞皇县、鹿泉市新建、扩建50所公办幼儿园，其中农村幼儿园30所，市内五区、高新区、井陉矿区20所。

【幼儿师资培训】 建立幼儿教师全员培训体系。2013年3月，在全市开展《3-6岁儿童学习与发展指南》培训，参加培训3000余人次。2013年8月底，举办全市幼儿教师师德教育培训，参加培训2000余人。2013年12月上旬，还举办了“幼儿心理知识与应用”培训。

【争创省级示范园所】 扩大省级示范园和一类幼儿园比例。发挥优质幼儿园引领和带队作用，加快推进学前教育均衡、优质发展。2013年长安区亚龙幼儿园等4所幼儿园成功申报省级示范性幼儿园，世纪星幼儿园等13所幼儿园成功申报城市一类幼儿园。年末石家庄市省级示范园达到52所，城市一类园达到121所。

（朱鸿阳　刘宇岚）

基础教育

【概况】 2013年，全市共有中小学校1839所。其中，小学1418所，同比减少128所；中学421所（含初级中学226所、普通高中66所、九年一贯制学校73所、完全中学50所、十二年一贯制学校6所），同比增加8所。招生279743人。其中，小学招生118095人，同比减少8192人；初中招生104420人，同比增加2598人；高中招生57228人，同比减少1732人。在校生1144840人。其中，小学生685218人，同比减少28941人；初中生288299人，同比减少2751人；高中生171323人，同比减少15918人。毕业生271658。其中，小学毕业生111294人，同比增长6274人；初中毕业生92701人，同比减少5587人；高中毕业生67663人，同比减少3225人。教职工84532人。其中，小学40352人，同比减少343人；中学44180人，同比减少444人。专任教师76864人。其中，小学41568人，同比减少59人；中学35296人，同比减少288人。省级骨干教师369人、省级学科名师57人，特级教师281人，市级骨干教师2126人、市级学科名师544人。义务教育发展趋向均衡。井陉县、栾城县、藁城市、鹿泉市和桥西区5个县（市）区高标准通过国家级义务教育基本均衡评估验收，桥东区、新华区、新乐市、长安区、井陉矿区、裕华区、平山县、无极县8个县（市）区通过省政府义务教育基本均衡督导评估。制定出台《进一步规范义务教育阶段学校办学行为切实减轻中小学生过重课业负担的意见》，明确义务教育阶段学生在校学习时间、家庭作业、补课行为、教辅用书等规定。选择7所试点学校，探索推行义务教育阶段家庭作业网上公示制度。印发《关于进一步规范普通高中招生录取工作的通知》，严格执行义务教育划片就近入学和高中招生“三限”政策，实现教育秩序明显好转。

（王素军）

【高考本科一批上线突破9000人】 6月23日，石家庄市高考录取控制分数线确定，文史类：本科一批561分、本科二批511分、本科三批414分；理工类：本科一批538分、本科二批478分、本科三批324分。2013年全市高考文科理科考生总数均出现减少，高考文科理科考生总数比2012年减少873人，录取本科一批上线人数9218人，比2012年增加2360人，创下历年之最，在全省排名第五上升到第三，其中保送生261人，占全省70.92%，比2012年增加45人。2013年全市本科一批上线人数8957人，增长率为34.4%，上线率为14.9%；本科二批上线人数20625人，比上年增加4169人，增长率为25.3%，上线率为34.4%；本科三批上线人数44555人，比2012年增加2504人，上线率为74.2%。2013年全市应届生本科一批、二批、三批上线率分别为13.6%、29.7%、14.9%。2013年河北省高考理科前10名中石家庄市考生有4人，其中薄子豪以701分获得河北省高考理科第二名。

（王素军　李云萍）

【中考考生减少】 2013年全市参加中考考生76594名，比2012年减少3000人。2013年河北省参加中考考生498570人，比2012年增加5316人，是河北省考生数量连续8年下降后，首次出现回升。2013年全市中考设置考点101个，考场2646个，考试时间为6月21～22日，5个科目考试时间各为120分钟。其中，6月21日9：00至11：00语文科目考试，14：00至16：00理科综合科目考试，16：45至18：45文科科目考试；6月22日9：00至11：00数学科目考试，14：00至16：00外语课目考试（包括听力测试25分钟）。2013年全市中考招生制度发生较大变化，率先在全省实行初中升学考试文化科目网上评卷；录取采用“批次内平行志愿”模式，依据招生范围、招生计划、考生中考文化成绩、专门性发展素质评价成绩和综合素质评价等，从高分到低分依次排序，按照考生所填报志愿顺序进行检索投档。

【一批二批省级示范性高中录取分数线】 7月20日，市教育考试院正式对外公布全市第一批第二批省级示范性高中录取分数线。

表88　2013年石家庄市第一批第二批省级示范性高中录取分数线一览表

序号	学　校	一次统招分数线	二次统招分数线	择校分数线
1	石家庄一中	609分	592分	584分
2	石家庄二中	624分	607分	600分

（续表）

序号	学　校	一次统招分数线	二次统招分数线	择校分数线
3	辛集中学	590 分	557 分	557 分
4	正定中学	606 分	594 分	587 分
5	石家庄实验中学	580 分	564 分	557 分
6	十五中	545 分	477 分	472 分
7	二十四中	586 分	570 分	553 分
8	河北师大附中	572 分	540 分	523 分
9	四　中	548 分	480 分	470 分
10	五　中	528 分	473 分	458 分
11	六　中	507 分	440 分	440 分
12	九　中	540 分	500 分	484 分
13	十　中	512 分	440 分	440 分
14	十七中	576 分	555 分	543 分
15	十八中	523 分	450 分	445 分
16	二十二中	538 分	446 分	470 分
17	二十三中	558 分	470 分	475 分
18	二十七中	581 分	539 分	518 分
19	四十一中	547 分	502 分	492 分
20	四十二中（市区）	577 分	550 分	542 分
21	石家庄外国语学校	613 分	580 分	565 分
22	五十四中	495 分	440 分	440 分
23	石家庄第二实验中学	557 分	557 分	558 分
24	精英中学	552 分	549 分	535 分

（李云萍）

【规范办学行为】 贯彻落实国家教育部、河北省教育厅关于减轻中小学生过重课业负担和学生家长经济负担要求，2013 年 8 月市教育局下发《规范 2013 年秋季中小学教辅用书管理工作的通知》。按照《教育部基础教育一司关于开展义务教育学校规范办学行为专项督查抽查的通知》（教基一司函〔2013〕17 号）和《教育部办公厅关于开展治理义务教育阶段择校乱收费和中小学教辅材料散滥问题两个文件执行情况专项检查的通知》（教办厅函〔2013〕30 号）要求，6 月 18 日，教育部专项督察组采取查阅文件、招生简章、课程表、学校财务账册、教材教辅、学生作业，接触询问学校领导、教师、家长，召开座谈会，向学生发放调查问卷等形式，专项督查和检查部分义务教育学校。根据教育部督查意见，石家庄市积极组织整改，制定《石家庄市关于进一步规范义务教育阶段学校办学行为切实减轻中小学生过重课业负担的意见》，出台“十项规定”，规范了义务教育阶段办学行为。开展以名校为龙头，打造具有规模优势、名牌效应的教育集团。采取“名校＋薄弱学校”方式，支持市二中与市五中、市一中与市五十四中实现联合办学。探索名校兼并弱校办学，支持桥西区四十一中与三十六中、草场街小学与支农路小学、新华区石岗二小与赵二街学校、西苑小学与田家庄学校实现融合。借助国内知名院校打造品牌学校，采取“政府＋企业＋名校”方式，引进北京师范大学创办石家庄附属学校，实现北京第二小学与盛世长安小学合作办学。

【高中教育管理】 加强省级示范性高中建设与管理，整体提升县域高中学校办学质量和水平。制定《石家庄市普通高中多样化特色化发展实施方案》，在全市形成“办学体制灵活多样，人才培养模式多元，课程建设特色鲜明，特色高中布局合理”普通高中多样化、特色化发展新格局。开展高中课程改革表彰评选活动，深入了解各地普通高中课程改革情况，广泛征求高中教材使用评价意见，评选表彰优秀集体3个、优秀教师60名。下发《石家庄市教育局关于印发2013级新生学籍注册工作的通知》，明确河北省学籍管理系统、全国学籍管理系统学生学籍导入要求，全力做好高中学籍导入工作。开展高中常规管理教学百校行活动，制定《普通高中教学常规管理百校行实施方案》，提出普通高中教学常规评估要点。按照市考试院录取名单和考生中考成绩审核2013级高一新生入口关，控制学校规模，对超计划规模、超规定范围、违反招生程序、学校擅自招收学生不予注册审核。

（王素军　李玉金）

【生命教育】 以社会主义核心价值观、心理健康、生涯规划、社会伦理、卫生保健等教育为主要内容，起草《石家庄市学校生命教育指导纲要》，召开论证会2次、座谈会5次，其中台湾地区生命教育专家纪洁芳教授、北京师范大学生命教育研究中心主任肖川教授、河北师范大学教授肖辰梅、石家庄学院教育学院吴宝瑞、市少年儿童保护中心主任郭文郦等国家、省、市级专家学者和基层学校代表参加论证会。确定小学、初中、高中、职业教育、特殊教育试点学校40所。联系河北省科技馆等20家单位作为首批生命教育实践基地。确定《生命教育》教材，组建专家指导团队，拟定40所学校开展试点。2013年9月，石家庄动漫大厦中小学生生命教育实践基地揭牌；10月25日，市职教中心成立石家庄市中职生命教育基地。

【心理健康教育】 采取申请注册5·10（谐音“我要赢”）名称和标识、开通5·10心理热线、创办5·10志愿者服务等形式，将5·10建成全市学校心理健康教育特有符号和重要标志。承办河北省德育工作年会暨心理健康教育工作现场会，启动直属学校心理维护直通车，建立心理维护专员与直属学校对接机制。编写《石家庄市心理健康教育教师指导用书》，形成地方特色教材。实施心理咨询师攻坚工程，组织心理健康教育培训4期，培训教师635名。由市教育局干部、心理健康教育专家、一线心理骨干老师组成5·10心理健康教育巡讲团，深入基层开展“百场心理健康教育巡讲”活动，其中在赵县、晋州市、鹿泉市等县（市）举办巡讲10余场。

【校园生态文明创建】 制定出台《石家庄市学校生态文明示范学校创建工程实施办法》，创建200所生态文明学校。开展“小手拉大手，呼吸好空气”活动及“家校无车日”活动，在市内五区周一到周五，每区一天，倡导学校老师、家长少开一天车。开展学校生态文明宣传，与石家庄广播电台联合创办“绿色校园之声”栏目。展示教师群体职业魅力及中小学校特色校园文化、校园生活，举办第四届教师风采电视展示活动。与石家庄电视台合作制作教师节公益广告，教师节期间在街头电子屏滚动播出，并在石家庄电视台1～4套黄金时段循环播放，营造了尊师重教氛围。与市卫生局联合举办教师职业病中医保健知识讲座，开展“中医养生保健知识进校园”活动。举办“中国梦 我的梦”经典颂读大赛和石家庄市首届小主持人大赛。实施中小学生视力干预工程，为60多万中小学生建立视力档案，排除假性近视4万余人次。

（王素军）

【“易水砚杯”书法大赛】 2013年7月，由中国教育学会书法专业委员会主办的“易水砚杯”全国中小学生书法大赛（河北赛区）颁奖仪式在河北师大东校区举行。石家庄市中小学生在此次大赛中获得优异成绩，市教育局获得团体组织特等奖。此次比赛收到全省11个地市推荐学生书法作品近20万份，最终评出特等奖作品30个，石家庄市5个，占获奖总数16.6%；一等奖作品110

个，石家庄市27个，占获奖总数24.5%；二等奖作品940个，石家庄市428个，占获奖总数45.5%；三等奖作品1271个，石家庄市662个，占获奖总数52%。全省总计获奖作品2351个，石家庄市1122个，占获奖总数的48%。

（于学红）

【14所乡村学校少年宫获得中央专项彩票公益金支持】 2013年7月，中央精神文明办公室、财政部、教育部公布2013年度中央专项彩票公益金支持乡村学校少年宫项目学校名单，石家庄市14所乡村中小学校入选。新入选每所学校乡村少年宫项目获得中央专项修缮装备资金20万元。 乡村学校少年宫是指依托乡村学校现有场地、教室和设施，修缮并配备必要的设备器材，依靠教师和志愿者管理，在课余时间和节假日开展课外活动的公益性活动场所。乡村学校少年宫面向在校学生免费开放，并积极开展丰富多彩的文体娱乐活动、力所能及的技能培训活动、内容鲜活的经典诵读活动，使农村中小学生在放学后有地方去、有场所玩，在健康快乐的活动中得到锻炼和提高。

（王更）

【中小学生视力健康干预中心桥东基地启用】 2013年11月，市中小学生视力健康干预中心桥东基地启用。至此，全市中小学生视力干预形成“一个基地（桥东基地），两个中心（桥西中心和长安中心），一个定点（省二院）”的区域网络覆盖。2004年起，市教育局启动全市中小学生视力健康干预工程，并成立全国第一个中小学生视力健康干预中心。新启用的市中小学生视力健康干预桥东基地，位于市区大经南街桥东区教育局南邻，配有综合检查室、验光室、视力检查室、专家分诊区、综合康复训练区等，并一次性投入400余万元配备了国内最先进的仪器设施。该基地建立有“学生视力信息档案”及“电子数据库”，采集的统计数据能够及时更新并方便查询调阅。

（李云萍）

【一中获得第十届WRO世界奥林匹克机器人竞赛中国选拔赛一等奖】 8月10日，第十届WRO世界机器人奥林匹克竞赛中国赛区选拔赛在湖南省长沙市举行。来自24个省、直辖市、自治区的326支代表队，1500余名中小学生参加比赛。石家庄一中高二学生陈波昊、高一学生薛子豪、张鑫业组成石家庄一中参赛队参加比赛，经过5个月拼搏最终闯入总决赛，并获得全国一等奖。WRO世界机器人奥林匹克竞赛于2003年11月由中国、日本、韩国、新加坡等国发起成立，目的是为国际青少年机器人爱好者提供一个共同学习平台，每年举办一届，2013年共有成员国42个。

（宏业）

【二中女篮参加世界中学生篮球锦标赛】 3月26日，国家教育部率领市二中女篮代表队和清华附中男篮代表队启程到塞浦路斯参加2013年世界中学生篮球锦标赛。该锦标赛于3月27日至4月5日在塞浦路斯的法马古斯塔举行。根据各级篮球联赛成绩及球队实力，国家教育部中学生体育协会选派清华附中及石家庄市二中分别代表中国中学生男、女篮参加比赛。此次赛事共有中国、塞浦路斯、德国、法国、意大利、爱尔兰、荷兰、瑞典、比利时等30余个国家代表队参加。世界中学生篮球锦标赛是由世界中学生体育联合会主办的世界性中学生篮球比赛的最高赛事，市二中走出国门参与比赛，在石家庄市及河北省尚属首次。

【二中学生宋雪洋获得亚洲杯物理奥林匹克竞赛金牌】 5月5～14日，第14届亚洲杯物理奥林匹克竞赛在印度尼西亚茂物市举行，市第二中学学生宋雪洋获得亚洲杯物理奥林匹克竞赛金牌。第14届亚洲杯物理奥林匹克竞赛由印度尼西亚教育部和SURYA学院联合主办，共有来自亚洲20多个国家和地区约146名高中生参赛。中国代表队由湖北、湖南、河北、北京和天津等省、直辖市的8名高中学生组成。此次比赛含物理学理论和实验，共产生金牌27枚、银牌16枚和铜牌19枚。中国代表队8名参赛选手均获得金牌，成为本届比赛中唯一全获金牌的代表队。2006年，市第二中学学生张鸿凯获得第一块国际物理奥林匹克竞赛金牌，实现了河北省零的突破。

（李云萍）

【二中学生田翀宇获得第九届中国青少年创造力大赛金奖】 7月24日，第65届德国纽伦堡国际发明展中国区选拔赛暨第9届中国青少年创造力大赛在广东省广州市广东实验中学高中校区举行。来自云南省、山东省、广东省、广西壮族自治区、湖南省、重庆市、浙江省、山西省、黑龙江省、陕西省、湖北省、上海市12个省、自治区、直辖市近600名中小学生代表参加比赛。石家庄二中高三12班学生田翀宇设计的“学生绘图专用尺（四角尺）”因获得国家实用新型专利获准参加比赛，并在比赛中获得金奖。中国青少年创造力大赛于2005年6月1日在北京市中国科技馆启动，至2013年底，全国有150万青少年参与比赛活动。

（霍东军）

【38中成为全省首个书法教育实验学校】 2013年8月，市教育局转发教育部《中小学书法教育指导纲要》的通知，要求全市各个学校结合实际，落实规定课时、师资和必要条件，保证书法教育在校园实施，做到中小学书法教育“进课表、进课堂、进活动”。市第38中学在中学书法教育工作上走在全市前列，该校创造性地制定书法教育各项计划，全面调动师生学习书法的积极性，并以书法教育为载体，打造了特色校园文化，被批准为石家庄市中小学书法实验学校。12月20日，河北省首家中小学书法教育实验学校在市第38中学挂牌。同日，全市首届中学书法教育现场推进会也在该校召开，市第38中学、市第13中学分别介绍了书法教学工作经验。

（李云萍）

【举办第四届规范汉字书写艺术节】

3月13日，石家庄市第四届规范汉字书写艺术节启动仪式在鹿泉市第二实验小学举行。河北省硬笔书法协会主席寇学臣，中国硬笔书法协会主席张华庆，著名语言文字学家、汉语拼音之父周有光，河北省书法家协会主席刘金凯题写展示标语。12月10日，市教育局、共青团石家庄市委、民进石家庄市委、河北省硬笔书法协会、石家庄市语言文字工作委员会共同主办的石家庄市规范汉字书写百千万工程暨第四届规范汉字书写艺术节在正定县第六中学举行。第四届规范汉字书写艺术节在原有师生书法作品评比、培训教师、检查命名实验学校基础上，增加了教师书法教育论文评比、书法评优课、规范汉字书写志愿者进校园等活动，共收到县（市）区和市直属院校选送作品51259幅，其中教师作品4234幅，学生作品47025幅。评选教师获奖作品200幅；学生获奖作品1000幅，获奖1000名学生同时授予2013年度“小小书法家”称号。评选优秀论文186篇，其中一等奖43篇、二等奖60篇、三等奖83篇；评选优秀课44节；培训教师160名；命名规范汉字实验学校37所。年末全市命名规范汉字实验学校达到205所。

【开展经典诵写讲活动】 结合学校教育教学和学生认知特点，创新载体，在全市中小学开展“我们的节日（清明、端午、中秋、重阳、春节）”经典诵写讲活动。选取与清明、端午、中秋、重阳、春节5个传统节日相关的诗词、美文、楹联、故事等，组织师生诵读、书写，讲出诵读后的感受。3月29日机场路小学承办“我们的节日——清明抒怀”经典诵写讲活动；6月14日长安区西兆通小学承办“我们的节日——寄情端午”经典诵写讲活动；9月17日桥东区实验小学承办“月满话团圆，共筑中国梦”经典诵写讲活动；10月12日新华区合作路小学承办“我们的节日·今又重阳”经典诵写讲活动。中国新闻网、凤凰网、《石家庄日报》、石家庄电视台、《燕赵都市报》、《燕赵晚报》等媒体给予报道，在全市师生和家长中引起强烈反响。

【举办全国推广普通话周活动】 9月11～17日是第16届全国推广普通话周，全市围绕“推广普通话，共筑中国梦”主题组织收看“汉字听写大会”，举行“火眼金睛”等系列活动。9月16日，新华区在军械学院开展推广普通话周活动，军队和地方、大学生和小学生一起探讨军地推广普通话合作。9月17日，石家庄市第16届全国推广普通话周闭幕式在市区冀兴尊园社区举行，长安区中小学生与冀兴尊园部分居民围绕推广普通话周主题参加模拟测试，与会领导、教师还与行知小学“火眼金睛”小队一起上街发放推广普通话宣传材料，并搜查街道不规范文字牌匾。

（王素军　李玉金）

【中小学生校外综合实践活动基地】

石家庄市中小学生校外综合实践活动基地（简称基地）成立于2001年，是根据中共中央办公厅、国务院办公厅《关于加强青少年学生活动场所建设和管理工作的通知》要求，由原石家庄师专改建而成，属全额拨款事业单位。编制10人；原占地120余亩，后汉河开发占去部分用地，面积减少至100亩；建筑面积3.6万平方米。基地举办中小学生校外综合实践活动每期一周，平均接待中小学生1500名，年接待学生4.5万名。2005年2月中央精神文明办公室、教育部、科技部等6部委联合命名市中小学生校外综合实践活动基地为“全国青少年校外活动示范基地”。2012年10月基地申报中央专项彩票公益金支持示范性综合实践活动基地项目，获得资金3000万元，其中基本建设2400万元，设备配置600万元。根据太平河分区25-02单元用地规划由原绿化用地调整为教育用地，2013年1月15日基地向河北省教育厅提出建设地址变更申请，4月5日获得批复；5月3日获得市发改委批准立项。示范性综合实践活动基地项目总投资10694.68万元，其中，中央专项彩票公益金支持示范性基地建设资金3000万元，市财政预算安排资金3000万元，不足资金由财政资金解决；项目总建筑面积32287平方米，其中，新建面积18929平方米，装饰装修面积13358平方米。2013年6月基地编制示范性综合实践活动基地项目可行性研究报告；8月2日市规划局批复选址意见书；12月10日工程规划许可证、工程造价、财政评审办理完毕。市示范性综合实践活动基地计划建设7个场馆、12个工作室，7个场馆即生命教育馆、环保教育馆、法制教育馆、非物质文化馆、科技活动馆、国防教育馆和教育博物馆；12个工作室即创意工作室、木工工作室、金工工作室、影视制作工作室、艺术创作工作室、模型制作工作室、中医按摩工作室、DNA研究应用工作室、机器人工作室、物联网工作室、动漫制作工作室、食品加工及检测工作室。

（吕宗海）

【评选发放奖学金】“新联合公益基金会助梦奖学金”在全市范围选拔30名高考成绩优异、家庭贫困学生，向每人颁发奖学金1万元。“华佗论箭个性奖学金”在全市推荐300名市级候选人基础上，最终评出100名学生，每位学生获得奖学金1万元。其中，小学五年级20名、初中二年级30名、高中二年级50名。“宋庆龄奖学金”在全市推荐20名候选学生参评，最终评出5名学生参加省级、国家级评选。

（王素军　李玉金）

中等职业教育

【概况】 2013年，全市共有中等职业教育学校134所，同比减少7所；招生44652人，同比减少17906人；在校生158802人，同比减少34193人；毕业生68735人，同比减少33874人；教职工11110人，同比减少458人；专任教师8120人，同比减少212人。2013年全市中等职业教育面对生源减少现实，统筹招生政策，拟定普通教育与职业教育比为52∶48，较好完成31000人招生计划。加大招生宣传力度，利用《燕赵晚报》公示具有招生资质公办中职学校58所，组织22所省级以上重点中职学校制作专题宣传片“2013石家庄职校展播”在石家庄电视台播放15天，扩大了中职教育学校知名度。4月28日，市职教园区暨市特殊教育职业中专学校在正定新区开工建设。该项目总投资25.6亿元，规划占地1830亩，建筑面积80.5万平方米。年末职教园区特教中专学校主体完工，第二职业专科学校建设项目具备开工条件。推进6所创建国家中等职业改革发展示范学校建设，首批国家改革发展示范性学校建设项目鹿泉市职教中心完成省级专家现场检查验收，第二批市职教中心、平山职教中心、藁城职教中心创建启动，第三批赵县职教中心、市劳动技工学校制定创建实施方案。按照市委、市政府要求，摸底调查全市职业教育资源，提出整合提升意见。围绕省会主导产业发展和职教园区建设，制定职业学校专业设置整合优化方案。研究制定社区教育实施意见，为全面启动社区教育试点奠定基础。督导检查送教下乡涉农专业学校和教学点的教学办学情况、学生出勤率、教学档案等，及时清理不合格学生730人。鹿泉市、平山县通过河北省农村职业教育与成人教育示范县验收。加强中等职业学校学籍管理，正式启用全国中等职业学校专业设置管理系统，实施学校招生现场注册制度。提高中等职业院校教师素质，全年参加国家培训、省级培训、青年教师企业实践等1000余人次。评选省级中等职业学校骨干教师30名。2013年在全国中等职业技能大赛中，石家庄市7名教师获得一等奖、17名师生获得二等奖、13名师生获得三等奖。28名教师参加河北省中等职业教师信息化教学大赛，9人获得一等奖，8人获得二等奖，8人获得三等奖，3人获得优秀奖，获奖数量、获奖等级在全省均居第一。3名教师代表河北省参加全国职业院校信息化教学大赛，1人获得一等奖，2人获得二等奖。2013年11月，石家庄市职业财会学校教师崔素芳在2013年全国中等职业学校数学课程“创新杯”教师信息化教学设计和说课大赛中获得一等奖，该比赛由高等教育出版社承办，是全国中等职业院校规格最高的教学大赛。

（王素军　刘伟　吴俊海）

【8所职业学校参加全国职业院校学生技能大赛】 6月28日，2013年全国职业院校学生技能大赛在天津市闭幕。石家庄市8所职业学校学生参加此次比赛，夺得个人二等奖1个，个人三等奖9个。个人二等奖为鹿泉职教中心，单片机项目。个人三等奖9个：市第三职业专科学校，汽修项目2个；市职业财会学校，会计电算化项目1个；市职教中心，数控车项目2个，数控铣项目1个；市第一职业专科学校，服装项目1个；市旅游学校，客房服务项目1个；市城建学校，建筑装饰项目1个。

【中等职业学校生命教育基地挂牌】 10月25日，“石家庄市中等职业学校生命教育基地”在市职教中心挂牌，这是河北省首个中等职业学校生命教育基地。该基地总投资50余万元，占地面积640.33平方米，以“心有阳光，内有乾坤”为主题，分为九室四区。其中，沙盘室拥有6个沙盘和全套提高版沙具3000个；音乐放松室配置2套国内最先进的智能生物反馈音乐放松系统；团体测量室配置40台电脑，内设职高版专业测量软件和国际最先进的全套心理CT系统。

（李云萍）

高等教育

【概况】 2013年，全市共有市属高校5所，其中本科高校1所（石家庄学院），高职高专院校4所（石家庄职业技术学院、石家庄信息工程职业学院、石家庄科技工程职业学院、石家庄幼儿师范高等专科学校）。全日制在校生47849人。教职工3645人，其中具有专业技术职务教师2186人，教授197人、副教授673人；博士109人、硕士982人。推动高校思想政治教育，在市属5所高校开展“体验省情、服务群众”大学生主题社会实践活动。提高人才培养质量，实施“市属高校教学质量提升工程”。启动高校优秀教学科研创新团队评选活动，制定《市属高校优秀教学科研创新团队评选标准》，成立专家评审委员会，评选优秀教学科研创新团队15支，与50余家企业建立合作关系。组建经济建设、政治建设、文化建设、社会建设、生态文明建设“五位一体”理论研究专业组5个，参加人员近100人，确定研究课题43个，撰写《毕业生就业质量及影响因素调研报告》、《网络时代大学生思想状况及对策调研报告》、《市属高职院校专业设置同质化的调研报告》等49篇。

（王素军　王霞　范瑞君）

【石家庄学院】 石家庄学院是经国家教育部批准建立的国有全日制普通本科院校。地处河北省石家庄高新技术产业开发区，由南北两个校区组成，占地1221亩，建筑面积35.4万平方米。建有13类实验中心、121个专业实验室，其中物理基础教学实验中心、文学与传媒实验教学中心是河北省省级实验教学示范中心，教学科研仪器设备总值10600余万元。图书馆藏书107万余册，各类中文期刊902种，拥有中国期刊全文数据库、维普中文期刊全文数据库、万方学位论文期刊全文库等多个数据库资源。建有2个标准田径场和1个天然草坪足球场，篮、排、网球场、多功能体育馆、游泳池等体育活动设施齐备。整个校园教学、生活设施完备，构成完善的教学和生活体系。学校设有15个学院、1个教学部，80个本专科专业（其中本科专业47个），涵盖法学、教育学、文学、史学、理学、工学、医学、管理学、艺术学9个学科门类。学校拥有化学工艺、马克思主义中国化研究、中国现当代文学、人文地理学4个省级重点发展学科，拥有生物制药教育、政治法律教育2个省级本科教育创新高地及生物工程、制药工程、法学、社会工作4个省级品牌特色专业，其中制药工程、生物工程2个专业被评为国家级特色专业建设点。2013年，学校坚持“办学以教师为本，教学以学生为本”办学理念，秉承“厚德博学、崇实求新”校训，形成面向石家庄市主导产业和和谐社会建设“三群一链”专业格局，构建起为地方经济建设和社会发展服务、培养高级应用型人才专业体系。2013年学校录取新生4640人，其中本科2690人，专科1950人，普通本科超额完成招生计划；本科文史类录取最低分530分，超过二本线19分；理工类录取最低分499分，超过二本线21分。新增就业实训基地10个，2013届毕业生初次就业率达到85.8%。2013年学校共有教职工1060人。其中，具有专业技术职务教师813人；教授104人、副教授242人，占专任教师总数42.6%；具有博士学位教师108人、硕士学位教师540人，占专任教师总数79.7%。加强制度建设，出台《石家庄学院教师教学发展中心管理办法》、《石家庄学院科研奖励办法（修订稿）》、《石家庄学院教学团队建设与管理办法》、《中共石家庄学院委员会关于进一步加强作风建设的若干规定》、《石家庄学院领导干部直接联系服务辅导员工作制度实施方案》、《中共石家庄学院委员会科级干部选拔任用工作暂行办法》等管理制度。教学科研成果丰硕。2013年申报各级各类科研项目471项，获准立项217项，其中国家级项目2项（国家自然科学基金1项，国家社会科学基金1项），省部级项目84项（教育部人文社会科学研究项目3项，河北省自然科学基金2项，河北省社会科学基金18项，河北省教育科学规划项目61项）；承担横向协作与委托项目9项。引进经费404.71万元，其中纵向项目210.08万元，横向项目194.63万元。科技创新平台能力增强。张星辰教授主持的国家自然科学基金项目——“纤维素溶解新型溶剂的开发与研究（200976107）”达到预期目标，与国家航天集团合作开展新溶剂纤维素再生工业化实验。成功获批“河北省非物质文化遗产研究基地”、“石家庄市特殊教育资源中心”。通过河北省高校微生物制药应用技术研发中心验收。科技成果转化成效突出。“建陶生产中废瓷综合利用的共性技术开发和示范”与“恩拉霉素发酵工艺改进”项目投入企业应用，产生经济效益1000万元以上；与天津市海德安科医药科技有限公司合作课题“高纯度奥利司他的制备”形成产业化能力；西柏坡著作类学术成果初显，王俊奇、康小莉等编著的《平山——即将逝去的记忆》由河北人民出版社出版。充实优化师资队伍，聘请吴以岭院士为客座教授及化工学院学术委员会主任；首次开展职称分级聘用工作。2013年学校1人获批“河北省三三三工程人才”第二层次人选，4人获批“河北省三三三工程人才”第三层次人选；12人分别获得市属高校优秀教师和优秀教育工作者称号；5个教学团队入选石家庄市高校优秀教学科研创新团队。加强学科与专业建设。化学工艺、马克思主义中国化研究2个省级重点发展学科顺利通过河北省教育厅评估，中国现当代文学、人文地理学2个学科被评为河北省高校省级重点发展学科。物业管理、生物工程、艺术设计、应用心理学4个专业顺利通过学士学位授予权评审；通信工程、英语、软件工程、数字媒体技术4个专业被确定为校级首批重点建设专业。推进课程改革。修订《石家庄学院公共选修课程开设目录》；网络课程1件教师作品获得“全国高校教师微课教学比赛”省级优秀奖；张振平副教授主持的《教育见习与实习》课程入选教师教育省级精品资源共享课立项建设课程；推荐《大学生职业发展与就业指导》课程参加河北省普通高校职业指导示范课程评比获奖。重视德育教育。编订《石家庄学院大学生思想政治教育大纲》，包括30项教育内容及41个教育要点；开办“博雅讲堂”，举办专题讲座14期，受众覆盖14个学院4200余人。2013年王俊奇主持的《西柏坡红色资源融入高校思想政治理论课实践教学的创新与实践》项目获得河北省高校思想政治工作创新案例一等奖，姚振伟主持的《团体游戏语境下的大学新生适应性教育研究》项目获得三等奖。开展国际交流。全年接待8个国家、17所高校、4个教育机构代表团来访；组织3个出访团到澳大利亚、加拿大、美国、德国、荷兰等国家16所高校访问，举行商务会谈10余场，签署协议、合作备忘录10份。启动教师海外培训计划，首批派出6名一线专业教师赴美国、澳大利亚学习。国际交流生项目稳步实施，第二批海外交流生项目新增乌克兰、意大利2所高校。2013年，石家庄学院获得“全国先进社科组织”称号和河北省第二届高校辅导员职业技能大赛团体一等奖等多项荣誉。学校博士贾丽英获得第十届“河北省社会科学优秀青年专家”，博士张绍岩入选“河北省高校百名优秀创新人才支持计划（Ⅱ）”；许征程主持的《新升本科院校实验室与实验教学改革的研究与实践》、及化娟主持的《新体育教学模式对大学生体质健康影响研究》获得“河北省教学成果奖”二等奖，宋宏伟主持的《应用型本科院校C语言程序设计精品课程建设研究》获得三等奖；史晶获得河北省第二届辅导员职业技能大赛（本科组）单项奖；韩光磊、王雪笛、吴会宁获得暑期河北省高校辅导员“大家访”活动先进个人。学校学生参加全国大学生数学竞赛河北赛区比赛，2人获得数学专业类一等奖；1人获得非数学专业类一等奖，5人获得二等奖，6人获得三等奖。参加POCIB 2012～2013年度全国大学生外贸从业能力大赛获得团体特等奖，其中4人获得一等奖、7人获得二等奖、4人获得三等奖。参加第五届“蓝桥杯”全国软件和信息技术专业人才大赛个人赛（电子类）河北省比赛11人获奖，其中一等奖2项，二等奖4项，优秀奖5项。参加河北省电子信息职业技能大赛获得团体一等奖，其中个人一等奖2项，二等奖1项。13件作品获得“挑战杯”河北省大学生课外学术科技奖励，其中一等奖4件、二等奖3件、三等奖6件。参加第11届香港武术节，获得健身气功五禽戏、八段锦项目团体一等奖，健身气功五禽戏、六字诀、八段锦单项比赛金牌3枚、银牌8枚、铜牌3枚。音乐学院合唱团获得中国第九届金钟奖河北分赛区第二名。

（李艺潇 庞俊丽 杨凤勇 王俊华）

【石家庄职业技术学院】 石家庄职业技术学院（原石家庄大学）创建于1984年，是经国家教育部批准、石家庄市政府主办的一所全日制普通高等院校；是国家教育部、工业和信息产业部、住房城乡建设部确定的计算机应用与软件技术、工业与民用建筑专业领域技能型紧缺人才培养基地；是河北省重点建设示范性高职院校。学院设有管理系、经济贸易系、信息工程系、建筑工程系、化学工程系、机电工程系、电气与电子工程系、艺术设计系、公共外语部、公共体育部、社科部、动画学院、继续教育学院、软件学院等8系3部3学院，共有6大类 49个专业。其中，河北省高职高专教育示范专业6个，省级教学改革试点专业1个；国家级精品资源共享课程2门，省级精品课程13门，市级精品课程6门。影视动画实训基地、机电一体化实训基地被确定为中央财政支持职业教育实训基地，建筑技术实训基地被确定为河北省职业教育实训基地。拥有省级教学团队2个，教职工613人。其中，教授44人；国家级教学名师1人，省级教学名师1人；河北省有突出贡献中青年专家1人；河北省师德先进个人1人；河北省新世纪“三三三”人才1人。2013年录取新生4071人，实际报到3868人，报到率达到95%。2013年是学院实行单独招生第一年，计划单招750人，报考1250人，实际录取763人。年末学院共有全日制在校生12000人，非全日制学历教育在校生10151人。2013年学院以提高育人质量为核心，以增强办学特色为重点，以合作办学、合作育人、合作就业、合作发展为主线，面向区域内中小企业开展合作技术研发、技术服务；开放办学，依托就业再就业培训基地和现代技术教育资源，开展技能和技术培训、远程本科及大中专学历教育。8月13日，王升接替梁慧社出任石家庄职业技术学院院长。11月28日，第三届第二次教职工代表大会暨工会会员代表大会召开，审议通过学院工作报告、工会工作报告、学院财务工作报告和学院奖励性绩效工资分配实施暂行办法等。12月12～13日，中国共产党石家庄职业技术学院（广播电视大学）第三次代表大会召开，选举产生第三届党委员会和纪律检查委员会。实施信息化建设，完成机房搬迁、升级改造及虚拟服务器平台建设，数据中心、综合查询系统建设启动。加强制度和师资队伍建设。建立健全《学院部门考核办法》、《教职工考核办法》，将年度考核改为学年考核。公开招录教师24名。8月18～23日组织国家精品资源共享课负责人、骨干教师、评优课获奖者10人参加“第七期职业院校教学管理人员及骨干教师培训班”，并赴香港职业训练局培训学习。8月18～28日组织中央财政支持建设专业系主任、专业群经理、骨干教师、评优课获奖者8人参加“教学管理信息化、课程开发与建设培训班”，并赴新加坡南洋理工学院培训学习。年内，8名教师参加河北省骨干教师国家级培训，1名教师到德国参加骨干教师培训，140余人利用个人进修基金参加国内各类培训，20余人获得职业资格认证。提高教学质量。1月4日，召开“抓内涵建设，促课程改革”教学工作会议。2013年学院《构建“无界化管理、市场化运行”专业群建设模式，提升高职院校专业核心竞争力》获得第六届河北省高等教育教学成果奖二等奖，《高职化工类专业实践教学体系的构建与实施》获得三等奖；教学改革研究项目《高职院校专业群教学团队机制建设》、《高职“引企入校”教学与生产紧密契合运行机制的实践研究》获批河北省高等教育教学改革研究项目。推进课题研究。全年申报各级各类课题186项。其中，院级课题立项19项（博士基金1项，院长基金2项）；院外课题立项72项（国家级1项，省级37项，市级课题32项，专利2项，企业资助横向课题2项）。《建筑工程质量事故分析》（主编邵英秀，机械工业出版社）、《建筑力学》（主编赵萍，机械工业出版社）、《国际金融》（主编李翠君，重庆大学出版社）、《Photoshop CS4案例实训教程》（主编李征，大连理工大学出版社）4个教育部“十二五”职业教育国家规划教材选题项目立项。2013年底，学院完成课题结项51项，其中，10项获得河北省人力资源和社会保障厅、省职业教育学会课题奖，5项获得石家庄市优秀社会科学成果奖。2013年学院艺术设计系与河北电视台、河北一开传媒有限公司联合创作拍摄的微电影《麦田上的舞者》在河北电视台播出；《有机化学》课程教学团队（带头人王丽君）、装饰艺术设计技术专业教学团队（带头人黄远）、《思想政治理论课》课程组（带头人池卫东）、建筑工程造价专业教学团队（带头人赵占军）4支教学团队获得2013年石家庄市高校优秀教学科研创新团队称号。机电系刘焕平教授主讲的《单片机》国家资源共享课（原国家级精品课程）通过国家教育部审核，正式登陆中国大学资源共享课官方网站“爱课程网”；信息工程系王宏宇副教授主持的《软件项目综合开发》课程获批2013年河北省高等学校省级精品资源共享课程立项；王丽君教授主持的《有机化学》课程人选教育部第三批国家级精品资源共享课立项项目。2013年学院教师参加第六届全国商科院校技能大赛财会专业竞赛总决赛，王燕获得一等奖，王丽晖、杨冰获得二等奖，3人获授优秀教师称号。5月31日至6月2日参加第四届外教社杯全国高校外语教学大赛河北分赛区比赛，张瑜获得高职高专组二等奖。参加第十三届全国多媒体课件大赛，陈征、马宇飞、成卓、王青制作课件《偶动画制作》获得河北赛区高职组一等奖、全国高职组优秀奖；王晓微、郝雅楠、赵彦荣、高隽制作《艺术英语第8单元》获得河北赛区高职组二等奖，赵亚力、温素云、尹晓宁制作《品读巴黎城市文化》获得河北赛区高职组二等奖，李莉莉、张瑜、强琛、梁堃制作《〈当代高职高专英语1〉unit3 Manners》获得河北赛区高职组三等奖。5人获得“石家庄市高校优秀科研工作者”称号，2人分获河北省师德先进个人和石家庄市三八红旗手称号，25人分获石家庄市优秀教育工作者、优秀教师、师德标兵、优秀辅导员和优秀科研工作者。召开第四次学生代表大会；举办第四届科技文化艺术节，活动内容32项，参与人数超2万人次；新建志愿服务基地9个，并获得河北省青年创业圆梦大赛一等奖、河北省志愿者优秀服务项目奖、石家庄市青年志愿者优秀组织奖；举办以“健康心灵，快乐同行”为主题第五届大学生心理健康宣传周活动；开展“体验省情，服务群众”暑期社会实践活动，25支小分队分赴全省20余个县（市）区进行社会实践。2013年学院学生参加全国和省级职业技能大赛获得全国一等奖等各类奖项47个。举办“石职论坛”活动。3月28日举办“石职论坛之软件学院站”；6月6日以“结合化工系校企合作现状，探讨提高校企合作深度和广度，提升学院社会服务水平及人才培养质量的方法和策略”为主题举办“石职论坛之化工系站”；9月27日以“携手合作，共育共赢”为主题举办“石职论坛之信息工程系站”。开展对外合作和交流。2013年河北省首届“邮储杯·河北省青年创业圆梦大赛”在石家庄职业技术学院启动，“创业大讲堂——河北省青年创业导师主题讲座”开讲。2

月28日，河北省软件与服务外包“双百工程”在学院举行启动仪式，校企围绕“双百工程”开展座谈和研讨；9月28日，新校企合作项目——洛杉奇石家庄职业技术学院店开业。9月29日参加2013中国·石家庄第八届国际动漫博览会文化项目发布暨签约仪式，与澳大利亚Vue集团、石家庄市动漫协会就共建动画工作室项目签约。全年学院培训各类社会服务人员4175人。1月6日援疆培养新疆培训班第一批第二期完成学业，培训学员287名；4月30日新疆库尔勒市第一批第二、三、四期252名学员到学院培训学习。6月1日学院主办“河北学前教育网”正式开通；8月19日石家庄市首期家政服务师资培训班结业；2013年12月举办全市教育系统三支队伍建设培训班3期。2013年石家庄职业技术学院获评全国职业院校魅力校园称号，是河北省唯一获此荣誉职业院校；承办《河北动漫》杂志获得“优秀出版物”称号，其中“人物与团队”栏目获得“好栏目”一等奖；图书馆当选国家教育部高职高专院校图书情报工作指导委员会委员单位，并被授予河北省高职高专院校图书馆工作研究会先进单位称号。

（高霞　庞荣申　王升）

【石家庄信息工程职业学院】 石家庄信息工程职业学院是经河北省政府批准、国家教育部备案、面向全国招生的国办全日制高等职业院校；是中国青年政治学院高职教育研究基地、清华大学教学科研培训实践项目基地，河北省现代物流专业人才培养基地、河北省首家创业孵化园，石家庄职业教育培训基地、企业人才培养基地；获评全国物流教学十大创新品牌院校、河北省职业与成人教育先进单位；建有石家庄国家动漫产业发展基地创业孵化园，与微软（中国）合作建立“微软IT学院”，设有国家工业和信息化部——微软嵌入式技术联合实验室；是全国唯一一所同时设立雅思、托福、GRE和托业考点院校。学院位于石家庄高新技术产业开发区，分南、北2个校区，总占地面积1457亩，建筑面积28万平方米。全年录取新生4337名，其中统招录取3898名，“3+2”转段279名，五年一贯制转段160名，报到和保留入学资格学生4111名，新生报到率94.1%；在校生11212人。教职工1467人，具有专业技术职务597人，教授44人、副教授171人，博士2人、硕士93人。学院共有软件与传媒艺术、电子信息、商贸、管理、印刷五大专业群和一个直属学院（酒店管理学院），48个专业，教学计算机4231台，校内生产性实训企业36家，校外实践基地198个。毕业生一次性就业率达到95%以上。12月13～15日，学院召开第一次党员代表大会，审议通过《中共石家庄信息工程职业学院委员会工作报告》、《中共石家庄信息工程职业学院纪律检查委员会工作报告》、《关于党费收缴、使用和管理情况的报告》，完成班子换届选举，确定将学院建设成为“省内领先，国内先进，世界一流”高职院校奋斗目标。加强制度管理。修订完善《教师试讲暂行规定》、《教师校外顶岗实习管理办法》、《实践教学管理规定》、《教师教学质量量化考核办法（修订稿）》、《教学质量监控体系与实施办法》及《学籍管理规定》、《学生违纪处理规定》、《学生素质综合测评实施办法》等管理制度。以加强学生意识形态工作为主线，开展“大学生社会信任度”、“大学生幸福观”调研，建立干部联系班级、学管人员联系宿舍、教师联系学生及定期召开学生生活会制度。建立健全教学质量监控体系，修订教学质量监控管理制度，开展“月评教”活动，强化教学督导员职能，增加网络信息反馈渠道，实现校内教学质量评价标准与企业生产质量标准无缝对接。探索新形势下校企合作体制机制，542名教师深入企业培训实习。成立南校区入驻企业管理委员会，初步实现校、园、企一体化管理。首次实行教师分级聘用管理。“以赛促训、赛训结合”等形式，加大教师培训力度，提升教师综合素质和教学能力。4支教学团队获评2013年石家庄市高校优秀教学科研创新团队。参加河北省教育教学信息化大奖赛和第十七届全国教育教学信息化大奖赛，获得国家级二等奖1个、国家级三等奖4个，省级一等奖5个、省级二等奖1个、省级三等奖12个。举办第一届创业指导课程教学大赛，教师张婷、成晓丽分别获得一等奖、二等奖。提高辅导员队伍素质。修改完善《辅导员管理和考核实施细则》，建立学院、专业群、系（部）三级培训管理体系，举办“对照党章找差距，率先垂范促工作”、《心灵天赋——从优秀到卓越》专题培训、《高职学生的养成教育》系列讲座活动，提高辅导员队伍综合素养和岗位能力。实施辅导员“一人一特长”培养工程，举办辅导员工作案例征集评选、辅导员“大家访”、辅导员工作精品项目征集活动，提升辅导员队伍特长素质和业务水平。参加河北省第二节辅导员职业技能大赛，3人获得专科组一等奖，1人获得基础知识单项奖。增强辅导员考核针对性和实效性，促进辅导员工作规范化、科学化。推进专业、课程建设。2个中央财政支持专业通过河北省教育厅验收；47个专业人才培养方案制定完成。确定院级精品课程12门，其中《Photoshop平面设计》被确定为2013年河北省精品资源共享课程，《就业与创业指导》课程获评河北省普通高校职业指导示范课程。开展课题研究。全年申报各级各类课题177项，获得立项312项，院外课题结项182项。申请职务发明专利资助3项。教师发表论文502篇，其中核心论文104篇，三大检索9篇。公开出版教材、著作52部。获得石家庄市社科优秀成果奖二等奖1个，三等奖3个。加强图书馆管理。全年图书馆接待读者51897人次，借阅图书88141册，归还图书88431册，修补破损图书800册，办理借阅手续3000余人次，获得河北省高职高专图书馆先进工作单位称号。推进校园文化建设，按照“继承、巩固、创新、提高”原则，重点打造环境文化、制度文化、行为文化、教学文化，初步形成信工文化体系。实施“好习惯养成文化工程”，引领学院师生养成“十三种好习惯”。结合建校50周年，制作完成《风雨五十年》宣传片、宣传册。开展主题教育活动。以“我的中国梦”和“我的命运我做主”为主题，开展理想教育实践活动。以“知廉耻、知荣辱、知美丑”为核心，举办道德经典诵读大赛活动，引导青年学生树立正确的人生观、价值观、世界观。采取听讲座，参观《我的中国梦》党史党章图片展，举办职业生涯规划大赛、主题征文、“我的中国梦”主题演讲比赛等形式，推动大学生了解“中国梦”内涵，激发大学生主观能动性。开展“寻雷锋足迹、扬志愿精神”学雷锋活动、“我为‘善行河北’做贡献”主题教育活动、“我的母亲、我的父亲、我的老师、我的母校”情感抒发活动、“汇点滴爱心，聚生命希望‘善行河北·无偿献血’”主题无偿献血、“周末奉献8小时”文明交通维护、“善行信工，立德树人”2013年度校园感动人物评选活动，提升大学生社会责任感和使命感。组织学生参加“幸福家园”义务植树、援助盲童文艺演出、“祈福·雅安·加油”公益活动；开展“感恩父母，点亮亲情”演讲比赛、“感谢师恩，诉说心声”征文比赛、“用心感恩，用爱回报”感恩节创意贺卡DIY设计大赛活动，培养大学生责任意识和大爱情怀。开展心理健康教育、大学生心理健康普查、和第二课堂活动。建立重点学生档案，建设心理咨询网络平台，筹建团体辅导室、宣泄室，提高大学生心理素质和抵御风险能力。举办“手拉手”、“一帮一”、“心连心”、“教师联系学生”和“融合式大家庭”创建等活动，培育纯洁、健康、和谐、融洽的师生情、同学谊，打造积极向上的“家和文化”。成立学生专业社团55个，非专业社团30个。制定大学生专业社团考核评比办法，发挥专业社团对大学生人生目标规划引领作用，确保每名学生至少参加1个专业社团。推进大学生就业。与市人力资源和社会保障局共同举办2013年春季石家庄高校毕业生就业洽谈会，为大学生提供就业岗位1.8万余个；举办小型专场招聘会20场，为大学生提供就业岗位600余个。建立毕业生需求、企业化用人立体化一点通就业信息化平台，利用平台成功组织学生参加大型联合网络招聘会6场。加大就业创业指导力度，完成创业帮扶150人，成功创业50人，带动就业100人，一对一重点帮扶创业成功对象10个。 2013年学院毕业生就业率为93.27%，对口率为72.69%，并在石家庄市首届大学生创业营销能力大赛中获得第一名。提高社会服务能力。举办失业人员培训和礼仪培训，向企业提供礼仪培训10次，为社会提供礼仪服务200余人次；完成35场12645人次雅思考试服务；组织省外院校艺术生考试417834人次。推进孵化园建设，申报项目6个，入园实习400余名。完成职业技能鉴定2178人次。继续教育招生318人，辅导课程48门，组织考试160场、3000余人次，指导远程教育学生毕业论文写作119名，完成论文答辩100余人次。举办培训班27期，培训1375人次。

（李翠　吕向敏　杨建立）

【石家庄科技工程职业学院】 石家庄科技工程职业学院是经河北省政府批准，教育部备案的一所公办全日制高等职业院校，面向全国招生。

学院创建于1924年，始称“直隶第八师范学校”；1933年以地名命名，改称“河北正定师范学校”；2001年开始培养大专生；2007年经河北省政府批准，改建为“石家庄科技工程职业学院”，实施专科层次高等职业技术教育。学院占地300亩，建筑面积15万平方米，图书馆藏书25万册，电子图书15万册、4000GB，报刊1000多种。设置有经济贸易系、管理工程系、艺术与建筑工程系、机电工程系、信息工程系、应用外语系和公共体育教学部、思政教学部、继续教育中心、现代教育技术中心等教育教学管理部门，是河北省高校在校生自学考试考点。建有语音实训室、电子电工实训室、计算机装配实训室、网络实训室、单片机实训室、PLC实训室、钳工实训室、车工实训室及双通道立体环幕导游模拟实训室、中西餐实训室、客房实训室、前厅实训室、咖啡实训室、茶艺实训室等校内实训基地52个，“教、学、做”一体化实训场地15700平方米，生均教学仪器设备价值6000元。在校生3200人，教职工222人，专任教师186人。其中，研究生学历教师45人，硕士学位教师39人；教授7人，副教授52人。2013年学院新增幼儿教育、计算机网络技术、会计与审计、导游、酒店管理、工程造价6个专业；停办动漫设计与制作、电脑艺术设计、计算机速录、文秘、法律事务5个专业；停招社会体育、应用英语、商务英语、动漫设计与制作4个专业；撤销法律事务、音乐表演、影视多媒体技术和旅游英语4个专业。至2013年底，学院设有数控技术、应用电子技术、精密铸造、旅游管理、会计电算化、物流管理、计算机应用技术、软件技术、航空服务等25个专业。其中，物流管理、旅游管理、材料成型与控制技术为中央财政支持项目建设专业，航空服务、材料成型与控制技术为学院特色专业。加强师资队伍建设，选派10名教师到企业一线培训锻炼；引进8名优秀毕业生进校任教（职）；选派7人次参加河北省骨干教师国家级培训，8人次参加河北省2013年度第一批高等职业院校国家级骨干教师培训，30名骨干教师参加全国高校教师网络在线培训，4名教师参加全国高校教师集中培训。推进教学科研活动。全年立项省市级科研课题29项、院级课题9项，结题8项，省级科研课题结题1项；上报省级优秀科研成果2项；确定“古城正定研究专题”项目14个。5月11～14日，学院人才培养工作通过河北省教育厅专家组评估。2013年学院新增院级精品课程8个，年末学院共有省级精品课程1个，市级精品课程1个，院级精品课程15个。开展校企合作。出台《关于进一步加强校企合作工作的意见》；邀请50家企业举办校园招聘双选会；与天津讯腾科技公司签订“引企入校”合作协议，与石家庄华晨机械有限公司签订校企合作协议。加强大学生思想政治教育。坚持每月召开一次学生思想政治工作调度会、院系两级领导每人直接联系5名学生制度。以学院历程和师资队伍、硬件建设、专业建设、获奖荣誉、取得成绩为内容制作完成学院宣传片、宣传册。举办第二届宿舍文化节“文明宿舍”、“门上窗设计大赛”评比活动，丰富校园文化生活，营造健康有益的文化氛围。围绕“中国梦 我的梦 学院梦”主题，开展“我的中国梦”征集活动。举办第三届大学生职业生涯规划大赛、暑期大学生科普志愿者农村环保科普行动、暑假“体验省情，服务群众”主题实践活动，获得团体和个人奖项20项。

（苏海峰　黄盛兰）

【石家庄幼儿师范高等专科学校】石家庄幼儿师范高等专科学校是经教育部批准设置的国办普通高等学校，是河北省第一所幼儿师范高等专科学校。河北省幼儿教师培训中心、石家庄市教师进修学校、石家庄市幼儿教师培训基地设在该校。学校位于石家庄市区西部高教区，占地500亩，建筑面积12万平方米。教学仪器设备价值近3000万元。图书馆藏书57.5万册，报刊杂志1498种。全日制在校生4200余人。教职工368人，其中副高级以上职称89人，硕士107人，博士1人，特级教师3人。设有学前教育、音乐、美术、语言文学4个系及学前教育、音乐、美术、英语、语文、舞蹈6个专业。首次面向北京市、河南省、山东省、内蒙古自治区等省外地区招生。计划招生1720人，实际招生1737人，新生录取分数线位于河北省专科院校前列。毕业生就业签约率达到99.23%。2013年学校坚持突出转型主题、突出教学核心、突出作风保障“三个突出”办学理念，制定出台《幼专转型意见》和校园建设、师资建设、课程建设、培训工作等4个专项《五年规划》，建立以学前教育为龙头专业群，打造“特色鲜明、国内一流”幼专学校。12月21～22日，学校召开第一次党员大会，研讨通过《转型升级 奋力赶超 为建设特色鲜明 国内一流幼专而努力奋斗》工作报告，选举苑彦刚为党委书记、郭建怀为党委副书记。加强制度管理。修订《校系两级管理的实施办法》；制定《关于青年教师到幼儿园兼职兼课的管理规定》、《骨干教师选拔与管理暂行办法》、《学科带头人评选及管理办法》等规章制度。提高教师队伍素质。引进博士1人，改写没有学术顶尖人才空白。选派11名教师到幼儿园顶岗培训，13名教师到国内重点院校进修学习。开展教学理论研究。主编参编论著、教材等32部。发表论文93篇，其中在核心期刊发表29篇。申请省级课题立项32项，省级课题结项12项。获授各类奖项63项，其中省级以上奖项18项。2013年学校获评石家庄市高校优秀教学科研创新团队；王晓玥参加全国高校教师“微课”大赛获评国家级优秀课。推进课程和专业建设，构建以国家级精品资源课程《幼儿游戏与指导》为龙头的国家级、省级、校级精品课程20门。其中，国家级精品资源课1门，省级精品资源课3门。制定《进一步推进重点专业建设实施意见》，学前教育、音乐2个中央财政支持专业通过河北省教育厅和国家教育部验收。构建立体化培训格局。与高等教育出版社合作，开展师资培训、课程开发、网络平台建设。全年承办河北省农村幼儿园转岗教师培训、河北省农村幼儿园教师置换脱产研修、“影子教师”实践、石家庄市三支队伍培训、德育校长培训、小学幼儿园骨干教师培训等各类培训19个，培训学员4000余人。加强思想政治教育。制定《大学生思想政治教育工作方案》，举办思想政治课研讨会，开展主题经典诵读、手抄报及绘画作品评比、“旗帜永远飘扬”、“我给舍友父母写封信”、“体验省情，服务群众”暑期社会实践活动。重视心理健康教育，制定《心理危机干预工作方案》，发挥心理咨询室作用，增强心理疏导能力。

（杨爱国 李静 苑彦刚）

【举办第五届大学生科技作品竞赛决赛】 11月15～17日，由全国数字媒体技术专业建设联盟主办的“全国数字媒体技术专业建设研讨会”暨第五届大学生科技作品竞赛决赛在石家庄学院举行。来自全国20余所高校、近200件作品参加比赛，评出获奖作品100件。石家庄学院作品《我的大学》获得一等奖，《蓝创未来》、《明天》、《书法主题公园》获得二等奖。全国数字媒体技术专业建设联盟由全国50余所开办数字媒体专业高校于2010年7月联合成立，旨在开展数字媒体教学、学术研究、学生创新、学生竞赛组织、学生教育、学生就业等活动，在国内数字媒体界具有很强的影响力。

（薛苑）

【大学生实践活动】 利用寒暑假组织市属高校大学生和青年教师开展“体验省情、服务群众”主题实践活动。组织队伍93支，其中，学生队伍76支，教师队伍17支。参加实践活动活动师生1万余名。广大师生撰写综合调研报告173份、案例分析52份、专题报告68份、建言献策40篇、心得体会196篇。省市多家电视台、广播电台、报纸、网站对市属高校主题实践活动给予报道，其中7个小分队获得省级先进小分队称号。

（王霞 范瑞君）

【石家庄铁道大学杜彦良教授当选中国工程院院士】 12月19日，中国工程院公布2013年院士增选结果，石家庄铁道大学副校长、教授杜彦当选为中国工程院土木、水利与建筑工程学部院士。这是此次增选51名新院士中唯一一位河北省科学家。杜彦良，57岁，从事科研工作30多年。在围绕道路与铁道工程领域的状态监测与安全控制技术研究中，提出并创建以“长期监测、安全评价和快速修复”为核心内容的交通基础设施安全保障技术体系；研究成果攻克了高寒高原极端恶劣环境下监测系统的长期稳定、高精度低功耗自动采集与远程传输稳定性实时评价与预测等世界性技术难题；创建的开敞式全断面岩石隧道掘进机（TBM）安全掘进、状态监测、使用维护为一体的安全保障技术体系，形成国家级工法和故障判别标准。杜彦良先后获得省部级以上科技进步奖15项，其中作为第一完成人获国家科技进步二等奖2项、省部级科技进步一等奖6项、二等奖2项；作为主研人，参加青藏铁路工程和中国第一条采用TBM施工的秦岭特长隧道工程科技攻关，分别获得国家科技进步特等奖和国家科技进步重大工程一等奖。

（李云萍）

特殊教育

【概况】 2013年，全市共有特教学校24所；在校生1183人，同比减少137人；教职工344人，专任教师288人。适龄视力、听力、智力残疾、自闭症儿童和少年义务教育阶段入学率达到93%。2013年1月，石家庄市建立特殊教育联席会议制度。3月5日，国家教育部全文转发石家庄市《关于进一步加快特殊教育事业发展的实施意见》，在全国推广石家庄市特殊教育改革发展的经验做法。2013年4～5月，全市普查检测4000余名适龄残疾儿童少年健康状况和康复需求，为医教结合改革打下基础。2013年5月，在石家庄学院建立以融合为宗旨，行政专业人士与实践专家为平台，有关部门协调联动的石家庄市特殊教育资源中心，集信息通报、资源管理、科学研究、咨询指导于一体，建成残疾儿童发现—报告—诊断—评估—初期安置—随访—实施教育等完整的特殊服务体系，为盲、聋、智障、脑瘫、孤独症等残疾学生提供更及时的学前教育、义务教育、高中教育和高等教育全程服务。2013年9月，市教育局设立幼儿教育与特殊教育处。落实“分级管理，分类研究”原则，形成市、县（市）区、校（普通学校与特教学校）三级管理网络。开展教师专业技能培训，培训特殊教育康复技能骨干教师46人，组织特教和专任教师230人到南京特殊教育职业技术学院参加师资培训班。2013年石家庄市特殊教育填补河北省没有专业智力测评和技术指导机构空白，成功设立“臧诺特教奖学金”、“繁春特教园丁奖”2个社会支持特殊教育品牌，形成以随班就读为主体、以特殊教育学校为骨干、以特殊教育资源中心为支持、以送教上门和社区教育为补充的“四位一体”全纳特殊教育体系。

（王素军　袁建　刘宇岚）

【特殊教育职业中专学校开工建设】

2013年4月，市特殊教育职业中专学校开工建设。该校位于正定新区石家庄市职教园区，学校规划总投资1.52亿元，规划占地63亩，设计建筑面积46000平方米、在校生1000人、教职员工300人，计划建成涵盖学前康复教育、九年义务教育、中等职业技术教育为一体的办学体系。

【特殊教育经费投入】 坚持将特殊教育纳入财政保障范围，自2013年起，全市实行义务教育阶段特殊教育学校生均公用经费标准不低于每年1万元。全面实施残疾学生免费义务教育，对义务教育阶段残疾学生免除所有费用，对享受城市居民最低生活保障政策的学生发放生活补助费，补助标准：小学生每人每年1000元，初中生每人每年1500元。石家庄市财政每年安排特殊教育专项补助经费50万元，县级财政设立特殊教育专项补助经费，并从残疾人就业保障金中安排5%～8%的资金用于特殊教育学校开展师生及社会成年残疾人职业教育与技能培训。建立家庭经济困难幼儿、孤儿、残疾幼儿学前教育资助制度，实施残疾幼儿免费学前教育政策。提高特殊教育学校教师和普通学校承担特殊教育任务的教师待遇，除根据国家和河北省规定享受特教补贴费外，石家庄市还按照特教教师本人岗位、薪级工资之和的25%发放特教补助费。

【构建特殊教育体系】 结合实际，科学规划，建立和完善布局合理、学段衔接、普职融通、医教结合的特殊教育体系。实施残疾儿童学前教育。2013年1月，在市特殊教育学校设立附属特教幼儿园，实现残疾儿童早期发现、早期诊治、早期康复、早期教育训练。提高县（市）区特殊教育学校和普通幼儿园办学办园条件，积极接收轻度残疾儿童入班（园）学习。开办融合性幼儿园，探索残疾儿童、正常儿童共同接受学前教育与学前康复教育模式。保障残疾儿童少年接受义务教育。在摸清底数前提下，全市实施按照类别安置残疾儿童少年入学措施，盲童由市特教学校统一安排入学，听障儿童由石家庄市和县（市）分别安排入学，智障儿童由各县（市）区特教学校安排或随班就读。2013

年9月，制定印发《石家庄市加强残疾儿童少年随班就读管理工作指导的意见》，推进随班就读走向制度化、规范化。2013年10月，出台《石家庄市推进全国预防和控制出生缺陷工作试点城市建设的实施办法》，提出6周岁以上缺陷儿童教育实施细则。加快残疾人高中阶段教育和残疾人职业教育培训，为残疾人就业和继续深造创造条件。依托市职业教育园区，建设市特殊教育学校，实施以职业教育为主、普通教育为辅的残疾人高中阶段教育，增设自闭症专业教育部。提高残疾人就业和创业能力，在普通高中学校招收具有接受普通教育能力的残疾学生，在中等职业学校开展残疾人职业教育。发展残疾人高等教育，在市属高等院校创造条件，开设适合残疾人接受教育的专业，逐步扩大招生规模，促进教育公平和均衡发展。

【社会力量捐助支持特殊教育】 加大新闻媒体宣传特殊教育力度，鼓励企事业单位、社会团体和个人支持特殊教育，动员社会各界捐资助学。2013年石家庄臧诺药业公司出资5万元，设立"臧诺特教奖学金"。2013年6月，"臧诺特教奖学金"资助石家庄市10名品学兼优残疾学生，向每名学生颁发奖金5000元。2013年爱心人士孟繁春出资10万元，设立"繁春特教园丁奖"。2013年9月，"繁春特教园丁奖"表彰50名优秀特教教师，向每名教师颁发奖金2000元。

（袁建　刘宇岚）

石家庄年鉴 Culture

文 化

文　化

文化新闻出版

【概况】 2013年，市文化广电新闻出版局（简称文广新局）以文化惠民为宗旨，以建设文化强市为目标，以改革创新为动力，一手抓公益性文化事业，一手抓经营性文化产业，圆满完成各项工作任务。按照“政府扶持、转化机制、面向市场、增强活力”要求，推进文化体制改革。演艺集团完善法人治理，建立现代企业制度；稳妥推进影乐宫改制，职工安置方案顺利通过，进入清产核资和资产评估。市县乡村公共文化服务网络日渐完善。市图书馆开展数字化平台建设，连续4年被文化部命名为“国家一级图书馆”；22个县（市）区公共图书馆全部建立文化资源信息平台；全市街道办事处均建有社区文化中心，帮扶村369个农家书屋配套设施到位；广播电视“户户通”工程基本实现全覆盖目标，年末全市拥有有线电视广播用户130.17万户，其中数字电视用户120.6万户，广播综合覆盖率达到99.43%，电视综合覆盖率达到99.42%。公共文化服务水平提升。2013年市图书馆接待读者160万人次，举办“石图讲堂”公益讲座190场，吸引听众18000余人次；市博物馆举办展览25场，吸引观众8.5万人次；市群艺馆培训文艺骨干20000余人次；市美术馆举办大型展览41场，参观人数30万人次；市民间工艺博物馆建成华北人民政府纪念馆，成为新的红色地标。2013年中国新闻出版研究院组织实施第十次全国国民阅读调查，石家庄市以73.7%的“图书阅读率”位居全国第二名。为民办实事任务超额完成。4月28日，“欢乐城乡　文化惠民”“欢乐大舞台”暨省会第二十届“彩色周末”群众文化活动在省会文化广场启动，至2013年末，全市组织“彩色周末”文艺演出1100场；开展“千场电影进社区、万场电影进农村”活动，放映公益电影53507场；组织市直专业艺术院团下基层演出856场，为帮扶村演出114场。群众文化活动丰富多彩。2013年组织举办省会第十届“庆新春”欢乐大广场系列春节文化活动600余场（次），直接参与群众330余万人次；举办第六届“鼓王争霸赛”、“欢乐大舞台”、全民阅读等活动，激发了群众参与热情，其中第六届“鼓王争霸赛”在中央电视台新闻频道进行报道。基层文艺辅导活跃。开展“一乡一品牌、一村一特色”创建活动。2013年全市新建群众文艺辅导基地99个，培训辅导基层群众文艺骨干20000余人次。2013年井陉县桃林坪花脸社火队在“中国首届社火艺术节暨山花奖”大赛获得金奖。文化行业融合发展。重点扶持现代传媒、印刷出版、动漫游戏、民俗文化、文化市场、演艺娱乐6大产业板块，打造优势产业集群。扶持文化企业做大品牌，白鹿温泉入选“省级文化产业示范基地”，河北新华联合印刷有限公司入选第二批国家印刷复制示范企业，洪顺曲艺社成为省会文化消费新热点。项目与品牌建设协调推进。推进河北长城影视动漫旅游创意园，打造以影视、网络、动漫、佛教文化、旅游为核心的文化创意产业园。推进正定新区文化创新示范园项目，谋划建设东方杂技城、太阳马戏选秀基地等。各县（市）区整合优势资源，开展“一县一品”品牌创建活动，正定庙会、井陉拉花艺术节品牌效应初显，井陉县文化广场列入2013～2015年创建国家级公共文化服务示范项目。文物保护成绩突出。重点推进正定古城风貌恢复工程，有序推进中山古城和东垣故城考古遗址公园建设。伏羲台遗址等14处文物保护单位被公布为第七批全国重点文物保护单位。赵县贾吕村新石器时代遗址考古发掘，填补该区域历史空白。全国第一次可移动文物普查顺利启动，全市田野文物安防建设项目竣工。非遗保护成效显著。建立全市非遗项目管理档案，形成科学、规范的基础档案体系。《赞皇六寨相的传说》等27个项目列入省级名录。建成市级以上项目传承基地22个，“石家庄评剧”被评为国家级非遗传承基地，传帮带式学员培养模式受到国家文化部肯定。2013年国家级非物质文化遗产名录项目评剧代表性传承人袁淑梅获得第二届中华非物质文化遗产传承人“薪传奖”；7月14～20日，市丝弦剧团在香港参加2013中国戏曲节，国家级非遗项目——石家庄丝弦以优美的唱腔和演员的精湛表演引起轰动。文化市场繁荣稳定。全市清理整治网吧、电子游艺、歌舞娱乐场所及各类演出市场，集中开展校园周边整治、暑期文化市场治理专项行动，有效净化社会文化环境。开展打击非法出版物“净网”“清源”“秋风”专项行动，加强文化市场综合执法，规范了市场秩序。2013年市文广新局获评全国“扫黄打非”先进集体。新闻出版（版权）广电管理规范有序。开展净化声频荧屏、抵制低俗之风等专项整治，确保了播出安全，被河北省广电局评为“安全播出先进单位”。清理整顿报刊社记者站，367家内资出版物编辑出版水平提升。11月12日，全市召集出版物印刷企业、产值较大包装装潢印刷企业及从事票据印刷专项企业130余家召开绿色印刷推进会议，通报全国、河北省、石家庄市实施绿色印刷现状及2013年全国绿色印刷宣传周情况，宣读国家新闻出版广电总局、国家环保部、工业和信息化部、国家认证认可监督管理委员会四部委关于票据票证实施绿色印刷通知，邀请专家讲解绿色印刷环境标志产生及认证程序。市县两级软件正版化工作完成。开展打击侵犯知识产权和制售假冒伪劣商品专项行动及打击网络侵权盗版专项治理“剑网行动”，净化了版权环境。2013年，市文广新局获评“全国新闻出版广电（版权）系统执法责任制先进单位”，连续8年获得国家版权局打击侵权盗版有功单位。

【文化设施建设】 以剧场建设为重点，以数字文化阵地建设为补充，统筹城乡，提高公共文化设施服务能力。5月17日，投资约4.3亿元的霞光大剧院（演艺中心）项目动工。该项目位于石家庄市区建华南大街以西，体育大街以东，塔南路以南，规划总面积3.05公顷，实际用地面积2.4公顷。项目主体分为地下1层、地上4层、局部7层，框剪结构，总建筑面积52740平方米，包括中心剧场、多功能厅、办公排练场地及艺术生产配套用房。霞光大剧院（演艺中心）项目是石家庄市建国以来规模最大、投资最多的公益文化设施，规划建成集演出、排练、培训、教学、展览等于一体的城市文化综合体。丝弦剧场项目主体封顶；奚啸伯大剧院完成初步设计。所辖22个县（市）区公共图书馆全部建立文化资源信息平台，基本实现自动化管理。高邑县大营镇综合文化站等11个文化站入选“河北省百佳文化站”。全市53个街道办事处全部建立社区文化中心，其中47个达到300平方米以上规模。加强农家书屋后期建设与管理，369个帮扶村农家书屋实现提档升级，年内市文广新局获评“河北省农家书屋工程建设先进单位”。结合农村面貌改造提升行动，推进广播电视“户户通”工程，基本实现广播电视全覆盖目标。

（魏彩霞　姜小青）

【动漫大厦二期开业】 11月24日，位于裕华区谈固南大街的石家庄动漫大厦二期项目正式开业，此举标志动漫大厦成为华北首家集动漫互动体验、动漫娱乐消费、婴幼儿教育培训为一体的一站式娱教综合体。动漫大厦二期项目于2013年8月开始施工，主要建设婴幼早教、儿童学科及艺术类等国际一线儿童教育品牌培训项目和机构，打造多种类、规模化的社会教育服务体系。

（王欣）

【图书馆连续4次被命名为国家一级图书馆】 2013年12月，第五次全国公共图书馆评估定级结果公布，石家庄市图书馆被文化部命名为国家一级图书馆。这是市图书馆连续第4次被命名为国家一级图书馆。石家庄市图书馆是公共文化服务机构，是全市文献信息资源保障与服务中心。该馆长期坚持“平等、无偿、开放”办馆理念，实行“零门槛、全开架”免费服务，在全省率先实行无证阅览，形成以借阅服务为主，以阅读推广、参考咨询、辅导培训、公益讲座、展览、电影、演出等为辅的多样化服务新格局。该馆创办的“石图讲堂”已成为石家庄市公共文化服务品牌。2013年市图书馆累计接待读者160余万人次，被中国图书馆学会授予“全民阅读优秀组织奖”。

（魏彩霞　姜小青　刘真）

【13个基层单位获得河北省“双服务”先进集体称号】 2013年下半年，河北省表彰服务农民、服务基层文化建设先进集体，石家庄市13个单位获得6个类别先进集体称号。其中，新乐市文化馆、栾城县西营乡文化站等获得先进基层文化馆、图书馆、社区文化中心、乡镇文化站、文化中心户（文化大院）称号；平山县河北梆子剧团、正定县河北梆子剧团、井陉县青年晋剧团、井陉晋剧团、赞皇县山榆丝弦艺术演出有限公司获得先进基层文艺院团（含民营文艺表演团体）称号；晋州市文广新局获得先进基层文化市场管理和执法机构称号；石家庄市新农村数字电影院线有限公司（鹿泉市工作站）获得先进基层电影放映集体称号；正定县广播电视台获得先进基层广播电视机构称号；市新华书店有限责任公司新乐分公司、市新华书店有限责任公司赵县分公司获得先进基层图书发行单位（含农家书屋）称号。

【河北省首届惠民阅读周举行】 2013年12月28日至2014年1月1日，由省委宣传部、省新闻出版广电局、石家庄市委、河北出版传媒集团等单位共同主办的河北省首届惠民阅读周暨2014新年惠民书市在石家庄举行。主会场设在石家庄解放广场展厅（老火车站），全省各市、县新华书店设立分会场。首届阅读周主题为“善行河北　书香燕赵”。500余家出版单位20万种、200万册、5000万元的图书、电子音像制品、文化产品及数码产品，采用赠送、折扣、代金券发放等方式优惠展销；8万余种新书及畅销书七五折让利销售，10万余种图书五折销售，5千余种冀版图书全部四折销售，1万余种电子音像出版物、文化产品及非遗产品低于市场价销售，整个活动让利500万元。5天时间销售66万册，码洋1165万元，其中石家庄老火车站主会场销售1063万元，客流22万人次。此次活动举办文化讲座、作家签售、新书发布、公益演出等活动100余场，邀请到20多位知名作家携新书与读者见面；举办了阅读摄影、红色收藏品展览，艺术家非物质文化遗产产品展演、戏剧欣赏、相声表演等；开展了“全民阅读在身边”送书到基层活动，做到送书进机关、学校、军营、企业、农村、社区、家庭；举行了“我为盲童读经典”活动；还在全省组织了“2013年度河北读者最喜爱的十本书”、“2013年度优秀读书人”评选。

（王欣）

【举办中央美术学院美术馆藏作品展】 5月27日至7月4日，中央美术学院美术馆藏“新中国美术的青年时代”作品专题展在市美术馆举行。此次展览集中展示了1950年至1990年间，执教或求学于中央美术学院的画家代表性作品。参展作品从700余件藏品中精选出51件最具代表性作品，构成以“青春”为研究和展示专题。展览按历史时段分为“新时代与新青年”（1950～1965）、“青春记忆与自我觉醒”（1977～1984）、“青春实验与自我确立”（1985～1990）三个大板块。第一板块展出靳尚谊、范曾、周思聪等艺术家对社会主义建设的描绘，其中王文彬的《夯歌》承载了几代人的记忆；第二板块展出陈丹青、杨飞云、刘大为等艺术家宽广的艺术视角，其中边疆风情和历史故事描绘显示出青年人对时代的思考；第三板块展出喻红、唐晖、徐冰、方力钧等当代艺术家，突出更加自我的视角，表达出对生活的体验。

（张晓娟）

【文化艺术】 坚持以人民为中心的创作导向，落实贴近实际、贴近生活、贴近群众创作要求。精品剧目生产。复排丝弦传统剧目《白罗衫》、《空印盒》，市丝弦剧团应邀赴香港参加2013中国戏曲节演出引起轰动。打磨提高传统剧目《珠帘寨》、《凤落梧桐》、《哑女告状》，演出取得成功，《哑女传奇》获得石家庄市“五个一工程”奖。评剧《安娥》和河北梆子《百合岭》剧本创作完成。河北梆子《牧羊圈》《辕门斩子》、丝弦《空印盒》《花烛恨》、京剧《汉宫惊魂》参加全省优秀传统剧目展演。河北梆子现代戏《戎冠秀》获得“河北省精品剧目奖”，《白毛女》获得河北省第九届戏剧节优秀剧目、编剧奖以及“河北省十大精品剧目奖”、石家庄市“五个一工程”奖，2次进京演出受到好评，并在中央电视台戏曲频道播出。2013年石家庄市河北梆子剧团演员刘莉莎获全国“十佳艺德楷模”称号；市京剧团青年演员吴佳明获得首届“中国黄河流域戏剧红梅奖大赛”演唱组金奖；市艺校学生李蜜鑫、蒋柯分别获得“第十七届全国少儿戏曲小梅花荟萃活动”金奖。群众文艺创作。全年创作各类群众文艺作品800余件。其中，快板书《龙宫借神铁》、《雏凤凌空》获得首届全国快板书大赛一等奖；相声快板《光辉照耀新农村》、《洪州捷鼓》参加全国第三届新农村风采展演，获得好评；歌曲《西柏坡情思》获得红歌中国·全国大型红色词曲选拔活动“优秀红歌创作奖”。开展品牌活动。举办“石演大舞台”、“一月一名剧”、“2013年春节戏曲晚会”、“雷保春从艺55周年演出活动”等系列惠民演出，巩固扩大了演出市场，特别是“石演大舞台2013社区行·消夏文艺晚会”，将舞台搬到老百姓家门口，受到广泛欢迎。

（魏彩霞　姜小青）

【杨青编排舞蹈《我的偶像》获得银奖】 7月15～29日，由中国艺术家协会、中国人生科学学会、中国文化管理学会等10家单位联合主办的第八届“永远跟党走·中国青少年艺术节”在北京举行。来自全国各地5000余名青少年组成30多个代表队分少儿组、少年组、青年组参加总决赛。平山县河渠小学音乐教师杨青编排的舞蹈《我的偶像》在决赛中获得银奖。

（王欣　张绍娟）

【袁振永剪纸作品《月是故乡圆》《民间百业》分获金银奖】 2013年7月，河北省无极县剪纸艺人、民间工艺美术大师袁振永剪纸作品《民间百业》获得第四届中国剪纸艺术节银奖。此届艺术节活动共有参赛作品157幅。袁振永的剪纸作品《民间百业》由十四幅独立的人物剪纸组合而成，整幅作品以精湛娴熟的手工技艺，展现了民间街头传统百业文化，刻画人物的神情及内心世界。9月19日至10月7日，由河北、河南、山西、陕西、山东、安徽6省民间文艺家协会联合举办的“中原六省优秀民间工艺美术作品展”在河南省郑州市举行，袁振永剪纸作品《月是故乡圆》获得金奖。此次参展作品以中秋文化为主题，围绕“明月、嫦娥、吴刚、玉兔、桂花”等神话传说背景，通过艺术创作，向观众传递“团圆、祥和、友善、大爱”的中秋文化主题。剪纸作品《月是故乡圆》采用单层单色，阴阳刻兼用的手法，通过对月色下一对夫妇围坐在拜月瓜果桌前，以月圆而人不圆的缺憾引起思念未归亲人的憧憬画面，以祥云蝙蝠象征祥和幸福表达出浓浓的亲情、乡情和期盼团圆之情，作品感染力强，赏心悦目，达到思想和艺术的完美统一，体现了无极剪纸的底蕴和风格。

（王欣　李军伟　赵斌　李佳颖）

【《太行谣》《枫林红了》《讨薪》获得群星奖】 10月25日，第十届中国艺术节重要组成部分——第十六届“群星奖”在山东省威海市揭晓。石家庄市选送的歌曲《太行谣》、丝弦小戏《枫林红了》、小品《讨薪》分别获得音乐类和戏剧类奖项。“群星奖”是文化部设立的全国社会文化艺术政府奖。本届“群星奖”汇集了近3年来的优秀群众文艺作品、群众文化项目和文化人才，参赛作品达到355个。歌曲《太行谣》以流传在太行山的美丽故事和传说为题材，以久远深厚的历史文化为依托，以太行山区的民间歌曲为音乐素材，运用女声多声部组合和民谣体演唱形式，讲述了一个个发生在太行山、广为人知的历史文化传奇，歌颂了中华民族之魂——太行精神。丝弦小戏《枫林红了》根据发生在石家庄井陉矿区的真人真事改编，以国家级非物质文化遗产项目——丝弦形式表现，从不同侧面反映了石家庄农村发生的翻天覆地变化，风格质朴，结构严谨，主题鲜明，矛盾突出，地域特色鲜明。小品《讨薪》以现代农民工在讨薪途中发生的感人故事为题材，以幽默的故事情节、诙谐的表演受到评委和观众的肯定。

（王欣）

【第六届鼓王争霸赛】 3月13日(农历二月初二)，由市委宣传部、市文广新局主办，市群众艺术馆承办的石家庄第六届“鼓王争霸赛”在省会文化广场举行。本届“鼓王争霸赛”参赛17支鼓乐团队、1500多名演员从100余支鼓队、5000多名选手中通过比赛胜出入选。参赛演员有农民、离退休人员，也有在校学生、部队战士，年龄最大的83岁，最小的8～9岁。最终井陉矿区《洪州捷鼓》获得“金鼓王”称号；正定县《常山战鼓》、藁城市《金钹战鼓》、井陉矿区《女子腰鼓队》并列获得“银鼓王”称号；“铜鼓王”称号由6支参赛队伍获得，分别是灵寿县《慈峪龙鼓》、正定县《鼓韵雄风》、辛集市《辛集花钹战鼓》、长安区《夕阳威风战鼓》、平山县《中山战鼓》、高新区《宋北战鼓》。

【丝弦剧团参加香港2013中国戏剧节】 7月14～20日，市丝弦剧团60余人到香港参加2013中国戏曲节，国家级非遗项目——石家庄丝弦以优美的唱腔和演员的精湛表演引起轰动。香港2013中国戏剧节由香港康乐及文化事务署主办，此次戏剧节除戏剧演出外，还设有展览、艺人谈、"回溯前贤事，细说当年情"、研讨会等。7月15日晚，市丝弦剧团在香港文化中心举办丝弦剧种渊源、表演和音乐唱腔演示讲座，丝弦艺术家边树森、于俊仙等与香港戏迷进行了交流。7月16日晚，市丝弦剧团老中青三代艺术家共同表演《小二姐做梦》、《寇准背靴》、《赶女婿》、《李天宝吊孝·哭灵》4个精选折子戏，展示了石家庄丝弦独特艺术魅力。7月17日晚和18日晚，市丝弦剧团在香港大会堂剧场演出2场经典大戏《空印盒》、《白罗衫》。为让香港观众更好欣赏丝弦艺术，2次演出均采用中英文对照字幕。石家庄丝弦是古老的地方剧种。石家庄市丝弦剧团前身为1938年成立的"玉顺班"，1953年更名为石家庄市丝弦剧团，曾6次进京演出，周恩来总理先后5次看戏，4次接见演员，并为丝弦剧团亲笔题词。1958年丝弦剧团赴朝鲜演出；1960年丝弦剧目《空印盒》由长春电影制片厂拍成戏曲艺术片，登上电影银幕。2006年丝弦剧种被国务院列入首批国家级非物质文化遗产名录。2006年石家庄市政府开办丝弦专业学员班，市艺术学校、市丝弦剧团承担培养艺术人才任务，首期共招收丝弦表演专业学生43名。2010年首批毕业学生全部充实到市丝弦剧团。2013年市丝弦剧团已成为丝弦项目保护单位和示范基地，拥有国家级丝弦剧种传承人3名，年举办演出活动200余场，观看观众达到100余万人次。

【第三届中国·井陉拉花艺术节】 10月11日，第三届中国·井陉拉花艺术节暨井陉拉花大赛在井陉县举行。比赛以"传承、发展、推介、开发"为主题，精心挑选12支队伍参赛，比赛技艺代表了井陉拉花表演艺术最高水准。经过激烈角逐，石家庄市群艺馆代表队、石家庄市歌舞团代表队、井陉县职工子弟学校代表队等5支代表队获得金奖，邯郸市群艺馆代表队、赞皇县西街村拉花代表队、井陉县百花幼儿园代表队等7支代表队获得银奖。井陉拉花是井陉县土生土长的传统民间艺术，苍凉凄美的音乐和刚柔相济的舞姿备受群众喜爱，2006年被国务院批准列入第一批国家级非物质文化遗产名录，成为井陉县的文化符号，也是河北省和石家庄市的文化名片。

【文化产业】 坚持文化产业和相关产业联动发展原则，以项目为引领，以创新为动力，大力加强基地园区建设，积极推介优秀文化产品，推动文化产业健康快速有序发展。项目与品牌建设协调推进。河北长城影视动漫旅游创意园、正定新区文化创新示范园等大型文化产业项目有序推进。河北新华联合印刷有限公司入选第二批国家印刷复制示范企业。白鹿温泉入选河北省"文化产业示范基地"。藁城市入选河北省文化产业发展"十强县"；高新区国家软件开发产业园入选河北省"十大产业集聚区"；东方文化创意产业基地、正定华武文化产业园入选河北省"十大文化产业项目"。各县(市)区挖掘、整合优势资源，创新节庆活动模式，开展"一县一品"品牌创建活动，培育了新的经济增长点。正定春节庙会、平山温塘桃花节、井陉拉花艺术节、赵县鸣鼓节等品牌效应初显。组织重点文化单位、特色文化产品和招商项目参加第九届中国（深圳）国际文化产业博览交易会、第二届河北省特色文化产品博览交易会，成功举办2013中国·石家庄第八届国际动漫博览交易会、第十四届中国吴桥国际杂技艺术节。开展文化产业统计，初步摸清全市文化产业规模、结构、效益、速度等发展现状和变化趋势。至2013年底，全市文化产业完成增加值157.8亿元，占GDP总量的3.51%，呈现较快增长态势。

（魏彩霞　姜小青）

【两次举办观赏石博览会】 3月18～24日，由中国观赏石协会、中国商业联合会市场委员会、石家庄市桥东区政府、河北省收藏家协会赏石专业委员会主办的中国·石家庄第十届观赏石博览会在胜利南大街润德商贸城举行，全国20余个省、市、自治区的500余家石商及全国赏石界40多名专家学者参加展会。此次观赏石博览会除在润德商贸城举办展会外，还在谈固南大街花都天地奇石广场举行观赏石小品组合精品展，参展200余件，主要由河北省、山西省、陕西省、新疆维吾尔族自治区等12个省市观赏石协会从上万件作品中推选，其中乌江石《宁静致远》、戈壁石《永不败》、崂山绿石《惊涛拍岸》等30组作品在本届评选中夺得金奖。8月28日至9月5日，石家庄花都天地第四届观赏石博览会在花鸟奇石广场举行。全国各地近200家参展商带来灵璧石、黄河石、泰山石等特色奇石参展。此次观赏石博览会最吸引人的是全国赏石名家藏石精品展，设在花鸟奇石广场3楼展厅，来自台湾、北京、天津、上海、新疆、内蒙古等地近50位赏石名家带来100组奇石小品。经专家评审，最终《王者风范》、《玉门关》等10组获评金奖。

（张晓娟）

【参加第九届中国（深圳）国际文化产业博览交易会】 5月17～20日，第九届中国（深圳）国际文化产业博览交易会（简称文博会）在深圳市举行。市委常委、宣传部长孙万勇带领市直和县（市）区宣传文化系统及相关协会、院校、企业等近20家参加展会，共组织30多种文化特色商品和招商项目参展。中国动漫与实训考级中心、石家庄动漫大厦、石家庄国家动漫产业基地创业孵化园以及精英影视、深度动画、玛雅影视、新雅动漫、极限科技、诚成动漫、点点传媒等多家经文化部认定重点动漫企业原创作品通过视频宣传片、发放宣传资料等形式开展了集中宣传推介。石家庄网络广播电视台、石家庄百年巧匠木制品有限公司、精英教育传媒集团、河北美术学院、石家庄中晟安全印刷有限公司、石家庄焦氏商贸有限公司、原村土布公司7家企业在河北馆举办了特装展示。文博会期间，举行了河北省重点文化产业项目推介暨签约仪式，石家庄市正定新区文化产业园、新乐文化广场、元氏文化体育中心等多个大型重点项目成功签约，签约额179亿元，占全省29.6%，位居全省首位。市代表团还考察了深圳华强集团总部和腾讯公司总部，与深圳华强集团董事长、总裁梁光伟举行了专题会谈，并就该集团与石家庄市合作谋划建设“中国梦——红色主题公园”项目达成重要共识。深圳文博会是中国唯一获得国际展览联盟认证的国家级、国际化、综合性文化产业博览交易会。本届文博会共有2118个政府组团、企业和机构参展，比上届增加190个。其中，海外展区比例首次突破10%，达到13.7%，海外采购商来自全球90多个国家和地区，境外客商数量创下历史新高。

（范亚飞）

【2013中国·石家庄第八届国际动漫博览交易会】 9月29日到10月3日，2013中国·石家庄第八届国际动漫博览交易会在省会国际科技博览中心西广场举行。本届动漫博览交易会由省委宣传部、石家庄市委、市政府等单位联合主办，市委办公厅、市政府办公厅、市委宣传部、市动漫协会等28个单位承办，主题为“文化融入生活，动漫传递快乐”。本届动漫博览交易会共吸引参展商、企业、院校220余家，参展参会客商1000余人，共有来自澳大利亚工商总会、澳大利亚VUE集团、新西兰新中友好协会、日本柯南公司、韩国文化艺术振兴院、韩国阿里布巴公司、朝鲜中央美术创作社、朝鲜艺术电影制片厂及香港、台湾等15个国家和地区公司参会，为历届境外机构和企业参加动漫博览交易会最多一次。全国8家电视台及北京若森、北京华映、恒大动漫、中影动画、广东原创动力、湖南山猫、浙江中南卡通、广东华强等30多家知名动漫公司、院校、机构和300余名客商到会参展或参加活动。本届动漫博览交易会秉承“节俭办展”宗旨，精简活动流程，没有举办“隆重”的开幕式，代替的是轻松欢乐的开幕启动秀，未设主席台，没有领导、嘉宾致辞，所有领导和嘉宾同市民群众同场站立，开启了官民同乐新风。按照主题和定位，本届动漫博览交易会调整和精选活动项目，除保留原有特色项目外，新增国内最新动画片发布、国外和华语优秀动画片播放点评、中国少儿观众动漫节、创意空间——韩国阿里步巴展等新项目，突出展会优势和特色，提升了国际化、产业化、专业化、精品化程度。主展区国际科技博览中心设有馒头家族、赵云和咔哒盒子、阿里布巴塑泥展、腾讯游戏大赛等展区，主会场人民会堂设有动漫真人秀大赛和汽车动漫彩绘活动，新华区和动漫大厦设立分会场。举办7大活动板块、26个分项活动，基本涵盖动漫文化和动漫产业链，并扩展到相关领域，是一次艺术展示、专业交流、产业交易会和百姓欢乐的盛会。动漫博览

交易会期间，举办了“真人秀”大赛、作文大赛、书画大赛、汽车手绘、电子竞技等一系列品牌化活动。其中，全国第三届青少年动漫作文大赛在动漫博览交易会前举行，25个省市参赛，报送作品13721万件，参赛省市和作品数量质量大大超过往届；全国首届青少年书画大赛收到参赛作品260件；全国第三届动漫真人秀大赛共有石家庄、上海、南京、天津、沈阳、哈尔滨、成都、武汉、太原、秦皇岛、承德、北京12个城市80个社团参赛，比第二届参赛地区增加5个，社团增加20家；2013“家有动漫”中国少儿观众动漫节颁奖晚会，全国20多家知名动漫公司创作团队及人偶聚集一起，共同回顾国产动画片的成长历程，展示了国产动画片在青少年成长中起到启迪智慧、播种梦想的作用，晚会评出“我最喜爱的动漫歌曲奖”、“我最喜爱的动漫编剧奖”、“我最喜爱的动漫配音”、“我最喜爱的动漫人物”和“我最喜爱的动漫作品奖”，其中《熊出没》、《赛尔号》、《甜心格格》、《开心宝贝之开心大冒险》等10部国产优秀动画获得“我最喜爱的动漫作品奖”。本届动漫博览交易会签约文化产业项目12个，总金额2.188亿元，涉外项目3个。其中，西澳大利亚洲Vue Group、石家庄市动漫协会、石家庄职业技术学院达成“建立动画工作室合作”三方签约项目；河北佳越文化传播有限公司三爱阿里步巴创意空间和韩国阿里步巴株式会社达成“三爱阿里步巴创意空间”项目，签约金额1000万元；河北遇见网络科技股份有限公司和越南VNPSY公司达成大型3D网络游戏《燕赵风云》项目，签约金额150万美元；“华北动漫玩具创意生产基地”、“动漫考级中心南京分中心”、“燕赵文化系列茶器开发项目”、“双庙伏羲文化扩建”、国家级非物质遗产动画片“耿村民间故事”等项目也成功签约。石家庄国际动漫博览交易会从2006年到2013年，连续成功举办八届，影响力逐年扩大，实效性增强，文化名片效应越来越显现，已成为中国北方地区最具特色的动漫专业展会之一。

（魏彩霞　姜小青　王欣）

9月29日，2013中国·石家庄第八届国际动漫博览交易会开幕

【第十四届吴桥国际杂技艺术节】

10月26日至11月3日，第十四届中国吴桥国际杂技艺术节在石家庄市河北艺术中心举行。本届杂技节由国家文化部和河北省政府主办，石家庄市政府、河北省文化厅承办，并在河北省沧州市设立分会场（11月8～10日在沧州市举办杂技节分会场活动）。中国文化部部长蔡武，河北省省长张庆伟担任主席，中国文联副主席、杂技家协会主席边发吉担任杂技节评委会主席。杂技节秉持“杂技艺术的盛会，人民大众的节日”宗旨，首次全程引入市场运营商机制，举办了开幕式暨开幕演出、杂技比赛演出、闭幕式暨颁奖演出、惠民专场、社区公益系列演出、马戏大篷演出、国际马戏论坛暨节庆产业与城市发展峰会、国际杂技商业演出暨杂技魔术产业交易洽谈会及沧州分会场活动9大项，共有来自德国、法国、巴西、乌克兰、俄罗斯、美国、朝鲜和中国等19个国家和地区的200多位杂技艺术家参加比赛或展演。本届杂技节厉行节俭办节，取消开幕式晚会，简短开幕式后直接进入杂技节首场演出，闭幕式为获奖节目展演。所有参赛节目分A、B场进行两轮公演，再进行两场比赛，最终朝鲜平壤国家杂技团的《空中飞人》、俄罗斯尼古灵马戏公司的《抖杠》、中国云南省杂技团的《女子蹬人流星》3个节目

获得金狮奖；朝鲜平壤国家杂技团的《浪桥飞杠》、俄罗斯莫斯科国家大马戏公司的《高空钢丝》等6个节目获得银狮奖；乌克兰马戏艺术家的《四人技巧》等10个节目获得铜狮奖。另有12个节目获得特别奖，魔术师刘谦获得金狮荣誉奖。

（王庆芳　张晓华　刘成群）

【第二届河北省特色文化产品博览会在石家庄举行】 12月20～22日，第二届河北省特色文化产品博览交易会在石家庄市新华区英华特色文化精品商城举行。本届交易会由河北省委宣传部督导协调，省文化厅承办，省商务厅、石家庄市政府等单位协办，河北演艺集团有限公司、河北省艺术传媒有限公司等公司负责具体运营，共设15个特装展位、207个标准展位和1个中心展区。其中，石家庄市有21个特色文化项目参展，拥有4个特装展区。河北省特色文化产品博览交易会是省内规模最大、最具权威的文化展示活动。与上届相比，本届在一至三层13000多平方米的展区里，汇聚了衡水内画、藁城宫灯、蔚县剪纸、紫铜浮雕等数百种各具特色的文化精品，展现了“文化与科技”、“文化与创意”、“文化与旅游”融合发展的新态势。本届河北省特色文化产品博览交易会除展示河北地域特色明显的工艺文化精品外，还首次引进了江西景德镇陶瓷、云南大理石画、福建金丝楠木、青海唐卡等近20家外省工艺品企业和台湾东升商行、台湾糖果屋等30余家台湾企业以及东南亚、韩国的文化产品企业参展。展会期间，30多名来自全国各地的工艺美术大师现场展示了内画、雕刻、芦苇画、剪纸等工艺“绝活”，举办了“首届大学生广告创意大赛”、“河北梆子戏迷票友大赛”、“河北特博会摄影大赛”以及“工艺美术精品大赛”等活动。

（魏彩霞　姜小青　王欣）

【文化遗产保护】 以保护利用与可持续发展为出发点，坚持依法和科学保护相结合，统筹规划，突出重点，建立健全保护体系。正定古城风貌恢复工程得到中央、省、市各级领导重视。根据习近平总书记重要批示，省、市确定用三年时间基本恢复正定“千年古郡、北方雄镇”历史风貌工作目标。获得中央财政资金1.25亿元，完成文庙大成殿、古城墙角台加固修缮建设方案，启动隆兴寺修缮工程。召开全国古城保护现场会，发布《古城保护正定宣言》。加强“大遗址”保护，推进中山古城和东垣古城考古遗址公园项目建设，《中山古城遗址保护规划》和《东垣古城遗址保护总体规划》获得批复同意。考古发掘赵县贾吕村新石器时代遗址，填补区域考古发掘空白。铁行会馆、琉璃庙、幽居寺塔等文物修缮工程顺利实施。石家庄市第一次可移动文物普查顺利启动。田野文物安防工程建设完成并通过国家验收。开展文物安全隐患排查整治专项行动，实现文物安全年目标。建立古籍普查基本数据库，录入古籍近6000条、11万册。10种古籍入选《国家珍贵古籍名录》，28种古籍入选《河北省珍贵古籍名录》。非遗保护成效显著，建成非遗项目管理档案，梳理信息9200余条，形成科学、规范的档案体系。《赞皇六宰相的传说》等27个项目列入省级名录，《赵州战鼓》等44个项目列入市级名录。建成市级以上项目传承基地22个，其中洛杉奇食品有限公司（金凤扒鸡手工制作技艺）、赞皇县雪芹棉产品开发有限公司（赞皇原村土布纺织技艺）被命名为“河北省首批生产性保护示范基地”；“石家庄评剧”被评为国家级非遗传承基地；传承人袁淑梅获得第二届中华非物质文化遗产传承人“薪传奖”；井陉县桃林坪花脸社火队在“中国首届社火艺术节暨山花奖”大赛中获得金奖。

【27个项目列入第五批省级非物质文化遗产名录】 9月29日，河北省第五批省级非物质文化遗产名录项目（共计137项，子项152项）公布，石家庄市27个项目入选。

表 89 石家庄市列入河北省第五批省级非物质文化遗产名录项目

民间文学（5 项）

序号	项目名称	申报地区或单位
1	赞皇六宰相的传说	赞皇县
2	赵州桥的传说	赵县
3	藁城刘海的传说	藁城市
4	石家庄“王莽赶刘秀”的传说	石家庄市
5	行唐口头镇歌谣	行唐县

传统音乐（1 项）

序号	项目名称	申报地区或单位
6	平山民歌（尤家庄小唱）	平山县

传统舞蹈（2 项）

序号	项目名称	申报地区或单位
7	北冶抬皇杠	平山县
8	北白砂舞龙	鹿泉市

传统戏剧（4 项）

序号	项目名称	申报地区或单位
9	微水丝弦	井陉县
10	西王庄丝弦	平山县
11	平山坠子戏	平山县
12	行唐杨村秧歌	行唐县

传统体育、游艺与杂技（1 项）

序号	项目名称	申报地区或单位
13	正定三角村高跷	正定县

传统美术（1 项）

序号	项目名称	申报地区或单位
14	郭氏铁板浮雕	新华区

传统技艺（6项）

序号	项目名称	申报地区或单位
15	赞皇原村土布纺织技艺	赞皇县
16	实王醋酿造技艺	井陉县
17	藁城宫面制作技艺	藁城市
18	金丝彩釉工艺	裕华区
19	井陉窑传统烧制技艺	井陉县
20	灵寿青铜器制作工艺	灵寿县

传统医药（2项）

序号	项目名称	申报地区或单位
21	中医络病诊疗方法	河北以岭医院
22	药囊防病法（苍香玉屏袋）	井陉县

民俗（5项）

序号	项目名称	申报地区或单位
23	温塘桃花浴	平山县
24	平山王母祭典	平山县
25	水漴仙姑祭祀（高邑水漴仙姑庙会、青龙山庙会）	高邑县
		赞皇县
26	东岳祭典	井陉县
27	罗庄打铁火	井陉县

【第五批市级非物质文化遗产名录】 2月25日，市政府公布石家庄市第五批市级非物质文化遗产名录，共计44项（实际为43项，6月1日辛集市划归河北省直接管辖）。

表90　石家庄市第五批市级非物质文化遗产名录项目

民间文学（6项）

序号	项目名称	申报县（市）区
1	赞皇六宰相传说	赞皇县
2	赵州桥传说	赵县
3	藁城刘海的传说	藁城市
4	石家庄王莽赶刘秀的传说（深泽县）	深泽县
5	行唐口头镇歌谣	行唐县
6	行唐村名歌	行唐县

传统音乐（4项）

序号	项目名称	申报县（市）区
7	闫三妮民歌	平山县
8	尤家庄小唱	平山县
9	抱犊寨道教音乐	鹿泉市
10	赵州战鼓	赵县

传统舞蹈（3项）

序号	项目名称	申报县（市）区
11	北冶抬皇杠	平山县
12	蒿田牛斗虎	平山县
13	北白砂舞龙	鹿泉市

传统戏剧（5项）

序号	项目名称	申报县（市）区
14	平山坠子戏	平山县
15	西王庄丝弦	平山县
16	砂子洞清秧剧	灵寿县
17	行唐秧歌（杨村）	行唐县
18	刘海庄秧歌剧	藁城市

传统体育、游艺与杂技（6项）

序号	项目名称	申报县（市）区
19	赞皇洪拳随手门	赞皇县
20	平山武高跷	平山县
21	平山东岗上武术会	平山县
22	火流星（新华区赵陵铺）	新华区
23	井陉红脸社火跑阵	井陉县
24	井陉西柏山民间游戏	井陉县

传统美术（4项）

序号	项目名称	申报县（市）区
25	行唐木雕艺术	行唐县
26	无极泥模	无极县

（续表）

序号	项目名称	申报县（市）区
27	桥东区石粉画	桥东区
28	辛集皮贴画	辛集市

传统技艺（7项）

序号	项目名称	申报县（市）区
29	赞皇原村土布	赞皇县
30	郭氏铁板浮雕制作技艺	新华区
31	窦王醋酿造技艺	井陉县
32	四常木梳制作技艺	晋州市
33	深泽柳编	深泽县
34	正定手工装裱技艺	正定县
35	藁城宫面手工制作技艺	藁城市

传统医药（2项）

序号	项目名称	申报县（市）区
36	无极袁氏血液病中医疗法	无极县
37	高邑刘氏外伤中医疗法	高邑县

民俗（7项）

序号	项目名称	申报县（市）区
38	赞皇凤凰桥庙会	赞皇县
39	温塘桃花浴	平山县
40	平山王母祭典	平山县
41	高邑水潼仙姑庙会	高邑县
42	井陉东岳庙文化节	井陉县
43	威州古庙祭典	井陉县
44	罗庄打铁火	井陉县

【文化市场监管】 落实宏观指导与市场调节相结合、职能监管与行业自律相结合市场监管机制，扎实开展“扫黄打非”和文化市场专项治理，实现文化市场平稳有序发展。1月30～31日，市委常委、副市长、市“扫黄打非”领导小组副组长程凯到藁城市及市区部分书店、网吧、印刷厂及娱乐场所，就加强春节期间文化市场监管进行检查。打击销售非法盗版光盘行为，突击检查新华区民族路步行一条街、太和电子城，查缴涉嫌盗版光盘1500余张。会同工商、公安等部门，联合清理整治电子游艺、歌舞娱乐场所及演出市场。集中开展网吧接待未成年人和暑期文化市场专项治理，以及中小学周边环境整治等行动，为青少年

营造了良好成长环境。开展出版物特别是少儿出版物市场清理整顿行动，整肃图书批发市场和金茂书城市场环境。开展网络淫秽色情信息“净网”行动，发现并处理涉黄类信息20000余条，侦破案件20起。开展严厉打击政治性非法出版物“清源”行动，封堵政治性有害出版物网络传播渠道，收缴各类非法出版物近9000余册（份），取缔无证销售摊点85个，行政处罚8家。开展非法报刊治理“秋风”行动，检查经营单位600余家次，取缔游商地摊15家。开展医疗广告类非法出版物整治行动，处罚违规医院2家。依法查办印制“全能神教”非法出版物案、“教育书城0311”网店销售盗版图书案等大案要案，有效打击和震慑了违法犯罪行为，营造了良好社会文化环境。

【版权保护】 落实激励创造、有效运用、依法保护、科学管理方针，营造良好的版权法治环境、市场环境、文化环境，提高版权保护和管理能力。推进县（市）区政府软件正版化，22个县（市）区完成正版软件安装任务。至2013年末，市、县两级政府投入资金1750多万元，实现政府机关软件正版化全覆盖目标。推进企业软件正版化，重点针对勘察设计、工业设计等行业软件使用情况实施督导整改，提高了正版软件使用率。开展版权作品登记服务，登记著作权作品200多件，数量位居全省首位。协调知识产权中介机构建设版权服务平台，建成石家庄市出版版权服务网站，原创作品获得版权维权和交易服务。举办党政机关及企事业单位版权保护知识培训、版权知识百题竞答等活动，发动社会公众参与版权保护。开展打击侵犯知识产权和制售假冒伪劣商品专项行动及打击网络侵权盗版专项治理“剑网行动”等，查办案件14起。4月25日，根据全国“扫黄打非”工作小组统一部署，河北省11个设区市同时举行集中销毁侵权盗版制品及各类非法出版物活动，集中销毁活动启动仪式主会场设在石家庄市博物馆广场。此次活动河北省共销毁各类非法出版物100万册（张），其中石家庄主会场销毁各类非法出版物39万册（张）。组织367家内资出版物开展“五好”作品评比和行业争先创优活动，实行不合格内资预警淘汰机制。

（魏彩霞　姜小青）

报　纸

【概况】 2013年，石家庄日报社贯彻落实省委常委、市委书记孙瑞彬提出增强新闻宣传“方向性、可读性、可看性”要求，坚持“好喉舌”三个标准，即发声准确、声音洪亮、感染力强，提高“四个感”能力，即配合感、策划感、动作感、触动感，围绕全市中心工作，紧跟市委、市政府工作步伐，以《石家庄日报》、《燕赵晚报》、《石家庄新闻网》为主，开展媒体联动，创新推出“跨越·迈向大省省会”等13个专题、“坚决打好大气污染治理攻坚战”等27个专栏以及“当好领头羊　率先在全省全面建成小康社会”等100余篇社论及评论员文章，用40多组紧扣中心工作系列报道和400余篇反映全市亮点工作重头报道，全方位多角度展示市委、市政府推动工作的新思路、新举措、新成效。与2012年相比，石家庄日报社开辟反映中心工作专栏增加5%，评论增加20%，重头报道增加40%；省市领导对《石家庄日报》、《燕赵晚报》批示表扬增加25%。全年47件新闻作品获得省级以上奖项，其中《燕赵晚报》率先报道展示石家庄市亮点5篇新闻在中央电视台新闻联播栏目播出。加强对外宣传，2013年石家庄日报社在《人民日报》等中央媒体发表稿件700余篇，连续多年稳居河北省地市报社之首；人民网、新华网、新浪网、光明网等全国主流网站转载石家庄日报社新闻15000余条。推进“人才再造工程”，开展理论、形势、政策、新闻业务、经营管理培训，增强员工业务素质和经管水平。营造人才成长环境，选拔命名非采编拔尖人才8名。11月6日，石家庄日报社记者尚燕华在河北省举行的“德业双优”新闻工作者座谈会上，被表彰为河北省首届“德业双优”新闻工作者（河北省共22人），尚燕华为石家庄市唯一获得此项荣誉记者。2013年，石家庄日报社实现总收入 2.75 亿元。

（曹志超）

【系列感人事迹报道获得市委书记批示】 1 月 30 日晚，藁城市农民韩同辰在无人路段撞人后，没有逃避，他第一时间报警并全力救治伤者。“我就是倾家荡产，也要把他救活！”韩同辰掷地有声的话语，打动了无数读者，被誉为“最大义肇事者”。2 月 2 日，市民王华荣外出时不慎将 4 万元钱散落马路上，七八个过路人停住脚步上前捡钱，见状，王华荣不由一阵担惊受怕。然而她欣喜地看到，石家庄人是那么的纯朴、热情，他们将钱捡起后没有往兜儿里装，而是将一张张百元钞票递还到她手中。400 张钞票一张不少。王华荣还没来得及问这些好心人的名字，帮着捡钱的人们就悄悄离去了。凭着良心做买卖的“豆饼哥”赞皇农民姚彦军，他做的豆饼“学生买一赠一，环卫工人买一赠二”，每天一多半收入搭了进去。憨厚的他自嘲的一句话“傻子嘛”，感动无数网友。眼见 3 岁女童落入水中，井陉县孙庄乡北防口村两名女性村民赵厉燕、王永华先后跳入刺骨的冰水中，她们全然忘掉了自己不会游泳。还有一位叫何献忠的男性村民，他来不及脱衣服就跳入水中，最终将孩子救出。“谁见了这种事都会先救人！”他们朴实的话语和舍己救人的英勇行为，令很多市民感动，称赞他们是“平民英雄”。湖北客商王波在乘公交车时不小心丢失 19 万元巨款，在捡钱乘客、公交司机、公安民警等多个热心人的“接力”帮助下，这笔巨款最终被送还到他手中。王波到石家庄两年，已经有 3 次丢钱物被人主动送还的经历。他感叹说：石家庄是一座令人感动的城市，这里的人很纯朴，很热情……这些人和这些事通过《石家庄日报》系列报道后，在社会上引起强烈反响。中央电视台在《新闻联播》、《焦点访谈》、《东方时空》播出，网络媒体纷纷跟进报道。2 月 7 日，省委常委、市委书记孙瑞彬在《石家庄日报》上对全市涌现出系列感人事迹报道做出批示：“最近的系列报道在社会引起了强烈反响。我们的人民群众的一个个‘平凡举动’，展现了全体市民的精神风貌。这座城市也正因为拥有这些可亲、可爱、可敬的人民群众而骄傲。要继续宣传他们的事迹，让全市人民学习他们的优秀品德，让石家庄成为一个充满爱心的温暖之城、幸福之城！”

（胡雁冰）

【报业传媒大厦开工】 10 月 22 日，石家庄报业传媒大厦奠基开工。石家庄报业传媒大厦为石家庄报业产业园区一期工程，该园区位于正定新区荣宁路以南、东安街以东、广西路以北、北京南大街以西，占地 38 亩。石家庄报业传媒大厦总建筑面积 50000 平方米，共 24 层，地上 22 层，地下 2 层。

（曹志超）

【燕赵壹购上线运行】 10 月 18 日，《燕赵晚报》官方购物平台——燕赵壹购正式上线运行。燕赵壹购选定首批 3 种上线产品：海拔 600 米高度井陉山地有机苹果；原生态专业基地种植、传统石磨磨出的长寿食物——黑麦石磨面粉；传统石碾制作、营养价值丰富的绿麦石碾麦仁。燕赵壹购是石家庄日报社打造的《燕赵晚报》官方购物平台，2013 年 9 月正式成立，是华北地区第一家报纸购物平台。

（郑亚丛）

【《石家庄日报社（传媒集团）2011—2012 年度优秀作品选集》出版发行】 2013 年下半年，《石家庄日报社（传媒集团）2011—2012 年度优秀作品选集》由河北大学出版社公开出版发行。市委常委、宣传部长高天为该书作序。该书汇集了石家庄日报社（传媒集团）旗下《石家庄日报》、《燕赵晚报》、《精品导报》、《燕赵老年报》、石家庄新闻网等媒体 2011 年度获得全国各类新闻奖作品以及

2013 年 10 月 22 日，石家庄报业传媒大厦在正定新区奠基开工

2012年度新闻精品118篇。

（杨三追）

【向福州市邓拓纪念馆捐献文物史料】 2013年11月，石家庄日报社在《石家庄日报》启用邓拓题写报头65周年之际，派专人到福建省福州市向邓拓纪念馆捐献一批文物史料。主要包括邓拓主编的中国共产党在敌后抗日根据地创办的第一份党报《抗敌报》和《晋察冀日报》（影印件）、邓拓主编的《北平解放报》、邓拓题写报头的《石家庄日报》（原件）、邓拓在石家庄地区办报的图片资料，以及纪念邓拓百年诞辰明信片。此次捐献文物史料收藏者为《石家庄日报》记者王律，他希望捐献这批文物史料能在邓拓的家乡发挥更大的教育和宣传作用。邓拓（1912～1966），原名邓子健、邓云特，笔名马南邨，祖籍福建省福州市，是杰出的新闻工作者、政论家、历史学家、诗人和杂文家。抗日战争和解放战争时期，他长期战斗在石家庄一带，在平山县、灵寿县等地留下新闻史上著名的“八匹骡子办报”等历史佳话。邓拓的杂文题材广泛、思想深刻、切中时弊又短小精悍、富有寓意。邓拓先后担任晋察冀日报社社长，新华社晋察冀总分社社长，北京市委宣传部长，《人民日报》总编辑、社长，1944年主持编辑出版第一卷《毛泽东选集》。《石家庄日报》在邓拓直接领导和支持下创办，报头由他亲笔题写。

（张明星）

广播电影电视

【概况】 2013年，石家庄广播电视台面对中国传媒业激烈竞争、广告调控政策影响、移动社交媒体迅猛发展形势，实现广播电台全天份额保持在46.26%，电视台晚间时段和电视剧场收视率稳中有升。至2013年底，石家庄广播电视台经营收入达到2.45亿元，同比增长4%；广告收入2.13亿元，同比增长2%；拥有有线电视广播用户130.17万户，其中数字电视用户120.6万户；广播综合覆盖率达到99.43%，电视综合覆盖率达到99.42%。围绕市委、市政府中心工作和重点工作，建立每周重点选题制度，提高策划能力，优化《石家庄新闻》、《新闻882》等栏目质量，突出头条效应。2013年石家庄广播电视台在“两个环境”建设、大气污染治理、城镇面貌改造提升、创建全国文明城市、“党的群众路线教育实践活动”、“党的十八届三中全会”等重点活动宣传报道上，营造了良好的舆论氛围。尝试节目改版和创新，推进娱乐频道、《声屏之友》报刊重新定位，新上《大人大人听我说》、《真相》、《生活情报站》等栏目，摄制完成《石话实说——石家庄100个村庄印记》等文化精品。加大技术投入，购置、投入使用随行广播直播车，升级改造广播调频机房。增强城市台合作，与河北省10个市级台建立电视剧播出联合体。严格宣传纪律，落实新闻类节目和非新闻类节目三级审查、重播重审等制度；建立节目监听监看制度，做到及时发现问题、即时改正。落实影视节目播出“三审”制度，严格规范境外影视剧播出行为，实行县级台统一供片制度。明查暗访灵寿县、深泽县、正定县等地方广播电视台播出广告，清理虚假违法广告123条。加强广播电视频率频道管理，停播擅自开办广播节目5套。实行节目制作、发行许可备案制度，节目制作经营机构准入管理加强。严格互联网传播视听节目监督管理，有效遏制有害视听节目传播。完善“燕赵名城网”舆论监管，确保网络舆论安全。2013年石家庄广播电视台在中央电视台《新闻联播》、中央广播电台《新闻和报纸摘要》等重点栏目播发稿件800余篇。其中，在中央广播电台发稿量名列全国城市台第三名，在中央电视台发稿量位居全省城市台第一名。《中国经济半年报·药企转型》4集系列报道，成为中央电视台播发石家庄市经济类报道时间最长、力度最大一次。承办中央台《子龙故里 体验浓浓年味》、“花开中国 春色满园”大型直播活动，展示了石家庄广播电视台的制作能力，提升了石家庄城市知名度。5月20～22日，天津市党政代表团和北京市党政代表团先后到石家庄市考察，石家庄广播电视台为2个代表团在石家庄考察期间提供了全程直播解说服务，受到省市领导好评。

【体制机制改革】 2013年5月，石家庄广播电视台学习和借鉴城市先进台经验，推进体制机制改革，调整机构设置，将管理部门人员编制由139个减少至77个，同比减少55%。加强制度建设，出台多项改革措施。主要有：理顺电视广告经营机制，合并电视广告经营公司和优视传媒公司；加强广播电视广告监管，将广播广告部划归经营管理办公室管理；推进定编定岗管理，落实全员竞聘、双向选择机制；建立绩效考核体系，第一次明确提出贡献指标；强化成本意识，提高经营利润率；梳理规章制度，加强制度监管，确保执行到位；统一用人标准，规范人员出入程序，确保优秀人才进得来、留得住，不称职人员实行及时淘汰，稳妥分流；规范财务收支，强化预算刚性管理，压缩一般性开支，严格控制预算外支出。

（石家庄广播电视台）

【城乡公益电影放映】 市电影公司连续8年圆满完成“千场电影进社区、万场电影进农村”任务。与中国电影家协会联合开展“百花放映、情系基层”放映活动，与桥东区总工会开展“慰问农民工电影进工地”活动，与河北省血液中心、张家口银行等多家单位开展文企联姻进社区活动；连续4个月在市艺术广场每周五、周六两天放映公益电影。全年市电影公司分5批次订购影片30部，购买场次71286场，并于2013年6月至9月组成检查组检查督导农村放映工作，检查放映队137支、行政村421个。至2013年底，全市开展“千场电影进社区、万场电影进农村”大型公益文化活动完成电影放映53507场。其中，社区放映1031场，农村放映52476场。

（王欣）

【承办中国城市电视台技术协会第25届年会】 5月28～31日，由中国城市技术协会主办，石家庄广播电视台承办的中国城市电视台技术协会第25届年会在石家庄市举行。国家新闻出版广电总局科技司副司长孙苏川，国家新闻出版广电总局科技委副主任杜百川，中央电视台副台长、中国电影电视技术学会理事长何宗就，原市委常委、宣传部长孙万勇等应邀出席会议。来自全国93个城市台及51家广电行业厂商、媒体单位320余人参加会议。本届年会举办集中技术交流、重点交流24场，并颁发2012年中国城市电视台技术协会科技创新优秀论文奖。

2013年5月28～31日，中国城市电视台技术协会第25届（石家庄）年会暨新技术交流会在石家庄举行

【广播电视协会成立】 8月8日，石家庄市广播电视协会成立暨第一届会员代表大会在石家庄广播电视台召开。大会通过《石家庄市广播电视协会章程（草案）》、《石家庄市广播电视协会会费缴纳标准与管理办法》，选举了石家庄市广播电视协会第一届理事会成员。50余家广播电视机构、大专院校、文化公司和与广播电视有关的文化产业企业、新媒体企业，以及40余名广播电视行业专家成为第一届广播电视协会会员。石家庄广电协会主要职责：承担石家庄市广播电视史编撰；承办石家庄市年度广播电视好新闻、好节目评奖以及专项奖项组织、征集和评奖工作；组织协会内成员单位和兄弟城市协会之间交流活动；吸引全市广播电视和新媒体优秀人才，开展业务交流、培训；为协会成员之间搭建业务交流、业务拓展、优势互补、共同发展平台；借助广播电视行业人才优势，开展社会专业培训和公益培训。

【“燕赵名城网”正式运行】 9月5日，石家庄广播电视台“燕赵名城网”正式上线运行。网站域名为www.2300.sjz.com。“燕赵名城网”是在原“石家庄网络广播电视台”基础上转型升级而成，整合广电房产、汽车、金融、健康、美食等音视频节目以及房展、车展等内容，以投票、海选、论坛、微信、二维码等方式为参与手段，为本地网民提供吃、住、行、游、购、娱等本地化特色服务。至2013年底，“燕赵名城网”已成为石家庄规模最大、影响力最广的区域性城市综合服务门户网站集群。

【“孝亲敬老之星”评选活动】 11月27日，由省会精神文明办公室、市老龄办公室、石家庄广播电视台联合主办的2013石家庄市“孝亲敬老之星”颁奖仪式在石家庄广播电视台广电中心举行。“2013石家庄市‘孝亲敬老之星’评选活动”于10月1日正式启动，共有200余名提名候选人入围，经近5万观众参与投票和评选办公室遴选、组委会评选，最终选出“孝亲敬老之星”10位、“孝亲敬老标兵”20名。其中，10位“孝亲敬老之星”分别是：谁言婆婆不是妈——张菊梅、十二岁孩子早当家——张佳荣、带着叔公改嫁——翟翠英、勇于担当的90后——唐建哲、赡养孤老四十年——李福现、不离不弃好儿媳——李淑芬、98名五保户一个家——王君花、免费午餐供老人——付仅洁、太行山里践孝行——丁建婷、一株荷花暖社区——池花。

【感动省城十大人物颁奖盛典】 2014年1月16日19时40分，由市委宣传部、石家庄广播电视台、石家庄日报社共同主办的2013年度“感动省城”十大人物颁奖盛典在石家庄广电中心1号演播厅举行。石家庄广播电视台实况录制此次颁奖晚会，并于2014年1月28日20时5分在石家庄广播电视台新闻综合频道首播。2013年度“感动省城”十大人物评选活动于2013年11月下旬启动，在公众广泛参与投票基础上，2014年1月初经评选委员会投票产生10位（参见“人物”类目）感动人物（群体）。石家庄自2005年开始举办“感动省城”十大人物评选活动，共评选感动人物（群体）90位，为广大市民树立了精神榜样。“感动省城”十大人物评选活动影响力大，已成为弘扬城市精神、传递正能量的重要品牌活动，吸引了广大市民积极参与，每年数百万人次通过电话、信函、短信、网络、微博、微信等形式参与投票，2013年市民参与总数达到460万人次，创下历年之最。

（石家庄广播电视台）

2014年1月16日，2013年度“感动省城”十大人物颁奖盛典举行

档案工作

【概况】 2013年，全市档案系统按照市委、市政府《关于进一步加强档案工作的意见》和《石家庄市档案事业发展“十二五”规划纲要》要求，坚持以人为本、服务为先思想，立足民生档案建设重点，开展档案馆标准化建设、档案信息化建设、档案资源建设，提高管理和服务水平，增强法制观念，推动了档案事

业科学发展。2013年9月，市长王亮，市委常委、常务副市长刘晓军，市委常委、副市长程凯分别批示，确定石家庄市新档案馆定址市商务中心。随后，市档案局立即成立新馆建设领导小组，开始新档案馆建设。建立档案管理行政责任体系，完善档案管理违法违纪行为责任追究制度，市档案局、市监察局、市人力资源和社会保障局联合出台《石家庄市档案管理违法违纪行为处分实施细则》。完成政府规章和规范性文件清理，共清理规范性文件10份。其中，保留政府规章1份，保留政府规范性文件2份，保留部门规范性文件5份，废止规范性文件2份。完成《石家庄市各级国家档案馆收集档案范围规定》草案及立法说明，并列入《石家庄市政府2013年立法计划》。2013年石家庄市档案系统参加河北省开发利用档案优秀服务成果评选，共有18项成果获奖。其中，一等奖1项，二等奖9项，三等奖6项，优秀奖2项。至2013年底，石家庄市档案馆馆藏全宗346个、档案211590卷、84766件。

【民生档案管理】 开展民生档案资源调研和调查，形成民生档案10类40万卷。5月28日，民生档案馆在市档案局揭牌成立。实行民生档案优先入馆原则，将市人力资源和社会保障局招工档案、市民政局退伍军人安置档案、市司法局公证档案等9个单位文书档案72266卷、2255件接收进馆。强化破产企业档案监管，印发《关于做好破产企业档案处置工作的通知》。2013年经市政府批准，市财政拨付76万元专项经费用于24家破产企业4万卷档案抢救整理。规范涉民档案管理，出台《石家庄市企业文件材料归档范围和档案保管期限规定实施细则》、《石家庄市旅游档案管理办法》、《石家庄市集体林权制度改革档案管理办法》、《石家庄市财政档案管理办法》和《石家庄市司法档案管理办法》等民生档案管理规章和文件。加强社会档案征集力度。5月9日，石家庄市召开著名革命历史人物档案征集座谈会，省市社科界有关专家、学者参加会议，评选30位著名革命历史人物作为首批征集对象。与《燕赵都市报》联合开展“追寻革命名人足迹”系列报道，做到边宣传边征集，并利用档案向社会传递正能量，取得良好的社会影响。2013年全市征集珍贵照片、石家庄早期地契、证章、线装古籍等档案资料2286件，其中包括原石家庄行署副专员、正定县县长程宝怀捐赠有关习近平总书记的照片、手迹及在正定县工作的珍贵资料，还征集到民国时期居住证、土地证、土地契约等，填补了馆藏档案的空白，丰富了馆藏数量和种类。

2013年5月9日，副市长程凯主持召开石家庄市著名革命历史人物档案征集座谈会

【档案开发】 编辑《正太饭店》、《党和国家领导人关于党的群众路线的有关言论》等《档案内参》5期，获得市委、市政府主要领导审阅。筛选石家庄市直单位移交洨河有关照片等档案资料，编辑印刷《洨河治理成果图册》，较为全面地反映了洨河治理工程成果。梳理馆藏照片档案，首次收录500余张馆藏珍贵照片辑印出版《石家庄记忆》，真实、形象、生动地记录了石家庄著名历史人物、旧址、重大历史事件及党和国家领导人在石家庄等档案内容。

【档案利用】 集中整理和保管涉及知识青年上山下乡、职工招工调转等15类77087卷、6895件民生档案，方便市民利用和查阅。至2013年底，市档案馆接待查阅人员2120人次，比2012年增加5倍；提供利用档案11000余卷；照片1.6万张，80余册。2013年5月民生档案馆开馆后，《石家庄日报》、《燕赵都市报》、《燕赵晚报》、《河北青年报》、河北广播电台等媒体对档案工作转型、服务理念转变及时进行了跟踪报道，闻讯查阅档案的市民络绎不绝。

【档案宣传】 采取媒体推介会、举办展览、网站宣传、发布公益短信和公益宣传标语、开展少儿主题实践活动等形式，多角度全方位开展档案工作宣传活动，增强全社会档案意识。1月12日，“石家庄市容市貌综合整治十大工程成果档案图片展”在河北省博物馆展出，历时50余天。市委常委、副市长程凯，市政协副主席曹社会、王宝山等领导及市直机关事业单位干部职工1786人、普通市民和外地游客4000余人参观展览。此次展览收到社会各界征文55篇，全国各地观众留言114条，石家庄市还对优秀征文单位和个人进行了奖励，取得了良好的社会效果。在市内主要公园举办“幸福之城、美丽之城”档案图片巡回展，引起社会强烈反响。2013年民生档案受到媒体广泛关注，各类媒体关注和报道民生档案展览达到80余次。9月26日，国家级媒体《中国档案报》在头版头条以《民生所需 服务所向》为题，专题报道了石家庄市档案局民生档案工作。

【档案信息化建设】 完成馆藏利用率高、涉及民生74个全宗档案数字化任务。数字化扫描1.7万卷、68万条开放档案目录实行重新鉴定。建立案卷级、文件级目录数据库和全文数据库，实现档案检索、利用、录入、修改、扫描为一体的现代化管理和数据资源共享，提高了档案查阅效率。《全市档案机读目录数据总库》和《电子文件在线归档查询系统》建设完成，初步实现全市区域性档案目录信息资源共享和电子文件在线实时上传接收。

【档案安全管理】 提升馆库安全和保管能力。2013年上半年市档案局投资60万元，实施档案馆2、3楼库房升级改造，扩大馆库面积，安装密集架，增强了档案接收能力。与南昌市互建档案异地备份基地。6月19日，石家庄市档案局与南昌市档案局举行重要档案异地备份签约仪式。南昌市档案局向石家庄市档案局移交了首批重要档案备份数据，包括210万条机读目录和350万幅档案原文数据。石家庄市档案局向南昌市档案局移交了备份的200万条机读目录、1000万幅原文扫描档案数据，提高了档案安全容灾能力。

【档案标准化建设】 全年检查考核116个市直机关、团体、事业单位年度档案整理归档工作，其中112个机关、团体、事业单位按时完成年度任务，形成文书档案1236盒、53951件，档案整理合格率达到98.5%。举办档案岗位培训，市直单位档案管理人员269人及市卫生局所属18家医疗机构档案管理人员参加培训活动。开展档案馆、机关、企业档案工作目标管理认定。按照国家档案局《市、县级国家档案综合档案馆测评办法》，指导正定县国家档案馆通过国家三级测评验收。举办《机关档案工作目标管理认定办法》培训，2013年市直部门和县（市）区认定85家，市直单位认定12家，其中桥西区法院、行唐县国

2013年6月19日，举行石家庄市档案馆、南昌市档案馆重要数据异地备份签约仪式

税局达到5A标准。市社保局17个县级社保经办机构通过省级社保业务档案验收。根据《河北省企业档案工作目标管理认定办法》，指导市政工程公司和灵寿县电力公司实施档案工作目标管理认定，分别达到2星和3星标准。

（马彦春）

文物工作

【概况】 2013年，市文物管理部门以巩固文物大市，建设文物强市为目标，落实“保护为主、抢救第一、合理利用、加强管理”工作方针，积极挖掘、保护、利用文化遗产资源。4月18日，国务院召开第一次全国可移动文物普查电视电话会议，安排部署第一次全国可移动文物普查。按照国家和河北省要求，石家庄市成立普查领导小组，制定《石家庄市第一次可移动文物普查实施方案》，编制《石家庄市第一次可移动文物普查资金预算表》、《石家庄市第一次可移动文物普查宣传方案》，为第一次可移动文物普查奠定基础。根据河北省政府关于田野文物安全技术防范系统建设项目方案，石家庄市对赵县子墓群、许家郭汉墓、赞皇李氏墓群、平山中山国汉墓4处古墓葬开展安全技术防范系统建设工程完成，实现文物看护人防技防结合、地上地下联动报警，达到国家和行业标准，顺利通过专家验收并投入使用。改革文物管理行政审批制度，整理原有行政审批项目，简政放权，委托县（市）区级文物行政部门办理文物行政许可事项。至2013年底，石家庄市拥有全国重点文物保护单位39处，省级以上文物保护单位141处，市、县文物保护单位240处，各类不可移动文物5000余处。

【文物保护工程】 全国重点文物保护单位正定隆兴寺文物保护工程——天王殿修缮工程开工；隆兴寺石质文物保护工程设计方案正在编制。正定文庙大成殿保护维修工程设计方案获得批准。福庆寺圆觉殿保护修缮工程获批立项。省级文物保护单位铁行会馆一期工程竣工，二期工程正在实施。行唐县琉璃庙抢险加固工程开工。《中山古城保护规划》经国家文物局批复同意，由河北省政府批准公布。《东垣古城遗址保护总体规划》经河北省文物局批复同意，由石家庄市政府批准公布。敦煌研究院数字中心制作毗卢寺毗卢殿数字壁画及毗卢寺院内全景、殿内、山门等虚拟漫游影视片完成，清晰度高，视觉比墙体原作清晰，记录和传承了壁画信息。学习研究市政府专题考察组《关于借鉴西安曲江模式，加快我市文化遗址公园建设的建议》，提出推动中山古城文化遗址公园、东垣古城文化遗址公园建设意见。

（田欣）

【正定古城保护】 2013年中共中央总书记、国家主席、中央军委主席习近平对国家文物局《关于正定古城保护情况的报告》作出重要批示：“充分肯定近年来正定古城保护工作。要继续做好这项工作，秉持正确的古城保护理念，即切实保护好其历史文化价值。”5月25日，河北省委书记周本顺、省长张庆伟到正定调研古城保护开发工作，提出三年时间基本恢复正定“千年古郡、北方雄镇”的历史风貌，把正定打造成华北平原的文化明珠、旅游名城、经济强县工作目标。9月2日，文化部副部长、国家文物局局长励小捷到正定考察古城保护，肯定石家庄市开展正定古城保护工作，表示国家文物局将加大对正定古城保护倾斜支持力度，同时要求注重总结正定古城保护经验，为全国文物保护工作提供指导借鉴。至2013年底，正定古城保护谋划项目60项，启动实施38项；争取国家资金支持1.25亿元，获得国家文物局立项项目14个。12月25日，国家文物局、住房和城乡建设部、河北省政府在正定县联合召开正定古城保护现场会。省长张庆伟，文化部副部长、国家文物局局长励小捷，市长王亮及国家发展和改革委员会、国家旅游局部门负责人，各省（区、市）文物行政部门负责人，全国29个古城政府代表和专家学者参加会议。正定县介绍了正定古城保护的经验和做法；山西省平遥县、安徽省歙县等古城政府代表以及部分专家学者围绕古城保护发展作典型发言。参会古城政府代表共同发布了《古城保护正定宣言》，提出做好古城保护工作4点倡议：保护古城，必须深入研究古城的历史文化价值，而不能只是研究其开发价值；保护古城，必须坚持科学规划，严格执行规划，而不能在古城建设发展中违背规划，随意更改规划；保护古城，必须坚持整体保护的原则，而不能割裂各类文化遗产资源之间的内在联系；保护古城，必须坚持以人为本，尊重古城居民意愿，维护古城居民的利益。

（田欣　刘娴　张晓娟）

【河北省博物馆新馆试运行】 6月8日，地处石家庄市河北省博物馆新馆试运行，展出面积1万多平方米，展出珍贵文物400多件。河北省博物馆新馆在原馆址基础上向南扩展到范西路，东起东大街，西至西大街，总建筑面积3万平方米。建筑分为3层，主要包括陈列展区、文物库房区、公众教育区、公共活动服务区等。

（张晓娟）

【赵县发现明嘉靖三年《重修万寿寺记碑》】 6月15日，赵县韩村镇各子村村民挖掘出489年前明嘉靖三年《重修万寿寺记碑》。该碑高150厘米，宽75厘米；碑文21行，共计728字。碑文记载了南北朝后梁大定六年至明嘉靖三年间历次重修万寿寺的经过，对研究赵州佛教文化以及万寿寺兴衰历史具有重大价值。碑刻记载，万寿寺最早建于南北朝后梁大定六年（公元559年），时称天宁寺。宋宣和七年重建，改为大明禅院。明代多次重修寺院，立为万寿寺。

（胡雁冰　赵志勇）

【14处文物入选第七批全国重点文物保护单位】 2013年上半年，全市14处文物入选国务院核定公布的第七批全国重点文物保护单位。分别是：新乐伏羲台遗址（商、周、汉）、元氏县西张村遗址（西周）、长安区东垣故城遗址（战国至汉）、赵县古宋遗址（汉）、无极县甄氏墓群（东汉至北朝）、赞皇李氏墓群（北朝）、元氏县开化寺塔（金至明）、灵寿县灵寿石牌坊（明）、正定城墙（明）、井陉县井陉旧城墙（明至清）、元氏县封龙山石窟（南北朝至明）、平山县瑜伽山摩崖造像（宋、明）、井陉矿区正丰矿工业建筑群（民国）、新华区中国人民银行旧址（1948）。

（田欣）

西柏坡纪念馆

【概况】 西柏坡位于石家庄市平山县中部，距离石家庄市区80千米，是中国解放战争时期中央工委、中共中央和解放军总部所在地。1947年5月，刘少奇、朱德率中央工委进驻西柏坡。1948年5月，毛泽东、周恩来、任弼时率中央前委和解放军总部到达西柏坡与中央工委汇合。在西柏坡，毛泽东等中国老一辈领导人组织召开了中国共产党全国土地会议，通过《中国土地法大纲》，实现耕者有其田；指挥辽沈、淮海、平津三大战役，决定中国命运；召开中国共产党七届二中全会，描绘出新中国宏伟蓝图。1949年3月23日，中共中央和解放军总部离开西柏坡，前往北京建国。后人称“新中国从这里走来”，即由此而起。

1955年，河北省博物馆联合建屏县政府（1958年建屏县改为平山县）建立西柏坡纪念馆筹备处。1982年3月11日，国务院公布西柏坡中共中央旧址为全国重点文物保护单位。1987年5月1日，建立文物保护区碑1座，划定文物保护区391800平方米，自然保护区1333200平方米。1976年10月，西柏坡陈列展览馆开工。1978年5月26日，在纪念中共中央和解放军总部移驻西柏坡30周年时，西柏坡陈列展览馆与中共中央旧址同时对外开放。主题陈列《新中国从这里走来》曾于1993年、1996年、1998年、2003年、2009年修改完善，获评过“1998年度全国十大精品陈列”、“第六届全国十大陈列展览特别奖”（2003～2004年）。1992年起，西柏坡纪念馆先后修建西柏坡石刻园（2011年扩建改名西柏坡丰碑林）、西柏坡雕塑园、五大书记铜铸像、西柏坡纪念碑、周恩来评语碑、西柏坡国家安全教育馆、西柏坡文物保护碑、西柏坡青少年文明园、西柏坡廉政教育馆等革命传统教育系列工程，丰富了西柏坡纪念馆教育内容。

西柏坡纪念馆建馆以来，接待社会各界人士4000多万人次，取得巨大社会效益。党和国家领导人江泽民、胡锦涛、习近平等先后到西柏坡参观学习。江泽民题词："牢记两个务必，建设有中国特色的社会主义。"胡锦涛发表重要讲话：要求全党同志继承和发扬西柏坡时期毛泽东提出的"两个务必"精神。习近平指出：毛泽东同志当年提出的"两个务必"，包含着对我国几千年历史治乱规律的深刻借鉴，包含着对我们党艰苦卓绝奋斗历程的深刻总结，包含着对胜利了的政党永葆先进性和纯洁性、对即将诞生的人民政权实现长治久安的深刻忧思，思想意义和历史意义十分深远。

1995年，西柏坡纪念馆被国家文物局评为"全国优秀社会教育基地"；1996年，被国家教委、民政部、文化部、文物局、共青团中央和解放军总政治部联合公布为"百个全国中小学爱国主义教育基地"；1997年，被中共中央宣传部命名为"全国百个爱国主义教育示范基地"；2002年10月，被全国精神文明建设指导委员会评为"全国精神文明建设工作先进单位"；2002年11月，被国家旅游局评为"AAAA级旅游景区"；2008年5月，被国家文物局命名为首批"国家一级博物馆"；2009年12月，被解放军总部命名为"国防教育示范基地"；2010年5月，被中央纪委监察部命名为首批"全国廉政教育基地"；2011年，被国家旅游局评为"AAAAA级旅游景区"；2012年9月，被中共中央宣传部、国家文化部、国家广电总局、国家新闻出版总署评为"全国文化体制改革先进单位"。

2013年，西柏坡纪念馆实施"六大"工程（教育功能提升、参观环境提升、接待服务提升、西柏坡品牌提升、产业开发提升、研究能力提升），积极打造国内领先、国际知名红色旅游精品景区，成功接待中共中央总书记、国家主席、中央军委主席习近平，中共中央书记处书记、中央组织部部长赵乐际，中央政治局委员、中共中央军事委员会副主席范长龙等省部级以上领导100多位。至2013年底，西柏坡纪念馆接待社会各界人士502万人次。

【创新宣传教育形式】 升级拓展宣传教育，提出打造培育专家型、学者型讲解员宣传教育发展新思路。实施"一人攻一项，项项有专家"培育机制，规划2～3年实现大部分讲解员由普通讲解员转型为专家型、学者型讲解员。搭建平台，成立河北省讲解员培训基地。11月22日，河北省委宣传部批准西柏坡纪念馆为河北省爱国主义教育基地讲解员培训中心。以"辉煌历史，伟大精神"为主旋律，以阐述"两个务必"为核心，以揭示2013年党的群众路线教育活动"为民、务实、清廉"为主题，以情景表演、歌曲、小品、评书等形式巧妙融合，寓教于乐，创新形式，宣传弘扬西柏坡历史及精神，成功推出"赶考路·中国梦"西柏坡精神情景报告会，在邯郸市、衡水市、沧州市等河北省8个地市及西柏坡巡演30多场，受到了社会各界广泛赞誉。以中共中央移驻西柏坡65周年、毛主席诞辰120周年等重大纪念日为契机，举办各类活动20余次，传递爱国主义教育正能量，提升了西柏坡知名度、美誉度。

【西柏坡研究】 联合攻关。借助社会各界人才和资源优势，联合河北

2013年5月27日，由河北省委宣传部、河北省委党史研究室、河北省委党校、河北省社会科学院和西柏坡纪念馆联合举办的"西柏坡精神与中国梦"研讨会在河北省委党校举行

师范大学等单位，采取委托、共同攻坚等合作方式，挖掘西柏坡精神和红色文化内涵，成功完成国家级课题1项、省级课题18个，形成研究成果15万字。出版简明读本。编写出版近100万字“走进西柏坡系列丛书”，包括《西柏坡历史》、《西柏坡人物》、《西柏坡故事》、《西柏坡文物》、《西柏坡解疑》和《西柏坡景点》，全方位、立体化展示西柏坡时期丰功伟绩。制作专题片。与中央新闻纪录电影制片厂合作完成《新中国从这里走来》历史资料片重新编辑，突出新中国从这里走来、两个务必、赶考三大主题。举办研讨会。5月27日，与河北省委党校等联合主办“西柏坡精神与中国梦研讨会”，中央党史研究室副主任曲青山等500余名社会各界及党史专家参加；与河北省委宣传部联合主办河北省“纪念毛泽东诞辰120周年学术研讨会”；与石家庄市纪委联合主办西柏坡廉政文化品牌建设座谈会等。

【举办纪念毛泽东诞辰120周年学术研讨会】 12月25日，河北省在西柏坡纪念馆举行纪念毛泽东诞辰120周年座谈会。河北省委书记周本顺出席会议并讲话。省委副书记、省长张庆伟主持会议。付志方、赵金铎、史鲁泽、孙瑞彬、艾文礼、宋恩华等省领导参加会议。5位代表在座谈会上发言，追忆毛泽东的历史功绩、崇高风范和与河北、西柏坡不解之缘。12月27日，河北省委宣传部、省委党校、省委党史研究室、省教育厅、省社科院、省军区政治部和西柏坡纪念馆共同举办纪念毛泽东诞辰120周年学术研讨会在西柏坡纪念馆召开。河北省委常委、宣传部部长艾文礼出席会议并讲话。省委党史研究室主任胡庆胜主持研讨会。参加研讨会人员有省委宣传部副部长、省文明办主任戴长江，省委党校常务副校长刘忠昌，省教育工委副书记潘玉兰，省社科院副院长孙继明，省军区政治部选培办主任刘素卯，市委常委、宣传部部长高天，市委宣传部常务副部长王惠周，西柏坡纪念馆党委书记陈宗良，西柏坡纪念馆馆长王红等宣传、党史、社科方面专家学者及获奖论文作者代表、新闻媒体记者50余人。研讨会强调做到三个“始终”，即始终坚持运用历史唯物主义观点，始终把握毛泽东思想活的灵魂，始终珍惜毛泽东留下的宝贵思想和精神财富。胡庆胜在研讨会上向西柏坡纪念馆赠送了书籍《毛泽东与河北》。

【举行西柏坡廉政文化座谈会】 12月25日，石家庄市在西柏坡纪念馆召开西柏坡廉政文化座谈会，来自全国及河北省、石家庄市20多位专家学者聚集革命圣地西柏坡，就打造西柏坡廉政文化品牌举行座谈研讨。市委常委、市纪委书记刘明轩主持会议并讲话。座谈会邀请中国纪检监察报社总编陈春江，中央党校党史教研部副主任罗平汉，中央党史研究室第一研究部副巡视员、研究员李颖，省委党校首席专家、教授王金池等全国、省、市有重要影响力的专家学者带来西柏坡廉政文化最新研究成果。与会专家和学者各抒己见、畅所欲言，就西柏坡廉政文化内涵和历史意义，如何打造西柏坡廉政文化品牌等谈认识、谈想法、提建议。专家和学者一致认为：西柏坡时期，中国共产党人培育形成以“西柏坡精神”为核心，以“两个务必”为特色的西柏坡廉

2013年12月25日，河北省在西柏坡举行纪念毛泽东同志诞辰120周年座谈会，缅怀、学习、弘扬毛泽东等老一辈革命家的革命精神和崇高品格

政文化。

【国家领导考察学习】 7月11日，中共中央总书记、国家主席、中央军委主席习近平在河北省调研指导党的群众路线教育实践活动时专程到西柏坡考察学习。中央政治局委员、中央政策研究室主任王沪宁，中央政治局委员、中央书记处书记、中央组织部部长、中央机构编制委员会委员赵乐际，中央政治局委员、中央书记处书记、中央办公厅主任、中央直属机关工委书记、中央机构编制委员会委员栗战书及河北省委书记周本顺，省长张庆伟等陪同调研。在西柏坡，习近平一行轻车简从，不戒严、不清场、不铺红地毯，开会不用扩音设备，主动走近群众，与社会各界观众握手、交谈、合影。习近平参观了西柏坡纪念馆、毛泽东旧居、中央军委作战室、朱德同志旧居、七届二中全会旧址，并在“九月会议”旧址主持召开座谈会。平山县县、乡、村干部、老党员和群众代表畅谈了反对“四风”、树立良好作风的感想，习近平对他们的意见表示肯定。习近平表示，西柏坡我来过很多次，每次都怀着崇敬之心来，带着许多思考走。对我们共产党人来说，中国革命历史是最好的营养剂，多重温我们党领导人民进行革命的伟大历史，心中就会增添很多正能量。习近平指出，毛泽东同志当年在西柏坡提出“两个务必”，包含着对我国几千年历史治乱规律的深刻借鉴，包含着对我们党艰苦卓绝奋斗历程的深刻总结，包含着对胜利了的政党永葆先进性和纯洁性、对即将诞生的人民政权实现长治久安的深刻忧思，包含着对我们党坚持“全心全意为人民服务”根本宗旨的深刻认识，思想意义和历史意义十分深远。全党同志要不断学习领会“两个务必”的深邃思想，始终做到谦虚谨慎、艰苦奋斗，实事求是，一心为民。继续把人民对我们党的考试，把我们党正在经受和将要经受各种考验的考试考好。使我们的党永远不变质，我们的红色江山永远不变色。

1月13日，中央政治局委员、中央书记处书记、中央组织部部长赵乐际到西柏坡学习考察，并在西柏坡组织召开以“为民务实清廉”为主题座谈会。10月18日，中共中央政治局委员、中央军委副主席范长龙在驻冀部队和院校调研指导工作期间，专程到西柏坡参观学习，观看西柏坡历史资料片《新中国从这里走来》，参观西柏坡陈列展览馆，瞻仰中共中央旧址，重温毛泽东在中共七届二中全会上提出的“两个务必”著名论述和习近平总书记在西柏坡学习考察时的重要讲话精神。9月27日原国务委员戴秉国、12月5日原国务委员唐家璇分别到西柏坡参观学习，观看《新中国从这里走来》历史资料片，参观西柏坡中共中央旧址和西柏坡陈列展览馆，重温毛泽东等老一辈无产阶级革命家在西柏坡时期的光辉岁月。

【省市领导学习活动】 3月23日，河北省省级领导干部“牢记‘两个务必’，弘扬‘赶考’精神，努力交出优异答卷”集体学习教育活动在西柏坡举行。省领导周本顺、张庆伟、付志方、赵勇等参加学习活动。省委书记周本顺即兴讲话，畅谈学习体会。周本顺指出，毛泽东提出“两个务必”和进京“赶考”重要思想在今天仍有很强的现实针对性。“赶考”之路，任重道远。当前，仍然面临很多“大考”，包括转变经济发展方式“大考”、保障和改善民生“大考”、促进社会和谐稳定“大考”、清正清廉清明“大考”、改善生态环境“大考”。“两个务必”和“赶考”精神实质就是不要忘记人民群众，不要脱离人民群众，一切为了人民群众。对领导干部来说，就是要时刻牢记权力是人民给的，要始终把人民放在心中最高位置。牢记“两个务必”，弘扬“赶考”精神，要落实到行动上，从现在做起，从自身做起，破解一道道难题，争取得高分，让人民满意。7月26日，河北省委常委会以牢记“两个务必”、坚决克服“四风”为主题集体学习交流会在西柏坡举行。河北省委书记周本顺、省长张庆伟、省委副书记赵勇、省政协主席付志方等省领导及王金山等中央督导组成员集体参加学习活动。

3月22日，石家庄市委常委集体到西柏坡参观学习，开展以“学习践行《党章》，重温进京赶考，切实改进作风”为主题活动，并召开专题民主生活会。省委常委，市委书记孙瑞彬主持会议并讲话。王亮、刘云峰、鲍际国、孙万勇、司存喜、张小国、刘晓军、刘志鹏、张树志、王俊钟、胡儒钗、高天、程凯等市委常委参加会议并发言。孙瑞彬就加强市委常委班子以及全市各级党组织建设提出五点要求：增强党章意识，严格按照党的规矩办事；增进群众感情，始终保持同人民群众的血肉联系；提振精神状态，始终保持奋发进取的工作激情；牢记责任使命，让真抓实干成为主旋律；坚持“两个务必”，始终保持共产党人的政治本色。

【参加中国著名景区主题歌曲大赛】 9月25日，由国家文化部主办，山东省文化厅、山东省旅游局承办的“好山好水好地方——‘大乳山杯’中国著名景区主题歌曲大赛总决赛”在山东省大乳山滨海旅游度假区举行。西柏坡纪念馆姚军情景表演唱《柏坡谣》和武生国演唱歌曲《又见西柏坡》从41首入围歌曲胜出，获得演唱奖铜奖。同时，分获作品奖银奖、铜奖。此次比赛从2012年5月6日开始，共有来自全国25个省市自治区、30个国家级5A级景区、47个国家级4A级景区及一大批特色景区近300首歌曲参赛。初赛采用网络上传和点击投票方式遴选。西柏坡纪念馆选送9首歌曲，其中《柏坡谣》、《又见西柏坡》入选。

【参加“中国梦·赶考行”巡回演讲活动】 10月30～31日，河北省委宣传部主办的“中国梦·赶考行”全省爱国主义教育基地讲解员巡讲选拔活动在石家庄市举行，全省34家爱国主义教育基地、35位讲解员参与比赛角逐，最终16家纪念馆选送讲解员入选，其中西柏坡纪念馆讲解员刘悦以总分第一名成绩入选河北省“中国梦·赶考行”巡回演讲团。11月9～15日，演讲团分赴11个地市高校、中学开展巡回演讲活动。

【录制《军营大拜年——走进西柏坡》】 12月4日，中央电视台CCTV-7军事频道《军营大拜年——走进西柏坡》节目组在西柏坡纪念馆广场举行现场演出录制。著名艺术家牛群、尹卓林、阎维文、柏文、雷佳、吴娜等走进西柏坡，给老区人民带来舞蹈、歌曲、相声等精彩节目。西柏坡纪念馆讲解员刘悦与牛群、尹卓林、于芳同台主持，西柏坡纪念馆讲解员艺术团成员30余人应邀现场表演了歌舞《酸枣刺》、《纺车谣》、《支前民谣》、快板《插稻秧》等节目。西柏坡纪念馆、石家庄铁道大学、石家庄飞行学院、石家庄军械工程学院以及西柏坡父老乡亲等单位和地方800多人参加节目录制。

【举办中国播音主持“金话筒奖”业务培训】 12月11～13日，中国播音主持“金话筒奖”业务培训班红色记忆西柏坡站一行80余人在西柏坡纪念馆举办现场教学活动。中国广播电视协会播音主持委员会会长李丹，著名主持人李瑞英、朱军、欧阳夏丹、方明，河北省新闻出版广电局党组书记李晓明等领导、专家，以及来自全国各地“金话筒奖”提名得主，各地电台、电视台业务骨干参加此次教学活动。培训班在西柏坡国家安全教育馆举行开班仪式，组织专家讲座，开展分组交流活动，进行获奖作品点评。朱军、欧阳夏丹等著名主持人与西柏坡纪念馆讲解员就形体、发音等开展业务交流。培训班在五位书记铜像前举行了献花仪式，参观了西柏坡陈列展览馆、中共中央旧址，重温西柏坡历史，学习领会西柏坡精神，还到西柏坡希望小学举行捐赠字典、图书活动。

西柏坡纪念馆

馆长、党委书记：王荣丽（7月免）

党委书记：陈宗良（11月任，12月兼任西柏坡管理局副局长）

馆　　长：王红　（11月任）

副 馆 长：段彦峰

张振国（1月任）

纪委书记：杨宏伟

石家庄年鉴 Public Health & Sports

卫生·体育

卫生·体育

卫生

【概况】 2013年，全市共有各级各类医疗卫生机构6475个，其中省级和部队17个，市级19个，县级123个，乡镇卫生院220个，社区卫生服务中心（站）199个，门诊部38个，民营医院84个，诊所（医务室）1449个，村卫生室3989个。开放床位47819张，卫生人员78436名，其中卫生技术人员57875名，执业(助理）医师27059人，注册护士20427人。平均每千人口拥有卫生技术人员5.51人、医生2.58人、注册护士1.95人。全市孕产妇死亡率控制在12.06/10万，婴儿死亡率控制在5.77‰，5岁以下儿童死亡率控制在7.21‰。提升医疗服务质量，出台《石家庄市医疗质量管理与控制中心管理办法》，开展临床路径、抗菌药物专项整治、基层医疗机构集中整顿等活动，实现临床用药和控费管理水平提高；市第八医院精神卫生大楼投入使用，市第五医院门诊综合楼开工建设，市第四医院谈固新院区、市第六医院玉村新院区项目奠基。引进人才，推动医院学科建设。2013年市卫生计生系统引进北京市、天津市等地高层次人才37人，实施“内培外引”博士研究生54名，与解放军301医院、北京协和医院、天坛医院等41家国内外知名医院建立学科共建和技术协作关系。开展医务人员培训。完成1800名乡村医生和255名转岗全科医生岗位培训；分批培训基层卫生骨干人员4061人次。率先在全国为“120”急救配备免费担架员。11月2日，市区院前急救担架员队伍在市急救中心正式上岗。市民拨打“120”急救，均能享受到全天候免费院前急救搬抬服务。2013年石家庄市成为全国首个由政府全额出资、为市区所有院前急救站点配备专职担架员城市。规划实施免疫、妇幼保健、重性精神疾病患者管理、健康教育等基本和重大公共卫生服务项目。5所医院获评促进自然分娩示范。2013年河北省卫生计生委命名23所医疗机构为全省促进自然分娩示范医院，石家庄市域5所医院入选。分别是：河北省人民医院、河北医科大学第二医院、河北医科大学第四医院、市妇幼保健院、市妇产医院。成功创建国家卫生县城1个；卫生应急示范县（市）5个，其中国家级2个、省级3个；慢性病综合防控示范区4个，其中国家级3个、省级1个。农村改厕4万座。11月5日，石家庄市“12320”卫生热线电话开通职业病防治热线。全年未发生重大传染性疾病流行。加大行业监管力度，开展“蓝盾”、“雷霆”等打击非法行医专项行动，取缔黑诊所333家，立案812起；查处医疗机构违法违规执业行为，立案20余起；约谈非法发布医疗广告机构负责人28家；与公安等部门开展联合执法76次，移送向公安机关案件12起。卫生计生信息化建设提升，市级区域卫生信息平台建设完成，28家省、市、县医院及15家民营医院与平台实现联接，建立居民健康档案830万份、电子病历15万份。2013年石家庄市被国家卫生计生委确定为“全国电子病历试点城市”、“全国妇女儿童保健服务信息化试点地区”和“全国居民健康卡试点城市”；石家庄市卫生和计划生育委员会（简称卫生计生委）被确定为河北省唯一“全国创建示范社区卫生服务中心活动优秀集体”。

（苑斌）

【农村基层卫生服务】 加强农村卫生服务体系建设，新建和改扩建1所县级医院和38所乡镇卫生院。开展优质服务示范村卫生室创建活动。2013年7月，市卫生部门开始在全市开展优质服务示范村卫生室创建活动，时限3年。主要内容：依法执业，无超范围执业现象，不得使用非卫生技术人员从事医疗卫生技术工作；标识规范，服务规范及工作流程公示上墙；合理布局，建筑面积不低于60平方米，“六室分开”，庭院整洁，绿化、美化；设备达标，诊疗设备的配备率、完好率100%；医疗固体废物和生活垃圾分类归集、存放与处置；村域内居民电子健康档案建档率达到70%以上；每年举办村民健康知识讲座不少于6次；协助乡镇卫生院开展新生儿、孕产妇和老年人健康管理；协助有关部门，承担计划免疫等疾病预防与控制工作；发现法定传染病按照规定程序报告，报告率100%；开展高血压、Ⅱ型糖尿病患者、重性精神疾病患者筛查和健康管理。出台村卫生室实施基本药物制度补助政策。10月27日，市政府办公厅印发《石家庄市深化医药卫生体制改革近期主要工作安排》，明确规定村卫生室实施基本药物制度专项补助政策，标准为每个农业户籍人口每年不少于8元。制定《石家庄市二级以上医疗卫生机构对口支援乡镇卫生院工作实施方案》，组织市、县和民营58个二级以上医院对口帮扶210个乡镇卫生院，实现农村县（市）区全覆盖。乡村卫生服务一体化管理工作全省领先，鹿泉市、正定县、高邑县、深泽县、井陉矿区5个县（市）区创建成为省级“乡村卫生服务一体化管理示范县（市）”。

（苑斌　李云萍　王丽强）

【社区卫生服务】 新增全国示范社区卫生服务中心3家、省级示范社区卫生服务中心1家。9月27日，国家卫生计生委公布2013年全国示范社区卫生服务中心名单，石家庄市3家社区卫生服务中心入选，分别是长安区谈固街道办事处社区卫生服务中心、桥东区桃园社区卫生服务中心和高新区长江街道办事处社区卫生服务中心。12月2日，河北省卫生计生委公布2013年度省级示范社区卫生服务中心名单，石家庄市桥东区胜利北路社区卫生服务中心入选。至2013年底，全市建成社区卫生服务中心49所，社区卫生服务站160多所，形成覆盖全部市区的社区卫生服务中心网络。其中，7家社区卫生服务中心入选全国示范行列，4家社区卫生服务中心入选省级示范行列，总数位居全省各设区市之首。“片医服务”质量提高。石家庄是国务院确定的全国社区卫生服务体系建设重点联系城市，从2007年起，石家庄市启动河北省首个“家庭责任医生”和“片医”责任团队试点（每支团队由1名全科医生、1名公卫医师、1名全科护士组成）。2013年“片医”制度经过规范提升，在市内各区推广。“片医”制度规定：“片医”与居民签订协议，建立固定联系，向居民提供基本医疗、预防保健、慢性病管理、免疫接种、老年家庭病床等13项健康服务。2013年10月，石家庄市“片医”电子地图上线运行，成为河北省首个“片医”电子地图，覆盖社区卫生服务机构82家。石家庄市“片医”制度建立后，社区医生上门服务次数显著增加。至2013年底，全市组建“片医”团队307支，覆盖人口124.3万人，其中服务高血压、糖尿病及老年人53.6万。

【中医服务体系建设】 深化“国家中医药发展综合改革试验市”建设，在102个社区卫生服务机构和75个乡镇卫生院设立“国医堂”和“国医馆”，创建中医药特色示范村卫生室1020个，培训基层中医药人员5000多人次。组建中医联合体，实施中医“治未病”工程，建立13个“治未病”中心（基地）。实施基本公共卫生服务中医药健康管理项目，全市65岁以上老年人和0～36个月儿童中医健康管理覆盖率达到42%。2013年河北省基层中医药服务能力提升工程现场会在石家庄市召开。2013年石家庄市、县两级财政投入资金3950万元，争取中央和省财政补助经费1700万元，用于基层医疗卫生机构房屋改造、设备购置、专科建设、预防保健和人才培养，在建设范围和投入资金上实现了历史性突破。制定考核标准和服务规范，配备中医诊疗设备，以增加中医药服务量、培育中医特色专科、提高诊疗水平为重点，投入资金210万元，创建20所中医药特色社区卫生服务中心，建成53所社区卫生服务站“国医馆”，形成社区卫生服务机构“一堂一馆”工作格局。2013年全市评选“社区知名中医”30名，并在绩效工资、职称晋升、进修学习等方面给予政策照顾。至2013年底，全市社区卫生服务机构中医诊疗居民数同比增加35%，中医处方数同比增加32%，中医药收入同比增加70%。完善农村中医药服务功能。投入资金1540万元，在75所乡镇卫生院建成“国医堂”，40所乡镇卫生院建成标准化中医科和中药房。利用中央和市级财政经费

200万元，创建中医药特色示范村卫生室1020个，占全市村卫生室总数的25%。至2013年底，全市90%的乡镇卫生院能够提供中医药服务，65%的乡镇卫生院建立中医药综合服务区；全市乡镇卫生院“国医堂”和标准化中医科中医门诊量占到门诊总量的27%，中医处方数占到处方总数的30%，中医药收入占到总收入的28.6%。启动“百镇千村千人”项目。2013年6月，市卫生局、财政局联合启动“百镇千村千人”项目。主要内容为：在100个乡镇卫生院建设标准化中医科、中药房，创建1000个中医药特色示范性村卫生室，对1000名基层卫生技术人员开展中医药理论和技能培训。印发《关于实施基层中医药“百镇千村千人”项目的通知》，明确纳入建设任务的乡镇卫生院、村卫生室实施市级财政奖补、县级财政为主的资金投入政策。3县（区）确定为创建全省基层中医药工作先进单位。2013年9月，河北省中医药管理局、省财政厅确定石家庄市裕华区、桥西区、元氏县为全省基层中医药工作先进建设单位，建设周期为2013年8月至2015年8月。在4个县(市)、20个乡镇、100个村开展中医药县乡村一体化管理试点。采取县级中医院领办乡镇卫生院、托管乡镇卫生院中医科和开展纵向技术合作3种模式，探索建立县级中医院从人才、管理、技术等方面带动乡镇卫生院中医科建设机制。至2013年底，全市开展一体化管理试点乡镇卫生院均设立“国医堂”，其中，中医类别医师占到医师总数30%，中医药服务量增加65%。2014年1月16日，石家庄市作为国家中医药发展综合改革试验市在全国中医药工作会议上作典型发言，其中基层中医药服务能力提升工程工作经验获得国家卫生和计划生育委员会及中医药管理局高度评价，并向全国推广。

（苑斌　王丽强）

【新型农村合作医疗】 2013年石家庄市共有565.75万农民参加新型农村合作医疗保险（简称新农合），参合率达到97.64%；补偿1618.9万人次，补偿金额18.65亿元，补偿人次、补偿费用创下新高。2013年石家庄市新农合筹资标准提高到340元，其中个人出资60元，各级财政补助280元。2013年7月，率先在全省启动新农合大病保险试点，至2013年末，全市49619名参合农民在获得新农合基本保障补偿后享受到新农合大病保险补偿，补偿金额达到9796.33万元。2013年石家庄市将肺癌、食道癌、胃癌等20种大病纳入重大疾病保障范围，保障水平达到70%；大病保险按照每位参合农民20元标准，从新农合基金列支，实行市级统筹，购买商业保险，对新农合报销后医疗费用负担较重患者给予再补助，最高补助额从9万元提高至25万元。至2013年底，全市300多家市、县、乡新农合定点医疗机构全部实现新农合大病保险即时结报。新农合大病保险补偿政策规定，参合农民医疗费用超过8500元后，可获得新农合大病保险补偿。新农合大病保险保障对象为石家庄市辖区内新农合所有参合人。大病保险的保障范围是：在参合农民患大病住院发生高额医疗费用按规定获得新农合补偿后，个人年度累计负担合规医疗费用8500元以上部分按比例给予再补偿。个人负担的合规医疗费用=当年住院总费用－当年新农合已补偿费用－不合规医疗费用（即不列入新农合大病保险补偿范围的费用）。分段制定费用支付比例。2013年全市新农合大病保险比例按累进递增方式予以补偿。被保险人年度累计支出的合规医疗费用中个人负担额达到0.85万元后，根据比例按照累进递增方式予以补偿。域外就医需要提前备案。参合患者到县域外住院前须到户口所在地新农合管理中心办理域外住院审批备案手续。因急诊住院治疗未提前备案的应在入院后3个工作日内到县新农合管理中心备案。在非“出院即报”定点医疗机构的医疗费用达到15000元时，必须电话向保险公司新农合大病保险服务中心报案。没有按时报案的住院费用保险公司不予报销。出院即报“一站式”服务。参合农民在执行“出院即报”的定点医疗机构办理完新农合补偿手续后，如符合大病保险条件，即可在医院办理大病保险报销手续，定点医疗机构垫付大病保险补偿费用。参合农民在未执行“出院即报”的医疗机构住院时，个人先垫付全额医疗费用，出院后持有关材料到县新农合管理中心办理新农合补偿手续。如符合大病保险条件，保险公司同时在县新农合管理中心办理大病保险报销手续。大病保险提供材料。参合患者回县（市）新农合管理中心办理大病保险报销时，需提供本人河北省内个人结算账户（工商银行、农业银行、中国银行、建设银行、交通银行、邮政储蓄银行、中信银行、光大银行、浦发银行、兴业银行、民生银行、河北农村信用社、河北银行、招商银行），用于补偿费用给付。13种情况不列入大病保险补偿：药店购药和门诊费用；未经户口所在地县级新农合管理中心备案；工（公）伤，打架斗殴，交通事故，医疗事故，刑事犯罪，自伤、自残、自杀，吸毒、酗酒，戒烟、戒毒等；各类器官、组织移植的器官源和组织源；超过省级物价部门规定的医疗服务价格收费标准部分；未取得卫生行政部门许可和准入的大型检查、诊断、治疗；美容、健美项目及非功能性整容、矫形手术等非疾病治疗项目；人工器官和体内置放材料，超出《河北省新型农村合作医疗诊疗项目补偿报销规定（2011年版）》限量限价规定部分；《中华人民共和国药典》内非诊疗药品和药典以外的药品；因自然界不可抗拒的因素造成的急、危、重病人救治费用；在非出院即报医疗机构的医疗费用达到15000元时，未向大病保险服务中心电话报案的；参合人员发生的医疗费用依法应由第三者承担的；参合人员自出院日起2个月内不向新农合大病保险服务中心递交索赔申请的，视为自行放弃年度保险权利。12月31日前出院的参合患者必须在下年度1月31日前递交补偿申请。8个县（市）调整新农合补偿方案。8月1日起，8个县（市）调整2013年新农合补偿方案，提高省级定点医疗机构住院补偿起付线，降低住院补偿比例。其中，正定县、栾城县、行唐县、灵寿县、平山县、藁城市、鹿泉市7县（市）参合农民在省级以上（含省级）医疗机构住院补偿比调整为40%，省级定点医疗机构住院补偿起付线由原来的1500元调整为2000元；新乐市参合农民在省级以上医疗机构补偿比例调整为30%，省级定点医疗机构调整与上述7县（市）相同。新增7家新农合市级定点医院。2013年全市新确定7家医院为新农合市级定点医疗机构，分别是：石家庄平安医院，石家庄长城中西医结合医院，河北中医肝病医院，石家庄庭瑞中医精神康复医院，石家庄国康中医风湿骨病医院，石家庄真仁中医钩活术医院，石家庄霍文发中医骨伤医院。至2013年末，全市新农合市级定点医疗机构达到25家。

表91 2013年石家庄市新农合大病保险报销累进递增补偿比例一览表

分段情况（万元）	补偿比例（%）
0.85～2（不含）	20
2～3（不含）	23
3～4（不含）	23
4～5（不含）	26
5～6（不含）	26
6～7（不含）	35
7～8（不含）	40
8～9（不含）	45
9～10（不含）	60
10以上	80

（苑斌　王丽强　李云萍）

【19个县（市）区启动城镇居民大病保险】 7月1日，全市城镇居民大病保险在石家庄市6区和正定县、栾城县、藁城市、平山县、井陉县、灵寿县、元氏县、高邑县、深泽县、行唐县、晋州市、无极县、赵县13个县（市）启动。调整前，石家庄市实施大额补充医疗保险，一个结算年度内最高能报销15万元；调整

后，一个结算年度内，居民大病保险赔付最高限额为18万元，加上城镇居民基本医保基金支付最高限额12万元，城镇居民医疗保险最高支付限额达到30万元。新的大病保险基金赔付起付标准，参考市统计局公布的上年度当地城镇居民年人均可支配收入水平确定，2013年石家庄市确定为2.3万元。个人自付医疗费数额在起付标准及以下的，大病保险基金不予赔付。超过起付标准部分，按自付医疗费用额度分段确定赔付比例。具体报销比例为：起付标准以上至3万元，赔付50%；3万元以上至6万元，赔付53%；6万元以上至9万元，赔付56%；9万元以上至12万元，赔付60%；12万元以上至最高赔付限额，赔付65%。

（王静）

【公立医院综合改革】 2012年6月，栾城县医院作为河北省试点，率先启动县级公立医院综合改革。2013年石家庄县级公立医院综合改革试点在栾城县医院改革试点基础上，将试点范围扩大到鹿泉市、晋州市、藁城市、新乐市、赵县、元氏县、正定县、高邑县、灵寿县、井陉县10个县（市）的19家医疗机构（其中中医机构9家），年末石家庄市开展县级公立医院综合改革县（市）达到70%。7月1日起，11个试点县（市）的20家县级公立医院全部实现药品零差率销售，取消药品加成，执行新的医疗服务价格，并同步推进法人治理、支付方式、人事分配等改革措施，年内试点医院门急诊量和出院人次同比出现增长，住院次均费用和药占比明显下降。率先在全省开展县级公立医院基本药物零差率销售。11月1日起，全市31家县级公立医院全部实行基本药物零差率销售；所有村卫生室全部纳入基本药物网上集中采购范围，实现基本药物零差率全覆盖。至2013年底，全市所有县级公立医院、政府办社区卫生服务机构、乡镇卫生院和村卫生室，全部实行基本药物零差率销售。2013年石家庄市基本药物制度覆盖率位居全省第一名。

（苑斌　李云萍　王丽强）

【中心医院并入第一医院】 2013年10月，市中心医院整体并入市第一医院投入运行。新组建医院名称为“石家庄市第一医院”，加挂“石家庄市人民医院”、“石家庄市第一医院中心医院院区”、“河北省重症肌无力医院”、“河北省重症肌无力诊疗中心”和“石家庄市肿瘤医院”牌子。保留石家庄市中心医院名称。两家医院整合后编制合并使用，资产合并管理，实行一套领导班子，一套管理制度，人员、业务、资产、财务等统一整合、统一管理、统一使用。市第一医院增加原市中心医院执业地点和床位设置，市第一医院院区和中心医院院区收费标准和医保政策统一执行市第一医院医保政策和收费标准。

（王丽强　张宁）

【居民健康卡发放】 6月5日，河北省卫生厅颁布《关于加快推进居民健康卡发行应用工作的实施意见》（简称《实施意见》），确定石家庄市为全省居民健康卡发行应用试点。该《实施意见》要求，2013年石家庄市全面启动居民健康卡发行应用工作，年底实现发放100万张目标；2014年居民健康卡发卡率要达到75%以上；到2015年底，全市基本实现全覆盖，初步实现省内跨机构、跨地区就医“一卡通”。12月30日，石家庄市率先在全省启动居民健康卡发放，鹿泉市、栾城县、井陉县3个县（市）成为石家庄首批居民健康卡发放试点，发放对象为新农合参合农民。居民健康卡根据国家卫生和计划生育委员会统一标准制成，联接居民电子健康档案、电子病历以及国家、省、市、县4级卫生信息平台，是居民终身持有的健康身份证，含有居民在医疗卫生服务活动中居民身份识别、个人基本健康信息存储、实现跨区域跨机构就医和费用结算等信息载体，卡内记录有血型、既往病史、药物过敏史等个人基本健康信息，居民健康卡可挂号、预约挂号、查询、缴费、打印报告清单、跨机构就医、个人金融账户结算和新农合出院即报、即时结算，也可在联网医疗机构就诊开展支付与结算。

（王丽强）

【承担中国心血管疾病筛查项目】 5月27日，中国居民健康教育及心血管疾病筛查石家庄项目正式启动。从当日起到2014年6月，全市25个社区卫生服务机构共为1.25万名45岁以上的就医患者开展免费健康筛查3次。中国心血管疾病社区居民教育及筛查是一项大型公益项目，主要通过在社区开展心血管疾病筛查和预防教育，实现提升8个试点城市200个社区的医务工作者的心血管防治意识，落实50万名社区居民健康教育，并对10万名45岁以上社区居民进行3次健康筛查。该项目主要关注血脂、血压和血糖管理，帮助居民改进吸烟、不健康饮食、缺乏锻炼和体力活动等生活方式，管理和干预心血管疾病危险因素。

【石家庄市长安区被河北省确定为第五次国家卫生服务调查样本县（市）区】 8月14日到10月，河北省按照全国统一部署，开展第五次国家卫生服务调查。调查涉及全省14个样本县（市）区、70个乡镇（街道）、140个行政村（居委会）中8400户居民、2.94万人口。石家庄市长安区被确定为此次调查省级样本县（市）区之一。调查主要内容包括：城乡居民人口与社会经济学特征，卫生服务需要与需求，医疗保障，居民对医疗卫生服务提供过程和结果的满意度，重点人群（妇女、儿童、老年人口、流动人口等）在卫生服务方面的特殊需要及满足情况等。调查方式以家庭健康询问调查为主，机构调查为辅。家庭询问调查采用入户询问的方法收集数据，由经过培训且合格的调查员按调查表项目对调查户所有常住人口逐一询问。

【7个县市区开展农村环境卫生监测】 2013年11～12月，石家庄市在栾城县、藁城市、鹿泉市、赞皇县、井陉县、正定县和井陉矿区7个县（市）区开展农村环境卫生监测项目。主要内容包括：每个项目县（市）区收集20个监测点的人口学资料、环境卫生情况、环境卫生管理、村容村貌、居民健康等基础信息，以及厕所与粪便无害化状况、垃圾情况、污水情况、病媒生物情况等内容，并进行网络填报。市疾控中心负责采集140个行政村土壤，进行蛔虫卵和铅、镉等重金属检测，数据审核、汇总分析及报告撰写。

（王丽强）

【雾霾人群健康影响监测启动】 2013年12月，市疾控中心正式启动空气污染（雾霾）对人群健康影响监测项目。2013年全国启动空气污染（雾霾）对人群健康影响监测，石家庄市是全国19个、河北省3个城市监测点之一。石家庄市《空气污染（雾霾）对人群健康影响监测方案》在市区拟定2个项目监测点，监测内容主要：资料收集，包括环保、气象资料，死因监测，医院门诊资料，急救中心接诊资料等；以社区为基础雾霾特征污染物监测和成分分析，包括监测PM2.5质量浓度，分析PM2.5中重金属和类金属元素12项、多环芳烃16项、阴阳离子4项等含量；小学生健康影响调查，包括每个监测点选择600名学生开展问卷调查，300名进行肺功能及唾液溶菌酶测试；人群出行模式调查，每个监测点随机选择社区400户家庭不少于1200人开展出行模式调查。

（陈凤格）

【第一医院利用海扶刀无创切除10厘米子宫腺肌瘤】 2013年市第一医院利用海扶刀技术为一名子宫腺肌瘤患者实施了无创“切除”手术，成功“切除”直径约10cm大腺肌瘤。海扶刀又称高强度聚焦超声刀，是利用超声波的组织穿透性和可聚焦性，将超声能量透过皮肤，聚焦到病灶，病灶中聚焦的温度瞬间达到60℃～100℃，使病灶组织蛋白质变性、凝固性坏死，病变组织以外的正常组织因温度低不会造成损伤。海扶刀技术应用广泛，可进行无创治疗子宫肌瘤、胰腺肿瘤、肝脏肿瘤、骨肿瘤、乳腺纤维瘤等实性肿瘤，不开刀、不出血、无疤痕、无创伤、无辐射、无副作用，尤其适合治疗妇科各类肿瘤。

（陈硕）

【第五医院成功实施双重血浆分子吸附术治疗肝衰竭患者】 2013年7月，市第五医院在省内率先通过双重血浆分子吸附系统（简称DPMAS）治疗肝衰竭患者，取得良好效果。双重血浆分子吸附系统（DPMAS）是一种组合型人工肝治疗模式，采用新型胆红素吸附柱和血液灌流器两种树脂吸附柱联合应用。胆红素吸附柱吸附胆红素、胆汁酸，血液灌流器吸附中大分子毒素、细胞因子、炎性介质及胆红素。两者联合应用增加了胆红素的清除能力，在改善黄疸症状的同时增强对毒素、炎性介质等有害物质的清除，起到标本兼治的作用，有效提高了临床救治成功率。双重血浆分子吸附系统（DPMAS）很好地解决了缺乏血浆或血浆量不足问题，同时还清除了体内内毒素、炎性介质、细胞因子，效果优于单纯血浆置换，适应于各种原因引起的重型肝炎、高胆红素血症、高胆汁酸血症、重型肝炎肝性脑病。

（宁更献　王立静）

【儿童免疫规划疫苗接种率超过90%】 2013年11月，由12名专家组成的国家免疫规划督导评估组到石家庄新华区、藁城市、行唐县、平山县督导评估国家免疫规划。此次督导评估调查5个乡镇（办事处）、21个行政村（居委会）的168名2～3周岁适龄儿童，其中参与调查儿童的卡介苗、乙肝疫苗、脊髓灰质炎疫苗、麻疹疫苗、乙脑疫苗和流脑疫苗调查接种率达100%，甲肝疫苗接种率达99.4%，均达到国家免疫规划疫苗接种率90%以上的目标要求。

【公布183家宾馆和商场卫生等级】 2013年12月，市卫生监督局公布2013年市直管住宿场所和商场超市卫生监督量化分级管理评定结果。其中，市直管50家大型住宿场所量化分级管理为A级22家，B级28家，AB级（优良）率为100%；市区133家持有效卫生许可证大型商场超市量化分级管理为A级20家，B级110家，C级3家，AB级（优良）率为97.7%。根据评定卫生等级，卫生监督机构在相关单位门口显著位置悬挂"笑脸"、"平脸"、"哭脸"，分别代表A、B、C三个不同级别，即卫生状况优秀、良好、一般。

（苑斌）

体　育

【概况】 2013年，全市体育选手在省级以上比赛获得金牌244枚，银牌185枚，铜牌140枚。全年河北省年度比赛决出金牌650枚，石家庄市取得208枚，占金牌总数的32%。2013年市体育局与市教育局、市人力资源和社会保障局、市财政局、市机构编制办公室联合制定出台《石家庄市运动员文化教育和保障工作的实施意见》，初步建起贴近实际、操作性强的后备人才培养机制。以承办中国足球甲级联赛为契机，提升承办赛事规格，扩大赛事规模，增加赛事场次，活跃居民文化生活。2013年石家庄市还承办了全国男子排球联赛、全国乒乓球俱乐部甲B比赛等在全国影响较大、观赏性较强的赛事，提升了知名度、美誉度。提高业余训练水平，对照国家体育训练基地认证要求，建设高水平后备人才基地；组织所属训练场（校）开展对位达标活动，制定训练场（校）日常管理制度和考核办法，形成以创促建、以创促改长效管理机制。组织参加国家、省、市社会指导员培训班4次，并对全市农村面貌改造提升行动466个重点村社会体育指导员进行了培训。加强基层指导站点建设，实现市区800～1000米健身组织无缝隙覆盖。至2013年底，全市拥有常年参加业余训练运动员5000余名；体育彩票销售额达到8.24亿元，同比增长77.5%。

（市体育局）

【竞技体育】 7月14日，2013年全国皮划艇（静水）青年锦标赛在上海市结束，石家庄市运动员取得1金1银4铜的好成绩。高帅和杨晓旭获得男子甲组双人皮艇2000米金牌；仇迎获得女子甲组单人皮艇2000米决赛银牌；石家庄市选手在男子甲组单人划艇2000米(崔亚龙)、双人划艇2000米（崔亚龙、徐朝阳）、四人皮艇2000米和女子甲组四人皮艇2000米（仇迎、王雅倩、李静、张明敏）分别获得铜牌。此次比赛河北省和石家庄市联合组队参赛，获得1金1银4铜选手均为石家庄市运动员。8月2日，在保加利亚首都索非亚举行的第22届夏季听障人奥林匹克运动会羽毛球女子双打比赛中，石家庄市选手王萌与来自湖北省队友江佳蕾以2比0的比分战胜对手，获得冠军。这是河北省选手在听障奥运会上获得的首枚金牌，也是中国运动员首次在听障奥运会羽毛球项目上夺冠，实现了"两个零突破"。王萌，女，22岁，河北师范大学三年级学生，患有先天性听力障碍。王萌从小勤奋刻苦，喜欢羽毛球运动。2002年，王萌的运动天赋被河北省残疾人联合会看中，进入石家庄市体校开始接受专业羽毛球训练。不到一年时间，被选入河北省残疾人羽毛球队。2003年王萌参加第6届全国残疾人运动会，获得女单第五名、双打第一名。在2007年第7届全国残疾人运动会上，王萌夺得女单金牌。8月31日至9月12日，石家庄市89名运动员代表河北省征战在辽宁省沈阳市举行的第十二届全国运动会，参加了田径、射击、体操、武术等23个大项比赛，最终石家庄市运动员夺得2枚金牌、2枚银牌、15枚铜牌。其中，巩立姣以19.75米的成绩夺得女子铅球冠军；曹硕以17.26米的成绩夺得三级跳冠军。女子铅球和男子三级跳远实现全运会四连冠。

（市体育局　刘真）

【群众体育】 5月14日，市政府副市长程凯主持召开石家庄市全民健身工作联席会议第一次全体会议，28家成员单位出席。会议围绕落实《石家庄市全民健身实施计划(2011-2015)》作出安排部署，明确部门职责任务，研究解决存在问题，强化协调管理，形成推进全民健身工作合力。会议还确立了“政府主导、部门协同、全社会参与”的大群体工作格局。多次举办大型群众体育活动。4月23日，石家庄市直机关离退休干部第19届运动会在裕彤国际体育中心举行，来自全市70多个单位、3700余名离退休老干部参加运动会比赛活动。5月16日，由市体育局、市直机关工委、市总工会、市体育总会、市老年人体育协会联合举办的“‘人人爱运动、健康新生活、幸福石家庄’百万市民健身大行动”正式启动。此次健身大行动从5月中旬开始，于10月结束。活动分为“区县特色、职工竞技、社会竞赛、健康老年、激情青年、阳光少年、精品活动、培训展示”八大板块和竞赛、展示、擂台、活动、服务五大系列活动，设立35个大项，近100个小项。全市各行业、各县（市）区在百万市民健身大行动中举办赛事活动约1000场次，直接参与人数超过100万人次。8月3日，由中华全国体育总会主办、市体育局承办的“无限极2013世界行走日”活动在石家庄高新区火炬广场举行，共有近1万名市民参加健步走健身活动。行走活动从高新区火炬广场出发，经长江大道向东、恒山街向南、湘江道向西，昆仑大街向北、穿越长江大道向东，回到火炬广场西南广场，全程约5千米。8月8日，中国体育彩票杯全民健身日“跃动石家庄”健身大赛系列活动启动，其中举办“跃动石家庄”全民健身电视大赛较为成功，成为全民健身活动组织形式一次新尝试，共有近200支队伍、3000名健身爱好者参加，参赛项目30余种，受到群众的喜爱。比赛活动安排在勒泰中心、万象天成等城市商业休闲中心举行，增强了全民健身活动的吸引力，又向市民倡导了体育锻炼增强体质理念。10月13日，“2013中国体育彩票‘捷安特杯’中国·石家庄第十届自行车环城赛”在高新区火炬广场举行。比赛分为公路车组和大众健身组。公路车组从火炬广场出发——长江大道向东——东三环向南——南三环向西——西三环向北——槐安路向西——山前大道——盘山公路——窦王岭景区（终点），全程60千米。大众健身组从火炬广场出发——长江大道向东——恒山街向南——湘江大道向西——华山街向北——火炬广场（终点），全程4千米。2013年环城赛公路车组采用新赛道，有公路也有山路，提升了比赛观赏性；大众健身组不计成绩，不计名次，特邀10名残疾人参赛，所有骑完全程的运动员均可获得纪念奖，体现了全民健身、全民参与理念，也为骑行爱好者搭建起一个互相交流、展示自我舞台。

（市体育局　刘真　胡雁冰）

【体育设施建设】 裕彤体育中心升级改造、市体育运动学校综合训练馆改建工程完成。全民健身中心建设《可行性研究报告》、用地规划许可证获得批复，新设计方案通过专家会论证，土地划拨手续正在办理。以“10分钟体育健身圈”为重点，加大城乡公共体育设施建设力度。2013年石家庄在市区内安装和更新健身路径100条；在农村新建农民体育健身工程271个，其中18个为河北省体育局负责安装。

【开设全民健身信息发布平台】 开展全民健身资源数字化建设与管理，开发石家庄市全民健身信息发布平台，并于8月8日“全民健身日”正式启用。全民健身信息发布平台向社会发布内容涉及公共体育场馆、学校体育场馆、健身路径、健身站点等内容，为科学规划、管理、指导全民健身工作提供了有效决策依据。

（市体育局）

社会生活

社会生活

人口和计划生育

【概况】 2013年，全市人口计生领域统计出生人口148311人，人口出生率14.77‰，符合政策生育率85.84%，统计求实率98%，出生人口性别比106∶61，完成河北省下达责任目标。2013年石家庄市被河北省委、省政府授予“2013年度完成人口和计划生育责任目标先进奖”。实施育龄群众生殖健康免费服务“民心工程”和免费孕前优生健康检查“优生促进工程”，围产儿出生缺陷发生率下降至99.58/万，远远低于全国水平（145.06/万）。2013年“全国开展预防和控制出生缺陷工作试点城市”现场观摩会在石家庄市召开。流动人口服务水平提升，2013年石家庄市被确定为“全国流动人口卫生和计划生育基本公共服务均等化试点城市”。探索推行“医养扶一体化”工作机制，行唐县在河北省计生工作电视电话会议上作经验介绍。8月27日，全市首个专门服务计划生育特殊家庭的公益组织——暖阳社在长安区成立。推进人口计生信息化建设，成功研发“石家庄市人口计生公众服务平台”和“石家庄市人口信息交流平台”等应用软件，大幅度缩减审批时限，破解群众办证八大难题，被《中国人口报》头版头条专题报道。

【卫生计生机构改革】 2013年原石家庄市人口和计划生育委员会与石家庄市卫生局合并，成立石家庄市卫生和计划生育委员会。11月29日，市政府印发《石家庄市卫生和计划生育委员会“三定”方案》，确定部门主要职责、内设机构和人员编制。12月19日，市委常委会审议通过组建市卫生计生委新的领导班子决定。12月20日，市委组织部领导在市卫生计生委宣布新班子职务任免决定；随后，市委、市政府召开石家庄市卫生计生委成立大会，宣布石家庄市卫生计生委挂牌成立。

【综合治理出生人口性别比】 推广石家庄赵县“两非”案件（非医学需要的胎儿性别鉴定、非医学需要的选择性别妊娠）查处“五大机制”（孕情跟踪倒查、单项工作预警、联合办案、督导落实、领导约谈），有效破解“两非”案件发现难、取证难、查办难和处理难等问题，推动“两非”案件查处取得突破性进展。2013年全市查处“两非”案件135起，其中典型案件74起。

（苑斌）

【全省首个县级计生家庭服务中心落户西柏坡】 2013年上半年，全省第一个县级计生家庭服务中心落户西柏坡。西柏坡计生家庭服务中心位于西柏坡镇，该中心由平山县人口计生局投资30多万元建成，建筑面积350平方米，由红色人口文化展室、便民服务大厅、技术服务站3个功能区组成，是集宣传服务、政策服务、科技服务、便民服务等功能为一体的综合性计生家庭服务中心。红色人口文化展室主要由红色记忆、红色启迪、红色指引、红色硕果4个单元构成，通过文字、图片、实物、书画、影像等形式集中展示了平山县人口计生事业在“严格控制人口、稳定低生育水平以及统筹解决人口问题”等方面取得的成绩。便民服务大厅配备有计算机、扫描仪、触摸屏等设备，服务流程图、服务指南、服务制度完善，实现了各项工作阳光操作。技术服务站设有妇检室、治疗室、B超室等功能科室，配备有微波仪、B超仪、乳腺诊断仪等设备，开展普查、咨询、诊治等服务项目，辐射周边乡镇近4万名育龄群众。

（韩彦革　秘军平　曹永刚）

【建立126+X亲情关爱服务模式】 2013年上半年，市人口计生委、市计划生育协会（简称计生协）在全市开展“亲情关爱”行动，对计划生育特殊困难家庭实施经济帮扶、精神慰藉、养老扶助、生活照料等多种形式的日常扶助。“亲情关爱”行动救助对象为户籍在石家庄市，女方年满45周岁，独生子女死亡后未再生育或收养子女的夫妻。已纳入计划生育特别扶助制度范围的独生子女伤残家庭对象，也可酌情纳入救助范围。“亲情关爱”行动从计划生育特殊困难家庭的实际生活和意愿出发，组织动员基层计生协及会员、志愿者，探索建立了“126+X”亲情关爱服务模式。“1”是为每个计生特殊困难家庭确定1名由村（社区）干部担任的亲情关爱责任人，组织开展结对帮扶活动。“2”是由村（社区）为每个计生特殊困难家庭确定2名以上亲情关爱志愿者，与计生特殊家庭保持有效联系，配合责任人及时开展具体帮扶活动。“6”是每户建立一个以“六个一”为主要内容的亲情关爱服务档案，即一份《计划生育特殊困难家庭基础信息及帮扶情况表》，一份《亲情关爱计划》，一本《亲情关爱服务记录》，一本《亲情关爱宣传服务手册》，一张《亲情关爱服务卡》，一张《亲情关爱意见表》。“X”是指为每个计生特殊困难家庭提供亲情关爱自选项目。

【5类家庭享受计划生育特殊家庭关怀扶助】 2013年下半年，市人口计生委、市财政局联合印发《石家庄市计划生育特殊家庭关怀扶助工作规范》，明确5类家庭纳入全市计划生育特殊家庭关怀扶助范围，即户籍在石家庄市行政区域，符合下列条件之一的家庭可纳入计划生育特殊家庭关怀扶助范围：独生子女为1972年8月15日以后出生，且患有重大疾病，依法领取了《独生子女父母光荣证》的家庭；独生子女死亡，未再生育或未再收养子女的家庭；独生子女被依法鉴定为三级以上残疾的家庭；计划生育独生子女和双女家庭父母双方或者一方死亡，其子女未满18周岁的家庭；计划生育独生子女和双女家庭父母双方或者一方为三级以上伤残，其子女未满18周岁的家庭。领取计划生育特殊家庭关怀扶助金采取个人自愿申报方式。符合政策的家庭或个人，自申请人达到法定年龄的当年1月1日起可向户籍所在地的村（居）民委员会申报。由村、乡、县、市四级分别审核审查并按规定公示。关怀扶助对象资格每年年审一次。计划生育特殊家庭一次性救助金发放，县级实行随申请随发放，市级发放安排在元旦、春节期间。计划生育特殊家庭生活补贴和养老金补贴以个人为单位按年计算，一年发放一次。

（王丽强）

【计生特殊家庭经济补贴】 2013年全市共为农村89803名、城镇123201名独生子女父母发放每月10元奖励奖金2971.84万元，农村兑现率100%，城镇兑现率99.7%。2013年全市共有计生奖扶、特扶对象43838人，发放奖扶、特扶资金4209.4万元，全部到位；发放3000元一次性奖励77865人，包括当年新增人员全部兑现。建立维护家庭尊严、增加经济补贴、开展亲情关怀、提供医疗保障、实施应急帮扶“五位一体”计生家庭关怀扶助服务保障体系和“126+X”个性帮扶机制。全市60岁以上失独父母关怀救助金由国家和省规定的每人200元提高到800元以上，一次性救助金由省规定的每户2万元提高到3万元。2013年全市为1433名独生子女死亡父母、686名独生子女残疾父母发放特别扶助金和生活补贴共计1427.65万元。2013年石家庄市被中国计划生育协会确定为“全国计划生育家庭帮扶探索模式项目试点市”。

【刘树聪当选“全国十佳幸福母亲”】 2013年5月，石家庄市赞皇县千根村妇女刘树聪作为河北省唯一的“幸福工程”受益代表，被中国人口福利基金会、幸福工程全国组委会授予“全国十佳幸福母亲”称号。这是石家庄市妇女第二次获此荣誉。“幸福工程——救助贫困母亲行动”是由中国人口福利基金会与中国计划生育协发起的公益项目，主要以贫困地区计划生育家庭的贫困母亲为救助对象，采取“小额资助、直接到人、滚动运作、劳动脱贫”救助模式，帮助发展家庭经济，脱贫致富。刘树聪在“幸福工程”帮助下，发展家庭养蜂业，成立强生蜂蜜养殖专业合作社，实现自己脱贫，还帮助周围的贫困户致富。

（苑斌）

扶　贫

【概况】 2013年，全市扶贫开发工作围绕市委、市政府下达“确保4万农村扶贫对象稳定脱贫”目标，以“十二五”规划启动的281个贫困村为主，以提高贫困户增收为重点，探索扶贫开发新机制，科学谋划、狠抓落实，确保了扶贫开发工作稳步实施。2013年全市新增补“十二五”规划扶贫开发重点村17个，累计达到281个。至2013年底，全市共投入财政扶贫资金9775.8万元，其中市级投入财政扶贫资金750万元。2013年全市贫困地区农民在扶贫开发支持推动下，主要发展核桃、大枣、奶牛、食用菌、柴鸡养殖五大特色主导产业。开展专项资金综合治理，按照“标本兼治、惩防并举、注重预防”方针，制定方案，定期检查督导，及时发现资金监管中的不足和问题，提出具体整改要求。2013年石家庄市专项扶贫资金综合治理工作受到河北省扶贫开发办公室的好评。

【社会扶贫】 主动协调，深化社会扶贫工作，共同研究帮扶措施，介绍帮扶经验，调动帮扶干部的积极性和主动性。全年召开帮扶工作调度会12次，举办帮扶干部培训班7期。至2013年底，全市社会帮扶资金达到1.04亿元，其中帮扶单位直接投入1105.3万元、物资折款241.7万元、帮扶单位协调资金9017万元（含物资折款），落实帮扶项目212个。

【培训贫困群众自我发展能力】 围绕主导产业和特色产业开展农民技术培训。2013年石家庄市级组织举办农村实用技术培训班5期、农村经纪人培训班1期；石家庄所辖县（市）举办不同类别农民实用技术培训班72期，培训10756人次。2013年国家雨露计划改革工作试点县——灵寿县通过“一卡通”补助中、高等职业技术学院贫困生2388人，解决了部分贫困生上学难问题。

【探索完善扶贫开发体制机制】 按照中央和河北省新十年扶贫开发《纲要》要求，石家庄市县各级列支公共财政预算收入的1%作为专项资金用于扶贫开发。完善金融扶贫机制，引导群众建立小额信贷诚信自律组织、扶贫合作组织、互助金组织，加大到户贷款贴息力度，建起农村股份合作机制。推行平山县“葫芦峪”山区扶贫开发模式，推广集设施农业、规模种养、精深加工、旅游观光于一体的现代农业综合园区，形成“龙头企业＋合作组织＋基地＋农户”发展格局。

【贫困村互助金试点】 加强互助资金试点村监管，实现互助资金安全有效运行。至2013年底，全市73个互助资金试点村财政互助资金总量达到1060.4万元；入社农户5298户，其中贫困户4990户；累计发放借款5151户，借款总额达到2537.78万元，其中2013年发放借款814户，借款额度480万元，主要扶持贫困农户发展种植业和养殖业。

（侯晓军）

社会福利和社会事务

【概况】 2013年，石家庄市首届慈善大会暨第二次会员代表大会成功召开，选举产生新一届领导机构。开展“四季”慈善大救助活动，接收爱心物资总价值152.3万元。设立基层社区社会捐助慈善工作站50个。接收小额冠名慈善基金25.33万元。11月1日，河北楷彤园林绿化工程有限公司向元氏县来厢村捐助15万元冠名“河北楷彤慈善基金”善款，专项用于资助来厢村用水、照明和道路修建工程。该款项是石家庄市冠名慈善基金首次使用。推行殡葬惠民政策，至2013年底，石家庄栾城县、高邑县、平山县、鹿泉市、赵县、新乐市6县（市）均出台殡葬惠民政策，其他10个未出台殡葬惠民政策农村县（市）正在按照河北省和石家庄市意见推动；实施石家庄市殡仪馆改造，2013年5月初工程结束并完成验收。福彩公益金资助贫困学生343名。8月20日，石家庄市第十二届“福彩献真情、爱心助学子”资助仪式在市第42中学举行。至2013年末，全市投入福彩公益金103万元，资助家庭贫困高考学生193名，高中学生150名，每人3000元。2002年暑假市民政部门启动举办“福彩献真情、爱心助学子”大型公益活动，12年来，全市共计投入福彩公益金492万元，资助贫困学子1564名进入大学深造。

（市民政局）

【出台冠名慈善捐赠管理办法】 10月15日，石家庄市出台《冠名慈善基金管理办法》和《小额冠名慈善基金管理办法》，首创全省慈善基金使用形式，增强了公开性、透明性。两个办法主要内容包括：捐赠人可指定冠名基金用途。冠名基金以捐赠企事业单位、社会团体、各类社会组织和个人的称谓与慈善捐助项目的名称命名，凡热心于捐助社会特殊困难群众，自愿向市慈善总会捐赠一定数额的资金者，均可提出设立冠名基金。市慈善总会根据捐赠人意向，选择捐助项目，确定名称、数额、期限、意向，设立慈善捐助专户，并与捐赠人签订捐助协议书。冠名基金主要用于助老、助孤、助学、助医、助困、助残、赈灾和资助社会福利事业等慈善捐助项目，以及法律援助、心理援助、智力扶贫、环境保护和弘扬慈善文化等慈善品牌项目。冠名基金主要采取“捐赠本金”的冠名基金和“留本捐息”的冠名基金两种形式，捐赠人拥有冠名基金的冠名权。冠名基金也可自行确定或委托市慈善总会确定捐助项目、捐助对象，并以该基金名义实施。一次捐赠本金，认可捐赠起点为5万元。分年捐赠本金，认可捐赠起点为10万元。首次认可捐赠注入的捐赠本金应不低于基金总额的35%。捐赠人拥有对该冠名基金使用的知情权和监督权。冠名小额慈善基金起点100元。小额冠名慈善基金是个人（家庭）和小型企业、各类社会组织以慈善捐助与社会互助的公益事业为目的，根据自身能力和意愿，向市慈善总会捐赠一定数额资金而设立具有冠名权的基金。该基金认可捐赠起点为：个人（家庭）100元，小型企业和各类社会组织1000元。个人（家庭）100元至500元和小型企业、各类社会组织1000元至5000元，须一次性捐赠注入。其中，个人（家庭）500元以上，小型企业和各类社会组织5000元以上，可一次性全额捐赠注入；也可分批或分年捐赠注入，分批或分年捐赠注入原则上不超过3年期限。分批或分年捐赠注入，捐赠者首次捐赠注入冠名慈善基金应不低于基金总额的40%。10万元以上分批或分年捐赠注入期限可延长至5年。捐赠者认可捐赠资金在协议书期限内注入到位即正式生效，未按协议书期限内注入资金即转为日常性慈善捐赠方式。捐赠者需变更善款使用方向，可与市慈善总会商议确定后实施。

（王静　齐亚宁）

【社会救助】 按照最新低保政策要求，修改完善2009年制定实施的《石家庄市城乡居民最低生活保障评议办法》和《石家庄市城乡居民最低生活保障公示办法》，2013年1月在全市救助工作会议下发。9月22日，市政府印发《石家庄市社会救助申请家庭经济状况核对和评估办法（试行）》。建立社会救助与信访联动工作机制，对信访事件集中的乡、村采取县、乡、村三级联查联审方式，严格按照政策规定处理群众反映问题。推进“五保颐园”工程，2013年全市9所养老院获评三星级，3所获评二星级，1所获评一星级。至2013年底，全市共有城市低保对象37390人，累计资金支出13304.1万元；农村低保对象144127人，累计资金支出25186.5万元；五保对象16558人，累计资金支出6008.7万元；临时救助户11047次，累计救助资金611.31万元。城市医疗救助6979人，直接救助金额1015.74万元；农村医疗救助19605人，直接救助金额2800.7万元。

（王静）

【未成年人社会保护】 2013年上半年，国家民政部决定在北京市、河北省石家庄市、辽宁省大连市、吉林省长春市、黑龙江省佳木斯市、江苏省苏州市、安徽省蚌埠市、福建省厦门市、江西省万载县、山东省泰安市、河南省郑州市、湖北省荆州市、湖南省常德市、广西壮族自治区桂林市、重庆市万州区、四川省成都市、贵州省凯里市、陕西省宝鸡市和兴平市、新疆维吾尔自治区阿克苏地区等全国20个地区开展未成年人社会保护试点工作，探索建立未成年人社会保护制度，保障未成年人合法权益。开展未成年人社会保护试点工作总体思路是坚持未成年人权益保护优先，强化源头预防和综合治理，拓展流浪未成年人救助保护内容，帮助困境未成年人及其家庭解决生活、监护、教育和发展等问题，探索未成年人社会保护体系建设，最大限度减少未成年人流浪乞讨和其他受侵害现象，促进未成年人健康成长。试点地区要求建立未成年人社区保护网络，开展对流浪乞讨、失学辍学、留守流动、监护缺失等困境儿童的排查摸底和定期走访工作；建立受伤害未成年人发现、报告和响应机制，打击操纵、教唆、利用未成年人违法犯罪行为；开展困境未成年人救助帮扶等。

（崔静）

【启动“日行一善”网络文明主题实践活动】 6月16日，石家庄市“日行一善”网络文明主题实践活动启动仪式在市社会福利院举行。启动仪式上，来自全市50余名爱心网友向福利院儿童捐赠了价值8000余元的学习生活用品，并带去丰富多彩的文艺演出和趣味互动游戏。爱心网友代表发出倡议，号召广大网友携起手来“寻善源、学善知、践善行”，聚集网络正能量，共建幸福石家庄。此次文明实践活动由市委宣传部、省会文明办、市互联网信息办公室、市教育局、团市委联合举办，河北新闻网、长城网、石家庄新闻网等网络媒体参与。活动分为线上、线下两部分。线上部分主要包括各合作网站开展“我的善行日志”有奖图文征集、“日行一善”网络文艺作品征集以及网络宣传活动。“我的善行日志”网络有奖征集通过文章、日记、图片、视频等方式，放映网友自己做过或发生在身边的好人好事；“日行一善”网络公益作品征集通过歌曲、摄影、美术、书法、微电影等艺术形式，创作以“日行一善”为主题的网络创意作品、文艺作品、公益广告等。

（王更　梁艳泽）

【防灾减灾】 2013年石家庄市遭受低温冷冻、风雹和洪涝等自然灾害。根据县（市）区灾害损失情况数据统计，全市受灾人口233.58万人，农作物受灾面积287.08万亩，因灾造成直接经济损失17.06亿元。全年下拨救灾资金2453万元，用于受灾群众口粮、衣被、取暖等基本生活救助，有效保障了受灾群众基本生活。组织开展国家“综合减灾示范社区”创建，年末全市共有26个基层社区（村）被国家民政部授予“全国减灾示范社区”称号，数量位居全省第一。

【双拥优抚】 高标准完成省级双拥模范城（县）申报和省级双拥模范城“八连冠”迎接检查。落实义务兵家庭优待政策，至2013年底，全市各县（市）区均按照新标准足额兑现义务兵家庭优待金。补录2012年度补报、漏报人员数据信息，按时完成年度数据更新。零散烈士纪念设施抢救保护工作完成。光荣院硬件建设和辅助设施配置完善提高，住院伙食标准高于当地群众生活水平，达到了每人每月不低于400元，公杂费每人每月100元，服装费每人每年不低于500元，医疗费实报实销要求。

【启用换发新式《烈士通知书》和《烈士证明书》】 根据国家民政部要求，8月1日起，全市正式启用统一式样的《烈士通知书》和《烈士证明书》，同时换发《烈士证明书》。凡2013年8月1日后评定为烈士的，均发放新式《烈士通知书》和《烈士证明书》。《烈士通知书》由烈士评定机关统一编号、填发；《烈士证明书》由省级人民政府民政部门统一编号、填写，由烈属户籍所在地的县级人民政府民政部门向烈属颁发。烈属原执有《革命烈士证明书》的，经县、市和省级人民政府民政部门审核后，凭所执证书换发新式《烈士证明书》；烈属原持有《革命烈士证明书》遗失或者因故未领取的，参照当地《烈士英名录》等资料，经县、市和省级人民政府民政部门审核后，补发新式《烈士证明书》。换（补）发的《烈士证明书》由省级人民政府民政部门统一编号、填写、登记，由烈属户籍所在地的县级人民政府民政部门负责换（补）发。

【复退安置】 2012年冬季退役士兵

及2013年春季转业士官接收、审档和落户工作完成，共接收退役士兵1811人。2013年第一、第二批自谋职业审批完成，办理退役士兵自谋职业手续597名，发放自谋职业一次性经济补助金1765.7万元。与4所学校（教育机构）签订承担职业教育和技能培训合同，组织举办退役士兵汽车驾驶等5个专业职业教育和技能培训，实际参加培训退役士兵686人。市直事业单位分配退役士兵考试考核及现场公开选岗完成，成功召开2011年冬季退役士兵安置分配工作会议，并对2011年冬季退役士兵分配安置工作进行了协商协调，至2013年底，档案交接等后续工作正在办理。2013年还完成河北省民政厅批复到石家庄市1～4级残疾士兵2人接收安置工作。

【养老服务】 全年市内5区新建社区居家养老服务中心8个；建成互助幸福院2689个，完成率为64%。引导、鼓励民间资本兴办养老机构，年末全市民办养老机构发展到95家，拥有养老床位1.49万张，同比增长24%。7月1日，市级公办示范性老年公寓正式开业，年末入住达到200人。至2013年底，石家庄16个涉农县（市）均建有1所“三院合一”形式民政事业服务中心。其中，正定县正在装修，新乐市正在扩建，赞皇县一层完工，其他13个县（市）投入使用。

【评选10名魅力老人】 10月1日，省会精神文明办公室、市老龄工作办公室、石家庄广播电视台、《燕赵老年报》联合举办的石家庄市2013年度“魅力老人”评选活动正式启动。12月11日，石家庄市2013年度“魅力老人”评选活动结束，共评选“魅力老人”10名。分别是：“雕刻时光”刘光星，“舞动青春”董兰珠，“戏迷”张计元，“音律夕阳红”归定康，“民间老来乐”薛金友，“社区热心肠”李朝信，“太极拳传承人”刘国英，“多才多艺夫妻搭档”李宝元、周秀闪，“妙语连珠”廖素英，“空竹达人”王东明。

（市民政局）

防震减灾

【概况】 2013年，市地震部门积极开展防震减灾知识宣传教育，大力增强居民防震意识和能力，扎实推进地震应急工作部署，圆满完成全年防震减灾任务。3月14日，市政府召开防震减灾工作联席会议，联席会议成员单位及各县（市）区主管县（市）区长参加。会上通报了石家庄市2013年震情趋势判定意见，传达了国务院防震减灾工作联席会议、河北省政府防震减灾工作专题会议和省政府办公厅《关于进一步做好防震减灾工作的通知》精神，部署贯彻落实任务、措施，并以市政府防震减灾工作联席会议名义与各县（市）区政府签订地震应急责任状，将任务、责任分解落实到部门、单位。大力发挥防震减灾科普基地宣传教育作用，全年接待了市第43中学、青少年宫、丑小鸭幼儿园等中小学校及幼儿园67所，参观学生8千余人。2013年石家庄市地震局获评河北省防震减灾系统先进单位及市级文明单位、普法先进单位称号，裕华区和元氏县在中国地震局2013年度全国县级防震减灾考核中获评先进单位称号。

【地震监测预报】 印发《石家庄市2013年度震情跟踪工作方案》（石震函〔2013〕4号），建立健全震情跟踪岗位责任制，有效完善业务人员和总工程师震情值班制、震情查询制和信息传递制，做到及时通过FTP收发数据信息，落实业务人员24小时轮班。监测地震异常1起；开展周、月、临时、半年、年度会商57次，会商意见与实际震情相符。11个数字化测震台、10个数字化强震台、4个数字化前兆台、16个模拟前兆台共同组成的石家庄市地震监测台网做到向上级地震部门传送监测信息及时，运转高效、正常。年内在河北省地震局2013年度分析预报评比中获得第三名；参加河北省地震局2012年度地震监测观测资料评比，晋2井水位模拟观测、CK电井水氡模拟观测、新乐地磁、短波通讯获得省级优秀奖。

2013年12月25日，召开城市活断层探测与地震危险性评价项目成果利用专题会议

【地震灾害防御】 将抗震设防要求作为建设工程前期论证重要内容，纳入石家庄市行政服务中心行政许可范围；适应房地产项目行政审批改革需要，完善抗震设防要求行政许可程序，从源头提高建筑物抗震设防能力。实施学校、医院建筑物按照高于当地基本设防烈度I度标准设防，水库、交通、燃气、易燃易爆、易泄漏有害物质等城市生命线工程落实查险加固措施。配合教育部门，推进中小学校舍安全工程建设。组织开展城市地震活断层探测和地震危险性评价项目，其中14个子项目全部通过专家验收，并10月30日通过国家地震安全性评定委员会和河北省地震局组织的项目总验收，获评质量优秀工程。报送市政府《石家庄市城市活断层项目实施竣工情况的报告》，获得河北省委常委、市委书记孙瑞彬的批示和肯定。推进地震安全社区建设，新建鹿泉市富强地震安全社区、裕华区小马地震安全社区、灵寿县灵寿镇新村安全社区3个高标准示范社区。建立健全社区防震减灾组织领导机构，落实活动场所，制定社区防震减灾规划，建设应急避难场所，建立社区地震应急预案管理体系，在社区开展形式多样的防震减灾宣传、演练、培训活动。

【地震应急】 汇总县（市）区地震应急预案、地震应急救援队伍建设、地震应急通讯录，按时报送河北省政府防震减灾工作联席会议办公室。妥善处置赞皇县震群活动，有效维护社会稳定。2013年5月下旬至8月底，赞皇县发生2.5级震群活动。省委常委、市委书记孙瑞彬等市领导高度重视，多次作出批示。省、市、县三级地震部门联合行动，多次现场核实，2次紧急会商。6月8日，市政府领导召集市地震局、赞皇县政府、市政府应急管理办公室、市教育局、市建设局、市民政局主管负责人召开赞皇县震群情况研判分析暨应急准备工作会议，河北省地震局纪检组长陈锋、地震预测中心主任张跃刚应邀参加。会议传达河北省政府办公厅关于全省防震救灾各项应急预案准备工作督导检查情况，听取了赞皇县政府、市地震局、市教育局等部门情况汇报，组织了震情研判分析，提出加强地震应急准备工作八项举措。6月9日，市政府主管副市长带领市地震局、市财政局、市民政局等部门到赞皇县调查摸底，与赞皇县委、县政府领导共同研究，进一步完善了各项地震应急措施。赞皇县强化地震宏观异常观察，摸底排查危旧农居、校舍、病险水库及应急物资储备等，实行震情零报告。6月21日晚，中国互联网出现赞皇县要发生8级左右地震谣言。市地震局、赞皇县政府连夜行动，在石家庄新闻网、石家庄市防震减灾宣传网刊出《石家庄地震局回应网络谣言，赞皇县近期没有发生破坏性地震迹象》辟谣公告，市公安局屏蔽网上帖子，对发贴人开展调查处理，有效制止网络地震谣言传播，维护了社会稳定。开展检查督导，修订完善预案。7月17～24日，市政府办公厅及市政府应急管理办公室、市地震局联合组成检查组，以市政府防震减灾工作联席会议办公室名义，在对各成员单位自查基础上，督导检查了赞皇县、元氏县、鹿泉市、桥东区、市教育局、市民政局、市粮食局、市水务局、市商务局4个县（市）区和5个市直单位防震减灾应急准备工作，对

召开全市防震减灾工作联席会议

存在5个方面问题提出6条改进建议，并以市政府文件向各成员单位通报，促进了防震减灾应急准备工作落实。修订《石家庄市地震应急预案》（石政办发〔2013〕14号），落实联席会议成员单位，各县（市）区，乡（镇）、街道办事处，社区（居委会）、学校、医院、商场、大中型企业层层修订要求，做到横向到边，纵向到底。开展军地联合应急队伍培训，提高地震救援技能。3月28日，石家庄警备区、市地震局、市政府应急管理办公室联合对各县（市）区200余名民兵骨干及地震局长在石家庄市民兵训练基地开展为期一天地震应急救援培训，邀请中国国际地震救援队贾群林、贾学军2位国际教官授课。贾群林就地球构造、地震灾害的产生及地震应急自救互救、救援准备、救援程序、救援队员需具备的素质及建筑抗震安全方面作了地震理论知识讲解，贾学军就液压钳、千斤顶、生命探测仪、救援三脚架、救援绳等救援器材使用进行了地震应急救援实践操作演示，达到了“人人参与、个个过关”要求。

【防震减灾宣传】 利用重要纪念日，集中开展宣传教育活动。3月25日，在第18个“中小学生安全教育日”，由市地震局、市教育局联合主办，长安区教育局、盛世长安小学承办的“地震安全从学生做起”主题安全教育活动在盛世长安小学举行。中国地震学会科普副主任徐桂华，中国地震灾害防御中心宣教中心主任董晓光，河北省地震局副局长张勤，市委常委、副市长程凯等领导参加活动。盛世长安小学教师利用多媒体为小学生上了一堂生动的地震安全教育课，讲课内容穿插学生与老师互动、学生与专家互动，现场举办了地震应急避险自救互救演练。盛世长安小学师生自编自演了丰富多彩的文艺节目，将地震安全、消防安全、交通安全等知识用歌曲、快板、诗朗诵、三句半、演讲、歌伴舞等形式表现出来，达到了寓教于乐效果。5月9日，在鹿泉市上庄小学举办地震科普知识讲座，并举行地震应急避险疏散演练，邀请河北省地震局专家到元氏县、井陉矿区等县（市）区及河北经贸大学、石家庄信息工程学院等大专院校举行地震科普知识讲座，参加听课人员2万余人。5·12防灾减灾日，在裕华区举办地震灾害紧急救援队地震应急救援演练。河北省地震局副局长张勤，市委常委、副市长程凯，裕华区区长常志卷等参加演练活动。所辖县（市）区地震局主管局长、裕华区防震减灾工作联席会议成员单位领导和群众代表200多人观摩。演练以裕华区境内发生6.5级地震为模拟背景，实际演练了应急救援指挥、应急疏散、自救互救、专业救援、次生灾害救援等科目。7·28唐山抗震救灾纪念日期间，全市印发开展地震科普知识宣传周活动通知，各县（市）区科技局采取多种形式，集中开展宣传教育活动。市地震局与裕华区政府联合举办裕华区“东明家具杯”社区防震减灾科普知识竞赛，石家庄电视台、《河北青年报》、《石家庄日报》分别进行报道；与元氏县政府联合举办元氏县防震减灾法律法规及科普知识培训班，邀请河北省地震局原副局长李梦銮、震害防御处处长李广辉授课，元氏县防震减灾工作联席会议成员单位，各乡镇分管领导、防震减灾助理员和各乡镇中心校分管领导，重点企业负责人等500余人参加培训。全国科普日，在平山县举办“地震科普知识进革命老区”活动，平山县防震减灾联席会议成员单位负责人，各乡镇主管防震减灾工作负责人及防震减灾助理员，各中小学校主管安全负责人，大型商场、企业和医院负责人等300余人参加活动。中国地震局地质研究所研究员高建国作了地震科普知识普及报告，向群众现场发放了《科学应对地震》、《地震知识漫画》、《防震减灾科普知识扑克》等地震科普宣传资料，地震专家还解答了群众关心问题。第24个国际减灾日，针对"面临灾害风险的残疾人士"主题，在元氏县特教学校举办了"关爱残疾人士，提高地震灾害防御能力"宣传活动。100余名学生及家长参加宣传活动。市地震局向元氏县特教学校赠送防震减灾科普知识图书，并组织学生观看科教片《地震来了怎么办》；省、市地震局领导与师生、家长就残疾人如何面对地震灾害举办座谈会，现场解答残疾人士如何避震、自救互救问题。拓宽宣传领域，将防震减灾知识逐步纳入国民素质教育。市地震、宣传、教育、科技、国资、商务等部门相互配合，加强协作，利用形式多样、群众喜闻乐见的方式，对不同群体开展有针对性的宣传教育活动，提高了实效性；全市中小学将防灾避险、自救互救等应急知识纳入学校课堂教育内容，市地震局和市教育局联合发文，要求全市中小学每年至少开展一次防震避震应急演练。

（王秀辰）

石家庄年鉴 An Introduction of Cities and Counties

县（市）区概况

县（市）区概况

长 安 区

【概况】 长安区位于石家庄市区东北部，总面积110.24平方千米。辖3个镇、8个街道办事处，67个居委会、29个村委会。常住总人口44.17万人，人口自然增长率7.78‰。2013年，长安区实现地区生产总值235.82亿元，同比增长9.1%。其中，第一产业完成增加值2.44亿元，同比增长1.9%；第二产业完成增加值56.52亿元，同比增长0.4%；第三产业完成增加值17.69亿元，同比增长12.8%。农林牧渔业总产值3.81亿元，同比增长1.66%；粮食播种面积7128公顷，总产量4.41万吨，同比减少0.3%。规模以上工业实现增加值28.15亿元，同比下降2.8%。全部财政收入58.94亿元，同比增长25.98%。全社会固定资产投资329.74亿元，同比增长20%。社会消费品零售总额186.61亿元，同比增长15%；市场成交总额194.6亿，同比增长8.0%。居民人均可支配收入24770元，同比增长11%。

中共区委书记：安树国

区人大常委会主任：刘卓雄

区　　长：马文刚

区政协主席：袁捷才

【项目建设】 将发展总部经济作为经济发展重要抓手，加快发展新兴服务业，壮大文化创意、娱乐休闲等业态。2013年中国平安财产保险股份有限公司河北分公司、渤海信托、享同网络、河北保利等8家企业总部入驻长安区，有力推进了全区市场智能化、信息化、品牌化进程。旧城及城中村改造项目加大商业面积的建设占比，主城区重点发展总部经济与商务楼宇经济。总投资60亿元的瑞城项目，引进台湾润泰集团的大润发超市、法国迪卡浓集团的迪卡侬体育用品概念商场。至2013年底，长安区实施建设项目103个，投资增加570亿元，其中，16个项目竣工投入使用，新增商业面积70万平方米。实际利用外资6165万美元，超额完成6000万美元目标任务。

（房丽英）

【长安区纳入全国老工业基地调整改造规划】 2013年4月，由国家发改委会同科技部、工业和信息化部、财政部编制的《全国老工业基地调整改造规划（2013–2022年）》（简称《规划》）获得国务院批复，石家庄市长安区被纳入所列25个市辖区之中。根据《规划》，2013年起，国家安排中央预算内投资支持城区老工业区整体搬迁改造试点，主要用于企业搬迁改造、厂区污染土地治理等。通过调整改造，力争为转变经济发展方式、推进新型工业化、新型城镇化、全面建成小康社会奠定坚实基础。到2017年，老工业基地产业结构优化升级取得重要进展，节能减排产生明显成效，科技创新能力得到增强；城市内部空间布局优化，城区老工业区调整改造全面展开；人民生活持续改善，居民收入增长与经济发展同步；改革开放取得新进展，经济发展活力和动力显著增强。到2022年，老工业基地现代产业体系基本形成，城区老工业区调整改造基本完成，良性发展机制基本形成，建成产业竞争力强、功能完善、生态良好、和谐发展的现代化城市格局状态。

（房丽英　吴温）

【城镇建设】 全年列入征收计划旧城改建项目21个，市政府批准城中村改造项目19个，其中和平路社区、华北制药一区三期等5个项目完成征收。5个村落实回迁和部分回迁，7个村正在实施回迁楼建设，累计拆除建筑19.9万平方米，至2013年底，开工建设回迁楼68.5万平方米，实现24栋回迁楼主体封顶。投入6300万元，完成“一路、两街、一片”容貌综合整治，集中整治违法建设项目64个。完成34台燃煤锅炉拆改和72家餐饮改造,淘汰“黄标车”9000余辆。绿化提升道路32条，栽植乔灌木30.4万株，新建林荫广场27个、林荫庭院22个；投入830万元种植生态林和环省会经济林8400亩。整修道路26.7万平方米，清理垃圾杂物24万平方米。

【城区管理】 从细微处着手，提高城市管理水平，改善城市容貌。投资800万元，改造提升街道景观，主要对范西路、育才街、省文化中心片区及中山东路（东二环以东）沿线实施门头牌匾整治、建筑粉刷清洗，对京港澳高速公路、石太高速公路和石德铁路沿线建筑开展“穿衣戴帽”等立面整饰工程；投资1700万元，提升市政设施维护，整修了煤机街、河纺街、跃进路等20条小街巷破损道路；投资500万元，美化和补植体育大街、307国道沿线绿化带，整饰了两侧墙体。加大环卫资金投入力度，投资1709万元，用于环卫设施建设、配备清扫保洁人员、购置环卫作业车辆、清理积存垃圾等；提高环卫工人工资标准，给符合条件的环卫工人全部缴纳“五险”(养老保险、医疗保险、失业保险、工伤保险、生育保险)；加强镇村环卫基础设施建设，投资180万元在南村镇、西兆通镇各建1座垃圾转运站，投入154万元购置更换了执法车辆和设备。

【社会事业】 全年免费开办各类培训班48期，培训2049人，新增就业10012人，提供就业岗位510个，达成就业意向360人；医疗、养老、工伤保险参保24.7万人；按时向4.1万人次足额发放失业保险金3699万元；办理社会保障“一卡通”72874人；保障低保对象4万人次，发放低保金1352.6万元；发放抚恤金3000万元。新增廉租住房414户，发放住房补贴467.6万元。申报国家专利126项，转化科技成果13项。建成1个24小时自动借阅图书馆,更新安装健身路径20套。服务救助计生特殊家庭569户。完成3所新校区校园建设和5所校园加固；公开招聘优秀教师85名，列编补充代课教师137名。与北京师范大学签署教育文化合作协议。12月28日，北京师范大学与长安区政府、石家庄东胜投资集团签署《教育文化合作协议》，共同探索推动长安区基础教育优质均衡发展。12月28日，东胜教育基金正式设立。决定自2013年起，东胜集团连续10年向北京师范大学基金会捐赠百万元以上资金用于支持北京师范大学附属学校发展。2013年北京师范大学石家庄附属学校在长安区落户并开始招生，成为长安区辖区最大一所九年一贯制学校。至2013年底，北京师范大学在全国各地拥有附属学校40多所，其中河北省3所，分别在石家庄市、沧州市、承德市各1所。

（房丽英）

桥　东　区

【概况】 桥东区位于石家庄市区中部，南北狭长，总面积43.07平方千米，常用耕地面积430.3公顷。辖1个镇、9个街道办事处，68个居委会。常住总人口37.09万人。2013年，桥东区完成地区生产总值158.4亿元，同比增长10.0%。其中，第一产业增加值0.5亿元，同比增长0.9%；第二产业增加值25.0亿元，同比增长1.9%；第三产业增加值132.9亿元，同比增长11.8%；三次产业结构比例由2012年0.29∶17.30∶82.4调整为0.3∶15.8∶83.9。服务业日渐突出，全年实现税收51.3亿元，占全部税收收入86%。财政收入55.54亿元，同比增长9.27%；地方一般预算收入28.5亿元，同比增长52.1%；一般预算支出12.3亿元，同比增长16.9%。实际利用外资6133万美元，引进省外资金39.48亿元，引进人才393人，引进技术12项。规模以上工业企业总产值11.7亿元，实现增加值5.6亿元，同比下降5.5%；利税3177万元。全社会固定资产投资328.8亿元，同比增长20.0%。社会消费品零售额258.6亿元，同比增长14.3%。民营经济实现增加值81.6亿元，同比增长11.3%，占全区生产总值的

51.5%，同比增长0.42%；实缴税金51.1亿元，同比增长66.5%，占全部财政收入比重84.2%，同比增长23.6%。

中共区委书记：陈彦报

区人大常委会主任：张丙谦

区　　长：刘建芳

区政协主席：张云雁

【农业生产】 全年粮食播种面积297公顷，同比减少19.3%；粮食总产量1804吨，同比减少18.7%。全年完成农林牧渔业总产值7479万元，同比增长0.15%。其中，农业产值3901万元，同比增长4.7%；畜牧业产值286万元，同比增长12.4%。农林牧渔业实现增加值4594万元，同比增长0.1%。全区拥有农田有效灌溉面积280公顷；机电井144眼；农用机械总动力1671千瓦；机耕面积254公顷。免疫高致病性禽流感0.4万只次，免疫密度、免疫档案建档率、耳标佩戴率、免疫合格证发放率均达到100%。2013年全区各类农产品市场抽检蔬菜水果样品76074个，总体农药残留合格率为99.95%；开展生猪出栏前瘦肉精、莱克多巴胺检测60批次，合格率达到100%。

【工业和建筑业】 2013年规模以上工业企业实现总产值11.7亿元，其中国有企业2.1亿元，股份制企业9.4亿元，外商及港澳台商投资企业0.2亿元；轻工业7.0亿元，重工业4.7亿元。规上工业企业实现增加值5.6亿元，同比下降5.5%；利税总额3177万元；万元工业增加值能耗下降7.8%。2013年全区开展工业技术改造项目3个，研制开发新产品、推广应用科技成果和实施专利项目30项。2013年末全区拥有资质等级以上建筑企业16家。建筑业总产值76.5亿元，其中建筑工程产值62.6亿元；实现增加值18.1万元，同比增长5.0%。

（蔡浴阳）

【重点项目】 2013年桥东区全社会固定资产投资完成328.8亿元，同比增长20.0%。其中，第二产业投资0.2亿元；第三产业投资328.6亿元，同比增长15.9%。全年总投资亿元以上项目73个，完成投资325.3亿元，同比增长19.9%。2013年安排重点项目68个，累计总投资1384.5亿。其中，计划开工项目14个，总投资216.3亿元；续建项目25个，总投资607.8亿元；前期（拆迁及征收）项目23个，总投资405.4亿元；谋划项目6个，总投资155亿元。68个重点项目中，总投资100亿元以上项目2个，50亿元以上项目9个，亿元以上项目占到97%。2013年底，勒泰中心、新源国际财富中心、金正君庭、庄西商业区等7个项目完工或主体完工；北国商城扩建、休门改造AB区、聚和港物流园二期、冀兴商城二期、棉一西生活区改造、浙江大厦、元村四期东地块改造、柳董庄城中村改造、桃园华府广场、庄窠城中村改造二期等10个项目按时间进度要求开工建设或提前开展地基处理。

（蔡浴阳　贾晖　暴鑫鑫　宋扬）

【商业贸易】 以总部经济为龙头，成功引进中海油河北分公司、建信人寿等5家总部企业，年末全区企业总部达到49家，其中世界500强和中国500强企业12家。楼宇经济在石家庄市位居领先地位。2013年底累计建成商务楼宇47栋，建筑面积172万平方米；在建楼宇16栋，建筑面积145万平方米；谋划实施商务楼宇项目17个，建筑面积260万平方米。年末商务楼宇投用面积比2011年增加近2倍。坚持“大招商、招大商”战略，制作商务楼宇分布图及招商手册，参加“5·18廊坊洽谈会”、“10·18石洽会”等经贸洽谈活动，积极利用活动窗口功能，广泛宣传桥东区整体形象，并成功与世界500强企业中国科技控股集团签约北斗车联网项目，与北京银海万向控股集团签约彭村旧村改造项目。年末全区社会消费品零售额达到258.6亿元，同比增长14.3%。其中，限额以上批发和零售企业（单位）商品零售额中，粮油食品饮料烟酒类增长11.4%，服装鞋帽针纺织品类增长20.2%，日用品类增长8.5 %，家用电器和音像器材类增长7.3 %，金银珠宝类增长38.4%，中西药品类增长21.5%，石油及制品类下降12.2%，汽车类下降4.7%。

【城区建设】 柳林铺、肖家营等6个城中村拆迁基本完成，新客站东广场区域征地拆迁取得阶段性成果，2013年全区拆除旧城、旧村建筑面积12.3万平方米。强力推进城区容貌综合整治。投资7800余万元，实施平安大街综合整治和10条小街巷景观提升工程，整饰楼宇177栋，门头牌匾8992延米。开展洁城行动、市容环境综合整治、二环路容貌整治等活动，清理店外摆放、乱设摊点2000余处，清洗粉刷楼宇40栋。加强城市管理。全年维修道路31条、小街巷20条，面积2.45万平方米，年内全区主干道市政设施完好率达到100%。实施绿化景观提升工程。全年绿化补植30个小区以及平安大街等24条街道，补植乔木7542棵，灌木36.1万株。严抓扬尘治理，在全区60家工地推行绿色施工，视频监控10条施工现场均达到扬尘管理标准，同时不间断实施机扫、洒水、清扫保洁一体化作业。燃煤污染治理成效明显，完成14台燃煤锅炉拆改、1051户城郊居民采暖燃煤污染治理、75家燃煤大灶取缔任务，迁改企业200多家，推广使用低硫煤2000吨。实施园林绿化工程，全年新增绿化面积10.8万平方米。圆满实现环省会经济林两年任务一年完成目标，共栽植经济林树种1043亩。加快黄标车淘汰步伐，全年淘汰黄标车8492辆，其中，报废车749辆、公务车65辆、社会车7678辆。2013年创建市级园林式单位1个、市级园林式居住小区5个、省级园林式单位1个。

【社会事业】 2013年全区民生领域支出占财政支出比例达到77.2%。全区新增城镇就业9460人，实现下岗再就业5530人，城镇登记失业率小于4.5%。全面推行城乡居民养老保险，年末企业职工养老保险参保人数达到61504人，向11688名离退休职工发放养老金2.09亿元。加大低收入人群保障力度，发放低保金、医疗救助临时救助金、抚恤金2280万元。新建残疾人日间照料中心2处、社区为老服务中心12家。全年投入教育经费6.17亿元，同比增长31%。教学质量稳步提升，中、高考连续6年取得好成绩；校安工程大力推进，累计开工17.7万平方米，竣工12万平方米。年末全区拥有中小学校37所。其中，小学27所，中学10所；在校学生32807人，其中，小学31636人，初中9112人，普通高中1984人，职业高中3130人，义务教育阶段入学率达到100%，高中阶段入学率达到99.8%。幼儿园29所，在园幼儿8556人，学前三年幼儿入园率为99%。实行社区“片医”服务责任制，探索开展24小时服务和预约上门服务，成功创建1个国家级和1个省级社区卫生服务示范中心。2013年桥东区获评“省级卫生应急综合示范区”。计生物联网平台进入全网运行阶段，建成1个国家级和4个市级计生服务大厅。

（蔡浴阳）

桥　西　区

【概况】 桥西区位于石家庄市区西南部，总面积54.46平方千米。辖12个街道办事处，93个居委会、15个行政村。常住总人口51.41万人。2013年，桥西区完成地区生产总值274.4亿元，同比增长10.2%。其中，第一产业增加值1.2亿元，下降3.0%；第二产业增加值32.7亿元，增长5.1%；第三产业增加值240.5亿元，增长11%。三次产业结构调整为0.4：11.9：87.7。农林牧渔业总产值2.17亿元，同比减少2.98%；粮食播种面积121公顷，总产量763吨，同比减少44.4%。财政收入77.73亿元，同比增长13.42%，总量首次跃居全市第一名；公共财政预算收入35.0亿元，同比增长5.32%，总量继续保持全市第一。实际利用外资6230万美元，完成年度计划103.8%；引进内资46.2亿元，完成年度目标任务101.8%。全社会固定资产投资347.3亿元，同比增长20.1%。服务业完成增加值239亿元，同比增长10.5%。实现社会消费品零售总额118.96亿元，同比增长14.2%。

中共区委书记：赵宏魁
区人大常委会主任：赵新惠
区　　长：周立新（女）
区政协主席：张书凯

【重点项目】 实施项目带动战略，与中国交通建设集团有限公司签署合作协议，建设中国交通财富中心项目；引进联想集团太行保险经纪有限公司、渤海信托、中信银行、中国银行、市建设投资公司等总部型企业入驻。至2013年末，全区拥有总部型企业62家，对财税收入贡献达58%。全年48个重点项目完成投资99.7亿元，完成年度计划127.9%；竣工项目6个。其中，金正·海悦天地正式开业，中原商业广场招商过半；太行乐橙商务广场、祥云国际、振西商贸中心等13个续建项目稳步推进；嘉恒大厦、乐宸大厦、振四街城中村改造、大谈城中村改造等9个新建及前期项目开工。

【城区建设】 投入1亿多元开展城区容貌整治，在维明大街、友谊大街等13条道路实施景观提升，美化楼体36.25万平方米；改造广平街、草场街等20条次干道和小街巷，完成道路大修9.5万平方米，便道修复3万平方米；补植增绿新石中路、振岗路等23条主次干道、小街巷及公园、庭院，种植乔灌木16.2万株，补植绿地7.3万平方米。加大城区综合治理，清理规范露天烧烤293处（次），规范管理门头牌匾2653块。开展违规建设查处，受理违法建设案件94起。加强渣土运输管理，组织联合执法75次，查处违规运输车辆32辆。投资1148万元购置新式垃圾清运、清扫、清掏等车辆88台，实现主次干道24小时、小街巷16小时保洁。招聘环卫工人390名、城管协管员100名，增加1300万元专项支出用于提高环卫工人待遇，实现“五险”全额缴纳。依法稳步推进6个房屋征收项目，其中，中电广场（南花园商业步行街二期）项目683户征收任务完成522户，轨道交通1号线、3号线完成征收。7个旧村改造拆迁任务列入街道年度考核内容，完成拆迁1412户，腾地41万平方米，其中孔寨、大谈、振一街、振四街4个村拆迁任务全部完成，东五里、石桥、南简良3个村完成总任务的90%。圆满完成热电一厂741万平方米供热区域替代、24个老旧小区二次管网和11个换热站升级改造。

【大气污染治理】 组建桥西区公安分局环境安全保卫大队，在各街道成立环保所，并招聘16名环保社区工作者。列支500万元专项经费用于保障大气污染治理。创建监管网格491个，实现污染源属地和行业网格双重覆盖。采取压煤、降尘、控车、减排、增绿五大举措，整治取缔储煤场34个，拆除燃煤锅炉92台，推广优质低硫煤5000吨、发放脱硫剂240吨，餐饮燃煤大灶改烧清洁能源和环省会经济林栽种436亩任务全部完成，年末城区空气细颗粒物（PM2.5）平均浓度较2013年上半年下降8.7%。按照工地管理标准，整治施工工地112处，其中23个工地实现达标验收。加快预拌混凝土企业改造升级，推进绿色生产，并对3家搅拌站实施停产整改。全年报废淘汰黄标车10317辆，实施油气回收治理改造加油站7个。

【社区管理创新】 撤并、重组原有街道办事处，实现街道功能设置更加科学。开展社区建设3年达标工程，全区82个社区有50个完成基础设施达标建设。充实基层工作力量，公开招录150名社区工作者。强化物业管理，核定全区144个小区物业服务企业，重点对服务面积在5万～10万平方米的39家物业服务企业实施标准化考评。做好社区矛盾化解工作，为区信访局增加10个事业编制，并从全区离岗和退休干部中选聘76名社区法律工作者充实到各个社区。设立信访救助资金200万元，按照“发现得早、控制得住、解决得好”原则，全面排查化解隐患，提升了重点信访案件和不稳定因素的化解率。

【社会事业】 全年新增就业9436人，城镇登记失业率控制在2.1%，远低于石家庄市下达4.5%以内的任务要求。保障低保对象34451人次，发放低保金1071.5万元；发放抚恤补助金4258.6万元。与2家综合医院、6家社区医疗卫生服务中心（站）建立“一站式”医疗定点结算关系。规范社区医疗卫生服务，完成区医院改革转型、人员分流、机构服务范围重新分配。2013年7月，率先在石家庄市将80岁以上老人全部纳入高龄补贴范围，并提高部分补贴标准，年末全区8730位老人享受到高龄补贴，共支出275万元。加快推进保障性安居工程红河小区建设，一期5栋保障房全面竣工，二期4栋保障房全部封顶；顺利完成张营村60亩保障性安居工程建设用地腾地任务。廉租住房租金补贴发放1457户，补贴资金345万元。为1.66万名劳动者追回工资6676万元，行政处罚拖欠工资企业14家。全年承担市级以上科技项目20项，争取科技资金373万元；10家企业通过高新技术企业认定，其中规模以上工业企业拥有研发机构比重达到100%。2013年桥西区获评“全国科技进步考核先进区”。开展学校重组，将36中学和支农路小学撤并重组为41中北校区和草场街小学南校区；补充教学力量，公开招录教师350名。

（翟红卫　王锋）

新 华 区

【概况】 新华区位于石家庄市区西北部，总面积92.11平方千米，常用耕地面积1496公顷。辖2个镇、2个乡、11个街道办事处，90个居委会、17个行政村。常住总人口49.2万人，人口出生率11.03‰。拥有少数民族种类35个，人口12859人。其中，回族5876人，满族5433人，蒙古族798人，其他少数民族人口752人。2013年，新华区完成生产总值180.8亿元，同比增长10%。其中，第一产业2.1亿元，增长1.1%；第二产业50.6亿元，增长5.6%；第三产业132.3亿元，增长12.8%。农林牧渔业总产值3.01亿元，同比增长1.21%；粮食播种面积3076公顷，总产量1.9万吨，同比增长0.3%。服务业增加值131.3亿元，同比增长14.5%。财政收入37.52亿元，同比增长11.49%；公共财政预算收入21.51亿元，同比增长14.73%。全社会固定资产投资316.6亿元，同比增长20.3%。社会消费品零售总额161.3亿元，同比增长14.6%。城市居民人均可支配收入25131元，同比增长9.5%。

中共区委书记：蒋文红（7月免）
李晋宇（11月任）
区人大常委会主任：陈小平
区　　　长：韩学军
区政协主席：李明霞

【楼宇经济】 以“完善路网结构、提升载体功能、形成产业聚集、改善城区环境”为思路，严格按照39个重点片区控制性规划，谋划推进一批新型城市综合体、专业市场、大型商务区和精品住宅项目。2013年新华区谋划储备项目40个，总投资378亿元。在建、续建项目86个，总投资970亿元。其中，新合作城市广场、永生新境等6个10亿元以上项目和11个千万元以上项目开工建设；25个千万元以上项目竣工。成立楼宇经济服务中心，健全楼宇服务“八大员”制度，改革乡、街财政分享机制，实行“一事一议”激励考核；建立覆盖“主管部门、乡镇街道、物业公司、楼宇企业”四级楼宇经济网络信息平台，全方位提供信息查询、楼宇招商等在线服务；举办楼宇银企对接会，签订楼宇企业贷款3.6亿元。年内11栋重点楼宇新增入驻企业130家，入驻率达到95%，其中壳牌石油、新疆广汇、英大财险等国内外知名企业落户。至2013年底，全区拥有亿元纳税楼2栋，千万元纳税楼7栋，楼宇经济实现税收9.15亿元，同比增长16%。

【城区建设】 开展“对标天津”活动，在投入、管理、机制方面找不足、补短板。加快城管体制改革，组建城市管理综合执法局，年内数字化城管延伸到市区二环路以外。加大人、财、物投入，购置清扫保洁车41辆，招录协管员100名、保洁员500名。完成友谊大街、石获北路综合整治工程，主要入市口形象提升。实施30条小街巷景观综合整治，粉刷楼宇181栋、37.7万平方米，拆除违法违规建设11处，整修围墙8000平方米，大修道路6条，整修牌匾910块。率先在石家庄市开展老旧小区环境综合整治，接收管理445栋居民楼垃圾清运和保洁，改善提升20个老旧小区环境容貌，改造70个老旧小区二次供暖管网和87个热交换站。至2013年底，全区种植乔木4.35万株，新增绿地9万平方米。

【环境整治】 综合运用压煤、降尘、控车措施，整治渣土清运、露天烧烤、煤场沙场、燃煤大灶、燃煤小锅炉等突出问题，下大力做好大气污染防治。推进辖区西北水源大气污染控制示范区建设，实施周边区域、路段24小时保洁。严格查处扬尘污染，全面落实自动化冲洗、场地硬化、物料苫盖等工地管理“十条标准”，年内整改验收工地37个，查处渣土运输车200余辆。减少烟尘排放，率先在石家庄市完成全部99台燃煤锅炉拆改任务，淘汰黄标车2878辆。保障南水北调工程和饮用水源地周边环境安全，查处和关闭企业排污口，取缔规模养殖户，消除了污染隐患。

【社会事业】 区图书馆建成开放，新华区获评“全国群众体育先进单位”。承担国家、省、市科技课题27项，引进高新技术企业6家，新华区科技产业孵化基地正式挂牌。河北省义务教育基本均衡督导评估顺利通过；开办九年一贯制赵佗学校，新建赵二街小学、田家庄学校，弥补了市区二环路外教育资源不足缺陷；启动红星学校改扩建工程，新建4所学校图书馆；举办校长、班主任、骨干教师“十佳”评选活动，中、高考成绩处于石家庄市前列。新增就业1.2万人，城镇登记失业率控制在4.5%。建成石家庄市首家区级劳动人事争议仲裁院，为农民工追讨工资4767万元。分配廉租房662套，秀河小区保障房一期工程进展顺利，二期工程和清森天逸保障房项目开工建设。投资355万元，建成新华区社区计生卫生综合服务中心，开展向社区居民、流动人口、特殊家庭提供服务。创新社区养老模式，建成5家街道日间照料中心，2个残疾人日间照料中心，63个社区居家养老服务站，17个农村互助幸福院，年末全区民办养老机构达到6家。

（蔡旺　朱书鹏）

裕　华　区

【概况】 裕华区位于石家庄市区南部，总面积60.8平方千米，耕地面积866.7公顷。辖2个镇、11个街道办事处，86个居委会、26个行政村，新建建华南、裕翔2个街道办事处，增设仓丰路、润园2个社区居委会。常住总人口56.6万，人口自然增长率7.44‰。2013年，裕华区完成地区生产总值165.9亿元，同比增长9.3%。其中，第一产业0.8亿元，同比增长33.3%；第二产业50亿元，同比增长30.9%；第三产业110.2亿元，同比增长1.9%。三次产业比重调整为0.4∶31.1∶68.5。农林牧渔业总产值1.2亿元，同比减少0.21%；粮食播种面积1418公顷，总产量8752吨，同比减少1.2%。全社会固定资产投资347.6亿元，同比增长11.3%，总量连续十年位居石家庄市首位。财政收入48.3亿元，同比增长12.78%，其中公共财政收入28.27亿元，同比增长8.06%，列为石家庄市财政收入突出贡献区。城镇居民人均可支配收入25318元，同比增长9.7%。引进外资48亿元，同比增长27.4%；实际利用外资6082万美元，同比增长41.2%。2013年裕华区在创新型城区建设、防震减灾工作上成绩突出，获得“全国科技进步先进区”和“全国防震减灾工作先进单位”称号，国家司法部还授予裕华区裕兴街道办事处华兴社区调解员李瑞鑫、裕东街道办事处调解员张益芳“全国模范人民调解员”称号。

中共区委书记：王丽君
区人大常委会主任：韩志芳
区　　长：王丽君（3月免）
　　　　　常志卷（3月任）
区政协主席：于凤玲

【重点项目】 全年安排投资1000万元以上项目114个，其中1亿元以上项目94个，占项目总数的82.5%。霞光大戏院、众美绿都等24个项目开工建设，西美五洲酒店、天阳御珑湾等68个续建项目顺利推进，迎宾苑、东王商务大厦等17个项目竣工投入使用，110千伏建华变电站开工建设，怀特城市综合体等5个省市重点项目完成投资89.3亿元。

【商贸业态与楼宇经济】 优先发展高端现代服务业，万达、怀特、联邦三大商圈形成品牌效应，裕东商务区、方北商务区、南部服务产业园区成为商贸服务发展龙头，年末全区商业总面积达到1190万平方米。制定出台《关于加快楼宇经济发展的实施意见》，方北大厦等10个高端商务楼宇竣工并投入使用，新增中茂海悦纳税亿元楼宇和神农大厦等11座纳税千万元楼宇。9月14日，裕华区举办招商引资项目推介会上，裕华区政府与河北省江苏商会等5家驻石家庄商会、1家商业网络公司签约战略合作意向书，10个以总部经济、楼宇商贸为支撑项目现场签约。至2013年底，裕华区辖内蓝山国际、裕美国际、河北商务广场、弘城国际等10个商务楼宇项目开工建设；27幢楼宇开展招商，建筑面积118万平方米、商务面积112万平方米；建成投用商务楼宇53座、170万平方米，入驻率达 97%，入驻各种业态企业 1000 余家。其中，中华联合财产保险、平安金融保险、百年人寿、安信证券等一批优质项目及知名央企中国电子华北总部签约落户。

【城区建设与管理】 投资 200 余万元，改造升级 21 个老旧小区活动场所。硬化、绿化社区广场 17 个，硬化地面 7000 余平方米，增设休闲椅 161 个、阅报栏 27 个，受益居民 12 万余人。筹资 1000 余万元，维修整治旧小街巷，打造顺畅便捷出行环境。整修提质东岗路等 22 条路段，新建安苑 B 区路等 20 条小巷道，打造青园街等 3 个景观带，并在雅清街等 3 条道路安装路灯 154 盏。加强园林绿化管理，在 107、308 国道两侧新植乔灌木 7 万余株；在河北师范大学等 25 个区域种植乔灌木 2 万余株；在槐北路等 17 条街道补植行道树 500 余株、绿篱 2.2 株、花灌木 8000 余株、草坪 7000 多平方米。维修改造希望绿洲等公园和广场内路面、雕塑等附属设施，增添座椅及健身设施。改造升级夜景景观，将道路亮化和建筑物亮化相结合，以原方北、金马、万达、怀特、联邦等夜景亮点区域为基础，重点对体育大街、槐安路、建华大街等 19 条主次干道实施景观整治提升。取缔 76 家废品收购点，清理违法占地 200 余亩，拆除违章建筑 5 万平方米，治理垃圾山 4 座。投资 20 余万元，在原有 3G 无线传输设备和视频监控系统基础上，研发“城管处置通”系统，实现案卷迅速、清晰、快捷派遣，提高了处置准确率；更新环卫作业车辆，市区二环路内机械化清扫率达到 85%；增加主要道路夜班保洁人员，开展“创建 5 条免检示范路”活动，城市管理精细化水平提升。至 2013 年底，裕华区新增绿地 94.67 万平方米，城市绿化覆盖率、绿地率、人均公园绿地等指标均位居石家庄市内五区之首。

【大气污染防治】 制定实施《大气污染防治攻坚战行动方案》。投入 2400 余万元，重点围绕“抑尘、压煤、控车、增绿”4 个方面，强力推进九大防治工程，完成 22 台分散燃煤锅炉拆除任务和农村学校 7 台燃煤锅炉置换。推广使用优质低硫煤 3200 吨，发放脱硫剂 50 吨。高标准整治建筑工地 90 个、混凝土搅拌站 7 家，率先在石家庄市建筑工地安装全自动车辆冲洗设备。购置高压清洗车、洒水车等环卫装备，招录一线城管环卫人员 400 名。黄标车淘汰任务完成，世纪公园大气污染控制区拓展到裕华区全部地域。

【社会事业】 全年用于民生支出 9.67 亿元，占到公共财政预算支出 70%，比 2012 年增加 1.97 亿元。投入 1390 万元，提高重度残疾人生活补贴等十件惠民实事全部兑现；投入 600 万元，改造扩建 25 个社区居委会和居家养老服务中心；投入 200 万元，改造扩建 23 个社区活动广场；投入 8000 余万元，完成 27 个老旧小区二次供热管网和 21 个换热站改造。全年城镇新增就业 11236 人，城镇登记失业率控制在 1.96%，零就业家庭动态及高校毕业生登记失业率保持为零。文化产业增加值达到 26.6 亿元，占到全区经济总量的 16.5%，位居河北省之首。动漫大厦二期项目开业运营，华北首家集动漫互动体验、动漫娱乐消费、婴幼儿教育培训为一体的一站式娱教综合体初具规模，被河北省文化体制改革和发展工作领导小组命名为“河北省十大文化产业项目”。实施校安工程和校园环境改造，解决、落实代课教师编制 230 名；中考成绩取得佳绩，获评河北省“教育工作先进区”。裕兴国家级示范社区卫生服务中心投入使用，裕华区首家残疾人日间照料中心落成，“片医”工作模式和经验在石家庄市推广，获评河北省“人口计生工作先进区”。加强社会管理，成功打造“爱心联盟服务网”、“365 帮办中心”等省市知名社区工作品牌。开展信访源头治理，畅通渠道，集中解决一批多年积存信访问题，并获评河北省“信访工作先进集体”。

（赵春常）

井陉矿区

【概况】 井陉矿区位于石家庄市西部，属石家庄市辖区，距离石家庄市区50千米，周边被井陉县环绕。总面积69.98平方千米。辖2个镇、1个乡、2个街道办事处，47个居委会。常住总人口9.6万。2013年，井陉矿区区完成地区生产总值72.5亿元，同比增长4.7%。其中，第一产业增加值8781万元，增长2.4%；第二产业增加值56.8亿元，增长4.1%；第三产业增加值14.8亿元，增长6.6%。三次产业比重调整为1.2 ∶ 78.4 ∶ 20.4。农林牧渔业总产值1.66亿元，同比增长2.25%；粮食播种面积2444公顷，总产量1.3万吨，同比增长0.9%。规模以上工业增加值54.2亿元，同比增长5.2%。服务业增加值13.6亿元，同比增长6.6%。财政收入5.5亿元，同比增长5.6%；公共财政预算收入2.4亿元，同比增长13.2%。全社会固定资产投资52.1亿元，同比增长22%。社会消费品零售总额10.8亿元，同比增长13.4%。城镇居民可支配收入21299元，同比增长10%；农村居民人均纯收入12509元，同比增长11%。

中共区委书记：张旭
区人大常委会主任：刘连一
区　　长：栾建英
区政协主席：李进朝

【园区和重点项目】 树立“抓项目就是抓发展、抓大项目建设抓大发展、抓一批大项目就是抓跨越式发展”的思路，把项目、园区建设作为实现经济社会转型的首要任务。2013年井陉矿区工业园区列入省级循环经济产业园区并成立开发建设公司，园区规划面积16.25平方千米，完成开发面积7.38平方千米。根据产业布局、地理位置将园区划分为4个区，其中西区以循环经济产业为主，规划面积8.36平方千米；北区、东区以新型建材和装备制造产业为主，规划面积1.8平方千米；南区以现代物流为主，规划面积4.06平方千米。至2013年底，井陉矿区工业园区拥有企业近100家，其中规模以上企业44家，世界500强企业2家。全年重点实施区级以上重点项目17个，总投资115亿元，其中省级重点项目建设3个。红星纳米钙和佳和PVC制品2个项目列入国家发改委接续替代产业支持项目；煤气制天然气一期、10万吨粗苯精制等6个项目竣工投产；20万吨环已酮、15万吨轻质油、30万吨碳素等8个项目正在建设。

【产业转型】 推进项目建设带动产业转型升级，以涉煤为主产业格局逐步转型。昊源果品获评“河北品牌”、“河北著名商标”，昊源果园成为河北省唯一具有出口资格标准化果园；洞底社区成为石家庄市唯一列入河北省农村集体经济股份制改造、土地承包经营权登记试点村庄，基本完成试点改革任务。至2013年底，井陉矿区标准化养殖小区达到19个，合作社达到15家，新增林果种植面积600亩。实施工业泵升级改造等重点技改项目30个，完成技改投资8.2亿元。非煤产业和新兴产业取得进展，协诚生物氨基酸一期竣工投产，镍氢电容电池，仁泰牛樟芝，北京坤伦永道LNG生产、储存、集散地建设等项目签约。与中国科学院、天津大学等科研机构、高等院所举行2场项目对接活动，20%对接项目达成合作意向。段家楼列入第七批全国重点文物保护单位，编制完成《以段家楼为核心的井陉矿区旅游发展规划》、《段家楼文物保护利用规划》等规划，核心景区及周边居民拆迁任务全部完成。

（杨敏利　井陉矿区地方志办公室）

【城区建设】 井陉矿区于2011年被国务院列为全国第三批资源枯竭型城市，区委区政府随机提出“一个目标”（即加速实现井陉矿区经济社会全面转型奋斗目标），确定“三步走”战略（即一年打基础、两年求突破、三年见成效），全力实施产业、城市、环境、社会“四位一体”转型发展，着力做好结构调整、项目建设、城乡统筹、生态修复、民生保障5个方面工作，确立“以省级园林城创建和段家楼景区开发建设为抓手，统筹城乡一体化发展，推进城市建设上水平、出品位”工作思路。2月1日新修编《井陉矿区城乡总体规划（2012—2030年）》通过石家庄市政府审批，主城区面积由4.2平方千米拓展到6平方千米，并明确提出“加速实现矿区全面转型”和“建设国家级转型发展示范区”奋斗目标和经济繁荣、社会和谐、生活富裕、环境优美、低碳宜居的省会工业新区发展定位。新编绿地系统规划和综合防灾规划通过专家评审；核心区控制性详细规划和道路交通、燃气、供热、环卫、给水、排水、电力、消防、通信、教育10项专项规划修编及商业网点规划、贾凤路、平涉路、矿市街等主干道城市设计和标志性商务中心规划设计基本完成。整顿房地产市场秩序，成立土地收储中心，制定土地收储管理办法，收储土地6宗190亩，挂牌出让4宗67.8亩，获取用地指标267亩。2013年井陉矿区实施城建重点工程38项，总投资41.8亿元。投资5亿多元，实施基础建设工程；投资5300多万元，实施凤中路大修、贾凤路南延、工业大道贯通、建桥街改造等7条道路工程，汽车客运站和京昆高速公路石太北线开工建设，平赞高速公路完成土地组卷。2013年底，井陉矿区路网密度达到13千米／平方千米。以出入区口、干道两侧和重点工程周边为重点，城区拆违拆陋33.7万平方米。购置2辆道路清扫吸尘车，实施全天16小时人工保洁制度，清运无主垃圾2000立方米；维修改造主次干道2000余盏路灯；更换、修补城区及城乡接合部1.2万平方米破损便道砖。日供水2万吨标准化水厂向城区居民提供供水；日处理污水能力2万立方米污水处理厂实行在线监控，出水水质达到国家一级A标准；排水管网密度达到7.88千米／平方千米。实施总投资3.6亿元垃圾发电供热工程，2013年锅炉设备进场，项目建成后新增供热能力75万平方米。与昆仑新奥燃气企业合作实施天然气入区工程，敷设13千米天然气输送管线。完善“村收集、镇运转、区处理”垃圾处理运转方式，新建2座垃圾中转站投入使用。至2013年底，垃圾填埋场年无害化填埋垃圾达到18000吨，生活垃圾无害化处理率达到100%。

【获批首家省级园林城区】 对照创建省级园林城五大类37项具体指标，全力开展创建省级园林城工作。实施生态环境修复、塌陷区治理、绿廊建设、公园绿化、退耕还林工程，利用塌陷地和厂矿废弃地，大规模、高标准实施绿化建设，将1500亩采煤沉降区改造成杏花沟生态公园。该项目聘请北京土人公司设计，2013年拆除违陋建筑、破旧厂房10万余平方米，垃圾清运、土方平衡、广场便道铺装、栈桥铺设、湖区开挖及绿化种植基本完工，共计清运建筑垃圾20万立方米，挖填土方80万立方米，铺装广场便道5万平方米，铺设栈桥2000米，开挖湖区300亩，种植五角枫、元宝枫、国槐、银杏、白桦等大型乔木30余种、4万余棵。投资2000余万元，完成城区和入区口6万余平方米绿化改造、新建、修补工程，改造提升占地700亩省级湿地公园——清凉湾湿地公园。加强道路环境整治和绿廊建设，完成平涉路、贾凤路、金川路、贾天线4条主干道环境整治和绿廊建设，共清理垃圾8.9万余立方米，绿化换土9.1万余立方米，种植乔木3万余棵，灌木110万余株，地被植物铺植19万余平方米，绿化里程22.6千米，绿化面积23万余平方米。至2013年底，井陉矿区绿地率达到31.6%，绿化覆盖率达到35.9%，森林覆盖率达到46.3%，人均公园绿地面积16.5平方米。2013年9月井陉矿区顺利通过省级园林城区评审验收，2013年12月23日获得省政府批复，成为河北省第一家“省级园林城区”。

（杨敏利　宋钧　王进军　张洋）

【环境整治】 取缔全部61家储煤场；2013年7月底所有洗煤企业完成升级改造，实现清洁化生产。完成煤炭行业粉尘、焦化行业废气、化工行业污染减排、抑制道路扬尘等16项环境治理减排工程。开展道路交通环境联合执法、淘汰黄标车、“控尘”工作，出台生态环境治理问责办法，制定重污染天气应急预案，启动实施6次应急响应。与重点排放企业签订环保责任状，实施24小时驻厂督导。15家加油站实施油气回收改造，4家焦化企业投入2200万元开展环保治理。启动农村面貌改造提升行动，以垃圾综合治理为突破口，在城区实行生活垃圾全程密闭清运模式基础上，向全区30个农村社区推广，首批6个村试行，第二批13个村运行，至2013年末，全区城乡垃圾一体化清运实现全覆盖。加大城乡垃圾一体化处理力度，投资100万元购置标准化垃圾桶、家用垃圾桶、电动清运车、高压冲洗枪等设备，按户数比例分配到村。投资4600余万元，推进占地148亩垃圾填埋场建设，安装垃圾渗滤液设备，实现生活污水达标排放。在环卫监察大队设立城乡垃圾清运、环卫督查、建筑垃圾稽查3个中队，建立垃圾清运台账，确保了城乡垃圾一体化处理模式高效运行。

【社会事业】 全年发放各类低保、救助资金672万元，并将重度残疾人单独纳入低保对象。免费向城区70岁以上“空巢老人”提供居家养老服务，率先在全市实现农村社区互助幸福院全覆盖。河北省义务教育均衡发展督导评估验收顺利通过；第一小学、实验中学绿化美化工程和职教中心综合楼建设完工。省级慢性病防控示范区验收通过，并代表石家庄市创建国家级慢性病防控示范区。举办万人健步行、健康进社区等全民健康教育活动，在世纪大道建成健康步行路。组织全区学生、企事业单位职工、居民参加健康体检。30个农村社区全部实现有线电视数字化；凤山镇、贾庄镇综合文化站列入“河北省百佳乡镇综合文化站”；数字影院加入华夏电影院线，首次实现与全国观众同步欣赏新发行影片。10月27～28日，在四川省达州市举行的第三届全国新农村文化艺术展演中，井陉矿区清凉山农民艺术团表演的《洪州捷鼓》获得“金土地奖”。

（杨敏利　井陉矿区地方志办公室）

井　陉　县

【概况】 井陉县位于石家庄市西部，地处太行山东麓，境内多山岭，与平山县、鹿泉市、元氏县、赞皇县和山西省相邻，距离石家庄市区40千米。总面积1381平方千米。辖10个镇、7个乡，4个居委会、318个行政村。常住总人口为33.26万人。2013年，全县完成地区生产总值137.3 亿元，同比增长8.2%。其中，第一产业11.3亿元，增长2.7%；第二产业67.2亿元，增长2.4%；第三产业58.8亿元，增长9.9%。财政收入13.2亿元，同比增长12.06%。粮食总产量11.26万吨，同比减少0.01万吨。全社会固定资产投资195.8亿元，同比增长21.1%。全社会消费品零售总额35.6亿元，同比增长14.1%。城镇居民人均可支配收入2.3万元，同比增长5.5%；农民人均纯收入8940元，同比增长12.2%；金融机构存款余额119.1亿元，同比增长10.9%；城乡居民储蓄存款余额90亿元，同比增长10.2%。2013年井陉县被评河北省评为依法行政示范县。

中共县委书记：田耀筠
县人大常委会主任：王星海
县　　　长：苏志超
县政协主席：王新民

【重点项目】 2013年谋划实施项目289项，其中，亿元以上项目36项，列入省市重点项目3项。德祥石油支撑剂、窦王岭生态文化园、胜博建材等139个项目竣工，总投资114亿元；冶河生态谷、宇圣物流、常青成品油等119个项目顺利推进，完成投资进度63%；上海航天机电太阳能发电、双降解薄膜生产、中智蓄能电池等31个项目正式签约，总计投资287亿元。京昆高速公路石太北线开工，南绕城高速公路建设启动，307国道、衡井线公路实施大修改造，修建农村公路42条；加固水库6座，修整渠道32千米，整理土地471亩；改造电网118千米；新建通讯基站12座。推进开发园区建设，投资3000万元，完成3.2千米园区道路工程；总投资1.2亿元商务大楼主体完工。至2013年底，园区入住企业43家，实现年营业收入51亿元。

【产业发展】 全年农林牧渔业总产值22.84亿元，同比增长3.07%。粮食播种面积2.5万公顷，总产量11.3万吨。其中，小麦播种面积7953公顷，总产量3.5万吨，亩产295.8千克；玉米播种面积1.2万公顷，总产量6.7万吨，亩产361.6千克。蔬菜（不含瓜类）播种面积3952公顷，总产量22.5万吨，同比增长7.9%。油料播种面积2713公顷，总产量6187吨，同比增长0.8%。棉花播种面积154公顷，总产量121吨，与2012年持平。至2013年底，奶牛、猪、羊、鸡存栏数分别达到3200头、10.0万 头、12.3万 只、

364.9万只，同比分别增长0.0%、15.2%、5.6%、5.1%；水产品养殖面积169公顷，与2012年持平。肉、蛋、奶、水产品产量分别达到2.58万吨、3.18万吨、1.11万吨、650吨，同比分别增长0.6%、3.1%、3.0%、8.3%。其中，牛肉、驴肉、猪肉、羊肉、家禽肉产量分别达到6922吨、160吨、1.1万吨、2041吨、5001吨。完成造林面积4440公顷；封山育林面积5216公顷；零星（四旁）植树123.5万株。干果产量1671吨。木材采伐量500立方米。种植果园1639公顷。水果总产量（不含果用瓜）3.6万吨，同比增长4.4%，其中苹果产量3.19万吨，同比增长5.0%。新增市级农业龙头企业3家，改扩建标准化养殖场10个；推广种植优质核桃3000亩；青海湖鳇鱼养殖列入国家级示范项目，洞阳坡连翘产业园成为省级中药材种植示范基地，年末省级无公害农产品生产基地达到13个。投资工业56亿元，实施技改项目129项；开发工业新产品6项，创建省级名牌2项，著名商标3个；新增规模以上工业企业6家。2013年钙镁交易中心建成运营，36家工业企业实现生产自动化。新增个体工商户858家。接待游客150万人次。农村信用社成功转制，河北银行入驻井陉县，2013年末全县金融企业达到11家。

【城乡建设】 完成县城第四轮总体规划修编，绘就35平方千米大县城建设新蓝图。坚持新区带动与旧城改造相结合，提升推进高层次城区建设，重点实施“三路一桥”和省级示范性党校综合改造等16项扩容提质工程。2013年井陉县2万平方米陉山广场地下商城主体完工；滨河华府等150万平方米住宅楼建设有序推进；总投资3600万元金良河综合整治二期工程竣工，穿城水面达到13万平方米。至2013年底，县城建设拆违拆陋共26万平方米。县城绿化提档升级，年末人均公园绿地面积达到10平方米。完善城市功能，投资1000万元，实施县城育才街等主次干道大修改造工程完成；投资3000万元，建设污水处理厂二期实现调试运行；2013年县城天然气主管网全线贯通，新增用户4000家，扩增供热面积20万平方米。强化城区精细管理，开展治脏治堵治乱。2013年井陉县新建公厕4座，安装语音视频探头20个，增设红绿灯3处，成立出租车公司2家，连续4届获得省级卫生城。加大绿化投入，全年植树500万株，绿化荒山2.2万亩，治理水土流失20平方千米，年内森林覆盖率达到42.3%，冶河湿地获评省级湿地公园。开展创建农村“洁净乡村”活动，35个村完成面貌改造提升，建成28个绿色回收站，2013年井陉县于家村获评市级生态文化村。

【污染治理】 2013年取缔煤炭等各类无证无照不规范企业340家，关停钙镁企业15家、矿山企业68家，淘汰黄标车6876辆，完成省市下达任务。反复沟通对接，争取理解支持，提出高标准改造提升措施，为“一白一黑”两大特色产业赢得生存发展空间。钙镁行业实施“十八条”提档措施，44家企业达到清洁生产要求；煤炭产业加快向园区集聚，逐步实现由分散向集中、由粗放向集约转变，行业形象和效益得到双提升。至2013底，全县实施节能减排工程19项，削减二氧化硫4057吨、化学需氧量266吨，推广低硫煤21万吨，实现万元GDP能耗下降5.6%，超额完成“双三十”节能减排任务。

【社会事业】 总投资3亿元新井陉县一中主体竣工；总投资7740万元，建设8所山区教育扶贫学校交付使用；投资935万元的特教学校建成启用；学生高考本一上线345人，同比增加44人。2013年井陉县义务教育均衡发展通过教育部评估验收，成为河北省第一个通过国家认定的山区县。总投资3亿元，县医院新院区病房楼整体建成，其中门诊医技楼主体完工；建成中医药特色卫生室189个；县乡村三级医疗机构实现药品零差率销售；卫生监督所和120急救中心改造完成，成为石家庄市卫生应急综合示范区。2013年申报专利70件，争取省市科研项目16项，4项科研成果在国内领先，连续三届获得全国科普示范县。举办第三届中国·井陉拉花艺术节和6期文化讲座；文化广场创建列入国家示范项目，秦皇古驿道成为国家名片，《太行古陉》大型纪录片在中央电视台播出，《井陉饮食文化》辑印出版；新增省市级非遗项目12项，天长古城墙列入国家级保护单位，桃林坪花脸社火获得民间艺术山花奖暨全国首届社火艺术节金奖。城镇居民医保实现市级统筹，新农合住院补偿在石家庄市最高；落实计生家庭奖励补贴119万元；转移农村剩余劳动力2.1万人次，解决2.7万人饮水安全问题，扶贫济困1.1万人；建成市政消防栓15座；改造危房180户，分配廉租房129套；创设石家庄市首个县政府质量奖。

（朱凯荣）

正定县

【概况】 正定县位于石家庄市北侧，与石家庄市区相接，距离石家庄市区13千米，与藁城市、鹿泉市、灵寿县、新乐市相邻。历史上曾与保定、北京并称“北方三雄镇”，素有“三山不见，九桥不流”、“九楼四塔八大寺，二十四座金牌坊”及“古建筑宝库”美誉。总面积468平方千米，耕地面积29894公顷。辖3个镇、5个乡、2个街道办事处，34个居委会、154个行政村。常住总人口48.88万人，人口自然增长率10.23‰。2013年，全县实现地区生产总值232.6亿元，同比增长8.1%。其中，第一产业30.8亿元，增长2.0%；第二产业100.8亿元，增长5.9%；第三产业101.0亿元，增长12.3%。三次产业结构调整为13.23∶43.33∶43.44，其中二三产业增加值占GDP比重达到86.77%，第三产业占比提高2.86%。净增规模以上工业企业15家，累计达到127家；常山药业、盛华集团、诚峰热电、久强建材等10余家工业企业上缴税金大幅增长；120个工业技改项目完成投资100.5亿元，同比增长21%。固定资产投资185.79亿元，同比增长18.7%。财政收入16.38亿元，同比增长25.07%，其中公共财政预算收入10.41亿元，同比增长28.43%；财政支出18.63亿元，同比增长31.07%。旅游业收入5091万元，同比增长11.58%。城镇居民人均可支配收入15225元，农民人均纯收入8205元，同比均增长11%。年末金融机构存款余额297.3亿元，同比增长18.8%；贷款余额194.6亿元，同比增长32.8%；城乡居民储蓄存款余额200.4亿元，同比增长13.5%。

中共县委书记：毛全球（7月免）
王韶华（石家庄市副市长，7月兼）
县人大常委会主任：王秋生
县　　长：杨立中
县政协主席：王威　（3月免）
张俊立（3月任）

【重点项目】 28个县级重点项目完成投资59.4亿元，占到年度计划102.4%，10个市级重点项目完成投资52.7亿元，占到年度计划103.3%。常山药业、小蜜蜂金刚石工具2个省级重点项目完成土地组卷和报批，顺利开工。纺织服装基地投资1.08亿元新铺设地埋电缆、供热管道和天然气管网，青海西大道建设基本完成，重庆大街正在建设；生态产业园赵普大街建成通车，昆仑西街开工建设，污水处理厂及园区管网工程完成初步设计；科技工业园LED照明等6个在建项目进展顺利；木都产业园土地收储取得新进展，曾氏门业等项目正在建设。2013年正定县引进域外资金35亿元。总投资60亿元的广东珠海银隆新能源汽车总装项目正式落户；深国际综合物流港、汽车文化产业园项目签订投资框架协议；美国HNI家具、卓新物流等一批投资强度大、附加值高的好项目达成初步合作意向，此类项目共计45个，总投资710.9亿元。

【农业农村工作】 全年农林牧渔业总产值64.41亿元，同比增长1.70%。粮食播种面积4.2万公顷，总产量33.0万吨。其中，小麦播种面积2.1万公顷，总产量15.8万吨，亩产500.3千克；玉米播种面积2.0万公顷，总产量16.8万吨，亩产557.7千克。蔬菜（不含瓜类）播种面积8479公顷，总产量86.4万吨，同比增长2.8%。油料播种面积4594公顷，总产量2.0吨，同比增长1.2%。棉花播种面积283公顷，总产量237吨，同比减少0.8%。至2013年底，奶牛、猪、羊、鸡存栏数分别达到4.9万头、43.7万头、4.4万只、1524.4万只，同比分别增长0.0%、24.0%、1.4%、0.9%；水产品养殖面积233公顷，与2012年持平。肉、蛋、奶、水产品产量分别达到8.4万吨、12.8万吨、11.3万吨、1605吨，同比分别增长4.6%、0.0%、0.8%、0.3%。其中，牛肉、猪肉、羊肉、家禽肉产量分别达到1.2吨、4.7万吨、696吨、2.4万吨。木材采伐量2995立方米。种植果园540公顷。水果总产量（不含果用瓜）86.4万吨，同比增长2.8%，其中苹果园117公顷，产量2782吨；桃园361公顷，产量9726吨。拥有规模养殖场105家，其中市级以上示范养殖场28家。新增省级农业产业化龙头企业2家、市级4家，市级以上龙头企业达到18家；农民专业合作社新增217家，累计达到560家，其中市级以上示范合作社达到21家。2013年正定县农村土地承包经营权流转面积5.84万亩，占到承包耕地面积20%。投资2037万元，完成土壤有机质提升、万亩田间工程建设和中低产田改造工程。投资2935万元，解决了24个村、5.18万人的安全饮水问题。投资1131万元，完成34个农村公路建设项目。投资1900万元，高标准完成合家庄村省级试点改造任务。投资2.27亿元，完成35个沿高速铁路、高速公路重点村庄和9个基层建设年村庄面貌改造提升工作，清理垃圾23.6万方，硬化路面30.46万平方米，改厕1142户，民居改造5353户，省、市要求的六大工程15个方面工作全部完成。

【商贸服务业】 年内全省首家电子商务产业园——慧聪电子商务产业园落户正定县，获得河北省商务厅命名授牌；居正伟业、金河家具网等电子商务项目投入使用。2013年11月，国家商务部批准正定县为国家级商务综合行政执法试点县，给予50万元支持，这是2013年石家庄市唯一获此荣誉的县（市）。到2013年底，正定县新增市场面积4.2万平方米，实现商贸服务业增加值95亿元，同比增长12%。恒州综合市场升级改造，正定北国商城建成投入使用，华北门业博览中心主体竣工，肉类质量追溯体系实施。三才家具博览会、春季家居订货会等会展活动影响力提升。2013中国·石家庄（正定）国际小商品博览会实现综合经济效益129.36亿元，同比增长10.2%，并获得“中国十大优秀专业展览会”称号。

【城乡建设】 主动对接省会主城区设施建设。投资2765万元，完成府西街、恒山路西延等道路改造；投资572万元，完成常山公园二次提升、子龙广场二期、西门游园、晨光路等绿化；投资568.2万元，完成7条道路亮化和4个泵站改造。投资325万元，建设“数字化城管系统”投入使用，“大城管”体制初步建立，城市管理水平在石家庄市综合评比位次前移。开展城乡建设和房地产市场专项整治，严厉打击违法建设行为，并取得阶段性成效。至2013年底，正定县改造、建设城市道路4.9万平方米；拆除县城各类违章建筑、广告牌匾、沙石厂20万平方米；新增绿地9.79万平方米，城区绿化覆盖率达到44%。

【古城保护】 编制完成《正定古城整体格局与风貌规划方案》等18项规划，《古城南部控制性详细规划》等3项规划通过石家庄市规划委员会审批。制定《正定文物保护和古城保护项目三年计划》，谋划实施60个古城保护项目。隆兴寺古建筑瓦顶检修、燕赵南大街升级改造等7个文物本体和风貌恢复项目竣工，府前街改造提升、周汉河综合整治、南关村改造等工程启动。影响古城天际线的烟囱、水塔和9处通信电力设施拆除。古城墙内8平方千米普查工作全面完成。军事4号山工事报废得到解放军总参谋部和国务院批准。古城墙晋升国家级文物保护单位。与中国建筑股份有限公司签订古城保护合作框架协议。利用城市建设投资公司融资平台，签订中信银行存单质押2.7亿元贷款用于古城保护。成功举办全国古城保护现场会，共有来自全国各地180多位名城代表和专家就古城保护开展深入探讨，并通过《古城保护正定宣言》。

【环境治理】 全年削减煤炭8万吨，推广低硫煤21万吨，淘汰黄标车7984辆，取缔“十五小”、“新六小”企业97家，关停水泥企业2家，完成68家加油站油气回收治理。专项整治121家企业生产性燃煤锅炉，督促80家不能达标排放企业增设二次脱硫除尘设施。停工整改城区建筑工地扬尘24处。严格渣土运输管理，严厉查处违规倾倒渣土、超载超限、遗漏抛撒等行为。强制关停取缔采砂场43家、采石场17家，并进行24小时巡回检查，禁止偷采偷运。投资100万元，建成正定县大气环境监测点，各乡镇全部建立环保所，年末四级网格化监管体系基本形成，大气污染应急响应机制得到完善。开展造林绿化活动，完成造林面积387公顷；零星（四旁）植树15.6万株；春季新增绿化6321.9亩；秋冬季完成环省会经济林建设1.31万亩。至2013年底，正定县植树150万株，森林覆盖率达到20.39%，同比提高0.8个百分点。

【社会事业】 2013年正定县财政用于民生支出14.2亿元，占公共财政预算支出比重达到76.2%。投资6880万元，实施24个校安工程；开展古城历史文化进校园活动，被确定为全国农村艺术教育实验县。24个村街安装健身器材，三角村高跷入选省级“非遗”名录。争取国家、省、市科技计划项目24项，专项资金1392.6万元。常山药业被认定为国家火炬计划重点高新技术企业，建成正定县第一家院士工作站和省级多糖类药物工程技术研究中心。新增高新技术企业2家，累计达到9家；拥有市级以上工程技术研究中心12家。2013年正定县第九次获得全国科技进步先进县，并被确定为“国家知识产权强县工程试点县”。投资7650万元的县医院病房楼建设工程完工，投资889万元的卫生监督所、南牛卫生院扩建等4个项目竣工投入使用；全县乡、村医疗机构全部实行基本药物制度、药物零差率销售和一般诊疗费制度，全年共为群众减轻医药负担1600余万元。新农合保险筹资水平由290元提高至340元，参合率达到98.51%；新农合保险补偿近100万人次，补偿金额突破1.2亿元。发放城乡居民养老保险3281万元，续保率达到96.5%。新增就业岗位2650人，转移农村劳动力2540人，城镇登记失业率控制在3.02%以内。发放最低生活保障金1298万元，救灾、救济和优抚资金1086万元。连续9年调整企业职工基本养老金水平，实现按时足额发放。开工建设保障性住房1038套，竣工640套，157户农村危房改造全面完成。2013年，正定县档案馆晋升为石家庄市第一个国家三级档案馆；妇幼和新生儿出生缺陷预防工作被国家和省卫生计生委确定为全国五个、全省唯一“孕产妇和新生儿健康监测项目试点县”。

（张君）

栾 城 县

【概况】 栾城县位于石家庄市东南部，与石家庄市区相接，距离石家庄市区12千米，与藁城市、赵县、元氏县、鹿泉市相邻。总面积345平方千米。辖5个镇、3个乡，6个居委会、182个行政村。常住总人口33.66万人，人口自然增长率8.35‰。2013年，全县完成地区生产总值177.4亿元，同比增长9.1%。其中，第一产业30.9亿元，同比下降4%；第二产业103.9亿元，同比增长11.4 %；第三产业42.6亿元，同比增长12.2%。规模以上工业完成增加值76.58亿元，同比增长12%。财政收入 14.72亿元，同比增长30.80%。全社会固定资产投资148.2亿元，同比增长19.3%。社会消费品零售总额61.8亿元，同比增长13.5%。城镇居民人均可支配收入24068元，同比增长12.5 %；农民人均纯收入11812元，同比增长11.2 %。年末居民存款余额124.37亿元。2013年栾城县被中央社会管理综合治理委员会、国家人力资源社会保障部授予“全国社会管理综合治理先进集体”称号，这是石家庄市唯一获得此项荣誉的县（市）区。

中共县委书记：王韶华（4月免）
吕素维（女，4月任）
县人大常委会主任：李雪辉
县　　长：刘玉渭
县政协主席：曹金亮

【重点项目】 全年谋划建设项目126项，总投资630亿元。其中，县以上重点项目41项，省市重点项目11项；投资超10亿元以上项目13项。服务业实施重点项目67个，完成固定资产投资48亿元。南车产业园、奥祥医药器械等6个项目开工建设；神威中药现代产业园等5个项目投产；中航石飞栾城机场顺利首航，首架赛斯纳飞机下线，石家庄爱飞客航空俱乐部揭牌运营；安瑞科、新华能源、长安育才等项目实现属地纳税；顺邦物流一期、润丰物流一期竣工运营；栾城北国超市、广厦商博瑞、恒信大厦、北润大厦等商贸综合体开业。装备制造基地实施9大基础工程建设，其中汪家庄线电力迁改、绿源污水处理厂二期工程等6项基础工程完工，道路修建等工程正在建设。生物医药基地理顺管理体制，启动编制详细规划和专项规划。西营服装产业园规划完成，正在申报省市重点项目。

【农业农村工作】 全年农林牧渔业总产值56.36亿元，同比减少3.74%。粮食播种面积3.4万公顷，总产量27.0万吨。其中，小麦播种面积1.8万公顷，总产量13.2万吨，亩产500.7千克；玉米播种面积1.6万公顷，总产量13.7万吨，亩产555.7千克。蔬菜（不含瓜类）播种面积1.1万公顷，总产量110.2万吨，同比减少5.6%。油料播种面积130公顷，总产量427吨，同比减少28.2%。棉花播种面积28公顷，总产量16吨，同比减少11.1%。至2013年底，奶牛、猪、羊、鸡存栏数分别达到4.5万头、19.1万头、4.2万只、1289.4万只，分别与2012年持平；水产品养殖面积3公顷，与2012年持平。肉、蛋、奶、水产品产量分别达到5.68万吨、10.58万吨、12.55万吨、11吨，同比分别增长-1.4%、-0.1%、-0.2%、37.5%。其中，牛肉、猪肉、羊肉、家禽肉产量分别达到6986吨、2.58万吨、717吨、2.25万吨。木材采伐量2000立方米。种植果园164公顷。水果总产量（不含果用瓜）379吨，同比减少19.0%。投资6000多万元，实施水肥一体化、小型农田水利等农业基础建设工程。新增土地流转面积1.4万亩。建成特色农业生态观光园区20个。实施1000万元以上农产品加工和法人农业项目10个，发展市级农业产业化重点龙头企业23家，新登记注册农村合作组织64家，注册家庭农场3家，农业产业化率达到67.6%。2013年栾城草莓节影响力和知名度提升；“乡乡香”合作社获得全国农机合作示范社。

【工业科技】 出台支持企业科技创新奖励政策；完成工业技改项目100项，70%以上重点企业工艺设备达到国内先进水平。23个工业项目列入省、市级科技计划；争创国家技术创新示范企业1家，省级技术创新示范企业3家；争得科技补贴资金4000多万元；新增规模以上工业企业15家。培育市级“两化”融合试点示范企业3家，河北顺邦获评河北省首批信息化与工业化融合公共服务示范平台。2013年神威药业集团获得河北省科技进步一等奖，获评国家技术创新示范企业和优势企业；安瑞科气体公司、石煤机公司等企业入选河北省百家优势企业。

【城乡建设】 出台《栾城县城中村改造实施意见》和《栾城县城中村改造补偿安置指导意见（试行）》，遵循“公平、公正、公开，规划、规则、规模”原则，推动房地产市场步入规范、健康发展轨道。开展房地产开发市场专项整治行动，有效遏制违法违规建设现象。实施县城容貌综合整治，完成拆违拆陋14.8万平方米；开展渣土综合治理，整治乱倾乱倒现象。完成宏远路东延、龙威街北延、泰安街等城区道路升级改造和衡井公路大修、张家辛庄桥改造工程；新开通进入石家庄市区公交线路5条。2013年栾城县争创“国家卫生县城”目标完成。推进农村面貌改造提升，实施308国道两侧建筑物外立面和民居改造，重点区域村庄面貌得到改善，形成青瓦白墙典雅风格。

【环境治理】 采取压煤、降尘、控车、减排、增绿等综合措施，增强大气污染防治效果。大气自动监测站点建成，超额完成推广优质低硫煤任务。改善水环境质量，实施县城污水处理厂深度处理脱色工程，重点企业全部达标排放，洨河水质实现碧水清流。2013年栾城县绿化植树388万株，是历史上植树总量最多一年。其中，完成造林面积1453公顷；零星（四旁）植树61.0万株；开展绿色廊道造林3800亩、环省会经济林植树3.4万亩；建成千亩以上示范园区13个。节能减排取得成效，县城污水处理厂改造工程和裕华热电治污升级改造工程完成；关停小造纸企业3家；淘汰黄标车3401辆；停产整顿氧化锌企业22家。至2013年底，栾城县超额完成石家庄市下达的化学需氧量、氨氮、二氧化硫、氮氧化物削减任务。

【社会事业】 首批在河北省通过国家义务教育发展基本均衡县验收；高考万人上线率位居石家庄农村县（市）第一名。开展“栾城好人”评选活动，营造崇善尚德氛围。12月3日，栾城县作家协会、民间文艺和曲艺家协会、电影电视艺术家协会成立。全面完成县级公立医院综合改革任务，县、乡、村三级公立医疗机构所有药品实行零差率销售。年末新农合参保率达到98.23%。举办就业服务专项活动，新增劳动就业6124人，城镇登记失业率控制在

3%以内。发放社会保障卡4万余人，率先在全省实现县级医保在省级定点医院即时结算。75岁以上老人免费开展健康体检，建成7个乡镇养老综合服务中心、46个农村互助幸福院。实施农村饮水安全项目，解决了14个村、2.5万人的饮水安全问题。2013年栾城县被全国普及法律常识办公室评为“全国法治县创建活动先进单位”，这是该县继获得“2006～2010年全国法制宣传教育先进县”称号后获得又一荣誉。

（赵云丽）

行 唐 县

【概况】 行唐县位于石家庄市北部，属太行山东麓浅山丘陵区与华北平原交接地带，距离石家庄市区50千米，与新乐市、正定县、灵寿县和河北省保定市曲阳县、阜平县相邻。总面积1025平方千米，耕地面积 4.58万公顷。辖4个镇、11个乡，1个经济开发区，8个居委会、321个行政村。常住总人口45.88万人，人口自然增长率7.2‰。2013年，全县地区生产总值完成110.96亿元，同比增长10.4%。其中，第一产业25.54亿元，同比增长2.1%；第二产业58.04亿元，同比增长13.1%；第三产业27.38亿元，同比增长11.7%。规模以上工业总产值190.21亿元，同比增长23.6%；增加值54.09亿元，同比增长13.4%。财政收入4.56亿元，同比增长28.13%；财政支出1.35亿元，同比增长12.2%。社会消费品零售总额48.1亿元，同比增长13.3%。全社会固定资产投资119.08亿元，同比增长18.9%。在岗职工年平均工资31512元，同比增长17.7%。城镇居民人均可支配收入21919元，同比增长10.8%；农民年人均纯收入4756元，同比增长17.8%。年末城乡居民储蓄存款余额80.58亿元，同比增长15.1%。完成造林面积2453公顷；封山育林面积3133公顷；零星（四旁）植树140.0万株。

中共县委书记：姜阳
县人大常委会主任：赵士平
县　　长：吕素维（女，5月免）
　　　　　王彦芳（6月任）
县政协主席：盖义江

【重点项目】 修订完善《行唐县项目建设考核办法》，调动乡（镇）、部门积极性。2013年行唐县在建项目86个，总投资239.73亿元，完成投资73.82亿元，占年度计划118.2%。其中，投资21.27亿元的石家庄玉晶玻璃有限公司年产240万套汽车玻璃和840万平方米离线Low-E镀膜玻璃及深加工钢化中空门窗生产线项目、投资10.8亿元的河北食品添加剂有限公司年产1600吨天然色素生产线项目列为省重点项目，投资26.99亿元的行唐国际家具园区投资管理有限公司行唐国际家具园区项目、投资22.33亿元的河北团山红农业开发有限公司河北团山红生态农业产业园项目、投资16.2亿元的河北九都物流有限公司行唐县九都商贸物流园项目列为市重点项目；行唐国际家具园区投资管理有限公司行唐国际家具园区项目、石家庄玉晶玻璃有限公司年产240万套汽车玻璃和840万平方米离线Low-E镀膜玻璃及深加工钢化中空门窗生产线项目、河北旺甲果蔬贸易有限公司上阎庄神树湾生态农业开发园等68个新开工项目进展顺利，河北食品添加剂有限公司年产1600吨天然色素生产线项目、石家庄鹏海制药有限公司医用输液生产线项目等18个续建项目完成年度投资计划。年内，投资5.1亿元的行唐县鑫裕陶瓷有限公司年产800万平方米高档微晶复合瓷砖等59个项目竣工投产，投资7056万元的君乐宝太行乳业试生产；投资5亿元的河北国威新能源科技有限公司行唐县50兆瓦光伏发电项目、投资4亿元的行唐县永鑫汽车维修销售有限公司汽车维修养护中心及4S店项目、投资2000万美元的法国派丽德高建材干砂浆等12个项目顺利签约；投资13.5亿元的河北循证医药科技有限公司（新址）数字化健康设备研发生产、投资21亿元的河北泓瑾生物科技有限公司高科技新型系列保健品和有机农产品深加工生产线项目等20个项目达成合作意向。

【农业生产】 全年农林牧渔业总产值47.46亿元，同比增长2.20%。粮食播种面积4.4万公顷，总产量

31.1万吨。其中，小麦播种面积1.99万公顷，总产量12.8万吨，亩产431.2千克；玉米播种面积1.95万公顷，总产量16.7万吨，亩产568.9千克。蔬菜（不含瓜类）播种面积4996公顷，总产量33.8万吨，同比增长7.8%。油料播种面积7071公顷，总产量2.3万吨，同比增长1.7%。棉花播种面积630公顷，总产量406吨，同比下降5.6%。至2013年底，奶牛、猪、羊、鸡存栏数分别达到9.4万头、17.4万头、5.9万只、377.1万只，同比分别增长5.3%、3.0%、3.0%、3.9%；水产品养殖面积827公顷，与2012年持平。肉、蛋、奶、水产品产量分别达到3.84万吨、3.32万吨、29.1万吨、2156吨，同比分别增长0.0%、2.1%、0.8%、7.8%。其中，牛肉、驴肉、猪肉、羊肉、家禽肉产量分别达到1.0万吨、56吨、2.1万吨、840吨、5847吨。核桃产量580吨。木材采伐量565立方米。种植果园4.1万公顷，其中苹果园540公顷。水果总产量（不含果用瓜）14.1万吨，同比增长26.8%，其中苹果产量4500吨、梨产量1000吨、红枣产量13.5万吨。

【县城建设】 根据县城跨河向南发展思路，编制完成《行唐县城乡总体规划（2013—2030年）》，确定县城规划面积由8.4平方千米扩大到27.7平方千米。总投资2.1亿元颍水河县城段综合整治工程顺利推进，其中县城段防洪整治工程投资2698万元，完成80%；九都商贸物流园年度投资完成5.4亿元，21栋商铺楼主体完工。355套保障性住房全部开工建设，竣工249套，完成总任务量70%；实际分配入住203套，超额完成92套分配任务。成立城中村改造工作领导小组，制定《关于进一步推进城中村改造工作的意见》和《行唐县城中村改造征收补偿安置办法》，推进城中村改造有效运行。2013年城中村改造启动11个建设项目，其中建筑面积3.72万平方米盛唐国际商贸中心项目主体竣工。完善市政基础设施。投资5468万元，开工建设新污水管网项目，实现城区24小时供水；铺设城区天然气管道12千米；推进分散式集中供热，实施浅层地温热源、环保高效燃煤锅炉供暖4个试点；投资1000万元，完成玉城大街、香港路、永昌路及主要出城口道路油面铺装，打通香港路断头路。2013年团贾线、行陈线升格为省级公路。强化城区精细化管理，开展店外经营、车辆乱停乱放等专项整治；提高道路机械化清扫率，增加环卫工人数量，实现城区环境明显好转。强力推进拆违拆陋，完成玉城大街西延、军转干部家属楼拆迁等难点工程，共拆除各类建筑30.42万平方米；完成京昆高速公路行唐南口、玉城大街与西环道路交叉口节点绿化、西南出城口县标及周围绿地建设，年末县城绿化面积达到171万平方米，绿化覆盖率达到41.46%。

【改造提升农村面貌】 按照“全面启动、重点突破、扩点带面、全面提升”思路和“保持田园风光，增加现代设施，绿化村落庭院，传承优秀文化”要求，以提升农民生活品质为核心，结合推进城镇化建设、加快现代农业建设、推进农村配套改革、深化加强基层建设年活动、开展扶贫攻坚和加强农村基层党建等工作，围绕环境整治、民居改造、设施配套、服务提升、生态建设五大工程和绿化、亮化、净化、美化等15个方面，重点在沿高速公路、省道、县道两侧66个村庄（其中24个省级重点村），推进农村基础设施和公共服务设施建设，加速打造靓丽舒适、宜居宜业美丽乡村。全年整合各类资金2000余万元，清理垃圾杂物8.5万立方米、残垣断壁348处、广告标语1158块，新建垃圾收集池138个，购置垃圾桶480个，配备垃圾清运车35辆，粉刷墙壁45万余平方米，绘制文化墙300块，栽植树木30.6万棵，安装路灯673盏，硬化道路13.5千米，改造厕所9256户，新建幼儿园10所、村民中心7个、互助幸福院24个，综合整治土地1445.6亩，新增耕地1393.75亩。2013年行唐县24个省级重点村全部通过验收，其中西杨庄、侯阳关获评市级“美丽乡村”。

【基层建设年活动】 以河北省基层建设年活动33个重点帮扶村村容村貌整治为突破口，投入资金5600万元，硬化街道11.55万平方米；新上变压器53台，架设、更换高低压线路10.71万米，安装智能卡表8545块；打深水井7眼，铺设自来水管道204.7万米；完成危房改造76户；清理垃圾1.09万立方米，修建垃圾池175个，购置垃圾清理车69辆，安排保洁员101名；粉刷墙体19.1万平方米，绘制宣传字画209幅；植树19.2万棵，修建花池

363个；安装路灯478盏；安装健身器材156件。结合帮扶村实际，培育形成封家佐村大棚菜、固山村大枣、西井底村核桃、车厂村樱桃等“一村一品”特色产业。指导帮扶村建立健全农村卫生保洁制度及路灯、健身器材等公用设施长期管护机制。调整“软、瘫、散、懒”“两委”班子，实现“能人”当家。2013年行唐县基层建设年活动得到群众衷心拥护，并受到国家扶贫开发协会会长胡富国的高度评价。

【社会综合治理】 开展“打非治违”专项行动，查处各类非法违规行为1068起，取缔无证选矿厂68个，关闭证照不全尾矿库7个、塑料颗粒厂50个、煤炭经营户28个、非法化工厂1个，拆除无证无照加油点36个，查扣钩机6台、铲车10辆，对10家煤炭经营户、14家红薯淀粉非法加工作坊、8家企业采取停止生产用电措施，拆除35家非法企业变压器及高压线路，依法行政拘留涉嫌非法储存、运输烟花爆竹3人，吊销违规储存烟花爆竹零售网点经营许可证2家。构建县乡村三级食品安全监管网络，查处食品违法案件253起。成立城区街道办事处和6个社区居委会，将6个社区居委会划为30个网格，推行网格化管理，入户登记138个住宅小区、57个平房家属院、沿街门面2371个，登记人口5.3万人，办理城镇居民医疗保险认证2943人，城镇居民医疗保险2100人，居民养老保险245人，帮助申报廉租房、公租房74户，开展上门服务认证152人次，为孤寡老人、贫困人口等提供服务1600余人次，排查调处矛盾纠纷34起，和谐社区建设开局良好。加大危爆物品隐患排查整治力度，排查出硫磺20.5千克、鞭炮1200头，收缴炸药3165.2千克、雷管1542枚、子弹878发、手榴弹4枚，群众主动上缴废旧炮弹2枚，查处案件12起，刑拘13人，行政处罚8人。实施“天网工程”，城区新增红外网络高清视频监控探头40个，升级20个，扩建监控点网络连接40个，年末城区路面和重要部位接入县公安局指挥中心监控探头达到210个；乡（镇）农村安装监控探头2900余个、报警探头1800余个。至2013年底，行唐县共立刑事案件935起，同比下降6.2%；破获刑事案件1062起，同比上升9.6%；打掉犯罪团伙26个，同比上升5.7%；抓获犯罪嫌疑人368人，同比上升14.5%；抓获网上逃犯211人，同比上升13.1%；群众安全感社会满意度由2012年石家庄市第24位跃升到第4位。

【“医养扶一体化”计生特殊困难家庭服务】 成立以县委书记任组长、县长任常务副组长的“医养扶一体化”领导小组，将计生特殊困难家庭特别关怀纳入党委、政府年度目标考核内容。建立县计生家庭关怀扶助中心，配备专职人员，设立24小时服务电话。制订服务规范，限时办结和回复计生特殊困难家庭反映的问题。在国家统一规定救助政策外，出台5项创新政策：参加新农合或城镇居民医疗保险、城乡居民社会养老费用最低档个人缴费部分全部由县财政负担；60周岁以上计生特殊困难家庭成员，在每人每月发放55元养老金基础上增发10元；住院就医享受绿色通道，并在医疗保险政策外再给予2万元以内补助；60周岁以上居家养老或自愿入住县民办养老机构，按年龄每人每月发放200或400元生活补贴；有生育、收养、过继意愿家庭，给予5000元以内补贴和政策支持、免费法律援助。按照全县总人口数量，以人均不低于1.5元标准设立“医养扶一体化”关怀扶助专项资金，列入财政预算。获得社会各界爱心人士捐款20.1万元，全部用于计生特殊困难家庭。每户计生特殊困难家庭配备1部手机，月充值100分钟话费，周开展电话或短信联系，随时掌握了每个家庭生产、生活及成员的身心健康状况，并建立台账，实现动态管理。至2013年底，行唐县新申领独生子女父母光荣证515户；计生特殊困难家庭有11户13人纳入“五保”对象；18户23人纳入“低保”对象；2户3人住进公办养老院，享受养老绿色通道；49户64人居家养老,均与供养人签订“爱心扶助协议”。2013年行唐县所有计生特殊困难家庭的生产、生活、就医等实际问题得到妥善解决，此作法得到国家卫生计生委和河北省委书记周本顺等领导的高度评价，被《人民日报内参》、新华社《国内动态清样》、《中国人口报》等20多家媒体刊发报道。

【社会事业】 投资2.5亿元实施行唐一中搬迁项目主体竣工，并在原行唐一中成立行唐实验中学，实现山区607名初中生进城就读；投资3206万元完成东杨庄等8所学校教学楼和餐厅建设，新建改建幼儿园 18 所。初步完成《行唐县城区 2013—2030 年教育设施规划》和《2013—2015 年农村义务教育阶段布局调整方案》。学前教育采取“取缔与规范相结合”原则，下发《停止办园通知书》121 份，关停幼儿园 12 所，责令整顿 9 所。资助义务教育阶段贫困寄宿生 4457 名、普通高中家庭经济困难学生 1654 名，发放救助资金 729.3 万元。提高教师队伍素质，2013 年培训教师 4491 名，有 13 名教师获得省级奖，38 名教师获得市级奖，123 名教师获得县级优秀班主任、先进个人等称号。中医药事业快速发展。全县 15 所卫生院全部设立中医科和中药房，安香、龙州、只里 3 个乡（镇）卫生院“国医堂”和市同、翟营、上碑、上方、口头 5 个卫生院标准化中医科建设完成；为 287 所村卫生室配备诊疗器具、电针治疗仪等中医诊疗设备，215 个村卫生室达到中医特色示范性村卫生室标准。8 月 15 日，国家中医药管理局批准行唐县为“第一批国家中医药县乡一体化管理试点县”。新农合医疗保险范围扩大，儿童白血病、先心病等重大疾病补偿由 6 种增加到 20 种。开展严厉打击非法行医“雷霆行动”，取缔无证行医诊所 19 家，行政处罚 46 家。县妇幼院建立婚前医学检查、婚姻登记、计划生育一条龙服务办公平台，婚检率由 2012 年的 26.4% 提高到 84.14%。组织县医院、县中医院、县疾控中心、县妇幼院开展卫生下乡活动，选派医生、护士长期到卫生院工作，2013 年行唐县举办向乡（镇）送医送药和健康教育活动 16 次，受益群众 5200 多人次。

（赵翠玉　顾津考　杨雪玲　王欣）

灵　寿　县

【概况】 灵寿县位于石家庄市西北部，距离石家庄市区 30 千米，与行唐县、正定县、鹿泉市、平山县和河北省保定市阜平县相邻。总面积 1069 平方千米，辖 6 个镇、9 个乡，1 个省级经济开发区，3 个居委会、279 个行政村。常住总人口 34.24 万人。灵寿县属山区县，境内地势自西北向东南倾斜，山区占 50%、丘陵占 38%、平原占 12%，拥有山场 80 万亩，地貌格局俗称“七山二水一分田”。矿产资源丰富，有金、银、云母、大理石等矿藏 11 类 34 种；水资源充沛，大小水库 29 座，总库存容量 3.1 亿立方米，其中横山岭水库库容 2.1 亿立方米。古中山国曾建都灵寿县境内。2013 年，全县地区生产总值完成 84 亿元，同比增长 10.1%。其中，第一产业 15.2 亿元，增长 3.8%；第二产业 47.6 亿元，增长 11.3%；第三产业 22.0 亿元，增长 11.4%。规模以上工业增加值 43 亿元，同比增长 12.8%。财政收入 4.0 亿元，同比增长 13.39%；公共财政预算收入 2.2 亿元，同比增长 10.63%。全社会固定资产投资 82.0 亿元，同比增长 20.6%。社会消费品零售总额 48.1 亿元，同比增长 13.3%。城镇居民人均可支配收入 21195 元，同比增长 11.7%；农民人均纯收入 4328 元，同比增长 13.8%。开展综合治税攻坚行动，追缴欠税 3500 余万元。争取到中央预

举办灵寿县 2013 年高考总结表彰大会

算内投资项目19个，资金1.48亿元。久乐生物科技股份有限公司挂牌交易，开创石家庄市农业企业在天津交易所挂牌融资先例。2013年灵寿县入选“中国扶贫基金会小额信贷扶贫项目试点”，获得信用贷款350万元。

中共县委书记：李彦明（3月免）
宋存汉（4月任）
县人大常委会主任：马国云
县　　长：周雪军
县政协主席：傅连英

【重点项目】 全年安排重点项目68个，总投资368.1亿元。完成投资45.7亿元，占年度计划107.3%。18个重点项目竣工投产，总投资38.3亿元；20个项目正在建设，总投资137.3亿元。开展“观摩大项目、对标大企业”活动，62家规模以上企业实施对标278项。新增规模以上工业企业7家。实施重点技改项目9个，总投资18.52亿元，其中5个竣工投产。

【农业农村工作】 全年农林牧渔业总产值27.88亿元，同比增长3.39%。粮食播种面积2.96万公顷，总产量14.9万吨。其中，小麦播种面积1.21万公顷，总产量5.97万吨，亩产330.0千克；玉米播种面积1.40万公顷，总产量7.87万吨，亩产375.6千克。蔬菜（不含瓜类）播种面积3044公顷，总产量20.5万吨，同比增长7.8%。油料播种面积2513公顷，总产量5201吨，同比增长0.4%。棉花播种面积235公顷，总产量160吨，同比下降1.8%。至2013年底，奶牛、猪、羊、鸡存栏数分别达到2.12万头、16.65万头、4.97万只、223.83万只，同比分别增长-3.6%、0.3%、0.2%、0.0%；水产品养殖面积2767公顷，同比增长0.7%。肉、蛋、奶、水产品产量分别达到3.05万吨、1.85万吨、5.51万吨、8300吨，同比分别增长-0.7%、0.0%、17.4%、1.1%。其中，牛肉、驴肉、猪肉、羊肉、家禽肉产量分别达到3180吨、66吨、2.23万吨、821吨、3647吨。木材采伐量5230立方米。总投资3.97亿元4个国家级土地整治项目完成，新增耕地903公顷；5个占补平衡项目竣工，新增耕地61.9公顷。种植果园3205公顷，其中苹果园140公顷、葡萄园25公顷；水果总产量（不含果用瓜）1.75万吨，同比增长57.5%，其中苹果产量3590吨、葡萄产量950吨、红枣产量518吨；种植核桃15万亩，核桃产量6358吨；种植板栗9万亩；种植茶叶730亩，产量500千克，成为中国纬度最高的优质绿茶生产科研基地。广泛种植食用菌，主要以金针菇、白灵菇、杏鲍菇、鸡腿菇为主，种植范围达到11个乡镇、150多个行政村，1.6万余种植户，种植面积650万平方米，总产量12.5万吨，获评为“国家食用菌标准化示范县”、“国家食用菌生产基地县”、“中国金针菇之乡”和“河北省食用菌之乡”。建成中药材种植示范园1600亩、优质甘薯示范基地5万亩，特色现代农业示范园17个、部级标准化规模场6个。年末全县农民专业合作社达到786户，辐射带动农民9万多人。

【投资招商】 中山商厦、燕都大厦、生猪屠宰冷链物流等重点商贸项目竣工；岔头农副产品交易市场主体建设完成。服务业实现增加值21.5亿元，同比增长10.8%。筹划成立灵寿县经济开发区投资咨询服务公司，年末经济开发区入驻企业32家。参加“中国·廊坊国际经济洽谈会”等商贸洽谈活动，并到福建省、广州市、四川省等地就石材、食用菌等传统产业转型升级组织考察和招商。至2013年底，灵寿县引进市外资金28.19亿元，实际利用外资1632万美元，分别占到年度计划目标的110%、108.8%。

（周伍科）

【灵寿县中药材种植专业合作社联合社成立】 8月22日，由灵寿县23个中药材种植合作社联合组建的灵寿县中药材种植专业合作社联合社成立，这是石家庄市最大的中药材种植合作社联合社。灵寿县中药材种植专业合作社联合社覆盖该县所有山区丘陵乡（镇），种植丹参、知母、远志、南星草等30多个中药材品种，是一个集中药材种植、销售、科研等于一体的新型农民合作互助经济组织。该联合社成立后，形成市场信息互通、技术互补、品牌共享、资金互助、共同发展的格局，实现了由“单打独斗”到“集团作战”的升级跨越。灵寿县是石家庄最大的中药材生产基地，2013年该县种植中药材5万多亩，年产量4800吨，建成野生补充、仿野生种植示范园区30多个，带动农户3万多家。

（吴温）

【生态旅游】 成立生态旅游指挥部，

推进创建国家级生态县、旅游强县。开展大气（水、土壤）污染防治和节能、减排、降耗攻坚行动，实现万元生产总值能耗下降3.5%，规模以上工业增加值能耗下降15%。年末全县林地面积达到76.4万亩，森林覆盖率达到48.07%，同比增长2.21%。推进五岳寨争创5A级景区；投资4210万元，整改提升A级景区设施；开展“畅通主动脉、美化旅游路、满意灵寿游”活动；打造独具特色的乡村旅游体系，启动建设20个重点旅游示范村，主要有：以五岳寨茶园为主的北方茶园文化游；以葡萄、草莓采摘为主的新村、马家庄农业旅游点；以蔬菜采摘为主兼农家乐的同下快乐农庄农业旅游点；以红薯采挖、保鲜储存兼农家乐接待的仙凤园薯业基地；以生态养殖为基础兼垂钓等休闲活动的青同幸福小镇农业旅游点；以生态养殖兼观光游览活动的虎吟潭农业旅游点等。开展景区农家乐星级评定，推动农家乐品位升级。举办首届五岳寨国际越野比赛，中央电视台、新华社等30余家媒体全程报道。2013年灵寿县初步形成以五岳寨国家森林公园为龙头，以漫山省级自然保护区、水泉溪、秋山、横山湖、滹沱河湿地为代表的山水生态森林旅游格局。

【城乡建设】 成立城镇化建设指挥部，统筹指导规划、建设和管理。开展6次大规模攻坚行动，拆违拆陋18万平方米。西环路、北环路中修和天然气门气站建设完成，成功打造人民路样板街道。小东关、城内村等城中村连片改造项目启动。完成造林面积533公顷；封山育林面积8067公顷；零星（四旁）植树70.0万株。投资48亿元松阳河景观综合整治改造项目签约；10公顷综合性公园、县城环路及出入口绿化正在施工。年末灵寿县建成区绿地率达到36.42%，绿化覆盖率达到41.77%。以沿高速公路11个省级重点村、29个基层建设年帮扶村改造为重点，实施农村面貌改造提升行动。整合资金4750万元，在全县行政村开展公共服务运行维护、农村环境综合整治等活动，乡村面貌明显改观。

【社会事业】 教育投入2.39亿元；公开招录特岗教师154名、幼儿教师40名；灵寿中学引进优秀人才19名。启动公立医院综合改革，县医院综合业务楼建成投入使用；建成5个乡镇卫生院“国医堂”和37个中医村卫生室。新增河北省名牌产品2个、著名商标5个。县图书馆免费开放，年末全县国家级文物保护单位达到3个、省级非物质文化遗产保护名录达到7个。超额完成社会保险年度任务，覆盖面持续扩大；实施城乡低保动态管理，发放城乡低保和五保供养资金2364万元。

（周伍科）

高　邑　县

【概况】 高邑县位于石家庄市南部，属华北平原西部边缘，太行山脉东麓，距离石家庄市区51千米。总面积211平方千米，农作物播种面积2.25万公顷。辖3个镇、2个乡，5个居委会、107个行政村。常住总人口19.66万人，人口自然增长率6.28‰。2013年，全县地区生产总值完成70.6亿元，同比增长10%。其中，第一产业12.2亿元，增长4.5%；第二产业42.1亿元，增长12.2%；第三产业16.85亿元，增长8.0%。农业总产值19.58亿元，同比增长4.6%；粮食总产量16.6万吨。规模以上工业增加值30亿元，同比增长13.6%；实现利税12.7亿元，同比增长21.2%。财政收入4.38亿元，同比增长15.04%；公共财政预算收入3.05亿元，同比增长48.98%。全社会固定资产投资53.5亿元，同比增长22.8%。社会消费品零售总额26.4亿元，同比增长13.0%。城市空气质量等级好于二级以上天数266天。职工年平均工资29599元，同比增长15%；城镇居民人均可支配收入19242元，同比增长12.2%；农民人均纯收入9431元，同比增长13%。年末金融机构存款余额56.1亿元，较年初增长15%；城乡居民存款余额44亿元，较年初增长10.1%；贷款余额25.6亿元，较年初增长19.6%。

中共县委书记：李锡海（3月免）
杨国芳（4月任）
县人大常委会主任：徐将威
县　　长：杨国芳（3月免）

彭敬捷（4月任）

县政协主席：何兴旺

【重点项目】 全年开展招商活动257次，洽谈项目202个，签约落户24个，签约金额190亿元。其中，王老吉饮料、博广窑炉等17个项目开工建设，累计总投资135亿元，成为高邑县历史上招商落户项目最多、招商成效最大一年。增强园区承载能力，凤中路东延、辛庄11万伏电站等8项重点工程完工，恒泰路北延、广源水厂等6项工程全面推进。汇德陶瓷、粤东纸业扩建等30个项目竣工投产；昊龙陶瓷、鹏烨制剂等46个项目顺利推进。

【农业生产】 全年农林牧渔业总产值21.50亿元，同比增长6.58%。粮食播种面积2.25万公顷，总产量16.6万吨。其中，小麦播种面积1.1万公顷，总产量7.8万吨，亩产460.5千克；玉米播种面积1.1万公顷，总产量8.5万吨，亩产538.6千克。蔬菜（不含瓜类）播种面积7949公顷，总产量55.1万吨，同比增长12.8%。油料播种面积1245公顷，总产量4726吨，同比增长1.1%。棉花播种面积95公顷，总产量108吨，与2012年持平。至2013年底，奶牛、猪、羊、鸡存栏数分别达到2600头、6.2万头、1.8万只、180.7万只，同比分别增长4.0%、2.3%、2.9%、−10.1%；肉、蛋、奶产量分别达到1.33万吨、1.51万吨、7982吨，同比分别增长1.4%、3.4%、2.5%。其中，牛肉、猪肉、羊肉、家禽肉产量分别达到352吨、7692吨、342吨、3912吨。种植果园149公顷，其中桃园35公顷。水果总产量（不含果用瓜）4281吨，同比增长7.2%，其中桃产量1495吨。

【工业转型升级】 实施“工业强县”战略和“有中生新”举措，推动主导产业和骨干企业转型升级。建陶产业引进首家广东省佛山市知名企业璟盛陶瓷，新建鑫祥、煜珠、昊龙等5家建陶企业在环保、工艺、节能等方面达到全国领先水平。2013年高邑县建陶产业获评“河北省示范产业集群”，高邑县获评“河北省陶瓷名县”。氧化锌产业与中国科学院过程工程研究所成功合作，开启依靠科技创新引领产业发展里程碑。纺织产业与中国纺织集团合作，投资10亿元建设国内最先进的气流纺纱项目。30家重点企业开展对标行动，实施重点技改项目26项，总投资36亿元。龙力公司成功申报市级研发中心；力马、工大获批省级研发中心。至2013年底，高邑县新增规模以上企业6家。

【财政金融】 公共财政预算收入增幅位居石家庄市第二名；清理吃空饷121人，压缩“三公”经费169万元，财政评审审减6293万元，较好实现了保重点、保民生目标。成立县金融工作办公室，指导协调金融机构服务县域经济发展。民生银行小微企业合作社成立，河北银行高邑支行落户；信用联社股份制改革完成，置换不良资产3.6亿元。正式组建城建投融资公司；万邦担保公司注册资本增资至1亿元。

（王爱娟）

【基础设施建设】 聘请上海同济大学、清华大学、成都规划院专家，按照主城区争创国家级园林县城、石武高铁高邑西客站区建设工贸新城的定位，科学编制县域发展规划。2013年高标准编制完成县域发展总体规划、县城控制性详细规划及公共服务设施、道路、绿地等专项规划。投资16.8亿元开展道路建设、亮化提升、街道翻新、两场（厂）建设、统一供水等30余项建设工程。以“拉开城市框架，完善城市交通”为目的，启动建设太行路东延、东城大街北延等工程，构建互联互通城市环形路网，将城区面积由7.5平方千米拓展到12平方千米，形成八纵八横、循环畅通的城区高速主路网。实施全长4000米千秋路亮化提升，安装LED双光源路灯207套；维修更换刘秀路、中兴大街等县城内街道故障路灯。完善高邑西客站站前广场配套、景观设施建设，完成中央喷泉、广场北部停车场、站前街北延等建设工程。投资3000万元，翻新改造总长近8千米中兴大街、刘秀路、顺城大街、兴华路等主要街道，完善提升路沿石、排供水管网、市政环卫等配套设施；升级改造中兴大街道路两侧便道砖，铺装彩色面包砖，设置盲道等无障碍设施；千秋路全长1.6千米路沿石及花池砖更换为石材路沿石。实施精品工程建设，刘秀路实施总投资1.5亿元的建陶会展中心建设，千秋路实施总投资3.5亿元的亿博建材城建设，中兴大街和107国道实施海茂大厦、金鼎商厦等综合性大型商场建设。投资6500万元，建设日处理能力2万吨污水处理厂，2013年完成中控设备安装和设备升级改造，水厂运行平稳，出水水质稳定，达到国家一级 A 标准；投资 3500 万元，建设日处理 150 吨垃圾填埋场正式运营；投资 2900 万元，实施城区统一供水工程，完成厂区建设和设备、管网安装，一期工程和泰花园、多元小区、工商局家属院、西街村等 3000 余户居民喝上高品质自来水。2013 年还实施了城区电网升级改造工程、城区民用天然气普及工程，并正式启动第二污水处理厂建设。

【城区管理】 开展城区容貌综合整治。按照“标准统一、特色鲜明、美观大方”要求，投资 260 万元规范性整治城区主要街道两侧牌匾，共拆除、规范街道牌匾和户外广告 800 多块、7000 余平方米，涉及商户 828 家。投资 2200 万元，聘请专业公司设计建设样板街道和特色街道，综合改造沿街墙体外立面。投资 1 亿元，招商引进专业公司，高标准实施城区主要街道线缆入地工程，消除了城市上空“蜘蛛网”形象。2013 年高邑县拆除违法违规建筑 31.8 万平方米。推进城市脏乱治理。治乱：整合交通、交管、城管等力量，完善更新城区道路设施和交通标志，治理沿街市场、占道经营和乱停乱放行为，主要街道快车道标示机动车停车位，便道标示自行车停车位，取缔占道摊点、店外店等经营现象。投资 20 万元，设置统一标准的特色餐车和摊位，将小吃、水果摊规整一起，做到疏堵结合、惠商便民。治脏：投资 1000 万元，购置洒水车、清扫车、大型清运车、铲车等专用车辆。统一更换主要街道垃圾箱、果皮箱。完善县城责任区管理办法，明确管理范围，实现城区全覆盖、全天候保洁。集中整治县城出入口、城乡接合部、沿街门店、立交桥下、垃圾转运站等部位，彻底清除积存垃圾。定期冲洗路面，小街巷清扫保洁与主次干道实行标准统一、考核统一、奖惩统一。全年城区主街道达到“四净五无”标准，垃圾清理做到日产日清。创新城市管理机制。成立高邑县城管局。制定城市精细化管理实施细则、城区门店牌匾设置标准，完善卫生保洁和“门前三包”责任制，明确沿街单位、门店保洁责任，实行包街包段、双向考核新机制，实现城区全天候保洁。城区绿化引入市场化管理机制，主要街道绿化带、公园游园绿化管护交由专业公司管理，签订合同、定期考核、绩效挂钩，有效保证了绿化建设成果。2013 年高邑县城建经验得到国家住房城乡建设部肯定；河北省城建“三治两提”现场会在高邑县召开，县城建设典型做法编入河北省县城建设案例选编，在全省推广；县城容貌评比获得石家庄市第一名。

【县城绿化】 投资 8000 万元，在刘秀路、西客站站前街、亿博大街、太行路、锌业园区道路、小康路等城区新建道路开展大绿量、多层次、广纵深高标准绿化建设。刘秀路两侧 50 米全部建成各具特色的绿化景观小品，形成三季有花、四季常绿的绿化景观。绿化工程栽植法国梧桐、国槐、栾树、毛白杨等树木 20 万余棵，油松、白皮松、五角枫、菩提树等名贵观赏树木 5000 余株，樱花、海棠、紫薇等花灌木 5 万余株，黄杨、女贞、月季等花木 200 余万株，形成全长 20 千米环城林荫路。按照“大绿量、厚密度”标准，依托泲河、槐河沿岸绿化，建设县城南北两侧生态防护林带，形成两条 10 千米绿色生态长廊。科学规划城市公（游）园建设，合理布局综合性大型公园和小型绿地游园，重点实施凤北公园、刘秀公园、鄗园、归园、千秋公园等公园建设，建成大型公园 4 处，游园 20 余处。其中，占地 260 亩刘秀公园内建成玉兰园、菩提园、樱花园、银杏园、牡丹园 5 个精品植物观赏园，栽植名贵花木 2000 余棵，各式品种牡丹 4 万余株。至 2013 年底，高邑县完成造林面积 547 公顷；零星（四旁）植树 40 万株；两大公园、六条道路、十个游园绿化提升全部竣工，新植树木 60 多万株；新增绿地 69.5 万平方米；城区绿化覆盖率达到 41.7%；建成区绿化覆盖率达到 39.5%，绿地率达到 34.4%；人均公园绿地面积 12.4 平方米；累计建成省级园林式单位、小区 13 个，市级花园式庭院单位、小区 21 个。

（宋钧　郭力夏）

【幸福乡村建设】 以“发展快、环境美、民心顺、班子强”为目标，投资 5000 多万元，在 23 个重点村实施道路硬化、环境整治等 16 项工程。2013 年石家庄市幸福乡村建设观摩推进会在高邑县召开，高邑县仓房村获评省级美丽乡村，辛庄等 3 个村获评市级美丽乡村。整合资金 2500 万元，支持蔬菜产业扩规提效，新增种植面积 1.5 万亩，其中种植设施蔬菜 4000 亩；蔬菜育苗产业快速发展，盆栽果蔬、鲜切花等新型农业蓬勃兴起；金世纪、元泉等农业园建设扎实推进。投资2.8亿元，实施农业产业化项目16个，年末拥有市级以上农业产业化重点龙头企业10家。投资3000多万元，完成万亩高标准农田建设示范工程和万亩节水灌溉工程。2013年高邑县粮食生产实现总产、单产“十连增”。

【生态环境治理】 严防大气质量污染，实施减排、压煤、抑尘、控车、增绿5项措施。投资7500余万元，完成20家建陶企业脱硫、除尘设备改造和在线监控，实现清洁生产、达标排放。压减建陶产业产能20%，关停小铸造、小化工56家，清理整治储煤场21家，完成42家餐饮单位煤改气，削减燃煤6.1万吨。严格管理14家在建工地，全部落实扬尘治理和渣土车密闭运输。淘汰报废车129辆、公务黄标车100辆。加油站油气回收改造任务比计划提前一年完成。投资5000万元，实施防护林带建设、“三路两河”绿化等八大工程，绿化植树300万株。开展生态镇村创建活动，4个乡镇完成环保规划，16个村通过市级生态村验收。

【社会事业】 民生投入6.8亿元，同比增长28%。投资5900万元，启动27个校园建设项目，其中，14个校园项目竣工，5所高标准幼儿园投入使用，三中新校区正在建设。启动县医院、中医院综合改革，实行基本药物零差率销售；高邑县获批省级卫生应急示范县，富村卫生院获评省级标杆卫生院称号。“五院合一”供养率达到88%，位居全市第一名，成为石家庄唯一获得“全国敬老文明号”称号县。城镇新增就业2481人，城镇登记失业率控制在3.5%以内，全民创业经验在石家庄市推广。城乡居民养老保险参保率达到92%，新农合参合率达到96.5%。207户农村困难群众危房改造完成，首批120套廉租房分配到位。

（王爱娟）

深泽县

【概况】 深泽县位于石家庄市东北部，地处石家庄市、衡水市、保定市交界处，距离石家庄市区75千米。总面积286平方千米，耕地面积1.95万公顷。辖3个镇、3个乡，3个居委会、125个行政村。常住总人口26.08万，人口自然增长率9.1‰。1992年深泽县被国务院批准为对外开放县，2009年被河北省列为省财政直管县，2010年确定为石家庄国家生物（医药）产业基地深泽产业园，2011年深泽产业园区被河北省政府命名为省级工业集聚区。2013年，全县地区生产总值完成85.23亿元，同比增长10.5%。其中，第一产业14.9亿元，增长4.4%；第二产业53.06亿元，增长11.5%；第三产业17.27亿元，增长12%。规模以上工业完成增加值46.55亿元，同比增长12.9%。粮食总产量20.5万吨。民营经济增加值64.78亿元。财政收入4.29亿元，同比增长17.25%；财政支出9.2亿元，同比增长16.01%。社会消费品零售总额33.57亿元，同比增长13.5%。全社会固定资产投资55.7亿元，同比增长20.5%。在岗职工年平均工资25042元，同比减少0.4%；城镇居民人均可支配收入19239元，同比增长12.3%；农民人均纯收入8618元，同比增长13.6%。年末城乡居民储蓄存款余额70.29亿元，同比增长9.2%；贷款余额21.21亿元，同比增长17.96%。空气质量二级以上天数322天。

中共县委书记：王德庆
县人大常委会主任：杨秋
县　　　长：盛庆功（4月免）
　　　　　　张少华（6月任）
县政协主席：张庆民

【重点项目】 全年竣工、在建及正在办理中千万元以上项目210个，总投资452.1亿元。其中，1亿元以上项目79个；5亿元以上项目16个；10亿元以上项目9个。总投资22.3亿元华运石油钻井助剂一期、总投资11亿元的爱普制药一期、总投资5.5亿元盛驰汽车零部件一期等59个项目基本建成。总投资5亿元千秋节能防腐材料二期、总投资2.03亿元一方制药等86个项目正在建设。总投资5.57亿元科仁医药、总投资2.8亿元河北万翔制药、总投资6000万元龙泽公司抗病毒原料药等65个项目正在办理。千秋公司与中国新型房屋集团合作建设外墙保温材料项目开工建设；华运公司与中石油合作建设钻井助剂二期正在施工；农哈哈公司与中国联合装备集团签署战略合作协议。

（何志敏　刘智勤）

【中国建材集团2个子公司签约入驻】 6月9日，中国建材集团旗下两子公司中国新型房屋集团公司、中联装备公司分别与深泽县河北千秋节能防腐公司、农哈哈机械公司签约战略合作协议。中国建材集团为世界500强企业，子公司中国新型房屋集团公司与河北千秋节能防腐公司计划共同投资5亿元，在深泽县工业园区建设复合硅酸镁铝绝热材料生产基地。复合硅酸镁铝绝热材料是传统建筑用泡沫保温材料的升级替代产品，河北千秋节能防腐公司在此项技术上水平领先，填补了中国国内空白。中联装备公司与河北农哈哈机械集团公司计划采取联合重组方式，建立新的实体企业，共同开拓国际国内农业机械市场。战略合作协议明确4个公司以合作为契机，计划通过2～3年努力，打造中国北方最大的新型节能保温材料生产基地和占领北方、辐射全国、影响世界的"华北农机城"。

（田炜　刘炯）

【产业结构】 三次产业结构由2012年的18.1∶62.4∶19.5调整为17.48∶62.26∶20.26。全年农林牧渔业总产值27.83亿元，同比增长4.09%。粮食播种面积2.7万公顷，总产量20.5万吨。其中，小麦播种面积1.25万公顷，总产量9.0万吨，亩产479千克；玉米播种面积1.3万公顷，总产量10.8万吨，亩产556.3千克。蔬菜（不含瓜类）播种面积5720公顷，总产量44.95万吨，同比增长6.3%，其中设施蔬菜种植面积467公顷。油料播种面积1703公顷，总产量6514吨，与2012年持平。棉花播种面积541公顷，总产量487吨，同比减少8.6%。至2013年底，奶牛、猪、羊、鸡存栏数分别达到1.35万头、11.83万头、7.56万只、217.6万只，同比分别增长3.1%、1.3%、2.3%、8.3%；水产品养殖面积10公顷，与2012年持平。肉、蛋、奶、水产品产量分别达到2.32万吨、1.84万吨、4.37万吨、111吨，同比分别增长1.4%、3.2%、3.0%、0.0%。其中，牛肉、驴肉、猪肉、羊肉、家禽肉产量分别达到1440吨、68吨、1.7万吨、1414吨、3474吨。种植果园3915公顷，其中苹果园2117公顷、梨园857公顷、葡萄园815公顷。水果总产量(不含果用瓜)11.1万吨，同比增长9.2%，其中苹果产量7.03万吨、梨产量2.54万吨（雪花梨产量162吨）、葡萄产量1.29万吨。木材采伐量1726立方米。核桃种植面积500公顷，产量14吨；白山药种植面积533公顷；农业产业化经营率达到45%。新增工业企业329家，年末规模以上企业达到71家。规模以上工业实现利润5亿元，同比增长16%，其中纳税超100万元企业达到17家，创下历史最好水平。工业投资36.8亿元，同比增长27%，其中技改投资26.9亿元，同比增长20%；实施省级以上科技项目5个，新增河北省名优产品、著名商标7个。华北商贸城一期完工；益佳悦商城、隆基泰和广场、浙佰超市等一批大型商贸项目投入运营。文昌街餐饮、向阳街服装、建设街小商品3条街区转向特色化、规模化发展。"万村千乡"工程深入实施，新建改建农家店4家，引进总经销、总代理、连锁经营店10家，新增个体户1609户。外贸出口持续向好，年末进出口总额达到1亿美元。

【城乡建设】 完成造林面积866公顷；零星（四旁）植树99.5万株。投资2亿元的晋深线拓宽和滹沱河大桥建成通车。投资1400万元的深泽湖主体基本完工。总投资7800万元，在森林公园栽植各类树木114.2万株，配套设施正在施工。总投资2166万元，实施安全饮水工程进展顺利，新建铁杆水厂1座。总投资4700万元磁河变电站一期工程主体完工。府前路中段、建设街等道路改造完成，西苑街道路升级实施，北外环路铺设主路面3900米。投资753万元，建成农村公路6条，硬化街道5.7万平方米。投资3000万元，完成天然气门站建设，铺设集中供气管道18千米，覆盖22家企业和小区。理顺城市管理机制，组建成立城市管理行政执法局。实施拆迁拆违攻坚战，清理沿街牌匾、小广告3800处，拆除重要节点违章建筑16.8万平方米。实施北苑路、南苑路、东苑街绿化补植，城区出入口绿化和街旁绿地工程，栽植各类树木232.5万株，年末森林覆盖率达到20%。争取资金1080万元，在104个村实施道路硬化、亮化和文体广场建设。落实重污染天气应急响应机制，取缔小漂洗、小电镀等小企业164家；26家加油站全部完成油气回收改造；清理“黄标车”349辆；推广优质低硫煤5.47万吨；万元GDP能耗同比下降4.69%。

【社会事业】 投资3343万元，实施校安工程12个，改扩建农村幼儿园5所；顺利通过河北省政府教育督导评估；本科上线率达到67.6%，获得石家庄市“高中教学进步奖”。县医院病房楼投入使用；新生儿出生缺陷干预工程顺利推进。举办第六届农民艺术节等文化活动；小品《讨薪》获得全国群星奖；新华书店建成投入使用。城镇新增就业2600人，转移农村劳动力1600人。发放小额担保贷款3218万元。城乡居民养老保险12.62万人，参保率达到98%；新农合参合率达到95.1%，补偿资金6908万元。发放城乡低保、五保补助、医疗救助金1232万元。建成保障性住房300套，改造农村危房348户。落实计生惠民政策，发放扶助资金243万元。

（何志敏　刘智勤）

赞　皇　县

【概况】 赞皇县位于石家庄市西南部，与高邑县、元氏县、井陉县和河北省邢台市毗邻，距离石家庄市区44千米。总面积1210平方千米，耕地面积2.08万公顷。辖2个镇、9个乡，1个省级经济开发区，8个居委会、212个行政村。总人口27.13万人，人口自然增长率9.37‰。2013年，全县完成地区生产总值88.61亿元，同比增长10.3%。其中，第一产业15.99亿元，增长3.9%；第二产业56.20亿元，增长12.8%；第三产业16.42亿元，增长8.1%。单位生产总值能源消耗吨标准煤同比下降4.15%。民营经济实现增加值70.53亿元，同比增长15.6%。粮食总产量12.52万吨，同比减少1.5%。规模以上工业增加值49.63亿元，同比增长13.3%；实现利润20.85亿元，同比增长25.4%。财政收入4.33亿元，同比增长4.95%；公共财政预算收入2.20亿元，同比增长14.23%，增幅位居西部5县第一名；财政支出10.87亿元，同比增长6.4%。全社会固定资产投资104.79亿元，同比增长21.4%。社会消费品零售总额33.58亿元，同比增长13.9%。在岗职工年平均工资25088元，同比增长3.6%；城镇居民人均可支配收入19199元，同比增长12.7%；农民人均纯收入4307元，同比增长13.9%。年末金融机构存款余额58.45亿元，同比增长15.99%；贷款余额25.8亿元，同比增长9.65%。

中共县委书记：张小国
县人大常委会主任：陈印增
县　　　长：宋存汉（4月免）
　　　　　　冯立业（4月任）
县政协主席：张万银

【重点项目】 全年列入省重点项目1项、市重点项目3项，省市重点项目完成投资19.5亿元。总投资30亿元的天山工业园、总投资12亿元的浩锐陶瓷等项目进展顺利。引进落地石家庄城市职业学院实训基地、中铁八局地铁预制件项目。新开工项目8个，续建项目7个，实施技改项目12个，共完成投资43亿元，是赞皇县历年投资规模最大、实施项目最多、完成质量最好一年。工业技改投资完成34.44亿元，同比增长49.6%。新增规模以上企业10家，是石家庄市下达任务的2倍，增长比例位居全市第一。新批、新建陶瓷生产线8条，年末陶瓷企业达到8家，年生产能力达到3500万平方米，初步形成高端陶瓷产业集群。工业转型升级成效明显，原村土布、天祺尚嘉、蕊源蜂业等9家企业产品获得省名牌产品和优质产品。2013年河北省赞皇经济开发区税收收入首次突破1亿元。至2013年底，全县引进县外资金22.7亿元，实际利用外资1574万美元，创下历年最好水平。

【农业农村工作】 全年农林牧渔业总产值26.63亿元，同比增长3.60%。粮食播种面积2.6万公顷，总产量12.5万吨。其中，小麦播种面积1.14万公顷，总产量5.3万吨，亩产308千克；玉米播种面积

1.2万公顷，总产量6.5万吨，亩产371千克。蔬菜（不含瓜类）播种面积2461公顷，总产量15.7万吨，同比增长27.2%。油料播种面积6900公顷，总产量1.6吨，同比增长1.0%。棉花播种面积110公顷，总产量69吨，同比增长1.5%。至2013年底，牛、猪、羊、鸡存栏数分别达到6.04万头、8.42万头、5.77万只、233.6万只，同比分别增长−19.5%、1.0%、12.5%、0.1%；水产品养殖面积260公顷，同比减少13.3%。肉、蛋、蜂蜜、水产品产量分别达到2.53万吨、1.95万吨、1275吨、1100吨，同比分别增长−5.3%、2.6%、0.0%、10.0%。其中，牛肉、驴肉、猪肉、羊肉、家禽肉产量分别达到1.06万吨、18吨、1.01万吨、724吨、3730吨。种植果园3.18万公顷，其中苹果园600公顷、梨园400公顷。水果总产量（不含果用瓜）9.6万吨，同比减少18.5%，其中苹果产量3900吨、梨产量2100吨、红枣产量8.25万吨。干果产量1.36万吨，其中核桃产量1.25万吨。木材采伐量2100立方米。发展现代农业产业，引进试种航天育种农作物新品种，实现粮食生产“十连丰”。修建农村公路11条、22.2千米，解决了21个村、18所学校近2.4万人的安全饮水问题。建成集特色种养、观光旅游、休闲采摘、科技研发于一体15万亩优质核桃科技示范园，年末全县经济林面积达到80万亩，成为河北省经济林大县。至2013年底，赞皇县生态农庄和规模种养基地达到640余个，农民专业合作社达到318家，覆盖行政村85%以上。其中，汇川优质核桃、原村土布、大河道大枣专业合作社获评国家级示范社；蕊源蜂业、天祺尚嘉等12个合作社获评为市级示范社。开展农村面貌改造提升和基层建设年活动投入资金7760多万元，硬化村内道路21.9万平方米，处理垃圾10.4万立方米，粉刷墙壁19.8万平方米，安装路灯1000余盏，实现农村面貌大幅提升。其中，秦家庄村获评全国美丽乡村创建试点村；东高村争创省级美丽乡村通过检查验收。

【旅游业】 全年接待国内外游客64万人次，旅游业总收入3.8亿元。国庆节“十一”黄金周期间，嶂石岩景区日接待游客3500多人次。总投资4800多万元，建设嶂石岩景区旅游综合服务基地进展顺利，“百里绿色长廊”初见成效；投资550万元，新建嶂石岩景区通讯美化基站1座，升级改造线路3万多米；投资380万元，升级改造嶂石岩索道运营设备，2013年河北省特种设备服务行业现场观摩及经验交流会在赞皇县举行；开展嶂石岩4A级景区保卫战，综合整治景区环境，拆除全部违章建筑。枣乡庄园建成投入使用，中台山、窦家寨争创3A级旅游景区有序推进。旅游招商取得成效，与中国500强江苏盛虹集团达成合作意向。成功举办“雄浑壮美嶂石岩、千年古县赞皇”全国摄影展和第二届“枣园·枣花·蜜·蜂”旅游文化节，提升了赞皇县知名度。

【城乡建设】 按照县城、产业、土地、旅游“四规合一”原则，聘请中国城市设计院和石家庄市规划设计院，编制赞皇县城乡总体规划和县城控制性详细规划，完善电力、人防、通讯、消防等6个专项规划。投资20多亿元，实施县城水、电、路、供热、片区开发、文体中心、民政中心等“11大民生”工程，是历年县城建设范围最广、投资最多、步子最大的一年。2013年八一路、曲江2个片区综合开发项目取得重大进展；总投资2500万元、占地160亩的石臼山公园建成投入使用，结束了赞皇县没有大型公园的历史；总投资近2亿元马嶂公路竣工通车；总投资2800多万元，实施通府街改造提升工程，有效解决县城南出口道路瓶颈；新建大型供热站1座，铺设管网10千米，新增供热面积50万平方米，年末县城供热总面积达到96万平方米，集中供热普及率达到80%。规范房地产业发展，集中整治33个楼盘，清缴各项税费3500多万元。率先在全市启动“拆违建绿”工程，拆除县城、工业区、景区和主干道两侧丑陋建筑、违章建筑、煤场等220多处，总面积30万平方米。

【创建生态县】 聘请中国环境科学研究院编制生态县建设规划，制定下发《争创国家级生态县实施方案》，推进生态县创建“十项精品工程”和“七项特色活动”。2013年赞皇县赞皇镇、西阳泽乡和嶂石岩乡3个乡镇通过河北省考核与验收，获得省级环境优美乡镇命名。其中，3个国家级生态优美乡镇、8个省级优美乡镇创建基础工作和申报任务完成，13个省级文明生态村、26个市级文明生态村通过验收。年末生态县创建走在河北省前列。开展种树增绿活动，完成造林面积2600公顷；封山育林面积1.75万公顷；零星（四旁）植树212.3万株；新增绿化面积12.9万亩，森林覆盖率达到57.5%，同比提高3个百分点。2013年5月，赞皇县获得“全国绿化模范县”称号，这是该县继获得“全国生态治理重点县”、“全国经济林产业示范县”、“全国绿色小康县”、“全国林业科技示范县”之后获得的又一国家级荣誉。

【环境治理】 开展大气污染防治攻坚行动，实施3次三级、2次二级应急响应。重点整治储煤场、石子厂，关停储煤场145家、石子厂40多家，清理煤场占地1000亩、煤炭170万吨。关停取缔“十五小、新六小”企业45家，8家重点排放企业实现在线监测；绿野生物全厂关闭，金隅水泥脱硝等减排工程全部完工，主要污染物排放达到石家庄市考核要求。到2013年底，赞皇县削减煤炭1万余吨，淘汰黄标车2000多辆，完成38个加油站油气回收改造任务。

【社会事业】 投资1.4亿元，实施12个学校改扩建项目全部竣工投入使用，山区教育扶贫工程走在石家庄市前列，中央电视台等50多家媒体给予报道。投资1600多万元，建成网络教育综合管理平台和数字化大楼，初中以上学校和35所中心小学全部实现数字化教学。新改扩建公办幼儿园19所，适龄儿童入园率达到93.2%。投资500万元，建设县医院停车场竣工投入使用；公立医疗机构基本药物零差率销售实现全覆盖；县医院、中医院分别被评为市级健康促进示范医院；延康、虎寨口等11个村被评为市级卫生村，数量位居全市第一；家庭医生签约服务列入河北省试点县。新农合参合率达到96%，人均补贴标准340元，全年新农合补偿72万人次，补偿金额7000多万元。总投资1200万元的全民健身活动中心开工建设；农家书屋实现212个行政村全覆盖；李氏墓群晋升为全国重点文物保护单位，年末拥有省级非遗项目达到7个。审批发放小额担保贴息贷款3920万元，扶持成功创业人员210多人，实现城镇新增就业2364人，城镇登记失业率控制在3.11%。发放养老、工伤等各项社会保险基金1.2亿元，按时足额发放率达到100%。争取扶贫资金 2000多万元；发放城乡低保、五保、救灾等民政救助资金3868余万元；投资1500万元中央彩票公益金项目全部竣工；投资4000多万元民政事业中心一期建设完成；新增农村互助幸福院55所，累计达到167所，覆盖率达到75%。11月份，公开分配2013年第一批保障性住房，符合条件61户全部配租到合适房源。2013年赞皇县刘树聪获得“全国十佳幸福母亲”称号。

（冯建林）

无 极 县

【概况】 无极县位于石家庄市西北部，地处滹沱河北岸，与深泽县、藁城市、晋州市和河北省定州市相邻，距离石家庄市区52千米。总面积524平方千米，耕地面积53万亩，人均耕地面积1.1亩。辖6个镇、5个乡，4个居委会、213个行政村。常住总人口52.79万人，人口自然增长率8.16‰。2013年，全县生产总值完成151.1亿元，同比增长10%。其中，第一产业23.7亿元，增长1.7%；第二产业82.5亿元，增长12.8%；第三产业44.9亿元，增长9.1%。三次产业比例为15.7 ∶ 54.6 ∶ 29.7。粮食总产量35.6万吨，同比减少0.5%。规模以上工业完成增加值77.7亿元，同比增长13.8%。财政收入6.57亿元，同比增长18.36%。全社会固定资产投资96.6亿元，同比增长18.1%。社会消费品零售总额92.4亿元，同比增长13.2%。城镇居民人均可支配收入21017元，同比增长11%；农民人均纯收入10462元，同比增长15%。年末金融机构各项贷款余额28.8亿元，同比增长15.4%。

中共县委书记：董晓航（5月免）
韩清榕（5月任）

县人大常委会主任：袁建国

县　　长：韩清榕（5月免）
陈宝京（5月任）

县政协主席：杨成岱

【重点项目】 全年建设项目 209 个，总投资 381.4 亿元，完成投资 62.7 亿元。其中，亿元以上项目 44 个；项目总量、单体规模均实现跨越式提升。投资 30 亿元的上海国际皮革城、投资 80 亿元的卡森绿色家居城等项目开工建设；投资 62 亿元的卡森现代皮革产业园项目一期主体工程和投资超 10 亿元福瑞得皮革产业园、潘成机械设备制造等项目主体完工。

【农业农村工作】 全年农林牧渔业总产值 48.56 亿元，同比增长 0.19%。粮食播种面积 4.9 万公顷，总产量 35.6 万吨。其中，小麦播种面积 2.5 万公顷，总产量 18.4 万吨，亩产 481.1 千克；玉米播种面积 2.0 万公顷，总产量 16.4 万吨，亩产 538.9 千克。蔬菜（不含瓜类）播种面积 1.1 万公顷，总产量 81.6 万吨，同比增长 3.2%，其中设施蔬菜种植面积 4000 公顷。油料播种面积 4645 公顷，总产量 1.7 万吨，同比增长 0.6%。棉花播种面积 364 公顷，总产量 240 吨，同比减少 0.8%。至 2013 年底，奶牛、猪、羊、鸡存栏数分别达到 2.04 万头、23.0 万头、11.7 万只、856.1 万只，同比分别增长 -49.5%、5.3%、-2.9%、-1.0%；水产品养殖面积 3 公顷，与 2012 年持平。肉、蛋、奶、水产品产量分别达到 5.33 万吨、7.38 万吨、5.76 万吨、12 吨，同比分别下降 1.4%、0.0%、39.4%、42.9%。其中，牛肉、驴肉、猪肉、羊肉、家禽肉产量分别达到 9686 吨、180 吨、2.6 万吨、2069 吨、1.4 万吨。种植果园 1260 公顷，其中梨园 1013 公顷。水果总产量（不含果用瓜）2.0 万吨，同比增长 11.1%，其中梨产量 1.6 万吨。建成一批高标准蔬菜种植园和养殖示范场，其中投资 1.1 亿元双鸽生态养殖园项目落地。扩建农村水厂 3 座，解决 2 万人饮水安全问题。完成造林面积 133 公顷；零星（四旁）植树 10 万株；以交通干线、沿河堤岸、乡间道路为重点，绿化栽植各类树木 120 万株，年末森林覆盖率达到 15.2%。农村面貌改造提升行动累计投资近 5000 万元，清理垃圾 52.5 万立方米，213 个村完成“四清”,95 个重点村完成硬化、亮化。

【工业经济】 规模以上工业实现利税 30.7 亿元，同比增长 21.3%；实现利润 24.5 亿元，同比增长 20%。实施技改项目 34 个，完成技改投资 57.9 亿元，同比增长 12.3%。2013 年新增规模以上企业 16 家，培育省级名牌产品 6 个、省级著名商标 6 个。皮革工业园区列入省级循环型示范经济区序列。万元生产总值能耗下降 3.7%、化学需氧量排放量下降 2.3%、氨氮化合物排放量下降 6.4%、二氧化硫排放量下降 8.2%、氮氧化合物排放量下降 8.9%，均超额完成省市下达目标任务。

【产业转型】 推进产业升级，主要产业皮革业、厢体制造业、装饰家居业实施优胜劣汰。皮革业：加快皮革鞣制企业整合，实施一批皮革制品、废料综合利用、商贸物流、产品研发等高端项目，呈现出环保、高端、完整产业链发展势头。其中，鸿发真皮家居、开源再生革等项目竣工投产；加拿大波奥斯高档体育用品、隆发皮革制品等项目开工建设；中国皮革研究院无极院主体完工；香港艾利特、香港嘉泰、北京集美等高档皮革制品项目签约落户。厢体制造业：3 家企业取得国家专用汽车生产资质，7 家企业生产资质通过河北省工业和信化厅初审，25 家不符合条件的加工点全部关停或转产。装饰家居业：引进集生产加工、市场销售、仓储物流、产品展示、服务配套为一体的卡森绿色家居加工销售基地项目并投入建设；一批高档门、防火门项目开工，产业走向规模化、品牌化发展轨道。

【城镇建设】 聘请上海同济规划设计院，启动编制新的城乡总体规划，规划县城面积 30 平方千米。总投资 37 亿元，启动建设 14 个新区项目，拉开县城发展框架。投资 4000 万元，建设县城至园区产业大道通车。投资 1 亿余元，实施路网改造工程进展顺利，光明街拓宽、人和街打通、幸福街改造提升等 7 条道路工程基本完工。投资 2264 万元，改建乡村道路 22 条，定魏线、正港线升级为国道，果王线、羊曲线等 4 条县道升级为省道。投资 23 亿元，建设 11 个高档住宅小区项目顺利推进。拆除违规违陋建筑 17 万平方米，新增绿地 4.5 公顷。投资 1.9 亿元，扩能改造城市综合污水处理厂和制革废水处理中心，年末处理能力分别达到 8 万吨和 5 万吨；投资 1300 万元，实施皮革园区到污水处理厂 5 千米雨污分流工程。关停取缔污染严重企业 90 余家。

【社会事业】 省级义务教育基本均衡评估验收顺利通过；投资3900万元，建设10个标准化学校项目基本完工；特教学校投入使用；实验初中学校主体竣工。211个标准化村卫生室投入使用；三级医疗机构全部实现基本药物网上采购和零差率销售；民办人和医院开始试运行。新建农村体育健身场馆30余个。投资100万元，完成县图书馆改扩建工程，年内通过国家二级图书馆验收；甄氏墓群被国务院批准为全国重点文物保护单位。城镇新增就业2480人，城镇登记失业率为0.85%。民政服务中心投入使用；救助特困家庭112户。新开工建设保障房500套。2013年，无极县获评全国科技进步先进县。

（无极县地方志办公室）

平　山　县

【概况】 平山县位于石家庄市西北部，地处太行山中段东麓，地势自东向西北逐渐增高，海拔最低点东水碾村120米，最高点驼梁2281米，与鹿泉市、井陉县、灵寿县和山西省相邻，距离石家庄市区30千米。总面积2648平方千米，耕地面积3.01万公顷。辖12个镇、11个乡，7个居委会、717个行政村。常住总人口49.73万人，人口自然增长率12.28‰。2013年，全县生产总值完成208亿元，同比增长10%。其中，第一产业19.4亿元，增长3.2%；第二产业138.1亿元，增长12.0%；第三产业49.6亿元，增长8.1%。规模以上工业完成增加值123.7亿元，同比增长13.1%；实现利润14亿元，同比增长31%；实现利税18.1亿元，同比增长15.9%；实施工业技改项目18项，完成投资11亿元。财政收入16.03亿元，同比减少12.73%；公共财政预算收入7.84亿元，同比减少18.01%。全社会固定资产投资154.4亿元，同比增长19.2%。社会消费品零售总额44.4亿元，同比增长13.4%。城镇居民人均可支配收入21944元，同比增长11.5%；农民人均纯收入5351元，同比增长13.5%。

中共县委书记：王俊英（4月免）
　　　　　　　李旭阳（4月任）
人大常委会主任：张大平
县　　　长：李旭阳（4月免）
　　　　　　董晓航（4月任）
县政协主席：封明明

【重点项目】 全年投资500万元以上续建、新开工项目260项，完成投资31.3亿元，争列省市重点项目4项。投资9.5亿元的正元化肥加压煤气化、投资6.5亿元的盈德气体扩建、投资6.2亿元的雨润纺织紧密纺等13个亿元以上项目开工；投资5.5亿元的敬业预热资源综合利用、投资5.1亿元的博欧金属机械零件、投资2.4亿元的炳岩特钢等11个项目投产。投资100亿元的嫦娥奔月“科技新城”、投资30亿元的三峡新能源光伏发电、投资11亿元的燕洲环保设备生产基地、投资6.5亿元的光纤光缆制造等项目正式签约；投资100亿元的汽车后市场产业园区、投资10亿元的华能风力发电等项目正在对接洽谈。2013年12月，平山县与中国供销合作对外贸易公司签订平山新区供销城项目协议。该项目是一个集生态旅游、休闲度假、娱乐购物、商务办公、会展交流、养生保健、宜居养老为一体的大型综合项目，总建筑面积500万平方米，总投资200亿元。至2013年底，平山县签约项目40余个，其中经济合作项目33个。

（卢艳丽　杨林书　韩晓敏）

【签订举办中国世界木屋博览会活动协议】 2013年上半年，平山县与中讯联合文化传媒（北京）有限公司签订举办“中国世界木屋博览会”活动协议。西柏坡世界木屋博览园项目位于西柏坡镇，是集展览展示、高峰论坛、商务会馆、旅游观光、休闲度假、养生保健为一体的特色旅游项目，项目区依山傍水、交通方便、自然生态环境优美、历史文化底蕴深厚。该项目由西柏坡木博园（河北）股份有限公司、中讯联合文化传媒（北京）有限公司承建，总投资8亿元。项目占地1000亩(其中A、B、C、D、E区各200亩)，建筑面积10万平方米。

（吴温）

【农业农村工作】 全年农林牧渔

业总产值33.0亿元，同比增长3.55%。粮食播种面积3.6万公顷，总产量20.4万吨。其中，小麦播种面积1.6万公顷，总产量10.3万吨，亩产422.5千克；玉米播种面积1.6万公顷，总产量9.2万吨，亩产396.9千克。蔬菜（不含瓜类）播种面积5736公顷，总产量27.4万吨，同比增长18.0%；新增无公害蔬菜5000亩。油料播种面积3786公顷，总产量9260吨，同比增长1.4%。棉花播种面积660公顷，总产量594吨，同比减少3.9%。至2013年底，奶牛、猪、羊、鸡存栏数分别达到4600头、13.6万头、6.9万只、156.1万只，同比分别增长2.2%、1.0%、2.4%、5.2%；水产品养殖面积8850公顷，与2012年持平。肉、蛋、奶、水产品产量分别达到2.21万吨、1.32万吨、1.44万吨、1.38万吨，同比分别增长1.8%、1.2%、1.2%、0.4%。其中，牛肉、猪肉、羊肉、家禽肉、蜂蜜产量分别达到1919吨、1.5万吨、1046吨、2357吨、782吨。种植果园9498公顷，其中苹果园2111公顷。水果总产量(不含果用瓜)5.5万吨，同比增长1.2%，其中苹果产量1.9万吨、桃产量5800吨、红枣产量6742吨。特色作物种植21万亩，新栽核桃7000亩，核桃产量1.1万吨。木材采伐量4652立方米。年末农业龙头企业达到20余家。

【旅游业】 2013年接待游客950万人次，旅游业总收入65亿元。实施天桂山怀特旅游度假中心、万营国际旅游艺术村、普斯盛地度假中心等20个重点旅游项目；改造提升11个4A级景区，并通过河北省中期验收。围绕绿水青山，整合旅游资源，提升县域旅游产业水平。依托西柏坡温泉城度假、会议会展、休闲等优势，建设西柏坡温泉城会展综合服务平台，形成以会展带旅游、促发展，围绕“红色旅游、绿色山水、温泉养生、避暑度假、探古访幽”核心内容，构建起西柏坡、天桂山、温塘、驼梁、战国中山国五大旅游聚集区，改变了“一红独大”发展格局。整合资源、组团发展带动旅游业整体效益攀升。2013年天桂山、驼梁等山水风光景区接待游客人数首次超过以西柏坡为龙头红色旅游景区。“吃、住、行、游、购、娱”一条龙服务产业链条日益拉长，新增开放景区2家，农业采摘园、种植园10余家，农家乐、饭店80余家。培育发展天桂山、白鹿温泉2个龙头景区，天桂山景区投资15亿元怀特天桂山项目签约，白鹿温泉规划投资13亿元建设高端VIP世界温泉区。文化、工业、农业等旅游新业态快速发展，王母文化园一期主体工程竣工，《中山古城遗址保护规划》编制完成；“敬业集团——钢铁是怎样炼成的”工业旅游区开始运营，获评石家庄市首家省级工业旅游示范点。2013年平山县获得“中国十大最具投资潜力旅游目的地”、“中国最美文化生态旅游名县”和“美丽中国”十佳旅游县3项称号。

【城乡建设】 启动康乐街南延、建材街东延等新建工程，完成富民北街接外环、中山西路西延、钢城路南延等续建工程；县城健康街、西柏坡高速公路温塘连接线一期工程竣工通车，钢城路南延、中山路西延工程顺利推进；投资1.9亿元，实施省道石闫线、国道207线大中修，改建农村公路80.6千米；推进207国道西柏坡段改线和西柏坡高速公路温塘连接线二期工程，完成16.5千米县道、19.4千米乡道改建工程。实施南贾壁二期、圣地汇金港、丽水湾等一批新建、续建工程。完成500套保障房建设，新建桥西便民菜市场和10个城中村垃圾中转站，完成11座换热站、10个老旧小区供热管网改造。新区建设完成新区范围内土地、房屋等情况摸底调查；建设大街北延、防洪大堤、湿地公园等项目完成地形勘测、规划设计等前期工作；投资1.03亿元，新建、改造变电站4座，完成72个农村电网改造工程。实施厕所改造、饮水安全、道路硬化、垃圾处理、村庄绿化、危房改造等6个方面15项改造。实施2条河流治理、2条灌渠改造和8座病险水库除险加固工程。推广节水灌溉面积3万亩，治理水土流失面积30平方千米。

【环境整治】 强力落实大气污染防治攻坚行动，关停敬业集团、西柏坡钢铁5座高炉，压减敬业焦化、正元化肥50%产能；全县露天矿山、水泥矿粉企业、建筑工地、煤炭小区全部实施限产停产和治理整顿。取缔无证储煤场33家，非法采砂场9家，关停“十五小”、“新六小”企业30家。压缩炼铁产能70万吨，削减煤炭39万吨。新购置清扫车、洒水车等环保装备，建成秀水公园空气监测点；西柏坡电厂机组脱硝、敬业烧结机烟气脱硫、正元化肥锅炉除尘改造等重点减排工程完工；

推广低硫煤21.6万吨、生物质炉具1500台，建成5个生物质燃料压块厂。完成造林面积6475公顷；封山育林面积1.4万公顷；零星（四旁）植树520万株。年末森林覆盖率达到51.86%，净增0.75个百分点，被石家庄市委、市政府评为大气污染防治工作先进单位。

【社会事业】 全年用于民生投入14.5亿元，占公共财政支出65%以上。平山二中等标准化学校建成投入使用，62所中小学、幼儿园扩建工程完成。总投资1.8亿元新县医院搬迁投用，与北京大学人民医院建立合作关系；县中医院获评“二级甲等医院”；23所乡镇卫生院全部实行国家基本药物制度；年末新农合参合率达到99.03%，统筹基金使用率达到93.03%。新建41个文化资源共享村级服务点，县图书馆晋升为国家二级馆；新创编河北梆子《子弟兵的母亲》在北京成功演出；举办群众文化活动700余场次，开展送电影下乡8700场次。组织承办全国“流动科技馆进基层”暨河北省科技活动周启动仪式；7月3日，平山县与省内外19家科研院所及高等院校签署科技合作协议，其中企业、乡镇与省内外高等院校、科研院所签订科技项目合作协议9家，涵盖钢铁、建材、化工、绿色和有机农业、生态旅游、医疗卫生等领域；8月19日，聘任清华大学建筑学院等19名省内外科研院所专家、学者为平山县首届“专家咨询委员会”专家，这是石家庄市成立的首家县级专家咨询委员会。2013年平山县获评全国科技进步先进县。城镇新增就业3500多人，转移输出劳动力5500人次；年末社会保险参保人员达到41.36万人次。老干部活动中心投入使用，105所农村互助幸福院建成。争取扶贫移民资金1亿多元，实施基础设施项目100余个、产业项目20余个，完成省市下达7000人脱贫任务。“双拥”工作顺利通过国家考核验收，2013年平山县作为河北省唯一一个全国双拥模范县到北京参加全国双拥工作座谈会。森林防火卫星遥感系统投入使用，建成河北省首个标准化人影工程作业基地，极大增强了气象灾害应急保障能力。

（卢艳丽　杨林书　韩晓敏）

元 氏 县

【概况】 元氏县位于石家庄市南部，境内山区、丘陵、平原梯次分布，与鹿泉市、栾城县、赵县、高邑县、赞皇县、井陉县相邻，距离石家庄市区30千米。总面积676平方千米，辖6个镇、9个乡，4个居委会、208个行政村。常住总人口43.58万人。2013年，全县完成地区生产总值161.9亿元，同比增长10.0%。其中，第一产业23.7亿元，增长1.1%；第二产业88.9亿元，增长12.1%，占比54.9%；第三产业49.3亿元，增长10.5%。三次产业结构调整为14.6 : 54.9 : 30.5。财政收入10.1亿元，首次突破10亿元，同比增长17.12%。全社会固定资产投资146.7亿元，同比增长14.4%。社会消费品零售总额41.8亿元，同比增长13.0%。城镇居民人均可支配收入2.05万元，同比增长0.5%；农民人均现金收入9943元，同比增长11.3%。年末金融机构各项存款余额98.32亿元，同比增加7.91亿元；居民储蓄存款余额73.72亿元，同比增加3.93亿元；金融机构各项贷款余额35.84亿元，同比减少1.4亿元。2013年元氏县城区绿地面积达到350万平方米，绿化覆盖率、绿地率、道路绿化普及率分别达到35.6%、31.8%和100%，是河北省园林县城新标准实施后全省第一个通过验收县。

中共县委书记：吴时茂（4月免）
陈联记（4月任）
县人大常委会主任：柳国芹
县　　长：陈联记（4月免）
赵路新（4月任）
县政协主席：吴晓云

【园区和重点项目】 制定园区建设管理办法，实施项目预审制度，提高入驻项目质量。编制工业区土地调整规划方案，奠定园区扩容提质基础。投资1.72亿元，实施元氏经济开发区基础设施建设，有效增强园区载体功能。年末元氏经济开发区入园企业达到72家，实现主营业务收入170亿元、税金7.6亿元。

2013年元氏县实施重点项目69个，总投资389亿元，其中省市重点项目7个，总投资156.6亿元，位居东部县（市）首位。新宇宙电动车、华鼎高科等7个项目竣工投产或试生产，诚信丙二酸酯、耐力螺杆机等项目进展顺利。谋划引进重点项目35个，总投资530亿元。其中投资10.8亿元的四维赛恩特煤矿机械、投资10亿元的亚农液化天然气等12个项目签约；欧瑞特种铝合金、华曙药业等23个项目正在对接洽谈。

【农业农村工作】 全年农林牧渔业总产值43.38亿元，同比增长1.11%。粮食播种面积5.3万公顷，总产量33.7万吨。其中，小麦播种面积2.7公顷，总产量16.9万吨，亩产426.3千克；玉米播种面积2.2万公顷，总产量15.3万吨，亩产456千克。蔬菜（不含瓜类）播种面积5898公顷，总产量42.6万吨，同比增长1.7%。油料播种面积2833公顷，总产量7622吨，与2012年持平。棉花播种面积541公顷，总产量519吨，同比减少14.6%。至2013年底，奶牛、猪、羊、鸡存栏数分别达到2.6万头、19.5万头、14.1万只、616.7万只，同比分别增长0.0%、6.9%、6.9%、1.8%；水产品养殖面积248公顷，同比减少2.4%。肉、蛋、奶、水产品产量分别达到4.43万吨、5.26万吨、8.24万吨、1080吨，同比分别增长0.3%、1.6%、3.0%、-1.4%。其中，牛肉、驴肉、猪肉、羊肉、家禽肉产量分别达到8488吨、270吨、2.2万吨、2292吨、1.1万吨。种植果园7635公顷。水果总产量（不含果用瓜）1.6万吨，同比增长15.5%，其中红枣产量4560吨。干果产量1542吨。木材采伐量1240立方米。创建小麦、玉米万亩高产示范片5个。建成市级设施蔬菜标准园2个、百亩示范方1个，年末设施蔬菜种植面积达到5.76万亩。康丰牧业智能化温室全面完工，万年汉王农业庄园、西三教高效农业园等现代农业园区正在建设；年末拥有省市级农业产业化龙头企业13家，标准化规模奶牛养殖场21个。栽植核桃、石榴等优质果木62万株，年末特色林果种植面积达到12.9万亩。2013年“西嶺”核桃获评河北省名牌产品；丰兆种植养殖专业合作社获评全国“五十佳”专业合作社；“潴龙河”蔬菜获得河北省优质产品称号；元氏县农业科技园区认定为省级农业科技园区。投资1.55亿元，实施小农水重点县及病险水库除险加固等工程40余项，北沙河生态综合整治西段工程顺利蓄水；蟠龙湖跨境调水1000万立方米，清理养鱼网箱328个，湖区水质明显改善；实施潴龙河回灌，沿岸地下水位上升1米。2013年元氏县获评全国农产品产地初加工补助项目实施县；农机监理站获评全国“为民服务创先争优”示范窗口。

【工业经济】 规模以上工业企业完成总产值275.2亿元，同比增长16.9%；完成工业增加值70.5亿元，同比增长13.2%；实现利润26.3亿元，同比增长22.5%。新增规模以上企业8家，年末规模以上企业达到71家。工业技改完成投资60亿元，引进先进生产线20条，创建标杆指标20个，争创国内“第一”、“唯一”称号25项；申报河北省名牌产品6项、优质产品4项、质量效益型企业1家。诚信公司建成元氏县首家博士后创新实践基地，获得河北省政府质量奖。新宇宙电动车“跃迪”移动警务室、建勘研究院5000米页岩气钻机项目分别获得河北省工业设计金奖和优秀奖。

【服务业】 服务业建设投资65亿元，同比增长14.6%；完成增加值49.3亿元，同比增长10.5%。聚元商业城、元龙国际酒店正式营业；山田国际家居装饰城基本竣工；冀中现代物流配送中心、北方农机物流配送中心等项目正在建设。20个村级综合服务社、16个社区综合服务中心投入使用。

【旅游业】 加快开发旅游资源。封龙书院正式对外开放，老龙潭木栈道竣工投用。蟠龙湖环湖路工程完工，北岸综合开发规划编制完成。白果树景区湘山普济寺复建工程主体竣工。大寺峪、杏花峪等景区正在编制规划。常山郡遗址保护开发稳步推进，西张村遗址、开化寺塔、封龙山石窟列入第七批国家重点文物保护单位。

【城乡建设】 编制县城扩容提质概念性规划。昌盛街南延、高速公路引线综合整治等工程竣工；陈村区域供暖站正在建设；气象观测站搬迁进展顺利；投资2亿元的北环路和穿京广铁路地道桥工程前期准备工作全部完成。修补道路4470平方米，苏村至北正公路竣工通车，石邢公路西半幅工程完工。北正35千伏变电站扩建工程竣工投运，升级改造10千伏农网48千米；全年全社会售电量突破15亿千瓦时。石西500千伏变电站及配套线路工程10个月内建成投运，创下全国同类工程建设工期最短纪录。投资3000多万元，实施农村基础设施建设，硬化农村街道36.6千米，危房改造110户，解决了14个村、3.16万人的饮水安全问题。筹资财政资金5400多万元，用于农村面貌改造提升行动，小留、南吴会、黎村等47个村环境容貌大幅改善，中央电视台《新闻联播》给予报道。

【环境治理】 制定大气污染治理攻坚方案和应急预案，严格落实大气污染防治各项措施。推广使用优质低硫煤8.1万吨，削减用煤1900吨。开展煤炭市场治理整顿，按照“三退、两远离”（退路、退村、退河道、远离旅游风景区、远离军事保护区）工作思路，制定《元氏县煤炭市场综合治理实施方案》，对取缔搬迁范围内所有煤场，实施全部停止进煤、迅速清理存煤措施，并按照规定要求做好恢复地貌、绿化等工作；对未按照期限要求搬迁、清理的煤场，做到强行清理复耕。井元路315家煤场全部关停治理，同时，依据国家环保标准建设煤炭物流园区，园区外严禁新建煤场。路牙石外30米区域（除护坡排水边沟6米外）建设3层立体绿化带。实时监测煤场扬尘，落实防尘措施，实现煤场及周边环境质量持续改善。淘汰黄标车1098辆、报废车260辆，办理未检车辆注销手续3776个。37座加油站、1座油库完成油气回收改造。完成造林面积3206公顷；封山育林面积1733公顷；零星（四旁）植树78万株；栽植各类树木211万株，年末森林覆盖率达到23%。实施环保建设重点工程，诚信含氢尾气综合利用项目竣工；因村镇污水处理厂主体完工，蟠龙湖污水处理厂完成选址。取缔废旧塑料加工点、小电镀企业161家，关停异味企业7家。

【社会事业】 连续12年通过国家科技先进县考核；参加石家庄市科教兴山创业评比获得第一名；获授全国防震减灾先进县称号。河北省政府教育督导评估顺利通过；山区教育扶贫二期和校安工程全部竣工；新改扩建幼儿园6所；为7560名学生发放助学金、生活费等资金4354万元。举办各类文化活动90场，全民健身活动中心项目进展顺利；三农网络书屋建设成效显著，获评全国先进示范单位。公立医院综合改革试点工作扎实推进，15所乡镇卫生院建成“国医堂”，20个村卫生室建成“国医馆”，获评全省基层中医药工作先进建设单位，中央人民广播电台、《中国中医报》等媒体对元氏县中医药健康管理服务和发展给予报道。制定出台《关于创建国家级计划生育优质服务先进县活动实施方案》，建立县文化宫人口文化广场、“人口文化宣传一条街”等计划生育基层宣传阵地，创建计划生育特殊家庭养老中心，建成元氏县计划生育技术服务站及4个乡级服务站、208个村服务室，顺利通过国家级计划生育优质服务先进县考核验收。落实强农惠农政策，发放粮食直补、家电下乡补贴资金1.35亿元。追回拖欠农民工工资900多万元。新农合累计补偿119.6万人（次）、1.29亿元。姬村敬老院改扩建工程竣工投用，瑞祥养老院项目正在建设。救灾救助、城乡养老、低保发放各类资金1.1亿元。

（齐星利　杨夕群）

赵　县

【概况】 赵县位于石家庄市东南部，与栾城县、藁城市、晋州市、高邑县、元氏县和河北省邢台市相邻，距离石家庄市区40千米，境内拥有柏林禅寺、陀罗尼经幢、大观圣作之碑、赵州桥等众多历史遗迹。总面积675平方千米。辖7个镇、4个乡，9个居委会、281个行政村。常住总人口60.44万人，人口自然增长率14.6‰。2013年，全县地区生产总值完成190亿元，同比增长8.5%。其中，第一产业增加值33.4亿元，增长4.8%；第二产业增加值118.9亿元，增长11.7%；第三产业增加值36.9亿元，增长7.2%。农林牧渔业总产值57.22亿元，同比下降4.95%。粮食播种面积7.1万公顷，总产量56万吨。其中，小麦播种面积 3.9 万公顷，总产量 29.6 万吨，亩产 501.4 千克；玉米播种面积 3.1 万公顷，总产量 26.2 万吨，亩产 555.5 千克。规模以上工业完成增加值 110 亿元，同比增长 12%；实现利税 48.5 亿元，同比增长 15%。财政收入 6.34 亿元，同比增长 15.0%。全社会固定资产投资 110.9 亿元，同比增长 20.7%。社会消费品零售总额 89.8 亿元，同比增长 14.0%。城镇居民人均可支配收入 22308 元，同比增长 12%；农民人均收入 10168 元，同比增长 12%。年末金融机构存款余额 103.7 亿元，同比增长 13.9%，首次突破百亿元。

中共县委书记：王建海
县人大常委会主任：黄云锁
县　　　长：张军卫（3 月免）
　　　　　　张敏周（4 月任）
县政协主席：陈炜兴

【重点项目】 实施规模以上工业项目 97 个，总投资 122.8 亿元。纽康恩食品、兴水管业等 37 个项目竣工投产，总投资 39.7 亿元；水工机械、安健成益、昆泰生物科技、迈迪森药业等项目正在建设。华泰纸业、兴柏集团等企业确立国家标杆指标 5 项、省级标杆指标 13 项。总投资 59.1 亿元的生物医药产业化基地等 4 个项目列入省市重点项目。投资 8710 万元，完成县工业园区水厂、110 千伏变电站、天然气管网、工业四街供热管网、海兴路西延等工程。生物产业园完成兴园大街南延工程，日处理能力 1.5 万吨的污水处理厂建成并具备注水条件。投资 9700 多万元，实施 110 千伏贾店站、110 千伏城关站供电线路切改转移及农村电网改造升级工程。

（赵县地方志办公室）

【粮食生产连续 6 年获评全国先进】 按照“稳定面积、依靠科技、主攻单产、提高总产”思路，实施“农业稳县”战略。以提高粮食综合生产能力为总抓手，加强政策资金倾斜、农业基础设施建设、科技创新、粮食产业结构调整，推进标准化生产和产业化经营，粮食生产保持全省领先水平。2013 年赵县粮食生产在石家庄市实现四个“第一”，即夏粮单产 501.4 千克全市第一、夏粮总产 29.6 万吨全市第一、秋收粮食作物单产 554.3 千克全市第一、全年粮食作物总产量 56 万吨全市第一。2013 年赵县被国家农业部授予“全国产粮大县”称号，这是赵县连续 6 年获评全国粮食生产先进县。提升粮食生产科技含量，与中国农科院、中国科学院等科研单位开展“院县合作”。投资 2500 万元建成北方农业科技园项目，引进中国农科院研究员赵广才，市农科院名誉院长、研究员郭进考等国家级农业专家入驻。新品种、新技术推广应用成为粮食增产、农民增收的关键。2013 年赵县建立粮食高产创建万亩示范片 13 个，创建面积 36.8 万亩；建成高标准农技推广区域站 7 个、村级服务站 62 个，公开竞聘选拔村级推广员 80 名，构建起“县（农技中心）——乡（区域站）——村（科技进村服务站）”三级新型农业科技推广体系；改革传统种植形式，将“三密一稀”种植模式改为“等行距种植”、“五密一稀”或“六密一稀”播种，推广无虾害拌种等技术，实现农业增产增效。

（郑亚丛　徐哲普　朱涛）

【发展现代农业】 全年蔬菜（不含瓜类）播种面积 1.2 万公顷，总产量 93.8 万吨，同比减少 3.1%。油料播种面积 883 公顷，总产量 3950 吨，同比增长 1.5%。棉花播种面积 3 公顷，总产量 3 吨，同比减少 94.3%。至 2013 年底，奶牛、猪、羊、鸡存栏数分别达到 1.0 万头、25.1 万头、6.1 万只、549.3 万只，同比分别增长 –0.9%、7.0%、19.0%、–15.4%。肉、蛋、奶产量分别达到 4.46 万吨、6.07 万吨、4.09 万吨吨，同比分别增长 –6.8%、1.7%、6.0%、8.3%。其中，牛肉、驴肉、猪肉、羊肉、家禽肉产量分别达到 2428 吨、270 吨、3.1 万吨、1126 吨、9665 吨。蜂蜜产量 150 吨。种植梨园 1.7 万公顷。梨总产量 36 万吨，同比减少 31.4%，其中雪花梨产量 22 万吨、鸭梨产量 14 万吨。以工业化理念经营农业，推动粮食加工龙头企业发展壮大。绿诺食品、玉桥食品获评“河北省中小企业名牌产品”；兴柏集团、利民集团、金桥淀粉被命名为“河北省产业集群龙头企业”；赵县被河北省评为河北省特色产业名县，淀粉产业集群被评为河北省示范产业集群。至 2013 年底，赵县拥有以五得利面粉集团为龙头的面粉加工企业 115 家，建成以兴柏、利民 2 个省级产业化龙头企业为带动的玉米淀粉生产企业 49 家；粮食产业实现销售收入近 50 亿元，粮食加工收入近 10 亿元。推广畜牧业标准化生产，新扩建标准化养殖场 20

家，完成绿健牧业等6家市级示范场创建。推进梨果提质增效工程，新建精品梨园3000亩，累计发展梨果出口基地3万亩，获评“中国绿色生态雪梨十强县”。推进农业综合开发，投资2479万元实施万亩高标准农田示范项目、3000亩农业节水增效等6个农业开发项目。发展现代农业、设施农业，旭海、和丰惠畅等17家农业生态园建成投用。年末农民合作社达到825家，入社农户2.3万户，年增收8000余万元。2013年赵州农科市场建成投用，是河北省最大的县级综合农资市场。加强农村土地承包纠纷调解处理，被农业部命名为全国农村土地承包经营纠纷调解仲裁工作先进单位。

【旅游商贸业】 推进旅游兴县战略，编制完成安济桥保护规划，启动赵州桥—柏林禅寺省级风景名胜区总体规划编制和世界名桥博览中心建设，建成牡丹芍药园。开展对外旅游合作，赵州桥景区与美国罗斯曼廊桥、中国扬州个园缔结为姊妹桥和友好景区。实施柏林禅寺周边环境整治，启动柏林禅寺东扩及净慧长老舍利塔建设。成功举办第十三届梨花节，赵县万亩梨花盛开风光在中央电视台《新闻联播》播出。至2013年底，赵县接待游客首次突破100万人次，旅游业收入达到1.2亿元。海尔（石家庄）创新产业园一期主体工程收尾，新合作广场、赵州大酒店正在建设，范庄农资物流中心主体工程完成，赵州商贸城开展前期招商。赵州雪花梨·中国网电子商务平台正式投入运营。

【城乡建设】 编制、修编完成《赵县城乡总体规划（2011—2030）》、《赵县历史文化名城保护规划》、《赵县城市总体设计》、《古城区控制性详细规划》、《县城风貌特色近期建设规划（2012—2015）》、《李春大道街道整治规划》等。2013年7月，实施县城拆违拆陋攻坚战，全部拆除不符合县城规划的违法建筑、违章建筑、超期临建以及影响城容城貌的简陋建筑以及重点区域、重要节点、县城出入口、国省干线等违法破旧建筑物。拆迁工作坚持“三个不能变”，即已经确定的工作方案，特别是涉及补偿部分，大原则不能变；依法依规推进的总方针不能变；强力拆除、不等不拖的工作方式不能变；坚持“现场勘查、现场定性、现场协调、现场拆除、即拆即整”一线工作法；坚持“四个一律”，即街道沿线、不符合县城规划的建筑，不论新旧一律拆除；处在县城建成区严重影响城市环境容貌和质量的旧企业一律拆除；涉及党政机关、事业单位的破旧建筑一律拆除；涉及党政干部及其亲属的一律先行拆除；坚持“四个结合”，即把拆违拆陋工作与新民居建设相结合、与淘汰落后产能相结合、与风景名胜区建设相结合、与城市园林化建设相结合。至2013年底，赵县累计拆除违章破陋建筑37.43万平方米，整理出土地842亩。全面提升县城承载能力。重点实施城市基础设施、功能分区、环境风貌、景观景区、精细管理5个方面工作，开展重点工程建设42项，总投资55亿元。2013年完成石桥大街升级改造、海尔大道改造、国柏路东延、工业四街北延、建设路等10条道路建设工程及锦绣华城、历史文化广场、县磷肥厂、柏林寺东扩部分区域拆迁；启动澄波街、育才学校周边区域综合改造、小南街区域改造、垃圾处理厂二期等项目建设；实施城区供热首站、二级供热管网升级改造。投资3200万元的新看守所、投资960万元的新消防站正式启用。投资6700多万元，实施青银高速路口入城广场综合改造提升工程，向南打通东环，新修2700米海尔大道；向西打通北环，新修1500米国柏路，总长15千米外环路全线贯通。规划建设占地30余亩高速出口广场和占地260余亩森林公园。实施“一城四区”建设。启动城区内石塔村、县前村等城中村改造和小南街、育才学校周边等旧城改造；实施6平方千米新城区整体开发建设工程，整合旧城区沿街行政事业机关资源，集中腾地，向新城区搬迁。启动和完成中医院搬迁、地税局综合办税大厅、信用社搬迁等项目建设，新城区行政办公中心初显雏形；启动海尔创新产业园一期工程、新合作广场建设，打造县城新型流通网络平台；加快工业园区升级改造，完善园区基础设施建设，高标准实施亮化美化工程，打响省级工业聚集区品牌，做好承接石家庄市区搬迁企业和发达地区产业转移的重要基地；完成生物产业园污水处理厂建设和兴园大街延伸工程；谋划西部物流园建设，在京港澳、京珠高速公路之间，赵赞连接线两侧围合区域实施大型物流园区建设。开展县城容貌综合整治，重新划分城市管养界，主要街道实现机械化清扫、全日制保洁；完成洨河主河槽清淤、左侧河滩地绿化、汪洋沟清淤工作；清理卫生死角、积存垃圾5万立方米。开展违法占地、违规建设专项整治行动，查处违规项目32个，收缴违规资金1亿元，有效规范房地产市场秩序。推进县城绿化建设，完成菩提园、海尔大道与赵范路交叉口2块绿地建设，在石桥大街、海尔大道两侧、国柏路东延、国柏路与308国道交叉口以及森都花城小区、青银高速入城口森林公园（部分）等重点路段、重要节点植树绿化8400亩。2013年赵县完成造林面积882公顷，零星（四旁）植树58万株；栽植乔灌木50余万株，补栽绿篱600米，补植草坪1800平方米，新增绿化面积70万平方米，年末森林覆盖率达到27.1%。

（屈海平　宋钧　张磊　赵会生）

【发展环境与生态环境治理】 赵县公共资源交易中心成立运行，土地出让、政府采购、建设工程招投标等涉及财政性资金支出事项实现规范管理和阳光交易。开展“执法标准化建设年”活动，采取群众问卷方式梳理执法单位损害发展环境问题87条，全部限期整改。查处损害发展环境案件6起，给予6名公职人员党政纪处分。实施生态环境治理和大气污染防治，制定《赵县大气污染防治攻坚行动方案（2013—2017年）》，建立重污染天气预警应急响应机制，整治储煤场、农作物秸秆焚烧、黄标车，开展加油站油气回收，取缔“十五小”企业，打击地下水体排污。

【社会事业】 实施医疗资源整合工程、高标准农田建设示范工程、农村饮水安全工程、农村电网建设工程、城乡道路畅通工程、农村教育推进工程等为民办十件实事，涵盖医疗卫生、现代农业、饮水安全、公共交通、环境改善等民生领域，累计投资2.9亿元，同比增长12.7%。投资1540万元，在沙河店镇、王西章乡等7个村打井65眼，铺设地下防渗管道83千米，埋设低压电缆38千米，增设变压器7台，整修农田道路22千米，植树2.4万株。投资2200万元，在沙河店镇、高村乡、南柏舍镇11个村实施节水灌溉工程3.22万亩，铺设地下管道319千米。投资3600万元，新架设10千伏线路100千米，新增配电变压器400台。投资860万元，新建改造35千伏线路14千米，缓解80个村群众生产生活用电紧张问题。投资2000万元实施农村饮水安全工程，解决25个村4万人的饮水安全问题。投资1850万元实施城乡道路畅通工程。实施就业创业工程，免费开展就业创业培训1000人，失业职工培训400人，为就业创业人员提供小额担保贴息贷款3000万元，提供就业岗位1.6万个，实现劳务输出10100人，免费培训新型农民2400人。投资9906万元新建、改建一批学校和幼儿园；建立统考和教育质量考评等制度。开展群众文体活动，王西章乡获评“河北省体育健身工程示范乡镇”；2013年上半年，河北省文物研究所考古人员在赵县贾吕村附近发现距今5000年左右新石器时代古村落遗址。扎实推进县级公立医院综合改革，县医院、中医院全部实行药品零差率销售；改扩建乡镇中心卫生院3所；顺利通过国家计划生育优质服务先进县考核验收；河北省综合治理出生人口性别比现场会在赵县召开。新型农村合作医疗制度规范运行，补偿参合农民158万人次，补偿资金1.5亿元。民政事业服务中心和71所农村互助幸福院建成投用，年末“五保”集中供养率达到64.7%；建成农村社区230个，河北省城镇社区建设座谈会在赵县召开；县民政局被河北省民政厅授予“退役士兵自谋职业工作先进单位”，婚姻登记处被民政部命名为“国家3A级婚姻登记机关”。出租车公司改制完成，城区新公交车开始试运行。2013年9月，赵县3个小区、59套廉租房抓号分配，其中天怡庄园（二期）36套，阳光新城住宅小区20套，南门纺织厂家属楼3套，建筑面积均在50平方米以内。这是石家庄市首批分配县城公共保障房。

（赵县地方志办公室）

藁 城 市

【概况】 藁城市位于石家庄市东侧，与石家庄市区、晋州市、正定县、栾城县、赵县、新乐市、无极县相邻，距离石家庄市区31千米，属太行山洪积山前倾斜平原。总面积836平方千米，耕地面积5.28万公顷，人均耕地面积0.99亩。辖13个镇、1个乡，1个国家级经济技术开发区，即石家庄经济技术开发区（2012年10月国务院批准升级为国家级开发区，曾称藁城经济开发区），6个居委会、239个行政村。常住总人口81.67万人，人口自然增长率9.6‰。2013年，藁城市完成地区生产总值475亿元，同比增长10%。其中，第一产业增加值65.7亿元，同比增长4.5%；第二产业增加值313.3亿元，同比增长11.6%；第三产业增加值95.9亿元，同比增长8.3%。粮食总产量55.8万吨，同比减少1.5%。规模以上工业完成增加值304.4亿元，同比增长12%；实现利税190亿元，同比增长14%。全部财政收入85.14亿元，同比减少15.26%；公共财政预算收入15.47亿元，同比增长6.31%；财政支出25.1亿元，同比增长6.4%。全社会固定资产投资194.5亿元，同比增长19.4%。实际利用外资8551万美元，同比减少35%。社会消费品零售总额126.5亿元，同比增长13.8%。旅游业收入1.34亿元。在岗职工年平均工资45815元，同比增长21.5%；城镇居民人均可支配收入24281元，同比增长9.4%；农民年人均纯收入13019元，同比增长11%。年末城乡居民储蓄余额168亿元，同比增长12.6%。

中共市委书记：王普增
市人大常委会主任：高国才
市　　长：高玉柱
市政协主席：王永生

【重点项目】 新增、在建超千万元项目90个，超亿元项目30个。联泓机械、新四达电机等11个超亿元项目竣工投产；中农博远、陶瓷插芯等12个超亿元项目开工；翼辰轨道产业园、凯普特动力二期等26个超亿元项目签约落地。引进域外资金95亿元，实际利用外资8551万美元。引进商业银行3家。工业技改完成投资93.2亿元，占全部投资的48.5%；重点支持“20+20”企业上缴税金9亿元，同比增长35.5%。战略新兴产业快速发展，总投资160亿元的中国光纤产业集群项目顺利启动。藁城经济开发区塔东大街、兴业街南延、塔西大街南延、北邑110KV变电站扩建等工程竣工投用，中粮可口可乐等9个项目投产达效。经济开发区实现税收46.2亿元，被河北省委、省政府评为全省经济发展先进开发区。藁城新区“一桥三路”建成通车，天人农机等4个项目竣工试生产，西部休闲度假区社友农产品物流等项目正在建设，卓越奥莱等谋划项目顺利推进，东尚机械、绿洲机械等一批支撑项目落户乡镇园区。至2013年末，藁城新区完成固定资产投资18亿元。

【农业农村工作】 2013年藁城市第十次获得全国粮食生产先进县称号，并被河北省确定为全省现代农业综合开发示范区。全年农林牧渔业总产值128.3亿元，同比增长4.51%。粮食播种面积7.2万公顷，总产量55.8万吨。其中，小麦播种面积3.6万公顷，总产量26.8万吨，亩产501.4千克；玉米播种面积3.3万公顷，总产量28.0万吨，亩产559.7千克。蔬菜（不含瓜类）播种面积3.6万公顷，总产量294.3万吨，同比增长3.2%。油料播种面积2073公顷，总产量9438吨，与2012年持平。棉花播种面积207公顷，总产量382吨，同比减少5.7%。至2013年底，奶牛、猪、羊、鸡存栏数分别达到3.6万头、33.1万头、10.8万只、1738.3万只，同比分别增长0.6%、3.1%、0.0%、0.2%。肉、蛋、奶产量分别达到8.67万吨、15.0万吨、9.62万吨，同比分别增长1.4%、1.1%、0.0%。其中，牛肉、驴肉、猪肉、羊肉、家禽肉产量分别达到8972吨、95吨、4.6万吨、2248吨、2.8万吨。种植果园6686公顷，其中苹果园1312公顷、梨园4881公顷。水果总产量（不含果用瓜）22.4万吨，同比增长15.1%，其中苹果产量3.5万吨、梨产量17.6万吨（雪花梨和鸭梨产量分别为5.65万吨和8.5万吨）、桃产量5991吨、葡萄产量5267吨。木材采伐量817立方米。组卷报批建设用地5029.8亩，新增耕地5595亩，实现耕地占补平衡。农业综合效益提升，产业化经营稳步推进。2013年藁城市年产值超500万元农业龙头企业达到132家，其中，超亿元龙头企业9家，省级重点龙头企业9家，石家庄市级龙头企业31家；"同福"、"创鑫"商标获得中国驰名商标，"今客"商标获得河北省著名商标；带动农业基地40万亩、农户14万家，年促进农民增收2亿元以上。规划建设藁城禽蛋、系井粮食、双庙蔬菜等12个农产品批发市场，实现年交易额32亿元。建设种养基地20余万亩，实现土地流转面积13万亩。发展各类农民专业合作组织1005家，辐射带动农户8万户。

【城乡建设】 按照"规划引领、整体推进、重点突破"思路，推进开发区、岗上镇等新市镇建设。总投资4亿元的世纪大道贯通工程接近收尾，城区污水管网改造、定魏线中修、衡井线大修、石津灌区两桥等工程竣工投用，廉州路东伸、昌盛街南延、兴华路东延等框架拉伸工程正在施工。拆除城区超期临建、道路拆迁、违法占地总面积22万平方米。实施农村面貌改造提升行动，40个村确定为省级重点村，涉及6个乡镇（区）、29141户、11.1万人；累计投入改造资金2.43亿元。年末京石高铁、石黄高速沿线等重点村面貌大幅改善。"四清"工作和民居改造工程基本完成，美丽乡村建设初具雏形。推进大气污染防治，削减煤炭17.8万吨，淘汰落后产能14项，取缔非法企业42家，淘汰黄标车9927辆。完成造林面积1800公顷；零星（四旁）植树136万株；绿化植树400万株，建成环省会经济林3.9万亩。

【社会事业】 全年民生支出占到财政支出的78.6%。藁城市幼儿园综合楼、工业路幼儿园、岗上镇石化中心小学、藁城市急救中心、城区两座集中供热站、19个村饮水安全工程等民生项目建设完工。新增省级著名商标11件，年末高新技术企业达到34家，并再次获评全国科技进步先进县。顺利通过国家义务教育均衡发展评估验收，获评河北省中医药建设先进单位。新型农村合作医疗、城乡居民养老保险、城镇居民医保参保率分别达到96%、98.3%和96.8%，城乡居民养老保险基础养老金提高到每人每月80元，市、乡、村三级医疗机构实现药品零差率销售全覆盖。新增就业岗位5160个。分配城区保障房492套。投资400多万元，建设安全生产监控系统投入运行，第一批51家重点企业实现联网监控。查处取缔食品生产非法加工窝点143个。精简清理行政许可事项77项、非行政许可事项20项。推进行政权力公开透明运行，完成公共资源交易中心建设，专项资金监管、办公用房整改、公车治理取得成效。办理省市政协提案、代表建议7件，办理藁城市本级人大代表建议109件、政协提案163件，按时办结率达到100%，满意率达到97%。

【获评河北省文化产业十强市】 2013年9月，河北省文化体制改革和发展工作领导小组授予藁城市河北省文化产业十强县（市）区。多年来，藁城市非常重视文化产业发展，出台了《关于加强宣传文化工作，推动文化大发展大繁荣的实施意见》，并按照藁城市人均5元标准，安排400万元用作宣传文化事业和文化产业引导资金。成立宫灯行业协会和印刷协会。协调金融机构，为藁城市宫灯研制开发中心等龙头企业提供贷款3000余万元，为屯头村300多家宫灯企业提供小额信用担保贷款1.5亿元。2013年藁城市宫灯研制开发中心、河北明华乐器获评"全省文化产业示范基地"。至2013年底，藁城市拥有宫灯生产企业和加工户1100余家，从业人员5万余人；宫灯产量3000万对，占全国宫灯总产量的80%；产值达到10亿元。印刷行业以藁城市京瑞印刷公司为龙头，该企业年销售收入达到9000多万元、利税1000多万元。2013年塔元庄印刷聚集区入驻企业40多家，从业人员近2000人。加强宣传和推广，藁城宫灯、藁城战鼓和耿村故事多次在中央电视台、《人民日报》等媒体刊播报道，并创出"宫灯之乡、吉祥之城"文化品牌。2013年藁城宫灯文化产业园筹划建设，其中投资300万元屯头宫灯文化一条街项目和投资500万元宫灯博物馆项目主体工程完成；台西商代遗址公园项目获得国家文物局批准立项，正在规划设计。坚持文化资源与乡村旅游相结合，形成了赏宫灯、听故事、看战鼓、观梨花、摘果蔬、泡温泉特色旅游品牌。

（米志科）

晋 州 市

【概况】 晋州市位于石家庄市正东部，与藁城市、无极县、深泽县、赵县和河北省辛集市相邻，距离石家庄市区45千米，是古代唐朝丞相魏征的故乡。晋州市周家庄乡是中国唯一实行乡级集体核算管理体制乡镇。总面积619平方千米，耕地面积3.95万公顷。辖9个镇、1个乡，3个工业园区，10个居委会、224个行政村。常住总人口55.33万人，人口自然增长率9.02‰。2013年，晋州市完成地区生产总值229.2亿元，同比增长10.3%。其中，第一产业增加值30.1亿元，增长8.9%；第二产业增加值127.5亿元，增长11.9%；第三产业增加值71.6亿元，同比增长8.2%。粮食种植面积5.17万公顷，总产量36.58万吨；果树种植面积1.61万公顷，水果总产量72.64万吨。规模以上工业完成增加值120.5亿元，同比增长15.3%；实现利润52.41亿元，同比增长23.3%。财政收入10.43亿元，同比增长14.68%；公共财政预算收入6.17亿元，同比增长11.41%；财政支出16.09亿元，同比增长9.89%。全社会固定资产投资186.51亿元，同比增长21.1%。社会消费品零售总额90.29亿元，同比增长14.2%。出口创汇34047万美元，同比增长9.24%。城镇居民人均可支配收入23152元，同比增长10.13%；农民人均纯收入12856元，同比增长11.3%。年末金融机构存款余额173.56亿元，同比增长7.98%；金融机构贷款余额69.38亿元，同比增长24.29%；城乡居民储蓄存款余额138.998亿元，同比增长6.45%。

中共市委书记：楚行宇（4月免）
陈慧明（4月任）
市人大常委会主任：马玉社
市　　长：陈慧明（5月免）
张佐英（5月代，6月任）
市政协主席：崔贞军

【重点项目】 实施优先发展园区战略，投资2.5亿元，完成35.6千米道路、管网、电力线路、西气东输天然气站建设。引进亿元以上项目70个，同比增长25项；完成投资78亿元，同比增长1.6倍。其中，冠润药业、光雅金属一期等20个项目竣工投产；智能保险柜、群强浓缩梨汁等产品向多元化、终端化发展。实施重点技改项目144项，完成投资73.7亿元，新增规模以上企业26家。投资5800万元，建设高标准基本农田；落实惠农补贴资金1.45亿元。南水梨、皇冠梨生产技术分别被确定为河北省、石家庄市地方标准；获评中国驰名商标5件、省著名商标33件、名牌产品25项。其中，"晋州鸭梨"成为全国首件专属政府拥有驰名商标；博伦特药业创始人李玮成为石家庄市第一个国家"千人计划"创业人才。

（安锁然　苑运彩）

【农业生产】 全年农林牧渔业总产值56.60亿元，同比增长8.36%。粮食播种面积5.17万公顷，总产量36.58万吨。其中，小麦播种面积2.52万公顷，总产量18.13万吨，亩产479千克；玉米播种面积2.15万公顷，总产量17.09万吨，亩产529.9千克。蔬菜（不含瓜类）播种面积6868公顷，总产量52.23万吨，同比增长6.3%。油料播种面积3050公顷，总产量9584吨，同比减少0.7%。至2013年底，奶牛、猪、羊、鸡存栏数分别达到6400头、27.9万头、8.8万只、798.3万只，同比分别增长1.6%、0.9%、−7.1%、1.8%。肉、蛋、奶产量分别达到5.10万吨、7.15万吨、2.07万吨，同比分别增长7.8%、1.3%、1.1%。其中，牛肉、驴肉、猪肉、羊肉、家禽肉产量分别达到2508吨、25吨、3.2万吨、1803吨、1.4万吨。种植果园1.61万公顷，其中苹果园545公顷、梨园1.21万公顷、桃园589公顷、葡萄园2873公顷。水果总产量（不含果用瓜）72.64万吨，同比增长17.1%，其中苹果产量8300吨、梨产量61.47万吨（雪花梨和鸭梨产量分别为1.41万吨和32.48万吨）、桃产量2.04万吨、葡萄产量8.28万吨。木材采伐量317立方米。

【城乡建设】 投资4亿多元谋划实施涉及旧城改造、新区开发、基础设施、园林景观、民生事业等200多项重点城乡建设项目。聘请河北省城市规划设计院编制完成《晋州市城乡总体规划（2013–2030年）》，编制城区绿地系统、北部生态新区、住房保障、集中供热、道路工程、燃气、消防、排水、地下空间利用、世纪街街景、307国道景观等专项规划；研究制定城镇升级五年规划、三年攻坚方案。2014年3月，完成综合交通、基础设施、公共服务设施、综合防灾等专项规划；2014年6月，完成覆盖县城全部规划建设用地范围控制性详细规划。成立由市委书记任政委、市长任指挥长的晋州市拆违拆陋行动指挥部，开展拆违拆陋集中行动。调查摸底城区30平方千米范围内违法建设，分类统计违建临建36万平方米；市区拆违任务划分19个片区，城乡道路两侧划分11个片区，由晋州市四大班子领导分片包干；将拆违拆陋向乡镇延伸，拆除了大赵线、晋深路、衡井线、回新线等省县道路两侧乱搭乱建及侵占道路红线的设施、屋棚、废品收购站等。至2013年底，晋州市共拆除县城车站、广场以及主路主街、主出入口、国省干道两侧范围内违法建筑、超期临建面积34.7万平方米，基本实现建成区内无"违、脏、乱"现象。推进路网、管网、电网、气网、热网等"五网"提升工程，新建改造主干道路51千米，滨河路改造、和平街北段改造、紫安路硬化及大赵线南段拓宽、衡井线大修、晋深公路晋州段等11条道路建设及和平街、晋总路（307国道—同济医院段）亮化完成。实施魏征街、光明街排水以及朝阳路西延、世纪街升级等道路改造，新建周家庄蓄水池，旧城区全部实现雨污分流；加固或重建石津渠7座桥梁；实施迎宾路建设，打造高标准迎宾街道；完成工业一路拆后绿化、新华街绿地、世纪街以东道路及富强路亮化。第四幼儿园、第五小学、残疾人托养中心、综合档案馆、公安局指挥中心、汽车客运站建设、市医院、中医院搬迁工程基本建成。雷蒙得国际汽车城4S店、卓创五金建材城等商贸物流中心建成投用。魏征故居景区二期工程完成建筑装修和景区绿化，实现对外开放。实施城中村改造，向阳绿洲、南关村改造完成，粮茂家园、绿色家苑等旧城改造项目建设进展顺利，时代新城等一批高标准住宅区初具规模。投资8600万元，完成农村面貌改造项目389项。开展生态环境治理，关停整改涉水、粉尘排放企业820家，彻底取缔小漂洗、镀锌等企业。采取压煤、降尘、控车、增绿等措施，强力推进大气污染综合治理，黄标车淘汰、低硫煤推广有序实施，油气回收改造工作完成。推进国家级园林县城建设，完成朝阳路东段、和平街、富强路、中兴路东段、东兴路、东翼市场东路、石黄高速公路、307国道等绿化工程及新建世纪街绿廊工程苗木移植、新世纪广场升级改造，补栽街道苗木近3万株，在滹沱河沿岸及城乡主干道植树220万株，新增绿化面积13.8万平方米。至2013年底，晋州市完成造林面积510公顷，零星（四旁）植树76万株，森林覆盖率达到38%；建成区园林绿地面积达到496.6万平方米，绿化覆盖率达到40.79%，绿地率达到35.47%，人均公园绿地面积达到11.83平方米。2013年晋州市获得河北省人居环境进步奖。

【城市管理】 开展环境卫生"脏乱差"整治，清理垃圾8万立方米，墙体小广告1000余处。整治县城容貌秩序，按照统一标准和形式，更换主街道牌匾300余块，便道砖2000多平方米，粉刷城区6条主街及沿街胡同墙面8万平方米，其中中兴路景观整治投入60多万元，在十字路口、街道主要路段摆放花坛、花箱200余座。完善环卫设施和公共设施。2013年晋州市筹措资金300万元，购置大型铲车、洒水车各1辆，新增移动公厕10个，更换果皮箱60个，主要街道机械化清扫率达到80%。环卫管理建立长效监管机制，主要街道每天冲洗1次，洒水2次以上，城区卫生实现全天候管理。结合道路景观整治，在街道增设灯杆花箱130套、立体花盆200套、立体花柱2套，在城区出入口新建迎宾花墙120平方米。聘请清华、同济等知名设计院初步完成占地113亩湿地公园设计。新开通城市公交25辆。至2013年底，晋州市城市公交达到163辆。

（安锁然　苑运彩　宋钧　吴晓宁）

【社会事业】 民生工程投入占公共财政预算支出的76.6%，同比提高4.6%。参加养老、工伤等各类保险人数46.4万人，五保户集中供养率达到70%。新农合筹资标准由290元提高到340元，参合率达到

99%。城镇职工和居民医保实行市级统筹，发放医保卡5.5万张。30所学校改扩建完工，晋州市人民医院完成搬迁并投入使用，中医院建设顺利推进。完成城区数字电视整体转换1.25万户，建成农村文化广场30个。办理人大和政协建议、提案65件。全国首个“国家级依托电子政务平台加强政务公开和政务服务”试点通过验收，取消行政审批事项33项，投资项目审批时限由81天压缩至32天。社会治安防控体系建设加强，打掉犯罪团伙37个，刑事案件同比下降16.1%。投入8349万元支持安居工程，新开工建设保障性住房1637套，竣工420套，分配468套，开工、竣工、分配率均达到100%。

（安锁然　苑运彩）

新乐市

【概况】 新乐市位于石家庄市东北部，与藁城市、正定县、行唐县及河北省定州市、河北省曲阳县相邻，属太行山山前倾斜平原，京广铁路、107国道、京港澳高速公路纵贯南北，南距石家庄市区38千米、石家庄国际机场7千米。总面积525平方千米，常用耕地面积41.3万亩，人均耕地面积0.8亩。常住总人口51.0万人。辖8个镇、3个乡、1个街道办事处，10个居委会、160个行政村。2013年，新乐市完成地区生产总值172亿元，同比增长8.6%。其中，第一产业29.0亿元，增长2.2%；第二产业97.91亿元，增长10.8%；第三产业45.19亿元，增长7.3%。粮食总产量32.54万吨，同比减少1.8%。规模以上工业企业总产值36.98亿元，同比增长18.7%。民营经济完成增加值130.44亿元，同比增长9.4%。财政收入6.85亿元，同比增长16.13%；财政预算支出14.13亿元，同比增长21.7%。社会消费品零售总额83.27亿元，同比增长13.6%。全社会固定资产投资162.72亿元，同比增长21.3%。在岗职工年平均工资33454元，同比增长9.09%；单位从业人员平均报酬32371元，同比增长20.1%；城镇居民人均可支配收入20954元，同比增长7.2%；农民人均纯收入11216元，同比增长11.5%。年末城乡居民储蓄存款余额91.36亿元，同比增长14.4%。

中共市委书记：杜振琪（4月免）
凌青利（4月任）
市人大常委会主任：张鹏
市　　长：赵丽娟（3月免）
李志勇（3月任）
市政协主席：杨运良

【重点项目】 全年实施投资3000万元以上项目95个，总投资274.5亿元。丽丹妮发饰制品、一水硫酸锌等10个项目竣工投产，完成投资13.6亿元；硝基复合肥、新东印刷等20个项目开工建设，完成投资19.8亿元；广西鸿瑞液体食品无菌包装、百川高效节能风机等22个项目签约，签约投资额25.3亿元；红星美凯龙商贸综合体、河北中唐现代中药保健食品等51个项目完成前期考察洽谈，形成投资意向，意向投资额215.8亿元。完善工业聚集区基础设施建设，投资4000万元完成4条道路配套附属工程，启动金光大道、纬八路建设；投资9400万元的第二污水处理厂主体工程竣工；投资1500万元的集中供热站基础工程完成；投资2000万元改善提高电设施。精细化工、装备制造、印刷包装3个产业基地初具规模，年末入驻企业67家，产值、利税比2012年分别增长26%、22%。

【发展现代农业】 全年农林牧渔业总产值53.32亿元，同比增长0.7%。其中，农业总产值29.42亿元，减少0.41%；林业总产值1964万元，增长46.72%；牧业总产值22.11亿元，增长1.43%；渔业总产值18万元，增长5.88%。农林牧渔服务业产值1.59亿元，同比增长5.01%。粮食生产实现“十连丰”，粮食播种面积4.42万公顷，总产量32.54万吨。其中，小麦播种面积2.39万公顷，总产量16.81万吨，亩产468.2千克；玉米播种面积1.89万公顷，总产量15.19万吨，亩产534.6千克。蔬菜（不含瓜类）播种面积8304公顷，总产量80.31万吨，同比减少0.2%。油料播种面积8000公顷，总产量3.68万吨，与2012年持平。棉花播种面积169公顷，总产量158

吨，与2012年持平。至2013年底，奶牛、猪、羊、鸡存栏数分别达到2.97万头、33.86万头、1.82万只、841.23万只，同比分别增长0.0%、4.5%、11.0%、0.4%；水产品养殖面积2公顷，与2012年持平。肉、蛋、奶、水产品产量分别达到5.52万吨、7.61万吨、9.17万吨、22吨，同比分别增长−2.0%、2.1%、0.0%、4.8%。其中，牛肉、驴肉、猪肉、羊肉、家禽肉产量分别达到3092吨、1719吨、3.5万吨、274吨、1.3万吨。种植果园1067公顷，其中苹果园160公顷、梨园600公顷、桃园166公顷、葡萄园53公顷。水果总产量（不含果用瓜）3.01万吨，同比增长0.3%，其中苹果产量3200吨、梨产量2.28万吨（雪花梨和鸭梨产量分别为5700吨和1.71万吨）、桃产量3400吨、葡萄产量400吨。木材采伐量2800立方米。实施粮油高产创建、国家粮食丰产、农技推广工程，建成万亩高产示范方9个。瓜菜种植成为河北省棚室蔬菜优势产区、蔬菜生产大县和最大的西瓜生产基地。投资3亿元，新建、扩建规模养殖场14个，其中8家获评省级示范场。40个农业产业化项目列入石家庄市“115行动计划”和重点项目库，年末农业产业化率达到56.2%。

【工业转型升级】 制定出台《关于加快推进工业转型升级的意见》，确立工业转型升级路线图、时间表。推动企业采取对标先进、技改扩规，延伸产业链条等举措，实现质量效益提升。实施福润医药中间体等技改项目51个，完成投资49亿元，同比增长48.4%。培养选树石家庄市对标示范企业和“两化融合”示范企业8家。建成2个电热毯创业辅导基地和公共服务平台。新增规模以上企业24家。80家企业获评中小型科技企业。新增河北省著名商标、名牌产品4个。华宝塑料制品、望峰电热毯进驻沃尔玛、美联等世界级连锁零售企业。

【商贸服务业】 利用空港优势，加快发展仓储、物流产业。投资3亿元的宜家旺金座商场、荣和世纪项目竣工投用；投资15.3亿元的坤豪汽车配件物流中心、金地市场二期开始动工；投资25亿元的信誉楼、供销商贸综合体选址完成。东方文化创意产业园完成投资6亿元；影视动漫制作中心公共服务平台项目竣工；伏羲台成功申报国家级文物保护单位，申报河北省3A旅游景区正在评审；与北京中外名人集团达成战略合作协议，启动伏羲文化旅游产业园建设。张家口商业银行、民生银行新乐办事处挂牌营业。

【城乡建设】 按照建设中等城市目标，聘请河北省规划设计院编制《新乐市城乡总体规划（2013—2030）》，规划主城区面积扩展至41.8平方千米，人口达到38万人。加强市政建设投入，成立城市建设投资公司。启动新华路地道桥工程建设，完成拆迁3万平方米，部分箱涵正在施工，两侧辅路进入招投标程序。文化广场提升工程顺利推进。伏羲公园建设完成全部工程二分之一。育才街“卡脖路”拆建竣工通车。投资2000万元，维修改造礼堂街、轻贸街、新华路等7条街道；投资7700万元，实施无繁路、107国道部分路段应急抢修、3条乡级道路建设和60条村道硬化。与清华同方公司签订战略合作框架协议，引进资金2.4亿元实施城市供热改造。投资5500万元，升级农村电网设施。投资1.2亿元，完成50个重点村貌改造提升。率先在全省完成京港澳高速公路征地拆迁。清理整顿和规范房地产市场秩序，依法处置违法违规房地产项目147个。开展城区容貌和国省干线公路环境综合整治，拆除各类违法违规建筑23万平方米。完成造林面积727公顷，零星（四旁）植树70万株，绿化植树130余万株，建城区新增绿地20万平方米，绿地率达到33.2%。

【环境治理】 制定出台《大气污染防治攻坚行动方案》。拆除城区分散燃煤锅炉53台，关停河道及陆地砂场47个，完成加油站油气回收治理40家。强制报废车辆296辆，淘汰黄标车1136辆。推广优质低硫煤13.6万吨，企业压产削减用煤5.9万吨，取缔违法排污企业77家，年末主要污染物减排目标全部完成。综合整治废旧塑料加工产业，杜固镇污染环境案件摘牌通过河北省和石家庄市验收。

【社会事业】 投资7600多万元，实施校安工程28个，改造提升校园环境16所，改建增设幼儿园20所，“九年一贯制”实验学校和新乐市直第二幼儿园竣工投用。投资430万元，建成新乐市中医院急救中心、卫生监督所、化皮卫生院及9个乡镇卫生院“国医堂”、20个村中医特色卫生室；新乐市医院、中医院完成公立医院改革，医疗卫生机构药品实现零差率销售。新型农村合作医疗参合率达到98.9%。实施新生儿出生缺陷干预工程，开展育龄妇女免费生殖健康服务。2013年新乐市被国家卫生计生委评为国家级优质服务先进单位。开展公益电影下乡放映活动，免费为160个村放映电影1920场。城镇新增就业2850人，转移农村劳动力4050人次，城镇登记失业率控制在2.41%。投资400万元，建成养老互助幸福院160个；发放各类保障优抚资金3930万元。建设保障住房1772套，分配入住591套。投资1220万元，解决了8个村、2.5万人的安全饮水问题。

（吴静）

鹿　泉　市

【概况】 鹿泉市位于石家庄市西侧，与石家庄市区相接，与栾城县、元氏县、井陉县、平山县、灵寿县、正定县相邻，距离石家庄市区15千米。鹿泉市西倚太行山，东环省会主城区，地域内山区、丘陵、平原各占三分之一。总面积603平方千米。辖9个镇、3个乡，3个省级开发区，11个居委会、208个行政村。常住总人口40.39万人，人口自然增长率11.5‰。2013年，鹿泉市完成生产总值320.1亿元，同比增长9.5%。其中，第一产业增加值23.5亿元，同比增长1.9%；第二产业增加值187.4亿元，同比增长9.8%；第三产业增加值109.2亿元，同比增长10.5%。民营经济增加值257.7亿元，同比增长9.8%。粮食总产量20.76万吨，同比减少1.8%。财政收入24.45亿元，同比增长17.52%，其中6个乡镇（区）财政收入超过亿元，乡级收入占鹿泉市收入比重达到69.3%；财政支出22.14亿元，同比增长23.7%。社会消费品零售总额97.63亿元，同比增长13.6%。全社会固定资产投资254.07亿元，同比增长20.5%。在岗职工年平均工资43558元，同比增长8.7%；城镇居民人均可支配收入23715元，同比增长9.8%；农民人均纯收入12594元，同比增长12%。年末城乡居民存款余额219.72亿元，同比增长16.0%。2013年鹿泉市被河北省委、省政府授予“经济发展先进市”称号，并获得河北省人居环境进步奖。

中共市委书记：郝竹山（7月免）
周永会（11月任）
市人大常委会主任：安明法
市　　长：周永会（11月免）
郑巍（11月代，11月任）
市政协主席：尤拴庆

【重点产业】 全年鹿泉市投资1000万元以上项目143个。其中，1亿元以上项目101个；10亿元项目以上24个。项目建设从传统建材业“一业独大”转变为“一业引领、四轮驱动”的“1+4”产业新格局，即休闲服务业引领，带动电子信息、轻工食品、装备制造、新型建材4大工业主导产业共同发展。2013年鹿泉市福建中小企业园、中顺二期等11个项目列入河北省和石家庄市重点项目。天业电气、联合印务等25个项目竣工；河北融投、绿岛物流园等49个项目正在建设；美每家、物流大厦等69个项目谋划进展顺利。休闲服务业税收增长52.4%，众诚体育、动物园游乐中心、西部长青滑雪场等项目竣工，西山森林公园对外开放，白鹿文化生态项目实施规划论证，投资50亿元的长城影视开机拍摄，投资101亿元的雨润农产品全球采购中心、投资30亿元的北人奥特莱斯列入石家庄市重点培育商贸物流企业。轻工食品企业达到41家，利润同比增长38%。洛杉奇食品、康师傅饮品竣工；投资50亿元的泸州老窖16条灌装线和三北仓储物流中心开工；君乐宝获评省级工业旅游示范点，成为河北省食品行业领军品牌。电子信息产业增速达到26%，光谷一期8个项目开工，凯翔电气、德海电子等项目投产。装备制造企业发展到64家，鹿光仪表、科林二期投产。新兴产业税收增加4.6亿元，同比增长13.4%。

【农业农村工作】 全年农林牧渔业总产值39.42亿元，同比增长1.84%。粮食播种面积3.51万公顷，总产量20.76万吨。其中，小麦播种面积1.68公顷，总产量10.26万吨，亩产407.3千克；玉米播种面积1.65万公顷，总产量9.98万吨，亩产403.7千克。蔬菜（不含瓜类）播种面积1.13万公顷，总产量92.0万吨，同比增长3.0%。油料播种面积1137公顷，总产量3951吨，同比增长1.3%。棉花播种面积205公顷，总产量197吨，同比减少12.1%。至2013年底，奶牛、猪、羊、鸡存栏数分别达到2.34万头、12.82万头、3.43万只、411.35万只，同比分别增长3.5%、-2.1%、9.9%、2.7%；水产品养殖面积1951公顷，与2012年持平。肉、蛋、奶、水产品产量分别达到2.87万吨、3.76万吨、7.02万吨、6302吨，同比分别增长1.1%、3.1%、3.1%、0.5%。其中，牛肉、驴肉、猪肉、羊肉、家禽肉产量分别达到1200吨、8吨、2.1万吨、557吨、6236吨。种植果园3819公顷，其中苹果园613公顷、桃园47公顷、葡萄园501公顷。水果总产量（不含果用瓜）4.3万吨，同比增长0.3%，其中苹果产量1.7万吨、桃产量1250吨、葡萄产量1.4万吨、红枣产量4852吨。干果产量1093吨。木材采伐量937立方米。21项农业基础工程完成，解决了2.33万农村人口饮水安全问题，获得河北省农田水利基本建设“海河杯”竞赛一等奖。北部休闲观光农业区建设起步，绿岛火炬开发区争创为国家农业产业化示范基地。年末拥有现代都市农业园区9个，石家庄市级以上农业产业化龙头企业17家，产业化经营率达到68%。稳妥推进5个村集体经济产权制度改革，完成4个村土地承包经营权确权登记试点，土地流转率达到17%。改扩建农村道路63千米，开通公交线路达到45条。新增农资服务站20个，助农取款网点达到297个；有线电视入村率达到65%。发放惠农资金1.7亿元，同比增长13%。提供涉农贷款68亿元，同比增长11.7%。投资2.3亿元，实施农村面貌改造提升行动，打造特色新农村81个，东辛庄、西良政获得省级“美丽乡村”称号，南海山、东邵营岭口、向阳获得石家庄市级“美丽乡村”称号。

【园区建设】 重点实施“五区带动”战略，即依托从南到北依次建立的绿岛火炬开发区（省级）、西部山前生态新区、鹿泉经济开发区（省级）、西北物流产业聚集区（省级）和北部休闲观光农业区5大园区，采取产业带动城镇、城镇承载产业模式，推进产城一体化发展。2013年鹿泉市成为石家庄唯一拥有3个省级园区的县（市）。其中，投资5亿元的绿岛火炬开发区基建工程全部竣工；西北物流产业集聚区获批省级物流产业集聚区。绿岛火炬开发区，重点发展食品加工、装备制造等产业；西部山前生态型新区，是石家庄规划建设的一个重要功能区，重点打造总部经济和高端休闲产业聚集区；经济开发区，重点依托中国电子科技集团第13所和54所，发展光电和北斗卫星导航两大产业，规划建成国内一流、国际领先的绿色有“芯”光谷；西北物流产业集聚区，主要打造国家重要物资储备基地和全省转型发展、产业联动示范区；北部休闲观光农业区，2013年起步，采取政府主导、市场运作模式，全力打造以“七彩鹿泉”为主题的现代都市农业示范区。

（李晓伟　于国慧）

【西北物流园区获批省级园区】 2013年8月，经河北省政府批准，鹿泉市西北物流园区获批为省级物流园区，成为河北省唯一一个拥有3个省级园区的县（市）。西北物流园区位于石闫线—京昆高速公路—古运河以西、西柏坡高速公路—大河路以北、石闫线—宜微线以南、鼎鑫路以东合围区域。规划控制面积48平方千米，规划占地面积25.2平方千米，规划期限为9年（2012～2020年）。园区主要分为一城（现代商贸城）、一带（产业物流聚集带）、一基地（国家战略物资储备基地）和十大节点（现代物流城、农产品物流园、电子信息物流园、商贸物流加工中心、机电产品物流园、新型建材定制加工中心、公铁联运中心、战略物资储备基地、钢铁物流园、大宗商品流通加工区）。

（吴温）

【企业发展】 引导企业开展对标行动，累计创造省级标杆指标65项，金隅鼎鑫等5家企业获评省市对标示范企业。永新包装、石域锅炉等145个技改项目竣工，完成投资86亿元，同比增长30%。率先在全省通过首批国家知识产权试点市验收；拥有高新技术企业33家；企业技术中心13个，其中省级以上8个；创立省级以上品牌73个。2013年鹿泉市再次获评全国科技进步先进市，实现“八连冠”。2013年鹿泉市拥有企业法人1966个；新增规模以上企业16家，累计达到217家；税收超千万元企业29家，亿元以上企业4家，其中君乐宝、电科导航列为石家庄市重点培育3～5年主营业务收入超百亿元工业企业。

（李晓伟　于国慧）

【城乡建设】 确立“西优、中改、东扩、南连”城建思路，高起点、高标准规划引领城市向宜居、宜业发展。聘请浙江省城市建设规划院专家编制完成城乡总体规划，确定鹿泉市为石家庄都市区生态屏障、重要旅游休闲区和战略性新兴产业基地。结合区位优势和发展定位，提出“五个5”战略构想，即力争3～5年时间，GDP达到500亿元，财政收入达到50亿元，建成区面积达到50平方千米，县城人口达到50万人，打造5大产业园区。打破行政区域界限，整合提升白鹿泉乡、石井乡等靠近城区山前地带和上庄镇、铜冶镇2个新市镇，全力打造天蓝、水清、地绿、宜人生态城市。根据县城总体规划要求，编制《休闲产业发展与空间布局规划》、《西部山前区规划》和《北部休闲观光农业区规划》3个专项规划，确定以“休闲”促“宜居”总体发展路径。投资3000多万元，建成总建筑面积6400平方米规划展馆开放，投资90万元建成鹿泉经济开发区和绿岛火炬开发区2个展室。编制完成城市风貌特色、环卫、交通、给排水、防洪等6个专项规划，并重点编制2个片区控制性详细规划。其中，鹿东新城（以石柏大街为轴心，老城区以东）打造8.68平方千米城市新区。2013年3月，鹿泉市铜冶镇、上庄镇2个距离省会最近乡镇列入石家庄市新市镇。投资12.2亿元，实施石柏大街、东外环、307国道大修等25项城建交通工程，红旗大街拓宽、宜微线、杏苑路大修、镇宁路改造、307国道大修（向阳大街—井陉）、京赞线拓宽（城区—翠屏路）、太平河整治等工程竣工，高压走廊入地、东外环、石柏公园等正在建设，高温水入城二期工程完工。建成富康小区、银山花园等设施齐全、服务到位居民小区57个。南水北调配套工程启动。8条电力线路建设竣工。垃圾压缩站投入使用。拆除违陋建筑11.9万平方米。开工建设保障住房2645套，竣工1456套。连续4年在石家庄组团县（市）及高新区环境面貌考评中夺得第一名。至2013年底，鹿泉市建成区道路网密度达到7.01千米／平方千米、建成区人均道路面积达到22.7平方米；城镇人均住宅面积达到38平方米；城镇化率达到49%，同比提高3%；主城区日供水能力1.7万立方米，供水普及率100%；城区天然气管网长度达到37.46公里，燃气普及率达到99.13%；新增供热面积63万平方米，集中供热普及率达到90.3%。

（李晓伟　于国慧　宋钧　庞文泽）

【环境治理】 按照“综合施策、合理补偿、早拆重奖”原则，实施“控尘、控煤、控车、增绿”举措，拆除水泥粉磨企业11家，压减产能660万吨，削减粉尘1505吨。2013年石家庄市淘汰水泥过剩产能现场会在鹿泉市召开。高标准整治213个在建工地，取缔煤场130家。实行道路运输联合执法，严厉查处扬尘污染行为。关停城区15台分散燃煤锅炉，双联化工、金隅鼎鑫、曲寨水泥等重点用煤企业实行限产措施，共削减用煤13万吨。实施总投资1.3亿元集中供热改造工程，置换拆除城区7个集中供热站、19台分散燃煤锅炉，年减少燃烧标煤12万吨。淘汰黄标车4038辆、报废车413辆。按照“显山露水”理念，将鹿泉市特有山水优势融入城市建设全过程，投资4000多万元综合改造自西向东穿城而过的太平河及沿线建筑设施，形成水景面积近100亩，扩大了城市湿地规模，改善了居住环境。完成造林面积3630公顷，封山育林面积1.16万公顷，零星（四旁）植树70万株。实施5万亩西山森林公园、环省会经济林、绿色通道等绿化工程，栽植树木221万株，新增绿地52公顷，年末森林覆盖率达到39.23%，同比提高2.77%。实施污水处理厂中水回用工程，关停5家废水排放企业。开展“洨河还清”专项行动，启用19.8千米污水管网，彻底解决洨河流域污水排放问题。建立大气预警应急响应机制，实行环保网格化监管。完成34项节能减排工程，单位GDP能耗降耗3.54%，化学需氧量、氨氮、二氧化硫、氮氧化物排放量分别降低1.8%、3.6%、4.2%和7%。

（李晓伟　于国慧）

【数字城管系统通过验收】 鹿泉市数字城管系统依托石家庄市数字城管一级平台建立，为二级监督指挥中心。该系统总投资350万元，于2012年8月开工建设，2012年底建成完工，2013年上半年完成软件安装、设备调试、与石家庄市平台对接及指挥手册编制、人员培训，2013年6月9日开始试运行，2013年10月通过河北省住房和城乡建设厅验收。

（靳晓磊）

【城市文化三城两园一基地建设】 依托西部山前特有山水和民居资源，引进投资50亿元的长城梦世界动漫城项目，主要建设“三城（动漫城、影视城、网游城）、两园（世界文化遗产博览园和龙泉寺佛文化博览园）、一基地（文创旅游产业集群基地）”，填补了省会石家庄文化产业的空白。9月17日，长城影视集团成功举行大型电视剧《大宋铜人》和百集长篇神话电视剧《布袋和尚》2部影视剧开机仪式。整合土门关、抱犊寨等历史文化资源，建设白鹿生态文化项目，以汉唐文化、颜真卿祭侄文稿园、秦皇古驿道等文化底蕴为基础，打造黄河以北经济文化体验中心。投资1500万元在鹿泉市政府南侧建设占地35亩市政广场，广场中央建设鹿泉古城图，并与威远门（西城门）修复相结合，为市民提供健身、休闲、娱乐场所。抢救性修缮高家大院、铁行会馆等文物古迹。

（宋钧　庞文泽）

【社会事业】 投入6.5亿元用于民生领域，实现优质教育、优质医疗、养老体系、保障救助、文化服务、城乡防控6个全覆盖。投入1.3亿元新建上庄镇中学、上庄小学、鹿泉市第二幼儿园、铜冶中心幼儿园、李村镇幼儿园等6所中小学校、幼儿园；26所农村幼儿园完成改造；顺利通过国家级义务教育发展基本均衡市验收。投入1.2亿元实施中医院改造、妇幼医院迁建及获鹿镇卫生院、120急救中心等工程，山尹村卫生院改造和120急救中心主体竣工；投入2000多万元实现村级卫生室全覆盖；县级公立医院改革启动，基本药物零差率销售实现全覆盖；率先完成市乡医疗机构电子病历证书认证，成为省级乡村卫生服务一体化管理示范市；开展全民健康促进工程；提前完成河北省“十二五”深化医药卫生体制改革目标。年末新农合参合率达到98.01%，居民健康档案建档率达到88.3%。投资2000多万元建成集光荣院、福利院、幸福院于一体的民政事业服务中心，2个区域五保集中供养中心建成，乡镇养老服务中心和农村互助幸福院实现全覆盖。实施“五保颐园”工程，即依托区域敬老院建设“五保颐园”，从每名农村分散五保供养对象亲友中选聘一名帮扶员，签订五保供养协议，对有自理能力的五保户进行日常照料；对有精神病、传染性疾病或残疾不能自理的五保户，采取政府购买服务形式进行照顾。2014年鹿泉市“五保颐园”工程模式在石家庄市推广。年末城乡居民社会养老保险参保率达到98%，养老床位达到每千人60个；城镇登记失业率控制在1.41%。投资500多万元在重要节点建成10个110警务站，投入1000多万元实施“天网覆盖”工程。2013年鹿泉市视频联网系统平台投入使用，城区重点地段、重点部位、复杂场所实现24小时有效监控，并顺利通过国家级平安畅通县市验收。2013年鹿泉市第四次获评河北省双拥模范城，实现“四连冠”。

（李晓伟　于国慧）

石家庄年鉴 Figures

人　物

人　物

中国共产党石家庄市委常委

孙瑞彬　汉族，河北省昌黎县人，1959年9月出生，1985年5月加入中国共产党。1975年7月参加工作。中央党校在职研究生班政治学专业毕业，河北工业大学高级管理人员工商管理专业硕士学位。1975年7月在河北省魏县当知青；1978年2月至1980年3月在河北医学院邯郸分院学习；1980年3月至1985年1月任河北彭城耐火材料厂团委副书记；1985年1月至1999年3月历任河北省邯郸钢铁总厂团委常委兼机关团委书记，厂团委副书记、团委书记，第三炼钢厂党委书记（1985年9月至1988年7月在河北省委党校党政干部函授学院学习，1991年9至1994年6月在北京科技大学成人教育学院管理工程专业函授学习，1996年12月至1998年11月在中国社会科学院研究生院研究生课程进修班工业经济系企业管理专业在职学习）；1999年3月至2000年11月任重庆市重庆特殊钢（集团）有限责任公司总经理助理、副总经理；2000年11月至2002年12月任重庆市万盛区政府副区长、党组成员，2002年12月至2003年3月任重庆市万盛区区委副书记、区政府代区长，2003年3月至2004年5月任重庆市万盛区区委副书记、区政府区长，2004年5月至2005年1月任重庆市万盛区区委书记；2005年1月至2005年3月任河北省沧州市委副书记、市政府代市长，2005年3月至2006年11月任河北省沧州市委副书记、市政府市长（2004年3月至2006年1月在中央党校在职研究生班政治学专业学习）；2006年11月至2008年1月任河北省邯郸市委书记；2008年1月至2010年8月任河北省政府副省长、党组成员；2010年8月任河北省委常委、石家庄市委书记（2010年3月至2012年6月在河北工业大学高级管理人员工商管理硕士专业学习）。中国共产党十七大、十八大代表。

王亮　汉族，河北省承德县人，1958年10月出生，1985年3月加入中国共产党。1976年2月参加工作。中央党校函授学院经济专业毕业，中央党校在职大学学历。1976年2月任承德县常裕沟中学民办教师；1978年4月至1979年11月在承德市师范学校学习；1979年11月至1981年11月任承德市师范学校教师（1980年9月至1981年7月在承德师范专科学校学习）；1981年11月至1983年9月任承德市第二中学团委副书记；1983年9月至1985年9月在河北省委党校共青团干部培训班学习；1985年9月至1986年5月任承德市委整党办公室干事；1986年5月至1994年3月历任共青团承德市双桥区委负责人、区委书记，共青团承德市委副书记、党组成员，共青团承德市委书记、党组书记（1991年8月至1993年12月在中央党校函授学院经济专业学习）；1994年3月至1997年6月任河北省兴隆县委副书记；1997年6月至2001年7月任河北省丰宁满族自治县县委书记；2001年7月至2006年9月任河北省张家口市委常委、宣传部长，2006年9月至2008年5月任张家口市委常委、组织部长；2008年5月至2012年4月任河北省委组织部副部长，2012年4月至2013年2月任

河北省委组织部副部长、省机构编制委员会办公室主任；2013年2月至2013年4月任石家庄市委副书记，市政府代市长、党组书记；2013年4月任石家庄市委副书记，市政府市长、党组书记。

司存喜 汉族，河北省巨鹿县人，1957年9月出生，1983年7月加入中国共产党。1975年10月参加工作。河北农业大学园艺系果树专业毕业，大学学历，河北大学经济学院政治经济学专业经济学硕士学位。1975年10月任巨鹿县城关公社技术员；1979年10月至1983年7月在河北农业大学园艺系果树专业学习；1983年7月至1986年12月历任河北省邢台市农业局科员、林业科副科长，1986年12月至1992年5月历任邢台市委组织部组织员、市政府办公室秘书，1992年5月至1998年1月任邢台市政府副秘书长；1998年1月至2001年6月任河北省隆尧县委副书记、县长（1998年9月至2000年6月在河北大学经济学院政治经济学专业研究生课程进修班学习），2001年6月至2003年4月任隆尧县委书记；2003年4月至2006年1月任河北省保定市副市长，2006年1月任保定市委常委、宣传部部长，2008年5月任保定市委常委、纪委书记；2011年4月任石家庄市委常委、纪委书记，2013年7月任石家庄市委副书记，2013年8月任石家庄市委副书记兼市委党校校长。

鲍际国 汉族，河北省卢龙县人，1962年3月出生，1984年6月加入中国共产党。在职研究生学历。1980年10月入伍，1984年7月毕业于南京炮兵学院炮兵指挥专业；1984年至1987年历任解放军38集团军113师炮兵团3营8连排长、炮兵团政治处干事、师司令部炮兵指挥部参谋（1984年9月至1987年7月在中国人民大学中文专业大专班学习）；1987年11月至1991年1月历任解放军38集团军113师炮兵团一五二加榴炮1营2连和1连连长及师司令部炮兵指挥部参谋；1991年1月至2007年7月历任秦皇岛军分区司令部参谋、动员科科长、军务动员科科长、秦皇岛市山海关区人民武装部部长、秦皇岛军分区后勤部部长（1997年9月至1999年7在中央党校函授学院政法专业学习，2002年1月至2003年12月在国防大学战役指挥专业研究生班学习）；2007年7月任邯郸陆军预备役炮兵旅旅长；2008年12月任秦皇岛陆军预备役炮兵旅旅长；2012年4月任石家庄警备区司令员。2013年1月任石家庄市委常委。

张小国 汉族，浙江省乐清市人，1962年3月出生，1997年7月加入中国共产党。1984年8月参加工作。中央党校科学社会主义专业毕业，中央党校在职研究生学历，复旦大学新闻系新闻学专业文学学士学位，高级编辑。1980年9月至1984年8月在复旦大学新闻系新闻学专业学习；1984年8月至1992年5月历任经济日报社总编室编辑、经济工程部编辑、总编室编辑、特刊部主编；1992年5月至1993年5月任金融时报社每日证券副主编；1993年5月至2010年11月历任经济日报社总编室编辑、家庭版主编、总编室副主任、新闻编辑中心常务副主任、新闻编辑中心总编室副主任兼新闻策划部主任、总编室（新闻编辑中心）主任、总编辑助理兼总编室主任、编辑委员会委员（2008年3月至2008年7月在中央党校中青年干部培训班第24期学习）；2010年11月任石家庄市政府副市长，2011年1月任石家庄市政府副市长、党组成员兼赞皇县委书记，2011年12任石家庄市委常委兼赞皇县委书记（2011年3月至2013年1月在中央党校科学社会主义专业学习）。

刘晓军 汉族，河北省顺平县人，1962年4月出生，1983年7月加入中国共产党。1984年7月参加工作。日本国立信州大学人文学部地域文化专业毕业，在职研究生学历，文学硕士学位，讲师。1980年8月至1984年7月在河北师范学院

中文系中国语言文学专业学习；1984年7月至1987年8月历任河北师范学院团委宣传部部长、团委副书记；1987年8月至1991年11月历任中央劳改劳教管理干部学院干部、团委书记；1991年11月至1999年12月历任共青团河北省委学校部部长、干事、团省委统战部部长（1995年3月至1998年3月在日本国立信州大学人文学部地域文化专业攻读硕士研究生学位）；1999年12月至2001年9月任河北省永年县委副书记；2001年9月任河北省馆陶县委副书记、县长，2003年4月任馆陶县委书记；2004年6月至2009年6月任河北省政府外事办公室（省政府侨务办公室）副主任、党组成员，河北省委外事工作领导小组办公室副主任；2009年6月任石家庄高新技术产业开发区党工委书记；2009年7月任石家庄市政府党组成员，石家庄高新技术产业开发区党工委书记；2009年8月任石家庄市政府副市长、党组成员，石家庄高新技术产业开发区党工委书记；2011年8月任石家庄市政府副市长、党组成员；2011年9月任石家庄市委常委，市政府副市长、党组成员；2013年3月任石家庄市委常委，市政府副市长、党组副书记。

刘明轩　汉族，河北省怀安县人，1960年1月出生，1991年1月

加入中国共产党。1982年8月参加工作。美国伊利诺依大学芝加哥校区工商管理专业毕业，在职研究生学历，工商管理硕士学位，讲师。1978年10月至1982年8月在北京钢铁学院机械系冶金及矿山机械制造专业学习；1982年8月至1985年2月任河北省有色金属公司机械厂技术员、生产技术室副主任；1985年2月至1994年11月任河北省冶金工业学校讲师；1994年11月至2003年8月历任河北省经贸委对外经济贸易处主任科员、副处长、处长，外资处处长（1997年9月至1999年7月在南开大学国际经济研究所世界经济专业研究生课程进修班学习，2000年11月至2001年11月在美国伊利诺依大学芝加哥校区工商管理专业学习）；2003年8至2003年11月机构改革，原职务自然免除；2003年11月至2004年10月任河北省重点建设领导小组办公室副主任；2004年10月至2008年12月历任河北省发展和改革委员会交通运输处处长、助理巡视员、副巡视员（2005年8月至2008年6月支援新疆工作，历任新疆巴州党委常委、副州长兼库尔勒城市信用社党委书记）；2008年12月任石家庄市政府副市长、党组成员；2013年3月任石家庄市委常委，市政府副市长、党组成员；2013年7月任石家庄市委常委、纪委书记。

刘志鹏　汉族，河北省行唐县人，1958年7月出生，1985年6月加入中国共产党。1975年12月参加工作。中央广播电视大学法学专业毕业，在职大学学历。1975年12月至1978年2月为河北省新城县（1993年4月撤消，改为河北省高碑店市）闫家务村下乡插队知青；1978年2月至1981年1月在解放军51092部队服役；1981年1月至1984年12月在新城县卫生局工作；1984年12月至1989年10月历任新城县政府办公室秘书、副主任（1988年3月转为干部，1985年9月至1988年7月在河北广播电视大学汉语言文学专业学习）；1989年10月任高碑店市杨漫撒乡党委副书记、乡长，1990年8月任高碑店市乔刘凡乡党委书记；1994年5月至1996年8月历任高碑店市政府秘书长，市公安局局长、党委书记，市委常委；1996年8月至2003年4月历任河北省保定市委政法委副书记、常务副书记，市社会治安综合治理办公室主任（2002年9月至2003年1月在河北省委党校中青年干部培训班学习）；2003年4月至2008年5月任河北省衡水市公安局局长、党委书记（2002年8月至2004年1月在中央广播电视大学法学专业学习）；2008年5月至2009年2月任河北省唐山市公安局局长、党委书记；2011年4月任石家庄市委常委、政法委书记。

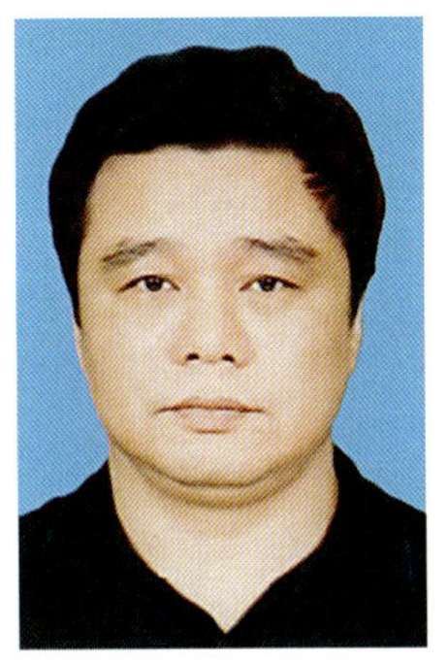

张树志 汉族，河北省东光县人，1956年1月出生，1975年8月加入中国共产党。1979年8月参加工作。河北农业大学农学系土壤农化专业毕业，大学普通班学历。1976年9月至1979年8月在河北农业大学农学系土壤农化专业学习；1979年8月至1985年4月历任东光县农业局技术员，土肥站站长，农业局局长；1985年4月至1989年7月任东光县灯明寺镇党委书记；1989年7月至1992年11月任东光县法院代理院长、院长；1992年11月至1998年2月任东光县副县长，县委常委、副县长；1998年2月至1999年12月任河北省黄骅市委副书记、市长；1999年12月至2002年9月任石家庄市晋州市委副书记、市长；2002年9月至2008年6月任石家庄市藁城市委书记；2008年5月任石家庄市委常委、统战部部长；2008年12月任石家庄市政府副市长、党组成员，市委农工委书记、政法委副书记；2012年9月至2013年4月任石家庄市委常委，市政府副市长、党组成员，市委农工委书记、政法委副书记；2013年4月任石家庄市委常委，市政府党组成员，市委农工委书记。

王俊钟 汉族，河北省威县人，1957年10月出生，1982年12月加入中国共产党。1975年10月参加工作。河北省委党校在职研究生班经济管理专业毕业，省委党校在职研究生学历。1975年10月至1979年9月任河北省邢台地区广宗县旧店公社兽医站兽医；1979年9月至1981年7月在邢台地区财贸学校学习；1981年7月至1981年12月任广宗县土畜产品公司干部；1981年12月至1985年9月任广宗县委办公室干部；1985年9月至1987年7月在河北省委党校理论班学习；1987年7月至1990年11月任《探索与求是》杂志社编辑；1990年11月至2008年6月历任河北省委组织部研究室干事、主任科员、副主任、主任，干部二处处长(1996年8月至1998年12月在中央党校函授学院经济管理专业学习，1997年9月至1999年7月在天津财经学院国际贸易专业研究生课程班学习，2000年9月至2003年7月在河北省委党校在职研究生班经济管理专业学习)；2008年6月任石家庄市委常委、组织部部长；2012年1月任石家庄市委常委、组织部部长，市总工会主席；2013年12月任石家庄市委常委、组织部部长。

胡儒钗 汉族，河北省任丘市人，1959年10月出生，1978年12月加入中国共产党。1974年12月参加工作。中央党校研究生院在职研究生班法学理论专业毕业，中央党校在职大学学历。1974年12月至1976年12月任任丘县北辛庄公社海河指挥部专职测量员；1976年12月至1979年12月为河北省军区独立2团1连战士；1979年12月至1981年3月任石家庄军分区警通排排长；1981年3月至1983年1月在石家庄陆军学校政治系学习；1983年1月至2000年8月历任石家庄军分区警通排排长，政治部干事、老干部办公室主任、干部科科长、副主任（1984年12月至1987年12月在河北师大政教系大专班学习，1994年8月至1996年12月在中央党校函授学院经济管理专业学习）；2000年8月至2009年1月历任石家庄市委政法委副书记兼政治部主任，市委组织部常务副部长兼市干部考核委员会办公室主任；2009年1月至2011年8月任石家庄市委常委、统战部部长（2008年9月至2011年7月在中央党校研究生院在职研究生班法学理论专业学习）；2011年8月任石家庄市委常委、秘书长。

高天 女，满族，河北省易县人，1967年4月出生，1987年10月加入中国共产党。1989年7月参加工作。河北大学中文系汉语言文学专业毕业，大学学历，文学学士学位，燕山大学研究生培训

班公共管理专业公共管理硕士学位。1985年9月至1989年7月在河北大学中文系汉语言文学专业学习；1989年7月至2011年8月历任河北省妇女联合会宣传部干事、协调员、副部长，办公室副主任、主任，权益部部长，副主席、党组成员（1989年12月至1991年1月在石家庄市正定县正定镇下乡锻炼，1991年2月至1991年12月在石家庄市井陉县化工机械厂扶贫，1994年1月至1994年12月在河北省妇女干部学校挂职任校团委书记，2005年6月至2006年5月在燕山大学研究生培训班公共管理专业脱产学习，2008年1月获得公共管理专业硕士学位）；2011年8月任石家庄市委统战部部长，2011年9月任石家庄市委常委、统战部部长；2013年7月任石家庄市委常委、宣传部部长。

毛全球 汉族，河北省行唐县人，1960年1月出生，1983年5月加入中国共产党。1981年9月参加工作。中央党校函授学院政法专业毕业，中央党校在职大学学历。1979年9月至1981年9月在石家庄地区财贸学校商业专业学习；1981年9月至1990年2月历任行唐县商业局和财贸办公室干部、政府办公室资料员，多种经营委员会副主任、玉亭乡乡长、县税务局副局长，县委办公室副主任（1985年8月至1988年7月在河北省委党校函授学院党政干部专业学习）；1990年2月至2003年3月历任行唐县财政局局长、党组书记，政法委专职副书记，副县长兼县政府办公室主任、政法委副书记，县委常委、副县长（1995年7月至1997年12月在中央党校函授学院政法业学习）；2003年3月至2007年9月历任河北省栾城县委副书记、代县长，县长；2007年9月至2010年4月任栾城县委书记；2010年4月至2013年7月任正定县委书记（2010年9月至2011年1月兼正定新区党工委书记、管委会主任，2012年7月兼正定新区党工委书记）；2013年7月任石家庄市委常委、统战部部长。中国共产党十八大代表。

李震国 汉族，1966年1月出生，河北省赵县人，1987年10月加入中国共产党。1984年7月参加工作。河北省委党校在职研究生班法学专业毕业，省委党校在职研究生学历。1984年7月至1993年6月历任石家庄地区教育局会计，地委办公室科员、党史研究室秘书；1993年6月至1998年1月历任石家庄市委党史研究室综合处处长、党史办公室副主任兼石家庄市清房办公室副主任；1998年1月至2003年3月历任河北省晋州市委常委、纪委书记、市委副书记；2003年3月至2008年6月任河北省行唐县委副书记、县长，2008年6月至2011年11月任行唐县委书记（2008年6月至2009年7月兼任县长），2011年11月至2011年12月任石家庄市委常委、行唐县委书记；2011年12月至2012年12月任石家庄市委常委、行唐县委书记（新疆巴音郭楞蒙古自治州副州长），2012年4月至2013年12月任石家庄市委常委（新疆巴音郭楞蒙古自治州副州长），2013年12月任石家庄市委常委（新疆巴音郭楞蒙古自治州党委常委、副州长）。

崔大平 汉族，河北省藁城市人，1965年8月出生，1985年12月加入中国共产党。1984年7月参加工作。中国青年政治学院青年思想教育专业毕业，在职大学学历，法学学士学位。1981年9月至1984年7月在河北省正定师范学校学习；1984年7月至1991年8月历任藁城县教育局和县团委干部，县（市）团委宣传部长（1987年8月至1989年8月在河北省青年管理干部学院学习，1989年7月至1991年8月在中国青年政治学院青年思想教育专业学习）；1991年8月至1992年3月在石家庄团地委帮助工作；1992年3月至2007年3月历任藁城市团委宣传部长，张村乡副乡长、乡党委副书记，兴安镇党委副书记、计生办主任、经联社常务副主任，增村镇党委书记；2007年3月至2010年6月任藁城市委常委

（政法委书记）；2010年6月至2013年6月任石家庄市委副秘书长（不占职数，西藏日土县委书记），2013年6月至2013年7月任石家庄市委常委、副秘书长（不占职数，西藏日土县委书记），2013年7月至2013年9月任石家庄市委常委、副秘书长（不占职数，阿里地委副书记），2013年9月任石家庄市委常委（不占职数，阿里地委副书记）。

程凯 汉族，山东省邹平县人，1964年11月出生，1985年5月加入中国共产党。1985年9月参加工作。山东大学文学与新闻传媒学院语言学及应用语言学专业毕业，在职研究生学历，文学博士学位。1981年9月至1985年9月在青海民族学院中文系汉语言文学专业学习（旁听生）；1985年9月至1986年9月任青海民族学院直属附校代课教师；1986年9月至1989年7月在青海民族学院汉语言文学系攻读现代汉语专业研究生（1986年9月至1988年5月在青海省教育厅出国人员日语培训班学习，1988年7月至1989年1月在北京大学中文系汉语专业进修）；1989年7月至1990年4月任青海教育学院中文系教师；1990年4月至1999年3月任山东大学威海分校中文系助教、讲师、副教授；1999年3月至2011年12月历任中国残疾人联合会教育就业部副主任，执行理事会理事、办公厅副主任、组织联络部副主任，执行理事会副理事长、党组成员（1997年9月至2007年6月在山东大学文学与新闻传媒学院语言学及应用语言学专业学习，2001年6月至2002年4月挂任河南省残疾人联合会副理事长、党组成员，2005年9月至2006年1月在中央党校省部级干部进修班学习）；2011年12月至2012年1月任中国残疾人联合会执行理事会副理事长、党组成员，石家庄市委常委（挂职）；2012年1月至2012年3月任中国残疾人联合会执行理事会副理事长、党组成员，石家庄市委常委，市政府副市长（挂职）；2012年3月任中国残疾人联合会执行理事会副理事长、党组成员，石家庄市委常委，市政府副市长、党组成员（挂职）。

姜德果 汉族，河北省阜城县人，1957年1月出生，1984年12月加入中国共产党。1976年3月参加工作。新加坡南洋理工大学商学院管理经济学专业毕业，在职研究生学历，理学硕士学位。1976年3月至1978年10月任阜城县后安公社通讯报道员；1978年10月至1982年8月在河北大学中文系汉语言文学专业学习；1982年8月至1988年9月历任河北省衡水地区行署办公室调研科科员、秘书，地委办公室综合科秘书，研究室副主任；1988年9月至1992年6月任河北省武邑县委副书记，1992年6月至1993年2月任武邑县委副书记、县长，1993年2月至1994年12月任武邑县委书记；1994年12月至1996年4月任衡水地委委员、武邑县委书记，1996年4月至1996年6月任衡水地委委员、秘书长，1996年6月至2001年7月任衡水市委常委、秘书长（1999年10月至2000年10月在新加坡南洋理工大学商学院管理经济学专业学习）；2001年7月至2004年10月任河北省承德市委副书记、纪委书记；2004年10月至2008年10月历任河北省邢台市委副书记、代市长、市长，2008年10月至2011年12月任邢台市委书记；2011年12月至2013年1月历任石家庄市委副书记，市政府代市长、市长、党组书记；2013年1月至2013年2月任河北省政府副省长，石家庄市委副书记、市政府市长、党组书记。全国人民代表大会十一、十二届代表。

刘云峰 汉族，河北省内丘县人，1958年12月出生，1985年2月加入中国共产党。1975年10月参加工作。云南师范大学汉语言文学专业毕业，大学学历，文学学士学位。1975年10月1977年10月任云南省大理县三完小学民办教师；1977年10至1978年3月为云南省大理州化工厂工人；1978年3月至1982年2月在云南

师范大学中文系汉语言文学专业学习；1982 年 2 月至 1987 年 6 月历任石家庄市政府办公室秘书处干部，体改办干事，政府办公室综合科干事、副科长；1987 年 6 月至 2003 年 7 月历任河北省委组织部办公室干事、科员、副主任，组织部秘书，组织部办公室主任，组织部秘书长；2003 年 7 月至 2008 年 5 月任石家庄市委常委、组织部长，2008 年 5 月至 2008 年 6 月任石家庄市委副书记、组织部长，2008 年 6 至 2008 年 7 月任石家庄市委副书记，2008 年 7 月至 2013 年 6 月任石家庄市委副书记、兼市委党校校长。

孙万勇 汉族，河北省安平县人，1955 年 3 月出生，1976 年 6 月加入中国共产党。1971 年 8 月参加工作。中央党校函授班经济管理专业毕业，中央党校在职大学学历。1970 年 7 月至 1971 年 8 月为石家庄市财贸学校学生；1971 年 8 月至 1984 年 4 月历任石家庄市工业品站、五金站业务员、办公室干部，第一商业局办公室科员，市财办秘书处干事（1981 年 3 月至 1984 年 1 月在河北财贸学院夜大商业企业管理专业学习）；1984 年 4 月至 1999 年 6 月历任石家庄市委财贸部办公室主任，财贸工委副书记，市委副秘书长兼市社区工作办公室主任（1990 年 4 月至 1990 年 7 月在石家庄市委党校市管领导干部岗位培训班学习，1993 年 8 月至 1995 年 12 月参加中央党校函授班经济管理专业学习）；1999 年 6 月至 2003 年 2 月任河北省正定县委书记；2003 年 2 月至 2005 年 5 月任石家庄市委常委、农工委书记，2005 年 5 月至 2013 年 6 月任石家庄市委常委、宣传部部长。

王大虎 汉族，河北省武邑县人，1962 年 1 月出生，1985 年 3 月加入中国共产党。1982 年 9 月参加工作。新加坡南洋理工大学商学院管理经济学专业毕业，在职研究生学历，管理学博士学位。1978 年 10 月至 1982 年 9 月在河北工学院机械系精密计量仪器专业学习；1982 年 9 至 1991 年 11 月历任河北省衡水地区酒厂技术科干部、团总支书记、车间主任、副厂长；1991 年 11 月至 1996 年 11 月历任河北省故城县科技副县长，副县长，县委常委、常务副县长；1996 年 11 月至 2001 年 6 月任河北省武强县委副书记、县长（1995 年 8 月至 1997 年 12 月在中央党校函授学院本科班经济管理专业学习，1996 年 10 月至 1999 年 6 月在河北工业大学管理科学与工程专业学习，1999 年 10 至 2000 年 10 月在新加坡南洋理工大学商学院管理经济学专业学习），2001 年 6 月至 2003 年 3 月任武强县委书记；2003 年 3 月至 2008 年 2 月任河北省廊坊市副市长（2003 年 9 月至 2007 年 6 月在河北工业大学管理科学与工程专业学习），2008 年 2 月至 2008 年 5 月任廊坊市委常委（主持政法委工作）；2008 年 5 月至 2011 年 8 月任石家庄市委常委，市政府副市长、党组成员；2011 年 8 月至 2013 年 2 月任石家庄市委常委，市政府副市长、党组副书记（分管政府常务工作）。

英模人物

尹进良 28 岁，河北省赵县北中马村人，1985 年 7 月出生，2003 年 12 月入伍，浙江省杭州市公安消防支队萧山大队萧山中队特勤分队分队长。入伍近 10 年，尹进良累计参加灭火抢险救援战斗近 3000 次，和战友一起抢救遇险群众 400 余人；因成绩突出，荣立个人三等功 1 次，获得嘉奖 1 次，被评为优秀士兵 1 次。2013 年 1 月 1 日凌晨，在杭州市萧山区友成机械工程有限公司火灾救援现场，尹进良和陈伟、尹智慧两位战友献出宝贵的生命。2013 年 1 月 2 日，国家公安部批准追认尹进良等 3 人为烈士，颁发献身国防金质纪念章；浙江省公安厅追授尹进良为优秀共产党员，追记一等功。

齐庆三 44岁，河北省平山县委宣传部副部长，1969年12月出生，1991年河北师范大学中文系毕业。1996年3月从平山镇办公室调入平山县委宣传部，历任宣传干事、科员、外宣局副局长、宣传部副部长。2013年11月11日，齐庆三因连续昼夜加班，过度疲劳，突发心脏病，倒在奋斗了22年的工作岗位上。

1991年齐庆三因文字功底深厚，调到平山镇办公室，负责起草讲话、公文等文字工作。平山镇是平山县第一大镇，镇办公室人才济济，初出茅庐的齐庆三没有被人们怎样看重。但时间不长，齐庆三凭着自己扎实勤奋的工作精神和精益求精的工作态度崭露头角，逐渐扛起重要文件起草的重担。同事闫振平回忆，“没有最好，只有更好，把完成每一项工作都当作攀登高峰的过程，到达顶峰就是他的目标。”“1995年镇人代会期间，庆三接到撰写一篇重要文件的任务。按惯例用个一天、半天时间就能交差。但是庆三认为，那几年正是全国上下改革开放深入开展，区域经济迅速崛起的难得机遇，他向领导建议这份文件一定要把上级的精神真正融会贯通在里面，这样可以方便基层干部群众贯彻落实。”最终领导采纳了他的建议。于是，齐庆三买了一堆方便面，搜集了中央、省、市、县一系列有关文件，把自己反锁进办公室。3天后，办公室门开了，舒展着双臂的齐庆三从办公室出来，反复修改8遍、1万多字的文件起草终于完成！

虽然日常文字材料已经够繁重，可齐庆三仍然觉得自己没有做到更好，他开始研究报纸上的稿件，尝试把镇上较为突出的工作和做法写成新闻稿投往报社。功夫不负有心人，很快，在《河北日报》、《建设日报》（即《石家庄日报》）等报纸上不断出现齐庆三的稿件。1996年，齐庆三调往县委宣传部新闻科，开始了17年的新闻宣传之路。2009年2月21日，平山县召开“三农”工作汇报会，要求农口部门汇报重点工作安排。会上，12个单位负责人汇报了本单位安排。这样的会议能有新闻？正当同事们发愁时，齐庆三以惯有的新闻敏感性对同事说：“这些人的汇报都是脱稿发言，没有大话套话。咱们就从改会风、转作风角度写！”第二天，现场新闻《平山县工作汇报会吹出务实风》刊发在《石家庄日报》头版头条。寒来暑往，从一名不起眼的通讯员到新闻科长，再到主管新闻宣传的副部长，齐庆三撰写发表新闻稿件1360多篇。

2002年12月5～6日，时任中共中央总书记胡锦涛到西柏坡学习考察，要求革命老区平山县在全面建设小康社会进程中，交出一份优异的答卷。平山县广大干部群众牢记重托，不辱使命，全县各项工作取得了不小成绩。如何宣传好平山，进一步提升平山的知名度和美誉度，让全国乃至世界关注平山，推动县域经济发展？齐庆三组织新闻科一班人各抒己见，经过讨论，拟定以“交答卷”为题，干部是“答题者”，发展是“考题”，群众是“考官”作报道。齐庆三灵机一动说：“咱就在总书记到西柏坡学习考察周年之际，邀请上级媒体实地采访，把县里的工作报道出去。”齐庆三带领新闻科一班人，分组包片，深入采访，加班加点整理出1万多字的详实素材。就这样，胡锦涛在平山县考察1周年之际，老区平山县“交答卷”报道在省、市党报头版头条刊发。当同事们都在欣喜时，齐庆三却皱起眉头：为什么《人民日报》看不上我们的稿子呢？于是，他找到《人民日报》多篇头条，组织新闻科一起研究学习。3周年时候，齐庆三一边抓紧和《人民日报》驻河北记者站联系，一边和同事们准备素材。2005年12月8日，《人民日报》在头版头条刊发《平山老区奋斗3年换新颜》报道，开创了改革开放以来平山县新闻报道的先河。2007年9月24日，《人民日报》头版头条又刊发了《革命老区平山县成“太行明珠”》一稿。

刘海涛是平山县生意人，近年回到家乡葫芦峪投资1亿多元开发荒山，摸索出“大园区、小业主”的全新模式。这样一个高投入、高水平、高效益的农业开发模式，让担任县宣传部副部长的齐庆三捕捉到：“这对于全省的荒山开发，具有重大的引导意义。”2012年，齐庆三和同事到葫芦峪深入采访，撰写了《荒山开发的葫芦峪模式》一稿，在市级报纸刊发。2013年5月，齐庆三又邀请《河北日报》5名记者，一起到葫芦峪蹲点采访3天2夜。随后，在《河北日报》头版头条和一版显要位置，连续刊发3篇长篇通讯，全面宣传和介绍葫芦峪开发模式，引起河北省委和石家庄市委主要领导高度重视，并专程到葫芦峪实地考察调研，给予充分肯定。

1998年8月，平山县西部山区突然遭受特大暴雨袭击。齐庆三主动请缨到重灾区北冶乡采访。险溢河纵贯北冶乡，暴雨过后，平时不到 20 个流量猛增至 880 个流量。河床陡、滚石多、水流急，当地人形容险溢河，“险溢河，水不深，晴天白日鬼拉人！”意思是：当人们趟过河道的时候，很容易被水底的滚石夹住腿脚，瞬间被水流卷走，夺去生命。乡里工作人员劝执意过河到一线采访的齐庆三：“路都断了，爬山过河太危险，你就在乡政府附近看看算了。”但是齐庆三还是坚持上路，不通机动车，就骑自行车，自行车走不了的地方，就步行。有时一天几次趟过险溢河。经过 3 天 2 夜连续奔波，他走遍北冶乡所有重灾村。完成采访，齐庆三连夜赶写稿子。等把稿子写完，已是凌晨5时。顾不上休息，齐庆三又步行七八里路，赶上第一趟班车，把稿子送到石家庄日报社。第二天，反映灾区干部群众抗灾自救的通讯《冲不垮的堤坝》在一版显要位置刊发。这篇来自重灾区一线的鲜活报道，鼓舞了干部群众重建家园的士气和斗志，一批批社会各界捐助的救灾款物，也跟着报道提供的线索，源源不断送到灾区。

2000 年冬季的一天，齐庆三和同事一起到县林业局采访，突然胸闷气短、冷汗淋漓，被紧急送往县医院。半路上，随着不适症状消失，齐庆三不顾劝阻，固执地返回县林业局和同事一道完成采访任务。2012 年 12 月 9 日凌晨 2 时，在单位值班的齐庆三突感身体不适，凌晨 5 时被送到县医院。检查后，紧急转送河北医科大学第二附属医院治疗。等齐庆三走出医院时，心脏已放进 3 个支架。出院后没歇几天，齐庆三返回工作岗位。当有人问起他的病情，齐庆三轻描淡写地说：“心脏放上支架，有了‘主心骨儿’，这回没事儿了。”他像个“好人”一样，活跃在各个工作场合。

2013 年 11 月 9 日，在齐庆三生命最后的 2 天多时间里，他依然准备在《石家庄日报》推介平山县旅游资源稿件和修改、审定《平山通讯》稿件，为宣传平山县奔波和奋斗着……

第四届全国道德模范提名奖获得者

靳国芳 女，汉族，1937 年 5 月出生，中共党员，石家庄市裕华区建南社区学雷锋志愿者工作站站长，原 3302 工厂职工，曾获得河北省道德模范、河北省优秀志愿者称号，并入选“中国好人榜”。1992 年退休后，靳国芳全身心投入到建南社区志愿服务工作中，带领 100 多名志愿者积极参与社区公益活动。多年来，靳国芳坚持每天“坐班”，接待业主来访，对业主的意见、建议和求助，详细地记录在小本子上，不惜跑腿、磨嘴皮子，给大家排忧解难。只要居民求助，不管是节假日，不管是白天黑夜，不管是严冬酷暑，她都有求必应。时间长了，她的手机号码、家里固定电话成了小区的“大靳热线”，她家里则变成了不挂牌的“群众来访接待室”。建南社区是一个典型的老龄化社区，1300 多名退休居民中有 64 人是空巢老人。社区里还有残疾人 97 名、低保户 42 户。在靳国芳的倡议下，建南社区志愿服务站专门组建了空巢老人帮扶志愿服务队、助残帮扶志愿服务队。社区居民对靳国芳的评价是：“人实在、心肠好、没私心，志愿者们从心底里敬佩她，才愿意跟她一起干好事、做善事。”2013 年 9 月 26 日，中共中央总书记、国家主席、中央军委主席习近平在北京会见了第四届全国道德模范提名奖获得者靳国芳等模范人物。

全国三八红旗手

李志宏　女，46岁，石家庄市卫生局党委书记、局长。2007年被评为“全国人口和计划生育科技工作先进个人”，2010年当选“中国计划生育协会第七届理事”，2009～2012年被授予“石家庄市支持党建工作好领导”、“支持妇女工作好领导”和“优秀班子成员”称号，2013年获得全国三八红旗手和“第二届燕赵人口奖”。李志宏在卫生与人口计生部门工作期间，锐意创新，真抓实干，带领全市卫生计生系统取得一系列辉煌成绩。人口计生工作连续4年在全省综合排位名列前茅，被河北省委、省政府连年授予完成人口计生责任目标优秀奖、成效突出奖及“十一五”完成人口计生责任目标优秀奖。为推动石家庄市国家首个“中医药发展综合改革试验市”建设作出突出贡献。在2013年全国中医药工作会议及国家中医药综合改革发展论坛上石家庄市作经验介绍及典型发言。深入开展全市卫生系统创先争优活动，石家庄市卫生局党委被国家创先争优领导小组授予“全国医药卫生系统创先争优活动先进集体”。率先在全国提出以政府购买服务方式，为院前配备专职担架员，中央电视台“新闻联播”、“中国新闻”及“新华网”、“中国新闻网”等多家主流媒体分别进行报道。新农合保障水平大幅提高，率先在全省启动新农合大病保险试点工作，最高补偿限额由9万元提高到25万元。社区卫生服务能力明显提升，石家庄市卫生计生系统被国家卫生计生委评为“创建示范社区卫生服务中心活动优秀集体”。

全国医德标兵

乞国艳　女，48岁，河北省重症肌无力诊疗中心主任，石家庄市重症肌无力研究所所长、市第一医院肿瘤三科主任，主任医师。身患重症肌无力9年，在长期求医过程中总结出一套独特的中西医结合治疗方法，取得标本兼治的良好疗效。康复后，乞国艳重新走上医疗岗位，她视患者如亲人，在精心诊疗的同时用亲身经历鼓励患者。根据不完全统计，乞国艳和她的医疗团队累计治疗重症肌无力患者1000多人，患者年龄从1岁到80岁，临床治愈率达到88.2%，在国内处于领先地位。2011年乞国艳研究课题“中西医结合治疗重症肌无力的临床研究”获得石家庄市科技局科技成果二等奖。乞国艳曾入选2012年度感动省城十大人物、河北省道德模范、河北十大新闻人物，获得石家庄市劳动模范、三八红旗手、市管拔尖人才等称号。2013年9月，中国教科文卫体工会授予乞国艳全国医德标兵称号。

中国好人

赵增军　石家庄市尹泰出租车公司司机。2006年，赵增军进入出租车行业。7年来，他多次捡到手机、包裹等物品交到石家庄市运输管理处或出租车公司，得到多次表扬和鼓励。2012年6月18日，赵增军开出租车载着2名外地乘客、1名当地乘客从省博物馆到裕华路八匹马，乘客下车后，他发现一个手包和手机遗忘在车上，包内装有现金1万余元和5张信用卡等物品，随后赵增军主动与乘客取得联系，并把包归还乘客，没有留下姓名和任何联系方式。乘客为感谢像赵增军这样的好人好事，设想从石家庄市运输管理处得到联系方式，并与尹泰出租车公司取得联系。赵增军在出租车运营中热情为乘客服务，助人为乐、拾金不昧，用自己实际行动展示了文明使者形象，让每一位乘客感到舒适和温暖。

闫随顺 52岁，井陉县供电公司办公室科员。2012年12月23日4点20分左右，他在睡梦中被一片火光惊醒，披上大衣到阳台一看，原来是附近集贸市场出现火灾，于是他一边让妻子打119火灾电话和通知市场管理人员，一边穿上大衣下楼救火。当时刚刚下过雪，道路湿滑，他跌跌撞撞连摔了几个跟头才赶到市场，发现火情已经十分严重。闫随顺和赶到市场的管理员孟增春立即招呼附近住户、商户展开救火。因市场摊位、商户密集，大多是纺织物、小家电等易燃品，造成火势蔓延很快。作为电力职工，闫随顺立刻想到不能将市场里的电线烧断，否则将造成更严重的事故，于是他赶紧打电话给附近微水供电所派人支援。供电所派来抢修人员后，立即采取了停电措施。但是火势越来越大，市场过道里停靠的车辆轮胎、商户店里的小电器纷纷爆炸，火场里不时传来哔哔啵啵的爆炸声，火苗已经上窜快烧到市场大棚棚顶，眼看有失控的可能。冬天寒冷，又是清晨，这场大火很多人当时都不知道，即便是发现了火情的群众也不敢上前，闫随顺的妻子甚至不敢下楼，这时消防人员也迟迟未到。闫随顺着急坏了，不顾自身危险，叫上供电所抢修员、市场管理人员冲到房顶，用自家的脸盆、水桶舀水救火，尽管不能扑灭大火，但有效延缓了火势蔓延。看到市场大院门口停着几辆汽车，堵塞了市场道路，还可能被大火引燃，他叫上人一起推车。可是这些汽车拉着手刹，闫随顺就拿起砖头一连砸碎3辆汽车的车窗，冒着被烧伤、划伤的危险松开车辆手刹，叫人一起把车推开，腾出消防车进入通道，给消防队灭火创造了条件，争取了时间。由于雪天路滑，消防车在火灾发生15分钟后终于赶到。当消防车开进市场后，闫随顺和其他人并没有撤出救火行动，而是扯下一些商铺门口的棉门帘，继续扑救市场周边小范围的火险。一个多小时过去，直到清晨6点多，大火才被彻底被扑灭。直到此时，市场商户们才陆陆续续赶到。大家看到市场里一片险象环生的场景，纷纷向闫随顺等救火英雄表示感谢。根据了解，该集贸市场是井陉县最大的综合性市场，分为百货大楼和零售大棚两部分，销售各种纺织衣物、电器家具、日用百货等，各种商品总价3～4亿元。因火情发现早，处理及时得当，大部分商品财物得到保全。

路红卫 46岁，石家庄市公安局桥东分局刑警大队长征街中队中队长，河北省藁城市人。2013年2月2日上午10时左右，路红卫和同事公务途中，车行至石家庄市休门街与四中路交叉口往北约100米左右时，遇到一妇女骑车将手提袋中4.3万元钞票散落一地，惊慌失措。路红卫立即上前，一边维持现场秩序，一边与同事和周围群众帮助拾捡散落在地的钞票。不一会儿，大家将散落在地的百元钞票捡完，一一交到失主手中，经清点分文未少。路红卫怕再出意外，直到确认失主安全后，才离开返回单位。路红卫等人的事迹被中央电视台2月7日的《新闻联播》、2月6日的《新闻直播间》、2月5日的《焦点访谈》等栏目播出，并在2月5日的《光明日报》头版刊播。为表彰路红卫等人的高尚行为，2013年2月，省会文明办授予路红卫等人“石家庄市文明公民标兵”称号，各媒体亲切地称他们为“拾金不昧群体”。2013年3月，中央文明办授予路红卫诚实守信“中国好人”称号。

蒲素平 国家电网河北检修公司党群工作部干部。蒲素平主要负责公司工会组织及民主管理、群众生产、班组建设、职工技术创新等工作，工作上兢兢业业，默默奉献。八小时之外，蒲素平孝老爱亲，实践了公司提出的“八小时之内做优秀员工，八小时之外做优秀公民、做家庭好成员”理念。三年前，蒲素平的父亲感觉胃不舒服，在老家医院做了胃镜检查，随后他的三弟打电话给他，说医院的检查结果可能是癌症。次日，蒲素平赶回老家，把父亲带到石家庄市，立即联系河北省四院复查，复查结果是贲门癌，且因身体原因不能做手术。蒲素平考虑父亲已年过七十岁，没有告诉父亲病情。在和哥哥商量后，他又带父亲到省胸科医院复查，后又到北京一家医院复查。父亲病情确诊后，一直安排在河北省邢台市一家医院接受治疗。从此，蒲素平坐火车成了家常便饭。节假日、不加班的星期天，他都带上食物和药品坐火车到邢台市医院看望父亲。两年前，年过七十岁的母亲得了脑血栓和糖尿病，蒲素平的压力更大了。这压力有精神上的，也有经济上的，可他宁肯自己省吃俭用，也要保证父亲治疗。三年来，他带着父亲辗转北京、石家庄各大医院，不断试验各种治疗方案。2012 年开始吃中药，有时为给父亲买上可以吃的食物和一些中药及中药引子，他跑遍各大超市、药房，甚至数次去山村寻找。2012 年夏天，父亲病情加重，思想压力较大。为给父亲思想解压，蒲素平每天给父亲或母亲打一个电话，有时间就去看看。有时遇上星期天加班，蒲素平就晚上坐火车去邢台市，陪护父亲一晚上，第二天一大早再坐火车回到石家庄加班。蒲素平的父亲是退休教师，平时喜欢历史、小说和书法。每次去看望父亲前，他都从网上查看一些资料，然后给父亲讲一些社会新闻，讲自己读过的书，并一一点评和父亲探讨。蒲素平不懂书法，可为了和父亲探讨书法，他买来大量书法书学习，并请教书法老师，“现学现卖”与父亲探讨，转移了父亲注意力，增强了父亲的生活信心。蒲素平常说：让老人在最后的日子，生活得有质量，自信、乐观是他最大的心愿。2013 年中央文明办授予蒲素平孝老爱亲“中国好人”称号。

高丽　女，35 岁，国家电网河北电力公司职工。2008 年 10 月 22 日，高丽的孩子被确诊为自闭症。那一天，孩子才 5 岁零 346 天，那一年，她年满 30 岁。医疗专家告诉高丽，孩子患自闭症原因很多，什么神经元、什么脑细胞……她不想知道这些医学术语，就对专家说：您简单说吧。专家去繁就简，一言二字：未知。哪怎么医治？专家说：无方！她只听到自己牙齿在咯咯作响，全身不停地发抖。医生一句话，无疑在对她说：你家孩子得了“癌症”。高丽得到的答案，就像一把刀扎在她的心上——孩子的人生被否决了；她的人生也被否决了。面对病因不清楚，病症无药可治，愈后不确定，病程伴随终生的自闭症诊断，高丽陷入深深的自责中。孩子说话也从自如表达，到不愿多说，到不能多说，到失语；生活中如厕，从自己独立，到大人辅助，到拉尿不知，仿佛就是一瞬间到来。于是，高丽带着孩子疯狂地奔走于北京、上海、广州、南京、青岛等各大城市医院机构，她要从医生那里找到孩子病情恶化的原因。作为母亲，高丽不甘心也不忍心让孩子受这样的折磨。她跑遍了大半个中国，开始意识到拯救孩子的不是医院、专家，而是自己。她要学习，学习自闭症专业知识，学习老家长的育儿经验和人生体验。教育孩子的专业书籍买了一本又一本，教孩子的笔记写了一本又一本。为了教孩子“1+1=2”，高丽用了整整半年时间，还是没弄明白，以至于把书摔在孩子脸上，孩子嘴角流出鲜血时，她感觉到自己的焦躁；为了教孩子正确使用筷子，高丽用了整整一年时间，当孩子能自如地用筷子吃饭时，高丽体会到作为母亲的那种欣慰；为了教孩子学会独立穿衣服，高丽用了一年半时间，当孩子穿戴整齐，站在门口，等妈妈带自己出门时，高丽体会到作为母亲的那份轻松；为了教孩子独立如厕，高丽用了 2 年时间，如今孩子坐在卫生间里一边唱歌，一边自己处理一切时，高丽体会到作为母亲付出后的成就。2013 年中央文明办授予高丽孝老爱亲“中国好人”称号。

侯钧　23 岁，北京军区 66393 部队某部汽车营野战输油管线队战士，河北省泊头市人。2012 年 7 月 27 日，河北省鹿泉市小刘庄村经营小额资金信贷个体户刘振宏在将收回的 50 万元现金送银行储存，当开车走到鹿泉市海山大街口往东 150 米左右处遭遇 2 名骑摩托车劫匪，危急时刻途径此处正在石家庄市休假的侯钧挺身而出，从劫匪手中抢回装有 50 万元现金的手提袋。在抢夺过程中，侯钧被对方拉伤胳膊。劫匪还手拿刀子冲着侯钧吼道：“少管闲事，不然拿刀捅死你！”侯钧没有惧怕，忍住疼痛死死地用双手抱住手提袋并用力大喊：“我是军人，你们休想把包抢走！”劫匪被震慑住，并停止抢夺，急忙骑车逃走。被抢劫的刘振宏满怀感激，拿出 5 万元表示感谢，侯钧坚决拒绝并离开事发现场。事后，刘振宏经过几个月打听，找到侯钧的服役部队，登门送上感谢信和锦旗，部队才知道侯钧见义勇为的事迹。2013 年 3 月 5 日，侯钧被北京军区评为“学习雷锋先进个人”；2013 年 8 月，石家庄市授予侯钧见义勇为“石家庄市文明公民标兵”称号；2013 年 10 月，中央文明办授予侯钧见义勇为“中国好人”称号。

郝国军 国家电网河北电力公司石家庄井陉供电公司办公室行政主管。2006 年 1 月，郝国军的妻子许素贤因病患上重度神经性耳聋，左耳听力全失，右耳借助助听器残存微弱听力。那年许素贤才 30 岁。郝国军的妻子原是一名井陉县子弟学校小学教师，在耳朵听力急剧下降后，学生的问题听不清，同事的话语听不见，领导的安排不清楚，原本开朗活泼的性格，一天天变得焦躁不安。许素贤正常工作几乎不能做，就连买菜、逛街、转商场，这些正常的社会交流也不再有。疾病带来的痛苦，让许素贤的脾气越来越暴躁，也给这个家庭蒙上了阴影。也正是从那时起，郝国军开始了四处求医的历程。先是石家庄，然后是天津、北京。从河北省人民医院、省二院，到天津中医院、北京 301 医院、北京军区医院……7 年来，郝国军带着耳聋的妻子走遍 30 余所大、中医院和许多知名医院、专家诊所。从中医到西医，从洋大夫到土偏方治疗，7 年来，郝国军的妻子累计住院有 1 年以上，花去治疗费用超过 13 万元，但只要有一点希望，郝国军决不言放弃。家里所有的外出活计也全部由郝国军承担，哪怕是妻子买自己用的东西，他也要紧紧跟在身旁。郝国军说："她听不见，我就是她的耳朵！" 2013 年中央文明办授予郝国军孝老爱亲"中国好人"称号。

河北省见义勇为英雄

2013 年 4 月 26 日，在第九次河北省见义勇为英雄表彰大会上，石家庄市 3 人获得"河北省见义勇为英雄"称号。

吴文德 48 岁，河北省藁城市南孟镇南孟村人，患有小儿麻痹症，走路依靠拐杖，二级肢残。2011 年 5 月 1 日 15 时 10 分许，20 岁女孩小魏到藁城市南孟村小姨家串亲戚，途中遇到一歹徒拦截和袭击，奋力抵抗，身体多处受伤。小魏正在绝望时，听到呼喊声的吴文德挺身而出，驾驶小铲车堵住歹徒。疯狂的歹徒用尖刀向吴文德乱刺，吴文德身中数刀，因流血过多牺牲。2011 年 8 月，省会文明委授予吴文德石家庄市见义勇为"文明公民标兵"称号。2012 年 7 月，中央宣传部、中央社会管理综合治理委员会办公室、公安部、解放军总政治部、全国总工会、共青团中央、全国妇联、中华见义勇为基金会联合追授吴文德为"第十一届全国见义勇为英雄模范"。2012 年 8 月，中央文明办授予吴文德见义勇为"中国好人"称号。

张岐山 41 岁，河北省正定县新城铺镇东平乐村村民。2011 年 2 月 18 日中午 12 时许，正定县东平乐村小学四年级学生崔如意和茹茹在村南污水坑边，11 岁女孩茹茹一脚踩塌冰面，下半身坠入冰窟！崔如意听见呼救声，赶紧找来一根木棍，将另一端递给茹茹，奋力救助，但细小的木棍很快折断。看着在污水中挣扎的茹茹，年仅 10 岁的小如意忘记危险，扔下断了的木棍，用尽全身力气，把小手伸向茹茹。"嘎吱"一声，冰面又破裂了，小如意也坠入冰凉的水中！"救命！救命！"两个孩子在冰窟中挣扎着，呼喊着。此时，该村农民张岐山正巧路过，听到呼喊跑了过去，将小茹茹抱到坑边。茹茹脱离了险境！可如意还在冰窟中挣扎。之后，张岐山又趴在冰面上，一边向小如意靠近，一边喊："孩子，别怕！" 此时冰面再一次破裂，还在努力救助崔如意的张岐山也掉进水里。茹茹无助地看着小如意和救人叔叔被冰窟的污水淹没。3 小时后，被抬出水面的崔如意，瘦小的胳膊惨白惨白，乡亲们含着眼泪说，孩子用尽了毕生的力气。6 个小时后，被抬出水面的张岐山让人们惊呆了，他双手依旧保持着托举姿势，张岐山在牺牲那一刻，仍没有放弃营救落水的孩子，感动得在场人们热泪横流。张岐山用最后的"托举"定格了人生，铸就了大义。2011 年 2 月 24 日，省会文明办授予张岐山和崔如意"石家庄市道德模范"称号。2011 年 7 月，中央文明办授予张岐山见义勇为"中国好人"称号。

刘占会 中共党员，元氏县政府办公室干部。2011 年 11 月 24 日上午，刘占会途经中国邮政储蓄银行元氏县南佐镇储蓄所时，遇3名歹徒对刚从储蓄所提取74万元现金的农民李某、刘某实施抢劫。刘占会毫不犹豫冲向抓着钱袋的歹徒，将其扑倒在地，3名歹徒对刘占会拳脚相加，用辣椒水喷刘占会的眼睛、耳朵，并用凶器攻击，致刘占会头部、腰部、手背等处受伤。刘占会与歹徒殊死搏斗，歹徒最终逃走，被抢巨款物归原主。2011年11月底，省会文明委授予刘占会石家庄市“文明公民标兵”称号，市政府授予刘占会“见义勇为模范”称号。

河北省道德模范

靳国芳 2013年1月，河北省文明委授予靳国芳助人为乐“河北省道德模范”称号。参见“第四届全国道德模范提名奖获得者”。

苏宣敏 女，1953年出生，石家庄市压缩机厂退休工人，长安区青园街道棉二小区居民。2012年10月14日，苏宣敏到石家庄市青园街与谈南路交叉口菜市场给母亲买水果，看到路边有一个乞丐光着膀子趴在一个带轮子的小平板车上，脸上和膀子都有血迹。心想：“我穿上毛衣都冷，何况大兄弟是光着膀子，心里挺难受，担心他冻感冒。”于是，苏宣敏在市场上花费68元买了一套秋衣秋裤，亲自给乞丐穿上。苏宣敏每月退休金1400元，与母亲、大弟妹居住在一套20世纪80年代初建造的60多平方米的老旧楼房里。当时菜市场摊上有30多元、50多元，60多元的秋衣秋裤，苏宣敏想：钱越贵肯定越暖和。虽然每月退休金不多，但她还是为受冻的乞丐买了60多元的秋衣裤。热心网民随手拍下一位穿着红衣服的大姐为乞丐购买秋衣秋裤的照片并发到网上，河北省多家媒体和众多网友通过网络微博、实地寻访等方式，发起一场寻找石家庄“最美红衣大姐”活动。网络微博上，苏宣敏的行为受到众多网友称赞。网友“河北共青团宣传部”表示，强冷空气“横行”的深秋，“红衣大姐”温暖了庄里人的心啊，向她致敬。网友“热情的我爱生活”则说，“大姐，你让这个秋天分外温暖，格外美丽！”2013年河北省文明委授予苏宣敏助人为乐“河北省道德模范”称号。

张珊珊 女，1990年出生，中国移动石家庄分公司员工。张珊珊出生在河北省邢台市内丘县一个普通工薪家庭，家里还有一个比她大四岁的姐姐。张珊珊从小受到父母的宠爱。由于担心父母阻拦自己捐献骨髓，这个柔弱的小女生做出一个大胆决定：瞒着父母和老师捐献骨髓救人。张珊珊说：“我能救她，我就要救她，不会犹豫的，我是世界上唯一一个跟她配上型的人。”2012年5月29日，经过6个小时的造血干细胞采集，张珊珊成功捐献了骨髓，并由医生带到上海市儿童医院及时输入患者体内。出院后，张珊珊把捐髓救人的事情告诉了父母，得到父母的理解与支持。由于捐献造血干细胞实行“双盲”原则，张珊珊只能从小女孩写来的亲笔信中了解到：受捐者12岁，浙江省嘉兴市人，发病两年，已化疗17次。小女孩信中还写道：“我非常谢谢您救了我的命，现在您就是我的救命恩人了，我们一家人真的非常非常感谢您！”就是这封信，给了张珊珊坚定捐献骨髓的力量。虽然此时她的同学们都已找到工作，自己为此错过“求职黄金期”，但是张珊珊语气坚定地说：“我没有一丝一毫的动摇，只想着既然这么凑巧能救人一命，一定要保持最佳状态。工作可以随时找，生命却不能重新开始。”好人有好报，河北省移动通信公司听说她的事迹后，主动向她伸出了橄榄枝。然而在距离2012年捐献整整一年的时候，2013年5月28日，张珊珊得知那名受捐骨髓女孩出现严重病情，需要继续移植淋巴细胞，张珊珊毅然决定，要对这名素未谋面的女童进行第二次捐献。张珊珊的事迹见诸报端后，河北省委常委、宣传部部长艾文礼作出批示：事迹感人至深，可亲、可爱、又可敬。她的善举表明“90后”的青年是大有希望的一代青年。2013年河北省文明委授予张珊珊助人为乐“河北省道德模范”称号。

尹进良 2013年1月，河北省文明委授予尹进良见义勇为“河北省道德模范”称号。参见“英模人物”。

周青强 1982年出生，河北省赵县沙河店人。周青强一直热衷慈善事业。自2002年开始献血，至2013年，他的献血量（含捐献血小板折算）达到30000毫升，获得国家卫生部和红十字会联合颁发的献血志愿者金奖。2009年6月，周青强在一次献血时加入中华骨髓库，成为一名光荣的造血干细胞捐献志愿者。2012年12月15日，周青强接到赵县红十字会配型成功电话，得知自己与一名白血病患者配型吻合，他当即便同意捐献造血干细胞。为了不让家人担心，2013年2月18日，农历大年初九，周青强瞒着家人来到石家庄白求恩国际和平医院进行骨髓捐献。周青强说：“配型成功的几率实在太小了，现在我有这个机会，就一定会去捐髓救人。”“能够挽救一个生命，自己这么做是值得的。”2013年2月25日上午，在石家庄白求恩国际和平医院血液科，周青强进行了长达3个多小时的造血干细胞采集，184毫升造血干细胞悬液被顺利采集。2月25日下午，周青强捐献的184毫升造血干细胞通过飞机运抵江苏省苏州市某医院。但由于患者需求量比较大，2月26日上午，他又进行了第二次捐献，顺利采集造血干细胞悬液196毫升。周青强是家里的顶梁柱。他的妻子是普通农民，带着4岁儿子在家务农，身体不好，不能干重活儿。几年来，周青强一直在城市建筑工地辛苦打工，靠微薄的工资养家糊口。周青强72岁的老母亲，在他捐献骨髓时还在乡卫生院住院输液，母亲不知道周青强捐髓的事儿。因为捐献骨髓，周青强不能照顾母亲，他感到非常愧疚。也因为捐献骨髓，周青强没能赶上到春节前所在的北京一家建筑公司上班，失去了工作。周青强对此并不后悔，他说：“如果下次再有机会，我还会这样做！”2013年7月，河北省文明委授予周青强助人为乐“河北省道德模范“称号。

刘占会 1969年10月出生，中共党员，河北省元氏县政府办公室干部。2012年11月24日上午9时许，做煤炭生意的李某、刘某一起提着刚支取的74万元巨款从中国邮政储蓄银行南佐储蓄所出来，遭到3名歹徒蓄意抢劫。恰在此时，元氏县政府办公室干部刘占会驾车路过，听到呼救声，汽车钥匙未拔，车门未关，挺身而出，毫不犹豫地同歹徒展开搏斗。刘占会从身后紧紧抱住抓着钱袋的歹徒并将其按倒在地，3名歹徒穷凶极恶，对刘占会展开疯狂攻击，用辣椒水喷他的眼睛，并用辣椒水罐等钝器猛砸他。拳头、脚、辣椒水罐雨点般落在刘占会头上，他的眼睛被辣椒水蜇得睁不开，头部、腰部、手背多处流血受伤。刘占会忍着剧烈疼痛，与被抢人一起，拼命与歹徒搏斗。他心中只有一个念头：决不能让歹徒抢劫得逞。当刘占会与歹徒一起倒地时，嘴巴正对着歹徒的耳朵，他想都没想，一口下去就咬破歹徒的耳朵。打斗过程中，被抢人趁乱将装钱的袋子放进自己的面包车里，74万元巨款得以保全。3名歹徒做贼心虚，遇到顽强抵抗并且受伤，围观的人也越来越多，见抢劫难以得逞，便仓皇逃跑。刘占会拼着最后一点力气追了上去，终因体力不支，没追几步便一个踉跄摔倒在地上。李某、刘某看着被歹徒打得多处受伤的刘占会，哽咽着说：“没有你的帮忙相助，今后的日子可没法过下去了，那可是村里好多群众的养命钱啊！”刘占会的英雄事迹经中央电视台、河北电视台、石家庄电视台、《河北日报》、《燕赵都市报》、《石家庄日报》宣传报道后，在社会上引起极大反响，被石家庄市授予“见义勇为好干部”、“石家庄市文明公民标兵”称号，被元氏县授予“元氏县见义勇为先进分子”荣誉。2013年河北省文明委授予刘占会见义勇为“河北省道德模范”称号。

任朝辉 1958年出生，中共党员，石家庄供电公司配电检修班班长、共产党员服务队队长。任朝辉负责石家庄市桥东区及周边区域88平方千米、1200余台线路开关、1100余台公用变压器抢修工作，服务客户25万户。自1987年起，任朝辉就坚守在电力应急抢修第一线，始终坚持“以诚待人，取信于民”的承诺。27年里，他累计处理各类用电故障4万余起，无一起投诉事件，服务满意率达到100%，以实际行动实践了自己的诺言，践行了“诚信、责任、创新、奉献”核心价值观。从事电力工作二十几年，任朝辉不论是电闪雷鸣或是高温酷暑，不管是大事小情或是份内份外，坚持做到为民服务、诚实守信。2009年11月，石家庄发生百年一遇的暴雪灾害，11月11日一天，任朝辉接到因暴雪造成故障报修34起。当日凌晨

3点,他急忙赶往第3个故障现场“四中路中央银座大厦”。此时大雪已将抢修车掩埋，他与同事相互搀扶，在大雪没膝的路基上艰难行走。多年来小腿静脉曲张，腰椎间盘突出，还有痛如刀绞的老胃病，都没能阻止不了他践行诚信的步伐。一天下来，三顿方便面，6瓶矿泉水，23个小时不眠不休，为老百姓家送去温暖。像这样诚信服务的故事，在他的工作日志中，记录下的就有上千次。除了雨雪雷电的考验，对供电抢修影响最大的是城市的交通。为提高为民服务效率，任朝辉带领班组开展小发明小创新活动，率先将电动自行车引入市区抢修服务，并在电动车上安装后备箱支架、安全帽上安装摄像头，总结实施“二次调度抢修管理”等，有效兑现了诚信服务要求。根据国家电网公司向社会承诺内容，电力抢修到位时间是45分钟，而任朝辉班组平均到位时间15.6分钟，平均故障处理时间16分钟。任朝辉对客户以诚相待，留给家人的却是一次次期待。自共产党员服务队成立后，他与41名辖区孤寡、困难群众结成帮扶对子，每月都要嘘寒问暖，查线路、换灯泡，甚至洗衣、做饭，从不食言。27年来，任朝辉不曾有过一个完整的假期，逢年过节坚守岗位，风雨雷电严阵以待，一到寒冬腊月或是高温酷暑，就更无暇顾及家庭。家里的一切，他全交给妻子，甚至动员妻子早早辞去了工作。儿子结婚，他没有顾得上张罗，年近8旬老母亲住院十几天，他才从抢修中抽身赶来。母亲说他“认死理”，可“认死理”的任朝辉让人们享受到国家电网员工的诚信服务，感受到道德建设的时代强音。任朝辉曾获得河北省电力公司“建功立业十大标兵”、“模范党员”、“先进工作者”、“优秀班组长”等称号；2012年任朝辉班组被授予“中央直属企业红旗班组”、“国家电网工人先锋号”，作为共产党员服务队队长，任朝辉受到原中共中央政治局委员、中华全国总工会主席王兆国的接见。2012年12月，中央文明办授予任朝辉敬业奉献“中国好人”称号。2013年河北省文明委授予任朝辉诚实守信“河北省道德模范”称号。

乞国艳 2013年7月，河北省文明委授予乞国艳敬业奉献“河北省道德模范”称号。参见“全国医德标兵”。

郝天顺 1962年出生，中共党员，河北省赞皇县民政局局长。1995年元旦前后，郝天顺的母亲患脑血栓二次复发，住进医院，虽竭尽全力，但未能治愈，从此只能躺在床上让人伺候。这一躺就是13年。从此，郝天顺所有的节假日都给母亲。每天接屎接尿，洗头洗脚、穿衣做饭、嘘寒问暖，还要不停地做全身按摩。郝天顺从来没有放弃对母亲的治疗，他利用五一、十一假期，遍访名医，寻找治病良方，北京市、武汉市等地都留下他为母求医的身影。为了让老人按时吃药吃饭，哄老人开心，郝天顺从为数不多的工资里省吃俭用，节约下一部分钱买了VCD和戏曲光盘，那个年代VCD算是高档家电。经过精心照料，母亲终于能坐在轮椅上来回转转。可是好景不长，2002年夏天，父亲突发脑血栓住进医院，经过抢救治疗，最终也是落下半身不遂。看到床上躺着生活不能自理的双亲，郝天顺心痛不已。但他劝慰自己决不能倒下，要用自己的努力让二老树立坚定活下去的勇气和信心。为帮助二老恢复肢体功能，针对病情，郝天顺在摸索中找到有效的康复方法。那时，在郝天顺父母住的院子里，总能看到这样一幕：上午太阳出来，他搀起父亲到院子晒太阳，父亲脚上套着一根绳，与胳膊连接，通过上身活动，带动腿和脚运动，父亲“走”起来很慢，他扶着老人一步步挪到太阳底下。然后回到屋，把母亲抱到院子里，他和母亲对面而坐，把两人的双脚都固定在两条木棍上，拉起母亲的手，边聊天边做康复锻炼。用自己手脚活动，带动母亲身体运动。十分钟母亲累了，休息一会儿，再做一遍……就这样周而复始、寒来暑往，从未间断，直到母亲81岁、父亲86岁去世。

1984年开始，郝天顺把岳母接到自己家里精心照料11年。老人经常说：“虽然赞皇是个穷山沟，但俺天顺细心、脾气好，我在这儿住着心里舒坦。”郝天顺的岳母患有严重的哮喘加过敏体质，需要补充叶绿素、维生素。一年四季每餐每顿都不能少了绿叶菜。当时，郝天顺和妻子在农村任教师，每月工资只有48元钱，但他们省吃俭用，为老人合理搭配餐食。只要听说周围邻居有谁去县城或市里，郝天顺都会想方设法让人家帮忙捎点菜。老人在70岁做了大手术，术后执意离开环境舒适、医疗条件优越的保定市，回到赞皇再看看、再住住，弥留之际老人还特意叮嘱，“寿衣一定要让天顺给我穿上。”

中国有句古话“长嫂比母”。郝天顺的哥嫂体弱多病，生活拮据。郝天顺不仅独自承担起侍奉双亲任务，还支撑起哥嫂及其4个儿女的生活。嫂子被查出肝硬化晚期，医院断言最多只能活半年。郝天顺没有放弃，他带着侄子跑遍赞皇县、元氏县、魏县寻找民间偏方，有时草药、膏药交叉着用药。终于，奇迹出现了，嫂子的生命得到延续，又生活了7年，医生说这真是个奇迹！7年间，嫂子的医药费大部分由郝天顺承担，不仅如此，为了让当时还在世的父母舒心，让嫂子在为数不多的日子里过得安心，郝天顺举债翻盖了老家的房子，就是这栋房子，后来成了3个侄子的婚房。乡亲们看着郝天顺为这个家所做的一切，纷纷竖起大拇指。郝天顺与岳母、嫂子没有血缘关系，但日积月累建立起来的那份亲情，比血还浓。

郝天顺担任赞皇县民政局长、老龄工作办公室主任职务后，非常珍惜自己的工作。赞皇县是国家级贫困县，也是民政大县。郝天顺积极发挥职能部门作用，创新工作机制，提高保障水平，维护老年人权益。积极推行80岁以上高龄老人补贴制度；设立老年法律援助中心，免费为老人提供法律服务；推行签订“家庭赡养协议书”制度等。他把对父母亲人的爱洒向全县老人、困难群体，让孝老敬亲无限放大，让无私大爱无限延伸。郝天顺担任县民政局长后，走访慰问了全县11个乡镇的重点优抚对象、特困户、低保户、五保户家庭，服务对象满意率达到100%。下乡时，他不走形式，看到家境实在困难的顺手掏出随身携带的钱给对方是经常的事；有时看到老人行动不便，他拿过水桶就给老人打水。2012年12月，在第五届全国敬老爱老助老主题教育活动表彰大会上，郝天顺被授予“中华孝亲敬老楷模提名奖”荣誉。2013年河北省文明委授予郝天顺孝老爱亲“河北省道德模范”称号。

河北省三八红旗手

李志宏　参见“全国三八红旗手”。

卜海燕　女，52岁，河北海燕农牧有限公司总经理。曾获得河北省灵寿县“三八”红旗手、石家庄市农村科技致富带头人、石家庄市劳动模范、石家庄市城乡妇女岗位建功先进个人、河北省妇女双学双比女能手、河北省千万妇女“争创‘三新’大行动，助力三年大变样”工作先进个人、河北省企业文化建设先进个人、河北省百名女性创业明星。卜海燕原是灵寿县交通局职工，2008年6月放弃公职回村办猪场，靠亲戚朋友筹借200万元，开始艰苦的养猪生涯。历经6年拼搏，建成年存栏生猪7000头，年出栏生猪15000头猪场，并被国家农业部命名为标准化生猪示范场。2010年卜海燕投资建设五环产业循环经济示范项目，形成“养殖—能源—肥料—种植—加工”五环产业相结合的生态循环农业模式，先进性和创新性在全国领先，代表了现代农业和低碳经济发展新方向，2011年被河北省政府确定为“3255”循环经济示范工程。卜海燕创业成功后，积极组织农村妇女共同致富，发起成立合作社，建立巾帼现代农业科技示范基地3000亩，聘请8名专家为技术顾问，引进农业新品种进行试验示范，举办新技术培训班，每年培训农村妇女1000多名，辐射带动妇女科技示范户3800余户，户均增收5000余元，被全国妇联、农业部、科技部联合命名为“全国巾帼现代农业科技示范基地”。

陈晶　女，47岁，石家庄市长安区安全生产监督管理局局长。2011年被评为河北省安全生产监管先进个人，2012年获评石家庄市三八红旗手称号。身为区安监局局长，时刻将做好安全生产监管作为民生所系、使命所至。工作中始终带着感情抓安全，凭着良心干工作，兢兢业业、恪尽职守；生活中严于律己、身先士卒。打铁先须自身硬，为使自己能够胜任工作，从上任安监局长第一天起，就埋头学习安全生产知识和法律法规，向书本学，向周边老同志、其他区局长学，向专家、企业工程师学。重视加强宣传教育培训工作，大力推动安全文化建设，特别是2013年举办的“汛期”防雷减灾培训班、安全生产事故警示教育巡回展、安全生产知识进机关、进社区、进学校、进企业、进农村“五进”活动等，深受广大干部职工、学生和群众的欢迎，提高了全民安全生产意识，将“要我安全”转变为“我要安全”。注重创新务实，完善各项工作制度，重新修订“一岗双责”，明确安全生产监管“四级监管网络”和网格化管理机制，出台“专家查隐患”制度、专项整治长效机制和跨区、部门互查、联查意见等。逐级签订《安全生产目标管理责任书》，逐个确定“安全生产承诺书”，制定安全生产工作要点和责任分解，把上级下达的指标量化细化。组织开展国家安全社区创建和安全生产优秀乡镇创建活动，2个街道被命名为国家安全社区，11个街镇全部通过优秀街镇验收。

高英敏 女，45岁，河北省晋州市人，中共党员，研究生学历，河北省元氏县政府副县长。1988年毕业于河北农业大学邯郸分校，历任河北省晋县周头乡妇联主任、副乡长，晋州市妇联副主席、计生协会常务副会长、陈家庄乡长、营里镇党委书记。2011年8月任河北省元氏县政府副县长，分管科技、教育、文化、卫生、计划生育、妇联工作。2013年11月作为妇女代表参加河北省妇女第十三次代表大会。担任元氏县政府副县长期间，工作成效显著。科技工作获评全国科技进步先进县；创建成立省级农业科技园区；实施山区教育扶贫工程，投资5000多万元，安置山区学生5253人，实现了学费、住宿费、餐饮费全额补贴；成功承办“第四届全国励志教育论坛全国优秀导师50强表彰大会”；全县15个乡镇卫生院全部建成“国医堂”，205个村标准化卫生室全部投入使用，获评全国中医药发展综合改革实验县、全省乡村卫生服务一体化管理示范县，《人民日报》、中央人民广播电台等媒体给予报道；创建计划生育特殊家庭养老中心，《人民日报》、中央电视台《中国新闻》等媒体多次报道，获得石家庄市“特别贡献奖”，被评为全国计划生育优质服务先进县。

解亚静 女，36岁，河北省藁城市文化馆副馆长。作为从事群众文化专业人员，始终本着“人无我有、人有我强、人强我优”原则开展文艺作品创作和辅导。为挖掘藁城战鼓地方特色民间艺术，她不辞辛苦多次深入农村进行分类、整理、改革、创新，编排并推出“金钹战鼓”、“巾帼花钹”等精品节目。其中，“金钹战鼓”获得沈阳“国际秧歌节”民间花会大赛金奖，第八届“中国吴桥国际杂技艺术节”开幕式表演一等奖，“万宝路杯”中华锣鼓擂台大赛金奖等6项国家大奖，并参加北京世界园艺博览会河北周展演、首都欢庆澳门回归祖国大型庆典等10余项重要展演及比赛活动。改革创新后“巾帼花钹”一改往日战鼓以男士为主的风格，首次把女士加入其中，青一色的娘子军做为主力进行表演，让人眼前一亮，一经推出就获得河北省首届“燕赵群星奖”金奖，受到高度称赞。解亚静创作歌曲《噔嘎 呜哩哇》获得中国群众文艺学会歌曲创作金奖；创作歌曲《给妈妈放个假》获得河北省第十届“燕赵群星奖”；创作歌曲《红领巾是春天的魂》获得河北省首届少儿歌曲创作大赛二等奖等80余项国家、省市级奖励，并入选《美丽的鸟巢——新世纪少儿歌曲集锦》。辅导舞蹈“我的偶像”获得中央宣传部、文化部第四届全国社区文艺展演银奖，文化部、中国文艺协会、中国教育事业促进会共同主办的第七届中国青少年艺术节全国优秀艺术教师奖，第七届中国青少年艺术节河北省总评选舞蹈项目教师组优秀辅导奖，中国艺术家协会第八届《德艺双馨》中国文艺展示活动优秀辅导教师奖。

李广晶 女，49岁，石家庄市水电及农村电气化发展处主任。曾获2007～2009年度石家庄市劳动模范、2007年度全省优秀共产党员、2006年度市政府二等功、2012～2016年度市管拔尖人才、2005～2007年全省水利先进个人、2007～2012年连续6年市水务局三等功。近年，河道内非法采砂一度猖獗，李广晶组织协调公安部门联合执法。在磁河灵寿段执法突击检查时，遭到不明身份人员恶意围攻，面对砸向头顶铲刀，临危不惧，秉公执法，从中午1点守护到凌晨4点，动用了公安110、急救120，立案查处和拘留了违法者。李广晶在危急时刻，想的是自己牺牲也是光荣的，一定要执法到底，正不压邪，不给共产党丢人。在水务系统，李广晶从事过河道、防汛等10余个专业工作，踏实肯干，自强自立，在每个岗位上兢兢业业，尽职尽责。担任河道管理办公室主任，主笔起草并经河北省人大通过《石家庄市河道管理条例》，规范了河道管理，填补了全省河道立法空白；组建供水监察大队和水政监察支队，印制各种制式文书，查处353个违规建设楼盘；担任水电办公室主任，强化安全管理，实现全年生产无事故，年发电量7190万度，超额完成年度指标。李广晶还主持石家庄铁路枢纽货运系统迁建工程涉水防护等34项工程，审查京石客运专线石太连接线等穿跨河工程防护设计50多项，获得科研成果5项，撰写国家级论文3篇。

李丽英 女，43岁，石家庄市裕东小学校长。曾获得全国基础教育创新型校长、河北省优秀教育工作者、河北省优秀德育工作者、石家庄市有突出贡献中青年专家、河北省教学成果奖等荣誉。坚持“真诚待人，踏实做事，潜心教育”宗旨，在教学、教育、科研、管理领域不断学习、思考、实践、探索，以强烈的事业心和高度的责任感，做实做好每份工作，推动学校教育快速发展，实现学校办学规模和教学质量逐年提高，获得全国基础教育特色学校、全国安全文明和谐校园、河北省安全文明先进单位、石家庄市“十佳风采学校”等国家、省市级集体荣誉300余项，学校办学质量在省会取得较高声誉。支持贫困山区教育，将学校建成河北省首家阳光流动课堂基地和石家庄市首批影子校长挂职培训基地。常年在校开展“送教下乡”、“同上一节课”、“同走山区上学路”、“暖冬行动”等爱心帮扶活动，多年来，为山区学校、孩子捐助图书、设备、用具价值几十万元，棉被衣物700余件。

李志芹 女，43岁，河北省高邑县妇女联合会主席。曾获2010年石家庄市文联系统先进个人、2013年石家庄市巾帼建功先进工作者。1991年7月河北水产学校毕业，历任高邑县大营乡妇女主任、副乡长，组织部资料员，工商联副主席，文联主席，妇联主席。参加工作以来，勤奋、扎实、敬业，有实干精神，拼搏进取，默默耕耘，不事张扬，勤廉从政。2011年到县妇联工作后，不怕苦，不怕累，广泛发动全县妇女开展有创意、有成效的社会活动，为促进社会和谐稳定做出了积极贡献。2013年李志芹领导县妇联工作取得显著成效，石家庄市“妇女创业帮扶百村行”活动、石家庄市反家庭暴力日暨创建平安家庭宣传服务周活动在高邑县启动；在全国、省、市刊发妇联工作信息150余条，并在石家庄市美丽庭院建设推进会上做典型发言。

马瑞华 女，42岁，石家庄市第一中学妇委会主任兼信息宣传处主任。2009年被教育部授予“全国模范教师”称号，被中华全国妇女联合会授予“全国巾帼建功标兵”称号；还获得河北省新世纪“三三三人才工程”第三层次人选、河北省劳动模范、河北省骨干教师、石家庄市有突出贡献中青年专家等。负责高中小班语文教学，工作踏实，爱岗敬业，无私奉献，业绩突出。妇女工作以身作则，争先创优，积极为女教师办实事、做好事、解难事；教学工作踏实肯干，注重方法，2009年、2012年所教学生栗梦泽、程思远分别获得当年高考石家庄市文科第一名和理科第一名。

王佳平 女，34岁，河北省正定县公安局旅游派出所所长。2009年获评巾帼建功先进个人，2012年获得石家庄市三八红旗手。王佳平用爱心赢得群众的赞赏，用扎实突出的工作取得上级的肯定。从事公安工作，与男同事并肩战斗，为创建和谐、安宁的治安环境，无私奉献智慧和汗水。工作扎实，勤奋好学，苦练基本功，坚持立警为公，执法为民，履行职责，争做本单位、本部门业务骨干和行家里手。牢记和践行全心全意为人民服务的宗旨，用实际行动把全部精力和满腔热情投入到公安事业。2013年王佳平与全所民警以“构建和谐警民关系，让人民群众满意”为目标，以“打、防、控”为工作中心，大力推进和谐警民关系建设，严厉打击各类刑事犯罪活动，圆满完成上级布置的各项任务，为建设“和谐正定”、构建社会主义和谐社会较好地履行了自己的职责。

杨葆英 女，46岁，石家庄安瑞科气体机械有限公司总经理。杨葆英带领安瑞科气体机械有限公司走出一条科技创新发展之路，公司发展迅猛，在社会上、行业中影响突出，所产高压产品在世界占有率位居第一。2010年安瑞科气体机械有限公司经营收入突破10亿元大关，

2013年经营收入达到20亿元以上，4年实现经营收入翻一番，利税达到3亿多元，为石家庄市工业发展做出突出贡献。2011年5月，安瑞科气体机械有限公司启动新厂区建设项目，一期投资15亿元，2012年9月一期项目全部竣工并投产，建成北方地区最大的低温产品生产基地，获得石家庄市政府高度评价。公司承担多项“863项目”完成。洁净瓶及氟氮混合气气瓶集装箱研发成功，成为国内首家大容积洁净气瓶生产企业；缠绕瓶集装箱开发试制成功，达到世界领先水平。2013年公司完成中国首例“液化天然气（LNG）铁路罐式集装箱的研发”，一次性通过铁路运输所需所有试验和验证，开启中国铁路运输LNG先河，实现了LNG公路、铁路、水路联运。

赵青 女，42岁，河北省行唐县财政局预算科科长。1995年被评为石家庄市清产核资先进个人，1998年7月被评为行唐县首批跨世纪青年拔尖人才，2007年获得石家庄市第四届会计知识大赛二等奖，2008年被评为首届感动行唐“十大孝子”，并被省会文明办评为石家庄市文明公民标兵，2008年9月获得石家庄市第五届会计知识大赛笔试十佳选手奖，2009年、2012年被评为县管拔尖人才，2013年被行唐县委评为优秀共产党员、巾帼明星。出谋划策，组织编制《2013年向省市争取专项资金（项目）目录指引》，实现争取上级专项资金65579万元，为推动全县经济发展做出贡献。严于律己，热情助人，家庭和睦，事业上进，成为行唐县妇女学习的楷模。

河北十大新闻人物

2013年12月，由中共河北省委宣传部和河北日报报业集团主办的钻石杯2013年河北十大新闻人物评选揭晓，石家庄市2人当选2013年河北年度十大新闻人物。

尹进良 参见“英模人物”。

乞国艳 参见“全国医德标兵”。

白求恩式好军医

2013年10月22日，河北省委宣传部、北京军区联勤部联合石家庄市举办“白求恩式好军医”张笋先进事迹报告会。

张笋 女，1972年1月出生，1996年西安医科大学硕士研究生毕业参军，1997年12月加入中国共产党，医学博士，副主任医师，白求恩国际和平医院神经内一科副主任。2012年6月，张笋被确诊为脑部胶质瘤。面对死亡威胁，她乐观向上，与病魔顽强抗争，强忍着病痛为无数患者解除伤痛。张笋在癌症晚期、生命垂危情况下，坚守工作岗位，并做出生命一旦终止，把有用器官捐献给需要的人的庄严承诺。2013年2月张笋手术后，始终坚持在临床一线，用生命模范践行了白求恩精神。张笋参加过利比里亚维和、“和平天使—2009”中国和加蓬人道主义医疗救援联合行动等重大卫勤保障任务。入伍17年，张笋荣立三等功2次，获得联合国和平荣誉一级勋章，被河北省授予“白求恩式医药卫生工作者”称号，并当选“河北十大新闻人物”和“感动省城十大人物”。

石家庄市文明公民标兵

2013年1月6日，省会文明委授予57人“石家庄市文明公民标兵”称号。

助人为乐（17人）

姚彦军 42岁，赞皇县院头镇元头村村民

杨继信 65岁，桥西区友谊街道非凡之旅旅行社党支部书记

耿子怡 女，22岁，元氏县槐阳镇北苏村村民

司玉良 58岁，灵寿县慈峪镇柏山中心小学副校长

郭秀海 48岁，省会学雷锋私家车队队员

吴和平 59岁，平山县蛟潭庄镇奶奶庙村人

赵勇 53岁，石家庄供电公司配电运检工区检修四班员工

史林山 81岁，平山县宅北乡南滚龙沟村村民

张明明 女，22岁，赵县范庄镇秀才营村人

卢英洪 40岁，无极县“河北爱心无限”网站站长

李艳华 女，41岁，桥东区“橄榄绿志愿者拥军之家”创始人

张金声 85岁，桥东区建安街道棉五宿舍居民

王宝春 女，74岁，裕华区裕兴街道850社区志愿者

李遂长 72岁，裕华区裕东街道银通二社区退休民警

魏士良 87岁，桥东区东三教社区居民

于墨臣 68岁，河北金源化工股份有限公司党委书记、董事长、总经理

叶继仁 49岁，裕华区裕华路街道青园社区党委书记

敬业奉献（18人）

张春英 女，35岁，石家庄同行国际旅行社导游

李莎 女，25岁，石家庄同行国际旅行社导游

刘晓翠 女，26岁，石家庄同行国际旅行社导游

薛丹丹 女，23岁，石家庄同行国际旅行社导游

辛朝辉 24岁，石家庄同行国际旅行社导游

闫永学 23岁，石家庄万千国际旅行社导游

王伊婷 女，25岁，石家庄万千国际旅行社导游

方丽丽 女，22岁，石家庄万千国际旅行社导游

赵林朋 25岁，石家庄万千国际旅行社导游

张思晗 女，20岁，石家庄万千国际旅行社导游

任朝辉 53岁，石家庄供电公司配电检修一班班长

张惠荣 女，49岁，灵寿县医院副院长兼内一科主任

王跃斌 47岁，桥西区法院民二庭庭长

白凤岭 女，46岁，桥东区柳辛庄小学教师

史应怀 44岁，裕华区公安分局槐底派出所社区民警

刘彦辉 47岁，晋州市人民医院心内科主任

张会 女，40岁，正定第六中学教师

胡小平 42岁，桥西区地方税务局局长

孝老爱亲（11人）

朱换领 女，60岁，无极县张段固镇北丰村人

耿贞贤 女，60岁，无极县张段固镇北丰村人

王二凤 女，40岁，桥西区委党校副校长

高玉喜 71岁，元氏县苏阳乡北苏阳村人

郄清琴 57岁，桥西区法院民一庭审判员

张志相 48岁，长安区建北街道花园社区建筑民工

杨引秀 女，47岁，晋州市邵庄村人

叶光秀 女，42岁，正定县北早现乡东房头村人

丁建婷 女，44岁，平山县孟家庄镇六西岸村人

段换文 72岁，桥东区环卫工人

赵翠巧 女，70岁，桥东区环卫工人

见义勇为（8人）

付文玉 41岁，正定新区供电所配电班班长

底彦辉　32岁，正定县交警大队107中队协警

王秀成　55岁，元氏县建安村村委会村民

王进兴　48岁，元氏县建安村村委会村民

郑会强　35岁，元氏县政法委司机

张红军　35岁，正定县新安镇政府干部

申震　　45岁，正定县新安镇政府干部

王伟健　41岁，正定县新安镇政府干部

自强自立（2人）

郑进朝　44岁，高邑县政协委员、电器维修部经理

贾涵博　16岁，石家庄市第27中学高二9班学生

拾金不昧（1人）

王国栋　32岁，正定县恒达出租汽车公司司机

2013年1月28日，省会文明委授予22人“石家庄市文明公民标兵”称号。

敬业奉献（2名）

李士军　53岁，灵寿县医院团泊口分院院长

王金锋　49岁，灵寿县环卫职工

诚实守信（2名）

李志粉　女，40岁，元氏县苏阳乡东城角村村民

李月芹　女，55岁，元氏县赵同乡毛遗村妇委会主任

助人为乐（11名）

苏文清　女，36岁，“一家人”志愿者协会会员

李凯　　27岁，“一家人”志愿者协会会员

金孔放　45岁，石家庄鑫浩标牌礼品制作商行经理

祝铃　　女，44岁，元氏县槐阳中心小学教师

李鹏飞　39岁，元氏县交通局运管站运政服务大厅主任

符时卿　43岁，元氏县民政事业服务中心主任

李展　　女，14岁，元氏县槐阳实验学校学生

张一诺　女，11岁，元氏县新城实验学校学生

张玉良　60岁，灵寿县南营乡杨家台村民

韩保山　50岁，灵寿县慈峪镇湾里村村民

姜文军　42岁，灵寿县陈庄镇东村村民

孝老爱亲（7名）

池倩楠　女，21岁，元氏县第四中学学生

崔子硕　18岁，元氏县第一中学学生

吕星星　女，29岁，灵寿县岔头镇台头村村民

胡春梅　女，48岁，灵寿县岔头镇松阳村村民

杜金辉　31岁，灵寿县塔上镇万里村村民

罗书云　女，55岁，灵寿县燕川乡万寺院村村民

薛太英　78岁，灵寿县岔头镇胡家坪村村民

2013年4月19日，省会文明委授予81人“石家庄市文明公民标兵”称号。

助人为乐（15人）

赵苗　　女，深泽县南冶庄头村人

赵景坡　深泽县赵八镇小梨园村人

王占花　女，高邑县全民健身队负责人

韩侃雄　高邑县石油公司高速路口加油站带班长

龚兰奇　石家庄市第一中学学生

周青强　赵县沙河店东诰村人

潘松　　灵寿县大东关村人

邵广德　晋州市邵庄村人

姚忠秋　桥东区栗新社区居民

魏士良　桥东区东三教社区的社区党员志愿者

李绍义　中国电子科技集团第五十四研究所退休干部（桥西区）

郑力宏　正定县正定三中干部

温太英　裕华区环卫工人

杨建华　女，新华区经贸社区居民

李新杰　新华区大厂街17号院居民

孝老爱亲（14人）

席春芳　女，高邑县高邑镇西南关村民

焦占平　平山县北冶乡下滩村人

李彦桃　女，平山县古月镇刘家沟村人

张会珍　女，栾城县栾城镇西董铺村人

常莎　　女，河北交通职业学院学生（桥西区）

李树强　正定县第四中学教师

张春晖　正定县交警大队职工

曹彦娥　女，井陉矿区东王舍社区居民

霍会林　女，井陉矿区贾庄镇

中王舍社区居民

吕素敏　女，赞皇县赞皇镇饶羊村

权全士　新乐市公路管理站职工

薛素敏　女，新华区北后社区居民

毕林华　女，井陉县粮食局职工

张丽　　女，裕华区金域蓝湾社区居民

诚实守信（6 人）

石现科　高邑县永昌锌业有限责任公司总经理

刘保军　赞皇县张楞乡杜庄人

刘聚中　赵县前大章乡南白庄人

汪福全　晋州市环卫处清洁工

李淑强　桥西区西三教社区竹溪园居民

王小计　正定县社保局农保科干部

爱岗敬业（17 人）

郭文军　高邑县妇幼院院长

吴英乔　女，藁城市英乔养老院院长

刘林书　女，平山县两河乡西李坡小学教师

解辉菊　女，石家庄金格尔火锅城职工（赵县人）

单艳涛　灵寿县岔头卫生院职工

王江华　女，鹿泉市第一中学教师

邱冰红　无极县地税局张段固分局副分局长

高立　　晋州市朝阳小学干部

王佳　　女，桥西区保晋南街社区主任

霍彦霞　女，井陉矿区医院职工

陈玲华　女，行唐县交通运输局干部

曹艳玲　女，河北第二建筑工程公司第六分公司干部（长安区）

马秀恩　裕华区城管局职工

张瑞锋　胡家庵联办小学教师

张智乔　女，胡家庵联办小学教师，张瑞锋妻子

闫振洲　长安区法院干部

王臭旦　新乐市住建局环卫工人

见义勇为（7 人）

彭海东　石家庄市民

唐立波　平山县供电公司西柏坡供电所员工

李彦　　女，新乐市堼头村人

张树强　元氏县树强砂厂厂长

徐建军　灵寿县狗台乡南狗台村人

张淼　　桥西区新石南路河北医科大学中医学院宿舍居民

梁志军　石家庄市保安服务公司裕华分公司保安

自立自强（1 人）

王利红　藁城市南孟镇西凝仁村人

热心公益（21 人）

徐忠民　赵县豆腐庄人

卜东平　赵县计生局干部

李荣彩　女，藁城市岗上镇杜村"红嫂志愿队"队长

窦亚平　女，藁城市岗上镇杜村"爱心志愿队"队长

翟小平　女，藁城市廉州镇系井村巾帼志愿小组组长

张益通　井陉县退休教师

郝承先　井陉县北正乡中乐村退休矿工

曹翠玲　女，河北省无极县人

史立军　晋州市河北飞达工具制造有限公司董事长

魏翠双　女，晋州市爱心志愿者协会会员

张金声　桥东区建安街道棉五宿舍居民

封素英　女，桥东区范东社区老年文艺队队长

丁莉莉　女，石家庄市红十字无偿献血志愿服务大队正定县分队副队长

王卫生　井陉矿区横北社区居民

赵绰　　井陉矿区南纬路社区居民

刘振兰　裕华区育才街社区党员志愿者

史建明　长安区安娥艺术团团长

郭领辉　新乐市京来顺餐饮有限公司董事长

杜云肖　女，新乐市河北金苗集团总经理

郝梅云　女，新乐市东王镇孔村人

赵俊英　女，新华区新苑社区舞蹈队队长

2013 年 7 月 10 日，省会文明委授予 26 人"石家庄市文明公民标兵"称号。

助人为乐（5 人）

李彦敏　女，33 岁，高邑县龙凤中学教师

李育民　62 岁，晋州市万庄村村民

胡二祥　51 岁，"一家人"志愿者协会会员

陈建民　53 岁，新乐市人寿保险公司职工

韩保锁　68 岁，裕华区方村镇第二居委会居民

敬业奉献（5 人）

李忠兵　44 岁，新乐市医院肾内科主任

吕建红　女，41岁，井陉矿区凤山中心小学荆蒲兰分校教师

吴灏　39岁，石家庄供电公司检修试验工区电气试验三班员工

付世亮　48岁，灵寿县灵寿中学教师

赵二平　60岁，灵寿县南营乡油盆村古石小学教师

孝老爱亲（7人）

王瑞霞　女，48岁，高邑县高邑镇财政所干部

郝素珍　女，40岁，藁城市西洼村村民

李聚忠　45岁，元氏县马村乡干部

闫国全　64岁，平山县西柏坡镇东柏坡村护林员

张云凤　女，46岁，平山县观音堂乡鱼沟村村民

刘永伟　36岁，无极县北苏镇南焦村村民

乔志华　女，43岁，井陉矿区凤山镇南凤山社区居民

诚实守信（3人）

王少昆　30岁，高邑县保农丰专业合作社销售经理

李朋飞　21岁，赵县南解疃村村民

陈慧萍　女，46岁，正定县文物保管所职工

见义勇为（6人）

姚建科　34岁，藁城市岗上镇大同村人，丽阳中学教师

彭军路　43岁，藁城市廉州镇彭家庄村民，廉州镇建筑公司职工

乔晓雷　29岁，元氏县北正乡北正村人，元氏县河北诚信有限责任公司司机

白志伟　30岁，平山县两河乡西洞村人，河北敬业集团富山车队司机

张雷　26岁，无极县东侯坊乡西马村村民

侯钧　23岁，北京军区66393部队某部汽车营野战输油管线队战士

2013年12月31日，省会文明委授予67人“石家庄市文明公民标兵”称号。

助人为乐（19人）

王晓军　37岁，市公交二公司18路车长

封素英　女，64岁，桥东区范东社区老年文艺队队长

何书彩　女，64岁，裕华区神兴社区居民

李俊德　77岁，棉三退休工人，棉三社区楼组长

王淑芹　女，47岁，市区槐安西路23号二印生活小区居民

赵清江　46岁，藁城市冀丰清江汽车贸易有限公司经理

唐杰　39岁，新乐市承安镇邯村人

云庆彦　59岁，赵县韩村镇各子一村村干部

薛淑欣　女，59岁，深泽县王场村村民

杜云祥、任秀娥夫妇　杜云祥，80岁，正定县农牧局退休干部；任秀娥，女，78岁，正定城区街道大众街居民

高保峰　女，33岁，省会学雷锋私家车队队员，石家庄虔和装饰工程有限公司经理

孙振国　41岁，省会学雷锋私家车队副队长，交通局职工

邢少仑　63岁，国网石家庄供电公司信通公司职工

程修文　36岁，河北速达广告公司总经理

王宝军　35岁，石家庄市智慧人生装饰工程有限公司总经理

刘志江　31岁，市第27中学教师

隋明华　女，《燕赵晚报》读者服务部主任

魏清林　70岁，元氏县外贸局退休干部

赵占魁　64岁，长安区西兆通镇西庄村人

见义勇为（8人）

韩计祥　58岁，光明实业总公司配件公司退休干部

甄喜明、杜建军、姚瑶　甄喜明，43岁，北京铁路局石家庄电务段技术科副科长；杜建军，41岁，北京铁路局石家庄电务段石家庄车间司机；姚瑶，32岁，北京铁路局石家庄电务段司机班司机

闫卫　女，29岁，国大集团下属公司驿家365连锁酒店友谊大街店前台服务员

范春雷　30岁，行唐县独羊岗西叉村人

张飞　28岁，行唐县兴唐出租公司员工

张桂生　行唐县城寨乡南洼村人

丁增根　53岁，新华区合作小区居民

李光旭、杨戈、杨磊、周进、蔡佳伟、周柯楠　李光旭，21岁；杨戈，21岁；杨磊，22岁；周进，21岁；蔡佳伟，21岁；周柯楠，22岁。6人为河北劳动关系职业学院学生

诚实守信（4人）

仇占君　女，40岁，赞皇县嶂石岩乡虎寨口村瓦房台村村民

李宗力　48岁，石家庄洛杉奇食品有限公司总经理

刘振增　48岁，高邑县双益养殖有限公司董事长

齐建明　45岁，河北龙权电器股份有限公司董事长

敬业奉献（22人）

张会贤　68岁，井陉矿区原贾庄镇卫生院院长

何彦丽　女，38岁，元氏县南佐中心小学教师

焦妹芬　女，正定县协和医院产科主任兼副院长

张立娜　女，34岁，鹿泉市实验小学教师

梁庆梅　53岁，赞皇县凯星小学校长、清河乡南壕村支部书记

王玉振　42岁，赞皇县交通运输局公路站千根道班班长

吴一娜　女，35岁，市交通运输局干部

康波　50岁，晋州市运输管理站副书记

张军　43岁，市排水管理处桥西所工区长

郭艳彬　42岁，市公共交通总公司1路188“共青团号”车组女车长

尹旭红　女，37岁，中国联通石家庄分公司党群工作部团组织干事

王超　27岁，河北移动石家庄分公司员工

李广　43岁，桥东区建安路派出所民警

李国红　女，45岁，桥东区环卫大队清扫9班班长

王建国　35岁，市环境监测中心大气自动站管理室主任

张莉　女，41岁，农业银行河北分行营业部综合管理部主任

先锋　36岁，市第三医院医生

郝崇书　女，60岁，平山县古月镇刘家沟村民，农民作家

吴丽英　女，47岁，平山县蛟潭庄镇西大地小学教师

黄军虎　55岁，平山县中山国古城遗址管理所所长

黄建安　29岁，元氏县南因镇孟村人

孙征　女，31岁，河北移动石家庄分公司员工

孝老爱亲（共14人）

张志相　48岁，市区建北街道花园社区建筑民工

李记学　32岁，长安区西兆通镇西塔口村村民

朱国兴　59岁，井陉矿区中学后勤工人

全玉香　女，38岁，灵寿县南宅乡北宅村人

折丽英　女，42岁，灵寿县塔上镇曹庄村人

封春彦　女，36岁，平山县小觉电站工作人员

冯贵巧　女，48岁，深泽县彭赵庄村村民

刘二丑　66岁，井陉县苍岩山镇朱会沟村村民

梁建华　女，37岁，新华区联盟路729号居民

岳瑞丽　女，43岁，国网栾城县供电公司调度班调度员

苏淑菊　女，45岁，石家庄常山纺织股份有限公司棉二分公司北织车间看次布工

程素国　56岁，元氏县院家村人

郝玉焕　女，47岁，长安区西兆通镇凌透社区居民

李淑芬　女，39岁，中国人寿高邑支公司员工

石家庄市第三届道德模范

2013年8月1日，石家庄市授予10人“石家庄市第三届道德模范”称号。

助人为乐道德模范（2人）

周青强　31岁，赵县沙河店人

赵灿　女，27岁，深泽县彭赵庄村人

见义勇为道德模范（2人）

刘占会　44岁，中共党员，元氏县政府办公室干部

李彦　女，28岁，河北移动石家庄开发区客服中心职工

诚实守信道德模范（2人）

任朝辉　55岁，中共党员，石家庄供电公司配电运检工区配电检修一班班长

孙双岐　53岁，中共党员，河北东明国际家具博览有限公司党委书记、董事长

敬业奉献道德模范（2人）

乞国艳　女，48岁，农工党党员，

石家庄市第一医院肿瘤三科主任

冯志宏　女，42岁，中共党员，长安区公安分局建北派出所新浩城警务站主任

孝老爱亲道德模范（2人）

郝天顺　51岁，中共党员，赞皇县民政局局长

翟翠英　女，56岁，新乐市邯邰镇坚固村村民

石家庄市第三届道德模范提名奖

2013年8月1日，石家庄市授予11人“石家庄市第三届道德模范提名奖”荣誉。

助人为乐道德模范提名奖(2人)

姬建辉　36岁，群众，晋州市人

苏俐　　39岁，中共党员，河北高速公路路政总队青银支队中队长

见义勇为道德模范提名奖(2人)

张淼　　25岁，共青团员，石家庄国际机场警消队队员

于利超　28岁，中共党员，栾城县南高乡南安庄村农民

诚实守信道德模范提名奖(2人)

于墨臣　69岁，中共党员，正定县金源化工厂董事长

李旭　　43岁，中共党员，赵县旭海果汁有限公司总经理

敬业奉献道德模范提名奖(3人)

何月霄　女，47岁，群众，石家庄市第41中学教师

张瑞锋、张智乔夫妇　张瑞锋，35岁，中共党员，赞皇县院头学区胡家庵中心小学校长；张智乔，女，38岁，群众，赞皇县院头学区胡家庵中心小学教师

孝老爱亲道德模范提名奖(2人)

焦占平　53岁，群众，平山县北冶乡下滩村农民

康秀平　女，47岁，群众，井陉县微水村人

石家庄市第八届社会科学优秀青年专家

2013年，石家庄市社会科学界联合会授予7人“石家庄市第八届社会科学优秀青年专家”称号。

王律　　41岁，中国西柏坡精神研究院研究员、中国收藏家协会书报刊委员会副主任、河北省党史人物研究会常务理事、石家庄市诗词协会副会长、《石家庄日报》文艺部副主任。出版《铜砚楼吟稿》、《啸声雅韵聚知音》、《翰墨宗师》、《田汉与安娥》、《开国记忆》等著作；参与编导电视文献专题片《沙飞与石家庄》、《为共和国的新闻大厦奠基》。

池卫东　女，45岁，河北省丰宁县人。石家庄职业技术学院教授，社科部主任，河北省首届高校马克思主义理论教学指导委员会委员，中国伦理学会全国地方高校德育专业委员会常务理事，河北省世界政治与经济研究会理事，石家庄市《思想道德修养与法律基础》精品课程负责人，石家庄职业技术学院优秀骨干教师、学术委员会委员。主要研究方向为思想政治教育、法律。主要科研课题16项：其中包括主持教育部哲学社会科学研究重大课题委托项目1项；河北省社会科学基金规划课题2项；论著1部，主编、参编教材5部；发表学术论文20余篇，其中全国中文核心期刊论文10余篇。

李征　　女，36岁，河北省雄县人，石家庄职业技术学院副教授，高级商业美术师，硕士。主要研究方向为艺术学，代表作有《基于“四维度”石家庄城市形象建设的生态位研究》，《基于CIS的石家庄城市形象建设对策研究》，《高职文化创意产业人才培养研究——以河北为例》，《基于网络背景下高职广告设计类课程教学改革实践研究》等。主持“河北省高职文化创意产业人才培养研究”等省市级课题8项，发表论文25篇，其中独著全国核心期刊11篇。主编教材与专著10部。

刘春玲　女，42岁，中共党员，石家庄学院教授，河北师范大学硕士研究生导师，《石家庄学院学报》编委。多年致力于地方经济可持续发展、区域规划、企业市场营销等

领域研究，主持和主研参与国家级、省部级及地方政府委托课题30多项，在《地理研究》等国内外期刊发表学术论文40余篇，出版学术著作3部。

杨红莉　女，44岁，中共党员，博士，教授，硕士研究生导师，石家庄学院文学与传媒学院院长；兼任市文联副主席、市作家协会副主席、省写作学会副会长，省民俗文化协会副会长、省作家协会文学理论研究室特邀评论家。出版学术专著3部，在《文学评论》、《人民日报》《光明日报》等刊物发表学术论文40余篇。

周剑瑭　45岁，中共党员，河北省平山县人，《石家庄日报》理论评论部主任、高级编辑职称，市管拔尖人才，燕山大学文法学院客座教授。新闻采编及新闻研究成果较为丰富，获得新闻奖30多项，其中《栾城草农敢闹海》获得中国新闻奖一等奖，填补河北省地市报新闻史空白，该报道还获得河北省新闻奖一等奖、全国报纸副刊作品年赛一等奖、中国地市报新闻奖一等奖；在《新闻战线》、《中国记者》、《新闻出版报》、《新闻研究导刊》等国家级、省级公开出版刊物发表论文20多篇；参与主编《石家庄日报着力改善“两个环境”文章选编》一书。

籍雪梅　女，44岁，中共党员，河北省高邑县人，毕业于河北师范大学马克思主义理论与思想政治教育专业，大学学历，法学硕士，中共石家庄市委党校校刊编辑部主任、副教授。编辑出版著作9部，发表论文20余篇，主持完成省、市级立项课题7项；主要编纂著作有《石家庄市情干部读本》、《西柏坡时期党的建设》、《树立四种思维　冲破思想藩篱》；主要获奖成果有《河北省以创业带动就业实效分析》、《城市综合竞争力指标体系构成分析》、《石家庄实现新型工业化道路分析》、《消除“五个不”实施“五个一”，构建省会和谐新社区》。

第十三届石家庄青年五四奖章获得者

2013年5月3日，全市16名青年获得第十三届“石家庄青年五四奖章”。

丁玉玲　女，石家庄市京昆高速公路石太管理处高级政工师

王劲超　石家庄市公安局指挥部情报信息中心副主任

刘知新　格力电器（石家庄）有限公司总经理

刘晓晓　女，西柏坡纪念馆讲解员

刘硕伟　栾城县楼底镇西羊市村党支部书记

米中波　赵县人民医院外二科副主任

何升　桥东区城管环卫大队清运车队副队长

张海江　石家庄市第一中学教师

张晓萌　女，石家庄特殊教育学校音乐教师

李霞　女，石家庄市第四医院分娩中心护士长

李丽云　女，石家庄常山股份棉一分公司织造车间教练员

李英朝　河北银行谈南路支行行长

杨辉素　女，石家庄市栾城县第一小学教师

陈贺　石家庄科林电气股份有限公司研发中心工程师

易卿武　中国电子科技集团公司第五十四研究所卫星导航专业部高级工程师

慈志勇　中国联合网络通信有限公司石家庄市分公司副总经理

石家庄市首届百佳校（园）长

2013年9月4日，市教育局、市人力资源和社会保障局、市总工会联合表彰全市教育系统先进个人，授予100人石家庄市首届“百佳”校（园）长称号。

市属（3名）

封芳　石家庄经济学校

韩二刚　石家庄市职业技术教育中心

谭玉平　石家庄市第二职业中专学校

长安区（8名）

鲍桂敏　石家庄市长安区第九幼儿园

方芳　石家庄市长安区第一幼儿园

马友燕　石家庄市谈固小学

孙晓君　石家庄市盛世长安小学

孙中西　石家庄市第四十五中

仵燕　石家庄市长安东路小学

杨建　石家庄市长安区回民幼儿园

赵喜庆　石家庄市第二十二中学

桥东区（7名）

崔迎霞　石家庄市实验小学

关彦然　石家庄市桥东区第三幼儿园

毛瑞花　石家庄市桥东区第四幼儿园

王玮玮　石家庄市第二十中学

武玉敏　石家庄市第四中学

张英强　石家庄市柳林铺小学

赵薇　石家庄市第八十九中学

桥西区（9名）

国晓虹　石家庄市第三幼儿园

黄庆梅　石家庄市第四十一中学

王淑萍　石家庄市留营小学

王宪军　石家庄市第六中学

许翠琴　石家庄市桥西实验小学

杨朝童　石家庄市友谊大街小学

张峰　花都形象艺术学校（民办）

赵荣肖　石家庄市第十九中学

周风云　石家庄市第一幼儿园

新华区（7名）

董羊城　石家庄市第十八中学

杜会芳　石家庄市华北幼儿园

郭振洲　石家庄市石岗大街第二小学

李晗　石家庄市第二十八中学

王欣　石家庄市西苑小学

张立新　石家庄市机场路小学

张丽芳　石家庄市第二幼儿园

裕华区（9名）

董慧君　石家庄市裕华区第二幼儿园

李兰生　石家庄市第四十九中学

李素敏　石家庄市裕华区第一幼儿园

李云红　石家庄市第四十中学

马五多　石家庄市裕华路小学

裴红霞　石家庄市第四十三中学

吴秀娟　石家庄市神兴小学

杨友斌　石家庄市第二十五中学

袁冠贤　石家庄市金马小学

高新区（4名）

冯立忠　石家庄市高新区第二小学

马会敏　石家庄市高新区第一小学

任雪彦　石家庄市高新区八方小学

王瑞卿　石家庄市第五十四中学

高邑县（4名）

任利民　高邑县第一中学

王群英　高邑县五百村学校

王喜胜　高邑县龙凤中学（民办）

赵庆军　高邑县职工子弟学校

藁城市（4名）

付振芳　藁城市东城小学

路芳　藁城市通安幼儿园

王彦芳　藁城市第八中学

夏秀丽　藁城市通安小学

晋州市（6名）

冯贵全　晋州市实验中学

冯金章　晋州市第三幼儿园

郭建成　晋州市职业技术教育中心

田运庄　晋州市第一中学

苑彦从　晋州市魏征小学

张英琴　晋州市实验小学

井陉县（3名）

仇海书　井陉县小作中学

韩爱珠　井陉县职业技术教育中心

宋海燕　井陉县职工子弟学校

井陉矿区（2名）

杨保年　井陉矿区第一小学

赵云峰　井陉矿区中学

灵寿县（1名）

杨文艳　灵寿县城内明德小学

鹿泉市（4名）

崔新会　鹿泉市获鹿镇中学

霍平霞　鹿泉市第一幼儿园

路会力　鹿泉市实验初中

王富良　鹿泉市第二实验小学

栾城县（2名）

刘增山　栾城中学

石素果　栾城县第一幼儿园

平山县（4名）

郭书清　平山县外国语中学

康素珍　平山县南贾壁村小学

王尧琦　平山县职业技术教育中心

张建平　平山县平山镇初中

深泽县（3名）

邸礼辰　深泽中学

李颖　深泽县深泽镇中

王敬然　深泽县方元村小学

无极县（3名）

陈建红　无极县东宋联合小学

刘军祥　无极县实验学校

邢志生　无极中学

新乐市（5名）

范更祥　新乐市孝德小学（民

办）

郝秀茹　新乐市芦新村学校

刘平国　新乐市实验小学

牛兰欣　新乐市直幼儿园

强军宏　新乐市第一中学

行唐县（1名）

毛贵贤　行唐县龙州镇西街小学

赞皇县（1名）

胡志军　赞皇县南街小学

赵县（5名）

白彦伟　赵县中学

李英华　赵县石塔中学

刘军朝　赵县曹庄学校

许国强　赵县大夫庄学校

李建伟　赵县职业技术教育中心

正定县（5名）

丁新立　正定县第三中学

冯世宇　正定县第六中学

李浩　正定县解放街小学

李会永　正定县北石家庄联校

王连华　正定县正定镇中

石家庄市优秀教师

2013年9月4日，市教育局、市人力资源和社会保障局、市总工会联合表彰全市教育系统先进个人，授予100人石家庄市优秀教师称号。

直属单位（17名）

刘艳江　石家庄市第一中学

韩新亮　石家庄市第二中学

王锐　石家庄二中实验学校

封帅　石家庄市第五中学

黄小红　石家庄市第十五中学

雷晓哲　石家庄市第二十四中学

马永毅　辛集中学

郭辉英　河北正定中学

赵坤宪　河北正中实验中学

赵志勇　石家庄实验中学

刘焕领　石家庄第二实验中学

李亮　石家庄市第六十一中学

张占军　石家庄市第一职业中专学校

李宇鹏　石家庄市第二职业中专学校

耿书兰　石家庄市第三职业中专学校

赵建素　石家庄市职业财会学校

苏慧　石家庄市职业技术教育中心

长安区（4名）

孙美英　石家庄市第二十二中学

陈剑　石家庄市范西路小学

刘梦云　石家庄市第二十一中学

王宁宁　石家庄市长安区都市新城小学

桥东区（4名）

刘冬生　石家庄市第四中学

李旭红　石家庄市东马路小学

刘晓艳　石家庄市第二十三中学

伍江坤　石家庄市四中路小学

桥西区（4名）

张素芳　石家庄市第十七中学

刘娟　石家庄市中华南大街小学

孙雪娜　石家庄市草场街小学

李大威　石家庄市维明路小学

新华区（4名）

王静敏　石家庄市宁源小学

刘春霞　石家庄市新华区西苑小学

李红凝　石家庄市第二十八中学

吴晓红　石家庄市第三十五中学

裕华区（4名）

刘巧华　石家庄市石门小学

刘彩虹　石家庄市槐北路小学

杨书慧　石家庄第二外国语学校

王沙　石家庄市裕东小学

高新区（1名）

何彦峰　石家庄市第五十四中高中

高邑县（2名）

王瑞菊　高邑县第三中学

乔卓英　高邑县第一中学

藁城市（6名）

张文亚　藁城市实验学校

路芳　藁城市通安幼儿园

路志红　藁城市第九中学

姚保英　藁城市第一中学

王彦芳　藁城市第八中学

郎永红　藁城市北街幼儿园

晋州市（4名）

张彩娟　晋州市第七中学

杨增辉　晋州市祁底镇中学

郑洪波　晋州市第五中学

刘朝锋　晋州市第一中学

井陉县（3名）

马军明　井陉县实验中学

康国金　井陉县小作中学

王军梅　井陉县职教中心

井陉矿区（1名）

张丽萍　井陉矿区第一小学

灵寿县（3名）

曹军丽　灵寿县初级中学

卢远慧　灵寿县南宅学区

宋海平　灵寿中学

鹿泉市（4名）

谢志芳　鹿泉市实验初级中学

郝超栋　鹿泉市职业教育中心
安晓静　鹿泉市上庄镇中学
狄俊华　鹿泉市第一中学
栾城县（4 名）
艾淑霄　栾城县第六中学
尹杰　栾城县西营乡中学
贾建文　栾城中学
付军军　栾城县柴赵学校
平山县（5 名）
王彦霞　平山县北冶乡北冶中学
张艳　平山县古月镇古月小学
张文生　平山中学
盖玲花　平山县三汲乡康家小学
何明婷　平山县小觉中学
深泽县（2 名）
贾敬敏　深泽县新开街学校
张瑾　深泽县营里中学
无极县（4 名）
兰义乔　无极中学南校区
杨翠芝　无极县东丰庄小学
甄月红　无极县朱家庄小学
张耀辉　无极中学北校区
新乐市（4 名）
丁宝珍　新乐市马头铺学区马头铺小学
李红曼　新乐市教师进修学校附属中学
路保英　新乐市大赵村小学
甄改峦　新乐市第一中学
行唐县（3 名）
高书彦　行唐县龙州中心北街小学
王双荣　行唐县第一幼儿园
贾军方　行唐县上方中心西井底明德小学
元氏县（4 名）
何彦丽　元氏县南佐学区
郑建业　元氏县第二中学
王桥彬　元氏一中
宁聪玲　元氏县槐阳学区槐阳中心小学
赞皇县（3 名）
米运芳　赞皇中学
郝占军　赞皇县土门学区千根小学
朱晓晖　赞皇县院头联办小学
赵县（5 名）
李明哲　赵县中学
李聪辉　赵县职工子弟学校
李伟霞　赵县自强中学
白静蕊　赵县综合职业技术教育中心
周勇威　赵县综合职业技术教育中心
正定县（5 名）
杨闪　正定县第六中学
姬兆梅　正定县第八中学
田娜　正定县新城铺学区新城铺小学
栗艳　正定县解放街小学
韩素晓　正定县东门里小学

石家庄市优秀班主任

2013 年 9 月 4 日，市教育局、市人力资源和社会保障局、市总工会联合表彰全市教育系统先进个人，授予 100 人石家庄市优秀班主任称号。

直属单位（18 名）
董宇　石家庄市第一中学
沈路平　石家庄市第二中学
刘小刚　石家庄二中实验学校
李艳英　石家庄市第五中学
唐景艳　石家庄市第十五中学
孙永平　石家庄市第二十四中学
贾增妍　辛集中学
孙吉林　河北正定中学
郭泉岭　河北正中实验中学
刘中波　石家庄实验中学
尹彩平　石家庄第二实验中学
赵立华　石家庄市特殊教育学校
肖松　石家庄市第 119 中学
张霄　石家庄市第一职业中专学校
田华　石家庄市第二职业中专学校
集伟　石家庄市第三职业中专学校
范树芳　石家庄市职业财会学校
陈洁　石家庄市职业技术教育中心
长安区（4 名）
王宏　石家庄市盛世长安小学
吴静　石家庄市长安东路小学
孟华平　石家庄市第十二中学
邢雅芝　石家庄市和平东路小学
桥东区（4 名）
王静静　石家庄市实验小学
郑雪艳　石家庄市东风西路小学
崔雪丽　石家庄市东马路小学
马培如　石家庄市第二十三中学
桥西区（4 名）
宋玉梅　石家庄市第十中学
牛秀霞　石家庄市友谊大街小学
王利平　石家庄市振头小学
付士仙　石家庄市第四十一中学

新华区（4名）

王玉玲　石家庄市机场路小学

赵玲　石家庄市合作路小学

池风华　石家庄市第三十五中学

康文霞　石家庄市第十六中学

裕华区（3名）

张素叶　石家庄市第八职业中学

李蕤　石家庄市青园街小学

刘兰　石家庄市第二十七中学

高新区（1名）

崔奕　石家庄市第五十四中初中

高邑县（2名）

李英辉　高邑县职教中心

李秋芳　高邑县第一中学

藁城市（6名）

张丽红　藁城市幼儿园

吴翠娟　藁城市实验小学

苏芳静　藁城市特殊教育学校

史惠朋　藁城市石家庄经济开发区中学

李荣侃　藁城市工业路小学

贾建欣　藁城市第七中学

晋州市（4名）

李翠英　晋州市晋州镇宿村学校

刘月敏　晋州市第二中学

王飞虎　晋州市第一中学

白翠双　晋州市实验中学

井陉县（3名）

尹彦庭　井陉县第一中学

武建伟　井陉县第二中学

刘钰　井陉县北方学校

井陉矿区（1名）

刘海霞　井陉矿区刘赵村学校

灵寿县（3名）

胡伟荣　灵寿县初级中学

王军利　灵寿县灵寿镇第一中学

吴丽敏　灵寿县三圣院乡中

鹿泉市（4名）

赵君毅　鹿泉市寺家庄镇中学

张淑玲　鹿泉市获鹿镇中学

董红霞　鹿泉市铜冶镇南铜冶小学

高绍峰　鹿泉市第一中学

栾城县（4名）

刘智慧　栾城县二中学

杨爱云　栾城县窦妪镇第一中学

程庆华　栾城县三中学

房红艳　栾城县冶河镇中学

平山县（5名）

范丽梅　平山实验中学

王利军　平山回舍中学

张海霞　平山县小觉镇秘家会小学

樊雪梅　平山县下口镇小口小学

刘联琴　平山县南甸中学

深泽县（2名）

毕荔芝　深泽县中学

王悦存　深泽县深泽镇中学

无极县（4名）

魏光庭　无极中学南校区

杨霞　无极县郝庄乡牛辛庄学校

王宝良　无极中学北校区

孟会从　无极县北苏镇中

新乐市（4名）

刘玉峰　新乐市第四中学

安月霞　新乐市实验小学

梁云莉　新乐市大岳中学

路永霞　新乐市卫星化工厂小学

行唐县（3名）

白红霞　行唐县南桥中心南桥小学

马丽　行唐县第三中学

苏丽华　行唐县独羊岗中心独羊岗中学

元氏县（4名）

胡建华　元氏县第六中学

周丽川　元氏四中

胡丽桃　元氏七中

靳晓林　元氏县实验中学

赞皇县（3名）

安彩荣　赞皇县第二中学

焦彦军　赞皇县龙门中学

任翠芳　赞皇县张楞中学

赵县（5名）

李双利　赵县中学

李云义　赵县新寨店中心学校

李君英　赵县赵州镇中学

杨丽虹　赵县职工子弟学校

杨利锐　赵县综合职业技术教育中心

正定县（5名）

甘丛会　正定县回民小学

李玉卿　正定县第八中学

马新惠　正定县特殊教育学校

陆晓刚　正定县南楼学区南楼中学

杨瑞霞　正定县第六中学

感动省城十大人物

2014年1月16日，由市委宣传部、石家庄广播电视台、石家庄日报社联合主办的2013年度“感动省城”十大人物颁奖盛典在石家庄广电中心举行，2013年度“感动省城”十大人物现场揭晓。分别是：

树洞女孩——王月 女，23岁，石家庄人，大连工业大学视觉传达系大学四年级学生。她从小喜欢画画，高中开始学习美术。2013年2月22日，石家庄市九中街路两侧的树干上和一些残破的电线杆上，出现了一些奇妙的美术作品，这就是“树洞画”。作者王月经常带着简单的绘画工具出门，在九中街上作画，安静的街道是她的画室，司空见惯的树洞是她的画板。“我想让石家庄灰蒙蒙的冬天变得缤纷多彩一些”，王月最初的想法就是修补残缺，用画笔遮掩住街上的瑕疵，后来才将重点放在了随处可见的树洞上。王月说：“因为我很喜欢美的东西，可能设计思维不太理性。别人说我想法很天真，有时过于感性。”但就是这些天真、感性，为城市营造出一个童话世界，增添一抹亮色。网友亲切地称赞她：“让城市从喧闹中挣扎出来，小爱温暖冬天。”更有人说：“现在城市越来越趋同，大学生用这种赏心悦目的方式打扮我们的城市，更灵动，更与众不同！”城市管理者对王月和她的树洞画采取包容态度，让城市文化富于人情味和活力。2013年王月身边聚集了越来越多的美术志愿者，他们加入到美化家园的行列，正在为城市增添更多更丰富的颜色。

“天使妈妈”——方芳 女，56岁，石家庄市第四医院名誉副院长、产科大主任，主任医师。作为一名产科医生，方芳最大的愿望就是保证母婴平安，对于接待过的每一位患者，方芳都对她们的病情了如指掌，并尽可能满足她们的需求，帮助病人选择分娩方式。有一位名叫马玲的孕妇，当初曾经为自己家族的多指并指遗传病忧心如焚。她和丈夫的第一个孩子没能躲过厄运，为了避免孩子同样遗传这种可怕的家族病，方芳带人辗转到陕西、河南和邯郸等地为马玲的家族成员采集血样，查找致病基因。同时，通过B超和羊水穿刺等各种检查监测马玲腹中的胎儿。在得知马玲家境条件异常困难后，方芳向院方申请，最终十几万元检查费用全部减免。孩子出生后，健康状况良好。类似的例子不胜枚举。至2013年底，方芳成功完成石家庄市第一例“羊水穿刺操作”，抢救急危重症孕产妇1万余例；指导孕妇优生优育，顺利分娩3万余例。从医30余年，她从没有开过大处方，尽量为患者节省开支，减少不必要的检查。方芳说：“我接生了几万个孩子，他们来到这个世界上第一眼看到的是我，我是石家庄最幸福的一个人。”方芳，被人称为“天使妈妈”。

湍流中的生命接力者——石津灌渠救人群体 2013年4月7日，一位轻生男子跳入石津灌渠急流中，瞬间被湍急的河水卷走。市民彭海东开车从此路过，不会水的他立即停下车，拿了一个救生圈就跳入冰冷的河水中，但因水流过急，他与落水者一并被水卷走冲向下游。桃园派出所、北方警务站、胜北警务站的近30名民警和数百名群众纷纷赶到石津灌渠，展开施救。彭海东在首次获救时，把生还机会让给了轻生者，自己则随湍流继续漂流，命悬一线。最终在大家共同努力下，彭海东被救上岸。“石津灌渠大营救”发生后，石家庄市桥东区文明办表彰了石津灌渠参与营救落水者群众代表，分别授予彭海东“桥东区道德模范”称号，授予张秀刚、王显、王寿常、王瑞平、郭彦魁、严全虎、孙乐“桥东区文明公民标兵”称号，授予北方综合警务服务站和胜北综合警务服务站“桥东区学雷锋先进集体”称号。该事迹还被中央电视台《新闻联播》等节目竞相报道，在全国引起强烈反响。

与病魔抗争的创新能手——齐名 41岁，华北制药集团金坦公司电气仪表组组长。公司成立之初，大部分采用进口设备，技术资料全部都是英文、德文或瑞典文等，为弄懂这些设备，他报考了夜大专科进行系统学习。渐渐地，齐名成了金坦公司的“百事通”。2000年，一台意大利进口设备出现故障，厂家说要把设备拆走，维修费用高达几十万元，还要停产一个来月，测算下来，企业至少要损失1000多万元。齐名临危受命，仅仅用一角钱的电阻，就为公司挽回千万元损失。2008年11月，齐名被检出罹患白血病。在治病过程中，他完成自动称重剔除系统关键技术的构思，使产品返工率由42%下降到5%，一个个技术难题被攻克……半年后，化疗还未结束，齐名用帽子遮住因化疗严重脱发的头部，全身浮肿地回到工作岗位。同事和家人不理解，他说：“人不能总为治病活着，全心工作就慢慢忘了疾病，疾病可能也就慢慢忘了我，是工作给了我第二次生命。”在与病魔抗争的五年里，齐名实现科研成果145项，为省会医药龙头企业创造了四千万元经济效益。2013年5月1日，齐名获得全国五一劳动奖章。

坚守乡村的女教师——何彦丽 石家庄市元氏县南佐中心小学教师。2000年，她的大儿子出生在青海格尔木丈夫的部队驻地。由于严重的高原反应，在6个月时孩子被发现眼睛缺陷，虽多方求医治疗，仍于3岁半时失明。祸不单行，不久，孩子的一侧肾又丧失功能，只得手术摘除。面对人生的坎坷，何彦丽没有低头，她放弃进京的工作机会，克服和丈夫、失明儿子两地分居的困难，舍小家为大家，独自一人在乡村小学坚守。每周五下午5点多，上完一天的课，何彦丽就急匆匆踏上去往北京的路程。买票赶车、等车、倒车，半夜12点回到北京的家。周六待上一天，周日中午，她又离开北京返回南佐……一周一次，一年3万多千米，这样的日子，至2013年她走过7年。何彦丽的事迹被多家媒体报道，2013年被拍成微电影，引起强烈反响。

舍命擒贼好所长——李广 43岁，石家庄市建安路派出所所长。2013年10月11日，李广带队执行抓捕毒贩任务，行动中遭遇贩毒嫌疑人及其同伙10余人的激烈反抗，犯罪嫌疑人丧心病狂，掏出匕首向拦截的民警连刺数刀。危急时刻，李广奋不顾身扑向嫌疑人，从身后死死抱住嫌疑人，并牢牢抓住嫌疑人拿刀的右手。此时，嫌疑人气急败坏，迅速将刀换到左手，对准李广左手手腕连刺三刀，顿时，李广手臂血流如注。嫌疑人强行挣脱李广的控制后，企图搭乘同伙的轿车逃离。李广强忍剧痛，一个箭步扑身上前扒住车门，嫌疑人疯狂猛关车门，将李广左手夹伤变形。即便这样，李广仍然死死抓住车门不放，在被车辆拖行十多米后，李广被重重摔在地上，因失血过多导致昏迷，被送往医院紧急救治。经医生诊断：李广左手腕处被刀刺伤，刀口长约2厘米，深及腕骨，造成神经线和肌腱断裂，左手小拇指、无名指、中指粉碎性骨折。2013年底，该案涉案人员全部落网，李广重返岗位。李广从警22年，破获各类案件累计达400余起。

给城市洗脸的大班长——李军风 女，49岁，石家庄市灵寿县人，新华区卫生队清扫科清扫大班长。李军风所在民族路班组，地处城市繁华区域，干线长，过往车辆多，车速快，清扫保洁难度大，工作量也大，并且非常危险。她带领班组成员起早贪黑，不管狂风烈日，不分寒冬酷暑，天天忘我工作。2013年石家庄市连续出现雾霾天气，环卫工人为缓解道路扬尘勇担重任，严格实施各项具体降尘举措。李军风协调洒水车辆一遍又一遍地冲洗辖区马路，路面干净了，露出了底色。冲洗过后，道路哪里有积水，她第一时间赶去用扫帚推开，方便行人通过。针对收水口、马路油污等顽疾，李军风积极创新清理方法。一次，附近某建筑工地渣土车遗撒渣土，李军风和队员们据理力争，最终使对方意识到自己的错误并积极配合清洁工作。多年来，李军风班组负责的商圈卫生状况受到广大商户和市民的交口称赞。也就在这几十年里，清扫班同事家中有困难，她热情相助；组员有病，她到医院或家中探望；组员家中有事或有病不能上班，她总是主动替换班。但她自己却从未因病或家中有事耽误一天工作。风来雨去，一转眼，李军风在环卫一线岗位坚守工作了30年。

盲童的音乐筑梦人——张晓萌 女，30岁，石家庄市特殊教育学校三年级盲班班主任、音乐老师。2006年，张晓萌大学毕业分配到市特殊教育学校。走进教室第一天，一直生活在“蜜罐”中的她倍感震撼。张晓萌说：“一张张小脸上对音乐难掩的渴望，击中了我内心最柔软的地方。”“用音乐让孩子们快乐起来，让他们和正常孩子一样，度过幸福的童年”——这是张晓萌7年前写在日记本上的一段话。7年来，张晓萌也这样坚持着，孩子们因眼盲、失聪而常常弯腰驼背、习惯偏头，她就从唱歌时的站姿开始，每天花上两三个小时帮孩子“掰背”……张晓萌像妈妈一样照顾着这些特殊孩子，用音乐让孩子们快乐起来，不少孩子在音乐中像健全人一样成长。多年的付出结出硕果，她的盲童学生在2012年第十届中国少年儿童歌曲卡拉OK电视大赛中摘得银奖，10岁盲童肖铮2013年登上中央电视台《向幸福出发》舞台，歌声打动无数人。

温情豆饼哥——姚彦军 41岁，

石家庄市赞皇县人。姚彦军卖豆饼时坚持“学生买一赠一，清洁工买一赠二”，被网友赞为传递正能量的“豆饼哥”。“豆饼哥”一半的豆饼卖给学生，一天下来最多只能挣到100元钱。一个豆饼的成本近一元钱，卖给学生只够保本，卖给环卫工人肯定是赔钱。一位顾客说，豆饼哥是好样的，他和同事一起约好买豆饼，算是对好心人的支持。姚彦军说，豆饼热卖的同时，也给他带来一点幸福的烦恼。因为做饼需要一定时间，而买豆饼的人大增，大冷天让大家冻着等待不忍心，于是他不停地劝说大家少买点才能都有份。经中央电视台《新闻联播》报道后，到姚彦军处买豆饼的人更多了。市民们发现，自己身边又陆陆续续出现请环卫工免费喝豆浆的“豆浆哥”，给环卫工提供免费早餐的面馆，这些小小的善举像一条条暖意融融的小河，在城市的各个角落静静流淌。

至孝姐妹花——裴聪悦、裴悦冉 裴聪悦、裴悦冉姐妹俩家住石家庄新乐市木村乡。2013年姐姐裴聪悦17岁，在新乐市一中高一班就读，妹妹裴悦冉在新乐市实验学校八年级就读，姐妹二人家境贫寒，爸爸裴玉江因重度夜盲症，眼睛几近失明，丧失劳动能力，妈妈改嫁。姐妹俩和爸爸住在低矮破旧、随时有倒塌危险的土坯屋里生活。两个小女孩坚强地承担起家庭的重担。她们最大的愿望就是治好爸爸的眼睛，让爸爸看到她们长大。姐姐裴聪悦照顾着一家人的起居，为了生活，她寒假卖气球、暑假到工厂打工。早出晚归，不论寒暑，她都咬牙坚持着。2013年姐姐上高中，妹妹更多地承担起照顾家庭的重任。姐妹二人从没有因家庭困难而放弃学业，没有因生活的挫折而自暴自弃。她们坚信：知识改变命运，坚强才能自立。姐妹俩的学习成绩在班级都是名列前茅。2013年11月，在中央电视台举办的《众里寻你——2013寻找最美孝心少年颁奖典礼》上，裴聪悦、裴悦冉姐妹俩获得“特别关注孝心少年奖”。

逝世人物

王晓云（1915～2013），河北省正定县人，1938年参加革命工作，1938年加入中国共产党，1979年离休，享受司局级待遇。因病于2013年8月24日逝世，享年98岁。

齐耀民（1915～2013），河北省安平县人，1937年10月参加工作，1939年3月加入中国共产党，1982年8月任政协石家庄市第五届委员会副主席，1983年12月离休。因病于2013年11月27日逝世，享年98岁。

李凤谊（1917～2013），原石家庄市第二十三中学副校长，1942年参加工作，1941年加入中国共产党，1982年离休，享受副处级待遇。因病于2013年2月21日逝世，享年96岁。

谷忠义（1919～2013），原石家庄市城建局党组成员、顾问。1938年10月参加革命，1938年11月入党，1982年12月离休，享受副厅级待遇。因病于2013年1月7日逝世，享年94岁。

张景春（1920～2013），原石家庄市土地管理局离休干部，1938年11月参加工作，1948年加入中国共产党，1983年离休，享受副处级待遇。因病于2013年6月22日逝世，享年93岁。

李润生（1920～2013），原石家庄市第六届人大常委会副主任，因病于2013年7月26日逝世，享年93岁。

杨志敏（1921～2013），河北省文安县人，原石钢公司党委书记、离休老干部，1941年参加革命工作，1941年4月加入中国共产党，1982年离休，享受副厅级待遇。因病于2013年1月18日逝世，享年92岁。

董维农（1921～2013），原藁城县县委常委、人大常委会代主任，中国共产党党员。1941年7月参加工作，1983年12月离休，享受副司局级待遇。因病于2013年2月3日逝世，享年92岁。

陈万（1922～2013），山西省昔阳县人，原石家庄市动力机械厂副厂长，1941年6月参加革命工作，1941年7月加入中国共产党，1983年12月离休，享受副厅级待遇。因病于2013年1月10日逝世，享年91岁。

齐强（1922～2013），河北省晋州市人，原石家庄市教育局教研室主任，1940年参加工作，1940年加入中国共产党，1983年离休，享受副地级待遇。因病于2013年4月26日逝世，享年91岁。

王晋民（1923～2013），山西省浑源县人，原石家庄市教育局副局长，1937年参加革命工作，1939年7月加入中国共产党，1983年离休，享受副地级待遇。因病于2013年1月12日逝世，享年90岁。

刘荣欣（1923～2013），原石家庄市第六届人大常委会副主任，因病于2013年2月7日逝世，享年90岁。

刘计民（1923～2013），原石家庄市井陉矿区人民法院副院长，1984年12月离休，享受离休干部待遇。因病于2013年10月10日逝世，享年90岁。

陶恒运（1924～2013），原石家庄信访办公室主任，1944年参加工作，1945年加入中国共产党，1984年离休，享受副县级待遇。因病于2013年1月7日逝世，享年89岁。

刘保平（1924～2013），原赵县人大常委会主任，正县级离休干部，因病于2013年7月26日逝世，享年89岁。

郑祥成（1925～2013），山东省诸城市人，原河北省农机公司副经理、石家庄市国有资产监督管理委员会委员，1945年参加革命工作，1946年加入中国共产党，1986年离休，享受厅局级待遇。因病于2013年3月12日逝世，享年88岁。

贾维涛（1925～2013），河北省辛集市人，原石家庄市物资局局长、市国有资产监督委员会离休干部，1944年12月参加革命工作，1945年4月加入中国共产党，1989年3月离休，享受厅局级待遇。因病于2013年3月28日逝世，享年88岁。

牛织宫（1925～2013），河北省平山县人，原石家庄地区种子工作站站长、党支部书记，1943年参加工作，1943年加入中国共产党，1985年离休，享受副处级待遇，因病于2013年4月14日逝世，享年88岁。

王双柱（1925～2013），1944年10月参加工作，1946年1月加入中国共产党，1982年6月在原石家庄郊区老干部局离休，享受副县级待遇。因病于2013年11月26日逝世，享年88岁。

郝凤春（1926～2013），1926年11月出生，1945年8月参加革命工作，1989年3月离休，享受副（地）厅级待遇。因病于2013年10月14日逝世，享年87岁。

侯世远（1927～2013），河南省镇平县人，原石家庄市教育局局长，1948年参加工作，1950年7月加入中国共产党，1989年离休，享受正县级待遇。因病于2013年5月24日逝世，享年86岁。

张万祥（1927～2013），河北省蔚县人，原石家庄市民族事务委员会主任顾问、离休干部，1945年参加革命工作，1945年加入中国共产党，享受副厅级待遇。因病于2013年7月6日逝世，享年86岁。

郜延年（1927～2013），河北省平山县人，原石家庄中威电机厂干部，1927年出生，1943年参加革命工作，1943年加入中国共产党，1985年4月离休，享受副处级待遇。因病于2013年7月31日逝世，享年86岁。

郭俊逸（1928～2013），河北省栾城县人，原石家庄市粮食局局长，1949年参加革命工作，1957年加入中国共产党，1989年6月离休，享受正县级待遇。因病于2013年2月5日逝世，享年85岁。

刘英波（1928～2013），原石家庄市制酒厂厂级调研员，1948年参加工作，1956年加入中国共产党，1988年离休。因病于2013年3月2日逝世，享年85岁。

姚秋保（1928～2013），石家庄市桥东区姚栗村人，原石家庄天林源丰电子有限公司（无线电五厂）厂长，1947年参加革命工作，1949年加入中国共产党，1989年离休，享受正处级待遇。因病于2013年3月11日逝世，享年85岁。

杨恩荣（1928～2013），天津市汉沽区杨家寨上村人，原石家庄建工集团有限公司（即石家庄第二建筑工程公司）综合加工厂党支部副书记。1928年1月出生，1945年参军入伍，1953年转业，1975年7月调入石家庄第二建筑工程公司，1984年6月离休，享受副厅级待遇。因病于2013年12月25日逝世，享年85岁。

孙双根（1929～2013），河北省衡水市人，原石家庄市电机厂离休干部。1946年加入中国共产党，1946年参加革命工作，1984年4月离休，享受副处级待遇。因病于2013年11月11日逝世，享年84岁。

刘洪来（1930～2013），河北省昌黎县人，原石家庄市交通局调研员。1943年参加革命工作，1946年加入中国共产党，1985年离休，享受县级待遇。因病于2013年3月14日逝世，享年83岁。

刘春明（1930～2013），原石家庄市土地管理局局长，中共党员。1944年3月参加工作，1990年9月离休，享受正处级待遇。因病于2013年3月30日逝世，享年83岁。

王文杰（1930～2013），中国共产党党员，原石家庄市长安区委常委、政法委书记。因病于2013年5月12日逝世，享年83岁。

何振环（1931～2013），原石家庄地区行政公署民政局正科级调研员（县级待遇）。因病于2013年10月18日去世，享年82 岁。

李明（1932～2013），内蒙古自治区武川县人，原石家庄市经委主任、市政府顾问、市国有资产监督管理委员会正处级离休干部。1949年9月参加革命工作，1965年12月加入中国共产党，1994年4月离职休养。因病于2013年11月13日逝世，享年81岁。

李少英（1933～2013），原石家庄市天兴管业有限公司离休干部。1948年10月参加工作，1992年7月离休，享受副县级待遇。因病于2013年1月8日逝世，享年80岁。

曹云华（1934～2013），河北省辛集市人，原石家庄市文联主席。1934年2月出生，1954年参加工作，1958年10月加入中国共产党。曾任石家庄市老年书画研究会常务副会长，享受正处级待遇。因病于2013年10月11日逝世，享年79岁。

李繁波（1934～2013），1956年8月参加工作，1971年1月加入中国共产党，1994年6月退休，享受副处级待遇。因病于2013年10月17日逝世，享年79岁。

郑文海（1934～2013），河北省行唐县人，原石家庄市政协副主席。1954年6月参加工作，1954年7月加入中国共产党，1992年3月任政协石家庄市第六届、第七届委员会副主席、党组成员，1996年2月退休。因病于2013年11月19日逝世，享年79岁。

董景岐（1945～2013），原中共石家庄市纪委副书记，因病于2013年9月14日逝世，享年68岁。

肖锁柱（1948～2013），笔名肖阳，河北省鹿泉市人，原石家庄市文联副主席。1967年参加工作，1978年加入中国共产党，2013年4月退休。因病于2013年11月17日逝世，享年65岁。

管前琴（1949～2013），女，原农工党石家庄市委员会专职副主任委员。1968年4月参加工作，1983年10月加入中国农工民主党。因病于2013年9月22日逝世，享年65岁。

史全斌（1954～2013），河北省元氏县赵同乡人，原元氏县政协主席，1972年参加工作，1973年加入中国共产党。因病于2013年4月23日逝世，享年59岁。

齐庆三（1969～2013），参见“英模人物”。

尹进良（1985～2013），参见“英模人物”。

文献法规

文献法规

石家庄市人民政府令第182号

《石家庄市轨道交通建设管理办法》已经二〇一三年七月十五日市第十三届人民政府第四次常务会议讨论通过，现予发布。自二〇一三年九月十日起施行。

市长：王亮

二〇一三年七月十七日

石家庄市轨道交通建设管理办法

第一章　总则

第一条　为规范轨道交通建设管理，保障轨道交通建设的顺利进行，促进轨道交通事业持续健康发展，根据国家相关法律、法规，结合本市情况，制定本办法。

第二条　本办法适用于本市行政区域内轨道交通规划、用地、投资、建设、设施保护及其相关的管理活动。

第三条　本办法所称轨道交通，是指城市公共交通系统中的城市地铁、轻轨等轨道公共客运系统。

本办法所称轨道交通设施，包括轨道、路基、高架道路（含桥梁）、隧道、车站（含出入口、通道、通风亭和冷却塔）、控制中心、车辆段、停车场、变电站（所）等土建工程，车辆、供电、环控、通信、信号、给排水、空调、消防、防灾和报警、售检票、电扶梯、屏蔽门（站台门）、旅客信息系统、站内外导向标志系统、隔音屏障、人防设施等，以及为保障轨道交通运营而设置的其他相关设施。

第四条　轨道交通发展应当遵循统筹规划、分步实施、安全第一、科学管理的原则。

第五条　市人民政府建立轨道交通综合协调机制，协调解决轨道交通建设、运营中的重大事项。

市轨道交通管理机构负责组织实施本办法。

市发展改革、财政、城乡规划、国土资源、建设、安监、质监、城市管理、园林、水利、环保、文物保护、交通、公安、人防等部门在各自职责范围内负责轨道交通建设的相关管理工作。

市、相关各县（市）土地储备机构负责轨道交通建设及开发所涉及土地的储备工作，市土地收储中心具体办理相关业务。

轨道交通沿线各县（市）、区人民政府（含石家庄高新技术产业开发区、正定新区管理机构，下同）应当配合做好轨道交通相关工作，在财政、规划、用地、建设、设施保护等方面优先保障轨道交通发展。

市轨道交通管理机构成立轨道交通建设和运营单位（简称建设单位或运营单位），具体负责本市轨道交通的建设、运营和沿线综合开发等相关工作。

第六条　轨道交通项目的报批、审批工作按照国家有关支持重点工程的政策执行。

轨道交通建设过程中涉及到规划、建设、城市管理、安监、质监、环保、文物保护、交通、消防、人防、园林、水利等审批，由市级人民政府相关职能部门统一审批管理，各部门应当优化审批流程，优先办理轨道交通行政审批手续。

第七条 电力、通信、给水、排水、供热、燃气等相关单位，应当优先保证轨道交通建设和运营。

公民、法人及其他社会组织应当支持轨道交通发展，保护轨道交通设施，维护轨道交通建设秩序。

第二章 规划与用地

第八条 轨道交通规划包括轨道交通线网规划、轨道交通设施用地控制规划（含轨道交通地下空间利用规划）、轨道交通建设规划以及相关的专项规划。

第九条 编制轨道交通规划应当依据本市国民经济和社会发展规划、城乡规划、城市综合交通规划，符合土地利用总体规划，与其他公共交通建设规划、地下空间开发利用专项规划相衔接。规划的制定应当征求市人民政府各相关职能部门、沿线县（市）、区人民政府和社会公众的意见。

轨道交通线网规划、轨道交通设施用地控制规划、轨道交通建设规划由市轨道交通管理机构组织编制，并依照相关规定报批。按照批准的规划，市轨道交通管理机构编制轨道交通年度建设计划和相关专项规划。

轨道交通规划审批通过后纳入城市规划。经批准的轨道交通规划不得随意变更；确需变更的，应当按照原审批权限和规定程序办理报批。

第十条 市城乡规划、国土资源主管部门应当严格管理轨道交通设施用地控制规划范围内的土地，作为市政基础设施用地纳入规划管理控制之中，保障轨道交通建设的需要。

轨道交通设施用地控制规划红线范围内严格控制建设其他项目，确需与轨道交通设施连接、合建的项目以及其他市政公用设施，市城乡规划主管部门应当书面征询市轨道交通管理机构的意见后，出具规划条件，办理审批手续。

轨道交通设施规划用地控制，应当考虑安全运营的需求，并预留疏散空间。规划轨道交通站点用地时，应当充分考虑轨道交通与常规公交车辆、客运出租车、社会车辆、长途客运、铁路、航空等交通方式的衔接，具备条件的应预留换乘枢纽、停车场等公共交通和公共设施用地。

城市规划确定的轨道交通设施用地，不得随意改变用途；确需改变用途的，应当按照法定程序重新办理报批。

第十一条 轨道交通设施用地由市、县级人民政府以划拨方式供应。国土资源主管部门应当按照轨道交通规划要求和建设时序供应轨道交通设施用地。

轨道交通建设用地使用权实行地表、地上、地下立体分层登记制度，由国土资源主管部门按照土地使用情况办理供地手续和权属登记。

第十二条 轨道交通建设工程实行“地表、地上、地下统筹协调”的原则。其他新建工程与轨道交通建设相冲突的，按照优先重点、兼顾一般的原则办理。

轨道交通建设需要使用地表、地上、地下空间时，相邻的建（构）筑物、市政管线等设施的所有权人、使用权人和土地使用权人应当提供必要的便利。

轨道交通建设使用地下空间的，按照城市规划要求和土地分层使用的原则处理，不受其上方土地使用权的限制，其上方和周边建（构）筑物的所有权人和土地的使用权人应当提供便利。

轨道交通出入口、通风亭和冷却塔等设施需要与周边物业结合建设的，周边物业的所有权人、使用权人应当提供必要的便利。

轨道交通建设对相关权利人的合法权益造成损失的，应给予合理补偿。

第十三条 市地名管理机构根据有关规定，组织编制轨道交通沿线车站命名预案，经社会公示后报市人民政府批准。

第三章 投资与土地综合开发

第十四条 轨道交通建设资金实行政府投入和多渠道筹集相结合的原则，投资者的合法权益受法律保护。

第十五条 市人民政府负责轨道交通建设项目资本金的筹措，建立健全轨道交通建设资金的投入、补贴和补偿机制，保障轨道交通建设和运营的顺利进行。

设立轨道交通建设发展专项资金，资金的筹集、使用和监督按照市人民政府专门规定执行。

市轨道交通管理机构负责轨道交通建设投融资工作，建设单位具体负责融资方案的落实，市财政、国土资源、金融等相关部门在各自的职权范围内做好相关工作。

第十六条　市财政部门和审计部门派驻专门人员按照相关规定对轨道交通投资和工程建设资金使用进行跟踪审计和监督。

第十七条　新建轨道交通的配套工程属市政工程性质的，列入市城建计划，并在市城建计划中安排资金。

第十八条　轨道交通站点周边物业需要与轨道交通出入口对接的，应遵循有偿使用原则。

第十九条　轨道交通站点边缘外侧500米范围内土地、轨道交通特定片区土地经市人民政府批准纳入轨道交通用地控制范围的，在制定土地储备计划和房屋征收计划时，土地储备机构和房屋征收部门应征求轨道交通管理机构的意见，其土地出让净收益全部用于轨道交通建设、运营和偿还债务。

市、县（市）土地储备机构对轨道交通站点边缘外侧500米范围内有开发价值的地块优先收储，满足轨道交通建设融资需要。

第二十条　建设单位对与轨道交通设施结构上不可分割、工程上必须统一实施的项目，统一进行规划设计、综合开发。

第二十一条　市、县（市）土地储备机构储备的规划为经营性用途的土地，涉及轨道交通项目安全、对土地使用者有限制和特别要求的，可以采取招标方式出让，按照综合条件最佳者得的原则确定受让人。

第二十二条　轨道交通建设项目需要缴纳的行政事业性收费中，属市人民政府审批权限内的新型墙体材料专项基金、渣土处置费、城市基础设施配套费等予以减免；需要缴纳的其他税费，可以减免的，按照有关规定予以减免。

第二十三条　市建设主管部门根据轨道交通工程投资规模和建设特点，对轨道交通工程农民工工资保证金的收缴和使用进行专项管理。

第四章　建设

第二十四条　轨道交通项目建设应当按照国家规定的基本建设程序进行。

轨道交通项目的勘察、设计、施工、监理、检测、监测、设备供应、验收等建设活动，应当遵守法律、法规、技术标准和规范。

第二十五条　轨道交通建设可根据项目具体情况，采用工程总承包、建设—移交（BT）、建设—运营—移交（BOT）等运作模式，报人民政府批准后实施。

第二十六条　轨道交通建设单位应当依照国家《招标投标法》、《招标投标法实施条例》及省、市相关规定，对工程的勘察、设计、施工、监理以及与工程建设相关的设备、材料等的采购，依法组织招标，招标投标活动应当进入招标投标交易场所进行。

第二十七条　轨道交通参建单位应当采取安全防范措施，减少轨道交通对上方和周围已有建（构）筑物和城市基础设施的影响，保障其安全。

施工单位应采取有效措施减少和防止粉尘、废水、废气、噪音、振动对周边环境的污染和危害。

第二十八条　建设单位对轨道交通工程建设负总责。建设单位、勘察单位、设计单位、施工单位、监理单位、质量检测单位、监测单位以及其他与轨道交通工程安全和质量有关的单位，依法承担轨道交通工程安全和质量责任。各单位的主要负责人对本单位轨道交通工程安全和质量管理工作全面负责，项目负责人对所承担的轨道交通工程安全和质量负责。

市建设主管部门负责轨道交通工程安全和质量的监督管理，应结合轨道交通项目的建设模式及特点，制定专门的轨道交通工程质量监督与验收管理办法，明确轨道交通项目质量监督及验收标准。其他相关部门依照法律、法规及本办法的规定，在各自职责范围内对有关轨道交通工程安全和质量工作实施监督管理。

第二十九条　因轨道交通建设需要永久或者临时迁改市政管线的，由建设单位负责管线综合设计的报批工作。各管线产权单位根据批准的管线综合设计方案及规划要求办理施工图报批以及规划、土地、建设等前期手续，并组织各自管线迁改。迁改费用经市财政部门审定后，由建设单位承担。

迁改管线时增容或提高标准的，增容部分及超出标准部分的费用建设单位不再承担。

第三十条　因轨道交通建设需要临时迁移的监控设备、交通设施、环卫设施、公共照明设施、体育健身设施、广告牌、宣传栏等，由各自产权或管理单位负责迁移、保管等工作。具备回迁条件后，产权或管理单位将原设施恢复，迁移和恢复费用经市财政部门审定后，由建设单位承担。

设施迁移需要开挖路面的，迁移完工后应由道路原维护单位负责及时恢复。

第三十一条　因轨道交通建设确需移植树木的，建设单位应组织园林等相关部门共同论证并优化树木移植方案，尽可能减少树木移植的数量，并按相关规定办理报批手续，园林部门应及时审批，并负责组织移植工作。移植费用经市财政部门审定后，由建设单位承担。

在轨道交通设施用地控制范围内的附属绿化工程，由建设单位向市园林主管部门办理报批手续后组织实施。

第三十二条　轨道交通建设期间，公安交通管理部门应当对施工涉及的路段，组织制订交通疏解方案及道路交通堵塞应急处理预案。交通疏解方案应当在实施七日前在本市主要媒体上发布。

第三十三条　轨道交通工程验收按照国家规定的条件及程序进行，分为单位工程质量验收、项目预验收、项目竣工验收、国家验收四个阶段。

轨道交通工程所包含的所有单位工程质量验收合格后，方可组织城市轨道交通工程项目预验收。

轨道交通工程项目预验收合格后，建设单位组织不载客试运行，试运行 3 个月后，建设单位方可组织项目竣工验收。

经竣工验收合格，轨道交通工程方可投入试运营，试运营期不得少于 1 年。

试运营期满，市轨道交通管理机构提请上级相关部门组织国家验收。验收合格后，方可投入正式运营。

第三十四条　建设单位应当及时收集、整理轨道交通建设工程档案，在国家验收合格后及时向城乡建设档案管理机构移交轨道交通建设工程档案。

第五章　保护区及设施保护

第三十五条　本市设立轨道交通保护区，保证轨道交通建设顺利进行和建成后的安全运营，保护区分为控制保护区和重点保护区。工程施工前，保护区范围由建设单位提出方案，报城乡规划、国土资源主管部门审核备案。工程竣工后，重新核实保护区范围，报城乡规划、国土资源主管部门备案。

第三十六条　轨道交通控制保护区的范围是：

（一）地下车站和隧道结构外边线外侧 50 米内；

（二）地面车站、高架车站以及线路轨道外边线外侧 30 米内；

（三）出入口、通风亭、变电站等建（构）筑物结构外边线外侧 10 米内；

（四）轨道交通过河隧道结构外边线外侧 100 米内。

第三十七条　在轨道交通控制保护区内设立轨道交通重点保护区，轨道交通重点保护区范围是：

（一）地下工程（车站、隧道等）结构外边线外侧 5 米内；

（二）高架道路（桥、站）工程结构垂直投影边线外侧 3 米内；

（三）地面车站及地面线路路堤或路堑外边线外侧 3 米内；

（四）出入口、风亭、车辆段、控制中心、变电站、冷却塔等建（构）筑物结构外边线外侧 5 米内；

（五）轨道交通过河隧道结构外边线外侧 50 米内。

在重点保护区内，除经规划批准的园林绿化、环卫设施、人防工程、市政公用设施和涉及公共安全的工程外，严禁建设其他项目。

第三十八条　根据地质条件或者其他特殊情况，建设单位可以提出局部调整轨道交通保护区范围的意见，经市城乡规划主管部门同意后实施。

第三十九条　在轨道交通控制保护区内进行下列作业的，规划、城市管理、水务、交通等部门办理行政许可手续时，应书面征求市轨道交通管理机构意见：

（一）建造或者拆除建（构）筑物；

（二）从事建设勘察、钻探、打井、打桩、挖掘、地下顶进、灌浆、爆破、架设、降水、地基加固、地面堆卸载、锚杆、锚索等可能影响轨道交通安全的施工作业；

（三）修建塘堰、开挖河道水渠、疏浚河道、泄洪排水、采石挖沙；

（四）大面积增加或减少载荷；

（五）敷设市政管线或者设置跨线等架空作业，穿凿通过轨道交通路基的地下坑道；

（六）需跨越或横穿轨道交通设施的作业；

（七）需移动、拆除和搬迁轨道交通设施的作业；

（八）其他可能危害轨道交通设施的活动。

第四十条　在轨道交通控制保护区内进行上述作业的，作业单位应当制定专项施工方案和安全防护方案（包括监测方案），报有关部门批准后方可施工。作业单位应当将经批准的施工方案和安全防护方案报市轨道交通管理机构备案。

对轨道交通安全有较大影响的，作业单位还应当组织专家审查论证安全防护方案，并委托专业机构对作业影响区域进行动态监测。

作业单位未按照批准的施工期限开工的，应当重新办理审批手续。

第四十一条　在轨道交通控制保护区内进行作业时，作业单位应当严格按照批准的施工方案和安全防护方案作业，在施工前与建设单位签订安全协议，施工过程应当接受建设单位的安全监控。

市轨道交通管理机构有权进入作业单位在控制保护区内的施工现场查看，发现施工活动危及或者可能危及轨道交通设施安全的，有权要求作业单位停止作业并采取相应的补救措施。

第四十二条　在轨道交通高架道路（桥、站）垂直投影区域内禁止非法占用土地，未经许可禁止堆放物品、停放机动车辆、机械设备等。

第四十三条　禁止下列损坏轨道交通设施的行为：

（一）擅自占用、移动、关闭、拆除轨道交通设施或者挪作他用；

（二）擅自污损、移动、遮盖安全消防警示标志、疏散导向标志、站牌、测量设施、监视设备以及安全防护设备；

（三）损坏轨道、隧道、车站、车辆、安防设备、路基、护坡、排水沟等设施设备；

（四）损坏和干扰机电设备、电缆和通信信号系统；

（五）在轨道交通出入口、通风亭、冷却塔外侧5米内堆放物品；

（六）在通风口、车站出入口50米范围内存放有毒、有害、易燃、易爆等物品；

（七）不当使用轨道交通设施，危害他人人身、财产安全的行为；

（八）其他危害轨道交通设施安全的行为。

第四十四条　轨道交通管理机构成立专门机构，负责建设和运营期间轨道交通设施的保护。轨道交通管理机构建立举报处理机制，任何组织或个人发现有危害轨道交通安全的情况，应当及时报警或者向轨道交通管理机构报告，轨道交通管理机构应当及时处理。

第六章　应急和事故处置

第四十五条　轨道交通建设应急工作纳入全市应急体系，由市应急主管机构负责统筹协调，建立由市应急主管机构、市轨道交通管理机构、其他参建单位构成的层级应急管理体系。

第四十六条　建设单位应当制定轨道交通建设突发事件应急预案，报市人民政府备案。

建设单位、施工单位等应当根据轨道交通建设突发事件应急预案、可能存在的重大安全风险源和建设项目实际情况，制定涉及轨道交通工程重大事故的专项应急预案，并与市级专项应急预案和市级相关部门预案相衔接。

安全生产事故应急预案管理按照国家有关规定执行。

第四十七条　市应急主管机构负责组织相关部门开展轨道交通应急知识的宣传教育，组织市属应急抢险队伍进行轨道交通建设突发事件应急演练。

建设单位应当协调各参建单位成立应急救援组织，配备救援人员，储备应急救援物资。

建设单位应当定期组织应急处置培训和演练，针对演练中发现的问题，及时修订相关专项应急预案。

第四十八条　轨道交通建设中发生自然灾害、安全事故或者其他突发事件，建设单位、施工单位应当立即启动应急预案，实施先期抢险救援工作，并采取必要措施防止事故危害扩大，同时按有关规定向市轨道交通管理机构、建设主管部门和安全生产监督管理部门报告。市轨道交通管理机构和市建设主管部门接到报告后，应当按照规定向有关部门报告。

市轨道交通管理机构、市建设主管部门、建设单位、施工单位、市属专业应急抢险队伍、事件涉及的市政基础设施产权或管理单位等，应当在当地人民政府的统一领导下，根据事件的严重程度和影响范围，启动相应的应急预案，按照轨道交通突发事件应急预案和应急指挥部命令开展应急保障和抢险救援工作。

第四十九条　应急抢险结束后，建设单位应当组织设计、施工等单位制定工程恢复方案，必要时经专家论证后实施。

第五十条　鼓励建设、施工等单位参加工程保险，采用现代化信息技术加强施工现场监控管理，提高风险防范能力。

第七章　法律责任

第五十一条　违反本办法有关轨道交通规划、用地、投资、建设、运营、设施管理规定的，由相关执法部门依法进行处罚；造成轨道交通设施损坏或影响轨道交通正常建设的，应当依法承担民事赔偿责任，情节严重构成犯罪的，依法追究其刑事责任。

第五十二条　侵占城市规划确定的轨道交通设施用地的，由城乡规划、国土资源相关执法部门按照各自的职责依法予以处罚。

第五十三条　轨道交通建设、勘察、设计、施工、监理、监测、检测等单位造成轨道交通建设工程周边建（构）筑物及管线等设施损害的，应当承担相应法律责任。

第五十四条　轨道交通建设、勘察、设计、施工、监理、监测、检测、供货、保险等单位违反相关法律、法规未履行安全管理职责的，由相关执法部门责令限期改正并依法处罚。

第五十五条　未经许可在轨道交通控制保护区内进行本办法第三十九条所述的作业或者未按审定的安全防护方案在安全保护区施工的，由规划、城市管理、水务、交通部门依据有关法律、法规和规章处罚。

第五十六条　对阻碍、谩骂、围攻、殴打执行任务的轨道交通建设人员，或妨碍轨道交通建设以及盗窃哄抢轨道交通建设器材的，由公安机关依法进行处罚，情节严重构成犯罪的，依法追究其刑事责任。

第八章　附则

第五十七条　市轨道交通管理机构根据本办法可以制定实施方案及其他相关规定，报市人民政府批准后施行。

第五十八条　本办法自二〇一三年九月十日起施行。

石家庄市人民政府令第183号

《石家庄市知名商标认定和保护办法》已经二〇一三年七月十五日市第十三届人民政府第四次常务会议讨论通过，现予发布。自二〇一三年十月一日起施行。

市长：王亮
二〇一三年八月一日

石家庄市知名商标认定和保护办法

第一章　总则

第一条　为规范知名商标认定工作，保护知名商标所有人和消费者的合法权益，促进经济和社会发展，根据《中华人民共和国商标法》、《河北省著名商标认定和保护条例》等法律、法规规定，结合本市实际，制定本办法。

第二条　在本市行政区域内认定和保护知名商标，适用本办法。

第三条　本办法所称知名商标，是指为相关公众所熟知，具有较高市场声誉，并依据本办法予以认定的注册商标。

第四条　石家庄市知名商标的认定和保护遵循公平、公正、公开的原则。

第五条　石家庄市知名商标认定和保护工作由工商行政管理部门负责。知名商标由商标所有人申请并经各县(市)、区工商行政管理部门推荐，石家庄市工商行政管理部门认定。

劳动保障、安监、质监、食药监、环保、财政、农业、林业等行政管理部门和有关行业管理部门、行业协会、消费者协会应当在各自职责范围内，协助和配合工商行政管理部门做好知名商标认定和保护工作。

第二章　认定条件和程序

第六条　申请认定石家庄市知名商标应当符合下列条件：

（一）商标所有人是在本市行政

区域内依法设立的企业、事业单位、社会团体、个体工商户、农业专业合作社或其他社会组织；

（二）商标自核准注册之日起实际使用期限已满两年；

（三）申请认定的商标是依法核准的有效注册商标且无权属争议；

（四）商标所有人实际使用中的商标标识必须与《商标注册证》上核准的商标文字、图形或者组合及核定使用商品的范围相一致；

（五）商标所指商品为申请人合法的经营范围，商品的生产销售符合国家有关法律法规和行业、技术等政策规定且不属于国家限制生产或者淘汰的产品；

（六）商标所指商品在同类商品中质量优良、稳定，售后服务优良，具有较高市场声誉；

（七）商标所指商品的产量、销售额、利润、市场占有率等主要经济指标在本市同行业中领先；

（八）商标所有人有完善的商标使用、管理、保护制度和措施，有明确的商标管理机构或者配备专职商标管理人员；

（九）商标所有人注重广告宣传的投入和效果，并在相关公众中具有较高的认知程度；

（十）商标所有人能够认真遵守有关产品质量、安全生产、环境保护、消费者权益保护等法律、法规和规章，近两年无重大违法行为。

历史悠久、社会公认、具有本市特色的商品所使用的商标，其申请可以不受本条第（二）项、第（七）项条件的限制。

第七条　商标所有人认为自己的注册商标符合本办法第六条规定的，可向所在地县（市）、区工商行政管理部门提出申请，填写知名商标认定申请表，并提供申请日前两年的有关证明材料。

第八条　申请认定知名商标，应当提交下列证明材料或资料：

（一）知名商标认定申请表；

（二）证明申请人主体资格的有关证明文件；

（三）商标权属证明文件；

（四）市级以上有关部门或者行业协会出具的该商标所指商品质量的有关文件或者资料；

（五）使用该商标的商品近两年的年产量、销售额、利润、纳税额、市场占有率等主要经济指标及其在本市或者省内同行业中位次的有关文件或者资料；

（六）商标所有人对该商标的使用，管理制度建立情况和对商标保护记录的证明；

（七）使用该商标的商品销售区域证明；

（八）使用该商标的商品广告发布情况证明；

（九）证明该商标知名的其他材料。

申请人对所提交文件、材料的合法性、真实性、准确性负责。

第九条　县（市）、区工商行政管理部门应当在受理石家庄市知名商标认定申请之日起三十日内进行初审，认为符合申请认定条件的，签署意见后向石家庄市工商行政管理部门推荐。认为不符合申请认定条件的，退回申请材料并书面说明理由。

第十条　申请认定知名商标的商标所有人，对不予推荐的审核意见有异议的，可以向石家庄市工商行政管理部门提出复核申请。石家庄市工商行政管理部门应当自收到复核申请之日起二十日内作出复核决定。申请理由成立的，由石家庄市工商行政管理部门受理；申请理由不成立的，不予受理，并书面说明理由。

石家庄市工商行政管理部门的复核决定为最终决定。

第十一条　石家庄市工商行政管理部门收到县（市）区工商行政管理部门推荐的知名商标认定申请后二个月内，对申请材料进行调查、核实。符合条件的，提交知名商标评审委员会进行评审；不符合条件的，退回申请材料并书面说明理由。

第十二条　石家庄市工商行政管理部门组织设立知名商标评审委员会，负责知名商标的评审工作。

知名商标评审委员会的人员组成及其资格、任期和评审程序等，由石家庄市工商行政管理部门规定，并报市政府备案。

第十三条　石家庄市工商行政管理部门对经评审确认具备知名商标条件的，予以认定，在市级报刊上公告，并颁发《石家庄市知名商标证书》。对未被认定为知名商标的，退回申请材料并书面说明理由。

第十四条　石家庄市知名商标有效期三年，自公告之日起计算。石家庄市知名商标所有人在有效期满前六个月可以申请延续；符合本办法第六条规定条件的，由石家庄市工商行政管理部门予以延续认定。每次延续有效期为三年。

石家庄市知名商标未在规定期限内申请延续认定或未通过延续认

定的，期满后该知名商标资格自动丧失，由石家庄市工商行政管理部门在市级报刊上公告。

第三章　保护和管理

第十五条　知名商标自认定之日起，同行业中的其他企业和个体工商户，将与知名商标相同的文字作为名称字号使用，并容易引起公众误认的，工商行政管理部门不予核准登记。

违反本条前款规定登记的，知名商标所有人有权向核准登记的工商行政管理部门或者市工商行政管理部门申请予以撤销。

第十六条　未经知名商标所有人许可，不得擅自印制和使用知名商标所指商品特有的相同或者近似的名称、包装、装潢。

知名商标所指商品特有的名称、包装、装潢，参照《河北省反不正当竞争条例》第三十条的规定认定。

第十七条　知名商标所有人可以在其知名商标所指商品及其包装、装潢、说明书、广告上使用“石家庄市知名商标”字样。

知名商标所有人不得超出石家庄市知名商标所指商品范围使用“石家庄市知名商标”字样。

知名商标有效期满未申请延续或未通过延续认定的，不得继续使用“石家庄市知名商标”字样。

第十八条　知名商标所有人依法转让其注册商标的，该商标的知名商标资格自动丧失。

第十九条　知名商标所有人依法许可他人使用其商标，除按规定报国家工商行政管理总局商标局备案外，还应报石家庄市工商行政管理局备案。

被许可人在确保产品质量前提下，可以使用“石家庄市知名商标”字样，但不得超出石家庄市知名商标所指商品范围。

第二十条　知名商标所有人变更注册人名义、地址或其他注册事项的，应当在变更登记之日起三十日内将变更事项报石家庄市工商行政管理局备案。

第二十一条　石家庄市工商行政管理局向省工商行政管理局推荐著名商标时，应当从知名商标中择优推荐。

第二十二条　有下列情况之一的，由石家庄市工商行政管理局撤销其石家庄市知名商标资格，并予以公告：

（一）在推荐、评审和认定石家庄市知名商标过程中，弄虚作假或采取不正当手段骗取认定的；

（二）在推荐、评审和认定石家庄市知名商标过程中，知名商标评审委员会组成人员有徇私舞弊行为的；

（三）石家庄市知名商标已不符合本办法规定的认定条件的；

（四）超出石家庄市知名商标所指商品范围使用“石家庄市知名商标”字样且拒不改正的；

（五）石家庄市知名商标所有人有其他违反相关法律法规行为，严重损害消费者合法权益或知名商标声誉的。

第二十三条　县（市）、区工商行政管理部门应当加强对石家庄市知名商标的管理，建立、健全管理制度和档案，监督检查石家庄市知名商标的使用、保护情况，查处损害石家庄市知名商标的侵权行为。

第二十四条　石家庄市知名商标所有人应当加强对商标的管理和自我保护，提高商品质量，维护石家庄市知名商标的声誉。

第四章　法律责任

第二十五条　违反本办法第十六条第一款规定的，由县级以上工商行政管理部门责令其销毁有关包装、装潢，并处以一万元以上三万元以下罚款；有违法所得的，没收其违法所得，并处以违法所得一倍以上三倍以下罚款，但最高不超过三万元。

第二十六条　违反本办法第十七条第二款、第三款、第十九条第二款规定的，由县级以上工商行政管理部门依照《中华人民共和国广告法》、《中华人民共和国反不正当竞争法》有关规定进行查处。

第二十七条　违反本办法第十九条第一款和第二十条规定的，由县级以上工商行政管理部门责令限期改正，逾期不改正的，处以一千元以下罚款。

第二十八条　工商行政管理人员在认定和保护知名商标工作中玩忽职守、滥用职权、徇私舞弊，构成犯罪的，由司法机关依法追究刑事责任；情节轻微，不构成犯罪的，由其所在单位或者上级主管部门给予行政处分。

第五章　附则

第二十九条　本办法中有关商品商标的规定适用于服务商标。

第三十条　本办法自2013年10月1日起施行。

石家庄市人民政府令第184号

《石家庄市大气污染防治管理办法》已经二〇一三年十月十四日市第十三届人民政府第十次常务会议讨论通过，现予发布。自二〇一三年十二月一日起施行。

市长：王亮

二〇一三年十月二十七日

石家庄市大气污染防治管理办法

第一章　总则

第一条　为防治大气污染，改善大气环境质量，保障人体健康，促进经济和社会全面可持续发展，根据《中华人民共和国大气污染防治法》等有关法律、法规，结合本市实际，制定本办法。

第二条　本办法适用于本市行政区域内大气污染防治管理。

第三条　大气污染防治坚持预防为主、防治结合、综合治理的原则，重点加强工业大气污染防治，实施污染物排放浓度和主要污染物总量控制制度，削减主要污染物排放总量，并严格控制交通和施工扬尘造成的大气污染，逐步改善大气环境质量。

第四条　市、县人民政府对本行政区域大气环境质量负责，将大气环境保护工作纳入国民经济和社会发展规划，调整产业结构，合理规划工业布局，采取有效措施，保护和改善大气环境。

第五条　市、县环境保护行政主管部门会同有关部门制定本行政区域的大气污染防治规划，报同级人民政府批准。

第六条　实行大气环境保护目标责任制和考核评价制度，将考核指标的完成情况作为对市人民政府有关部门和县（市）、区人民政府及其负责人考核评价的内容，定期公示考核结果。

第七条　市环境保护行政主管部门对本市大气污染防治实施统一监督管理。

县（市）、区、高新技术开发区管委会、循环化工基地管委会环境保护行政主管部门对本辖区大气污染防治实施统一监督管理。

发展和改革、工业和信息化、公安、交通、建设、国土资源、质量技术监督、城管委、工商、商务、城乡规划、水务、农业、林业、园林、畜牧水产等政府相关部门根据各自职责，依法作好大气污染防治的相关工作。

乡镇人民政府、街道办事处和县（市）、区所属开发区（园区）管委会的环保机构，承担本辖区环境保护职责，负责环境保护宣传教育、监督检查、治理整改等相关工作。

村委会、社区居委会负责协助上级部门实施环境保护管理工作，应当设置兼职环保人员。

第八条　鼓励和支持大气污染防治以及相关综合利用的科学技术研究，推广先进的大气污染防治技术，普及大气污染防治科学知识，提高公民的大气环境保护意识，推动公众参与大气环境保护。

任何单位和个人有责任和义务保护大气环境，并有权对污染大气环境的行为进行举报。

第二章　大气污染防治监督管理

第九条　对主要大气污染物排放实施总量控制制度。

市人民政府根据区域经济社会发展水平、环境质量现状、实际排污情况和国家、地方有关规定，制定全市的主要大气污染物排放总量控制指标分解方案，并下达到县级人民政府。

县级人民政府应当根据市人民政府下达的主要大气污染物排放总量控制指标，结合本行政区域的实际情况，制定减少主要大气污染物排放的工作计划和控制措施，并将主要大气污染物排放总量控制指标分解落实到企事业单位和其他组织。

县级人民政府确定的主要大气污染物排放总量控制指标不得超过市人民政府下达的主要大气污染物排放总量控制指标。

对超过主要大气污染物排放总量控制指标的地区，有关行政主管部门应当暂停审批其新增主要大气污染物排放的建设项目。

第十条　对大气污染物排放实施排污许可证制度。

市、县环境保护行政主管部门对向大气排放污染物的企事业单位和其他组织，依法核定主要大气污染物排放总量，并核发排污许可证。

向大气排放污染物的企事业单位和其他组织，排放污染物的浓度不得超过国家或地方规定的排放标准；排放的主要污染物总量不得超过环境保护行政主管部门依法核定的总量控制指标。

向大气排放污染物的企事业单位，应当按照国家规定进行排污申报登记并缴纳排污费。

第十一条　新建、改建、扩建排放大气污染物的建设项目，必须遵守国家或地方有关建设项目环境保护管理的规定，执行环境影响评价制度，并按照规定的程序报有审批权的环境保护行政主管部门审查批准。

未落实配套的环境保护设施和措施的，建设项目不得投入试生产或试运行，环境保护行政主管部门不予办理建设项目环境保护竣工验收手续。

第十二条　向大气排放污染物的企事业单位，必须安装净化装置或者采取其他防护措施，并保证大气污染防治设施的正常使用；拆除或者闲置大气污染防治设施的，应当事先报所在地环境保护行政主管部门批准。

第十三条　向大气排放污染物的企事业单位，应当按照有关规定设置永久性监测点位和采样监测平台，保证正常使用，并配合环境保护行政主管部门或者其他监督管理部门开展监督性监测。

向大气排放污染物的企事业单位，应当按照规定对其所排放的大气污染物进行自行监测，原始监测记录应当至少保存三年。

第十四条　在生产过程中向大气排放有毒、有害污染物的单位及市级以上环境保护行政主管部门确定的重点污染源单位，应当将其环境信息通过媒体、互联网等方式，或者通过公布企业年度环境报告的形式向社会公开，并应当在本单位门口设置大屏幕显示屏，公开其实时污染物排放种类、浓度、数量、环保设施运行情况等环境信息，接受公众监督。

第十五条　环境保护行政主管部门确定的污染源自动监控计划的排污单位，应当按照规定的时限建设、安装自动监控设备及其配套设施，配合自动监控系统的联网。

排污单位应当按照国家有关规定对污染源自动监控设备及其配套设施进行运行、使用、维护，并准确及时地传输监控信息和数据。

污染源自动监控设施因维修、更换、停用、拆除等原因影响设施正常运行情况的，排污单位必须事先报经所在地县级以上环境保护行政主管部门批准。

第十六条　市人民政府环境保护行政主管部门统一发布本市大气环境质量状况公报等信息。

市气象部门会同市环境保护行政主管部门发布空气质量日报、预报等大气环境质量专业信息。

第十七条　在大气受到重度污染，可能发生危害人体健康和安全的紧急情况下，市人民政府应及时发布大气污染公告，采取强制性应急措施，包括责令排污单位停产、部分停产、部分机动车停驶。

具体预警应急实施方案由市环境保护行政主管部门会同相关部门制定，报市人民政府批准后实施。

第十八条　在生产过程中向大气排放有毒、有害污染物的单位及市级以上环境保护行政主管部门确定的重点污染源单位，可能发生大气污染事故的企事业单位，应当制定有关大气污染事故的应急方案并依照规定备案，完善应急装备及设施，做好应急准备，并定期进行演练。

第十九条　企事业单位发生事故或者其他突发性事件，造成或者可能造成大气污染事故的，应当立即启动本单位的应急方案，采取应急措施，并向事故发生地的县级以上地方人民政府或者环境保护行政主管部门报告。环境保护行政主管部门接到报告后，应当及时向本级人民政府报告，并抄送有关部门。

第二十条　乡镇人民政府、街道办事处和县（市）、区所属开发区（园区）管委会的环保机构，对管辖范围内的排污单位进行现场检查，被检查单位应当如实反映情况，提供必要的资料。检查部门有义务为被检查单位保守技术秘密和业务秘密。

第三章 高污染燃料污染防治

第二十一条 市发展和改革委员会应当会同相关部门制定本市电、燃气等清洁能源发展规划，确定本市燃煤总量控制目标，逐步削减燃煤总量。

市、县人民政府负责推进本行政区域清洁能源基础设施的建设和使用，按照燃煤总量控制目标制定本行政区域实施措施并组织落实。

第二十二条 划定并逐步扩大禁止销售、使用原（散）煤、洗选煤、蜂窝煤、焦炭、木炭、煤矸石、煤泥、煤焦油、重油、渣油等高污染燃料禁燃区（以下简称禁燃区）。禁燃区内的单位和个人禁止燃用高污染燃料；已建成的使用高污染燃料的各类设施限期拆除或改造成使用管道天然气、液化石油气、管道煤气、电或其他清洁能源。

第二十三条 市内五区、高新区、正定新区、循环化工园区和鹿泉市、藁城市、正定县、栾城县行政区域内，禁止储存、销售、使用含硫份超过0.8%的燃用煤炭及其制品。

其他县（市）、区禁止储存、销售、使用含硫份超过1.0%的燃用煤炭及其制品。

全市各行业不得使用灰份超过环评设计要求的燃用煤炭及其制品。

第二十四条 市、县人民政府有关部门应当根据城乡规划，建设符合环境保护要求的集中煤炭交易市场、型煤加工厂和配送中心。

第二十五条 市内五区、高新区、正定新区、循环化工园区和鹿泉市、藁城市、正定县、栾城县行政区域内，禁止新建储煤场煤炭经营企业，关停所有经营性储煤（配煤）场。

其他县（市）、区人民政府有关部门依法取缔无环保手续的洗煤厂和煤炭经销企业；对合法的洗煤厂、煤炭经销企业进行高标准治理。

第二十六条 采取措施，防止不符合环保标准的煤炭流向市区。

质量技术监督部门会同公安交通管理部门对运输煤炭的行为进行监督检查。监督检查时，运输煤炭的车辆应当提供达标检测报告，对运输不符合本市环保标准煤炭的车辆，应当予以劝返。

第二十七条 市区从事饮食服务的企业及其他各单位和个体工商户、建筑工地等食堂炉灶应当使用液化石油气、天然气、电或者其他清洁能源。

第二十八条 禁止新建、改建、扩建项目配套建设自备燃煤电站，新建、改建、扩建耗煤建设项目要按照国家或地方有关规定实行煤炭减量替代。

第二十九条 市区建成区禁止建设燃用高污染燃料锅炉，工业园区禁止新建20蒸吨/小时以下的燃用高污染燃料锅炉，其他地区禁止新建10蒸吨/小时以下的燃用高污染燃料锅炉。

逐步淘汰市区建成区35蒸吨/小时以下燃煤锅炉，城镇建成区淘汰10蒸吨/小时以下燃煤锅炉，工业园区和企业聚集区淘汰自备燃煤锅炉。

第三十条 煤炭扬尘管理要求：

（一）严格控制煤炭运输车辆扬尘污染，实行严密覆盖，防止道路遗撒；禁止无准运手续、超高、超载的车辆运输煤炭；

（二）储煤场要有环保验收手续，制定环保工作制度，配备固定环保工作人员，并公布落实；

（三）储煤场必须建设防渗漏、防流失、防扬尘等措施。位于城市（含县城）建成区等敏感区的重点行业要建设储煤仓或全封闭式煤炭储存场所；位于非敏感区的储煤场必须设置挡风抑尘墙（网），抑尘墙（网）高度不小于11米或高于煤堆高度5米以上，并设有苫盖等措施进行抑尘；

（四）储煤场地面全部硬化，应建设初期雨水收集池，保持场地清洁卫生；

（五）储煤场出入口设置固定的车辆冲洗设施，冲洗进出车辆，确保车身清洁，车轮无煤泥，并建设冲洗水沉淀池；

（六）储煤场内必须设置喷淋洒水设备，定期喷洒，防止扬尘；

（七）遇有大风天气，储煤场要增加洒水频次；

（八）储煤场的筛分、破碎设备需安装高效布袋除尘器。

第四章 机动车排气污染防治

第三十一条 对机动车排放污染物实施总量控制制度。

机动车污染防治坚持控制增量、削减存量、淘汰高污染物排放机动车和车油联控的原则，对机动车排放的污染物实施总量控制。

市人民政府可根据本行政区域大气环境现状，科学确定区域内机动车污染物排放总量指标。

第三十二条 实施公交优先战略，鼓励发展公共交通，支持使用清洁能源的机动车。

市政府有关部门应当加强工程机械、工业机械、农业机械、农业运输车等非道路移动源污染控制管理。

第三十三条 机动车污染物排放超过国家规定标准，经限期治理仍不能达到排放标准的，按照《机动车强制报废标准规定》报废。

第三十四条 机动车所有人和管理人应当加强机动车的维护和保养，确保在用机动车的发动机及污染控制装置保持正常的技术状态，符合机动车污染物排放标准。

任何单位和个人不得擅自拆除或者改装、闲置机动车污染控制装置。

第三十五条 市、县人民政府根据大气环境质量状况的需要，划定禁止机动车或者禁止部分机动车行驶的区域和时段，并公布后实施。

第三十六条 实行机动车环保检验合格标志分类管理制度（以下简称环保标志），环保标志分为绿色和黄色，未取得环保标志的机动车，不得上路行驶。

环保标志应当粘贴在机动车驾驶室前窗右上角。任何单位和个人不得伪造、变造、转让、出借或者使用伪造、变造、转让、出借、涂改和过期的环保标志。

第三十七条 任何单位和个人不得生产（含改装、组装）、销售、进口污染物排放不符合国家规定的排放标准的机动车，公安交通管理部门不予注册登记。

第三十八条 在用机动车应当定期进行环保检验（以下简称环保年检）。在用机动车环保年检与安全技术检验同步进行。

列入国家环保达标车型公告目录的新购置机动车，注册登记时免于环保检测，直接发放环保检验合格标志。

机动车经检验符合国家污染物排放标准的，核发环保标志；未参加环保年检的或环保年检不合格的，不予核发环保标志。

外地机动车凭机动车登记地环境保护行政主管部门的委托证明，可以在本市进行污染物检测，经检测合格的车辆，核发机动车环保标志。

第三十九条 机动车办理变更登记、申请延期使用的，应按国家规定的检测标准和检测方法进行排气检测。符合排放标准的，核发机动车环保标志；超过排放标准的，应进行维修、治理，经检测合格后方可办理其他手续。

更换发动机的、营运机动车改为非营运或者非营运机动车改为营运的、更换污染物排放控制装置的以及依法对污染物排放控制装置、燃料使用种类等进行改造的，应重新进行环保检测。

第四十条 外地机动车转入本市的，应当符合机动车污染物排放标准。经检测合格，方可转入；未检测或者检测不合格的，不予转入。

第四十一条 环境保护行政主管部门会同公安交通管理部门在具备监测条件的路段设置机动车排气流动式或固定式遥感监测点，对行驶中的机动车排放状况进行抽测。对不符合国家机动车排放标准或目测可见黑烟的，由环境保护行政主管部门责令其限期治理。

可在机动车停放地，对在用机动车的污染物排放状况进行监督抽测。对于抽测的机动车排气污染物超过国家规定标准的，环境保护行政主管部门应收回环保标志，督促维修治理后进行环保检测，重新取得环保标志方可上路行驶。

监督抽测不得收取任何费用。

第四十二条 生产、销售机动车用燃油必须符合国家规定的车用燃油标准。

质量检验、工商行政管理部门对生产、销售和进口车用燃油进行监督检查。

第四十三条 机动车维修单位应当按照国家有关规定和生产企业的维修技术规范进行维修，使机动车达到国家规定的污染物排放标准。

第四十四条 机动车环保检测机构应符合国家的相关技术和管理要求，按规定取得省环境保护行政主管部门的委托，并按照国家规定的检测标准和检测方法对机动车排气污染物进行检测，出具检测报告，并对检验结果承担法律责任。

机动车环保检测机构应按照物价部门核定的收费标准收取检测费用。

第五章 扬尘污染防治

第四十五条 从事房屋建筑、市政基础设施、河道整治及建筑拆除等施工工程、物料运输和堆放及其他产生扬尘污染的活动，必须采取防治措施。

第四十六条　房屋建筑工程、市政公用基础设施工程和建筑物、构筑物拆除施工现场扬尘污染防治，按照《石家庄市建设工程施工现场扬尘污染防治办法》执行。

第四十七条　交通道路扬尘管理：

（一）公路工地要加强围挡，产生扬尘的物料必须全面覆盖，做到文明施工；

（二）对破损道路应及时修补，减轻因路面颠簸造成的物料抛洒和地面扬尘污染；防止路面破损，新破损路面一般应在一个月内修复；

（三）道路两侧和中间分隔带应进行乔、灌、花、草相结合的立体绿化；路肩及道路中间分隔带绿化时，其内土面应低于路侧围砌，减少风蚀和水蚀；

（四）运输煤焦、砂石、土方、垃圾、渣土等易产生扬尘污染物料的车辆，应当使用封闭货箱或者采用其他方式封盖严密，按照规定线路和时间行驶，避免在运输过程中因物料遗撒或泄漏而产生扬尘；

（五）对城市道路实施高效清洁的清扫作业，并按照有关规定定期洒水降尘；

（六）及时清运道路积土、垃圾。

第四十八条　裸露地面扬尘管理：

（一）对城市裸露地面应全部绿化或硬化，对长期未能开发建设的裸地，应进行绿化、硬化和覆盖；

（二）实施绿化工程，应采取有效降尘措施；

（三）学校裸露操场应改为塑胶跑道，操场中央铺设人工草坪或硬化，操场周围采取绿化、硬化措施；

（四）对厂区裸地、单位及家庭庭院、居住小区等不进行绿化处理的裸地，应实施生态型硬化、透水性铺装等措施；

（五）绿化产生的垃圾应在当天清理干净。

第四十九条　堆场扬尘管理：

（一）所有煤堆、料堆、灰堆，应采取仓库、储藏罐、防风抑尘墙、洒水或喷淋稳定剂、密闭覆盖等防尘措施；

（二）物料输运和少量的搅拌、粉碎、筛分等作业活动应在密闭条件下进行；

（三）堆场露天装卸作业时，应采取洒水或喷淋稳定剂等抑尘措施。

第五十条　禁止非法河道采砂，依法取缔市区周边非法采砂企业。

第六章　烟粉尘、油烟及挥发性有机物污染防治

第五十一条　鼓励改进生产工艺、使用挥发性有机物含量低的原材料和产品，减少挥发性有机物排放。

第五十二条　产生含挥发性有机物废气的生产和服务活动，应当在密闭空间或者设备中进行，并设置废气收集系统；按照规定安装污染治理设备，并保证正常使用。建筑物、构筑物、道路、桥梁等室外固定设施的日常维护活动除外。

第五十三条　炼油石化、电子、包装印刷、汽车制造、家具制造及其他工业涂装等排放挥发性有机物的企业应当按照要求记录原辅材料的挥发性有机物含量、使用量、废弃量；按照要求记录生产设施以及污染控制设备的主要操作参数、运行情况和保养维护等事项，作为污染物排放核算和环境信息公开的依据。相关原始记录应当至少保存三年。

第五十四条　全市储油（气）库、加油（气）站及油（气）罐车应当安装油气回收设施，并保证油气回收设施正常运行，排放的污染物不得超过国家规定的排放标准；其所有者或者使用者应当定期委托具有相应资质的检测单位进行定期检测。

年销售汽油量大于8000吨的加油站要安装油气排放在线监测系统。

第五十五条　炼油石化及其他使用有机溶剂的化工企业应当建立泄漏检测、修复制度，泄漏物料应当及时收集处理。

第五十六条　向大气排放恶臭气体的制药、化工、橡胶等排污单位，应当采取措施治理恶臭污染；经治理仍不能达到国家排放标准的，由所在地人民政府依照职责责令其关闭产生污染的设施。

第五十七条　向大气排放粉尘的排污单位，必须采取除尘措施，并达到国家或地方排放标准。

严格限制向大气排放含有毒物质的废气和粉尘；确需排放的，必须经过净化处理，不超过国家或地方规定的排放标准。

第五十八条　运输、装卸、贮存能够散发有毒有害气体或者粉尘物质的，必须采取密闭措施或者其他防护措施。

第五十九条　市区内禁止露天烧烤。

新建、改建、扩建产生油烟、废气的饮食服务项目，应当符合下

列规定：

（一）不得设在居民住宅楼、未设立配套规划专用烟道的商住综合楼、商住综合楼内与居住层相邻的楼层；

（二）建设单位应当事先予以公示、书面征求相邻单位和居民的意见，并将对公众意见采纳情况纳入环境影响评价文件；

（三）应当通过专门的烟道排放油烟、废气等污染物；并应当设置油烟和异味处理装置等污染物处理设施。

第六十条　本市行政区域内禁止下列行为：

（一）露天焚烧农作物秸秆、落叶、杂草；

（二）禁止焚烧沥青、油毡、橡胶、塑料、皮革、垃圾以及其他产生有毒、有害烟尘或恶臭气体的物质。建设施工确需露天加热沥青的，应当使用带有废气处理装置的密闭加热设备。

第六十一条　本市行政区域内，禁止烘干、晾晒畜禽粪便。

禁止在人口密集区、旅游景区、机场周围和其他可能对公共场所产生恶臭影响的范围内建设畜禽养殖厂（场）。

在禁止范围以外建设畜禽养殖厂（场），应符合所在县（市）、区畜禽养殖产业发展规划，其环境影响评价文件经有审批权的环境保护行政主管部门审批同意，并采取防治措施。

第六十二条　在本市行政区域内新建、改建、扩建火电、钢铁、石化、水泥、有色、化工等行业以及燃煤锅炉项目执行大气污染物特别排放限值。

现有火电、钢铁、石化、水泥、有色、化工等行业以及燃煤锅炉，应按照国家有关规定执行大气污染物特别排放限值。

第六十三条　在本市行政区域内大气污染物排放超过国家或者地方规定的排放标准或者虽未超过国家或者地方规定的排放标准，但超过重点污染物排放总量控制指标的或使用有毒、有害原料进行生产或者在生产中向大气排放有毒、有害物质的企业，应当实施强制性清洁生产审核。

第七章　法律责任

第六十四条　违反本办法规定的行为，有关法律、法规已有处罚规定的，从其规定。

第六十五条　违反本办法第二十二条规定，在市人民政府规定的期限届满后继续使用高污染燃料和设施的，由县级以上环境保护行政主管部门责令限期改正，拆除或者没收燃用高污染燃料的设施，可以处以一万元以上三万元以下罚款。

第六十六条　违反本办法第二十三条规定，使用煤炭及制品超过规定标准的，由县级以上环境保护行政主管部门责令停止违法行为，限期改正，并处一万元以上三万元以下罚款。

违反本办法规定，储存煤炭及制品超过规定标准的，由县级以上环境保护行政主管部门责令停止违法行为，限期改正，并处一万元以上三万元以下罚款。

违反本办法规定，销售煤炭及制品超过规定标准的，由县级以上煤炭管理部门责令停止销售，并处一万元以上三万元以下罚款。

第六十七条　违反本办法第二十五条第一款规定，由县级以上环境保护行政主管部门责令限期改正，并处一万元以上三万元以下罚款；逾期未改正的，由市、县人民政府依法取缔。

第六十八条　违反本办法第二十七条规定，不使用清洁能源的，由县级以上环境保护行政主管部门责令限期改用清洁能源；逾期未改的，处一万元以上三万元以下罚款。

第六十九条　违反本办法第二十八条规定的，由县级以上环境保护行政主管部门责令限期改正，处以一万元以上三万元以下罚款。

第七十条　违反本办法第二十九条规定的，由县级以上环境保护行政主管部门责令拆除，处一万元以上三万元以下罚款。

第七十一条　违反本办法第三十九条规定，机动车所有人或管理人拒绝对机动车排气进行检测或弄虚作假的，由环境保护行政主管部门处以二百元以上五百元以下罚款。

第七十二条　在道路上行驶的机动车经抽测排气超过排放标准的，由环境保护行政主管部门责令限期治理，暂扣机动车环保标志，并处二百元罚款；逾期或经检测仍不达标的，收回其机动车环保标志，处一千元罚款。

第七十三条　违反本办法第五十三条规定，相关企业未按照要求记录或者保存相关数据和信息、弄虚作假，或者拒不向环境保护行政主管部门提供的，处一万元以上三万元以下罚款。

第七十四条　违反本办法第五十五条规定，未建立泄漏检测、修复制度或者泄漏物料未及时收集处理的，由县级以上环境保护行政主管部门责令限期改正，处一万元以上三万元以下罚款。

第七十五条　违反本办法第六十条第二项规定的，由所在地环境保护行政主管部门责令停止违法行为，并处二万元以下罚款。

第七十六条　故意向大气超标排放污染物的，由有权做出处罚决定的行政管理部门对违法行为处以高限处罚，涉嫌犯罪的，依法追究其刑事责任。

第七十七条　环境保护行政主管部门和有关部门工作人员滥用职权、玩忽职守、徇私舞弊的，对直接负责的行政主管人员和其他直接责任人依法给予行政处分；情节严重涉嫌犯罪的，依法追究刑事责任。

第八章　附则

第七十八条　本办法自二〇一三年十二月一日起实施。二〇〇四年十一月十五日市人民政府发布的《石家庄市禁止销售和燃用含硫份超限煤炭及制品的规定》（市政府令第136号）和《石家庄市机动车排气污染防治管理办法》（市政府令第137号）同时废止。

石家庄市人民政府令第185号

《石家庄市建设工程施工现场扬尘污染防治办法》已经二〇一三年十月三十一日市第十三届人民政府第十一次常务会议讨论通过，现予发布。自二〇一三年十二月二十六日起施行。

市长：王亮

二〇一三年十一月二十一日

石家庄市建设工程施工现场扬尘污染防治办法

第一条　为防治建设工程施工现场扬尘污染，改善大气环境，根据《中华人民共和国建筑法》、《石家庄市大气污染防治条例》等法律法规，结合我市实际，制定本办法。

第二条　各县（市）、区（含市内五区、矿区及高新技术产业开发区、正定新区等特定区域）（以下简称各县（市）、区）凡从事新建、改建、扩建的建设工程施工及建筑物、构筑物拆除活动的单位和个人，应遵守本办法。

第三条　本办法所称建设工程施工现场扬尘污染，是指房屋建筑工程、市政公用基础设施工程和建筑物、构筑物拆除工程施工中产生粉尘颗粒物对大气造成的污染。

房屋建筑工程是指各类房屋建筑及其附属物和与其配套的线路、管道、设备安装工程及室内外装修工程。

市政公用基础设施工程是指城市道路、公共交通、供水、排水、燃气、热力、园林、环卫、污水处理、垃圾处理、防洪、地下公共设施及附属设施的土建、管道、设备安装工程。

建筑物、构筑物拆除工程是指对已经建成或部分建成的建筑物和构筑物进行拆除的工程。

第四条　建设工程施工现场扬尘污染防治，坚持属地管理、科学规范、预防为主、安全有序的原则。

第五条　市环境保护行政主管部门对本市大气污染防治实施统一监督管理。市建设行政主管部门负责对各县（市）、区建设工程施工现场扬尘污染防治工作进行指导、督导和考核。

各县（市）、区人民政府应加强本辖区建设工程施工现场扬尘污染防治工作的领导，其建设行政主管部门或城区建设管理部门对辖区内建设工程施工现场扬尘污染防治工作实施日常监督管理。

发展改革、规划、城市管理、公安交管、财政等有关部门根据各自职责，做好建设工程施工现场扬尘污染防治管理工作。

第六条 环保、规划、建设、城市管理等有关部门应建立建设工程施工现场扬尘污染防治工作信息系统,保持信息互通,促进协调联动。

第七条 涉及办理建设工程施工许可证的项目，应先行取得施工许可证后，城市管理部门方可发放工程渣土处置证。

第八条 市区内建设工程施工作业禁止现场搅拌混凝土和砂浆。

第九条 建设单位在建设工程施工现场扬尘污染防治工作中承担下列责任：

（一）应建立施工现场扬尘污染防治工作组织机构，对施工现场扬尘污染防治工作负总责；

（二）招标文件中应明确扬尘污染防治目标要求及其所占的评标分值，建设工程施工合同中应明确施工单位扬尘污染防治职责；

（三）编制施工现场扬尘治理方案，并按方案实施；应将建设工程施工现场扬尘污染防治专项费用列入工程概算，并于工程开工前足额支付施工单位；

（四）工程竣工后应及时清理余留土方和垃圾。

第十条 施工单位（含拆除单位，以下简称施工单位）在建设工程施工现场扬尘污染防治工作中承担下列责任：

（一）投标文件中应有扬尘污染防治专项方案。专项方案的内容包括：扬尘防治工作目标、各分项工程不同施工工艺专项扬尘防治技术措施、责任单位和责任人等；

（二）总承包单位和分包单位应分别建立扬尘污染防治责任制，总承包单位对建设工程施工现场扬尘防治负责；

（三）施工作业应符合技术操作规程，落实扬尘污染防治各项技术措施；

（四）遇有四级以上大风天气预报或市政府发布空气质量预警时，不得进行土方及拆除作业。

第十一条 建设工程施工现场应符合下列规定：

（一）应在醒目位置公示扬尘污染防治方案，公示期至工程施工结束，并保持公示内容的清晰完整；

（二）按照施工总平面布置图划分作业区、生活区、办公区，分类堆放建筑材料并设置标牌；

（三）水泥、石灰粉等建筑材料存放在库房内或者严密遮盖；沙、石等散体材料须覆盖；场内装卸、搬倒物料应遮盖、封闭或洒水，不得凌空抛掷、抛撒；

（四）土方应集中堆放，裸露的场地和土方应采取覆盖、固化或绿化等措施；

（五）建筑垃圾集中、分类堆放，严密遮盖，及时清运；生活垃圾采用封闭式容器，日产日清；施工现场不得熔融沥青、焚烧垃圾等有毒有害物质；

（六）垃圾清运应预先办理相关手续或委托具有垃圾运输资格的运输单位进行，不得乱卸乱倒垃圾；

（七）应有保洁措施，保持场容场貌整洁，做到工完场清。

第十二条 房屋建筑工程施工现场除达到本办法第十一条 的规定外，还应符合下列规定：

（一）设置高度不低于 2.5 米的封闭围挡，围挡应坚固、稳定、整洁、美观；

（二）建筑工程主体外侧使用符合规定的密目式安全网封闭，密目式安全网应保持整齐、牢固、无破损，严禁从空中抛撒废弃物；

（三）合理设置出入口，并采用混凝土硬化；设置自动化洗车设施，保持出场车辆清洁；

（四）施工现场的道路、作业场地采用混凝土硬化；

（五）合理设置排水系统和沉淀池，保持排水通畅，污水未经处理不得排入城市管网。

第十三条 市政公用基础设施工程施工现场除达到本办法第十一条的规定外，还应符合下列规定：

（一）采用高度不低于 1.8 米的彩色钢板围挡；特殊情况不能围挡的应当设立隔离栏；

（二）不能中断交通的须设置便民通道，便民通道应整洁硬化；

（三）合理分段作业，定时洒水，出入口进行硬化处理，开挖的土方及时覆盖；

（四）设置有效的洗车设施，泥浆和污水未经沉淀不得排入城市管网。

第十四条 建筑物、构筑物拆除施工现场除达到本办法第十一条（五）、（六）、（七）项规定外，还应符合下列规定：

（一）采用高度不低于 1.8 米的彩色钢板围挡，拆除现场应设置警示标志；

（二）拆除作业采用高压喷淋、洒水等方式降尘；

（三）不得抛掷、抛撒建筑垃圾；

（四）拆除的建筑垃圾应在拆除后 3 日内清运完毕。拆除完工后的待建场地应设置封闭围挡，不能开工建设的，应对空地进行覆盖或绿化。

第十五条　建设单位招标文件中没有扬尘污染防治目标要求及其所占的评标分值的，建设行政主管部门应将招标文件退回并要求补充。

第十六条　各县（市）、区建设行政主管部门或城区建设管理部门应当加强建设工程施工现场扬尘污染防治的监督检查，被检查单位或个人应当如实反映情况，提供与检查有关的资料，不得隐瞒、回避、阻挠执法人员的监督检查。

第十七条　各县（市）、区建设行政主管部门或城区建设管理部门设立举报投诉电话，接受公众对建设工程施工现场扬尘污染的举报和投诉，受理举报和投诉后应及时检查，并将检查结果通知举报人或投诉人。

第十八条　市建设行政主管部门对各县（市）、区建设工程施工现场扬尘污染防治工作进行考核，对成绩显著的单位给予表彰和奖励。对扬尘污染防治工作监管不力的单位，应提出整改意见，并向社会公布。

第十九条　施工单位因扬尘污染受到行政处罚的，记入诚信档案，并取消其评先评优资格；当年两次因扬尘污染受到行政处罚的，暂停其六个月投标资格。

第二十条　建设单位、施工单位违反本办法第八条规定的，由各县（市）、区建设行政主管部门或城区建设管理部门责令限期改正，并处1万元以上3万元以下罚款。

第二十一条　建设单位违反本办法第九条、第十一条、第十二条、第十三条、第十四条中任意一项规定的，由各县（市）、区建设行政主管部门或城区建设管理部门责令限期改正，并处5000元以上3万元以下罚款。

第二十二条　施工单位违反本办法第十条、第十一条、第十二条、第十三条、第十四条中任意一项规定的，由各县（市）、区建设行政主管部门或城区建设管理部门责令限期改正，并处5000元以上3万元以下罚款。

第二十三条　建设单位或施工单位违反本办法造成扬尘污染，经责令限期改正逾期仍未达到规定要求的，各县（市）、区建设行政主管部门或城区建设管理部门可责令其停工整顿，依法申请发证机关降低或者吊销企业资质。

第二十四条　对违反本办法第十一条第（五）项规定，不及时清运建筑、生活垃圾，经责令限期清运逾期仍未清运，造成扬尘污染的，可由各县（市）、区建设行政主管部门或城区建设管理部门委托第三方清运，清运费用由责任方承担。

第二十五条　行政执法人员监督检查时，应遵守下列规定：

（一）不得妨碍被检查单位和个人的正常生产、经营秩序；

（二）不得侵犯当事人的人身权利和其他合法权利；

（三）不得滥施处罚；

（四）不得参与被检查单位或个人安排的有碍公正执法的活动；

（五）不得泄露举报人的姓名、工作单位、家庭住址等有关情况；

（六）与被检查单位或者个人有直接利害关系的应当回避。

第二十六条　本办法自2013年12月26日起施行。2010年9月27日发布的《石家庄市建设工程施工现场扬尘污染防治办法》（石家庄市人民政府令第172号）同时废止。

石家庄年鉴 Statistical Data

统计资料

统计资料

表 92

人口情况

行政单位	年末总户数（户）	2013 年比 2012 年（±%）	年末总人口（人）	2013 年比 2012 年（±%）
全市总计	2691529	-5.85	9518190	-5.32
市区合计	678300	0.52	2480942	0.41
长安区	128419	2.02	441684	0.92
桥东区	97575	1.53	370910	-1.45
桥西区	132169	-5.09	514081	0.43
新华区	141781	1.52	492349	0.44
裕华区	149904	3.16	566333	1.36
井陉矿区	28452	-0.51	95585	-0.53
高新区	-	-	-	-
井陉县	109936	1.25	332610	0.66
正定县	127041	0.50	488754	1.40
栾城县	89593	0.67	336599	1.53
行唐县	145746	1.84	458783	0.65
灵寿县	103099	0.79	342445	1.13
高邑县	53961	1.89	196618	1.65
深泽县	88023	2.39	260809	0.76
赞皇县	90161	3.16	271287	1.97
无极县	144555	0.63	527924	1.34
平山县	163593	2.53	497251	1.31
元氏县	99223	0.17	435840	1.04
赵　县	171005	12.20	604394	1.46
藁城市	219178	0.75	816728	1.25
晋州市	155563	0.62	553271	0.98
新乐市	135508	0.62	509993	1.11
鹿泉市	117044	0.02	403942	1.65

表 93 全社会固定资产投资

行政单位	全社会固定资产投资（万元）	2013 年比 2012 年（±%）	固定资产投资（万元）	2013 年比 2012 年（±%）
全市总计	42162572	13.1	41862462	14.0
市区合计	19648835	21.6	19646919	21.6
长安区	3297429	20.0	3297429	20.0
桥东区	3287946	20.0	3287946	20.0
桥西区	3472343	20.1	3472343	20.1
新华区	3166029	20.3	3166029	20.3
裕华区	3475663	11.3	3475663	11.3
井陉矿区	520500	22.0	520500	22.0
高新区	1779927	23.0	1779927	23.0
井陉县	1958055	21.1	1952700	21.5
正定县	1857856	18.7	1822597	21.1
栾城县	1481874	19.3	1469749	21.0
行唐县	1190838	18.9	1164757	22.4
灵寿县	820483	20.6	809184	22.4
高邑县	535255	22.8	531237	23.8
深泽县	556501	20.5	548453	22.5
赞皇县	1047879	21.4	1041704	22.2
无极县	966385	18.1	931781	22.8
平山县	1543867	19.2	1519834	21.2
元氏县	1467280	14.4	1430818	21.0
赵　县	1109431	20.7	1096647	22.3
藁城市	1944977	19.4	1917781	21.3
晋州市	1865142	21.1	1842723	22.7
新乐市	1627214	21.3	1607342	22.9
鹿泉市	2540700	20.5	2528236	21.2

表 94　财政收入情况

行政单位	全部财政收入（万元）	2013 年比 2012 年（±%）	公共财政预算收入（万元）	2013 年比 2012 年（±%）
全市总计	6294829	9.78	3053161	12.13
市　区	3977332	21.23	2108968	16.96
长安区	589446	25.98	270665	7.68
桥东区	555395	9.27	238809	23.89
桥西区	777301	13.42	350023	5.32
新华区	375185	11.49	215083	14.73
裕华区	483101	12.78	282658	8.06
井陉矿区	55005	5.60	24047	13.15
高新区	331105	12.13	156288	29.76
井陉县	132002	12.06	48171	-1.47
正定县	163758	25.07	104072	28.43
栾城县	147168	30.80	68217	17.65
行唐县	45608	28.13	24922	25.94
灵寿县	40039	13.39	22153	10.63
高邑县	43802	15.04	30476	48.98
深泽县	42927	17.25	30325	24.18
赞皇县	43329	4.95	21998	14.23
无极县	65701	18.36	35300	19.95
平山县	160263	-12.73	78388	-18.01
元氏县	100752	17.12	45541	20.44
赵　县	63425	15.00	36033	20.07
藁城市	851378	-15.26	154700	6.31
晋州市	104310	14.68	61658	11.41
新乐市	68549	16.13	48161	20.14
鹿泉市	244486	17.52	134078	22.94

表 95

农产品总产量

行政单位	粮食总产量(吨)	2013年比2012年(±%)	小麦总产量(吨)	2013年比2012年(±%)	玉米总产量(吨)	2013年比2012年(±%)	油料总产量(吨)	2013年比2012年(±%)	棉花总产量(吨)	2013年比2012年(±%)
全市总计	4701856	-11.6	2266067	-12.2	2310042	-11.4	179789	-16.5	3847	-66.5
长安区	44065	-0.3	22714	0.3	21351	-0.2	–	–	137	2.2
桥东区	1804	-18.7	923	-9.0	881	-26.9	–	–	–	–
桥西区	763	-44.4	366	-38.2	397	-43.5	–	–	–	–
新华区	19392	0.3	9331	-1.3	10044	1.8	109	101.9	13	333.3
裕华区	8752	-1.2	4266	-2.2	4486	0.2	–	–	–	–
井陉矿区	13405	0.9	5057	0.2	8183	1.3	113	0.0	–	–
高新区	32680	-6.8	17372	-1.6	15308	-12.1	–	–	–	–
井陉县	112565	-0.1	35284	-7.5	66580	3.4	6187	0.8	121	0.0
正定县	330217	-1.4	157504	-0.3	167725	-2.3	20080	1.2	237	-0.8
栾城县	269944	-1.9	132247	-0.9	136974	-2.8	427	-28.2	16	-11.1
行唐县	310722	-1.7	128396	-1.3	166804	0.0	22917	1.7	406	-5.6
灵寿县	149118	0.9	59714	-2.2	78684	2.6	5201	0.4	160	-1.8
高邑县	166069	1.4	78288	5.0	84854	-2.1	4726	1.1	108	0.0
深泽县	205005	-0.7	89954	-0.1	108497	-1.3	6514	0.0	487	-8.6
赞皇县	125199	-1.5	52668	-9.5	64999	2.3	16148	1.0	69	1.5
无极县	355545	-0.5	183572	0.0	164285	-1.1	16722	0.6	240	-0.8
平山县	203615	-1.5	103040	-0.5	92430	-3.0	9260	1.4	594	-3.9
元氏县	336506	-1.9	169470	-1.1	152884	-2.9	7622	0.0	519	-14.6
赵　县	559972	-0.3	296165	-1.1	262477	0.5	3950	1.5	3	-94.3
藁城市	557735	-1.5	267737	-1.2	279567	-2.9	9438	0.0	382	-5.7
晋州市	365811	-1.5	181274	-0.6	170901	-2.9	9584	-0.7	–	–
新乐市	325393	-1.8	168134	-0.7	151931	-2.9	36840	0.0	158	0.0
鹿泉市	207579	-1.8	102591	-0.5	99800	-2.9	3951	1.3	197	-12.1

（续表）

行政单位	蔬菜总产量（不含瓜类·吨）	2013年比2012年（±%）	水果总产量（吨）	2013年比2012年（±%）	肉类总产量（吨）	2013年比2012年（±%）	禽蛋总产量（吨）	2013年比2012年（±%）	水产品总产量（吨）	2013年比2012年（±%）
全市总计	11895270	-5.2	1906738	-19.1	690220	-10.7	910526	-14.4	35273	1.2
长安区	71082	0.0	2980	0.0	2235	-4.3	1280	-2.1	5	-37.5
桥东区	11382	-1.5	2880	-6.6	114	11.8	8	-20.0	4	0.0
桥西区	60372	-2.7	35	-80.6	381	-2.8	342	-0.6	–	–
新华区	99792	14.8	1235	-20.5	189	-38.2	941	-14.4	60	0.0
裕华区	33200	0.5	–	–	551	-2.3	437	-37.6	–	–
井陉矿区	19460	0.1	4616	4.2	2562	1.5	1980	0.5	25	0.0
高新区	76559	-5.1	–	–	957	-15.6	616	-45.6	–	–
井陉县	224502	7.9	35894	4.4	25812	0.6	31772	3.1	650	8.3
正定县	864371	2.8	14512	39.4	84009	4.6	127531	0.0	1605	0.3
栾城县	1102418	-5.6	379	-19.0	56809	-1.4	105830	-0.1	11	37.5
行唐县	337624	7.8	141455	26.8	38409	0.0	33198	2.1	2156	7.8
灵寿县	205060	7.8	17535	57.5	30487	-0.7	18461	0.0	8300	1.1
高邑县	550837	12.8	4281	7.2	13318	1.4	15082	3.4	–	–
深泽县	439524	6.3	110535	9.2	23236	1.4	18434	3.2	111	0.0
赞皇县	156772	27.2	96480	-18.5	25291	-5.3	19521	2.6	1100	10.0
无极县	816255	3.2	19850	11.1	53294	-1.4	73822	0.0	12	-42.9
平山县	274004	18.0	55284	1.2	22109	1.8	13236	1.2	13790	0.4
元氏县	425717	1.7	15546	15.5	44343	0.3	52632	1.6	1080	-1.4
赵　县	937548	-3.1	360000	-31.4	44556	-6.8	60650	1.7	–	–
藁城市	2943388	3.2	223747	15.1	86686	1.4	149641	1.1	40	-2.4
晋州市	522320	6.3	726420	17.1	51040	7.8	71478	1.3	–	–
新乐市	803080	-0.2	30100	0.3	55166	-2.0	76050	2.2	22	4.8
鹿泉市	920003	3.0	42974	0.3	28666	1.1	37584	2.1	6302	0.5

表 96

农林牧渔业总产值

行政单位	农林牧渔业总产值（万元）	2013 年比 2012 年（±%）
全市总计	7627119	-3.1
长安区	38120	1.66
桥东区	7479	0.15
桥西区	21741	-2.98
新华区	30089	1.21
裕华区	11743	-0.21
井陉矿区	16644	2.25
高新区	31414	-9.73
井陉县	228383	3.07
正定县	644078	1.70
栾城县	563556	-3.74
行唐县	474617	2.20
灵寿县	278846	3.39
高邑县	215022	6.58
深泽县	278330	4.09
赞皇县	266305	3.60
无极县	485604	0.19
平山县	330009	3.55
元氏县	433759	1.11
赵　县	572208	-4.95
藁城市	1283004	4.51
晋州市	565966	8.36
新乐市	533169	0.70
鹿泉市	394166	1.84

表 97 社会消费品零售额

行政单位	社会消费品零售额（万元）	2013 年比 2012 年（±%）
全市总计	19723520	3.0
市区合计	9254965	14.0
长安区	1866100	15.0
桥东区	2585859	14.3
桥西区	1189597	14.2
新华区	1613383	14.6
裕华区	1263040	13.7
井陉矿区	107768	13.4
高新区	629219	8.4
井陉县	360446	14.1
正定县	946405	13.5
栾城县	617640	13.5
行唐县	480953	13.3
灵寿县	329166	13.9
高邑县	263918	13.0
深泽县	335729	13.5
赞皇县	335760	13.9
无极县	923560	13.2
平山县	443686	13.4
元氏县	417542	13.0
赵　县	898234	14.0
藁城市	1393648	13.7
晋州市	912885	14.2
新乐市	832707	13.6
鹿泉市	976277	13.6

索 引

使用说明：

一、本索引包含类目、分目、主要条目和部分内文，按照首字汉语拼音字母顺序排列。

二、索引类目采用黑体字，其他采用宋体字，数字表示内容所在的页码。

A

B

C

D

E

F

G

H

J

K

L

M

N

P

Q

R

S

T

W

X

Y

Z

润德国际五金卫浴洁具城
润德五金卫浴洁具商城
润德国际五金机电城
FATO
华通机电集团
工业电气
装饰五金
景岗·卫浴
LERTHAI
勒泰

石家庄学院

◆ 省委常委、市委书记孙瑞彬（前排左二）到校慰问调研

◆ 副省长杨汭（前排左三）到校调研指导

◆ 校党委书记杨鹏起在2013年新生军训汇报表演活动上讲话

◆ 院长王俊华与美国波特兰州立大学签订交流合作协议

◆ 开展对标学习活动

石家庄学院是经教育部批准建立的国有全日制普通本科院校。学校地处河北省石家庄高新技术产业开发区，占地1221亩，建筑面积35.4万平方米。

学校建有13类实验中心（室），其中物理基础教学实验中心、文学与传媒实验教学中心是河北省实验教学示范中心，教学科研仪器设备总值1.06亿元。图书馆藏书107万余册，电子图书32.6万种，各类中文期刊902种，拥有中国期刊全文数据库等20个数据库资源。

学校设有15个学院、83个本专科专业（其中本科专业50个），涵盖法学、教育学、文学、史学、理学、工学、医学、管理学、艺术学等9个学科门类。拥有马克思主义中国化研究、中国现当代文学等4个省级重点发展学科；拥有政治法律教育等2个省级本科教育创新高地；拥有社会工作等4个省级品牌特色专业，其中制药工程、生物工程被评为国家级特色专业建设点。学校初步形成了面向石家庄市主导产业与和谐社会建设的“三群一链”专业格局，构建起为地方经济建设和社会发展服务、学校培养高素质应用型人才的专业体系。

学校拥有一支学历层次高、教学与科研能力强、勤奋敬业、锐意创新的教师队伍。现有教职工1077人，其中教授102人、副教授265人；具有博士学位教师109人、硕士学位教师630人。近年来，学校有68名教师荣获省市级有突出贡献中青年专家、高等学校教学名师、拔尖人才、师德标兵等荣誉。组织启动了青年骨干教师海外培训项目，派遣教师赴澳大利亚、美国等地高校进行培训。

学校积极构建厚基础、宽专业、强能力、高素质的新型人才培养模式，大力实施人才培养“质量工程”，建立起“平台+模块”课程体系。注重学生实践能力培养，建有200余个校外实习、实训基地，构建起校、政、企、培训机构四位一体人才培养模式，实现了人才培养目标与社会需求接轨，学校毕业生以基础扎实、富有务实精神和创新能力深受用人单位欢迎。近年来，毕业生初次就业率在省内同类院校名列前茅，有近四分之一本科毕业生考取了研究生。

学校坚持产学研相结合，积极发挥科学研究和服务社会办学功能。“十一五”以来，承担国家、省、市各级科研课题1132项，其中国家级项目12项、省（部）级项目279项；发表论文4630篇，其中被SCI、EI、ISTP收录387篇，在中文核心期刊发表1838篇；出版著作（教材）224部，获各级各类科研成果奖302项。经省市政府有关部门批准，河北省知识产权培训基地、国

办学以教师为本 教学以学生为本

◆ 石家庄市特殊教育资源中心揭牌

◆ 召开第二届教学工作会议

◆ 荷兰代表团来校访问

家动漫产业发展（石家庄）基地人才培养中心、石家庄市特殊教育资源中心等在学校挂牌成立。

学校现有全日制在校生17300余人。高度重视大学生德、智、体、美全面发展，通过大学生学术科技节、社会实践等活动载体，为青年学子健康成长营造了丰富高雅、活泼向上的校园文化氛围，多个集体和个人获得国家级、省级奖励，获奖数量和等级在全省同类院校名列前茅。

学校坚持“办学以教师为本，教学以学生为本”的办学理念，秉承“厚德博学、崇实求新”的校训，牢固确立了人才培养中心地位，教育教学工作取得了显著成绩。全国政协原主席贾庆林在北戴河两度接见我校实习生，学校连续多年获得“河北省文明单位”、“石家庄市最具影响力城市品牌”等荣誉称号。目前，学校正致力于加强内涵建设，不断提高教育教学质量，为建成具有鲜明特色的地方性、应用型大学而努力奋斗！

◆ 重点建设专业评估验收会

◆ 学生在各类竞赛中成绩优异

◆ 青年教师教学培训示范课

◆ 柏西坡精神宣讲团出征仪式

◆ 举办“快乐工作健康生活”教工运动会

◆ 师范类专业学生顶岗实习

石家庄外国语教育集团聚焦山区六县“教育扶贫工程”项目学校实施十年帮扶计划

◆ 山区学校加入石家庄外国语教育集团挂牌仪式

◆ 向山区学校捐赠图书

◆ 集团友好学校意大利加瓦尼中学师生到山区学校交流访问

“山区教育扶贫工程”是石家庄市委、市政府一项具有战略意义的惠民工程，共投资8.42亿元，建成标准化寄宿制中小学校56所，使山区义务教育学校办学条件和过去相比发生了很大变化。在石家庄市委、市政府“山区教育扶贫工程”基础上，石家庄外国语教育集团制定了“教育扶贫工程”十年帮扶计划。

山区6县的12所中小学自愿加盟石家庄外国语教育集团，增挂石家庄外国语教育集团行唐县实验学校（校区）、行唐县北河志和小学（校区）、元氏县第七中学（校区）、前仙中心小学（校区）、平山县第二中学（校区）、平山县温塘学校（校区）、灵寿县灵寿镇第二中学（校区）、灵寿县陈庄镇北庄完小（校区）、赞皇县第二中学（校区）、赞皇县野草湾中心小学（校区）、井陉县障城中学（校区）、井陉县测鱼镇中心小学（校区）的校牌，开展“九大工程”：

1. 实施“校长素质提升”工程

确保每一名山区学校校长定期到石家庄外国语教育集团进行“影子培训”。集团定期派出校长到被帮扶学校指导工作。定期组织山区校长提高培训班。每年选派山区校长到国内发达教育地区考察学习。每年组织6名山区校长到集团国外友好学校考察学习。

2. 实施“教师素质提升”工程

确保每一名山区学校教师定期到集团进行“影子培训”。建立“集团名师工作室”，对山区学校骨干教师进行提升培训。定期派出集团名师团队到山区学校与教师进行集体教研，举行“讲、听、评”教学观摩活动。每年组织6名骨干教师到集团国外友好学校考察学习。

3. 实施“同步远程教学”工程

利用3年时间逐步实现石家庄外国语教育集团与山区学校同步远程教学，开放名师课堂，真正实现优质资源直接进入班级，辐射全体学生。

4. 实施“创新人才培养模式整体改革”的教育改革工程

支持被帮扶学校研发校本课程，促进学生全面发展。在课堂教学、德育教育、校园活动、家庭教育、社会实践等5大领域实施教育整体改革，促进教师教育方式和学生成长方式转变。

5. 实施“阳光小讲台”工程

每年派出集团优秀高中学生到山区学校开展志愿者社会实践活动，在山区学校学生中进行英语教学推广、学法指导和听说训练。

6. 实施城乡学生“手拉手、共成长”工程

每年组织集团学生与山区学生开展“城乡生活互体验”活动。 定期组织山区学校学生到集团参加读书节、健

◆ 石家庄外国语教育集团“山区教育扶贫工程”2014年教师培训

◆ 名师与山区教师教学研讨

康节、科技节、艺术节等校园活动。每年免费代培30名山区优秀初中毕业生并报考所在县高中的学生到我校高中就读，设立山区学生奖学金，学籍注册由所在县高中负责，高中三年学习结束后，必须到学籍所在高中参加高考。

7. 实施“职业规划脱贫”工程

成立职业规划脱贫指导委员会，定期对山区初中学生进行职业规划指导，并与职业高中、职业中专建立长期联系，使每个学生都能升入理想的高中或职业高中、职业中专。追踪统计山区学生未来就业、发展等情况，为山区学生脱贫积累经验。

8. 实施山区学生“不出校门放眼世界”工程

每年定期组织集团国外友好学校校长、教师、学生到山区学校进行交流，推动师生了解和认识国际教育现状，让山区学校师生不出校门，就可以知道西方发达国家的教育情况，开阔国际视野。

9. 实施“爱心助学捐赠”工程

建立向山区贫困学校和贫困学生捐助平台。每年集团组织社会团体和师生开展向山区学校捐赠图书、教学仪器、学生学习和生活用品等捐助活动。

通过十年帮扶计划，大力提升山区学校办学水平和教学质量，力争建成让“社会满意、家长放心、学生喜爱”的优质学校。

◆ 感受生活

◆ 火快灭了

◆ 倾心交流

◆ 集团友好学校美国艾奥瓦州奥斯卡卢萨学区校长访问山区学校

◆ 集团友好学校意大利博洛尼亚费尔米中学师生到山区学校交流访问

河北敬业集团

企业现状：河北敬业集团是一家以钢铁为主业，兼营化工、酒店、房地产、贸易等的大型集团公司。主要产品为螺纹钢、中厚板、热卷板、水杨酸、阿斯匹林。现有员工近20500名，形成铁钢材各1200万吨生产规模，是全世界最大的螺纹钢生产基地，也是全世界最大的水杨酸生产基地。2012年集团实现销售收入452亿元，实现税款7.2亿元；2013年集团实现销售收入504亿元，实现税款5.01亿元。2013年集团名列全国500强第229位、河北百强第9位、石家庄百强第一位。连续八年入围全国500强，连续十年入围河北百强，连续五年石家庄排名第一。

产品研发：集团成功开发出船板、桥梁板、锅炉板、压力容器板、抗震螺纹钢等高附加值品种，获得中国船级社认证、欧盟CE认证、九国船级社认证，锅炉板系列、压力容器板系列认证，螺纹钢产品（HRB400）、低合金高强度中厚钢板（Q345B—E）获得中国钢铁工业协会冶金产品实物质量认定（金杯奖），产品畅销国内并出口到30多个国家和地区，参与了三峡工程、世博会中国馆、南水北调、秦皇岛香格里拉大酒店等重点工程建设。

节能减排：敬业集团始终将环境保护、节能减排放在首位，在节能减排、循环经济方面投入超过20亿元，煤气、蒸汽、炉渣、工业用水等全部回收利用，实现了经济效益和环境效益同步发展。

企业文化：集团注重企业文化建设，营造了“请人、留人、用人、育人”以人为本的企业文化，注重提高员工素质，整合人力资源，打造学习型团队，为企业又好又快发展提供了强大动力。

社会责任：敬业集团认真执行党和国家的各项方针政策，致力企业发展壮大，带动周边地区餐饮业、运输业发展，间接安排就业2.5万余人，致富了一方百姓。积极参与修路、建学校、救灾、捐资贫困山区等公益事业，累计投入资金超3亿元。

发展愿景：2013年敬业集团正在进行转型升级，在搞好1200万吨钢铁规模基础上酝酿二次创业，全力打造中国建筑精品钢铁基地、循环经济示范园、钢材深加工基地与高新技术产业基地，做大非钢经济，培育新的效益增长点，重点抓好房地产发展，倾心打造城市人第二居所，努力实现产值达到1000亿元。

◆ 公司办公楼

①　②　③
④

① 螺纹钢
② 热轧卷板
③ 中厚板
④ 北区

◆ 敬业大酒店

◆ 敬业宾馆

◆ 野生原度假村

◆ 安纳溪小镇

◆ 藏龙镇

◆ 黄金寨

中国建设银行股份有限公司河北省分行营业部

◆ 营业部2013年秋季工作座谈会

◆ 河北省分行副行长、营业部总经理尹全振（左一）陪同上级行领导到企业调研

◆ 推进“助保贷”业务 支持中小企业发展

中国建设银行股份有限公司河北省分行营业部是建设银行设在石家庄市的省会城市行，下辖机构115家（含营业部本部），员工2600多人。

在市委、市政府及河北省分行的正确领导下，在社会各界和广大客户的大力支持帮助下，营业部紧紧围绕转型升级、跨越赶超、建设幸福石家庄的总目标，着力服务实体经济，支持民生领域、城镇化和小企业发展，致力改善和提升服务质量，为省会居民提供了优质、快捷、安全的金融服务。营业部先后与市政府、高新技术产业开发区签署《支持城镇化建设战略合作协议》，积极支持省会城镇化建设；大力支持制造业、与民生关系密切的供电、供热、供水等重点项目建设；倾力打造“助保贷”、“助商通”、“供应贷”等一系列助力小微企业发展的创新业务品种，出台多项政策、措施，帮助、扶植小微企业发展。大力发展助业贷款，支持小微企业和个体工商户发展。

强力推进“深化业务转型、优化柜面服务”活动，对单功能网点进行综合化转型，提升了网点服务能力。加强渠道建设，优化服务环境，近年陆续新建、升格、搬迁、装修网点，积极布放离行式自助银行及自助银亭，服务水平和服务效率全面提升。

坚持以人为本，认真履行社会责任，努力创建和谐企业，营业部综合实力、社会形象、服务水平、创新能力得到社会各界和客户的广泛认可和好评，连续多年获评为石家庄市金融企业唯一一家省级“文明单位”。

善建者行 成其久远

◆ 开设工商验资通系统为企业服务

◆ 利用建设银行善融商务平台与辛集市合作举办皮草节

◆ 参加石家庄市第七届金融理财文化推广节

◆ 私人银行财富顾问向客户讲解黄金知识

◆ 与石家庄高新区签署全面战略合作协议

◆ 开展“建设绿色村庄 创建和谐家园”义务植树活动

◆ 营业部在佛教圣地柏林禅寺广场设立首座多功能银亭，满足客户多元化金融服务需求

◆ 营业部驻栾城县黄家辛庄村工作组扎实有效推进包村工作，硬化村内主要街道8000平方米

◆ 组织各类文体活动，活跃员工文化生活

中国工商银行河北省分行营业部

助实体 惠民生 扶小微 履责任 促繁荣

◆ 2013年5月3日，工行河北省分行行长助理、营业部总经理沈学勤出席工行与北国商城股份有限公司深化业务合作签字仪式

2013年，中国工商银行河北省分行营业部认真落实市政府“稳增长、调结构、抓改革、惠民生”总体部署和总省行发展改革要求，紧紧围绕科学发展主题和转型发展主线，支持实体经济，改进金融服务，履行社会责任，各项工作保持了健康发展良好态势。贷款增量创历史最好水平，各项贷款余额达到557.08亿元，较年初增加75.24亿元，同比多增48.6亿元，增量在四大国有银行、省工行系统占比均居首位。贡献地方税收提升，全年缴纳地方各项税款2.35亿元，较上年多缴纳3200万元。网点服务体系更趋完善，服务功能和服务水平提升，全年新建离行式自助银行47家，较上年多建28家，总量达到61家。

支持重点项目和实体经济。积极落实市委市政府金融支持实体经济政策导向，主动增加有效信贷投放，着力支持重点项目建设和实体经济发展。全年累计投放公司类贷款263.39亿元，同比多投放72.28亿元，增长37.8%。支持市委市政府确定的10家高成长性企业，给予授信18亿元。累计发放国际贸易融资4.61亿美元，同比增长112%。全年实现国际结算量28.61亿美元，跨境人民币结算量6.42亿元。

加大民生领域信贷支持。重点加大住房、医疗、涉农、环保等民生领域信贷支持力度，落实各项差别化住房信贷政策。全年累计发放房地产贷款29.67亿元，余额达到45.18亿元，均居全省工行系统首位。创新推出个人家居、个人文化消费、个人留学等新产品，实现个人住房贷款余额突破百亿大关，达到101.04亿元，较年初净增25.20亿元，位居同业首位。大力发展信用卡分期付款，为居民购车、装修、教育、旅游等提供高效率、低费率分期付款服务。以社保、医疗等民生领域为重点，以社保卡、公务卡、公积金卡等为载体，积极为相关职能部门提供综合金融服务。全年发放社保卡29万张、住房公积金卡3万张。

加强中小企业金融服务。贯彻落实国家和石家庄市关于金融支持中小企业发展的要求，深入了解小企业客户融资需求，制定特色融资方案，在大力发展深受客户青睐的网络循环贷款基础上，创新担保增信方式，推出联保贷款、订单融资贷款等新产品，扩大了小企业融资支持范围。严格落实扶持小微企业发展有关金融政策，实现融资成本较上年下降约10%，有效减轻了小微企业财务负担，以实际行动解决了中小企业融资难问题。

履行国有银行社会责任。开展“普及金融知识万里行”活动，向社会公众普及宣传征信、反洗钱、反假币、安全用卡、预防电信诈骗等金融知识。积极参加市总工会“双百”普法行动和劳动法律知识百题有奖竞答，在全辖开展“争创青年文明号，争当服务明星”、“学雷锋，一对一特困儿童救助”、“汇点滴爱心、聚生命希望”无偿献血等活动，特别是开展“献爱心、圆梦想”关爱农民工子女公益捐赠活动，向深泽县赵八乡侯村小学捐赠电脑和文体用品1600多件（套），并对5名特困儿童进行了重点资助，充分展示了“大行大爱”精神，展现了良好的社会责任和爱心形象，赢得了社会各界的广泛好评。

中国工商银行河北省分行营业部正在以更加积极的姿态支持地方经济发展，在服务省会建设的同时自身也得到完善与提升。中国工商银行将始终与地方经济发展共成长，同进步，认真践诺我行“工于至诚，行以致远”的企业精神文化。

◆ 2013年12月17日，工行河北省分行副行长李明海、行长助理沈学勤出席石家庄市轨道交通银团贷款合同签约仪式

◆ 2013年3月28日，工行河北省分行行长助理、营业部总经理沈学勤到深泽县赵八乡侯村看望我行驻村开展帮扶工作人员

◆ 2013年9月1日，工行河北省分行营业部开展金融知识服务宣传月活动

◆ 2013年5月14日，工行河北省分行营业部开展防范非法集资宣传活动，工行员工向客户认真宣讲金融知识

◆ 2013年11月15日，工行河北省分行行长助理、营业部总经理沈学勤出席河北国际信息产业周活动，向省市领导介绍我行业务发展情况

张家口市商业银行石家庄分行

◆ 2013年3月21日，河北省银监局局长郭锦洲到张家口市商业银行翟营、金马、高新支行检查指导社区支行运营

◆ 2013年3月12日，张家口市商业银行与中国联通石家庄分公司签订战略合作协议

张家口市商业银行于2003年3月8日成立。成立以来，我行坚持特色化、差异化发展道路，通过打造特色金融产品、打造特色服务模式、打造特色服务品牌、打造特色企业文化等措施，走出一条欠发达地区城商行快速发展的成功路子。截至2013年末，全行资产总额682.48亿元，各项存款余额478.64亿元，各项贷款余额 228.03亿元。全行分支机构达到77家，其中分行4家、支行73家。在全省城商行中存贷款总量排名第二，被银监会评为二级行（全国城商行最高级别），多次荣获省市支持经济建设金融贡献奖，连续三年入围全球银行综合竞争力1000强，2013年位列第879位。

2010年12月10日，张家口市商业银行石家庄分行开业，这是张家口市商业银行第一家域外分行。三年来，石家庄分行在省、市各级政府及监管部门的指导、支持下，积极克服各方面的困难与挑战，各项业务快速发展、机构建设全面开花、整体经营业绩不断攀升。2013年，石家庄分行坚持“服务中小企业、服务县域经济、服务社区居民”的市场定位，深入开展优化组织架构、优化网点布局、提升管理水平、提高员工素质“双优化”和“双提升”活动，实现了业务规模、机构建设和社会形象突破性发展。推进营业网点布局优化和机构建设，至2013年底，下辖营业网点16家（营业部1家、县域支行8家、市区社区支行7家）。各项存款余额52.89亿元，累计发放贷款42.11亿元。

2013年分行立足石家庄现状，着力提升服务水平，在全行员工中提出“用心服务、传递幸福”的服务承诺，同时通过完善服务设施、提升员工素质、创新金融产品等多种方式提升服务水平。社区支行在做好传统金融服务基础上，创新提出“规范服务+增值服务”特色服务模式，创造了省会社区金融服务新品牌。推出“36599”（365天早9点至晚9点）特色延时服务、“三个零”（零收费、零等待、零距离）服务承诺，立足社区，向社区居民提供了延伸服务、信息桥梁、幸福使者、联谊平台等多项便民服务内容。各县域支行针对民众实际需求，全面推动服务流程、客户服务体系和金融产品创新，充分运用机制新、链条短、决策快优势，最大限度地为县域客户提供优秀的金融服务，并根据县域经济特色开发出养殖贷、联保贷等市场认可度较高的特色业务产品。

2013年张家口市商业银行石家庄分行将机构规划布局作为重点工作之一，坚持走进县域、融入社区要求，在机构建设上取得突出成绩。2013年石家庄分行新建县域支行6家，分别是鹿泉支行、藁城支行、深泽支行、晋州支行、新乐支行、栾城支行；新建市区社区支行5家，分别是金马社区支行、高新社区支行、建安社区支行、广安社区支行、红旗社区支行，实现了营业网点扩大，布局更加优化的良好局面。

◆ 2013年8月2日，张家口市商业银行石家庄分行召开双优化动员大会

◆ 2013年8月23日，张家口市商业银行鹿泉支行开业

◆ 2013年1月26日，张家口市商业银行石家庄分行青年志愿者到石家庄新火车站参加志愿活动

◆ 2013年3月8日，张家口市商业银行建安社区支行举办建安街道庆“三八”趣味运动会

◆ 2013年4月9日，张家口市商业银行石家庄分行召开“我与分行共成长”优秀青年员工表彰大会

◆ 2013年5月29日，“六一”前夕张家口市商业银行石家庄分行通过希望工程向石家庄大谈小学等五家学校捐赠爱心款50万元

◆ 2013年6月17日，举办张家口市商业银行“感恩日”签名活动

◆ 2013年8月20日，张家口市商业银行石家庄分行青年志愿者在地铁施工初期参加义务协管交通活动

◆ 2013年9月1日，张家口市商业银行广安社区支行开展金融知识进万家活动

◆ 2013年12月26日，张家口市商业银行石家庄分行到灵寿县南营乡小学捐赠学习用品并慰问困难学生家庭

◆ 张家口市商业银行谈固社区支行开业以来秉承“爱心无长幼 服务无止境”的服务理念

◆ 2013年1月25日，张家口市商业银行金马社区支行开业

石家庄市公路管理处

◆ 省交通运输厅副厅长杨国华考察国道107北紧急抢通工程

◆ 省公路局局长王江帅、副局长田根成在石家庄调研指导

2013年是全面贯彻落实党的十八大精神开局之年，石家庄市公路管理处在省交通运输厅、市交通运输局领导下，全系统干部职工全面完成干线各项养护工程、绿色廊道建设、桥梁安全隐患排查、养护示范路创建、公路扬尘治理、公路应急抢通等任务，继续保持了“国家级文明单位”和“交通运输部文化建设示范单位”荣誉称号。

2013年全市公路养护工作完成大中修工程14项284.1千米，投资4.2亿元。其中，养护改造工程5项46.6千米（三改二、二改一项目4项43.8千米），完成投资3.01亿元；桥梁维修加固项目7项394.7延米，完成投资405万元。水毁损失全部及时修复，完成投资482.7万元。

全年完成小修投资2660万元，路面挖补103.3千平米、灌缝56万延米、桥梁小修70座。继续开展创建养护示范路活动，完成标准化路段433千米。实施预防性养护、公路保洁夺旗争星、建立诚信体系等措施，实现日常养护质量全面提高，干线公路技术状况指数达到85.4。

投资868万元更新G107等4条国道标志。积极拓展公路服务项目，提升国道107、国道307东重点路段综合服务水平，硬化平交道口265个，建设停车休息区1处、电子显示屏3块（总数达到6块）。完成10个交调站点观测设备升级，新增监控点10个（总数达到30个），实现了所有重要路段实时监控。

积极响应市政府重污染天气应急预案要求，将工程管理与日常养护管理有机结合，在全市范围大力提高机械化清扫水平。2013年新购置大型清扫车9台、水车10台，清扫车总量达到31台、水车达到38台。实行重点路段绿色覆盖，坚持每天洒水、每周冲洗。自大气扬尘治理以来，共出动清扫车1920台班、水车2650台班、人员5.6万人次，清运垃圾6万余立方米，公路环境明显好转。

2013年完成绿化投资4760万元，超计划1910万元。按照省市绿色廊道建设计划，结合城乡环境综合整治“上水平、出品位”要求，大力推进绿色廊道建设，完成投资2850万元，新植苗木229千米，栽植乔木3.39万株、花灌木119.3万株、草花地被3.5万平方米，新植成活率达95%以上，干线公路绿化、美化效果显著提升。

积极开展便民服务，在部分养护中心、交调点设立爱心驿站，提供充气、饮水、修理工具、行车指南、药品等服务项目，切实发挥了爱心驿站社会服务功能。全年在市级以上新闻媒体刊登稿件267篇次，编发各类内容的动态、简报、快讯255期次；为群众办实事、做好事430件，救助伤员36人次，维修车辆227辆次，义务修路30.7千米，收到锦旗、镜匾64面（块），感谢信55封，在23次阳光投诉宣传活动中均实现零投诉。

◆ 道德讲堂

◆ 格言墙

◆ 利用先进设备开展桥梁检测

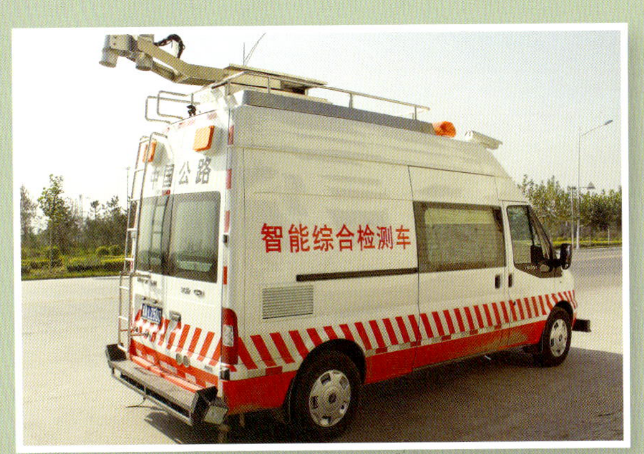

◆ 智能综合检测车正在实施公路路况检测

◆ 高效公路吸尘车在干线公路保洁

◆ 清扫车和洗地车在307国道实施不间断清扫

◆ 307国道洒水降尘

◆ 307国道绿色廊道建设

◆ 国省干线大修施工

井 陉 县

2013年，井陉县面对复杂的经济环境、严峻的大气污染、企业关停制约和转型升级压力，在市委、市政府的正确领导下，坚持以科学发展观统揽全局，紧紧围绕建设大生态屏障县主题，解放思想、真抓实干，奋发有为做好各项工作，取得了令人鼓舞的新成绩。经济建设平稳运行。工业园区开发迈出新步伐，产业项目结构初步优化。GDP完成137.3亿元，财政收入完成13.2亿元。生态建设卓有成效。大气污染治理扎实有效，大气环境明显好转，较好完成节能减排指标，植树500万株，森林覆盖率达到42.3%。城乡建设成效明显。县城新区开发扎实推进，农村人居环境明显改善。社会建设全面推进。城镇居民和农民人均可支配收入有了新增加，教育、卫生等工作走在省市前列。党的建设全面加强。干部作风和精神风貌焕然一新，继续保持了经济发展、事业进步、政通人和的好局面。

◆ 秀水青山井陉城

绿色井陉

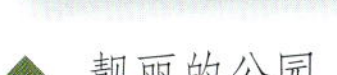

◆ 靓丽的公园

◆ 独具特色的冠名林

◆ 韩信公园

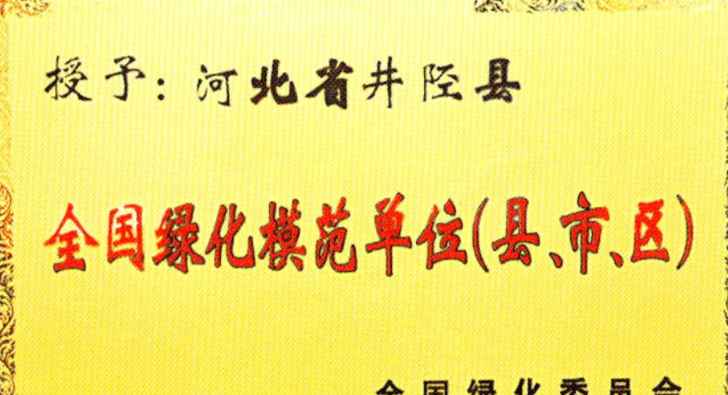

◆ 全国绿化模范单位

◆ 全民绿化

◆ 污染治理

近年来，井陉县以建设大生态屏障县为目标，通过政策引导、项目招商、全民发动，全面推进绿化工作，全县森林覆盖率达到42.3%，建成万亩以上生态园10个。按照市委“减煤、增气、降尘、控车、减排、增绿”要求，井陉县狠抓道路扬尘治理，取缔一批国省干道两侧高污染企业，引导企业退路入园，坚决关停340家无证照企业，集中关停矿山开采和石子加工企业，限期高标准整治传统企业，实施高耗能企业能源置换、压煤增气限产，推广使用低硫煤21万吨，提高了绿色产业的集中度和清洁生产水平，实现大气质量明显好转。2013年4月，井陉县被全国绿化委员会授予全国绿化模范县荣誉称号。

◆ 退耕还林成效显著

◆ 青山秀水美井陉

文化井陉

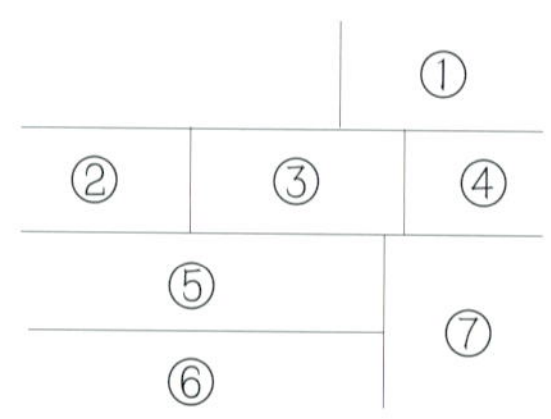

2013年，井陉县成功举办第三届中国·井陉拉花艺术节和第十五届民间皇纲艺术节。组织开展6场全县领导干部文化讲座。桃林坪花脸社火代表河北省参加首届中国社火艺术节暨第十一届中国民间文艺山花奖评奖，获得金奖。井陉书画院成立。天长宋古城旧城墙成为第七批全国重点文物保护单位。秦皇古驿道荣登国家名片，成为1982年以来首次发行的河北省旅游景点小型张邮票。影视作品《太行古陉》、《夏天的拉花》全国播映，受到社会各界的广泛好评。

① 《太行古陉》研讨会
② 秦皇古驿道荣登国家名片
③ 桃林坪花脸社火获山花奖金奖
④ 河北省博客圈在井陉
⑤ 第三届中国·井陉拉花艺术节
⑥ 重走井陉古驿道总结研讨会
⑦ 电影“夏天的拉花”剧照

民生井陉

全面深化加强基层建设年活动。省市县26个驻村工作组围绕“十件实事”，完成村街道路硬化、农村饮水安全、安全稳定用电等帮扶项目478项，总投资4750.72万元，增加投资1177.1万元。开展农村面貌改造提升行动，完成沿高速、沿高铁8个乡镇35个重点村，420户民居改造，清理垃圾16.1万立方米，清除杂草2.1万米，整修残垣断壁2.2万平方米，粉刷墙壁12.69万平方米，新建农村公园6个，安装太阳能等新型节能路灯300余盏，完成道路硬化47万平方米，完成改厕1504户，实现农村面貌全面提升。推进大县城建设，完成金良河综合整治二期工程和污水处理厂二期工程以及307国道鹿泉界至三合庄段大修，衡井线吴家窑至良都高速口养护改造，京昆高速石太北线开工建设，石家庄南绕城高速项目正式启动，井石快速路筹建顺利推进，井陉融入省会20分钟交通圈步伐加快。

◆ 整洁的村容

◆ 大路通天

◆ 省市农业科技专家现场授课

◆ 饮水安全工程

◆ 即将投入使用的井陉新一中

行唐县

◆ 中共行唐县委书记　姜阳

◆ 行唐县人民政府县长　王彦芳

2013年，行唐县委、县政府团结和依靠全县广大干部群众，围绕“突出项目立县，推进转型突破，实现实力跃升，建设和谐行唐”总目标，抢抓机遇，倡行　“见人见事”工作理念和“一竿子扎到底”的工作作风，真抓实干，攻坚克难，全县经济社会保持平稳较快发展的良好态势，较好地完成各项目标任务。

——项目建设再创新高。59个项目竣工投产。在建项目86个，总投资规模239.73亿元，全年完成投资73.82亿元，占年度计划的118.2%；其中，2个项目列为省重点，3个项目列为市重点；68个新开工项目进展顺利，18个续建项目完成年度投资计划。此外，12个项目顺利签约，20个项目达成合作意向，实现项目建设不断档、经济发展有后劲。

——园区建设实现跨越。基础设施基本实现“七通一平”，承载能力进一步增强。2个项目投产，3个项目开始试生产，5个项目正在建设。引入禾工集团入驻开发区，推进园区规划、基础设施建设和招商，开创了全市唯一的“政企合作办园，市场运作、多元投入”园区管理模式。年末，区内入驻企业17家，其中省、市重点项目5个，全年实现工业总产值146亿元，规模以上企业主营业务收入170亿元，实现财政收入3.9亿元，税收3.53亿元，贸易进出口总值4075万美元。

——县城建设加速推进。按照县城跨河向南发展的思路，编制完成《行唐县城乡总体规划（2013～2030年）》和颖水河（部河）县城段综合开发规划，绘就了“打造颖水两岸、建设一河三区”县城建设新蓝图，县城规划面积由8.4平方千米扩大到27.7平方千米。县城段防洪整治，天然气管道铺设，分散式集中供热，九都商贸物流园、保障性住房、盛唐国际商贸中心、污水管网建设，城中村改造等工作进展顺利。拆违拆陋30万平方米，完成玉城大街西延、军转干家属楼拆迁等难点工程。城区实现24小时供水。县城绿化面积达到171万平方米，绿化覆盖率达到41.46%。城区精细化管理进一步加强，环境明显好转。

——农村面貌焕然一新。重点在沿高速、省道、县道两侧66个村庄（其中24个省级重点村），推进农村基础设施和公共服务设施建设，加速打造靓丽舒适、宜居宜业的美丽乡村，24个省级重点村全部通过验收，其中西杨庄、侯阳关被评为市级“美丽乡村”。省基层建设年33个重点帮扶村活动成效显著，得到群众衷心拥护，国家扶贫开发协会会长胡富国及省委、市委组织部领导给予高度评价。

——民生保障水平持续提高。计生特殊困难家庭　“医养扶一体化”工作机制建设得到国家卫生计生委副主任崔丽、省委书记周本顺、省委副书记赵勇、市委书记孙瑞彬等领导的高度评价，主要做法在全省推广，并被《人民日报内参》、新华社《国内动态清样》、《中国人口报》等20多家媒体刊发报道。山区教育扶贫工程扎实推进，山区607名初中生入住县城新成立的行唐实验中学就读。建立健全三级中医药服务网络，行唐县成为全省唯一　“第一批国家中医药县乡一体化管理试点县”。民政事业服务中心建成投用。行唐一中搬迁项目主体竣工。文化事业不断进步。社会保障覆盖面逐步扩大。成立城区街道办事处，推行网格化管理，和谐社区建设开局良好。群众安全感和社会满意度由2012年全市第24位跃升为第4位。

——“两个环境”进一步优化。强力推进优化发展环境攻坚，完成政务服务中心改造提升工程；建立　“百家企业评行（政）风”长效机制，实施重点部门、重点岗位中层干部作风评议办法；完成公共资源交易中心基础设施建设、制度流程再造和人员调配，工程建设、政府采购等七大类项目全部纳入中心集中交易，实现“管办分离”、阳光操作。强力推进改善生态环境攻坚，认真落实“压煤、降尘、控车、减排、增绿”等重点工作，全县大气质量明显改善。

◆ 2013年9月14日，原中共中央政治局委员、十届全国人大副委员长李铁映（前排右一）到独羊岗乡育才学校考察。

◆ 2013年10月22日，国家扶贫开发协会会长胡富国（左一）到行唐县调研深化基层建设年活动。

◆ 2013年1月4日，市长姜德果（前排右二）到行唐县调研指导项目建设

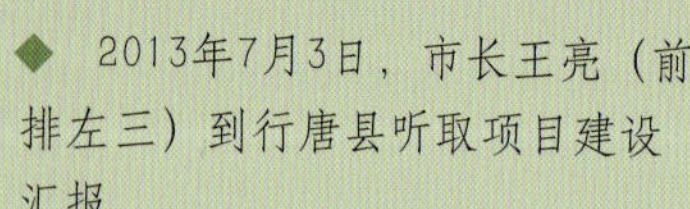

◆ 2013年7月3日，市长王亮（前排左三）到行唐县听取项目建设汇报

◆ 2013年8月7日，河北省委组织部副部长刘建合（左二）在行唐县调研项目建设和城建工作

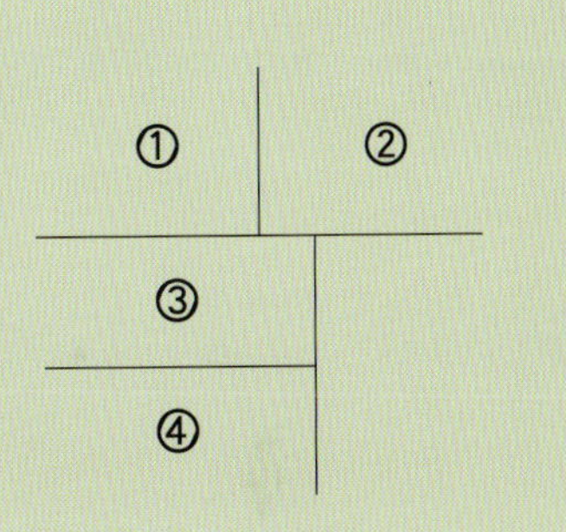

① 2013年5月22日，市委常委、市警备区司令员鲍际国（右二）到行唐县人民武装部调研

② 2013年11月12日，市委常委、纪委书记刘明轩（左一）调研企业发展环境

③ 2013年8月28日，市委常委、农工委书记张树志（前排中）督导调研农业项目建设

④ 2013年8月27日，市人大常委会副主任王增飞（前排右三）督导检查县城建设、拆违拆陋等工作

①　2013年6月5日，副市长王韶华（左二）在行唐县调研项目建设

②　2013年7月16日，副市长孟祥红（前排右二）调研防汛工作

③　2013年8月9日，副市长张业（右二）调研项目建设

④　2013年5月21日，铃鹿(石家庄)复合建材有限公司铃鹿涂料项目举行启动仪式

① 2013年8月29日，北欧青年政治家联合考察团到行唐县参观考察

② 2013年12月18日，由河北省家具协会、行唐县人民政府主办，行唐国际家具园区投资管理有限公司承办的“决胜2014——环渤海家居产业发展新动力峰会暨行唐国际家具园区项目推介会”在石家庄召开

③ 美丽乡村

④ 县城新貌

赵　县

◆ 县委书记王建海（左三）视察工业园区道路建设

◆ 县长张敏周（左三）视察新消防站建设

2013年，全县地区生产总值完成189.2亿元，增长8.1%；全部财政收入完成6.34亿元，增长15%；规模以上工业增加值完成104.7亿元，利税完成45.8亿元，分别增长12.4%、17.7%；固定资产投资完成109.7亿元，增长22.3%；社会消费品零售总额完成89.8亿元，增长14%；金融机构存款余额首次突破百亿元，达到109.6亿元，增长20.4%；城镇居民人均可支配收入达到21950元，增长10.2%；农民人均现金收入达到10214元，增长12.5%。

盯紧项目，工业经济实现加速发展。全年共实施规模以上工业项目97个，总投资122.8亿元。纽康恩食品、兴水管业等总投资39.7亿元的37个项目竣工投产，水工机械、安健成益、昆泰生物科技、迈迪森药业等项目正在抓紧推进。生物医药产业化基地等总投资59.1亿元的4个项目列入省、市重点。相继完成县工业园区水厂、110千伏变电站、天然气管网、工业四街供热管网、海兴路西延等工程。华泰纸业、兴柏集团等企业确定国家标杆指标5项、省级标杆指标13项；绿诺食品、玉桥食品被评为“河北省中小企业名牌产品”；兴柏集团、利民集团、金桥淀粉被命名为“河北省产业集群龙头企业”；赵县被评为河北省特色产业名县，淀粉产业集群被评为河北省示范产业集群。

严格整治，县城形象和人居环境显著提升。完成《赵县城乡总体规划（2011—2030）》、《赵县历史文化名城保护规划》等规划编制。围绕“一城四区”县城发展格局，实施总投资55亿元的42项重点建设工程。投资3200万元的新看守所、投资960万元的新消防站正式启用，投资7500余万元的新中医院正在搬迁。完成海尔大道、国柏路东延、工业四街北延等十条道路和菩提园建设。锦绣华城棚户区改造、历史文化公园等工程正在加紧实施。重新划分城市管养界，深入开展县城环境综合整治活动，主要街道实现机械化清扫、全日制保洁。大力推进城区绿化，完成海尔大道、国柏路、青银高速出入口等重要线路、重要节点绿化工作。

调整结构，现代农业转变步伐加快。整建制推进粮食高产创建，规划建设25个万亩粮食高产示范片，全县粮食生产实现“十连增”，小麦平均单产501.4千克，稳居全市第一，再次荣获“全国粮食生产先进单位”。深入推进院县合作，全面推广畜牧标准化生产，新扩建标准化养殖场20家，完成绿健牧业等6家市级示范场创建工作。新建精品梨园3000亩，累计发展梨果出口基地3万亩，被评为“中国绿色生态雪梨十强县”。投资2479万元实施万亩高标准农田示范项目、3000亩农业节水增效等6个农业开发项目。大力发展现代农业、设施农业，旭海、和丰惠畅等17家农业生态园建成投用。

深入推进，旅游商贸业发展全面提速。深入推进“旅游兴县”战略，完成安济桥保护规划编制，启动赵州桥——柏林禅寺省级风景名胜区总体规划编制和世界名桥博览中心建设，建成牡丹芍药园。广泛开展对外旅游合作，赵州桥景区分别与美国罗斯曼廊桥、扬州个园缔结为姊妹桥、友好景区。开展柏林禅寺周边环境整治，启动柏林禅寺东扩及净慧长老舍利塔建设。成功举办第十三届“梨花节”，中央电视台《新闻联播》对我县万亩梨花盛开风光进行宣传报道。全年接待游客首次突破百万人次，旅游行业收入达到1.2亿元。赵州雪花梨·中国网电子商务平台正式投入运营。

为民谋利，让全县父老乡亲共享发展成果。2013年，全县民生支出达到12.9亿元，增长12.7%。争取基础设施建设、社会事业等各类专项资金7.3亿元。就业再就业工作扎实推进，累计提供就业岗位1.6万个，劳务输出1万人。民政事业服务中心建成投用，新建成71所农村互助幸福院，全县五保集中供养率达到64.7%。县民政局被省民政厅授予“退役士兵自谋职业工作先进单位”，婚姻登记处被民政部命名为“国家3A级婚姻登记机关”。投资9906万元新建、改扩建一批学校和幼儿园。广泛开展群众文体活动，王西章乡被评为“河北省体育健身工程示范乡镇”，赵州镇综合文化站被评为“河北省百佳乡镇文化站”。全年补偿参合农民158万人次，补偿费用1.5亿元。顺利通过国家计划生育优质服务先进县验收，全省综合治理出生人口性别比现场会在赵县召开，并代表省、市接受国家卫生计生委联合督查。完成出租车公司改造提升，城区新公交车顺利试运行。

◆ 石桥大街

◆ 海尔大道

赵州桥

左图为：
建设中的京港澳高速赵县口

右图为：
京港澳高速赵县服务区

左图为：
海尔物流园

右图为：
赵县工业园区

① 青银高速赵县口

② 府前广场

③ 赵州桥景区

① 新合作广场　② 河北华泰纸业有限公司
③ 赵县妇幼保健院　④ 赵县中医院　⑤ 采摘节

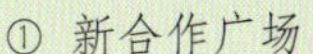

棚户区改造项目

春燕生态园

柏林禅寺

井陉矿区

井陉矿区总面积69.98平方千米，辖2镇1乡2个街道办事处、24个居委会、30个村委会，常住人口9.6万。2013年，井径矿区完成地区生产总值72.5亿元，同比增长4.7%；固定资产投资52.1亿元，同比增长22%；财政收入5.5亿元，其中公共财政预算收入2.4亿元，同比分别增长5.6%、13.15%；规模以上工业完成增加值54.2亿元，同比增长5.2%；服务业完成增加值13.6亿元，同比增长6.6%；社会消费品零售总额完成10.8亿元，同比增长13.4%。

产业转型。实施区级以上重点项目17个，总投资115亿元，3个项目被列为省市重点，2个转型项目获得国家发改委资金支持。存量重点抓好“有中生新”，2013年省政府批准我区工业园区为循环经济示范园区，循环经济主产业链上煤气制天然气一期、10万吨粗苯精制项目竣工，20万吨环己酮、15万吨轻质油、30万吨碳素项目进展顺利。增量重点抓好“无中生有”， 大力发展非煤产业和新兴产业，协诚生物氨基酸一期竣工投产，镍氢电容电池，仁泰牛樟芝，北京坤伦永道LNG生产、储存、集散地建设等项目正式签约。成立园区管委会和园区开发建设有限公司，完善园区规划，加大园区基础设施建设投入力度，园区承载能力提升。按照以旅游业带动三产发展思路，举全区之力抓好投资32亿元的段家楼开发项目建设，段家楼列入全国重点文物保护单位，完成规划编制、棚户区拆迁。精品特色农业取得新发展，标准化养殖小区达到19个，合作社增加到15家，新增林果种植面积600亩，农业龙头企业带动作用进一步增强。

城市转型。按照全域规划理念，以统筹城乡为抓手，打造“一二一”格局：把主城区做大做强，做好贾庄镇历史名镇和凤山镇旅游文化名镇，建设天户峪生态旅游度假村。实施总投资10.6亿元十大城建工程，新修编的《城乡总体规划》顺利获得市政府批复，主城区面积由4.2平方千米拓展到6平方千米。拓宽拉大城市框架，启动贾凤路南延、凤中路东延等工程；加快城市基础设施升级改造，标准化幼儿园、人民商场改造等民生工程收尾。按照加快县城建设工作部署，抓好城乡容貌整治拆除攻坚行动，拆违拆陋33.7万平方米，拆违量居全市第3位。在拆上加力度、建上提速度、净上高标准、绿上出品位、亮上出效果、管上求

◆ 石家庄工业泵厂

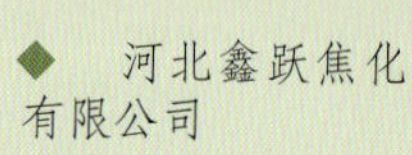

◆ 河北鑫跃焦化有限公司

人民公园全景

◆ 井陉矿区职教中心

◆ 井陉矿区中学

◆ 平涉小区

精细，推动了城市容貌绿化、净化、亮化、美化、序化水平提高。坚持将城乡统筹作为新型城镇化的特色和亮点，重点抓好天护新城和天户峪生态旅游度假村2个新民居项目。稳步推进农村产权制度改革试点工作，为全面完成试点任务打下了坚实基础。全力抓好农村面貌改造提升，重点支持7个社区做好改造提升工作。

环境转型。将生态环境修复作为基础和先行工程，大力实施塌陷区治理、绿廊建设、公园绿化、退耕还林工程，年末全区绿化覆盖率达35.92%，森林覆盖率达46.3%，人均公园绿地面积16.5平方米，实现抬头见绿、百米见园目标，并成功创建首个省级园林城区。将杏花沟生态公园采煤塌陷区治理项目作为加快城市建设、提升城市品位的重点民生工程和基础性工程，将城区中心塌陷地建设成为城市生态“客厅”，变废为宝，实现生态修复、城市增值、环境改善多赢局面。贯彻落实省市压煤要求，61家储煤场全部取缔，所有洗煤企业于2013年7月底完成升级改造，实现清洁化生产。强力推进煤炭行业粉尘、焦化行业废气、化工行业污染减排、抑制道路扬尘等环境治理工程，16项减排工程全部完成，15家加油站全部实施油气回收改造工程，“尘”和“味”问题得到基本控制。

社会转型。重点解决好就业、教育、医疗、社保、安全等问题。民生支出占全部财政支出70%。2013年全区城镇和农村居民“两项收入”同比增长10.6%和11.8%，居民医疗和养老保险实现全覆盖，教育质量提升三年规划深入实施，成功创建省级慢性病综合防控示范区，18项为民办实事项目全部完成，未出现重大食品药品和安全生产事故，取得社会稳定指数全市第一，公检法司群众满意度全市第一的好局面。

◆ 清凉山

◆ 清凉湾湿地公园

◆ 段家楼之后花园

◆ 荷花池

◆ 杏花沟公园

践行群众路线
推进跨越发展

石家庄高新区

◆ 2013年10月18日，石家庄高新区与普洛斯（中国）投资有限公司签约总投资14亿元普洛斯河北现代服务业产业聚集区项目

◆ 2013年12月27日，石家庄高新区与河北银行签署合作协议

◆ 2013年10月18日，石家庄一中与五十四中签署《合作办学协议书》

◆ 2013年3月29日，河北天川冶金设备研发制造基地项目开工

◆ 2013年3月28日，博深金刚石工具技术改造项目奠基

◆ 2013年9月17日，石家庄富力城项目签约

2013年，高新区在市委、市政府正确领导下，以项目建设为抓手，以科技创新为动力，以惠及民生为目标，坚定信心、扎实苦干，圆满完成全年各项任务目标。2013年，全区生产总值完成149.9亿元，同比增长12.2%，增速保持全市首位；全部财政收入33.11亿元，公共财政预算收入15.63亿元，同比分别增长12.13%和29.76%；工业总产值1030亿元，同比增长24.8%；营业总收入1622亿元，同比增长23.5%；规模以上工业增加值90.1亿元，实现利润32.96亿元，同比分别增长13.6%、23.3%；固定资产投资完成178亿元，同比增长23%，技改投资55.4亿元，同比增长74.1%，增速位居全市第一。

工业经济得到新提升。项目建设势头强劲，全年实施工业重点建设项目156项，总投资1061.54亿元。欣意电缆二期、以岭中药产业化等46个项目竣工投产，中煤装备、通合电子等58个项目开工建设。东旭、四药、格力、以岭、欣意5个项目列入全市重点扶持百亿元企业盘子。四药总部搬迁等5个项目列入省市重点。谋划河北（石家庄）高端环保产业园获得省政府批准。企业对标卓有成效，全年争创国内标杆企业14个、国内（省内）领军企业18个。

招商引资取得新成绩。创新招商模式，实施专业招商、产业招商，全年引进建设性项目32个，总投资450亿元。富力城、格力三期、深圳华强3个投资超50亿元大项目落户我区。实际利用外资9273万美元，总量位居全市首位。完成服务外包额4.5亿元，高新区被省商务厅授予服务外包“先进单位”荣誉称号。

科技创新实现新突破。2013年新增1家国家级孵化器、3家省级孵化器，全区国家级孵化器达到4家，居全国高新区前列。新增国家高新技术企业27家，总数达到139家，保持全省领先。组织申报各类科技项目185项，争取国家、省、市科技立项资金2.6亿元，创历年之最。我区申报的“石家庄药用辅料与制剂产业集群”被科技部列入全国29个试点（培育）之一，成为全省唯一一家。采取搭建政企银对接平台、知识产权质押贷款等多种形式，为科技型中小企业解决融资超17亿元。

城市建设迈出新步伐。漓江道、闽江道、秦岭大街竣工通车，燕山大街、仓盛东路等15条道路正在推进。格力110KV变电站等一批电力设施建成投用。32号地回迁房经过多方努力，综合楼和9栋回迁楼交付使用。2670套保障房开工建设，分配入住1322套。

环境治理创出新成效。全面清理行政权力及行政事业性收费审批项目，开辟大项目、好项目绿色通道，办事效率明显提升。实施生态环境治理，推进大气污染防治，开展建筑工地、储煤场、黄标车等专项整治行动，建立重污染天气预警应急响应机制，推广优质低硫煤1.2万吨，实现空气质量进一步好转。

◆ 高新区火炬广场

◆ 街景俊秀美丽

◆ 街道宽阔干净